"十三五"国家重点出版物规划项目

上海市促进文化创意产业发展财政扶持资金项目资助

中国经济专题史研究丛书

上海房地产业发展史
（1843—1937）

贾秀玲 著

上海财经大学出版社

图书在版编目(CIP)数据

上海房地产业发展史(1843—1937)/贾秀玲著.—上海：上海财经大学出版社,2021.7

(中国经济专题史研究丛书)

ISBN 978-7-5642-3723-3/F·3723

Ⅰ.①上… Ⅱ.①贾… Ⅲ.①房地产业-经济史-上海-1843-1937 Ⅳ.①F299.29

中国版本图书馆CIP数据核字(2021)第020456号

□ 策划编辑　王永长
□ 责任编辑　石兴凤
□ 封面设计　钱宇辰

上海房地产业发展史

(1843—1937)

贾秀玲　著

上海财经大学出版社出版发行
(上海市中山北一路369号　邮编200083)
网　　址:http://www.sufep.com
电子邮箱:webmaster@sufep.com
全国新华书店经销
江苏凤凰数码印务有限公司印刷装订
2021年7月第1版　2021年7月第1次印刷

710mm×1000mm　1/16　61.5印张(插页:2)　945千字
定价:358.00元

中国经济专题史研究丛书

编委会

顾问
郭庠林　杜恂诚　戴鞍钢

编委会主任
燕红忠

执行主编
王永长

编委会成员（按姓氏笔画排名）
马陵合　王永长　兰日旭　刘成虎　李玉
李超民　杨德才　何平　高超群　燕红忠

作者简介

贾秀玲 太原理工大学教师,北京大学经济学博士,多年来致力于金融史、经济史、国际贸易研究,曾在《金融研究》《金融时报》《对外经贸实务》等报纸、中文核心期刊上发表论文十几篇,其中包括《红枣产业链发展模式探讨及其启示——以山西为例》(《生产力研究》,2012年第10期,总第243期,中文核心期刊,CSSCI扩展版)、《浅析我国水利工程TBM设备进口实务中的有关问题》(《对外经贸实务》,2013年第2期,中文核心期刊)、《我国山西省发展脱水蔬菜出口的问题探讨——以应县脱水蔬菜出口的实践为例》(《对外经贸实务》,2011年第11期,中文核心期刊)、《山西票号的营销创新》(《金融研究》,2002年第9期,CSSCI)、《开放经济下的汇率选择和资本账户开放》(《金融时报》,2002年3月,国家一级刊物),合著《山西票号研究》(中国财政出版社2002年9月版),编著《山西票号的营销》《晋商企业制度与管理研究》丛书第四编(经济管理出版社2008年版),参编国家"十一五"规划教材《国际金融》(中国矿业大学出版社2006年版),参与山西省哲学社会科学课题:山西农产品行业协会发展与管理机制研究,2011—2012(第三主持人),主持太原理工大学校基金《上海房地产业的税收制度》,2013—2016;在《山西财经大学学报》上发表《票号的组织结构分析》(2004年1月)、《我国货币供给中存在的障碍》(2002年增刊)、《我国金融市场的现状分析》(2001年增刊)。

总　序

　　经济史学学科具有引领经济学发展和创新、传承历史文化的功能,同时也能够为我国当前经济社会转型发展提供必要的理论基础和历史经验。经济史学界在全球史视野和"计量史学"革命引领下,近年来已经取得丰硕的学术成果。中国经济史学界的学术研究也在不断向纵深发展,在货币金融、财政、土地制度等领域不断涌现出新的研究成果。为了进一步推进对中国经济长期发展脉络的研究,深入理解经济发展思想与经济实践之间的关系,在各兄弟院校和研究机构的大力支持下,众多专家学者群策群力,共同推出这套《中国经济专题史研究丛书》。

　　第一,在指导思想上,本丛书坚持以马克思主义历史观为指导,用现代学术研究方法,吸收与传承中国经济史学的研究成果,突出中国经济史学研究的民族性和原创性,彰显中国主见,发出中国声音,挖掘整理中国经济史料,回溯中国经济历史,为当代社会经济现实服务。

　　第二,本丛书采用经济专题史的形式,在时段上涵盖从古至今各个时期的研究,或断代研究,抑或某个朝代某个领域的研究,在内容上则包括中国经济史和经济思想史学科各个不同的专题领域。凡入选本丛书的专题研究,均由作者自主选题,唯以研究质量和创新性为准绳。

　　第三,本丛书第一辑共计七册,已经列入"十三五"国家重点出版物规划、2020年度国家出版基金资助出版计划,将从2020年开始陆续出版。第一辑的选题主要分为三类:一是关于中国土地制度的演变、货币经济的长期发展之类长时段、大跨度的研究;二是聚焦于近代中国的金融发展、内债管理、房地产业发展和近代经济思想演化的研究;三是对改革开放前国防经济思想的专门探讨。

第四,中华民族五千年的文明生生不息,延续至今,其值得研究的内容十分广泛,也具有现实意义。本丛书从经济史学的视角,来探讨经济发展规律,以期达到"以史为鉴"的研究效果,因此,选题具有开放性、包容性和延展性。

我们期待这套丛书的出版能够对中国经济史学的研究做出新的贡献,并进一步凝聚经济史学学术共同体,推进经济史学学科的持续发展。

编委会
2020 年 2 月

前 言

2010年夏天，国内的房地产业正热，我的导师萧国亮先生建议我研究近代上海房地产业。因自感笨拙，自此穷搜博采，不遗余力，历经三载，2013年，我完成了北京大学的博士毕业论文，即本书的初稿。博士毕业后，由于进一步寻找补充资料比较艰难，亦由于身体病痛缠身，一直没有进行修改。2018年，幸蒙赵津教授推荐，刘红忠教授找到我，并把我的博士论文推荐给上海财经大学出版社编辑王永长，因而有了此书的修改出版。

本书用经济史研究的基本方法，以大量的历史资料为基础依据，以上海开埠以来一直到1937年抗战前上海房地产业发展为研究对象，在分析史料的基础上研究1843—1937年近代上海房地产业的发展状况及所表现的特征，房地产交易制度的变迁，建筑结构类型的变化，房价、地价、房租的变化，房地产市场的逐渐演变，以及政府对于房地产业的管理。本书通过充分收集、计算各个年份的建筑面积、地价、房价、房租数据，从数据表现出来的变化趋势和特征描述近代上海房地产业的发展变化，力图体现近代上海市房地产业发展的全貌，并分析了各种因素对房地产业的影响，旨在以史为鉴，以期为当今的房地产业发展提供借鉴。

鸦片战争后，中国逐渐沦落为半殖民地半封建制的国家。上海口岸被迫开放后，逐渐取代广州成为中国最大的进出口贸易口岸，也成为帝国主义最主要的鸦片输入港口。英美法等侵略国先后在上海成立租界，作为它们的海外飞地，享有高度的自治权，成为疯狂掠夺中国的基地。自此，上海一步步开始了半封建半殖民地制度背景下畸形经济结构的发展。通过上海口岸，资本主义国家进行大量的鸦片走私，在中国渔夺侵牟、豪取智笼，掠夺的财富堆山积海，数不胜数。侵略先驱者在上海大发横财，吸引了一批批的外国冒险家、投机家来上海，实现他们的发财致富梦。

利用鸦片走私赚得盆满钵满的同时，这些侵略者和投机者在中国市场寻瑕伺隙，妄图找到别的赚钱机会，让他们飞黄腾达、财运亨通。上海小刀会起义时期租界内租房业的兴起，使这些嗅觉灵敏的投机家嗅到一攫千金、日进斗金的机会，纷纷进军房地产业。近代上海房地产业成为继鸦片贸易后又一主要的利润来源。

近代上海房地产业的产生和发展具有典型性和代表性。近代中国房地产业起源于上海。上海是当时全国的经济中心，集聚了国际国内大量的资本。房地产业产值占全国房地产业的一半以上，是近代中国房地产业发展的龙头。从1843—1949年一百多年的发展历程，上海房地产业经历产生、发展、高峰、衰落完整的产业周期，历经战争、瘟疫、极端天气、地震、火灾等不可抗力因素困扰，多次遭受国际国内金融危机、商业危机、经济危机、工人运动风潮冲击，房地产业在遭遇各种公共危机时发展状况极其具有代表性。研究近代上海房地产业的发展状况，可以让我们略窥一斑近代中国房地产业发展的状况。

近代上海房地产业的发展有其明显特征。第一，私有化背景下的城市化进程。上海由一个小县城逐渐发展成为一个国际大都市的过程中，城市化的速度和规模是无与伦比的。城市化的进程伴随着房地产业的扩张和繁荣。第二，租界和华界的畸形经济格局，造成租界和华界房地产业发展不平衡的格局。租界内吸纳大量富有的人，华界贫民占多数，租界房地产业对华界房地产业形成了一种压抑效应。第三，房地产危机和金融危机联动，是近代上海经济危机的典型特征。第四，房地产业发展过程中呈现出高度垄断的现象。房地产高度集中在少数人手里，一端是拥有土地千顷广厦万间的大地产商，一端是贫无立锥之地的赤贫百姓，阶级分化严重，社会矛盾尖锐。第五，公共租界的土地财政制度。公共租界的地税和房捐是工部局主要的财政收入来源。工部局和公董局的财政支出主要用于修路通车、安装路灯、通电话和自来水、邮政等基础设施和公用事业建设，维持治安、公共卫生，建设菜场、商场等配套生活设施。租界环境越来越好，工商业投资多，就业机会多，越来越多的有技能、高收入人口进入租界，对房屋的需求越来越大，进一步促进租界房屋的建设。如此，租界的房地产业发展形成了良性循环。华界尽管后来学习洋人，对上海市进行了一系列的规划，但实际执行的并不好，不能改变华界房地产业发展的弱态。上海房地产业集聚了大量的资金。上海沦陷前，上海房地产业的发展达到高峰。在1937年以后至上海解放前，游资冲击和投机盛行，上海房地产业的发展处于衰落阶段。

本书对于近代上海房地产业的研究做出了基础性贡献，并对资料进行整理甄别，形成资料长编附于书后，方便其他研究者参考借鉴。

本书在写作研究过程中曾受到许多可敬的人的帮助和指点，不胜感激。感谢恩师萧国亮先生的悉心指导！感谢刘兰兮先生、董志凯先生、赵津先生、周建波老师、杜丽群老师、管汉晖老师给我提出的宝贵建议，在此深深感谢！感谢刘红忠教授的帮助！

感谢张亚光老师对我的温暖关怀和帮助，感谢我的同学们给我的友情和帮助！感谢北京大学经济学院的老师对我的教育和帮助，他们对我的教诲从不敢忘记！感谢白雷师兄、隋福民师兄对我的巨大帮助！感谢我的爱人和父母、小女儿等家人给予我的支持！

感谢上海财经大学出版社的工作人员！

谨以此书献给所有关心我的人！

目 录

前言 …………………………………………………………………… 1

导论 …………………………………………………………………… 1
  一、文献综述 ………………………………………………………… 2
  二、从本书理论文献中采纳并进行拓展的经济思想 ……………… 23
  三、资料文献及已有的著作和论文研究观点归纳 ………………… 24
  四、基本思路和方法 ………………………………………………… 27
  五、本书的主要难点 ………………………………………………… 28
  六、本书的创新点 …………………………………………………… 29

上篇　产业发展历程

第一章　上海市区房地产历年产出数量研究(1843—1937年) ……… 33
  一、相关概念的界定 ………………………………………………… 33
  二、上海市区房地产历年产出数据(1843—1937年) ……………… 41
  三、数据计算过程中的问题及采取的措施 ………………………… 47
  四、公共租界、法租界、华界三区建筑面积研究 ………………… 56
  五、近代上海房地产业的发展与布局 ……………………………… 64

第二章　晚清上海房地产业发展研究(1843—1911年) ·········· 69
　　一、近代上海房地产业产生的界定 ·········· 69
　　二、1843—1911年是上海房地产业形成期 ·········· 113
　　三、1843—1911年上海房地产业的发展特点 ·········· 143
　　四、结论 ·········· 147

第三章　民国上海房地产业发展研究(1912—1937年) ·········· 149
　　一、1912—1930年是上海房地产业的成长期和发展高峰期 ·········· 149
　　二、1931—1937年为上海房地产业发展低落期 ·········· 167
　　三、1912—1937年上海房地产业发展特点分析 ·········· 170
　　四、结论 ·········· 189

第四章　近代上海房地产业发展原因及影响因素分析 ·········· 190
　　一、近代上海公共租界、法租界、华界房地产业发展比较 ·········· 191
　　二、近代上海房地产业发展的原因分析 ·········· 195
　　三、近代上海房地产发展的影响因素分析 ·········· 203
　　四、结论 ·········· 220

中篇　房地产市场定量分析

第五章　近代上海市区地价研究 ·········· 223
　　一、相关理论 ·········· 224
　　二、近代上海平均地价数据研究 ·········· 230
　　三、近代上海平均地价的计算及平均地价曲线变化描述 ·········· 237
　　四、近代上海各地区地价与平均地价数据的比较及变化趋势分析 ·········· 240
　　五、结论 ·········· 252

第六章　近代上海的房价、房租研究 ·········· 253
　　一、上海市房价变化分析 ·········· 254

二、上海市房租变化分析 ………………………………………… 262
三、地价与房价关系分析 ………………………………………… 267
四、结论 …………………………………………………………… 273

第七章 近代上海房地产市场价格波动的影响分析(1843—1937年)
  ………………………………………………………………………… 274
一、相关理论 ……………………………………………………… 278
二、房地产价格波动与商品市场物价波动的相关性分析 ……… 280
三、房地产价格波动与人口数量波动的相关性分析 …………… 290
四、房地产价格波动与国际收支波动的相关性分析 …………… 294
五、房地产价格波动与金融市场波动的相关性分析 …………… 301
六、史料验证 ……………………………………………………… 313
七、结论 …………………………………………………………… 321

下篇 制度变迁与政府管理

第八章 晚清上海房地产交易制度的发展(1843—1911年) ……… 325
一、晚清的房地产市场形成以卖、加、绝、叹四个过程为主的房地产交易形式
  ………………………………………………………………………… 326
二、晚清房地产市场的发展特点 ………………………………… 338
三、晚清土地凭证的变迁 ………………………………………… 345
四、结论 …………………………………………………………… 349

第九章 民国上海房地产交易制度的发展(1912—1937年) ……… 350
一、民国时期上海房地产市场的发展情况 ……………………… 350
二、民国房地产市场的发展特点 ………………………………… 356
三、民国房地产契约证书的变化 ………………………………… 378
四、结论 …………………………………………………………… 381

第十章　近代上海房地产管理政策法令(1843—1937年) …… 383
一、上海房地产的管理机构演变 …… 384
二、清代房地产业的政策法令和管理条例 …… 387
三、辛亥革命后至1937年的政策法令 …… 397
四、结论 …… 403

第十一章　近代上海房地产税收管理及其他管理(1843—1937年) …… 405
一、清代的税收管理 …… 405
二、工部局的税收管理 …… 407
三、民国华界的税收管理 …… 413
四、对于土地所有权证的管理 …… 417
五、民国时期华界对于房地产业的各种管理 …… 422
六、结论 …… 428

结论 …… 430
一、广东十三行商人在旧上海房地产业的产生发展中有重要地位和作用 …… 431
二、旧上海租界房地产业的发展为租界的土地财政机制提供了坚实的基础 …… 432
三、城市规划使得旧上海成为明显的多中心星状城市 …… 436
四、战争和灾荒打破了保甲制度对人口迁移的限制，为近代房地产业的产生提供了可能 …… 437
五、垄断是旧上海房地产业发展的必然结果 …… 439
六、畸形的金融体系使得房地产业危机和金融危机联动成为近代上海经济危机的典型特征 …… 440

参考文献 …… 442
一、中文著作 …… 442

目录

二、中文论文文献 ……………………………………… 447
三、史料文献 …………………………………………… 452
四、外文文献 …………………………………………… 461

附录Ⅰ 第一章 ……………………………………… 463
一、黄浦区(公共租界中区)数据资料 ………………… 463
二、黄浦区(公共租界中区)数据资料补充 …………… 486
三、黄浦区法租界数据资料 …………………………… 494
四、黄浦区法租界资料补充 …………………………… 499
五、黄浦区华界(洋泾区)数据资料 …………………… 499
六、黄浦区华界(洋泾区)数据资料补充 ……………… 516
七、南市区华界(沪南区)数据资料 …………………… 517
八、静安区(公共租界西区)数据资料表 ……………… 526
九、静安区(公共租界西区)数据资料补充 …………… 549
十、静安区华界(法华区)数据资料表 ………………… 551
十一、静安区华界(法华区)资料补充 ………………… 557
十二、长宁区(公共租界)数据资料表 ………………… 557
十三、长宁区(公共租界)资料补充 …………………… 558
十四、长宁区(法租界)数据资料表 …………………… 559
十五、长宁区(法租界)资料补充 ……………………… 559
十六、长宁区华界(法华区)数据资料表 ……………… 559
十七、长宁区华界(法华区)资料补充 ………………… 570
十八、卢湾区法租界数据资料表 ……………………… 571
十九、卢湾区法租界资料补充 ………………………… 592
二十、卢湾区华界数据资料表 ………………………… 594
二十一、卢湾区华界(沪南区)资料补充 ……………… 597
二十二、闸北华界(闸北区)数据资料表 ……………… 597
二十三、闸北华界(闸北区)资料补充 ………………… 604
二十四、闸北区(公共租界北区)数据资料表 ………… 607

二十五、闸北区(公共租界北区)资料补充 …………………………………… 614
二十六、普陀华界(1927—1937年各区)数据资料表 ………………………… 615
二十七、普陀华界(1927—1937年各区)资料补充 …………………………… 621
二十八、普陀区(公共租界)数据资料 …………………………………………… 621
二十九、普陀区(公共租界)资料补充 …………………………………………… 626
三十、虹口区华界(1927—1937年各区)数据资料 …………………………… 626
三十一、虹口华界资料补充 ………………………………………………………… 639
三十二、虹口区(公共租界)数据资料 …………………………………………… 641
三十三、虹口区公共租界资料补充 ………………………………………………… 653
三十四、徐汇区华界(1927—1937年各区)数据资料 ………………………… 654
三十五、徐汇区华界资料补充 ……………………………………………………… 661
三十六、徐汇区法租界数据资料表 ………………………………………………… 661
三十七、徐汇区法租界资料补充 …………………………………………………… 679
三十八、杨浦区(公共租界东区)数据资料表 …………………………………… 683
三十九、杨树浦区(公共租界东区)资料补充 …………………………………… 690
四十、杨树浦区华界(1927—1937年各区)数据资料表 ……………………… 690
四十一、闸北区数据更正表 ………………………………………………………… 691
四十二、虹口公共租界北区数据资料 ……………………………………………… 703

附录Ⅱ 各章附录 ……………………………………………………………………… 706
　　第一章 ……………………………………………………………………………… 706
　　第二章 ……………………………………………………………………………… 731
　　第三章 ……………………………………………………………………………… 745
　　第五章 ……………………………………………………………………………… 785
　　第六章 ……………………………………………………………………………… 841
　　第七章 ……………………………………………………………………………… 854
　　第八章 ……………………………………………………………………………… 870
　　第十章 ……………………………………………………………………………… 923
　　第十一章 …………………………………………………………………………… 929

附录Ⅲ ……………………………………………………………………………………… 956

导　论

　　近代上海在中国的经济、政治历史发展上具有独特的意义和地位。多年来,国内外学者从政治、经济、文化、社会等各方面对这段历史进行了研究。西方列强在近代上海房地产业中的投资占它们在全中国房地产业投资的半数左右。一些国外投机家怀着一夜暴富的梦想来到中国,并在上海的房地产业中梦想成真,累积起巨额的财富。近代上海的房地产业是国外国内资本竞相追逐利益的行业,是上海投机活动最盛行的场所,是最一本万利的行业,是西方列强继鸦片贸易后掠夺中国财富的新方式。然而,关于近代上海房地产业方面的研究很少:民国时期的一些研究限于作者的历史局限,一是研究年代偏短,只限于短暂几个年份的房租、地价的研究;二是研究年代只限于作者所生活的年代。当代已有的文献主要着眼于研究上海租界内房地产业的发展,而且主要研究地产的发展。关于地产交易、地价、地价税的研究较多,但是对于专门的房产、房价、房屋交易、房屋建筑质量结构随市场需求的变化而变化的研究几乎没有,研究的着眼点实质上还是地产,而没有房产。数据资料以租界内土地估价册上的地价为主要参考资料。华界的地价数据零星不成系列,只在断续的几个年份有。华界房地产业的研究成果很少,所使用的文献也很少。近代上海开埠后对于房地产业的兴起与发展的特征没有详细研究,对于华人房地产商的力量也没有详细研究,已有的研究偏重于局部,呈阶段性,缺乏整体研究、缺乏数据,使用的史料有限。

本书试以上海开埠以来到1937年上海沦陷前上海房地产业的发展为研究对象,着重分析了房地产交易制度的变迁、建筑结构类型的变化、各个时期房地产业发展所呈现的特征,力图体现近代上海房地产业发展的全貌;并分析了各种因素对房地产业的影响,旨在填补近代上海房地产业发展的研究空白,以期为当今的房地产业发展提供借鉴。

一、文献综述

关于中国以及近代上海房地产业的发展,民国时期的研究主要集中在地价、地价税、房租与住宅问题上,成果显著。对于这个时期的研究,研究者多采用实地调查的方法,收集地价、房租、每户家庭的住宅情况、工人生活状况等方面的数据和资料(这些数据和资料仍然被当代研究者所重视)。民国时期学者对于中国近代一些城市住宅问题的研究,尤其是平民住宅问题的研究,细致、充分,真实地反映了近代平民在重重压力下极其恶劣的住房条件。民国时期对于"永租制""道契""土地章程",研究认为政治上依靠不平等条约,通过对金融市场的垄断来实现对房地产市场的垄断。[1]

当代学者对于中国及近代上海房地产业的研究主要集中在开埠城市的房地产业的产生及发展、房地产的经营、"道契"制度所代表的中国房地产法律制度的变迁。赵津是当代中国房地产发展史研究的开拓者,她的研究成果界定了中国近代房地产业的概念,肯定了"道契"制度对于中国近代房地产业发展的独特意义,并对政府对房地产业的干预和调控作用作了肯定。当代学者最突出的成果是对于房地产经营的研究,对土地凭证、中介服务、经营机构、交易手段、经营方式、经营业务等方面进行了详细研究,清晰地再现了房地产经营从传统的方式转向近代方式的变迁过程。陈书正对于永租制的起源的考证,对于更全面地认识"道契"的角色和作用有极大的帮助。

---

[1] 王季深:《上海之房地产业》,上海经济研究所,民国三十三年七月。

民国时期的研究者主要是从微观的角度来进行研究,当代的研究者主要是从房地产业开始作为一个独立的行业来进行研究。当代有一些学者从现代经济学的角度研究近代上海房地产业,很有特色。例如,杜恂诚从金融学的角度研究游资对近代上海房价的冲击;徐华运用金融支持过度假说研究货币流动性过剩对近代上海房地产泡沫的作用;张婷婷、严国海从城市化的角度考察上海市区及周边地区的变化。

(一)理论文献综述

1960年,威廉·阿朗索[①]提出了城市土地利用的分析模型以及城市土地的地价分布计算方法。威廉·阿朗索提出了住户、城市厂商、城市周围农场主的竞租均衡模型,并给出了市场出清的条件,其目的是想研究在同一城市中心距离不同处的城市活动以及地租、地价的变化情况。威廉·阿朗索承继了冯·杜能的孤立农业国的土地利用的分析思想,并把这种研究思想延展到城市的土地利用分析上。威廉·阿朗索的论证前提是:城市中心是唯一的,城市土地以该中心点呈同心圆的形状向周围扩展蔓延,各个方向的土地、地形、交通环境等都是同质同性的平原,距离城市中心越近,交通成本越低。威廉·阿朗索的数学模型分析以古典的微观经济学模型为基础,以等效用曲线为约束条件,一定收入下,以距离城市中心不同处居民所愿意付出的最大地价变化为分析对象,建立了居民均衡模型、厂商均衡模型、城市近郊地区农场主均衡模型。威廉·阿朗索从动态变化考察了收入变化、人口增长和技术进步对个人竞价曲线变化的影响。在工业化城镇,如果土地需求小,那么高收入阶层会选择靠近城市中心的区位居住;如果土地需求大,土地紧俏,那么高收入阶层会选择城市外围及郊区居住。在未实现工业化的城镇,情况则不同。富裕的商人居住在城镇中心区,普通人则居住在城镇外围。人口的增长导致对土地需求的增加,从而引起土地价格的上涨。在其他条件不发生变化的情况下,单纯的人口增长会使贫困阶层与富裕阶层居住区间的界限发生变化,原来富裕阶层居住区中的一些房屋会进入贫困阶层居住的范围内。交通

---

① [美]威廉·阿朗索:《区位和土地利用》,商务印书馆1964年版。

技术的改进会使交通更为便利、交通成本降低,这会影响土地价格,使市中心的价格下降、城市外围区的价格上升。土地税收不会影响土地价格以及居住模式。市区建设需要有力的城市规划,以使不同收入阶层的居民居住在规划的区域内。

1968年,德国的沃尔特·克里斯塔勒在其著作《德国南部中心地原理》[①]一书中提出了中心地的确定方法,给出了地点中心性公式,划分了中心地的等级和类别,认为该地是否具有中心功能,最好的确定方法就是考虑该地方所有的商品交换的设施,其中之一就是市场地。中心设施存在的地方,就是一个中心地。

1981年,美国布赖恩·贝利在其著作《比较城市化》[②]中研究了19世纪以及20世纪世界城市化的经历,认为欧洲、美洲和第三世界国家的城市化过程存在显著差异,这些差异表现在不同的城市驱动力、不同的文化背景、不同的技术影响。布赖恩认为北美的城市化是技术变革和社会变革驱动的结果,欧洲的城市化是在多种有效方法控制下完成的,第三世界城市化是难以控制的动力所产生的结果。布赖恩认为市场经济的发展是城市化的主要驱动力。随着市场经济的发展,劳动分工和专业化程度日益加强,城市的集聚效应产生了高生产效率,大量的农村人口迁移到城市,掌握各种技术;市场经济建立,使传统的经济模式受到冲击并产生变革。两种经济模式相互作用,影响不断地延伸,城市化的进程被不断地驱动。

美国的丹尼斯·迪帕斯奎尔、威廉·C. 惠顿[③]提出,如果长期利率上升,那么资金就会逃离房地产市场,使房地产市场需求下降、房价下跌;如果长期利率下降,那么资金就会涌入房地产市场,使房地产市场需求上升、房价上升。城市住宅和土地市场具有自然的分化功能,可以自然地分化不同的居民居住地和功能不同的土地区域。住宅价格与都市区域大小、都市发展前景、建筑成本存在正相关关系。住宅价格变动存在周期性

---

① [德]沃尔特·克里斯塔勒:《德国南部中心地原理》,商务印书馆2010年版。
② [美]布赖恩·贝利:《比较城市化》,商务印书馆2010年版。
③ [美]丹尼斯·迪帕斯奎尔、威廉·C. 惠顿著,龙奋杰等译:《城市经济学与房地产市场》,经济科学出版社2002年版。

和内生性。

美国的约翰·P. 威德默[1]认为房地产投资具有安全感，可以升值和带来租金收入等，所有者的权益能得到保护；但缺乏流动性，会受到物业损害，价值容易受立法影响。

美国的查尔斯·J. 雅各布斯[2]提出了利用市场比较方法、成本法和收益法这三种方法估算房地产价格，即给予每种方法一定的权重。房地产价格是三种方法的加权价格。

美国的理查德·M. 贝兹、赛拉斯·J. 埃利[3]提出了"邻里"的定义："邻里"是土地用途相似、价值接近（大多数情况下）的房地产所构成的群，是一组用途互补的土地，一组居民建筑物或商业企业相近似的群体。邻里的边界并不是很明显，从一个邻里到另一个邻里，房地产的特性是逐步变化的。

美国的丹尼斯·J. 麦肯泽、理查德·M. 贝兹[4]认为不动产市场是不完全竞争市场。不动产市场具有以下特征：(1)不动产市场信息不对称；(2)参与不动产交易的市民一般不具有交易技术和必要的法律知识；(3)每一宗不动产都是独立并且唯一的；(4)土地不可转移。供需原理仍然是影响不动产价值的重要因素。土地的供给是固定的，短期内土地的利用也是固定的，因此土地的价格只随着需求波动。短期内，如果需求上升，房价和租金就会上升；如果需求下降，房价和租金也就会下降。不动产需求的变化，是由人口、收入、抵押信贷的可得性、个人的生活方式和政府行为的变化造成的。过多的货币供给能引发通货膨胀并且损害不动产市场。通货膨胀影响决策者的信心，使建筑成本上升、人们的可支配收入减少、对不动产的需求减少。而建筑率、转手率、拆毁率以及政府行为的变化则造成了长期供给的变化。

作者认为各社区区位和该区内不动产的价值及用途主要受经济活动

---

[1] ［美］约翰·P. 威德默：《房地产投资》，中译本，中信出版社2005年版。
[2] ［美］查尔斯·J. 雅各布斯：《房地产概论》，中译本，电子工业出版社2007年版。
[3] ［美］理查德·M. 贝兹、赛拉斯·J. 埃利：《房地产估价》，中译本，电子工业出版社2008年版。
[4] ［美］丹尼斯·J. 麦肯泽、理查德·M. 贝兹：《不动产经济学》，中译本，中国人民大学出版社2009年版。

的影响。社区的区位由中心市镇、交通运输服务市镇、特殊功能市镇这三个因素决定。可用的交通运输系统与当地的地形决定该地区的功能定位,并决定最初市镇的选址。市镇的起源和选址的因素,影响了早期的建筑物和街道的布局。同样,这些早期的建筑物和街道布局对市镇成熟后的整体形状和布局产生了重大影响。社区的增长要求伴随人口增长所带来的工作岗位的增长,社区出口的商品和服务的增长以及生产效率的提高所带来的个人福利的增加,或者是实现其他社区目标所带来的增长。不动产价值的变化总是首先通过邻里的水平观察到。住房需求受到三种主要因素的影响:人口数量及人口统计特征、有效收入和相关信用状况、消费者偏好和生活方式。住房供给在短期内是固定的,住房供给的变化是长期而缓慢的。

英国的查尔斯·古德哈特、德国的鲍里斯·霍夫曼[1]运用17国的数据作了实证研究,认为房价大体上引领着实体经济的发展,实际房价的转折点普遍地引导着经济周期的转折点。房价和经济周期之间存在着密切关系。通过运用17国的数据对信贷模型进行实证研究,作者发现房地产价格的变动对银行信贷的影响极其显著,并且是持续的、积极的动态影响,这表明房地产价格是银行信贷的重要驱动力。作者认为,这暗示房地产市场的繁荣—衰败循环,或许被传导到信贷市场,导致严重的金融失衡,或许会对宏观经济和银行体系的稳定构成威胁。

1994年,詹玉荣、谢经荣[2]研究了民国时期农村和城市土地地价的种类及计算方法、价格的变动及影响因素,认为民国时期的大城市地价以市中心为最高价,随离中心距离的增加而下降。地价随人口的增加、经济的发展、市政建设的加强而升高。

2005年,沈正超提出[3]应该培育发展上海房地产二级、三级市场,使土地使用权转让、房地产转让及再转让各有其专属市场,并提出了房地产

---

[1] [英]查尔斯·古德哈特、[德]鲍里斯·霍夫曼:《房价与宏观经济——对银行业和物价稳定的影响》,中译本,东北财经大学出版社2010年版。

[2] 詹玉荣、谢经荣:《中国土地价格及估价方法研究——民国时期地价研究》,北京农业大学出版社1994年版。

[3] 上海市房地产经济学会:《热点、难点、焦点——沈正超、庞元、李国华房地产经济论文选》,学林出版社2005年版。

指标体系的框架,研究了引用外资建设微利住宅的可行性和降低商品房空置率的办法。庞元研究了公有使用权的有偿转让,运用收益还原法评估公有住房使用权价格。李国华研究了收回、租赁、征收土地中所涉及的土地使用权问题。

王克忠[1]提出了城市级差地租Ⅲ的概念,即投资引发的周边或两边一定范围的不同地块产生的级差收益。级差地租Ⅲ是投资者所投资地块收益的外溢化,表现为周边相邻地块的升值。级差地租的产生有其特殊原因。

王克忠在马克思的土地价格公式 $v=a/r$ 的基础上引入土地资产折旧和土地资产利息两个因素,用 K 代表这两个因素,提出地价公式应为 $v=a/r+K$,认为土地价格的决定机制不同于一般商品。因为土地不是商品,它的价格主要由土地收益决定。城市土地价格由地理位置,土地周围的宏、微观环境,土地的使用价值这三个因素决定。由于土地的供给无弹性,因此土地价格主要由人们对土地的需求决定。城市土地的价格呈现不断升高的趋势,非均质性使每块土地的价格都必须单独测算。作者分析了地价和房价之间的关系,认为房价包含地价,地价是房价中最能动的部分,地价的实现要依靠房价及房产的使用价值来实现。

周京奎[2]提出了金融支持过度的假说,认为金融支持过度形成了房地产泡沫,并运用最优控制理论探讨了金融支持最优路径问题。周京奎认为,在房地产市场繁荣时,更容易出现金融支持过度,房地产市场存在严重的投机行为,投资膨胀,房价飙升,形成房地产泡沫。当房地产泡沫破裂,借款者无力还贷,形成大量的呆账、坏账时,会引发金融危机。

郭金兴[3]认为房地产具有虚拟资产的性质,并研究了现代房地产作为虚拟资产的定价方式、价格的强烈波动性等特征,重点研究房地产的波动性与宏观经济的周期性波动之间的关系,提出中国房地产市场改革过程中潜在的风险与如何防范风险。

---

[1] 王克忠:《房地产经济及其周期研究——王克忠义选》,上海财经大学出版社2005年版。
[2] 周京奎:《金融支持过度与房地产泡沫——理论与实证研究》,北京大学出版社2005年版。
[3] 郭金兴:《房地产的虚拟性及其波动研究》,南开大学出版社2005年12月版。

鞠方[①]认为房地产业具有实体经济和虚拟经济的性质,虚拟经济因素在房地产泡沫的形成及破灭过程中发挥着关键性的作用,并提出用实体经济和虚拟经济的二元结构分析框架来分析房地产泡沫的生成机理,认为金融约束放松使大量的货币资金聚集于房地产市场,直接导致房地产泡沫的形成。

2009年,柯庆耀、陈燕武[②]对澳门房地产发展进行了实证研究,提出了计量模型,并对该模型进行了验证。

$$PROPE = C_1 + C_2 + PGDP + POPT + C_3 DE + C_4 L_T + e_i$$

式中,$PGDP$为生产总值;DE为存款总量;L_T为房地产贷款;$PROPE$为房地产成交值;$POPT$为人口。

陈杰[③]提出了动态的房价收入比方法:在计算房价收入比时要把收入的预期增长考虑进去,指出国际房地产学界认为房价收入比或者月收入比指标的制定缺乏理论基础,提出应该使用剩余收入法来衡量住房可支付能力,即如果在花费了社会认为合理的住房支出后剩下的收入有多少。如果剩余收入不足以过上基本正常水准的生活,那么就属于住房困难家庭,政府就有责任补贴;如果剩余收入低于社会贫困线,则称这样的家庭陷入住房问题导致的贫困。

周建军[④]认为房地产泡沫是房地产货币化和房地产虚拟化的产物,是现代货币经济条件下不同经济主体追逐既具有真实财富又具有虚拟财富特性的房地产过程中博弈的结果。游资作为高度不确定性的虚拟化货币,对房地产泡沫的生成及维持起着至关重要的作用。游资的流向变化导致房地产市场冷热不均且变化多端。虚拟经济和实体经济脱节,实体投资和虚拟投资的不确定性差别进而带来的高收益率差别是导致大量游资流向房地产市场,造成房地产泡沫的深层因素。

---

① 鞠方:《房地产泡沫研究——基于实体经济和虚拟经济的二元结构分析框架》,中国社会科学出版社2008年10月版。
② 柯庆耀、陈燕武:《澳门房地产发展研究》,社会科学文献出版社2009年11月版。
③ 陈杰:《城市居民住房解决方案——理论与国际经验》,上海财经大学出版社2009年版。
④ 周建军:《游资冲击与房地产泡沫研究》,中国社会科学出版社2009年版。

宁建华[①]运用中国 1986—2008 年的数据分析了中国房地产发展的周期性,并运用安徽、浙江两省的数据对安徽、浙江两省的房地产业发展进行了实证分析,研究了房地产泡沫的表现及其形成原因、房地产泡沫的评估方法。本书使用的是 Ramsey 的古典经济增长模型,但在 Ramsey 的修正黄金率模型基础上增加了通货膨胀率的因素来决定资产基础价值,并用 1 年期存款利率作为资产基础价值最小值,5 年期存款利率作为资产基础价值最大值,当资产实际价值超过最大值时,为资产价值存在正泡沫或膨胀性泡沫;当资产实际价值低于最小值时,为资产价值存在低估现象;当实际价格介于两者之间时,资产不存在泡沫。

洪涛、高波、毛中根[②]在其模型中界定了自相关系数与收敛系数这两个重要指标,认为不同的外生冲击对这两个系数有不同的影响,而它们决定了房地产真实价格波动形态的差异。作者利用 1998—2003 年中国 31 个省(市、区)的面板数据对中国房地产市场进行了实证研究,认为扣除通货膨胀因素后,在人均可支配收入和建筑成本较高、税后住宅抵押贷款利率较低的地区,自相关系数较大,收敛系数较小,房地产价格具有更大的波动性。为使房地产价格水平维持在均衡价格附近,采取降低开发成本和提高消费者购买成本的办法较为有效。

(二)有关近代上海房地产业已有的著作和论文

1934 年,王慰祖在其著作《上海市房租之研究》[③]中分三部分研究了上海市的房租问题:第一部分研究上海市房租与宅地供需之间的关系;第二部分研究上海市房租的变迁;第三部分研究房租与地价的关系。

作者分析房租与宅地供给的关系,认为上海市房租增加的主要原因是上海市住宅建筑结构失衡。人口增加后低等住宅的建筑没有增加,建筑商主要建筑中上等住宅,因而出现中上等住宅供过于求,而低等住宅则非常匮乏的局面。又因为政府的社会政策使房主承担重大负担,致使建

[①] 宁建华:《房地产经济学实证研究》,安徽大学出版社 2010 年版。
[②] 洪涛、高波、毛中根:《外生冲击与房地产真实价格波动——对 1998—2003 年中国 31 省(市、区)的实证研究》,载《财经研究》,2005 年第 11 期。
[③] 王慰祖:《上海市房租之研究》//萧铮:《民国二十年代中国大陆土地问题资料》,成文出版社有限公司(美国)中文资料中心印行 1977 年第 1 版,第 49991—50545 页。

筑商不愿为劳工群众建筑,所以低等住宅供给日益减少而需求日增,导致房租昂贵。

作者认为民国十五年到民国二十二年(1926—1933年),上海的房租飞涨,其主要原因有:由于地价狂涨与金贵银贱的影响,各种建筑材料随金价而暴涨。而其内幕是因为房地产被组织机关操纵,并且上海工商业萧条,金融界不愿投资,大量的闲置资金纷纷投资于"风险低,利息高"的房地产业。而上海房地产业"风险低,利息高"的唯一原因是上海市人口飞增。

关于房租与地价的关系,作者认为房租与地价是同向相关关系。地价涨,房租涨;地价落,房租也落。房租猛涨、地价激增是其主要原因。但是上海市地价与房租增长的速率相差甚大,地价增长速率快。

作者认为房租的高下与人口的增减成正比例关系。房租并不随收入的增减而增减,因为除了收入因素外,房租还受其他因素的影响:一是工作地点,二是居住习惯,三是社会的顾虑。这三种因素都有力地影响着住房决策。由于土地的不可转移性,在便宜位置的房屋依然越来越短缺,因此房租腾贵。在其他原因不变的情况下,房屋建筑与房租成反比关系。房屋建筑多,房租低;房屋建筑少,房租就高。房屋的高度也影响房租的高低,层次多的房屋,其房租就比层次少的房屋租赁费低。

1935年,张辉[1]研究了民国二十年至民国二十一年上海市华界、公共租界、法租界三区的地价变动情况,说明了各区地价高下的程度及变动的原因。

1944年,王季深在其《上海之房地产业》[2]一书中认为上海房地产业百年来被外国人垄断,完全是凭借不平等条约所赋予的特权。道契成为上海市金融市场上数量大而流通最容易的信用工具,主要是因为外国人垄断了资本市场,是外国人在有意识地垄断金融市场后又垄断地产行业。上海百年以来的房地产业呈直线上升趋势,主要是租界的土地投机造成的虚假繁荣。上海的房地产业在外国人的垄断下对于中国社会经济没有

---

[1] 张辉:《上海市地价研究》,正中书局,民国二十四年七月出版兼印行。
[2] 王季深:《上海之房地产业》,上海经济研究所民国三十三年七月版。

起到帮助的作用,反而阻碍了中国社会经济的发展。太平洋战事发生后,上海房地产业虽然由华商主导,却被投机家利用,危害民生。王季深认为中国的房地产交易性质与欧美不同,只是一种短期的投机行为,从业人员在交易过程中使用各种不良手段,妨碍公平交易,阻碍了房地产业的发展。

1985年,张仲礼、陈曾年[1]研究沙逊集团的房地产经营。沙逊集团从抵押放款逐步走向房地产业的原因,主要是租界为增加财政收入而不断地调整地价,促进了地价的上升,使房地产业成为获利最丰厚的行业,从而推动了房地产的投资兴盛。在1920年以前沙逊集团的房地产投资平均利润为每年50.43万两,平均利润率高达24%。20世纪二三十年代前后,外资和内地大量的游资冲击,造成了上海房地产业的繁荣,但是这种虚假繁荣背后充满了投机机会。

1991年,赵津[2]以上海、天津、广州、厦门、汉口、南京这些最早开埠的城市为主要研究对象,分析了中国近代城市房地产业的发展,认为《上海土地章程》的订立对于中国近代房地产业的产生和发展至关重要。在租界获取土地的过程中,土地作为商品进入流通领域,提供了中国近代房地产业诞生的前提条件。"永租制"在土地制度由传统的封建租佃制度向近代资本主义土地制度转变过程中起到了重要的"媒体"作用。"道契"标志着从封建土地契证到资本主义土地契证的一次飞跃。租界的扩张过程是一种城市化过程,促进了新型房地产市场的发育和发展。

作者认为,1870年以后是上海租界房地产业的稳定发展时期;1840—1900年是中国近代城市房地产业的初兴阶段;20世纪二三十年代,是房地产业的黄金时代;中国房地产业走向衰落的时间是1937—1949年,日本侵华战争是唯一原因。

作者认为近代中国具有资本主义性质的房地产商品市场不是从封建的社会经济中自发产生的,而是从西方直接借鉴的。外国房地产商作为近代中国房地产业的创始人占有垄断地位。近代中国房地产商的多种经

---

[1] 张仲礼、陈曾年:《沙逊集团在旧中国》,人民出版社1985年版。
[2] 赵津:《中国城市房地产业史论(1840—1949)》,南开大学出版社1994年版。

营方式说明了新型房地产业的发展。政府干预的作用,是通过间接投资与创造良好的软环境,促进房地产业发展的。开埠城市土地管理的方法中,地价税是重要的调节手段。地价起到配置土地资源的作用。影响地价的因素有人口、区位、市内交通、社会政治等。

丁日初[1]认为,上海开埠后外国人用资本主义的方式使用土地,产生了近代上海的房地产业。洋行和买办在近代上海的房地产业发展中起了重要作用。近代上海的房地产业经营虽然没有像工商业投资一样引进新式的生产技术,但是它促进了资本主义土地制度的产生和发展,对上海的经济布局产生了积极的影响。上海房地产业在1895年以后进入繁荣阶段,华商房地产商的加入促进了房地产业的进一步发展。房地产吸收了大量的投资,其实质是体现了社会再生产中的积累。

夏杨[2]研究了上海道契制度所表现出来的法制变迁,认为道契制度简化了地权制度。在道契的影响之下,土地产权充分简化,土地流转速度加快,土地交易频繁,近代的房地产市场由此产生和发展,并带动了相关的法律制度的变化。

贾彩彦[3]研究了近代上海市区租界与华界内土地管理思想的发展,认为城市土地管理的变革加速了城市化的进程。对于土地私人产权的承认和保护,是近代上海房地产业产生和发展的前提条件。土地价格的管理思想有益于土地税收制度的完善,抑制土地投机。土地使用管制思想是城市规划管理的核心。

张笑川[4]研究了近代闸北华界与租界的发展,认为闸北是近代上海独具特色的重要城区,是矛盾最集中、内涵最丰富的城区,其中,政治因素是制约闸北发展的决定性因素。闸北华界的工业、市政设施的发展长期依赖于租界。华界的商业明显落后于租界,闸北的市政具有一定的成就,显示上海华界具有自治能力。华界比租界落后的主要原因是兴起较晚、基础较差、管理不足、资金匮乏。

---

[1] 丁日初:《上海近代经济史》第一卷、第二卷,上海人民出版社1994年版。
[2] 夏杨:《上海道契:法制变迁的另一种表现》,北京大学出版社2007年版。
[3] 贾彩彦:《近代上海城市土地管理思想(1843—1949)》,复旦大学出版社2007年版。
[4] 张笑川:《近代上海闸北居民社会生活》,上海辞书出版社2009年版。

张生[1]从上海房荒的角度研究了在上海房荒的大背景下上海房客运动的问题。作者认为房客运动是上海社会运动中不可缺少的一种变异的边缘商民运动。租界内空房闲置，租界外人满为患的畸形"房荒"现象，其背后的原因是上海地产已脱离了固定资产的性质，变为一种能够迅速流转的投机商品。同时，房市被把持，房价和房租昂贵，超出了平民的承受能力，以致出现了大量的房屋闲置与大量的平民无房居住的畸形"房荒"现象。

张群[2]从人权的视角，以住房制度为中心，考察中国古代、近代和当代的住房权问题，着重探讨中国住房权的历史发展与住房权保障的基本规律，认为民国时期的住房权思想受西方住宅立法思想、孙中山住房保障思想的影响，引进西方法制后，逐渐形成了包括房租管制、公共住宅、奖励私人住宅等在内的住房权保障制度，并在实践中不断地修正和完善。

张仲礼、沈祖炜[3]认为近代上海市场各产业齐全、发育完整，而且直接与国际市场接轨，是一个国际化、多功能的大都市。

赵金康[4]认为南京国民政府时期住房完全商品化的分配机制使住房垄断在特权阶层贫富差别更加拉大，成为加速南京国民政府垮台的一个重要原因。

陈正书[5]认为永租制的起源与江南的永佃制有密切的关系，同时与英国国内相似的土地租赁习惯有联系。当时英国国内也是由英王拥有国土的所有权，类似于中国皇帝是国土所有者的观念，所以土地租赁是两国观念上的契合。另外，英国在订立永租制时吸取了印度的殖民地政策的经验。

张伟[6]认为租界内人口高速膨胀使租界内地产业兴起，迅速发展的

---

[1] 张生：《上海居，大不易：近代上海房荒研究》，上海辞书出版社2009年版。
[2] 张群：《居有其屋：中国住房权历史研究》，北京社会科学文献出版社2009年版。
[3] 张仲礼、沈祖炜：《近代上海市场发育的若干特点》，载《上海社会科学院学术季刊》，1994年第2期。
[4] 赵金康：《南京国民政府时期房地产述论》，载《民国档案》，1995年第2期。
[5] 陈正书：《近代上海城市土地永租制度考源》，载《史林》，1996年第2期。
[6] 张伟：《租界与近代上海房地产》，载《西南交通大学学报（社会科学版）》，2002年第3期。张伟：《近代上海租界房地产开发略述》，载《文史杂志》，2004年第2期。

房地产业推动了租界的扩张与发展。近代上海房地产的巨大经济利益是上海租界飞速扩展的主要因素,租界内的房地产业是外国列强疯狂剥削中国人民的重要途径,上海的房地产业占到列强在全国房地产业投资的一半以上,有重要的历史地位。

吴建章[①]认为,1853—1855年上海小刀会起义造成的华洋杂居局面使租界内地产业兴起,促进了租界内房地产业的初步形成。

王庆国[②]认为外商在近代上海的房地产业发展过程中占据了主导地位,塞法迪犹太人是典型代表,他们在房地产业的垄断地位影响了近代上海城市的规模格局、城市化的进程以及建筑业的发展。

杜恂诚[③]认为,当时的房地产消费以租房为主,不同类型的居民有不同层次的收入水平,收入的不同决定了居民不同的住房选择。近代上海房地产价格呈长期上涨趋势,这与涌入上海的大量的国际游资投机逐利有关。作者认为古代房地产交易中的找贴风俗是古代房地产交易效率低下和高交易成本的表现,也是产权不明晰的体现。近代市场经济的发展使房地产交易向产权明晰、高效率和低交易成本转化,房地产交易中的"亲邻优先权"淡化消失,找贴习俗也因不符合市场经济的发展而被淘汰。

李卉卉[④]认为,近代上海在城市化过程中的填浜筑路现象是当时历史条件下符合社会现实和自然区域特点的选择,与越界筑路成为租界扩张的两个重要手段,也为上海成为国际大都市奠定了空间基础,但是在推进近代上海城市化的同时也破坏了上海的自然环境,在排水、防汛等方面产生了不利影响,使当地的水乡历史文化消失。

闫东玲[⑤]认为,外商银行促使近代上海金融市场的成长,使近代上海的金融市场成为国际资金流动的重要场所。

---

① 吴建章:《小刀会起义与上海租界房地产业的初步形成》,载《东华大学学报(社会科学版)》,2004年第2期。
② 王庆国:《试论外商与近代上海房地产业——以塞法迪犹太人为例》,载《社会科学家》,2005年第S1期。
③ 杜恂诚:《收入、游资与近代上海房地产价格》,载《财经研究》,2006年第9期;杜恂诚:《从找贴风俗的改变看近代上海房地产交易效率的提高》,载《上海经济研究》,2006年第11期。
④ 李卉卉:《从填浜筑路看上海中心区的河道变迁》,上海社会科学院硕士论文,2006年。
⑤ 闫东玲:《外商银行在近代上海成长中的作用》,载《潍坊教育学院学报》,2007年第1期。

姚凯[①]认为，近代上海租界直接使用西方的城市规划方法，国民党政府较为系统地引进了西方的城市规划思想，给以后上海城市规划的实施带来了巨大的影响。

陈珂[②]通过还原英册前300号道契的地理位置，研究所涉及的自然环境、人口、坟墓、河道等情况，显示了上海开埠后租界逐步向西扩张的情况，证明了小刀会起义造成的华洋杂居局面使租界经济发展迅速、城市化进程加快的观点。

陈仕中、黄英良[③]认为，中国最早的房地产行业组织是1926年在上海由外国房地产商建立的房地产业主公会和同一时期华商成立的上海房地产公会。近代中国的房地产行业组织的产生反映了社会需求，有一定的法律依据，得到了政府行政管理体系的许可，对于近代房地产业的发展起到积极的影响。

徐华[④]认为，上海1929—1935年的房价波动有内生的因素，也有外生的因素，金融支持过度是产生房地产泡沫的原因。而货币流动性过剩的原因有两个：(1)货币的对外贬值和对内升值；(2)城市和农村的二元经济结构。

徐峰[⑤]认为，开埠通商促进了口岸城市的国际贸易，进一步促进了开埠城市商业的发达和近代中国城市化的初步发展。

牟振宇[⑥]采用城市道路、基础设施和城市用地三要素来定义城市空间概念，认为近代上海城市发展人为规划的特征明显，但符合城市发展的一般规律，即道路铺设在先，基础设施建设在后。随着人口的增加、商业用地的增加，产生了向外扩张的动力，于是城市继续扩张。

---

① 姚凯：《近代上海城市规划管理思想的形成及其影响》，《城市规划》，2007年第2期。
② 陈珂：《上海道契所保存的历史记忆——以〈上海道契〉英册1—300号道契为例》，载《史林》，2007年第2期。
③ 陈仕中、黄英良：《近代中国房地产行业组织合法性探究及其现实思考》，载《求索》，2007年第5期。
④ 徐华：《近代上海房地产市场波动的金融分析(1929—1935)》，载《财经研究》，2007年第11期。
⑤ 徐峰：《商业与近代中国城市化的启动(1840—1895)》，载《北方论丛》，2008年第2期。
⑥ 牟振宇：《近代上海法租界城市空间的扩展》，载《城市规划学刊》，2008年第2期。

严国海[1]认为近代上海平民住房主要采用银行贷款和向垄断企业借款的融资方式来弥补财政投入的不足。还贷依靠租金收入，导致租金偏高，无法达到改善平民生活质量的目的。

李雷[2]研究了近代上海房地产经营中的各种经营形式、参与主体、经营手段、经营条件、经营业务、经营特点、资金来源以及上海房地产经营的影响，认为近代上海房地产的发展主要与以下三个因素有关：(1) 与政治权力相结合；(2) 与金融业关系密切；(3) 经营策略较为科学。近代上海的房地产经营推动了上海城市的发展，奠定了上海区域经济的基础，推动了建筑业的发展。

王玉婷[3]认为，从产权理论的视角看，道契制度充分体现了西方的法治思想，对近代上海传统的土地交易和管理制度产生了巨大的影响。

孔令彬[4]认为，近代上海房客团体是中下层市民的代表，为解决房屋租赁纠纷、维护房客群体的利益发挥了积极的作用。

朱荫贵[5]认为，抗战时期是华商房地产公司发展的高峰期，占据房地产市场的主导地位，体现了近代上海市场经济的发展情况。

田凯[6]认为，房地产广告最早出现在19世纪下半期的上海，并随着房地产市场的发展逐渐成熟。房地产广告反映了房地产市场的发育状况、房地产市场的经营理念及人们居住理念的变化。总的来说，房地产广告反映出房地产业参与主体多元化、从业人员专业化、业务范围扩大化、资本运作现代化，以及住房需求的变化等特点。

张婷婷[7]认为，近代上海中心城区城市化的发展，带动了边郊地区城市化进程。越界筑路延伸到边郊地区，公用事业和市政建设随之发展，人口增多，商业发展，这些地区步入城市化进程。

---

[1] 严国海：《20世纪二三十年代上海平民住房融资模式初探》，载《财经研究》，2008年第6期。
[2] 李雷：《近代上海房地产经营活动研究》，江西师范大学，2008。
[3] 王玉婷：《产权视野下的晚清上海道契制度》，复旦大学，2009。
[4] 孔令彬：《上海房客团体研究(1921—1937)》，华中师范大学，2009。
[5] 朱荫贵：《抗战时期的上海华商房地产公司》，载《安徽史学》，2011年第3期。
[6] 田凯：《从房地产广告看近代中国房地产市场》，载《文史杂志》，2001年第4期。
[7] 张婷婷：《城市化进程中的边郊地区》，上海师范大学，2006。

（三）关于近代中国房屋住宅问题已有的著作和论文

鲍家驹[①]研究了民国二十一年到民国二十四年汉口市的住宅情况，认为汉口市住宅严重短缺，住房质量低劣，住宅拥挤，卫生极差，房租昂贵，"二房东"剥削严重。汉口市政府兴建的平民住宅因为面积太小、房租高、交通不方便等，平民不愿居住，所以使平民住宅政策失效，大量的棚户区无法改善。

陈岳麟[②]研究了南京市的住宅发展状况，认为南京房屋供给日趋短缺，住宅问题日趋严重，办理租赁手续困难，房租负担沉重，住宅质量低，住宅拥挤，卫生差，存在大量的棚户区。南京市地价的变动是住宅问题日趋严重的原因之一。

王槃[③]统计了民国二十年昆明市的房屋分布公产占总数的7.8%，民产房占总数的89.4%，教产占总数的2.7%；租赁户数占67.6%，自有户数占32.4%。房屋用作铺面的占到65%左右。从1929年至1932年，房价一直上涨，民国二十一年后至二十七年房价跌落，但在1938年以后至抗战时，昆明的房价高昂，几乎是1932年的两倍。作者认为，在抗战以前昆明市的房屋供求平衡，因为社会安定，房屋交易少，而且在供求范围内活动。因此昆明市并无操纵房地产市场而牟利的营业，很少有大量的建筑房屋商品化的房地产商，房价一般都在建筑成本之下。抗战爆发以后，昆明处于后方，人口激增，房屋供求失衡，求大于供，因而房地产投机商也应时而生，以从事房地产投机生意牟利，房价随之高涨。昆明市的房屋租赁并无经纪人或经纪机关，大多是出租人自行经营办理。

（四）关于近代中国房租、地租、地价问题已有的著作和论文

张季明[④]研究了民国时期长沙市地价问题及房租问题，认为影响各

---

① 鲍家驹：《汉口市住宅问题》（1936年）//萧铮：《民国二十年代中国大陆土地问题资料》，成文出版社有限公司（美国）中文资料中心印行1977年第1版。
② 陈岳麟：《南京市之住宅问题》（1937年）//萧铮：《民国二十年代中国大陆土地问题资料》，成文出版社有限公司（美国）中文资料中心印行1977年第1版。
③ 王槃：《昆明市房屋问题》（1939年）//萧铮：《民国二十年代中国大陆土地问题资料》，成文出版社有限公司（美国）中文资料中心印行1977年第1版。
④ 张季明：《长沙市地价之研究》（1933年）//萧铮：《民国二十年代中国大陆土地问题资料》，成文出版社有限公司（美国）中文资料中心印行1977年第1版，第40953—41522页。

区地价高低的因素是地理位置、交通、商业、文化、人口。发生城市居住问题的原因是人口增加迅速,城市面积扩展不易,土地投机盛行。房租租赁制度不合理的产生根源是土地私有制。房租是使用权的代价,房租包含地租与资本的摊返费两个因子。如果房租中地租成分占高比例,则是有剥削性质,地租越涨,剥削越多。如果房租与地租有适当的比例,则房租不失公平性。

魏树东[①]论述了地价与地租、地租与房租的关系,认为地价由地租形成,地租高者其地价高,地租低者其地价低。在实际生活中,地租与房租相合,统称为房租。房屋出租的价格上升(下降),则宅地地租上升(下降);地租上升(下降),则地价上涨(下跌)。市中心地价由市中心房租减市郊区房租之差与市场利率相乘计算可得。

1912年至1924年北平市房租极高,为黄金时代;1925年至1927年渐趋衰落;1938年政府迁移南京后直线下跌,1932年略回升。1926年至1927年,北平市人民的房租总体上高于生活费。1928年,总生活费高于房租,一直持续到1932年。1932年后,房租急剧上升,远高于生活费的支出。

北平市地价、地租、房租变动的原因有:人口的增减、经济力量、交通的发展、区划对于地价的影响、设备、治安条件、法律关系、土地投机、个人的努力。北平市地价、地租、房租变动的政治原因是政治中心的地位,以及这种地位被南京取代;变动的经济原因是交通阻隔;变动的第三大原因是工业,北平不是工业城市,所以没有大规模的机器工厂;变动的社会原因是首都南迁使失业人数增多。

房师文[②]对于1912年前至1933年的天津市地价变化作了详细研究,并分析了地价变动的原因。一般原因为:土地所有权观念的演变、货币购买力的变动、人口的变动、政治情况、工商业发展、交通;地价变动的特殊原因为:行政机关的干预、土地投机的影响、城市利率的高低、地主个人的

[①] 魏树东:《北平市之地价地租、房租与税收》(1934年)//萧铮:《民国二十年代中国大陆土地问题资料》,成文出版社有限公司(美国)中文资料中心印行1977年第1版。

[②] 房师文:《天津市地价之研究》(1934年)//萧铮:《民国二十年代中国大陆土地问题资料》,成文出版社有限公司(美国)中文资料中心印行1977年第1版。

能力。

高信[①]研究了南京市1928年至1933年的地价问题,认为导致地价变动的各种因素有:(1)人口的增减;(2)政局的安危;(3)经济的荣枯;(4)社会建设的优劣;(5)交通的发达程度;(6)经纪人制度的兴革;(7)土地投机的多寡;(8)地产抵押的难易。他还提出了解决地价问题的对策:(1)施行地价税;(2)施行土地增值税。

林传沧[②]研究了福州、厦门两市的地价分布情况,地价变动的概况及其原因,认为马路开辟、商业兴盛、人口激增、土地需求日盛,加上当时南洋的商业景气,华侨汇款纷纷投资于房地产业,是福州、厦门房地产业兴起的原因。

佚名[③]研究了1931年左右重庆市地价与房租的问题,认为地价情况及其变动的原因(1926年至1936年)为政治原因、经济原因、心理因素、社会因素、铁路的开通、人口的增长等,分析了重庆市地价变动对重庆社会的影响:产生房屋恐慌,火灾频发,房租已成重庆市民的沉重负担。

陈家鼎[④]研究了宜昌从咸丰四年(1854年)至1936年地价的变动,以及沙市从1912年到1937年地价的变动状况,分析了地价涨跌的原因为经济、政治、社会、自然因素的影响。

邢长铭[⑤]研究了重庆市在1937年至1938年间的地价变动情况,认为地价变动的原因是人口激增和政治因素。因为抗战时重庆作为陪都,政治地位非常重要,政治经济文化有了空前转变,所以引起地价上涨。经济发展、文化教育事业快速进展,重庆各区地价出现高低差异,是由于地理位置、交通、人口密度、文化、地上设施等方面的原因。

---

① 高信:《南京市之地价与地价税》(1935年)//萧铮:《民国二十年代中国大陆土地问题资料》,成文出版社有限公司(美国)中文资料中心印行1977年第1版。
② 林传沧:《福州厦门和汉口市的地价问题》(1935年)//萧铮:《民国二十年代中国大陆土地问题资料》,成文出版社有限公司(美国)中文资料中心印行1977年第1版。
③ 佚名:《重庆市地价与房租研究》(1937年)//萧铮:《民国二十年代中国大陆土地问题资料》,成文出版社有限公司(美国)中文资料中心印行1977年第1版。
④ 陈家鼎:《宜宾沙市之地价研究》(1937年)//萧铮:《民国二十年代中国大陆土地问题资料》,成文出版社有限公司(美国)中文资料中心印行1977年第1版,第42043—42565页。
⑤ 邢长铭:《重庆市一年来的地价之变动》(1938年)//萧铮:《民国二十年代中国大陆土地问题资料》,成文出版社有限公司(美国)中文资料中心印行1977年第1版,第42043—42565页。

潘信中①研究了长沙市1937年至1938年间的地价分布情况,以及一年来地价的变动,得出结论:长沙市的地价在1937年以前大体每年增涨,但自1937年以后,地价停止上涨且开始下跌。作者分析了长沙市一年来地价变动的原因,认为1937年以前地价增涨的原因是人口的增加、政局的安定、经济的繁荣、交通的发展、土地投机;一年以来地价之所以低落的原因是:战争影响下的心理因素和经济因素。长沙市一年来一般店铺房租的变动比较小,而一般住宅房租的变动比较大。长沙市的房屋问题已非常严重,房屋缺乏,房租高昂,居住恶化,三者互为因果。

来元业②研究了抗战时期重庆北碚区房屋的分布产权形态,房屋用途与造价,人口与房屋分配,房屋租赁情形,房租与押租的关系,租赁手续及习惯,地价与地租情况,北碚地价、地租、房租与社会经济的关系,分析了地价、地租与房租发生变动的原因,即政治原因、经济原因、社会原因、心理上的原因。

丘信③研究了1912年至1939年以来宜宾各类地价的变动情况。

孙丹五④研究了抗战时期重庆南温泉的房地租问题,认为南温泉房租问题的发生是抗战时期的特殊现象。战时重庆作为陪都,大量的人口迁入,南温泉作为旅游胜地,人口激增,房屋需求增加,但抗战结束后房屋就会空置,所以房东趁机索要高额房租,以弥补战后将造成的损失,因而引发高房租。人们因为心理上存有短期停留的思想,所以不愿购置或建筑自己的房屋,甘愿租房,而房东也趁机索要高房租。另外,战时通货膨胀也是引发高房租的一个原因。

佚名著《成都市地价与房租之研究》⑤研究成都市地价的实际情况、

---

① 潘信中:《长沙市一年来之地价与房租》(1938年)//萧铮:《民国二十年代中国大陆土地问题资料》,成文出版社有限公司(美国)中文资料中心印行1977年第1版,第41526—42034页。
② 来元业:《北碚一带房租地租之研究》(1939年)//萧铮:《民国二十年代中国大陆土地问题资料》,成文出版社有限公司(美国)中文资料中心印行1977年第1版,第33269—33860页。
③ 丘信:《宜宾地价之研究》(1939年)//萧铮:《民国二十年代中国大陆土地问题资料》,成文出版社有限公司(美国)中文资料中心印行1977年第1版,第41126—42034页。
④ 孙丹五:《南温泉房地租之研究》(1941年)//萧铮:《民国二十年代中国大陆土地问题资料》,成文出版社有限公司(美国)中文资料中心印行1977年第1版,第33269—33860页。
⑤ 佚名:《成都市地价与房租之研究》(1938年)//萧铮:《民国二十年代中国大陆土地问题资料》,成文出版社有限公司(美国)中文资料中心印行1977年第1版。

成都的房租情况，由于供给紧张，因此房租昂贵。梅光复[1]研究了民国时期汉口市的地价问题。张小林[2]研究了清代房地契的变化、特点，以及由此反映出清代保甲制的变迁。房契中所反映出来的清代房地产交易制度的变迁，认为清代契税制度沿用明制，但沿袭中又有变化。房地契文内容的变化可间接地反映出当时的社会变动对人口消长、物价升涨、契税征收的影响。清代房地契约文书是封建法律精神在社会实践中的体现，更具体地反映了现实经济关系及其法权关系的变化。

赵津[3]研究了近代政府的宏观调控对于城市土地市场的调节作用，认为由于土地市场的外部性，因此政府的宏观调控是必不可少的。

庄灵君[4]研究了清代房地产交易的法律制度、参与主体、交易契约文书、土地凭证的变迁，由传统房地产业转变为近代房地产业的过程，房牙的角色和作用，捐客作为中国近代房地产业中介人角色出现所表现的历史意义，清代房地产交易的各种方式以及政府的管理制度。

唐博[5]研究了清末民国北京城市住宅房地产发展、北京住宅市场的立法思想，住宅交易的过程和形式，政府对北京住宅市场的干预，房价的变化，房价与不同平民群体的生活，住房保障制度的变迁，以及具有近代住房保障色彩的平民住宅，认为考察房地产是否形成一个行业，即近代房地产业的起源，关键看大量的农地转化为城市土地和土地成为商品进入流通领域这两个标志。中国近代房地产业起源于开埠后的上海和香港。北京是在民国以后受上海、汉口等开埠城市的影响，出现了一些专业的房地产公司，形成了近代房地产业。

（五）关于近代上海地价税及城市规划已有的著作和论文

杨正礼[6]根据1930年上海市政府公布的各区地价以及1930年法租

---

[1] 梅光复：《汉口市地价之研究》（1934年）//萧铮：《民国二十年代中国大陆土地问题资料》，成文出版社有限公司（美国）中文资料中心印行1977年第1版。
[2] 张小林：《清代北京城区房契研究》，中国社会科学出版社2000年版。
[3] 赵津：《近代政府对城市土地经济运行的宏观调控》，载《近代史研究》，1994年第3期。
[4] 庄灵君：《清代城市房地交易管理研究》，四川大学，2006。
[5] 唐博：《清末民国北京城市住宅房地产研究（1900—1949）》，中国人民大学，2009。
[6] 杨正礼：《上海市办理地价税之研究》（1938年）//萧铮：《民国二十年代中国大陆土地问题资料》，成文出版社有限公司（美国）中文资料中心印行1977年第一版，第43207—43793页。

界及公共租界的地价,研究了上海办理地价税的原因、政策颁布过程、主要动机、实施程序、办法、过程、征收范围,上海市房捐的征收,认为上海市区估价总面积远大于租界而税收却低于租界,除了税率较低的因素外,最主要的原因是华界的地价远低于租界。上海市办理地价税的目的,其本义是增加财政收入,根本不在于解决土地问题,这与土地税的本质目的相违背。免税政策也成为当局营私舞弊的机会。土地转移税虽减轻但实行范围小,只在市区内,没有遍及全市。土地估价由于距离时价太远,过低,因此失去了地价税的征收意义,存在征收制度不合理、税率太低、房捐负担过重等问题。

向思远[1]研究了民国二十五年上海、嘉定、南汇、奉贤四县地价税的改革状况。沙曾炤[2]研究了民国时期上海市的城市规划问题。

(六)关于近代中国契税、土地管理已有的论文和调查报告

房师文[3]记录了天津市财政局和土地局在民国十九年对于前天津市房地价格的调查及规定,以及补领房契的程序。蓝之章[4]研究了民国十二年至十九年芜湖契税的征收情况。王文甲[5]研究了山东省的契税制度及田房契税。李鸿毅[6]研究了民国十八年至民国二十二年地价区的划分、土地登记及房产转移处理,特别是民国二十二年全年北平市房地转移登记核准件数、北平契税、房捐的征收、土地抵当及租典业手续与习惯、房

---

[1] 向思远:《上海、嘉定、南汇、奉贤四县改革地价税之研究》(1937年)//萧铮:《民国二十年代中国大陆土地问题资料》,成文出版社有限公司(美国)中文资料中心印行1977年第一版,第42150—42565页。

[2] 沙曾炤:《上海市之都市设计与土地利用》(1937年)//萧铮:《民国二十年代中国大陆土地问题资料》,成文出版社有限公司(美国)中文资料中心印行1977年第一版。

[3] 房师文:《天津市财政局实习总报告》(1930年)//萧铮:《民国二十年代中国大陆土地问题资料》,成文出版社有限公司(美国)中文资料中心印行1977年第一版,第90687—91159页。

[4] 蓝之章:《芜湖田赋之研究》(1931年)//萧铮:《民国二十年代中国大陆土地问题资料》,成文出版社有限公司(美国)中文资料中心印行1977年第一版。

[5] 王文甲:《山东省财政厅实习报告》(1933年)//萧铮:《民国二十年代中国大陆土地问题资料》,成文出版社有限公司(美国)中文资料中心印行1977年第一版,第93250—93312页。

[6] 李鸿毅:《北平市财政局实习总报告》(1934年)(1933年)//萧铮:《民国二十年代中国大陆土地问题资料》,成文出版社有限公司(美国)中文资料中心印行1977年第一版,第90313—90653页。

产转移纠纷的处理、房租的变迁及租房的习惯。王之蘋[1]提到安徽省的契税征收情况(民国二年至民国二十二年)，并写到安徽省房屋基地抵当租典情况以及租税负担、房租的变迁及主客间纠纷的处理。冯小彭[2]研究了青岛市区土地登记制度的发展目的和意义及征收土地税的意义与发展情况，分析了房屋税征收办法。黄振铖[3]研究了1931—1936年间云南省的契税问题。周之佐[4]研究了青岛市区各类地价的评定程序和方法，以及地上建筑物的价格评定方法、房价的估算方法。缪启愉[5]研究了武昌民间私订地权转移之契约的各种方式，包括房屋及房屋基地转移的契约形式以及契税的征收。

二、从本书理论文献中采纳并进行拓展的经济思想

1. 区位和中心地理论

城市土地以中心点为圆点呈同心圆的形状向周围扩展蔓延，地理位置对地价有巨大影响，距离中心点越远，地价越低。近代上海市区的土地以南京路和外滩为中心地，呈环状地带层次，沿黄浦江以西，外滩和南京路以北、以南周围地区扩展，越外围的地带，地价越低。

2. 市场经济的发展是城市化的主要驱动力

市场经济增强劳动分工和专业化程度，城市的集聚效应提高生产率，大量的农村人口迁入城市学习新技术，在市场经济的冲击下，城市化进程不断地加深。近代上海县郊在被划为租界后逐渐向城市转化，有大量的外来人口和农村人口迁入上海谋生，大量的土地转变为市区土地，房地产业逐渐发展成为一个独立的行业。随着上海城市化程度的提高，房地产

---

[1] 王之蘋:《安徽省财政厅土地整理处实习报告》(1934年)//萧铮:《民国二十年代中国大陆土地问题资料》，成文出版社有限公司(美国)中文资料中心印行1977年第一版，第84128—84383页。
[2] 冯小彭:《青岛市地登记及课税之研究》(1933年)//萧铮:《民国二十年代中国大陆土地问题资料》，成文出版社有限公司(美国)中文资料中心印行1977年第一版。
[3] 黄振铖:《云南田赋之研究》(1936年)//萧铮:《民国二十年代中国大陆土地问题资料》，成文出版社有限公司(美国)中文资料中心印行1977年第一版，第11498—11877页。
[4] 周之佐:《青岛市地测量及评价之研究》(1936年)//萧铮:《民国二十年代中国大陆土地问题资料》，成文出版社有限公司(美国)中文资料中心印行1977年第一版。
[5] 缪启愉:《武昌田赋之研究》(1937年)//萧铮:《民国二十年代中国大陆土地问题资料》，成文出版社有限公司(美国)中文资料中心印行1977年第一版，第12046—12281页。

业也逐渐繁荣发展。

3. 房地产价格与城市规划、市镇建设、建筑成本、人口数量等有关

当城市规划有力,市政建设加强,人口增加,建筑成本上升时,房地产价格会上升。近代上海的租界内市政建设好,基础设施先进,吸引了大量的人口,租界内的房价高于华界的房价。民国南京政府在制订了大上海计划后规划区内的地价上涨。

4. 供需原理是影响房地产价格的重要因素

有效需求取决于人们的收入水平。旧上海租界内吸引了大量高收入的人群,形成了巨大的有效需求,促进租界内房地产业的繁荣和持续。由于华界内低收入者居多,有效需求小,因此华界的房地产价格低,房地产业不发达。

5. 金融市场支持过度形成房地产泡沫,泡沫破裂最终导致金融危机

旧上海的房地产融资渠道多,金融机构放贷条件低,银根宽松;同时,上海金融市场上存在大量游资,过量的资金涌入房地产业,抬高房地产价格,房地产业投机行为严重。旧上海的房地产市场和金融市场相互影响,房地产市场的萧条导致金融机构的倒闭,引发金融风潮,而历次金融危机也使房地产价格下跌,房地产市场低落、萧条。

6. 房地产的波动性与宏观经济的周期性波动之间的关系

近代上海房地产业存在不规律的波动性。房地产市场的价格波动对商品市场、金融市场及国际收支的影响复杂,呈现不规律性。

7. 级差地租Ⅲ和地价构成理论

上海县郊的大量农地转变为市区土地后,土地收益提高,产生了级差地租Ⅲ,即由于道路修筑、市政建设、城市规划等原因,使得所投资土地的收益外溢化,对于附近区域的土地产生了正的外部效应,引发附近区域土地的价格上涨。近代上海房地产业是随着工部局的越界筑路发展起来的。上海市政府在华界内修筑道路及进行城市规划的行为同样使地价上升、房地产投资增多。

三、资料文献及已有的著作和论文研究观点归纳

本书作者共收集资料 1 000 多万字,其中包括上海档案馆房地产管

理、契约文书、合同、田单、房地产投资表、资产负债表、房地产估价表等，工部局董事会会议记录27册，各种《统计月报》《统计年报》《上海经济年鉴》《上海经济史料》《上海地方志》等。

已有的著作和论文研究观点可以归纳如下：

(1)上海开埠前，真正意义上的房地产业并没有形成；上海开埠后，随着上海租界的形成，近代上海的房地产业产生，并在1895年以后繁荣。近代上海房地产业的产生标志着中国近代房地产业的产生。

(2)中国在1840年以前所有的房地产买卖活动均未超出封建经济结构的制约，也没有形成独立的行业。租界在获取土地的过程中提供了中国近代房地产业诞生的前提条件。在租界扩张的过程中，农地大规模转化为市地，土地作为商品进入流通领域，这为中国近代房地产业的产生提供了前提条件。

(3)"永租制"在从近代中国土地的封建租佃关系向资本主义土地买卖关系转变的过程中起到了重要的"媒体"作用。近代中国具有资本主义性质的房地产商品市场不是从封建社会经济中自发产生的。这一产业从诞生的社会条件到经营管理方式都是从西方直接借鉴的。

(4)上海房地产业的发展原因有以下几个：

①上海租界越界筑路侵占地皮，随着租界面积的扩大，上海房地产业逐渐发展。

②上海租界内房地产业兴起的原因有永租权、人口的激增、战乱、经济上的原因(上海为全国第一对外贸易大港)、土地投机、鸦片贸易的衰落。

(5)地价、房价与房租呈正相关关系。

(6)上海房地产业的发展主要是在租界内，华界内房地产业并不发达。上海的房地产业中外资力量是主导力量，也是垄断力量。华商是从抗战时期开始成为近代上海房地产业的主导力量的。

(7)租界是极特别的一种城市化现象。租界在扩张过程中形成了具有一定经济规模的新型房地产市场，完成了城市土地商品化的原始积累过程。

(8)"永租契"并没有合法的条约内容作基础。道契成为上海市金融市场上数量大而流通最容易的信用工具,是外国人在有意识地垄断金融市场后又垄断地产行业,是通过剥削奴役把中国殖民化的表现。而中国人认可道契,推波助澜,有了"权柄单"业务,给外国人又创造了一个得以剥削中国人的行业。

(9)上海百年以来的房地产业除去政治、军事原因引起的特殊时期,一直是直线上升的趋势,最主要的是租界的土地投机造成的虚假繁荣。

(10)在欧美,房地产是一种长期性的投资,同时也是一种优良的行业。而在中国,房地产交易只是一种短期的投机行为,房地产从业人员素质差,缺乏专业知识和行业道德,与欧美的房地产从业人员标准相差太远。

(11)在上海经营房地产业同引进新式生产技术没有直接的关系,它开始了中国土地的资本主义方式的应用,有利于城市土地资源的开发和利用,对上海的经济布局产生了积极的影响。近代房地产业为租界市政建设开辟了财源,并且吸收了外国和中国内地的大量资金,成为上海经济繁荣的一个重要方面。

(12)民国时期的住房权思想受西方住宅立法思想、孙中山住房保障思想的影响,引进西方法制,逐渐形成了包括房租管制、公共住宅、奖励私人住宅等在内的住房权保障制度,并在实践中不断地修正和完善。

(13)近代上海出现租界内空房闲置,租界外人满为患的畸形"房荒"现象,而背后的原因是上海地产已脱离了固定资产的性质,变为一种能够迅速流转的商品。

(14)华界的工业及其发展的基础条件依赖于租界,整个华界的商业比租界落后得多。闸北市政的成就,充分显示了上海华界具有自治能力。闸北市政存在的差距,除兴起较晚、基础较差之外,主要原因是管理不足,资金匮乏。

(15)城市土地管理的变革加速了城市化的进程,注重土地私人产权的保护,是上海房地产业迅速发展的重要前提。

(16)道契制度使地权制度充分简化,加快产权流转,使得土地交易频繁,进而孕育出近代的房地产市场。

(17)上海工人的房租百分数随着收入的增加而继续下降,房租的高下与人口的增减成正比例关系。上海房租的高涨除地价增涨以外,人口的增长是其最主要的因素。在其他原因不变的情况下,房屋建筑与房租成反比关系。房屋建筑多,房租低;房屋建筑少,房租就高。房屋的高度也影响房租的高低。层次多的房屋,其房租就比层次少的房屋租赁费低。

(18)租界区外国人公私利益的驱使,推动了地价的上升,从而推动了房地产的投资兴盛。人为的地产增值是更重要的因素。

(19)政府干预在房地产业发展中的作用,是通过间接投资与创造良好的软环境促进房地产业发展的。

四、基本思路和方法

本书用经济史研究的基本方法,以大量的历史资料为基础依据,在分析史料的基础上研究1843—1937年近代上海房地产业的发展状况及所表现的特征,房价、地价、房租的变化,房地产市场的逐渐演变,以及政府对于房地产业的管理。写作此书的方法是充分收集、计算各个年份的建筑面积数据、地价、房价、房租数据,目的是希望收集到系统的数据,进行详细分析,从数据表现出来的变化趋势和特征来描述近代上海房地产业的发展变化。在研究过程中,最重要的是史料的收集和整理,以及数据的收集和计算,本书分类进行了处理。

对于别的研究者使用的旧的史料进行甄别核对,加以补充、修正、完善后使用;对于一些非常有用而又无法补充完善的旧史料,从新的角度加以阐释。

关于地价、房价数据的收集,《清代上海房地契档案资料汇编》一书中有从乾隆四十三年至光绪三十四年的房地契资料,其中从1839年至1908年的大部分年份的房价数据,个别年份的房价数据没有,货币单位统一为库平白银两;有上海档案馆美查公司的英文资产负债表和损益表,上面有大部分年份土地和房产的价格,其中,1940—1945年的数据没有。中国实业银行沪区各单位估值前资产负债表、中国实业银行的房地产估值表,上有购买年份、购买原价、房屋数量、坐落地点、扣除折旧价等。上海内地地产股份有限公司买卖合同几十份,详细记载了该公司从民国二十年至民国二十六年间的土地交易,有交易面积和价格。1932—1935年上海银行业同业公会联合准备委员会房地产评价报告中有房屋面积和价格。根据新华银行房地产估值表、收益表、保险表,新华信托储备银行总行房地产表等,可以把1843—1937年的房价收集全。关于房租和地价,也可以从上述资料中获得。另外,张辉的《上海市地价研究》和王慰祖的著作里的地价和房租也可以选为地价和房租的数据。关于近代上海历年建筑面积,有从1830—1949年近代上海历年的市区里弄住宅数和面积,其中,1910—1937年的数据最全,基本上没有缺失。上海各城区志里亦有各区在中华人民共和国成立前的房屋建筑面积总数,可以加以修订补充。另有近代上海历年的人口数量、历年的外贸进出口总量的数据,从1910年到1949年的数据最全,1840—1909年的数据有缺失。关于近代上海市历年银行存贷款额,《民国经济史》(上、下)中有,该书中亦有上海历年的批发物价指数。《统计月报》有民国十五年至十九年上海工人的生活费指数。关于上海的房地产公司,有详细的从1840—1959年洋商房地产公司、建筑公司、建材公司的名单。上海房地产同业公会名单中有华商房地产公司的名单,另有地方志、地名志作为资料补充、修订。以上就是本书数据的主要史料来源,还有其他的史料作为补充。

关于货币单位的折算,本书统一折算成库平白银两,外币按照每年的汇率折算成中国库平白银两。

关于土地的面积单位,统一折算成亩或者平方米;关于房屋,统一折算成平方米或间。关于上海不同区域的问题,在用数据分析时,使用平均价;在涉及管理制度与政策时,按照发展历史论述。旧资料里的数据用来补充新资料里数据的缺失。

五、本书的主要难点

本书主要研究近代上海房地产业的发展,即从1843年起至1937年上海沦陷前为止。本书的难点在于以下五个方面:一是数据的收集,数据零散、不全,很难收集;二是不同的计量单位,包括房地产面积的不同计量单位即公顷、亩、间、平方米等之间的换算,不同的货币单位之间的换算;

三是上海不同的区域之间的政治、经济区别,如何避开租界和华界的传统方法,纳入近代上海的整体体系;四是文献的处理,如何利用上海档案馆的资料与已有的著作和论文里的旧资料。

六、本书的创新点

本书的创新之处在于:第一,历史数据的收集和整理,把零散的历史数据统计整理成系统的数据;第二,分析方法的创新,把理论、数据分析与史料印证三种方法结合起来进行分析;第三,历史图片的绘制,利用数据绘制历史地图;第四,新的历史史料的收集、整理和利用,收集和整理了大量的前人未发现的史料;第五,题目的创新,填补了研究空白。

本书除使用传统的描述法、横向比较法、纵向比较法、图表分析法等外,注重使用数据分析,通过对历史数据进行仔细分析,得出结论,并对产生结论的原因进行分析。

上 篇

产业发展历程

第一章

上海市区房地产历年产出数量研究(1843—1937年)

近代时期的上海市区是指上海老城区部分,按照政区划分,主要是新黄浦、卢湾、徐汇、长宁、静安、普陀、闸北、虹口、杨浦这9个区辖区。这9个区基本上是中华人民共和国成立前的上海市区范围。在1927年上海特别市成立后,上海市区划分为17个区。本书的研究范围就是1843—1937年期间上海市区内房地产业的发展情况,主要研究对象是近代上海房地产市场的形成、发展,以及其在不同时期所呈现出来的特点。房屋类型主要是指适于居住及使用的房屋,包括各种形式的里弄房屋、高楼大厦、商业用房等,不包括棚户简屋、滚地龙等不属于真正意义上的房屋。本书研究上海房地产历年产出数据,主要包括土地、住宅、商业用房、办公楼等。

一、相关概念的界定

(一)房地产的概念

1. 外国学者的定义

美国查尔斯·F. 弗洛伊德等认为,房地产就是土地及其上面的建筑物。[1] 他所统计的房地产业从业人员包括从事房地产服务、建筑、金融、

---

[1] [美]查尔斯·F. 弗洛伊德,马库斯·T. 艾伦著,周海平译:《房地产原理》,上海人民出版社2005年10月第一版,第3页。

保险这些职业的人。①

美国查尔斯·J. 雅各布斯认为，房地产或者不动产是指土地和地上改良物以及使用它们的权利。土地改良物是指土地开发的任意形式，如建筑物、公路、篱笆、管道等。曾经作为私有财产的物品如果附属于土地（或者其上的建筑物），就成为房地产的一部分，称为固定设备。固定设备是土地所有者的财产。一个物体是否可以成为房地产取决于该物体是否以对土地进行永久改良为目的而附着或安装于其上，通常从以下四个方面来判断：(1)附着方式；(2)物体的适应性；(3)协议的规定；(4)各部分之间的关系。②

美国理查德·M. 贝兹、赛拉斯·J. 埃利认为，房地产是指房产和地产两个概念的结合。房地产有广义和狭义两种解释。狭义的房地产是指土地、建筑物及其他地上定着物（附属物），包括物质实体和依托于物质实体的权益。广义的房地产是指除上述内容外，再加上诸如水、矿藏、森林等自然资源的概念。③

上述国外学者对于房地产的概念界定以土地为中心，地上附属物的内涵丰富，外延范围广泛，尤其对于土地改良物的定义，包括道路、下水道、电缆、煤气管道、篱笆、附着在土地上的固定设备，以及其他以对土地永久改良为目的而附着在土地上的附着物或安装物等。

2. 国内学者的定义

张永岳、陈伯庚等认为，房地产是指房产和地产的结合体及其衍生的权利关系的总和。④

刘亚臣等认为，房地产是指房产和地产的总称，包括土地和土地上永久建筑物及其所衍生的权利。法律意义上，房地产本质上是一种财产权利，这种财产权利是指寓含于房地产实体中的各种经济利益以及由此而

---

① ［美］查尔斯·F. 弗洛伊德、马库斯·T. 艾伦著，周海平译：《房地产原理》，上海人民出版社 2005 年 10 月第一版，第 3 页。
② ［美］查尔斯·J. 雅各布斯著，任荣荣、张红、卢佳平改编：《房地产概论》，电子工业出版社 2007 年 6 月第一版，第 13—15 页。
③ ［美］理查德·M. 贝兹、赛拉斯·J. 埃利著，黄英、王秀英、刘琳等编译：《房地产估价》，电子工业出版社 2008 年 1 月第一版，第 7—8 页。
④ 张永岳、陈伯庚等：《房地产经济学》，高等教育出版社 2011 年 9 月第二版，第 12 页。

形成的各种权利,如所有权、使用权、抵押权、典权、租赁权等。①

王莹、唐晓灵等认为,房地产是指地块和建筑在地块之上的建筑物、构筑物及其财产权利的总称。②

国内学者对于房地产的界定以地产和房产以及衍生的权利关系为中心点,对于地上改良物的概念少有提及。相对于国外学者强调地上建筑对于土地的依附性,国内学者的定义更倾向于地上建筑物的独立性。

3. 国内标准术语定义

根据我国《房地产业基本术语标准》(JGJ/T30-2003),房地产是指可开发的土地及其地上定着物、建筑物,包括物质实体和依托于物质实体上的权益。地产是指土地和固着其上不可分割的部分所共同形成的物质实体以及依托于物质实体上的权益。房产是指个人或者团体保有所有权的房屋连同保有使用权的地基以及依托于房屋、地基物质实体上的权益。

4. 本书对房地产概念的定义

综合中外学者对房地产的概念,结合1843—1937年上海房地产业发展的历史实际,本书更多采纳国外学者的观点,界定房地产的概念如下:

房地产是指房产和地产两个概念的结合。房地产是指土地、建筑物、土地改良物及其他地上定着物(附属物),包括物质实体和依托于物质实体衍生的各种权益的总和。

本书采用理查德·M. 贝兹、赛拉斯·J. 埃利的分类方法,即根据土地的利用方式可以将房地产分成以下几种类型:(1)工业房地产。工业房地产主要是由用于工业生产的土地及定着物组成的。它分为三部分,即自然土地、土地改良物和地上房屋及永久附属物。自然土地重要的是土地更深层次的地质构造、地下水等,土地改良物主要是指道路、下水道、电缆、煤气管道等。它们决定了工业生产的潜力和效率,对工业房地产价格的影响很大。地上房屋及永久附属物是指同房屋密切结合,用于增加生产能力或改善生产条件的部分设施。(2)商业房地产。商业房地产又称为收益性房地产,主要是由用于商业的土地及其定着物组成的。同样,商

---

① 刘亚臣:《房地产经济学》,大连理工大学出版社2009年3月第一版,第12页。
② 王莹、唐晓灵:《房地产经济学》,西安交通大学出版社2010年10月第一版,第2页。

业房地产也分为三部分：自然土地、土地改良物、地上房屋及永久附属物。其中，土地改良物主要为道路、水电气管线等，但道路、区域改良物起着重要的作用；地上房屋在建筑形式以及外部装修上更注重吸引力和特色。商业房地产又可以分成很多类型。商业房地产房屋内外各种永久装饰，如房屋内的水电设施、空调等，以及外部各种永久商业标志（多为间接服务于商业目的的）都为房地产的组成部分。(3)住宅房地产。住宅是由以服务人类居住为主要目的的土地及建筑物组成的。不过，土地改良物及房屋更重要些，房屋的造型及室内布置尤为重要。住宅按其房屋式样又可分为别墅、普通住宅和公寓等。(4)特殊房地产。特殊房地产包括两个部分：一部分是历史文化建筑以及政府、宗教、学校所拥有的房地产；另一部分是部队营房。[1]

本书研究的范围主要是1843—1937年上海的商业房地产及住宅房地产。

(二)房地产市场的概念

1. 国内外学者的定义

根据我国《房地产业基本术语标准》(JGJ/T30-2003)，房地产市场是指全社会房地产商品交换关系的总和。

爱尔兰的伯纳德特·安德鲁索和戴维·雅各布森认为，市场是买者和卖者相互作用的领域。[2] 他们认为，市场是一种制度，在这种制度下，从事买卖活动的经济人之间的相互作用确定产品价格。[3]

刘亚臣等认为，房地产市场是指房地产商品交换的领域和场所。更进一层说，房地产市场是指房地产商品一切交换和流通关系的总和。[4]房地产市场的基本构成要素主要包括房地产市场主体、客体和为市场交易提供服务的中介机构。

---

[1] [美]理查德·M.贝兹、赛拉斯·J.埃利著，黄英、王秀英、刘琳等编译：《房地产估价》，电子工业出版社2008年1月第一版，第7—8页。

[2] [爱尔兰]伯纳德特·安德鲁索，[爱尔兰]戴维·雅各布森著，王立平、尹莉等译：《产业经济学与组织》，经济科学出版社2009年9月第一版，第3页。

[3] [爱尔兰]伯纳德特·安德鲁索，[爱尔兰]戴维·雅各布森著，王立平、尹莉等译：《产业经济学与组织》，经济科学出版社2009年9月第一版，第88页。

[4] 刘亚臣：《房地产经济学》，大连理工大学出版社2009年3月第一版，第12页。

2. 本书的定义

房地产市场是指买卖房地产商品的领域和场所,是全社会房地产商品交换关系的总和。房地产市场的基本构成要素主要包括房地产市场主体、客体和为市场交易提供服务的中介机构。①

通常,房地产市场体系由四部分组成:一是以供求双方为中心的房地产交易系统,该系统主要由房地产供给者和房地产需求者组成,是房地产市场体系的主体;二是以中介服务机构为中心的房地产支持服务系统,主要包括房地产评估、经纪、咨询服务、律师服务和房地产金融服务等;三是以政府为中心的房地产调控和管理系统;四是以业主为中心的物业管理服务系统。② 房地产市场体系包含地产市场、房产市场、房地产中介服务市场、房地产金融市场、物业管理市场。③

(三)产业的概念

1. 国内外学者对产业概念的解释

亚当·斯密从社会分工的角度解释产业的产生,认为分工受市场范围的限制,"分工起因于交换能力、分工的程度,因此总要受到交换能力大小的限制,换言之,要受市场广狭的限制。市场要是过小,那就不能鼓励人们终生专务一业。因为在这种状态下,他们不能用自己消费不了的自己劳动生产物的剩余部分,随意换得自己需要的别人劳动生产物的剩余部分。……水运开拓了比陆运所开拓的广大得多的市场,所以从来各种产业的人工改良,自然而然地都开始于沿海沿河一带。这种改良往往经过许久以后才慢慢普及内地。"④

爱尔兰的伯纳德特·安德鲁索和戴维·雅各布森认为,产业是销售相似商品的生产单位的集合。⑤ 产业体系概念具有"整体性",即整体大于部分之和。就企业层面上,产业体系是指转变过程中不同阶段的集合

---

① 刘亚臣:《房地产经济学》,大连理工大学出版社 2009 年 3 月第一版,第 12 页。
② 刘亚臣:《房地产经济学》,大连理工大学出版社 2009 年 3 月第一版,第 16—17 页。
③ 刘亚臣:《房地产经济学》,大连理工大学出版社 2009 年 3 月第一版,第 113—118 页。
④ [英]亚当·斯密:《国民财富的性质和原因的研究》,商务印书馆 1972 年 12 月第一版,2008 年 7 月第 15 次印刷,第 16—17 页。
⑤ [爱尔兰]伯纳德特·安德鲁索,[爱尔兰]戴维·雅各布森著,王立平、尹莉等译:《产业经济学与组织》,经济科学出版社 2009 年 9 月第一版,第 3 页。

以及这些阶段间的联系性。就一个完全垂直一体化的企业而言,转变过程包括从获取原材料到最终产品的市场销售在内的一切事情。[①]

罗宾斯逊夫人认为"一个产业是生产同一商品的企业的组合"。[②]

王传荣认为,产业组织是指同一产业内企业间的组织或者市场关系。这种企业之间的市场关系主要包括交易关系、行为关系、资源占用关系和利益关系。[③] 产业是指具有某种同类属性的企业集合。产业是一种社会分工现象,随着社会分工的产生而产生,并随着社会分工的发展而不断地发展。从产业组织的角度来讲,产业是指"生产同类或有密切替代关系的产品或服务的企业集合";从产业结构的角度来讲,产业是指"具有使用相同原材料、相同工艺技术或生产产品用途相同的企业集合"。[④]

魏农建等认为,产业是由具有一定关系(产业链上)的厂商构成。厂商既是市场行为的主体,又是产业发展与变化的微观动因。[⑤]

2. 本书对产业概念的定义

本书认为,产业是销售相似产品的同类企业的集合及其相互之间的联系,包括转变过程中不同阶段的集合及这些阶段间的联系性。这种企业之间的联系性包括各种经济关系,如交易关系、行为关系、资源占用关系、利益关系等,使得产业的概念具有"整体性",即整体大于部分之和。产业是一种社会分工现象。当分工的程度逐渐加深,交换能力达到一定规模,即市场扩展到足够大,人们终其一生专务一业足够生存时,这种分工分离独立出来,发展成为一个新的行业或产业。

(四) 房地产业的概念

1. 国际标准定义

根据联合国《所有经济活动的国际标准行业分类》(修订本第 4 版,

---

① [爱尔兰]伯纳德特·安德鲁索,[爱尔兰]戴维·雅各布森著,王立平、尹莉等译,《产业经济学与组织》,经济科学出版社 2009 年 9 月第一版,第 4 页。
② 转引自[爱尔兰]伯纳德特·安德鲁索,[爱尔兰]戴维·雅各布森著,王立平、尹莉等译:《产业经济学与组织》,经济科学出版社 2009 年 9 月第一版,第 89 页。
③ 王传荣:《产业经济学》,经济科学出版社 2009 年 1 月第一版,第 1 页。
④ 王传荣:《产业经济学》,经济科学出版社 2009 年 1 月第一版,第 11 页。
⑤ 魏农建:《产业经济学》,上海大学出版社 2008 年 12 月第一版,第 1 页。

ST/ESA/STAT/SER,M/4/Rev.4)[1],房地产业被归并为 L 门类 68 类，分为用自有或租赁财产进行的房地产活动(681 大组 6810 组)，及在收费或合同基础上进行的房地产活动(682 大组 6820 组)。房地产活动包括出租者、代理人和/或经纪人在以下几个方面的活动：房地产的买卖、房地产的租赁、提供其他房地产服务，如房地产估价服务或房地产契约代管人服务，同时本门类还包括建筑结构设计以及此类结构的拥有权和出租活动。

2. 国内标准

根据我国《国民经济行业分类与代码》(GB/T4754-2012)，房地产业被归为第 10 类，包括房地产开发与经营业（10720）、房地产管理业（10730）、房地产经纪与代理业(10740)。其中，房地产开发与经营业包括各类房地产经营、房地产交易、房地产租赁等活动。房地产管理业包括对住宅发展管理、土地批租经营管理和其他房屋的管理活动等，也包括兼营房屋零星维修的各类房管所(站)、物业管理单位的活动，不包括房管部门所属独立核算维修公司(队)的活动。房地产经纪与代理业包括房地产经纪与代理中介活动，如房地产交易所、房地产估价所等。

根据我国《房地产业基本术语标准》(JGJ/T30-2003)，房地产业是指从事房地产投资、开发、经营、管理和服务的产业。

3. 国内学者的定义

张永岳、陈伯庚等认为，房地产业是指从事房地产开发、经营和管理等各类经济活动的行业，是国民经济中具有生产和服务两种职能的独立产业部门。它体现了房地产经营过程中各种参与者之间的经济关系。[2]

房地产业的主要经济活动贯穿于房地产生产、交换、分配、消费诸环节中，具体来说，在生产过程中，主要是指房地产投资开发，包括土地开发和再开发、房屋开发和供应等；在流通过程中，主要是房地产市场交易，包括地产和房产的买卖、租赁、抵押、典当等经营活动；在分配过程中，主要

---

[1] 联合国纽约：《所有经济活动的国际标准行业分类》(修订本第 4 版)，联合国出版物 2009 年版。

[2] 张永岳、陈伯庚等：《房地产经济学》，高等教育出版社 2011 年 9 月第二版，第 18 页。

是通过房地产市场交换,使其产品进入消费领域的中间环节,它不是指房地产的实物分配,而是国民收入分配和再分配实现的重要途径,例如:工业厂房、仓库等通过交换进入生产经营单位,实现房地产生产要素的分配;住宅通过市场购买进入家庭使用,实现工资分配中属于个人的住房消费资料分配等;在消费过程中,主要是指房屋使用过程中的物业管理,包括房屋的养护、维修、绿化、环境等服务性管理。此外,由于房地产经营活动的特殊性,因此必然广泛存在与此紧密相关的各类中介服务,包括房地产咨询、房地产经纪、房地产评估等。房地产金融也是房地产业的有机组成部分。[①]

姚兵认为,地产是不动产的一部分。在市场经济条件下,房地产具有明显的商品属性。与一般的商品相比,房地产是一种特殊的商品,这是由其自身的特殊性所决定的。[②] 他认为房地产业作为一个独立的产业部门存在,不仅包括生产环节,也包括流通环节和消费环节。确切地说,房地产业是指从事房地产投资、开发、经营、管理和服务等的经济实体所组成的产业部门。房地产业包括房地产生产、经营和消费各个领域的经济组织和经纪人及各类专业人员,他们是互相依存、互相联系、互相提供服务的有机整体。房地产业是第三产业的重要组成部分(第二层次)。[③]

丁芸、武永春等认为,房地产业是指从事房地产投资、开发、经营、管理服务的经济实体所组成的产业部门,包括土地的开发,房屋的建设、维修和管理,土地使用权的有偿划拨、转让,房屋所有权的买卖、租赁,房地产的抵押贷款,产权产籍管理、物业管理、售后服务等一系列经济活动以及由此形成的房地产市场。它体现了房地产经营过程中各种参与者之间的经济关系。[④]

4. 本书对于房地产业概念的定义

房地产业是指从事房地产投资、开发、经营、管理和服务的经济实体所组成的产业部门,主要经济活动贯穿于房地产生产、交换、流通、消费诸

---

① 张永岳、陈伯庚等:《房地产经济学》,高等教育出版社 2011 年 9 月第二版,第 18—19 页。
② 姚兵:《房地产学研究》,北京交通大学出版社 2011 年 2 月第一版,第 3 页。
③ 姚兵:《房地产学研究》,北京交通大学出版社 2011 年 2 月第一版,第 4—5 页。
④ 丁芸、武永春:《房地产经济学》,首都经济贸易大学出版社 2008 年 5 月第一版,第 9 页。

环节中,包括房地产活动各个阶段的经济组织、经纪人、各类专业人员,以及参与者之间的经济关系。具体来说,主要是房地产投资、规划、开发。房地产市场交易,包括房地产的买卖、租赁、抵押、典当的买卖等经营活动。物业管理中的各类中介服务,包括房地产咨询、房地产经纪、房地产评估等。房地产金融也是房地产业的有机组成部分。

二、上海市区房地产历年产出数据(1843—1937年)

研究近代上海房地产业,首先要研究清楚整个行业长期的发展变化状况,了解近代上海房地产业的产生期、发展期、高峰期、衰落期,各个时期的发展特点,以及各种因素对近代上海房地产业的影响等。能够比较清楚地反映近代上海房地产业发展状况的一个数据指标就是历年产出数据。本章通过分析近代上海的历年产出数据和观察它的曲线变化,清晰、直观地介绍了近代上海房地产业发展的高峰及低谷期、各个时期的发展特点以及它的整体变化情况。上海房地产历年产出数据可以用房地产历年建筑面积及历年地产产出面积来表示。

上海开埠以来,直至1949年解放,历经清政府、孙中山政府、北洋军阀政府、南京政府、汪伪政府等,政权更迭频繁,又有外国政治势力的渗透与影响,租界与华界并存分治,主管机关更换不断,战争频繁,火灾频发,大量的房屋被焚毁,大量的房屋被改造重建,档案中有关近代上海历年建筑面积的直接数据并不存在。在法公董局和英工部局档案中有少数几个关于法租界和公共租界历年的建筑总额的数据,民国的著作里可以零星见到华界的历年建筑总额数据,但这些不是历年建筑面积的直接数据,数量也远远不够研究使用。另外一条寻找近代上海历年建筑面积数据的思路,就是根据建造于近代上海的建筑实物来测算,这条研究思路可以找到比较系统的数据。由上海市建设委员会直接领导编纂的《上海住宅建设志》[①]一书中,附录部分记录了上海市市区所有旧有的里弄住宅,建筑年代包括从清乾隆年间到中华人民共和国成立前,详细的住宅类型、建筑结

---

① 《上海住宅建设志》编纂委员会:《上海住宅建设志》,上海社会科学院出版社1998年第一版。

构、建筑物坐落位置、幢数及建筑面积数据。作者把《上海住宅建设志》一书中所载的旧有市区里弄住宅相关数据资料分别与《上海市闸北区地名志》①、《上海市卢湾区地名志》②、《普陀区地名志》③、《上海市徐汇区地名志》④、《杨浦区地名志》⑤、《上海市虹口区地名志》⑥、《长宁区地名志》⑦、《上海市静安区地名志》⑧、《上海市黄浦区地名志》⑨、《上海市南市区地名志》⑩分区核对,这些书中所载的数据资料相互核对,除极个别地名资料外,其他地名数据资料都一致。本书以《上海住宅建设志》中的数据为主,与地名志丛书中的数据资料核对后补充遗漏部分,收集到原始数据中。这些数据应是真实、可信的,因为是在上海各区人民政府对本区所留存的建筑实物进行实际调查后所得的数据。但是这些原始数据应该小于真实的历史数据,因为经过漫长的岁月,经历过天灾人祸、战乱、火灾、城市变迁等,有一部分旧时的建筑已经不存在了。但是,这套数据是系统的、连续的、翔实可信的,能够反映近代上海房地产业整体发展的起落兴衰,见本章附录。

  本书依据上述资料中的数据计算统计出近代上海市区从 1843 年开埠以后至 1937 年沦陷前的房地产历年建筑面积数据,如表 1.1 所示。

---

① 上海市闸北区人民政府:《上海市闸北区地名志》,百家出版社 1989 年第一版。
② 上海市卢湾区人民政府:《上海市卢湾区地名志》,上海社会科学院出版社 1990 年第一版。
③ 上海市普陀区人民政府:《普陀区地名志》,学林出版社 1988 年第一版。
④ 上海市徐汇区人民政府:《上海市徐汇区地名志》,上海社会科学院出版社 1989 年第一版。
⑤ 上海市杨浦区人民政府:《杨浦区地名志》,学林出版社 1989 年第一版。
⑥ 上海市虹口区人民政府:《上海市虹口区地名志》,百家出版社 1989 年第一版。
⑦ 上海市长宁区人民政府:《长宁区地名志》,学林出版社 1988 年第一版。
⑧ 上海市静安区人民政府:《上海市静安区地名志》,上海社会科学院出版社 1988 年第一版。
⑨ 上海市黄浦区人民政府:《上海市黄浦区地名志》,上海社会科学院出版社 1989 年第一版。
⑩ 上海市南市区人民政府:《上海市南市区地名志》,内部资料 1982 年第一版。

表 1.1　　　　　1843—1937 年上海房地产历年建筑面积表①

建筑年代	面积(华界＋公共租界＋法租界)(平方米)	建筑年代	面积(华界＋公共租界＋法租界)(平方米)
1848	1 821	1907	80 173
1850	7 536	1908	61 583
1853	4 532	1909	41 247
1854	2 466	1910	295 622.3
1858	1 152	1911	435 973
1860	388	1912	1 298 648
1863	210	1913	86 645.4
1865	1 070	1914	169 887
1866	1 499	1915	169 515.1
1870	7 430	1916	275 782
1872	9 175	1917	117 680.5
1874	2 531	1918	151 074
1876	79 438	1919	151 287.3
1880	18 597	1920	754 860
1882	3 106	1921	253 918.6
1883	1 048	1922	285 744.6
1884	2 108	1923	366 775
1885	7 861	1924	477 226
1886	2 392	1925	555 679.2
1887	706	1926	554 746
1889	11 400	1927	502 147
1890	18 822	1928	570 606.7
1892	1 407	1929	609 189.2
1893	5 999	1930	1 164 958

① 数据来源见附录Ⅰ,计算过程见附录Ⅱ第一章。

续表

建筑年代	面积(华界＋公共租界＋法租界)（平方米）	建筑年代	面积(华界＋公共租界＋法租界)（平方米）
1894	9 786	1931	674 266.8
1895	33 083	1932	512 626
1896	9 641	1933	279 431
1897	17 001	1934	298 034
1898	10 661	1935	231 528.8
1899	9 008	1936	342 204.2
1900	183 853	1937	826 601
1901	32 082	1912年后	1 170 377
1902	17 629	1912年后（估）	177 834
1903	25 007	1912年前	403 665
1904	41 256	1912年前（估）	2 549
1905	111 441	总　计	15 133 663
1906	90 436		

　　表1.1中的数据是根据中华人民共和国成立后多次对上海老城区实际建筑物进行调查统计的数据进行整理计算的结果,其中一些建筑年份不具体明确的数据无法确切计算到某一年份中。这些数据的处理是按阶段汇总,具体分为1843—1911年、1912—1937年这两个阶段分别加以归类统计。本书附录Ⅰ第一章中的数据资料根据其坐落位置,与《上海市行号路图錄》(又名商用地图)[1]、《老上海百业指南——道路机构厂商住宅分布图》[2]、《老上海地图》[3]、《上海市历史地图集》[4]、《最新上海地图》[5]、

---

[1] 上海福利营业股份有限公司编印:《上海市行号路图錄》,1940年第一版。
[2] 承载、吴建熙:《老上海百业指南——道路机构厂商住宅分布图》,上海社会科学院出版社2004年版。
[3] 张伟:《老上海地图》,上海画报出版社2001年版,第106页。
[4] 周振鹤:《上海市历史地图集》,上海人民出版社1999年12月第一版。
[5] 《最新上海地图》,学苑出版社2011年版。

《袖珍最新上海地图》[①]——核对,标明管辖地区,再分别汇总计算出公共租界、法租界、华界的房地产历年建筑面积,然后把上述三界的数据加总,即得出表1.1的数据。另外,为绘制分布图的需要,1914年分别计算出公共租界北区、东区、西区、中区,法租界及华界的房地产建筑面积,1937年分别计算出公共租界、法租界、华界11区的房地产建筑面积。华界11区是依据1927—1937年上海特别市政府期间的行政区划,即洋泾区、闸北区、法华区、沪南区、真如区、漕泾区、蒲淞区、引翔区、江湾区、彭浦区、殷行区。表1.2为上海公共租界历年土地估价面积。

表1.2　　　　　　　　上海公共租界历年土地估价面积[②]

年　份	估价面积(亩)	估价总值(两)
1865	4 310	5 769 806
1875	4 752	6 936 580
1903	13 126	60 423 773
1907	15 642	151 047 257
1911	17 093	141 550 946
1916	18 450	162 718 256
1920	19 460	203 865 634
1922	20 338	246 123 791
1924	20 775	336 712 494
1927	21 441	399 921 955
1930	22 131	597 234 161
1933	22 330	756 493 920

资料来源:根据上海市房地产局史料编研室未刊稿《上海住宅问题》提供的资料编制。

表1.3为前上海市财政局民国二十六年永租契地年租收据清册。

[①] 葛绥成:《袖珍最新上海地图》,上海中华书局民国十八年十一月(1929年11月)版。
[②] 张仲礼、陈曾年:《沙逊集团在旧中国》,人民出版社1985年10月第一版,第36页。

表 1.3　　　前上海市财政局民国二十六年永租契地年租收据清册[①]

国别	册数	户数	租地(亩)	年租额数	备注
英	76	7 585	25 716.406	36 012.33	第一册内作废一张,第二册内缺少1张,第60册内作废一张,第76册内作废一张,空白一张
法	29	2 666	7819.220	10 940.08	收据号数自2001—2100止,又2201—2210止计两册已经散失,年租额268 183系从底册计算,第29册内作废1张,空白33张
美	13	1 254	5 281.27 578	7 375.47	第10册内作废1张,第13册内空白四五张
日	5	457	4 629.017	6 475.19	第五册内空白43张
比	2	123	694	225	收据号数目自1—100止,计1册已经散失,年租数额86 865系从底册计算,第二册内作废4张,残缺20张,计年租数额10 229,空白76张
德	1	38	387.788	542.42	内作废一张,空白61张
意	1	76	139.566	195.25	内空白24张
瑞	1	84	485.887	679.64	内空白16张
日斯	1	6	21.496	30.08	内作废2张,空白85张
丹		4	8.473	11.86	
挪威		1	9.744	13.62	
荷兰		2	17.466	24.43	
宝法	2	137	774.803	1 550.06	第二册内空白63张
宝美	1	45	386.030	772.23	内空白5张
宝德	1	6	28.25	56.23	内空白66张
宝比		2	7.303	14.61	
宝瑞		2	2.661	5.33	
宝意		5	6.837	13.68	

---

① 上海档案馆档案,R1-7-830,《前上海市财政局民国二十六年永租契地年租收据清册》。

续表

国别	册数	户数	租地（亩）	年租额数	备注
宝日斯		6	16.495	32.99	
宝丹		6	32.723	65.46	
宝葡		7	6.342	12.70	
实日	1	63	781.013	1 562.03	内空白37张
实英	3	264	1 325.092	2 650.26	内空白36张
吴淞英	1	51	366.886	733.75	内空白49张
吴淞美	1	2	59.925	119.86	内空白95张
吴淞法		3	10.2959	20.60	
合计	139	12 895	49 015.084 68	70 881.10	

注：查法册第21册、第23册、比册第一册年租收据业已散失，按照底册查对年租额数2 037.4；比册第二册收据残缺，年租额数为10 229，合册列已收数，未收数为70 881.10登明。

《上海特别市房地图册第壹集——前北区及前闸北区一部分地册地契面积估价对照表》[①]《表1. 地册地契面积及估价表》中的891份道契，合计土地面积7 174.481亩，1933年估价值上海九八规元13 780 000元（史料见附录Ⅱ第一章）。

三、数据计算过程中的问题及采取的措施

在得出表1.1中的数据过程中存在一些问题和困难，作者根据不同的情况进行了处理。这些问题以及处理的方法列述如下：

（一）政区的变更

《上海住宅建设志》出版于1998年，地名志丛书出版于1988—1989年。这两个时期里，上海行政区划有不同的变更。地名志丛书上海政区中根据上海县的黄浦、静安、闸北、南市、长宁、虹口、杨浦、普陀、徐汇、闵

---

① 《上海特别市房地图册第壹集——前北区及前闸北区一部分地册地契面积估价对照表》，联华房地产公司、永业房地产公司、建隆房地产公司、茂华房地产公司、中和房地产公司、建华企业公司发行，上海特别市房地产业同业公会出版，民国三十三年九月，世界书局承印。

行十个市区划分。①《上海住宅建设志》中上海政区已撤销上海县,成立了浦东新区,原上海县的区域分别划入闵行区和浦东新区,原黄浦、南市两区的浦东部分被划入浦东新区。② 2000年,原黄浦区和南市区被撤销,合并成立新黄浦。③ 上海政区的变更使统计过程变得十分麻烦和复杂。闵行地区自1981年恢复设立后,其行政管辖区域面积在1992年9月发生一次变更,管辖面积变大,增加部分是1981年以后的上海县管辖面积。地名志丛书中闵行区的政区面积小于《上海住宅建设志》中的政区面积,但闵行区在中华人民共和国成立前是郊区,并不属于旧上海市区范围,基本没有商品房屋建设,所以在统计时闵行区没有计算在内。1992年9月成立的浦东新区,是从原上海县的一部分、原黄浦区、南市区、杨浦区的浦东部分划出,在中华人民共和国成立前都属华界荒芜的郊区,不属上海市区。只有临近黄浦江岸的地方有少量商品房的建设和发展,因为都包括在原黄浦区、南市区、杨浦区中,所以不再另行统计。1992年9月的变更,《上海住宅建设志》中的黄浦区、南市区政区面积小于《上海市黄浦区地名志》及《南市区地名志》④中的政区面积,减少的部分都是浦东的部分。2000年6月,黄浦和南市合并为新黄浦,新黄浦的政区面积即为1992年9月以后的黄浦区和南市区两区的政区面积。在1992年划出浦东部分以后,黄浦区和南市区两区剩余政区面积都在浦西,分属公共租界和华界,是旧上海房地产业发展的中心地区。2000年6月后虽然取消了南市区,并入新黄浦区,其政区面积只是两者合并,并无增减,统计时新黄浦的房屋建筑面积只需把旧黄浦区和南市区的数据相加即可。杨浦区的政区面积在1992年时减少,即《上海住宅建设志》中的杨浦区政区面积小于《杨浦区地名志》中的政区面积,减少部分是浦东部分。浦东部分在1992年以后属于浦东新区,在统计中没有计算浦东新区,以免造成重复计算。静安、闸北、长宁、虹口、卢湾、普陀、徐汇这七个区的政区面积从

---

① 上海市测绘院编制:《上海市政区地名图集》,中华地图学社2006年版,第6页。
② 上海市测绘院编制:《上海市政区地名图集》,中华地图学社2006年版,第7页。
③ 上海市测绘院编制:《上海市政区地名图集》,中华地图学社2006年版,第7页。
④ 上海市南市区人民政府:《上海市南市区地名志》,1982年内部资料。

1984年以后至今并没有发生变更,所以《上海住宅建设志》与地名志丛书中的政区面积是相一致的。总之,在统计数据时,以旧上海的房地产发展实际区域为统计基础,虽然在1992年及2000年政区发生变更,除遗漏数据外,地名志丛书和《上海住宅建设志》中的统计数据并无多大变化。

旧上海从1843年开埠至1937年,一直划分为公共租界、法租界、华界这三个部分。华界在清政府、民国时期又有不同的政区划分,在1927年上海特别市区成立后,划分为沪南、闸北、蒲淞、洋泾、引翔、法华、漕泾、殷行、塘桥、杨思、高行、陆行、高桥、江湾、彭浦、真如、吴淞17个区。① 公共租界、法租界以及华界17个区就是旧上海市区的雏形,是旧上海房地产业发展的主要地带,也是本书所研究的地域范围。

旧黄浦区属公共租界地区,旧南市区属旧上海县城厢地区以及沪南区,1861年以后新开河至十六铺沿江土地被划入法租界。② 静安区延安中路以北、胶州路以东部分属公共租界西区,延安中路以南,东起陕西南路,西至华山路一带,属于法租界③,其余胶州路华山路以西,镇宁路华山路口以北,绝大部分地区属旧上海华界上海县。闸北区天目东路以南、西藏北路以东、河南北路以西部分属于公共租界,部分在旧上海属闸北区。清政府期间曾设闸北自治公所,民国设闸北市政厅,1927—1937年上海特别市政府期间,成立闸北区。④ 长宁区兴国路以西,华山路以东,淮海中路以北的一小部分属于公共租界,旧上海时期华界地区属法华区地境。⑤ 虹口区部分属旧上海闸北华界,部分系公共租界,两者接合部又有公共租界的越界筑路区。⑥ 大致武进路、鸭绿江路、周家嘴路以南,大连路以西,属公共租界。杨浦区部分地区属旧上海引翔、江湾、殷行华界三区,周家嘴路以南,黄浦江以北,杨树浦港以东地区属公共租界,平凉路以南,杨树浦港以西,大连路以东部分也属公共租界。⑦ 卢湾区南部分属旧

---

① 上海市测绘院编制:《上海市政区地名图集》,中华地图学社2006年版,第5页。
② 上海市南市区志编纂委员会:《南市区志》,上海社会科学院出版社1996年版,第642页。
③ 上海市静安区人民政府:《上海市静安区地名志》,上海社会科学院出版社1988年版,第2页。
④ 上海市闸北区人民政府:《上海市闸北区地名志》,百家出版社1989年版,第3—4页。
⑤ 上海市长宁区人民政府:《长宁区地名志》,学林出版社1988年版,第1页。
⑥ 上海市虹口区人民政府:《上海市虹口区地名志》,百家出版社1989年版,第6页。
⑦ 上海市杨浦区人民政府:《杨浦区地名志》,学林出版社1989年版,第1页。

上海华界沪南区,北部分属法租界。徐家汇路以南是华界沪南区,徐家汇路以北是法租界。① 普陀区吴淞江以南大部分属公共租界,除公共租界外,分属华界闸北、彭浦、真如、蒲淞、法华等区。② 徐汇区部分属法租界,部分属旧上海华界沪南区、漕泾区、法华区。肇嘉浜路以北、徐家汇路以东部分属法租界。③ 本书在核对每一个数据后又把房屋划分了辖区。1927年上海特别市政府成立前,只划分为公共租界、法租界、华界,公共租界划分为北区、中区、东区、西区。本书统计的该期间公共租界各区房地产的建筑面积数据见本章附录。1927年上海特别市政府成立后,除公共租界和法租界外,把华界划分为17个区。本书统计的此期间华界各区房地产的总建筑面积见本章附录。

(二)不一致的统计数据

上海地名志丛书中的数据与《上海住宅建设志》中的数据,除闸北区外,其他都基本相同。闸北区的建筑面积数据差异很大。对于这种差异,解决的办法是建筑面积取二者之中数据较大者。建筑年代经考证后定。例如,位于闸北区西宝兴路694弄的三阳里旧式里弄砖木平房,在《上海市闸北区地名志》中,建筑年代是1910年,建筑面积是977平方米④,在《上海住宅建设志》中,建筑年代是1900年,建筑面积是953平方米⑤,本书统计数据时,取其建筑面积为977平方米。三阳里的建筑年代,可考证西宝兴路的历史。西宝兴路原是通往江湾镇的乡间泥土道路,1913年辟筑,南起淞沪铁路,北至青云路以北,沿路建有三阳里等旧式里弄。⑥ 又据地名志记载,民国初,三阳里居委会境地东半部有三阳里和水浜⑦,可见,三阳里是在民国初出现的,应当是随着西宝兴路的规划辟筑而建造起

---

① 上海市卢湾区人民政府:《卢湾区地名志》,上海社会科学院出版社1990年版,第3页。
② 上海市普陀区人民政府:《普陀区地名志》,学林出版社1988年版,第1页。
③ 上海市徐汇区人民政府:《上海市徐汇区地名志》,上海社会科学院出版社1989年版,第3页。
④ 上海市闸北区人民政府:《上海市闸北区地名志》,百家出版社1989年版,第257页。
⑤ 《上海住宅建设志》编纂委员会:《上海住宅建设志》,上海社会科学院出版社1998年版,第513页。
⑥ 上海市闸北区人民政府:《上海市闸北区地名志》,百家出版社1989年版,第137页。
⑦ 上海市闸北区人民政府:《上海市闸北区地名志》,百家出版社1989年版,第28页。

来的,建筑年代应该是 1910 年。因为在《上海英租界分图(1917)》[①]中已经有久安里,所以,久安里的建筑年代应该是 1912 年而不是 1928 年。四平里在《上海美租界分图(1917 年 5 月调查)》[②]中就有,可见在 1917 年,四平里就已存在。四平里同延吉里、慎余北里、余庆里等里弄同处东唐家衖路南侧。东唐家衖就是天潼路在闸北区的路段,在二十世纪二三十年代,这里的大部分里弄相继改造。[③] 在《住宅建设志》和《上海市闸北区地名志》中,四平里的建筑年代分别是 1931 年及 1933 年两个数据,应该是三十年代的改造时间,但无法考证出哪个更准确,所以根据较早的年代 1931 年算。位于今安庆路 488 弄的德寿里,在 1917 年的《上海美租界分图(1917 年 5 月调查)》[④]中就有,图中位于爱而近路(安庆路旧名)的南侧。爱而近路于 1902 年开始修筑东段,1908 年修筑完成。[⑤] 德寿里最初的建筑年代应是在 1912 年,在 1927 年可能重新改造翻建。位于曲阜路 224 弄的洽兴里,据《上海美租界分图(1917 年 5 月调查)》,位于阿拉白司脱路北侧。阿拉白司脱路是曲阜路的旧名,筑于 1898 年,在 1905 年前后,沿路建有长寿里、源昌里等里弄。[⑥] 所以洽兴里的建筑年代应该是 1911 年比较合理。位于今甘肃路 141 弄的德兴坊,在 1917 年的《上海美租界分图》中位于甘肃路的西侧。甘肃路在 19 世纪末是乡间小道,名锡金公所,1902 年修筑为煤渣路,1924 年拓宽。[⑦] 德兴坊最初的建筑年代应该在 1902—1917 年之间。二十世纪二三十年代正是旧式里弄房屋翻新改造的高峰期,甘肃路拓宽后德兴坊应该也经过改造。1925 年和 1929 年应是改建的年代,但已无法准确判断,本书取改建年代为 1925 年。坐落于甘肃路 208 弄的德安坊,位于甘肃路的东侧,情况与德兴坊类似,本书取改建年代为 1935 年。现坐落于罗浮路 76 弄的德康里,其建筑年代应该是 1927 年。罗浮路原名福生路,1917 年由闸北工巡局辟筑,沿路建

---

① 张伟等:《老上海地图》,上海画报出版社 2001 年版,第 40 页。
② 张伟等:《老上海地图》,上海画报出版社 2001 年版,第 46 页。
③ 上海市闸北区人民政府:《上海市闸北区地名志》,百家出版社 1989 年版,第 124 页。
④ 张伟等:《老上海地图》,上海画报出版社 2001 年版,第 46 页。
⑤ 上海市闸北区人民政府:《上海市闸北区地名志》,百家出版社 1989 年版,第 139 页。
⑥ 上海市闸北区人民政府:《上海市闸北区地名志》,百家出版社 1989 年版,第 144 页。
⑦ 上海市闸北区人民政府:《上海市闸北区地名志》,百家出版社 1989 年版,第 134 页。

有大庆里、恺乐里、德康里等里弄。① 闸北区的房屋建筑年代和建筑面积统计数据不一致,主要原因是一·二八和八·一三两次日军侵沪战争,闸北区的房屋绝大部分都被焚毁,化为废墟,战后,在原来的里坊弄废墟上建起了棚户区,原来的地名只有极少数原名传承下来,绝大多数的废墟都由居民另行命名,地名命名混乱,大批地名湮没②,无迹可寻,根本无法考证。其他建筑年代不一致的数据,因无法考证清楚,一律选择《上海住宅建设志》上的建筑年代。这种处理方法只是为了数据来源的统一性,并不是认定《上海住宅建设志》中的数据比《上海市闸北区地名志》中的数据更精确。事实上,地名志丛书中的数据是非常翔实可信的。

(三) 不明年代、建筑面积数据和遗漏数据

在统计的过程中,有一部分的建筑年代不明的数据。可以知道属于1949年前的旧建筑,但无法断定其准确的建筑年代。这部分数据有的可以知道是1912年前的,有的可以知道是1912年以后的,所以本书分两个部分来处理这些数据,计算出1912年前的不明年代建筑的总建筑面积,以及1912年以后的不明年代的统计数据。分不清是1912年前或者1912年后的数据,统一按1912年以后的数据算,因为1912年后是旧上海房地产业发展的高峰期,划归1912年以后更加合理。

《上海住宅建设志》中的统计数据有遗漏,经相互核对后,根据地名志丛书中的记载,本书补充了遗漏的数据,见附录Ⅰ第一章中的数据资料补充。

在数据统计过程中,还有一种特殊的情况,就是没有详细的建筑面积数据的情况。有一些房屋,知道详细的坐落位置、幢数,但是没有建筑面积的数据;有的是房屋存在,没有进行实际测算;有的是被拆掉了,无法测算。这部分房屋的建筑面积本书没有统计,只在附录中列明房屋的名称以及坐落位置。

(四) 改造翻新和战争焚毁数据

二十世纪二三十年代是旧上海的老式里弄改造翻新的高峰期。这段

---

① 上海市闸北区人民政府:《上海市闸北区地名志》,百家出版社1989年版,第155页。
② 上海市闸北区人民政府:《上海市闸北区地名志》,百家出版社1989年版,第286-287页。

时期里,绝大部分的老式里弄都经过翻新改造,但在统计时无法显示。这种存量和流量之间的差异,通过统计实际建筑物的方法会造成很多的数据遗漏。所有经过翻新改造的房屋,其实际建筑面积从流量上统计应是两倍,但是因为无法考证每幢建筑具体的翻新改造年代以及哪些房屋经过改造,所以无法统计详细的翻新改造数据。

例如,1931年6月13日,上海市政府指令第10609号[①],因闸北永盛里业主与房客发生纠纷,批准闸北永盛里业主翻造房屋,令房客从速迁移,以免发生危险。而永盛里业主在呈给市政府的报告中详细地说明了翻造永盛里纠纷的事由:"……据闸北光复路国庆路永盛里业主洪德公司呈,称敝公司翻造永盛里房屋原系遵照♯局命令,该处房屋旧坏亦确有翻造之必要。本年四月弊公司遵照批示通知房客於六月底迁让,将四、五、六三个月租金完全豁免,不得谓不宽大之。讵意房客贪图房租低廉,不顾生命危险,竟全体出面反对,并任意散发通告,肆意诋毁,无可理喻,似此业不由主,对于市政建设前途诚属堪虑。为此检同该里房客所发通告一份,呈请鉴核。迅予在永盛里各衖口张贴告示,晓喻各房客即日迁让,俾使动工翻造等情,同时并据房客代表潘献廷等具呈到局,请求免于翻造,前来案查该永盛里共有市房住房二百八十九幢及栈房四所,其中除一小部份尚属完整外,大都破旧歪斜,上年十月间并会发生塌屋伤人之事。由局照章取缔通知拆造。去后旋据业主代表秦润卿来局面称,颇愿全部翻造,惟以需费较巨,尚在筹划之中,请求展至二十年份再行动工,并以书面声明由伊负责处理,请予核准,当以所请展期一节,为时尚非过长,经批示照准暂将危险部分酌加支撑维护,且在案♯。按永盛里房屋建筑现状,已有危险者情形不一,惟业主为收让路线及通盘布置关系,非全部翻造不足以资事理,现在房客表示反对引起纠纷,究由如何办理之?……"

旧上海时期,战争频繁,大量的房屋遭到战火焚毁。这些被战火毁坏的房屋同样是旧上海房地产业发展的成绩,虽然荡然无存,但是同样不可被忽略。租界受战争影响较小,而华界受战争影响特别大,特别是1932

---

① 《上海市政府指令第10609号——为闸北永盛里翻造房屋业主与房客发生纠纷呈请鉴核示遵由》,上海档案馆档案,蒋1/0-(3),《上海市政府公报》第九十四期,第30页。

年的一·二八和 1937 年的八·一三,两次日本侵沪战争导致华界房屋损失惨重。闸北区首当其冲。一·二八侵沪战争中,闸北区有 93 条里弄被全部炸毁,部分被毁的里弄更多。八·一三侵沪战争中,闸北区里弄被炸毁 388 条,商店 596 家,房产损失 576 万元。整个闸北区的房屋在两次侵沪战争中几乎全部被毁坏。[①] 南市区情形如同闸北。长宁区境内的周家桥、陈家渡等地屡遭轰炸,北新泾古镇成为废墟。[②] 杨浦区在两次侵沪战争中,五角场镇、殷行等华界地区遭到日军蹂躏,成片的居民区化为废墟,自然村一个个消失。本书在计算统计数据时只按照中华人民共和国成立后存在的建筑实物来统计和计算,但华界的房地产业发展实际业绩远大于本书所统计出来的数量。

房屋改造翻新的数据,无法获得。战争损毁的房屋的数据,亦无法获得。现存的旧式里弄房屋绝大部分在二十世纪二三十年代翻修过,每幢经过翻修改造的房屋,建筑面积至少应是本书数据的 2 倍。遭受战火袭击的主要是华界,租界基本上没有经受过战火的破坏。华界的房屋,许多是在废墟上重建的,有的重建了不止一次,例如闸北地区的房屋。所以,华界的建筑面积估计至少是本书计算出的数据的 2 倍左右,可能更接近历史的真实水平。

"上海一·二八事件……损失数目,各方推测不一,有谓二十万万元;有谓十五万万元,大致直接损失,至少十万万元;间接损失,亦不亚於此数。

闸北与附近太、嘉、宝三县之直接损失:近年来上海以租界地价飞涨,故住户与工厂在闸北之建筑,日见繁盛。此次几全部毁坏,已在社会局登记者,近九万万元,内工厂毁坏八百九十六家,金额五千三百余万元。铁道与公用事业,损害三千余万元;学校二百余所,损失一千余万元。至太、嘉、宝三县调查之直接损失,共一千五百余万元。又太、嘉、宝三县耕种田亩约二百万亩,每亩因荒弃农事损失以五元计,共损失一千万元。故谓直接损失,决不在十万万元之下。"[③]

---

① 上海市闸北区人民政府:《上海市闸北区地名志》,百家出版社 1989 年版,第 286 页。
② 上海市长宁区人民政府:《长宁区地名志》,学林出版社 1988 年版,第 268 页。
③ 上海档案馆档案,Q54-3-455,《中国银行报告中华民国二十一年》(上海事件),第 22—25 页。

附图 1.1 为暴日侵沪战区地图（全图）[①]（见附录Ⅲ），是日本人绘制的 1932 年日本侵沪战争中战火蔓延的地区。从图中可以看出，整个黄浦江以西的华界地区，全部在日本人炸弹袭击范围之内。

附图 1.2 为暴日侵沪战区地图（局部图）[②]（见附录Ⅲ）。从图中可以非常清楚地看到一·二八侵沪战争中战火对于华界地区的破坏，这是战火对于华界房地产业发展造成破坏的有力证据。

（五）火灾烧坏数据

最初上海的房屋由于间距很小，建筑结构和建筑材料不讲究，很容易着火。火灾是旧上海房地产业发展的一大隐患，虽然不断地改进房屋建筑类型和结构，加强防火设计，颁布各种防火规章制度，但是仍然火灾频发。例如，1860 年 9 月 21 日，租界内花园弄（今南京东路）发生大火，烧毁房屋 150 多间，占到该地段房屋的半数以上。[③] 1864 年 5 月 17 日，八仙桥东有一百多间草棚着火，有 2 000 多难民无处容身。[④] 1915 年 10 月 15 日，吴淞镇发生大火，毁房 3 000 余间，1 万多人无家可归。[⑤] 1918 年 10 月 9 日，吴淞镇大火，自晨 3 时起至 9 时，由东市大街起至中市外街止，延烧新建商会及居民铺户千余家，"商务要冲顿成一片瓦砾场"。[⑥]

1870 年 2 月 11 日的工部局董事会会议录记载了在 1869 年所发生的火灾："(1)5 月 16 日：上午 1 时发生在城里，烧毁中国住房 60 幢。(2)7 月 18 日：上午 3 时发生在靠近棋盘街的山东路上，烧毁中国住房 22 间，倒塌 2 间。(3)10 月 27 日：上午 5 时 30 分发生在靠近天主堂街的法租界，烧毁中国住房 25 间，倒塌 1 间。(4)11 月 17 日：下午 11 时 45 分发生在南市，离 1867 年 11 月由油引起火灾的地方仅数百码，烧毁中国住房

---

① 张伟等：《老上海地图》，上海画报出版社 2001 年版，第 107 页。
② 张伟等：《老上海地图》，上海画报出版社 2001 年版，第 106 页。
③ 《上海通志》编纂委员会：《上海通志》第 1 册，上海人民出版社、上海社会科学院出版社 2005 年第 1 版，第 52 页。
④ 《上海通志》编纂委员会：《上海通志》第 1 册，上海人民出版社、上海社会科学院出版社 2005 年第 1 版，第 56 页。
⑤ 《上海通志》编纂委员会：《上海通志》第 1 册，上海人民出版社、上海社会科学院出版社 2005 年第 1 版，第 112 页。
⑥ 《上海通志》编纂委员会：《上海通志》第 1 册，上海人民出版社、上海社会科学院出版社 2005 年第 1 版，第 118 页。

150 间。(5)12 月 3 日:上午 9 时发生在法国巡捕房附近,在金利元上方,烧毁房子 5 间。"①

上海的火灾频繁发生,虽然在一定程度上推动了上海房屋质量的改进,使得上海房地产业投资者在建造房屋时把房屋的防火性作为考虑的重要因素,推动了房屋建筑质量的改善,但是火灾焚毁大量的房屋,造成巨额财产损失,使成千上万人因此而流离失所。因为火灾烧毁的房屋建筑面积数据无法得到,所以这部分的数据是缺失的。

四、公共租界、法租界、华界三区建筑面积研究

本书在统计计算出 1843－1937 年上海市区历年建筑面积数据的基础上又分别统计计算出公共租界、法租界、华界在该期间各自的历年建筑面积数据,如下文所示。1843－1937 年上海历年建筑面积数据以及三界历年建筑面积数据的得出,是本书研究上海房地产业发展的基础,本书后面将根据这些数据显示出的性质进行分析研究。

(一)公共租界建筑面积

本书统计计算出的 1843－1937 年上海公共租界的历年建筑面积,如表 1.4 所示。

表 1.4　　　　　　1843－1937 年上海公共租界历年建筑面积②　　　　单位:平方米

建筑年代	面积小计	建筑年代	面积小计
1848	1 821	1910	256 484.3
1853	4 532	1911	302 664
1854	2 466	1912	437 351
1858	1 152	1913	59 236.4
1860	388	1914	106 927
1870	6 900	1915	121 017.1
1872	9 175	1916	163 087

① 上海档案馆,《工部局董事会会议录译文(1870－1871)》,第 684 页。
② 数据来源于附录Ⅰ第一章及附录Ⅱ第一章。

续表

建筑年代	面积小计	建筑年代	面积小计
1876	79 438	1917	68 177.5
1880	6 910	1918	108 145
1884	560	1919	70 948.3
1885	4 090	1920	422 801
1886	232	1921	152 177.6
1887	706	1922	175 894.6
1890	13 572	1923	257 801
1892	1 407	1924	244 490
1893	5 999	1925	329 402
1894	9 786	1926	379 678
1895	23 058	1927	249 368
1896	9 641	1928	262 645.7
1897	17 001	1929	390 775.8
1898	9 536	1930	496 692.2
1899	9 008	1931	380 835.8
1900	112 840	1932	274 377
1901	24 522	1933	167 463
1902	14 749	1934	135 459
1903	19 345	1935	101 788.8
1904	26 114	1936	153 165.2
1905	88 241	1937	310 437
1906	75 539	1912年后	407 119.7
1907	40 836	1912年后(估)	90 847
1908	37 083	1912年前	82 049
1909	19 093	总　计	7 835 045

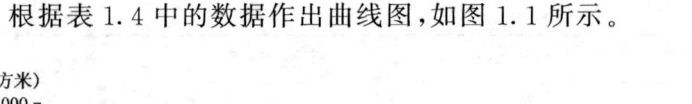

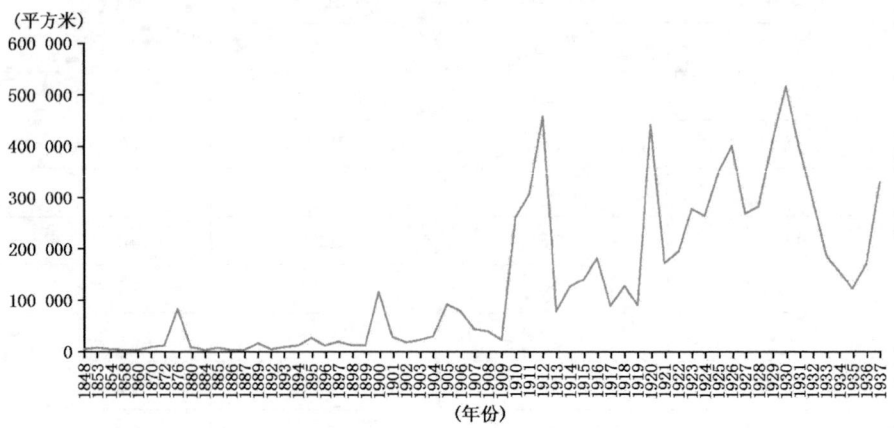

根据表1.4中的数据作出曲线图,如图1.1所示。

数据来源:见表1.4。

图1.1　1843—1937年公共租界的历年建筑面积变化曲线图

由图1.1可知,公共租界的房地产发展可以分为四个阶段:1872年以前、1872—1899年、1900—1911年、1912—1937年。1872—1899年,公共租界的房地产发展处于萌芽阶段。1900—1911年,公共租界房地产发展处于形成阶段。其间,公共租界的房地产发展不断地出现小波峰,并在1900年达到第一个大的波峰值。1912—1937年,公共租界房地产发展的繁荣期,整体水平高于前期,而且呈现不断增长的趋势,波峰波谷起伏不停。其间,共有六个大的波峰值,其中,1930年的波峰值是公共租界1843—1937年间最大的波峰值,其余五个波峰值依照从高到低的排列顺序是:1912年、1920年、1926年、1937年、1916年。在1912—1937年期间,六个波峰值或高或低,发展速度不定,有五个很明显的波谷期。1917—1919年是第一个波谷期,1921—1922年是第二个波谷期,1927—1928年是第三个波谷期,1933—1935年是第四个波谷期。1913—1919年是因为第一次世界大战期间英美等国无暇顾及上海,所以上海公共租界内的房地产投资受到影响。1921—1924年,时值上海的信交风潮发生,上海市面萧条,华人当时在公共租界内的房地产投资减少。1929—1933年,英美等国国内开始处于经济大危机。1932年,上海的淞沪战役使上海的房地产业受到严重打击。1934—1935年的白银风潮,导致大量的白银外流,使得上海市面银根紧缩,市面萧条。在这种市场背景下,房地产市场萧条,价格下跌,成交率很低,因而房地产发展陷入低谷,出现1933—1935年的房地产波谷是必然的结果。1936年后房地产价格开始回升,可惜抗日战争的爆发打断了上海房地产业的正常发展之路,上海的房地产业自此衰落,难以恢复往日的繁荣景象。

(二)法租界建筑面积

根据原始资料统计计算出1843—1937年期间法租界历年的建筑面积数据,如表1.5所示。

表1.5　　　　　1843—1937年上海法租界历年建筑面积[①]　　单位:平方米

建筑年代	面　积	建筑年代	面　积
1850	1 000	1920	93 966
1866	1 499	1921	51 519
1874	1 011	1922	71 817
1883	1 048	1923	82 249
1895	425	1924	125 535
1900	4 855	1925	121 732.2
1901	700	1926	125 971
1903	3 682	1927	134 487
1904	4 947	1928	267 179
1905	4 489	1929	150 422.4
1906	14 897	1930	417 156
1907	38 837	1931	189 387
1908	20 034	1932	115 308
1909	2 725	1933	65 482
1910	11 013	1934	82 210

---

① 数据来源于附录Ⅰ第一章及附录Ⅱ第一章。

续表

建筑年代	面 积	建筑年代	面 积
1911	67 098	1935	62 833
1912	233 986	1936	86 297
1913	22 949	1937	143 239
1914	38 522	1912 年后	624 162
1915	19 605	1912 年后(估)	33 446
1916	71 262	1912 年前	8 490
1917	19 035	1912 年前(估)	2 549
1918	16 173	总 计	3 706 912
1919	51 683		

根据表 1.5 中的数据,作出 1843—1937 年期间法租界的历年建筑面积变化曲线,如图 1.2 所示。

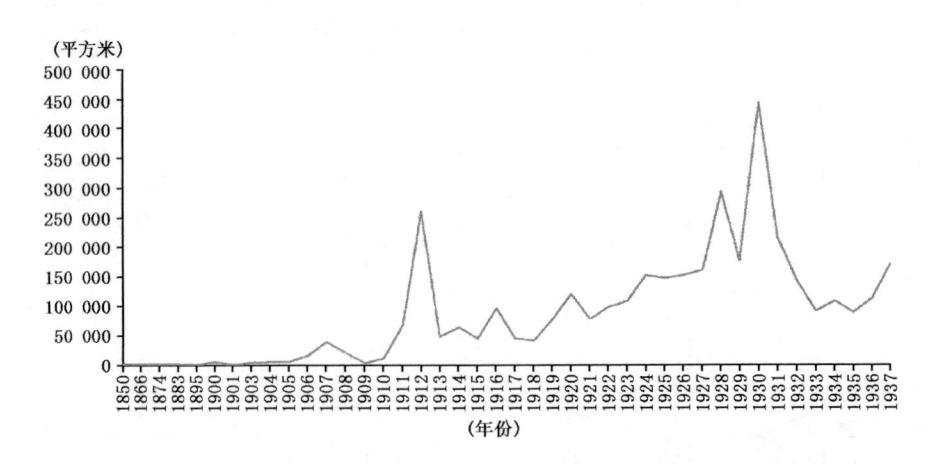

数据来源:见表 1.5。

图 1.2　1843—1937 年法租界的历年建筑面积变化曲线图

从图 1.2 可以看出,法租界的房地产发展可以分为三个阶段:1905 年以前、1906—1911 年、1912—1937 年。1905 年以前是法租界房地产业发展的萌芽时期,1906—1911 年是法租界房地产业发展的形成期,1912

—1937年是法租界房地产业发展的繁荣期。1905年以前,法租界的房地产曲线基本上是一条接近水平轴的直线,非常平缓,说明这个时期上海的房地产发展极其缓慢。1906—1911年,法租界的房地产曲线开始起伏,出现很低的波峰和波谷。1906—1909年期间,法租界房地产曲线出现比较明显的波峰,这个阶段,是法租界房地产业逐渐形成并开始发展的时期。1912—1937年,法租界的房地产曲线波峰波谷起伏不定,曲线的整体Y轴值高于前期,亦即法租界的整体发展水平高于前期。在这个阶段,出现四个比较大的波峰和两个大的波峰,以及四个比较低的波谷。1930年的波峰值是法租界在整个1843—1937年期间最大的波峰值,其他的波峰值按照从高到低的顺序依次是:1928年、1912年、1937年、1924年、1920年、1916年。波谷期有四个:1913—1915年、1917—1918年、1921—1923年、1933—1935年,另有波谷点是1929年。

1914年至1919年第一次世界大战期间,法租界房地产曲线出现的波谷点都低于繁荣期的其他波谷点。可以看出,1920年的信交风潮、1932年的一·二八事变、1934年的白银风潮,都对法租界的房地产造成了萧条影响。但是1924年齐卢之战的爆发,并未影响到法租界房地产业的繁荣。法租界的房地产业在1924年反而达到了波峰,1929—1933年的西方第一次经济大危机时期,上海法租界的房地产业发展并未受到明显影响,反而在1930年达到了最高的波峰值。之后法租界的房地产业开始回落,直到1933—1935年,法租界的房地产业发展形成一个大的W形波谷底。1936年以后,法租界的房地产业才逐渐回升,达到1937年的波峰。然而,由于抗日战争爆发,法租界的房地产业发展再次陷入谷底。

(三)华界建筑面积

根据原始资料统计计算出1843—1937年华界历年建筑面积数据,如表1.6所示。

表 1.6　　　　　　　　　1843—1937 年上海历年华界建筑面积表[①]　　　　　单位:平方米

建造年代	面积小计	建造年代	面积小计
1850	6 536	1915	28 893
1863	210	1916	41 433
1865	1 070	1917	30 468
1870	530	1918	26 756
1874	1 520	1919	28 656
1880	11 687	1920	238 093
1882	3 106	1921	50 222
1884	1 548	1922	38 033
1885	3 771	1923	26 725
1886	2 160	1924	107 201
1889	11 400	1925	104 545
1890	5 250	1926	49 097
1895	9 600	1927	118 292
1898	1 125	1928	40 782
1900	66 158	1929	67 991
1901	6 860	1930	251 110
1902	2 880	1931	104 044
1903	1 980	1932	122 941
1904	10 195	1933	46 486
1905	18 711	1934	80 365
1907	500	1935	66 907
1908	4 466	1936	102 742
1909	19 429	1937	372 925
1910	28 125	1912 年后	139 095
1911	66 211	1912 年后(估)	53 541
1912	627 311	1912 年前	313126
1913	4 460		
1914	24 438	总　　计	3 591 706

---

① 数据来源于附录Ⅰ第一章及附录Ⅱ第一章。

根据表 1.6 中的数据作出 1843—1937 年上海华界历年建筑面积变化曲线,如图 1.3 所示。

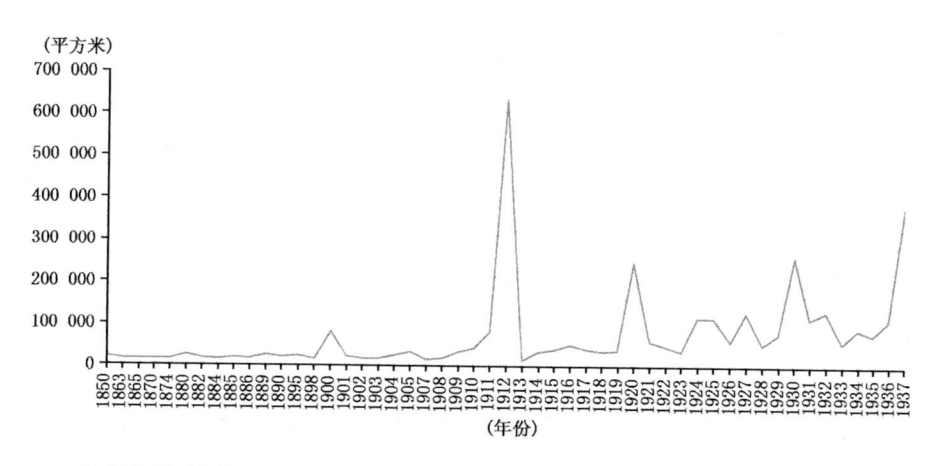

数据来源:见表 1.4。

图 1.3　1843—1937 年华界历年建筑面积变化曲线图

由图 1.3 可知,华界的房地产发展经历了两个阶段:1843—1911 年和 1912—1937 年。在 1908 年以前,华界的房地产发展基本上处于萌芽状态,除了 1898—1900 年期间出现了一个很低的波峰外,其他年份的曲线基本上都贴近水平轴,平均水平非常低。1909—1911 年是华界房地产业兴起阶段。

1912—1937 年是华界房地产发展高潮期,房地产发展迅速,并在 1912 年达到了最高波峰值。在该期内,出现了六个波峰点,其他的五个波峰点,虽然再没有出现过像 1912 年那么高的波峰值,但从曲线来看,整体水平要高于前期。华界的波峰点按照从高到低的排列顺序依次是:1912 年、1937 年、1920 年、1930 年、1932 年、1927 年、1924 年。华界的波谷期有四个,依次是:1913—1919 年、1921—1923 年、1928—1929 年、1933—1935 年。另外有波谷点 1926 年。1913—1937 年,华界房地产发展的速度起伏不定,波峰值之间的差距相差有大有小,有超过前期的,也有低于前期的,但从曲线形状来看,整体水平是在不断提高。第一次世界大战期间,华界的房地产发展水平不高,1920 年的信交风潮、1932 年的一·二八事变、1934—1935年的白银风潮对华界的房地产业发展造成了消极的影响,但1929—1933年的第一次资本主义经济大危机对华界的房地产业发展产生了积极的影响。

五、近代上海房地产业的发展与布局

1843—1937年,上海的政区划分变化大体可以分为两个比较明显的时期,即1927年上海特别市政府成立以前及以后。上海特别市政府成立以前,虽然经历了清政府和北洋军阀政府两个政治统治时期,但从房地产业发展的角度来看,政区并没有明显的区别,基本上是公共租界、法租界和华界三个区,华界分为闸北和南市两个部分。上海特别市政府成立以后,1928年形成以17个区为主体的上海市区雏形,在1930年,推行大上海计划,对上海市区进行了规划。近代上海的房地产业逐渐形成发展的过程中表现出不一样的态势,区域布局也不同。附图1.3和附图1.4(见附录Ⅲ)分别表明在上海特别市政府成立以前和以后上海市区房地产业发展的布局。附图1.3中的建筑面积数据是1914年的数据,附图1.4中的建筑面积数据是1937年的数据。

(一)1927年上海特别市政府成立以前房地产业的发展与布局

1927年上海特别市政府成立以前,上海房地产业的布局基本如附图1.3所示,只是每年的建筑面积数据不同。附图1.3中,1914年,上海华界的建筑总面积是1 246 473平方米,法租界的建筑总面积是479 036平方米;公共租界东区的建筑总面积是164 431平方米,公共租界北区的建筑总面积是553 378平方米,公共租界中区的建筑总面积是598 688平方米,公共租界西区的建筑总面积是611 919平方米。数据计算过程见本章附录。

(二)1928—1937年上海房地产业的发展与布局

上海特别市政府成立以后,1928—1937年,上海房地产业的布局如附图1.4所示,只是历年的建筑面积数据不同。附图1.4以1937年为例。

附图 1.4 中,1937 年的建筑面积数据见本章附录。1937 年,上海华界房地产业主要分布在洋泾、闸北、法华、沪南、真如、漕泾、蒲淞、引翔、江湾、彭浦、殷行这 11 个区。其他华界地区的房地产业分布较少。

(三) 1843—1937 年上海市区房地产历年产出建筑面积变化曲线

根据表 1.1 的数据计算出 1843—1937 年上海市区房地产产出历年增长率表,以 1848 年为基期,得出表 1.7 中的数据。

表 1.7　1843—1937 年上海房地产产出历年增长率表(以 1848 年为基期)

建筑年代	增长率(%)	建筑年代	增长率(%)
1848	0	1904	343
1850	50	1905	954
1853	24	1906	771
1854	6	1907	682
1858	−6	1908	520
1860	−12	1909	343
1863	−14	1910	2 556
1865	−7	1911	3 778
1866	−3	1912	11 651
1870	49	1913	1 105
1872	64	1914	1 829
1874	6	1915	1 826
1876	675	1916	2 751
1880	146	1917	1 375
1882	11	1918	1 666
1883	−7	1919	1 668
1884	2	1920	6 919
1885	53	1921	2 561
1886	5	1922	2 837
1887	−10	1923	3 542
1889	83	1924	4 504
1890	148	1925	5 186

续表

建筑年代	增长率(%)	建筑年代	增长率(%)
1892	−4	1926	5 178
1893	36	1927	4 720
1894	69	1928	5 316
1895	272	1929	5 652
1896	68	1930	10 487
1897	132	1931	6 218
1898	77	1932	4 812
1899	63	1933	2 782
1900	1 584	1934	2 944
1901	263	1935	2 366
1902	138	1936	3 329
1903	202	1937	7 543

根据表1.1和表1.7中的数据分别画出曲线图,可得出1843—1937年上海房地产产出总建筑面积变化曲线,以及1843—1937年上海房地产产出增长率变化曲线,分别如图1.4和图1.5所示。

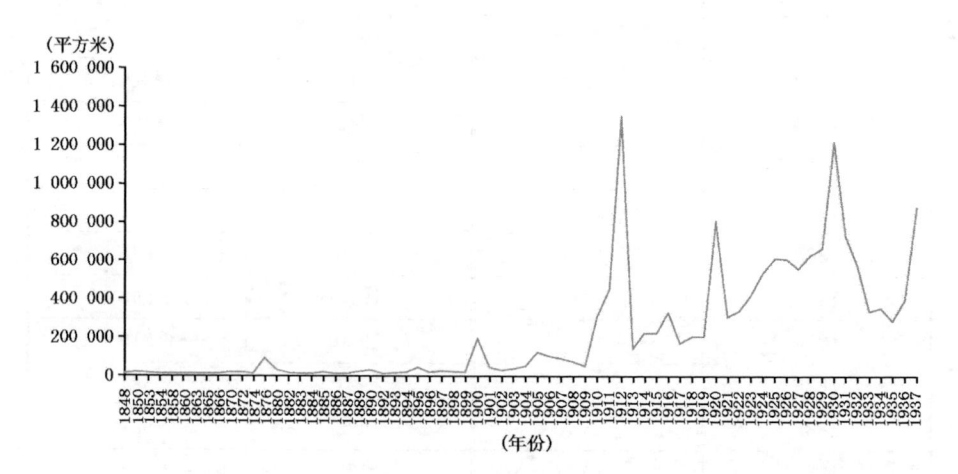

数据来源:见表1.1。

图 1.4　1843—1937 年上海房地产产出总建筑面积变化曲线图

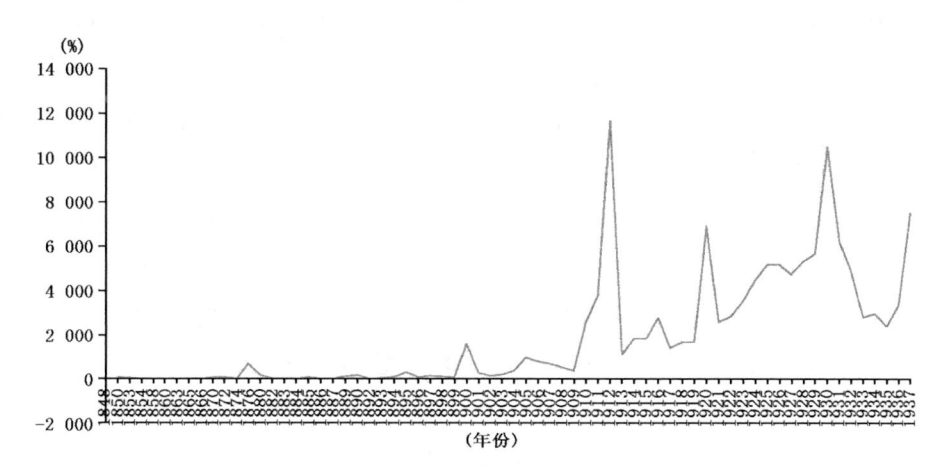

数据来源:根据表1.1中的数据计算所得。

图 1.5　1843—1937 年上海房地产产出增长率变化曲线图

从图 1.4 和图 1.5 可以看出,1843—1937 年,上海建筑面积总数的变化很不平稳,波峰波谷起伏不定,但最明显的四个波峰出现在 1912 年、1920 年、1930 年和 1937 年,其中,1912 年的波峰值最高,1930 年的波峰值第二高,1937 年的波峰值位列第三,这三个波峰值远远高于其他的波峰值。从整体来看,上海一百多年来房地产建设的发展不断有小波峰出现,表明上海的房地产业在发展中不断出现小高潮。除了三个很明显的波峰,小波峰总共有五个。其中,1920 年的波峰值位列第四高。1925 年至 1926 年间波峰期有一个,波谷点有八个,波谷期有两个,即 1917—1919 年和 1933—1935 年。在 1900 年以前,曲线基本上没有起伏,是一条贴近横坐标轴的曲线,非常平缓,接近于一条平行线。而从 1900 年以后,曲线开始有了巨大的起伏变化,跌宕不平。本书根据图 1.5 中曲线的变化以及上海统治政府的变化,划分两个时期来论述上海房地产业的发展。这两个时期分别是:1843—1911 年和 1912—1937 年。

赵津认为,1949 年 5 月 27 日上海解放后,近代房地产业的发展并未停止,一直持续到 1956 年公私合营结束为止,所以近代上海房地产业的发展不从政治统治的角度来定义结束点,而应从近代上海房地产行业发展的特性来定义结束点。本书认同赵津的观点,认为近代上海房地产业发展至 1956 年房地产公私合营为止。但限于各种局限,本书将主要论述 1843—1937 年的发展,原因如下:首先,这个时期实际上包括近代上海房地产业在社会常态下的发展,典型性地代表了近代上海房地产业发展的成就,此期间上海房地产业的发展能代表近代上海房地产业的发展状况。其次,1938 年以后至 1949 年期间,上海陷于战争状态,不属于社会常态,特殊时期房地产业的发展应该另行研究;1949 年 5 月 27 日以后至 1956 年,虽然处于和平时期,但是因为统治政府以及社会体制的变化,所以土地制度和政策的变化也需另行研究。本书把 1843—1937 年上海房地产业发展划分为 1843—1911 年和 1912—1937 年两个时期,依据的标准有两个:一是按照上海历年总建筑面积变化图所反映出来的房地产发展特性,二是考虑到社会体制的变化。两个标准恰好在 1911 年形成一个分界线:1911 年以前,上海房地产业发展处于萌芽时期,而在 1911 年以后,上海房地产业迅速发展,并不断出现高峰。本书将在第二、三、四章分析研究上述两个时期上海房地产业发展的状况以及所呈现的特征。

第二章

晚清上海房地产业发展研究(1843—1911年)

近代上海房地产业的产生以什么为标志,是一个十分关键的问题,直接关系到近代房地产业产生的界定。已有的观点中,有的学者认为近代上海房地产业的产生时间是在1843年上海开埠以后,上海道契的出现是近代上海房地产业产生的标志;一些学者认为,房地产业作为一个独立的行业而存在,取决于大量的农用土地转化为市地;还有的学者认为,近代上海房地产业产生的标志主要是房地产交易的目的,即作为投资而不是作为消费。上面各种观点,各有其道理。作者认为,判定上海近代房地产业的产生,需要以系统、全面的观点来看:第一,看上海开埠后第一份道契土地买卖的用途,是农业用途还是商业用途;第二,看近代房地产商品形成的时间,即商品房产生的时间;第三,看第一家专业的房地产公司出现的时间;第四,看专职的房地产经纪人出现的时间;第五,看房地产市场初步形成的时期。下文进行详细分析。

一、近代上海房地产业产生的界定

《南京条约》签订后,广东十三行失去了官商的地位和外贸垄断权。广东十三行解散,依附于广东十三行的上下产业链随之断裂,原有的十三行商人纷纷改行或以普通商人的身份继续行商。① 五口通商后，洋商逐渐向上海、福州等地转移，各个商埠洋行林立，广东的外贸额日渐衰落，上海取代广东第一大港口的经济地位，成为新的经济中心。随着广州经商环境的恶化，广东十三行商人也从外贸行业退出，转向房地产业和国外股票等市场。② 上海的房地产业，是广东商人资产投资的领域之一。

上海房地产业什么时候产生的，时间怎样算，界定标准是什么，各有说法。第一家专业的房地产公司是哪家，最早从事房地产业的是哪些人，本书下文将研究这些问题。

(一)看第一号道契土地买卖的用途

《上海道契(卷一—卷三十)》③收录了上海开埠后的近万份上海道契。由于篇幅巨大，本书难以一一记录，只取第1—5号道契详加分析。

首先看第一号道契土地买卖的用途。1847年11月24日，道契第一号由英商宝顺洋行经理颠地·蘭士禄取得。④ 颠地·蘭士禄所购这块地位于黄浦滩边上，属二十五保三图必字圩，土名閗鸡场，原业主奚尚德等，共13.894亩，押租1 579 430文。同治二年十月二十五日，颠地·蘭士禄转予英商韦金申·颠地；光绪三年十月十七日，韦金申·颠地转予爱顿特；光绪二十五年，爱顿特将东段划出约7.95亩转予道胜银行，另立契号3143。经过多次划出另立契后，最终余地1.093亩全数并立日本册873号新契，本契注销。⑤ 可见，第一号道契土地在多次土地交易中是作为投资商品流转的，最初是一块农地，但最终转化为市区土地，用于商品房建设。

英册道契第2号第24分地的颁发日期是道光二十七年十一月二十

---

① 罗三洋：《古代丝绸之路的绝唱——广东十三行》，台海出版社2018年5月第1版，第491页。

② 罗三洋：《古代丝绸之路的绝唱——广东十三行》，台海出版社2018年5月第1版，第493页。

③ 蔡育天：《上海道契(1847—1911)(卷一—卷三十)》，世纪出版集团上海古籍出版社2005年1月第1版。

④ 《上海通志》编纂委员会：《上海通志》第1册，上海人民出版社、上海社会科学院出版社2005年第1版，第45页。

⑤ 蔡育天：《上海道契(1847—1911)卷一》，世纪出版集团上海古籍出版社2005年1月第1版，第1—2页。

第二章　晚清上海房地产业发展研究(1843—1911年)

九日(1847年11月29日),受领道契人是英人麦都思,是原业户吴金盛等的地基。土地面积11.099亩,押租总额564 905文。道光二十七年一月十八日(1847年1月18日),麦都思将此地全数换交英商林赛公司的原租地第74分租地。道光二十七年九月二十四日(1847年9月24日),林赛公司向原业户吴桂芳添租地基0.65亩。咸丰元年八月二十日(1850年8月20日),林赛公司连添租地起共11.749亩转给英商休哈密顿。2号契土地原是众英商民委托承董义塚会书纪司账麦都思及将来司账者租用,作为上海港英众商民义塚埋葬之所。①

英册第3号道契第1分地的颁发日期是道光二十七年十一月二十四日(1847年11月24日),受领道契人是英商怡和行即查颠·马地孙公司,原业主是吴建♯等。土地面积18.649亩,押租总额1 167 661文。光绪三十三年七月二十五日(1907年7月25日),怡和行将本契地18.612亩转予怡和有限公司租用。此契于民国三十四年六月三十日(1945年6月30日)转产日册第10262号,租户中支那振兴株式会社。②

英册第4号道契第2号分地的颁发日期是道光二十七年十一月二十四日(1847年11月24日),受领道契人是英商和记行即璞兰金·罗孙公司。原业主是石成山地基,土地面积17.948亩,押租总额是1 152 711文。咸丰三年四月十三日(1852年4月13日),璞兰金·罗孙将本地划出四分之一和四分之三分别转租予英商威林·璞兰金及多马士撒木林·罗孙;咸丰八年十一月二十六日(1857年11月26日),该地全部转予威林·璞兰金租用;咸丰十年三月二日(1859年3月2日),英商威林·璞兰金将本契地基共13.2亩全数转给英民沙逊行租用。光绪三十一年十一月十五日(1905年11月15日),沙逊行划出0.923亩转予扬子保险公司,另立英册5402号新契,剩余12.277亩。民国九年六月十二日(1920年6月12日)全地转立日册407号新契。③

---

① 蔡育天:《上海道契(1847—1911)卷一》,世纪出版集团上海古籍出版社2005年1月第1版,第2—3页。
② 蔡育天:《上海道契(1847—1911)卷一》,世纪出版集团上海古籍出版社2005年1月第1版,第4—5页。
③ 蔡育天:《上海道契(1847—1911)卷一》,世纪出版集团上海古籍出版社2005年1月第1版,第5—6页。

英册第 5 号道契第 3 分地的颁发日期是道光二十七年十一月(1847年 11 月),受领道契人是英商仁记行即吉利永士敦公司,原业主吴会元等。土地面积 15.96 亩,押租总额 999 677 文。同治四年十二月七日(1864 年 12 月 7 日),仁记行转予英商吉浦、滕根生二人合用;同治十一年六月二十三日(1871 年 6 月 23 日),吉浦、滕根生将二人合用土地全部转予吉浦租用;光绪九年七月一日(1883 年 7 月 1 日),经理吉浦遗产人何德、麦吉罗二人将本契土地 15.96 亩全数转予平治门。[①]

从 2—5 号道契来看,第 2 号道契在 1847—1850 年期间转手交易三次,以后一直由英商休哈密顿持有;第 3 号道契在 1847—1907 年期间转手交易一次,由怡和有限公司持有;第 4 号道契在 1847—1905 年期间转手四次,部分由老沙逊持有经租;第 5 号道契自租用后在 1847—1882 年期间转手三次,最后由平治门持有。第 1—5 号道契全部经过转手交易。道契的转手流通过程使得房地产交易次数逐渐增多。而随着颁发的道契越来越多,更多的道契参与到流通中,房地产交易次数越来越频繁、规模越来越大,逐渐形成了近代房地产市场。

我们再进一步提出问题:为什么认为近代上海房地产业产生于上海开埠以后的租界? 同时期华界同样存在地产交易,为什么不是产生于华界呢? 同时期晚清华界的地产交易与租界的地产交易有什么不同的意义? 难道仅仅是道契制度和田单制度的区别吗?

处于封建社会时期的清代,房地产交易一直存在。官方设立的牙行作为房地产交易中介媒介。牙行并不专营房地产交易,各行各业包括人口买卖都是它的经营领域。牙行与近代专营房地产交易的房地产经纪公司是有区别的。那么,房地产交易有什么不同吗? 仅仅是契证的不同和交易程序的不同吗? 辛亥革命后华界中依然存在大量的田单交易,这时候的房地产交易又和清代的田单交易有何不同? 可见,单单从契证和交易制度上探讨近代房地产业产生的原因,并不能挖掘出隐藏在背后的根源。

[①] 蔡育天:《上海道契(1847—1911)卷一》,世纪出版集团上海古籍出版社 2005 年 1 月第 1 版,第 7—8 页。

封建制度的清朝,是典型的农业社会。农业是立国之本,土地在从国家至普通百姓的整个社会的价值观里,都是安身立命之本,有着至高无上的地位。重农抑商是国家政策,商人地位很低。在这样的农耕文化中,土地持有人一般不会出卖土地,除非遇到个人或家庭难以抵挡的天灾人祸,基本是穷途末路,经过卖、加、绝、叹四个程序后,一般是穷困潦倒,这些从现有资料有关清代房地契买卖的记载中可以看出。而田地也是百姓家庭资产投资中最重要的一部分。土地的交易频率并不高。土地主要用于自耕或收取田租,田地的价格基本稳定,不存在土地投机。

那么,近代房地产业的产生究竟有何不同?

本质的不同在于商业文化替代农耕文化。土地作为商品,它的用途和性质发生了变化。

首先,土地不再用来生产粮食,而是转为商业或工业用途,或是盖工厂,建码头、仓库、商厦等,甚至只是持有,待价而沽。所有的用途都意味着给土地所有者带来的巨大利益远远大于耕种或地租带来的利益。土地价值在转为非农业用途后,增殖巨大。

其次,土地投机出现。随着旧上海逐渐从一个小县城发展为一个国际性的大都市,土地的价格持续上涨、变动剧烈,出现了专门从事土地投机交易的商人,这些人用各种手段不停地取得各种土地,低买高卖,获取暴利。

商品经济取代农业经济,商业文化取代农耕文化,城市文化取代农村文化,资本主义的商品经济取代封建主义的农业经济,是近代上海房地产业产生的根源。在上海房地产业产生及发展的过程中,两种文化不断发生冲突,原有的农业文化逐渐没落,商业文化逐渐发展起来,土地的用途和性质发生了巨大的变化,土地的价值也出现了巨大的增殖。

(二)看近代上海商品房产生的时间

近代上海商品房产生的时间是在上海开埠后,上海县衙租赁给英领事巴富尔及随行人员的"上海县城内外开设的五处招商栈房"。①

1853 年到 1855 年上海小刀会起义时,大量的华人逃到租界,洋人在租界内搭起大批的简易木板房,专门出租给逃难华人居住,获取租金收益。这些简易木板房,应是上海最早的商品房租赁市场的雏形,因为它们是专门用于投资生利的。但这些简易木板房建筑质量太差,不符合真正意义上的商品房要求。真正意义上的商品房,应是以后出现的砖木结构的旧式里弄房屋。

"……1853 年起,小刀会起义军占领上海县城达 17 个月,在这些日子里,大量城厢居民为躲避战争进入租界,冲破了原来租界"华洋不得杂居"的规定,当时英租界人口从 500 多人增加到 2 万人以上,这给外国冒险家们创造了意想不到的赚钱机会。……现在大批华人进入租界,把原有多余的简陋房屋出租,可以收取高得出奇的房租,一般三五个月的租金足够新建同样的一所简屋。而且这类简屋都是木板结构,成本低,建造速度快。从 1853 年 9 月到 1854 年 7 月,不到一年时间,广东路和福州路一带就建造了 800 幢木板简屋,纯以出租营利为目的。这是上海商品房屋的嚆矢。……"②

费唐法官在他的报告中引用了租界道路码头委员会的报告。该委员会于 1854 年 7 月 11 日在外侨大会之常年报告书内,曾叙述 1853 年 9 月 7 日小刀会攻陷上海县城当日租界内外侨所遇的情况。"……县城既陷,多数无家可归之难民,突拥入吾侨居住区域之内。乃建造易坏而有危险之房屋多所,以安置若辈之一部分。然租界之内因此增加火患之危险,使大宗混杂之华民与吾侨杂居。则见其拥挤於街道,将污秽之物抛掷途中,入夜则沿街喧呼酣歌,扰人安睡。……有不能在陆地上觅获栖身之所,而因此居於小舟之中者。此项小舟,停泊于黄浦江滨,常麇集於码头之旁,为货船及轮运小船之重大障碍。又有一部分之难民,聚集於外滩之南端,

---

① 转引自道光朝筹备夷务始末卷 70,第 10113 页,上海市地方志办公室、上海市历史博物馆:《民国上海市通志稿》第 2 册,上海世纪出版股份有限公司上海古籍出版社 2013 年 11 月第 1 版,第 510 页。

② 朱剑城:《旧上海房地产业的兴起》//中国人民政治协商会议上海市委员会文史资料委员会:《旧上海的房地产经营》,《上海文史资料选辑》第六十四辑,上海人民出版社 1990 年 3 月第 1 版,第 10—11 页。

及其附近之通衢,或设货摊,或竖棚架,以售卖物品,而招引多数游手好闲之辈,以致途为之塞,并使其地之交通,几为断绝。……"①

大量的避难华人涌入租界,一方面是因为租界安全,另一方面,当时租界内的洋人人数不多,无法阻挡华人的进入。因此,华人的大量涌入,被当时的租界认为是"无可避免之事"。租界内的洋人,一方面对于这种局面感觉到极为困难,另一方面就商业而言"……一部分外侨,对于此种新发展,绝不见其可憎。亦甚明显,缘外侨地产业主,迅知将土地租与难民,或建房屋供其居住,为有利可图之举。……"②

1854年间,在租界避难的华人约2万人。除了极其贫困的一部分华人不得不栖身于小舟或一些临时搭建的建筑物外,其余的避难华人,有能付得起高昂租金者,就租用专门为华人建筑的简易房屋。1854年7月间,租界内约有华式房屋800所。③

太平天国起义期间,李秀成占据上海周边地区,率领太平军三次攻打上海。租界成为有钱人争相前往的地方。租界人口激增,又一次引发了租房高潮。1860年,太平军初次袭击上海时,租界内华人增至30万人,至1862年,达到50万人,这使得租界内小刀会起义时的情景再现。"投资者建造屋宇以赁与难民,大获利市。地价亦非常高涨。"由于租界缺乏秩序,且房租高涨,华人对此很是不满。所以太平天国起义后,华民纷纷脱离租界,返回内地。租界内大批房屋,原准备出租收取租金来偿付高额地价的,华人都纷纷迁徙。④ 当时避难华民永久留住在租界者,仅一小部分,包括多数殷富之家在内。后来租界环境逐渐改善,华人人数又陆续增加,大部分是殷富华人迁入租界内经商或居住所至。⑤

---

① 费唐著,工部局华文处译述:《费唐法官研究上海公共租界情形报告书》第1卷,工部局华文处译述1931年第1版,第56—57页。
② 费唐著,工部局华文处译述:《费唐法官研究上海公共租界情形报告书》第1卷,工部局华文处译述1931年第1版,第58页。
③ 费唐著,工部局华文处译述:《费唐法官研究上海公共租界情形报告书》第1卷,工部局华文处译述1931年第1版,第58页。
④ 费唐著,工部局华文处译述:《费唐法官研究上海公共租界情形报告书》第1卷,工部局华文处译述1931年第1版,第62页。
⑤ 费唐著,工部局华文处译述:《费唐法官研究上海公共租界情形报告书》第1卷,工部局华文处译述1931年第1版,第63页。

"……江浙一带的地主、富豪及官僚纷纷涌向上海租界。……这对租界来说,是获取暴利的大好时机,不论是投机房地产的商人,或是着眼于地税和房捐收入的租界当局,都把建房出租或出卖视为最好的财源。……"①"……这一时期,租界造房的地区,从原来的南段广东路、福州路,伸向汉口路、九江路,直到南京路或再向北,有记载的房屋达 8 740 幢,其中,西式建筑 269 幢。当时房租的收益可获 30%到 40%的利润,比之运货到国外销售,利润更大,周转更快,同时又最为稳妥,因而大多数洋行都转业经营房地产。……"②

租界出租房屋带来的利益吸引了老牌洋行的注意力,他们纷纷投资房地产业。"……其中老沙逊洋行一家,就在江西路的福州路和广东路一带的空地上建造了大量简屋出租牟利。"③

随着房地产业的兴起,旧式简陋模板房被淘汰,新式房屋即旧式里弄住宅出现。这种住宅配合租界的道路建设规划,采用联排多层结构,同样的地块能建造更多的房屋,用地少,造价经济,租金更高,房屋质量更好,适合长住,更容易出租,回收成本期短,很快被推广开来。"……太平天国战争结束后,多种因素促使上海的房地产业进入新的阶段,所经营的房屋远不是以前的木板结构,不论新建的或是原屋翻建的,一般是砖木结构的二层石库门楼房。……在那时,建造的里弄房屋,每年都数以万幢计。……"④

近代上海房地产业的发展是以地产为主还是以房产为主,这个问题与近代上海房地产业交易的特点有关。

---

① 朱剑城:《旧上海房地产业的兴起》//中国人民政治协商会议上海市委员会文史资料委员会:《旧上海的房地产经营》,《上海文史资料选辑》第六十四辑,上海人民出版社 1990 年 3 月第一版,第 11 页。

② 朱剑城:《旧上海房地产业的兴起》//中国人民政治协商会议上海市委员会文史资料委员会:《旧上海的房地产经营》,《上海文史资料选辑》第六十四辑,上海人民出版社 1990 年 3 月第一版,第 11 页。

③ 朱剑城:《旧上海房地产业的兴起》//中国人民政治协商会议上海市委员会文史资料委员会:《旧上海的房地产经营》,《上海文史资料选辑》第六十四辑,上海人民出版社 1990 年 3 月第一版,第 11 页。

④ 朱剑城:《旧上海房地产业的兴起》//中国人民政治协商会议上海市委员会文史资料委员会:《旧上海的房地产经营》,《上海文史资料选辑》第六十四辑,上海人民出版社 1990 年 3 月第一版,第 13 页。

近代上海房地产交易是以地产为主，房随地走。大部分的交易、地上房屋视为废料，这是有原因的。因为租地造屋出租获利是当时上海很流行的一种房地产业务形式，这些房屋因为土地到期要无偿把房屋归于地主，所以租地人在建造房屋时尽可能地偷工减料，以期降低建造成本。质量肯定不够好。关于这一点，周浩泉在《我是怎样通过租地造屋经营房产的》[①]以及徐葆润《记愚园路田庄租地造屋的经过》[②]中有详细叙述。当然，后来出现的高层建筑以及那些建筑质量好的房屋不在此列。

以地产交易为标准，只要地产交易形成一定规模的市场，就是近代上海房地产业的真正发展。1853—1855年上海小刀会起义期间，洋人大量租赁给华人居住的简易模板房，是一种临时性的建筑，简陋，极易引起火灾，并不适合长期居住，租界在1862年以后禁止建造。简易木板房只适合租赁，不适合买卖，存在的时间不到十年。所以，近代上海房地产业的发展过程中，地产业务发展比房产业务发展要早得多。

那么简易木板房的意义何在呢？

简易木板房的意义在于催生了上海近代房地产业发展中重要的一个行业——房产租赁业。华洋分居的格局时期，租界内洋人数量少，房屋建筑少，除了道契代表的地产买卖，房地产交易种类比较单一，市场规模小甚至形不成规模。以小刀会起义为契机，打破华洋分居局面，大量的华人涌入，对临时性的避难地方有巨大的需求。但是，普通老百姓钱财有限，简易木板房建造迅速，租赁成本相对低廉，形成了大规模的房地产租赁市场，带动了租界内房地产租赁业的形成和发展。

（三）看第一家专业的房地产公司产生的时间

上海房地产成为一个独立的行业，还得看第一家专业的房地产公司的产生，而不是看第一笔房地产买卖投资的产生。1843年，上海初开埠

---

① 周浩泉：《我是怎样通过租地造屋经营房产的》//中国人民政治协商会议上海市委员会文史资料委员会：《旧上海的房地产经营》，《上海文史资料选辑》第六十四辑，上海人民出版社1990年3月第一版，第52—60页。

② 徐葆润：《记愚园路田庄租地造屋的经过》//中国人民政治协商会议上海市委员会文史资料委员会：《旧上海的房地产经营》，《上海文史资料选辑》第六十四辑，上海人民出版社1990年3月第一版，第61—66页。

时期最早在上海开设的怡和、宝顺、仁记、义记、广源洋行都涉足房地产业,其中,怡和洋行在后来有大量的房地产业务。但开埠初期,它们的主营业务都不是房地产业,而是鸦片、丝绸和茶叶。尤其是怡和、宝顺,与美国的旗昌洋行旗鼓相当,是鸦片贸易的三巨头。沙逊公司很早就在中国进行房地产投资。房地产同样只是兼营业务,开埠初期沙逊公司最大的赢利业务是鸦片贸易,而不是房地产投资。房地产投资只是沙逊公司后来的一项重要业务。沙逊公司并不是第一家房地产公司。专业的房地产公司大约产生于咸丰年间。

关于房地产经租公司,最早的记载是华人汪远泽成立的汪远泽堂经租处。据徐润的《徐愚斋自叙年谱》[①]记载:"……上海地皮产业家,首推汪远泽堂,汪系丽泉洋行办房,后来不知何故为该行主士蔑(注:Smith)所中伤,归隐久矣。某日,士蔑忽来询问汪现在家否。余察其形神尚善,语气亦颇逊顺,料无别意,然终恐非族必异,因对士蔑推却不知,谓请问唐景翁,或知其实。余意景翁势力较大,士蔑即不怀好意,亦有所忌惮也。后汪果得景翁之助,资益不少。咸同之间,汪远泽堂经租处有娘子军来攻旧债,直攻至丽泉洋行。汪得士蔑之力,幸不为娘子军所败,盖娘子军之债,乃士蔑之债而汪所经手云。……"[②]从这段资料可以看出,在比娘子军起义(1853年)还早的时间里,汪远泽堂就已经从事经租房屋业务,是替士蔑经办的。

关于汪远泽,查工部局董事会会议录资料,有叫"王俞泽"(译文)的,史密斯的买办,应该就是汪远泽。关于山东路轿行骚乱事件里,史密斯的买办所开设的轿行,在石路上史密斯菜场所在区域与另一家名叫"文图拉"的轿行争抢地盘,发生争斗,牧师柯林斯给董事会的声明(译文)里提到,"……去年(注:1861年)曾有一位名叫俞泽的华人和几个合伙人一起在石路上开设了一家出租轿子和雇用轿夫的轿行……在过去几个月中,我常接到控诉,说是'俞泽'帮的轿夫在他们的生意中受到另一个轿行——

---

① 【清】徐润撰,梁文生校注:《徐愚斋自叙年谱》,江西人民出版社2012年8月第1版。
② 【清】徐润撰,梁文生校注:《徐愚斋自叙年谱》,江西人民出版社2012年8月第1版,第38页。

第二章　晚清上海房地产业发展研究(1843—1911年)

批轿夫的阻挠,但因骚乱发生在华人之间,我没有认真理会这些控诉。……与此同时,一批从山东路轿行来的轿夫(据说这家轿行是一个受雇于宝顺洋行的意大利人开设的)袭击了俞泽的轿行,抢走了他的一些轿子并捣毁了该行的内部设施,而那个被葡萄牙领事馆巡捕抓走的轿夫却被逮到宝顺洋行的房子里,在一间外屋被关押了许多小时,到夜间才被释放……在仔细审查这件事的每一个步骤中,我更坚定地相信对俞泽的指控是毫无根据的。我曾设法使轿行能够开业,其中意大利'文图拉'是表面上的业主,其真正的业主是一个名叫曾贵的华人,他是要把早已在石路上开设的但处在'文图拉'所宣布的界限以内的竞争轿行摧毁,正如这同一个曾贵于今年8月13日企图用行贿和威胁手段来破坏小菜场的另一家轿行一样。……"①

在 E. M. 史密斯的声明里提到,"……去年本洋行买办在我洋泾浜房客的请求下,在小菜场开设了一家轿行,其目的是要废除当时在雇佣轿夫时索取敲诈性的费用。今年8月12日有一个名叫赵权的人,诱使宝顺洋行的某一个人向英国……我陪同上面所说的王某到英国领事馆……"②

在拉姆斯博顿先生的声明里,另外一个赵权及"文图拉"轿行提出控告的人是棋盘街轿子行业的工头,而这个工头是史密斯的房客之一。"……马安先生通知我说,有一个人,他是棋盘街轿子行业的工头,已经被山东路一家同行业的轿行业主控告为犯有欺骗和恐吓罪行,这家轿行目前名叫文图拉。马安先生说,赵权就是提出控告的人。……马安先生建议说,在需要此人时,史密斯先生将会很高兴把他带来,因为此人是他的房客之一。这个人在史密斯先生的陪同下终于在同一天来到马安先生处。……"③

这几段资料可以证明以下几点:首先,"王俞泽"是史密斯的买办,而 E. M. 史密斯是丽泉洋行的行主。其次,与宝顺洋行有直接关联,轿行事件发生时,徐润正在宝顺洋行当买办,所以徐润肯定认识"王俞泽"。徐润

---

① 上海档案馆,《工部局董事会会议录译文(1854—1863)》,第654—655页。
② 上海档案馆,《工部局董事会会议录译文(1854—1863)》,第656页。
③ 上海档案馆,《工部局董事会会议录译文(1854—1863)》,第657页。

的"汪远泽"的中文名字肯定是正确的,而英文译文"王"与"汪"同音,"俞泽"与"远泽"同音,"王俞泽"即"汪远泽"。最后,史密斯在大量地做经租房屋业务。史密斯的买办"王俞泽"在替史密斯经办房客业务事宜,因为史密斯的洋泾浜房客有轿子需求是直接找"王买办"提出诉求。"王买办"在替史密斯打理业务的同时也有自己的产业,而且得到史密斯的支持。种种信息吻合在一起,无疑汪远泽就是这里的"王买办"。史密斯开设的丽泉洋行和新德记洋行,很有可能被称作"史密斯洋行"。关于新德记洋行的资料很少,丽泉洋行在1880年史密斯去世以后就基本上没有资料。

旧上海最早的专业房地产公司,经资料查证,是史密斯洋行,行主即上文中提到的丽泉洋行行主士蔑,现译作史密斯。根据王垂芳的《洋商史》中统计,英商史密斯洋行开设于1862年前。[①] 目前的资料显示,史密斯洋行是上海第一家专门从事房地产业的企业,主要营业范围有房地产经租、营造、买卖。第一家专职房地产公司的出现,意味着几个含义:(1)出现了以专营房地产商品为生的行业分工。(2)房地产是房地产公司经营的商品,房地产交易的目的是赚取利润。(3)房地产不是作为生活的必需品,而是作为像金银、股票、债券等一样的资本保值增值的手段。但是一家或几家房地产公司的产生,并不意味着房地产业的产生,只有当企业群达到一定的规模,即当房地产公司的数量达到一定的规模以后,才能形成一个产业。

上海是中国近代房地产业的产生地,史密斯洋行作为旧上海第一家专业的房地产公司,有特殊的意义。关于史密斯本人和史密斯洋行,下文会进行详细的论述。

第一,史密斯的国籍问题。

《洋商史》[②]中记载史密斯洋行的开业时间是1862年前,是英商。该书中提到的英商史密斯,英文名字为 Edwin Maurice Smith,显然就是本书中提到的史密斯,是同一个人。《上海道契》第1—3册中有许多有关史

[①] 王垂芳:《洋商史——上海 1843—1956》,上海社会科学院出版社 2007 年 7 月第一版。
[②] 王垂芳:《洋商史——上海 1843—1956》,上海社会科学院出版社 2007 年 7 月第一版。

密斯的地产信息。首先,史密斯是美国商人,不是英国商人。如《上海道契》第 1 卷英册第 167 号第 174 分地的英文道契,"……大英领事官照会内开今据米国商人史密禀请在上海按和约所定界内租业户陈陈氏地一段……计一亩二分〇厘一毫……"①,包括其后的第 168 号第 175 分地、第 169 号第 176 分地、第 170 号第 177 分地、第 171 号第 178 分地、第 172 号第 179 分地、第 173 号第 180 分地②这七份道契中都是"米国商人",其他有关史密斯的地产道契里,也都表明是美国商人,这里就不一一列举了。另外,关于史密斯的遗产处理是经由美国领事署处理的。《上海道契》第 1—3 册中多次提到关于史密斯的遗产:例如,"……光绪六年(1880 年)十二月廿八日批明已故美民士密士有所租英正册 70 号二十分余地四亩 002 毫前由乃特、雷四德二人代理遗产,嗣於英 1880 年三月初一、七月十六日等日经美署先后谕饬美商法白司代为经理,今法白司又於英本年十二月初四日遵奉美国驻沪领事谕将该地转与雷四德租用。……"③但是也有例外,偶尔在地产转手交易中,如英册道契第 818 号第 825 分地中提到的是"英商士密德"④,但在租地人执照中,从来都标明是"花旗商"或"米商"。另外一个例子就是英册第 586 号第 593 分地,共 75.536 亩,为列治孙、士美斯、壳刻三人共有,道契上注明士美斯是英商,但英文名字是 E. M. Smith。⑤ 为何称为英商,原因不知,或许这里有什么误会,毕竟史密斯离开中国后回的是英国:"……他说到做到,发财之后就离开上海,回英国泰晤士河之滨去享乐了。可是好景不长,回国不久就死了。他是一

---

① 蔡育天:《上海道契(1847—1911)卷一》,世纪出版集团上海古籍出版社 2005 年 1 月第 1 版,第 226 页。
② 蔡育天:《上海道契(1847—1911)卷一》,世纪出版集团上海古籍出版社 2005 年 1 月第 1 版,第 226—232 页。
③ 蔡育天:《上海道契(1847—1911)卷一》,世纪出版集团上海古籍出版社 2005 年 1 月第 1 版,第 120 页。
④ 蔡育天:《上海道契(1847—1911)卷三》,世纪出版集团上海古籍出版社 2005 年 1 月第 1 版,第 180 页。
⑤ 蔡育天:《上海道契(1847—1911)卷二》,世纪出版集团上海古籍出版社 2005 年 1 月第 1 版,第 310 页。

个孤独的人,从未结婚,有人说他晚年精神不健全。……"[①]

第二,史密斯的名字及出生和去世的年份问题。

英册道契第 167 号第 174 分地的英文道契里,史密斯的英文全名 Edwui Maulice Smith[②],又名 Edwin Maulice Smith[③],第 168 号第 175 分地里,英文全名为 Edwui Morris Smith 和 Edwui Morrice Smith[④],又名 E. Morris Smith 和 Morris Smith[⑤],又名 Edwui M. Smith[⑥],简称 E. M. Smith[⑦],中文名字译作士密士[⑧]、四美[⑨]、史密[⑩]、士密德[⑪]、四密德[⑫]、四美

[①] 沈辰宪:《上海早期的几个外国房地产商》//中国人民政治协商会议上海市委员会文史资料委员会:《旧上海的房地产经营》,《上海文史资料选辑》第六十四辑,上海人民出版社 1990 年 3 月第一版,第 131 页。

[②] 蔡育天:《上海道契(1847—1911)卷一》,世纪出版集团上海古籍出版社 2005 年 1 月第 1 版,第 226 页。

[③] 蔡育天:《上海道契(1847—1911)卷一》,世纪出版集团上海古籍出版社 2005 年 1 月第 1 版,第 232 页。

[④] 蔡育天:《上海道契(1847—1911)卷一》,世纪出版集团上海古籍出版社 2005 年 1 月第 1 版,第 227 页。

[⑤] 蔡育天:《上海道契(1847—1911)卷一》,世纪出版集团上海古籍出版社 2005 年 1 月第 1 版,第 230 页。

[⑥] 蔡育天:《上海道契(1847—1911)卷一》,世纪出版集团上海古籍出版社 2005 年 1 月第 1 版,第 245 页。

[⑦] 蔡育天:《上海道契(1847—1911)卷一》,世纪出版集团上海古籍出版社 2005 年 1 月第 1 版,第 232 页。

[⑧] 蔡育天:《上海道契(1847—1911)卷一》,世纪出版集团上海古籍出版社 2005 年 1 月第 1 版,第 70、120、215 等页。

[⑨] 蔡育天:《上海道契(1847—1911)卷一》,世纪出版集团上海古籍出版社 2005 年 1 月第 1 版,第 194、245 等页。

[⑩] 蔡育天:《上海道契(1847—1911)卷一》,世纪出版集团上海古籍出版社 2005 年 1 月第 1 版,第 226、227、229、230、231 等页。

[⑪] 蔡育天:《上海道契(1847—1911)卷一》,世纪出版集团上海古籍出版社 2005 年 1 月第 1 版,第 133 页。

[⑫] 蔡育天:《上海道契(1847—1911)卷一》,世纪出版集团上海古籍出版社 2005 年 1 月第 1 版,第 149、159、160 等页。

第二章 晚清上海房地产业发展研究(1843—1911年)

司[①]、士密四[②]、士美斯[③]、士密斯[④]、英商士密德[⑤]、士密[⑥]、磨利士·思密[⑦]、施密特[⑧]、怡奄士密士[⑨]。英册道契第817号第824分地记载:"……光绪八年二月十七日经理已故之丽泉行士密德遗产人法白士、歇治将所租八百十七号八百二十四分地十五亩四分九毫转与华人程谨轩租用归於中国入册本契合理注销此批。……"[⑩]可见士密德这个名字也是史密斯。

1852年的《上海年鉴》[⑪]和1854年的《上海年鉴》[⑫]中都是Smith, E. M.,1854年的《上海年鉴》"上海外国居民名单"里注明Smith,E. M.即E. M. Smith。[⑬]沈辰宪先生说史密斯是假名,"……更令人不解的是,在他死后,发现他的真名不是史密斯,而是毕秋,其故安在,无从知晓。……"[⑭]

史密斯出生何年不知,去世时间是在光绪六年(1880年)农历七月十

---

① 蔡育天:《上海道契(1847—1911)卷一》,世纪出版集团上海古籍出版社2005年1月第1版,第206等页。
② 蔡育天:《上海道契(1847—1911)卷一》《上海道契(1847—1911)卷二》,世纪出版集团上海古籍出版社2005年1月第1版,卷一第245页,卷二第28页。
③ 蔡育天:《上海道契(1847—1911)卷二》《上海道契(1847—1911)卷三》,世纪出版集团上海古籍出版社2005年1月第1版,卷二第13、113页,卷三第2页。
④ 蔡育天:《上海道契(1847—1911)卷二》,世纪出版集团上海古籍出版社2005年1月第1版,第24、37、69、187等页。
⑤ 蔡育天:《上海道契(1847—1911)卷三》,世纪出版集团上海古籍出版社2005年1月第1版,第180页。
⑥ 蔡育天:《上海道契(1847—1911)卷一》,世纪出版集团上海古籍出版社2005年1月第1版,第24—26、31—32、82—84页。
⑦ 蔡育天:《上海道契(1847—1911)卷一》,世纪出版集团上海古籍出版社2005年1月第1版,第111—112页。
⑧ 蔡育天:《上海道契(1847—1911)卷一》,世纪出版集团上海古籍出版社2005年1月第1版,第78页。
⑨ 蔡育天:《上海道契(1847—1911)卷一》,世纪出版集团上海古籍出版社2005年1月第1版,第128页。
⑩ 蔡育天:《上海道契(1847—1911)卷三》,世纪出版集团上海古籍出版社2005年1月第1版,第179、180页。
⑪ North-China Herald Office Printed:《SHANGHAI ALMANAC AND COMMERCIAL GUIDE FOR 1852》,"FOREIGN RESIDENTS AT SHANGHAI",上海书店出版社。
⑫ North-China Herald Office Printed:《SHANGHAI ALMANAC AND COMMERCIAL GUIDE FOR 1854》,"LIST OF FOREIGN RESIDENTS AT SHANGHAI",上海书店出版社。
⑬ North-China Herald Office Printed:《SHANGHAI ALMANAC AND COMMERCIAL GUIDE FOR 1854》,"LIST OF FOREIGN RESIDENTS AT SHANGHAI",上海书店出版社。
⑭ 沈辰宪:《上海早期的几个外国房地产商》//中国人民政治协商会议上海市委员会文史资料委员会:《旧上海的房地产经营》,《上海文史资料选辑》第六十四辑,上海人民出版社1990年3月第一版,第131页。

六日以后，九月十三日之前。英册第 366 号第 373 分地，1880 年七月初八，美民泊勒士登将该地转予占于、史密斯二人。① 可见这时史密斯还在世。道契资料显示，史密斯于 1880 年农历九月十三日前去世。"……光绪六年十月初十日批明已故美民士密斯有所租英正册三百十八号廿五分地五亩二分二厘五毫前由乃特、雷四德二人代理遗产，嗣于英 1880 年三月初一、七月十六等经美署先后谕饬法白司代理，今法白司又于英本年九月十三日遵奉美国驻沪领事谕将该地四分之三计三亩九分一厘九毫连同副册二百号三百廿五分地四分之三计地计五亩九分一厘九毫共原有七亩八分三厘八毫，现在实仅有地六亩六分二厘四毫转与雷四德换立 1267 号 74 分地租用。……"② 法白司取代史密斯原代理人乃特和雷四德，在道光六年九月十三日处理史密斯遗产，把地转给雷四德。其他的道契也记载了史密斯去世后遗产的处理问题，英册第 411 号第 418 分地"……光绪六年十月廿二日些厘、施泼林二人将所租四百十一号四百十八分地基一亩五分三厘一毫按照本年四月廿六日美领事谕转与经理已故士密斯遗产人法白司遵照契例租用……"③，英册道契第 330 号第 337 分地④、英册第 339 号第 346 分地⑤、英册第 381 号第 388 分地⑥亦有相似内容。

第三，史密斯的洋行和房地产业。

《洋商史》中提到："……1870 年，史密斯开了自己的商行，英文名字是 Shanghai Agency（直译为上海地产代理行），中文名字是德和洋行。这是上海洋商最早的专业房地产机构。……"⑦ 对此说法本书作者持不同

---

① 蔡育天：《上海道契(1847—1911)卷二》，世纪出版集团上海古籍出版社 2005 年 1 月第 1 版，第 69 页。
② 蔡育天：《上海道契(1847—1911)卷二》，世纪出版集团上海古籍出版社 2005 年 1 月第 1 版，第 17 页。
③ 蔡育天：《上海道契(1847—1911)卷二》，世纪出版集团上海古籍出版社 2005 年 1 月第 1 版，第 114 页。
④ 蔡育天：《上海道契(1847—1911)卷二》，世纪出版集团上海古籍出版社 2005 年 1 月第 1 版，第 28 页。
⑤ 蔡育天：《上海道契(1847—1911)卷二》，世纪出版集团上海古籍出版社 2005 年 1 月第 1 版，第 37 页。
⑥ 蔡育天：《上海道契(1847—1911)卷二》，世纪出版集团上海古籍出版社 2005 年 1 月第 1 版，第 84 页。
⑦ 王垂芳：《洋商史——上海 1843—1956》，上海社会科学院出版社 2007 年 7 月第一版，第 188 页。

意见。史密斯开设专业的房地产机构,应该不是这个机构,而是更早的丽泉洋行、新德记洋行或史密斯洋行。在《上海道契》资料里,英册道契第968号第975分地,租地人是德和行,英文名字是 Henrry Leeter。[①]

史密斯最初的职业是汇票掮客(bill broker)[②],显然后来地产业务是史密斯的主业。资料显示史密斯的产业有丽泉洋行、新德记洋行、史密斯商场、史密斯菜场、史密斯洋行,以及大量的房地产。丽泉洋行开业时间不详,最早的记载是1852年的《上海年鉴》,在上海洋行名单里有因为登记迟而补录的两个洋行,第二个就是丽泉洋行(Le-tseuan)。资料显示不出史密斯的丽泉行与曾经广东十三行总商潘长耀的丽泉行有什么业务或经济联系(也不是同一个年代)。有点相似的地方就是潘长耀与美国商人的跨国诉讼中,有两个债务人的名字中一个是 Morris,另外一个是 Roger Smith。[③] 潘长耀的丽泉洋行早在1824年就破产倒闭了。[④] 1824年,潘长耀生前经营的丽泉行破产倒闭,清政府对丽泉行的资产进行拍卖,买家正是广州十三行头号行商怡和行行主伍秉鉴的长子伍元芝。伍元芝通过"买壳"并购的方式,成为拥有外贸执照的独立行商。[⑤] 伍元芝对于丽泉行之后的经营状况如何,目前尚未找到相关资料。英国鸦片战争胜利后,广东十三行被解散,但十三行解散后的牌子,被许多外国商人使用。例如,伍秉鉴经营的怡和洋行的招牌,就被英国查颠·马地孙公司用作在中国的名字。[⑥](英册第3号道契第1分地"租地人登记"一栏写着:"英商怡

---

① 蔡育天:《上海道契(1847—1911)卷三》,世纪出版集团上海古籍出版社2005年1月第1版,第325页。
② North-China Herald Office Printed:《SHANGHAI ALMANAC AND COMMERCIAL GUIDE FOR 1852》,"FOREIGN RESIDENTS AT SHANGHAI";《SHANGHAI ALMANAC AND COMMERCIAL GUIDE FOR 1854》,"LIST OF FOREIGN RESIDENTS AT SHANGHAI",上海书店出版社。
③ Frederic D. Grant:The Failure of Li-ch'uan Litigationasa Hazard of Nineteenth Century Foreign Trade,*American Neptune*,48,No.4,Fall 1988. 周湘译.
④ 俞飞:《清国商人跨国诉讼的悲凉身影》,载《法治周末》,2015年11月4日。
⑤ 罗三洋:《古代丝绸之路的绝唱——广东十三行》,台海出版社2018年5月第1版,第332页。
⑥ 罗三洋:《古代丝绸之路的绝唱——广东十三行》,台海出版社2018年5月第1版,第484页。

和行即查颠・马地孙公司。"①)史密斯的丽泉洋行,肯定借用了广东十三行丽泉行的名字。

　　光绪二年(1876年)成书的《沪游杂记》里记载丽泉洋行在泗泾路即新开马路。② 丽泉洋行在1880年还存在,史密斯以丽泉的名义买过6份地。咸丰八年(1858年)六月二十五日,沙逊将第76号第87分地共8.235亩转予丽泉租③,"……光绪六年十二月廿八日经理已故士美斯遗产人法白司将丽泉所租314号321分地四亩五分五毫转予梅博阁遵例租用。……"④英册第151号第157分地,"……经理已故根布尔事业人转予丽泉四美司。……"⑤光绪二年七月初八,美国商人秦根把所租英册第480号第487分地4.093亩转予丽泉租用。⑥ 1862年(同治元年)农历十二月十五日,英商吉利麻转租英册第617号第624分地5.117亩给丽泉。⑦ 1874年(同治十三年)五月初六,英商惠濂恩利介忒把所租的英册第817号第824分地15.409亩转租予丽泉。⑧

　　1854年的《上海年鉴》中上海洋行名单里,史密斯登记了新德记(Sin-tuk-kee)洋行,行主即Smith, E. M.,没有登记其他成员。⑨ 1852年的《上海年鉴》登记有德记洋行(Tih-ke)⑩,上海道契里称作吴鲁国・北士公司。德记洋行英文名字叫Wolcott Bates & Co. 公司,又叫作森和洋行,是美

---

① 蔡育天:《上海道契(1847—1911)卷一》,世纪出版集团上海古籍出版社2005年1月第1版,第4—5页。
② 【清】葛元煦撰,郑祖安标点:《沪游杂记》,上海书店出版社2006年10月第一版。
③ 蔡育天:《上海道契(1847—1911)卷一》,世纪出版集团上海古籍出版社2005年1月第1版,第128页。
④ 蔡育天:《上海道契(1847—1911)卷二》,世纪出版集团上海古籍出版社2005年1月第1版,第13页。
⑤ 蔡育天:《上海道契(1847—1911)卷二》,世纪出版集团上海古籍出版社2005年1月第1版,第206页。
⑥ 蔡育天:《上海道契(1847—1911)卷二》,世纪出版集团上海古籍出版社2005年1月第1版,第192页。
⑦ 蔡育天:《上海道契(1847—1911)卷三》,世纪出版集团上海古籍出版社2005年1月第1版,第2页。
⑧ 蔡育天:《上海道契(1847—1911)卷三》,世纪出版集团上海古籍出版社2005年1月第1版,第179页。
⑨ North-China Herald Office Printed:《SHANGHAI ALMANAC AND COMMERCIAL GUIDE FOR 1854》," FOREIGN HONGS AT SHANGHAI",上海书店出版社。
⑩ North-China Herald Office Printed:《SHANGHAI ALMANAC AND COMMERCIAL GUIDE FOR 1852》,"FOREIGN RESIDENTS AT SHANGHAI",上海书店出版社。

商开设于1850年前。大班华尔考原为旗昌洋行首任大班和美国驻上海领事,1850年前与巴地(E. W Bate)合伙组成德记洋行。德记洋行在1852年前共租地13.846亩。第1份地是英册第17号第5分地10.87亩,第2份地是英册第41号第73分地2.976亩。按照资料记载,1852年华尔考逝世,洋行清理歇业。①

德记洋行另一个合伙人巴地(E. W Bate),《上海道契》中他的中文译名为巴得②,或巴德③,英文名字应为E. W. Batt④,有时又写为E. Bata⑤,也叫做北士⑥、福北士⑦。他在德记洋行歇业以后还活跃在地产业。同治二年(1863年)二月十四日,巴得买地4.925亩;同治十三年(1874年)正月二十二日,巴得在这一天买了5份地,共37.177亩,这五份地是英册道契第1009号第1016分地至第1013号第1020分地。⑧

推测在华尔考去世后,巴得与史密斯合伙成立了新德记洋行。首先,巴得与史密斯同为美国人,华尔考是美国驻上海领事,开埠初期上海租界的美国人并不多,史密斯、华尔考都是名人,三人认识是很自然的事。其次,史密斯使用德记牌子开设洋行,不可能不取得巴得的许可,因为巴得的合伙人换了,既要延续德记的牌子,又要显示与原德记的区别,重新登记为新德记洋行是合乎商业习惯的做法。证据一,就是同治元年(1862年)二月初七,史密斯把原与英商赫德(C. H. Heed)合买(1855年农历十

---

① 《上海对外经济贸易志》编纂委员会:《上海对外经济贸易志》上册第1卷,上海社会科学院出版社2001年版,第53—60页。
② 蔡育天:《上海道契(1847—1911)卷四》,世纪出版集团上海古籍出版社2005年1月第1版,第28、29、30、31、32页。
③ 蔡育天:《上海道契(1847—1911)卷三》《上海道契(1847—1911)卷四》,世纪出版集团上海古籍出版社2005年1月第1版,卷三第26页,卷四第231页。
④ 蔡育天:《上海道契(1847—1911)卷四》,世纪出版集团上海古籍出版社2005年1月第1版,第28、29、30、31、32页。
⑤ 蔡育天:《上海道契(1847—1911)卷三》,世纪出版集团上海古籍出版社2005年1月第1版,第26页。
⑥ 蔡育天:《上海道契(1847—1911)卷一》,世纪出版集团上海古籍出版社2005年1月第1版,第27—28页。
⑦ 蔡育天:《上海道契(1847—1911)卷一》,世纪出版集团上海古籍出版社2005年1月第1版,第68—70页。
⑧ 蔡育天:《上海道契(1847—1911)卷四》,世纪出版集团上海古籍出版社2005年1月第1版,第28、29、30、31、32页。

一月二十一日)的英册第 172 号第 179 分地,共 18.647 亩,转为与巴得合伙。① 证据二,道契资料中巴得的英文名字为 E. W. Batt②,正是原德记洋行的合伙人。证据三,原德记洋行已于 1852 年歇业,但道契资料中记载 1879 年德记还有买地活动,英册道契第 1018 号第 1025 分地记载:"……光绪五年七月廿二日富固生(注:英商)将所租一千十八号一千廿五分丈宝地七亩六分八厘九毫转与老德记遵例租用。……"③这里的老德记,应当是指史密斯成立的新德记。

史密斯商场开在靠近洋泾浜的界路上。"……早在 1856 年,史密斯在近洋泾浜的界路(今河南路)上开了一所史密斯商场(当时是租界内唯一的商场),建造了简陋的木板房屋,出租给中国商贩,不久拓建附近的庙路(今山东路)。……"④

史密斯洋行是专门从事房地产的洋行。本书作者查阅了 1854—1882 年期间的工部局董事会会议录,也找到了关于史密斯洋行的一些具体信息。工部局董事会会议录资料证明,史密斯洋行应该是美商,而不是英商,它的企业创始人是美国公民 E. M. 史密斯(Edwin Morris Smith)。1881 年 8 月 22 日的工部局董事会会议录中记载史密斯已故。⑤

1862 年 10 月 25 日的工部局董事会会议录中记载证人拉姆斯博顿为石路轿行纠纷所做的证词中,提到英国副领事提醒史密斯说"……因为史密斯先生是位美国公民。……"⑥关于 E. M. 史密斯,最早的记载是在 1856 年 4 月 12 日的工部局董事会会议录中:"董事会上提出了 E. M. 史密斯产业对面,洋泾浜外滩一带的混乱情况,该处东侧的道路有持续填街

---

① 蔡育天:《上海道契(1847—1911)卷四》,世纪出版集团上海古籍出版社 2005 年 1 月第 1 版,第 231 页。
② 蔡育天:《上海道契(1847—1911)卷四》,世纪出版集团上海古籍出版社 2005 年 1 月第 1 版,第 28、29、30、31、32 页。
③ 蔡育天:《上海道契(1847—1911)卷四》,世纪出版集团上海古籍出版社 2005 年 1 月第 1 版,第 36 页。
④ 沈辰宪:《上海早期的几个外国房地产商》,中国人民政治协商会议上海市委员会文史资料委员会:《旧上海的房地产经营》,《上海文史资料选辑》第六十四辑,上海人民出版社 1990 年 3 月第 1 版,第 130 页。
⑤ 上海档案馆,《工部局董事会会议录译文(1877—1882)》,第 752 页。
⑥ 上海档案馆,《工部局董事会会议录译文(1854—1863)》,第 656—657 页。

塞的现象,以及从麦家圈房屋至棋盘街西面的洋泾浜地区需要有一条正式的道路,因此请求曼先生去拜访史密斯先生,设法劝说他去做应该做的事。"[1]1856 年 5 月 5 日,"会上提出经过麦家圈房屋东端的一条道路路线,以及 E. M. 史密斯先生在该房屋东侧所侵占的土地"。5 月 6 日,"如果容许 E. M. 史密斯先生和其他人转向,偏离正轨路线的话,董事会就决定暂时不动"。[2] 1856 年 5 月 8 日的记载,史密斯坚决反对工部局董事会,让他把已经建造好的南面围墙再向后移,为从他产业西面经过的工部局计划道路让路。"……由于受史密斯先生声明的影响,说是他购买的土地是有测量保证的,而以后却考虑'出售条件',其中明确规定测量的尺寸'或多或少'有出入。"[3]1856 年 5 月 12 日,庙街正面的围墙要被拆除,华人放弃小块土地的拥有权,因为史密斯答应这些华人业主,如果工部局给他们的补偿不满意的话,那么他会给予一些补偿。史密斯还答应把庙街沿线的排水管道铺设道远至麦家圈房屋,条件是购买两旁土地的西人要给予他补偿;工部局董事会同意可能的话会付诸实施。[4] 史密斯在庙街建了一堵围墙,使得道路狭窄,造成拥堵混乱。工部局推进庙街的修路计划时,与工部局讨价还价,坚决不肯让步。"……庙街的史密斯围墙,据克莱夫顿先生汇报,他测量了庙街的路面宽度,庙街附近道路西侧华人竹篱笆向后搬移后,从篱笆道 E. M. 史密斯围墙拐角的宽度仅为 18 英尺。……"[5]

工部局董事会派遣曼先生与史密斯商谈,关于完成他产业西面的那一段道路,最后商定由工部局筹资建设、史密斯承办。道路建设好以后,史密斯偿还一半费用。[6] "庙街经商定,E. M. 史密斯先生应把经过他菜场的排水管道和道路造成宽 25 英尺,并使它与来自奚安门先生产业转角的排水管道和道路相交接,费用为每丈拾元,道路两边各按他们门前占地

---

[1] 上海档案馆,《工部局董事会会议录译文(1854—1863)》,第 585 页。
[2] 上海档案馆,《工部局董事会会议录译文(1854—1863)》,第 585 页。
[3] 上海档案馆,《工部局董事会会议录译文(1854—1863)》,第 585 页。
[4] 上海档案馆,《工部局董事会会议录译文(1854—1863)》,第 586—587 页。
[5] 上海档案馆,《工部局董事会会议录译文(1854—1863)》,第 589 页。
[6] 上海档案馆,《工部局董事会会议录译文(1854—1863)》,第 591—592 页。

宽度支付一半费用。"①后来史密斯又把费用申请增加为每丈 12.5 元,董事会同意了。② 1861 年,工部局打算在界路末端的洋泾浜建造街垒,史密斯同意工部局占用他在洋泾浜的部分土地,并且提出由他自己出资,建造临时性或永久性的住宿设施以供捕房人员居住,按全部费用的 15% 向董事会结算。董事会同意了。③ 1862 年 5 月,史密斯给工部局去信,说他和其他人一起从附近的外滩开始到洋泾浜的教堂路完成了一条供行人使用的人行道,问董事会是否愿意捐款,董事会为此拨付白银 50 两。④

史密斯洋行有多处房地产:棋盘街⑤、庙街⑥、洋泾浜⑦、汉口路⑧、河南路⑨、泥城浜⑩、旧跑马场⑪、宁波路、天津路、九江路、云南路北端、英华街(马路之北)、上广西路、云南路(基尔平房旁)、云南路(福州路和汉口路之间)⑫、虹口⑬、南京路⑭、泗泾路⑮等。另外,福州路史密斯菜场⑯、横跨洋泾浜的河南路桥也是他花钱修建的。⑰

《上海道契》中史密斯拥有的地产约 554 亩,见表 2.1(详见附录Ⅱ第二章 1. 史密斯地产表)。"……他就是当时租界内最大的中式房屋业主之一。他究竟有多少产业无从查考,据说他的收入每月有 7 000 两,从 1869 年至 1880 年止,在沿南京路上的土地占有人中占第一位,有土地

---

① 上海档案馆,《工部局董事会会议录译文(1854—1863)》,第 592—593 页。
② 上海档案馆,《工部局董事会会议录译文(1854—1863)》,第 595 页。
③ 上海档案馆,《工部局董事会会议录译文(1854—1863)》,第 629 页。
④ 上海档案馆,《工部局董事会会议录译文(1854—1863)》,第 639 页。
⑤ 上海档案馆,《工部局董事会会议录译文(1854—1863)》,第 586 页。
⑥ 上海档案馆,《工部局董事会会议录译文(1854—1863)》,第 589 页。
⑦ 上海档案馆,《工部局董事会会议录译文(1854—1863)》,第 629 页。
⑧ 上海档案馆,《工部局董事会会议录译文(1854—1863)》,第 693 页。
⑨ 上海档案馆,《工部局董事会会议录译文(1854—1863)》,第 695 页。
⑩ 上海档案馆,《工部局董事会会议录译文(1854—1863)》,第 696 页。
⑪ 上海档案馆,《工部局董事会会议录译文(1870—1871)》,第 848—849 页。
⑫ 上海档案馆,《工部局董事会会议录译文(1870—1871)》,第 848—849 页。
⑬ 上海档案馆,《工部局董事会会议录译文(1877—1882)》,第 610 页。
⑭ 上海档案馆,《工部局董事会会议录译文(1877—1882)》,第 630 页。
⑮ 上海档案馆,《工部局董事会会议录译文(1877—1882)》,第 752 页。
⑯ 上海档案馆,《工部局董事会会议录译文(1854—1863)》,第 675 页。
⑰ 上海档案馆,《工部局董事会会议录译文(1867—1869)》,第 558 页。

第二章　晚清上海房地产业发展研究(1843—1911年)

130亩。……"①

表 2.1　　　　　　　　　　　史密斯地产表②

年代(农历)	亩数(亩)	年代(农历)	亩数(亩)	年代(农历)	亩数(亩)
1852年3月13日	17.23	1857年5月6日	1	1863年2月24日	2.017
1852年3月13日	7.663	1858年6月5日	6	1863年2月27日	40.67
1852年3月13日	4.619	1858年6月25日	8.235	1863年4月9日	3.312
1854年7月7日	2.935	1862年12月15日	5.117	1864年1月17日	50.357 33
1855年10月21日	1.201	1862年2月12日	21.015	1864年1月18日	75.536
1855年10月21日	2.25	1862年2月12日	21.015	1866年4月27日	6.056 5
1855年10月21日	2.101	1862年2月7日	9.323 5	1873年3月7日	5.117
1855年10月21日	2	1862年2月7日	0.086	1873年6月7日	3
1855年10月21日	1	1862年5月11日	10.801	1873年6月15日	4.002
1855年10月21日	9.323 5	1862年5月11日	10.801	1873年6月15日	4
1855年10月21日	3.463	1862年7月12日	2.972	1873年6月29日	4.505
1855年10月27日	5.934	1862年7月12日	1.707	1873年7月1日	12.7
1856年11月13日	9.634	1862年9月14日	3.028 25	1874年10月6日	8
1856年3月17日	1.2	1862年9月30日	25.178 67	1874年5月6日	15.409
1856年3月17日	4	1862年9月9日	11.497	1876年7月8日	4.093
1856年5月2日	0.25	1863年1月18日	75.536	1877年4月17日	5.225
1856年6月5日	6	1863年1月23日	1.531	1878年3月25日	1.24
1857年11月7日	1.2	1863年1月23日	1.531	1880年7月8日	3.5
1857年5月4日	1.252	1863年1月27日	2.1		
1857年5月6日	1.5	1863年2月24日	2.017	合　　计	553.986 75

(四)看专职的房地产经纪人出现的时间

近代上海房地产业的产生,还得看专职房地产经纪人的出现。有的学者认为近代房地产业的产生应以专职房地产经纪人的产生为标志;认为近代房地产业产生后,出现了大批专职从事房地产交易的经纪人,不同

---

① 沈辰宪:上海早期的几个外国房地产商,中国人民政治协商会议上海市委员会文史资料委员会:《旧上海的房地产经营》,《上海文史资料选辑》第六十四辑,上海人民出版社1990年3月第1版,第130—131页。
② 蔡育天:《上海道契(1847—1911)卷一——四》,世纪出版集团上海古籍出版社2005年1月第1版。

于过去的房牙,不是兼职。谁是近代上海第一个专职的房地产经纪人,已无法考证。但是清代的房牙和开埠初期的房地产中介人并没有什么不同,地保和里长也往往充当房地产交易的中介和担保。在近代整个房地产业的发展中,专职的房地产经纪人和兼职的房地产经纪人一直是并存的。而且兼职的房地产经纪人很多,职业五花八门,不仅是自然人,机构同样如此。兼职的经纪人,大部分是律师、建筑师、测量师、会计师等。营造公司、洋行、银行也纷纷置身于房地产交易中。

广东十三行撤销后,一些原十三行商人单独做起了买卖,叫做捐客。捐客主要是在买卖双方之间牵线搭桥,收取佣金。经纪人的英文单词为 broker,译作捐客,也把经纪人称作经理人、管理事业人。徐珂记载:"……上海商业有所谓捐客者,处于供给与需用者之间,古曰牙郎,亦曰互郎,主互易市物,日本称之为仲买人者是也。不设肆,惟恃口舌腰脚,沟通于买者卖者之间。果有成议,即得酬金,俗称用钱,亦作佣钱。其数之多寡,各业不等。大抵以百分之二为常。俗谓之二分用钱。有岁得数千金者。而以地皮房屋产之捐客为尤易获利也。……"[①]旧上海的房地产捐客佣金,一般在成交总值的 2.5% 左右,视交易性质而有不同的变化。如果是永租契买卖,佣金为 2.5%;田单交易,佣金取 5%。如果是顶费,则取 3%—5%,有时甚至高达 10%。[②]

《上海道契》里记载最早的房地产经纪人是英商娑尔。娑尔(Saul, R. P.)活跃于道光时期,拥有 20.158 亩地产,他的地产资料如表 2.2 所示:

表 2.2　　　　　　　　　　娑尔地产表

年代(农历)	亩数(亩)	道契号	附　注
1846 年 11 月 6 日	2.458	英册第 39 号第 22 分地	租地人
1847 年 1 月 23 日	2	英册第 44 号第 78 分地	租地人

---

① 【清】徐珂:《清稗类钞》第 17 册,商务印书馆 2015 年 6 月第 1 版,第 85 页。
② 姚人:《旧上海的房地产捐客》,中国人民政治协商会议上海市委员会文史资料委员会:《旧上海的房地产经营》,《上海文史资料选辑》第六十四辑,上海人民出版社 1990 年 3 月第 1 版,第 39 页。

续表

年代(农历)	亩数(亩)	道契号	附　注
1847年4月6日	3	英册第52号甲字第22分地	租地人
1848年2月3日	6.4	英册第64号乙字第22分地	租地人
1848年7月2日	0.5	英册第39号第22分地	麦金西兄弟公司转予
1848年7月2日	0.5	英册第49号第71分地	麦金西兄弟公司转予
1849年10月1日	2	英册第64号乙字第22分地	添租
1850年11月28日	3.3	英册第64号乙字第22分地	添租
合　　计	20.158		

表2.2中,前4笔地产是直接为华民所租,作为租地人直接领取道契。其中,英册第44号第78分地是由各英人分股捐银,英商娄尔代为租定,经理作设戏玩处所。① 娄尔于道光三十年农历五月二十二日把英册第52号甲字第22分地4.6亩②、英册第39号第22分地2.958亩全数转予美商华地玛公司。③

《上海道契》中道光咸丰年间出现的洋人经理人名单见表2.3(详见附录Ⅱ第二章5.道光咸丰年间洋人经理人名单)。

表2.3　　　　　　　　道光咸丰年间洋人经理人名单

经理人名称	雇主名称	年代(农历)	国籍
阿尔其·锡剌	锡剌公司	1855年3月28日	英商
麦道夫	锡剌公司	1855年3月28日	英商
宝和行	入晷·李百里	1855年6月4日	
那登卜即	多美里及其子女	1856年8月15日	英商

---

① 蔡育天:《上海道契(1847—1911)卷一—四》,世纪出版集团上海古籍出版社2005年1月第1版,第73页。
② 蔡育天:《上海道契(1847—1911)卷一》,世纪出版集团上海古籍出版社2005年1月第1版,第86页。
③ 蔡育天:《上海道契(1847—1911)卷一》,世纪出版集团上海古籍出版社2005年1月第1版,第64页。

续表

经理人名称	雇主名称	年代（农历）	国籍
勿忽来客龙	这呒四搭兑而，阿唐赛格师，奢伯，买理牙瓒末司四人	1856年4月23日	英商
者西弗·白蘭特	入畧·李百里	1859年8月12日	
恒利这西·合今空得	入畧·李百里	1859年8月12日	
惠德	搭拉士	1859年8月12日	英民
者西弗·白蘭特	入略·李百里	1859年8月12日	英商
恒利这西·合今挖得	入略·李百里	1859年8月12日	英商
克时立	麦多那	1859年5月16日	英民
塌本美	勃什	1860年5月15日	英民
怡艾弗东更生	英国医生格	1860年9月12日	
渣治·列登	位力门弗得利克·列登	1860年11月7日	英民
弗得利格南特·厌得	林德	1860年12月27日	英商
位列门·哈格立弗思	知米士·格罗士理	1860年3月26日	英商
克时利	士密士	1860年7月29日	英民
位力门·来门特	宝文	1860年7月4日	英民
沸利门·法克	海郎福	1861年2月5日	美商

　　早期活跃的房地产经济人有克时利、高易、梅博阁、雷士德、矮以夫生、陶德尔等。克时利又译作克时立，在1859年既是麦多娜的经理人[①]，又是史密斯的经理人[②]，拥有地产约109亩。高易是早期最活跃的经纪人，梅博阁是高易的经纪人，1873年梅博阁又做罗格立夫登、绅雀布曼的

---

　　① 蔡育天：《上海道契（1843—1911）卷一》，世纪出版集团上海古籍出版社2005年1月第1版，第56—57页。

　　② 蔡育天：《上海道契（1843—1911）卷一》，世纪出版集团上海古籍出版社2005年1月第1版，第194页。

第二章 晚清上海房地产业发展研究(1843—1911年)

经理人①和安平行的经理人②,陶德尔是梅博阁的经理人。

雷四德是地产大王史密斯后来的经纪人,矮以夫生是地产大王汉壁礼的经纪人。这些经纪人的特点是,他们不但替人经办房地产事业,自己也拥有大量的地产。其中尤以高易最为著名。高易的职业是律师,代理经办房地产业务买卖,自己也买进大量的地产,成立高易洋行,经营房地产业务,直到1931年还存在,改名为高易公馆,依然经营房地产业务。

1863年7月29日的工部局董事会会议录:"……莫里斯先生的房产经纪人和律师高易(Gowie)先生来信商谈关于西人的房地产税问题。"高易是高易洋行的负责人。高易洋行从事房地产经纪业务和服务业务③,高易是专职的房地产经纪人。这是作者所见到的资料中最早出现"房地产经纪人"一词的记载。高易是英国人,1874—1875年期间是工部局董事会成员之一。④ 他是一个非常活跃的房地产经纪人,不仅作为房地产经纪人中介买卖双方的房地产交易,自己也直接投资于房地产,合计有约413.7亩的地产。表2.4是高易经纪买卖或拥有的地产(详见附录Ⅱ第二章2.高易地产表)。

表 2.4 高易地产表⑤

年代(农历)	亩数(亩)	年代(农历)	亩数(亩)	年代(农历)	亩数(亩)	年代(农历)	亩数(亩)
1855年5月	9.88	1869年11月21日	6.12	1872年1月20日	0.808	1875年12月16日	23.98
1861年11月18日	20.5	1869年2月	4.312	1872年2月11日	2.843	1875年3月1日	4.703
1861年11月18日	20.5	1869年4月20日	1.32	1872年5月13日	30	1876年10月21日	0.9
1861年6月1日	5.085	1869年4月20日	1.32	1873年12月12日	5.631	1877年11月10日	0.852
1861年7月8日	1.32	1870年10月19日	1.5	1873年2月24日	0.4	1877年1月18日	13
1862年12月15日	5.631	1870年1月17日	2.72	1873年3月20日	0.14	1877年12月5日	2.187
1862年2月21日	13.07	1870年1月27日	5.75	1873年3月20日	0.53	1877年1月25日	1

---

① 蔡育天:《上海道契(1843—1911)卷一》,世纪出版集团上海古籍出版社2005年1月第1版,第196页。
② 蔡育天:《上海道契(1843—1911)卷二》,世纪出版集团上海古籍出版社2005年1月第1版,第124页。
③ 上海档案馆,《工部局董事会会议录译文(1854—1863)》,第689页。
④ 上海档案馆,《工部局董事会会议录译文(1874—1876)》,第621页。
⑤ 蔡育天:《上海道契(1847—1911)卷一—四》,世纪出版集团上海古籍出版社2005年1月第1版。

续表

年代（农历）	亩数（亩）	年代（农历）	亩数（亩）	年代（农历）	亩数（亩）	年代（农历）	亩数（亩）
1862年3月1日	25	1870年3月1日	1.98	1873年3月7日	0.53	1877年1月7日	2.5
1862年3月24日	6.2	1871年10月19日	2.13	1873年3月7日	5.631	1877年4月23日	8
1862年3月9日	22.4	1871年11月24日	3.773	1873年9月1日	1.5	1877年4月9日	0.8
1863年10月8日	13.921	1871年11月24日	0.925	1873年9月1日	1.5	1877年5月23日	9.75
1863年4月10日	6.388	1871年11月24日	0.271	1873年9月1日	0.14	1877年6月18日	2.063
1863年4月27日	1.62	1871年11月24日	3.757	1874年1月21日	1.5	1877年6月18日	0.078
1864年3月20日	8.54	1871年11月24日	3.773	1874年1月22日	1.413	1877年6月30日	0.078
1864年3月20日	10.56	1871年11月24日	0.925	1874年12月25日	4.703	1877年7月2日	1.182
1864年5月24日	1.3	1871年12月20日	0.68	1874年3月28日	1.413	1878年5月11日	20.155
1866年6月24日	3.480 25	1871年5月16日	3.757	1874年3月28日	16.845	1878年5月11日	3.65
1867年8月1日	2.354	1871年7月17日	2.237	1875年11月11日	1.6	1878年5月11日	3.4785
1868年12月15日	0.863	1871年9月6日	2.2	1875年12月11日	1	1880年11月19日	3.5
1868年9月6日	0.918	1875年3月1日	4.703			合计	413.666 75

高易在光绪七年已经去世。英册第515号第522分地："……光绪七年闰七月初九日已故高易遗嘱之经理人禾德、梅博阁、胡高易将所租五百十五号二十二分地六亩一分二厘转与梅博阁遵例租用此批。……"①

英册道契第1220号1227分地中记载，"光绪九年二月十九日博爱德之经理人公平行将所租1220号1227分地划出五分三厘四毫转与已故高易之经理人梅博阁等租用。……"②梅博阁于光绪十五年去世。英册第765号第772分地记载，"……光绪十五年十一月初五日已故梅博阁之经理人陶德尔。……"③

下面是《上海道契(1847—1911)卷一——四》克时利、梅博阁、雷四德、矮以夫生的地产。克时利拥有地产约108.93亩，梅博阁拥有地产约592.075亩，分别见表2.5和表2.6。

---

① 蔡育天：《上海道契(1847—1911)卷二》，世纪出版集团上海古籍出版社2005年1月第1版，第235页。
② 蔡育天：《上海道契(1847—1911)卷四》，世纪出版集团上海古籍出版社2005年1月第1版，第214页。
③ 蔡育天：《上海道契(1847—1911)卷三》，世纪出版集团上海古籍出版社2005年1月第1版，第132页。

表 2.5　　　　　　　　　　　　　克时利地产表[①]

年代(农历)	亩数(亩)	年代(农历)	亩数(亩)	年代(农历)	亩数(亩)	年代(农历)	亩数(亩)
1861年2月8日	20.2	1861年11月4日	3.1	1862年5月24日	4.274	1881年11月10日	0.291
1861年8月22日	9.8	1862年4月5日	59.77	1880年5月10日	5.95	1884年1月23日	1.545
1861年9月30日	4					合　计	108.93

表 2.6　　　　　　　　　　　　　梅博阁地产表[②]

年代(农历)	亩数(亩)	年代(农历)	亩数(亩)	年代(农历)	亩数(亩)	年代(农历)	亩数(亩)
1866年10月14日	7.944	1881年闰7月9日	6.12	1882年6月26日	5.71	1884年7月15日	0.837
1866年10月14日	12.932	1882年10月12日	0.83	1882年8月16日	24	1884年7月15日	1.481
1866年10月14日	4.988	1882年10月12日	10.211	1882年8月28日	0.055	1884年7月15日	0.29
1866年12月26日	20.9	1882年10月6日	0.682	1882年8月28日	0.055	1884年7月15日	0.837
1866年4月18日	2	1882年12月7日	4.77	1882年9月8日	5	1885年12月14日	0.906
1867年11月1日	2.9	1882年4月14日	12	1883年2月1日	0.022	1885年1月3日	0.839
1867年11月1日	1.5	1882年5月29日	40.05	1883年4月2日	3.463	1885年2月3日	0.229
1869年5月20日	10.128	1882年8月18日	37.369	1883年9月1日	0.955	1885年2月3日	0.61
1871年4月1日	2.72	1883年2月19日	0.534	1883年9月3日	1.048	1885年2月3日	3.263
1873年10月30日	4.5	1883年5月1日	1.44	1883年9月3日	0.349	1885年2月3日	3
1873年10月30日	1.3	1883年8月20日	5.2	1883年9月3日	0.923	1885年2月3日	2.012
1873年4月28日	5.2	1883年9月3日	5.492	1883年9月3日	7.62	1885年2月3日	1.052
1874年5月4日	2.78	1884年11月15日	6.252	1884年10月29日	13.653	1885年2月3日	2.563
1878年12月15日	2.187	1884年4月1日	5.75	1884年11月15日	0.6	1885年2月3日	11.89
1878年12月15日	1.182	1884年5月4日	4.1	1884年11月15日	0.567	1885年7月10日	2
1879年4月17日	6	1884年6月5日	1.7	1884年1月29日	0.3	1886年11月20日	0.59
1879年5月7日	2	1886年2月20日	3.953	1884年4月14日	2.713	1886年12月22日	0.263
1879年8月9日	0.572	1886年4月28日	21.169	1884年4月14日	3.341	1886年12月22日	0.42
1880年11月7日	5.674	1887年10月30日	10.4	1884年4月14日	4.364	1886年12月22日	0.248
1880年12月18日	9	1887年12月16日	0.6	1884年4月14日	4.364	1887年12月19日	1.302
1880年12月23日	0.73	1887年12月5日	1.393	1884年4月14日	8.366	1887年3月7日	5.477
1880年12月28日	4.505	1887年2月27日	5.294	1884年4月14日	1.418	1887年闰4月22日	0.437
1880年5月10日	16	1887年3月12日	3.477	1884年4月14日	13.427	1887年4月5日	2.289
1881年12月29日	2.436	1888年11月11日	1	1884年4月23日	2.853	1887年4月5日	2.289
1881年3月15日	3.61	1888年11月11日	21	1884年闰5月10日	1.411	1887年5月8日	0.98
1881年4月1日	5.091	1888年11月25日	0.87	1884年闰5月10日	1.411	1887年7月21日	0.207
1881年4月1日	5.091	1888年11月25日	1.953	1884年7月15日	1.481	1887年7月21日	7.406
1881年4月29日	11	1888年11月25日	0.93	1884年7月15日	0.209	1887年7月21日	0.207

[①] 蔡育天:《上海道契(1847—1911)》,世纪出版集团上海古籍出版社 2005 年 1 月第 1 版。
[②] 蔡育天:《上海道契(1847—1911)》,世纪出版集团上海古籍出版社 2005 年 1 月第 1 版。

续表

年代（农历）	亩数（亩）	年代（农历）	亩数（亩）	年代（农历）	亩数（亩）	年代（农历）	亩数（亩）
1881年闰7月12日	3.5	1889年2月25日	10.625	1884年7月15日	0.837	1889年4月14日	4.39
1881年闰7月14日	5.5	1889年4月26日	1.763	1884年7月15日	0.79	1889年4月14日	3.568
1881年闰7月9日	0.436	1881年10月1日	9	1884年7月15日	0.699	1889年4月8日	1.047
1881年闰7月9日	0.5	1881年12月16日	2.588	1884年7月15日	0.416	1890年6月29日	0.2
1881年闰7月9日	0.994	1882年10月11日	6.867	1884年7月15日	1.481		
1881年闰7月9日	0.48	1882年1月24日	3.093	1884年7月15日	0.29	合　计	592.075

雷四德又译作雷司得[1]、李四德[2]、雷师得[3]、雷司德[4],曾在德和行当经理人,拥有地产629.351亩,见表2.7。目前的资料尚未找到雷四德何时去世,地产资料里没有去除,有可能是雷四德去世以后他的遗产继承人或代理人购买的地产。

表2.7　　　　　　　　　　　雷四德地产表

年代（农历）	亩数（亩）	年代（农历）	亩数（亩）	年代（农历）	亩数（亩）	年代（农历）	亩数（亩）
1867年5月11日	4.929	1881年12月16日	2.846	1883年4月23日	0.9527	1914年12月7日	0.515
1870年3月19日	1.17	1881年12月18日	5.956	1883年4月5日	5.795	1914年12月7日	0.22
1873年11月25日	1	1881年12月18日	9.106	1883年5月17日	3.237	1914年12月7日	0.405
1873年12月3日	3.916	1881年2月23日	4.32	1883年5月17日	4.231	1914年12月7日	1.025
1874年10月27日	20	1881年3月16日	3	1883年5月17日	4.231	1916年6月21日	2.493
1874年10月5日	2.38	1881年3月8日	1.4	1883年5月17日	8.246	1916年6月21日	1.791
1874年11月14日	2.3	1881年5月13日	23.07	1883年5月17日	4.217	1916年8月2日	0.955
1874年7月7日	5	1881年5月13日	4.3	1883年5月17日	13.678	1917年6月15日	8.501
1874年7月7日	5.5	1881年5月13日	0.5	1883年5月17日	1.2	1918年6月14日	1.091
1874年7月7日	5.75	1881年6月3日	12.7	1883年5月19日	2	1921年5月21日	6.867
1875年5月26日	7.896	1882年7月23日	4.929	1883年6月4日	1.14	1921年10月15日	0.627
1876年3月11日	2.826	1882年8月7日	5.486	1883年6月4日	5.028	1924年6月18日	2.237
1877年7月10日	2	1882年10月12日	1.611	1883年6月4日	15.687	1924年6月18日	1.3

---

[1]　蔡育天:《上海道契(1847—1911)卷三》,世纪出版集团上海古籍出版社2005年1月第1版,第132页。

[2]　蔡育天:《上海道契(1847—1911)卷三》,世纪出版集团上海古籍出版社2005年1月第1版,第216页。

[3]　蔡育天:《上海道契(1847—1911)卷四》,世纪出版集团上海古籍出版社2005年1月第1版,第10、52、53、54页。

[4]　蔡育天:《上海道契(1847—1911)卷四》,世纪出版集团上海古籍出版社2005年1月第1版,第271页。

续表

年代（农历）	亩数（亩）	年代（农历）	亩数（亩）	年代（农历）	亩数（亩）	年代（农历）	亩数（亩）
1877年9月2日	0.25	1882年12月14日	7.645	1883年6月4日	5.2	1924年9月1日	7.645
1878年10月17日	1.15	1882年12月18日	5.039	1883年6月30日	4.093	1924年9月15日	1.9
1878年10月17日	4.914	1882年12月2日	3	1883年7月15日	14.454	1924年9月16日	4.084
1878年5月17日	3.517	1882年2月26日	8	1884年10月3日	17.281	1924年11月29日	24.1
1878年5月17日	3.517	1882年3月9日	1.315	1884年3月8日	2.791	1925年3月31日	8.225
1879年10月11日	7.128	1882年4月7日	8.408	1884年6月22日	15.657	1925年9月18日	3
1880年10月23日	6.624	1882年4月7日	11.1	1885年9月28日	0.75	1925年9月18日	1
1880年10月23日	6.624	1882年4月7日	8.408	1888年12月8日	1.252	1925年9月18日	4.247
1880年11月4日	2.1	1882年5月27日	4.27	1898年12月15日	2.645	1925年9月18日	3.025
1880年12月4日	4.002	1882年7月18日	4	1901年7月12日	7.285	1925年9月24日	1.89196
1880年12月4日	4.002	1883年2月13日	1.046	1902年10月18日	5.54	1926年2月14日	3.1
1880年3月25日	2.4	1883年2月19日	0.9	1903年4月29日	0.955	1926年4月12日	1.1
1880年4月3日	0.975	1883年4月22日	8.6	1904年2月15日	0.327	1926年4月12日	7.208
1880年9月13日	6.624	1883年4月23日	3.6003	1905年2月23日	0.88	1926年4月12日	13.814
1881年1月16日	30.482	1883年4月23日	1.1587	1910年2月12日	8.825	1926年4月12日	19.643
1881年11月7日	4.88	1883年4月23日	1.1867	1914年7月23日	7.462	1926年4月12日	2.5
1881年11月7日	7.511	1883年4月23日	1.421	1914年12月7日	2.017	1938年10月12日	8.096
						合 计	629.351

矮以夫生又译作爱威僧[1]、艾依夫生[2],英册道契第1672号名为矮以夫[3],英册道契第1634号称作艾以夫生[4],英册道契第1674号又名公平行艾依夫生[5],公平行经济人,拥有地产约92.108亩,见表2.8。

---

[1] 蔡育天:《上海道契(1847—1911)卷四》,世纪出版集团上海古籍出版社2005年1月第1版,第125页。
[2] 蔡育天:《上海道契(1847—1911)卷一》,世纪出版集团上海古籍出版社2005年1月第1版,第120—121页。
[3] 蔡育天:《上海道契(1847—1911)卷五》,世纪出版集团上海古籍出版社2005年1月第1版,第289页。
[4] 蔡育天:《上海道契(1847—1911)卷五》,世纪出版集团上海古籍出版社2005年1月第1版,第254页。
[5] 蔡育天:《上海道契(1847—1911)卷五》,世纪出版集团上海古籍出版社2005年1月第1版,第291页。

表 2.8　　　　　　　　　　矮以夫生地产表[1]

年代（农历）	亩数（亩）	年代（农历）	亩数（亩）	年代（农历）	亩数（亩）	年代（农历）	亩数（亩）
1866年1月28日	4.6	1873年1月14日	1.5	1875年11月18日	5.2	1886年4月15日	4.131
1869年11月12日	4.32	1873年12月2日	0.59	1875年1月15日	12.3	1886年9月11日	1.567
1869年11月19日	4.736	1873年12月2日	0.59	1875年12月25日	10.473	1888年3月28日	5
1872年12月15日	0.271	1873年12月3日	1.533	1875年8月1日	0.206	1889年9月8日	7.975
1872年12月15日	0.259	1873年12月3日	1.549	1875年8月1日	0.206	1890年11月17日	2.2
1872年12月15日	0.296	1873年12月3日	4.102	1876年7月6日	5.9	1890年9月3日	4.002
1872年12月15日	0.61	1873年6月6日	3.6	1877年8月7日	2.789	1894年5月17日	1.603
合　计	92.108						

陶德尔是继梅博阁之后的第三代经纪人，译名又称作道德尔[2]、陶德而。[3] 他主要是做梅博格的经纪人[4]，同时自己也买进地产，在梅博阁去世后，被指定为梅博阁的遗嘱经纪人，把梅博阁的大量地产转租到自己名下。[5] 陶德尔也做过博温的经纪人，英册道契第70号第20分地记载，"……已故博温经理人陶德尔……"[6]时间是光绪十六年（1890年）九月初三（梅博阁于1889年去世）。陶德尔拥有地产370.575亩，其中一些是与人共有的，见表2.9。

表 2.9　　　　　　　　　　陶德尔地产表[7]

年代（农历）	亩数（亩）	年代（农历）	亩数（亩）	年代（农历）	亩数（亩）	年代（农历）	亩数（亩）
1881年1月17日	4.093	1890年6月29日	0.349	1892年12月19日	5.5	1895年3月20日	4.39
1881年2月22日	11.75	1890年6月29日	0.2	1892年7月4日	4.878	1895年3月7日	2.231
1888年12月	4.4	1890年6月29日	2.289	1892年9月20日	2.493	1895年5月26日	13
1888年3月24日	1.204	1890年6月29日	2.289	1892年9月20日	—	1895年5月26日	48.713

---

[1]　蔡育天:《上海道契(1847—1911)》，世纪出版集团上海古籍出版社2005年1月第1版。
[2]　蔡育天:《上海道契(1847—1911)卷二》，世纪出版集团上海古籍出版社2005年1月第1版，第192页。
[3]　蔡育天:《上海道契(1847—1911)卷一》，世纪出版集团上海古籍出版社2005年1月第1版，第14—15页。
[4]　蔡育天:《上海道契(1847—1911)卷二》，世纪出版集团上海古籍出版社2005年1月第1版，第283页。
[5]　蔡育天:《上海道契卷(1847—1911)一、卷二》，世纪出版集团上海古籍出版社2005年1月第1版，第一卷141、312页，第二卷283页。
[6]　蔡育天:《上海道契(1847—1911)卷一》，世纪出版集团上海古籍出版社2005年1月第1版，第120—121页。
[7]　蔡育天:《上海道契(1847—1911)卷一—五》，世纪出版集团上海古籍出版社2005年1月第1版。

第二章　晚清上海房地产业发展研究(1843—1911年)

续表

年代(农历)	亩数(亩)	年代(农历)	亩数(亩)	年代(农历)	亩数(亩)	年代(农历)	亩数(亩)
1888年4月1日	3.953	1890年6月29日	0.98	1892年9月9日	0.59	1895年6月24日	7.5
1889年10月	5.294	1890年6月29日	0.176	1893年1月21日	7.8	1895年6月24日	1.367
1889年10月	0.48	1890年7月13日	0.994	1893年1月21日	6.173	1895年6月6日	5.251
1889年10月	1	1890年8月7日	4.1	1893年2月11日	0.48	1895年6月6日	0.5
1889年10月	1.047	1890年8月7日	0.6	1893年6月14日	4.77	1895年8月7日	11.691
1889年11月	0.927	1890年8月7日	2.78	1893年7月18日	0.068	1895年9月9日	2.186
1889年11月	0.579	1890年8月7日	5.2	1894年10月26日	0.727	1896年10月14日	1.749
1889年11月5日	8.825	1890年8月7日	21.169	1894年11月22日	15.187	1896年3月15日	1.137
1889年12月	2.853	1890年8月7日	0.699	1894年11月23日	5.795	1896年3月30日	4.395
1889年1月25日	1.44	1890年8月7日	0.416	1894年11月8日	3	1896年7月1日	0.296
1889年7月5日	3	1890年8月7日	0.405	1894年12月22日	13.35	1896年8月22日	0.259
1889年8月2日	1.171	1890年8月7日	0.598	1894年12月22日	0.7832	1896年9月21日	21
1890年2月1日	2.497	1890年8月7日	0.248	1894年12月22日	5.713	1896年9月21日	0.349
1890年2月21日	1.53	1890年8月9日	2	1894年12月22日	4.094	1896年9月21日	0.927
1890年3月21日	1.763	1891年2月24日	0.87	1894年4月5日	1.375	1897年12月12日	1.044
1890年4月26日	0.643	1891年2月24日	1.953	1894年6月3日	5.2	1897年3月27日	4.534
1890年6月29日	3.7086	1891年3月8日	1.263	1894年9月20日	1.252	1897年9月28日	1.397
1890年6月29日	1.7	1891年5月13日	1.049	1895年11月23日	5	1899年12月26日	0.9
1890年6月29日	1.12	1891年5月27日	0.873	1895年11月30日	0.572	1899年7月17日	4
1890年6月29日	1.393	1891年9月15日	3.773	1895年2月22日	5.921	1902年2月12日	0.176
1890年6月29日	0.85	1892年11月11日	3.434	1895年3月11日	2.242	1930年10月23日	1.32
1890年6月29日	0.023	1892年12月19日	1.35			合　计	370.575

(五)看近代房地产市场初步形成的时期

看近代房地产业的产生,还得看房地产市场的形成。市场是众多的买方和卖方的集合,只有当交易的买方和卖方达到一定的规模,才能形成市场。刚开埠时,虽然商业经济也有了一定的发展,但当时的经济制度以及主体经济实体还是以农业经济为主,清政府并没有提倡或支持商业经济,中国的近代市场经济处于萌芽状态。当时的清政府实行保甲制度,土地的自由交易受到限制,虽然开埠后有了租界的"道契"制度,但是中国当时的社会条件并不具备房地产业产生和发展的条件。近代上海房地产市场在小刀会起义时处于萌芽状态,交易少,零星不成规模;太平天国起义后,房地产交易数量逐渐增多。1880年以后,旧上海从事房地产业务的第一代人如者米士哈各、惠德、皮尔、打拉士、史密斯、高易、汉壁礼、老沙逊相继去世,第二代人如克时利、雷四德、法白司、梅博阁、矮以夫生、曾来顺、高福利等人继承或代理第一代人的遗产继续活跃在房地产市场,道契中也逐渐出现了华人的名字。早期的地产大王除史密斯外,汉壁礼、老沙逊拥有的房地产更多。

汉壁礼的名字叫但衣而汉壁礼,译文又叫汉必里[1]、汉布利[2]、汉布里[3]、汉伯利[4]、汗必里[5]。汉壁礼于光绪七年至八年间去世,英册第696号第703分地记载:"……光绪八年五月廿六日经理已故汉必里遗产人阿一特尔将所租六百九十六号七百零三分地二亩七分二厘转与开伯尔汉壁里,巴刻来汉壁里二人遵例租用。……"[6]英册道契第866号第873分地里有汗壁礼的遗嘱内容:"……查一千八百七十五年四月初八日但衣而汉壁礼即汉必里代业将租八百六十六号七十三分地五亩五分四厘遗嘱归於汉必里山伯逊、汉必里多马二人经理租用,该二人於一千八百八十一年七月十一日转托经理挖德兹於光绪七年闰柒月十五日由经理人挖德转与前经理人汉必里多马遵例租用此批。……"[7]汉壁礼拥有地产达814.66亩(见表2.10),早期的经理人是矮以夫生。汉必里和其他房地产商人不同,大量购买土地但很少卖出,在购买土地时,与人发生争租诉讼也在所不惜,如英册第472号第479分地,汉壁礼与人争租成讼,最后汉壁礼赢得这块地的租用权。[8]

---

[1] 蔡育天:《上海道契(1847—1911)卷三》,世纪出版集团上海古籍出版社2005年1月第1版,第193页。
[2] 蔡育天:《上海道契(1847—1911)卷一》,世纪出版集团上海古籍出版社2005年1月第1版,第298页。
[3] 蔡育天:《上海道契(1847—1911)卷一》,世纪出版集团上海古籍出版社2005年1月第1版,第322页。
[4] 蔡育天:《上海道契(1847—1911)卷二》,世纪出版集团上海古籍出版社2005年1月第1版,第5页。
[5] 蔡育天:《上海道契(1847—1911)卷四》,世纪出版集团上海古籍出版社2005年1月第1版,第264页。
[6] 蔡育天:《上海道契(1847—1911)卷三》,世纪出版集团上海古籍出版社2005年1月第1版,第81页。
[7] 蔡育天:《上海道契(1847—1911)卷三》,世纪出版集团上海古籍出版社2005年1月第1版,第228页。
[8] 蔡育天:《上海道契(1847—1911)卷二》,世纪出版集团上海古籍出版社2005年1月第1版,第185页。

表 2.10　　　　　　　　　　　　汉璧礼地产表

年代（农历）	亩数（亩）	年代（农历）	亩数（亩）	年代（农历）	亩数（亩）	年代（农历）	亩数（亩）
1861年10月25日	0.8	1862年3月10日	10	1864年11月16日	1.674	1874年9月1日	27.889
1861年10月25日	1	1862年3月16日	3.5	1864年2月10日	0.85	1874年9月1日	14.136
1861年10月25日	2.015	1862年3月18日	1.5	1865年3月11日	0.6	1874年9月2日	26.996
1861年10月25日	36.598	1862年3月24日	6.2	1865年7月8日	2.5	1875年3月15日	2.13
1861年10月25日	2	1862年3月5日	17.09	1866年2月21日	5.64	1875年8月18日	5.148
1861年10月27日	0.786	1862年4月3日	0.193	1870年闰10月27日	2.54	1875年9月21日	12.8
1861年10月27日	0.42	1862年7月25日	6.5	1870年闰10月27日	5.54	1876年1月7日	0.085
1861年10月27日	0.452	1862年7月5日	6.03	1870年4月15日	1.25	1880年12月21日	7.197
1861年11月18日	16	1862年8月17日	3.1	1870年4月28日	3.29	1880年12月21日	8.8
1861年11月18日	17.73	1862年8月17日	20.7	1870年7月26日	2	1880年7月8日	13.921
1861年11月18日	1.5	1862年8月22日	7.1	1871年2月28日	1.55	1882年11月29日	3.84
1861年11月4日	1.24	1862年8月22日	4.84	1871年3月14日	4.607	1898年10月27日	5.82
1861年11月4日	0.8	1862年9月27日	3.55	1871年3月20日	5.35	1885年1月19日	2.596
1861年11月4日	11.5	1862年9月27日	1.98	1871年3月5日	4.863	1885年1月19日	12.98
1861年11月4日	1.27	1862年9月27日	4.6	1871年4月7日	9.8	1885年1月19日	5.732
1861年2月15日	1.4	1862年9月9日	6.5	1871年5月11日	4.318	1883年6月30日	3.087
1861年3月2日	2	1863年11月6日	5.82	1871年5月11日	4	1883年6月30日	5.153
1861年5月5日	5	1863年11月6日	5.82	1871年5月16日	10.5	1883年6月30日	8.234
1861年6月1日	3	1863年11月6日	1.292	1871年6月23日	0.868	1883年6月30日	9.641
1861年6月1日	4.4	1863年11月6日	54	1872年1月27日	4.888	1883年6月30日	11.54
1861年9月9日	7	1863年11月8日	9.813	1872年1月27日	11.3	1883年6月30日	12.727
1861年9月9日	1.748	1863年11月8日	4.8	1873年2月27日	3.25	1883年6月30日	4.001
1862年1月16日	5.5	1863年11月8日	2.6	1873年3月26日	0.7	1883年6月30日	1.967
1862年1月16日	2.3	1863年12月10日	3.5	1873年6月27日	4.562	1883年6月30日	2.133
1862年1月16日	14	1863年2月17日	2	1873年6月27日	7.626	1883年6月30日	2.688
1862年1月16日	12	1863年2月6日	16.73	1873年9月25日	8.02	1883年6月30日	11.692
1862年1月16日	36.7	1863年4月27日	5.87	1874年2月7日	2.3	1885年10月18日	4.78
1862年1月16日	4.8	1863年7月26日	12.82	1874年3月28日	4.023	1898年3月30日	5.895
1862年1月16日	10.4	1863年8月3日	2.72	1874年3月28日	1.15		
1862年1月30日	3.086	1863年8月3日	2.287	1874年3月28日	4.914		
1862年1月30日	13.5	1863年8月3日	1.13	1874年5月9日	1.049	合　计	814.66

早期上海滩另外一个地产大王，就是著名的沙逊家族。沙逊家族早期投身房地产业务的主要成员是大卫沙逊的儿子沙逊兄弟（刻勒士得福·奋巽和阿得尔·奋巽兄弟）。[①] 他们二人在 1845—1847 年间共租地

---

① 蔡育天：《上海道契(1847—1911)卷一》，世纪出版集团上海古籍出版社 2005 年 1 月第 1 版，第 19—20、24—26、31—32、82—84 页。

4份,计35.868亩,分别是英册道契第12号第39分地、英册第15号第40分地、英册第19号第43分地、英册第50号第77分地,参与5笔地产交易。

早期其他的成员有沙逊伯士府[1]、亚忒台佛沙逊[2]。亚忒台佛沙逊又称作亚忒特物沙逊[3]、阿达喇德威沙逊[4],去世于光绪七年(1881年)。英册道契第219号第226分地记载:"……光绪七年八月二十七日经理已故沙逊遗产三人将所另租英副册甲字八十一号一百十七分地十亩并入本契地内合用,现共有地十二亩七分。……"[5]他去世时沙逊家族共有地产约348.444亩。亚忒台佛沙逊去世后,继续活跃在上海房地产市场的有非得李台勿·沙逊[6]、阿忒沙逊[7]、台吻沙逊[8]、依理沙逊[9]、爱杜挖·沙逊[10]、

---

[1] 蔡育天:《上海道契(1847—1911)卷二》,世纪出版集团上海古籍出版社2005年1月第1版,第11页。

[2] 蔡育天:《上海道契(1847—1911)卷二》,世纪出版集团上海古籍出版社2005年1月第1版,第19页。

[3] 蔡育天:《上海道契(1847—1911)卷二》,世纪出版集团上海古籍出版社2005年1月第1版,第15页。

[4] 蔡育天:《上海道契(1847—1911)卷一》,世纪出版集团上海古籍出版社2005年1月第1版,第131页。

[5] 蔡育天:《上海道契(1847—1911)卷一》,世纪出版集团上海古籍出版社2005年1月第1版,第272页。

[6] 蔡育天:《上海道契(1847—1911)卷一》,世纪出版集团上海古籍出版社2005年1月第1版,第227页。

[7] 蔡育天:《上海道契(1847—1911)卷三》,世纪出版集团上海古籍出版社2005年1月第1版,第335页。

[8] 蔡育天:《上海道契(1847—1911)卷二》,世纪出版集团上海古籍出版社2005年1月第1版,第233页。

[9] 蔡育天:《上海道契(1847—1911)卷四》,世纪出版集团上海古籍出版社2005年1月第1版,第176页。

[10] 蔡育天:《上海道契(1847—1911)卷二》,世纪出版集团上海古籍出版社2005年1月第1版,第38页。

依来斯沙逊[①]、才各沙逊[②]、傑衣沙逊[③]、爱天弟沙逊[④]、第依沙逊[⑤]、爱姆依沙逊[⑥]等沙逊家族成员以及新沙逊银行。沙逊家族到 1899 年拥有的地产数约 886.74 亩(见表 2.11)。

霍格兄弟亦是旧上海早期房地产业的活跃人物,他们拥有大量的地产。霍格兄弟的名字分别是林全·霍格和亨连·霍格。[⑦] 亨连·霍格又称作惠廉·霍格[⑧],林全·霍格又称作霍格[⑨]、哈各[⑩],他们拥有地产 204.669 亩,见表 2.12。

表 2.11　　　　　　　　　　　　沙逊家族地产表

日期 (农历)	亩数 (亩)	租地人	日期 (农历)	亩数 (亩)	租地人
1845 年 4 月	7.772	刻勒得福·奄巽,阿得尔·奄巽	1885 年 4 月 14 日	3	非得李台勿·沙逊
1845 年 9 月	17.23	刻勒士得福·奄巽,阿得尔·奄巽兄弟	1886 年 6 月 1 日	4.464	新沙逊
1847 年 3 月	6.6	刻勒士得福·奄巽阿得尔·奄巽兄弟	1886 年 10 月 30 日	5.163	艾福第沙逊
1847 年 5 月 28 日	2.133	刻勒得福·奄巽,阿得尔·奄巽	1886 年 10 月 30 日	2.773	艾福第沙逊
1847 年	2.133	刻忝勒士得福·奄巽,阿得尔·奄巽	1887 年 2 月 2 日	3	依来斯沙逊
1851 年 5 月 7 日	3	阿达喇德威沙逊	1886 年 2 月 14 日	6.41	老沙逊行主伊齊該爾
1854 年 10 月 25 日	8.688		1887 年 3 月 9 日	79.516	台吻沙逊

---

① 蔡育天:《上海道契(1847—1911)卷一》,世纪出版集团上海古籍出版社 2005 年 1 月第 1 版,第 284 页。

② 蔡育天:《上海道契(1847—1911)卷四》,世纪出版集团上海古籍出版社 2005 年 1 月第 1 版,第 144 页。

③ 蔡育天:《上海道契(1847—1911)卷一》,世纪出版集团上海古籍出版社 2005 年 1 月第 1 版,第 242 页。

④ 蔡育天:《上海道契(1847—1911)卷二》,世纪出版集团上海古籍出版社 2005 年 1 月第 1 版,第 242 页。

⑤ 蔡育天:《上海道契(1847—1911)卷三》,世纪出版集团上海古籍出版社 2005 年 1 月第 1 版,第 228 页。

⑥ 蔡育天:《上海道契(1847—1911)卷四》,世纪出版集团上海古籍出版社 2005 年 1 月第 1 版,第 99 页。

⑦ 蔡育天:《上海道契(1847—1911)卷一》,世纪出版集团上海古籍出版社 2005 年 1 月第 1 版,第 57—58 页。

⑧ 蔡育天:《上海道契(1847—1911)卷二》,世纪出版集团上海古籍出版社 2005 年 1 月第 1 版,第 118 页。

⑨ 蔡育天:《上海道契(1847—1911)卷一》,世纪出版集团上海古籍出版社 2005 年 1 月第 1 版,第 43—44 页。

⑩ 蔡育天:《上海道契(1847—1911)卷一》,世纪出版集团上海古籍出版社 2005 年 1 月第 1 版,第 302 页。

续表

日期（农历）	亩数（亩）	租地人	日期（农历）	亩数（亩）	租地人
1854年12月24日	1.2		1887年3月9日	1	台吻沙逊
1855年3月22日	4	丹商沙逊行、对费沙逊	1886年3月26日	2.428	非得李台勿・沙逊
1856年6月25日	2.2		1886年7月29日	12.83	艾福第沙逊
1860年3月2日	13.2	老沙逊行	1886年7月29日	3.079	艾福第沙逊
1861年10月20日	1.09	沙逊	1887年3月27日	1.156	爱杜挖沙逊
1861年10月20日	2		1887年9月11日	17.9654	爱杜挖沙逊，马耶沙逊
1861年10月20日	5		1887年9月11日	4.091	爱杜挖沙逊，马耶沙逊
1861年11月18日	1.7		1887年10月8日	6.466	台吻沙逊
1861年11月18日	26		1887年11月15日	0.882	爱杜挖・沙逊
1861年2月7日	0.9		1887年11月15日	1.953	爱杜挖・沙逊
1861年9月11日	0.9	鲁平大非	1887年11月15日	0.93	爱杜挖・沙逊
		特沙逊	1887年12月8日	2.187	老沙逊穆昔斯
1862年10月29日	2.7	经理已故沙逊遗产三人	1888年1月24日	6.66	马耶沙逊
1862年1月11日	5	亚忒台佛沙逊	1888年2月14日	4.444	阿忒沙逊
1862年12月	1.02	亚忒台佛沙逊	1888年4月13日	8.637	爱杜挖・沙逊
1862年2月10日	1.62		1888年4月13日	2.791	馬那沙逊
1862年2月25日	4.8		1888年4月18日	10.801	台吻沙逊
1862年2月5日	3		1888年6月25日	2	爱杜挖沙逊
1862年2月5日	3.2		1889年2月28日	13	傑衣沙逊
1862年8月11日	4.5		1889年8月6日	1.37265	爱杜挖・沙逊
1862年8月11日	4.178		1889年8月6日	5.327	爱杜挖・沙逊
1863年2月5日	52		1889年8月6日	1.833	爱杜挖・沙逊
1865年7月2日	0.59	沙逊	1889年8月6日	14.004	爱杜挖・沙逊
1865年7月2日	0.59		1889年8月6日	0.098	爱杜挖・沙逊
1869年10月26日	1.222	沙逊伯士府	1889年8月10日	2.878	马耶沙逊
1869年10月26日	13.8		1889年10月5日	46.723	台惟沙逊
1869年10月26日	32	沙逊伯士府	1889年11月27日	3.318	依意沙逊
1869年10月26日	1.20063	沙逊伯士府	1889年12月17日	0.098	才各沙逊
1869年10月26日	3.9355	沙逊伯士府	1889年12月17日	1.37265	才各沙逊
1869年10月26日	0.255	沙逊伯士府	1889年12月17日	5.327	才各沙逊
1869年10月26日	0.6225	沙逊伯士府	1889年12月17日	1.833	才各沙逊
1869年12月21日	4.835		1889年12月18日	0.97517	乾怡沙逊
1869年1月23日	0.744	沙逊伯士府	1889年12月19日	14.004	才各沙逊
1869年9月10日	11.953		1890年7月27日	2.642	乾怡沙逊
1869年9月4日	5.148	沙逊伯士府	1890年7月27日	1.264	乾怡沙逊
1869年9月4日	11.3	沙逊伯士府	1890年9月25日	3.275	爱杜挖・沙逊
1869年9月4日	5		1891年3月3日	0.416	爱夫第沙逊
1869年9月4日	4.8	沙逊伯士府	1891年9月19日	16.619	依意沙逊

第二章 晚清上海房地产业发展研究(1843—1911年)

续表

日期(农历)	亩数(亩)	租地人	日期(农历)	亩数(亩)	租地人
1869年9月4日	0.56325	沙逊伯士府	1891年9月19日	0.695	依意沙逊
1871年1月11日	2.253	亚忒台佛沙逊	1891年12月28日	38.4335	爱天弟沙逊
1871年9月18日	13.8	亚忒特物沙逊	1892年3月4日	5.54	第依沙逊
1871年9月18日	11.953	亚忒特物沙逊	1892年3月4日	5.54	第依沙逊
1872年1月11日	2.49	亚忒台佛沙逊	1892年5月19日	0.987	依意沙逊
1872年1月11日	2.976	亚忒台佛沙逊	1892年5月19日	3.64	依意沙逊
1872年12月9日	15.743	亚忒台佛沙逊	1892年6月11日	68.1566	台吻沙逊
1878年4月6日	11.892	依理沙逊	1892年9月4日	5.54	依意沙逊
1881年11月10日	1.014		1892年9月4日	5.54	依意沙逊
1881年8月28日	5.194	亚特台佛沙逊	1896年3月1日	5.17	爱姆依沙逊
1881年10月24日	15.05	亚特台佛沙逊	1896年8月18日	6.16	爱姆依沙逊
1881年11月10日	1.014	沙逊	1897年3月29日	4.16	乾依沙逊
1881年12月7日	6.189	沙逊	1899年1月19日	3.086	
1881年12月7日	4.287	沙逊	1899年1月19日	3.086	沙逊
1881年12月7日	7.67	沙逊	1899年1月19日	2.3	沙逊
1884年3月23日	9.425	依依沙逊	1903年1月15日	0.423	依意沙逊
			合 计	886.74	

表 2.12　　　　　　　　　霍格兄弟地产表

年代(农历)	亩数(亩)	年代(农历)	亩数(亩)	年代(农历)	亩数(亩)	年代(农历)	亩数(亩)
1862年11月16日	5.059	1864年12月6日	3.278	1867年10月4日	2.82	1880年9月19日	5.79
1862年11月16日	14.761	1864年6月24日	2.2	1867年9月19日	1.41	1889年5月	1.824
1863年6月8日	3.9843	1864年6月24日	7.8	1867年9月19日	1.41	1891年2月15日	35.695
1863年6月8日	11.953	1864年6月24日	2.5	1867年9月19日	3.4708	1894年3月3日	0.155
1864年11月18日	4.888	1865年11月23日	7.645	1867年9月19日	7.87	1894年12月22日	17.302
1864年12月23日	1.02	1865年3月23日	3.286	1869年1月27日	3	1897年4月19日	12.4
1864年1月25日	1.41	1865年6月2日	6.813	1869年3月9日	1	1897年7月10日	5.32
1864年1月25日	1.41	1865年6月3日	6.8	1870年闰10月4日	5.58	1897年7月10日	5.32
1864年1月25日	3.4708	1865年6月3日	5.9765	1874年8月19日	0.038	合 计	204.669

　　早期活跃在上海房地产行业的还有英商惠德、高福利,希腊人曾来顺等,他们的地产就不一一列举了。这个时期著名的上海滩地产大王哈同还没有发迹,正在做台吻沙逊的经理人。[①]

---

① 蔡育天:《上海道契(1847—1911)卷一》,世纪出版集团上海古籍出版社 2005 年 1 月第 1 版,第 263 页。

罗三洋先生认为上海开埠后最早涉足上海房地产业的是广东十三行商人，"……五口通商以后，多位原广东十三行商人都把投资眼光投向新开埠的另一个口岸——上海。……"①《南京条约》签署后不久，一个广东商人携重资来到上海，买下大片房地产，等着租给外国人，恰恰解决了上海开埠后外国人租房难的问题。② 罗三洋还认为上海开埠后第一份租地协议即英册道契第1号第8分地的租地协议是广东商人与宝顺行达成的。③ 但由于《地皮章程》的限制，只准外国人退租，不准华人退租，外国人租地租金低廉，只有每亩1 500文，且租金直接交到银号里由清政府收取，落不到华人地主头上。"……对伍绍荣、吴天垣等原广东十三行商人来说，他们在上海房地产上的投资成了一个巨大的财富黑洞。……尽管如此，原广东十三行商人依然不肯放弃上海，而是加大投入。……"④上海最初的洋商大多是从广东过来开设的分号，以鸦片贸易为主。⑤ 上海自清初逐渐成为商品集散地以后，各地的商人寄居上海，逐渐增多。安徽、广东、福建、浙江各省商人纷至沓来，接连在上海建会馆公所，一则保护同乡，一则管理商业。广东商人于1783年在上海洋行街建了潮州会馆。广东商人和福建商人一样，运糖到上海，分销各地，再将上海生产的花衣布匹贩运到广东。⑥

上海成为商品集散地后，各地物产不断地输入。经营输出入业的大本营，便在小东门的洋行街。街名洋行，也就是因其为贩运国内外货物所在地的缘故。上海的花衣布匹也是由洋行街商店所收买而后输出的。广东的红木，福建的名茶，兰州的水烟，台湾的佛手柑；各种外货，如日本的

---

① 罗三洋:《古代丝绸之路的绝唱——广东十三行》，台海出版社2018年5月第一版，第499页。

② 罗三洋:《古代丝绸之路的绝唱——广东十三行》，台海出版社2018年5月第一版，第499页。

③ 罗三洋:《古代丝绸之路的绝唱——广东十三行》，台海出版社2018年5月第一版，第499页。

④ 罗三洋:《古代丝绸之路的绝唱——广东十三行》，台海出版社2018年5月第一版，第500页。

⑤ 转引自Jesus,ibid. ,pp.47—48. 上海市地方志办公室、上海市历史博物馆:《民国上海市通志稿》第1册，上海世纪出版股份有限公司上海古籍出版社2013年11月第1版，第91页。

⑥ 转引自上海县续志及该会馆来函. 上海市地方志办公室、上海市历史博物馆:《民国上海市通志稿》第1册，上海世纪出版股份有限公司上海古籍出版社2013年11月第1版，第74—75页。

洋花布巾、暹罗国的藤烟管,都为沪人所乐用。①

广东十三行和上海洋行存在着千丝万缕的关系是肯定的。上海通商的谈判就是在广东谈判的。英领事巴富尔从广州而来,与广东十三行商人熟悉,广东洋商头目、两江总督璧昌巡抚孙善宝在给道光皇帝的奏折中说:"……嗣闻该领事巴富尔,计日可到……查樸酉屡次来文,俱经递上海道,计其派来领事,必系夷商中之能事,素與粤商熟习者,其所称官职,名曰领事,亦系夷商头目,其位分总远在樸酉之下。……"②而清朝派遣的江苏道员候补咸龄,被钦差大臣耆英认为"文义通畅,事理明白,各国夷人,皆极信服"。③美国向清政府提出上海口岸对美开放的也是美国驻粤"夷目福士(Paul S. Forles)"。在《望厦条约》签订后派往上海的第一任美国全权公使是该国侨居广州的商人名法逊登(Fecoenden),但该人并未到任。④

巴富尔到上海与上海道台商谈开埠章程后没有住处,要求在上海县城租赁房屋居住:"……该领事均能懔遵,惟因建造会馆尚需时日,暂先登岸赁寓居住,并不骚扰居民,一面觅地建馆,即行搬移……"宫慕九告知巴富尔:"……告以现在暂租寓所,俟夷馆建成,勿稍逗留,亦不准续添人数,该领事均应允,并云勘定建馆基址,自当按亩议租,断不强占尺寸。……"⑤上海道台安排巴富尔及其随行人员,住在上海县城内外开设的五处招商栈房中,"……至建馆基地,该领事感於风水之说,尚未勘定,前因县城内外,本有开设招商栈房五处,即带同夷目人等租赁暂居,每处仅止

---

① 转引自杨光辅:淞南乐府。上海市地方志办公室、上海市历史博物馆:《民国上海市通志稿》第1册,上海世纪出版股份有限公司上海古籍出版社2013年11月第1版,第80页。
② 转引自道光朝筹备夷务始末卷70,第9110页,上海市地方志办公室、上海市历史博物馆:《民国上海市通志稿》第2册,上海世纪出版股份有限公司上海古籍出版社2013年11月第1版,第509页。
③ 转引自道光朝筹备夷务始末卷69,第15116页,上海市地方志办公室、上海市历史博物馆:《民国上海市通志稿》第2册,上海世纪出版股份有限公司上海古籍出版社2013年11月第1版,第509页。
④ 上海市地方志办公室、上海市历史博物馆:《民国上海市通志稿》第2册,上海世纪出版股份有限公司上海古籍出版社2013年11月第1版,第510页。
⑤ 转引自道光朝筹备夷务始末卷70,第10112页,上海市地方志办公室、上海市历史博物馆:《民国上海市通志稿》第2册,上海世纪出版股份有限公司上海古籍出版社2013年11月第1版,第509页。

数人,情形极为安静……"①

上海开埠后,最早来的一批商人是贩卖烟土的广东商人,叫潮州帮。"……上海贩售烟土之华商,皆潮州帮。盖道光时,有随同洋商初至沪贩烟土之潮州郭姓者能英语,又得洋商信用来沪。初代洋商出售烟土,如洋行之买办,然继则设栈设号,作私人之营业。曰鸿泰号。又未几而其亲族同乡亦均治土业。於是贩土之人日夥。自光宣间内地烟禁加严,而租界新开之土栈以鸿泰名者不计其数,然十六七皆冒名也。……"②

鸦片战争后,广东十三行总商怡和行伍秉鉴之子伍绍荣和同珍行商人吴天显一起,曾被两广总督祁贡奏请清廷派往上海"襄办夷务"。③ 吴天显随旗昌洋行来到上海,成为上海旗昌洋行的董事和买办,并在租界内开设钱庄,贩卖鸦片,后改名为吴健彰,成为苏淞太道道台。④ 旗昌洋行在上海创办分号时缺乏资金,伍崇耀(伍绍荣)投资入股。旗昌洋行获利后分红,先放在洋行里,于是旗昌洋行就替他把盈利购买上海的房地产和美国铁路檀香山股票。"……适旗昌洋行之西人乏资,即以巨万畀之。得利数倍。西人将计所盈以与之,伍既巨富,不欲多得,乃曰'姑留汝所'。西人乃为置上海地产及檀香山铁路。……"⑤旗昌行自伍绍荣死后,并不遵伍绍荣遗嘱把分红给其儿子。伍家的房产后来被旗昌洋行租给轮船招商局,恰逢伍秉鉴的孙子任招商局总办,引起一段诉讼。⑥

早期在上海投资房地产的华人里,洋行买办是重要的投资主体,最早的买办大多来自广东。最早的五家洋行宝顺、怡和、仁记、义记、广源的第一代华人买办里,其中,怡和、宝顺洋行涉足房地产业务早且多。有据可

---

① 转引自道光朝筹备夷务始末卷70,第10113页,上海市地方志办公室、上海市历史博物馆:《民国上海市通志稿》第2册,上海世纪出版股份有限公司上海古籍出版社2013年11月第1版,第510页。
② 【清】徐珂:《清稗类钞》第17册,商务印书馆2015年6月第一版,第84页。
③ 许涤新、吴承明:《中国资本主义发展史》,中国出版集团人民出版社2005年1月第1版,第2卷第2章第2节。
④ 许涤新、吴承明:《中国资本主义发展史》,中国出版集团人民出版社2005年1月第1版,第2卷第2章第2节。
⑤ 【清】徐珂:《清稗类钞》第17册,商务印书馆2015年6月第一版,第103页。
⑥ 【清】徐珂:《清稗类钞》第17册,商务印书馆2015年6月第一版,第103页。

考的是宝顺洋行的第一代买办徐钰亭、徐荣村、曾寄圃、阙筑甫[①]、龚孝拱、容纯甫[②]等人。徐钰亭、徐荣村是华人地产大亨徐润的伯父和叔父，他们是广东香山人。徐钰亭在宝顺洋行当总买办，开设有亦昌号商行，"……亦昌号在咸瓜街，当时为南北大道咽喉之区……"[③]，有盆汤弄房产，后在同治二年（1863年）春季卖给陈竹坪；同年夏天想卖余庆里宝源房产，被徐润阻拦未卖，另外还有西门城内九亩地，小房子一段。[④] 第一代买办带出了许多学徒，这些学徒继他们之后成为第二代买办，其中很多人都成为上海滩叱咤风云的人物。如徐润，"……因留宝顺行学艺办事，师事曾寄圃，同学郑济东、许兴隆与余三人……又学算于阙筑甫……迨寄圃师去世，韦伯氏即嘱余继寄圃师之任"。1850年，宝顺行派往各埠的办房，如烟台梁枝，天津亚培、徐子荣，牛庄陈洛明，镇江黄墨砚，芜湖窦燕，九江徐渭南、郑济东，汉口盛恒山、杨辉山等皆由徐钰亭引荐。后徐渭南送徐钰亭白银千两以表报达，徐钰亭全部退回，分文不收。[⑤] 徐润在1883年的倒账分潮前所购的地产，"……未建筑者达二千九百亩，余已建筑者计三百二十亩，共造洋房五十一所，又二百二十二间住宅，二所当房，三所楼平房，街房一千八百九十余间，每年可收租金十二万二千九百八十余两……"[⑥]，倒账风潮中徐润的产业全部赔偿，后又发迹，"以今计之，入地二千九百六十余亩，造屋二千零六十四间……"。[⑦] 1890年，徐润见天津地产业大可发达，就筹资将早年在天津买的千余亩烂地改造，先在塘沽车站两边盖房500多间，占地75亩，用来收取租金；又在天津法租界先农坛马家口、朝鲜公所后至南门外水坑地，"并近西局回头至卢家庄一带"，小营

---

① 【清】徐润撰、梁文生校注：《徐愚斋自叙年谱》，江西人民出版社2012年8月第一版，第8页。
② 【清】徐润撰、梁文生校注：《徐愚斋自叙年谱》，江西人民出版社2012年8月第一版，第13页。
③ 【清】徐润撰、梁文生校注：《徐愚斋自叙年谱》，江西人民出版社2012年8月第一版，第8页。
④ 【清】徐润撰、梁文生校注：《徐愚斋自叙年谱》，江西人民出版社2012年8月第一版，第18—19页。
⑤ 【清】徐润撰、梁文生校注：《徐愚斋自叙年谱》，江西人民出版社2012年8月第一版，第13—14页。
⑥ 【清】徐润撰、梁文生校注：《徐愚斋自叙年谱》，江西人民出版社2012年8月第一版，第47页。
⑦ 【清】徐润撰、梁文生校注：《徐愚斋自叙年谱》，江西人民出版社2012年8月第一版，第18页。

门附近各段,英租界,滦州偏凉铁路南、沿滦河高坡等处,置买地产达一千八九百亩。同年,徐润在上海翻修老介福房屋出租。翻修前,租金每年收三千六七百,翻修后每年可收七千多两,且还每年递增。[①]

《上海道契》第一——四卷中记载购买租界土地的华人有徐雨之(徐润)、唐景星、叶成忠等,名单见表2.13(详见附录Ⅱ第二章6. 早期华人购地表)。

表 2.13　　　　　　　　　　　　　　早期华人购地表

姓名	时间(农历)	亩数(亩)	姓名	时间(农历)	亩数(亩)	姓名	时间(农历)	亩数(亩)
乐鸣记	1856年12月	2.5	姚存养堂	1878年12月7日	5.531	陈辉廷	1882年4月7日	11.1
上海道	1867年5月11日	7.281	唐景星	1878年5月8日	0.4	金梅溪	1886年3月6日	12.932
朱子方	1868年12月16日	5	顾丰成	1879年5月13日	3.463	程谨轩	1886年4月6日	6.467
朱瞻云	1869年2月1日	17.687	唐聚卿	1879年8月21日	0.625	程谨轩	1886年4月6日	12.932
曹基孝	1869年8月2日	12.933	李谦记	1880年12月22日	0.834	叶成忠	1886年5月13日	0.487
朱桂塘	1869年8月6日	5	唐景星	1880年2月6日	11.5	沈观察使	1893年8月17日	1.2
朱宝南	1870年12月25日	5.962	徐雨之	1881年12月2日	6	沈观察使	1893年8月17日	2
叶成忠	1871年11月23日	0.6	徐雨之	1881年12月2日	1.43	陈锦华	1894年8月14日	10
张庆源、冯萍元	1873年11月3日	51.846	徐雨之	1881年3月28日	8.6	陈锦华	1894年8月14日	11.3
张庆源、冯萍元	1873年11月3日	0.5	徐雨之	1881年3月28日	8.6	李锦华	1896年7月16日	12.11
张庆源、冯萍元	1873年11月3日	0.5	曹子桥	1882年10月13日	43.32	陆永茂	1902年7月22日	51.846
朱云甫	1876年9月17日	0.3	陈辉廷	1882年2月16日	1.322	陆永茂	1902年7月22日	0.5
曹子桥	1876年9月5日	19	程谨轩	1882年2月17日	15.409	陆永茂	1902年7月22日	0.5
汪绍荣	1877年12月23日	17.35	程谨轩	1882年2月17日	12.932	颜惠庆	1935年9月11日	1

其中,沈观察使买的地是招商局使用[②];唐景星即唐廷枢,与徐润、郑观应、席正甫并称晚清四大买办;朱云甫为上海轮船招商局观察[③];叶成忠即叶澄衷,上海滩商界巨富。徐珂说他:"叶成忠,字澄衷,商雄也……凡沪上之雄於商者,群推成忠为祭酒焉。"[④]陆永茂是上海县人,上海花树

---

① 【清】徐润撰、梁文生校注:《徐愚斋自叙年谱》,江西人民出版社2012年8月第一版,第62页。
② 蔡育天:《上海道契(1847—1911)卷一》,世纪出版集团上海古籍出版社2005年1月第1版,第136页。
③ 【清】徐润撰、梁文生校注:《徐愚斋自叙年谱》,江西人民出版社2012年8月第一版,第26页。
④ 【清】徐珂:《清稗类钞》第17册,商务印书馆2015年6月第一版,第89、113页。

事业同业公所创始人,上海开埠后最早从事花圃事业。1888年在今方浜路开办私人花圃6亩,同年秋在老西门方斜路一带形成花树市场。[①] 程谨轩是旧上海著名的地产大王。

综上所述,1843—1911年期间,近代上海房地产业是一个产生和形成期。在此期间,房地产作为商品出现,房地产交易的目的是投资生利。专业的房地产公司和专职的房地产经纪人出现,当房地产交易逐渐增多,形成一定规模时,就形成了把众多的买方和卖方集中在一定的场所,专门进行房地产商品交易的房地产市场。自此,近代上海房地产业作为一个独立的行业逐渐形成发展起来。本章将详细分析此期间近代上海房地产业的发展情况。

根据表1.1"1843—1937年上海房地产历年建筑面积表"的数据,看出1843—1911年是上海近代房地产业的产生时期。此时期上海市区房地产产出总建筑面积约2 104 390平方米,房地产业以平均每年建设房屋约30 498平方米的速度发展。

从图1.8和图1.9可以看出,从1843年上海开埠直到1911年辛亥革命前,清政府统治的这段时期,上海的房地产产出总面积很少,曲线起伏极小,尤其是在1900年以前,基本上接近于水平轴;1900年以后,房地产产出才稍有增多,但水平亦很低。1910年和1911年这两年是清政府统治时期上海房地产业产出最多的两年。这两年的总产出约731 595平方米,约占清政府近70年统治时期房地产产出的35%。综合来看,在1843—1911年的清政府统治时期,上海的近代房地产业处于萌芽、产生的最初阶段。随着道契的出现,房地产业逐渐从其他行业中分离出来,成为一个独立的行业。下文将对这段时期的上海房地产业发展过程进行详细分析。

二、1843—1911年是上海房地产业形成期

在1843—1911年的这段时期里,可以分为两个阶段,即1843—1899年萌芽时期和1900—1911年形成时期。开埠后到1899年这段时期,代

[①] 南市区地方志编纂委员会:《上海南市区志》,上海社会科学院出版社1997年3月第1版,第27编第2章第3节。

表西方资本主义土地法治思想的上海道契出现,改变了中国传统的土地所有权凭证的方式。第一家专业的房地产公司的出现,代表了房地产业从其他行业中脱离出来。房屋建设作为一种投资的手段而不再仅仅用于居住。所有这些现象的发生,都意味着近代房地产业不同于传统封建社会的房地产业的特征。近代房地产业在各种政治、经济、社会因素的共同作用下产生。但是,房地产业同样符合每个行业形成的客观规律,有产生、发展、高峰、衰落的周期。下文将对近代房地产业所经历的行业周期进行详细分析。

(一)1843—1899年是近代上海房地产业萌芽时期

上海开埠初期,踏足上海租界房地产的是些什么人呢?《上海道契》[①]英册道契第1号至第73号是道光时期外国人的所有租地地契(见表2.14)。

表2.14　　　　　　　　　道光时期上海租界租地表

道契名称	租地人(领道契人)	国籍	原租定时间(农历)	土地面积(亩)
英册道契第1号第8分地	颠地·兰士禄	英商	1844年4月	13.894
英册道契第2号第24分地	麦都思	英人	1844年8月	11.099
英册第3号道契第1分地	怡和行即查颠·马地孙公司	英商	1844年10月	18.649
英册第4号道契第2号分地	和记行即璞兰金·罗孙公司	英商	1844年10月	17.948
英册第5号道契第3分地	仁记行即吉利永士教公司	英商	1844年10月	15.96
英册第6号第4分地	义记行即威士&荷利地公司	英商	1844年10月	15.443
英册第7号第25分地	融和行即位第	英商	1844年10月	18.92
英册第9号第7分地	李百里,托玛士公司	英商	1845年4月	4.813
英册第11号第35分地	公平行即玻士德公司	英商	1845年4月	11.842
英册第12号第39分地	忝·波文,亚巴阑·波文	英商	1945年4月	14.868
英册第13号第42分地	梭即李百里,托玛士公司	英商	1845年4月	22.725
英册第14号第41分地	和记行即濮阑金·罗孙公司	英商	1845年4月	5.273
英册第15号第40分地	刻勒得福·奄巽,阿得尔·奄巽	英商	1845年4月	7.772

---

① 蔡育天:《上海道契(1847—1911)卷一—三十》,世纪出版集团上海古籍出版社2005年1月第1版。

续表

道契名称	租地人(领道契人)	国籍	原租定时间（农历）	土地面积（亩）
英册第 16 号,1847 年未编号,1867 年编为 582 分地	大英国官署基地		1845 年 5 月	137.967
英册第 17 号第 5 分地	德记行即北士,吴鲁国公司	美商	1845 年 5 月	10.87
英商第 18 号第 27 分地	太平行即波文,季勒曼公司	英商	1845 年 5 月	6.729
英册第 19 号第 43 分地	刻勒士得福·奄巽,阿得尔·奄巽兄弟	英商	1845 年 9 月	17.23
英册第 20 号第 32 分地	打喇士	英商	1845 年 9 月	5.64
英册第 21 号第 61 分地	麦都思	英人	1845 年 12 月	13.031
英册第 22 号第 62 分地	雒颉	英人	1845 年 12 月	11
英册第 23 号第 65 分地	格医生	英人	1845 年 12 月	20
英册第 24 号第 37 分地	和记行即濮阑金·罗孙公司	英商	1846 年 3 月	6.273
英册第 25 号第 34 分地	旗昌行即路撒公司	美商	1846 年闰 5 月	10.979
英册第 26 号第 17 分地	加勒得	英商	1846 年 8 月	2
英册第 27 号第 36 分地	各你理何士唾恩	英商	1847 年 11 月 29 日	13.59
英册第 28 号第 52 分地	满吉利行即拉得文士·华定敦公司	英商	1846 年 8 月	8.847
英册第 29 号第 55 分地	公易行即麦未客公司	英商	1846 年 8 月	10.071
英册第 31 号第 57 分地	皮尔	英商	1846 年 8 月	17.96
英册第 32 号第 58 分地	黍位得	英商	1846 年 8 月	5.795
英册第 33 号第 14 分地	长利行即麦多那	英商	1846 年 9 月	2.3
英册第 34 号第 33 分地	各你理阿士唾恩	英商	1847 年 11 月	5.32
英册第 35 号第 30 分地	功敦	英商	1846 年 9 月	5
英册第 36 号第 28 分地	名利行即麦金西兄弟公司	英商	1846 年 10 月	8.35
英册第 37 号第 64 分地	打喇士	英商	1846 年 11 月	11.5
英册第 39 号第 22 分地	娑尔	英商	1846 年 11 月	2.458
英册第 40 号第 21 分地	华记行即单拿公司	英商	1847 年 1 月	35.8
英册第 41 号第 73 分地	利查士	英人	1848 年 1 月	6
英册第 42 号第 19 分地	加勒德	英商	1847 年 1 月	9.158
英册第 43 号第 74 分地	广隆行即林赛公司	英商	1847 年 1 月	12.1
英册第 44 号第 78 分地	娑尔	英商	1847 年 1 月	2
英册第 45 号第 66 分地	刻阑得	英商	1847 年	5.903

续表

道契名称	租地人(领道契人)	国籍	原租定时间（农历）	土地面积（亩）
英册第46号第59分地	安达生·尾生公司	英商	1847年2月	17
英册第47号第60分地	北华记即单拿公司	英商	1847年2月	23.6
英册第48号第29分地	名利行即麦金西兄弟公司	英商	1847年3月	2.5
英册第49号第71分地	查理士麦金西	英商	1847年4月	4
英册第50号第77分地	阿得尔·奄巽,刻勒士得福·奄巽兄弟	英商	1847年3月	6.6
英册第51号甲字第11分地	华记行即单拿公司	英商	1847年4月	9.929
英册第52号甲字第22分地	娑尔	英商	1847年4月	3
英册第53号甲字第75分地	位利孙	英商	1847年4月	16
英册第54号第72分地	查理士麦金西	英商	1847年5月	3.5
英册第55号第11分地	华记行即单拿公司	英商	1847年5月	10.788
英册第56号甲字第58分地	黍位得	英商	1847年6月	6.351
英册第57号甲字第52分地	华定敦,喇得文士公司	英商	1847年6月	10.153
英册第58号第38分地	仁记行即利永士敦,吉公司	英商	1847年6月	8.84
英册第59号第50分地	丰裕行即滑百利·配理士公司	美商	1847年7月	2.5
英册第60号第18分地	哈尔	美医	1847年8月	4.975
英册第61号第79分地	查理士麦金西	英商	1847年12月6日	7.425
英册第62号第80分地	皮尔,士都呱,金呢地,打喇士,利永士敦,波文	英商	1847年12月24日	81.744
英册第63号第81分地	林德	英商	1848年1月	5.2
英册第64号乙字第22分地	娑尔	英商	1848年2月	6.4
英册第65号第31分地	裕记行即太伦客理公司	英商	1848年7月26日	11.267
英册第66号第26分地	士吻	英商	1848年2月1日	8.688
英册第67号第82分地	亚巴兰波文	英商	1849年3月4日	6.252
英册第68号第83分地	刻甯贤	美商	1849年3月13日	2.3
英册第69号乙字第11分地	单拿公司	英商	1849年3月	5.86
英册第70号第20分地	胡巴	英商	1849年9月16日	10
英册第71号第13分地	位地	英商	1850年6月7日	3
英册第72号第84分地	满吉利	英商	1849年12月21日	8.88
英册第73号第23分地	卓恩阁第克士密	英商	1850年4月16日	7

这 73 号道契里的租地人就是最早在上海租界租地的人。这些人的身份是什么呢？我们根据史料来进行查证。颠地·兰士禄和皮尔是宝顺洋行的行主①；皮尔又叫必理氏②，或比尔，也是宝顺洋行的首任大班③；卓恩阁第克士密是上海开埠后宝顺洋行的随行成员④；麦都思和雒颉是英国伦敦教会的传教士⑤；打喇士是怡和洋行的成员⑥，也是怡和洋行的首任大班⑦；金呢地是麦金西兄弟公司行主⑧；刻甯贤是美国领事馆副领事兼旗昌洋行职员⑨；胡巴是哈巴洋行（Ho-po）行主（Hooper,J）。⑩ 哈巴洋行后来又称火柏洋行。⑪ 合并汇总表 2.12，可以更清楚地看出上海开埠后各洋行和租地人租地的数量。

道光时期，共租地 863.239 亩（见表 2.15）。其中，英册第 16 号第 582 分地，是英国公署租用作为大英国官署基地，1847 年未编号，1867 年编为 582 分地。原租地 126.967 亩，后又换租军工厂地 11 亩，共 137.967 亩，后在同治元年（1862 年），除保留 44.15 亩外，其余的都转租给其他洋商。⑫ 华记洋行即单拿公司租地最多，宝顺洋行、怡和洋行、太平洋行、名

---

① North-China Herald Office Printed：《SHANGHAI ALMANAC AND COMMERCIAL GUIDE FOR 1852》，"RESIDENTS AT SHANGHAI"，上海书店出版社。
② 【清】徐润撰、梁文生校注：《徐愚斋自叙年谱》，江西人民出版社 2012 年 8 月第一版，第 8、10 页。
③ 《上海对外经济贸易志》编纂委员会：《上海对外经济贸易志》上册第 1 卷，上海社会科学院出版社 2001 年版，第 53 页。
④ 北华捷报：《SHANGHAI ALMANAC AND COMMERCIAL GUIDE FOR 1852》，"RESIDENTS AT SHANGHAI"，上海书店出版社。
⑤ 北华捷报：《SHANGHAI ALMANAC AND COMMERCIAL GUIDE FOR 1852》，"RESIDENTS AT SHANGHAI"，上海书店出版社。
⑥ 北华捷报：《SHANGHAI ALMANAC AND COMMERCIAL GUIDE FOR 1852》，"RESIDENTS AT SHANGHAI"，上海书店出版社。
⑦ 《上海对外经济贸易志》编纂委员会：《上海对外经济贸易志》上册第 1 卷，上海社会科学院出版社 2001 年版，第 53—54 页。
⑧ 北华捷报：《SHANGHAI ALMANAC AND COMMERCIAL GUIDE FOR 1852》，"RESIDENTS AT SHANGHAI"，上海书店出版社。
⑨ 北华捷报：《SHANGHAI ALMANAC AND COMMERCIAL GUIDE FOR 1852》，"RESIDENTS AT SHANGHAI"，上海书店出版社。
⑩ 北华捷报：《SHANGHAI ALMANAC AND COMMERCIAL GUIDE FOR 1852》，"RESIDENTS AT SHANGHAI"，上海书店出版社。
⑪ 蔡育天：《上海道契（1847—1911）卷一》，世纪出版集团上海古籍出版社 2005 年 1 月第 1 版，第 120 页。
⑫ 蔡育天：《上海道契（1847—1911）卷一—三十》第 1 册，世纪出版集团上海古籍出版社 2005 年 1 月第 1 版，第 27 页。

利洋行、仁记行、英国伦敦布道会都是排名在前的租地大户。租地人的身份主要是洋行及其职员，以及外国驻沪领事馆成员，另外就是教会和教会成员、教会医生，其余是一些身份不可考证的英商个人和英国居民。

表 2.15　　　　　　　　　　道光时期租地人租地数量表

名　称	占地(亩)	道契号
大英国官署基地	137.967	英册第 16 号,1847 年未编号,1867 年编为 582 分地
华记行即单拿公司	85.977	英册第 47 号第 60 分地,英册第 40 号第 21 分地,英册第 51 号甲字第 11 分地,英册第 55 号第 11 分地,英册第 69 号乙字第 11 分地
宝顺洋行及成员	52.478	英册道契第 1 号第 8 分地,英册第 62 号第 80 分地,英册第 31 号第 57 分地,英册第 73 号第 23 分地
怡和行及成员	49.413	英册第 62 号第 80 分地,英册第 20 号第 32 分地,英册第 37 号第 64 分地,英册第 3 号第 1 分地
太平行及成员	41.473	英册第 62 号第 80 分地,英册第 18 号第 27 分地,英册第 12 号第 39 分地,英册第 67 号第 82 分地
名利行即麦金西兄弟公司及成员	39.399	英册第 62 号第 80 分地,英册第 49 号第 71 分地,英册第 54 号第 72 分地,英册第 61 号第 79 分地,英册第 36 号第 28 分地,英册第 48 号第 29 分地
仁记行	38.424	英册第 62 号第 80 分地,英册第 5 号第 3 分地,英册第 58 号第 38 分地
英国伦敦布道会	35.13	英册第 22 号第 62 分地,英册第 2 号第 24 分地,英册第 21 号第 61 分地
融和行及成员	34.066	英册第 32 号第 58 分地,英册第 56 号甲字第 58 分地,英册第 7 号第 25 分地,英册第 71 号第 13 分地
刻勒士得福・奄巽,阿得尔・奄巽兄弟	31.602	英册第 15 号第 40 分地,英册第 50 号第 77 分地,英册第 19 号第 43 分地
和记行即璞兰金・罗孙公司	29.494	英册第 4 号第 2 号分地,英册第 14 号第 41 分地,英册第 24 号第 37 分地

续表

名　称	占地（亩）	道契号
满吉利行即拉得文士·华定敦公司	27.88	英册第57号甲字第52分地,英册第72号第84分地,英册第28号第52分地
李百里,托玛士公司	27.538	英册第9号第7分地,英册第13号第42分地
格医生	20	英册第23号第65分地
加勒德	17.061	英册第26号第17分地,英册第42号第19分地,英册第45号第66分地
安达生·尾生公司	17	英册第46号第59分地
位利孙	16	英册第53号甲字第75分地
义记行即威士 & 荷利地公司	15.443	英册第6号第4分地
娑尔	13.858	英册第39号第22分地,英册第44号第78分地,英册第52号甲字第22分地,英册第64号乙字第22分地
士都呱	13.624	英册第62号第80分地
旗昌行即路撒公司及成员	13.279	英册第25号第34分地,英册第68号第83分地
广隆行即林赛公司	12.1	英册第43号第74分地
公平行即玻士德公司	11.842	英册第11号第35分地
裕记行即太伦客理公司	11.267	英册第65号第31分地
德记行即吴鲁国·北士公司	10.87	英册第17号第5分地
公易行即麦未客公司	10.071	英册第29号第55分地
胡巴	10	英册第70号第20分地
士吻	8.688	英册第66号第26分地
利查士（隆泰行）	6	英册第41号第73分地
各你理阿士唾恩	5.32	英册第34号第33分地,英册第27号第36分地
林德	5.2	英册第63号第81分地
功敦	5	英册第35号第30分地
哈尔（医生）	4.975	英册第60号第18分地

续表

名　称	占地(亩)	道契号
丰裕行即滑百利·配理士公司	2.5	英册第59号第50分地
长利行即麦多那	2.3	英册第33号第14分地
合　计	863.239	

资料记载,1843年上海开埠后,最早开设的外国洋行有5家英国商行,分别是怡和、宝顺、仁记、义记、广源洋行。[①]《上海对外经济贸易志》中也记载1843年在上海开设怡和、宝顺、仁记、义记、广源5家洋行。这些洋行都是英商从广州分设过来的[②],但也有不同记载。徐润记载,上海最早的5家洋行是怡和、宝顺、仁记、义记、播威。[③] 清代葛元煦在其1876年著成的《沪游杂记》一书中记载的租界洋行,有仁记、怡和、新宝顺、播威。播威洋行在北京路上。[④] 义记洋行无记载。从表2.15看,道光时期租地人中,怡和、宝顺、仁记、义记这四家洋行都有,但无广源洋行与播威。从资料的可靠性来论,无疑《上海道契》是最权威的。宝顺洋行的颠地,英国伦敦布道会麦都思、怡和行、和记行、仁记行、义记行是上海最早的租地人,租地时间都是在1944年,颠地最早,在1944年的农历4月,麦都思在农历8月,怡和、和记、仁记、义记都在1944年农历10月。其他的租地人都在1944年以后租地。根据资料,播威洋行(Bovet Bros. & Co.)开设时间是1856年,是英商。[⑤] 那么广源洋行在哪里呢?广源洋行英文名J. Mackrill Smith,1851年1月1日改组为Smith King &CO.[⑥],查《上海

[①]《上海通志》编纂委员会:《上海通志》第1册,上海社会科学院出版社2005年第一版,第43页。

[②]《上海对外经济贸易志》编纂委员会:《上海对外经济贸易志》上册第1卷,上海社会科学院出版社2001年版,第53页。

[③]【清】徐润撰:《上海杂记》,《近代中国史料丛刊续辑(491)》//沈云龙:《徐愚斋自叙年谱》,文海出版社1978年3月第1版,第295—296页。

[④]【清】葛元煦撰、郑祖安标点:《沪游杂记》,上海世纪出版股份有限公司上海书店出版社2006年10月第1版,第334—337页。

[⑤]《上海对外经济贸易志》编纂委员会:《上海对外经济贸易志》上册第1卷,上海社会科学院出版社2001年版,第54—60页。

[⑥]《上海对外经济贸易志》编纂委员会:《上海对外经济贸易志》上册第1卷,上海社会科学院出版社2001年版,第54—60页。

年鉴1852》,应叫四美(Sze-mei)。[①] 广源洋行是四美公司的前身。咸丰元年(1851年)颁发的英册道契第75号乙字第26分地就是广源洋行创始人英商卓式富·麦格里·士密的租地地契,共租地4.4亩。后卓式富·麦格里·士密把此地全数转租给美商福立勒·亚勒·经(时间无记载)。咸丰四年(1854年),福立勒又转予英商沙逊租用。[②] 在英册道契第70号第20分地里,广源洋行的大班胡巴在1849年农历9月17日租地10亩。1850年前,胡巴(哈巴)一直任光源洋行大班,1851年才独资创立哈巴(火柏)洋行。

这73份道契的土地在被租用后,又被多次转手交易,有的甚至被转手十几次,直至被销号或并入他册。道光年间发生的地产转手交易如表2.16所示(详见附录Ⅱ第二章3.道光时期上海租界地产转手交易表)。

表2.16　　　　　　　　道光时期上海租界地产转手交易表

时 间	买 主	亩数	时 间	买 主	亩数
1850年12月6日	格鲁默·启	4.73	1846年8月20日	锥颔	0.6
1850年10月1日	爱释罗·宝	10	1847年1月18日	麦都思	0.65
1848年12月12日	北士顿治·拂兰治·嘉玛公司	4.975	1850年6月15日	麦都思	5.5
1849年4月3日	北士顿治·拂兰治·嘉玛公司	0.4	1847年1月18日	麦都思	12.1
1849年3月19日	福北士	2.976	1847年3月28日	麦都思	2
1849年2月1日	布尔乃公司	13.258	1846年12月4日	麦多那	0.433
1848年4月14日	公生号查记士阿罗你	2.838	1847年3月28日	麦多那	0.8
1850年12月6日	菖隆格	0.429	1847年3月28日	麦多那	1.5
1849年4月26日	赐陀尔安	10.7	1847年6月4日	麦多那	0.433
1847年10月10日	达德培珀乍治	4.24	1849年6月28日	麦多那	0.5
1847年9月18日	颠	4.918	1850年10月27日	麦多那	2.85
1850年	福立勒·亚勒·经	9.188	1849年4月26日	麦格剌	10.7
1848年5月12日	格	6.88	1848年1月19日	查理士·麦金西	0.92
1847年1月18日	格医生	1.169	1848年5月27日	名利号麦今西兄弟公司	4

[①] North-China Herald Office Printed:《SHANGHAI ALMANAC AND COMMERCIAL GUIDE FOR 1852》,"RESIDENTS AT SHANGHAI",上海书店出版社。

[②] 蔡育天:《上海道契(1847—1911)卷一—三十》第2卷,世纪出版集团上海古籍出版社2005年1月第1版,第193—194、195页。

续表

时　间	买　主	亩数	时　间	买　主	亩数
1847年1月18日	格医生	1.169	1848年5月27日	名利号麦金西兄弟公司	3.5
1847年3月17日	公平行即玻士德公司	0.921	1848年5月27日	名利号麦金西兄弟公司	8.345
1847年3月17日	公平行即玻士德公司	0.922	1850年12月7日	皮尔	0.429
1846年5月25日	公平行即玻士德公司	2.51	1848年7月2日	娄尔	0.5
1850年3月22日	公平行薛士施渥公司	7.821	1849年10月1日	娄尔	2
1847年8月7日	公易行麦未客公司	0.478	1850年11月28日	娄尔	3.3
1849年2月6日	哈尔	5.25	1848年7月2日	娄尔	0.5
1850年8月19日	海郎福公司	2.5	1850年3月2日	祁士滑	1.2
1847年11月29日	何各士颠哈	13.59	1846年12月3日	旗昌行即路撒公司	0.974
1850年5月22日	华地玛公司	4.6	1849年2月16日	托尔布布厄	2.517
1850年5月22日	华地玛公司	2.958	1849年2月16日	托尔布尼	1.483
1847年8月7日	华记行即单拿公司	0.349	1846年8月20日	梭	6.1
1848年2月4日	华记行即单拿公司	3	1848年1月15日	托玛士·李百里	3.953
1848年3月28日	华记行即单拿公司	3.45	1848年	托玛士·李百里	22.725
1847年8月7日	华记行即单拿公司	0.349	1850年4月17日	尾生	17
1848年7月18日	季勒曼	8.471	1847年11月29日	文直	13.59
1847年3月22日	季勒曼·波文公司	1.742	1848年6月26日	西拉	16
1847年3月22日	季勒曼·波文公司	1.742	1850年12月6日	夏果林	3
无	忝·波文,亚巴阑·波文	0.4	1849年4月23日	祥胜号酉北逊	4.388
1847年5月18日	忝·波文,亚巴阑·波文	3.042	1846年12月11日	祥胜行即酉北逊	6.582
1847年5月18日	桼·波文,亚巴阑·波文	3.042	1847年3月28日	修造公路会	1.181
1847年5月24日	加勒得	0.8	1847年3月17日	义记行即威士,荷利地公司	0.871
1847年5月28日	刻勒得福·奄巺,阿得尔·奄巺	2.133	1847年3月17日	义记行即威士,荷利地公司	0.871
1847年5月18日	刻忝勒士得福·奄巺,阿得尔·奄巺	2.133	1845年5月27日	太伦·客理公司	5.435
1847年	谈氏·刻蘭得	1	1845年12月11日	裕记行即太伦·客理公司	4.73
1847年1月30日	利查士	0.983	1845年5日	裕记行即太伦·客理公司	0.86
1850年6月15日	伦敦传教会	5.5	1845年12月10日	裕盛璞拉·黑尔克理服士公司	9.46
			合　计	83笔,共342.036亩	

道光时期地产转手交易总共发生83笔,计342.036亩。这个数量很少。涉及地产交易的主体除了前文所述的租地人外,还有美国圣公会主教文直(文惠廉Wm. J. Boone M. D.)、北士顿治·拂兰治·嘉玛公司(顺章洋行)、海郎福公司(琼记洋行)、祥胜号酉北逊、修造公路会、裕盛璞拉·黑尔克理服士公司、布尔乃公司(同珍洋行)、华地玛公司等洋行,以及太平洋行成员格鲁默启、爱释罗宝,仁记洋行大班福北士(傅博斯),英国教会雒颉(雒魏林)、祥胜号行主西拉、华记行成员托尔布尼、隆泰洋行礼查士、公生号查记士阿罗你等。① 道光时期在上海进行房地产交易的洋行,有些是以洋行的名义租地,有些是其职员或行主大班,不同的资料有不同的叫法,英文翻译成中文的名字也各有不同,经查资料甄别核对,列入表2.17。

表 2.17　　　　道光时期公共租界从事房地产交易的洋行

洋行名字	其他名称	开设年份②	国籍③	最早租地时间(农历)④	英文名字⑤(1852年)
怡和行即查颠·马地孙公司	渣甸洋行,查颠·马地臣公司,查颠·孖地臣公司	1843	英商	1844年10月	怡和 E-Ke Jardine, Matheson & Co
仁记行即利永士教,吉公司	利永士教;吉利永士教公司;	1843	英商	1844年10月	仁记 Jin-ke Gibb, Livingston & Co.
义记行即威士&荷利地公司		1843	英商	1844年10月	义记 E-ke Holliday, Wise & Co.
喇得文士·华定敦公司	祥泰洋行,Rathbone Worthington & Co.,满吉利行,拉得文士·华定敦公司	1845	英商	1847年6月	满吉利 Muan-keih-le Rathbones, Worthington & Co.
旗昌行即路撒公司		1846	美商	1846年闰5月	旗昌 K'e-chang. Russell & Co.
公平行即玻士德公司	公平洋行	1850年前	英商	1845年4月	公平 Kung-ping. Sykes, Schwabe & Co.

---

① A.《上海对外经济贸易志》编纂委员会:《上海对外经济贸易志》上册第1卷,上海社会科学院出版社2001年版,第54—60页。B. 北华捷报:《SHANGHAI ALMANAC AND COMMERCIAL GUIDE FOR 1852》,"RESIDENTS AT SHANGHAI",上海书店出版社。

② 《上海对外经济贸易志》编纂委员会:《上海对外经济贸易志》上册第1卷,上海社会科学院出版社2001年版,第53—60页。

③ 蔡育天:《上海道契(1847—1911)卷一—三十》第1册,世纪出版集团上海古籍出版社2005年1月第1版,第1—125页。

④ 蔡育天:《上海道契(1847—1911)卷一—三十》第1册,世纪出版集团上海古籍出版社2005年1月第1版,第1—125页。

⑤ North-China Herald Office Printed:《SHANGHAI ALMANAC AND COMMERCIAL GUIDE FOR 1852》,"RESIDENTS AT SHANGHAI",上海书店出版社。

续表

洋行名字	其他名称	开设年份	国籍	最早租地时间（农历）	英文名字（1852年）
梭即李百里·托玛士公司	原名 Thos. Repley & Co.，又称李百里洋行，李百里·托玛士公司，梭	1850年前	英商	1845年4月	李百里 Le-pih-le. Shaw, Bland & Co.
德记行即吴鲁国·北士公司	又称森和洋行	1850年前	美商	1845年5月	德记 Tih-ke Wolcott, Bates & Co.
太平行即季勒曼·波文公司		1850年前	英商	1845年5月	太平 Tae-ping. Gilman, Bowman & Co.
公易行即麦未客公司	公易洋行，Mac. Vicar & Co.	1850年前	英商	1846年8月	公易 Kung-yih. Smith, Kennedy & Co.
长利行即麦多那	得利洋行，Jame McDonald，	1850年前	英商	1846年9月	长利 Chang-le McDonald, J
广隆行即林赛公司		1850年前	英商	1847年1月	广隆 KWang-Lung Lindsay & Co.
北华记即单拿公司	华记行，北华记，单拿公司	1850年前	英商	1847年2月	华记 Wha-ke. Turner & Co.
安达生·尾生公司	天长洋行，W. R. Adamson，尾生	1850年前	英商	1847年2月	天长 Tien-chang. Adamson, W. R
和记行即璞蘭金·罗孙公司	和记洋行	1850年前	英商	1844年10月	和记 Ho-ke. Blenkin, Rawsonn & Co.
裕盛璞拉·黑尔克理服士公司	客利地洋行	1850年前	英商	1845年12月	裕盛 Yuh-shing Hargreaves & Co.
名利行即麦金西兄弟公司	名利洋行，Mackenzie Bros & Co.	1850年前	英商	1846年10月	名利 Ming-Le. Mackenzie, Brothers & Co.
祥勝行即西北逊	浩昌洋行	1850年前	英商	1846年12月	祥胜 Tseang-chin Sillar Brothers
北士顿治·拂兰治·嘉玛公司	顺章洋行，顺章	1850年前	英属帕栖	1848年12月	顺章 Shun-chang. Pestonjee Framjee Cama & Co.
裕记行即太伦客理公司	裕记洋行，Dirom Gray & Co.，	1850年前	英商	1848年7月	裕记 Yuh-ke Dirom, Grey & Co.
布尔乃公司	同珍洋行，同珍	1850年前	美商	1849年2月	同珍 Tung-chin Bull, Nye & Co.
海郎福公司	丰裕行即滑百利·配理士公司。行主 Fogg, Hiram①	1850年前	美商	1850年8月	丰裕 Fung-yuh Fogg, H., & Co., Ship Chandlers, &c.
梭即李百里·托玛士公司	李百里洋行，托玛士洋行，	1850年前	英商	1845年4月	李百里 Le-pih-le. Shaw, Bland & Co.
融和行即位第			英商	1844年10月	

① North-China Herald Office Printed:《SHANGHAI ALMANAC AND COMMERCIAL GUIDE FOR 1854》,"LIST OF FOREIGN RESIDENTS &CO., AT SHANGHAE",上海书店出版社。

第二章　晚清上海房地产业发展研究(1843—1911年)

续表

洋行名字	其他名称	开设年份	国籍	最早租地时间（农历）	英文名字（1852年）
公生号查记士阿罗你			法商	1848年4月	公生 Kung-sang Bach & Arone
广源洋行(大班胡巴)	J Mackrill Smith,四美,四美京,士美士公司	1843	英商	1849年9月	四美 Sze-mei Smith, King & Co.
宝顺洋行(颠地·蘭士禄)	颠地洋行,宝顺祥记	1843	英商	1844年4月	宝顺祥记 Paou-shun-tseang-ke Dent, Beale & Co.
隆泰洋行(礼查士或利查士)			英商	1847年1月	隆泰 Lung-tae Richards, P. F., & Co., Ship Chandlers, &c.

上述这些洋行并不是专营房地产业，主要以进出口贸易、航运、保险、金融汇兑业为主，以鸦片换取丝绸和茶业贸易。例如，怡和、宝顺、旗昌三家洋行拥有十几艘全副武装的鸦片走私船，以香港为总部，来往于各个新开辟的通商口岸间，通过鸦片贸易积累了巨额财富。[①] 上海最初的洋行，都来自广东的分行。"……上海最初的洋商大多是广东分设；其最重要的输入品，便是雅片。[②] 外洋出入之货，本多定税则，载入条例，独雅片税则不定，不必纳税，于是素来禁止的雅片，此时反得源源而来，畅销无阻。[③] 吴淞为上海最重要的雅片站，每次输送雅片的船只开到，便有许多舢板去搬运雅片，运到黄浦滩海关登岸。[④] 兹就1847年(清道光二十七年)至1849年(清道光二十九年)间，雅片输入的数量及其价值列表如下(见表2.15)。"[⑤]

[①]《上海对外经济贸易志》编纂委员会：《上海对外经济贸易志》上册第1卷，上海社会科学院出版社2001年版，第53页。

[②] 转引自 H. B. Morse, International Relations of the Chinese Empire, Vol. 1, p. 358. 上海市地方志办公室、上海市历史博物馆：《民国上海市通志稿》第一册，上海古籍出版社2013年11月第一版，第91页。

[③] 转引自《中西纪事》卷四。上海市地方志办公室、上海市历史博物馆：《民国上海市通志稿》第一册，上海古籍出版社2013年11月第一版，第92页。

[④] 转引自 Jesus, ibid., P. 48. 上海市地方志办公室、上海市历史博物馆：《民国上海市通志稿》第一册，上海古籍出版社2013年11月第一版，第92页。

[⑤] 上海市地方志办公室、上海市历史博物馆：《民国上海市通志稿》第一册，上海古籍出版社2013年11月第一版，第92页。

表 2.18　　　　　　　1847—1849 年上海的鸦片输入量①

年　份	鸦片数量(单位：箱)	价值(单位：银元万元)
1847	16 500	835
1848	17 000	1 180
1849	23 000	1 340

"……至于外商所购我国货物,运输外国的,大多是土货,而尤以丝绸、茶叶为大宗。丝绸占第一位,其次是茶叶。但丝、茶等项输出量虽多,仍不足敌鸦片一宗毒品输入量的巨大呢。……"②

表 2.19 是《上海年鉴 1854》上记载的 1853 年的租地人名单。中文译名是作者根据《上海道契(1843—1911)卷一》《上海年鉴 1852》《上海年鉴 1854》这三本书得出,当三本书信息发生分歧时,以《上海道契(1843—1911)卷一》上记载的信息为准。

表 2.19　　　　　　　　上海租地人名单(1853)③

租地人英文姓名	中文译名	分地号	亩数(亩)	租金(铜钱文)
Adamson, W. R.	天长洋行	15	3.4	5 100
Ameerodeen	阿秘鲁丁查费尔拜(祥记洋行)	102	2.4	3 600
Augustine Heard & CO.	琼记	33	10.833	16 324
		36	8.027 05	12 041
Beale, T. C.	皮尔	51	4.25	6 375
Blenkin, Rawson & Co.	和记	2	17.943	26 914
		37	6.273	9.409
		41	5.273	7.909

---

① 上海市地方志办公室、上海市历史博物馆:《民国上海市通志稿》第一册,上海古籍出版社 2013 年 11 月第一版,第 92 页。
② 转引自 Jesus,ibid,Vol. I,P. 358. 上海市地方志办公室、上海市历史博物馆:《民国上海市通志稿》第一册,上海古籍出版社 2013 年 11 月第一版,第 92 页。
③ North-China Herald Office Printed:《SHANGHAI ALMANAC AND COMMERCIAL GUIDE FOR 1854》,上海书店出版社 2019 年 3 月第 1 版。

续表

租地人英文姓名	中文译名	分地号	亩数（亩）	租金（铜钱文）
Bowman, A.	亚巴阑·波文	82	6.252	9.378
Bowman, A., and J.	亚巴阑·波文,黍·波文	39	16.177	24 265
Bronghall, W.	中和洋行	36	6.387	9 580
Bull, Nye & Co.	同珍洋行	30	13.258	19 887
Calder, Alex.	加勒德	17	3.6	5 400
Cassimbhoy Nathabhoy	架记洋行	19(a)	4.42	6 630
		19(b)	1.502	2 253
Cemetery	公墓	74	14.1	21 150
Trinity Church Trustees	圣三一教堂托管人	56	24.29	36 435
Coverjee, Bomanjee	广昌洋行成员	20(a)	4	6 000
Cowasjee, S.	英属白头商人路记蘭那	73	2.976	4 464
Crampton, W.	葛阑敦（华盛洋行成员）	40	7.663	11 495
		43	17.230	25 845
		77	4.619	6 928
Croom, A. F., and Dow, J.	格鲁默·多	25	5.159	7 739
Cunningham, E.	金能亨	83	2.300	3 450
Dallas, A. G.	达赖士	32	5.641	8 462
		32(a)	4.364	6 546
		5	5.435	8 153
		100	4.25 605	6 385
Dent, L.	颠地·蘭士禄	8	13.894	20 841
		9	7.483	11 224
Dirom, Gray & Co.	裕记	6	5.435	8 153
		6(a)	0.86	1 290
		31	7.010 05	10 516

续表

租地人英文姓名	中文译名	分地号	亩数（亩）	租金（铜钱文）
Donaldson, C. M.	酒馆	98	1.2	1 800
Fives Court.	壁手球场	78	2	3 000
Fogg, H.	霍格（丰裕洋行）	50	2.5	3 750
		50(a)	0.3	450
Gabriel & Aroné & Co.	法商公生号即查记士阿罗你	73(a)	2.838	4 257
Gibb, Livingston & Co.	仁记	3	15.960	23 940
		38	8 840	13 260
Gilman, R.	太平行	27	8.471	12 706
Grant, Jas.	刻阑得	63	8.875	13 313
		66	6.903	10 355
Griswold, J. N. A.	祁士滑（祁理蕴）	12	7.7	1 155
		94	20.283	30 425
		95	1.200	1 800
		95(a)	0.350	525
Hall, Dr. Geo. R.	哈尔（医生）	60(a)	5.25	7 875
		0	3.4	5 100
Hobson, Rev. J.	好博逊博士（同兴洋行、礼记洋行行主）	97	5.75	8 625
Holliday, Wise & Co.	义记洋行	4	15.392	23 088
Hospital, Med. Missionary	仁记医院	62(a)	6.1	9 150
Hubertson, G. F.	哈巴洋行成员（保险经纪运输公司）	36(a)	3.107	4 661
		79(b)	4.388	6 582
Ice Committee	移民海关总署委员会	75	16	24 000
Jardine, Matheson & Co.	怡和洋行	1	18.649	27 974
Kennedy, H. H.	金呢地（公易洋行行主）	80	5.849	8 774

续表

租地人英文姓名	中文译名	分地号	亩数（亩）	租金（铜钱文）
Kirk, Dr. T.	长脚医生	64	7.135	10 703
		65	21.169	31 754
Lewin, D. D.	利荣洋行（茶叶检查）	21(a)	5.931	8 897
Lind, H.	英商林德	81	5.2	7 800
Lindsay & Co.	广隆洋行	23	7	10 500
		24	11.749	17 624
		25(b)	5.039	7 558
MacDonald, Jas.	长利洋行	14	8.817	13 225
		14(a)	2	3 000
Mackenzie, Brothers & Co.	名利洋行	28	8.35	12 525
		29	2.5	3 750
		71	3.5	5 250
		72	2.937	4 406
		79	0.52	780
		68	3.287	4 931
		13	3	4 500
Maitland, S.	美德兰（同珍行成员）	90	5.934	8 902
Medhurst, S.	麦都思（传教士）	61	13.301	19 952
		61(a)	1	1 500
		62	5.5	8 250
Meredith	英人麦理地（木匠、建筑工）	96	1.7	2 550
Moncreiff, T.	指望洋行行主	84	8.88	13 320
Murray, Dr. J. I.	太全诊所合伙人	—	1.9	2 850
Nicol, G. G.	英人暱格	101	6.2	9 300
		103	11.82	17 730
Ottoson	英人五多	96(a)	1.1	1 650

续表

租地人英文姓名	中文译名	分地号	亩数（亩）	租金（铜钱文）
Park of Shanghae	上海游乐场	80	81.744	122 616
Pestonjee F. Cama & Co.	顺章洋行	18	5.375	8 063
Purvis, Geo.	Purvis & Co.（木工、造船）	104	3.02	4 530
Rathbones, Worthington & Co.	满吉利洋行	52	8.847	13 270
		52(a)	10.153	15 230
Reiss, Leopold	泰和洋行	25(a)	9.46	14 190
Ripley, Thomas	托玛士·李百里	7	3.953	5 930
		7(a)	2.304	3 456
		42	22.725	34 088
Road Committee	道路委员会	77(a)	0.781	1 172
Roundy, H.	顺利号船长（吴淞美国船"科学"）	—	1.5	2 250
Russell & Co.	旗昌洋行	34	11.953 05	17 930
Reubens, J.	爱释罗宝	20	6	9 000
Sassoon, A. D.	沙逊洋行	19	4.918	7 377
		19(c)	3	4 500
		87	7.725	11 588
Saul, R. P.	娑尔	22(b—d)	6.8	10 200
		22(c)	3.3	4 950
Saur, J.	公易洋行成员	67	0.710	1 065
Sillar, D.	祥胜洋行行主	60	10.7	16 050
		60(c)	2	3 000
Smith, J. Caldecott	卓恩阁第克士密	91	5.101	7 652
		93	1	1 500
		91(a)	1.660	2 490
Smith, J. Mackrill	广源洋行	26	9.188	13 782
		26(a)	4.4	6 600

续表

租地人英文姓名	中文译名	分地号	亩数（亩）	租金（铜钱文）
Smith, Kennedy & Co.	公易洋行	55	10.2	15 300
		55(a)	2.5	3 750
Strachan, Geo.	泰隆洋行行主	60(b)	10.7	16 050
Sykes, Schwabe & Co.	公平洋行	35	7.821	11 732
Sykes, Adam	公平洋行行主	35(a)	7.055	10 583
Thorburn, W.	华记洋行成员	79(a)	4	6 000
Thorne, A.	丰茂洋行成员	88	6.1	9 150
		88(a)	1.730	2 595
		88(b)	0.8	1 200
		—	1.4	2 100
Turner & Co.	华记洋行	11	10.788	16 183
		11(a)	9.8	14 700
		11(b)	5.86	8 790
		21	29.419	44 128
Wade John	委位得	58	5.795	8 693
		58(a)	6.305	9 458
Wardley, W. H.	英商华厘公司	57	17.960	26 940
Watson, J. P.	丰茂洋行行主	59	17	25 500
Wetmore & Co.	哗地玛公司	22	2.958	4 437
		22(a)	4.6	6 900
Wills. C.	怡和洋行成员	85	5.2	7 800
Wright, J. W.	英人徕（船舱制造）	92	3.263	4 895
British Government Lot	大英国官署基地	582	126.967	190 450

上海刚开埠时期洋人很少，他们并不居住在租界，而是居住在上海老城厢内。1848年以后，随着英领事署的建筑，居民才逐渐增多。徐润在《上海杂记》中有记载："……此租界乃龚慕九观察批准。其时各西人尚住

城内或南市。后至道光二十八年(1848年),林道台与领事区鲁角重订租界,北界放至苏州河为止。英国家遂购现在之英领事署空地一大段,又于西面买进更大的一段。同治元年(1863年)复卖出,曩时均认此界为英国租界即今之圆明园路。……"①

从1850年至1870年期间,房地产建设主要集中在现法租界旧区、英租界北区、美租界、华界南市、闸北、洋泾地区。1871年以后,随着法租界的扩张,逐渐扩展到上海县城的西南郊,原华界上海县治新闸区南境内。英租界内的房地产建设逐渐向西区延伸,1881年以后逐渐扩展至吴淞江以南地区(公共租界西区),以及华界上海县的高昌乡、法华乡、真如乡、彭浦乡一带。

租界内的道路修筑是上海房地产业发展的方向。伴随着道路修筑,道路附近的区域就成为房地产发展的热门地区。

1870年4月28日的工部局董事会会议录记载:"本届和上届董事会审查了两个租界的地图,其目的在于决定在地图上需要添加哪几条新的马路路线。会议在研究后,经亚当士先生建议,郝碧梧先生附议,通过决议:在所附平面图上注明的下列几条马路的路线,有机会时可根据《土地章程》第13至15页上第6款的规定加以延长。

1. 将香港路从四川路延长至江西路。

2. 放宽冰厂街或将通过四川路和江西路之间居民村的现有几条马路中的一条进行拓宽,命名为二摆渡。

3. 将山东路从南京路延长至宁波路。

4. 将盆汤弄与天津路进行连接。

5. 将台湾路从山西路延长至福建路。

6. 将宁波路以较直的路线和福建路进行连接,并拓宽宁波路。

7. 从福建路至浙江路开辟一条马路。

8. 将厦门路向西延伸,与福建路连接。

9. 将广东路向西延伸。

---

① 【清】徐润撰:《上海杂记》,《近代中国史料丛刊续辑》(491)//沈云龙:《徐愚斋自叙年谱》,文海出版社1978年3月第一版,第274页。

10. 将广西路从湖北路延伸至洋泾浜。

11. 延伸九江路(在福建路和湖北路之间)。

12. 将无锡路放宽,并使其与山西路和福建路相连接。

13. 将龙宅园从南京路延伸至北京路。

14. 将英华街向南延伸,以便与靠近洋泾浜的一条被误称为浙江的马路进行连接。

15. 将云南北路延伸至厦门路。

16. 将天潼路至虹口浜一段熙华德路拓宽。

17. 从黄渡路终端(在虹口浜边)对面建筑一条马路,使之与百老汇路平行,并与向洋泾浜下游延伸的百老汇路连接。

18. 将天潼路从吴淞路西侧通过水库延伸至老闸桥。

19. 延伸从杨树浦至吴淞的那条马路。

20. 为确定虹口租界线(这是洋泾浜以北上海外国租界的《土地章程》和附律第1条所规定和要求的),可在泥城浜入口处对面的一个点到离杨树浦口3英里处修筑一条马路,然后再把这条马路与百老汇路的东端连接。

21. 填高文监师路并将其延伸,以便与拟议中的熙华德路延伸路线相连接。

22. 沿虹口浜东岸建筑一条马路直达堆木场。

23. 将太平路、基昌路、元芳路和兆丰路从百老汇路向北延伸,直达与百老汇路平行的那条拟建的马路。

24. 计划修筑一条马路,并将这条马路继续向南延伸,使其经过天潼路,并与熙华德路的一段新线路交叉(在靠近礼查饭店后部),再在第525号册地前面向北延伸,以便在黄渡路交叉,这样便能在新桥和五渡路拟建的延伸线路之间形成一条直接通道,这就明确了虹口目前的北部界线。

25. 从河南路至福建路沿苏州河建筑一条新的马路。"[①]

1870年7月11日,工部局董事会会议批准给予杨树浦路上的房屋

---

① 上海档案馆,《工部局董事会会议录译文(1870—1871)》,第703—704页。

补偿金 150 两。①

1870年10月17日的工部局董事会会议录中记载,工部局拟建造一条从四川路北端至江西路北端的马路,但是这条拟议中的马路要通过弗朗西斯先生的部分地产,还有其他需要动迁的房屋业主向会审公堂谳员提出了诉状,请求不要干扰他们的房屋。英国领事提出质询,工部局对提出诉状打算采取什么措施,董事会答称愿意向动迁房屋的业主支付合理的补偿金。②

1871年12月8日工部局董事会会议录中记载:史密斯先生曾在1871年11月29日致信工部局,建议修长几条马路,通过他在旧跑马场的地产。在史密斯先生提议的6 290英尺道路中,2 300英尺是有房屋的,3 990英尺通过空地,其详细情况如表2.20所示。③

表2.20　　　　　　　　1871年史密斯先生建议修建的马路④

道路名	有房屋	空地
无名	—	690英尺
宁波路	110英尺	890英尺
天津路	—	460英尺
九江路	850英尺	—
汉口路	50英尺	600英尺
云南路北端	—	380英尺
英华街(马路之北)	100英尺	400英尺
无名	—	250英尺
英华街(马路之南)	350英尺	—
上广西路	400英尺	
云南路(基尔平房旁)	440英尺	
云南路(福州路和汉口路之间)		320英尺

---

① 上海档案馆,《工部局董事会会议录译文(1870—1871)》,第719页。
② 上海档案馆,《工部局董事会会议录译文(1870—1871)》,第739页。
③ 上海档案馆,《工部局董事会会议录译文(1870—1871)》,第848页。
④ 上海档案馆,《工部局董事会会议录译文(1870—1871)》,第849页。

第二章 晚清上海房地产业发展研究(1843—1911年)

工部局工务委员会同工程师视察过拟建道路的地皮后,认为史密斯先生对那些拟建道路物测量结果与工程师测量结果几乎完全相符,可以认为是正确的。工务委员会认为史密斯先生的建议中,大约有一半的拟建马路是开辟新路线的;有四分之一是要把状态不良的私人道路改建为对公众开放的马路;而最后的四分之一则是把已通行的马路加宽到30英尺。工务委员会认为,修建这些马路的计划是非常妥善的,它在大多数情况下将使现有的马路延长,并使线路整齐取直。[1]

工务委员会建议董事会:"董事会应采纳史密斯先生的修路计划。虽然目前尚未得到这些马路,但要冒一冒以后得到这些马路的险,到那时马路就会越建越多的。……公共租界西部地势低洼,沼泽遍地,多年来一直是本委员会所热切关心的。因此本委员会极力赞成眼前这一计划,它将有助于大大改善整个公共租界的卫生条件。……公共租界从这些新建道路中获得的好处是极其巨大的。……"[2]

"本委员会(工务委员会)根据所做的调查可以明言,在英租界范围之内再也没有什么地皮可以购进了。我们注意到住房在稳步增长。更为重要的是,较高级的华人住房在稳步增长。这种住房似乎很容易找到房客。本委员会认为,铺设这些新道路,并普遍改善公共租界的卫生状况,将能更加增加住房的数目,这样对这些房屋征收的房捐将增加公共租界的收入。"[3]

工部局董事会经过详细讨论后,通过决议如下:"工务委员会关于史密斯先生的计划的报告已予以接受并批准,细节问题已提交有关各委员会贯彻执行。"[4]

上海早期的地产商人徐润对于上海开埠后的情形有记载。

"……道光二十三年(1843年),上海初开贸易,统中国内地仅有洋人四百六十二名,西妇幼孩甚少,宝顺、怡和、仁记、义记、播威等行为上海洋行之始。道光二十四年(西1844年),中国洋商增至700名。道光二十六

---

[1] 上海档案馆,《工部局董事会会议录译文(1870—1871)》,第849页。
[2] 上海档案馆,《工部局董事会会议录译文(1870—1871)》,第849页。
[3] 上海档案馆,《工部局董事会会议录译文(1870—1871)》,第850页。
[4] 上海档案馆,《工部局董事会会议录译文(1870—1871)》,第850页。

年(西 1846 年)七八月间,洋商在上海者 108 人,其中 13 人有家眷,商行 25 家,教堂 4 所,内有商船 14 艘,小兵船 1 艘。道光二十九年(西 1850 年)在中国有 1 007 人,其中,上海 153 人,广东 298 人。咸丰四年(西 1855 年),上海洋商有 243 人。咸丰十年后(1860 年),发匪反乱于邻邑,上海市情颇异。其时有洋房 269 宅,华屋 8 740 宅。当期乱时,通计每洋房有五人,每华房有十人,在租界者洋人共约 1 400 名,华人七万有余。自此后,没五年又一准数。……"①

表 2.21 是徐润对于公共租界内房屋数量的记载,徐润言明与工部局的报告相同。②

表 2.21　　　　　　　　公共租界房屋③

年　份	中国	外国	外屋中用
1870	10 733	无	无
1880	16 707	无	无
1890	21 459	732	58
1900	42 654	1 011	182
1905	45 328	2 472	285

可见,公共租界内洋人的房地产自 1890 年以后才开始慢慢增多,早期租界内主要是华人的房地产。

(二)1900—1911 年是上海房地产业形成时期

1900 年后,上海近代房地产业进入缓慢成长阶段。从数据来看,1901—1909 年这段时期,与前面近 60 年上海房屋建设的面积大致相当,而 1910—1911 年这两年的房屋建筑面积大致可以与 1843—1900 年近 60 年的水平相当(这里的数据引用第一章的数据)。可见近代上海房地产业

---

① 【清】徐润撰:《上海杂记》,《近代中国史料丛刊续辑》(491)//沈云龙:《徐愚斋自叙年谱》,文海出版社 1978 年 3 月第一版,第 295—296 页。
② 【清】徐润撰:《上海杂记》,《近代中国史料丛刊续辑》(491)//沈云龙:《徐愚斋自叙年谱》,文海出版社 1978 年 3 月第一版,第 296 页。
③ 【清】徐润撰:《上海杂记》,《近代中国史料丛刊续辑》(491)//沈云龙:《徐愚斋自叙年谱》,文海出版社 1978 年 3 月第一版,第 296—297 页。

第二章 晚清上海房地产业发展研究(1843—1911年)

已经进入一个新的时期。表 2.22 是 1843—1911 年期间上海房屋建筑面积的一个比较表。

表 2.22　　　　　　　　1843—1911 年期间的房地产数量表

时　　间	房地产(平方米)
1843—1900 年	463 906
1901—1909 年	463 906
1910—1911 年	435 973

1901—1909 年房地产建设逐渐扩展到公共租界北区、公共租界中区、公共租界西区、法租界新区、华界沪南、闸北、彭浦、真如、蒲淞、法华、漕泾、洋泾、引翔、江湾、殷行等地区,但主要集中在公共租界的北区、西区、中区。公共租界东区有所发展,但并不多;法租界新区亦有所发展,数量不多。华界主要集中在沪南、闸北、法华紧邻公共租界的地区。总的来说,这个时期上海房地产业的发展是以公共租界中区为中心,北向苏州河以北虹口美租界区及华界闸北地区发展,西向西藏路以西公共租界西区发展,东向杨树浦地区及洋泾地区发展,南向法租界新区及沪南地区发展。[①]

这个时期,公共租界的房地产业发展是主要力量,华人也纷纷在租界内投资房地产。房地产商不仅有洋商,也有华人,还有许多华人充当洋商买办,像程谨轩等。另外,还有许多社会机构也参与到房地产投资中来,像法国天主教会、华商同乡会馆等。例如,华人徐禹洲在 1905 年建造禹洲里,除自己居住外,其余皆出租。华商张士希,1908 年建造孝友里的房屋 100 多幢,是华商中有名的房地产投资商。程谨轩利用做买办的便利,投资了大量的房产,成为上海房地产大亨,在南京路、南京东路、北京路近西藏路地段拥有数千上万幢各式住宅。在 20 世纪 30 年代,程家的房地

---

① 上海档案馆,《工部局董事会会议录译文(1899—1901)》,第 585、586—608 页;《工部局董事会会议录译文(1902—1904)》,第 541、547、553、558、561—600、671、689 页;《工部局董事会会议录译文(1905—1907)》,第 586、610、617、644、663—710 页;《工部局董事会会议录译文(1908—1910)》,第 541—655 页;《工部局董事会会议录译文(1911—1913)》,第 537—572 页。

产总值将近 2 000 万元。①

投资房地产业的华人身份各种各样,各行各业都有,有逃亡的地主、下野的军阀、政客、买办、商人等。最著名的有浙江南浔帮,即南浔大地主张、刘、邢、庞四家。刘大地主家族在福州路、广西路一带,拥有 10 多条里弄,有会乐里、会香里、洪德里、贻德里等里弄,还自设经租账房,管理自家房产。刘景德在兄弟分家时分到房屋近 700 幢,自设"刘景德经租账房"。②

根据地皮章程的规定,不准洋人出售土地给华人,于是在早期(注:1900 年以前)形成了一种习惯,即华人委托洋商,通常是律师或测量师,以受托人的名义,代领道契,代表华人业主经管,但受托之事并不在登记册内提及。华人取得租界地产的渠道:一是由洋商转卖,二是由受托洋商代领,第二种方法是使用最多的。③

费唐报告里提到,自 1900 年庚子事变以后,华人委托洋人在领事馆注册地产的数量日益增多,而洋商营业律师建筑师以及地产经理人,亦把接受华人委托代为经管领事馆注册之地产作为一种经常性的业务。④ 据费唐的统计数据,"……至 1927 年底止,公共租界共有册地 10 065 方,其中属于华人者,约居 3 700 方(注:应为 3 997 方)。……",⑤ 如表 2.23 所示。

---

① 朱剑城:《旧上海的华籍房地产大业主》//中国人民政治协商会议上海市委员会文史资料委员会:《旧上海的房地产经营》,《上海文史资料选辑》第六十四辑,上海人民出版社 1990 年 3 月第 1 版,第 15 页。
② 朱剑城:《旧上海的华籍房地产大业主》//中国人民政治协商会议上海市委员会文史资料委员会:《旧上海的房地产经营》,《上海文史资料选辑》第六十四辑,上海人民出版社 1990 年 3 月第 1 版,第 15 页。
③ 费唐著、工部局华文处译述:《费唐法官研究上海公共租界情形报告书》第 1 卷,工部局华文处译述出版 1931 年第 1 版,第 660—661 页。
④ 费唐著、工部局华文处译述:《费唐法官研究上海公共租界情形报告书》第 1 卷,工部局华文处译述 1931 年第 1 版,第 663 页。
⑤ 费唐著、工部局华文处译述:《费唐法官研究上海公共租界情形报告书》第 1 卷,工部局华文处译述 1931 年第 1 版,第 663 页。

第二章　晚清上海房地产业发展研究(1843—1911年)　　　　　　　　　　　　　　　139

表 2.23　　　　　　　　　　　华人道契数量表[①]

地　区	册地数量(方)	属于华人者数量(方)
中区	700	522
北区	1 182	534
东区	1 853	1 066
西区	6 330	1 875
合　计	10 065	3 997

英国领事馆曾于 1926 年就租界内英人与华人地产比例情况进行调查，"……公共租界内地产以英人名义在英领事馆注册者，共值银 282 939 417 两，其中，167 292 649 两代表英人所有注册地产之价；103 330 473 两代表以英人名义注册，但非英人产业之地价；12 316 295 两则为工部局所有地产之价。此项地价总数，系根据当时现行之工部局为征收地税而定之地产估价表。……"[②]计算上述英人和华人地产比例，则英人地产约占 59.13%，华人地产约占 36.52%，工部局约占 4.35%。

(三)1843—1911 年上海人口激增推动了房地产业的发展

1890 年以后，上海房地产业由萌芽产生期进入缓慢成长期。上海人口的巨大增长推动了房地产业的发展。在人口数量增长剧烈的 1900 年，上海房地产建筑面积也达到了一个高峰，约 183 853 平方米，占到 70 多年房地产总数的约 8.7%，年均增长率是前面近六十年的几十倍甚至上百倍。表 2.24 是上海公共租界历年人口比较表。

表 2.24　　　　　　　　上海公共租界历年人口比较表[③]

年份	总计	年份	总计	年份	总计
1855	20 243	1885	129 338	1910	501 541

---

①　费唐著、工部局华文处译述：《费唐法官研究上海公共租界情形报告书》第 1 卷，工部局华文处译述 1931 年第 1 版，第 663 页。
②　费唐著、工部局华文处译述：《费唐法官研究上海公共租界情形报告书》第 1 卷，工部局华文处译述 1931 年第 1 版，第 664 页。
③　上海市地方志办公室、上海市历史博物馆：《民国上海市通志稿》第一册，上海古籍出版社 2013 年 11 月第一版，第 584 页。

续表

年份	总计	年份	总计	年份	总计
1865	92 884	1890	171 950	1915	638 920
1870	76 713	1895	245 679	1920	783 146
1876	97 335	1900	352 050	1925	840 226
1880	110 009	1905	464 213	1930	1 007 868

注：表中外侨人数，1865年包括鸦片船上及浦东之外侨在内，1879年及以后均将越界道路或连同船上及浦东外侨居民一并计算在内。

从表 2.24 可以看出，1855 年上海公共租界人口总数只有 20 243 人，1910 年增长到 501 541 人，增长了约 24 倍。这么多的人口涌入租界，衣、食、住、行需要解决，需要有稳定的收入维持生存，对于租界的经济刺激是巨大的，房地产业亦不例外。满足巨大人口的住房需求是刺激租界房地产业发展的重要原因，同时房地产业的诱人厚利也吸引了世界各地贪婪的投机家。上海房地产业投机盛行，地皮价格飞涨，吸引了更多的资本进入房地产业。随着投资资本的大量涌入，因为原有的租界区域不够使用，所以租界一步步扩张。

在公共租界，洋人的人数并不多。租界房地产的发展，主要还是华人的人数逐渐增多，依赖于华人对房地产的需求。这个时期，由于战争、灾荒、动乱等因素，因此使得华人在租界居住、就业或开设商店货栈等事业越来越多，促使租界的房地产业逐渐发展，从 1844—1930 年公共租界内及界外马路区域外侨人数可窥见一斑（见表 2.25）。

表 2.25　　　　1844—1930 年公共租界内及界外马路区域外侨人数表[①]

年份	公共租界	界外马路区域	大总计
1844			50
1849			175
1855			243

---

① 【英】费唐著、【民】工部局华文处译述：《费唐法官研究上海公共租界情形报告书》第 1 卷，工部局华文处，1931 年，第 94 页。

续表

年份	公共租界	界外马路区域	大总计
1860			569
1865	2 235		2 297
1870	1 517	52	1 666
1876	1 581	44	1 673
1880	1 974	164	2 197
1885	3 286	330	3 673
1890	3 360	389	3 821
1895	4 174	441	4 684
1900	6 557	80（注）	6 774
1905	10 639	505	11 497
1910	12 051	1 260	13 536
1915	15 709	2 532	18 519
1920	19 746	3 661	23 307
1925	22 850	7 097	29 947
1930	26 965	9 506	36 471

注：(1)表内大总计项下之各项数目，每个都比公共租界内及界外马路区域所有外侨人口之总计为多。盖因大总计系包括住在鸦片趸船内及浦东方面之外侨在内。(2)1900年，界外马路区域外侨人口之突减，系因公共租界界域曾经扩充。

从表 2.25 可以看出，上海开埠时，外人只有寥寥 50 人，直至 1930年，也只达到 36 471 人。区区 3 万多人，怎么能撬动旧上海那么大的房地产市场呢？没有华人，洋人之间的地产交易怎么能达到那么大的规模呢？只有华人参与进来，才能形成巨大的需求市场。1855—1930 年上海公共租界内华人人数如表 2.26 所示。

表 2.26　　　　1855—1930 年上海公共租界内华人人数表①

年份	华人人数	年份	华人人数	年份	华人人数
1855	20 000	1885	125 665	1910	488 005
1865	90 587	1890	168 129	1915	620 401
1870	75 047	1895	240 995	1920	759 839
1876	95 662	1900	345 276	1925	810 279
1880	107 812	1905	452 716	1930	971 397

注:1855 年至 1925 年的华人人数,系包括各处河浜之船户及丐村内之居民在内。1930 年之人数,未将此两项之数计入。

从表 2.26 可以看出,公共租界内华人人数增长巨大,在 1990 年达到近百万,是洋人根本无法比拟的。华人在租界房地产业发展中的推动力量是最重要的因素。

在 1900 年,房地产投资的中心地区是公共租界北区原虹口美租界区,占到上海房地产建设的近一半;次中心是公共租界西区,约占上海房地产投资的 30% 左右,这两个地区的房屋建设占到上海房地产建设的近 80%。可见,在 1890 年以后的时期,英美租界是上海房地产发展的主流,是主要驱动力。1890—1900 年上海的建筑类型以旧式里弄为主,也有少量的新式里弄、花园里弄和石库门里弄。②

1900 年庚子事变中,北京及北方遭到严重破坏,而上海受到的损害不大,官僚贵族南逃,涌入上海租界区。这些人既增加了对房屋的需求,又有购买力,促进了租界内房屋的建设。另外,1899 年英美租界合并为公共租界以后,公共租界由虹口港向东扩张,西区继续向胶州路以及吴淞江南面扩张,租界扩张和越界筑路,这些新扩张地区和越界筑路区都成为房地产投资的重点。③

1910 年后上海房地产业逐渐走向快速发展时期。房地产建设发展到上海各个地区。公共租界四个区的房地产建设更多更广,法租界的旧

---

① 【英】费唐著、【民】工部局华文处译述:《费唐法官研究上海公共租界情形报告书》第 1 卷,工部局华文处,1931 年,第 99 页。
② 上海档案馆,《工部局董事会会议录译文(1899—1901)》,第 539、568、571 页。
③ 上海档案馆,《工部局董事会会议录译文(1899—1901)》。

区和新区都在扩张,华界沪南、法华、闸北、洋泾、漕泾、蒲淞、真如、引翔、殷行等各个地区的房地产建设也在发展。两年的时间,上海房地产建设的速度远远超过前面70多年的速度,年建设面积达到约218 000平方米,预示着上海房地产业的发展正在向快速发展的阶段过渡。

1910—1911年间,房地产发展的中心区域主要是租界以及租界邻边地区。1910年,上海的房地产发展主要分布在虹口租界区,公共租界西区、中区、北区及华界闸北这四个地区。[①] 1911年,闸北地区,公共租界西区、中区是上海房地产发展的中心区域。[②] 1910—1911年,上海房地产最明显的特征是华界闸北地区房地产的发展,而闸北地区紧挨公共租界。法租界新区也有发展,杨树浦地区由于集中了大量的工厂以及外商,房地产业也有发展。华界其他地区在这个时期的房地产投资非常少,不是房地产发展的热点地区。

1910—1911年正是清政府宣统皇帝统治时期,清政府政权弱化、统治无力,再加上晚清变法新政的实施,给中国的工商业发展创造了良机。随着工商业的发展,上海市场上游动资金增多。房地产业作为一个新兴的行业,其所能带来的巨额利润以及行业增长潜力无疑具有强大的吸引力。逐利资本流向房地产市场,推动房地产业发展速度加快。1911年的辛亥革命给房地产业的发展带来新的契机。房地产业没有清政府封建统治时期的一切束缚,开始自由发展,进入了一个全新发展时期。

三、1843—1911年上海房地产业的发展特点

(一)以租界的扩张为主要动力

1843—1911年上海房地产业发展的主流是公共租界,华界位列第二。公共租界内是房地产建设的中心。租界房地产建设面积占到这个时期总数的近71%,占据绝对优势(表2.27中的数据采用第一章的数据)。

---

① 上海档案馆,《工部局董事会会议录译文(1911—1913)》,第537、545、564、572页。
② 上海档案馆,《工部局董事会会议录译文(1908—1910)》,第644、647、684、655页。

表 2.27　　　　　　1843—1911 年英美法华各界房地产数量表

项　目	华　界	公共租界	法租界	合　计
建筑面积(平方米)	617 101	1 297 990	189 299	2 104 390
所占比例(%)	29.32	61.68	9	100

这段时期房地产建设随着公共租界内道路网的修建而在道路附近逐渐发展起来，主要是在公共租界中区的发展；从黄浦江以西逐渐向东发展，主要是公共租界中区内主干道路附近区域房地产的建设。华界的房地产建设主要是临近公共租界中区附近区域，以及黄浦江沿岸一些仓库、码头、栈房的修建。法租界房地产建设主要集中在旧区、黄浦江以西与上海县城东北边之间的地区。法租界的扩张还未完成，新区开辟不久，还未全面开发，法租界新区内的房地产建设刚刚起步。1900 年法租界第二次扩展完成后，向西扩展至吕宋路(今重庆南路)。在第二次扩展后，五年内在扩展界内筑路 20 多条，后又越界筑路 30 多条，在法租界所形成的道路网内，房地产投资兴旺发达起来。随着道路向西延伸，城市也随之向西发展，沿路地区店铺林立，商业日益繁荣。

1900 年法租界第二次扩展后，新划入的地区原来大部分是农田，河浜纵横，分布着少数村落。从 1906 年开始，法公董局开始填平河浜，修筑道路网，随着道路的延伸，在道路两侧及附近地区开始建造一批批的石库门房屋。淮海中路一带成为商业中心，淡水路成为菜场，自忠路成为农副产品集贸市场，太平桥一带成为饮食中心。

(二) 由农村地区逐渐向城市转化的开始时期

近代上海房地产业的发展历史，也是上海逐渐由农村地区向城市化转化的过程。租界最初只是上海县城外的郊区。划为租界后，随着工部局和法公董局对租界的城市化规划建设，租界逐渐城市化，带动了租界周边华界地区的城市化。当时上海大部分的工商业都集中在租界。租界内工业化程度高，交通、通信、公用事业等基础设施完备、先进，吸引了大量的国内外资本在租界内投资办厂、经营商业等。租界内向城市化蜕变，华界地区受租界冲击，也逐渐走向城市化。

例如，现徐汇区的天平街道，在上海开埠前，是荒僻之地，多为菜地、河浜以及杨家库等寥寥几个自然村落。1908 年，富商张士希、程谨轩、顾象新等在徐家汇华山路分别建造房地产数十数百幢，华山路地区因此成为天平地区最早的兴旺地段。后随着法租界扩展到徐家汇地区，姚主教路、贝当路、高恩路等十余条道路开辟。沿路地区的房地产业兴旺起来，中外商人纷纷在此设厂，随着大批工人的涌入，进一步推动了天平地区的城市化进程。

例如，现复兴中路上的浚源里，1908 年杨姓在此购得土地一亩，建造楼房，除自住外，余皆出租，逐渐形成居民点。现永康路上的北丁家湾，在太平天国起义时期，还是农田、荒地、小沟浜，是荒僻之地，随着道路的开辟，逐渐成为居民点，成为城区。根据史料记载的上海开埠初期的情形：上海县郊的土地地面大多卑湿，不能居住，必须填高后才可以建造房屋。开埠第二年，租界内只有外国人 50 人，六年以后外国人数增到 2 000 人。开始准许居住在租界内的中国人很少，后来为经商而居住在租界的人日渐增多。太平天国起义后避难进入租界内的华人增多[①]，推动了租界内上海房地产业的发展。

（三）房地产投资以租界内为主

法租界扩展到徐家汇华山路以后，这一带成为繁华地带，外商、国内富商以及显贵纷纷在法租界内投资。随着租界内道路的开辟，每条道路所在地区都兴建起各种房产，像复兴中路、永康路、永嘉路等道路附近的土地，很快被抢购一空。

法租界新区在 20 世纪初是农村，荒芜偏僻，杂草丛生，沟浜、坟丘遍地，居民以种菜为生。"……法侨居留地面积，依 1849 年 4 月 6 日（清道光二十九年三月十四日）所划定的界址计算，共计 56 公顷，后因 1860 年（清咸丰十年）区内人数日增而引起对地产的投机狂热。法领爱棠乃即于 1860 年 12 月 11 日（清咸丰十年十月二十九日）向沪道吴煦提出矫正界

[①] 黄苇、夏林根：《近代上海地区方志经济史料选辑》(1840—1949)，上海人民出版社 1984 年 6 月版，第 9—10 页。

址,扩充区域的要求。……"①中日甲午战争后,列强纷纷在中国强占土地,扩大势力范围。法公董局在上海抢占华人土地引起的四明公所案②,后果就是法租界的第二次扩展。"……法侨居留地这次推广,系向西扩展,西自敏体尼荫路起,沿爱多亚路,直至白尔部路,湾入吕班路、蒲柏路,以达麋鹿路,连及民国路之处为止。南自爱来格路起,沿民国路、敏体尼荫路,以至麋鹿路为止。南自爱来格路起,沿民国路、敏体尼荫路,以至麋鹿路为止,计其面积,已增至144公顷,比旧址已增加一倍多了。……"③

1863年,法租界越界筑徐家汇路。于是徐家汇路以北租界区内房地产业兴盛起来。在租界区内,闹市繁华,商业发达,沿着西藏南路、金陵东路、金陵中路、八仙桥、淮海中路这几条主干道路,分布着各种各样的商店以及旧上海有名的娱乐场所,如大世界、维纳司舞厅、大舞台、黄金大世界、南京大戏院、新大华等,是旧上海著名的"销金窟"。法租界越界筑路区自1901年开始,逐渐成为房地产投资的热门地段。随着宝昌路、善钟路、杜美路等几条道路的开辟,沿路地区投资逐渐增多,日趋繁华。在华界区内,则一直是自然村落,遍布沟浜、荒地、菜园,多庙宇、会馆、殡仪馆等,房地产业发展落后。

英租界是旧上海房地产发展最早的地区,设为租界后,沿着外滩开设了许多洋行,如沙逊洋行、怡和洋行等。19世纪70年代,这些洋行又沿黄浦江和吴淞江岸投建了许多码头。19世纪末20世纪初,外资银行在外滩纷纷设立,利用先进的管理和业务模式,迅速垄断了旧上海的金融业,以道契作为房地产放款唯一认可的抵押品,既迅速推动了租界内房地产业的发展,又奠定了外商垄断旧上海房地产业的基础。20世纪初至20年代,在外资银行的影响下,上海近代金融业也发展起来,在外滩设立中国银行、交通银行、中央银行、浙江兴业银行、四明银行、大陆银行、中国实

---

① 上海市地方志办公室、上海市历史博物馆:《民国上海市通志稿》第一册,上海古籍出版社2013年11月第一版,第117页。
② 转引自《四明公所大事记》,上海市地方志办公室、上海市历史博物馆:《民国上海市通志稿》第一册,上海古籍出版社2013年11月第一版,第141页。
③ 上海市地方志办公室、上海市历史博物馆:《民国上海市通志稿》第一册,上海古籍出版社2013年11月第一版,第141页。

业银行等。该地区设立的银行、银号、钱庄、信托公司、保险公司等各类金融机构共有166家,成为有名的金融中心。随着洋行、金融机构的开设,商业的发展,租界内房地产业迅速发展起来,房屋鳞次栉比,不同风格的建筑展现着千变万化的风情,该地区成为旧上海最闪亮的地区之一。

(四)住宅类型以旧式里弄为主

1911年前上海各种住宅类型数量见表2.28。

表2.28　　　　　　　1911年前上海各种住宅类型数量

建筑类型	条数	建筑面积(平方米)
旧式里弄	871	1 610 426
石库门里弄	132	494 863
新式里弄	34	184 441
花园里弄	19	100 782
广式里弄	26	74 425
公寓里弄	7	31 884
日式里弄	1	246
合　计	1 090	2 497 067

数据来源:根据附录Ⅰ中第一章数据统计计算。

从表2.28可以看出,在1911年以前,上海地区的房屋建筑类型约有七种,旧式里弄是房屋建筑的主要类型,占到近80%。石库门里弄虽然位居第二位,但是里弄数量不及旧式里弄的六分之一,建筑面积不及旧式里弄的三分之一。新式里弄、花园里弄、广式里弄已经开始建设,但还没有流行起来,公寓里弄刚刚出现,数量很少,日式里弄出现仅有1条。可见,在1911年以前,上海房地产发展以旧式里弄建筑为主,占据了垄断地位。石库门里弄虽然是新型建筑,但是还没有成为主流,其他类型的建筑数量也很少。

四、结论

1843—1911年是近代上海房地产业的萌芽产生时期。近代上海房地产业的产生背景是近代上海市场经济的发展。第一号道契土地交易的目的是投资生利。土地的用途由农用转化为市区商用,这标志着以投资生利为目的的房地产商品的产生。小刀会起义时期,租界内专门用于出租生利的简易木板房是近代上海商品房的雏形。1862年前,美商史密斯洋行作为近代上海第一家专职房地产公司出现,意味着房地产业已作为一个独立的行业存在。专职的房地产经纪人的出现,意味着由于专业中介的加入,因此房地产交易的数量增多,成交额增长。随着房地产交易数量的增长,形成了一定的规模,有了一定的房地产交易场所,众多的买方和卖方参与房地产交易,近代上海房地产市场逐渐形成。1843—1937年是近代上海房地产业萌芽和产生时期。这个时期,上海房地产业发展有三个特点:(1)租界的扩张是上海房地产业发展的主要推动力。(2)房地产投资也以租界为主,这个时期也是上海县郊由农村逐渐向城市转化的时期。(3)大量的农田转化为市区土地,成为房地产市场上的商品。商品房的建设以旧式里弄房屋为主。

第三章

民国上海房地产业发展研究(1912—1937年)

1912—1937年是上海房地产业发展的黄金期。这个时期,房屋建设总面积多,分布地区广,建筑类型多,房屋质量高,房地产交易频繁。源源不断的资本涌向上海房地产市场,推动了上海房地产业的繁荣发展。如果不是1937年的日本侵华战争,上海的房地产业将继续经历波峰波谷一个个自然周期,持续成长发展。抗日战争的爆发,打断了上海房地产业的正常发展。上海房地产业自抗战爆发后走向了衰落期。

一、1912—1930年是上海房地产业的成长期和发展高峰期

1912—1930年,这个时期是辛亥革命后北洋政府统治时期,一直到上海特别市成立,上海重新划定界址,华界被划分为十七个区。

1. 1913—1921年是成长期

1913—1916年,华界的总建筑面积位列第一,法租界的总建筑面积位列第二,公共租界的总建筑面积位列第三。可见,此期间华界的房地产业成为主流。法租界的房地产业发展主要是在新区,公共租界在此时期把极司非尔路从梵王渡向西延筑至白利南路。另外,沪杭铁路梵王渡车站建成,沪杭铁路从上海北站至杭州通车,工部局致力于租界内主干道路的修筑、延伸和扩展,促进了这一地区房地产业的发展。

1913年,公共租界房地产建设主要集中在中区北起苏州路、西至浙江路、南至爱多亚路区域内 28 条道路所在的区域,向西向南扩张,最主要是东起浙江路南段,西至西藏路,北起大马路,南至爱多亚路这部分区域的建设。另外,公共租界西区孟德兰路、成都路、蔓盘路、白克路所在区域也是房地产建设的重点。①

1914 年,公共租界房地产建设最主要集中在中区福建路、老闸路、顾家弄、重庆路、宁波路、东棋盘街等 16 条马路所在的区域,特别是福建路、河南路的向南延伸,以及宁波路的向西延伸。房地产建设主要集中在北起宁波路,南至洋泾浜,东起河南路,西至福建路这部分区域。②

1915 年,公共租界房地产业除在原来的部分路段拓展外,最主要的是广东路的向西延伸以及山西路、广西路的向南延伸。广东路连接原来的五马路、北门街、宝善街、正丰街,向西延伸至西藏路,全面贯通;山西路自北向南连接原源远街、老闸路、盆汤弄、兴让街、昼锦里、南昼锦里直至四马路;广西路向南连接自来火街至爱多亚路,这三条路的所在区域成为房地产投资的重心。另外,北起北京路最西段,南至南京路,东起西藏路,西至浙江路这一带的区域,也是这一年房地产建设的重点区域。③

1916 年,公共租界房地产业除在原有的一些主干道路上继续扩张外,中区最主要集中在厦门路、牛庄路顾家弄、西藏路,西区主要集中在威海卫路、派克路、白克路、新闸路附近区域;法租界集中在公馆马路、火轮磨坊街、老永安街、永安街等法租界旧区。④

1913—1916 年,公共租界西区房地产业最主要集中在爱文义路和平桥路以北,劳勃生路以南,戈登路、麦根路、麦特赫司脱路以西的区域。长浜路、福煦路、孟纳路、爱多亚路连接起来,成为法租界与公共租界的界路。这些道路的附近区域是房地产建设的中心区域。⑤

1913—1916 年,公共租界东区,房地产业主要集中在韬朋路、扬州路、太和街、倍耐尔斯路、周家嘴路、巴特维亚路等 7 条路所在的区域

---

① 上海档案馆,《工部局董事会会议录译文(1911—1913)》,第 657—658 页。
② 上海档案馆,《工部局董事会会议录译文(1914—1916)》,第 550 页。
③ 上海档案馆,《工部局董事会会议录译文(1914—1916)》,第 595、596、620、626、629 页。
④ 上海档案馆,《工部局董事会会议录译文(1914—1916)》,第 640—691 页。
⑤ 上海档案馆,《工部局董事会会议录译文(1911—1913)》,第 510—620 页。

内。①

1913—1916年，公共租界北区房地产业发展主要集中在蓬路、克能海路、天保路、北山西路、七浦路5条马路附近区域。②

1913—1916年，法租界旧区继续发展。1915年，法租界内连接孟斗班路、天主堂街、天台路、缺口路（新北门大路），修筑成四川路南段。同时，重心开始向法租界新区转移。法租界向西延伸，修筑法租界新区的主干道路，北部连接公馆马路、恺自尔路和巨籁达路，使法租界西起黄浦江岸，东至海格路，全部贯通，中部使霞飞路自西向东贯通，南部有辣斐德路、福履理路的修筑，使法租界自西向东的交通大大改善。这个时期，法租界新区的房地产建设除了主干道路附近的区域外，另外一个中心就是北起恺自尔路，南至徐家汇路，东起敏体尼荫路、兰维霭路（即肇周路），西至圣母院路和金神父路这一带的区域。在这一区域内，法公董局修筑大量的市区马路如爱来格路、格洛克路、安纳金路、贝勒路、白尔路、陶尔斐斯路东段、环龙路等。随着道路的修筑，这些道路附近的房地产业迅速发展。③

1913—1916年，华界房地产业在闸北，南市，上海县高昌乡、法华乡及宝山县真如乡、彭浦乡④等地区发展，房地产业主要集中在租界附近区域以及沿江、沿路区域。⑤

1917—1921年，公共租界房地产业主要向西区、北区、东区延伸。除继续延伸拓展中区中的原有道路外，公共租界西区、北区修建了新的道路，这些新修道路区域成为房地产业发展的中心。公共租界中区逐渐向东发展，在中区和东区交界处东熙华德路以南，东百老汇路以北的区域是这一时期房地产建设的新兴地区，并沿这一地区逐渐向东区发展。公共租界大约近百条道路上都有大量的房屋在建设，公共租界各区内的房地

---

① 上海档案馆，《工部局董事会会议录译文(1911—1913)》，第510—620页。
② 上海档案馆，《工部局董事会会议录译文(1911—1913)》。
③ 《上海地名志》编纂委员会：《上海地名志》，上海社会科学院出版社1998年12月第一版，第628—671页。
④ 上海市普陀区人民政府：《普陀区地名志》，学林出版社1988年第一版，第1页。
⑤ 《上海地名志》编纂委员会：《上海地名志》，上海社会科学院出版社1998年12月第一版，第628—671页。

产业都非常兴盛。①

法租界房地产业主要集中在法租界新区西部。望志路、葛罗路、茄勒路、亚尔培路、巨泼来斯路、台拉斯脱路等附近的区域是房地产发展的重心。②

华界房地产业分布在浦东黄浦江沿岸,像冰厂田路、草泥塘路、杨家宅路、陆家渡路、烂泥渡路、吴家厅路、张家宅路等附近区域;闸北附近及吴淞江沿岸附近地区,像飞虹支路、安庆路、宝兴路、西光复路、沈家宅路、中山路闸北段、青云路、宝通路、裕通路、潘家湾南支路、南川虹路、槟榔路、三官堂路、西谈家渡路、归化路等附近区域;杨树浦路附近地区。法租界新区南界附近地区。公共租界西区西界附近地区。以上这些地区都是华界房地产建设的重点地区。③

1918年,上海有地产公司、房地产经租公司、房地产捎客共50家,其中,地产公司13家,房地产经租公司35家,房地产捎客2家,见表3.1(详见附录Ⅱ第三章3.1918年上海地产经租公司及地产捎客名录)。

表3.1　　　　　　　1918年上海地产经租公司及地产捎客名录④

行　名	业务	行名	业务	行名	业务
中国营业公司 (China Realty Co., Ltd.)	地产兼营造保险	周锐记	经租	裕祥	经租
平治门洋行 (Maurice Benjamin & Co.)		东裕公司	经租	业广公司	经租
李诵清堂 (Lee Chong Ching Dong Land & Estate Co.)	地产	姚慕记	经租	叶三福记	经租
招商局积余产业公司 (China Merchants' S. N. Co's Properties Department)	地产	姚南记	经租	爱理思	经租

---

① 上海档案馆,《工部局董事会会议录译文(1917—1919)》,第608、625、630、631、637、646、655、656、669—735页;《工部局董事会会议录译文(1920—1921)》,第595、669、682—726页。
② 上海档案馆,《日伪上海市政府》,1986年第一版;《上海地名志》编纂委员会:《上海地名志》,上海社会科学院出版社1998年12月第1版,第628—671页。
③ 《上海地名志》编纂委员会:《上海地名志》,上海社会科学院出版社1998年12月第1版,第628—671页。
④ 徐珂:《上海商业名录》,商务印书馆出版民国七年(1918年)七月第1版。

第三章　民国上海房地产业发展研究(1912－1937年)　　　　　　　　　　　　　　　　　　　　　153

续表

行　名	业　务	行名	业务	行名	业务
恒孚洋行 (China Investment Co.)	地产兼保险	恒丰	经租	董苏记	经租
振业地产公司	地产	振益公司	经租	源益公司	经租
泰利洋行 (Tah＝Lee)	地产兼煤炭	陈兴昌	经租	鼎丰公司	经租
华通置业公司	地产	陈顺记	经租	鼎余公司	经租
华盛公司 (The Caihay Trading Co.)	地产	益丰	经租	德和	经租
扬子地产银公司 (Yangtsze Land & Finance Co., Ltd.)	地产	甡记公司	经租	刘景德	经租
新瑞和洋行 (Davies & Brooke)	地产	祥泰	经租	刘贻德堂	经租
颐丰实业公司 (John P. Sung, & Co.)	地产	陆云记	经租	谦吉	经租
锦发产业有限公司 (The China Land & Building Co., Ltd.)	地产兼营造	陆安雅堂	经租	鸿大	经租
公平	经租	孙直记	经租	懿德公司	经租
有益公司	经租	黄庆记	经租兼营造	海利洋行 (Gensburger & Co.)	股票掮客兼地产贷押
邢恒顺绶记	经租	华商兴业测量绘图经租公司	经租	陈永青 Y. C. Chun	股票掮客兼地产押款
周莲记	经租	裕记	经租	合计	50家

　　1920年,上海有地产公司、房地产经租公司、房地产掮客共107家,是1918年的2倍。其中,地产公司有21家,房地产经租公司有83家,房地产掮客有2家,见表3.2(详见附录Ⅱ第三章4.1920年上海地产经租公司及地产掮客名录)。

表3.2　　　　　　　　1920年上海地产经租公司及地产掮客名录

行　名	业务	行　名	业务	行　名	业务
中国营业公司 (China Realty Co., Ltd.)	地产	克明洋行	经租兼营造	贻大	经租
平治门洋行	地产	周莲记	经租	黄庆记	经租兼营造

续表

行 名	业务	行 名	业务	行 名	业务
至善地产办事处	地产	周锐记	经租	钦一堂	经租
李诵清堂	地产	东裕公司	经租	华商兴业测量绘图经租公司	经租
招商局积余产业公司	地产	和丰公司	经租	裕记	经租
恒孚洋行 (China Investment Co.)	地产兼保险	承德公司	经租	裕祥公司	经租
泰利洋行 (Brandt & Rodgers)	地产	林记公司	经租	裕庆公司	经租
容纳房产公司	地产	恒利公司	经租	鼎余公司	经租
华通地产有限公司	地产	恒业公司	经租	鼎丰公司	经租
华盛公司 (The Caihay Trading Co.)	地产兼煤炭	恒丰	经租	源和	经租
胜业 (China Land & Finance Co., Ltd.)	地产	茂祥公司	经租	源益公司	经租
扬子地产银公司 (Yangtsze Land & Finance Co., Ltd.)	地产	茂源	经租	爱理思	经租
富有地产置业公司	地产	姚南记	经租	董苏记	经租
业广公司 (Shanghai Land Investment Co., Ltd.)	地产兼经租	姚慕记	经租	叶三福记	经租
新瑞和洋行 (Davies & Brooke)	地产	首善堂	经租	勤业	经租
德和洋行	地产	洪慎记	经租	种德公司	经租
驻沪宁省利达房产有限公司	地产	益记	经租	铭庆公司	经租
颐丰实业公司 (John P. Sung & Co.)	地产	晋陞公司	经租	维益公司	经租
余庆地产公司	地产	晋源公司	经租	德生公司	经租
锦发产业有限公司 (The China Land & Building Co., Ltd.)	地产兼营造	甡记公司	经租	德和	经租
礼益地产公司 (Lee Yik Land Co.)	地产	孙直记（即哈华托）	经租	刘景德	经租

续表

行　名	业务	行　名	业务	行　名	业务
大陆营业房产有限公司 (The Continental Commercial & Realty Co., Ltd.)	经租	祥济公	经租	刘贻德堂	经租
大穫公司	经租	陈顺记	经租	蔡成记	经租
三星公司	经租	陈兴昌	经租	郑乐记	经租
方裕兴	经租	崇德	经租	兴安公司	经租
方兴记	经租	望云公司	经租	颐福	经租
仁和公司	经租	垦记公司	经租	谦吉	经租
仁新公司	经租	陆安雅堂 (Loh An Yar Dong)	经租	鸿大	经租
永和公司	经租	陆云记	经租	怀安公司	经租
永福公司	经租	惇文堂	经租	怀远	经租
有益公司	经租	麦丁洋行	经租	畴福公司	经租
同益公司	经租	贵兴	经租	競新	经租
安裕	经租	集益公司	经租	宝源公司	经租
		敦贻公司	经租	懿德公司	经租
				海利洋行 (Gensburger & Co.)	股票掮客兼地产
				陈永青 (Y. C. Chun)	股票掮客兼地产
				合　计	103家

2. 1922—1930年为发展高峰期

1922—1923年,除继续在前时期的部分主干道路上拓展外,公共租界房地产业发展的重点区域仍是公共租界的中区、西区、北区和东区:中区修筑了六马路、无锡路等;西区修筑了慕尔鸣路、白克路、新老大沽路、同孚路、天目路等,北区修筑了北河南路、克能海路等;东区修筑了南浔路、华德路、百花街、兰路、威赛路、麦克利克路、汇山路、大连湾路、齐物浦路、东鸭绿路等附近区域,这一时期公共租界东区是房地产发展的热点地区。①

　　法租界房地产建设扩展至维尔蒙路、兰维霭路、喇格纳路、天文台路、劳神父路、康悌路这些马路附近区域。② 公共租界北区和东区、中区和西区分别见附图 3.1③—附图 3.3④。

　　华界房地产业发展的重心在闸北地区,特别是公共租界越界筑路区域,如北四川路附近、北西藏路、北浙江路、吴淞路附近区域。其他华界地区如法租界旧区附近区域、上海县城厢附近区域都是房地产发展的热门地区,如民国路、严家阁路、和阗路、徐家宅路等附近地区。⑤ 法旧租界和新租界分别见附图 3.4⑥ 和附图 3.5⑦。

　　1924—1928 年期间,房地产业的发展除在以前的区域继续增加外,在华界地区又广泛地延伸。

　　在公共租界,房地产业延伸至东区近胜路、元芳路、华盛路、齐齐哈尔路等地区,西区老白渡路、卡德路、愚园路、麦琪路、迪化路、安南路等附近区域,东区爱根路、福特路、开答路、刚达哈尔路、赖霍尔路、麦伦路、黄渡路、汤恩路等附近区域。⑧ 附图 3.6⑨ 和附图 3.7 分别为闸北区图和华界图。

　　法租界房地产业发展集中在法租界新区,李梅路、麦高包禄路、圣母院路、金神父路、徐家汇路、威妥玛路、海格路、格罗西路、台斯德郎路、拉都路、雷米路、善钟路、甘世东道等马路附近区域。⑩

　　华界房地产业发展主要在公共租界西区北界附近地区,法租界南界

---

① 上海档案馆,《工部局董事会会议录译文(1922—1924)》,第 636 页。
② 上海档案馆,《日伪上海市政府》,1986 年第一版;《上海地名志》编纂委员会:《上海地名志》,上海社会科学院出版社 1998 年 12 月第一版,第 628—671 页。
③ 葛绥成:《袖珍最新上海地图》,上海中华书局民国十八年十一月(1929 年 11 月)版。
④ 葛绥成:《袖珍最新上海地图》,上海中华书局民国十八年十一月(1929 年 11 月)版。
⑤ 葛绥成:《袖珍最新上海地图》,上海中华书局民国十八年十一月(1929 年 11 月)版。
⑥ 葛绥成:《袖珍最新上海地图》,上海中华书局民国十八年十一月(1929 年 11 月)版。
⑦ 葛绥成:《袖珍最新上海地图》,上海中华书局民国十八年十一月(1929 年 11 月)版。
⑧ 上海档案馆,《工部局董事会会议录译文(1922—1924)》,第 679、707 页;《工部局董事会会议录译文(1925—1927)》,第 596、626、635、653 页;《工部局董事会会议录译文(1928—1930)》,第 529、560、603 页;《工部局董事会会议录译文(1931—1932)》,第 473、573 页。
⑨ 葛绥成:《袖珍最新上海地图》,上海中华书局民国十八年十一月(1929 年 11 月)版。
⑩ 葛绥成:《袖珍最新上海地图》,上海中华书局民国十八年十一月(1929 年 11 月)版。

以南地区,如大桥路、日晖西路等附近区域,上海县城附近地区。[①]

1922 年,上海有地产公司 31 家,房地产经租公司 67 家,见表 3.3(详见附录Ⅱ5.1922 年上海地产经租公司名录)。

表 3.3　　　　　　　　　1922 年上海地产经租公司名录[②]

行　名	业务	行　名	业务	行　名	业务
上海地产公司	地产	仁茂公司	经租	渭记	经租
九裕公司 (Chow Yue & Co.)	地产兼地产押款	仁德堂	经租	琼记	经租
大盛地产公司	地产	公平	经租	源昌	经租
中国营业公司 (China Realty Co.)	地产兼营造保险	王竹记	经租	源茂	经租
永庆放款置产股份有限公司	地产	升顺公司	经租	源益公司	经租
至善堂地产办事处	地产	永和公司	经租	董苏记	经租
地利产业交易所	地产	永顺公司	经租	煦记	经租
同益公司	地产兼建筑	平治明经租维益公司账房	经租	瑛记公司	经租
李诵清堂	地产	有益公司	经租	铭庆里	经租
招商局积余产业公司 (China Merchant's S. N. Co's Properties Department)	地产	朱经远堂	经租	维益公司	经租
东恒裕冠记申号	地产	吉益公司	经租	福记公司	经租
泰利洋行 (Brandit & Rodgers)	地产兼经租营造保险	利昌	经租	刘崇德	经租
泰昌洋行 (G. R. Grove & Co.)	地产	利记	经租	刘景德	经租
容纳房产公司 (Settlement Realty Co.)	地产	东裕公司	经租	刘贻德	经租
康纳利地产油矿公司 (Connalty Land and Oil Co.)	地产	林记公司	经租	刘尊德	经租
胜业 (China Land & Finance Co., Ltd.)	地产	依巴德	经租	郑永康	经租

---

① 上海档案馆,《日伪上海市政府》,1986 年第一版;《上海地名志》编纂委员会:《上海地名志》,上海社会科学院出版社 1998 年 12 月第一版,第 628—671 页。
② 徐珂:《上海商业名录》,商务印书馆民国十一年(1922 年)十一月第 3 版。

续表

行　名	业务	行　名	业务	行　名	业务
普爱堂	地产兼押款经租	恒亦记	经租	庆平公司	经租
业广公司 (Shanghai Land Investment Co.,Ltd.)	地产兼经租	恒丰	经租	增记公司	经租
新康洋行 (Edward Ezra & Co.)	地产	首善堂	经租	广维新	经租
新瑞和洋行 (Davies & Brooke)	地产兼营造	厚昌祥	经租	兴业公司	经租
聚兴营造地产公司	地产	哈华托经租账房	经租	余庆公司	经租
赫门洋行 (J. T. Hammond)	地产	洽康公司	经租	余兴房产公司	经租
余庆地产公司	地产	晋升公司	经租	积余公司	经租
余兴房产公司	地产	泰昌公司	经租	鸿大	经租
颐丰实业公司 (John P. Sung & Co.)	地产	振益	经租	鸿仪堂	经租
礼益地产公司 (Lee Yik Land Co.)	地产	马永安	经租	谦吉	经租
上海地产股份有限公司	地产	陆文记	经租	懋业公司	经租
上海华商地产营业有限公司	地产	陆云记	经租	薄元记	经租
宏安地产股份有限公司	地产	通裕公司	经租	宝隆公司经租处	经租
东昇实业地产公司	地产	集益公司	经租	蘭记	经租
宽寿地产公司	地产	顺庆公司	经租	耕记经租账房	经租
三合兴	经租	贵兴	经租	懋业公司	经租
仁和公司	经租	善積堂经租账房	经租	合计	98家

　　1925年,上海从事房地产业务的公司及掮客共86家,其中,地产公司44家,经租公司36家,地产掮客6家,见表3.4(详见附录Ⅱ第三章6.1925年上海地产经租公司及掮客名录)。

表 3.4　　　　　　　　　1925 年上海地产经租公司及掮客名录[①]

行　名	业务	行名	业务	行名	业务
三源地产公司	地产	程谨记	地产	厚昌祥	经租
上海互助置业有限公司	地产	华产公司	地产兼进出口贷押	徐金记（Zee King Kee General Contractor）	经租
上海地产有限公司（Shanghai Estate Co., Inc.）	地产	隆业地产公司（The Zah Chen Realty & Banking Co., Ltd.）	地产	振记经租账房	经租
久康贸易公司（Kiu Kong Trading Co., Ltd.）	地产兼经租	集成地产公司（The Zah Chen Realty & Banking Co., Ltd.）	地产兼贷押营造储蓄	马裕隆	经租
中国建业地产公司（Fonciere & Immobiliere de Chine）	地产兼营造	汇广公司	地产	张恒祥	经租
中国营业公司（China Realty Co., Ltd.）	地产兼营造保险	新瑞和洋行（Davies & Brooke）	地产兼营造	通裕公司	经租
永德公司（The Shanghai Investment & Trade Co.）	地产兼进出口	业广公司（Shanghai Land Investment Co., Ltd.）	地产兼经租	陈伟记	经租
永庆放款置产公司	地产	徽生地产公司	地产	陆云记	经租
合兴公司	地产	广益地产有限公司	地产	敦贻公司	经租
同泰祥	地产	辉光公司	地产兼营造保险贷押	华承昌经租账房	经租
同益地产公司	地产	积余地产公司	地产	贵兴	经租
同兴地产银公司	地产兼贷押	余兴公司（Yue Hsin Real Estate Co.）	地产	集益公司	经租
亨利公司	地产	礼益地产公司（Lee Yih Land Co.）	地产	瑛记公司	经租
何子林	地产	宝恒公司（Pao Heng Trading Co.）	地产兼经租	福昌公司经租账房	经租

---

① 林震:《上海商业名录》,商务印书馆民国十四年(1925 年)三月第 4 版。

续表

行名	业务	行名	业务	行名	业务
克明洋行 (Cumine & Milne)	地产兼工程保险	Small Investors, Ltd.	地产	福记公司	经租兼地产
宏业有限公司	地产	仁和公司	经租	刘景德	经租
成业地产公司 (Union Land Investment Co.,Ltd.)	地产	仁茂公司	经租	刘贻德	经租
协大洋行 (J. A. Yavdynsky)	地产兼经租	公平	经租	德和公司	经租
协兴地产公司 (Hip Hing Land Investment Co.)	地产	升顺公司	经租	庆平公司	经租
承发公司	地产	朱承德堂经租处	经租	郑永康	经租
东恒裕冠记申号	地产	朱勤记经租账房	经租	余庆公司	经租
恒业置产公司 (Heng Nia Land Investment Co.)	地产	朱经远堂	经租	骏业公司	经租
恒丰	地产	吉益公司	经租	你路臣洋行 (G. Nielsen)	股票及地产捐客
泰利洋行 (Brandt & Rodgers)	地产兼营造保险经租	李光裕堂经租账房	经租	利德洋行 (Linnestad & Co.)	船头转运及地产捐客
乾元兄弟产业股份公司	地产	李诵清堂	经租	依利士洋行 (Ellis & Co.)	股票及地产捐客
惟善堂地产公司	地产	东方营业公司	经租	长利洋行 (J. N. Bisset & Co.)	股票捐客及地产经租
扬子地产公司 (Yangtsze Land & Estate Co.,Ltd.)	地产	东昇实业地产公司 (Tung Sheng Land & Estate)	经租兼打样建筑	华德洋行(L. P. O'Driscoll)	地产船头及转运捐客
普益地产公司 (Asia Realty Company)	地产	东裕公司	经租	蘇美洋行 (D. S. Somekh)	股票及地产捐客
普爱堂	地产兼贷押经租	俞顺记	经租		

　　1928年，上海从事房地产业务的公司及捐客共87家，其中，地产公司42家，专门的房地产经租公司37家，房地产捐客8家。表3.5是1928年上海地产经租公司及捐客名录(详见附录Ⅱ第三章7.1928年上海地产

经租公司及掮客名录)。

表 3.5 1928 年上海地产经租公司及掮客名录[①]

行　名	业务	行　名	业务	行　名	业务
三源地产公司	地产	集成地产银公司 (The Zah Chen Realty & Banking Co.,Ltd.)	地产兼贷押保险营造储蓄	陆安雅堂 (Loh An Yar Dong)	经租
三鑫房产公司	地产	汇广公司 (Shanghai Building Investment Co.,Ltd.)	地产	敦贻公司	经租
大陆营业房产有限公司	地产	敬业地产公司	地产	渭记	经租
上海地产有限公司 (Shanghai Estate Co.,Inc.)	地产	新瑞和洋行 (Davies & Brooke)	地产兼营造	华承昌经租账房	经租
上海联合地产公司 (The Shanghai United Estate Association)	地产	业广公司 (Shanghai Land Investment Co.,Ltd.)	地产兼经租	贵兴	经租
中国建筑地产公司 (Fonciére Et & Immobiliere de Chine)	地产兼营造	广益置业有限公司	地产	集益公司	经租
中国营业公司 (China Realty Co.,Ltd.)	地产兼营造保险	毅庭地产公司	地产	爱记经租账房	经租
永业地产公司	地产	辉光公司	地产兼营造保险贷押	源利经租账房	经租
永庆放款置产股份有限公司	地产	积余地产公司	地产	瑛记公司	经租
医家置产公司	地产	余兴公司 (Yue Hsin Real Estate Co.)	地产	颂莘公司经租账房	经租
合记地产公司	地产	谢三希	地产	福昌公司经租账房	经租
合兴公司	地产	礼益地产公司 (Lee Yih Land Co.)	地产	福记公司	经租兼地产
同兴地产银公司	地产兼贷押	(Small Investors,Ltd.)	地产	刘景德	经租
何子记	地产	仁和公司	经租	刘贻德	经租

① 林震:《上海商业名录》,商务印书馆民国十七年(1928 年)三月第 5 版。

续表

行　名	业务	行　名	业务	行　名	业务
克明洋行 (Cumine & Milne)	地产兼工程保险	公平洋行	经租	德和公司	经租
成业地产公司 (Union Land Investment Co.,Ltd.)	地产	吉益公司	经租	庆平公司	经租
协大洋行 (J. A. Yavdynsky)	地产兼经租	同德公司	经租	郑永康	经租
东恒裕冠记申号	地产	朱承德堂经租处	经租	余庆公司	经租
哈同洋行	地产	朱经远堂	经租	懋业公司	经租
恒裕地产公司	地产	李光裕堂经租账房	经租	骏业公司	经租
恒业地产公司 (Heng Nih Land Investment Co.)	地产	李诵清堂	经租	瀛记经租账房	经租
恒丰	地产	居易公司经租账房 (Tung Sheng Land & Estate)	经租	你路臣洋行 (G. Nielsen)	股票及地产捐客
泰利洋行 (Brandt & Rodgers)	地产兼营造保险经租	东方营业公司	经租	利德洋行 (Linnestad & Co.)	船头转运及地产捐客
乾元兄弟产业股份公司	地产	东裕公司	经租	依利士洋行 (Ellis & Co.)	股票及地产捐客
扬子地产公司 (Yangtsze Land & Estate Co. Ltd.)	地产	厚昌祥	经租	长利洋行 (J. P. Bisset & Co.)	股票捐客及地产经租
普益地产公司 (Asia Realty Company)	地产	徐金记 (Zee King Kee General Contractor)	经租	海利洋行 (Gensburger & Co.)	股票捐客兼地产
普爱堂办事处	地产兼贷押经租	振记经租账房	经租	夏老臣洋行 (Herlofson & Reeves)	船头煤及地产捐客
程谨记	地产	张恒泰	经租	华德洋行 (L. P. O'Driscoll)	地产船头及转运捐客
普业地产公司 (National Realty Co.)	地产	通裕公司	经租	苏美洋行 (D. S. Somekh)	股票及地产捐客

　　据费唐法官报告,自 1926 年以后,公共租界内外的地产由洋人为华人业主经管的数量大大增加。华人纷纷把地契转为英人道契,方式就是

以洋人在华所设公司的名义设立一家私人公司,在外国的领事馆注册,即按照香港公司法组织,并遵照1925年香港议会所订在华公司令注册。华人业主把所有地产转到公司名下,由该公司为其保管。另外还有按照外国公司法注册的公立地产公司,虽然其所有地产视为外侨地产,但是其中颇多华人股东。1926年以后,华人地产所占的比例已大大超过了1926年的比例36.52%。①

截至1930年9月30日的统计,上海华界和租界区域的户口和房屋数量如表3.6所示。在外侨商肆屋宇工厂内工作者,计60 523人。②

表3.6　　　　　　　　上海各行政区域各项统计比较表③

	面积(亩)	户口(人)	房屋栋数(栋)	业经发展之黄浦江滨
公共租界	33 503	外侨:26 965 华民:971 397 总计:998 362	1930年9月30日统计 洋式房屋:6 184 华式房屋:74 362 总计:80 546	31 875呎
法租界	15 150	外侨:12 335 华民:421 885 总计:434 220	1930年11月10日统计 洋式房屋:5 338 华式房屋:33 893 总计:39 231	3 800呎
上海市区域 (公共租界和法租界不包括在内,但包括黄浦江在内计算)	1 187 747	外侨:9 790 华民:1 679 310 总计:1 689 100	未详	浦东方面: 53 000呎 上海方面: 21 000呎 总计:74 000呎
界外马路区域 (应注意一层,即界外马路区域,系上海市区域内之一部分。表内所列界外马路之面积及户口诸项数目,业已包括上海市区域下之各该项数目)	西区:45 840 北区:1 700 总计:47 540	外侨:9 506 华民:未详	洋式房屋:2 470 华式房屋:3 597 总计:6 067 (此项数目仅包括至1930年9月30日止曾缴纳公共租界工部局房捐之房屋)	无
总　　计		3 121 682		

---

① 【英】费唐著、【民】工部局华文处译述:《费唐法官研究上海公共租界情形报告书》第1卷,工部局华文处,1931年,第666页。
② 【英】费唐著、【民】工部局华文处译述:《费唐法官研究上海公共租界情形报告书》第1卷,工部局华文处,1931年,第41页。
③ 【英】费唐著、【民】工部局华文处译述:《费唐法官研究上海公共租界情形报告书》第1卷,工部局华文处,1931年,第35页。

公共租界的土地由1900年的11 427亩至1931年,几乎增长了一倍,达到22 131亩。1900年,公共租界内注册之地的估计价值为四千四百万两白银,至1931年,增长至约六亿两白银。公共租界中区的册地面积,由于建筑道路占用土地的原因,自1900年以来,非但不增,反而略为减少。但该区土地的估计价值,则增加十倍以上。1900年仅值银二千三百万两,至1931年,增至二万三千四百万两。1931年,公共租界中区的地价,平均每亩值银十万两以上。坐落地点占优势的土地,其价值犹不止此。①

1915—1930年间,公共租界所建各种房屋,其估计价值共为白银二万三千五百万两。其中,由旧屋翻造新屋者,为数颇多。界外两区域最近于公共租界各部分,同时期亦有很大发展。在华人统治区域内的大部分房屋发展较为滞钝,盖因所有旧屋一任其塌毁,除去一些公共或半公共房屋及若干新工厂外,大规模的新式房屋经建造者,殊为少数。②

表3.7是费唐法官报告里1915—1930年间每年工部局核准建筑的各种房屋数目统计数据。③

---

① 【英】费唐著、【民】工部局华文处译述:《费唐法官研究上海公共租界情形报告书》第1卷,工部局华文处,1931年,第690—692页。
② 【英】费唐著、【民】工部局华文处译述:《费唐法官研究上海公共租界情形报告书》第1卷,工部局华文处,1931年,第695—696页。
③ 【英】费唐著、【民】工部局华文处译述:《费唐法官研究上海公共租界情形报告书》第1卷,工部局华文处,1931年,第716页。

表 3.7　1915—1930 年间每年工部局核准建筑的各种房屋数目一览表[①]

年份	华式房屋	洋式房屋	外人店铺	旅馆房屋	办公处房屋	学校房屋	戏院	公寓	外侨住房	工厂	田仓	杂项	总计	估计价值（两）
1915	6 134	41									27	690	6 892	5 000 000
1916	5 903	89									41	734	6 767	6 000 000
1917	3 342	58									36	490	3 926	5 000 000
1918	2 313	75									55	525	2 968	4 000 000
1919	2 336	101								28	52	614	3 131	6 000 000
1920	2 470	109								51	84	828	3 542	11 000 000
1921	4 064	66							235	41	55	883	5 344	21 000 000
1922	4 267	84							128	25	28	955	5 487	16 000 000
1923	5 634	208							162	14	38	1 216	7 272	13 000 000
1924	5 293	73							128	20	27	1 152	6 693	12 000 000
1925	7 734	141							127	13	19	932	8 966	15 000 000
1926	5 160	108							97	22	21	839	6 247	21 000 000
1927	2 640	43							48	19	14	856	3 620	9 000 000
1928	3 508		77	7	24	3	7	4	55	45	53	928	4 711	20 000 000
1929	5 282		310	1	33	1	6	8	380	53	52	1 460	7 586	25 000 000
1930	6 818		298	3	35	6	6	5	327	27	64	1 247	8 836	46 000 000

[①] [英]费唐著，[民]工部局华文处译述：《费唐法官研究上海公共租界情形报告书》第 1 卷，工部局华文处，1931 年，第 716 页。

公共租界的区域面积一直在扩张。随着工部局修筑道路，铺设水电、电话、邮局等基础设施的配套建设，租界内的地产价值也一直在增长。为了征收地税和房捐，工部局曾对租界内地产进行多次估价，1900—1930年间共进行过10次估价。表3.8是1900—1930年间上海公共租界内各区面积及估计地价一览表。[①]

表3.8　1900—1930年间上海公共租界内各区面积及估计地价一览表

年份	区别	征收地税面积（亩）	估计地价两数（白银两）	年份	区别	征收地税面积（亩）	估计地价两数（白银两）
1900	中区	2 210.209	23 324 176	1903	中区	2 220.642	30 086 586
	北区	1 880.681	7 205 791		北区	2 015.923	9 714 534
	东区	4 165.471	8 444 139		东区	4 938.862	12 541 081
	西区	3 170.754	5 256 832		西区	3 950.675	8 081 572
	总计	11 427.115	44 230 938		总计	13 126.102	60 423 773
1907	中区	2 224.503	77 205 106	1911	中区	2 220.533	66 159 600
	北区	2 126.853	23 146 844		北区	2 163.216	23 851 427
	东区	5 753.083	24 306 233		东区	6 650.265	25 064 227
	西区	5 538.186	26 389 074		西区	6 059.894	26 475 692
	总计	15 642.625	151 047 257		总计	17 093.908	141 550 946
1916	中区	2 215.911	72 404 263	1920	中区	2 208.605	108 593 879
	北区	2 232.172	26 745 181		北区	2 250.609	39 337 270
	东区	7 264.274	32 032 785		东区	8 009.110	53 109 540
	西区	6 738.513	31 536 027		西区	6 991.850	45 083 102
	总计	18 450.870	162 718 256		总计	19 460.174	246 123 791

[①]【英】费唐著、【民】工部局华文处译述：《费唐法官研究上海公共租界情形报告书》第1卷，工部局华文处，1931年，第714—715页。

续表

年份	区别	征收地税面积(亩)	估计地价两数（白银两）	年份	区别	征收地税面积(亩)	估计地价两数（白银两）
1922	中区	2 208.3452	91 664 608	1924	中区	2 198.8778	146 729 836
	北区	2 251.168	32 935 410		北区	2 242.823	52 126 703
	东区	8 644.911	42 048 704		东区	8 899.650	75 012 601
	西区	7 233.673	37 216 912		西区	7 434.643	62 843 354
	总计	20 338.0972	203 865 634		总计	20 755.9938	336 712 494
1927	中区	2 184.198	169 368 231	1930	中区	2 175.984	234 741 148
	北区	2 245.092	59 771 678		北区	2 251.332	85 229 513
	东区	9 370.968	82 545 119		东区	9 880.922	117 231 733
	西区	7 641.080	88 236 927		西区	7 823.141	160 040 767
	总计	21 441.338	399 921 955		总计	22 131.379	597 243 161

二、1931—1937年为上海房地产业发展低落期

1931—1937年可以分为两个阶段：1931—1935年和1935—1937年。一直到抗日战争爆发，上海沦陷，上海的房地产业一落千丈，陷入萧条状态。

1931—1934年，公共租界房地产业发展主要延展到以下这些区域：中区南无锡路、新马路、北河路、新桥路附近区域；东区邓脱路、同德路、赫司克尔路、龙江路、辽阳路、汾州路、通北路、隆昌路、景星路附近区域；北区乍浦路、昆山路附近区域。公共租界在法华镇地区越界筑路：哥伦比亚路附近区域，吴淞江以南地区马白路、普陀路附近区域。[①]

法租界房地产业主要延展到法租界新区如爱麦虞限路、雷士达路、西爱咸斯路、毕勋路、高恩路、钜鹿路、大兴西路、亨利路这些马路附近区域发展。[②]

[①] 上海档案馆，《工部局董事会会议录译文(1931—1932)》，第473、479—480、573页；《工部局董事会会议录译文(1933—1935)》，第376、377、434页。
[②] 上海档案馆，《日伪上海市政府》，上海档案馆1986年第一版；《上海地名志》编纂委员会：《上海地名志》，上海社会科学院出版社1998年12月第一版，第628—671页。

华界房地产业主要集中在浦东中部、西部、西北部地区,如警局路、老白渡南街、仁记路、北杨家宅路、震修支路、杨家渡路、土地堂后街、东昌路这些马路附近区域;上海市区东北部、北部地区,如星新坡路、顺德路、昌平路、新化路、荔浦路、拉皮路、莱浦路、竞华路这些马路附近区域;闸北地区,如裕通路、新体育会路、天通庵路、育才路等附近区域;漕泾地区,如慈云街、漕溪路等附近区域;沪南地区,如五埭头、中漕路等附近区域;法华地区,如敦惠路、华阳路、安西路、宣化路、镇宁路、曹家堰路等附近区域。①

附图3.8和附图3.9是1932年普益地产公司编制、英商广益地产公司印赠的《上海全图》。该图中的每一个红点表示一宗在1932年上海市区发生的房地产交易。② 从这两幅图可以看出,在该年,房地产交易遍布上海市区,但多在租界范围内。最为集中的三处是:公共租界东区,公共租界西区白克路、静安寺路以南地区及法租界新区,西藏路与浙江路之间及五马路与上海县城厢之间的区域。

表3.9是1930—1937年间上海房地产历年交易总额统计表。

表3.9　　　　1930—1937年间上海房地产历年交易总额统计表③

(三十二年一月廿三日本市《泰晤市报》)

年份	全年交易总额(元)	年份	全年交易总额(元)
1930	84 000 000	1934	12 990 000
1931	183 000 000	1935	14 460 000
1932	25 175 000	1936	14 200 000
1933	43 130 000	1937	6 270 000

---

① 上海档案馆,《日伪上海市政府》,上海档案馆1986年第一版;《上海地名志》编纂委员会:《上海地名志》,上海社会科学院出版社1998年12月第一版,第628—671页。
② 张伟等:《老上海地图》,上海画报出版社2001年版,第103页。
③ 王季深:《上海之房地产业》,上海经济研究所发行,建东印刷公司印刷,中华民国三十三年七月初版,第7页。

第三章 民国上海房地产业发展研究(1912—1937年)

1935—1937年,租界内的道路修筑很少,租界的房地产建设重点是在越界筑路区。华界的房地产建设重点是在闸北以北,以及殷行、引翔、彭浦等上海新市区。总的来说,租界的房屋建设数量已经开始逐渐下降,华界的房屋建设开始兴起。但是这一时期,华界经历了一·二八和八·一三两次日本侵沪战争。华界的房屋损失惨重,原来的房屋废墟上出现了大量的棚户区。这一时期最明显的特征就是在租界内开始兴起钢筋水泥结构的楼房,修建了大量的钢筋水泥结构的高层建筑,另外,对很多旧有的房屋进行改造和翻修。

李伯涵是新亚联合地产股份有限公司的重要职员,同时,还是新益地产股份有限公司的总经理。该公司的总公司地址在1944年是上海静安寺路996号美琪大厦。[①] 该公司是抗战期间华商地产业组织有限公司之第一家,华商地产业组织有限公司的地址位于静安寺路996号二楼[②];李伯涵还是天丰房地产股份有限公司的董事,该公司地址在静安寺路996号三楼。[③] 李伯涵在《民元来上海之地产业》[④]一文中认为,民元以来上海的地产业可以分为七个时期:(一)初兴时期。民元至十年(1912—1921年)是上海地产业的初兴时期。因为上海的建筑陈旧不合需要,起始于少数西人,后国人纷纷仿效,开始投资兴建翻盖里弄房屋及新式住宅。(二)兴发时期。民国十一年至十五年(1922—1926年)是上海地产业的兴发时期。因为人们感觉投资地产稳妥可靠,所以纷纷投资地产。(三)低落时期。民国十五年至十七年(1926—1928年)是上海地产业的低落时期。民国十五年下半年,因为上海市面萧条,工商业衰落,房屋供过于求,空屋日渐增多,地价一度低落。(四)重兴时期。民国十七年低落时期后至民国二十年(1929—1931年)是上海地产业的重兴时期。原因有以下几个

---

① 王季深:《上海之房地产业》,上海经济研究所发行,建东印刷公司印刷,中华民国三十三年七月初版,第13页。
② 王季深:《上海之房地产业》,上海经济研究所发行,建东印刷公司印刷,中华民国三十三年七月初版,第21页。
③ 王季深:《上海之房地产业》,上海经济研究所发行,建东印刷公司印刷,中华民国三十三年七月初版,第23页。
④ 朱斯煌、沈云龙:《近代中国史料丛刊三编》第四十七辑,《民国经济史》,文海出版社1947年印行,第103—105页。

方面:第一是工部局鼓励建筑房屋,增开道路,提高土地估价,导致地价急增;第二是投资者所收到的房租利润相当优厚;第三是上海市政府对于南市、闸北两区人民的建筑给予种种便利;第四是大上海计划新开市中心区域奖励人民领地,人民及银行纷纷投资,盛极一时;第五是金融业经营房屋,受押地产者日见众多,因而地产交易日益活跃。(五)中落时期。民国二十一年至二十六年(1932—1937年)是上海地产业的中落时期。自民国二十一年,一·二八战事发生,战火焚毁了大量的房屋,造成房产价值一落千丈,工商业衰落,地产商经营困难,无力维持而破产的事情频繁发生,银钱业受到牵连,地价飞速跌落。民国二十三年下半年,地产业复苏,投资者踊跃,这个时期兴建了各种新式大建筑;但是不幸至民国二十六年,八·一三抗战爆发,南市、闸北两区遭受战火的损害更甚于前,上海的地产业又呈不振现象。……①

由上述李伯涵的描述,对比附图3.8和附图3.9,可以发现上海房地产业发展的几个阶段基本相符,只有第五个时期略有出入。根据附图3.8和附图3.9,在第五个时期,1931—1935年,上海的房地产业发展走向低落,在1936年开始上升,直至1937年。从附图3.8和附图3.9看,这个时期房地产业发展虽然不如1922—1930年期间,但平均整体水平高于1912—1921年期间。可见,本书对于民国时期上海房地产业发展阶段的划分是符合历史事实的。

三、1912—1937年上海房地产业发展特点分析

(一)房地产投资主体多样化

这个时期,投资房地产业的主体各种各样,有自然人、政府、企业、社会团体、宗教团体、金融机构等。

个人投资者是这个时期最活跃的投资主体,参与者众多,投资额有大有小,上至官僚地主,下至平民百姓,都纷纷把闲置的钱投资到房地产中,或出售,或出租,获取利润。例如,原卢湾区永年路上的天祥里,是1912

---

① 朱斯煌、沈云龙:《近代中国史料丛刊三编》第四十七辑,《民国经济史》,文海出版社1947年印行,第103—104页。

—1936年由朱葆三投资建造的,现马当路上的西成里是1926年由孙传芳建造的,顺昌路612弄的信陵村是1929年由魏廷荣投资建造的。

在《九袱洲全体业主户名产权住址一览表》[①]中,294户业主中有280户业主是个人,占到业主总数的近95%,他们拥有土地7807亩;其他机构占到14家,拥有土地879亩,占到九袱洲土地总数的约90%。这些业主拥有的地产有多有少,业主谢笳璁的地产有395亩,其通信地址是"上海宁波路阜成里弄内第5号"。业主贾吉村有地产2亩,赵双寿有地产3亩,业主姚雨春有地产71亩,姚忠洪有地产40亩,姚双庆有地产12亩,姚荣和有地产20亩,这六人的通信地址都是"上海大通路信业里961号姚少明先生收转"。业主温德浩有267亩地产,谭海秋有120亩地产,这两人的通信地址都是"上海极司菲尔路56号温钦甫先生收转",温钦甫是江南制纸股份有限公司发起人之一,也是九袱洲业主代表会第一次会议选举的主席。其他像这样几个业主使用同一个通信地址的很多。可见,在当时,同处一地的几个人相约一起投资某处地产的现象是很普遍的。平民百姓资金少,买的地产也少,企业高管、工商企业主等资金多,购买的地产也相对多。例如,业主姚慕莲,是上海内地产股份有限公司的董事长[②],通信地址是"上海卡德路154弄9号♯♯生先生收转",他拥有地产8亩。上海南京路大生药房老板徐季荪,是徐锡麟的四弟,在九袱洲拥有地产20亩,其通信地址是"上海英租界汉口路浙江地方实业银行"。镇江名人蒋怀仁,是镇江第一所西医院怀仁医院的创始人,在九袱洲拥有地产25亩;蒋聘三是其同乡,拥有地产10亩。曾任位于上海北京路的国华银行副董事长兼总经理唐寿民,在九袱洲拥有地产10亩,其通信地址是"上海北河南路北京路口国华银行收交"。

各种社会团体如各省的旅沪同乡会、会馆、慈善机构等也参与房地产投资。现徐汇区徐虹路上的四川里,由四川旅沪义济善会在1924年左右投资兴建,1937年上海沦陷后,义济善会卖给姚姓业主。建国西路上的合群坊,是1929年由善道堂集资兴建的。位于今崇德路上的培福里是四

---

① 上海档案馆档案,Q270-1-127,《九袱洲全体业主户名产权住址一览表》。
② 上海档案馆档案,Q403-1-836,《上海内地产股份有限公司房屋买卖合同》。

明公所于 1927 年建造的。在《九袱洲全体业主户名产权住址一览表》①中,通州育婴堂拥有地产 40 亩,其通信地址是"南通州康家闸";崇善堂拥有地产 5 亩,其通信地址为"南京金沙井";钱灭信堂拥有地产 10 亩,其通信地址是"苏州♯门内严卫♯打线弄 5 号俞宅收转"。

宗教界团体主要是法国天主教会在上海大量投资房地产。天主教会除用作修道院、孤儿院、学校、育婴堂外,也出租或出售房地产。例如,现徐汇区华山路上的天佑里、天福里、天申里、仁美里都是由天主教会建造的。英册道契第 951 号第 958 分地,土地坐落北至苏州港滩路,南 578 分外洋戏园地,东 579 分余地,西圆明园路,土地面积 2.084 亩。邻契人是传教会住居上海管银董事。② 英册道契第 933 号第 940 分地,坐落上海城内二十五保六图五老峰,系英国伦敦董事于道光二十五年租为建造本处教堂之用。光绪十三年十一月初七日,英国伦敦教会寓沪董事转予华人张书樵租用。③

洋行、买办是房地产投资的重要参与者,而且占据了近代上海房地产业的垄断地位,如沙逊洋行。承担洋人买办的华人,也都利用给洋商服务的机会进行房地产投资。出现了许多房地产大亨,如程谨轩、周莲塘就是典型的例子。

沙逊集团 1921 年在上海共拥有 29 处房地产,土地面积达 298.678 1 亩。房产有宝康里、青云里、德安里、庆顺里、如意里、兆桂里、长鑫里等,1921 年估价达 13 299 348 两,年租金收入可达 734 千两。④ 沙逊集团下属的房地产公司有华懋地产有限公司、爱尔德(地产)有限公司、三新地产股份有限公司等,进行房地产买卖、经租以及其他活动。⑤ 吴蕴初所建的天利淡气制品厂股份有限公司的土地道契就挂号在沙逊集团的爱尔德有

---

① 上海档案馆档案,Q270-1-127,《九袱洲全体业主户名产权住址一览表》。
② 蔡育天:《上海道契(1847—1911)卷三》,世纪出版集团上海古籍出版社 2005 年 1 月第 1 版,第 308 页。
③ 蔡育天:《上海道契(1847—1911)卷三》,世纪出版集团上海古籍出版社 2005 年 1 月第 1 版,第 295 页。
④ 张仲礼、陈曾年:《沙逊集团在旧中国》,人民出版社 1985 年 10 月第一版,第 42—43 页。
⑤ 张仲礼、陈曾年:《沙逊集团在旧中国》,人民出版社 1985 年 10 月第一版,第 52—53、184 页。

限公司。①

　　金融机构在近代上海房地产业发展中承担着多重角色,不仅开展各种抵押贷款,给房地产交易融资,而且其自身也直接参与房地产投资。有些大的银行机构,设有专门的房地产公司,从事房地产投资;一般的银行都设有房地产经租处;其他的金融机构像保险公司、典当行、钱庄、票号、银号等都进行房地产投资业务。在《九袱洲全体业主户名产权住址一览表》②中,浙江地方实业银行拥有地产211亩,其通信地址是"上海英界汉口路浙江实业银行总管理处交"。上海浙江兴业银行房地产信托部1931年2月18日在法租界辣斐德路菜市路口购进英册第12612号道契土地及地上建筑物,土地面积共8.752亩,上盖房屋八十余幢。该房产是"成裕里内三层楼单双石库门四十九幢,又沿马路二层楼市房三十四幢,每月可收租金贰千九百拾五元,现拟酌加。共计价元叁拾贰萬六千五百两正(地价每亩约值贰萬七千五百两,房屋估价八萬五千八百二十两)。……"③

　　在《九袱洲全体业主户名产权住址一览表》④中,有7家企业或商号在九袱洲拥有地产。仁记公司拥有地产66亩,其通信地址是"南京彩霞街荫惜里马梓卿先生收转";协兴公司有地产97亩,其通信地址是"镇江桃一湾森生园内宛养量先生转交";九袱洲公记驻京办事处拥有地产5亩;郭翼山山记和郭翼山翼记共拥有地产60亩,其通信地址分别是"上海霞飞路仁和里5号"和"上海爱多亚路永贵里23号";华兴公司拥有地产10亩,其通信地址是"南京实业部司徒克先生收转";荣兴公司有地产50亩,其通信地址是"上海市海关路天福里17号孙谕臣先生收交"。

　　政府机构也参与房地产投资。在《九袱洲全体业主户名产权住址一览表》⑤中,江苏财政厅拥有地产233亩,其通信地址是"镇江城内";"中

---

　　①　上海档案馆档案,Q38-1-5,《天利淡气制品厂股份有限公司选择建厂地区,及购地的有关事项》。
　　②　上海档案馆档案,Q270-1-127,《九袱洲全体业主户名产权住址一览表》。
　　③　上海档案馆档案,Q268-1-535-19,《浙江兴业银行房地产信托部为购进地产一方事致总行函(1931年2月)》。
　　④　上海档案馆档案,Q270-1-127,《九袱洲全体业主户名产权住址一览表》。
　　⑤　上海档案馆档案,Q270-1-127,《九袱洲全体业主户名产权住址一览表》。

华邮政"总局有地产 25 亩,其通信地址是"南京下关苏皖邮政管理局"。

(二)房地产市场上机构投资者是主流

这个时期,机构投资者是房地产市场的主流。房地产公司、工商企业、金融机构是三大机构投资者。其中,金融机构是最主要的机构投资者,从历史档案可以很明显地看出这一点。

1930 年底,上海 14 家银行报告各该行所有以租界内地产作抵押之借款总数,公共租界内地产作抵押,借款 106 020 187.90 两白银;以法租界内地产作抵押,借款 15 263 444.50 两白银。各银行所有在上海的地产坐落在公共租界内者,价值达 27 065 410.00 两白银;坐落在法租界内者,价值达 3 609 610.00 两白银。[①]

从《浙江第一商业银行总行房地产投资账余额表》[②]中可以看出,浙江第一商业银行总行房地产投资有 21 处房地产业,分布在公共租界主干道路以及华界殷行、引翔等区,都是繁华地带的房产。1937 年 11 月 20 日的《上海市银行资产表》[③]显示,上海市银行购买土地 90.779 亩,价值 1 204 879.66 元,其中在沪南区三图月字圩南市码头的土地有 15.714 亩,连同地上建筑物,价值 850 890.00 元,沪南区一图地字圩土地 9 亩,价值约 180 000 元;在法华区廿八保七图傅字圩大西路上有地产 12.839 亩,价值 64 195.00 元;在善钟路上有地产 2.987 亩,价值 33 454.40 元;在塘山路上有地产 3.752 亩,连同地上建筑物,价值共 110 198.26 元;在海格路上有地产 1.755 亩,价值 27 027.00 元;在辣斐德路有附带地上建筑物的地产 1.43 亩,价值 46 046.00 元;在真如区十四图冬字圩有地产 51.209 亩,价值 51 209.00 元。

1934 年的《上海市典业信托社房地产有价证券及存出款项(资产清册)》[④]中,上海市典业信托社共有地产 52.0822 亩,住宅 20 所,不作价旧房 4 处及市房 5 间,市号房 550 幢,中号房 16 幢半,房地产科目总价值达

---

① 【英】费唐著、【民】工部局华文处译述:《费唐法官研究上海公共租界情形报告书》第 1 卷,工部局华文处,1931 年,第 648 页。
② 上海档案馆档案,Q270-1-171,《浙江第一商业银行总行房地产投资账余额表》。
③ 上海档案馆档案,Q53-1-002,上海档案法公董局档案,《上海市银行资产表》。
④ 上海档案馆档案,Q270-1-171,《上海市典业信托社房地产有价证券及存出款项》。

1 164 657.09 元,这些房地产坐落在市兴路、市光路、湖北路严家闸菜场、市中心区、成府路、市京路、昆北路、圣贤桥、共和路、华康路、沪东东昌路、毛家丹外滩等地,分布在殷行区、沪南区、闸北区、法华区、洋泾区及美租界内,主要是住宅房,还有店面及菜场。其中,在殷行区有地产 21.841 亩,住宅 20 所;在沪南区有地产 11.746 2 亩,不作价旧房 3 处,市房 5 间,中号房 16 幢半;在洋泾区有地产 7.754 亩,市号房 500 幢;在法华区有地产 2.679 亩;在闸北区有地产 4.597 亩,不作价旧屋 1 处;在美租界有地产 3.465 亩,市号房 50 幢。金融机构的房地产除直接购买的以外,很大一部分来源于没收的抵押品。

上海交通银行在 1934 年拥有房地产 60 处,市场总价值合国币 173 730.20 元[①],其中,在上海拥有的房地产如表 3.10 所示:

表 3.10　　　　　　　上海交通银行上海房地产表[②]

地　段	亩数（亩）	国币金额（元）	地　段	亩数（亩）	国币金额（元）
上海北京路	2.123	1 015 965.19	环龙路	1.479	59 150.52
北苏州路	3.059	636 707.10	威海卫路	1.766	111 961.82
海格路	2.758	71 888.11	平望街	2.217	228 836.51
河南路鹏程里	2.188	87 093.72	愚园路	10.278	838 542.11
河南路同禹里	9.08	349 099.30	引翔乡	5.292	7 924.32
威妥玛路	2.612	29 225.17	新闸路	2.52	140 107.76
迈尔西爱路	1.463	7 061.54	扬州路	1.025	10 722.53
姚主教路	6.681	113 941.26	汇山路	1.3	13 599.31
大通路	4.855	268 039.40	大华里	0.083	2 341.00
白克路	1.695	249 842.61	上海法册 1525#、336#		19 299.89
白尔路	5.441	167 415.38	合　计	75.719	4 769 488.29
北山西路	7.804	340 723.74			

---

①　上海档案馆档案,Q55-2-26,《上海交通银行全体房地产表》。
②　上海档案馆档案,Q55-2-26,《上海交通银行全体房地产表》。

浙江兴业银行在 1930 年 4 月 3 日与四合公司所签订的合同中，出售自己所拥有的房地产："……今因公司承购银行所有英册 1472 号坐落县二十五保三图土名包家宅，现系江西路基地四亩贰分陆厘贰毫（4.262 亩），即前设客利饭店旧址上连房屋（以下统称房地产），业经双方合意，兹将订定信约条列如下：一是项房地产计原有地肆亩贰分陆厘贰毫（4.262 亩），丈出地捌厘捌毫共计肆亩叁分伍厘（4.305 亩），工部局划去五分柒厘壹毫（0.571 亩），计实有地叁亩柒分柒厘玖毫（3.779 亩）；一双方订定全部产价上海规元壹百贰拾万两正（1 200 000 两）。……"①

房地产公司和工商企业是房地产市场的交易主体。上海工商企业众多，除了经营自己的主营业务外，也纷纷投资房地产，形成一支强大的市场力量。在 1912—1937 年这段时期，上海的房地产市场上有上百家房地产公司，是上海房地产交易的主要参与者。

表 3.11 是 7 家房地产公司在 1931—1937 年期间的盈亏情况表（详见附录Ⅱ第三章 2.1931—1937 年 7 家房地产公司盈亏情况表），从中可见上海房地产业的繁荣与衰落。

表 3.11　　　　　　　　1931—1937 年 7 家房地产公司盈亏情况表

公司名称	历年盈亏
中和产业公司（Centrql Properties,Ltd.）②	该公司之营业收益大部分系来自不动产，故历年收益颇为稳定，1934 年度（仅十个月盈余为 313 298 元，1935 年盈余为 360 155 元，1936 年为 369 209 元，1937 年为 358 814 元。……）
英法地产有限公司（The Anglo-french land investment Co.,Ltd.）③	该公司自 1931 年至 1934 年度营业良好，自 1935 年起上海地产事业转趋衰落，故该公司营业亦逐渐减退。1937 年度，因中日事变，该公司在公共租界东北区之财产遭受损失，故营业颇受影响，盈余数额由上年度的 221 419 元降至是年度的 62 661 元。……

---

①　上海档案馆档案，Q268-1-71-32，《四合公司承购浙江兴业银行房地产与浙江兴业银行所订合同书（1930 年 4 月）》。
②　《上海之金融市场（续上）：第一编：证券市场：五、民国三十年外商股票及发股公司之调查：中和产业公司：注册：香港注册……》，《经济研究》，1942,3(7)，第 1—3 页。
③　《上海之金融市场（续上）：第一编：证券市场：五、民国三十年外商股票及发股公司之调查：英法地产公司：注册：香港注册……》，《经济研究》，1942,3(7)，第 1—3 页。

第三章　民国上海房地产业发展研究(1912—1937年)

续表

公司名称	历年盈亏
恒业地产公司(Metroplitan Land Company, Limited)①	该公司历年营业情形尚称良好,1931年因上海地产事业繁荣,该公司获利386 309银两,1932年盈余数额降至125 166银两,其后两年盈余数额各为90 730元及170 688元。自1935年起,上海地产事业转趋衰落,该公司营业颇受影响,计是年度盈余仅44 129元,1936年盈余续降至13 566元,1937年受八·一三事变之影响,该公司盈余仅405元。……
华懋地产公司(Cathay Land Company Limited)②	该公司自1931年至1934年因上海房产事业繁荣,故营业颇为发达,1932年盈余510 016元,1933年盈余262 690元,1934年盈余249 668元,自1935年起地产事业转趋衰落,故该公司营业颇受影响,1935年亏损511 840元。
中国营业公司(China Realty Company, Limited fed inc. U.S.A.)③	该公司设立于1925年,自是年起至1933年,上海地产价格颇见高涨,故该公司之营业颇为良好。1934年夏起,上海地产事业转趋衰落,该公司营业大受影响,乃于1935年9月向美国驻沪法庭,申请无力偿付债款而选定清算人清理,如期实行改组。
中国建业地产公司(Fonciere et Immobiliere de Chine)④	该公司历年营业颇为稳定,1933年盈余458 635元,1934年盈余475 365元,1935年起营业稍见衰落,故1935年盈余降减至256 109元,1936年盈余208 692元,1937年中日事变该公司稍受影响,盈余203 602元。
业广地产有限公司[Shanghai Land Investment Co., Ltd.(1888)]	该公司之营业情形,原称良好,1931年盈余3 370 140银两,次年为1 011 425银两,1933年盈余842 782银两。自1934年夏起,上海地产事业转趋衰落,该公司之营业即受影响,1934年盈余1 285 172元,1935年为1 130 525元,1936年则盈余仅112 628元。1937年6月,该公司为减轻银行透支利息之负担,发行新股982 800股,每股票面7元,乃八·一三沪战发生,该公司大部分财产系在虹口遭受相当损失,故营业结果亏损308 601元。……⑤

---

①《上海之金融市场(续上):第一编:证券市场:五、民国三十年外商股票及发股公司之调查:恒业地产公司:注册:香港注册……》,《经济研究》,1942,3(7),第1—3页。
②《上海之金融市场(续上):第一编:证券市场:五、民国三十年外商股票及发股公司之调查:华懋地产公司:注册:香港注册……》,《经济研究》,1942,3(7),第1—3页。
③《上海之金融市场(续上):第一编:证券市场:五、民国三十年外商股票及发股公司之调查:中国营业公司……》,《经济研究》,1942,3(7),第1—3页。
④《上海之金融市场(续上):第一编:证券市场:五、民国三十年外商股票及发股公司之调查:中国建业地产公司:地址:上海爱多亚路九路……》,《经济研究》,1942,3(7),第1—3页。
⑤《上海之金融市场(续上):第一编:证券市场:五、民国三十年外商股票及发股公司之调查:业广地产公司……》,《经济研究》,1942,3(7),第1—4页。

(三)华人投资房地产业的兴起和发展

这个时期华人在租界、华界内广泛投资。近代上海房地产业的发展过程中,虽然租界内的房地产业是主流,但是华人投资者为租界投资的重要力量。在租界投资的华人中,主要是政府人员、官僚、地主、工商业企业主以及其他有势力的社会人士。这些人财力雄厚,房地产投资数量巨大,对租界内房地产业的发展起到了有力的推动作用。在华界,华人也有广泛的房地产投资,正是因为华人人口众多,构成了对房屋的需求,因此形成了巨大的购买力,所以,近代上海房地产市场里,华人投资是房地产市场的重要力量。

例如,蒋介石的花园住宅在东平路9号,孔祥熙的房产之一在永嘉路383、385号,宋子文的房产在岳阳路145号。在第三次扩展的法租界内,1925年,孔祥熙兴建了斐村,共19幢房屋,建筑面积3 645平方米。1926年,军阀孙传芳兴建西成里,共134幢房屋,建筑面积达13 969平方米。1926年,流氓头子黄金荣兴建钧培里,共9幢房屋,建筑面积达1 703平方米。1927年,青帮头目杜月笙兴建培福里,共36幢房屋,建筑面积为5 922平方米。1930年,上海市市长吴铁城化名吴子祥兴建金谷村,共99幢,建筑面积达17 364平方米。

表3.12是1931年上海主业经营房地产业务的公司机构名录[1](详见附录Ⅱ第三章 8.1931年上海主业经营房地产业务的公司机构名录)。1931年,《上海商业名录》[2]收录的上海主业经营房地产的公司机构及个人共94家,其中外商34家,华人60家。有的公司主营业务已经前后一体化,形成一条产业价值链。例如,大耀建筑公司,从产业前端的建筑、设计,中端产业买卖房地产、经租业务,到后端产业房地产保险,形成了一条产业链。买卖房地产,经租业务,地产押款,房地产保险是当时房地产业的主要经营形式。也有一些公司多元化经营,涉足行业广泛,除房地产业外,还涉足进出口贸易、金融业、运输业、拍卖业、烟丝业,甚至五金、机器。

---

[1] 中国商务广告公司:《上海商业名录》,商务印书馆中华民国二十年(1931年)四月初版。
[2] 中国商务广告公司:《上海商业名录》,商务印书馆中华民国二十年(1931年)四月初版。

第三章 民国上海房地产业发展研究(1912—1937年)

表 3.12　　1931年上海主业经营房地产业务的公司机构名录

行　名	地　址	主要业务	副　业
一大股份银公司	南京路德馨里198号	地产、押款	经租、建筑
上海银公司	爱多亚路33号	地产借款保险	
上海兴业地产公司	平望街40号	地产	
大亨洋行	公馆马路42号	进口、地产、烟丝	
大耀建筑公司	博物院路3号	建筑、设计、地产、经租、保险	
久益地产公司	北京路96号	地产	
中法银公司	爱多亚路39号	放款、地产、经租	
中国地产实业公司	汉口路14号浙江实业银行楼上	地产、建筑、放款	
中国协商公司	香港路4号	进出口、地产	
中国投资公司	广东路3号	股票、地产、保险	
中国建筑地产公司	爱多亚路6号	建筑、地产、经租	
中国营业公司	四川路70号	地产、押款、经租、保险、工程、测量	
中国劝工银行	南京路210号	银行、储蓄、地产	
公和洋行	广东路1号	建筑、地产	
公兴公司	台湾路满春坊8号	地产、经租	
仁元地产公司	斐伦路400号	地产	
五和洋行	圆明园路17号	建筑、地产	
六合贸易工程公司	四川路5号	进出口、地产、工程	
日东运输公司	四川路45号	买卖、经租、轮船运输	
友华银公司	江西路8号	押款、地产	
方来公司	四川路68号	汇兑、股票、地产	
平治明洋行	江西路28号	地产	
永安地产公司	江西路5号	地产、押款、建筑	
正太地产公司	爱多亚路29号	地产、经租、建筑	
申泰营业公司	四川路72号四楼	地产、保险、经租	
伊藤一郎	吴淞路义丰里200号	地产	
同仁法律事务所	北京路43号	诉讼、经租	

续表

行　名	地　址	主要业务	副　业
同益银公司	汉口路 9 号	汇兑、地产	
同盛公号	公馆马路升平里 28 号	地产	
安利洋行	南京路外滩沙逊大厦	进出口呢绒疋头、丝葭（?）棉花、机器、五金、洋纸、保险、洋杂货、地产房屋、建筑工程	
有利地产公司	平望街荣阳里 40 号	地产	
壳件洋行	四川路 48 号	煤、地产、运输、拍卖	
均记地产公司	吕班路 42 号	房产、地产	
儿岛洋行	宝乐(?)安路 103 号	地产、经租、营造	
协隆地产建筑公司	湖北路 313 号	地产、建筑	
昌业地产有限公司	苏州路 6 号	地产	
东兴土地信用组合	吴淞路 C294 号	地产、房产	
长利洋行	黄浦滩 12 号三楼	股票、地产、火险	
长丰地产公司	九江路 12 号	经租、地产、押款	
信平公司	四川路 66 号	房产、地产、保险	
哈同洋行	南京路 107 号	房地产	经租
建明地产公司	四川路 72 号	地产	
恒利金号	山海关路南兴(?)坊 117 号半	标金、地产	
恒裕丰地产公司	南京路 140－142 号三楼	房产、地产、信托、经租	
美华地产公司	南京路 49 号三楼	地产、营造	
振益公司	爱多亚路 38 号	地产	
晋元地产公司	白克路人和里 30 号	地产	
晋城地产公司	外滩 12 号二楼	地产、建筑	
泰利洋行	江西路 391 号	建筑、地产	
益群事务委托所	爱多亚路 187 号	建筑、经租	
高士荣	博物院路 20 号	地产、保险	
崐源银公司	四川路中央拱厦内 27 号	地产、押款、经租	
张裕泰建筑厂	贝勒路 14 号	建筑、地产、经租	

续表

行　名	地　址	主要业务	副　业
得利洋行	九江路3号	地产、股票捐客	
捷发地产公司	朱葆三路26号	房屋地产	建筑打样
毕利华	九江路2号甲	股票、地产	
琅记营业工程公司	九江路22号	地产、保险、经租、五金、机器、电料、制井、土木工程	
通利洋行	博物院路20号三楼	建筑、地产、保险	
郭晋馀号	公馆马路惟祥里4号	汇兑、经租	
陆文记	东熙华德路2781—2782号	地产	营造、保险、经租
务本地产公司	华成路12号	地产	
藤业地产公司	白利南路47号A	地产	建筑
富润地产有限公司	四川路56号汇丰房子	地产	
惠丰营业公司	北京路50号二楼	地产、建筑、五金	
扬子贸易有限公司	仁记路25号	地产	
普益地产公司	南京路50号	地产	
普业地产公司	博物院路20号	地产、保险	
华懋地产有限公司	沙逊大厦三楼安利洋行内	地产	
开宜公司	九江路14号	建筑、地产、保险	
集成银公司	福州路332号	银行业务、地产	
汇众银公司	汉口路4号	押款、放款、保险	
彙福公司	九江路B字2号	地产、经租	
爱爾德有限公司	香港路5号	建筑、地产、保险	
新顺泰营造厂	公平路公安里895号	建筑、打样、地产、保险	
新瑞和洋行	爱多亚路4号	建筑、房产、地产	
杨一和	北京路64号	地产	
业广地产有限公司	仁记路28号	房屋、地产	
义品放款银行	南京路沙逊大厦二楼	押款、房地产、保险	
葉和记营造厂	提篮桥茂海路凤生里56号	建筑、房屋、地产	
远东公共运动场股份有限公司	办事处:霞飞路220号	地产	

续表

行　名	地　址	主要业务	副　业
臺维洋行	江西路320号	进出口、地产	
辉光公司	江西路212号	建筑、地产、押款、保险	
震兴公司	宁波路112号	抵押、放款、地产	
锦名建筑工程师	四川路48号	建筑工程、保险、地产	
锦兴地产营业公司	仁记路25号	地产	房产、建筑、设计
懋赉地产公司	江西路218号	地产	
环球贸易公司	宁波路47号	地产、银业、进出口	
联益贸易公司	东熙华德路2781—2782号	进出口、地产、经租	
谭贵记经租账房	广西路494号	经租	
宝耀记	香港路4号	地产	
蘇爾工程师	北京路96号	绘图、营造、地产	
顧忍大律师	江西路452号	律师业务	经租、地产
大源公司	闸北海昌路如意里	测绘、地产	
丰盛宝业公司	爱多亚路38号	押款、保险、地产	

　　表3.13是1931年上海副业经营房地产业务的公司机构名录[①]（详见附录Ⅱ第三章9.1931年上海副业经营房地产业务的公司机构名录）。1931年,《上海商业名录》[②]收录的上海主业经营房地产的公司机构及个人共65家,其中,洋人11家,华人54家。以房地产业为副业的从业人员,有律师、会计师、医生,有从事建筑业、运输业、进出口贸易、造纸业、金融业、拍卖行、娱乐行业、五金杂货店等行业者,可谓是五花八门,可见房地产业之兴盛与繁荣。

[①] 中国商务广告公司:《上海商业名录》,商务印书馆中华民国二十年(1931年)四月初版。
[②] 中国商务广告公司:《上海商业名录》,商务印书馆中华民国二十年(1931年)四月初版。

表 3.13　　　　　1931 年上海副业经营房地产业务的公司机构名录

行　名	地　址	主要业务	副　业
三星大舞台	牛庄路 2 号	京戏	地产
大方建筑公司	四川路 112 号四楼	建筑、打样	经租、地产
大昌建筑公司	江西路 24 号四楼	建筑设计	地产
工商储蓄会	海防路 50 号	储蓄、银行业务	地产
王佳记营造厂	闸北金陵路佳兴里 1 号	建筑	经租
王海帆会计师	爱多亚路 39 号	会计师事务	地产、经租、保险
王梓康会计师	北京路 32 号	会计师事务	注册、保险、地产
元和公行	四川路 35 号	运输、进出口	保险、押款、地产
方瑞记	星加坡路 21—25 号	建筑	地产
立信会计师事务所	江西路 62 号	会计师事务	地产、经租
正诚法律事务所	四川路 112 号	民刑诉讼	地产、经租
伍守恭律师	江西路 24 号四楼	律师事务	地产、经租
同济建筑公司	爱多亚路 80 号	建筑、设计、估价	地产
老沙逊洋行	江西路 28 号栈房;香港路 10 号	进出口	保险、地产
何庆云律师事务所	老靶子路 148 号三楼	律师事务	地产
利纪生洋行	四川路 215 号	拍卖行	房产
吴少山律师	江西路 451 号五楼	律师事务	地产、经租
志平法律事务所	静安寺路 29 号甲	律师事务	地产、经租
沈家桢会计师	西门路西湖坊 45 号	会计师事务	地产、经租
沈轶千律师	白克路 E701 号	律师事务	地产、经租、放款
沈豫善律师	事务所:四川路 112 号 住宅:白克路 590 号 A	律师事务	地产、经租
沈鹤甫建筑师	博物院路 20 号	建筑设计	地产
东南建筑公司	江西路 451 号	建筑	地产
俞钟骆律师	事务所:四川路 112 号 住宅:西门黄家园(?)庆云里 6 号	律师事务	地产、经租
建安测绘行	北四川路 379 号	测绘设计	经租、地产
恒兴华洋杂货号	紫来街同德里 9 号	华洋杂货	地产

续表

行　名	地　址	主要业务	副　业
范铭(镜潭)律师	海宁路南高寿里1913号	律师事务	经租
彦沛记建筑事务所	四川路29号	建筑设计	地产
唐行健律师	福煦路国民里10号	律师事务	地产、经租
奚亚夫律师	江西路451号	律师事务	地产
徐式昌律师	白克路653号	律师事务	地产、经租
徐广德会计师	爱多亚路39号	会计师事务	地产、经租、保险
振昌公司	同孚路565号	花边、顾绣	地产发网
泰昌公司(英商)	新闸路B字57—58号	煤	地产
泰昌公典	法租界篮维蔼路93—94号	典质业	地产押款
益泰公司	外滩24号	营造、制图、监工	地产、经租
真裕公司	四川路29号	建筑、打样、营造	地产、进口
高易公馆	北京路7号	律师事务	地产
张骥律师事务所	博物院路20号	律师事务	地产、经租
笪耀先律师	白克路E61号	律师及会计师	地产、保险、估价
逊百克律师	朱葆路26号	律师事务	地产
陈日平徐广德王海帆会计师事务所	爱多亚路39号	会计师业务	地产、经租保险、信托
陈金镕律师	七浦路609号	律师事务	地产、经租
陶悟志律师	北京路100号	律师事务	经租、房产
汤有为律师	海宁路天保里9号	律师事务	地产、经租
华中营业有限公司	爱多亚路36号甲	建筑设计	保险、经租
华信建筑公司	中华路195号	建筑、打样	地产、经租
华星公司	爱而近路德润坊500号	进出口	地产
华商益中拍卖行	广东路13号甲	拍卖及公证人	地产
顺利五金号	百老汇A字1299号	五金、杂货	地产
黄宇平律师	四川路216号	律师事务	抵押、经租、房产
新亨营造厂	爱多亚路80号内145号	建筑、打样	地产
瑞和洋行	汉口路11号	拍卖	股票、房产、估价

续表

行　名	地　址	主要业务	副业
葛福莱律师	北京路15号	律师事务	地产、商标、注册
裕和洋行(英商)	四川路74号一楼	建筑工程师	地产
达理会计师	爱多亚路4号	会计师	火险、地产、房产
鸣鹤建筑公司	新闸路育伦里440号	建筑、设计、监工	地产、测量
荣龄轩牙医局	公馆马路敏体尼荫路611号	牙医	经租
潘晋之律师	四川路72号	律师事务	地产
衞藤日本律师	南京路中央大厦三楼10号	律师事务	地产、经租
龙章造纸公司	法租界新永安街17号	纸	地产
缪凯伯工程师	九江路B2号	土木工程打样	地产、经租
戴成祥律师	白克路637号	律师事务	房地产、信托、经租
蘇生洋行	九江路2号甲	建筑、打样、测绘	地产、房产
顧忍大律师	江西路452号	律师业务	经租、地产

华人投资是租界内房地产业的重要力量。1936年以后，现徐汇区新乐街道辖区成为法租界高级住宅区，旧上海国内外富商、社会名流、政界官宦、帮会头目等纷纷在此购置房产。杜月笙、金廷荪、何应钦等皆在该地区置有房产。

在历次战乱中，国内大批的富商豪绅逃到上海租界，带来了大量的资金，在租界内又有大批的工厂迁入。人口的增加、资金的流入以及工商业的繁荣，进一步带动了租界内房地产业的繁荣。租界周边的华界地区，是房地产投资的热门地区，也是华人投资者广泛涉足的地区。

(四)大量改建、翻建旧房房屋，增建房屋

在二十世纪二三十年代，上海掀起了一股房屋翻新改建潮流。改建翻新的房屋基本是开埠初期到民国初年建筑的老式旧式里弄房屋。这些房屋空间窄小，阴暗潮湿，室内没有卫生间，年代久远，易引起火灾，居住起来极不舒适。在这股浪潮中，绝大部分的旧式里弄都被改建翻新，有的房屋原是平房，后改建为楼房；有的原是旧式里弄，后改建为新式里弄或其他的建筑类型；有的是把原来的花园改建成房屋；有的是在原来的土地上增建新房屋等。

例如，现南昌路上的振德坊，原来建筑全系平房，泥土路面，下雨时泥泞不堪而被称为烂泥弄堂，1931年以后由陶姓翻建为砖木三层假三层楼房4幢。复兴中路上的益余坊原为外国人的小花园，1931年华人周某翻建成新式里弄砖木三层楼房。现天钥桥路的新乐村，原是一片空地，1935年大中华橡胶厂的职工在空地上建造旧式里弄砖木结构二层楼房6幢而形成居民点。安福路上的鹤园，1922年后建造花园住宅2幢，1936年又增建花园住宅7幢。淮海中路上的新康花园，原是英籍犹太人开设的新康洋行在1916年建造的私人花园，1933年改建成花园式公寓。

（五）高层建筑的发展

上海及其附近区域是冲积平原形成，地面平坦，少山岭，少岩石。[1] 上海的地下缺乏坚硬的岩石，地表缺乏粗砂层，普通建筑需把木桩锤打入地下，依靠流泥与黏土的表面摩擦作为主要的支持力，因此上海不能建高层建筑一直是占据统治地位的观点。甚至有人认为上海地下的地质条件越深越恶劣，在上海地面不适宜建重大建筑，高楼大厦只能出现在西半球，绝不可能出现在上海。1911年，建筑师使用钢骨水泥打排桩建起的上海总会五层大厦，打破了这个思想的统治。从此，上海的高层建筑如雨后春笋般林立而起。[2] 高层建筑的出现和发展，在上海的建筑史和房地产业史上都具有划时代的意义。从此，上海的建筑类型多样化发展，各种各样精美的私家庭院和商业大厦竞相出现，上海城内各种结构的房屋鳞次栉比。表3.14是1912—1930年各式住宅建设情况表。

---

[1] 上海市地方志办公室、上海市历史博物馆：《民国上海市通志稿》，上海古籍出版社2013年11月第1版，第184页。

[2] 上海市地方志办公室、上海市历史博物馆：《民国上海市通志稿》，上海古籍出版社2013年11月第1版，第199页。

表 3.14　　　　　　　1912—1930 年各式住宅建设情况表[①]

建筑类型	条　数	建筑面积	建筑面积所占比例
旧式里弄	1 414	3 669 719	59.80%
石库门里弄	221	983 369	16.00%
新式里弄	159	1 122 921	18.30%
花园里弄	27	200 278	3.20%
广式里弄	22	67 928	1.10%
公寓里弄	8	91 722	1.50%
合　计	1 851	6 135 937	100%

从表 3.14 可以看出，从 1912—1930 年上海的建筑类型有七种，主要以旧式里弄为主。旧式里弄条数达到 1 414 条，建筑面积达到 3 669 719 平方米，建筑面积占总数的比例达到 59.80%，占据了垄断地位；新式里弄和石库门里弄也是上海主要的两种建筑类型，所占比例较大。花园里弄、公寓里弄、广式里弄是数量较少的建筑类型，所占比例也很小。与 1911 年之前的阶段相比，1912—1930 年期间的旧式里弄在逐渐减少，其他类型的建筑在增加。总的来看，新式里弄是这个时期发展最快的，花园里弄和公寓里弄的建筑类型都在增长，广式里弄的建设在下降（见表 3.15）。

表 3.15　　　　　　　1931—1937 年各式住宅建设情况表[②]

建筑类型	建筑面积（平方米）	条　数	建筑面积所占比例
旧式里弄	1 402 281	824	52.30%
新式里弄	783 974	202	29.20%
石库门里弄	279 400	93	10.40%
广式里弄	108 499	38	4.00%
花园里弄	60 565	27	2.30%

---

① 本表根据附录Ⅰ第一章中的数据统计计算。
② 本表根据附录Ⅰ第一章中的数据统计计算。

续表

建筑类型	建筑面积(平方米)	条　数	建筑面积所占比例
公寓里弄	47 934	11	1.80%
合　计	2 682 653	1 195	100%

在1931—1937年期间，上海地区建设里弄1 195条，总建筑面积达到2 682 653平方米，有六种建筑类型。其中，旧式里弄最多，有824条，建筑面积为1 402 281平方米，建筑面积所占比例达到52.30%，依然在上海的房地产业发展中占据主流地位。新式里弄和石库门里弄建筑也较多，是另外两种主要的建筑类型。综合来看，在此期间，旧式里弄、新式里弄、石库门里弄依然是上海房地产发展的主要建筑类型，广式里弄、花园里弄和公寓里弄数量还是比较少，不是上海房地产发展的主流建筑类型。

20世纪20年代以后，国外高层建筑技术成熟，上海引进高层建筑技术，开始兴建公寓，并且建造了很多著名的高层建筑。这些高层建筑主要分布在公共租界的中区和北区、东区，以及法租界旧区。

公共租界中区在旧上海约建造高层465 889平方米，公共租界北区和东区建造约318 324平方米的高层建筑。这些高层建筑设计精美独特，结构坚固，占用土地面积少，建筑房屋多，室内装潢及设施先进、舒适，成为旧上海的经典建筑。像公共租界中区的汇中饭店、上海总会、亚细亚大楼、老永安公司大楼、怡和洋行大楼、汇丰银行大楼、大世界游乐场、新新公司大楼、江海关大楼、金城银行、沙逊大厦、南京大戏院、大光明大剧院、大上海大戏院、新永安公司、跑马总会[1]都是在这个时期建造的。

公共租界北区建造的高层建筑有上海邮政总局、雷士德工学院、四行大楼、大浦西公寓、百老汇大厦、河滨大楼、上海大厦、安国大楼、上海监狱、警察公寓、中国银行大楼、高阳公寓、新亚酒店、上海远洋运输公司大楼等。[2]

---

[1] 上海市黄浦区志编纂委员会：《黄浦区志》，上海社会科学院出版社1996年4月第一版，第572页。

[2] 上海市虹口区志编纂委员会：《虹口区志》，上海社会科学院出版社1996年4月第一版，第479—489页。

四、结论

1912—1937年是近代上海房地产业发展的高峰期。在此期间,上海房地产发展呈现出以下特点:房地产投资主体多样化,个人、工商企业、房地产公司、社会团体、政府机构、金融机构、宗教团体等都纷纷投资房地产业。房地产市场上机构投资者是主流,房地产公司、金融机构、工商企业是房地产投资的三大机构投资者。1912—1937年,华人对房地产业的投资兴起并发展,成为上海房地产业的主要参与主体;住宅类型多种多样,房屋类型以旧式里弄、新式里弄和石库门里弄为主。

第四章

近代上海房地产业发展原因及影响因素分析

开埠后,上海租界的设立使资本主义的生产方式逐渐从租界渗透开来。西方资本主义方式的渗透是一个渐进的过程,租界在扩张发展的过程中,资本主义的生产关系也伴随着蔓延发展开来。华界地区,仍然处于清政府的统治之下,维持着封建主义的生产方式,并且占据着上海社会经济的主要地位。租界所在地都是农田;华界地区大部分也都是农田,以封建的自然经济形态为主。上海城里的钱庄、票号、各种商行等传统封建经济下发展起来的商品经济成分也有一定的发展,民族资本主义的生产关系虽存在,但力量很弱小。在上海传统经济里,租佃制度是主要的土地制度,分成地上权、田面权等多种权利,地主占有土地并不从事生产劳动,向农民收取地租获得土地的收入。地租负担沉重,农民每年的收成大部分都交了地租,地主每年还要求佃农支付一定的劳动力,如打短工等。农户租佃地主的土地,只能留下很少的收成,难以养家糊口,所以成年男子多去各商号当学徒、伙计,挣钱贴补生计。

国内众多学者认为中国当时土地的"永租制"是"道契"制度的起源。上海的租界当时面积很小,是从农田开始,租界周围也都是农田,所以租界设立以后的相当长时间内,后来占据上海社会经济主导地位的外国资本主义的生产关系限于在租界内发展。租界外的地区以封建主义的生产关系为统治地位,民族资本主义的生产关系发展缓慢,尤其是在封建王朝的统治下,是君主所有制,"普天之下,莫非王土",土地兼并严重,沉重的地租,政府的各种苛捐杂税,使农民难以依靠土地生活而大量逃亡,涌入城市寻求生机,成为城市中的无产者。随着租界的扩展,大量的农田变成城市土地。在城市化的过程中,资本主义的生产关系渐渐渗入农村的封建自然经济中,并使这种经济慢慢解体,原来的农田变成了城市土地。土地上不再种植农作物,建起了大量的工厂、房屋、仓库、商铺、堆栈、商业中心、住宅等,原来的地主不再收取农作物作为地租,而是收取房租作为土地的收入,身份也由原来的农村地主变成了城市中的土地业主,地租也在自然经济中的级差地租Ⅰ和级差地租Ⅱ的基础上增添了级差地租Ⅲ,即由于土地的不同用途所带来的收益差别。

一、近代上海公共租界、法租界、华界房地产业发展比较

上海租界内外的房地产业发展极不平衡。大部分的洋行、工厂、商铺、银行都集中在租界内。租界内经济繁荣,有煤气公司、电力公司、自来水公司、电话线路等基础设施,交通便利,由于享有政治特权,比较安全,因此租界内的房地产建设繁荣,地皮一涨再涨;而华界大部分地区属于农田,是封建自然经济,大部分地区的地价很低,房地产建设很不发达。

(一)公共租界、法租界、华界的整体发展比较

我们借用美国密歇根大学教授雷米的考察报告来说明租界的房地产发展情况。雷米曾经于1930—1931年期间研究各国在中国的投资状况。根据雷米的数据,1875年美国在上海的地产约值200万美元。据上海商会估计,1882年,上海公共租界及法租界的土地价值白银2 400万美元。[1] 1900年,上海公共租界、越界筑路区域及法租界的土地价值总额共计7 500万两或8 000万两。至1902年或1903年,总额涨到1亿两,都是没有疑问的。[2]

---

[1] 雷米著,蒋学楷、赵康节译:《外人在华投资》,商务印书馆1953年初版,1959年修订版,1962年5月第3次印刷,第184页。
[2] 雷米著,蒋学楷、赵康节译:《外人在华投资》,商务印书馆1953年初版,1959年修订版,1962年5月第3次印刷,第189页。

1914年，美国在上海的地产价值合1 000万美元。[①] 1924年，美国在华投资的土地、房屋等投资，约有30 000 000万美元。[②] 1929年，在上海全埠英人所有的土地价值，共计规元3亿两，按汇率1英镑合8.6两规元算，约有3 500万英镑。[③] 1931年，法国教会在上海一埠所拥有的地产价值达申规5 800万两。[④] 表4.1是1843—1937年间上海的房地产分布情况。

表 4.1　　　　　　　1843—1937年间上海的房地产分布情况

时间	项目	华界	公共租界	法租界	合计
1843—1911	房地产数量（平方米）	617 101	1 297 990	189 299	2 104 390
	所占比例（%）	29.32	61.68	9.00	100
1912—1937	房地产数量（平方米）	3 046 920	6 464 740	3 517 613	13 029 273
	所占比例（%）	23.39	49.61	27.00	100
合计	房地产数量（平方米）	3 664 021	7 762 730	3 706 912	15 133 663
	所占比例（%）	24.21	51.29	24.49	100

综合来看，上海在1843—1937年公共租界的房地产数量占到一半，华界和法租界的房地产数量相近。如果考虑到华界在屡次战火中焚毁的房屋，华界的房地产数量应该大于法租界的。

在1843年开埠后至1911年的时间里，上海房地产业的发展以公共租界为主要力量，比例约占62%。华界的房地产数量约占29%，法租界只占到9%。在1912—1937年期间，公共租界的房地产数量占总数的近一半，法租界占27%，华界约占23.4%，法租界的房地产数量超过了华界。可见，1912—1937年期间，公共租界仍是上海房地产发展的中心地

[①] 雷米著，蒋学楷、赵康节译：《外人在华投资》，商务印书馆1953年初版，1959年修订版，1962年5月第3次印刷，第197页。
[②] 雷米著，蒋学楷、赵康节译：《外人在华投资》，商务印书馆1953年初版，1959年修订版，1962年5月第3次印刷，第232页。
[③] 雷米著，蒋学楷、赵康节译：《外人在华投资》，商务印书馆1953年初版，1959年修订版，1962年5月第3次印刷，第294页。
[④] 雷米著，蒋学楷、赵康节译：《外人在华投资》，商务印书馆1953年初版，1959年修订版，1962年5月第3次印刷，第473页。

区,法租界是另外一个中心地区。

从表4.1可以看出,公共租界房地产数量所占比例是在逐渐下降的,法租界房地产数量所占比例逐渐上升,华界房地产数量所占比例也在下降。

1911年的辛亥革命对近代上海房地产业的影响是巨大的,主要表现在对华界房地产业的发展上,极大地促进了华界房地产业的发展,而且逐渐减少了公共租界对上海房地产业的垄断。自辛亥革命以后,法租界和华界的房地产业都在逐渐发展,华人在公共租界和法租界的房地产投资增多,同时,在华界的房地产投资也在稳定发展。如果没有抗日战争的爆发,近代上海房地产业的发展会逐渐形成自然的萧条、上升、繁荣、衰落的周期,并且受到金融危机、利率、汇率、物价、人口、国际收支等经济社会因素的影响而发生变化。

(二)"二元经济"使上海的房地产业发展严重不平衡

从表4.1的对比分析可以看出,租界和华界的发展存在严重的不平衡。租界内是繁华的闹市地区,工商业发达,交通、通信发达,水、暖、电齐全,治安环境好,公共卫生条件好,房屋条件好,生活便利。租界内的房地产业很是兴盛。而华界内除租界周边的房地产业比较发达外,其余大部分是棚户区、农村地区。

棚户是用毛竹、芦席、破毡、茅草等材料搭建而成,门矮,无窗户,没有水、电、下水道,公共厕所极少,通风采光条件极差,卫生条件也极差。下雨天到处漏水,满地泥泞,天气干燥又极容易着火,一家着火会牵连数百家甚至上千家。棚户区是贫民聚集的地方,也是疫病、犯罪率、死亡率最高的地区。棚户住宅虽然简陋,但是因为其成本极低,是近代上海贫民赖以生存的居所。棚户区主要分布在吴淞江两岸、铁路两侧、工厂周围空地。[1] 棚户区是华界面积最多的住宅形式。著名的棚户区有番瓜弄、药水弄、潭子湾、潘家湾、朱家湾等。[2]

---

[1] 《上海通志》编纂委员会:《上海通志》第1册,上海人民出版社、上海社会科学院出版社2005年第1版,第3561页。
[2] 上海市普陀区人民政府:《普陀区地名志》,学林出版社1988年第一版,第3页。

租界和华界房地产业发展不平衡的原因,主要是由当时上海的"二元经济"特性决定的。租界内新兴的资产阶级工业经济与租界外封建的农业经济并存。租界内在向城市地区转化的过程中城市的集聚效应逐渐增强,工商业企业集聚在租界,高收入人口大量迁入租界,集聚点不断增多,范围不断扩大,租界内从集聚性较弱的状态向集聚性较强的状态转移,城市化程度越来越高。而华界内由于政治社会动荡、治安环境差、基础设施条件差等方面的原因,吸引不了大批的工商企业入驻,虽然有大量的人口流入,但基本上是低收入人群,购买力有限,城市的集聚效应差。

布赖恩·贝利在其《比较城市化》一书中认为殖民地经济会对城市化发展产生限制。因为殖民地经济本质上是保守的,是一种移植经济,是为工业国提供原材料的,经济上从属于工业国,人口也存在社会分层,本土人口处于低层。人口的过度迁移以及殖民地类型经济的有限发展的叠加作用,就产生了以"首位城市"为特征的"二元经济"。"首位城市"会对较小的城市地区发展起到"瘫痪"作用,使其寄生于国家经济剩余物,产生疏远、混乱和社会无序状态,是一种"过度城市化"现象。[①] 当时上海聚集了大量的人口,在大量的人口集聚以及半殖民地类型经济的有限发展的叠加作用下,出现了租界内外的"二元经济"现象,租界内对租界外的发展起到了"瘫痪"作用,使其依附于租界内,产生了"过度城市化"现象。

城市发展与房地产业的发展紧密相连。"美国城市物质形态、住房、工厂和街道均是房地产市场上地产商、土地投机者、大投资商等追逐利润的结果"(Sam Bass Warner, Jr, 1968)。[②] 在以私有化为基础的市场经济下,私人经济活动的兴趣转移以利益为中心。上海租界内吸引了大量的企业和人口,产生了大量的房地产需求,房地产的厚利又促进了房地产的供给。租界内市政建设以及基础设施建设,改善了房地产的品质,又吸引了更多的企业和人口的迁入,产生了更多的需求。上海由农村地区向城市地区发展的过程中伴随着房地产业发展的过程。

---

① [美]布赖恩·贝利:《比较城市化》,商务印书馆2010年10月第一版,第113页。
② [美]布赖恩·贝利:《比较城市化》,商务印书馆2010年10月第一版,第29页。

二、近代上海房地产业发展的原因分析

近代上海房地产业产生的原因具体体现在以下几个方面：

（一）晚清新政和辛亥革命对封建等级制度的废除和户口制度改革是近代上海房地产业发展的内因

1898年6月11日至9月21日，戊戌变法开始，在政治、经济、军事、文教等方面进行改革，开始了晚清的新政运动。1900年庚子事变后，八国联军侵占北京城。1901年《辛丑条约》签订以后，清政府失去了民心，统治摇摇欲坠，光绪皇帝支持的清末修律运动，开始进行改革。[①]

从光绪二十七年（1901年）开始一直到辛亥革命时期，是晚清政府实行新政的时期，开始了一系列的改革。《大清光绪新法令》和《大清宣统新法令》中的改革包括宪政、司法、法律草案、官制、任用、外交、民政、教育、军政、财政、实业、交通、典礼、藩务、旗务、统计、官报、会议等十几个方面。[②]

商业改革上，从轻商到重商思想的转变。清政府于1903年4月颁布振兴工商业的旨意[③]，制定了一系列的法律和章程扶持和振兴工商业的发展，建立统一的度量权衡制度，进一步便利贸易的结算，以期促进商业的流通。对于交通方面的改革法令，主要集中在船政、路政、电政、邮政四部分，其中最突出的改变就是在兴办铁路中对于国人资本和私人财立权的保护，主要体现在两个方面：一是外资、国有资本、华资私人资本享有的民事权利平等，二是在铁路征地中土地买卖的公平、合理，体现了新兴的华人工商业资产阶级的利益，是对旧有的封建法律由身份决定权利的有无和多寡的特权制度的一种变革。[④]

[①] 上海商务印书馆编译所：《大清新法令1901—1911》第一卷，商务印书馆2010年11月第一版，第4—5页。
[②] 上海商务印书馆编译所：《大清新法令1901—1911》第四卷，商务印书馆2011年第一版，第5页。
[③] 上海商务印书馆编译所：《大清新法令1901—1911》第四卷，商务印书馆2011年第一版，第13页。
[④] 上海商务印书馆编译所：《大清新法令1901—1911》第四卷，商务印书馆2011年第一版，第43页。

宣统元年(1909年正月),因户籍法还未定,颁布了《民政部暂定京师调查户口规则》,对原有的户籍制度进行了改革。虽然只是在北京城区实行,但是也可以看出对旧有的户籍制度的变革。虽然对于人民的流动迁移管制仍然很强,但是比起保甲制度的五家残酷连坐,已是简单多了,只要在迁出迁入区登记一下就可以,不再与周围的邻居绑在一起,流动的自由度大了很多。

从1910年至1912年,上海房地产总产出达到历史上最高峰。原因是多方面的。总的来说,是因为当时中国社会自身的基础和具备的条件,这是内因;加上"道契"所代表的新的土地管理制度以及交易方式等外力因素的冲击,房地产业伴随着中国近代市场经济的发展而发展起来。并不是偶然,单纯的"道契"制度就可以产生近代房地产业,历史数据也证明了这一点。1851年的上海小刀会起义中,租界涌进了大量的人口,但房地产产出并不增多。1900年的庚子事变中,房地产产出达到一个小高峰,明显是以往年份的上百倍,但还明显地受制约。1912年,房地产总产出达到历史最高点,就得从当时辛亥革命给中国社会带来的非同寻常的变革来探寻原因。1911年底,辛亥革命推翻了清王朝的统治。辛亥革命解放了生产力,产生了新的资产阶级的生产关系。在新生的资产阶级生产关系下,生产力挣脱了封建生产关系的束缚,发出巨大的能量,中国的政治制度发生了翻天覆地的变化,从封建专制王朝变成了民主共和国。同时,孙中山先生的平均地权的土地思想也开始实施。随着清政府的垮台,封建等级制度的废除,人们的衣、食、住、行不再受到等级的限制,获得了自由建房权,从此平民也可以自由地建造自己想要的房屋,人口迁移更加容易。建房自由权的获得增加了房屋的需求;户口制度的变革使得人口的迁移量加大,这两个条件是近代上海房地产产生和发展的重要条件。

(二)半殖民地社会经济是近代上海房地产业发展的外因

上海开埠后,逐渐表现出半殖民地经济的特征,这种以掠夺为目的的畸形经济催生了近代上海的房地产业。鸦片贸易逐渐衰落后,上海房地产交易带来的巨大利润,以及新兴行业的发展潜力吸引了外国投机家贪婪的目光,大量的逐利资本投资于房地产。1843—1894年,外国在沪直接投资总计达 285 万美元[①];1895—1914 年,各国对上海的直接投资合计达 265 亿美元[②];1915—1937 年,各国对上海的总投资额为 1 207 万美元。[③] 外国资本家在上海发行道契、利用外国银行垄断的金融市场流通道契,运用政治、经济、司法上的特权排斥中国政府发行的土地所有权凭证,用强权和武力扩张租界区域,利用土地估价的方法抬高地价,使房地产业迅速发展起来。上海的房地产业因为巨额的利润率而成为外国资本输出的一个主要行业。当然,近代上海房地产业同样具有半殖民地的经济特征,那就是外国资本占据垄断地位,民族资本处于依附地位,租界内外的房地产业发展极其不平衡,多种所有制成分并存。

(三)开埠后上海近代市场经济的发展为房地产业的产生提供了宏观经济条件

上海开埠后,由一个封闭经济体变为开放经济体。在开放的条件中,经济不仅受到国际资本的冲击,也受到国际汇率波动的影响。开埠后,开放经济的特征慢慢渗入上海,上海的经济不仅只是由商品市场和金融市场的平衡所决定,而且有助于国际收支平衡。

在开放经济下,国际金融市场的波动将影响汇率的波动,从而给国内经济带来巨大的影响。

第一,上海的对外进出口行业迅速发展,并成为全国进出口总值第一的大港。进出口业成为上海经济发展的一个重要驱动力,各种各样的金融机构、公司、工厂纷纷选址上海,国内外资本家把目光投向上海,国内的平民百姓也纷纷涌向上海寻找生存的机会。国外输入的商品冲击着人们的视觉、感官、心理,挤压着国内的商品生产。[④] 上海繁荣起来,成为时髦

---

① 《上海对外经济贸易志》编纂委员会:《对外贸易志》,上海社会科学院出版社 2001 年 12 月第一版,第 21—25 页。
② 《上海对外经济贸易志》编纂委员会:《对外贸易志》,上海社会科学院出版社 2001 年 12 月第一版,第 21—25 页。
③ 《上海对外经济贸易志》编纂委员会:《对外贸易志》,上海社会科学院出版社 2001 年 12 月第一版,第 21—25 页。
④ 黄苇、夏林根:《近代上海地区方志经济史料选辑》(1840—1949),上海人民出版社 1984 年 6 月第 1 版,第 17 页。

摩登的代名词，也成为销金窟。[①] 进出口业的巨大刺激是开埠以前上海经济发展中作用很重要的因素。[②]

第二，资本市场的开放，外资银行的兴起。开埠后，上海的资本市场开放，上海的金融市场受到国际资本流动的影响，国外资本逐渐垄断了上海的资本市场。外资银行在上海的兴起，打破了上海金融业传统的秩序。开埠前，上海的金融业中票号、钱庄各自独立，票号主营埠际之间的汇兑，钱庄主营本埠的存、放款业务。而开埠后，外资银行的涌入，打破了原有的平衡，金融格局重新开始划分。

第三，土地市场的变化。由于"永租制"扩展到国家与国家之间，原有的"永租制"变成了一种土地的国际租赁行为，虽然是被强迫的。在土地市场国际化以后，国外土地管理制度、经营方式、理念的输入，给中国几千年的封建土地制度带来了新鲜的元素，土地市场也同其他市场一样发生了变化。

第四，劳动力市场的变化。开埠后，随着工厂、公司、银行、企业的增多，大量的农村人口涌入上海，上海的劳动力市场发生了变化。首先是年轻化，都是适于工作的青壮年。其次，有了一定的技能，也就是说，有劳动力市场，逐渐有了工人阶级的存在。

第五，商品市场的变化。开埠后，上海的商品市场受到国外输入商品的冲击，国外的机器生产方式冲击着国内的传统手工业生产方式。西方的生产技术、管理制度、管理理念逐渐输入国内，近代工业逐渐兴起。

第六，市场经济的逐渐发展。早已萌芽的市场经济逐渐发展，封建经济逐渐衰退，由新兴的市场经济取代。伴随着近代市场经济的发展，市场经济中的各个成分也在逐渐发展。商品的自由交易，新兴的工人阶级，新兴的资本家、银行家、企业家，所有权制度、产权制度也在悄然发生变化。

（四）租界的强行扩张推动近代上海房地产业发展

租界的扩张是这一时期近代上海房地产业发展的重要原因之一。英

[①] 黄苇、夏林根：《近代上海地区方志经济史料选辑》(1840—1949)，上海人民出版社1984年6月第1版，第17页。

[②] 黄苇、夏林根：《近代上海地区方志经济史料选辑》(1840—1949)，上海人民出版社1984年6月第1版，第17页。

美租界和法租界在这段时期多次扩张,利用越界筑路的方法占有华界土地。随着租界道路的延伸,租界的地皮价格大涨,外国人在租界内建房出租,在工部局、公董局的管理下,租界内的基础设施和公共事业日益发展,安设了路灯,通了有轨电车,有了水、电、煤气、电话、邮局等,治安也比较好,加上又有政治特权做保障,居住环境超过了华界,有势力的华人也通过各种渠道在租界内购置房地产。租界开辟初期,租界内的外国人口并不多,在洋商中,英商占到一半以上,而英国对于租界的用途,更多的是从政治上考虑。英国人吸取在印度的殖民地经验,想把通商口岸的居留地作为飞地,通过蚕食的方法,慢慢扩张,有利于推行它的殖民政策,把中国逐渐变为它的殖民地。①

中国通商口岸的开辟,有利于英、法、美等海上强国海上航线的扩展延伸。通过海上路线,英、法、美把势力渗透到中国,使中国成为它们原材料的输出国和制成品的倾销市场。通商口岸的居留地的发展,是英、法、美等国在中国发展其势力的基地。为了维持租界的管理,工部局和公董局多次发行公债,并且多次利用地产估价,收取地产税、房捐的方式,增加财政收入,利用这些资金,不停地购地越界筑路,扩大租界面积。根据1845年的《土地章程》,英租界的面积是830亩②,1848年,英租界面积扩展至2 820亩。1863年,美租界的3 000多亩土地并入英租界。1893年,英美租界面积再次扩展,总面积达10 676亩。1899年,英美租界改称"上海国际公共租界",租界总面积达到33 503亩,是最初的四十多倍。③

1848年法国在上海建立法租界时,最初的面积是986亩;1861年,法租界扩展至1 124亩;1899年,法租界扩展至2 135亩;1914年,法租界再次扩展,面积达到15 150亩,是最初法租界面积的15倍。④

---

① 黄苇、夏林根:《近代上海地区方志经济史料选辑》(1840—1949),上海人民出版社1984年6月第1版,第3页。
② 伍江:《上海百年建筑史(1840—1949)》,同济大学出版社1997年5月第一版,第39—40页。
③ 黄苇、夏林根:《近代上海地区方志经济史料选辑》(1840—1949),上海人民出版社1984年6月第1版,第15页。
④ 伍江:《上海百年建筑史(1840—1949)》,同济大学出版社1997年5月第一版,第39—40页。

原属宝山县的吴淞乡,由于其地处两江交汇之地,自古以来是兵家必争之地,明清时称"重洋门户""七省锁钥",1898年,在列强的炮火下,被迫开辟为有别于上海租界,又允许外商经商的商场。[①]

上海县从元代以来,植棉业、棉织业兴起。明清以来,上海县除传统的棉织业外,沙船运输业和贸易也有较大发展。清乾隆、嘉庆年间,上海县是"江海之通津,东南之都会"。[②]租界最初开辟时处在上海县的郊区,基本上都是农田或者滩地,县城及周围地带被割裂为"华界""英美公共租界""法租界"三部分。1853年前,上海的城市重心在上海县城。1853—1855年,上海小刀会起义,红巾军占领了上海县城,大量的房屋被焚毁,上海县城的大量居民和难民逃往租界,上海县人口由二十多万减至二三万,而租界的人口一下子激增至二十多万。小刀会起义形成了租界内华洋杂居的局面,催生了租界内房地产业。经过小刀会起义后,上海的城市重心转移到租界。[③]公共租界占有上海工业中心的重要地位,起始于1890年前后的几年,因其时租界内开设有蒸汽缫丝厂、面纱纺织厂以及其他新式工厂。1896年,《中日马关条约》规定,外国人可以在各通商口岸经营商业工业制造,上海的工业得到进一步的鼓励,从而发展起来。[④]

1862—1863年太平军动乱时期,再次有大量的华人涌入租界。洋人以此为借口,开始了扩张。首先在租界西面建筑了新跑马场,围绕该跑马场的土地,经由游憩基金保管董事,于1863年购置,作为游憩场,以代替旧日界内的游憩场。1862年,上海骑场已扩展至租界西边的泥城浜。上海骑场董事在骑场中修筑一条道路,并将道路两边的空地出售,这条路就是南京路的延长。骑场的股东用出售这条新延长道路两旁空地的钱购买

[①] 《上海通志》编纂委员会:《上海通志》第1册,上海人民出版社、上海社会科学院出版社2005年第一版,第502页。

[②] 伍江:《上海百年建筑史(1840—1949)》,同济大学出版社1997年5月第一版,第39—40页。

[③] 《上海通志》编纂委员会:《上海通志》第1册,上海人民出版社、上海社会科学院出版社2005年第一版,第7页。

[④] 【英】费唐著、【民】工部局华文处译述:《费唐法官研究上海公共租界情形报告书》第1卷,工部局华文处,1931年,第63页。

由泥城浜至静安寺的土地,筑成一条车行道,即静安寺路。① 这样的情形不断出现,租界的区域逐渐扩张开来。

英、美、法在租界开辟的最初时期致力于租界建设,由于修筑道路,使得道路附近的房地产价格上涨,租界内的地产业主们也纷纷要求工部局和公董局修筑通向自己地产附近的道路,以图使自己的地产价值上涨。② 表4.2和表4.3是1930年工部局在界外马路西区和北区的产业表。

表4.2　　1930年在西区界外马路地面工部局所有主要产业一览表③

产　业	面积亩数(亩)	地价(白银两)	房屋造价(白银两)
西女童公学及男童小学	52 820	93 263	191 075
静安寺火政分处	4 600	7 256	132 557
兆丰公园	291 413	462 831	46 000
虹桥公墓	118 302	175 086	22 500
虹桥路植物培养所	86 652	14 312	
肺病疗养院	21 924	3 591	65 000
西区污水处置所	51 466	84 822	247 500
污水抽泄所(在白利南路)	3 113	15 254	94 000
宏恩医院	29 340	283 146	845 247(注一)
维多利亚看护所	5 440	45 000	500 000(注二)
现用为营地之大西路余地	107 154	82 340	30 000
他项产业	22 846	30 237	24 245
合　计	795 070	1 297 138	2 198 124

注:(1)宏恩医院于1926年施助于公共租界社会,现由董事会管理。会内派有工部局之代表。该局担任每年捐款若干,以维持该医院,并担任更改及添造房屋之费。

(2)此系房屋包工之价。该屋现尚在建筑中。

---

① 【英】费唐著、【民】工部局华文处译述:《费唐法官研究上海公共租界情形报告书》第3卷,工部局华文处,1931年,第4—5页。
② 黄苇、夏林根:《近代上海地区方志经济史料选辑》(1840—1949),上海人民出版社1984年6月第1版,第15页。
③ 【英】费唐著、【民】工部局华文处译述:《费唐法官研究上海公共租界情形报告书》第3卷,工部局华文处,1931年,第63—64页。

表 4.3　　1930 年在北区界外马路地面工部局所有主要产业一览表①

产　业	面积亩数（亩）	地价（白银两）	房屋造价（白银两）
东区污水处置所	54 511	133 327	331 754
中区污水处置所	13 541	31 012	
污水抽泄所	在马路上或在靶子场		36 000
靶子场及印人火葬所	238 768	590 508	78 519
虹口公园及游泳池	265.7	703 477	90 000
华童公学	9 875	67 178	121 654
西童公学	26 707	64 439	168 700
他项产业	4 349	13 298	40 438
合　计	613 433	1 603 239	867 065

（五）租界内司法独立提供了近代上海房地产业产生和发展的自由空间

1844 年，美国在上海设立美国司法委员和高等法院。英国、美国、比利时等国相继在上海设立领事法庭。② 同治四年，上海设立洋泾浜北首理事衙门；同治八年，上海会审公廨成立。会审公廨制度的建立，是租界内司法独立的象征。租界除在政治上拥有特权外，在司法权上使得租界越发脱离中国法治的管制，成为一个"国中之国"。上海分割成为华界、租界截然不同的两种统治格局。以领事裁判权为主的租界内司法独立，为近代上海房地产业的产生和发展提供了自由的空间。

关于租界内外的纠纷问题，江海关道曾在光绪三十三年即 1907 年，与工部局议定解决办法，由《江海关道瑞照会处置英工部局越界拘人办法文附单一件》③可知，即使是华人之间发生诉讼，只要被告是居住在租界之内的，案件应先由公廨处理，不服公廨处理结果的，再向上海道衙门

---

① 【英】费唐著、【民】工部局华文处译述：《费唐法官研究上海公共租界情形报告书》第 3 卷，工部局华文处，1931 年，第 64—65 页。
② 《上海通志》编纂委员会：《上海通志》第 1 册，上海人民出版社、上海社会科学院出版社 2005 年第一版，第 509 页。
③ 上海商务印书馆编译所：《大清新法令 1901—1911》第七卷，商务印书馆 2011 年第一版，第 309—331 页。

上诉。

以领事裁判权为主的租界内司法独立权对于租界的发展与管理有着极其重要的影响,主要体现在以下几个方面:

首先,租界自治权的确立。租界内完全自治。统治者在处理和管理租界事务时完全按他们的意图、目的和方向发展,不受中国法律的节制。英、法、美统治者在租界自治的过程中按照西方的管理模式和法律制度来管理租界,是对华界中国传统的管理模式和法律制度的巨大冲击。

其次,便利了鸦片贸易。英、美、法利用领事裁判权对租界内的华人也有了审判权,使得近代上海租界成为鸦片贸易的安全港。上海开埠后,最初来上海的洋商中英商占到50%以上,而英国人最主要的贸易就是鸦片贸易,大量的鸦片源源不断地从上海港进入租界内,再运往内地。租界内开设有多家鸦片馆,华人躲到租界的鸦片馆里吸食鸦片,中国政府无权管制。通过鸦片贸易,殖民者掠夺了中国人民大量的财富,为以后在各行业逐渐渗透并垄断中国经济命脉积累了最原始的储备。

再次,便利了租界内房地产业的发展。租界内私人财产及人身受到保护,吸引贵族、地主、豪绅纷纷在租界内购房居住,或者在租界内进行投资。租界内起初人很少,由于1853—1855年的上海小刀会起义,租界内的洋人建造简陋的房屋出租给大量的难民,发现了房地产业的厚利,于是纷纷投资于房地产业。像怡和、宝顺、旗昌洋行,沙逊家族,既做鸦片贸易,又大量投资房地产业。

三、近代上海房地产发展的影响因素分析

近代上海房地产业的发展过程中经受了多次的战乱和金融危机,经常处于非常态的社会经济环境中。由于上海房屋建筑的特殊情况,极易遭受火灾,一旦起火,顿时数百间甚至上千间房屋被焚,数千数万人流离失所。近代上海房地产发展受到各种因素的影响,如猛烈的通货膨胀、巨额的国际收支逆差、大量涌入的人口、利率、汇率和银价的剧烈波动等,但最主要的影响因素是宏观因素,如货币制度、金融危机、战争等。

（一）货币制度的影响

1. 复杂的货币兑换减慢了房地产流通的速度

清代实行称量货币，上海地区流通的有银块、银元宝、银锭、银条等各种类型的银两。每种类型的银两有不同的成色，在不同的地域又有不同的变化，发行的机构也不同，形成了复杂的货币兑换系统，当时按照用途的不同，又分为虚银两和实银两。虚银两用于记账，是实银的价值符号，实银是实有其物。实际中使用的银两是实银，重量单位叫"平"。各省有各省的"平"，每个地方标准不同，有上百种之多，有库平银、关平银、漕平银、沪平银、广平（司马平）银、京公码平等，各种不同平色的银两折算起来异常麻烦。[①] 在上海，上海实银有上海道元宝、圆丝银夷场新、"二七宝"、关东银、粒银、板银等。在市场上每天都有"申水""耗水"的价格波动，征税时又有"折钱浮收""折银浮收""火耗""平余"等各种名目的损失，无疑加重了纳税者的负担。清代"银钱并行"，除了复杂的银两折算，还有银钱之间的折算，清朝初年制定每两白银折制钱一千文，鸦片战争以后，银贵钱贱，折算比率变大，而且每天变动。晚清末年，又铸造了银元。上海流通的银元有上海银两票、光绪元宝、大清银币、袁头币、开国纪念币、船洋等。西班牙、荷兰、墨西哥、美国、英国、日本等国亦都往上海输入银元，不仅有不同银元之间的折算，银元的汇价每天都有波动，十分复杂。另外，上海开埠以后，英镑、美元等国的货币也在交易中使用。汇率的波动频繁，每日的交易须得看当日的货币行情而定，更加大了上海货币结算系统的复杂度。

除了实银之间的相互折算、银钱之间的相互折算、不同币种之间的折算，还有虚银和实银之间的折算。上海通用的虚银是规银，又叫豆规银或规元，起源于上海豆业。咸丰七年起，商界和银行统一用规元作为记账单位，称"上海两"，又称"九八规元"，与宝银和纹银折算时有申贴水。

复杂的货币兑换系统给交易结算带来很大的障碍，减慢了房地产流通的速度。

[①] 洪葭管：《中国金融史》，西南财经大学出版社1998年第四版，第92—93页。

2. 货币制度紊乱使得房地产价格波动剧烈，阻碍了房地产业的发展

从上海开埠到1937年上海沦陷前，上海经历了多种货币制度。清政府把称量货币作为主币，制钱作为辅币，并且规定了银钱兑换的比率。所以，在比较大宗的商品交易和征收税赋时使用白银，日常的零星交易支付使用制钱，清政府还经常发行纸币，后又发行铜元，各种货币的兑换比率起伏变化，十分不稳定。1911年，宣统皇帝制定《币制则例》，铸造银元，准备进行货币制度改革，以圆为主币单位，一元合库平银七钱二分，因清政府被推翻而未及实行。但在辛亥革命后，这批大清银元却作为军饷流入上海。1914年，北洋政府颁布《国币条例》，进行货币改革，并且铸造了袁头币作为国币。北洋政府时期，名义上统一使用国币，但实际交易中，人们还在使用清代的称量货币。银两、银锭、银元甚至外国银行发行的中国纸币都在上海流通，十分复杂。南京国民政府于1933年实行银本位制，废两改元，规定主币单位为圆，称量货币才退出流通，但因为白银是主币铸材，且已经货币化，在交易中依然被作为支付手段。1934年，白银风潮后导致南京政府的货币制度改革，废除实物货币，发行纸币，国家统一收购白银，不准再在交易中使用白银，以白银为中心的复杂的货币兑换体系才算结束。从晚清到北洋政府再到南京国民政府，这一段时期货币制度的紊乱是房地产价格波动剧烈的原因之一，阻碍了房地产业的发展。

3. 货币兑换率发生变化，使得人民在房地产捐税上的开支不定，生活受到影响

白银和制钱的兑换率经常发生变动，给那些日常开支以铜钱支付的老百姓带来了很大的影响。例如，在1908年8月20日的工部局董事会上就提到1银元可兑1 240文铜钱。铜钱的贬值给人力车夫的生活带来了巨大的影响，因为他们的报酬是以铜钱计算，而工部局发给员工的人力车票以白银计值，人力车票由于铜钱贬值而带来了不少盈利，所以工部局决定按高于票面20%的价格买回人力车票。[①]

1869年1月12日，工部局董事会会议上，因工部局征税时是以银元

[①] 上海档案馆：《工部局董事会会议录译文(1908—1910)》，上海古籍出版社2001年版，第566页。

和铜钱征收的,以 1 000 铜钱等于 1 银元计算,而在当月 1 银元大约等于 1 130 铜钱。用铜钱征来的税收兑换成银元,则 1 银元损失 130 铜钱,因此会议决定以 1 000 铜钱等于 1 银元的兑换率收税。①

1878 年 6 月 10 日的工部局董事会会议,由于当时工部局既定银元与铜钱的兑换率为 1 200 文兑换 1 银元,华人按房租缴纳的房捐比房租的 8% 要多得多,因此会议通过决议,以后每季度的兑换应按当时的平均兑换率计算。会议决定,从 7 月 1 日起开始的季度,兑换率应是 1 100 文等于 1 银元。②

1889 年 10 月 22 日,工部局董事会会议宣读了华人钟范廷的来信。他在信中指出,自工部局确定以 1 100 枚铜钱兑换 1 元的兑换率后,结算房捐通知单后的大约十年在租界内华人居民耗损相当可观,现在仍按此兑换,而实际兑换率仅为 1 030 枚铜钱,他要求对此加以改变。他还说工部局强迫华人按 1 100 枚铜钱的兑换率付房捐,却只允许居民按目前的兑换率即 1 030—1 040 枚铜钱兑换他们的银元。总董说,钟范廷向他谈过此事,他从总办处探询后得悉,信中所述确属实情,因此他建议将兑换率改为约计 1 050 枚铜钱。③

(二)金融危机的影响

1. 清光绪九年(1883 年)金融风潮

这次的金融风潮是由金嘉记丝栈倒闭、房地产商徐润无力偿贷以及胡雪岩的阜康钱庄倒闭三件事情引起的。金嘉记丝栈倒闭牵连 40 家钱庄,使 20 多家钱庄倒闭;徐润破产牵连 22 家钱庄;胡雪岩经营生丝失败直接导致他独资经营的阜康钱庄倒闭,受其牵连者更多。阜康钱庄倒闭给上海钱庄致命打击,整个上海钱庄业、工商业等受牵连者不计其数。在这次金融风潮中,整个上海钱庄停业者达到 60%—70%。

---

① 上海档案馆:《工部局董事会会议录译文(1867—1869)》,上海古籍出版社 2001 年版,第 697 页。
② 上海档案馆:《工部局董事会会议录译文(1877—1882)》,上海古籍出版社 2001 年版,第 640 页。
③ 上海档案馆:《工部局董事会会议录译文(1887—1889)》,上海古籍出版社 2001 年版,第 752 页。

第四章 近代上海房地产业发展原因及影响因素分析

"太平天国战事平息后,上海人口激增,商务日盛,钱庄因时势的需要,营业极为发达。但自一八八三年一月(清光绪八年十二月)起,即险象环生,屡遭打击。其最利害的风险,当推倒账风潮,贴票风潮,橡皮风潮以及辛亥革命四次。兹分述於后①:……

倒账风潮②,发生于一八八三年一月十二日(清光绪八年十二月初四日)。"……当时有金嘉记源号丝栈因亏折款项五十六万两,突然倒闭,钱庄被累及者,共四十家。当时各庄局面不大,受此巨累,已觉骇人听闻。故其余各庄,将放出各业款项,均次第收回。然此时正值旧历年终,银根一紧,市面骤起恐慌;而各业因周转不灵倒闭者,亦相继而起。是年二月七日是(十二月三十日)的调查,先后倒闭的商号共二十余家。如朱永盛丝栈,晋丰祥,天成广货行,安吉生昌杂货行,泰昌隆茶栈,信源糖行,巨盛亨沙船号,福记洋布号,万成隆布号,以及十余家的棉花行,坑砂栈,铁号等均是。倒欠款项,总数约在二百五十六万两。当时虽经上海道台出示严禁,然钱庄因受累而停业清理者,竟占半数。故至二月十一日(清光绪九年正月初五日)钱庄开市,南市大小钱庄仅二十三家,北市仅三十五家,较去年南市少一半,北市少三分之一。……"③

在这次金融风潮中,房地产业价格下跌,交易停滞。该年上海市区住宅建设达到极低点。分析房地产业在这次金融风潮中受到的影响,首先是因为钱庄受到金嘉记丝栈倒账的连累,缺乏周转资金,不得已紧缩信贷,市面银根吃紧,流动性减少,现银短缺。房地产作为长期固定资产缺乏流动性,变现能力弱,在金融市场流动性非常低的非常态情况下,又占据了钱庄大量的资金,因无力偿还而使更多的钱庄受到牵连,导致房地产交易更加萧条,房屋难以售出,房价进一步下跌,进而引发金融业的进一步连锁反应。1883年的金融风潮,使近代上海房地产市场萧条与金融危机第一次联系在一起,房地产业与金融市场的相互影响的关系已可略见

---

① 上海档案馆档案,Y15-1-17-796(C 钱庄所受的风潮),《上海市通志馆期刊》,第 805—848 页。

② 上海档案馆档案,Y15-1-17-796(C 钱庄所受的风潮),《上海市通志馆期刊》,第 805—848 页。

③ 上海档案馆档案,Y15-1-17-796(C 钱庄所受的风潮),《上海市通志馆期刊》,第 805—848 页。

一斑。

在1883年的金融风潮中,金融市场和房地产市场的影响是互为因果的,形成了"金融市场危机—房地产市场危机—金融市场危机"这样的经济危机链条。从房地产发展曲线来看,1883年的金融风潮对华界的房地产发展影响最大,这一年华界房地产建设的数值基本上为零,对租界的房地产发展也造成了影响。

2. 清光绪二十三年(1897年)贴票风潮

贴票风潮是由于潮州帮商人开设的协和钱庄用贴票办法高利吸存,一时钱庄纷纷仿效。贴票初期,利率约为20%,后高至50%—60%。[1] 高额的存款利率形成了沉重的负担,导致数十家钱庄倒闭,引发了金融危机。

"贴票风潮[2]发生於一八九七年(清光绪二十三年)。先是有潮帮郑姓,开设协各钱庄於交通路(西棋盘街),首创贴票办法。其法以高利吸收存款,凡以现金九十余元存入者,即由钱庄开给远期庄票一纸,到期后可持票往取现金百元,名曰贴票。此项办法,最初仅通行於少数钱庄,以后有狡黠者因其法吸收现款甚易,遂专设此类钱庄,经营贴票。所以当时贴票钱庄,仅开设於法租界公馆马路等处者,已有五十一家;其余在公共租界北海路(六马路)、福州路(四马路胡家宅一带)、广东路(宝善街一带)者,更不知凡几。且有不租店面,即在弄堂口黏贴牌号,开张营业者。据当时的估计,这类钱庄所开出的空票,其总数约在二百万元左右,或谓竟在二千五六百万元以外。至向钱庄贴票者,最初仅妓院中的女佣相帮等,以后各庄因竞争起见,竟转托成衣匠及贩卖珠宝的妇女,往富家眷属处宣传故有变换衣饰而存贴者,有多方借贷而存贴者。贴票利息,最初不过二三分,以后竟有高至五六分者,其贴息之大,实属创见。此种贴票方法,其始信用极坚,因贴票数额尚小,移东补西,无不如期应付,及后仿行者日众,利息日高,贴票数额亦日多。至是年十一月廿四日(清光绪二十三年

---

[1] 《上海通志》编纂委员会:《上海通志》第1册,上海人民出版社、上海社会科学院出版社2005年第一版,第3450页。

[2] 上海档案馆档案,Y15-1-17-796(C钱庄所受的风潮),《上海市通志馆期刊》,第805—848页。

十一月初一日），贴票钱庄有至期不能照付现款者。於是破绽既露，相率倒闭，计见诸报端者，已有协大，恒德，王万泰，德隆，益生，益康，征康，慎余，裕大，德丰，锦康，慎康，阜丰，长康，恒康，汇康，震元，生康，万丰，德大，锦源，元丰，太和，三元，宝康等数十家；余陆续停闭者，尚不计其数。总之，凡经营贴票的钱庄，几於全数倾覆。所以当时市面银根极紧，一般汇划钱庄，虽不做贴票，然因提款关系，倒闭搁浅者亦甚多。……"①

观察同年上海市区的住宅建设，只在公共租界内新增房屋12 055平方米，上海市平均地价每亩8 761两白银。比较同时期相邻年代的数据，新增房屋建筑面积并无异常，而地价明显远高于上一年和下一年，特别是1898年的每亩1 400两白银和1899年的每亩1 915两白银，地价出现异常高的现象。从房屋建设面积来看，租界的房地产业发展应该不会受到这次贴票风潮的影响。因为当时外商在房地产业中占据了垄断地位，华人房地产商力量很弱，而且外商是依靠外资银行融资。钱庄是华人的金融机构，与外商没有关系。如果这次贴票风潮对上海房地产业发生影响，则也只限于华界和华商，所以当年租界内的房地产业照常繁荣。但是华人毕竟是房地产市场上最主流的客户，这次贴票风潮牵连甚广，受其影响的上海工商业不计其数，市面萧条，华人的消费力大大减弱，这必然会影响房地产的销售，所以余波所及，在接下来的1898年和1899年两年里，地价一直处于低迷状态。

1897年的贴票风潮中，对华界和法租界的房地产业造成了影响。华界的房地产曲线处于波谷点，数值是零；法租界的房地产也是零；不过这一年公共租界的房地产曲线显示一个小波峰，波峰值达到17 001平方米，说明公共租界1897年的房地产发展受这次金融危机的影响较小。

3. 清宣统二年（1910年）橡皮股风潮

著名的橡皮股风潮是对国内金融业打击沉重、范围广泛的一次金融危机。英国人麦边在上海成立皮包公司蓝格志拓殖公司，声称自己在南洋拥有大规模的橡胶种植园，他利用世界橡胶涨价的形势，伙同几个外国

---

① 上海档案馆档案，Y15-1-17-796（C钱庄所受的风潮），《上海市通志馆期刊》，第805—848页。

投机商和外资银行进行欺诈性广告宣传,并利用高额股息招徕投资者购买他们发行的橡皮股票,在全中国上下掀起一股橡皮股热潮。橡皮股股票的价格不断上涨,吸引越来越多的投资者进入。外资银行趁机大量做抵押放款,给华人提供资金购买橡皮股票。在橡皮股票的价格飙升到最高后,麦边等人抛售股票携带巨款逃离中国。橡皮股票成为一文不值的废纸,购买橡皮股的投资者损失惨重,数十家参与其中的钱庄、票号直接倒闭,上海华界金融业一片萧条。

"橡皮风潮[①]:贴票风潮过后,上海钱业的实力渐次恢复,南北市钱庄数目计有一百余家,但至一九一〇年七月(清宣统二年六月)中,又发生橡皮股票的风潮。当橡皮股票最初发行时,沪人皆热烈投资,从事买卖。其后因举动近乎投机,终於造成剧烈的风潮。上海钱庄因此而倒闭者,有正元,谦余,兆康,森源,元丰,会大,晋大,协大等数家;其他受牵累而停闭者,尚不计其数。所以当时市面,曾起极度的恐慌。至於风潮的真相,说者不一:有谓於一九〇八年时(清光绪三十四年秋),有某西人(姓名不可考)在上海创设橡皮股票公司,发行股票;并大登广告,宣传橡皮事业将来之希望。当时中外商人,咸被矇蔽,竞相购买,钱庄亦以此项股票远胜现金,争先收积。不料至一九一〇年七月(清宣统二年六月),该西人佯言回国,一去不返,发电询问,亦无着落。于是始知受欺,股票价格遂一落千丈,视同废纸,商人纷纷破产,钱庄乃大受影响,终於演成极大的风潮。有谓该项股票公司不止一家,凡在南洋估定土地,即在上海组织公司,从事招股;并以种种方法,诱人买卖。商人以其利厚,倾囊争购,每股股票价格,常超出原价六七倍。但此项公司,有虽已种树而尚未出货者,亦有仅占旷地而并未种树者。所以公司创设经年,而股利则一无所获。结果投机狂热,骤由沸点而降至零度;股票风潮,遂因此而发生了。……"[②]

与金融市场的投机泡沫相对应,上海房地产业在 1910 年繁荣兴旺。1910 年的上海无论是华界还是租界,房屋建筑面积都远超过 1909 年,究

---

① 上海档案馆档案,Y15-1-17-796(C 钱庄所受的风潮),《上海市通志馆期刊》,第 805—848 页。

② 上海档案馆档案,Y15-1-17-796(C 钱庄所受的风潮),《上海市通志馆期刊》,第 805—848 页。

其原因,上半年应该是股市泡沫带动的地产市场虚假繁荣,下半年应该是经历了橡皮股泡沫后的惨痛教训,地产投资以其保值和稳妥性受到青睐。

4. 票号倒闭风潮

1911年的辛亥革命发生后,清政府垮台,对票号产生了严重影响。票号的业务一向是以官银存放为主,尤其规模较大的票号。票号经理一般与各地的地方官交好,地主官调任,票号经理也会随同。票号吸纳了大量的清政府官员的存款,以及承担了汇兑官饷、存放官银、解纳国库等,利用票号经理与地方官的关系,地方官会把官府业务交予交好的票号。官银是票号存款的主要来源,汇兑官饷是票号的主要利润来源。票号做的是信用放款,无抵押。清政府被推翻后,大量的放款倒账,票号失去了大量的业务,存款被大量提取,发生挤兑风潮,十几家大票号因无力维持而在几年内相继倒闭。在近代上海,票号与钱庄的业务是分开的,票号主做埠际间汇兑,钱庄只做上海本埠的业务。钱庄倒闭主要影响上海的金融市场,而票号分号遍及全国,票号的规模一般是钱庄的十几倍,尤其是大的票号,规模更大。因此,这次十几家信誉卓著的大票号的倒闭,其波及范围是全国性的,影响到全国各地金融业、工商业,破坏力更大。

"辛亥革命。[①] 橡皮风潮余波尚未平静,而辛亥革命的震撼又来。当时上海钱业,正处於风雨飘摇中,绝无保全自卫之策;加以人心不定,商业凋零,钱庄营业,无形停顿。故至一九一二年(民国元年)二月,南北市汇划钱庄上市者,仅二十四家,比较橡皮风潮以前南北市钱庄的数目,竟骤然减去十分之七。上海钱庄的势力,遂由盛极而衰。……"[②]

"上海钱庄的停闭或收歇,几每年有之。一九二〇年(民国九年)以前,因无相当的统计,不能知其究竟;然依一八七六年(清光绪二年)钱庄兴盛时期,及一九一二年(民国元年)钱庄衰落时期的记载,可知当时的一百二十九家钱庄留存至现今者,仅八九家,则其余一百十余家,自然均已

---

① 上海档案馆档案,Y15-1-17-796,(C钱庄所受的风潮),《上海市通志馆期刊》,第805-848页。
② 上海档案馆档案,Y15-1-17-796,(C钱庄所受的风潮),《上海市通志馆期刊》,第805-848页。

停歇无疑。……"①1911年的地价低落,应该是受到辛亥革命影响的原因。

5. 1921年的信交风潮

信交风潮是由于证券业的过度投机行为以及对于金融企业的开设监管不力引起的。信交风潮是由证券公司和信托公司倒闭所引起的金融危机。1920年7月至11月,上海连续有112家证券交易所和十多家信托公司开业②,但由于没有业务,无法正常经营。各证券交易所之间互做其他交易所的股票,空买空卖,甚至违规操作,充满了投机行为。投机驱动的虚假繁荣终于导致股市泡沫的破灭,到12月份,因周转不灵而使证券交易所纷纷停业倒闭。这次风潮过后,上海的证券交易所只剩下6家,信托公司只剩下2家。

信交风潮对钱庄的影响不大:"钱庄的停歇及现状。③ 上海钱庄自经辛亥革命风潮以后,经数载的修养,始稍复旧观。迄於今日,各庄资本日益加巨;团结日益坚固;营业亦日益稳健。截至一九三三年(民国二十二年)十月底止,南北两市入会同业,已有六十七家;其未入会者,亦有七十余家之多。中间经过一九一九年(民国八年)的五四风潮;一九二一年(民国十年)的信交风潮;一九二五年(民国十四年)的五卅风潮;一九二七年(民国十六年)的国民革命军抵定江浙;及最近一二八中的中日战争,虽上海全埠震动,但钱庄则未受任何巨大的影响。……"④

1921年的信交风潮对于上海华界和租界的房地产业发展都有巨大的负面影响,对公共租界的影响最大。公共租界的房地产业直接从1920年很高的波峰点跌落,并在1922年达到波谷点;华界和法租界由1920年的波峰点直接跌落到1921年的波谷点。华界和租界的房地产业自1921

---

① 上海档案馆档案,Y15-1-17-796,(C钱庄所受的风潮),《上海市通志馆期刊》,第805-848页。
② 《上海通志》编纂委员会:《上海通志》第1册,上海人民出版社、上海社会科学院出版社2005年第一版,第3451页。
③ 上海档案馆档案,Y15-1-17-796(C钱庄所受的风潮),《上海市通志馆期刊》,第805-848页。
④ 上海档案馆档案,Y15-1-17-796(C钱庄所受的风潮),《上海市通志馆期刊》,第805-848页。

年信交风潮后经历了长达几年的波谷期。

6. 1934—1935 年的白银风潮

这次的金融危机是由白银投机引起的。1929—1933 年,美国经历了历史上前所未有的经济衰退,这次世界性的经济危机使整个西方资本主义国家的经济受到重创。经济危机过后,1934 年,美国实行购银法案,导致世界银行市场上银价上涨。当时中国的外资银行积累了大量的白银资本,据 1933 年登记,上海库存白银共 1.42 亿,外资银行占 65.8%,华商银行占 31%,钱庄占 3.2%。[①] 于是在华外资银行纷纷把白银输入伦敦抛售,赚取差价。大量的白银外流一方面使得实行银本位制货币制度的中国出现了主币币材短缺,直接影响货币的铸造、发行和流通,进而影响商品流通;另一方面,白银外流对中国的经济形成了紧缩的货币政策效应,市面上银根紧缩,工商业因周转不灵而纷纷停顿,一系列的经济连锁反应使中国陷入经济危机中。国民政府干预无效的情况下,只得改革货币制度,放弃银本位,实行汇兑制度,发行法币。[②]

分析 1934 年上海的房地产业数据,1934 年的房屋建筑面积是 252 044 平方米,比 1933 年增加了 17 578 平方米。1935 年的房屋建筑面积下跌,为 160 706 平方米。1934 年的平均地价是每亩 23 133 两白银,比 1933 年的平均地价下跌 16%;1935 年的平均地价是每亩 15 329 两白银,比 1934 年的平均地价下跌 33.74%。

1934—1935 年的白银风潮对上海房地产业是一个沉重的打击。从房地产曲线来看,华界、公共租界、法租界的房地产曲线在 1934—1935 年都处于波谷底状态。

7. 国际金融危机事件

旧上海的经济受国际经济形势的影响很大,国际金融危机影响上海的经济金融,从而影响到房地产业,如 1857 年美国的金融危机事件,1866 年伦敦的金融危机事件,1914 年第二次世界大战爆发导致的伦敦货币市

[①] 《上海通志》编纂委员会:《上海通志》第 1 册,上海人民出版社、上海社会科学院出版社 2005 年第一版,第 3333 页。

[②] 《上海通志》编纂委员会:《上海通志》第 1 册,上海人民出版社、上海社会科学院出版社 2005 年第一版,第 3451 页。

场危机,1931年导致英国放弃金本位制的危机等。

1866年,伦敦贴现市场占据重要地位的欧沃伦－格尼银行因为参与风险过大的贴现业务,导致无力偿债而破产,由此使得本已岌岌可危的英国金融系统爆发了危机。① 危机蔓延开来,上海亦受到影响。1866年上海发生金融风潮,汇隆银行、利升银行、阿加拉银行上海分社、汇川银行、利生银行宣布破产、倒闭或停闭。② 而上海的房地产业也受到冲击。

据徐润记载:"同治六年(1867年),宝顺洋行生意极清……冬间市面不大靖,有某姓坏事,倒至四五十万之多,钱业各家不无被累。……同治五年、六年以后,宝顺行获利颇难。因南北花旗开战后,各埠生意颇清。东洋、北洋、长江、上海、香港、福州各埠又复洋行林立,生意四通八达,无可收拾,更值该行股东拆股,到处收束,余遂蓄意离行。……"③

(三)战争的影响

"1853年9月7日,小刀会起义,在刘丽川的率领下占领上海县城。11月10日,道台吴健彰督领炮舰30余艘,炮击上海县城东门,登岸劫商号,焚烧民房,大火连烧4天,大片房屋被夷为平地。12月17日,吴健彰又率兵焚烧十六铺一带民房2000余间。……1855年2月18日,小刀会起义失败,清军进占县城,大肆焚烧房屋。"④

"咸丰五年(1855年),太平军逼近上海四郊,青浦、嘉定等地地主、富商纷纷逃进上海租界,租界人口激增,房屋紧缺,外国投机商乘机大批建造简屋,高价出租。"⑤

"……华洋杂居,素来禁止。但自小刀会起义后,国人纷纷逃入居留地避难。投机西商即大造其房屋,高价租给国人,以获厚利。小刀会事定

---

① 尼古拉·蒂姆斯戴尔(Nicholas Dimsdale)、安东尼·霍特森(Anthony Hotson)编:《1825年以来英国的金融危机》,沈国华译,上海财经大学出版社2017年2月第1版,第60页。
② 《上海通志》编纂委员会:《上海通志》第1册,上海人民出版社、上海社会科学院出版社2005年第一版,第59—60页。
③ 【清】徐润撰、梁文生校注:《徐愚斋自叙年谱》,江西人民出版社2012年8月第一版,第20页。
④ 《上海住宅建设志》编纂委员会:《上海住宅建设志》,上海社会科学院出版社1998年第一版,第12页。
⑤ 《上海住宅建设志》编纂委员会:《上海住宅建设志》,上海社会科学院出版社1998年第一版,第12页。

后,中国官吏虽欲稽查居留地内华人而定有华人住居居留地地条里,但这也不过是具文,没有切实遵行。"①

1853—1855年上海小刀会起义,焚烧毁坏上海县城的大部分房屋,形成租界内华洋杂居的局面,促进了近代房地产业的形成。租界内最初洋人租给华人居住的房屋,都是简陋的木板房,成本低。这种木板房在当时是比较适应现实环境的,因为大量的难民急需解决住宿问题,木板房成本低而建造速度快,能满足一时急需。难民中大部分人在租界内只是暂时寄居,小刀会起义过后,难民又大多返回上海县城内。租界内的这些木板房空置率很高,极容易引起火灾,所以租界在1862年以后就禁止再建这种简易木板房了。

1860年5月—1862年9月,太平军三次大规模进攻上海,战火蔓延至苏州、嘉定、徐家汇、高桥、青浦、太仓、北新泾、法华镇、静安寺、新闸、南翔、大场、江湾等地。② 上海及其他各埠的生意萧条。"……当太平天国军势炽盛时,江浙一带富绅巨贾,争趋沪滨,以外侨居留地为安乐土。据统计所示,1860年(清咸丰十年)英美居留地间,华人已达三十万,而1862年(清同治元年)竟增至五十万!此种避难的富豪,都不惜以重金获得居留地一楼为万幸,西人於是大营建筑的投机,以最快的速度、最简陋的材料,就空地兴建大批房屋,以供给华人居住,而转瞬间获得千倍的巨大利益。……"③

1883—1885年,因中法战争,法舰封锁吴淞口。上海经济萧条,房地产市场低迷。"……斯时申地现银极少,各庄十停八九,不能周转,房屋十空二三,百两轮股跌至三四十两、五十两,保险跌至二十七八两,百两之开平跌至二十九,其余铜矿等各种股票,更不可问。江浙两省当铺十停二

---

① 转引自《约章成案汇览》,上海市地方志办公室、上海市历史博物馆:《民国上海市通志稿》第一册,上海古籍出版社2013年11月第一版,第104页。
② 《上海通志》编纂委员会:《上海通志》第1册,上海人民出版社、上海社会科学院出版社2005年第一版,第52—54页。
③ 转引自Jesus,ibid,P.232;王臻善:沪租界前后经过概要(按王著,系节录Jesus著作而成),上海市地方志办公室、上海市历史博物馆:《民国上海市通志稿》第一册,上海古籍出版社2013年11月第一版,第115页。

三,地基更无论矣。举市百货俱跌,无人问鼎。……"①

1894年7月25日—1895年4月7日,中日甲午战争期间,上海的各业反而兴盛。徐润与中法战争时的情形作对比:"……即如今中日构衅,高丽全失,平壤败后,金、复、海、盖四邑已失,延及沈阳,其败势更过于越南。旅顺之战尤过于马江,辽东一带商船不能往来,商局之船又易为德国旗色,而目下申浦市面较盛于往昔,阖市存银一千三百余万。同是构衅,而一衰一盛,如此悬殊,岂非数乎?……"②

1900年庚子事变,"……光绪二十六年拳乱时上海甚为惊恐,华人比外人尤甚。有华人数千名离租界而往宁波及各处,以为上海必有争战,而宁波及各处内地又以上海为平安之地,而来往者极多。轮船公司每日获利不少。……"③"……七月两月(六七两月)间,因各国增兵沪上,谣言四起。余道迭出告示安民,而大众因谣言之多,多将现洋收藏,或运回乡里,以致市上银根大紧,洋价每元竟飞涨至六七分之多。同时迁居的人也不少。……"④

1911—1912年辛亥革命期间,上海经济受到影响,各业萧条。"……革命的消息一到,上海金融界顿时为之震动,大起混乱。银拆洋厘,陡然大涨;银洋奇紧,铜元大贵。……银根紧,谣言起;谣言起,银根紧,两者互为因果。因之有若干店铺甚至拒收钞票,於是金融更为恐慌。持有钞票的,纷纷向银行兑现,存有银洋的,均来向银行、钱庄提取。银行、钱庄於是都遭到挤兑的劫运。十七日(26日,注:1911年)华商各银行信成、四明、典业等因恐生意外,公议即自本日起暂行停市七天,以待香港汇到现银,再行应付。但该数银行停市后,人心益形紧张恐慌。⑤……在金融界

---

① 【清】徐润撰、梁文生校注:《徐愚斋自叙年谱》,江西人民出版社2012年8月第一版,第100—101页。
② 【清】徐润撰、梁文生校注:《徐愚斋自叙年谱》,江西人民出版社2012年8月第一版,第102页。
③ 【清】徐润撰:《近代中国史料丛刊续辑》(491)//沈云龙:《徐愚斋自叙年谱》(上海杂记),文海出版社1978年3月第一版,第307—308页。
④ 转引自《拳匪纪事》,《上海通志》编纂委员会:《上海通志》第1册,上海人民出版社、上海社会科学院出版社2005年第一版,第145页。
⑤ 《上海通志》编纂委员会:《上海通志》第1册,上海人民出版社、上海社会科学院出版社2005年第一版,第151—152页。

的混乱中,因受挤兑而告清理的钱庄便不少,北市钱庄宣告清理的,计有承大、志大、瑞大、馀大、衍度、晋和、敦和等多家,南市则有慎德一家。……"①

1914年第一次世界大战爆发,上海丝绸业危机,21家丝厂停产,其余濒临危机,牵连各业。②

1924—1925年江浙战争期间,战火蔓延之地物毁屋焚,满目疮痍。大量的难民涌入上海,租界内难民总数激增③,"……上海一县被灾之地,计达九市乡。市村损失475 000元;农作物损失棉260 000元,稻65 000元;总损失约计800 000元。……"④房屋需求大增。

1932年一·二八淞沪战役,对上海的房地产业发展造成了沉重打击。华界和租界的房地产曲线都处于波谷底。由于这个波谷期与1934—1935年的白银风潮所引起的房地产市场萧条期紧密相连在一起,因此形成了一个漫长的房地产市场不景气时期。"因战祸而商店停市,百货滞销,物价低落,证券与地产跌价,税收骤减,此中损失,无法可以数目字表现。以杨树浦及北四川路,即东北二区之地价言之:北区地产,依照工部局1930年土地估值表,共有地2 251.332亩,估值85 229 513两;但沪变前市价,平均较估值高一倍半,即规银127 844 269两。沪变之后,平均地价跌落25%,即损失31 961 000两。东区计地9 880.922亩,估值117 231 733两。沪变前市价,超过估值照一倍半计,即规银175 842 599两。亦照跌落25%计,共损失银43 960 650两。两项合计,已在一万万元以上。以内国公债言之:因国难而加以整理,向来每年偿还本息二万万元,今减为一万万元,即持票人年减一万万元之运用与生利。以上二端,其显著者。此外,商店及金融机关、航业公司等,因市面停滞之损失,更不

---

① 转引自宣统三年八月三十日《申报》,《上海通志》编纂委员会:《上海通志》第1册,上海人民出版社、上海社会科学院出版社2005年第一版,第152页。

② 《上海通志》编纂委员会:《上海通志》第1册,上海人民出版社、上海社会科学院出版社2005年第一版,第110页。

③ 《上海通志》编纂委员会:《上海通志》第1册,上海人民出版社、上海社会科学院出版社2005年第一版,第138页。

④ 转引自《江苏兵灾调查纪实》《江浙战史》《最近三十年中国军事史》,《上海通志》编纂委员会:《上海通志》第1册,上海人民出版社、上海社会科学院出版社2005年第一版,第177页。

可以数量计。故敢谓间接损失之数,亦决不亚於十万万元之直接损失也。……"①

1937年的八·一三淞沪战役后,上海沦陷,上海的房地产业结束了近代史上最辉煌的发展时期。抗战时期,上海房地产市场上华商活跃,但房地产市场整体还是处于低迷状态。抗战结束后,随之而来的解放战争使上海的房地产业一直得不到正常的发展环境,再也没有达到1937年以前的水平。

(四)城市规划及管理的影响

城市规划对于上海市区的房地产业发展与布局有很大的影响。民国十八年(1929年),上海特别市工务局局长沈怡致市长的公文中请求对上海市区进行规划分区,把工业区、商业区、居住区分开。② 该则史料中所体现的上海市城市规划与公共租界的布局是相互配合的,处于市中心区的商业区与公共租界中部的商业区相连,地价最高,根据1933年工部局地价估价,中区的地价达到每亩132 451两白银。规划的居住区与公共租界西区相连,租界西区同样是住宅区,建有许多高档住宅。1933年,工部局估价西区的地价是每亩28 194两白银,工业区毗连租界的东区和北区,亦是公共租界设定的工业区;工部局东区和北区的地价分别是每亩15 385两白银和41 802两白银。一般来说,商业区的地价最高,工业区的地价最低,居住区的地价上涨率最快。附图4.1是1930年上海市政府大上海计划的规划图之一上海市中心区域分区计划图(全图)。③

"……自新市政府大厦建筑落成,市政府暨所属各局正式迁入办公后,市长吴铁城即将繁荣市中心区计划提交各局会同研究。结果却将整个计划分作两期进行:第一期先行建筑虬江深水码头,以利运输及水上交通。……第二期待虬江深水码头建筑完成后,就进行铁道的铺设。……吴市长即将繁荣市中心区域计划提交各局研究,决定分期努力进行外,以

---

① 上海档案馆档案,Q54-3-455,《中华民国二十一年中国银行报告》(上海事件),中国银行总管理处1932年印,第22—25页。
② 上海档案馆档案,蒋1-0-1,《上海特别市政府指令第2531号》,《上海市政府公报》第十五期,第49页。
③ 张伟等:《老上海地图》,上海画报出版社2001年版,第87页。

一个都市的繁荣,最重要的是治安、交通两问题:於是决定在市中心区域筹设模范警区,饬公安局详加研究,拟具计划呈报。……"①

大上海计划,以市中心区域为大上海市的核心,而市政府大厦为市中心区域的核心,鼓励上海市民和各工商界在市中心区域投资或兴办实业。作为带头作用,市政府所属的各处局全体职员先全部迁入中心区域。市政府划定中心区域土地,号召市民招领,当时市民都极其踊跃领取。② 大上海计划将全市的区域划分为五大区:"……一、行政区:市中心区中央部分。二、工业区:吴淞江、蕴藻浜下游两岸,高昌庙沿浦一带,陆家嘴、洋泾镇附近,真如、大场一带。三、商港区:吴淞镇南、殷行镇北沿浦一带,浦东沿海一带。四、商业区:公共租界、法租界、市中心区域、沪南旧城厢一带。五、住宅区:市中心区附近商业区内,江湾、大场之间,公共租界西部,沪南区西部,梵王渡一带,法华镇一带,龙华镇、漕河泾一带,真如区。……"③

南京国民政府后又对工厂设厂地址进行严格管理,先后颁布了《上海市管理工厂设厂地址暂行通则》④及《修正上海市管理工厂设厂地址暂行通则》⑤,对工厂建立的地理位置进行了规定。

这项规则中南京国民政府设定的工业区在现杨树浦区、普陀区南部、长宁区、徐汇区。这些地区有的水陆交通便捷,远离市中心区和高档住宅区,又有码头、车站、堆栈、货仓等设施,运输方便,有的是铁路附近的荒滩、田地等,很适合做工业区,例如,现徐汇区原来都是乡村,人烟稀少,除了少数几个自然村落,都是荒地,但是有淞沪铁路通过区境,而且徐家汇设有车站,距离很近。规划为工业区后,这些地区的地价猛涨,实业家纷纷在此买地建厂,基本形成了近代上海市的工业格局。对一些政府认为厂址不适宜的工厂,政府命令工厂主人迁址。如原美查公司江苏药水厂,

---

① 上海市地方志办公室、上海市历史博物馆:《民国上海市通志稿》第一册,上海古籍出版社 2013 年 11 月第一版,第 213 页。
② 上海市地方志办公室、上海市历史博物馆:《民国上海市通志稿》第一册,上海古籍出版社 2013 年 11 月第一版,第 213 页。
③ 上海市地方志办公室、上海市历史博物馆:《民国上海市通志稿》第一册,上海古籍出版社 2013 年 11 月第一版,第 218 页。
④ 上海档案馆档案,蒋 1-0-(6),《上海市政府公报》第一百四十七期,第 180 页。
⑤ 上海档案馆档案,蒋 1-0-(8),《上海市政府公报》第一百七十期,第 118 页。

其最确切的厂址在新闸桥北,大王庙对面,后上海市政府认为该厂生产的产品及材料有危险性,命令其迁址,美查公司于一九〇七年冬开始迁至现普陀区西康路 1501 弄 59 号生产。①

随着政府城市规划的出台,政府规划建设区域内的地价会随之增长,房地产业发展起来,特别是处于道路附近的土地房屋,价格都会上升。政府规划是推动房地产业发展的重要影响因素。

四、结论

1843—1937 年,近代上海房地产业的发展以公共租界的房地产业发展为主要力量,占到近半数,华界与法租界的房地产业发展平分秋色。如果考虑到战争等因素对华界房地产业发展的影响,华界房地产发展应超过法租界的发展。近代上海房地产业的产生和发展原因是多重的:辛亥革命解放了生产力,产生了新的适应生产力发展的资本主义生产关系,这是近代上海房地产业产生的根本性内因;上海开埠后,陷于半殖民地社会经济状态中,这是近代上海房地产业产生和发展的外因。开埠后上海近代市场经济的发展为近代上海房地产业的产生提供了宏观经济条件,租界的扩张是推动近代上海房地产业发展的主要驱动力,租界内司法独立提供了近代上海房地产业发展的自由空间。影响近代上海房地产业发展的因素有复杂的货币制度、金融危机、战争、城市规划及管理等因素。

---

① 上海档案馆档案,Q38-4-37,《上海江苏药水厂本厂基本情况材料》。

中 篇

房地产市场定量分析

第五章

近代上海市区地价研究

当研究近代上海房地产业发展的历史时,近代上海的地价问题是关键的问题之一。近代上海的地价高低如何?涨落变化的具体情况是怎样的?受到哪些因素的影响?地价变化对老百姓的生活影响有多大?华界、租界的政策对近代上海各自产生什么作用?……弄清这些问题,分析利弊,剔除非常态的因素,保留常态的情形,从中看各种因素对地价、房地产业发展以及社会经济所产生的影响,对于当代房地产业的发展有很大的启示。

关于近代上海的地价,可以分为民国时期学者的研究以及当代学者的研究两个阶段。民国时期关于上海地价的代表著作主要是民国二十四年张辉的《上海市地价研究》。张辉在《上海市地价研究》中主要研究民国二十年至民国二十一年的地价问题。这本书把上海市区分为华界、公共租界、法租界三区,研究了这三区的地价变动的情况,论述了上海市地价的主要表现特征为地价高涨和各区地价差别较大,分析了影响地价变动的原因,并把上海市地价与世界其他各大城市的地价作了比较,认为影响上海市地价涨落的原因主要是人口因素、政变因素(政局屡变)、道契因素(道契盛行)、越界筑路、市政管理因素、不动产所有权观念因素。上述六项因素是政治因素。经济因素有商业与工业的发展、交通运输的发展、建筑物的高度与精粗。特殊的经济原因影响各区地价、地产投机。文化上的原因影响娱乐场所所在地、学校机关所在地。

王季深在《上海之房地产业》[①]一书中写道,上海自开埠后的百年时间里,除特殊的政治、经济、军事原因引起的变化外,上海地价一直直线上涨。公共租界的地价从 1900 年以后至 1933 年衰落止,每亩地价平均上涨九倍左右;法租界的上涨幅度虽然比不上公共租界,但趋势是相同的,即使是 1881 年时的法租界全区最低地价到 1930 年时也涨至三倍于原来的价格;华界各区的地价也不同程度地上涨两倍半到四倍不等。[②] 王季深只是概括性地说明了上海地价的变化趋势,并未系统、深入地进行研究。

当代学者关于上海地价方面的研究成果很少,特别是缺乏系统性的数据记录。由于史料的散失以及不成系统的统计数据,近代上海地价的具体情况及其涨落变化一直难以被准确地描述。本章试图把各个年代各个地区零散的数据收集起来,系统地研究近代上海地价的变化,主要是运用平均地价的概念来说明近代上海的基本变化概况。本书中平均地价采取所有地价样本点的算术平均值。由于有些年份数据样本点的缺乏,这些年份的平均地价可能偏离平均地价的真实值较大,这是本书的遗憾。

虽然本书的平均地价存在不少的缺点,但是在当时没有一个系统、详细的数据记录的条件,是从大量的史料中整理出的一份系统、详细的数据,能够反映出近代上海地价的大概面目,有一定的实际意义,也能够反映出各种因素对房地产市场的影响,从而为当代房地产业的发展提供历史借鉴,这是本章的研究宗旨和目的。

一、相关理论

(一)房地产市场理论

房地产市场是不完全市场的典型。在房地产市场中的任何时候,对于一种类型、一种价格范围和区位,只有相对数量很少的买方和卖方。买

---

① 王季深:《上海之房地产业》,上海经济研究所民国三十三年版。
② 王季深:《战时上海经济》第一辑,上海经济研究所民国二十四年十月版,第 167 页。王季深:《上海之房地产业》,上海经济研究所民国三十三年版,第 5—6 页。

方和卖方的产品信息均不充分,这是因为房地产本身的复杂性,不像其他商品一样经常发生交易。买卖双方都急于完成交易以便得到房屋,或购买另一处房地产。可供选择的房地产并不相似,也不可替换。房地产的定价受到政府行为的制约。同时,房地产使用控制,如区域规划、建筑许可等倾向于限制买方和卖方的买卖活动。[1]

由于房地产市场的不完全性,因此其价格不会平稳地升降,房地产市场更多变、更独特。[2]

房地产市场是根据地理位置、房产类型、租赁或使用类别或是以上描述的组合来定义的。[3]

房地产市场分析中常见的一个地理概念是社区。"社区"一般是受相同经济因素影响的房产组合或房地产区域。因为房地产是固定的,所以房地产市场受周边社区经济环境变化的影响较大,不同的房产类型很少会同时受相同经济环境的影响。区域这一定义包括地理位置和房产类型两个概念,也是分析特定市场的一个概念。区域被定义为具有相同土地用途且位置相邻的地块。不同使用类别的房产对经济因素变化的反应是不同的。利息率的上升也许对于那些想通过抵押贷款购房的人来说会变得更困难,但是这样会使租赁需求上升,而自住类住宅需求下降。分析房地产市场的理想供求模型的另一个限制是:市场参与者之间自由、开放竞争从而决定价格的程度。在房地产市场中,很多参与者往往掌握更多的市场信息,对市场具有更强的影响力。[4]

(二)供给和需求原理

供给和需求原理是房地产市场的基本原理。当需求大于供给的时

---

[1] [美]理查德·M. 贝兹、赛拉斯·J. 埃利:《房地产估价》,电子工业出版社 2008 年 1 月第六版,第 53 页。
[2] [美]理查德·M. 贝兹、赛拉斯·J. 埃利:《房地产估价》,电子工业出版社 2008 年 1 月第六版,第 53 页。
[3] [美]查尔斯·F. 弗洛伊德、马库斯·T. 艾伦:《房地产原理(第 6 版)》,上海人民出版社 2005 年 10 月第一版,第 20 页。
[4] [美]查尔斯·F. 弗洛伊德、马库斯·T. 艾伦:《房地产原理(第 6 版)》,上海人民出版社 2005 年 10 月第一版,第 20—21 页。

候,价格和租金水平上升;当供给超过需求的时候,价格和租金水平下降。①

1. 供给因素——地上建筑物

房地产建筑物供给与简单供求模型中其他资源供给的区别:

(1)短期内供给是固定的;

(2)与房产供给不同,房地产服务的供给更多取决于需求;

(3)每年新增的供给只是总供给中的一部分;

(4)新增供给量是建立在对未来需求的预期基础之上的;

(5)融资成本及其可获得性决定了新增供给的数量和时间。②

短期内供给无弹性,需求的增加使得房地产短期供应不足,但房间的数量或面积不能迅速增加;相反,如果某种类型的房产存在供给过剩,那么总供给量也不会很快减少,会出现房屋空置现象。

房地产服务的供给弹性,即使建筑物的供给变化相当缓慢,但房地产服务的供给却随着房产使用需求的变化而增加或减少。在需求旺盛时期,存量房将被全面使用,从而房屋空置率(没有用于居住的房屋的百分比)降到一个相对低的水平;相反,需求减少,则意味着空置率上升。③

存量房的增加与加速原理。由于房地产建筑物的使用寿命长,因此年房产供给的净增加量常常只占总存量的很小一部分。由于增量房只占存量房的很小一部分,因此总需求的较小变动就会引起增量房较大比例的增加,即房地产总需求的微小变动引起房地产新投资的较大变化,这就是房地产市场中的加速原理。④

需求的预期增加。收益性房产的投资取决于对未来需求的预期。只有当目前的市场状况会影响未来预期的时候,该市场状况才显得比较重

---

① [美]理查德·M. 贝兹、赛拉斯·J. 埃利:《房地产估价》,电子工业出版社 2008 年 1 月第六版,第 69 页。
② [美]查尔斯·F. 弗洛伊德、马库斯·T. 艾伦:《房地产原理(第 6 版)》,上海人民出版社 2005 年 10 月第一版,第 18 页。
③ [美]查尔斯·F. 弗洛伊德、马库斯·T. 艾伦:《房地产原理(第 6 版)》,上海人民出版社 2005 年 10 月第一版,第 18 页。
④ [美]查尔斯·F. 弗洛伊德、马库斯·T. 艾伦:《房地产原理(第 6 版)》,上海人民出版社 2005 年 10 月第一版,第 18—19 页。

要。例如,空置率降低表明未来需求可能会吸收新增的开发量,必须谨慎分析市场以确定影响需求的潜在因素是否能够为新增量提供坚实的基础,这对房地产投资非常重要。如果许多公司对市场做出相同的判断,结果则将导致供给的严重过剩。①

金融因素的影响。由于房地产投资涉及的金额大且时间长,因此融资成本和融资的可获得性决定了新增量及其供给时间。从历史经验来看,在银根紧缩时期住宅的建造及其他房地产开发急剧下降,反之亦然。事实上,资金对住宅建设的影响与对其他一般商业的影响是相反的。当企业为了扩张而贷款,从而使货币需求增加时,持续上升的利息率迫使许多发展商与自住房屋购买者减少或停止他们的活动。②

独特性的影响。简单供求模型假设产品是同质的,然而房产资源是异质的。换言之,房产的独特性,使得房产间不可能完全替代,所以在房地产市场分析中,需要仔细考虑房产区别于其他资产的特征。③

2. 需求因素

决定房地产需求的主要因素有国家发展水平,地区的收入、就业和人口分布状况。影响其他商品和服务的因素也同样会影响房地产市场的需求。但由于房地产空间的固定性,再加上需求主要集中在当地市场,因此地区的增长因素就显得重要了。④

(1)收入。

当经济衰退时,消费者信心下降,房地产需求就很小,尤其是商业房地产;当经济复苏时,高收入水平家庭增加了对住房的需求。⑤

(2)就业。

---

① [美]查尔斯·F. 弗洛伊德、马库斯·T. 艾伦:《房地产原理(第6版)》,上海人民出版社2005年10月第一版,第19页。
② [美]查尔斯·F. 弗洛伊德、马库斯·T. 艾伦:《房地产原理(第6版)》,上海人民出版社2005年10月第一版,第20页。
③ [美]查尔斯·F. 弗洛伊德、马库斯·T. 艾伦:《房地产原理(第6版)》,上海人民出版社2005年10月第一版,第20页。
④ [美]查尔斯·F. 弗洛伊德、马库斯·T. 艾伦:《房地产原理(第6版)》,上海人民出版社2005年10月第一版,第23页。
⑤ [美]理查德·M. 贝兹、赛拉斯·J. 埃利:《房地产估价》,电子工业出版社2008年1月第六版,第62页。

整个国家的就业水平决定了一国的国民收入水平。就业率、收入水平提高以及财富的增长,都将会增加对房地产的需求。[1]

就业结构的改变也会影响房地产市场的需求。从制造业转向服务业或其他白领工作会引起对工业园区和办公楼需求的增加。从事工作的已婚女性数量的增加,使得在外就餐人数也相应地增加,从而产生了对饭店等设施的需求。[2]

然而,对于房地产市场影响最大的一个因素就是工业的搬迁,因为它会导致就业和人口的迁移。工业的搬迁会产生对各类型房产的需求,带来许多发展机会。不幸的是,经济结构的调整导致了一些行业规模的缩小和工厂的倒闭,对社区产生了不利的影响。[3]

(3)人口。

在其他条件相同的情况下,对住房以及对其他形式的房地产的需求与人口增长直接相关。由于土地的供给有限,对房地产需求的增长通常导致较高的土地价格。因此,人口的增长通常意味着较高的土地价值。人口增长意味着较高的房地产需求只适用于那些人口具有购买力的情况。当消费者的可支配收入增长率高于通货膨胀率时,房地产需求趋于旺盛。[4]

影响房地产市场需求的人口因素主要有人口总数、人口增长率、人口结构(尤其是年龄分布)、区域人口流动。[5]

人口总数、人口增长率及收入是影响住房需求及住宅结构的主要因素。例如,第二次世界大战后人口生育高峰期产生了对住房的大量需求,尤其是带三个或更多起居室的房屋。近年来,出生率的逐年下降及单人

---

[1] [美]理查德·M. 贝兹、赛拉斯·J. 埃利:《房地产估价》,电子工业出版社2008年1月第六版,第62页。
[2] [美]理查德·M. 贝兹、赛拉斯·J. 埃利:《房地产估价》,电子工业出版社2008年1月第六版,第62页。
[3] [美]理查德·M. 贝兹、赛拉斯·J. 埃利:《房地产估价》,电子工业出版社2008年1月第六版,第62页。
[4] [美]理查德·M. 贝兹、赛拉斯·J. 埃利:《房地产估价》,电子工业出版社2008年1月第六版,第62页。
[5] [美]查尔斯·F. 弗洛伊德、马库斯·T. 艾伦:《房地产原理(第6版)》,上海人民出版社2005年10月第一版,第24—25页。

住房的增加,导致对小型住宅需求的增加,相反,对较大房屋的需求下降。①

移民对于当地房地产的需求影响也很大,但移民主要由当地的就业机会决定。一个区域就业量的增加常常吸引人们移居到此地,从而引起对住房的需求及各类房产开发的增加;相反,人口出现下降的区域,其房地产开发量也会减少甚至没有。②

(4)需求的变化。

第一,房地产服务市场需求的增加会引起对现有存量房需求的增加。尤其是房地产市场处在低迷状态,存在大量的空置房屋时期,这个作用就更加明显。③

第二,随着空置率的下降和购房需求的增加,房屋的售价和租金也会随之上涨。有时候上涨的幅度是非常大的,尤其存在通胀预期的时候。由于空置率的下降,房屋的售价和租金的上升,使得新项目的预期利润增加,从而吸引更多的投资者开发房地产。这是房地产周期中的一个关键阶段。如果开发商及金融机构对经济的反应过度,则会造成房地产供给过剩。④

新增供给量会使房产售价和租金下降,空置率上升。如果投资者对市场反应过度或需求量比预期的缓慢甚至下降,那么空置率也会很快上升,售价、租金会随之下降,许多项目将无利可赚。价格下降会刺激需求增加,从而会减少一部分过量供给,但是市场依旧低迷,直至需求再一次增加。⑤

---

① [美]查尔斯·F. 弗洛伊德、马库斯·T. 艾伦:《房地产原理(第6版)》,上海人民出版社2005年10月第一版,第24—25页。
② [美]查尔斯·F. 弗洛伊德、马库斯·T. 艾伦:《房地产原理(第6版)》,上海人民出版社2005年10月第一版,第24—25页。
③ [美]查尔斯·F. 弗洛伊德、马库斯·T. 艾伦:《房地产原理(第6版)》,上海人民出版社2005年10月第一版,第25页。
④ [美]查尔斯·F. 弗洛伊德、马库斯·T. 艾伦:《房地产原理(第6版)》,上海人民出版社2005年10月第一版,第25页。
⑤ [美]查尔斯·F. 弗洛伊德、马库斯·T. 艾伦:《房地产原理(第6版)》,上海人民出版社2005年10月第一版,第25页。

(三) 土地利用理论

当城镇规模扩大时,市场上会出现各种土地使用的模式。影响这些模式的因素有城镇的起源、地形、在用的交通系统以及现有主要建筑的吸引力。最简单的模式是商业集中于主要路口。当城镇发展得更大一些时,这一群建筑便会形成以市中心主要路口为中心的一系列同心环。那些功能相似的圆环又被分成不同的部分。这些圆环又受交通系统影响而变形为线性条块商业区,使得大城市的形状更接近于星形。[①]

二、近代上海平均地价数据研究

(一) 工部局历年的地产交易价格分析

按照工部局与清政府制定的条约,外商租用华人土地年租只有每亩1500文制钱,而且只准租,不准卖,只准外商退租,不准华人退租。这个条件等于让外商对所租土地有了实质上的处置权,而真正的业主却徒有虚名。利用这个条件,外商房地产商迅速发展起来,但是外商的土地买卖局限于租界之内,不准在华界地区经营。但随着越界筑路,租界的范围逐渐扩大,外商的房地产业经营范围也伴随着租界的扩张而逐渐扩张。

1854年11月3日,工部局购买了教会路上2英尺×197英尺×110英尺的土地用于修建巡捕营房地点[②],这是工部局董事会会议录上记载的工部局第一笔土地交易。这块约2×2013.143平方米的土地是由承办人金能亨从惇信银行以2500元的代价购得,最初规划建造一所营房用874.0961平方米,还剩余100英尺×110英尺约合1021.9平方米的一块地,以及197英尺×110英尺的一块地可以出卖,工部局至少还可再获利500元至800元。至于购买这块土地及建造营房的费用,是工部局用发行公债的方式筹集的。1854年11月6日,工部局总董发布总金额不少于1000元的投标广告,这笔款项就是为了购买土地和建造一所巡

---

① [美]理查德·M. 贝兹、赛拉斯·J. 埃利:《房地产估价》,电子工业出版社2008年1月第六版,第62页。
② 上海档案馆:《工部局董事会会议录译文(1854—1863)》,上海古籍出版社2001年版,第573页。

第五章 近代上海市区地价研究

捕营房,分10年以等额分期付款的办法偿还。① 以后随着租界内市政建设的发展以及越界筑路,工部局每年都购进土地或卖出土地。工部局购买租界内的土地,一般价格较高,是业主与工部局谈判的结果,基本上能反映市场价格。工部局购买租界外华界土地,价格一般较低,如果向华人个人购买,地价稍高;如果向官府购买,地价很低。例如,工部局为修靶子场占用宝山县的200多亩土地,利用政治特权施加压力,每亩价格只有50两白银。工部局也出卖土地,例如,1862年9月,英领事馆卖出多余土地共44亩,得价银180 986.9两。这块土地共127亩,在1845年租给领事馆的时候,全部租价只有5 838两银。② 工部局从这笔交易中净赚175 148.9两白银。工部局在买卖土地的时候,除了通过低买高卖赚取差价以外,还通过度量衡制度上的差别多占用土地。在买地的时候,使用大亩,即7 260平方英尺等于一亩③,给价按每亩若干两计;在卖地的时候,正好度量衡制度改革,使用小亩,即6 600平方英尺等于一亩④,同样给价按亩计,颇类似于"大斗进,小斗出"的做法。工部局利用这种手段,凭空多赚取了很多的利润。在1871年工部局董事会会议录中明确地记载了工部局土地处的管理规章草案,规定亩的标准容积。所有进行登记的土地容积,均应以每亩6 600平方英尺计算。⑤

"工部局地产交易表"(详见附录Ⅱ第五章表5.1)是27册工部局董事会会议录中所记载的工部局历年土地交易的价格,其中,1922年和1927年的土地价格因没有记录而缺失,1863年、1864年和1865年有三个价格是取自工部局对于查尔斯·韦尔斯房地产的征税记录,其余都是工部局董事会会议录中记载的土地交易价格或市场价格。由于这些记录

---

① 上海档案馆:《工部局董事会会议录译文(1854—1863)》,上海古籍出版社2001年版,第574页。
② 《上海通志》编纂委员会:《上海通志》第1册,上海人民出版社、上海社会科学院出版社2005年第一版,第54页。
③ 上海档案馆:《工部局董事会会议录译文(1867—1869)》,上海古籍出版社2001年版,第616、620页。
④ 上海档案馆:《工部局董事会会议录译文(1895—1896)》,上海古籍出版社2001年版,第564页。
⑤ 上海档案馆:《工部局董事会会议录译文(1870—1871)》,上海古籍出版社2001年版,第781页。

很零散，以及工部局董事会在记录内容和方式上的变化，有一些记录虽然记载了工部局所进行的土地交易，但或者由于缺乏所交易土地的数量，或者由于缺乏所交易土地的总价，无法算出单价的，都没有摘录，但绝大多数的地产交易都能够反映出当时的每亩成交价格。1941年以后，太平洋战争爆发，直至1943年租界结束，工部局董事会会议录中基本上没有地产交易的记录。总的来说，除极少数记录外，工部局地产交易表摘录了工部局董事会会议录中所有的地产交易，包括那些虽然交易没有成功，但是记载了交易过程中的谈判价格的记录，是能真实地反映从1866年至1936年的上海地产价格的。本书如实列于第五章附录中，既作为本书研究分析近代上海地价变化的基础数据，同时也希望能给后来的研究者在史料上提供方便。

从工部局地产交易表中工部局成交的地产交易可以看出，从1862年至1870年，工部局地产交易少，只有七件，而且价格不高，每亩100两以下的占4件，1869年和1870年的土地单价每亩2 771两反映的是同一笔土地交易，即索恩先生的6.1亩土地出卖。本表之所以分别在1869年和1870年列出，是因为一方面这笔交易是在1869年谈判过一次，交易没有成功，当时提到的交易价格是5 000英镑，但能反映当时这块土地真实的市场价格，1870年又谈判一次，这次交易成功，总价是16 901.41两白银。由于没有1869年和1870年的英镑汇率史料，所以5 000英镑兑中国白银的数量无从得知，只好采用1870年的2 771两的单价。

1871年至1880年，工部局土地交易件数32件，主要用于十字路、宁波路、南京路、四川路、百老汇路、福州路的延伸和拓宽，以及虹口捕房基地。

1881年至1890年，工部局土地交易约48件，主要用于熙华德路、河南路、广西路、英华街延伸、北京路、元芳路、九江路、黄浦路、天潼路、江西路、北苏州路、兆丰路、杨树浦路、武昌路、密勒路等马路的延伸和拓宽，以及虹口拟建新马路、新公共菜场地址、杨树浦巡捕房等的用地。

1891年至1900年，工部局土地交易约有53件，主要用于有恒路与斐伦路、北海路、邓脱路、广东路、山东路、玛礼逊路、闵行路、兆丰路、狄思威路等马路的延伸和拓宽,另外用修建虹口菜场、厕所、靶垛、靶子场、虹口公园、静安寺路公墓、区巡捕房所在地、万国商团操练场地点、疗养院地点等。工部局在这个时期出卖了几次土地,其中卖给格兰特先生的地价是每亩500两白银,卖给法公董局的地价是每亩1 000两白银。

1901年至1910年,工部局交易约34件,主要用于道路的延伸和拓宽。新路的修建以及施高塔路地基的扩展、监狱地基的扩展,作为维多利亚疗养院、东区的教练所在基地、东区堆栈用地,为修建新体育场、菜场、西区巡捕房教练所、万国商团司令部,靶子场扩建、杨树浦菜场购地,并且购买了一块空地以期地价高涨后出售营利。

1911年至1920年,工部局土地交易约10件,主要用于道路拓展修建,作为电气处石桥路分电站站址,改善北四川路－西童书院,西区建学校,扩展兆丰公园、杨树浦发电厂地基,作为变电所和办公路基地、马霍路菜场地基扩展等。

1921年至1930年,工部局土地交易8件,主要用于兆丰公园扩建,修建儿童游乐场,修建医院,修建江西路与外滩之间的新建道路,作为新娱乐场地、新的中央区菜场、护士宿舍、沪西菜市场用地等。在此期间,工部局出卖了几块土地,其中第174号册地以每亩206 500两白银的价格卖给了英商恒业地产公司。

可见,1881年至1910年这三十年时间是工部局地产交易的繁荣期,其高峰期在1901年到1910年。在工部局土地交易繁荣的这三十年里,是公共租界马路建设高峰时期,也是租界不断扩张的时期,这恰恰证明了租界扩张是驱动近代上海房地产业发展的重要原因。

(二)上海内地地产股份有限公司地产交易价格分析

上海内地地产股份有限公司是一家华商地产公司,它的四十三份买卖地合同集中在1934年到1936年。上海内地地产股份有限公司购买了上海沪南区二图洪字圩二十一号十九坵即尚文路江苏省立上海中学初中部旧址的一块土地,然后把它划成五十三块土地出售。最初一整块土地购买的价格是35 100元国币,约折合24 570两白银,划分成小块土地出卖后的土地价格很高,仅就这四十三份合同中显示出来的卖价来看,四十二块小块土地的出卖总价已达国币 416 255 元,折合白银约 299 703.6 两,比买价高出 381 155 元国币,折合白银约 274 431.6 两,是买价的约 11.86 倍,还不包括第 1—3 号、30 号、33—37 号、41 号、53 号这 11 份基地的出卖价值在内。

1934—1936 年上海内地地产股份有限公司地价表[①](详见附录Ⅱ第五章表 5.2)是这四十三份买卖地合同中显示的土地价格。原合同中的地价是用国币来表示,为研究方便,本书采用统一的货币单位白银库平两,以一元国币合库平银七钱二分计算。沪南区是华界,大部分地区在市中心区,在华界十七区中,沪南区的地价是最高的。根据上表计算各年度的平均地价,1934 年的平均地价是每亩 23 133 两白银,1935 年是每亩 15 329 两白银,1936 年是每亩 17 606 两白银。地价在 1935 年跌落,1936 年稍微反弹。

(三) 英商兆丰洋商地产交易价格分析

"1904—1906 年兆丰洋商地产交易表(一)[②](详见附录Ⅱ第五章表 5.3)是英商兆丰洋商在民国初期向上海县民购买土地的价格表,根据上海档案馆所保存的法公董局档案中的二十二份契约所编制。

同样,上表中的货币单位并不统一,本书统一折算成库平白银两进行分析,在这里,一银洋按库平银七钱二分计算,因为找不到 1904 年有关一英洋元折合白银的具体史料,所以也取一英洋折合库平银七钱二分。折合后的 1904—1906 年英商兆丰洋商地产交易价格表(二)(详见附录Ⅱ第五章表 5.4):

表 5.1　　　　1904—1906 年英商兆丰洋商地产交易价格表(二)[③]

年份	卖地人名称	亩数(亩)	价格 (白银两)	单价 (白银两/亩)	地　址
1904	姚金金、姚柱香	7.099	1 598	225.1021	二十八保八九图堂字圩 472
1904	姚驾山	2.536	2 160	851.735	二十八保十二图禢字圩 1901、1902

---

① 上海档案馆档案,Q403-1-836,《上海内地地产股份有限公司房屋买卖合同》。
② 上海档案馆档案,U38-4-154,法公董局档案。
③ 上海档案馆档案,U38-4-154,法公董局档案。

第五章　近代上海市区地价研究

续表

年份	卖地人名称	亩数(亩)	价格(白银两)	单价(白银两/亩)	地　址
1904	候张氏	2.441	1 645	673.904 1	二十八保八九图堂字圩 380
1904	徐朗生、徐根生	1.717	2 886.5	1 681.13	二十八保四图传字圩 84
1904	蘒梅生	0.9	583.2	648	二十八保八九图堂圩 355
1904	蘒梅生	0.9	633.6	704	二十八保八九图堂圩 395
1905	陈胜茄	1.878	1 352.2	720.021 3	二十八保八九图堂字圩 371
1905	顾雲亭、顾雪亭	1.79	1 160	648.044 7	二十八保八九图堂字圩 395 号
1905	陈梅岐	0.5	414	828	二十八保北十二图禑字圩 1184 号
1905	陈树林	0.865	498.2	575.953 8	二十八保八九图堂字圩 451
1905	蘒琴洲、蘒仲洲	1.160 5	1 392.6	1 200	二十八保堂字圩 366、367 号
1905	蘒蘭生、蘒芝岩	1.8	2 070	1 150	二十八保八九图堂字圩 395
1905	陈蘭岐	1.144	947.2	827.972	二十八保八九禑字圩 1184
1905	王秀堂	1.317	948.2	719.969 6	二十八保八九图堂字圩 369、370 号
1905	王秀堂	0.56	403.2	720	二十八保八九图堂字圩 328
1905	徐华文	1.384	1 245.6	900	二十保八九图堂字圩 366
1905	蘒翰林	2.482	2 860	1 152.297	二十八保八九图堂字圩 372、373 号
1905	蘒芝卿	0.805	885.5	1 100	二十八保八九图堂字圩 406
1905	陈王氏	0.4	345.6	864	二十八保北拾贰图禑字圩 1179
1905	谈鹤甫	0.956	826	864.016 7	二十八保八九图堂字圩 355
1906	徐华文、徐焕文	4.2	6 397.2	1 523.143	二十八保八九图堂字圩 323 号
1906	陈兴隆	1.585	1 822.75	1 150	二十八保堂字圩 1182、1183
	合　计	38.419 5	24 785.05	645.17	

根据上表计算出,1904 年上海县的平均地价是每亩 797.31 两白银,1905 年的平均地价是每亩 876.45 两白银,1906 年的平均地价是每亩 1 336.57 两白银,这三年时间,上海二十八保地区的地价一直大幅上升。

(四)《上海市地价研究》中记录的上海地产交易价格分析

张辉记录了公共租界中共 105 件地产交易来研究上海的地价,其中,中区的 13 件地产交易,北区的 9 件地产交易,东区的 37 件地产交易,西区的 46 件地产交易,并与工部局对公共租界各区的地产估价进行对比,得出公共租界中区地价最高,北区次之,西区名列第三,东区最低的结论,并且进一步详细地说明中区地价尤以外滩与南京路成一丁字形之地带地价为最高。张辉认为上海公共租界的实际市场交易地价比工部局估价要高 20%。

张辉还记录了法租界 46 件地产交易来代表法租界的实际市场交易地价,其中,法租界旧区共 5 件地产交易,新区 41 件地产交易。进行研究比较后,张辉认为法租界的实际市场交易价格与法租界工董局的估价相差不大,旧区的地价明显高于新区,旧区每亩地价是新区的四倍多。

张辉对公共租界、法租界、华界三区的地价进行比较后得出,公共租界平均地价最高,法租界次之,华界最低。公共租界的平均地价是华界的约 26 倍,是法租界的不到 1 倍,法租界的平均地价高于华界约 19 倍。

张辉所记录的公共租界地产交易中,1931 年有 81 件,1932 年有 24 件,样本点以 1931 年的为主;法租界的地产交易中,1931 年有 14 件,1932 年有 32 件,样本点以 1932 年的为主;华界并无具体的地产交易记录,只给出了一个估价总值。张辉所采用的各区地价点中无华界的样本点。租界的样本点中,1931 年的样本点占绝对优势。可见,张辉的研究成果只能反映 1931 年和 1932 年上海地价的大致情形,并没有研究上海地价长期的变动情形,只是在研究上海市各处地价增长及复利时,比较了从 1904 年至 1916 年以来的地价与 1929 年地价的差距,来说明投资上海地产所能获得的厚利,并无长时期上海地价的交易价格数据,这是一个遗憾。

1904—1932 年《上海市地价》地产交易表[①](详见附录Ⅱ第五章表 5.5)是民国二十四年七月正中书局出版张辉的《上海市地价研究》中公共租界四区 1904—1932 年的地价交易表。

从表中可见,在 1932 年是租界平均地价最高的时候,达每亩 63 560 两,1931 年的平均地价是每亩 44 213 两白银,1929 年的平均地价是每亩 41 475 两白银,1932 年最高地价达到每亩 583 431 两白银。

---

① 张辉:《上海市地价研究》,正中书局 1935 年版,第 11—16、27—29、74—75 页。

（五）上海档案馆档案中零散的地价资料整理

上海档案馆档案中的地价资料表（一）和上海档案馆档案中的地价资料表（二）（分别详见附录Ⅱ第五章表 5.15 和表 5.16）是上海档案馆档案中零散的地价资料。这些地价资料中所显示的土地散落在旧上海市区内各个地理位置，华界、法租界、公共租界都有，时间跨度从 1903—1937 年，是两份比较全面的资料。一个特殊的情况出现在 1937 年，1937 年的地价单位是法币元，从现有的资料中无法折算成白银两，考虑到这并不对本书的分析研究工作造成影响，所以只有 1937 年的地价单价是按每亩合多少法币元统计计算的。

三、近代上海平均地价的计算及平均地价曲线变化描述

由于本书的目的是从当时上海房地产业发展的全局考虑，想如实反映近代上海房地产业发展的整体状况，因此在选择价格的时候，忽略掉由于地理位置不同而带来的土地价格上的差异，而采用平均地价的方法来表述近代上海地价的变化。平均地价的计算思想是把每个年份所有的土地价格样本点加总，再计算出其算术平均值。本书采用的样本点由所有资料中每一年的地价数据构成，即附录中表 5.1、表 5.2、表 5.3、表 5.4、表 5.5、表 5.6 中的地价资料，从中计算出每一年份地价的算术平均值，得出表 5.2。

表 5.2　　　　　　　　1854—1937 年上海市平均地价表

年份	单价（白银两/亩）	年份	单价（白银两/亩）	年份	单价（白银两/亩）
1854	594	1887	2 925	1912	3 050
1862	800	1888	3 490	1913	10 364
1863	1 650	1889	2 486	1914	2 500
1864	2 000	1890	20 769	1915	4 555
1865	1 750	1891	2 446	1916	2 000
1866	1 500	1892	4 297	1917	29 018

续表

年份	单价（白银两/亩）	年份	单价（白银两/亩）	年份	单价（白银两/亩）
1867	70	1893	4 390	1918	4 993
1868	100	1894	20 946	1919	4 029
1869	1 064	1895	2 823	1920	4 203
1870	2 771	1896	3 497	1921	3 412
1871	324	1897	8 761	1922	41
1872	1 450	1898	1 400	1923	152 392
1873	2 400	1899	1 915	1924	15 947
1874	2 977	1900	2 833	1925	105 679
1875	6 396	1901	11 658	1926	6 104
1876	2 467	1902	24 322	1928	20 304
1877	1 625	1903	4 009	1929	37 373
1878	8 130	1904	7 748	1930	25 709
1879	5 500	1905	3 098	1931	74 500
1881	2 053	1906	13 100	1932	65 028
1882	4 357	1907	56 850	1933	45 120
1883	4 534	1908	4 450	1934	30 420
1884	6 237	1909	4 590	1935	13 829
1885	900	1910	10 110	1936	17 606
1886	3 243	1911	1 388	1937	38 975

由于史料的限制，有些年份的样本点较少，有些年份没有，而且华界地区的样本点也较少，这是本书数据的缺憾所在。采用的几份资料中，工部局土地交易地价表、兆丰洋商地价表、张辉地价表皆是租界内地价，上海内地地产股份有限公司地价表是沪南区的地价，是华界地价中最高的一个区，而租界内的地价又普遍高于华界，所以上述计算出的1862—1936年上海平均地价基本上应该能反映出当时上海市区的地价变化情况，但高于实际的平均地价。

根据表 5.2 画出下面的曲线图(见图 5.1):

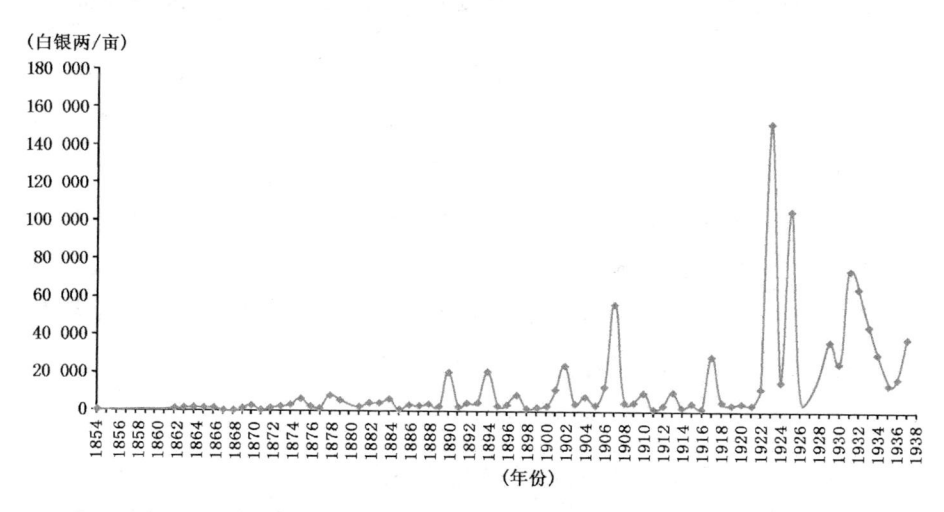

图 5.1　1854—1937 年上海市区平均地价变化图

根据图 5.1,上海市区地价很明显地可以分为三个阶段:第一个阶段是在 1862 年至 1889 年期间,上海市区地价起伏不大,除个别年份外,此期间的平均地价是平均每亩 2 784.786 两;第二个阶段是从 1890 年至 1920 年,上海市区的地价起伏不定,但都是小幅度的波动,此期间的平均地价是每亩 10 778.08 两白银;第三个阶段是从 1921 年至 1937 年,此期间,地价总体上一直在增长,波峰值更高,波动幅度也很大。此期间的平均地价是每亩 39 413.17 两。第二个阶段的地价是第一个阶段的约 4 倍;第三个阶段的地价是第一个阶段的 14 倍多,是第二个阶段的约 3.7 倍。

第二个阶段有五个比较大的峰值点,1890 年是第一个峰值点,以后的 4 个峰值点分别是 1894 年、1902 年、1907 年和 1917 年,这个阶段的最高峰值点是 1907 年的每亩 34 350 两白银。

第三个阶段有三个比较大的峰值点,分别是 1923 年、1925 年和 1932 年,这三个峰值点也是 1862—1936 年整个期间位列前三的峰值点。1923 年的峰值最高,达到每亩 304 774 两白银,1932 年的峰值点是每亩 135 030 两白银。

四、近代上海各地区地价与平均地价数据的比较及变化趋势分析

表 5.2 中所计算出的上海平均地价,1854—1933 年间租界的样本点较多,1934—1936 年间华界的样本点较多,所以 1854—1933 年的平均地价数据应是偏高于实际的平均地价,而 1934—1936 年的平均地价数据应偏低于实际的平均地价。但是从系统数据来看,1854—1933 年的数据受华界的地价样本点的影响小,所以系统偏差是一致的,偏离的程度也应该是一致的;1934—1936 年的平均地价数据受租界地价的影响小,系统偏差应该是一致的,偏离的程度也应该是一致的。

(一)华界的地价远低于上海的平均地价

租界的地价历来是极高的,它决定和拉高了上海的平均地价。华界地区面积虽然占绝对优势,但地价都很低,以算术平均值方法计算各区每亩的平均单价,会呈现出华界的地价远低于上海的平均地价的现象,从下述华界地区的地价史料与表 5.2 中数据的比较可以验证这种现象。

民国十八年(1929 年)十一月二十三日,上海特别市政府发布由市长张群签字的《上海特别市政府布告第一〇八号布告》[①],为实行大上海建设计划划定市中心区域界线为"淞沪铁路以东,黄浦江以西之间,北至闸殷路,南至翔殷路,东至预定路线,西至淞沪路"[②],并且公布了划定的市中心区域内地亩估价如市中心区域内地亩估价表[③](1929 年)(详见附录Ⅱ第五章表 5.10)。

上海特别市政府划定的市中心区域处于江湾、引翔、殷行三区之间,分析附录Ⅱ表 5.10 的数据,在 1929 年 11 月底,上海市中心区域沿路上等土地的平均地价是每亩 575 元,折合白银每亩 414 两;宅基、坟地等中上等土地的平均地价约每亩 367 元,折合白银约每亩 264 两;普通田地为中下等土地,它的平均地价约每亩 242 亩,折合白银约每亩 174 两。附录Ⅱ表 5.10 中上、中、下三种等级的土地平均价格是每亩 366 元,折合白银

---

① 上海档案馆档案,蒋 1-0-1,《上海市政府公报》第三十九期,第 45 页。
② 上海档案馆档案,蒋 1-0-1,《上海市政府公报》第三十九期,第 45 页。
③ 上海档案馆档案,蒋 1-0-1,《上海市政府公报》第三十九期,第 46—47 页。

约 264 两。与公共租界和上海平均地价比较,附录Ⅱ表 5.6 中公共租界在 1929 年的平均地价是 15 000 两白银,附录Ⅱ表 5.10 中 1929 年上海的平均地价是每亩 37 373 两白银。在 1929 年附录Ⅱ表 5.6 中公共租界的平均地价是华界市中心区域的平均地价的约 57 倍,附录Ⅱ表 5.10 中上海平均地价是市中心区域地价的约 141 倍,可见华界地区的地价是极低的,远低于上海的平均地价。

同样,根据 1931 年市中心区域征收民地案业户领款表[①](详见附录Ⅱ第五章表 5.11),看 1931 年上海市中心区域的土地价格。

1931 年上海市政府征收民地六百七十九亩二分三厘五毫,发给老百姓的土地补偿款总价银是十五万五千四百三十三元[②],平均每亩地价是 228.835 元,折合成白银是 164.761 2 两,而附录Ⅱ第五章表 5.6 中 1931 年的平均地价是 74 500 两,远高于中心区域的地价,是 1931 年市中心地价的约 452 倍。

民国时期学者王慰祖在其著作《上海市房租之研究》一书中提供了华界十七区地价的史料,详见华界十七区地价表[③](1932 年)(见附录Ⅱ第五章表 5.12)。

根据华界十七区地价表计算,华界十七区在 1932 年的平均地价是每亩 1 842 元,折合白银约每亩 1 327 两。附录Ⅱ表 5.10 中,1932 年上海的平均地价是每亩 65 028 两白银,是华界的 49 倍多,华界的平均地价远低于上海的平均地价。

从附录Ⅱ表 5.12 可以看出,1932 年,上海华界十七区沪南区的地价最高,达每亩 8 262 元,折合白银约每亩 5 948.64 两;闸北区的地价次之,每亩达 6 058 元,折合白银约每亩 4 361.76 两;法华区的地价达每亩 4 289 元,折合白银约每亩 3 088.08 两,排在第三;高桥区的地价最低,每亩只有 304 元,折合白银约每亩 218.9 两。从华界十七区地价表可以看出,靠近租界的地区如沪南、闸北、法华区地价最高,平均地价达每亩

---

① 上海档案馆档案,蒋 1-0-(2),《上海市政府公报》第八十四期,第 30 页。
② 上海档案馆档案,蒋 1-0-(2),《上海市政府公报》第八十四期,第 30 页。
③ 王慰祖:《上海市房租之研究》//萧铮:《民国二十年代中国大陆土地问题资料》,成文出版社有限公司(美国)中文资料中心印行 1977 年第一版,第 50196 页。

6 203元,折合白银约4 466.2两;而大上海计划中规划的上海市中心区域所处的殷行、江湾、引翔所在三区地价并不高,平均地价只有约每亩911元,折合白银约每亩655.44两。高行、杨思、高桥三区的地价最低,平均地价只有每亩约328.3元,折合白银约每亩236.4两。

1934年,龙华机场征地的地价表史料见1934年龙华飞机场扩充部分地亩估价表[①](详见附录Ⅱ第五章表5.13)。

从表5.13可以看出,1934年,龙华飞机场扩充时征用民地的平均地价约452元,折合白银约326两,而该年上海的平均地价是每亩23 567两白银,可见华界的土地价格大大低于上海的平均地价。

从上面华界地区的地价与上海平均地价的比较来看,华界地区的地价不但远远低于租界的地价,也远远低于上海的平均地价。1929年、1931年、1932年这三个年度,附录Ⅱ表5.9中公共租界的平均地价分别是华界地区平均地价的约57倍、109倍、112倍,可见公共租界和华界的地价差距在逐渐增大。

(二)法租界的平均地价低于公共租界的平均地价

比较1904—1906年法租界兆丰洋商买地的平均地价数据与同年度公共租界的平均地价数据:1904年,公共租界的平均地价每亩24 132两白银,法租界每亩797.31两白银,公共租界地价是法租界的约30倍;1905年,公共租界的平均地价每亩10 873两白银,法租界每亩876.45两白银,公共租界的地价是法租界的约12.5倍;1906年,公共租界的平均地价每亩16 040两白银,法租界的地价每亩1 336.57两白银,公共租界的地价是法租界的约12倍。可见,法租界的地价低于公共租界的地价,但是从1904年至1906年,两个租界的地价差距在逐渐缩小,从30倍下降到12倍。

上海档案馆英商美查公司江苏药水厂档案中有该厂从1911年至

---

① 上海档案馆档案,蒋1-0-(6),《上海市政府公报》第一百五十期,第221页。

1936年的资产负债表和损益表①,其中有该厂历年的土地价格和房产价格,这套史料的可贵之处在于数据从时间上具有连续性,而且是同一块土地及同一处房产,从其不同年代的价值变化上可以一窥近代上海房地产的变化起伏。江苏药水厂共占地36.78亩,地址在现普陀区西康路②(1958年的厂址是上海市普陀区西康路1501弄59号)。从美查公司江苏药水厂的地址来看,该厂位于法租界西界的边缘地带。我们可以首先分析美查公司江苏药水厂土地价格的变化,然后再与计算出的上海平均地价作比较。由于档案资料原件中所使用的货币单位是美元,因此首先要把美元价值换算成白银价值,所采用的汇率是《上海通志》第5册第3442页中美元兑换白银的汇率。兑换后的地价如表5.3所示:

表 5.3   1911—1937 年美查公司江苏药水厂地价变化表③

年份	土地单价（美元/亩）	土地单价④（白银两/亩）（1911—1934年）（法币元/亩）（1935—1937年）	年份	土地单价（美元/亩）	土地单价（白银两/亩）（1911—1934年）（法币元/亩）（1935—1937年）
1911	1 063.19	1 652.01	1925	1 301.84	1 565.28
1912	1 063.19	1 451.09	1926	1 301.84	1 730.05
1913	1 063.19	1 470.97	1927	1 301.84	1 905.56
1914	1 063.19	1 602.70	1928	1 641.86	2 335.57
1915	1 063.19	1 731.95	1929	1 687.90	2 663.67
1916	1 063.19	1 359.25	1930	1 687.90	3 705.98

① 上海档案馆档案,Q38-4-16,《英商美查公司上海江苏药水厂历年年度结算(卷一)(1908—1950)》。上海档案馆档案,Q38-4-17,《英商美查公司上海江苏药水厂历年年度结算(卷二)(1908—1950)》。
② 上海档案馆档案,Q38-4-28,《上海江苏药水厂本厂1958—1961年基建年报》。
③ 上海档案馆档案,Q38-4-16,《英商美查公司上海江苏药水厂历年年度结算(卷一)(1908—1950)》。上海档案馆档案,Q38-4-17,《英商美查公司上海江苏药水厂历年年度结算(卷二)(1908—1950)》。
④ 《上海通志》编纂委员会:《上海通志》第5册,上海人民出版社、上海社会科学院出版社2005年第一版,第3442页。备注:本表白银两所表示的每亩土地单价系引用《上海通志》第5册第3442页纽约市场中国汇率折算得出。

续表

年份	土地单价 (美元/亩)	土地单价④ (白银两/亩) (1911—1934年) (法币元/亩) (1935—1937年)	年份	土地单价 (美元/亩)	土地单价 (白银两/亩) (1911—1934年) (法币元/亩) (1935—1937年)
1917	1 063.19	1 042.53	1931	1 687.90	5 013.97
1918	1 063.19	852.23	1932	1 687.90	5 013.97
1919	1 063.19	772.52	1933	2 360.69	4 157.93
1920	1 063.19	865.97	1934	2 360.69	3 216.51
1921	1 166.14	1 549.72	1935	2 360.69	4 182.92
1922	1 166.14	1 419.02	1936	2 594.94	5 697.51
1923	1 166.14	1 472.23	1937	2 594.94	8 942.75
1924	1 289.85	1 608.31			

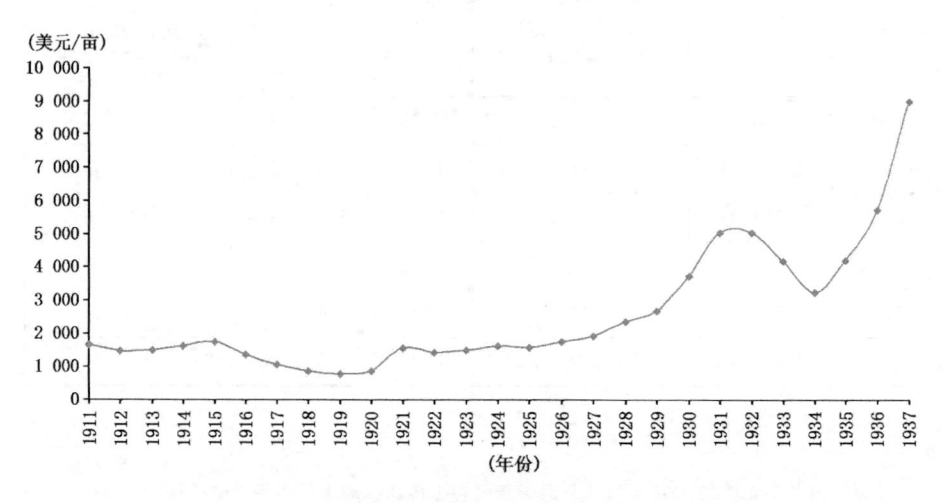

图 5.2　1911—1937 年美查公司江苏药水厂地价变化图

从表 5.3 的数据及图 5.2 来看，从 1911 年至 1936 年期间，美查公司江苏药水厂的地价在 1919 年达到最高峰值；在 1912 年至 1915 年期间，属于缓慢下降阶段；在 1915 年至 1919 年期间是快速上升时期；1919 年到达顶点后，开始跌落。从 1921 年至 1927 年期间，变化比较平缓，起伏

第五章　近代上海市区地价研究

不大,整体地价水平也比较高。1928年到达一个比较高的水平后又开始跌落,在1931年至1932年有一个U形谷底,1932年至1935年处于迅速上升期,在1935年达到这一时期的最高点后,1936年又开始跌落。地价最低点在1931年和1932年,每亩约574两白银;地价最高点在1919年,每亩约1 478两白银。把美查公司江苏药水厂的每年地价数据与上海平均地价进行比较,1929年、1931年、1932年使用修正过的数据,见1911—1936年上海平均地价与美查地价变化对比表①(见第五章附录Ⅱ表5.14)。

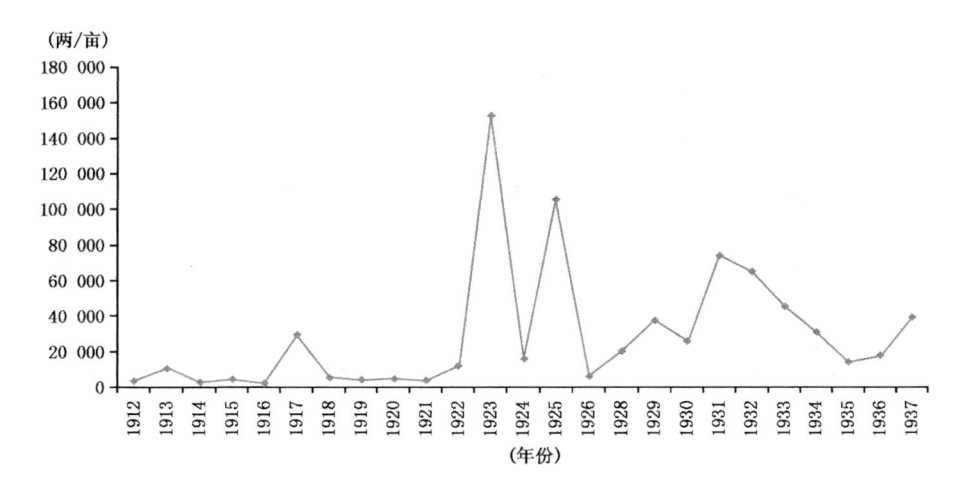

图5.3　1912—1937年上海平均地价变化曲线

由于该厂处于法租界新区内,因此我们把它作为法租界新区地价代表来进行对比,可以发现在1923年差别最大。数据差别巨大的另外两个点是1925年、1932年,平均地价都高于美查公司的地价。可见,法租界新区的地价也应该低于上海的平均地价,但高于大部分华界地区。

地价最高的地方是在公共租界,随着越界筑路的范围扩大,公共租界内沿马路的地价高涨。例如,光绪七年(1881年),公共租界大桥浜北、虹口东、杨树浦一带地价大涨,投资者纷纷在这一带购买田地,洋商更是大

---

① 上海档案馆档案,Q38-4-16,《英商美查公司上海江苏药水厂历年年度结算(卷一)(1908—1950)》。上海档案馆档案,Q38-4-17,《英商美查公司上海江苏药水厂历年年度结算(卷二)(1908—1950)》。

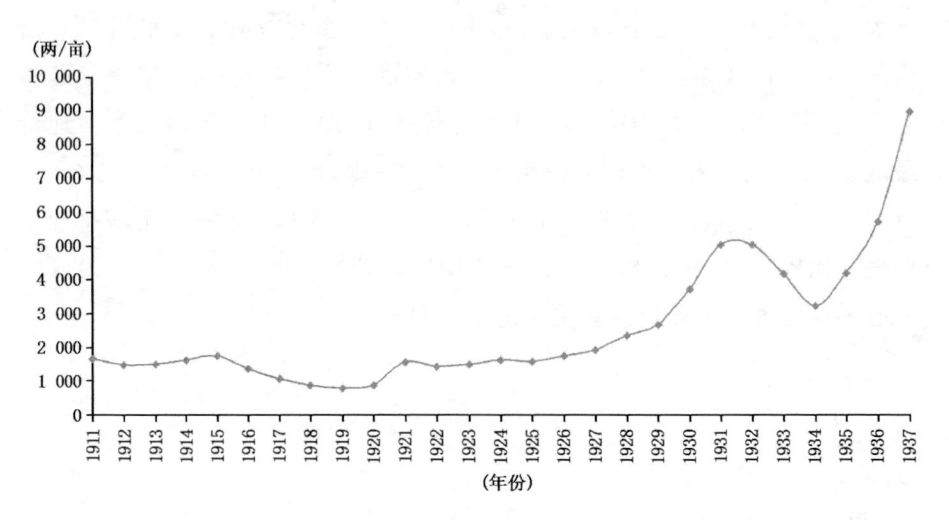

图 5.4　1911－1936 年上海平均地价与美查地价变化对比图

量购买农地。自公共租界泥城以西过新闸再向西 10 余里直至梵王渡地方靠马路两旁的田地皆为大行号收买。这一带土地价格的高低不同,主要是看距离马路的远近,距离马路越近,价格越高。[①]

把上海平均地价的变化曲线(见图 5.3)与美查公司江苏药水厂的地价变化曲线(见图 5.4)作比较,可以看出,两条曲线的变化趋势是相同的,但是在 1919 年的变化是相反的。1919 年,平均地价达到最低点,而美查地价却达到最高点。另外,平均地价的两个最高点 1923 年和 1925 年的值比较尖锐,而美查地价却很平缓。究其原因:一是平均地价数据本身的缺陷,即数据来源样本点不是足够多,会使结果产生偏差;二是美查公司地价数据的局限,只是同一块土地的价格,而这块土地的价格受它所处的地理位置的局限,正好处于地价不太高的地区,而计算平均地价的样本点中有大量公共租界的样本点,拔高了平均值。

公共租界、法租界以及华界地价之间的差异,主要是由于地理位置的不同引起的。旧上海的地价形成以南京路和外滩为中心的环形带状层次,距离中心越远,地价越低。公共租界西区、北区、东区与法租界处于大

[①] 《上海通志》编纂委员会:《上海通志》第 1 册,上海人民出版社、上海社会科学院出版社 2005 年第一版,第 69 页。

致相同的区位带上,所以地价大致相同,但公共租界中区处在中心地带,地价非常高,拔高了平均水平,因而公共租界的平均地价自然高于法租界的平均地价。华界的区位远离中心地带,因此,华界的平均地价水平也就最低。

(三)工部局地价委员会地产估价低于地产实际市价

据费唐法官报告,1907年以前,地产估价委员会曾奉令将各地所估之价,比市价减低二层半,即为估价,作为征收地税依据。但到1907年,又奉令依照市价实价估计,有必须谅解者减低一层,即为估价。估价仅指地价而言,房屋价值不计算在内。1917年至1930年间,地产估价委员会所遵守的训令是相同的。该训令内容如下:"……每一方地面之地价,应照其所有价值估计。就水道之坐落地位而言,该地可作何用,以及在面临公路及转角地点方面,该地所享之利益何若,均应充分计上。及次估价之后,地产之曾经确实脱售情形,亦须考量及之。……"但有一个大家都承认的认识,即因各估价委员的保守态度,大多数之估价仍远比实际售价为低。[①] 1900—1930年间,工部局地价委员会进行了10次估价,具体情形见第三章表3.8。根据该表,计算出表5.4。[②]

表 5.4   1900—1930 年间公共租界的平均地价(估价)

年份	区别	平均地价(白银两/亩)	年份	区别	平均地价(白银两/亩)	年份	区别	平均地价(白银两/亩)	年份	区别	平均地价(白银两/亩)	年份	区别	平均地价(白银两/亩)
1900	中区	10 552.93	1903	中区	13 548.60	1907	中区	34 706.68	1911	中区	29 794.47	1916	中区	32 674.72
	北区	3 831.48		北区	4 818.90		北区	10 883.14		北区	11 025.91		北区	11 981.68
	东区	2 027.18		东区	2 539.27		东区	4 224.91		东区	3 768.91		东区	4 409.63
	西区	1 657.91		西区	2 045.62		西区	4 764.93		西区	4 369.00		西区	4 679.97
	平均	3 870.70		平均	4 603.33		平均	10 039.70		平均	8 280.78		平均	8 819.00
1920	中区	49 168.54	1922	中区	41 508.28	1924	中区	66 729.42	1927	中区	77 542.53	1930	中区	107 878.16
	北区	17 478.50		北区	14 630.37		北区	66 729.42		北区	26 623.26		北区	37 857.37
	东区	6 631.14		东区	4 863.98		东区	8 428.71		东区	8 808.60		东区	11 864.45
	西区	6 447.95		西区	5 144.95		西区	8 452.77		西区	11 547.70		西区	20 457.35
	平均	12 647.56		平均	10 023.83		平均	16 222.42		平均	18 651.93		平均	26 986.26

---

① 【英】费唐著、【民】工部局华文处译述:《费唐法官研究上海公共租界情形报告书》第1卷,工部局华文处,1931年,第692页。

② 【英】费唐著、【民】工部局华文处译述:《费唐法官研究上海公共租界情形报告书》第1卷,工部局华文处,1931年,第714页。

(四) 近代上海地价之增涨及比较

1926年,严氏在其《近年上海地价增涨之调查及意见》①一文中,论及上海的地价增涨,在十年内公共租界中区增加了约一倍,界外西区在铁路以东与租界内增加约八倍,铁路以西新筑路区地价增加八九倍。公共租界各区的地价增涨数据整理如表5.5所示。

表5.5　　　　　　　1926年公共租界各区地价增涨表②

土地	公共租界中区	公共租界北区	公共租界东区	公共租界西区	西区铁路外
1916年市价（白银两/亩）	45 000	18 000	6 500	500	150
1925年市价（白银两/亩）	85 000	35 000	11 000	4 000	1 300

严氏在《近年上海地价增涨之调查及意见》一文中论及重要地产的地价增涨幅度巨大,远不是普通地产所能平均统计的。各种重要地产的地价增涨数据整理如表5.6所示:

表5.6　　　　　1926年上海各种重要地产地价增涨表

土地	1916年最低市价（白银两/亩）	1916年最高市价（白银两/亩）	1925年最低市价（白银两/亩）	1925年最高市价（白银两/亩）
外滩头等地	100 000	175 000	250 000	350 000
头等洋行地	60 000	100 000	140 000	250 000
中区大商店地价	30 000	80 000	70 000	150 000
头等中国商店地价	9 000	70 000	70 000	150 000
普通商店地价	2 000	10 000	3 000	15 000
外国住宅地价	1 000	8 000	4 500	25 000
上等地价	25 000	80 000	50 000	120 000

---

① 《钱业月报》,1926,6(3)。
② 《钱业月报》,1926,6(3)。

续表

土　地	1916年最低市价（白银两/亩）	1916年最高市价（白银两/亩）	1925年最低市价（白银两/亩）	1925年最高市价（白银两/亩）
码头地距黄浦滩最远者	600	10 000	5 000	25 000
上等工厂地价	1 800	8 000	5 000	18 000
普通工厂地价	800	4 000	1 000	6 000
租界外田地	150	1 500	300	3 000

由表5.6可知,从1916年至1926年十年中,各种地价上涨到原来的1.5—3倍。表5.5中的数据基本符合这个数字。

严氏认为1916—1926年这十年中,上海地价增涨的原因有四个:一是物价飞涨;二是上海作为中外货物集散地,工商业用地及人口增多,使土地需求增加;三是国内历年战乱,上海聚焦了很多逃难的人;四是工部局为了增加财政收入而提高土地估价。

1935年的《世界二十四大城市之地价比较》[1]一文中,论及至1935年上海地价近三十年来已上涨了七倍以上。据英商普益地产公司发表的对世界24个大城市的地价比较资料,上海以最高地价每亩50万两位列24个世界大城市中的第22位,见表5.7。附录中的数据,1935年的平均地价是1905年的约4.5倍,比实际数据要小。

表5.7　　　　　　　世界二十四大城市之地价比较[2]

城　市	地价(千两/亩)	城　市	地价(千两/亩)
纽约	16 900	柏林	1 540
芝加哥	11 700	罗马	1 250
费城	11 700	新加坡	1 200
波士顿	8 050	马尼剌	870
拿波里	4 900	马赛	860

---

[1]《湖南大学季刊》,1935,1(2)。
[2]《湖南大学季刊》,1935,1(2)。

续表

城　市	地价(千两/亩)	城　市	地价(千两/亩)
门德里	4 675	开布顿	820
罗桑礬	4 000	孟买	765
利物浦	3 780	曼彻斯特	712
伦敦	3 430	维纳雪士纳罗斯	670
东京	3 200	上海	500
巴黎	3 140	香港	450
雪梨	1 828	广州	210

(五) 历史上上海地价的变化过程

根据工部局董事会会议录中的有关地价变化的记载，我们来进行分析研究。

据《工部局董事会会议录译文》中记载，在1896年1月21日的董事会会议中，谈到"地价已涨了40％,而虹口地区房屋的大量扩建仍在继续中，同时两个租界里的租金都在上涨。发行债券数额的抵付是我们最近买下的大约80亩地皮、卡德路巡捕房和新靶子场。……"[①]1902年，工部局地产估价委员会对公共租界中央区的土地重新估价，土地价值平均增加27.5％,但地区价值平面图送交工部局董事会讨论时，仍被认为估价标准太低，虽然董事会最终决议通过了该估价。[②] 1903年3月12日的工部局董事会会议中，董事会讨论了里地先生应地产评估委员会的请求所提出的公共租界北区、西区、东区三区土地的估价，里地先生说这三个地区的估价平均上涨35％左右。[③] 1926年12月1日的工部局董事会会议上讨论了业广地产公司等10个署名者的来信，这些人要求董事会考虑对租界内地产重新估价以使其接近实际的地产价值，因为市场交易价格已

[①] 上海档案馆：《工部局董事会会议录译文(1895—1896)》,上海古籍出版社2001年版，第519页。

[②] 上海档案馆：《工部局董事会会议录译文(1902—1904)》,上海古籍出版社2001年版，第557页。

[③] 上海档案馆：《工部局董事会会议录译文(1902—1904)》,上海古籍出版社2001年版，第594页。

经是估价的两倍,应该把房地产之间的价格差异消除。① 1926年12月15日的工部局董事会上,决定由地产估价员对租界房地产重新估价。②

根据上述记载与上海平均地价作比较,1896年地价涨了40%,附录Ⅱ中,1896年的地价是每亩3 497两白银,比1895年上涨约24%,变化的趋势是相同的。而这次地价上涨的原因应该与银价下跌、物价上涨有关。③ 1902年,租界的估价平均上涨27.5%,平均地价是每亩20 876两白银,比1901年上涨约76%,变化的趋势也是相同的。虽然上涨的幅度不同,但是我们应注意到工部局董事会认为这次重新估价是偏低的。1903年,工部局对租界北区、西区、东区这三区的估价平均上涨35%,附录Ⅱ表5.6中1903年的上海平均地价是每亩8 000两白银,比1902年下跌,比1900年上涨182%,变化趋势总体在上涨,工部局对辖区内土地估价的周期是三年一次。总的来说,附录Ⅱ第五章表5.6中1903年的数据与3年前相比上涨182%。1926年,上海的平均地价是每亩6 104两白银,比起1924年上涨约226%,是1921年地产价格的约1.82倍。

几个年份的数据与史料记载对比,可见附录Ⅱ第五章表5.6中上海平均地价数据所反应的趋势是与历史相符的。

比较美查公司江苏药水厂地价曲线及上海的平均地价,可以看出,上海的平均地价曲线很好地符合了李伯涵在其《民元来上海之地产业》④中所说的地产业发展周期。1912—1921年,上海平均地价曲线变化平缓,接近水平轴,是房地产业的初兴时期;1922—1926年,房地产业的兴发时期,上海的平均地价出现两个波峰点,分别是1923年和1925年;1926—1928年,是上海房地产业的低落时期,上海的平均地价曲线在1926年和1927年处于低谷期,但在1928年地价又上升。1929—1931年,是上海房

---

① 上海档案馆:《工部局董事会会议录译文(1925—1927)》,上海古籍出版社2001年版,第661页。
② 上海档案馆:《工部局董事会会议录译文(1925—1927)》,上海古籍出版社2001年版,第662页。
③ 上海档案馆:《工部局董事会会议录译文(1895—1896)》,上海古籍出版社2001年版,第506页。
④ 朱斯煌:《民国经济史》//沈云龙:《近代中国史料丛刊三编》第四十七辑,文海出版社1947年印行,第103—105页。

地产业的重兴时期,地价上涨。观察上海平均地价曲线的变化,在这段时期内地价曲线整体离水平轴较高,虽然没有高的波峰值,但地价整体水平比起前期要高很多。1932－1937年,是上海房地产业的中落时期,在1934年房地产业复苏,地价上涨,但到1937年抗战爆发,上海房地产业又陷入低落时期。观察这段时期的上海平均地价曲线,在1932年有一个高峰点,然后下跌,但1933年和1934年的地价水平还是较高,1935年后开始跌落。观察美查地价曲线,变化的趋势亦如上述情形,由此可见,上海平均地价曲线与近代上海地价变化的实际情况是相吻合的。由此,我们得出本章的结论。

五、结论

1854－1936年以来,上海的地价变化趋势可以分为六个阶段:第一阶段,1854－1911年,产生阶段,上海房地产业处于萌芽阶段,地产交易较少,地价很低。第二阶段,1912－1921年,初兴阶段。房地产业虽然兴起,地价依旧很低。第三阶段,1922－1926年,兴发阶段,房地产业发展高峰期,地价高涨。第四阶段,1926－1928年,低落时期,地价低落。第五阶段,1929－1931年,重兴时期,地价整体水平较高。第六阶段,中落时期,地价整体下跌,但在1934年稍有复苏。上海的地价水平主要是由租界的地价拉动的,而公共租界的地价又处于绝对优势地位。公共租界、法租界、华界的地价水平不同,公共租界的地价水平最高;华界的地价水平远低于公共租界的地价水平,也远低于上海的平均地价水平;法租界的地价水平高于华界的地价水平,但低于公共租界的地价水平,这是由于公共租界、法租界、华界不同的区位引起的。旧上海的地价以南京路、外滩为中心形成环形地带层次,距离中心越远,地价越低。公共租界地价水平与法租界地价水平之间的差距在逐渐缩小,而公共租界地价水平与华界地价水平之间的差距在逐渐扩大,这是因为法租界内的公共事业逐渐发展,而华界的公共事业建设发展落后所致。

第六章

近代上海的房价、房租研究

近代的上海是当时全国的经济中心,由于距离政治中心南京很近,又是沿海港口,优越的地理位置加快了上海的城市化发展的脚步。随着租界的扩张,租界区市政建设迅速发展,租界内的地产价格日益上涨。由于投资房地产的低风险和厚利,在租界里投资房地产的人越来越多,带动了上海房地产业的迅速发展。近代上海房地产业发展的过程中,房价并不是很重要的因素,地价是主要的因素。房价基本是贬值的,而且在房地产交易中,地皮买卖和房屋买卖是连在一起的,以地产交易为主,附带地上建筑物,房屋产权并没有独立出来。投资房地产业的人其收益的最主要形式是房屋出租,房价的变化不像地价那样差别巨大,房产交易也不频繁。

近代上海的房价资料极少,因为近代上海基本上不存在独立的房产投机,最主要是地产投机。房屋还没有出现因为投机行为而价格上涨,房租在上涨,但似乎与地产投机行为、物价及利率有关,并没有与房价的涨落紧密联系起来。房屋的建筑价格基本上就是房价,而且随着时间的流逝并没有出现增值的现象,基本上都是随时间的流逝折旧,价值减少,这是近代上海房地产业发展的特征之一。本书在研究近代上海房价房租时充分尊重历史事实,就近代房地产业发展所呈现出的面貌进行符合历史事实的分析,以期能够反映近代上海房地产业发展的本来面目。

当然我们在进行分析时会遇到一些难点。首先就是货币单位的不统一，其次就是计量单位的不统一。就货币单位来说，本书统一采用库平白银两作为货币单位，在当时，房屋的计量单位是间，并不使用平方米的概念，所以本书房屋的大小用间来计量。下文先分析晚清时代的上海房价。

一、上海市房价变化分析

（一）晚清上海的房价

《清代上海房地契档案汇编》一书主要集中了晚清时代的卖房地契，本书去除了单纯的卖地契约，仅仅选择卖房的契约来进行分析，如表 6.1 "清代上海房地契价格表[①]"（见附录Ⅱ第六章表 6.1）。

上海市档案馆编的《清代上海房地契档案汇编》一书中有 85 套上海县卖房地契，为研究方便，把每一年份的房产价格都计算出算术平均值，见表 6.1。

表 6.1　　　　　　　　1778—1908 年清代房价表[②]

年份	房价（两/间）	年份	房价（两/间）	年份	房价（两/间）	年份	房价（两/间）
1778	17.8	1851	16.3	1868	31.2	1888	54.3
1810	22.4	1852	11.7	1871	22.1	1895	61.5
1811	36	1855	63.1	1873	46	1897	89.8
1821	53.3	1857	76.7	1877	47.5	1898	61.4
1823	58	1859	50	1878	95.3	1904	71.1
1825	36	1860	43.9	1880	24.6	1905	825
1826	12.5	1862	87.7	1883	41.7	1907	119.8
1839	50	1863	67.4	1884	18.3	1908	52.6
1844	37.3	1864	88.7	1885	83.3		
1849	32.8	1865	105.6	1887	87.5		

[①] 上海市档案馆：《清代上海房地契档案汇编》，上海市古籍出版社 1999 年第一版。
[②] 上海市档案馆：《清代上海房地契档案汇编》，上海市古籍出版社 1999 年第一版。

第六章　近代上海的房价、房租研究

这份房价表中有两点需要特别说明：首先，房价包含房屋地基的价格，地随房走。房价上涨的原因中有一个很重要的因素并不能忽略：房屋的地基也包含在房价里，不能排除地基价格上涨的因素。其次，房屋的面积用间来表示。因为间有大间和小间，各地又有不同，所以不作平方米换算，就按原来的面目，以"间"来作为房产的数量单位。从地名志丛书中的历史数据看，上海的砖木结构平房一间一般是 30 平方米左右（见图 6.1）。

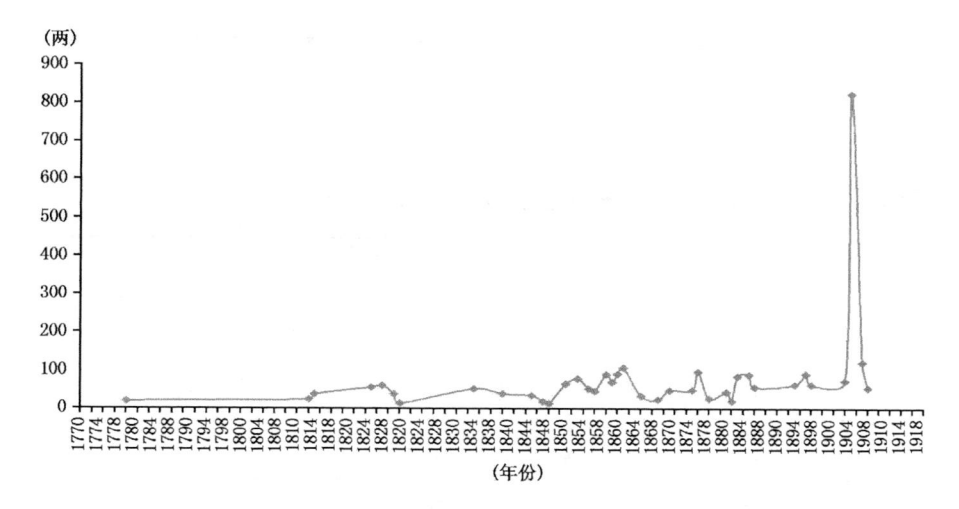

图 6.1　清代房价曲线图

从图 6.1 可以看出，上海开埠后，晚清，房价总趋势是上涨的，但是没有明显的阶段性，总体比较平稳。1840—1860 年，此期间的平均房价是每间 41.475 两；1861—1880 年，此期间的房价是每间 44.45 两；1881—1908 年，此期间的平均房价是每间 67.2 两。1907 年的房价最高，达到每间 119.8 两，1881—1908 年期间的平均房价要高于 1861—1880 年的房价。按每间 30 平方米算，1840—1860 年期间，平均房价是每平方米 1.382 5 两白银，1861—1880 年的平均房价是每平方米 1.481 7 两白银，1881—1908 年的平均房价是每平方米 2.24 两白银，1907 年的房价达每平方米 3.993 两白银。

(二) 1911—1937 年的美查公司江苏药水厂房价

1911—1937 年美查公司江苏药水厂房产总价表[①]（见附录Ⅱ第六章表 6.2）是从上海档案馆美查公司江苏药水厂 1908 年至 1950 年的资产负债表中查得的房产总价，以美元计价。查得美查公司江苏药水厂的房产总建筑面积是 4 387.57 平方公尺（平方米）[②]，用表 6.2 中的数据除以该数，得出每平方米的美元房价数据，然后代入 1911—1936 年纽约市场中国汇率（1 关平两合美元）[③]，按照关平银 100 两＝库平银 100.998 6 两[④]，折算出每平方米白银两房价数据。其中，1937 年的汇率是按照美元兑法币的汇率计算的。[⑤] 1937 年，上海外汇市场法币百元合美元 29.307[⑥]，见表 6.2。

表 6.2　　　　1911—1937 年美查公司江苏药水厂房价变化表[⑦]

年份	单价 （美元/ 平方米）	单价[⑧] （两/平方米） （1911—1934 年） （元/平方米） （1935—1937 年）	年份	单价 （美元/ 平方米）	单价 （两/平方米） （1911—1934 年） （元/平方米） （1935—1937 年）
1911	25.57	39.74	1925	19.00	22.85
1912	25.09	34.24	1926	19.12	25.41

[①] 上海档案馆档案，Q38-4-16，《英商美查公司上海江苏药水厂历年年度结算（卷一）(1908—1950)》。上海档案馆档案，Q38-4-17，《英商美查公司上海江苏药水厂历年年度结算（卷二）(1908—1950)》。
[②] 上海档案馆档案，Q38-4-37，《英商美查公司上海江苏药水厂厂史沿革》。
[③] 《上海通志》编纂委员会：《上海通志》第 5 册，上海人民出版社、上海社会科学院出版社 2005 年第一版，第 3442 页。
[④] 洪葭管：《中国金融史》，西南财经大学出版社 1993 年第 1 版，第 93 页。
[⑤] 《上海通志》编纂委员会：《上海通志》第 5 册，上海人民出版社、上海社会科学院出版社 2005 年第一版，第 3443、3446 页。
[⑥] 《上海通志》编纂委员会：《上海通志》第 5 册，上海人民出版社、上海社会科学院出版社 2005 年第一版，第 3443、3446 页。
[⑦] 上海档案馆档案，Q38-4-16，《英商美查公司上海江苏药水厂历年年度结算（卷一）(1908—1950)》。上海档案馆档案，Q38-4-17，《英商美查公司上海江苏药水厂历年年度结算（卷二）(1908—1950)》。
[⑧] 《上海通志》编纂委员会：《上海通志》第 5 册，上海人民出版社、上海社会科学院出版社 2005 年第一版，第 3442 页。备注：本表所用汇率引用《上海通志》第 5 册第 3442 页纽约市场中国汇率折算得出。

第六章　近代上海的房价、房租研究

续表

年份	单价（美元/平方米）	单价（两/平方米）（1911—1934年）（元/平方米）（1935—1937年）	年份	单价（美元/平方米）	单价（两/平方米）（1911—1934年）（元/平方米）（1935—1937年）
1913	24.57	33.99	1927	19.12	27.99
1914	18.19	27.41	1928	19.12	27.20
1915	18.27	29.77	1929	19.12	30.17
1916	18.36	23.47	1930	19.12	41.98
1917	18.57	18.21	1931	19.12	56.79
1918	18.57	14.89	1932	11.40	33.85
1919	18.65	13.55	1933	15.94	28.07
1920	18.65	15.19	1934	11.40	15.53
1921	18.65	24.79	1935	10.26	18.17
1922	18.76	22.83	1936	9.12	20.02
1923	18.76	23.69	1937	7.98	27.49
1924	18.76	23.39			

美查公司江苏药水厂原系英商美查兄弟开设，最早开工年份为1889年，系以铅室法制造工业硫酸，1880—1888年间由英人美查兄弟（Frederick Major 和 Earnest Major）二人合伙创办美查公司，在上海开设江苏药水厂，制造三酸，至1889年改为有限公司经营。同时经营的有燧昌火柴厂，兼申报馆地产及其他业务。美查公司中英国股份占90%以上，而其中祥茂洋行持有的也不少。江苏厂属美查公司所有，归祥茂洋行经理。初建厂时的资本，关银12万两，实收11万两。最初美查公司江苏药水厂的厂址设在新闸桥北、大王庙对面，用铅室法生产硫酸，供银炉业提炼金银之用，并制造少量的硝酸和盐酸，硫酸年产量900吨左右（全年燃硫300多吨），有基本生产工和辅助工十几人。因厂内和银炉之酸雾弥漫，有损近邻湖丝栈之产品，1907年冬开始迁至现址西康路1501弄59号生

产,至1908年4月拆迁完毕,全部转新厂生产。未几,于1908年9月6日,因制硝酸部分的硝袋着火,全部车间焚毁且延及浜北。因保有火险,立即重建,继续生产。①

中日间发生战事时交通中断,江苏厂得到两次扩展机会:第一次是"八·一三"时,从英国订购新的机械焚矿炉,并扩建铅室和塔,产量增至一千几百吨(全年燃硫五六百吨);第二次在"七七事变"时,又扩建新的铅室和塔燃硫至八百吨左右,1939年甚至超出1 000吨,年产酸在2 000吨以上,其时上海制酸厂已被日军占领,改为公大造酸厂。十二月八日,日军进驻租界,江苏厂亦被日军管理,工厂劳动力互相调配。②

江苏药水厂房价表中所涉及的建筑物是上海解放后登记的建筑物。江苏药水厂厂基共占36.78亩,建筑面积共4 387.57平方公尺(平方米),其中,车间2 212.8平方米,占50.43%;仓库1 639.915平方米,占37.38%;办公室134.28平方米,占3.06%;宿舍310.965平方米,占7.09%;其他89.61平方米,占2.04%。以上建筑分钢骨水泥及砖木结构两种。③

1911—1937年美查公司江苏药水厂房产总价表(见附录Ⅱ第六章表6.2)中的数据来自美查公司江苏药水厂1911—1937年的资产负债表④,再采用上海档案馆Q38-4-24档案⑤中的建筑面积4 387.57平方米,计算而得每平方米的房价。在1911—1937年期间,美查公司的建筑物基本上没有变化,但在1937年到1949年期间,曾经扩展过两次,即上文所提到的"八·一三"和"七七事变"时扩建铅室和塔。总建筑面积4 387.57平方米是在两次扩建后的数据,所以1911—1937年的单位房价数据应该偏小一点,但影响不大。这个单位房价是江苏药水厂各类建筑物的平均房价,包括厂房、仓库、办公室、宿舍等。江苏药水厂在1908年后迁至现普

---

① 上海档案馆档案,Q38-4-24,《英商美查公司上海江苏药水厂本厂基本情况材料》。
② 上海档案馆档案,Q38-4-24,《英商美查公司上海江苏药水厂厂史沿革》。
③ 上海档案馆档案,Q38-4-37,《英商美查公司上海江苏药水厂厂史沿革》。
④ 上海档案馆档案,Q38-4-16,《英商美查公司上海江苏药水厂历年年度结算(卷一)(1908—1950)》。上海档案馆档案,Q38-4-17,《英商美查公司上海江苏药水厂历年年度结算(卷二)(1908—1950)》。
⑤ 上海档案馆档案,Q38-4-24,《英商美查公司上海江苏药水厂本厂基本情况材料》。

陀区西康路①(1958年的厂址是上海市普陀区西康路1501弄59号),利用汇率②换算出美查公司的白银房价和地价。美查公司江苏药水厂1911—1937年的房价变化图如图6.2所示。

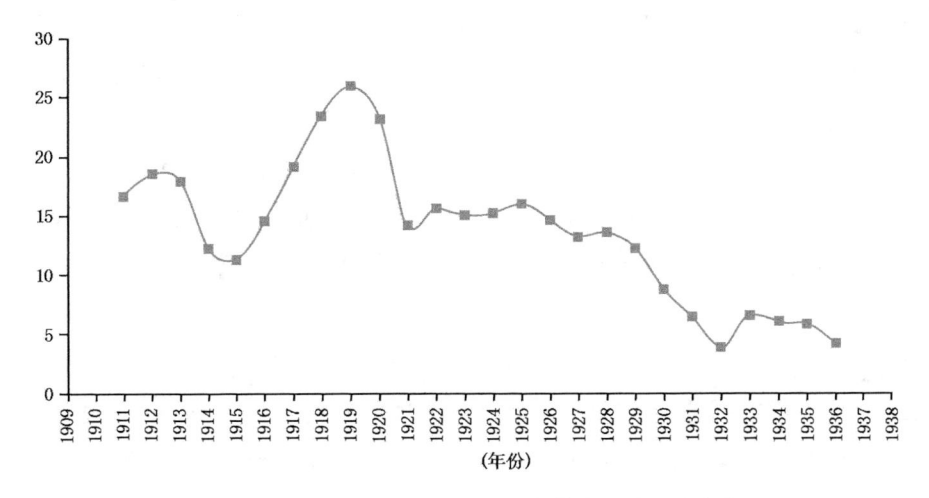

图6.2　1911—1937年美查公司江苏药水厂的房价变化图

从图6.2可以看出,从1911—1937年,美查公司江苏药水厂的房价有两个很明显的波峰点:1912年和1919年,在1919年达到最高点;有三个明显的波谷点:1915年、1921年、1932年。从1910年开始,房价上升,在1912年达到波峰点后下跌,1913—1915年持续下跌,直到1915年达到波谷点后开始回升,从1916年开始,房价上涨很快,达到1919年的最高波峰点以后开始跌落,一直到1921年的波谷点,1922年略有回升,从1925年波峰点以后,美查公司房价一直下跌,直至1932年的最低点,1933年略有回升后,从1934年到1936年又开始呈现持续下跌的趋势。

美查公司江苏药水厂的房价连续性地表明同一处房屋在1911—1937年期间的变化,有可持续性,可以反映上海在这段时间内整体房价的变化情况。

---

① 上海档案馆档案,Q38-4-28,《上海江苏药水厂本厂1958—1961年基建年报》。
② 《上海通志》编纂委员会:《上海通志》第5册,上海人民出版社、上海社会科学院出版社2005年第一版,第3442页。备注:本表白银两所表示的每亩土地单价系引用《上海通志》第5册第3442页美元兑换白银汇率折算得出。

总的来说，1919年以后，美查公司的房价整体趋势是在下降，一方面，因为房屋是在贬值的，随着年代的增长，房屋的折旧越来越多，房屋越来越旧，所以价值不会增长；另一方面，房价的起落也受一些外因的影响。1912年是辛亥革命以后中华民国成立元年，随着社会政治、经济、文化等各方面的变革，房地产业发展到了一个高峰期，同时，美查公司的房价也达到峰值点；1915年正处于第一次世界大战期间，国际贸易受阻，上海的经济受到影响，处于经济不景气时期；1919年第一次世界大战结束后，上海的房地产业发展在1920年迎来了第二个波峰期，美查公司江苏药水厂的房价在1919年达到了峰值点；1921年，上海信交风潮引起的金融危机，使上海的经济动荡，市场萧条，资金短缺，不动产成交率低，房地产股票下跌，所以江苏药水厂的房价也随之下跌；1932年，一·二八淞沪战役，日本人进攻上海，使上海的经济受到严重损失，房地产业也受到严重打击；1933年略有回升；1934—1935年，由于白银涨价风潮，上海发生通货紧缩，银根吃紧，不动产难以脱手，导致房价下跌，因此江苏药水厂的房价也随着大趋势下跌。

（三）法租界房价

1935—1937年法租界私人建筑物估价表（见附录Ⅱ第六章表6.3）[①]是上海档案馆法公董局档案中记载的法租界私人建筑物估价。[②]

上海档案馆法公董局档案U38-4-154中有法公董局从1935—1939年对1 000幢房屋的美元估价，房屋登记号从2951号到3950号，其中，1935—1937年有457幢房屋的估价，每幢房屋的估价如附录Ⅱ第六章表6.3所示。由此可计算出，1935—1937年法租界每年的房屋总估价如表6.3所示。

表6.3　　　　　　　　1935—1937年法租界的房屋总估价表

年　份	1935年总估价（US$）	1936年总估价（US$）	1937年总估价（US$）
合　计	2 940 515	1 793 915	3 177 385

[①] 上海档案馆档案，U38-4-154，《法公董局档案——私人建筑物估价》。
[②] 上海档案馆档案，U38-4-154，《法公董局档案——私人建筑物估价》。

表 6.3 中,1935 年估价的房屋有 176 幢,1936 年有 143 幢,1937 年有 138 幢。经过计算,每幢房屋的平均房价是:1935 年每幢 16 707.5 美元, 1936 年每幢 12 545 美元,1937 年每幢 23 024.5 美元。按照 1935—1937 年的汇率[①],可得各年的平均房价是:1935 年每幢 29 604.1 两白银,1936 年每幢 27 271.7 两白银,1937 年每幢 78 563.1 元法币。

上海档案馆档案 U38-4-153-3606 中记录了 1929—1932 年法租界的房屋营造价值[②],如表 6.4 所示。

表 6.4　　　　　1929—1932 年法租界的房屋营造价值统计表[③]

年　份	1929	1930	1931	1932
营造价值(US＄)	15 491 430	16 837 790	14 938 800	10 047 000

根据表 1.5(见第一章)中法租界的建筑面积数据,计算出 1929—1932 年法租界的平均房价分别是 103 两白银/平方米、40 两白银/平方米、79 两白银/平方米和 87 两白银/平方米。由此可见,房价是逐渐下降的。

在上海档案馆法公董局档案中,有法公董局工程处营造领照单档案,其中,2338 号在 1922 年 3 月 11 日颁发,业主亦即领照人是谈云堂,要在辣斐德路地册第 6554A 建造一幢两层楼,总造价是 8 100 两白银。[④] 同样,登记号为 3039 号的房屋是在 1935 年 6 月 11 日登记,领得营造执照的,其业主是徐妙根,所造房屋是一幢两层楼共三间,其工作地点是亚尔培路及巨籁达路之间地册第 763A 号。[⑤] 登记号为 2904 的房屋于 1934 年 10 月领得营造执照,其业主及领照人是蔡月祥,欲在环龙路地册第 2010 号修建栈房一所,造价 6 000 两白银,营造厂为新月记,建筑师为张顺初。业主、营造厂、建筑师的地址均为东京路 435 弄 72 号。[⑥]

[①] 《上海通志》编纂委员会:《上海通志》第 5 册,上海人民出版社、上海社会科学院出版社 2005 年第一版,第 3442 页。
[②] 上海档案馆档案,U38-4-154-3606,《房屋营造价值统计》。
[③] 上海档案馆档案,U38-4-154-3606,《房屋营造价值统计》。
[④] 上海档案馆档案,U38-4-154,法公董局档案。
[⑤] 上海档案馆档案,U38-4-154,法公董局档案。
[⑥] 上海档案馆档案,U38-4-154,法公董局档案。

公共租界内的中式房屋每间规定为 24 英尺×12 英尺①,折合每间中式房屋的面积是 26.755 2 平方米。第 2338 号房屋是两层楼,参照第 3039 号房屋,为两层楼三间,总建筑面积估算为 80.265 6 平方米,总造价是 8 100 两白银,则 1922 年第 2338 号房屋的房价约为每平方米 101 两白银。

二、上海市房租变化分析

近代上海的房地产业发展有两个明显的特点:一是以地产买卖和房屋出租为主;二是房地产交易中房屋没有独立的产权证明书,房随地走,只在合同里写明土地附带地上建筑物的意思。许多业主买地建屋出租,或者是租地造屋出租,房租收入是房地产投资中重要的一项利润来源。下文是收集到的一些房租史料,我们将进行分析研究,以了解近代房地产业发展中房租的情况如何。

(一)新华信托储备银行房租

1937 年新华信托储备银行房租表②(见附录Ⅱ第六章表 6.4)是新华信托储备银行 1937 年的房租收入情况。表中去掉两个没有房间具体面积的数据,即大华和银行通行社所租房间的数据,把表中的面积数据由平方英尺变为平方米,计算出每平方米的美元租金,再用 1937 年美元和法币兑换的汇率③计算出每平方米租金合法币的数据,得到表 6.5:

表 6.5　　　　　　1937 年新华信托储备银行房租表(法币计价)④

租　户	位　置	房屋面积 (平方米)	每月房租数 (美元/平方米)	每月房租数 (法币) (元/平方米)
A. R. Hager	shops No. 263	103.119	3.054 723	10.423 19
勤业	shops No. 263A	41.8	3.588 517	12.244 57

---

① 《上海租界志》编纂委员会:《上海租界志》,上海社会科学院出版社 2001 年版,第 709 页。
② 上海档案馆档案,Q269-1-359,《1937 年新华信托储备银行房租表》。
③ 《上海通志》编纂委员会:《上海通志》第 5 册,上海人民出版社、上海社会科学院出版社 2005 年第一版,第 3443 页。
④ 上海档案馆档案,Q269-1-359,《1937 年新华信托储备银行房租表》。

续表

租　户	位　置	房屋面积（平方米）	每月房租数（美元/平方米）	每月房租数（法币）（元/平方米）
A. Suchochleb	shops No. 269	41.247 6	3.636 575	12.408 56
Anderson Bros.	shops No. 271	103.119	3.054 723	10.423 19
福申	267 Kiangse Rd. Rooms101	44.963 6	1.112 011	3.794 352
Chellarem	Rooms 102/3	94.386 4	1.589 212	5.422 636
勤业	Rooms 104/5	81.194 6	1.477 931	5.042 928
华安行	Rooms 106/7	54.346 5	1.324 832	4.520 532
大明	Rooms 201	53.603 3	1.492 445	5.092 454
中国企业	Rooms 202	49.701 5	1.549 249	5.286 276
大明	Rooms 203	40.7831	1.618 317	5.521 948
Y. Y. Sheng（即盛毓邮）	Rooms 204—6	149.754 8	1.549 199	5.286 106
濂昌	259 Kiangse Rd. Rooms 115	26.012	0.961 095	3.279 404
Norh British	Rooms 212—4	282.044 4	1.772 771	6.048 966
C. Madar	Rooms 215/6	34.651 7	2.597 275	8.862 303

表 6.5 中 15 家租户在 1937 年 8 月份的房租数随着房屋的类型和大小而不同，租用商铺的房租比租用房屋的租金要高。从表 6.5 中可以看出，前四家租户都是租用的商铺，租金都在每平方米 10 元以上；后面的租户都是租用的房屋，租金基本上都在每平方米 3—5 元。只有两家租户租用房屋的租金比较高，即 Norh British 和 C. Madar，分别是每平方米 6 元多一点和将近 9 元。这 15 家租户的平均租金是每平方米 6.910 494 元，4 家商铺的租户平均租金是法币 11.374 87 元/平方米，11 家房屋租户的平均租金是法币 5.287 082 元/平方米。这 15 家租户主要是企业。

1937 年新华信托储备银行房租表[①]（见附录Ⅱ第六章表 6.5）是 1937 年七八月份的房租收入情况。把表中的租金数据按照 1937 年的汇率折

---

① 上海档案馆档案，Q269-1-359，《1937 年新华信托储备银行房租表》。

算成法币,1937年的汇率是每法币百元合美元 29.307①,可得表 6.6：

表 6.6　　　　1937 年七八月份新华信托储备银行房租表(法币)②

地　址	租　户	租金 (法币元)	合计 (法币元)
Kiangse Road 261	Fagan &Co.	464.052 956 6	464.052 956 6
Gdn. 4	Leader Metal Co.	54.594 465 49	54.594 465 49
Gdn. 5	A. R. Hager	122.837 547 3	245.675 094 7
		122.8375473	
Gdn. 7	Midoh & Co.	51.182 311 39	51.182 311 39
Gdn. 4f1.	H. E. Harris	358.276 179 8	716.552 359 5
		358.276 179 8	
263	A. R. Hager	597.126 966 3	597.126 966 3
267/101	A. N. Kiehn	81.891 698 23	81.891 698 23
106—7	E. & D. Tceg	102.364 622 8	102.364 622 8
261/201&3	Grand Match Co.	92.128 160 51	92.128 160 51
204—5	Y. Y. Sheng	276.384 481 5	552.768 963
		276.384 481 5	
112	Jewish Communal Association	85.303 852 32	170.607 704 6
		85.303 852 32	
113—4	D. H. Benjamin & Scns Storage	423.107 107 5	846.214 215
		423.107 107 5	
215—6	C. Madar & Co.	64.830 927 76	129.661 855 5
		64.830 927 76	
190 Kiukiang Road	Frost Blank &Co.	160.371 242 4	320.742 484 7
121		160.371 242 4	
	总　计	4 425.563 858	4 425.563 858

新华信托储备银行总行的总部在江西路上。表中所租的房屋也在江

---

① 《上海通志》编纂委员会:《上海通志》第 5 册,上海人民出版社、上海社会科学院出版社 2005 年第一版,第 3443、3446 页。
② 上海档案馆档案,Q269-1-359,《1937 年新华信托储备银行房租表》。

西路上。15家租户每户的平均月租金是295.037 590 6元法币,这15家租户中绝大多数都属于公司企业租户,所需要的房屋也大而高级,一般是一幢楼或一座公寓。像C. Madar & Co. 公司的房屋是江西路215号和216号,Frost Blank &Co. 公司所租的房屋是九江路190号,D. H. Benjamin & ScnsStorage仓储公司是江西路113号和114号,Jewish Communal Association(犹太人商会)是在江西路112号。

1937年Q269-1-359新华信托储备银行房租表[1](见附录Ⅱ第六章表6.6)中列明了具体每间房的房租。221号房间和222号房间两间房在1937年的月租金是70美元,按照1937年上海外汇市场汇率,折合法币约239元[2];225号房间和226号房间的租金在1937年是90美元,折合法币约307元;224号房间的租金在1937年是93.63美元,折合法币约319元;223号房间的租金在1937年是140美元,折合法币约478元。

(二)1937年裕记经租处房产部经租房产房租

下面看一下裕记经租处房产部所经租房产的租金。

上海档案馆档案《裕记经租处房产部租户姓名录》[3]《江西路451号房客表》的房客名单中全是公司或企业,1937年,17家租户每月的平均租金约201美元,折合法币约686元。

上海档案馆档案《裕记经租处房产部租户姓名录》[4]《平凉村房客表》中记载了1937年123户房客的姓名和每月应付房租和实付房租数。在84家租户中,有11家租户的每月租金是29.75元,39家租户的房租是32.72元,14家租户的每月房租是36.12元,4家租户的每月房租是53.55元,5家租户占据3套房子,每月的总租金是119元,每月每套的租金约合39.7。2家租户的每月租金是55.25元,2家租户的每月租金是51元,2家租户的每月租金是55.25元,35号、45号、119号房客的每月租金分别是57.8元、59.5元、83.3元,123号房客的每月租金是

---

[1] 上海档案馆档案,Q269-1-359,《新华信托储备银行房租表》。
[2] 《上海通志》编纂委员会:《上海通志》第5册,上海人民出版社、上海社会科学院出版社2005年第一版,第3443、3446页。
[3] 上海档案馆档案,Q456-1-124,《裕记经租处房产部租户姓名录》。
[4] 上海档案馆档案,Q456-1-124,《裕记经租处房产部租户姓名录》。

124.82元,57号房客的每月租金是22.72元,84家房客平均每家每月的租金约是41.4元。上海档案馆档案《裕记经租处房产部租户姓名录》①《光裕里房客表》中记载了61家租户的租金收付情况。在61家租户中,有5家公司,19人是日本人,其余是个人。有10座房子的每月租金是16元,3座房子的每月租金是20元,31座房子的每月租金是25元,7座房子的每月租金是28元,6家房子的每月租金是50元,61家租户的每月平均租金约是41.5元。

上海档案馆档案《裕记经租处房产部租户姓名录》②《密勒路水福里房客表》中记载了8家租户的每月租金收付情况。在密勒路水福里的8个房子里,有7个房子的每月租金是法币26元,21号房子的每月租金是法币38元,8家租户平均每户每月的租金是法币27.5元。

(三)1932—1936年庆大庄房租

上海档案馆档案《庆大庄房租收据》③中记载了天津路1312弄四、六号房1932—1936年的房租记录,具体情况见"天津路1312弄四、六号门牌房租表(见附录Ⅱ第六章表6.7)④"。从表中可以看出,从1932年11月份到1934年5月份,这两座房子的房租未曾有过变化;1934年7月份,这两座房子的房租跌到法币18 000元,8月份的房租与7月份一样,10月份房租跌到法币12 000元,但1934年12月份房租回升,涨到法币32 000元;1935年3月份,房租依然是32 000元,从1935年5月份开始,房租猛涨到法币110 000元,同年11月又翻了一番,房租涨到法币220 000元;1936年1月份,这两座房子的房租涨到法币440 000元,1936年6月份,这两座房子的房租涨到法币880 000元。房租从1935年5月份以后就开始猛涨,每5个月至6个月,短的甚至1个月,就要翻倍,这种涨速是前所未有的。

---

① 上海档案馆档案,Q456-1-124,《裕记经租处房产部租户姓名录》。
② 上海档案馆档案,Q456-1-124,《裕记经租处房产部租户姓名录》。
③ 上海档案馆档案,Q76-30-135,《庆大庄房租收据》。
④ 上海档案馆档案,Q76-30-135,《庆大庄房租收据》。

三、地价与房价关系分析

(一) 美查公司江苏药水厂房价与地价的关系

1911—1937年美查公司房价与地价变化对比表①(见附录Ⅱ第六章表6.8)是美查公司江苏药水厂的房价与地价的数值表。图6.3为1911—1937年美查公司房价与地价对比图。

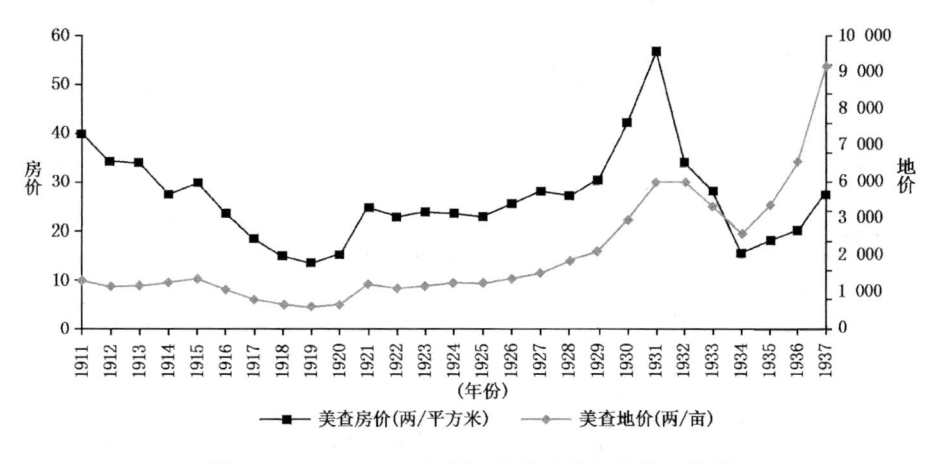

图6.3　1911—1937年美查公司房价与地价对比图

从图6.3可以看出,美查公司江苏药水厂的地价和房价变化趋势基本相同,波峰点和波谷点基本吻合,但是地价的变化幅度更大,波峰值更高,波峰点和波谷点也更明显。从图6.3中可以看到,美查公司江苏药水厂的地价和房价曲线中波峰点和波谷点的时间很吻合,曲线上升与下降的趋势也基本一样:1911—1912年同是上升期,1912年同有一个波峰点,1912年以后同处下降期,1915年是第一个波谷点,1916—1919年同处上升期,在1919年达到第二个波峰值,然后开始下降,在1921年达到第二个波谷点,1922年小有回升,1923年略有下降以后又回升,达到1925年的小波峰,然后下降,在1927年达到第三个波谷点,1928年波峰值以后

---

① 上海档案馆档案,Q38-4-16,《英商美查公司上海江苏药水厂历年年度结算(卷一)(1908—1950)》。上海档案馆档案,Q38-4-17,《英商美查公司上海江苏药水厂历年年度结算(卷二)(1908—1950)》。

直线滑落,房价在 1932 年达到波谷点,而地价在 1931 年和 1932 年是 U 形谷底。有差异的地方出现在 1933 年以后,地价从 1933 年以后一直上升,到 1935 年达到一个峰值点后开始跌落,而房价则从 1933 年小有回升以后就一直下跌,在 1935 年并未出现峰值点。选用江苏药水厂的土地和房屋作为分析对象,首先剔除地价和房价因地理位置不同而引起的价格上的差异,又是从 1911—1937 年 27 年的连续性记录,该厂在普陀区的法租界里可以比较真实地反映这个时期上海房价和地价变化的趋势。

以 1911—1937 年美查公司房价数据作为 X 轴上的自变量,地价数据作为 Y 轴上的因变量,作出二者的相关曲线图(见图 6.4),看房价对地价的影响。

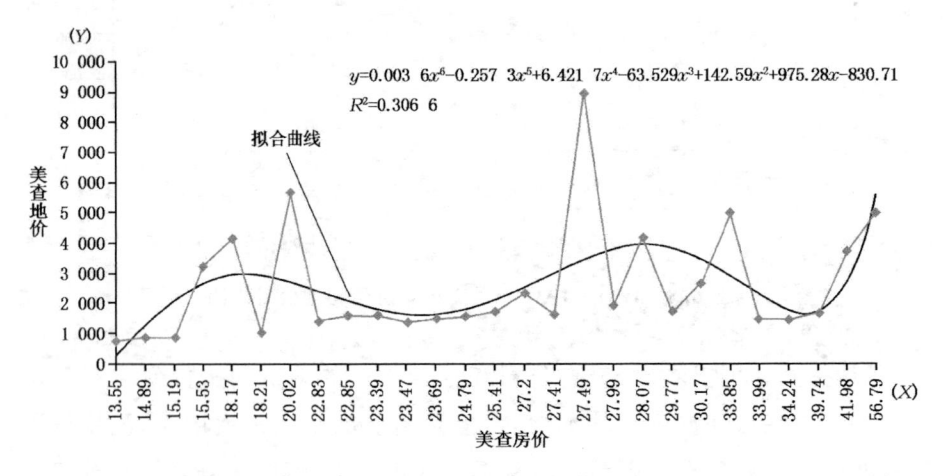

$y=0.003\ 6x^6-0.257\ 3x^5+6.421\ 7x^4-63.529x^3+142.59x^2+975.28x-830.71$
$R^2=0.306\ 6$

图 6.4　1911—1937 年美查公司房价对地价的相关曲线图

从图 6.4 可以看出,随着 X 轴上房价数值的逐渐增大,Y 轴上地价数值呈现出不规律的波动。拟合曲线显示二者之间的变化关系存在不规律性。从长期来看,地价可以呈现逐渐上涨的趋势。

以 1911—1937 年美查公司地价数据作为 X 轴上的自变量,房价数据作为 Y 轴上的因变量,作出二者的相关曲线(见图 6.5),看地价对房价的影响。

从图 6.5 可以看出,随着 X 轴上地价数值的逐渐增大,Y 轴上的房价数值呈现出不规律的波动性,但没有表现出很明显的周期性波动,拟合

第六章　近代上海的房价、房租研究

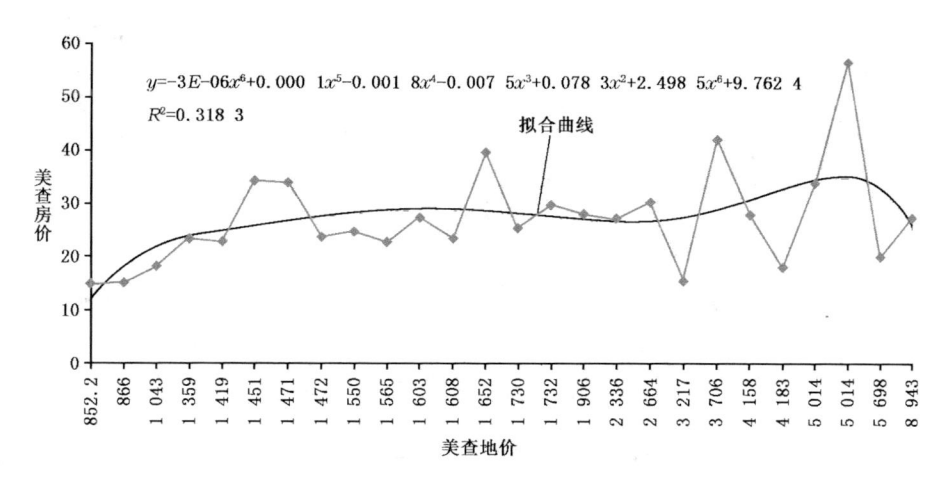

$y=-3E-06x^6+0.0001x^5-0.0018x^4-0.0075x^3+0.0783x^2+2.4985x+9.7624$
$R^2=0.3183$

拟合曲线

美查房价

美查地价

图 6.5　1911—1937 年美查公司地价对房价的相关曲线图

曲线显示没有合适的函数表示二者之间的变化关系。从总的趋势来看，房价水平有逐渐上升的趋势。

从上述分析可见，地价与房价相互影响，其中一个上涨，长期来看，另外一个也必然呈现上涨的趋势。

（二）上海平均地价与美查房价的关系

利用附录Ⅱ第五章表 5.2 所得出的近代上海平均地价数据与本章表 6.2 美查房价数据作对比，有 1911—1937 年平均地价与美查房价变化对比表[①]（见附录Ⅱ第六章表 6.9），作图 6.6。

美查公司房价与上海市地价的曲线变化趋势大体一致，尤其从 1930 年以后，两条曲线的变化趋势更为明显，趋于同步。下文对它们进行相关性分析。

以 1911—1937 年上海平均地价数据作为 X 轴上的自变量，美查公司房价作为 Y 轴上的因变量，作出二者之间的相关曲线图，如图 6.7 所示。

由图 6.7 可知，随着 X 轴上平均地价数据的逐渐增大，Y 轴上美查

[①] 上海档案馆档案，Q38-4-16，《英商美查公司上海江苏药水厂历年年度结算（卷一）(1908—1950)》。上海档案馆档案，Q38-4-17，《英商美查公司上海江苏药水厂历年年度结算（卷二）(1908—1950)》。

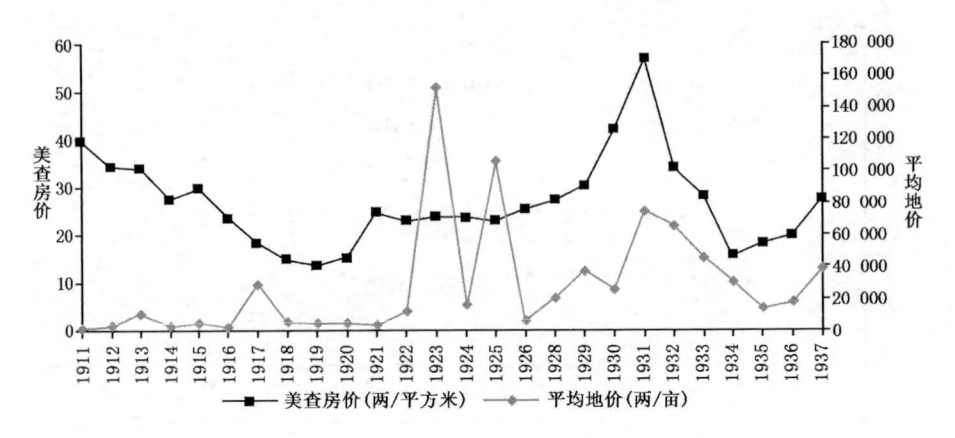

图 6.6 1911—1937 年平均地价与美查房价变化对比图

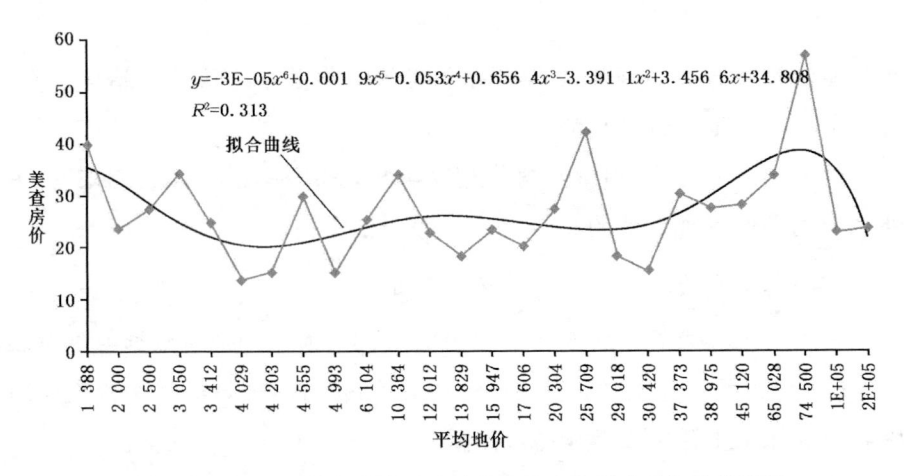

图 6.7 1911—1937 年上海平均地价与美查公司房价相关曲线图

$y=-3\text{E}-05x^6+0.001\ 9x^5-0.053x^4+0.656\ 4x^3-3.391\ 1x^2+3.456\ 6x+34.808$
$R^2=0.313$

公司的房价数值呈现出不规律的上下波动。拟合曲线显示没有合适的函数来表达二者之间的变化关系。从长期趋势来看，房价呈现逐渐上升的趋势。

以 1911—1937 年美查公司房价数据作为 X 轴上的自变量，同时期上海平均地价数据作为 Y 轴上的因变量，作出二者之间的相关曲线图，如图 6.8 所示。

从图 6.8 可以看出，随着 X 轴上美查公司房价数据的逐渐增大，Y

第六章　近代上海的房价、房租研究

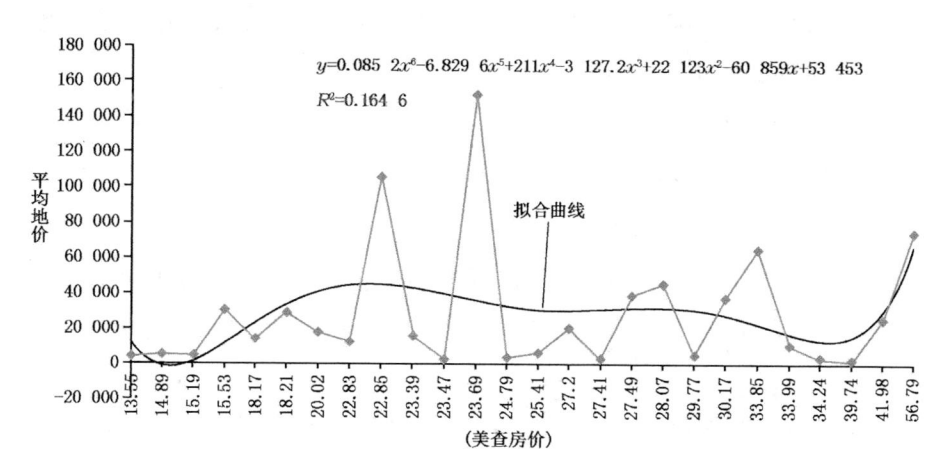

图 6.8　1911—1937 年美查公司房价与上海平均地价相关曲线图

轴上海平均地价数据呈现出不规律的波动。拟合曲线显示不出二者之间的变化关系，从长期来看，看不出上海平均地价有何变化。可见，某个区域少数房地产的价格上涨，并不能影响到上海地产整体的价格水平。

（三）上海房租与美查地价的关系

1926—1932 年上海房租指数与美查地价变化对比表（见附录Ⅱ第六章表 6.10）[①]中房租指数来自 1926 年至 1932 年上海的工人生活费指数表，其他年份的房租数据零乱、分散，难以整理成持续的数据进行分析，所以本书对于房租的分析限于以已有的史料为基础。

1926—1932 年，上海房租持续上涨，与美查地价的变化趋势并不同步。房租一路飙升，而地价却时高时低，变化趋势截然不同。由于样本点少，只有七个点，此处作相关性分析。

（四）上海房租与美查房价的关系

通过 1926—1932 年上海房租指数与美查地价变化对比表（见附录Ⅱ第六章表 6.10）中的数据可以看出，从 1926—1932 年期间，上海房租指数与美查房价曲线图的变化趋势是不一致的。在这段时期内，美查的房

---

① 《统计月报》，民国二十一年十一月，第 11 页。

价恰好持续下跌,而房租指数则持续上升。1930年以后,房租上涨幅度更大,而房价下跌也更厉害。可见,房租的变化和房价的关系至少不是同向变化的关系,房价的上涨并不一定就会引起房租的上涨,而房价的下降也不一定就会引起房租的下降。

(五)区位与地价、房价的关系

区位对地价、房价的影响巨大。附图6.1是1929年7月由美商普益地产公司编制的上海各区土地市价。图中,不同的颜色深浅代表不同的地价数据。从附图6.1可以看出,1929年,以南京路为中心,上海地价呈现出层层递减的半环状,越往外围,地价越低,而公共租界中区和法租界旧区区域是中心地带。围绕着公共租界和法租界旧区,逐渐向外围环状递减。南京路及外滩一带地价最高,达到每亩200 000两白银;紧挨南京东路的租界地区,地价达每亩100 000两白银。公共租界中区与西区交界地带,苏州河沿岸、黄浦江沿岸的公共租界北区的地价达到每亩50 000两白银。公共租界西区威海路附近区域地价,达到每亩25 000两白银。租界区界线附近的区域,地价达到每亩10 000两白银,而临近租界线的华界地区地价,只有每亩5 000两白银。总的来说,东西方向以黄浦江为起点,越往西,地价越低;南北方向以南京路为起点,越往南,地价越低,越往北,地价越低。可见,地价是随着区位的变化而变化,受地理位置的影响特别大。政府的城市规划以及市政建设管理都会影响房价和地价。在政府规划的工业区、商业区等地区,房价和地价会随着政府的开发计划迅速上涨;在市场建设管理较好的地区,房价和地价也高于市场建设差的地区。

据《费唐法官研究上海公共租界情形报告书》,公共租界内及界外的地价有很大不同。公共租界内的地产价格明显高于界外。有两处地产,同系坐落在公共租界北边,在界外工部局道路之一北四川路上。1930年1月,该处册地第91号乙以每亩白银10万两的价格售出,所有房屋只有废料价值。同月,宝山县美册地第55号以及其他亦系坐落在北四川路上的地产,距离册地第91号约有半英里之遥,曾经连同地上房屋,以每亩白银1.5万两的价格售出。[①]

地理位置对地价影响的另一个例证是1930年的另一笔地产交易,同样是公共租界内外的地产,均系坐落在北四川路[②],地价比较如表6.7所示。

表6.7　　　　　　　公共租界内外地价比较表[③]

地　段	道契号	距离公共租界界线（码）	每亩价值银两（白银两/亩）
公共租界内	册地第971号	200	150 000
公共租界内	册地第678号一部分	500	125 000
公共租界外	英册地第119号	300	约36 000

四、结论

1843—1937年,上海的地价、房价从长期来看呈现逐渐上涨的趋势,短时期内有波动。从美查公司房价的数据曲线来看,1911—1937年,美查公司的房价是在逐渐下降的。从法公董局的档案资料分析结果来看,法租界的房价在1929—1932年是逐渐下降的。1932—1936年,上海房租飞速增长。从美查公司房价、地价数据与上海平均地价数据的相关性分析来看,地价与房价之间存在同向变化的关系。但房租与房价并不同向,很多时候,房价在下跌,房租反而上涨。地理位置对于地价、房价的影响巨大,中心地带的房价最高,距离中心地越远,地价越低。旧上海的中心地是南京路和外滩。以黄浦江外滩为起点,越向西,地价越低;南北方向以南京路为中心,越往北,地价越低,越往南,地价越低。

---

① 【英】费唐著、【民】工部局华文处译述:《费唐法官研究上海公共租界情形报告书》第1卷,工部局华文处,1931年,第711—712页。
② 【英】费唐著、【民】工部局华文处译述:《费唐法官研究上海公共租界情形报告书》第1卷,工部局华文处,1931年,第712页。
③ 【英】费唐著、【民】工部局华文处译述:《费唐法官研究上海公共租界情形报告书》第1卷,工部局华文处,1931年,第712页。

第七章

近代上海房地产市场价格波动的影响分析
(1843—1937年)

研究近代上海地价、房价的影响因素有着非常重要的意义。从各种因素波动所引起的地价、房价变化中找出一定的规律,分析其原因及作用机制,可以为我国当今房地产业的发展提供历史借鉴并起到一定的风险预警作用,还可以调控各种因素,防范和化解各种风险,促进房地产业健康发展。

张辉认为,影响地价的因素有政治因素、经济因素、文化因素、历史因素这四大类。(1)就政治因素而言,首先是战争和人口的影响。战争使人口发生变动,战争区域人口少,地价低;非战争区域人口多,地价高。[①] 其次是政变的影响。政局动荡使国家经济受损,社会环境不安全,因而人们纷纷迁移至安全地带租界,造成租界的地价增高。[②] 第三,道契的影响。由于道契的优越性,使得持有道契的土地地价很高,因而带动了上海地价的升高。[③] 第四,越界筑路对地价的影响。越界筑路处交通便利、治安较好、物质供给便捷,因而该处的地价立刻上涨。[④] 第五,市政管理的影响。市政管理好,居住的人多,因而地价自然就高。[⑤] 第六,不动产观念的影

---

① 张辉:《上海市地价研究》,正中书局1935年版,第35—41页。
② 张辉:《上海市地价研究》,正中书局1935年版,第41—42页。
③ 张辉:《上海市地价研究》,正中书局1935年版,第42—46页。
④ 张辉:《上海市地价研究》,正中书局1935年版,第46—49页。
⑤ 张辉:《上海市地价研究》,正中书局1935年版,第49—50页。

响。资本主义国家对于私有产权概念极为重视,私权可以对抗公权,私人财产受到充分保护;而中国对于私有产权不重视,私权不可以对抗公权。正是因为对于私有财产的不同观念,租界的地价比华界高。[①] (2)就经济因素而言,首先是商业的影响。商业越发达的地方,地价就越高。[②] 第二,工业的影响。工业越发达的地区,地价越高。[③] 第三,交通运输的影响。交通越便利的地区,地价越高。[④] 第四,建筑物的影响。在工商业发达的地方,建筑物的高度与精粗影响地价。建筑物越高,所得租金收入越多,因而地价也会越高;建筑物越精良,越受客户欢迎,因而价越高,其地价也越高。[⑤] 特殊的经济因素有:一是地产投机,二是金融集中。地产投机者为获厚利,哄抬地价,地产投机越盛行,地价越高。[⑥] 金融集中的地区,金融业发达,银根宽松,因而地产业越兴盛,地价越高。[⑦] (3)就文化因素而言,首先是娱乐场所的影响。娱乐场所越多的地区,地价越高。[⑧] 其次是学校机关的影响。学校越多的地区,其地价越高。[⑨] (4)就历史因素而言,地区兴盛的历史越久,其地价越高。[⑩]

潘信中认为,影响地价的因素有两个方面。地价上涨的因素有:第一,人口的增加[⑪];第二,政局的安定[⑫];第三,经济的繁荣[⑬];第四,市内交

[①] 张辉:《上海市地价研究》,正中书局1935年版,第51页。
[②] 张辉:《上海市地价研究》,正中书局1935年版,第51—55页。
[③] 张辉:《上海市地价研究》,正中书局1935年版,第55—58页。
[④] 张辉:《上海市地价研究》,正中书局1935年版,第59—69页。
[⑤] 张辉:《上海市地价研究》,正中书局1935年版,第69—71页。
[⑥] 张辉:《上海市地价研究》,正中书局1935年版,第71—72页。
[⑦] 张辉:《上海市地价研究》,正中书局1935年版,第73—75页。
[⑧] 张辉:《上海市地价研究》,正中书局1935年版,第76—77页。
[⑨] 张辉:《上海市地价研究》,正中书局1935年版,第77—78页。
[⑩] 张辉:《上海市地价研究》,正中书局1935年版,第78页。
[⑪] 潘信中:《长沙市一年来之地价与房租》//萧铮:《民国二十年代中国大陆土地问题资料》,成文出版社有限公司(美国)中文资料中心印行1977年第一版,第41649页。
[⑫] 潘信中:《长沙市一年来之地价与房租》//萧铮:《民国二十年代中国大陆土地问题资料》,成文出版社有限公司(美国)中文资料中心印行1977年第一版,第41650页。
[⑬] 潘信中:《长沙市一年来之地价与房租》//萧铮:《民国二十年代中国大陆土地问题资料》,成文出版社有限公司(美国)中文资料中心印行1977年第一版,第41651页。

通发达[1];第五,土地投机。[2] 潘信中认为使地价跌落的因素是:第一,心理的原因。潘信中认为土地价格中有一部分是心理的预想价值,如果地价有上涨的趋势,则预想价值为正,土地的价格就会超出实际价值;如果都市衰落,地价有下跌趋势,预想价值为负,土地的价格就会低于实际价值。[3] 第二,经济萧条。[4]

高信认为,地价变动的原因有八个:第一,人口的增减。人口多,地价高;人口少,地价低。[5] 第二,政局的安危。政治不安宁,地价就低;政治安宁,地价就高。[6] 第三,经济的荣枯。物价、工资、利率都是影响地价的经济因素。经济凋敝,人们的收入低,无购买力,地价就低;物价和地价成正比,物价低,地价也低。[7] 第四,社会建设的优劣。社会建设好的地区,地价就高;社会建设差的地区,地价就低。[8] 第五,交通事业的良窳。交通便利的地方,地价就飞涨。[9] 第六,经济人制度的兴革。土地经纪人的兴起,使地产交易增多,地价上涨。[10] 第七,土地投机的多寡。土地投机者越多,地价越高。[11] 第八,地产抵押的难易。地产抵押越容易,土地投机就越多,地价就高。[12]

王慰祖认为,房租与地价关系密切,地价涨,房租也必定随之增高;地价跌,房租也随之降低。[13] 他认为影响地价和房租涨落的因素有:第一,

---

[1] 潘信中:《长沙市一年来之地价与房租》//萧铮:《民国二十年代中国大陆土地问题资料》,成文出版社有限公司(美国)中文资料中心印行 1977 年第一版,第 41655 页。
[2] 潘信中:《长沙市一年来之地价与房租》//萧铮:《民国二十年代中国大陆土地问题资料》,成文出版社有限公司(美国)中文资料中心印行 1977 年第一版,第 41662 页。
[3] 潘信中:《长沙市一年来之地价与房租》//萧铮:《民国二十年代中国大陆土地问题资料》,成文出版社有限公司(美国)中文资料中心印行 1977 年第一版,第 41663—41665 页。
[4] 潘信中:《长沙市一年来之地价与房租》//萧铮:《民国二十年代中国大陆土地问题资料》,成文出版社有限公司(美国)中文资料中心印行 1977 年第一版,第 41666—41668 页。
[5] 高信:《南京市之地价与地价税》,正中书局印行,民国二十四年四月出版,第 50 页。
[6] 高信:《南京市之地价与地价税》,正中书局印行,民国二十四年四月出版,第 52 页。
[7] 高信:《南京市之地价与地价税》,正中书局印行,民国二十四年四月出版,第 53—55 页。
[8] 高信:《南京市之地价与地价税》,正中书局印行,民国二十四年四月出版,第 55 页。
[9] 高信:《南京市之地价与地价税》,正中书局印行,民国二十四年四月出版,第 57—58 页。
[10] 高信:《南京市之地价与地价税》,正中书局印行,民国二十四年四月出版,第 61—62 页。
[11] 高信:《南京市之地价与地价税》,正中书局印行,民国二十四年四月出版,第 63 页。
[12] 高信:《南京市之地价与地价税》,正中书局印行,民国二十四年四月出版,第 68 页。
[13] 王慰祖:《上海市房租之研究》//萧铮:《民国二十年代中国大陆土地问题资料》,成文出版社有限公司(美国)中文资料中心印行 1977 年第一版,第 50177 页。

人口的原因。上海由于战乱和匪患、经济发达、就业机会较多、娱乐场所多等原因,迁移进来的人口越来越多,引起地价的上涨[①];第二,工商业发达的原因[②];第三,政治的原因,建都南京使上海成为全国经济中心,其经济地位越来越重要[③];第四,上海的地产业发达的原因[④];第五,银行钱庄业投资踊跃的原因[⑤];第六,永租契的影响,永租契在各方面的优势和优点,使人们乐于投资[⑥];第七,银价跌落,银价跌落使银元购买力降低、地价上涨。[⑦]

赵津认为,影响地价的因素是:第一,人口的因素。人口多,对土地的需求多,因而地价上涨,但是只有具有购买力的特殊人口,才形成有效的土地需求,这是影响地价上涨的最直接因素。[⑧] 第二,区位的因素。区位包括两部分:城市的位置和城市内不同地区的位置。区位是地价高低的关键因素。[⑨] 第三,交通因素。交通改善后,地价会明显上涨。[⑩] 第四,社会政治的因素。社会经济的发展水平以及政治安定程度,是从宏观环境上影响土地市场,从而形成地价的涨落。[⑪]

詹玉荣认为,城市土地的收益率是城市土地价格的基础,市场利率的高低影响土地价格,土地的供求关系变化也影响地价。其中,土地供求关系的变化中,影响土地需求的因素有四种:首先是人口的数量,其次是工

[①] 王慰祖:《上海市房租之研究》//萧铮:《民国二十年代中国大陆土地问题资料》,成文出版社有限公司(美国)中文资料中心印行 1977 年第一版,第 50181—50182 页。
[②] 王慰祖:《上海市房租之研究》//萧铮:《民国二十年代中国大陆土地问题资料》,成文出版社有限公司(美国)中文资料中心印行 1977 年第一版,第 50182 页。
[③] 王慰祖:《上海市房租之研究》//萧铮:《民国二十年代中国大陆土地问题资料》,成文出版社有限公司(美国)中文资料中心印行 1977 年第一版,第 50181—50182 页。
[④] 王慰祖:《上海市房租之研究》//萧铮:《民国二十年代中国大陆土地问题资料》,成文出版社有限公司(美国)中文资料中心印行 1977 年第一版,第 50184 页。
[⑤] 王慰祖:《上海市房租之研究》//萧铮:《民国二十年代中国大陆土地问题资料》,成文出版社有限公司(美国)中文资料中心印行 1977 年第一版,第 50184 页。
[⑥] 王慰祖:《上海市房租之研究》//萧铮:《民国二十年代中国大陆土地问题资料》,成文出版社有限公司(美国)中文资料中心印行 1977 年第一版,第 50185 页。
[⑦] 王慰祖:《上海市房租之研究》//萧铮:《民国二十年代中国大陆土地问题资料》,成文出版社有限公司(美国)中文资料中心印行 1977 年第一版,第 50185 页。
[⑧] 赵津:《中国城市房地产业史论(1840—1949)》,南开大学出版社 1994 年版,第 210—215 页。
[⑨] 赵津:《中国城市房地产业史论(1840—1949)》,南开大学出版社 1994 年版,第 215—219 页。
[⑩] 赵津:《中国城市房地产业史论(1840—1949)》,南开大学出版社 1994 年版,第 220—224 页。
[⑪] 赵津:《中国城市房地产业史论(1840—1949)》,南开大学出版社 1994 年版,第 224—228 页。

商业的盛衰,第三是市民的购买力及生活水平的高低,第四是人们的心理因素。土地供给方面的影响因素有土地的区位及利用方式,以及交通、公共设施质量、土地面积、赋税等。①

综合上述民国时期以及当代学者的观点,影响地价的因素大致有以下几个方面:首先是宏观的社会政治因素。政治局面是否安定、社会秩序是否良好,是土地市场所处的大环境,直接影响到房地产业的发展。其次是经济因素。经济周期是处于繁荣期还是萧条期,直接影响到房地产市场的繁荣和萧条。第三是文化历史因素。文化的兴旺发达以及历史上的经济地位,影响到整个城市的经济地位的传承和发扬,从而影响到该城市地价在全国乃至世界的地位。从微观方面讲,城市土地价格的影响因素有土地的区位及利用方式、人口的数量、国际收支、收入、物价、利率、银价、交通及市政建设、土地投机、融资难易等因素。下文分析研究了各种因素对地价、房价、房租的影响,以期通过对这些影响因素的观察,预测房价、地价、房租的变化,更好地达到调控房地产价格的目的。

一、相关理论

(一)房地产业周期性理论

房地产业发展存在周期性,即在房地产业的发展过程中扩张与收缩的交替循环过程可分为繁荣、衰退、萧条、复苏四个阶段。房地产业周期性波动的波幅、频率和周期长短表现不规则,具体表现为房地产市场上房地产价格和产量的不规则周期性波动。② 房地产领域中显著的重复变化,包括新规划土地的数量、新建项目的数量以及销售量等。③ 作为一种产业周期,房地产经济周期波动符合经济周期波动的一般规律,其波动过程也存在不同的形态。④ 房地产业周期中的高涨、衰退阶段要提前于国

---

① 詹玉荣:《中国土地价格及估价方法研究——民国时期地价研究》,北京农业大学出版社1994年版,第87—93页。
② 姚兵:《房地产学研究》,北京交通大学出版社2011年2月第一版,第15—16页。
③ [美]理查德・J. 贝兹、赛拉斯・J. 埃利:《房地产估价》,电子工业出版社2008年1月第六版,第63—64页。
④ 姚兵:《房地产学研究》,北京交通大学出版社2011年2月第一版,第15—16页。

民经济周期,萧条阶段要比国民经济周期长,更容易波动,波动幅度更大。①

(二)国际收支对房地产业的影响理论

汇率波动与房地产经济互动关系理论。

国际收支顺差会造成本币升值压力,本币汇率升值压力使大量的国际游资进入房地产市场,极大地抬高了房地产市场的价格,形成房地产泡沫经济。

在其他因素不变的情况下,当本币汇率上升预期已经实现但并没有达到预期的升值幅度时,在短期内会有大量的国际游资涌入房地产市场,急剧增加的房地产需求使房价在短期内继续攀升,进而引起羊群效应,带动国内的房地产价格在短期内上升。如果本币汇率升值预期空间大,游资会持续进入房地产市场进行投机炒作,使房价在一段时期内持续攀升,有时会持续几年,形成房地产市场的虚假繁荣,从而产生房地产泡沫经济。当本币升值幅度接近或达到预期时,游资会撤离房地产市场,房地产市场出现抛售现象,导致房地产市场价格暴跌,前期形成的房地产泡沫破裂。汇率升值使出口企业受到重创,国内失业率上升,老百姓的购买力下降,预期利好的房地产业进入大量的游资。游资用购买的房地产向银行抵押贷款进行房地产投机,从而使房价更加高涨。如果政府此时采用宽松的货币政策来刺激国内经济,超低的利率又会让资本流向房地产等非生产性行业,引发新一轮的投机,形成恶性循环,等到泡沫破裂,银行形成大量的坏账。②

(三)市场价格与房地产价格理论

现实中房地产市场的价格并不总是完全反映买卖双方供求上的微小变化。当房地产价格上涨时,市场价格也随之平稳上升。但是,当房地产价格面临下降的压力时,不规则模式则更为典型,常常出现的情况是买方

---

① 张永岳、陈伯庚等:《房地产经济学》,高等教育出版社 2011 年 9 月第二版,第 244—245 页。
② 周建军:《游资冲击与房地产泡沫研究》,中国社会科学出版社 2009 年 10 月第一版,第 268—270 页。

拒绝以原来的价格成交。市场不景气时,关于市场走向的第一个迹象是成交数量的下降,而不是价格的下降。房地产市场衰弱时,价格通常并不是平稳下降;而是当买方需求减少时,报价仍然维持在原有的水平,但成交时,则以较低的价格成交。①

(四)金融市场货币供给与利率波动和房地产经济互动理论

流通中的货币供给会影响经济的发展水平:过多的货币供给导致经济扩张,其结果是通货膨胀;过少的货币供给引起紧缩、衰退或萧条。中央银行对货币供给的变化,影响房地产融资的货币供给并改变资金的成本—利率。利率的改变,反过来影响房地产的价格。高利率趋于降低价格;低利率则倾向于提高价格。②

抵押贷款的融资成本和获得性也会影响房地产需求。在衰退时期,低的利息率会刺激家庭购买;在经济过热期,高的利息率会抵制一定的需求。如果衰退比较严重导致抵押贷款者退出市场,那么就会进一步加剧房地产的衰退。③

二、房地产价格波动与商品市场物价波动的相关性分析

近代上海房地产业发展起来以后,房地产市场的价格波动必然对经济产生影响,但是,商品市场、金融市场以及国际收支对于房地产市场的价格波动会产生怎样的反应,不得而知。下文将通过对历史数据的分析来分别研究房地产市场价格波动所产生的影响。首先分析一般物价指数波动与房地产价格波动之间的相关性。

(一)一般物价指数波动与房地产价格波动的相关性分析

本书所用的数据见1912—1936年上海物价指数④与平均地价变化

---

① [美]理查德·M.贝兹、赛拉斯·J.埃利:《房地产估价》,电子工业出版社2008年1月第六版,第55页。
② [美]理查德·M.贝兹、赛拉斯·J.埃利:《房地产估价》,电子工业出版社2008年1月第六版,第67页。
③ [美]理查德·M.贝兹、赛拉斯·J.埃利:《房地产估价》,电子工业出版社2008年1月第六版,第62页。
④ 朱斯煌:《民国经济史》//沈云龙:《近代中国史料丛刊三编》第四十七辑,文海出版社1947年印行,第408—409页。

对比表①（见附录Ⅱ第七章表 7.1）。表中的物价指数数据来源于上海物价指数表。② 两个变量各自随时间的变化曲线如图 7.1 所示：

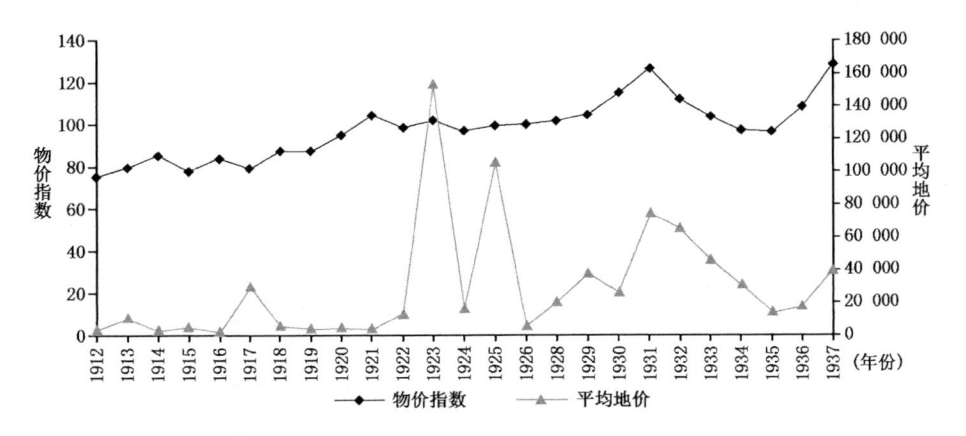

图 7.1 1912—1937 年上海物价指数和平均地价变化对比图

从图 7.1 可以看出，物价指数曲线和平均地价指数曲线图的变化趋势大体相同，只是波峰波谷的起伏度不同，平均地价曲线的起伏度要大于物价指数曲线图上的起伏度。长期来看，物价指数明显地向右上方倾斜，一直增长，平均地价也有缓慢向右上方倾斜的趋势，即平均地价长期内是缓慢地逐渐增长。

虽然两条曲线的波峰波谷点不同步，但是曲线变化的大体形状是相同的，上升期和下降期基本对应。物价和地价之间有可能存在互相影响的关系。为了探明物价是否对地价有直接的影响关系，下面进一步分析。

1. 上海一般物价指数与上海平均地价的相关性分析

图 7.2 是 1912—1937 年上海一般物价指数作为 X 轴上的自变量，上海平均地价作为 Y 轴上的因变量所作的变化图。从图 7.2 的拟合曲线可以看出，没有合适的函数形式能表明上海一般物价指数与平均地价二者之间的关系。随着一般物价指数的增长，亦即物价的上升，短期内上海

---

① 朱斯煌:《民国经济史》//沈云龙:《近代中国史料丛刊三编》第四十七辑，文海出版社 1947 年印行，第 408—409 页。
② 朱斯煌:《民国经济史》//沈云龙:《近代中国史料丛刊三编》第四十七辑，文海出版社 1947 年印行，第 408—409 页。

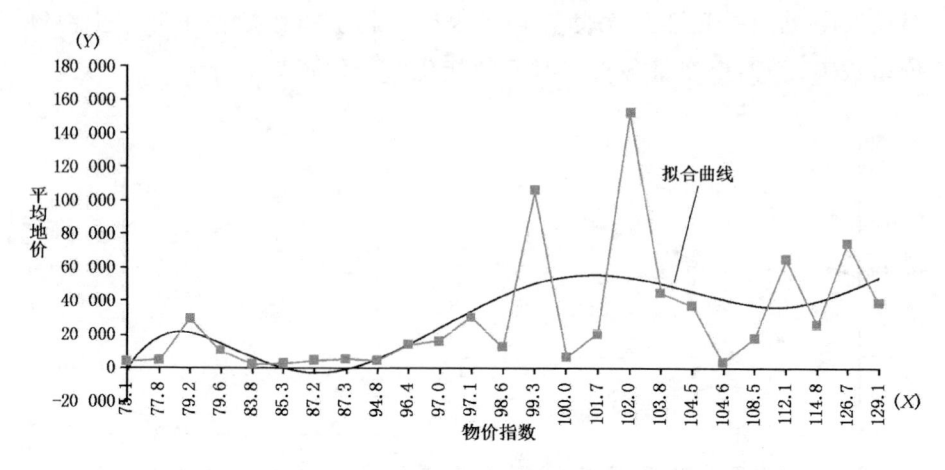

图 7.2　上海一般物价指数与上海平均地价的相关曲线

平均地价的变化呈现不规律的上下波动,长期内总体趋势平均地价是在逐渐上涨。下面用二者之间的变化量作深入分析。

2. 上海一般物价指数变化量与上海平均地价变化量的相关性分析

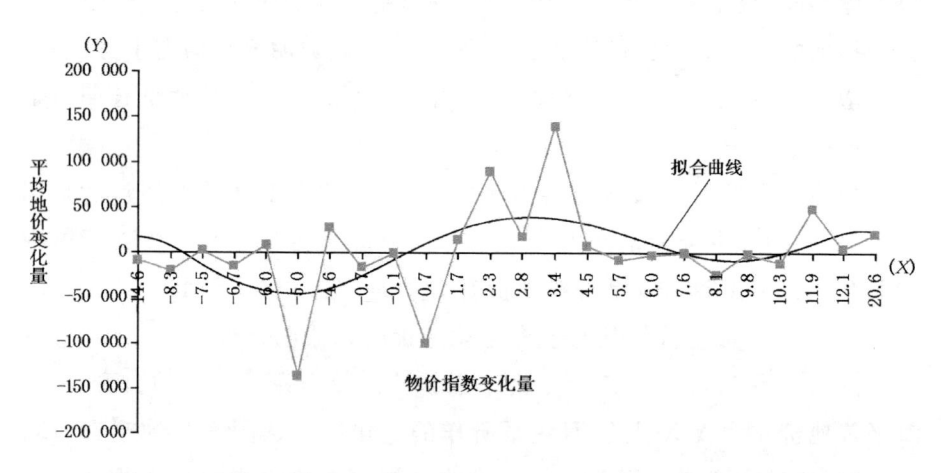

图 7.3　上海一般物价指数变化量与上海平均地价变化量的相关曲线

图 7.3 中,用每一年的一般物价指数值与上一年的物价指数值的差值即物价指数的变化量来作为 X 轴上的自变量,用每一年的上海平均地价值与上一年的平均地价值的差值即平均地价的变化量来作为 Y 轴上的因变量,作出它们的变化图,从拟合曲线来看,没有合适的函数来表达

二者之间的固定关系。图7.3中,随着X轴上物价波动幅度的增大,Y轴上平均地价的波动幅度呈现不规律的上下波动。总体趋势看,地价的波动幅度似乎具有上下限,波动到一定的水平就会回归。短期看,随着一般物价指数增长量的上升,地价增长量先下降,到达一定值后则上升;长期看,去除几个特别突出的高低值点,大部分的数值落在一个区域带内,在这个区域带内,短期内有小幅的波动,长期内是一条先缓慢上升后下降的抛物线。抛物线似乎不止一条,有连续性,但总体来看,曲线形成的区域带有缓慢向右上方增长的趋势。这意味着,在长期内,随着物价的上升量越来越大,地价的上升量先是逐渐增长,在达到一定值后,开始下降。但从总体趋势看,随着物价变化幅度的增长,对地价变化幅度的影响也越来越大,可以看出呈微弱的正向相关关系。

下面用另外一套地价资料——美查公司江苏药水厂1912—1937年的地价来进行研究分析。

3. 上海一般物价指数与美查公司地价的相关性分析

图7.4是以上海一般物价指数为X轴上的自变量、美查公司地价作为Y轴上的因变量所得出的图形。从拟合曲线来看,似乎二者之间有一定的正向关系。从图中可以看到,随着物价指数的上升,美查地价表现出不规律的波动。但从长期的总体趋势看,美查地价在逐渐上升。

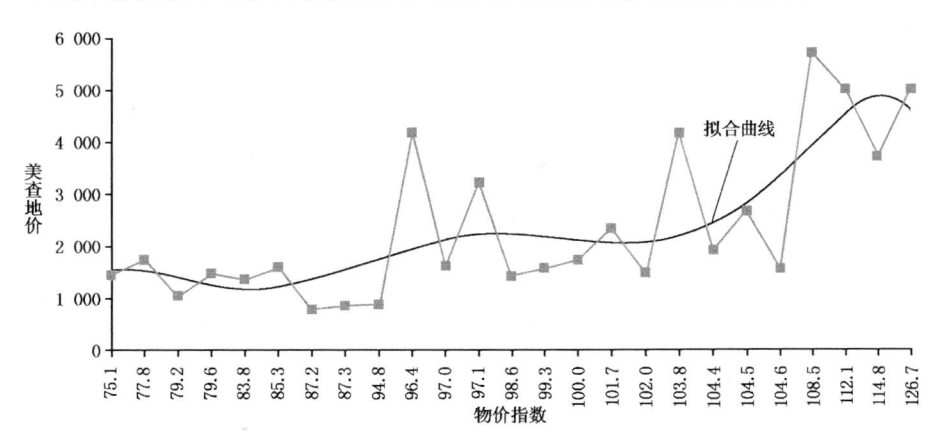

图7.4 上海一般物价指数与美查公司地价的相关曲线

下面对二者之间的变化量作相关性分析。

4. 上海一般物价指数变化量与美查地价变化量

图 7.5 中的 X 轴是 1912—1937 年上海一般物价指数的变化量,Y 轴是同时期美查公司地价的变化量。从拟合曲线来看,二者似乎存在正向变化的关系,但不明显。图中,长期内,当物价波动幅度逐渐增大时,美查地价的变化量短期内呈现不规律性波动,但波动幅度较小。从图形来看,长期增长的趋势是由连续的抛物线完成的,后一个抛物线高于前一个抛物线,第一个大抛物线呈现出先缓慢上升,到达极值点后又逐渐下降的趋势。总体来看,长期变化的趋势接近于缓慢增长,这种趋势比较明显,说明物价变动越剧烈,对地价变动的影响越巨大。

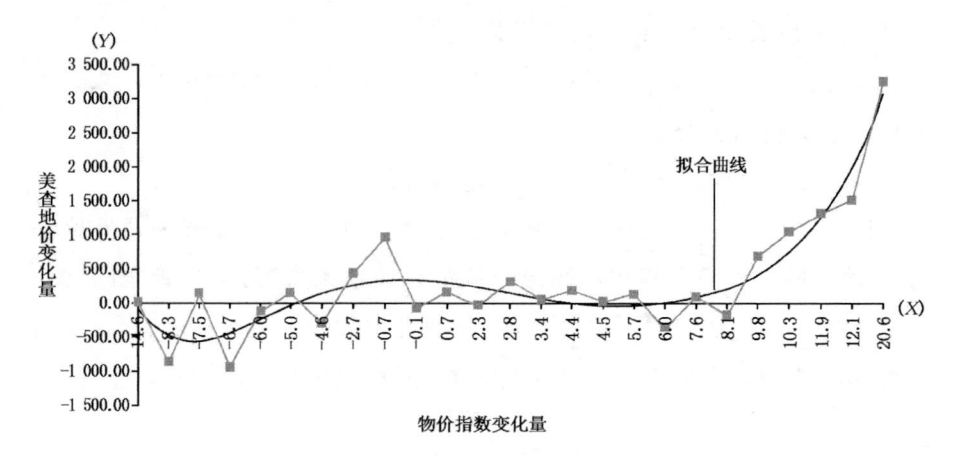

图 7.5 上海一般物价指数变化量与美查地价变化量的相关曲线

从数据来看,美查地价的数据质量更好,连续性也较好,系统偏差较小,更能真实地反映物价变化对地价变化的影响。

(二)上海中等粳米价格波动与房地产价格波动相关性分析

前文中一般批发物价指数的数据少,说服力还不足够。下面用米价来代表物价进行分析。米价的数据更多,质量更好。大米是上海居民日常生活中最重要的商品,米价是上海商品市场上具有典型性和代表性的价格,米价的波动对上海居民的生活影响巨大。本书选用 1912—1937 年中等粳米的价格数据,与同时期上海房地产价格数据进行波动性分析。

第七章 近代上海房地产市场价格波动的影响分析(1843—1937年)

1. 上海中等粳米价格与美查地价相关性分析

数据来源于1912—1937年上海中等粳米价格与美查地价变化对比表①(见附录Ⅱ第七章表7.2)。

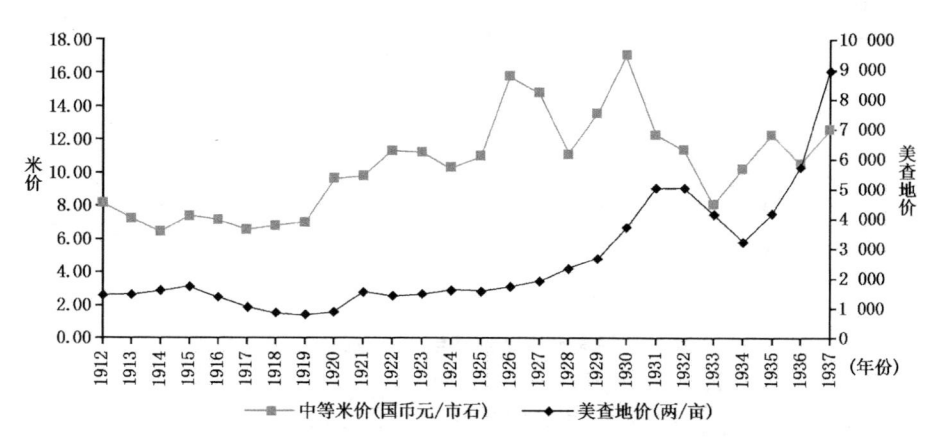

图7.6 上海中等粳米价格与美查地价变化对比图

通过1912—1937年上海中等粳米价格曲线图与美查地价曲线图对比,大多数阶段的曲线趋势是可以相对应的,基本上两条曲线的趋势相同,只是米价在短期内的波动更剧烈。从上述图形来看,上海中等粳米价格曲线和美查地价曲线大部分时候呈现的状态是粳米价格曲线的变化超前于美查地价曲线的变化。中等粳米在上海是重要的食粮,是上海人生活中必不可少的主要消耗品。粳米价格的变动比物价指数的变动更能直接地反映出对上海人民生活的影响。

图7.7中,当中等粳米的价格波动幅度逐渐增大时,美查地价的波动幅度呈现不规律性的变化,拟合曲线同样显示二者之间没有很明显的规律变化关系。美查地价的波动幅度似乎存在一定的上下限,当美查地价的波动幅度增大或者减少到一定的水平时,便会回归到 X 轴附近。

2. 1912—1937年上海中等粳米价格与美查房价相关性分析

---

① 朱斯煌:《民国经济史》//沈云龙:《近代中国史料丛刊三编》第四十七辑,文海出版社1947年印行,第543页。

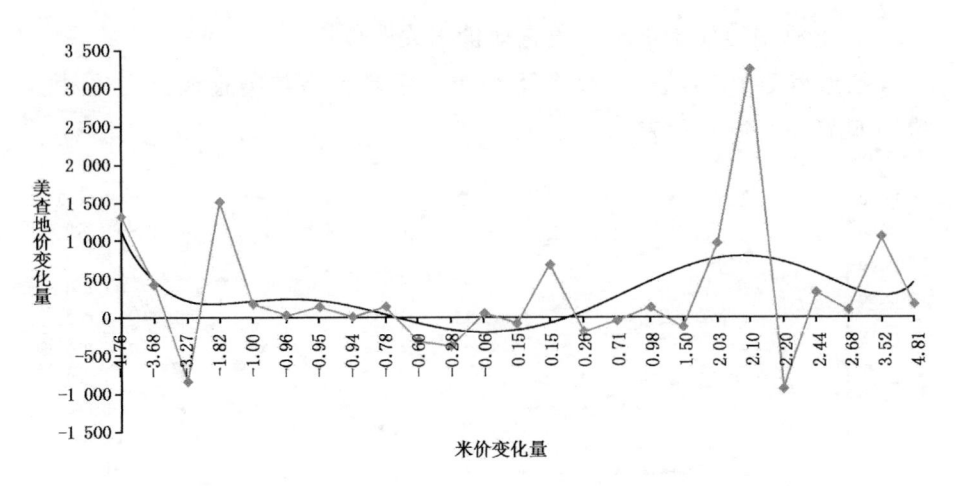

图 7.7　上海中等粳米价格变化量与美查地价变化量的相关曲线

根据 1912—1937 年上海中等粳米价格与美查房价变化对比表[①](见附录 Ⅱ 第七章表 7.3)中的两组数据作出各自的变化曲线,如图 7.8 所示。

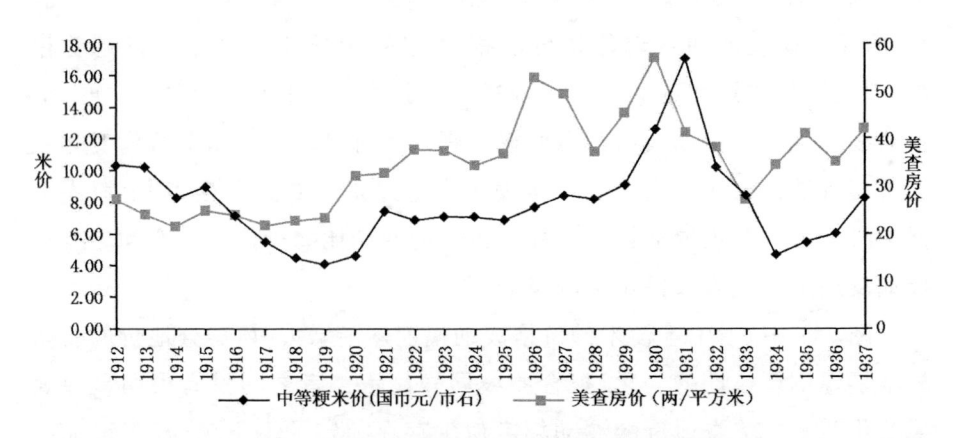

图 7.8　上海中等粳米价格与美查房价变化对比图

从图 7.8 可以看出,美查房价曲线与上海中等粳米价格曲线的变化趋势大体是可以对应的,但是粳米价格曲线的变化超前于美查房价曲线。

---

① 朱斯煌:《民国经济史》//沈云龙:《近代中国史料丛刊三编》第四十七辑,文海出版社 1947 年印行,第 543 页。

从图7.8两条曲线所呈现的变化来看,变化趋势基本相同,但是房价的变化明显滞后。二者之间是否具有直接的相关关系,或者说米价的波动是否直接引起地价的波动,下文将进行更深入的研究。

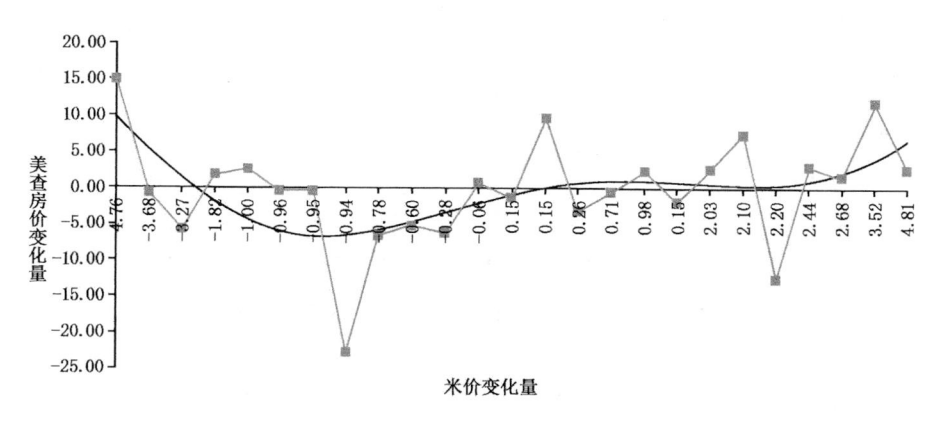

图 7.9 上海中等粳米价格变化量与美查房价变化量的相关曲线

图7.9中,当中等粳米价格的波动幅度逐渐增大时,美查房价的波动并不随之出现同向的波动,而是或同向或反向,呈现不规律的波动,波动的幅度也时高时低。拟合曲线显示不出二者之间有规律的变化关系。美查房价的波动幅度似乎存在上下限,当波动幅度达到一定水平时,便会自动回归。

3. 上海中等粳米价格与上海平均地价相关性分析

图7.10中的两条曲线变化有明显的不同,但从长期趋势来看,总体上都在上升。平均地价的变化更剧烈,波动幅度更大。从图7.10中难以看出两个变量之间是否相互影响,存在直接的相关关系。

图7.11中,当上海中等粳米价格的变化量逐渐增大时,平均地价的变化量有时增加、有时减少,呈现出不规律的波动。拟合曲线也没有一定的规律。图7.11中,X轴的右边,当粳米价格增加量逐渐上升时,平均地价有时上升、有时减少,大部分情况下,波动的幅度都不大;X轴的左边,当粳米价格减少量逐渐上升时,平均地价有时增加、有时减少,没有规律性。同样,平均地价的波动幅度似乎有一定的上、下限,上升或减少到一定的幅度,地价的波动会回归到X轴附近的区域。

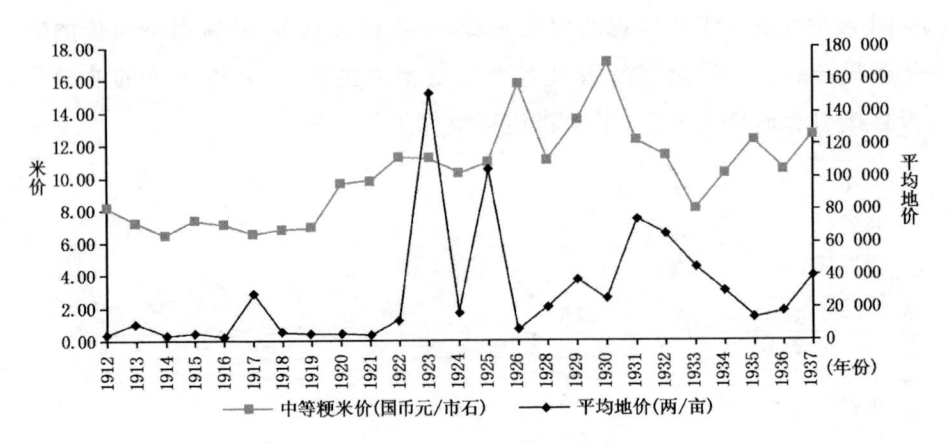

图 7.10　上海中等粳米价格与平均地价的相关曲线

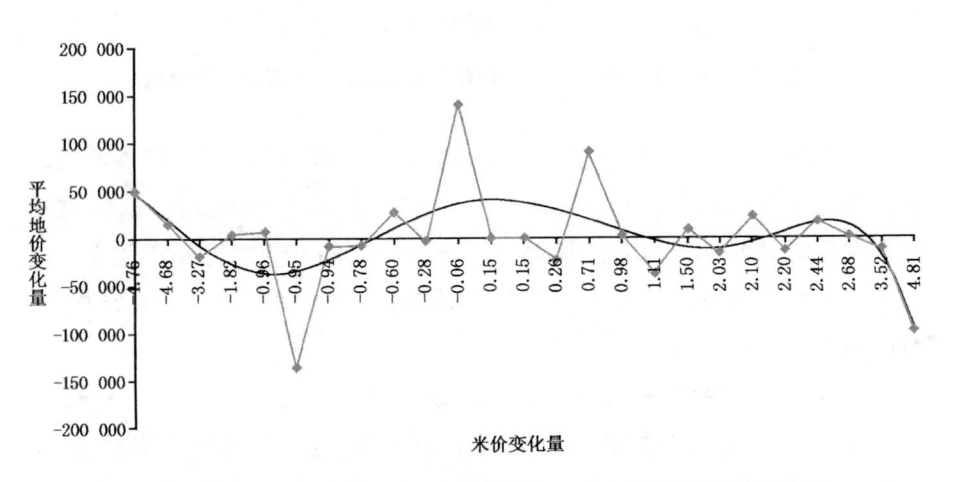

图 7.11　上海中等粳米价格变化量与上海平均地价变化量的相关曲线

(三) 建材价格指数波动与房地产价格波动的相关性分析

建筑材料的价格是商品市场中与房地产价格有密切关系的商品价格。建材价格的变化会直接影响房屋的建筑成本,从而直接影响房屋市场价格的变化。从经济学常识来推测,建筑材料的价格变化应该与房价的变化呈线性相关。下文利用1921—1932年建材指数与美查房价变化

第七章　近代上海房地产市场价格波动的影响分析(1843—1937年)　　289

对比表①(见附录Ⅱ第七章表 7.4)中的数据来进行分析。表中的建材指数数据取自上海批发物价指数②,建材指数只有 1921 年至 1932 年的 12 个数据,基期是 1926 年(1926 年＝100)。

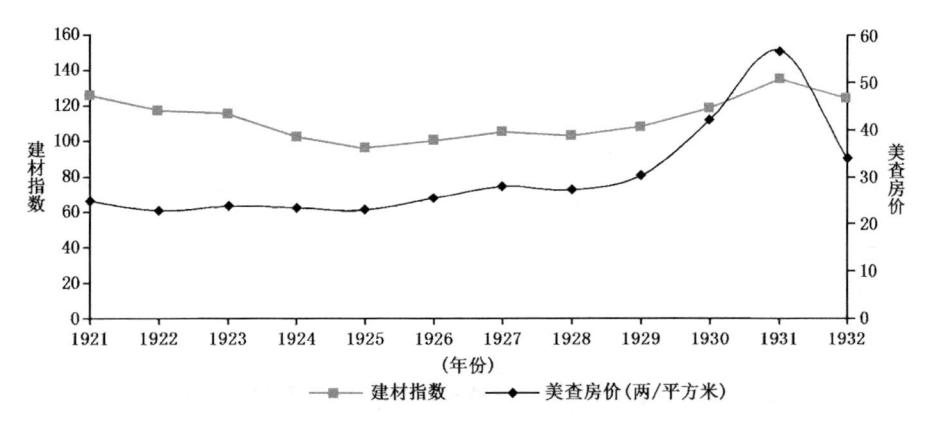

图 7.12　上海建材指数与美查房价变化对比图

从图 7.12 可以看出,1921—1932 年期间,两条曲线变化是同步的,波峰波谷点吻合得很完美。建材价格指数高的时候,房价高;建材价格指数低的时候,房价低。这个结论与常识性的认知相同。分析其原因,建材价格指数能直接反映房屋成本。建材价格低,房屋造价成本低,房屋市场价格就会降低。当房价低的时候,低价格促进了人们对房屋的需求。房屋需求量上升,房屋成交率高,市场能很快出清,房地产商就会再增加房屋的供给量。房屋建筑量增加,所用的建筑材料就多,建筑材料供不应求,价格就会上升,房屋建筑成本的上升,引起房屋市场价格的上升。高价格会压抑需求,需求减少又会使供给减少,从而引起建筑材料价格的下跌,如此循环往复。

图 7.13 中,当建材指数变化量逐渐增大时,美查房价的变化量也逐渐增大。1932 年波动幅度非常剧烈,有点异常。在这一点,建材指数下跌 11.2,房价下跌 22.94。分析原因,1932 年发生了一·二八日本侵沪

---

①　《统计月报》,民国二十一年十二月,第 10 页。
②　《统计月报》,民国二十一年十二月,第 10 页。

战争,华界大量的房屋被焚毁,上海工商业萧条,房地产市场萧条,这种情形下,房地产建设自然会停顿,建筑材料需求极少,价格自然急剧下跌。

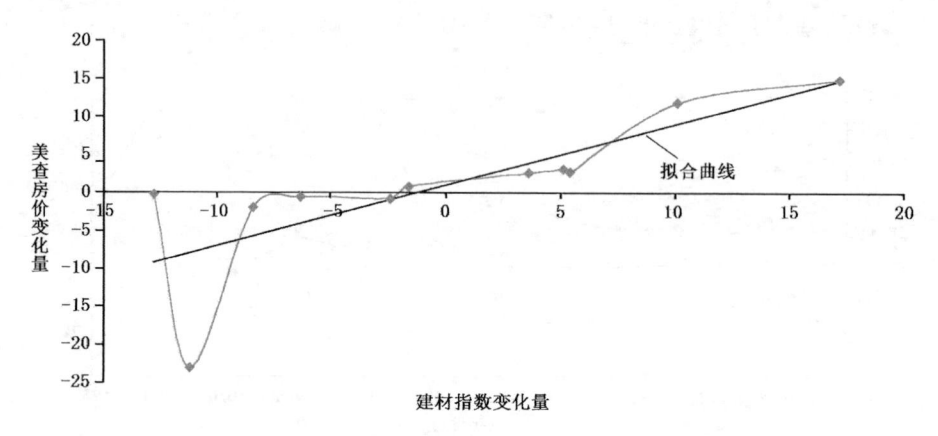

图 7.13　上海建材指数变化量与美查房价变化量的相关曲线

由于建材指数的数据太少,因此建材指数与地价之间不作相关性研究。从常识上来判断,作者认为建材价格与房地产价格存在直接的相关关系。

三、房地产价格波动与人口数量波动的相关性分析

此部分采用 1914—1937 年上海人口[①]与美查房价变化对比表(见附录Ⅱ第七章表 7.7)中的数据,对上海人口数量变化与房地产价格变化之间的相关性进行分析。

1. 1914—1937 年上海人口数量波动与美查房价波动相关性分析

从图 7.14 可以看出,从 1914 年至 1937 年,上海人口曲线基本处于上升的状态,而美查房价从 1931 年以后就基本处于下降的趋势,所以上海人口因素对美查房价的影响并不能很清楚地从图 7.14 中看出来。美查房价的涨落,其趋势应该受上海市总体房价水平高低的影响。上升和下降的趋势应该与上海市总房价水平的变化相同。但是,随着房屋建筑

---

① 《上海通志》编纂委员会:《上海通志》第 1 册,上海人民出版社、上海社会科学院出版社 2005 年第一版,第 664—665 页。

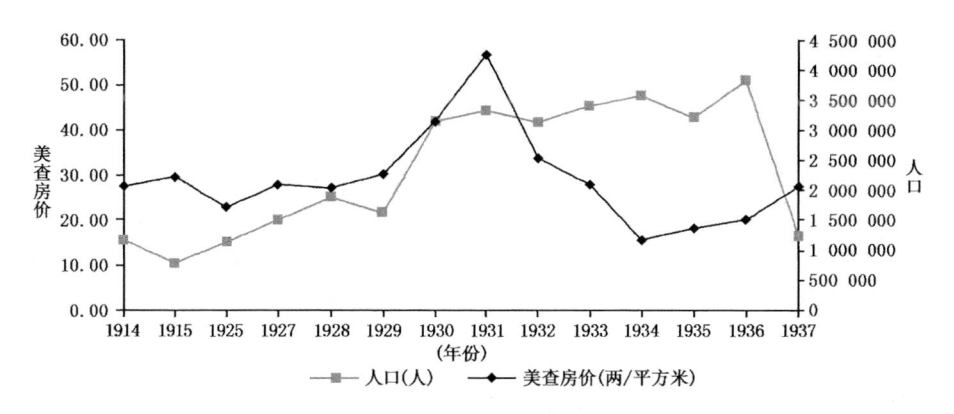

第七章　近代上海房地产市场价格波动的影响分析(1843—1937年)　　291

图 7.14　上海人口与美查房价变化对比图

年代的增长,美查房屋的折旧会越来越大,所以美查房屋在其资产负债表中的价值会越来越低,这与上海市总房价水平的变化有差异,因为总的房价水平是不受折旧因子影响的,这是个体和整体的差异。考虑到这种差异,上海市总体房价水平下跌趋势不会像美查房价一样厉害。从经济学常识来分析,人口对房价的影响应当是正向的。人口的增加,使房屋的需求量增加,在短时期内,房屋的供给量有限,供小于求,所以房屋的价格上升。但是,人口虽然多,如果具有购买能力的人口增加不多,有效需求增加不大,房屋的供给量和有效需求量之间的差额不大,那么,即使人口增加,房价也不会上升或上升很少;如果有购买能力的人口减少,使得有效需求减少,那么供大于求,房价就会下跌。

图 7.15 中,当上海人口的变化量逐渐增大时,美查房价的变化量呈现不规律的变化。拟合曲线显示不出二者之间的规律关系。

本书对于人口与清代平均房价不作相关性分析,因为数据的缺乏,从 1852 年到 1905 年期间,只有 7 个年份的人口数据可以与上海平均房价数据作比较,样本点偏少会使分析工作失去可靠性。

2. 1914—1937 年上海人口[①]与美查地价相关性分析

[①] 《上海通志》编纂委员会:《上海通志》第 1 册,上海人民出版社、上海社会科学院出版社 2005 年第一版,第 664—665 页。

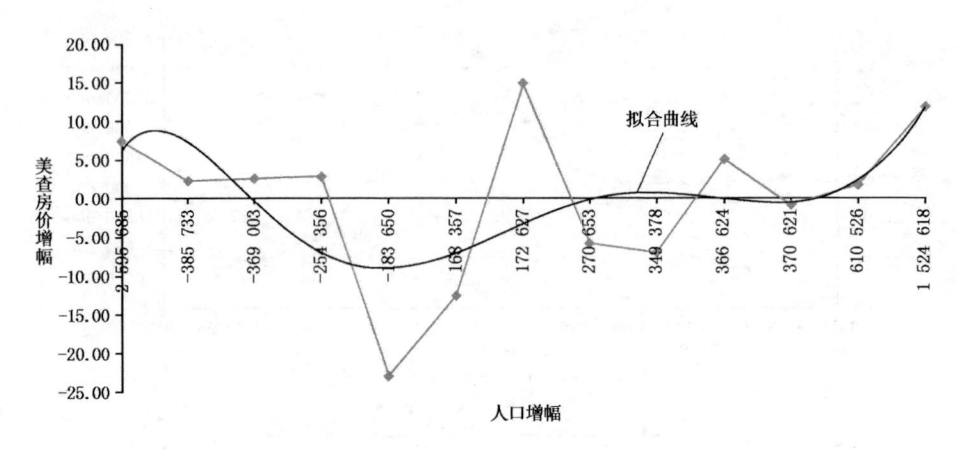

图 7.15　1914—1937 年上海人口变化量与美查房价变化量的相关曲线

此部分根据 1914—1937 年上海人口[①]与美查地价变化对比表(见附录Ⅱ第七章表 7.9)中的数据进行分析。

图 7.16 中,人口曲线与美查地价曲线的变化趋势并不相同,但从总体趋势来看,人口和地价都在上升,但人口的上升幅度更高。1937 年是个例外,人口剧减,但地价上升。这里有两个原因:一是战争因素。1937 年抗日战争爆发,上海沦陷,大部分的人口都逃往战火没有延及的地方。地价上升主要是租界内的地价上升。二是 1937 年的地价是用法币来表示的,存在比较严重的通货膨胀因素,没有扣除。

图 7.17 中,当上海人口的变化量逐渐增大时,美查地价的变化量呈现不规律的波动。从常识来看,单一的地块价格是随大环境而变化的,与整体土地价格有关。如果人口的流入带来整个城市平均地价上升,那么某单一地块的价格自然会随之上升。拟合曲线显示不出二者之间的规律变化关系。

3. 1865—1937 年上海人口[②]与平均地价变化对比分析

---

① 《上海通志》编纂委员会:《上海通志》第 1 册,上海人民出版社、上海社会科学院出版社 2005 年第一版,第 664—665 页。
② 《上海通志》编纂委员会:《上海通志》第 1 册,上海人民出版社、上海社会科学院出版社 2005 年第一版,第 664—665 页。

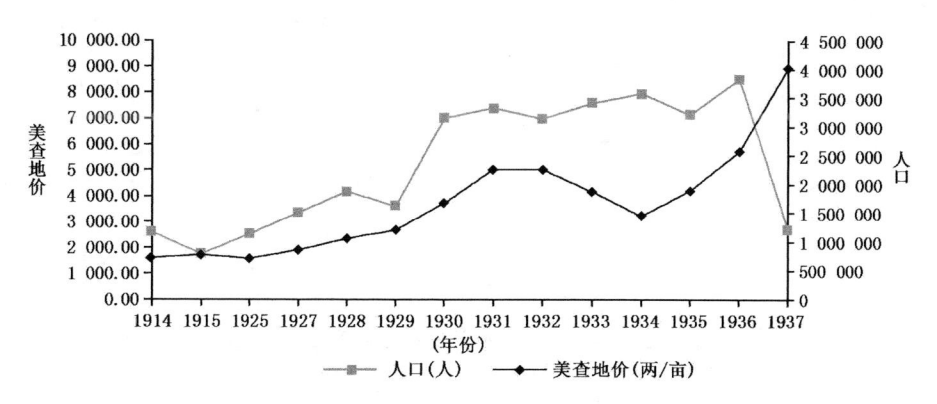

第七章 近代上海房地产市场价格波动的影响分析(1843—1937年)　　293

图 7.16　上海人口与美查地价变化对比图

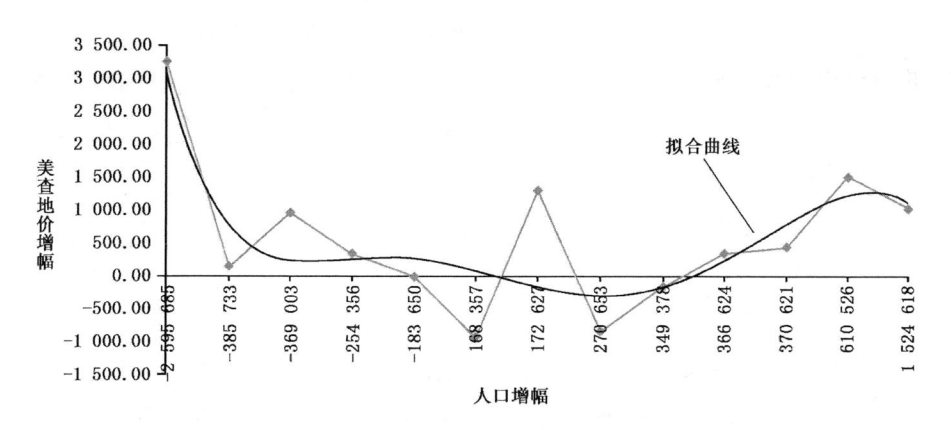

图 7.17　上海人口变化量与美查地价变化量相关曲线

此部分采用 1865—1937 年上海人口[①]与平均地价变化对比表(见附录Ⅱ第七章表 7.10)中的数据来进行相关性分析。

从图 7.18 可以看出,1865 年至 1937 年期间,上海人口与平均地价的变化趋势大体都一直在增长。人口曲线整体上一直在增长,其间伴随着阶段性的起伏波动,在短期内有波峰波谷的出现,而上海平均地价曲线从长期来看也一直在增长,在 1920 年以前大体上是平稳的,起伏不大,只

---

① 《上海通志》编纂委员会:《上海通志》第 1 册,上海人民出版社、上海社会科学院出版社 2005 年第一版,第 664—665 页。

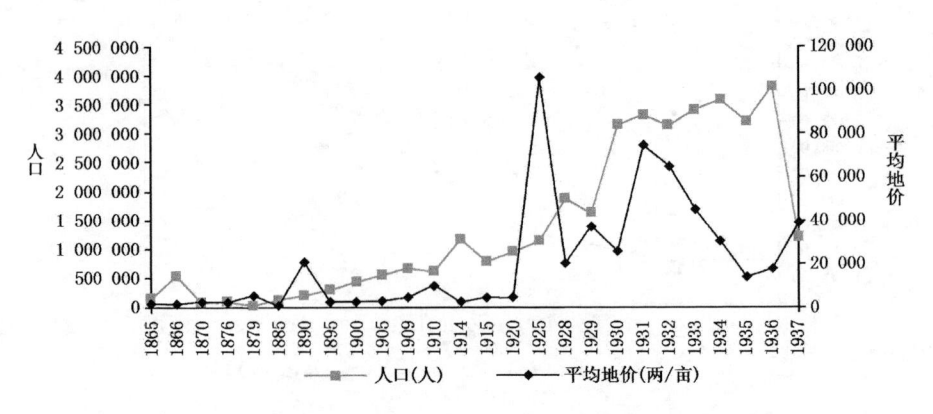

图 7.18　1865—1937年上海人口与平均地价变化对比图

在1879年、1890年、1910年有小的波峰点出现。而在1920年以后,上海平均地价的波动幅度较大,1920年至1937年间有两个大的波峰值,分别是1925年和1931年,而人口曲线一直在向右上方延伸,没有大的波峰值。地产价格的波动幅度大是正常的,它容易受外界因素的影响而迅速发生变化,但人口的变化不会那么迅速,除非遇到大而不可抵抗的因素,突然造成人口的大量减少。

图7.19中,当上海人口变化量逐渐增大时,平均地价变化量呈现不规律的波动。拟合曲线显示不出二者之间规律性的函数关系。按照规律来说,人口的增长应该带来地价的上升,尤其是在土地供给有限的背景下。旧上海城市发展的历史进程也证明了旧上海的地价在百年中有了巨大的增长,由原来的每亩几十两增长到几千几万两。分析图7.19,一是因为平均地价的数据问题,误差较大。平均地价的数据采用的都是实际市场交易价,没有估价,整体数据样本点不够多,各区位和地理位置的数据不能都均衡地被采集到,有些年份的数据太少,计算的方法采用算术平均值,这些都影响了数据最终的准确度。二是人口数据、样本数据少,缺少连续性。有些年份数据缺失,实属遗憾。

四、房地产价格波动与国际收支波动的相关性分析

本书所使用的国际收支由1862—1937年上海历年进出口净值来代

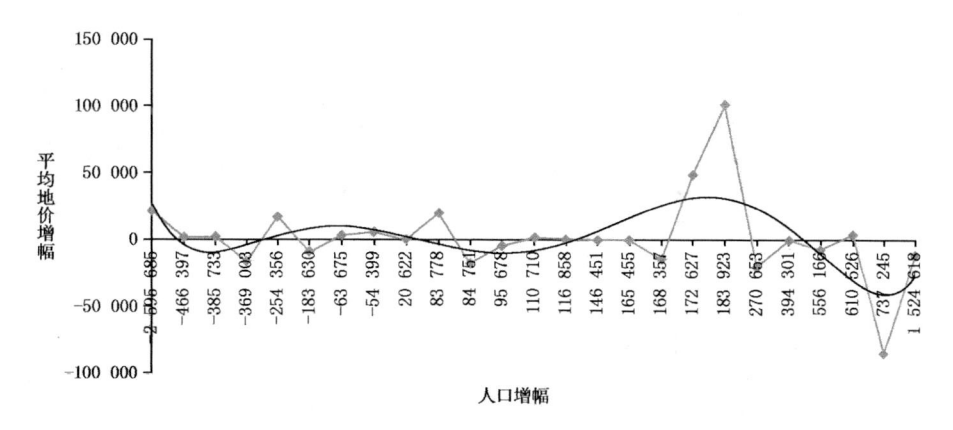

第七章 近代上海房地产市场价格波动的影响分析(1843—1937年) 295

图 7.19 1865—1937年上海人口变化量与平均地价变化量的相关曲线

替,亦即主要由经常项目下的货物贸易来代替。1863—1937年的大部分时候,上海的国际收支处于逆差状态,但也有个别年份处于顺差状态。伴随着国际收支逆差,外国资本进入中国,随着外国进口商品的倾销,大量游资进入上海的房地产业,变商品资本为房地产资本,变短期资本为长期资本,从房地产市场的繁荣中获取巨额利润。

1. 1911—1937年上海进出口净值[①]与美查房价相关性分析

此部分采用1911—1937年上海进出口净值[②]与美查房价变化对比表(见附录Ⅱ第七章表7.11)中的数据进行相关性分析。

图7.20中,从1917年至1932年,上海进出口净值曲线与美查房价曲线的变化趋势基本上是同向的,1911—1917年、1932—1936年,两条曲线基本上是反向的。

图7.21中,当上海净出口净值变化量逐渐增大时,美查房价的变化量呈现不规律的波动。拟合曲线显示不出二者之间规律性的变化关系。从长期来看,房价有逐渐上升的趋势。但房价波动存在周期性,周期的长度和波峰波谷值不固定。旧上海是国际大都市、世界重要的港口城市和

---

① 《上海对外经济贸易志》编纂委员会:《上海对外经济贸易志》,上海社会科学院出版社2001年12月第一版,第18—19页。

② 《上海对外经济贸易志》编纂委员会:《上海对外经济贸易志》,上海社会科学院出版社2001年12月第一版,第18—19页。

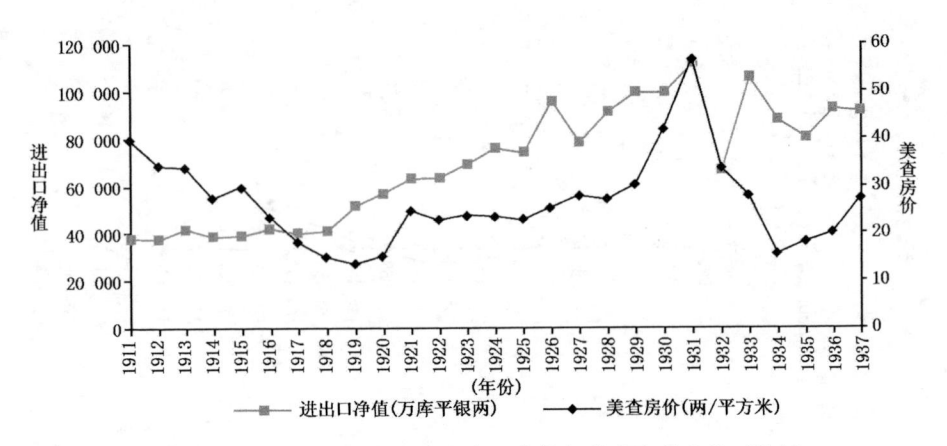

图 7.20　1911－1937 年上海进出口净值与美查房价变化对比图

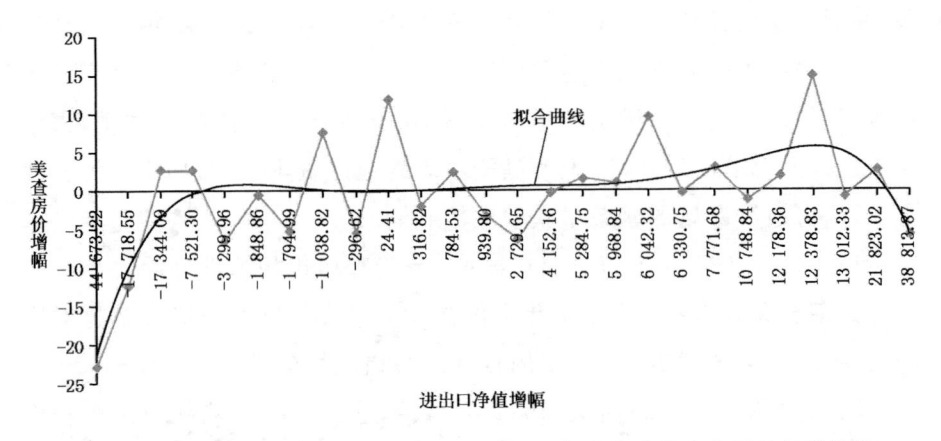

图 7.21　1911－1937 年上海进出口净值变化量与美查房价变化量的相关曲线

金融中心,进出口贸易对上海的经济兴衰有非常重要的影响。在法越战争和中法战争期间,上海港被封,进出口贸易受阻。上海的经济萧条,金融危机和房地产危机同时出现,房地产滞销,房价和地价下跌,这些都是历史证明的事实。那是特殊的事件和时期,属于非常规状态。那么在常规状态下,国际收支的变化对房地产价格的影响是否存在规律性呢? 从图 7.21 中无法看出。从数据来看,历年进出口净值的数据是可信的,美查房价数据也是可信的,系统偏差都较小,可以较为真实地反映两者的客观关系。短期内存在波动,但从波峰和波谷点的长期趋势来看,隐隐有缓慢而幅度很小的向右上方上升的趋势,似乎表明有进出口净值变化大、房价变化也大的迹象。

2. 1862—1908 年上海进出口净值[①]与平均房价相关性分析

此部分采用 1862—1908 年上海进出口净值[②]与平均房价变化对比表(见附录Ⅱ第七章表 7.12)中的数据对二者进行相关性分析。

图 7.22 中,从 1862 年至 1898 年,两条曲线的变化趋势基本是反向的;从 1898 年后至 1908 年期间,两条曲线的变化趋势基本是同步的。

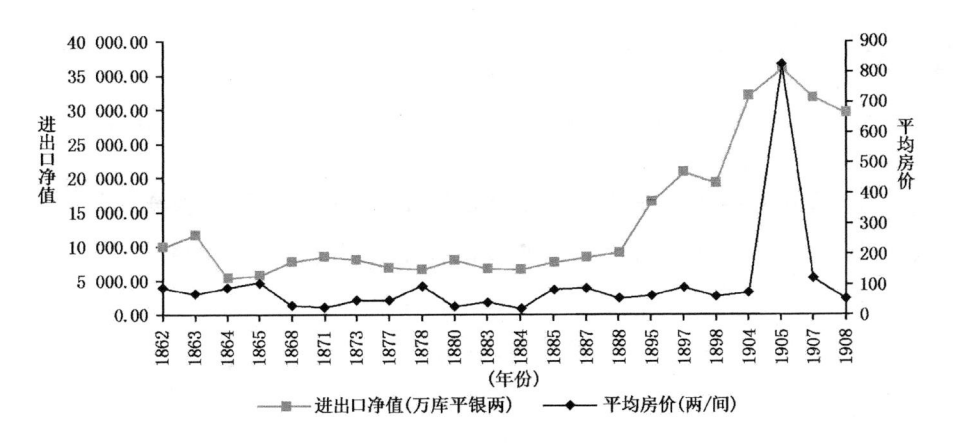

图 7.22　1862—1908 年上海进出口净值与平均房价变化对比图

图 7.23 中,当上海进出口净值变化量逐渐增大时,平均房价的变化量呈现不规律的波动,但存在不固定的周期,房价涨落到一定程度便会回归。没有拟合曲线显示二者之间存在规律性的变化关系。从图形的变化来看,短期内虽有波动,但幅度较小;长期内虽有上升的趋势,但非常微小。

3. 1862—1937 年上海进出口净值[③]与平均地价相关性分析

[①] 《上海对外经济贸易志》编纂委员会:《上海对外经济贸易志》,上海社会科学院出版社 2001 年 12 月第一版,第 18—19 页。
[②] 《上海对外经济贸易志》编纂委员会:《上海对外经济贸易志》,上海社会科学院出版社 2001 年 12 月第一版,第 18—19 页。
[③] 《上海对外经济贸易志》编纂委员会:《上海对外经济贸易志》,上海社会科学院出版社 2001 年 12 月第一版,第 18—19 页。

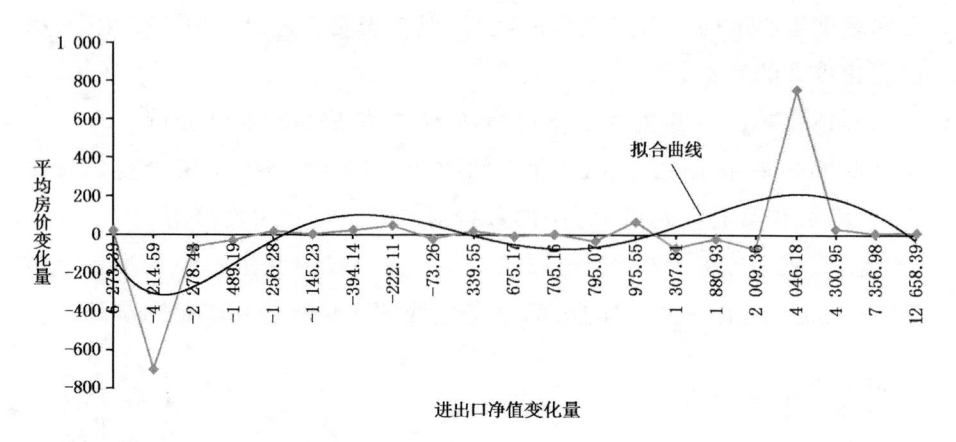

图 7.23 1862—1908 年上海进出口净值变化量与平均房价变化量的相关曲线

此部分采用 1862—1937 年上海进出口净值[①]与平均地价变化对比表(见附录Ⅱ第七章表 7.13)中的数据进行二者之间的相关性分析。

图 7.24 中,两条曲线的变化并不相同,但长期的趋势都是逐渐上涨。平均地价曲线波动大,进出口净值曲线波动较小。

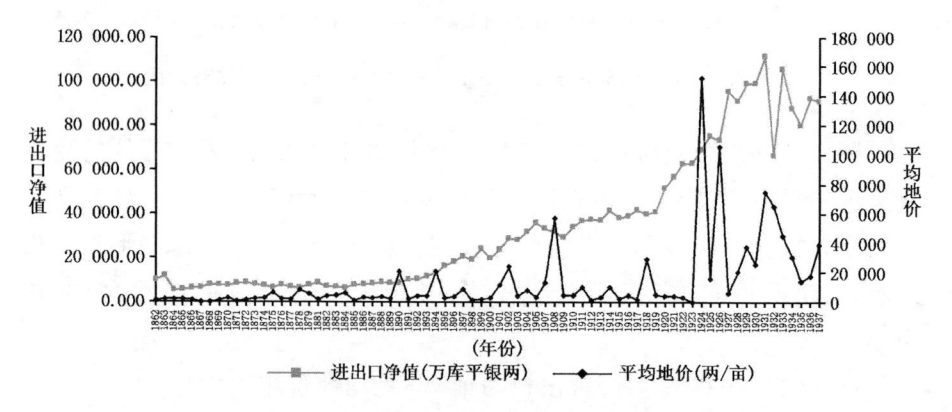

图 7.24 1862—1937 年上海进出口净值与平均地价变化对比图

图 7.25 中,当上海进出口净值的变化量逐渐增大时,平均地价的变

---

① 《上海对外经济贸易志》编纂委员会:《上海对外经济贸易志》,上海社会科学院出版社 2001 年 12 月第一版,第 18—19 页。

第七章 近代上海房地产市场价格波动的影响分析(1843—1937年)

化量呈现不规律的波动,但存在不规律的周期。拟合曲线显示二者之间的变化关系无规律。排除几个比较突兀的点,可以观察到整条曲线落在一个比较平稳的区域内,长期内有逐渐上升的趋势,尽管这一趋势缓慢而微小。如果平均地价的数据能够修正得更准确,这种趋势会不会更明显呢?这种趋势意味着旧上海进出口净值的变化也会影响平均地价的变化,长时期内,当前者变化剧烈的时候,后者的变化也较大。

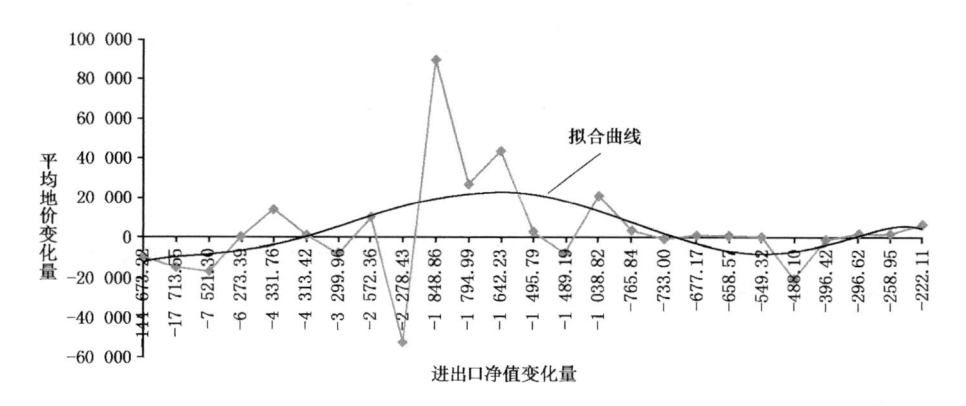

图 7.25 1862—1937年上海进出口净值变化量与平均地价变化量的相关曲线

4. 1911—1937年上海进出口净值与美查地价相关性分析

本部分采用1911—1937年上海进出口净值[①]与美查地价变化对比表(见附录Ⅱ第七章表7.14)中的数据进行相关性分析。

图7.26中,从1911—1937年国际收支曲线与美查地价曲线的变化趋势基本相同,但是国际收支曲线的变化超前于美查地价曲线的变化,并且国际收支曲线的波动周期比较短。

图7.27中,当上海进出口净值变化量逐渐增大时,美查地价的变化量呈现不规律的波动,存在不规律的周期,地价涨落到一定的上下限便会回归。拟合曲线显示没有合适的函数关系可以描述二者之间的关系,但排除掉几个突出的点外,会观察到大部分的点落在一个稳定的区域带内。长期来看,这条区域带有向右上方上升的趋势,这个趋势比前面分析的上

---

① 《上海对外经济贸易志》编纂委员会:《上海对外经济贸易志》,上海社会科学院出版社2001年12月第一版,第18—19页。

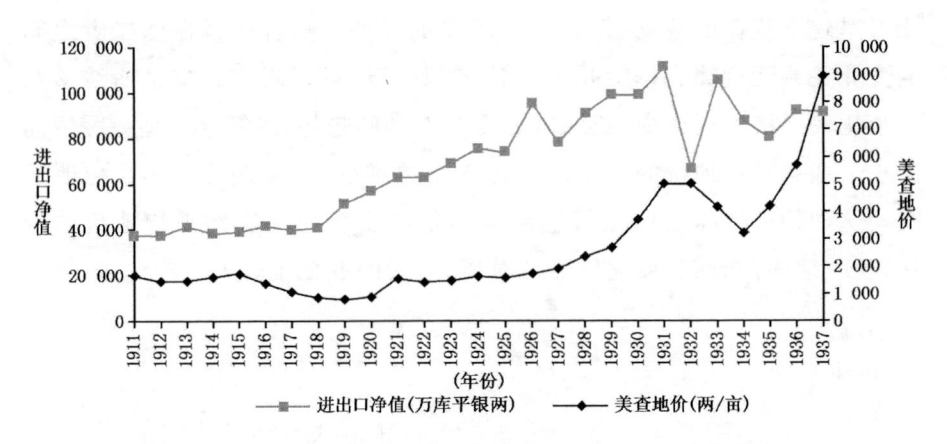

图 7.26 1911—1937 年上海进出口净值与美查地价变化对比图

海进出口净值变化量与上海平均地价的变化量趋势明显很多。很显然，这与数据质量有关。美查地价数据比上海平均地价数据的偏差小得多，连续性更强，质量更好。

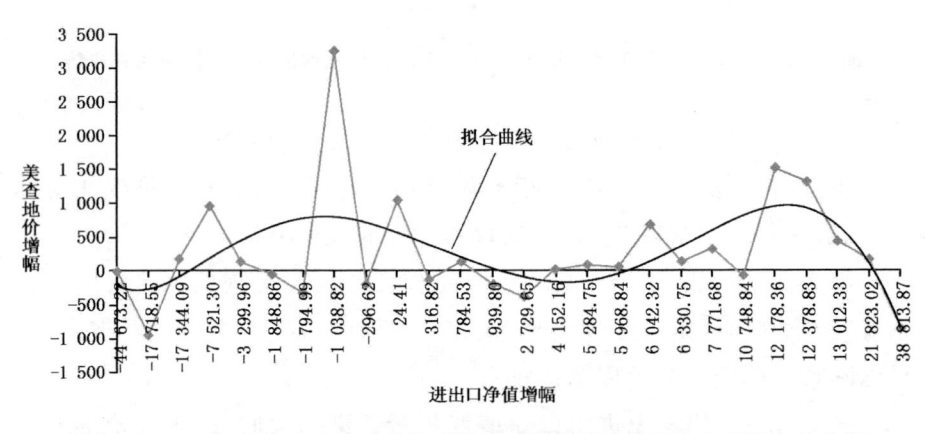

图 7.27 1911—1937 年上海进出口净值变化量与美查地价变化量的相关曲线

从上面的分析来看，旧上海的进出口净值变化对这个城市的房价和地价变化都有影响。长期来看，当净出口净值变化大的时候，旧上海的房价和地价变化也大，这是在上海进出口贸易占据城市经济重要地位的情况下。那么，在内陆城市，净出口贸易不占城市经济主要地位的背景下还会不会对城市的房价和地价产生影响呢？这个问题值得我们深思和研究。

五、房地产价格波动与金融市场波动的相关性分析

(一)信贷规模的影响

由于缺乏上海历年放款量的系统数据,因此采用全国的放款量来代替,由全国的放款量来观察全国的银根松紧对上海房地产的影响。

1.1921—1936 年全国放款与上海平均地价相关性分析

此部分采用 1921—1937 年全国放款[①]与上海平均地价变化对比表(见附录Ⅱ第七章表 7.15)中的数据进行相关性分析。

图 7.28 中,从 1921 年到 1937 年期间,全国的放款量是逐渐增长的,亦即在这段时期,全国经济系统相当于处于一种宽松的货币政策状态,银根持续放松,在这种经济环境中,上海的平均地价曲线呈现周期性的变化。从总体趋势看,1921—1937 年期间,在宽松的银根条件下,上海市的平均地价水平逐渐上涨。如果信用规模扩张,银根宽松,房地产市场因为融资容易就会繁荣,房价和地价则高;如果信用规模紧缩,银根抽紧,房地产滞销,房价和地价则低。

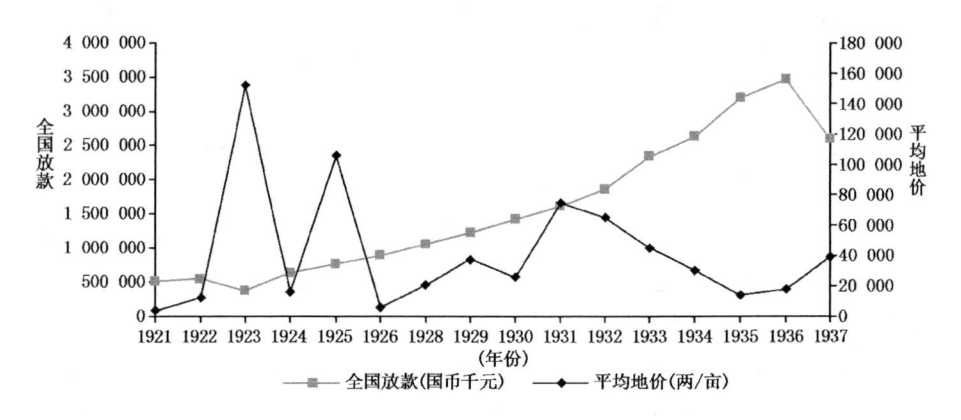

图 7.28 1921—1937 年全国放款与平均地价变化对比图

---

① 朱斯煌:《民国经济史》//沈云龙:《近代中国史料丛刊三编》第四十七辑,文海出版社 1947 年印行,第 510 页。

图7.29中，以全国放款作为自变量，平均地价作为因变量，当全国放款量逐渐增大时，平均地价随其变动的趋势呈现出不规律的变化，但如果排除前面两个特别高的点，可以大致看出一条抛物线的形状，结果似乎是地价随全国放款量的增长先增长，达到一定值后又下降。但拟合曲线显示无合适的函数关系表达二者之间的变化关系。仅从图7.29来看，全国放款量的增长并不能一直使平均地价上涨，而是前期会增长，到达顶点后，随着放款量的增加，平均地价反而会下降，这是什么原因呢？鉴于平均地价的误差度较大，后面我们会用美查地价进行进一步的分析对比。下面先对放款量和平均地价二者的变化量之间的关系进行分析。

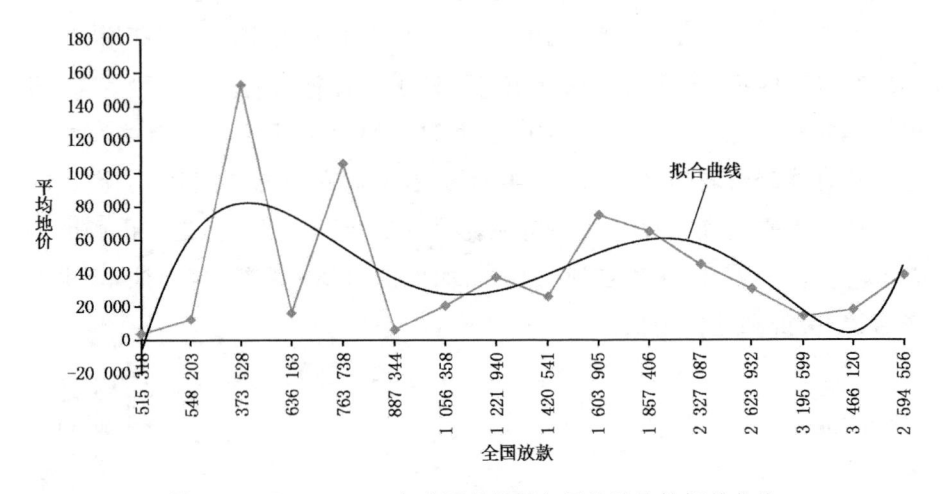

图7.29　1921—1937年全国放款量与平均地价的相关曲线

图7.30中，当全国放款量的波动幅度逐渐增大时，平均地价变化量的图形呈现一种周期性的波动，但拟合曲线显示这种周期性变化并没有固定的规律，从长期来看，有一种逐渐下降的趋势。这意味着，当全国放款量变化逐渐增大时，平均地价的变化量逐渐减小，亦即长期内，当全国放款量的变化量越来越大时，对平均地价的影响力会越来越小。总的来说，如果短期内改变全国放款量，则放款量增加越多，平均地价会上升越快；如果放款量增加到一定数值，则平均地价的上涨达到顶点，然后开始下降，这时放款增量依旧在变大，但平均地价反而会一直减小。长期内，

如果全国放款量的变化即使一直在增大,但对地价的影响力反而会逐渐减弱。这个结论期待利用质量更好的美查地价数据加以验证。

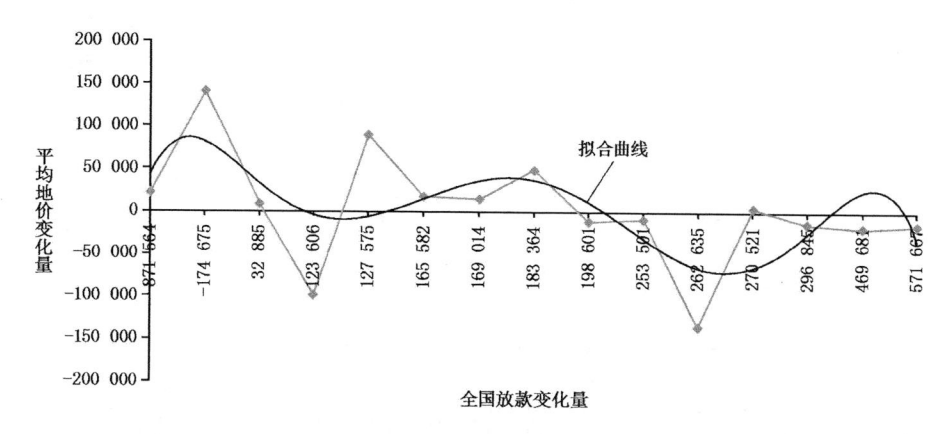

图 7.30　1921—1937 年全国放款变化量与平均地价变化量的相关曲线

2. 全国放款与美查地价相关性分析

图 7.31 中,全国放款变化曲线与平均地价变化曲线趋势基本相同,只是在 1932—1934 年、1936—1937 年这两个期间的走势相反。

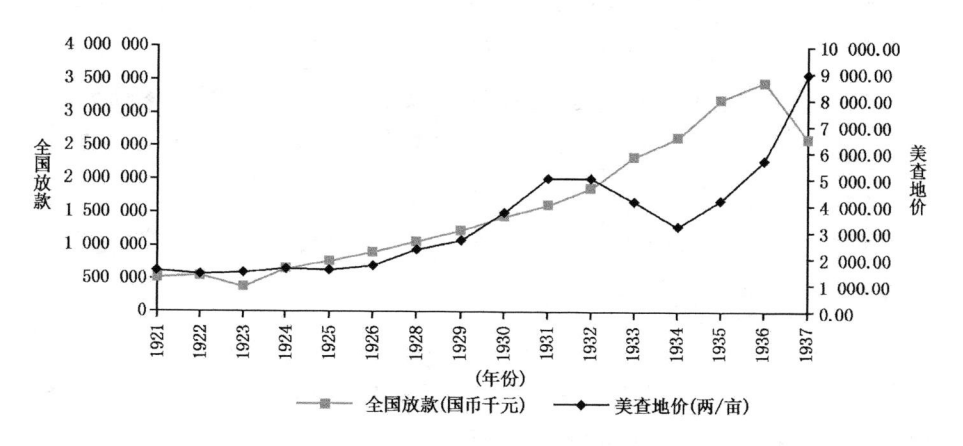

图 7.31　1921—1937 年全国放款与美查地价变化对比图

图 7.32 中,以全国放款量为自变量,美查地价为因变量,可以清晰地看到一条完整的抛物线,且这条抛物线比较光滑。同样,后面又是一个抛物线的起点,但无法证明。这意味着,当全国放款量逐渐增大时,美查地

价随之逐渐增大,到达一定值以后开始下降,与前面对于平均地价的变化趋势的分析基本一致。下面再看二者变化量的趋势。

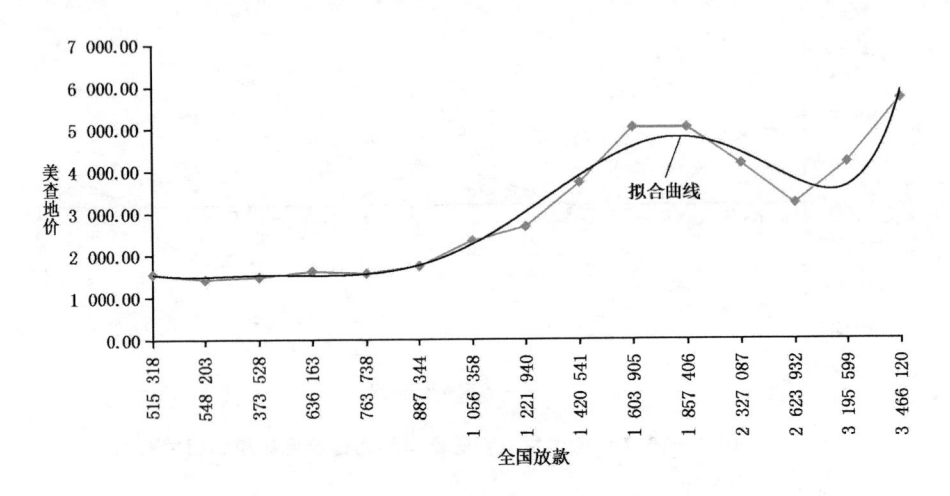

图 7.32　1921—1937 年全国放款与美查地价的相关曲线

图 7.33 中,以全国放款量的变化量作为自变量,美查地价变化量作为因变量,从图中看,短期内,是抛物线形变化,长期内,似乎也呈现逐渐下降的趋势。拟合曲线显示二者之间存在规律性的变化关系。这意味着长期内当全国放款量变化量逐渐增大时,美查地价的变化量在逐渐减小,亦即长时期来看,全国放款量的变动对地价变动的影响力在逐渐减弱。

3. 全国放款量与美查房价之间的相关性分析

图 7.34 中,以全国放款量为自变量,美查房价作为因变量,当全国放款量逐渐增大时,美查房价呈现出一个清晰的抛物线形状。后续情况如何,缺乏数据验证。抛物线形状意味着当全国放款量增加时,美查房价先上升,到达一定值以后开始下降,与全国放款量增加时地价的变化情况类似。下面再看二者变化量的关系如何。

图 7.35 中,以全国放款量的变化量作为自变量,美查房价的变化量作为因变量。从图 7.35 看,以第一个最高的波峰值为顶点,呈现出一个缓慢的大的抛物线形状后,以最低的波谷点为起点,又出现一个比较小的抛物线,然后以第二低的波谷点作为起点,似乎又是另外一个抛物线的开

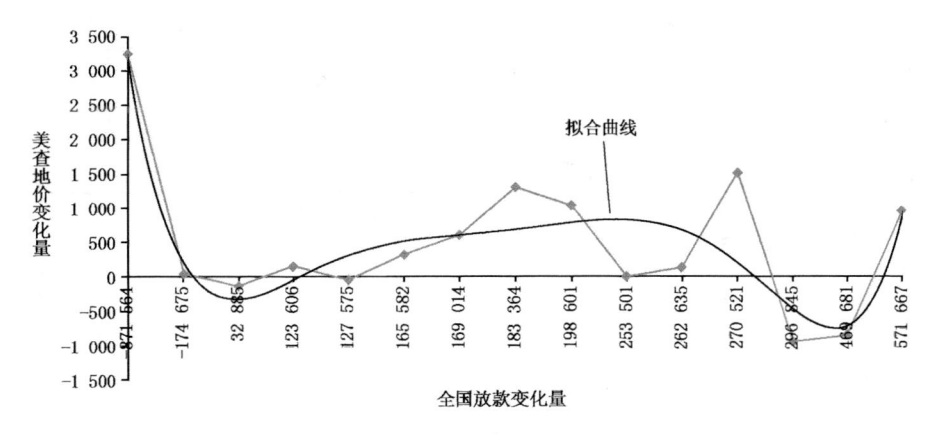

图 7.33　1921—1937 年全国放款变化量与美查地价变化量的相关曲线

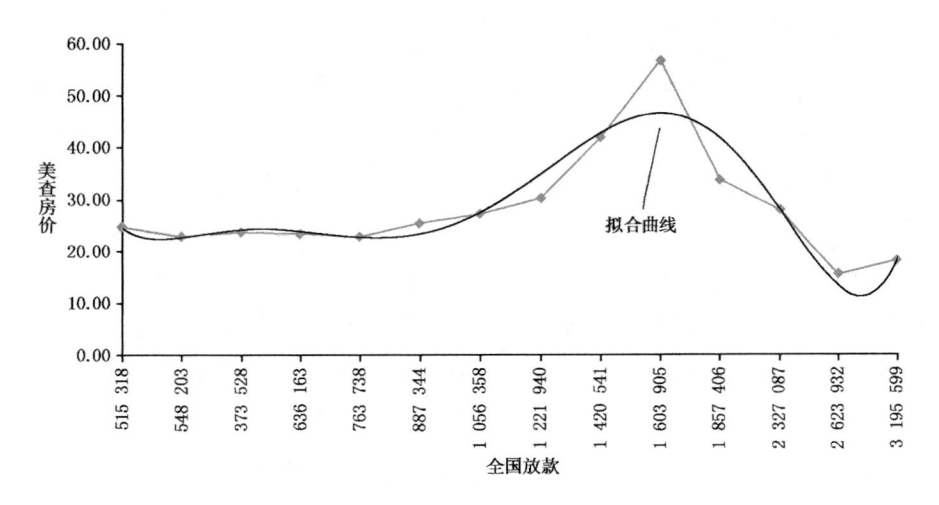

图 7.34　1921—1937 年全国放款量与美查房价的相关曲线

始。出现抛物线的周期长短不规律,长期的趋势不明显,难以看出全国放款量的变化对美查房价的变化量的长期影响。拟合曲线显示二者之间的规律性变化关系不明显。不过,短期内,随着放款量的变化量增加,房价的变化量先缓慢上升,到达顶点后逐渐下降,亦即全国放款量的变动逐渐增加,对房价变化的影响开始逐渐增大,当到达一定值后,反而逐渐减弱。

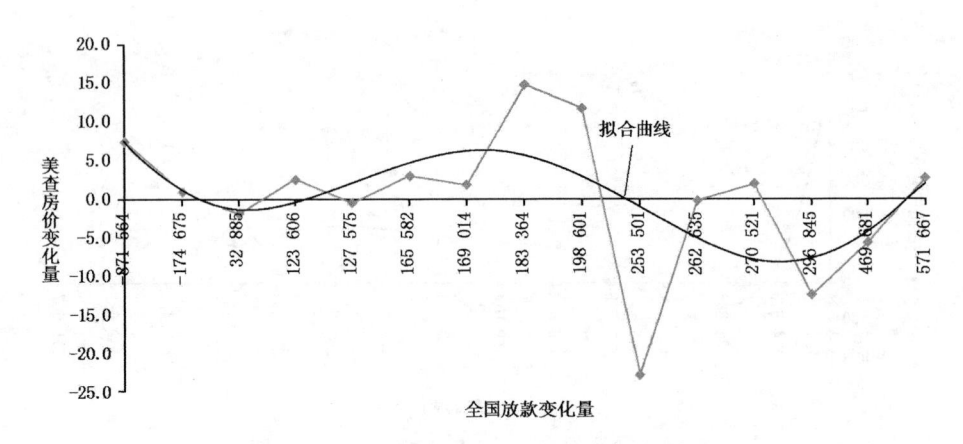

图 7.35　1921—1937 年全国放款变化量与美查房价变化量的相关曲线

(二) 利率的影响

按照现代金融学理论,利率的变化对房地产业的发展有直接的影响。当利率上升时,一方面,高利率会使房地产商的融资成本提高,房价增高,高房价抑制了需求;另一方面,购买者购买房屋的贷款成本上升,也抑制了一部分购房需求,所以,在利率升高时,房地产市场反而开始不景气;当利率下降时,经济反应是多方面的,一方面,低利率降低了房地产开发商的融资成本,从而使房地产投资增多,房屋供给增多,促使房价下降,房价下降会增加一部分需求。另一方面,由于购买者的贷款成本下降,因此也会增加购房需求。由于利率低,金融机构的大量存款流出,涌向房地产市场,使房地产市场资金宽松,房地产商和购房者的资金成本进一步下降,不但增加了对房地产的投资,增加了房屋供给,降低了房价,而且也增加了有效需求。但是,近代上海房地产市场中利率的作用是怎样的呢?下文将进行分析。

1. 1872—1937 年上海利率[①]与上海平均地价相关性分析

用 1872—1937 年上海银钱业日拆行市来代表该期间的利率。数据

---

① 《上海通志》编纂委员会:《上海通志》第 5 册,上海人民出版社、上海社会科学院出版社 2005 年第一版,第 3427 页。

见表 1872—1937 年上海银钱业日拆行市情况表①(见附录Ⅱ第七章表 7.16)。

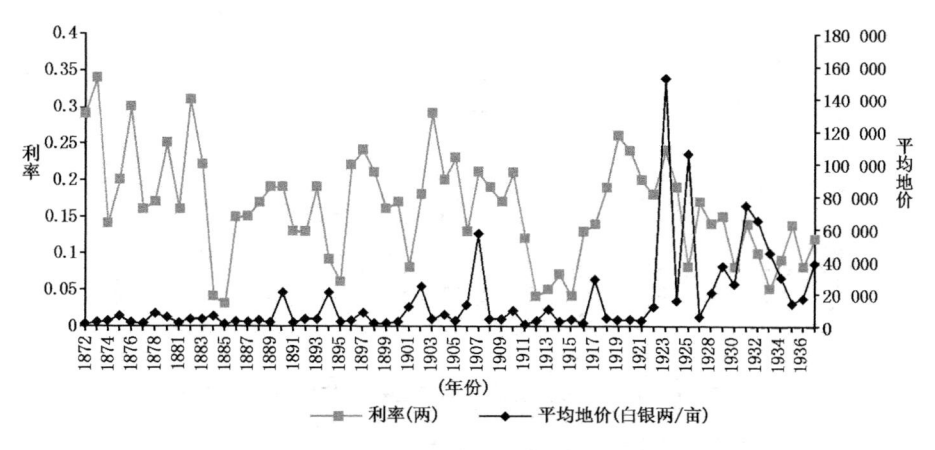

图 7.36　1872—1937 年上海利率与上海平均地价变化对比图

从图 7.36 可以看出,从 1872 年到 1937 年,上海利率曲线和房地产发展曲线的变化趋势基本上是相反的,而且利率曲线的变化要略超前于房地产发展曲线。当利率曲线处于波峰期的时候,房地产曲线紧随其后出现波谷期;当利率曲线出现波谷期的时候,房地产发展曲线紧接着出现波峰期,有时候是利率曲线的波峰期和房地产发展曲线的波谷期同时出现,或者是利率曲线的波谷期与房地产发展曲线的波峰期同时出现。

图 7.37 中,以上海平均地价作为 X 轴上的自变量,以利率作为 Y 轴上的因变量,图形显示,当上海平均地价逐渐增长时,利率水平在逐渐降低。但拟合曲线显示二者之间的变化关系难以用规律性的函数来表示。

2. 利率与美查地价相关性分析

图 7.38 中,两条曲线呈现不一样的波动,两条曲线的基本趋势并不相同。

图 7.39 中,美查地价作为 X 轴上的自变量,上海利率作为 Y 轴上的因变量。当美查地价逐渐增长时,上海利率的水平逐渐下降。这个趋势

---

① 《上海通志》编纂委员会:《上海通志》第 5 册,上海人民出版社、上海社会科学院出版社 2005 年第一版,第 3427 页。

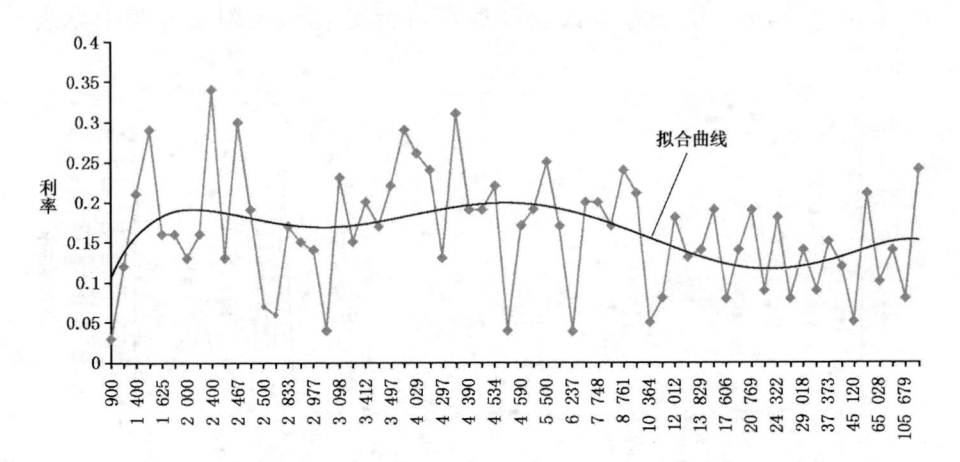

图 7.37　1872—1937 年上海利率与上海平均地价的相关曲线

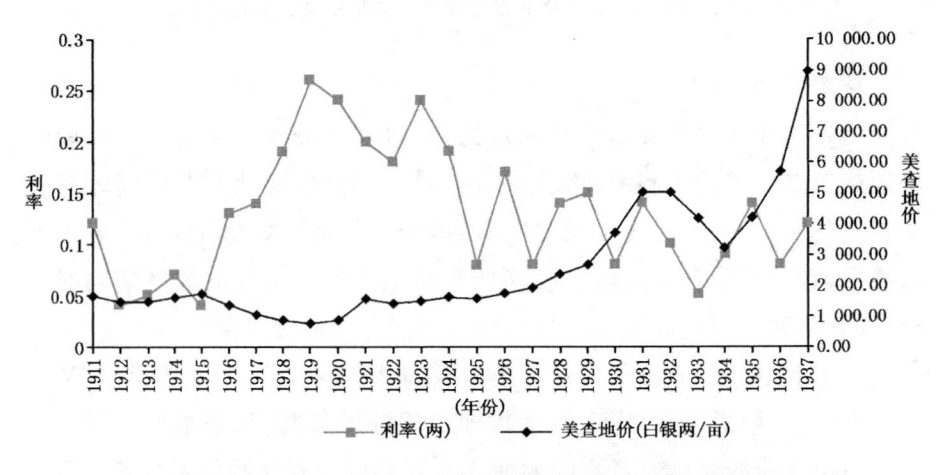

图 7.38　1911—1937 年上海利率与美查地价变化对比图

比前面分析的利率和上海平均地价的趋势更加明显。拟合曲线显示二者之间的变化关系难以用规律性的函数来表示。

3. 1911—1937 年利率与美查房价相关性分析

图 7.40 中,两条曲线的变化趋势根本不同,利率的波动剧烈,波动周期短。

图 7.41 中,美查房价作为 X 轴上的自变量,上海利率作为 Y 轴上的

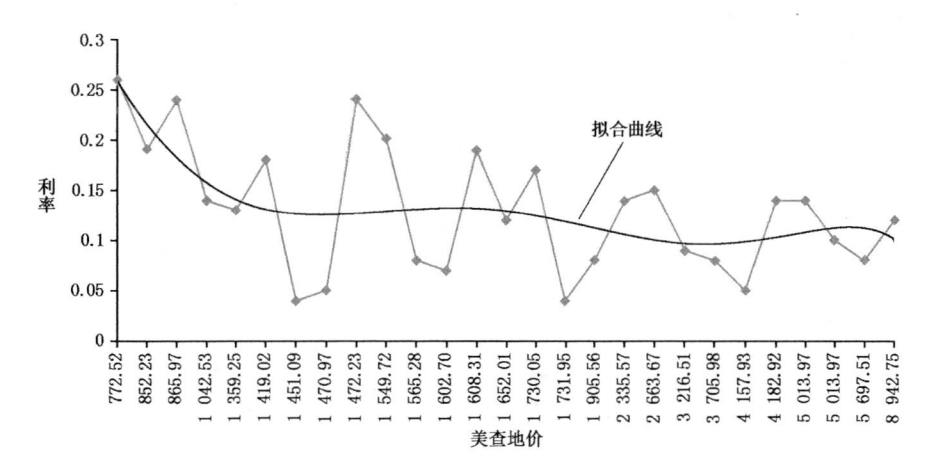

第七章 近代上海房地产市场价格波动的影响分析(1843—1937年)

图 7.39 1911—1937年上海利率与美查地价的相关曲线

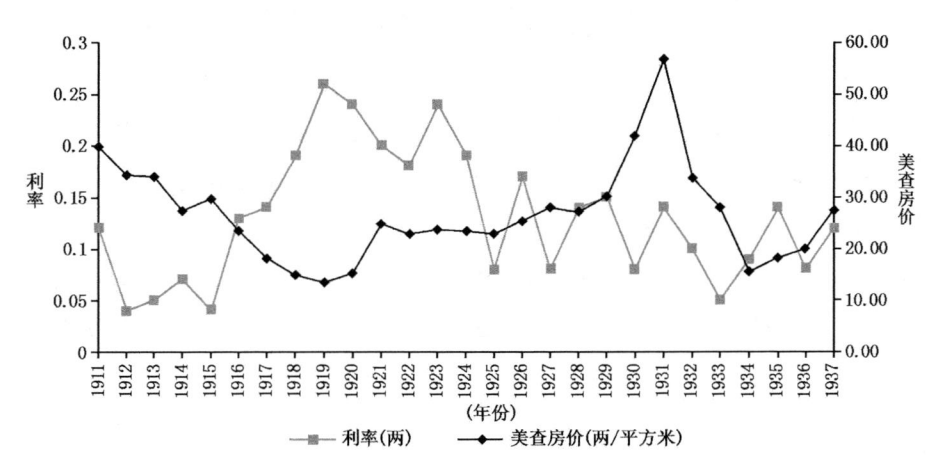

图 7.40 1911—1937年上海利率与美查房价变化对比图

因变量。当美查房价逐渐增大时,利率上下波动剧烈,呈现出不规律性,但从总体趋势来看,利率水平是在逐渐下降。拟合曲线显示没有合适的函数关系来表达二者之间的这种变化关系。美查房价和利率之间存在某种形式的反向关系,美查房价的变化会引起利率反方向变动。

按照费唐的观点,上海地产价值增涨的极为重要的原因是平均利率的下跌,以华人所办以及由华人经手的尤为明显。华人的利率从前曾高

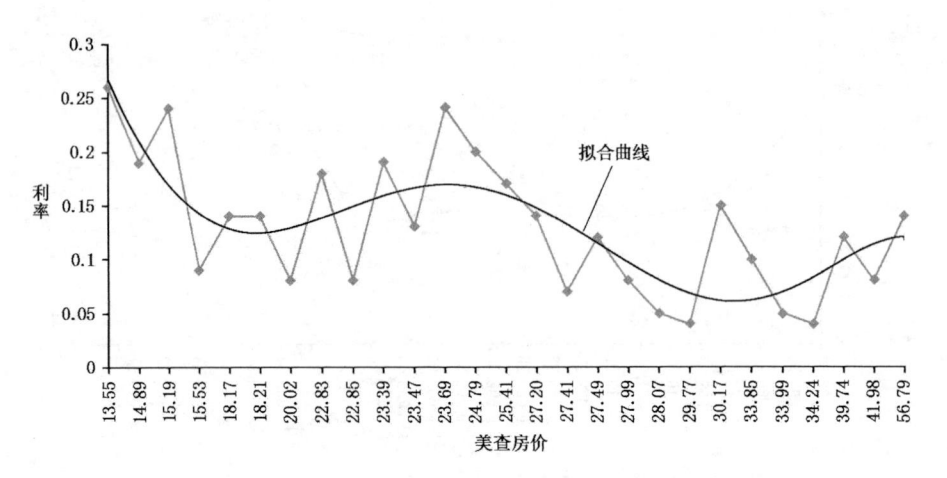

图 7.41　1911—1937 年上海利率与美查房价的相关曲线

达每年四份(注:40%),1930 年,在中国内地的边远城市,依然存有如此高的利率水平。但在上海,自 1843 年以后至 1930 年,借款的平均利率已逐渐下降,且其逐渐下降的程度有时几难察觉。平均利率下降的因素与投资地方的安全有密切联系,是投资地方安全的最有价值的标志,也是地价高涨的一种经济因素。[①]

旧上海是全国的金融中心,汇聚了大量的金融机构。当时大部分的房地产公司都兼做地产押款,融资容易。上海平均利率下降,降低了购地成本,这都极大地促进了房地产业的发展。

(三)汇率的影响

本书使用的汇率数据是纽约市场美元兑中国货币白银的汇率,是间接标价法下的汇率。当美元汇率上升时,即为中国货币的汇率下降时,在间接标价法下,由于本国货币贬值,引起通货膨胀,因此地价上升。当美元货币汇率下降时,由于本国货币升值,因此会造成本国货币的国内利率上升,一方面,使资金从股市流出,涌入银行,股市因失去资金支持而造成不景气;另一方面,企业股价下跌,融资成本上升,银根吃紧,缺乏资金周

[①] 【英】费唐著、【民】工部局华文处译述:《费唐法官研究上海公共租界情形报告书》第 1 卷,工部局华文处,1931 年。

第七章 近代上海房地产市场价格波动的影响分析(1843—1937年)

转,从而造成不动产滞销,成交率低,房地产价格下跌。采用1890—1937年纽约市场每盎司纯银价格和中国汇率情况表①(见附录Ⅱ表7.17)中的数据进行相关性分析,但只研究汇率与上海平均地价之间的相关性。因为美查公司地价和房价的数据在进行美元折算成白银两的过程中使用的是相同的汇率,肯定具有相关性,分析没有意义。

图7.42中,两条曲线的变化趋势大体相同,只是国际汇率的变化要滞后一些,平均地价的波动周期短。

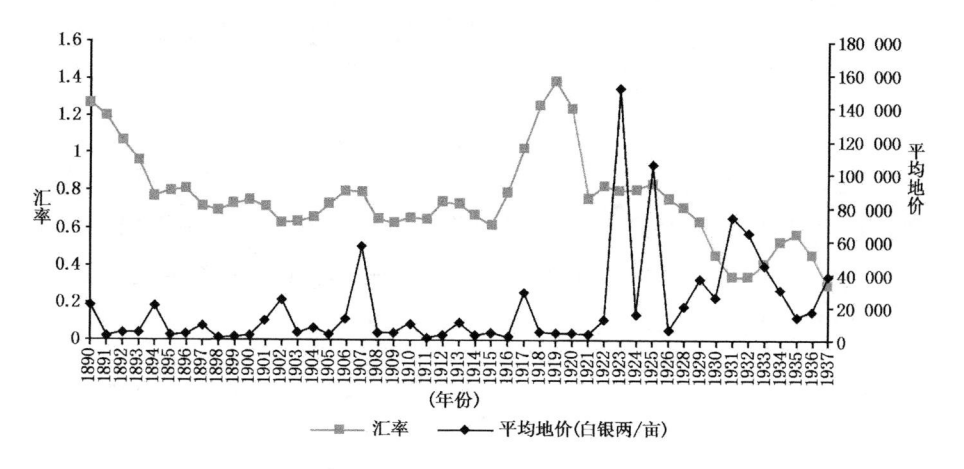

图7.42　1890—1937年国际汇率与上海平均地价变化对比图

图7.43中,汇率作为X轴上的自变量,上海平均地价作为Y轴上的因变量,当汇率逐渐增大时,上海平均地价水平呈现不规律的波动变化,长期来看,隐隐有先缓慢地下降再上升的趋势,尽管这个趋势显得很微小。这意味着,随着本币的贬值,地价先是下降,后又逐渐上升。拟合曲线表明没有合适的函数表达二者之间的变化关系。

(四)银价的影响

此部分采用1890—1937年上海银价②与平均地价变化对比表(见附

---

① 《上海通志》编纂委员会:《上海通志》第5册,上海人民出版社、上海社会科学院出版社2005年第一版,第3442—3443页。
② 《上海通志》编纂委员会:《上海通志》第5册,上海人民出版社、上海社会科学院出版社2005年第一版,第3442—3443页。

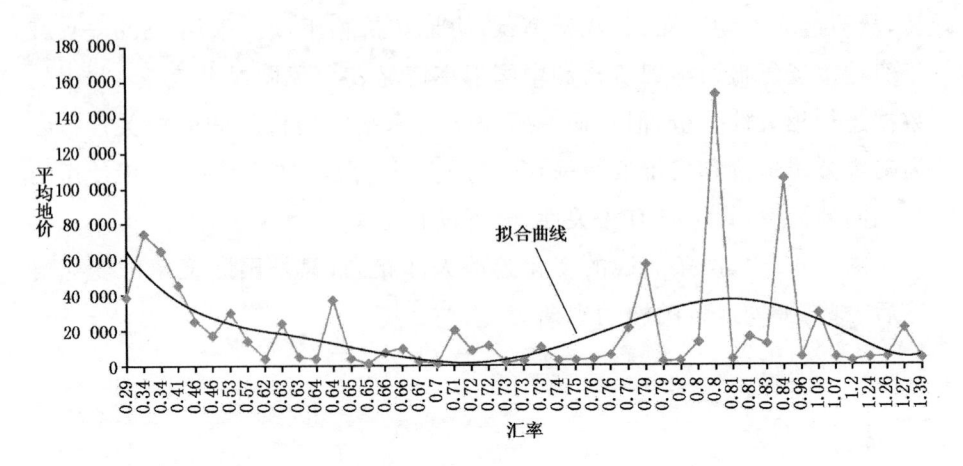

图 7.43　1890—1937 年国际汇率与上海平均地价的相关曲线

录Ⅱ第七章表 7.18)中的数据进行相关性分析。因为银价是采用纽约市场的数据,与汇率数据同一来源,所以对美查地价和房价作相关性分析,由于会出现自相关问题而没有意义。

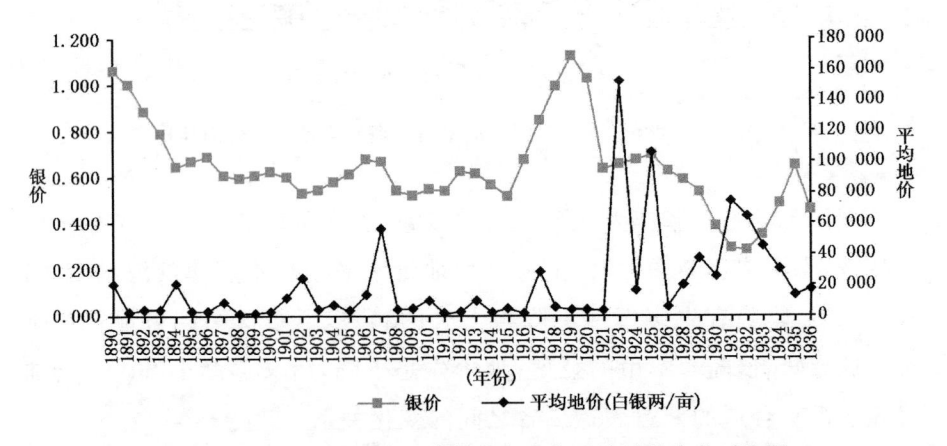

图 7.44　1890—1937 年上海银价与上海平均地价变化对比图

从图 7.44 可以看出,从 1890 年到 1937 年,两条曲线的变化趋势基本对应,但银价曲线的变化或者超前,或者滞后于地价曲线的变化。当银价上升时,地价也随后上升;当地价上升时,银价随后也会上升。

图 7.45 中,以国际银价为自变量,平均地价为因变量,当国际银价逐

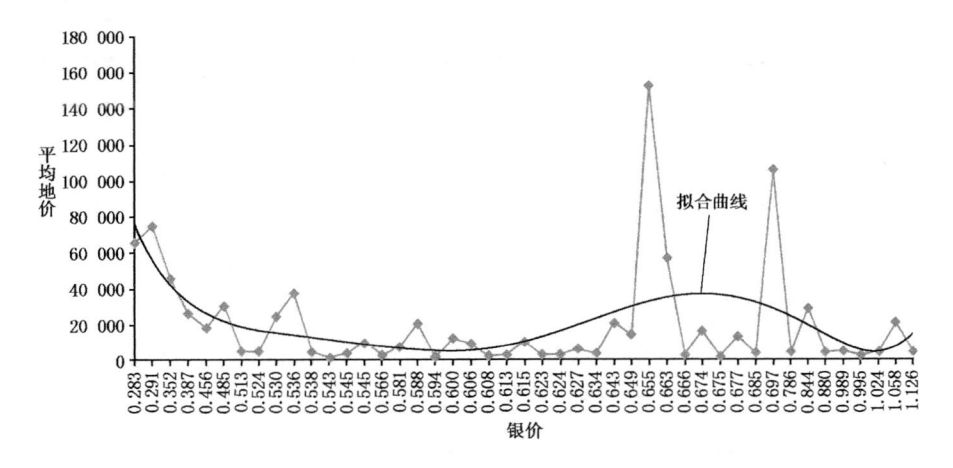

图 7.45　1890—1937 年国际银价与上海平均地价的相关曲线

渐上升时,上海平均地价水平呈现不规律的波动。长期来看,上海地价有一个先缓慢下降再逐渐上升的趋势。拟合曲线表明没有合适的函数表达二者之间的变化关系。

六、史料验证

中国银行 1930 年的营业报告中[①]讲述了该年度的银价引起的物价上涨问题:"民国十九年(1930 年)度,中国物价,因银价跌落关系,一致昂贵,中国工业之最主要者,不外纱、粉、丝三业,是年均因本国原料品质不良及产额不足,而受共同之打击,其中以丝业为最劣,粉业次之,纱业尚属平平。

民国十九年之纱业,……内地人民消费力减少,销数不旺;加以秋棉歉收,交通不便,原料益感不足,购买外棉,则以金价紊乱,成本难定,支持煞费苦心。幸至年终,因统税将次颁布,各地纷纷预先进货;又因花价腾涨,纱价骤见起色,各厂得赖资弥补。……北方粉厂,年来日见衰微,至十九年度,因南方禁止粮食出口,得以获利。南方各厂则因原料缺乏,复格於禁令,销路阻滞,营业不佳,幸至十月解禁,销路打开,尚得维持,而获利

---

① 上海档案馆档案,Q54-3-455,《中国银行民国十九年度营业报告——民国十九年度之农工业》,第 24—35 页。

者则殊寥寥。

中国生丝产量较之十八年度约减八九万担。其减产之重要原因,不外乎蚕茧歉收及茧质不良,至出品欠佳而成本反贵。同时复因世界市面衰落,各国丝织厂大半减工停业,生丝销路大减,日本丝贬价出售,华丝无法竞争。故丝业之衰败,为数十年所罕见。上海丝厂百零六家中,年终时停业者约达七十家,无锡丝厂七十家中,停业者约四十家,广东丝厂情形之困难,亦复相类。

国人经营之工厂,年来因爱国心之勃发,政府之提倡,复因关税增加,金价腾贵诸原因,颇有蓬勃气象,十九年度各国货工厂之营业数量,较之十八年度,均有多少之增加。

本年度农产收成甚旺,可称丰年……十九年度农产收成中,以米麦为最佳,似此十九年之民食本应不至发生问题。惟食米以承前年歉收之后,储集不多,加以交通不便,及内地禁谷令之故,致上半年有青黄不接情形,米价飞涨,外米涌入。及至秋收大获,米价骤落,农民中有资力者,或储以待沽,而大多数之农民,则以缺乏资金,无法储存,不得不贱价出售,致未沾丰收之实惠。棉花收成最劣,较上年产额减少约一百万担,故外棉进口数目骤增。茶业则因是年春初天气寒冷,淫雨连绵,致发育上及烘制上,均受重大不良之影响。……出口数量则减去百分之二七,价值则减去百分之三六。茧为江浙两省大宗产品,是年春季乾茧,两省共约三十五万担,不敷约十四担,秋茧约三万担,不能补春茧之阙,以致茧价奇昂,而为丝业不振之一因。"[1]

因为工商业萧条,导致投资低迷,证券业和房地产业吸引了大量的游资聚集。中国银行1930年报告中谈到剩余资金的问题[2]:"中国沿岸各都市之资金,均形增加,且有剩余之状。此项剩余资金之来源,大别之有三:(一)为发行银行之发行增加,计上海约增加三千万元,天津及东三省约增三千万元(香港约二千万元)。(二)为银行钱庄存款,因内地之不靖,

---

[1] 上海档案馆档案,Q54-3-455,《中国银行民国十九年度营业报告——民国十九年度之农工业》,第24—35页。

[2] 上海档案馆档案,Q54-3-455,《中国银行民国十九年度营业报告——剩余资金之运用》,第35—39页。

居民之稍有资产者,多避居通商大埠,而资金亦为之集中。(三)为外人收入,外人之在华殖产者,以其获得之利益多系用银计算,值兹金贵银贱,不愿汇回本国而受损,故存放於中国以备投资之需。致此三故,沿岸都市之资金,遂有增无减。就上海一埠而言,十九年底之银洋存底,较之十八年底,已大见增加(见表 7.1)。

表 7.1

年 度	银两(两)	银元(元)
十八年	79 520 000	117 330 000
十九年	98 930 000	152 500 000
增加	19 410 000	35 170 000

上海市面资金丰裕,全年银拆均见低落,十八年度十二个月中银拆之平均率最高为二钱五分六厘,最低为五分六厘;十九年度则最高为一钱七分九厘,最低为一分七厘,至银行存款利率,上海、天津、香港各大银行均相较上年减低一二厘之谱。

资金既充斥於都市,而内地则因战事匪患,工商业无从发达,以致都市资金苦乏运用之途,则咸投资於政府公债,计十九年度政府发行新公债四种,额面共达一亿七千四百万元,从中扣除是年旧债到期本息偿还部分,约计增发五千六百余万元,其投资利息恒在一分五厘以上,故投资于此项公债者日见增多,公债之交易极为繁盛。同时见夫金价日涨,咸认金公债投资为较稳确,各银行及个人团体之购储中国政府所发行之金公债者,亦不下二三千万元。此外尚有一可注意之事实,即外人在上海经营之公司,为免除汇兑上危险起见,不向其本国融通资金,而纷纷发行公司债票或股票,以吸收上海市上之游资,如电力公司、国际投资信托公司、各地产公司等发行数额,合计亦在三千万两左右,国人之有余资者,无不争先竞购。与上述证券投资相埒者,则为上海之地产投资,去年上海地价之增涨,房屋之添造,及成交数目之钜大,几有热狂之势。据上海地产公司所发表,谓五年之内,上海房屋地产价值总额之增加数目,达二十万万两,而去年一年所增,占其半数;每月成交数目,多则千万,少亦数百万两焉。总之,公债投资之利息过高,则人民资金咸集中於此,而生产事业方面,自有偏枯之象,至地产投资过多,徒使地价日涨,租金随昂,市民生活,感受压迫,留心社会经济者,每认为不自然之状态,亦即金融界未臻健全之象征。然以中国财界缺乏良好投资之途,舍此竟别无运用之机会,深盼政治日见安定,匪患早日肃清,政府对於工商各业,澈底保护,使得为健全之发展,国人之拥有资产者改易其传统的观念,而投资於本国之生产事业,然后事业方有起色,民生方能改善,斯实政府金融界之共同之责也。……"①

中国银行上海分行的房产因在地价上涨之前购买了三块地皮,所以在1930年这一年盈利不少,想改建总行及上海分行的营业用房屋,但因为建筑材料价格特别昂贵,建筑成本数量巨大,所以决定每年提存一笔基金,以作准备②:"十九年度营业用房产器具为 8 304 496.53 元,较十八年度增加 1 918 212.22 元,其增加部分中之大宗,为上海分行购进本行后面仁记路圆明园路地皮,为改筑总行及上海分行之需;同时又购进虹口及同孚路地皮,为改筑虹口及西区办事处之需,共费价款一百六十万元左右。此项地皮之购进,适在地价狂涨之前,无形中获利匪少。至总行及上海分行,现在之房址狭旧,固亟待改建,而此项新屋之建筑费,值兹材料奇昂之际,为数度不在少,为负担均匀计,拟於每年盈余项下,陆续提存一笔基金,以为准备。"③

中国的国际收支长期处于入超,国内大量的现银输出,影响了国内人民的购买力。"中国贸易之年年入超,必有一日无法以抵补入超之差额,及购买力之必然减退,已於历届报告中一再警告国人。至本年则沟渠干涸,已见端倪矣。购买力之减退,於本年度之入超大减,可以见之。至入超差额之无法抵补,则於银之出超,足以证之。生银自民国元年至二十年,除民国三、四、五、六年欧战期内略有出超外,几无年不见入超。因往年之差额尚有无形之入超以为抵补,至去年则金银合计,已出多於入。幸有钜额生金输出,生银尚属入超。但本年虽有钜量之生金输出,而生银反见一千四百余万元之出超,此为贸易史上极罕见之事实;而货物之输出,与无形之

---

① 上海档案馆档案,Q54-3-455,《中国银行民国十九年度营业报告——剩余资金之运用》,第35—39页。
② 上海档案馆档案,Q54-3-455,《中国银行民国十九年度营业报告》,第1—14页。
③ 上海档案馆档案,Q54-3-455,《中国银行民国十九年度营业报告》,第1—14页。

收入,不足以抵国际之支出,势必出於以积储之通货抵补差额之一途,是国民经济上,已达於极危险之点,在此情势之下,吾国民对於国家之国际收支,能茫无所知,而对於国际收支之如何平衡,仍视若无睹乎?……"①

"照本年情形观测,入超趋势,不易改变,则现银输出之增加,自在意中。若银价日见提高,同时或纽约银价高於银价之汇兑价值,则输出增加之速率更鉅。蓋以前银价之涨落,不过影响於物价;而今后之银价,因国际收支之关系,更进而影响及於中国之存银。中国生银之出超,似起於本年,实则近数年来,固无年不见生银出超;蓋上海一埠,几与国外相等;内地输入上海之现洋,与输出罗,相差仅一间耳。民国二十年上海存底加五千万元,二十一年加一万二千六百余万元,二十二年增加一万零九百余万元;但生银之入超,二十年仅四千五百万元,二十一年仅二千四百万元,香港情形亦相类;蓋内地现洋输入上海,无异准備输出国外之第一步。内地因现洋集中通商口岸之结果,通货与信用同时收缩,以致物价惨落,农村衰败。因内地物价之跌落,人民购买力降低,上海工商,一落千丈;设上海之现银,再源源流出,则上海之通货信用,随之收缩,动产不动产之价值同时跌落;则上海所存之现银,正可随时变化;即内地所发生之现象,势必重见於通商口岸;而国民经济之基础,有动摇之堪虞。若国外再施以人为方法,制定法案,提高银价,则更促进生银之输出。以本年上半年言之:筹备伦敦经济会议开会时,银价自十六便士半,涨至二十便士半,而中国纯输出生银三千四百余万元;至下半年银价回落,略有进口,即其一证。故为中国计,极愿各国继续伦敦经济会议时稳定银价之初旨;而对於人为过度提高之政策,不敢苟同。至谓提高银价可以增进中国人民之购买力者,不知中国人民之购买力,因国际收支不能平衡,内地通货收缩,物价低落,逼至不能不降。非世界物价抬高,中国出口增加,无法恢复人民之购买力。银价这视下,已在不足重轻之列矣。况各国均取贬价倾销政策,银价过高,则国货工业更受莫大影响,亦非中国所可轻视者也。"②

---

① 上海档案馆档案,Q54-3-456,《中国银行报告中华民国二十二年》(国际收支平衡问题),第17—20页。
② 上海档案馆档案,Q54-3-456,《中国银行报告中华民国二十二年》(银价问题),第17—20页。

"白银问题发生以来,上海一埠所感受之影响,最为深切。其他各埠平日银根之松紧,以上海为转移;当然亦不无影响;但远不如上海之严重。至内地几视若无事;更有以上海之纷扰为不可思议者。盖中国之经济组织,就一般论:尚在幼稚的农业经济状态中;而在通商口岸固有外人势力之关系,其经济发达之程度,与非通商口岸若云壤之别;而通商口岸中之上海一埠,尤以地理历史之关系,几为各国在中国之经济势力集中之地,所有新式的经济组织之工具,无不应有尽有;是以一旦发生特殊事故,上海所感受之影响,最为迅速而尖锐。白银问题酿成之经济恐慌,独严重於上海,又奚足怪?不过正唯上海之特殊关系,不能以上海一隅之恐慌,概论中国之全体;此於内地各处之安堵如常,足以证之。故因白银问题而发生之上海经济困难,若欲论其如何救济之方,先须致其以特殊之点。近数年来,上海一埠之金融发展,与内地绝不相同者,为信用之过度膨胀。此固由内地匪乱频仍,灾荒交迫,土产衰落,外货涌进;亦由银价低落,外商之拥有银资金者,暂储以求投资利润;於是中外银行之存银,愈储愈多,自十七年底之一亿七千一百万至二十二年底之五亿四千七百万,五年之间,增加三亿八千六百万元。现金增加之结果,为信用膨胀;信用膨胀,必先扩充投资之范围;其始扩充事业,或工厂,或公司,以资金之易於借入,得以少额之资本,创造巨大之事业;其继抬高地价,因事业增加而发生地产之需要增加,进而以地产之经营为业;於是资金之消纳益易;而地价之抬高,漫无限制。同时政府因财政关系,发行巨额公债,六七年间,总额达十万万元以上;此外复有各省地方公债、公司私债及市机关债券(?)之发行。良以工商事业,需要人才技术,推广不易;独地产与公债之投资,不费举手之劳;所以已往信用之膨胀,十之八九在地产与公债,此为不可忽视之上海特殊情形。本年六月白银问题发生以后,中国各银行之存银,以五月底与十二月底四较,祇减少五千七百万元;而外国银行之存银减少二亿零三百万元;是上海资金之减少,不在中国金融机关而在外国金融机关;信用之收缩,不在中国各银行而在外商银行,此为明显之事实。至於公债,其信用支持,多赖华商银行,不若地产周转,多赖洋商。故白银问题发生以后,地价一落千丈;而公债仍依然维持高价;此於中外之资金信用收缩,实有相连之关系。况乎公债之膨胀,既有基金收入之增加,即为真实的膨胀,不若地价之抬高,并不因人口事业之增加,不得不谓为虚伪的膨胀。故信用膨胀,投资於地产与公债则同;而地产与公债之膨胀虚实,则又不同。是上海经济恐慌中,最显著之病态,为地产之不流通;而造成此病态之原因,既知其一为过度的膨胀;二为外资之收缩;则欲论救济之方,当使此虚伪之膨胀,复於真实;即使地价收益之比例,与目下市场利率相称;质言之:房租须与社会生活状态相称,不至有屋而无租主;或有租主而无力付租。规定合理的租金,法律上予以有效之保障,使房主有租可收。其在并无实际需要之地点,不可因地产催赎或因不能生利而再加借建筑。如此数年之后,当不难恢复健全常态。在此过渡期间,受押者酌减利息,俾地主得略轻负担,勉力应付。同时上体系外商应知上海之繁荣;中外人同其休戚,幸勿以关系全国之白银问题,与上海地方金融并为一谈;更勿以全国白银问题不能解决,即认为上海金融无法救济;此犹吾中国人勿以上海金融之困难,而既认为内地金融无法维持。吾中国各银行深感调剂金融责任之重;亦望各外商银行,共同努力,恢复旧状,以维持上海之繁荣。至其他工商各业,今复将受信用收缩之影响,而益感穷困……任何国家,一旦发生经济恐慌,其遭受穷困者,往往希冀通货膨胀;唯上海现象之所以造成,由於已往之信用过度膨胀,及今日之局部忽然收缩;其收缩者,不特信用;抑且及於信用基础之现银;故今日欲解除困难,必须填补此局部之收缩;而需要填补者,乃为现银及以现银为基础之信用。欲增加现银或以现银为基础之信用,则不外鼓励逃避之外资,重复输入;或吸收内地窖藏之现银,为发行准备,增加通货。舍此二途,而欲将非现银为基础之信用增加,以图奏效,恐无济也。"[1]

"通货紧缩,银根枯萎,以致即期汇率坚挺,一般民众,瞻顾币制前途,咸怀疑虑,遂使远期汇率益疲,其间差额,有时竟达年息三分,利润既厚,原供商业运用之资金,竟趋外汇套息,於是拆息益高,百业蒙影响,籲请救济之声,时有所闻,加以信用紧缩,地产呆滞,短期押款,无力清偿,昔日所

---

[1] 上海档案馆档案,Q54-3-456,《中国银行报告中华民国二十三年》(上海金融),第7—10页。

认为优良稳妥之担保品,今则视为可畏之物,同时沪市股票,继续跌落,交易冷淡,各金融业无不多方企图维持,但亦袛能为自身谋灵活而已,因而市况日趋疲敝,恐慌之来,俨在目前。虑此危急之际,政府乃於廿四年三月末,增加中交两行官股,俾中央、中国、交通三行,相互关联,趋於一致,以期易收统制之效,结果颇著成绩,至夏间,数小银行发生周转不灵,经政府假手三行之协助,卒免风潮扩大,但信用动摇之狂潮,迄未宁息,未几,多数钱庄,又相率告急,限制每户提存五百元,政府复设立钱业监理委员会,审查五十五家汇划钱庄资产,而估其价值,以为拨给政府公债而资救济之标准,俾其获以政府公债向主要银行押款,以资周转焉。"[1]

1935年,《银行周报》[2]有一篇文章记载了房地产抵押贷款的呆滞现象。"譬如於十八阅月以前。有某甲以房地产向某乙抵借银六万元。此项产业估值十八万元。每年收益六千元。而押款利息周年八厘。每年计四千八百元。今年地产呆滞以后,此项产业价值低落,仅值五万余元。于是押款至期不能取赎,势必转期。而汇市利率是时已增高至周息一分三厘。押款利息转期后亦须由八厘增至一分二厘。核计息款年计七千二百元。一方房产以租户减少,又有减租或欠租等事。其一年之收益减为四千元。是时房地产虽不继续跌价,约维持五万元之谱。而某甲以收益抵付欠息。每年已不敷三千二百元。当年初时彼负债六万元。产业值五万元。结果其净负债额计一万元。兹则一万元外复须年增负债三千二百元。某甲若无别项资产,显然无力偿付。些项亏负,遂不得不转嫁予贷款之某乙。是时某乙但见放出之款呆滞不动,欠息日增,亦无收回希望。欲谋解除此困难,惟有提高物价。俾使押品可与欠款相抵。若物价不变,易言之,即照此低价不复回落,则兹所述之押款,势必无限期延宕。否则某乙惟有忍痛变卖押品。若采延宕办法,则某乙不啻坐耗其资金之利息。久而久之,某乙若无别项资产,亦必宣布破产而后已。至於变卖押品,少数固可采行。但此法不能普遍。今日之房地产押款,至其不赎已成常例。按时取赎翻成例外。若於逾期押款,人人采取变卖押品办法,则市上将但

---

[1] 上海档案馆档案,Q54-3-456,《中国银行报告中华民国二十四年》(币制与金融),第1—8页。
[2] 《上海房地产押款呆滞之真相》,《银行周报》,1935,19(39)。

见房地产卖户而无买户。结果势必酿成房地产之再度衰落而后已。此今日沪上房地产押款之实在情形。无可讳言者也。"[1]

七、结论

物价、国际收支、利率、汇率、银价和房地产价格之间不存在规律性的直接相关关系,但并不说明 X 对 Y 的解释度低,它们不会相互影响。房地产市场价格的波动对于商品市场、金融市场和国际收支的影响是复杂的,虽然不存在单项因素之间的直接相关关系,但是并不排除多个因素共同作用时产生的复杂的传递效应。从本章一系列的分析中可以看出,房地产业发展是存在周期性的,但周期的长度及其波峰波谷值并不固定。

从数据分析的结果看,当物价上涨时,地价呈现出不规律性的变化,但总体趋势是逐渐上涨。物价波动逐渐增大时,地价波动呈现出不规律性,但地价波动存在不规律的周期性,当波动达到一定的上下限时,便会回归。建材价格指数与房价之间存在线性相关关系,当建材价格上升时,房价也随之上升。当人口数量改变量逐渐增大时,地价和房价的变化量呈现出不规律的波动。当进出口净值的变化量逐渐增大时,地价和房价的变化量都呈现出不规律的波动,但地价和房价的波动存在周期性。地价和房价的涨落达到一定的上下限时便会回归,但周期的长度和波峰波谷值不固定。当全国放款量逐渐增大时,地价和房价会随之上涨,全国放款量与地价、房价之间存在规律性的直接相关关系。

当地价和房价逐渐增大时,利率呈现出不规律的波动,但从总体趋势来看,利率水平是在逐渐下降。当汇率逐渐增大时,上海平均地价水平呈现不规律的周期性变化,但每个周期里上海平均地价水平的总体趋势是在逐渐下降。当国际银价逐渐上升时,上海平均地价水平呈现不规律的周期性波动,但每个周期的总体趋势是上海平均地价水平在逐渐下降。

---

[1] 《上海房地产押款呆滞之真相》,《银行周报》,1935,19(39)。

下 篇

制度变迁与政府管理

第八章

晚清上海房地产交易制度的发展（1843—1911年）

    清代的房地契合约分为卖契和典契两种类型。《大清律例》载明：清代的房地买卖契约中，典契和卖契是有区分的。典契契内必须注明"回赎"字样，卖契契内必须注明"绝卖""永不回赎"字样。[1] 如果由典当土地房产变成出卖，除在房地产价值上找平外，还必须另立绝卖契约。律例规定，绝卖后，不准再找回买方，要求找贴找赎等。在封建农业社会里，老百姓依靠土地生存，土地的稳定性对于保障老百姓的稳定生活、保障稳定的社会秩序有着至关重要的作用。清政府对于土地田宅的买卖有诸多限制，但还是避免不了对土地的高度垄断。

    在晚清，土地被贵族豪强地主垄断。在沉重的税负下，人民依靠佃种土地根本无法生活，又加上天灾人祸，生活非常悲惨。清代律例中，为保证清政府赋役的顺利征收，于户口和赋役制度实行严格的保甲制度，犯罪实行连坐法，一人犯罪，会牵涉整个家族甚至株连九族。在这样残酷的刑法下，如果老百姓脱逃赋役或是进行迁移，是很困难的；也就是说，人口的流动性很小，基本上是被附着在固定的田宅上的。因此，对于田宅的信赖性很大，不到万不得已，不会出卖自有田宅。一旦发生了大的意外事情，则只能靠卖房卖地来解燃眉之急。本书分别选择乾隆、嘉庆、道光、咸丰、

---

[1] 张荣铮、刘勇强、金懋初点校：《大清律例》，天津古籍出版社1993年12月第1版，第212页。

同治、光绪朝具有代表性的卖房地契各一套,来分析论述晚清房地契约的变化以及从中所反映出来的清代房地产交易制度的变迁。综合来看,清代的房地契约中反映出来的清代房地产市场的演变过程如下:

一、晚清的房地产市场形成以卖、加、绝、叹四个过程为主的房地产交易形式

从《清代上海房地契档案汇编》[①]中所载的八十四套清代房地产交易契约来看,清代一个完整的房地产交易要经历典当贷款、增加典当贷款、卖绝房屋、追加补偿这四个过程。全套的房地产交易契约基本是由卖、加、绝、叹这四种契约组成,其中,卖契、绝契是最核心的两种契约。卖契是典契,签订了卖契其实是房地产主人以房地契作抵押向典主告贷;绝契是真正意义上的卖房地产契约,签订了绝契后,房地产的所有权从卖主所有转移到买主所有。加契和叹契是两种附属契,加契是在业主典当房屋后,原先所借的银两不够使用,向典主要求再增加贷款所签订的契约,抵押品仍旧是卖契中约定的房地产,加契不改变房地产典当的性质;叹契是在原业主卖断房地产后,可以向买主要求再给予一些补偿所签订的契约,并不改变绝契中房地产所有权转移给买主的性质,也不是房地产市场价值发生增值所给予的补偿,而是按照俗例,大多数因为原卖主生活贫困窘迫,在中间人的相劝下,给予原卖主的一些生活补偿。

以同治四年一月至五月王炳荣等卖房地契[②]为例,这套1865年的卖房地契,是清代典型的卖房地契。这套卖房地契分为卖契、加契、绝卖契、叹契、升高起造契五种契约。最初的卖契,实际上是典契,是业主拿房地契抵押告贷的一种,典当的价值一般低于房地的真实价值;加契是再次告贷,于头次的典当银两使用完没有归还的情况下,要求典主再增加典当银两。这两种契约都属于典契,到期业主可以回赎。绝卖契是出卖契约,不可以回赎,但是按照《大清律例》规定,在业主绝卖以后,还可以再去找买

[①] 上海档案馆:《清代上海房地契档案汇编》,上海古籍出版社1999年9月第1版。
[②] 上海档案馆:《清代上海房地契档案汇编》,上海古籍出版社1999年9月第1版,第131—133页。

第八章　晚清上海房地产交易制度的发展(1843—1911年)

主一次,要求给一些银两补偿,名曰找贴。如果业主曾经装修过房屋,还可以就装修房屋的费用单独立约,向买主追偿装修费用,名曰升高起造契。可见,清朝的买卖房地产的法律契约是比较完善的。下文将就这套卖房地契作详细论述。

本套卖房地契的第一份契约是卖契。这份卖契是典契,虽然契约中没有注明"回赎"字样,或者注明回赎年限,也没有写明"绝卖"的字样,但是按照《大清律例》,未注明的属于有权回赎契约,即典契。业主王炳荣同其弟弟王廷三将其祖产平房三间及地基一分六厘,典当给王姓典主,取得当银豆规银七十两正。交易条件是:典主在当期内拥有房屋地基的居住权、经营权、使用权,取得房屋地基当期内的收入权,同时也负责当期内房屋地基的税赋责任以及其他的官方责任。所交易的房屋没有产权纷争,没有重复交易的情况,也没有债务抵押纷争等情况,买卖双方是自愿的。

从这份卖契可以看出清代卖房地契的要约有:(1)买卖标的物。(2)对于交易标的的要求。(3)买卖双方的责任和权利的规定。(4)交易价格条件。(5)保证人中介人制度。(6)交易的时间。

王炳荣等卖房地契中的第二份契约是加契,订立于同治四年(1865年)二月,是在订立卖契一个月以后,因为第一次典房所得银两不够,再次央求中间人向放款者告借,取得豆规银壹百两正。其余契约内容大体一致,只在开头写明契约的种类是"加添平房文契"。

绝契是卖房地契里最重要的一份契约,它意味着房地产所有权的转移,也是卖房地产程序里最关键的一步,是真正的卖房地产合同。王炳荣等卖房地契中清楚地表明,因为王炳荣兄弟急等钱用,不得不把房地卖掉,取得豆规银六十两。因为卖契和加契两次告贷,已取得典银壹佰柒拾两,王炳荣兄弟显而易见是无力偿还的,但是还急等着钱用,所以只能把房地产卖掉。

叹契是卖房地契中的附属契约,只是按照交易俗例买主给予卖主的一种救济补偿。买主可以给,也可以不给,数量不限。但通常情况下,当卖主贫苦困窘,向买主寻求救济时,买主会给予一定的补偿。一次找叹以后还可以再找一次或两次,但再叹的银两就很少了。叹契以后,卖主还可以为房屋的门窗以及其他的装修再找买主,订立升高起造契,再取得一些银两。本套卖房契中的房主王炳荣兄弟就在找叹后于 1865 年 5 月又与买主订了一份升高起造契,就房屋的一切门窗、沿石等件,取得卖装修及预支升高起造豆规银肆拾两正。①

从王炳荣等卖房地契②中反映出来的内容看,从 1865 年 1 月到 5 月,王炳荣兄弟在短短五个月的时间内订立了五份契约,由典房到卖房再到找补偿,共取得豆规银 300 两,折合库平银约 300 两,原因是"急迫不堪正用"。③ 那么这 300 两的白银购买力如何呢? 据彭信威的观点,咸丰到同治初年,白银与制钱的比价曾有不规则的变动;但在同治十年以后,银贱铜贵,1 两白银兑换制钱的数目逐渐减少。同治十年,1 两白银可以兑换到 1 800 多文制钱。④ 本书取同治十年的数据,假定同治四年 1 两白银可以兑换到 1 800 文制钱,那么 300 两白银可以换到 540 000 文制钱,当时每公石米价为 4 480 文制钱⑤,300 两白银可以买到 120.54 公石米。彭信威先生取米 1 公石等于 156 市斤,即 78 公斤⑥,这是依据民国时的度量衡制度。据《中华民国度量衡标准》⑦,1 公石等于 1 市石,1 公斤等于 2 市斤,1 市斤等于 16 两。又据朱斯煌所编《民国经济史》,1 市石等于 156 市斤。⑧ 那么我们可以得出,300 两白银可以买到民国时期的度量衡单位 9 402.12 公斤米,亦即 18 804.24 市斤米。民国时期的 1 市斤要大于现在的 1 市斤,但是不同的秤称出来的米等于现在标准制的克数不同,大体接近于现在标准制的 600 克,如果按 1 市斤等于 600 克算,大约相当于现在的 22 565 市斤。按现在的度量衡制度,如果一个五口之家按一天吃十市斤米算,够吃六年多。按照彭信威先生的结论,清末上海单轮车夫一个

---

① 上海档案馆:《清代上海房地契档案汇编》,上海古籍出版社 1999 年 9 月第 1 版,第 133—134 页。
② 上海档案馆:《清代上海房地契档案汇编》,上海古籍出版社 1999 年 9 月第 1 版,第 131—134 页。
③ 上海档案馆:《清代上海房地契档案汇编》,上海古籍出版社 1999 年 9 月第 1 版,第 134 页。
④ 彭信威:《中国货币史》,上海人民出版社 1988 年版,第 843 页。
⑤ 彭信威:《中国货币史》,上海人民出版社 1988 年版,第 844 页。
⑥ 彭信威:《中国货币史》,上海人民出版社 1988 年版,第 724 页,注释[32]。
⑦ 上海档案馆档案,蒋 1-0-(5),《上海市政府公报》第一百四十期。
⑧ 朱斯煌:《民国经济史》//沈云龙:《近代中国史料丛刊三编》第四十七辑,文海出版社 1947 年印行,第 543 页。

第八章　晚清上海房地产交易制度的发展(1843—1911年)

月的收入至多6 000文,买不到1公石的米。[①] 可见,300两白银对于一般百姓来说是一笔数额很大的钱,相当于好几年的收入。一般百姓遇到意外事情急需这样一笔巨款,单凭日常收入,不足以应付,只有卖房卖地。

(一) 卖、加、绝、叹契的内容格式固定

我们首先从乾隆、嘉庆、道光、咸丰、同治、光绪六朝的卖房地契中看卖、加、绝、叹这四种契约的变化。《清代上海房地契档案汇编》[②]一书中所载的清代卖房地契中,乾隆朝卖房地契一套,嘉庆朝卖房地契两套,道光朝全部卖房地契八套,咸丰朝卖房地契十六套,同治朝十八套卖房地契中的十三套,光绪朝三十九套卖房地契中的二十六套;从最早的乾隆四十三年一月至四十四年四月凌义奉命卖房地契[③]至光绪二十四年十二月的黄吴氏等卖房地契[④],共六十六宗房地产交易的卖房地契都以卖、加、绝、叹契为基本形式。同治年间有五套属于推房契,光绪二十四年以后至光绪三十四年间的十三套房地产交易契约中,有卖房地契、卖田契、卖地契,这十三套房地产交易契约都是在光绪朝的后期,形式上有了变化,房地契变为印刷品,上有官府的骑缝章,契约种类也简化,由四种变为一种,统称卖契,即原来的绝契,是房地产买卖契约,不再有原来的卖、加、叹契。下文将对卖、加、绝、叹四契的内容及变迁进行详细分析。

1. 卖契的变迁

乾隆以后清代各朝卖房地契中沿袭相承固定的契约用语,而且明确写明以后可以原银回赎的是典契。卖契典当的主要是房屋,一般地基随房产走,并不单独计价,但装修费用另行单独立契。房产四至不使用阿拉伯数字精确标明,而是用相邻的建筑物或邻居地产来标明,这样容易引起纷争。

嘉庆朝的卖契基本上沿袭了乾隆朝的样式,只是在话语上作了一些小的改动,使契约内容更加完善。嘉庆十五年三月(1810年3月)孙玉书

[①] 彭信威:《中国货币史》,上海人民出版社1988年版,第847页。
[②] 上海档案馆:《清代上海房地契档案汇编》,上海古籍出版社1999年9月第1版。
[③] 上海档案馆:《清代上海房地契档案汇编》,上海古籍出版社1999年9月第1版,第1—4页。
[④] 上海档案馆:《清代上海房地契档案汇编》,上海古籍出版社1999年9月第1版,第269—271页。

卖房地契①中的卖契,在原有的契约固定用语上进一步完善,改动了房产典卖以后典主对于房产的处置权利内容,增加了双方买卖自愿的含义。

道光十九年十月,陈良玉等卖房地契②中的卖契,对于卖契订立后,典主对于房屋的处置用语,综合了乾隆朝和嘉庆朝的用语,并增加了"出召收租"字样,同时,增加了对于所交易房产的产权合法性规定,以及对于所交易房产产权纷争的处理:"并无重相交易,亦无族分不清情事。倘有别姓声言,卖主自应理直,与得业不涉。"

咸丰九年十月,陈陈氏等卖房地契③中的卖契,是咸丰朝房地契卖契中比较有代表性的,卖契中没有"并无重相交易,亦无族分不清情事"字样,《清代上海房地契档案汇编》一书中其他的几套卖契中亦无此字样。咸丰朝中关于房屋在卖契订立之后房屋的处置用语上也比较简单,没有道光朝的严谨。

同治四年一月,王炳荣等卖房地契④中的卖契,契约固定用语部分与道光朝房地契固定用语意思相同,只是词语稍有差异,基本上沿袭道光朝的房地契固定用语。不同的是,同治年间的卖契上基本上都没有"如有原银,不时回赎"的字样,即没有明确写明"回赎"的意思,但这并不改变其典契的性质。

光绪二十四年一月,江庆生卖房地契⑤中的卖契,契约固定用语基本上沿袭了自道光朝以来形成的固定契约用语,词语上稍有差异,但变化微小。

总的来说,道光朝以后,卖房地契中的卖契用语变得完善。以后各朝都沿用道光朝时的卖契用语,并形成了固定的格式。

2. 加契的变迁

---

① 上海档案馆:《清代上海房地契档案汇编》,上海古籍出版社1999年9月第1版,第7—9页。
② 上海档案馆:《清代上海房地契档案汇编》,上海古籍出版社1999年9月第1版,第27—29页。
③ 上海档案馆:《清代上海房地契档案汇编》,上海古籍出版社1999年9月第1版,第85—89页。
④ 上海档案馆:《清代上海房地契档案汇编》,上海古籍出版社1999年9月第1版,第131—133页。
⑤ 上海档案馆:《清代上海房地契档案汇编》,上海古籍出版社1999年9月第1版,第262—267页。

第八章　晚清上海房地产交易制度的发展(1843—1911年)

凌义奉命卖房地契(乾隆四十三年一月至四十四年四月)[①](1779年1月—1780年4月)。乾隆朝这份加契中,说明增加银钱的理由及加钱的程序:"今思原价不敷,复央中加到顾处。三面议定,加银通足钱柒拾千文整。当日一并收足。"这段话语是乾隆朝及以后各朝加契的固定内容,当然除了价钱不同。"其房仍旧管业居住",这说明加契以后所交易房产的处置。"恐后无凭,立此加契为照"已成为格式化的固定契约用语。中间人有32个,看不出有没有图保。

嘉庆十六年正月,孙玉书的卖房地契[②]沿袭乾隆朝的固定用语"因思前价不敷,复央原中加到陈处,又得加价银通足钱捌拾千文正"。对于所卖房屋的处置,用语稍有差异,但大体没变,不同的是这份加契中有"以五年为期,听赎不加"字样,明确规定不能再加,五年内必须回赎,有中间人14个,图保2人,保甲3人签字盖印。

道光二十年三月,陈良玉等卖房地契[③]中的加契基本上沿袭了乾隆、嘉庆年间的加契形式,但注明了"其房自加之后……言定听赎不加"。约定只能加这一次,以后不能再加,只能准备赎回。这份加契中间人有6个,图保1人签名盖印作保,保甲1人签名画押作保。

咸丰九年十月,陈陈氏等卖房地契[④]中的加契,格式内容都没有变化,只是条款更加细致一些,说明契约是在双方自愿的基础上订立的,而且所交易的房产如果有纠纷,则由原业主负责。但这份加契中中间人有24个人,图保1人签名画押,1人签名无画押,保甲1人签名画押作保。

同治四年二月,王炳荣等卖房地契[⑤]中的加契承袭了咸丰朝的格式和内容,没有什么改变,亦没有言明不可以再加,中间人有4个人,图保1人、保甲1人签名盖印作保。

---

① 上海档案馆:《清代上海房地契档案汇编》,上海古籍出版社1999年9月第1版,第1—4页。
② 上海档案馆:《清代上海房地契档案汇编》,上海古籍出版社1999年9月第1版,第7—9页。
③ 上海档案馆:《清代上海房地契档案汇编》,上海古籍出版社1999年9月第1版,第7—9页。
④ 上海档案馆:《清代上海房地契档案汇编》,上海古籍出版社1999年9月第1版,第85—89页。
⑤ 上海档案馆:《清代上海房地契档案汇编》,上海古籍出版社1999年9月第1版,第131—133页。

光绪二十四年二月,江庆生卖房地契①中的加契,与咸丰、同治年间的格式和内容基本相同,没有变化。可见此时卖房地契的契约已经形成了固定的规范和范例,沿用在房地产交易中。这份加契共有原中和散中16人,图保1人、保甲1人签名盖印作保。

3. 绝契的变迁

乾隆朝的凌义奉命卖房地契(乾隆四十三年一月至四十四年四月)②(1779年1月—1780年4月)。这份绝契中,说明凌义代表自己的主人,已将廿五保六图叁铺内坐北面南厅房壹所绝卖给顾姓人,所有权已经转移给顾姓人。契约的格式内容像卖契一样,已形成固定的格式范例。中间人有28人,同样看不出里面是否有图、甲在作保。

嘉庆十六年四月,孙玉书卖房地契③中的绝契以及嘉庆十五年八月伍德兴卖房地契④中的绝契,对于房产所有权的转移用语有较大的改变,孙玉书卖房地契的绝契中的用语是"自绝之后,其房任从拆卸改造、开池掘井,永斩割藤,永为陈姓世业,与孙姓不涉",强调了自卖绝后,房产与孙姓再无关联,如果有别人对孙姓的产权有异议或发生纠纷,由孙姓业主负责处理。其中,孙契中的"永斩割藤"、伍契中的"尽绝葛藤",是嘉庆朝房地契绝契里新添加的用语。格式基本上承袭了乾隆朝的格式。中间人有14人,图保2人、保甲3人签名画押作保。

道光二十年十月,陈良玉等卖房地契⑤中的绝契,承袭嘉庆年间的范式,只是在涉及房产的产权纷争事宜时略有变化。"倘有上首、族分、他姓声言",延伸了可能涉及产权纷争的人,其余基本没有变化。中间人有12个,图保1人签名画押,保甲1人签名作保。

咸丰九年十月,陈陈氏等卖房地契⑥中的绝契,同治七年六月朱子田

---

① 上海档案馆:《清代上海房地契档案汇编》,上海古籍出版社1999年9月第1版,第262—267页。
② 上海档案馆:《清代上海房地契档案汇编》,上海古籍出版社1999年9月第1版,第1—4页。
③ 上海档案馆:《清代上海房地契档案汇编》,上海古籍出版社1999年9月第1版,第7—9页。
④ 上海档案馆:《清代上海房地契档案汇编》,上海古籍出版社1999年9月第1版,第6页。
⑤ 上海档案馆:《清代上海房地契档案汇编》,上海古籍出版社1999年9月第1版,第7—9页。
⑥ 上海档案馆:《清代上海房地契档案汇编》,上海古籍出版社1999年9月第1版,第85—89页。

卖地契①中的绝契,光绪二十四年三月江庆生的卖房地契②,范式和内容基本上都与道光朝时的例式相同,只是根据所交易内容的不同,略有个体的差异。绝契的中间人分别有24人、10人、16人,图保1人、保甲1人签名盖印作保。

4. 叹契的变迁

现有的房地契资料中,乾隆朝和嘉庆朝的卖房地契中没有叹契,以道光二十年十二月陈良玉等卖房地契③中的叹契为例,契约用语中有业主收到叹契加钱以后,不能再找买主要求给予补偿。"自收之后,永远删根,陈姓再勿生言,永无别生枝节。"从咸丰、同治、光绪各朝的卖房地契来看,以后各朝都承袭了道光朝叹契的范式,只是词语稍有差异,但总的来说,叹契的格式基本不变,契约条款更加完善,契约用语基本上都是承袭前朝的规范并趋于更加合理、细致。

叹契制度是对卖主的一种救济制度,是民间的一种俗例,因为卖房卖地者通常是生活贫困之极者,遇有老、病、丧、失业等意外的境况,卖房卖地是他们唯一的应付意外窘况的手段,卖掉房屋地产以后,绝大多数情况下面临的是更加贫苦无依的生活,所以民间俗例有加叹的习惯。在万般无奈的情况下,卖主可以向买主央告恳求给予接济,一般情况下买主应当给予补偿。

综合来看,清朝的房地产交易逐渐发展成卖、加、绝、叹的程序,房地产契约逐渐完善,契约条款逐渐严谨、规范,契约内容逐渐严密、细致,形成了一套完整的体系。

(二)晚清加、叹制度和保证制度逐渐简化

1. 晚清的加、叹制度是一种救济制度

清代的房地产交易以卖契和绝契为主契,代表两种不同性质的交易。卖契实际上是一种以房地产为抵押品的抵押贷款契约,绝契才是真正的

---

① 上海档案馆:《清代上海房地契档案汇编》,上海古籍出版社1999年9月第1版,第142—145页。
② 上海档案馆:《清代上海房地契档案汇编》,上海古籍出版社1999年9月第1版,第262—267页。
③ 上海档案馆:《清代上海房地契档案汇编》,上海古籍出版社1999年9月第1版,第7—9页。

房地产买卖合同。而加契是在卖契的基础上要求增加典当额或房地产抵押贷款额度的契约。加契不改变房产所有权的性质。业主要求找加的次数并没有限制,但是有的契约中会订明不准再加的条款加以限制,例如,嘉庆十六年正月孙玉书卖房地契①的加契中明确载明:"以五年五期,听赎不加";道光二十年三月,陈良玉等卖房地契②的加契中有"言定听赎不加"的条款;郑贻茂等卖房地契③中,业主郑贻茂找加二次,在咸丰元年五月第二次找加后,与典主订立了"再加契"。"再加契"中写明:"其房自添加之后,言定听赎不加";同治十二年四月,朱砚孙等卖地契④中的加契里写明"自加之后,听赎不加,决无异言";光绪二年的顾秋泉卖地契⑤加契中载明:"自加之后,听赎不加,如有原银,不时回赎";光绪十二年,王慕周等卖房地契⑥加契中载明"言明嗣后永不加添";光绪二十三年四月,陆静涛卖房地契⑦加契中写明"其房自加之后,听赎不加";光绪二十四年十二月,黄吴氏等卖房地契⑧的加契中写明:"自加之后,决无再有加添"。从以上这些加契可以看出,典主对于找加是有限制的,一般找加一次后就不再找加,找加至多两次,若无力回赎,业主会把房地产绝卖给典主,偶见还有把加契称作"加绝契"的。⑨ 从已有的清代房地契资料来看,加契的金额一般为全价的 20%—40%。

找叹制度实质上是一种救济制度,又称"叹契",或"门房上下叹契"⑩,或"门房起造叹契"⑪,是在绝契的基础上给予卖主的一种补偿救济,也是整个房地产交易的最后一个过程。绝契订立以后,房地产的所有权转移,卖主彻底失去了对房地产的一切权利,但按照民间俗例,可以向

---

① 上海档案馆:《清代上海房地契档案汇编》,上海古籍出版社 1999 年 9 月第 1 版,第 8 页。
② 上海档案馆:《清代上海房地契档案汇编》,上海古籍出版社 1999 年 9 月第 1 版,第 28 页。
③ 上海档案馆:《清代上海房地契档案汇编》,上海古籍出版社 1999 年 9 月第 1 版,第 41 页。
④ 上海档案馆:《清代上海房地契档案汇编》,上海古籍出版社 1999 年 9 月第 1 版,第 158—159 页。
⑤ 上海档案馆:《清代上海房地契档案汇编》,上海古籍出版社 1999 年 9 月第 1 版,第 166 页。
⑥ 上海档案馆:《清代上海房地契档案汇编》,上海古籍出版社 1999 年 9 月第 1 版,第 220 页。
⑦ 上海档案馆:《清代上海房地契档案汇编》,上海古籍出版社 1999 年 9 月第 1 版,第 254 页。
⑧ 上海档案馆:《清代上海房地契档案汇编》,上海古籍出版社 1999 年 9 月第 1 版,第 270 页。
⑨ 上海档案馆:《清代上海房地契档案汇编》,上海古籍出版社 1999 年 9 月第 1 版,第 99 页。
⑩ 上海档案馆:《清代上海房地契档案汇编》,上海古籍出版社 1999 年 9 月第 1 版,第 56 页。
⑪ 上海档案馆:《清代上海房地契档案汇编》,上海古籍出版社 1999 年 9 月第 1 版,第 144 页。

第八章　晚清上海房地产交易制度的发展(1843—1911年)

买主找叹,再得到一些钱财。咸丰元年,黄世昌等卖房地契[①]叹契中,有"因循上邑俗例,尚有叹契一项,是以复央原中叹到一处业下"。其他的卖房地契中,叹契中一般会有"因循俗例"[②]或"因循本邑俗例"[③]的字样,表明找叹只是一种民间的惯例。

从现有的卖房地契资料来看,一般没有限制找叹次数的条款,但一般惯例只找叹一次,会有"自收之后,永远删根……永无别生枝节"。[④]"自叹之后,毫无瓜葛,决不再有枝节"[⑤]等表达不能再找买主的字样。不过也有例外,如咸丰六年戴心如卖地契[⑥]中先后订立两次叹契:第一次称作"叹契",第二次称作"永远叹契"。咸丰十年八月,康王氏等卖房地契[⑦]中有两次找叹的过程,不过两次叹契的称法不一,第一次称作"门房上下契",第二次称作"叹契";偶有把叹契称作"再加契"[⑧]的。顾德骅等卖地契[⑨]在光绪七年三月订立"叹契"以后,在光绪七年七月又订立"再叹契",找叹三次,并借人情银两次,立借据两份。但是前两次找叹的名义是不一样的,光绪三年是"门房上下叹契",用于处理门房上下对于房产的纷争费用。所谓的门房上下,指的是家族中本门本房中上上下下的关系,中国民间一个家族中按照男丁分支,门一般按姓来区分,房一般按男丁在家里的排序来分。光绪七年七月订立的"再叹契",名义是"屋基地再叹契",第三次找叹契据未见,只在第二次借银的借据中提到。[⑩] 光绪二十三年,江庆生卖房地契[⑪]中共找叹两次,在光绪二十四年闰三月订立叹契一份,光绪

---

①　上海档案馆:《清代上海房地契档案汇编》,上海古籍出版社1999年9月第1版,第50页。
②　上海档案馆:《清代上海房地契档案汇编》,上海古籍出版社1999年9月第1版,第113页。
③　上海档案馆:《清代上海房地契档案汇编》,上海古籍出版社1999年9月第1版,第108页。
④　上海档案馆:《清代上海房地契档案汇编》,上海古籍出版社1999年9月第1版,第30页。
⑤　上海档案馆:《清代上海房地契档案汇编》,上海古籍出版社1999年9月第1版,第35页。
⑥　上海档案馆:《清代上海房地契档案汇编》,上海古籍出版社1999年9月第1版,第66—68页。
⑦　上海档案馆:《清代上海房地契档案汇编》,上海古籍出版社1999年9月第1版,第100—101页。
⑧　上海档案馆:《清代上海房地契档案汇编》,上海古籍出版社1999年9月第1版,第160页。
⑨　上海档案馆:《清代上海房地契档案汇编》,上海古籍出版社1999年9月第1版,第196页。
⑩　上海档案馆:《清代上海房地契档案汇编》,上海古籍出版社1999年9月第1版,第197—198页。
⑪　上海档案馆:《清代上海房地契档案汇编》,上海古籍出版社1999年9月第1版,第265—266页。

二十四年四月又订立"拔根叹契"。

　　找叹以后,卖主若因生活贫困再找买主,经过原中间人的劝说,买主可以通过借人情银两给卖主的方式来给予卖主救济。如光绪年间,蔡子春在光绪三年至四年把自己在上海县大东门外拾陆铺朱家衖的房屋及房屋基地卖给布公所[①],得到卖、加、绝、叹价银以后,又分别于光绪十一年八月和光绪二十六年十一月找布公所借得英洋二十元正和拾元正[②],立下借据两份。如果想再找买主,由中间人负责处理。咸丰七年曹俞氏等房地契[③]中,在叹契之后,又订立了一份"情借契",央求原中间人向买主借得通足钱五千文正。

　　但是上海的叹契制度不对客籍人,光绪四年行素堂卖房地契[④]装修契中写明:"再批:上海向例有叹契一纸,因为客籍,故不立叹,嗣后决无枝节。特此批明。并照。"

　　2. 清代上海房地产交易的保证人制度

　　《大清律例》户律第八十三条禁革主保里长[⑤]中规定:按照清朝的保甲制度,把每户都编入册,登记册由官府统一管理,里长和甲长就是基层管理人。每户所属册图是固定的,便于官府摊派役赋等事。保甲长不仅负责基层管理,还有解决争讼、做买卖公证等职责。《清代上海房地契档案汇编》[⑥]中所载的八十四套清代房产交易契约,每份契约都必须有保长和图长的签名加印章和按押为证。虽然到晚清房地产交易中作为中间人的人数逐渐减少,但是房地产交易契约必须由保、图的保甲签字盖印或画押的规定一直没有改变。这种保甲制度,一方面,使人口固定在某一个地方,减少了迁移,这是阻碍中国房地产业发展的一个因素;另一方面,由于一家人几十年甚至同代人生活在同一个地方,保甲对每户人家的具体情况都有详细了解,所以在房地产交易中减少了欺诈,又有利于降低房地

---

① 上海档案馆:《清代上海房地契档案汇编》,上海古籍出版社1999年9月第1版,第178页。
② 上海档案馆:《清代上海房地契档案汇编》,上海古籍出版社1999年9月第1版,第179页。
③ 上海档案馆:《清代上海房地契档案汇编》,上海古籍出版社1999年9月第1版,第76页。
④ 上海档案馆:《清代上海房地契档案汇编》,上海古籍出版社1999年9月第1版,第180—183页。
⑤ 张荣铮,刘勇强、金懋初点校:《大清律例》,天津古籍出版社1993年12月第1版,第199页。
⑥ 上海档案馆:《清代上海房地契档案汇编》,上海古籍出版社1999年9月第1版。

第八章　晚清上海房地产交易制度的发展(1843—1911年)　　337

产投资的风险,保障买卖双方的利益,促进房地产业良性发展。

(三)光绪朝以后的房地产交易过程逐渐简化,契约逐渐格式化

光绪年间的房地产交易契约种类增加,契约名称有所变化,内容大体沿承乾隆至同治以来的主要内容,但形式有了变化,有了固定的印刷契约,盖有官府骑缝章,房地产交易时只要把交易内容填在印制的空白划线处即可。在光绪二十三年十二月至二十四年六月,江庆生把自己坐落在上海县城二十五保十图二十铺金家旗杆的房地产卖给凝晖阁靴鞋业同业公所改建公所之用[①],这套契约共有七份契据,除了一般的卖、加、绝、叹契,多了三种形式的契据,即成议据、拔根叹契、留存据。全套江庆生卖房地契[②]中涉及的卖房款项总共是大洋1 200元,折合库平银864两,其中,定金大洋300元,折合库平银216两,卖契150两,加契120两,绝契150两,叹契100两,拔根叹契80两。成议据其实是买卖意向书,卖主收取定金后可以选择履约,也可以选择不履约,如果不想履约,则要退还定金,并且支付定金利息,这在成议据的结尾部分有很清楚的约定。[③]很明显的是,成议据上和留存据上并无图、甲长的签字和印章或画押,只有中间人的签字,而且说明在正式契约订立后成议据要交还[④],在这笔交易中,江庆生找叹两次,卖契、加契和叹契都与前朝区别不大。最后的留存据是因为房客没有腾出房屋,买主暂扣部分卖房款项证明。这套契约里,中间人有"原中"四人,"散中"十二人,图保、甲长签字盖印,代笔人签字画押。需要注意的是,江庆生所交付的房地契文书可谓种类繁多,有白契八套,代单二张,保单一张,装修单一张,及照书,另外还有粮串。虽然只有基地一亩一分五厘四毫,却有六种土地凭证文件。

光绪朝晚期及以后,卖房地契不再有卖、加、绝、叹契的严格区分,往

---

① 上海档案馆:《清代上海房地契档案汇编》,上海古籍出版社1999年9月第1版,第40—41页。
② 上海档案馆:《清代上海房地契档案汇编》,上海古籍出版社1999年9月第1版,第40—41页。
③ 上海档案馆:《清代上海房地契档案汇编》,上海古籍出版社1999年9月第1版,第40—41页。
④ 上海档案馆:《清代上海房地契档案汇编》,上海古籍出版社1999年9月第1版,第40—41页。

往卖、加、绝、叹契合在一起,统订一份契约,而且官府的红契都是统一印契固定格式的印刷品,不仅手续简化,交易程序也逐渐简化,这对加快房地产的交易和流通速度有一定的促进作用。

二、晚清房地产市场的发展特点

(一)清代房屋的装修费用已经与房产价格分离,可以单独立契清算

清代房地产交易中,房屋的装修费用已经与房产价格分离,可以单独订立买卖契约。以同治四年一月至五月王炳荣等卖房地契[1]为例,在这套卖房地契中,装修契称作"升高起造契"。[2]

虽然装修契约内容大同小异,但是各套卖房地契里装修契约的名称不同。道光元年十二月的张史氏卖房地契[3]中叫"卖装修据",道光三年孙尚修等卖房地契[4]中叫"装修据",也有叫"装修契"的,如在咸丰九年的陈陈氏等卖房地契[5]中。咸丰五年的顾炳来等卖房地契[6]中叫"兴高起造据",咸丰七年的姚谷香等卖房地契[7]中叫"升高契",同治三年的张周氏等卖房地契[8]中称作"兴高改造据",也有把两种叫法合二为一叫"装修、升高起造据"的,如在同治十三年顾沈氏卖房地契[9]中。光绪十三年的张驾六卖房地契[10]中,叫做"卖在房装修契"。

一般装修契据只订立一次,但也有订立两次的,只是两次的名称不相同,如在同治三年的李存本堂卖房地契[11]中,第一次订立的叫"装修据",

---

[1] 上海档案馆:《清代上海房地契档案汇编》,上海古籍出版社1999年9月第1版,第157页。
[2] 上海档案馆:《清代上海房地契档案汇编》,上海古籍出版社1999年9月第1版,第157页。
[3] 上海档案馆:《清代上海房地契档案汇编》,上海古籍出版社1999年9月第1版,第13—14页。
[4] 上海档案馆:《清代上海房地契档案汇编》,上海古籍出版社1999年9月第1版,第18页。
[5] 上海档案馆:《清代上海房地契档案汇编》,上海古籍出版社1999年9月第1版,第89页。
[6] 上海档案馆:《清代上海房地契档案汇编》,上海古籍出版社1999年9月第1版,第57页。
[7] 上海档案馆:《清代上海房地契档案汇编》,上海古籍出版社1999年9月第1版,第72页。
[8] 上海档案馆:《清代上海房地契档案汇编》,上海古籍出版社1999年9月第1版,第114—115页。
[9] 上海档案馆:《清代上海房地契档案汇编》,上海古籍出版社1999年9月第1版,第164页。
[10] 上海档案馆:《清代上海房地契档案汇编》,上海古籍出版社1999年9月第1版,第232页。
[11] 上海档案馆:《清代上海房地契档案汇编》,上海古籍出版社1999年9月第1版,第129—130页。

第二次订立的叫"升高起造契";道光二十四年李见心等卖地契①中,于道光二十四年九月第一次订立"装修据"后,又于道光二十四年十二月第二次订立了"兴居起造契"。

虽然两次的名义不同,不同的卖房地契约里的名称也不同,但总是与装修改装相关的契约。

(二)晚清房地产交易并不频繁,房产交易的用途是消费

以上海县二十五保十六图长字圩九十四号坝基南首河沿平屋为例,从嘉庆十五年(1810年)三月开始至同治七年(1868年)九月止,在五十八年的时间里,倒手四次。嘉庆十五年(1810年)孙玉书把该房产卖给陈玉良②,而陈玉良在道光十九年十月至二十年十月(1839年10月—1840年10月)一年的时间里,经过卖、加、绝、叹四个过程,迫不得已把房产卖给了郑贻茂。郑贻茂于道光二十九年十二月至咸丰二年二月(1849年12月—1852年2月)又卖给朱子田,同治七年(1868年)朱子田卖给协和局作为产业。以绝契订立的时间算,孙玉书卖绝陈良玉是在1811年,陈良玉卖绝郑贻茂是在1840年,郑贻茂卖绝朱子田是在1851年,朱子田卖绝协和局是在1868年。陈良玉拥有该房产的时间是29年,郑贻茂从买到卖拥有该房产的时间是11年,朱子田拥有该房产的时间是17年,每一宗房地产交易的时间间隔都比较长,并不频繁。陈良玉、郑贻茂、朱子田购买房产的目的都是自用,卖房的原因都是因为有急事或应付意外,没有其他的途径得到资金,只好卖房来筹措资金。

从孙玉书卖房地契③(嘉庆十五年三月至十六年四月)的三份契约可以看出,嘉庆十五年三月至十六年四月(1810年3月—1811年4月)孙玉书卖掉自己祖上所遗的二十五保十六图长字圩九十四号平屋10间及随屋基地,卖、加、绝三契共得价银通足钱360千文,相当于白银360两。从卖契可以看出,孙玉书并不想将房屋卖掉,是以在卖契中订明了回赎条

---

① 上海档案馆:《清代上海房地契档案汇编》,上海古籍出版社1999年9月第1版,第34—35页。
② 上海档案馆:《清代上海房地契档案汇编》,上海古籍出版社1999年9月第1版,第7—9页。
③ 上海档案馆:《清代上海房地契档案汇编》,上海古籍出版社1999年9月第1版,第7—9页。

款,取得典屋银两白银160两后,又于嘉庆十六年正月再次找到陈良玉,要求增加典屋银两。陈良玉再次给孙玉书典屋白银80两后,约定以后只能赎,不能再典,并且赎回的期限是五年。结果一年未到,三个月后,孙玉书就因急用,把房地产卖绝给陈良玉,最后得到卖绝价银白银120两。

陈良玉购买该房产后,又于道光十九年至二十年,因为失业,迫于生计,把房屋先典再加,最终因无力赎回而卖绝。从陈良玉等卖房地契[①](道光十九年十月到二十年十月)的五份契约可以看出,从道光十九年十月到二十年十月,陈良玉把房屋先典后加,最终绝卖,又卖房屋装修,到最后找叹,共得价银通足制钱500千文,相当于白银500两。

从陈良玉卖给郑贻茂的房屋装修单来看,陈良玉向孙玉书购买房屋后曾对房屋进行了比较豪华的装修,间接可以推测陈良玉曾经有一个收入不菲的职业,至少是比较富裕的,而卖房的原因,在叹契中也可以看得清清楚楚,"适因迫于失业废时,际此岁暮,告贷无门"。在长达一年的时间里,陈良玉处于失业的状态,没有生活来源,刚开始,他把房屋典当,暂以维持生计,可能想着寄期望于很快找到工作,还上典银,把房屋赎回,但事不从人愿,陈良玉一直找不到工作,所以最终只能靠卖掉房屋、房屋装修来维持生计。从叹契中可以看出,陈良玉在失业时告贷无门,已经没有别的办法和途径再借到钱,而年关将至,一家人生活无着,迫不得已向买主郑贻茂要叹气银两,这是陈良玉从房产中能得到的最后一笔银两,而这笔银两花完后,陈良玉将如何面对贫困交加的生活窘况? 不得而知。从陈良玉卖房地契中隐约可以看出清朝一个老百姓从富裕一步步走向贫穷的轨迹,陈良玉在1810年购买房屋时正是年富力强,而在拥有房屋29年后,正是晚年时期,遭遇失业,被迫卖房卖地,沦落到贫困交加。

而郑贻茂购买陈良玉的房产,拥有11年后,又卖给朱子田(见附录契约原文)。从郑贻茂等卖房地契[②](道光二十九年十二月至咸丰二年二月)的六份契约可知,郑贻茂卖给朱子田这份房产共经历了不到三年的时间。郑贻茂经过卖、加、再加、绝、卖装修、叹六个漫长的过程,虽努力挣

---

① 上海档案馆:《清代上海房地契档案汇编》,上海古籍出版社1999年9月第1版,第7—9页。
② 上海档案馆:《清代上海房地契档案汇编》,上海古籍出版社1999年9月第1版,第7—9页。

第八章　晚清上海房地产交易制度的发展(1843—1911年)

扎，但还是没能保住房产，最终不得不将房屋转手他人。在整个房地产交易过程中，郑贻茂陆续共得到价银豆规银300两。

朱子田买下郑贻茂房产后，又于17年后，卖给协和局(见附录原契内容)。从朱子田卖地契①(同治七年一月至同治七年九月)的四份契约里可以看到，与前几份卖房地契不同的是，这套契约只是卖房屋基地而没有房屋。为什么没有卖房屋？究其原因，根据咸丰八年十二月黄梁氏等卖地契②中所载，咸丰三年，黄梁氏自己祖遗绝卖张史氏坐落二十五保十六图十六铺朱家弄内平房壹所，在咸丰三年(1853年)红巾作乱焚烧白地。1853年8月上海小刀会起义时，上海县城大部分的房屋被烧，朱子田的房产在二十五保十六图十六铺与黄梁氏的房产处在同一个地段，应该是在这次小刀会起义中被焚烧光，只留下地基，这可以从同治七年张炳铨卖房料契③中得到佐证。

从张炳铨卖房料契④内容中可以得知，张炳铨租用朱子田的地基时上面并无房屋，是块空地。张炳铨与朱子田订了租地契约以后，自己在这块地基上重新盖了两幢楼房共计十四间。因为朱子田把地基绝卖给协和布局，所以张炳铨也找中间人说和，把自己在这块地基上所盖的房屋按照房料折价卖给协和布局。

张炳铨卖房料契⑤的时间是同治七年，即公元1868年，从这套契约里还可以看出一个历史事实，那就是张炳铨租地造屋，进行经租。这是土地所有权与使用权的分离，以及土地所有权与地上房屋所有权的分离。土地已经与房屋不再紧密结合，而是开始单独买卖，这是与其他的房地产交易不同的地方。这标志着近代上海房地产业已经开始脱离开埠前房地产业的发展形式，有了近代房地产业发展的特征。

道光元年(1820年)，张史氏把自己坐落大东门外二十五保十六图十

---

① 上海档案馆：《清代上海房地契档案汇编》，上海古籍出版社1999年9月第1版，第142—145页。
② 上海档案馆：《清代上海房地契档案汇编》，上海古籍出版社1999年9月第1版，第77—80页。
③ 上海档案馆：《清代上海房地契档案汇编》，上海古籍出版社1999年9月第1版，第146页。
④ 上海档案馆：《清代上海房地契档案汇编》，上海古籍出版社1999年9月第1版，第146页。
⑤ 上海档案馆：《清代上海房地契档案汇编》，上海古籍出版社1999年9月第1版，第146页。

六铺朱家弄内坐北面南平房内外十间,并天井三方,随屋基地两分卖给黄姓,后来咸丰三年小刀会起义时,房屋被焚毁,只留下空基地。咸丰八年(1858年)十二月,黄梁氏把该地基卖给朱姓人为产业。自买到卖,黄姓拥有这份房地产的时间是38年。[1]

道光二十四年(1844年)李见心等把自己父亲遗留下的小东门内黑桥西首坐北面南楼房、平屋共计二十一间,以及地基、天井等房产卖给李存本堂。同治三年(1863年)李存本堂把该处房产卖给卢行素堂为产业,其时,该处房产因遭变乱拆毁,只剩十一间。光绪四年(1878年),卢行素堂又把房产卖给煤炭公所为产业。从买到卖,李存本堂拥有该处房产的时间为19年,卢行素堂拥有该处房产的时间是15年。[2]

道光二年(1822年),孙尚修将自己祖遗大东门外坐落二十五保十六图十六铺朱家弄内房地产卖给周景和,在咸丰五年(1855年),该处房地产只剩地基,周景和把该处地基卖给朱姓为产业。从买到卖,周景和持有该处房地产的时间为24年。[3]

咸丰六年(1856年),戴心如将自己坐落在二十五保十六图大东门外十六铺朱家弄中市的房屋基地一分六厘卖给保甲朱荣魁。同治元年(1862年),朱荣魁又将该处地基卖掉。朱荣魁持有该处地产6年。[4]

咸丰二年(1852年),姚广仁等把二十五保八图头铺内曲尺湾的房地产卖给杨顺德。光绪三年(1877年),杨顺德把该处房产卖给高纯嘏。光绪十三年(1887年),高纯嘏又把该处房产卖给裘业公所为产业。从买到卖,杨顺德持有该房产25年,高纯嘏持有该房产10年。[5]

同治十一年(1872年),朱砚孙等把自己的祖产坐落在大东门内二十

---

[1] 上海档案馆:《清代上海房地契档案汇编》,上海古籍出版社1999年9月第1版,第10—14、77—80页。

[2] 上海档案馆:《清代上海房地契档案汇编》,上海古籍出版社1999年9月第1版,第32—36、127—130、180—181页。

[3] 上海档案馆:《清代上海房地契档案汇编》,上海古籍出版社1999年9月第1版,第15—19、59—60页。

[4] 上海档案馆:《清代上海房地契档案汇编》,上海古籍出版社1999年9月第1版,第64—68、107—110页。

[5] 上海档案馆:《清代上海房地契档案汇编》,上海古籍出版社1999年9月第1版,第52—53、235—240页。

五保八图头铺曲尺湾内的市房基地卖给顾秋泉。光绪二年(1876年),顾秋泉把这块屋基地又卖给了朱陈氏及其子朱紫贵。光绪十四年(1888年),朱陈氏及其子又把这块屋基卖给了裘业公所。从买到卖,顾秋泉持有该处房地产的时间是4年,而朱陈氏及其子持有这块屋基的时间是12年。①

从上述这些房地产交易所反映出来的事实可以看出,在清代房地产交易并不频繁,晚清末年,上海开埠后,人们持有房地产的时间有所缩短,但一间房屋倒手交易的间隔期限还是基本上在十年以上,房地产交易并不是为了投资生利,而是为了自用。

(三)晚清房地产交易的目的基本上是筹措应付意外情况的资金

清代的老百姓出卖房屋,并不是为了投资,而多是因为有了意外事故或生活贫困窘迫时的无奈之举。由于房屋是必需品,因此不到走投无路,老百姓不会卖房卖地。虽然有房牙作为房产中介,但并不是专职性的工作,基本上都是兼职。在房地产交易时,定价是透明的,由中间人来估价,房牙赚取的是交易成交以后的佣金,并不会通过从事低买高卖的投机活动来赚取房屋的买卖差价,获取厚利,也没有独立的房地产经纪公司出现。

一般在卖房地契中简单地言明卖房子是"为因正用"或"今因急用",但也有的卖房地契中会写明卖房的原因。在道光五年朱黄氏等卖房地契②中,卖房人朱黄氏将其母舅遗留下的坐落二十五保十一图二十三铺仓湾大街的房地产卖给杜姓人,写明"为因葬事应用",陈良玉在卖掉房产后叹契中写明卖房产的原因是陈良玉失业多时,又逢岁末,生活无着,无处告借。道光二十六年,赵斐文等卖房地契中③,在卖房得到典银后,又

---

① 上海档案馆:《清代上海房地契档案汇编》,上海古籍出版社1999年9月第1版,第157—160、166—169、243—245页。
② 上海档案馆:《清代上海房地契档案汇编》,上海古籍出版社1999年9月第1版,第24—26页。
③ 上海档案馆:《清代上海房地契档案汇编》,上海古籍出版社1999年9月第1版,第24—26页。

"今复急迫需赀"同两个弟弟把房卖绝。咸丰七年,曹俞氏等卖房地契[①]中提到"为因急迫正用"而典当房屋,在加契中又提到"为因情急正用"而要求增加典当银两的数额。

咸丰八年黄梁氏等卖房地契[②]在卖、加、绝、叹契中写道"为因葬亲正用",而在升高起造据中,写着"缘今急需粮务正用"。光绪七年顾德骅等的卖房地契[③]中,在一个月的时间里,顾德骅、顾德桢二人把房产经过卖、加、绝、叹四个过程迅速就处理掉,"为因正用急迫",是什么事这么急迫呢? 从下文"再叹契"中的"为因葬亲正用"推测,应该是亲人有急病需治,但最终卖掉房屋花掉大笔钱财以后,也无法挽回亲人的生命,而埋葬亲人的费用也得告借。在《清代上海房地契档案汇编》八十四套卖房地契资料中,这套卖房地契资料找叹最多,在加叹三次后,又筹借人情银两两次。前面的卖、加、绝、叹四套契约大约是为了看病"为因正用急迫",再加叹和第一次借据是为了办丧事之用,第二次借据是因为"实因孀居孤苦,债务逼迫",从这套卖房地契中可以反映出清代一家老百姓的生活状况,没有丝毫抗风险的能力,一旦遇上意外,就只能卖房卖地。光绪七年卢王氏等的卖房地契[④]中,卢王氏同儿子卢石生卖绝房屋的原因是"现因夫亡未葬,万不得已,复央原中加叹钱壹佰叁拾千正,俾葬费得以敷衍",光绪二十三年陈锡麟卖田契[⑤]中写明卖房的原因是"为因粮银正用",光绪三十年邢幼能等卖房地契[⑥]中写明卖房的原因是"为因父兄相继故世,债务迫需"。

综上所述,清代老百姓出卖房屋,最主要是因为遇到意外有急用,迫于无奈才去卖房卖地。而一旦卖房卖地以后,生活愈加困窘,再也无力买回。

[①] 上海档案馆:《清代上海房地契档案汇编》,上海古籍出版社 1999 年 9 月第 1 版,第 73—76 页。
[②] 上海档案馆:《清代上海房地契档案汇编》,上海古籍出版社 1999 年 9 月第 1 版,第 77—78 页。
[③] 上海档案馆:《清代上海房地契档案汇编》,上海古籍出版社 1999 年 9 月第 1 版,第 194—198 页。
[④] 上海档案馆:《清代上海房地契档案汇编》,上海古籍出版社 1999 年 9 月第 1 版,第 199 页。
[⑤] 上海档案馆:《清代上海房地契档案汇编》,上海古籍出版社 1999 年 9 月第 1 版,第 251 页。
[⑥] 上海档案馆:《清代上海房地契档案汇编》,上海古籍出版社 1999 年 9 月第 1 版,第 251 页。

(四)晚清的房地产交易中卖房随地,房产和地产不分离,地随房走

从清代各套卖房地契资料中可以看出,清代卖房产的时候,地基随房产,卖房契约就是拥有房屋的证明。所以清代的卖房地契约有两种作用:一种是合同的作用,另一种实质上是房屋产权的证明。一般来说,契约中有"恐后无凭,立此卖(加添、杜绝)房屋文契为照"字样,另外一种拥有房屋的证明就是买主所缴纳的粮串、粮税单、税尾、钱漕串,而地基的所有权证有田单、方单或者代单、印谕等。每一宗房地产交易成立后,都要把上首的卖房契约随附上。如在郑贻茂等卖房地契[①]中,"计开"这一栏载明"并附交陈良玉卖绝各契五纸,粮白串五纸。再上首孙玉书卖绝与陈姓印契三纸,税尾一纸"。咸丰五年,周景和卖地契[②]中"计开"一栏写明"附交上首孙姓原契五纸。其地并无方单,以粮串为凭,附交周慎思漕粮串二纸"。上首契约文书以及纳税凭证等是房地产交易中房地产的来龙去脉,历代房地产所有权的变迁也是房产主人所有权的凭证。

三、晚清土地凭证的变迁

清代的土地所有权证书就是执业田单,方单是田单的俗称,因为田单的形状是长方形。但是由于土地的分割、家族分家、买卖或者遗失等原因,又出现了劈单、代单、割单、印谕等其他形式的土地凭证,但都是以执业田单为基础。

(一)田单

晚清的田单是在咸丰五年(1855年)重新丈量颁发的,自咸丰五年重新颁发田单以后,前朝的田单一律作废。全名为执业田单,民间俗称方单,上面注明土地所属保、区、图、字圩、号,业主姓名,土地面积大小,应缴纳的粮税,并且注明乾隆四十八年的田单作废。

晚清时期,华界的土地交易就是以咸丰五年的田单为最权威的土地所有权凭证。但是在土地交易时,执业田单上的业主姓名并不更改,只是

---

① 上海档案馆:《清代上海房地契档案汇编》,上海古籍出版社1999年9月第1版,第40—46页。
② 上海档案馆:《清代上海房地契档案汇编》,上海古籍出版社1999年9月第1版,第47页。

把粮串过户①,以所交粮串为土地所属的重要证明。在土地买卖交割时,执业田单和已纳粮串都要交付买主。因为执业田单上没有土地的四至,几经转手之后,土地的边界都不很清楚,因此而引起的纠纷不断,很不利于房地产交易的发展。由于年代久远,原来的一份田单有被分割成几块的,有遗失的,有破损的,造成了很多的弊端。后来上海特别市土地局对于土地进行过一次重新丈量和编号,在原来的土地田单上注明了土地局的新号。

上海档案馆档案(B119-1-203)②咸丰五年田单样式③,是咸丰五年发给的执业田单。同治九年核查的田单,是官方正规的土地所有权凭证,土地买卖和交易以执业田单的转移为标准。

从这份田单的内容来看,土地是在二十七保壹区柒图维字圩418号,根据1943年的一份钱徐氏卖地契,这份土地坐落在法租界蒲石路(即法公董局地册8009C字)④,在1943年被钱阿多卖掉。田单的原始业主是陆廷庆,陆廷庆之后土地的所有人是陆崖松。在同治九年(1870年)该土地被陆崖松卖掉,上海县在田单上注销了陆崖松的粮串壹分肆厘叁毫。1920年这块土地归钱阿多所有,从1920年钱协堂、钱耀堂、钱阿多所订的一份分家契约看,在民国九年(1920年)农历五月初二日,钱协堂、钱耀堂、钱阿多三人在族人钱应时,亲人李全根、盛东生、顾隆全、钱近方等人的主持下,将祖遗田房业产均匀分成三份,比归三人分别所有,而上文田单上的土地被分给钱阿多⑤,粮串开始由钱阿多交。

从上述田单可以看出,在对房地产进行买卖时,田单上的业主姓名并不改变,只是在田单上注明现在的业主应交的粮串数目,田单交付买方。田单上明确地写明乾隆年间的田单作废。上海特别市政府成立后,因为土地凭证种类繁多,带来许多流弊,所以曾下令规定完整的执业田单才可以充当土地凭证,取缔割单、代单等凭证,遗失的要去土地局补办新的土

---

① 王季深:《上海之房地产业》,上海经济研究所发行,建东印刷公司1944年版,第48页。
② 上海档案馆档案,B119-1-203,《上海市政府档案全宗》,第15页。
③ 上海档案馆档案,B119-1-203,《上海市政府档案全宗》,第17页。
④ 上海档案馆档案,B119-1-203,《上海市政府档案全宗》,第22页。
⑤ 上海档案馆档案,B119-1-203,《上海市政府档案全宗》,第23页。

地执业证书,原有的田单重新登记编号。土地局后来给这块土地重新编号是"黄浦区十三图结圩 2 号 8 丘"。

(二)方单、割单、代单、烂单

方单又称执业方单,是清宣统三年清丈以后由宝山册单局所颁发的。其格式与田单相同。[1]

割单是执业田单的一部分。因为原来代表一块土地的完整田单,由于土地被部分卖掉或者家族分产,或是其他的原因,致使田单所载土地被分割成几块。田单被分成几块,由几个业主各执其一部分,用来代表每位业主所分得的土地所有权。割单又称劈单。

烂单是执业田单遭到破坏或磨损,或因其他原因损坏。上海特别市政府时期,割单、代单、烂单都被取缔。[2]

代单是田单遗失后或者是由于各种原因被毁之后,业主书写一份遗失或被毁的详细情况书,由当地当年值年的地保等人签字盖印后,交还业主,既可作为田单的代替品,也可以作为买卖凭证。[3]

(三)印谕

印谕是在田单遗失后向官府呈请补给的凭证。印谕也是一种执业田单的代替品,与代单的性质类似,但不同之处在于:代单由业主书写代单笔据后由当地当年轮值的地保签字盖印,而印谕是由业主向官府先递呈申请书,然后由官府出具谕单文书并盖印。显而易见,印谕的公信力及权威性要大于代单。印谕又分为道谕和县谕,由上海道台出具的印谕叫道谕,由上海县出具的印谕叫县谕。印谕样式见附录Ⅱ第八章。

(四)部照、县照、司照、割照、芦课执照

部照是指旧日的官产、沙田、公地、无主荒地,以及出水的涨滩地,经过人民出钱向沙田局或者土地局购买后,由财政部发给的土地执照,作为业主承担粮税、管理产业的所有权凭证。[4]

---

[1] 王季深:《上海之房地产业》,上海经济研究所发行,建东印刷公司 1944 年版,第 48 页。
[2] 王季深:《上海之房地产业》,上海经济研究所发行,建东印刷公司 1944 年版,第 49 页。
[3] 王季深:《上海之房地产业》,上海经济研究所发行,建东印刷公司 1944 年版,第 49 页。
[4] 王季深:《上海之房地产业》,上海经济研究所发行,建东印刷公司 1944 年版,第 49 页。

县照是指在土地印册里旧时没有登记，由上海县发给土地凭证。[1]

司照是指在清朝时国家的公田由人民出钱购买后，由藩司发给的执照。[2]

芦课执照是指沿江苏海涨滩的公地，经过官府测量后，出售给人民，发给承购者的执业凭证。[3]

割照是由于分家分割土地，或者部照所载的土地被分成几块出售，把一份完整的部照分割成几份，由各个业主各执一份，以作土地所有权凭证。

割照的性质与割单类似。如果发生纷争，须得众业主把各自所执一份拿出，拼凑在一起，来验明真假，但如果年代久远，则每一份割单或割照的业主都可能几经变换，所以想拼凑成一份完整的田单，有很多困难，也给造假者有机可乘，因而土地产权纷争诉讼不断，管理极其困难。

（五）道契、权柄单、华商道契

道契是外国人在上海租界内租地的土地凭证，在清朝由上海道颁发，据上海档案馆档案，光绪二十九年上海道的全称是"江南海关分巡苏松太兵备道"。[4]

权柄单是华人在租界内购买土地，因无法取得道契，因而与某一洋商订好合同，以洋商的名义取得道契，再由洋商出一份文书，即权柄单，证明该地产为华人业主所有，华人业主每年向挂托的洋商交付一定的挂号费。

据王季深记载，华商道契是在清光绪年间因为上海华人纷纷依托洋商挂号权柄单业务，在租界内买地取得道契，为治理这种行为，在上海道转呈核实后，由上海道颁给华商道契[5]，不再依托洋商挂号业务。民国成立后，这些华商道契如同道契一样对待。[6]

---

[1] 王季深：《上海之房地产业》，上海经济研究所发行，建东印刷公司 1944 年版，第 49 页。
[2] 王季深：《上海之房地产业》，上海经济研究所发行，建东印刷公司 1944 年版，第 49 页。
[3] 王季深：《上海之房地产业》，上海经济研究所发行，建东印刷公司 1944 年版，第 49 页。
[4] 上海档案馆档案，B242-1-291-14，第 16 页。
[5] 王季深：《上海之房地产业》，上海经济研究所发行，建东印刷公司 1944 年版，第 49 页。
[6] 王季深：《上海之房地产业》，上海经济研究所发行，建东印刷公司 1944 年版，第 50 页。

（六）工部局契、法公董局契、领事馆署契

据王季深记载，工部局契是工部局公开出售工部局地产，给承购者颁发的土地执业凭证，由工部局订立契约，并办理过户等手续，不受上海土地局及各国领事署的制约。法公董局契亦同工部局契。[1]

领事馆署契，亦称公馆契，是指法籍商人向华人购买土地后由法领事馆给法商出具的土地凭证。[2]

四、结论

晚清房地产市场形成以卖、加、绝、叹四个过程为主的房地产交易制度。卖、加、绝、叹契的内容在发展过程中日趋完善，成为固定的格式。加、叹制度是对卖房人的一种救济制度，是一种民间俗例，并不是房价的构成部分。在清朝末年，房地产交易程序逐渐简化，表现在：保证人制度逐渐简化，交易契约合并为一个契约，交易过程简化，交易时间缩短，契约内容格式化，用官府统一的印刷品来代替，这便利了房地产交易，促进了房地产市场的发展。晚清房地产交易制度表现出来的特点是：房屋装修费用已经与房产价格分离出来，可单独立契。房地产交易并不频繁，交易目的是消费，房屋和地基不分离，地随房走，房地产交易契约既是合同，也是房地产的产权证明。晚清的房地产所有权凭证种类繁多，以咸丰五年的执业田单为官方颁发的合法的土地所有权凭证，但在流通的过程中，由于各种原因，华界产生了割单、烂单、代单、印谕、部照、县照以及粮串、粮税单、税尾、钱漕串、版串等，代替田单作为房地产所有权凭证的现象，这些房地产凭证都可以在房地产市场上流通，非常混乱，流弊纷争充斥，延缓了房地产市场的交易速度，阻碍了房地产市场的发展。在租界内发行的道契，以其精良的设计，加快了房地产市场的交易速度，减少了流弊纷争，促进了近代房地产市场的发育。

---

[1] 王季深：《上海之房地产业》，上海经济研究所发行，建东印刷公司1944年版，第51页。
[2] 王季深：《上海之房地产业》，上海经济研究所发行，建东印刷公司1944年版，第51页。

第九章

民国上海房地产交易制度的发展(1912—1937年)

民国房地产交易是直接卖绝的制度,民国初年的契约承袭了清朝的契约风格,但是民国的房地产交易程序逐渐简化,改多次交易为一次性交易。民国中期以后,房地产交易合同逐渐成为正规化的固定格式的打印文本式合同,房地产交易保证人开始由律师替代,房屋租赁制度也日益发展完善。民国房地产业在发展的过程中产生了多种经营方式和业务种类,融资方式也是层次丰富,渠道众多。民国时期的房地产市场发展日臻成熟和完善,达到了近代上海房地产业发展的高峰期。

一、民国时期上海房地产市场的发展情况

民国初年的房地产交易程序不再像清朝那么复杂,先典当后卖绝,契约文书也不再分为卖、加、叹、绝、升高起造等几份,价银也不是分几次给付,而是一次性订立契约卖绝,价银一次性付清,契约文书只有一份,而且不再有找叹的习俗。

(一)房地产交易过程简化,改多次交易为一次性交易

从法公董局地契[①]档案看民国初年的房地产契约变化。从法公董局档案中23套当地老百姓向兆丰洋行的卖地契约来看,民国初年的卖地契

---

① 上海档案馆档案,U38-4-154,法公董局档案。

第九章　民国上海房地产交易制度的发展(1912—1937年)

约没有清代的卖、加、绝、叹四个过程,而是直接卖绝,并且简化为一个契约。但是契约用语格式直接承袭了清代的契约用语格式。

1904年到1906年,法商兆丰洋行先后收买了上海县二十八保八九图、十二图的二十五份地[①],从这二十五份卖地契约来看,契约的用语格式大体与清代的卖房地契相同。本书分别选择1914年、1915年、1916年三套卖地契约为例来进行分析。1914年的卖地契约以"苏梅生卖地契(1914)[②]"(详见附录Ⅱ第九章1.)为例。

民国三年(1914年),上海县民苏梅生将自己二十八保八九图堂字圩的3905号田共0.9亩以单价银洋每亩900元卖给法商兆丰洋行。该卖地契约中交易的土地凭证是"方单一角",即劈单,这份契约是卖、绝、叹三契合一,去掉加契,交易过程简化为一个过程。作为见证人的地保中只有图长的签字盖印,没有甲长。

兆丰洋行使用的契约虽然是毛笔书写,但二十五份卖地契约里,除了划线处不同以外,其他部分都相同,以后几年的卖地契约也如此,可以通过民国四年、民国五年的两份卖地契约作比较。

1915年的"陈树木卖地契约[③](详见附录Ⅱ第九章2.)"中,契约用语与苏梅生卖地契约的用语格式一致,除了划线处等表明交易标的物、交易价格、土地四址、中间人不一样外,其余都相同,甚至连地保高振发、代笔杨晋蕃都相同。再看民国五年(1916年)"陈兴隆卖地契约(详见附录Ⅱ第九章3.)[④]"中的契约用语格式,与苏梅生和陈树木卖地契中的基本一样,甚至陈兴隆使用的人与陈树木大部分一样,除了地保不一样,代笔依然是杨晋蕃。

从这三份契约来看,兆丰洋行的卖地契约是固定格式的,只是随每笔交易的条件不同而相应地改变。从陈树木卖地契约来看,第一句"立卖杜绝拔根叹田文契"单从语言上看,表明这份契约是卖契、绝卖契和叹契合在一起的契约,取消了加契。几类契约合为一种,简化了形式,但契约格

---

① 上海档案馆档案,U38-4-154,法公董局档案25套卖地契约得出。
② 上海档案馆档案,U38-4-154,法公董局档案。
③ 上海档案馆档案,U38-4-154,法公董局档案。
④ 上海档案馆档案,U38-4-154,法公董局档案。

式直接承袭了清代的风格。另外,与二十世纪二十年代以后的房地产交易合同相比,有明显的过渡时期的特征。有些契约会在上述格式的基础上省略掉一些语句,但契约的主体格式并未改变,如徐华文、徐焕文卖地契约[①](详见附录Ⅱ第八章 6.)。但省略掉语句的契约在法公董局档案兆丰洋行的二十五套卖地契约中数量极少。

(二)永远出租土地的契约格式化,契据分立

也有一部分土地是以永远出租给洋行的形式所立的契约。例如,光绪二十九年(1903年),上海县民宗书记与洋行订立了租地契约,先后共租地 25.5 亩。详细分析其租地契约,与卖地契约有明显的区别:

"宗书记永远出租地契之一[②]"(详见附录Ⅱ第九章 4.)订立于光绪二十九年三月,共出租地拾叁亩,按照当时的市价出租是英洋 260 元,每亩英洋 20 元,折合白银约 187.2 两,每亩 14.4 两,一次性付清。以后,每年的租金是每亩 1 500 文的官定租价,必须每年预付,以便让业主缴纳粮赋。

"宗书记永远出租地契之二[③]"(详见附录Ⅱ第九章 5.),除了出租土地、价格条件不同外,其他的契约内容与第一份契约基本相同。契约中关于土地出租后承租户对于土地的处置权的用语与买卖土地契约中的语句完全相同,对于出租户必须自行处理有关土地纠纷的责任条款用语也与买卖契约中相同,但是对于土地的赋税责任却归于出租人。土地的年租是按照官定法令执行的。可见,晚清民初的永租地租地契约也是格式化的、固定条款用语的,同样契据分立。上述两份宗书记租地契约,是典型的永租地契约,从出租价银(类似于押租)的数目到以后每年所付的 1 500 文租金,都符合清朝政府与外国签订的永租地条约要求。但晚清以后,随着清政府统治力的减弱以及租界经济的发展,租界内地价猛涨,划归在租界内的原上海县老百姓已不再只收取清朝所订的那点微薄租金。以法公

---

① 上海档案馆档案,U38-4-154,法公董局档案。
② 上海档案馆档案,U38-4-154,法公董局档案。
③ 上海档案馆档案,U38-4-154,法公董局档案。

董局档案中永租地收据为例:"瞿大全等出租地地租收据之一[①]"所载明的出租土地是在公共租界内,从资料"瞿大全等租户出租地四址[②]"中可以得到证实。

光绪三十二年(1906年)农历闰四月,瞿大全三人出租自己在公共租界的0.424亩土地,收到出租银1 480两正,出租户和承租户双方订立了一份租地契约,另外又出具了一份收银据。瞿大全等三人的土地出租价格是每亩白银3 490.566两,远高于宗书记25.5亩土地所出租的价格,也远高于清朝政府所订的出租价格。

(三)民国契约中的保证人制度简化消失

从二十五份卖地契约及出租土地契约来看,民国契约中的保证人制度简化。首先是中间人人数的减少,其次是合同中签字盖印作保的只有图保,没有保甲。中间人的人数由清代的十几人减少到只剩四到六人,大部分时间是四人。民国初期对于清代的保甲制度已没有那么严格,土地交易的环境比清代更加自由,这在一定程度上促进了土地的流通。

随着房地产经纪公司的出现以及专职的房地产经纪人的出现,房地产交易契约逐渐向合同形式转化,而清代的保证人制度逐渐不再实行,由律师替代。例如,上海内地地产股份有限公司所签订的房地产买卖合同中,合同条款是印刷好的文本,只在预留的空白处填入相应的内容即可,而合同的结尾部分,除了买卖双方,做见证的,有见证人及证明律师两项条目,见证人和证明律师两人签名盖印章即可。

(四)民国时期的土地买卖逐渐采用政府统一印发官契纸,土地交易过程更加简化

民国时期,随着上海经济的逐渐发展,土地交易程序逐渐发生变化。土地交易制度的变化同样可以从上海档案馆现存的一些档案资料中来研究。从天利淡气制品厂股份有限公司为选择建厂地区而购买的几份土地的契约来看,民国八年,江苏省财政厅已经开始印发卖契官纸,以供不动

---

① 上海档案馆档案,U38-4-154,法公董局档案。
② 上海档案馆档案,U38-4-154,法公董局档案。

产交易使用,可从以下四份官契纸来看:第一份官契是[蒲淞市印]江苏财政廳印发卖契官纸工字第九千壹百四十号①(全文见附录Ⅱ第九章8.)。这份契约使用的是江苏财政厅印发的官契纸,买官契纸共花掉号银198元。

民国八年(1919年)八月,上海县民姜云山、陈经侯、陈祥卿、金仲兔等十四人把自己坐落于二区二十八保十併十一图的土地共45.627亩卖给天利淡气制品厂股份有限公司建厂使用,买方是该厂的负责人吴蕴初。这份卖地契约的格式、内容比起民国初年还是没有大的变化,契约的内容大致相同,但在用词上还是有明显差别的。见下述一份契约:"[蒲淞市印]江蘇财政廳印廢卖契官纸工字九千貳百廿八号②(见附录Ⅱ第九章9.)"。这份中华民国八年(1919年)十月所订立的卖地契约,用的是江苏省财政厅所印发的统一格式的官契纸,官契纸上有契纸号码,并且载明土地交易所交纳的税金数额,这份契纸的号是工字9228号,缴纳的税银是13.3元,买契纸用的号银是50.4元。从这份契约看,只有买卖的土地数量以及价格,买卖双方关于对于土地的权利责任以及土地产权声明、土地纠纷处理等的条款都省略掉,是一份简式合约。

蒲淞市的买卖土地契约,同样是格式化的,而且直接采用的是前几年所立的土地买卖契约上加盖蒲淞市印的办法,默认以前的契约,契约形式更加简化,内容更加简单,只有最基本的交易价格条件。

(五)民国中期以后房地产交易合同向现代合同形式转化,开始格式化、固定化

从1934至1936年上海内地地产股份有限公司房屋买卖共43份合同来看,民国中期以后,房地产经营公司所使用的房地产交易合同都是格式化、固定化的,统一印制,其中,买受人、卖受人、买卖日期、交易土地的坐落、数量、价格等必要的交易条件处空白,随每宗交易的不同而不同,但

---

① 上海档案馆档案,Q38-1-5,《天利淡气制品厂股份有限公司选择建厂地区及购地的有关事项》。
② 上海档案馆档案,Q38-1-5,《天利淡气制品厂股份有限公司选择建厂地区及购地的有关事项》。

是其余部分是格式化的。合同条款也是固定化的,见上海档案馆馆藏合同实例:"1936年上海内地地产股份有限公司房屋买卖合同①(全文见附录Ⅱ第九章10.)。"

这份1936年上海内地地产股份有限公司的房地产买卖合同所出卖的土地,系该公司于1935年购买的原上海中学初中部旧址的土地,坐落于上海沪南区二图洪字圩二十一号十九丘,共计23.149亩,上海市土地执业证沪字一五七二三号。上海内地地产股份有限公司购买该土地后经过整理,划分成五十三块,编号丈量绘制地籍图,分别出售。瞿颂嘉购买的是第四十二号基地,当时上海内地地产股份有限公司的董事长是姚慕连。

从上海内地地产股份有限公司的43份地产买卖合同来看,当时的房地产交易合同已经发生了根本性的变化,趋近于现代的合同格式。合同中已经使用"交易标的物"的法律概念,而且出现了个人盖建房屋要服从整体规划的条款,卖地人已经对所卖的整体区域上的道路、公共用地、公用建筑等明确规定,证明人已经改变了过去由地保充当的习惯,改由专业律师充当,合同已成为一种公司内部的固定公文形式不变,必要处留下空白,全部印制,每宗交易只在空白处填上相关的内容即可,中间人和证明律师签字,经由公司批准后,由公司董事签字盖章,这在契约形式和内容以及交易程序上都是质的变化。交易制度更加简化、严密,交易程序也更加简单,能促进房地产流通更快。

(六)房屋租赁制度发展日趋完善

民国时期,特别是南京国民政府时期以后,房屋租赁制度发展日趋完善。本书将以民国时期的3份租赁房屋合同为例来分析民国时期房屋租赁制度的发展。首先以"1932年内地自来水公司租地合同②(全文见附录Ⅱ第九章11.)"为例,看当时的租赁制度。

从这份租赁合同可以看出,这份租赁合同是业主和租户直接订立的,并没有任何中间人签字画押,只有两份,双方各执一份,业主有各式楼房约29幢,全部用于出租取利。这是一份完善的、格式化的合同,很有代表

---

① 上海档案馆档案,Q403-1-836,《上海内地地产股份有限公司买卖基地合同》。
② 上海档案馆档案,Q403-1-319,《商办上海内地自来水公司与震旦木行签订的租地合同》。

性,从中可以完全反映出当时的房屋租赁制度的特点。

"《上海交通银行租屋契约》[①](全文见附录Ⅱ第九章 14.)"是上海交通银行信托部内部印制的统一的租屋契约格式。租赁契约是格式化的、固定合同内容的,只要在空白处填上相应的内容后一份完整的合同就形成了。

这份合同条款的内容如下:第一,押租制度。第二,费用和维修责任分担。第三,对于房屋及其附件的处置规定。第四,对于承租人应遵守的规章制度的规定。第五,关于意外事故责任的规定。第六,关于不可抗力的规定。第七,关于通知期限的规定。第八,关于保证人的责任的规定。第九,关于仲裁机构的规定。从上述条款可以看出,这时的房屋租赁制度已日臻成熟和完善。

二、民国房地产市场的发展特点

(一)各种形式的房地产公司众多

从1862年开始,上海开始有洋商企业专门从事房地产业。据有据可查的资料,1937年以前各国从事房地产业的洋商企业有60家,见表9.1。

表 9.1　　　　　　　　1843—1937年上海房地产洋商表[②]

企业名称	开业年份	歇业年份	企业负责人	国籍
义品地产公司	1907	1956	桑安士	比利时
隆庆产业公司	1901			不明国籍
古林地产公司	1930年前后		古林	俄
中国建业地产公司	1920	20世纪50年代初	范乃乐	法
逸园跑狗场(中法合办)	1928	1941	黄寿鹏	法
克莱门公寓	1929			法
遂百克地产部	1932		王永昌	法

[①] 上海档案馆档案,Q55-2-216,《上海交通银行》。
[②] 王垂芳:《洋商史》,上海社会科学院出版社2007年7月第1版,第359—453页。

续表

企业名称	开业年份	歇业年份	企业负责人	国籍
美蕙工业公司	1937	1940	爱迪曼	法
黑石公寓	1924	1950	项烈	美
普益房地产公司	1925	1950	李骏恩	美
(原为大来公司)	1933	1953	朱孔阳	美
达华地产投资公司	1933	1953	石爱兰	美
汉弥尔顿洋行	1933	1959		美
美业地产公司	1936			美
上海产业公司	1930年前后			美
东亚兴业会社	1919	1945		日
福祥土地信用组合	1922			日
祥丰公司	1923			日
上海吴有储蓄组合	1923			日
大兴土地信用组合	1923			日
上海石力储蓄组合	1926			日
信交地株式会社	1935			日
联益房产商行	1937	1950年代初	沈振华	无国籍
史密斯洋行	1862年前	—	—	英(应为美)
保加行	1863	1897	—	英
德和洋行	1870			英
新沙逊洋行	1872	1958	维克多·沙逊	英
高律师公馆	1880			英
置业揭银公司	1880年代			英
业广地产公司	1888	1950	马丁	英
麦边洋行	1900		麦蕙康	英
泰利有限公司	1900	1954	白兰	英
哈同洋行	1901			英
中国营业公司	1902	1950		英

续表

企业名称	开业年份	歇业年份	企业负责人	国籍
英法产业公司	1905	1950	梅洛	英
慈淑经租处	1906		哈同	英
精神产业公司	1907			英
德和洋行	1913	1950年代初		英
新沙逊股份公司	1920			英
多逸洋行	1922		爱司、亚尔、多逸	英
《字林西报》地产部	1924	1950年代初		英
华懋地产股份有限公司	1926	1952	邬藩田	英
昌业地产公司	1927		郑观同	英
上海地产投资股份公司	1928	1952	邬藩田	英
远东营业股份有限公司	1928	1952	新沙逊洋行	英
扬子公司	1930		沙逊集团	英
中国国际投资信托公司	1930	1941	沙逊集团	英
恒业地产公司	1930	1956	马纳	英
新康洋行	1931	1952	伊士尔	英
太平洋投资公司	1931	1952	郑观同	英
三新地产股份有限公司	1932	1950年代初	夏博思	英
中和地产公司	1934	1952	夏博思	英
何世俭地产房屋经理处	1935		何世俭	英
国际投资有限公司	1930年前后			英
上海地产银公司	1930年前后			英
香港产业有限公司	1930年前后			英
西侨体育场公司	1930年前后			英
东方地产公司				英
徐家汇地产公司				英
宏业产业公司				英

第九章　民国上海房地产交易制度的发展(1912—1937年)

从表9.1可以看出,从开埠后到1911年辛亥革命,有16家洋商房地产企业;从1911年至1927年(不含1927年),有14家洋商房地产企业;从1927年至1937年,有30家洋商房地产企业,其中,英商房地产企业有36家,美商有8家,日商有7家,法商有5家,比利时房地产企业有1家,俄罗斯房地产企业有1家,不明国籍或无国籍房地产企业有2家。上表中房地产企业的负责人大多为中华人民共和国成立后企业登记时的负责人。[①] 从表中可以看到,从1927年到1937年间,是房地产企业发展的高峰期。这个时期上海的外资房地产公司最多,也是上海房地产业发展的高峰期。

从表9.1可看出,1862年前美商史密斯洋行是上海第一家从事房地产业的企业。继此之后有1863年开设的保加行,同样是由英商开设的专营房地产业的企业。于1870年开设的德和洋行是上海开设的第三家房地产公司。

在众多的外商房地产公司中,实力雄厚的有德和洋行、英商业广公司、英商沙逊集团、哈同洋行、美商普益地产公司、比利时商人义品地产公司等。其中,英商业广公司后来逐渐有华商股份参与,到1933年,华商股份已达到20.2%。[②]

华商最初参与房地产业的是一批为洋商服务的买办,例如,程谨轩、周莲塘。程谨轩最初是个木工手艺匠人,从事房屋建筑。在上海小刀会起义后,许多外国商人在租界内搭建简陋的小木屋出租给中国难民居住,程谨轩在这个时期成为包工头,具有了一定的影响力。沙逊洋行聘请程谨轩作为买办,程谨轩利用自己对当地房地产业熟悉,勾结地保,在给沙逊洋行购进大量土地的同时也给自己购置地产,又接受地产抵押贷款,放地产高利贷,不停地利用自己购置的土地抵押融资,买进新的土地。程谨轩很快成为上海华商中首屈一指的房地产大亨,拥有的房地产价值达千万银两以上,每月的房租收入达数万元,人称"沙哈之下,一人而已"。后

[①] 王垂芳:《洋商史》,上海社会科学院出版社2007年7月第一版,第359页。
[②] 上海市黄浦区志编纂委员会:《黄浦区志》,上海社会科学院出版社1996年4月第一版,第451—452页。

来其子程霖生因经营不善而破产,风波所及,不仅对上海的金融业造成了严重的影响,市场也为之动荡。①

周莲塘原为真修堂传教士的买办,同时也给自己置办房产,后被老沙逊洋行聘为买办,拥有大量的房产,是有名的房地产商。在中华人民共和国成立初,周莲塘给其妻子和儿子遗留的房地产达 7.74 万平方米,房地产总估值达 219.19 万元。②

上海华商第一家专业的房地产公司是光绪二十五年(1899 年)成立的。叶澄衷成立的树德地产公司是上海第一家华商房地产公司,拥有房屋土地 400 余亩。

1918 年第一次世界大战结束以后,有少数华商组织成立房地产公司,如捷发地产公司、亨利地产公司、锦兴营业公司、丰盛实业公司等 10 家,其中,锦兴营业公司是由业广公司的买办孙春生开办,于 1934 年倒闭。③

民国十六年至二十年,华商地产公司增至 20 多家,七七事变后,又开设 20 余家,比较大的有联华、永业、同发、建隆、大西、新亚联合、上海企业等地产公司。在上海沦陷后,华商房地产公司进入发展的黄金期,多达二三百家。④

除了各类房地产专业公司,还有各类经租账房,代客经管经租房地产,拥有大部分房产的人除了自营以外,一般会委托专业的经租账房来管理经营自己的房地产。

(二)房地产交易以房屋出租、地产买卖为主,房产与地产不分,没有单独的房屋产权证书,房随地走

民国时期的房地产交易主要以房屋租赁和地产买卖为主,当时上海

---

① 全国政协文史资料委员会:《中华文史资料文库》第 13 卷,经济工商编·商业,中国文史出版社 1996 年第一版,第 554—557 页。
② 上海市黄浦区志编纂委员会:《黄浦区志》,上海社会科学院出版社 1996 年 4 月第一版,第 453 页。
③ 上海市黄浦区志编纂委员会:《黄浦区志》,上海社会科学院出版社 1996 年 4 月第一版,第 454 页。
④ 上海市黄浦区志编纂委员会:《黄浦区志》,上海社会科学院出版社 1996 年 4 月第一版,第 454 页。

第九章 民国上海房地产交易制度的发展(1912—1937年)

投资于房地产业者为数众多,大多数业主拥有房地产,主要用于出租。房租收入是一项重要的收入来源。

以庆大庄租户单[①]及庆大庄租户收据[②](见附录Ⅱ第九章15.)为例,来分析庆大钱庄的出租房屋业务。庆大钱庄在上海拥有多处房地产,每月收取租金数额是一笔不小的收入,其在延庆里和爱多亚路的房产每月可带来房租收入约282元,全年收入约3384元。

从庆大租户单可以看出,庆大钱庄在延庆里34号房屋从1926年10月份开始一直到1942年9月份都由陆道生租住,每月的租金是24元。延庆里36号房屋从1917年的10月份一直到1942年的12月份都由浦文包租住,每月房租24元。延庆里38号房屋从1916年10月份一直到1942年11月份都由陈和甫租住,每月房租24元。延庆里40号的房屋从1917年10月一直到1942年11月都由徐红章租住,在1917年每月租金是60元,1937年12月份房租是40元,1941年9月份房租是60元,从1942年10月份起,房租改为84元。庆大钱庄沿爱多亚路1450号住宅,是三上三下的一幢住宅,从1935年1月份一直到1940年12月份租金都是150元。从庆大钱庄租户单可以看出,钱庄的房屋由一个租户租住多年,而房租基本上不涨。延庆里40号在1937年12月份房租减掉20元,而在1942年10月份起才涨到84元。

当时公共租界内工部局印制有统一的房租收据,用于租界内房屋的出租管理。本书随附庆大庄租户单收据,该收据共十一张,中、英文两种款式,均是官府印制的正式格式。

由于当时上海的地价日涨,拥有地产也就是拥有巨大的财富,因此上海的房地产交易中,或是买进土地后建屋出租,在拥有地产的同时也拥有现金注的收入;或是以很低廉的价格买进土地,然后等地价大涨之时卖出,赚取巨额利润;或是直接把土地出租给别人使用,租赁期满后连承租人在地面上建筑的建筑物一并收回。房地产交易时以地产为主,房屋并没有独立的所有权证书,而是附着在作为其地基的土地上,在买卖土地时

[①] 上海档案馆档案,Q76-30-119,《庆大钱庄租户单》。
[②] 上海档案馆档案,Q76-30-135,《庆大钱庄租户单》。

说明土地附带建筑物即可,房随地走,这一点是不同于清代的。清代房地产买卖时以卖房为主,地基附带,地随房走。而民国时期的房地产买卖以卖地为主,因为土地的价值巨大,建筑物只是土地的附着物,房随地走,这也是由民国时期上海房地产业发展的特征所决定的。

(三) 房地产交易的目的是投资生利

房地产业作为一个新兴的行业吸引了众多的投资者。人们从事房地产交易并不是为了自己消费,而主要是为了投资生利。从事房地产投资的成员众多,有政府机构、企业、银行、钱庄、个人、公用事业机构、社会团体、慈善机构等。其中,最大户的房地产投资者当属金融业。房地产投资收入是钱庄、银行利润一条非常重要的途径。以中国银行上海分行为例,根据中国银行上海分行的财产情况[①](见附录Ⅱ第九章 16.),抗战后中国银行统计其财产,中国银行的财产有房地产、外汇资产、生产事业投资及证券投资等项,其中,房地产投资为主要投资,价值连城,无法迁移。这些房地产投资都是在 1937 年上海沦陷前历年陆续投资购买的,战火中外汇资产损失过半,证券投资大部分政府公债及英美债券都变得分文不值,只有房地产成为中国银行上海分行的主要财产。中国银行上海分行的房地产除一部分供营业用的行屋及职员宿舍由上海分行自行管理外,其余均由上海地产公司管理。上海地产公司是 1932 年一·二八淞沪战役以前成立的,挂的是美商的招牌,当时为了应付日本人的抢夺。实质上海地产公司是中国银行上海分行信托部的附属机构,设在广仁记路大厦五楼,经理美国人 Patter 兼任信托部的经理。

中国银行上海分行的房地产财产分为四大部分:第一部分是上海分行直接管理的房地产,第二部分是委托上海地产公司管理的房地产,第三部分是其他行部委托上海地产公司管理者,第四部分是沪行保管股三十七年底保管之房地产契约。

中国银行上海分行房产直接管理者有十处,共计价值三千七百余金条,委托上海地产公司管理者计有十二处,另外还有保管股保管的房地契

---

① 上海档案馆档案,Q54-3-453,《中国银行上海分行》。

计土地共约 129.238 亩。中国银行上海分行除直接投资房地产外,还成立了房地产公司,专门从事房地产投资业务。例如,查中国银行上海分行的档案里中国银行的投资事业表,就投资两家地产公司:大华地产公司和上海地产公司。①

中国银行上海分行拥有自行管理地产 55.206 亩,房地产价值达 2 658 516.1 美元,房产价值 4 772 660.20 美元,合黄金 3 700 多条。

按照 1945 年的最高和最低外汇价格②,最高约折合白银 825 686 两,最低约折合白银 9 908.24 两。

表 9.2 中,上海交通银行投资的房地产土地 76 亩多,价值约合国币 4 657 918.6 元,折合白银约 3 353 701.392 两。

表 9.2　　　　　　1932 年《上海交通银行房地产投资表》③

地　段	亩　数	国币金额(元)
上海北京路	2.123	1 015 965.19
北苏州路	3.059	636 707.1
海格路	2.758	71 888.11
河南路鹏程里	2.188	87 093.72
河南路周南里	9.08	349 099.3
威妥玛路	2.612	29 225.17
迈尔西爱路	1.463	47 061.54
姚主教路	6.681	113 941.26
大通路	4.855	268 039.40
白克路	1.695	249 842.61
白尔路	5.441	167 415.38
北山西路	7.804	34 723.74
环龙路	1.479	59 150.52

---

① 上海档案馆档案,Q54-3-453,《中国银行上海分行》,第 110 页。
② 朱斯煌《民国经济史》//沈云龙《近代中国史料丛刊三编》第四十七辑,文海出版社 1947 年印行,第 518 页。
③ 上海档案馆资料,Q55-2-216,《上海交通银行房地产投资表》。

续表

地　段	亩　数	国币金额（元）
威海街路	1.766	111 961.82
平望街	2.217	228 836.51
愚园路	10.278	838 542.11
引翔街	5.292	7 924.32
新闸路	2.52	140 107.76
扬州路	1.025	10 722.53
汇山路	1.3	13 599.31
大华里	0.083	2 341
上海法册 1525#、1736#（C项下没收房地产）		173 730.20

1932—1935年交通银行的资产负债表中房地产的价值一直在增长，见表9.3。

表9.3　　　　1932—1935年交通银行房地产增值表[①]

年　份	房屋生财	营业用房地生财	比上年增长金额	比上年增长百分比（%）
1932	4 023 763	4 023 763		
1933	4 540 860	4 540 860	517 097	13
1934	5 445 390	5 445 390	904 530	20
1935	5 956 862	5 956 862	511 472	9

总之，房地产投资已成为金融机构一项重要的业务，买卖的目的是获取利润。上海的各个钱庄也是房地产投资的积极者，房地产放款是钱庄的重要业务之一，同时，钱庄自身也竭力购买房地产，用于收租；或者直接开设或者参股各种地产公司、经租账房等。房地产投资成为投资者获取厚利的行业。

[①] 上海档案馆档案，Q55-2-271，《交通银行二十二年资产负债增减比较表》。

(四)房地产经营的形式多样化

房地产经营的形式主要有土地买卖、挂号权柄单业务、代客经租业务、建屋出租或出卖和租地建屋。

1. 土地买卖

(1)道契土地买卖。

近代上海房地产市场上流通最快的房地产商品就是道契。道契由于有强大的外国政治势力,并且四至精确,产权纠纷少,便于流通,同时又有外国金融机构的支持,所以在近代上海房地产市场上占据垄断地位。当时上海的金融市场被外国银行所垄断,上海钱庄依赖外国银行的放款而生存,而外国银行在做房地产抵押贷款时又只做道契抵押贷款。外国银行不能得到抵押贷款,这在客观环境上给道契的流通提供了强有力的条件。道契凭借政治特权、金融垄断,兼之本身所具有的优点,成为近代上海房地产市场的宠儿。最初道契买卖后,不需要换领新契,只在原契上批注移转过户就行。1930年国民政府改道契为永租契后,规定道契买卖后,必须换领新契。租界内颁发的数万份道契,绝大部分都有过买卖转换的记载。清道光二十四年(1844年)英商融和洋行购入土地18.92亩,取得英册道契7号,在道光三十年(1850年)、清咸丰二年(1852年)、清同治元年(1862年)、同治四年先后7次转让。[①]

(2)华界土地买卖。

上海档案馆资料"湖南旅沪同乡会契据"[②](见附录Ⅱ),记录了湖南旅沪同乡会从清光绪十二年到民国三年的十笔买卖土地交易,共买卖土地23.18亩。

表9.4记载了1942年中央银行上海分行的各项房产价值。抵押放款(三行合放拆款户)房地产估价8 439 016.50元,系1934年工部局估价,总行留沪各行项下房地产估价国币2 259 148.00元,系23年估价。

[①] 上海市黄浦区志编纂委员会:《黄浦区志》,上海社会科学院出版社1996年4月第一版,第454页。

[②] 上海档案馆档案,Q117-25-28,《湖南旅沪同乡会契据》。

表 9.4　　中央银行上海分行房地产道契及土地执业证一览表①

民国三十一年（1942年）三月四日　　　　　　　　单位：元（国币）

科目	账面金额	地点	契据号数	面积（亩）	房地产估价	契据所在地	备注
抵押放款（三行合放拆款户）	185 000.00	舟山路洋行街	道契法册53	3.150 5	439 016.50	银行准备会	中央、中国、交通共有
抵押放款（银团合放各庄户）	340 000.00	宁波路河南路	道契英册13 685	2.011 0	346 870.00	……	……
没收押品项下	176 504.81	北江西路荣陆里	道契美册763 949	6.249 0	1 386 165.00		
……	171 213.59	山西路盆汤弄惟新里	道契英册11977	2.064 0	772 400.00		
……	110 212.36	天津路恒源里	道契英册9571	2.050 0	542 500.00		
……	318 336.37	浙江路北京路保康里	道契英册9911—9913	7.815 0	2 464 250.00	……	……
……	337 628.87	云南路广东路福裕里	道契英册1389	7.158 0	1 839 500.00	……	……
……	170 478.14	新闸路梅白克路永寿里	道契英册3095	7.523 0	1 444 550.00		
华行房地产项下		外滩十五号行屋基地没房产	道契英册3143	3.423 0	3 960 160.84	待查	现放在中央储备银行及中央信托公司
……		外滩十五号花园	道契日册598	1.950 0	1 590 909.09		
……		外滩六号	道契英册8233	2.520 0	1 610 629.57	……	现放在南京财政部税务署
……		汉口路一二六号	道契英册1634	1.424 0	628 615.38	……	博朗公证行租用
……		陆家路一七〇号	道契美册3034	4.010 0			
……		……	道契美册3761	2.295 0			
……		……	道契美册3762	6.196 0			
……		……	道契美册3765	6.775 0			
……		……	道契美册4070	2.535 0			

---

① 上海档案馆档案，Q53-1-141，《中央银行上海分行房地产道契及土地执业证一览表》。

续表

科　目	账面金额	地　点	契据号数	面积(亩)	房地产估价	契据所在地	备　注
总行留沪各行项下(××镖局透支乙户)	3 648 920.24		从美册3034至4070	15.811 0	466 220.00		大通银行租用
			土地证特字1905	21.692 0	1 366 596.00		土地证现存花旗银行
			土地证特字1906	23 510	230 398.00		
			土地证特字1907	4.174 0	409 052.00		
			土地证津字2138	19.143 0	229 716.00		
			土地证行字61	19.489 0	23 386.80		
					9 750 934.98		

2. 挂号权柄单业务

由于道契只发给外商,华人想在租界内购买土地,就必须挂靠在某一个外商名下。以外商的名义领取道契后,外商再与华商订立一份契约,即权柄单,表明道契的真正产权是华商。外商收取一定的费用,渐渐形成了一种业务：挂号权柄单业务。许多外商的律师事务所或洋行都兼做挂号权柄单业务,比较有名的有英商"高易公馆"、爱尔德洋行、泰利洋行、法商达理洋行等。爱尔德洋行仅挂号业务每年即可获利4.5万两白银。[1] 天利淡气制品厂所使用的英册10545号道契地在英商爱尔德公司挂号,1934年爱尔德公司给天利淡气制品厂的信函[2](见附录Ⅱ)中要求交道契的年费、年租费。

3. 代客经租业务

代客经租业务是近代房地产市场中各种房地产经纪公司为客户服务的一项主要业务,从事这种业务的有地产公司、银行经租部、经租账房、个

---

[1] 上海市黄浦区志编纂委员会：《黄浦区志》,上海社会科学院出版社1996年4月第一版,第455页。
[2] 上海档案馆档案,Q38-1-5,《天利淡气制品厂股份有限公司选择建厂地区及购地的有关事项》。

人以及一些公司企业等。经租手续费由每月月租额的5%逐渐增长到10%[1],见档案史料"张致果经租处代理经租之业主姓名住址一览表"[2](见附录Ⅱ)。

上述档案材料是一份经租处代理经租的客户名单。这个经租处显然是由张致果个人开设的,其代理经租的客户有12户,其中包括企业如新记公司。

上海的房地产业发展带动了附近地区的房地产业发展。上海的投资者不仅限于投资上海地区的房地产,也积极投资上海以外地区的房地产。上海档案馆档案《九袱洲全体业主户名产权住址一览表》[3],记载了九袱洲经租的全体业主情况。九袱洲位于南京浦口津浦铁路沿线地区,因为修建津浦铁路,九袱洲的土地成为投资热门。业主中有不少来自上海,其中,上海浙江地方实业银行是一个大业主,拥有211亩土地。九袱洲地产公会在上海设有办事处。[4] 1934年的《九袱洲全体业主户名产权住址一览表》中有业户294户,共拥有地产8 678亩,每户业主平均29.18亩。拥有1—2亩地产的业主只有4户,拥有3—5亩地产的业主有55户,拥有6—8亩地产的业主有27户,拥有10亩地产的业主有59户,拥有11—19亩地产的业主有31户,拥有20亩地产的业主有26户,拥有21—27亩地产的业主有18户,拥有30亩地产的业主有12户,拥有31—36亩地产的业主有6户,拥有40—46亩地产的业主有10户,拥有50—55亩地产的业主有7户,拥有60—76亩地产的业主有11户,拥有80—97亩地产的业主有6户,拥有100—105亩地产的业主有7户,拥有112—184亩地产的业主有8户,拥有200—395亩地产的业主有7户。最大的地产业户是谢节骢,其所获的营造尺产权是395亩,是九袱洲里拥有房地产最多的业主。其他拥有200亩以上房地产的分别是江苏省财政厅,有地产233亩,

---

[1] 上海市黄浦区志编纂委员会:《黄浦区志》,上海社会科学院出版社1996年4月第一版,第455页。
[2] 上海档案馆档案,Q188-1-17,《张致果经租处代理经租之业主姓名住址一览表》。
[3] 上海档案馆档案,Q270-1-127,《九袱洲全体业主户名产权住址一览表》。
[4] 上海档案馆档案,Q270-1-126,《浙江第一商业银行投资浦口九袱洲地产卷(第一册)》。上海档案馆档案,Q270-1-127,《浙江第一商业银行投资浦口九袱洲地产卷(第二册)》。

浙江地方实业银行有地产 211 亩,温德浩拥有地产 267 亩,冯家遂、庄乐峰拥有地产 200 亩,狄平安拥有地产 266 亩。在业主中,主要是以私人名义登记的业主。以政府机构、企业、社会机构名义登记的地产有 13 家业主,共 874 亩,约占 10%。这 13 家业主名单如表 9.5 所示。

表 9.5　　　　　　　　九祆洲非自然人地产业主名单

租户名称	营造尺产权(亩)
九祆洲公记	5
华兴公司	10
钱诚信堂	10
"中华邮政"总局	25
郭翼山山记	30
郭翼山翼记	30
通州育婴堂	40
荣兴公司	50
仁记公司	66
高必庆堂	67
协兴公司	97
浙江地方实业银行	211
江苏财政厅	233

代客经租在民国是房地产业发展中主要的经营方式。业主把自己的房产委托给经租处经租,不再自己管理,既节约了业主大量的时间和精力,同时也为社会增加了另外一种就业的途径。

4. 建屋出租或出卖

在自己的土地建屋出租,获取租金收入,是最常见的一种房地产投资方式。外商中典型的如沙逊、哈同,华商中如程谨轩、周莲塘等。也有业主建屋后出卖,获取买卖差价利润。档案资料"中国银行上海市房地产"①（详细见附录Ⅱ第九章）记载，中国银行在上海市的房地产就有22处，分别在林肯路、武康路378号、大桥、宝安路、金神父路、西康路、成都路、苏州路、南市等地。

5. 租地建屋

外商把土地出租给华人，华人建屋开公司、商店，居住等。例如，永安公司是租用哈同的土地，租期30年，年租金5万两。重庆南路太仓路口的新式大里弄房屋——太仓坊，原名蒲柏坊，占地近10亩，建有新式住宅近100幢，就是1929年时任上海竟成造纸厂厂长的周浩泉租用姓顾的一家人的地盖建出租的。租金每年2 200元，租期22年，建造成本每幢不超过1 200元，造价部超出3.6万元。建号后，每年可收租1.8万元，19年可收34.2万元，除去地产税等杂项费用后，可净得22.8万元。②

（五）房地产融资形式多样化

近代上海房地产融资的方式有多种，以下面的史料为例分析。

1. 银行各种形式的借款

从中国银行上海分行的各处放款业务来看，房地产公司可以融资的途径很多。除了进押、出押、打包这三种专门为从事外贸的进出口企业融资的方式，其他的活放、活押、活透、定放、定押这几种业务都可以使用。从中国银行沪行放款③（全文详见附录Ⅱ第九章）业务来分析，中国银行上海分行（沪行）对于非进出口企业所做的放款业务有贴现、活放、活押、活透、定放、定押。这几种业务中，除了活期透支业务外，剩余的业务房地产公司或房地产商都可以作为融资手段，例如，下文信托部活押业务表中，上海地产公司就使用活押业务来融资。

除了向银行借款外，还可以向其他机构借款，如钱庄、地产公司、其他企业等。钱庄也是做地产抵押放款的主要力量。例如，工部局在1901年为购买新体育场地址征购了一块在靶子场附近约150亩的地皮，向体育

---

① 上海档案馆档案，Q54-3-453，《中国银行上海分行》。
② 周浩泉：《我是怎样通过租地造屋经营房产的》，中国人民政治协商会议上海市委员会文史资料委员会：《旧上海的房地产经营》，《上海文史资料选辑》第六十四辑，上海人民出版社1990年3月第1版，第52、54、58、59页。
③ 上海档案馆档案，Q54-3-453，《中国银行上海分行》。

基金托管会贷款4万两白银,利息是5％。[1]

2. 抵押借款与抵押放款

高信认为地产抵押有两种:一种是抵押放款,一种是抵押借款[2],两者是不同的。抵押放款是由客户以房地产作抵押,地产公司直接对客户放贷;抵押借款是客户把房地产抵押给地产公司,地产公司再抵押给银行,由银行放款给地产公司,地产公司再贷款给客户。[3]

从现代金融学的观点来看,无论是抵押放款还是抵押借款,都属于抵押贷款的种类,只是给告贷者放款的机构不同而已。显然,民国的地产公司在向银行借款又放贷给客户的过程中做了中介人,要收取一定的手续费,这也是许多地产公司盈利的来源之一。上海钱庄做地产抵押借款业务的利润就很可观,钱庄做地产抵押借款业务的资金来源是外国银行。

抵押贷款是近代房地产市场最主要的融资方式,一般会使用房地契作为抵押品,如果到期还不了贷款,房地产就会被债权人没收。1924年9月11日,上海茂丰钱庄、祥裕钱庄、润余钱庄、益丰钱庄四家钱庄联合向中南银行、金城银行、四行储蓄会借款,以化解战争所带来的风险。在四家钱庄向中南银行、金城银行、四行储蓄会借款的契约里,四家钱庄作为抵押的房地产共有31.151亩,房产、洋栈十处,见茂丰钱庄、祥裕钱庄、润余钱庄、益丰钱庄抵押借据[4](全文见附录Ⅱ第九章)。

1924年9月3日,第一次齐卢之战爆发。1925年1月11日,江浙第二次战争爆发。1925年5月30日,五卅惨案发生,引发上海工人大罢工运动,上海市罢市、罢工、罢课。1925年10月15日,浙奉战争爆发。在这种动荡的社会环境下,上海市面一片萧条,工商业基本上陷入停顿,这段时间内钱庄经历了一次倒闭风潮。上述这份四家钱庄的抵押借据是1924年9月3日齐卢战争爆发后签订的,借据上写明是由于市面紧迫而引起的窘境。四家钱庄共借款规元70万两,月利息是1‰,约定七日内

---

[1] 上海档案馆:《工部局董事会会议录译文(1899—1901)》,上海古籍出版社2001年版,第590页。
[2] 高信:《南京市之地价与地价税》,正中书局印行,民国二十四年四月版,第68页。
[3] 高信:《南京市之地价与地价税》,正中书局印行,民国二十四年四月版,第68页。
[4] 上海档案馆档案,Q-267-1-12-155,《中国银行上海分行》。

归还。所抵押的房地产、货物、粮食等财产的总价值达到125万两多。其中,柳江公司股票一百五十三张计票面洋八万元,只折实银两万两,可见股价下跌惨重。陈经安连自住房屋都抵押上了。根据1933年的中国银行报告,茂丰钱庄在1924年歇业,祥裕钱庄在1927年歇业。[①]

表9.6是中央银行、中国银行、交通银行三行抵押放款业务中作为抵押品的房地产登记。同泰的房地产抵押贷款是三行合放的。上海钱业监理会所有的房地产抵押贷款是银团合放的,可见银团贷款也是当时一种常见的放款形式,通常是由于贷款量大,一家银行困难时,由几家银行联合起来,实行银团放款。该史料显示,这次作为抵押品的房地产总共5.160 5亩。1934年,舟山路洋行街的房地产3.150 5亩,工部局估价439 016.50两白银。1939年,宁波路河南路的房地产2.01亩,上海银行业同业公会联合准备委员会估价国币346 870.00元。1942年,这两处房地产分别价值约国币900 000.00元和国币700 000.00元,其合计总价值国币1 600 000元。

表 9.6　　　　　　　　抵押放款项下押品房地产匡计表[②]

（中央、中国、交通三行共有）　　民国三十一年一月二十七日　　中央银行上海分行抄

户　名	地点	道契号数	面积（亩）	估价 地产	估价 房屋	估价 合计	现　值
三行合放拆款户同泰	舟山路洋行街	FC53	3.150 5	1934年工部局估价 419 016.50	20 000.00	439 016.50	约900 000.00
银团合放各庄项下（上海钱业监理会所有）	宁波路河南路	BC 13 685	2.01	1939年准备会估价 341 870.00	1939年准备会估价 5 000.00	1939年准备会估价 346 870.00	约700 000.00
合　计						1 600 000.00	

表9.7是中国银行上海分行档案中由于借款没有清偿而被没收的作为借款抵押品的房地产清单。被没收的房地产共有32.856亩,都在公共租界内,按照1942年1月27日准备会的估价,折算下来当时地产价值总

---

① 上海档案馆档案,Y15-1-17-796,《中国银行报告》,第848页。
② 上海档案馆档案,Q53-1-141,《中国银行上海分行档案》。

额是国币 6 634 565 元,房产总价值为国币 1 811 600 元,房地产价值合计约国币 8 449 365 元。

表 9.7　　　　　　　　　没收押品项下房地产匡计表[①]

（中央、中国、交通三行共有）　民国三十一年一月二十七日　中央银行上海分行抄

地　点	道契号数	面积 (亩)	现　值 (三十年十一月廿二日准备会估价)		
			地产	房产	合计
北江西南路荣陆里	AC763949	6.249	531 165.00	855 000.00	1 386 165.00
山西路盆汤弄惟新里	BC11977	2.064	722 400.00	50 000.00	778 400.00
天津路恒源里	BC9571	2.050	512 500.00	30 000.00	542 500.00
浙江路北京路备华里	BC9911,BC9913	7.815	1 953 750.00	510 500.00	2 064 250.00
云南路广东路福裕里	BC1389	7.155	1 789 500.00	50 000.00	1 839 500.00
新闸路梅白克路永寿里	BC3095	7.523	1 125 250.00	316 100.00	1 444 550.00
合　计					8 449 365.00

3. 质押放款

质押贷款也是旧上海房地产市场最为常见的一种融资形式。房地产作为质押品,与抵押借款非常相似。表 9.8 是 1947 年 10 月 31 日中央银行前上海分行作为质押品的房地产的清单,共有 36.185 5 亩地产。七处房产计市房 146 幢,住宅 92 宅,其他类型房十余间。质押放款金额达 193 478 两白银,分别放款给鸿胜钱庄、庆大钱庄、大德庄、和云庄、恒源庄、同泰庄这些钱庄。从表 9.8 来看,质押放款的期限较短,一般为半年至一年,放款的信用额度一般是质押品价值的 40%。七处房地产总价值是国币（＄）3 633 849.12 元,质押放款的金额是国币（＄）1 439 908.04 元。

[①] 上海档案馆档案,Q53-1-141,《中国银行上海分行档案》。

表 9.8　　　　　　　　　　承受质押品项下房地产明细表①

民国三十六年十月三十日　　　　　　　中央银行前上海分行接收清理处编制

质押品名	数量	道契号数	地址	房屋建筑	所有权成分	到账日期	交割日期	承受原价总数	本行缴付价款记账金额	原欠科目及户名
房地产	计地七亩八分一厘五毫连地上建筑物	英册 9911 英册 9912 英册 9913	浙江路北京路保康里	市房 31 幢,过街楼三所,住宅 25 宅,沿北条路市房底原为钢骨水泥,其他沿浙江路市房及弄内石库门内楼房均为上等砖木料	中央 40%, 中国 40%, 交通 20%	28/12/21	28/05/01	$ 851 500	@40% 340 600	质押放款银团合放各庄户鸿胜
房地产	计地七亩五分二厘三毫连地上建筑物	英册 3095	新闸路梅白克路永寿里	上等砖木料,三层仓库,一所市房,25 幢住宅,8 宅过街楼,一所平房,余间为普通木料	……	29/02/06	28/05/01	$ 466 380	@40% 186 552	庆大庄
房地产	计地二亩〇六厘四毫连地上建筑物	英册 11999	山西路盆汤弄惟新里	市房 24 幢,均系中等土木料	……	28/12/21	28/05/01	$ 469 080	@40% 187 632	大德庄
房地产	计地七亩一分五厘八毫	英册 1389	云南路广东路福裕里	市房 15 幢,石库门住宅 14 宅,洋房一所,过街楼一所,均为砖木料	……	28/12/21	28/05/01	$ 868 320	@40% 347 488	和云庄
房地产	计地二亩〇五毫连地上建筑物	英册 9591	天津路恒源里	市房 6 幢,均系中等木料	……	28/12/21	28/05/01	$ 290 000	@40% 116 000	大德庄
房地产	计地六亩四分二厘五毫连地上建筑物	英册 963 英册 949	北汉西路康凤里	市房 42 幢,住宅 25 宅,均系钢骨水泥,有水泥杂、有砖木料	……	28/12/21	28/09/01	$ 483 695	@40% 193 478	恒源庄主
房地产	计地三亩一分五厘〇五丝连地上建筑物	法册 53	舟山路洋行街	砖木料三层市房 23 幢,钢骨水泥坐院一座	中央 33⅓ 中国 33⅓ 交通 33⅓	32/11/30	28/05/01	$ 204 476 10	@40% 68 158.04	抵押放款三行合放拆款户同泰庄

---

①　上海档案馆档案,Q53-1-141,《中国银行上海分行档案》。

续表

质押品名	数量	道契号数	地址	房屋建筑	所有权成分	到账日期	交割日期	承受原价总数	本行缴付价款记账金额	原欠科目及户名
合计	地36.1855亩	道契10件	七处	市房146幢，住宅92宅＃＃＃＃房十余间				$3 633 849.12	$1 439 908.04	

表9.9是1935年7月31日中国银行上海分行的轧账清单，表中的房地产全部在英租界内，中国银行上海分行承受质押品房地产后，又把它们出租，在质押期间的租金收入轧账清单。中国银行承受质押品房地产时的原价合计为国币（$）1 439 908.04元。1935年9月份，中国银行从这些质押品房地产上获取的租金收入合计国币（$）137 372.53元，到1936年7月31日止结欠余额应是国币（$）1 302 535.51元。

表 9.9　　　　　　　　　承受质押品房地产收付数轧账清单①

民国二十四年七月三十一日　　　　　　　　中央银行前上海分行接收清理处抄具

道契号数	户名	本行名下摊付承受原价	廿四年九月份本行所收租金净数	廿五年七月卅一日止结欠余额	附注
BC9911-3 BC3095	保康里 永寿里	$340 600.00 $188 552.00	$30 016.09 $21 691.98	$310 583.91 $104 660.02	抄附分户清单
BC 11977 BC 9572	惟新里 恒源里	$187.632.00 $116 000.00	$22 587.95 $6 332.75	$105 044.05 $107 667.25	七份计十三纸
BC1389 BC763 949 BC53	福裕里 荣陆里 洋行里	$347 488.00 $193 478.00 $68 158.04	$14 317.14 $25 437.65 $14 788.97	$333 170.86 $168 040.35 $53 369.07	
合　计		$1 439 908.04	$137 372.53	$1 302 535.51	

4. 发行债券和股票

利用发行债券来融资的主要是外商房地产公司。华商房地产公司由于是在上海沦陷时期才真正开始繁荣起来的，规模也比较小，基本上不采

---

① 上海档案馆档案，Q53-1-141，《中国银行上海分行档案》。

取这种方式。外商房地产公司发行的债券一般为 20—40 年的期限。这些公司债券在房地产市场上流通,吸收上海老百姓的投资以及小额的闲散资金。例如,英商业广公司从光绪四十年开始先后发行公司债券 30 次,共 2 000 万元之巨,年息 5—6 厘,到民国二十六年尚有 1 700 万余元的债券未清偿完。[1]《上海合益房地产公司档案》(全文见附录Ⅱ第九章)[2]证明了房地产公司利用发行债券融资的方式。

  工部局发行了大量的公债,用来支付道路建设的地皮费以及其他各种市政建设费。如 1895 年 1 月 8 日的工部局董事会会议讨论了 1895 年的预算,讨论削减购地与建房等费用 11 000 两,通过发行债券支付。[3] 工部局公债的利率一般为 5%—6%,早期的公债利率达到 7%—8%。如 1895 年的公债,其利率是 5%[4],1896 年的公债,其利率不超过 5%[5],1894 年的公债,利率为 6%。[6] 1871 年 2 月 27 日的工部局董事会会议决定发行公债,建造工部局大楼,期限为 20 年以上,债券总额白银 1 100 000 两,年息 6%。[7] 1874 年 5 月 13 日,工部局董事会决定为购买惇信洋行的房地产发行公债 5 万两,自发行之日起,在五年以上二十年以下的期限内偿还,利率不超过年息 8%。[8] 1882 年 8 月 21 日的工部局董事会会议上,决定发行公债 5.5 万到 6 万两,利息为 7%,用于修路等市政建设。[9]

---

  [1] 上海市黄浦区志编纂委员会:《黄浦区志》,上海社会科学院出版社 1996 年 4 月第一版,第 456 页。
  [2] 上海档案馆档案,Q269-1-10,《上海合益房地产公司档案》。
  [3] 上海档案馆:《工部局董事会会议录译文(1895—1896)》,上海古籍出版社 2001 年版,第 452 页。
  [4] 上海档案馆:《工部局董事会会议录译文(1895—1896)》,上海古籍出版社 2001 年版,第 497、512 页。
  [5] 上海档案馆:《工部局董事会会议录译文(1895—1896)》,上海古籍出版社 2001 年版,第 544 页。
  [6] 上海档案馆:《工部局董事会会议录译文(1899—1901)》,上海古籍出版社 2001 年版,第 506 页。
  [7] 上海档案馆:《工部局董事会会议录译文(1870—1871)》,上海古籍出版社 2001 年版,第 779 页。
  [8] 上海档案馆:《工部局董事会会议录译文(1874—1876)》,上海古籍出版社 2001 年版,第 619 页。
  [9] 上海档案馆:《工部局董事会会议录译文(1877—1882)》,上海古籍出版社 2001 年版,第 795 页。

《上海合益房地产股份有限公司章程》①(全文见附录Ⅱ第9章)证明了房地产股票融资的方式。该章程制定于1932年4月25日,章程内容表明了合益房地产股份有限公司成立的缘由、融资方式、股本来源、股份转让、股票样式、增减股份的方法以及前项股本中原持有前上海银行公会房产债票的处理办法等,详细地说明了合益房地产股份有限公司成立的资本构成、公司权力执行机构及权力执行者的选举办法以及执行管理的程序等。该史料中也直接提到了房地产债券,是一份很有力的证据,证明房地产公司用股票和债券融资的方式。

5. 发行彩票

彩票是旧上海地产融资的一种方式。但是发行彩票是否合法,工部局一直在争议这个问题。1871年,领事公堂与工部局在来往函件中表明禁止彩票的态度,决定通知租界内一切公共彩票经营者,限期于1872年1月1日或之前关闭其所设立之机构,否则即让各该国领事对他们起诉②,但是租界内彩票的发行还是屡禁不止。1894年8月7日的工部局董事会会议上就本地彩票的发行问题进行了讨论。董事会收到领袖董事的来函,称领事团准备协同工部局在租界内制止发行彩票。由于租界内各国家法律存在差异,无法就应采取何种措施作出决定,并提出了几点建议,希望工部局能够付诸实施。1894年的董事会会议上,决定答复领事团。由于不同国家有关彩票的法律互相矛盾,采取禁止一切私人彩票,及使任何外国彩票在租界的发售成为非法的措施,是异常困难的。在1894年8月14日的董事会会议上,董事会决定请求领事团,要求上海道台发布禁止华人购买一切彩票的布告。③

最开始发行的彩票并不是地产彩票。地产彩票也是彩票业发展到一定阶段以后才开始出现的。在1911年5月17日的工部局董事会会议录上记录了地产彩票的事情。在1911年5月17日的工部局董事会会议

---

① 上海档案馆档案,Q269-1-10,《上海合益房地产股份有限公司章程》。
② 上海档案馆:《工部局董事会会议录译文(1893—1894)》,上海古籍出版社2001年版,第637页。
③ 上海档案馆:《工部局董事会会议录译文(1911—1913)》,上海古籍出版社2001年版,第646—647页。

上，英国总领事请总董注意彩票一事，以出让在静安寺路上原为克莱格先生之地产的彩票。由华人经营的类似彩票已开始出售，其总部设于北四川路岔路上，并有彩票样品呈交董事会审查。工部局捕房对克莱格地产彩票进行了调查，尚未能取得发行彩票人定罪的充分证据。对于华人地产彩票，董事会认为属于附则第 34 条范围之内的事，指令捕房向出售彩票人起诉，不管其是在租界内还是租界外。①

1911 年 5 月 24 日和 5 月 31 日的工部局董事会会议记录讨论了地产辛迪加彩票问题。地产辛迪加彩票的发行广告在各报纸上刊登。工部局董事会经会议讨论后，决定通知有关编辑，如果再刊登此广告，将向会审公堂起诉。另外，意大利及西班牙总领事给工部局来函说明已在会审公堂审理地产辛迪加彩票案。意大利及西班牙总领事认为应该由其本国陪审官审理，而工部局调查后了解到此案是由德国陪审官审理的，所以决定应该将地产辛迪加票案发回审判。工部局警务报告中报告了第三种地产彩票，经调查卖件洋行应负责任。②

三、民国房地产契约证书的变化

1912—1937 年，由于历经了北洋政府及南京政府两个时期，土地所有权凭证纷繁复杂、多种多样。北洋政府期间，战争不断，对于土地的管理比较松弛。清代的执业田单仍在使用，各种方单、代单、割单、劈单、印谕等仍在使用，十分混乱。另外，租界内使用的道契、华商挂号洋商的权柄单也在土地市场上流通。清代的许多执业田单历经几代人的持有，多次分产分业，或者多次转手交易，已经不再完整，有的磨损厉害，有的手持割单或者劈单一部分已难完整复原，更有的手持完税纳粮的凭证代单，或者丢失后由清政府补发的印谕，由于清政府垮台，难以辨别真伪。更兼多年战争频起，社会动荡不安，有的土地主人逃亡不在或是死亡，一部分土地成了无主的田地，旁人争抢占夺，引起土地纠纷。南京政府执政后，对

---

① 上海档案馆:《工部局董事会会议录译文(1911—1913)》,上海古籍出版社 2001 年版,第 543 页。

② 上海档案馆:《工部局董事会会议录译文(1911—1913)》,上海古籍出版社 2001 年版,第 544—546 页。

第九章　民国上海房地产交易制度的发展(1912—1937年)

土地管理进行了强化和改革,颁布了一系列的法令:首先改革了土地所有权凭证。土地凭证一律改为由土地局发给的土地执业证书。原有的道契改称为永租契,由上海市政府财政局进行登记清册。其次颁布了废除割单、代单的法令,禁止在土地交易中使用割单、代单,禁止华人用权柄单的形式领取永租契等,使得土地所有权凭证统一起来,便利了土地交易,在一定程度上促进了房地产业的发展。下面是民国时期所使用的一些最主要的土地凭证。

在北洋政府期间,清咸丰五年颁发的执业田单仍然是华界使用的最权威的土地所有凭证。南京政府期间,上海特别市政府土地局重新对土地丈量编号,颁发土地执业证书,要求上海市人民持有的各种旧时的土地凭证按照规定换成土地执业证书。土地执业证书是上海特别市政府期间最权威的土地凭证。

(一)土地执业证

上海市土地局颁发的土地执业证书,吸取了道契设计的优点,土地四址清晰地用数据标出,土地的坐落按区、图、字、号、坵顺序排列,上面列有土地的面积、业主的姓名、颁发日期以及土地证编号。如果进行土地买卖,交易双方则必须手持土地所有权凭证、买卖契约以及换证申请书一起到土地局申请换证。土地局在调查核实后,在土地证书上批明此证转移给某某人,以及其登记注册号、批注日期,在原证上加盖骑缝章以及局长官章,交给新业主收执。如果土地因多次买卖,原证上无空白处批注,土地局则会收回旧证,填写领证单,进行登记,一个月后买主凭领证单换取新的土地证执业证书。如果一块土地的一部分要出售,那么出售部分先申请土地局丈量清楚后再领取土地执业证书。

土地执业证书的设计去除了过去执业田单的弊病,办理手续简单,在管理上比较规范,减少了土地纠纷,加快了房地产交易的速度,促进了旧上海房地产业的发展。土地执业证书样式详见附录Ⅱ第九章。

(二)民国时期的道契

民国时期的道契,由于政府管理机构的变更,因此道契的形式也有了一些变化。变化的地方主要在于发证机关的不同。民国初年，成立了中华民国外交部，上海由特派江苏交涉员管理，土地所有权凭证事宜由会丈局管理。道契由中华民国外交部特派江苏交涉员和沪海道道尹联合发给，但是道契上也有不同。民国十年，奥侨商业联合会第10583号中西文道契，其发证机关是"中华民国外交部特派江苏交涉员兼总办会丈局许、江苏沪海道道尹兼会办会丈局王"①；民国十年，天利淡气制品厂股份有限公司的英册第10545号道契发证机关亦同。这个时期是"道契"时期，道契上没有明确写明土地凭证的名称，只写明是"出租地契"，没有"永租契"的名称。上海特别市政府成立后，道契由上海特别市政府土地局颁发，在法公董局档案中有一份上海特别市政府土地局印发的空白道契，道契上面的发证机关是"中华民国上海特别市土地局"，内容也有很大改动。② 另外一份是空白的上海市政府"永租契"，直接印有"永租契"名称，格式和内容也有了很大的改动，其开头的发证机关及名称是"中华民国上海市土地局永租契"，直接称契书为"永租契"。③

在晚清直到民国初年以及上海特别市政府期间，给外国人颁发的出租地契一直未有正式名称，俗称"道契"。在上海特别市政府改称上海市政府以后，发给外国人的出租地契官方正式称作"永租契"，而且"永租契"开始建立自己的编号。这是不同于以前所有的出租地契的地方。所以上海的"道契"和"永租契"虽然性质上同属于发给外国人的出租地契，但在名称、内容、格式、颁发日期和使用时期上是不同的。"道契"是上海特别市政府改称上海市政府以前使用的俗称，并未经官府正式定名。"永租契"是在上海特别市政府改称上海市政府以后官定的正式名称。可以说，"道契"和"永租契"并不能等同。"永租契"的名称一直沿用到中华人民共和国成立前，在官方的税收、登记等文件中都使用。改称永租契是在1930年1月1日以后，相关史料见1931年3月9日《上海市政府指令第938号为今据续报办理永租契一案情形由》。④ 该史料中明确地写明改良核发道契办法，规定永租契

---

① 上海档案馆档案，Q116-4-5，《粤侨商业联合会第壹零五八三號中西文道契》。
② 上海档案馆档案，U38-4-151，法公董局档案。
③ 上海档案馆档案，U38-4-151，法公董局档案。
④ 上海档案馆档案，蒋1-0-(2)，《上海市政府公报》第八十四期，第49—52页。

式样及核发手续,而且明确写明"凡以旧出租契请求给领永租契者除有特别情形者外不予办理"。① 可见永租契与道契确实是不同的,"道契"是1930年以前的叫法,"永租契"是1930年之后的叫法。"永租契"是上海市政府土地局颁发的,"道契"是上海道颁发的,但同是给外国人的出租地契。

（三）权柄单

租界内发行的道契在上海房地产市场畅通无阻,比华界所发的各种土地所有权凭证在房地产市场上流通要好,所以华人纷纷想办法在租界内投资房地产,以便领取土地道契。但是按照中外所定条约,华人是不能持有道契的,所以有一些外商趁机做起了挂号道契业务,即由外商出面替华人领取土地道契后,再由外商给华人出一份权柄单,证明外商所领道契的土地是由华人拥有,华人支付给外商一定的费用。②

"天利淡气制品厂股份有限公司选择建厂地区及购地的有关事项——地产共有合同③"是天利淡气制品厂股份有限公司与天原化工厂的地产共有合同。在合同中,双方订明:天利淡气制品厂股份有限公司将在上海陆家渡地方的土地51.605亩卖给天原化工厂一半,双方共同持有该土地的英册永租契10545号及其权柄单3200号,由甲方常务董事吴蕴初、张祖康向英商爱尔德公司挂号,永租契和权柄单由甲方保管。这是一个很好的例证,说明华商与外商的挂号业务。

四、结论

民国时期的房地产交易制度有了长足的发展,真正脱离了以清朝所代表的中国古代房地产交易制度的轨道,开始有了近代房地产交易制度的明显特性。民国时期的房地产交易过程大大简化,交易一次完成,房地产交易契约合同化、格式化、统一化。清代的保甲做保证人的制度逐渐消

---

① 上海档案馆档案,蒋1-0-(2),《上海市政府公报》第八十四期,第49—52页。
② 英商爱尔德公司给天利淡气制品厂收取权柄单挂号费用的信函。
③ 上海档案馆档案,Q38-1-5,《天利淡气制品厂股份有限公司选择建厂地区及购地的有关事项》。

失,开始由律师代理,专业的房地产经纪公司开始产生并蓬勃发展,专职的房地产经纪人代替了古老的房牙。房地产业作为一个新兴的产业逐渐发展起来。人们从事房地产投资是以生利为目的。随着房地产业的发展,房地产的各种经营方式也出现了,其中,房地产出租是主营业务。民国时期的房屋和土地的产权是连在一起的,房屋所有权还没有独立出来,房地产交易以地产交易为主,附带地上建筑物。房地产业的融资方式多种多样,参与房地产抵押借款业务的企业机构也多种多样,其中,银行、钱庄、地产公司是地产抵押借款业务的主流。民国时期的土地所有凭证也发生了变化,四址更加清楚,管理更加规范,土地纠纷减少,客观上促进了近代上海房地产业的发展。

第十章

近代上海房地产管理政策法令(1843—1937年)

1840—1937年,上海地区分别经历了清政府,孙中山的民国政府,袁世凯的北京政府,黎元洪、冯国璋的北洋政府,国民党蒋介石的南京政府不同的政治时期。上海地区的行政区划及行政设置也在不断地变化,但上海作为中央政府的直辖市,是在1927年南京政府成立以后才开始的。1925年以前,上海一直是县级建制。从1925年北洋政府允准上海改为淞沪市,上海才开始升格为市级建制。1927年上海成为直辖市,真正从法律上确认了上海的重要地位。

清末,上海地区归江苏省苏松太道管辖,又称上海道,下设松江府与苏州府。松江府下设7县1厅,分别是华亭、娄县、上海、青浦、金山、奉贤、南汇7个县和川沙厅;苏州府下设太仓州,太仓州所辖嘉定、崇明、宝山3个县。[1]

1843年,清政府与英国签订《南京条约》《五口通商附粘善后条款》,上海被迫开放。1845年,正式划定英租界范围。1848年,开辟美租界。1849年,开辟法租界。1863年,英美租界合并为英美公共租界。1899年,英美公共租界更名为上海国际公共租界。1943年以后,租界取消,租

---

[1] 《上海通志》编纂委员会:《上海通志》第1册,上海人民出版社、上海社会科学院出版社2005年第一版,第409页。

界地区回归中国政府管辖。①

1912年1月,中华民国成立,实行省县两级行政区划体制。上海道被废除,松江府和太仓州被裁掉,川沙抚民厅改成川沙县,上海、华亭、嘉定、宝山、川沙、南汇、奉贤、金山、青浦、崇明10个县归江苏省直接管辖。1913年1月,北京政府颁布《划一现行各省地方行政官厅组织令》,实行省、道、县三级行政区划体制。1914年5月,北洋政府颁布《道官制》,江苏省划分为沪海等5道,沪海道驻上海,管辖上海、松江(华亭)、南汇、青浦、奉贤、金山、川沙、太仓、嘉定、宝山、崇明、海门12个县。1925年,北洋政府允准上海改为淞沪市。1927年,作为上海工人第三次武装起义胜利的成果,上海特别市政府于1927年7月7日成立,设置直辖市一级建置,直属南京政府管辖,由此开始了上海市作为中央直辖市的历史,全市管辖30个市乡。1928年重新划定上海特别市管辖区域,划分为17个区,分别为沪南、闸北、蒲淞、洋泾、引翔港、法华、漕河泾、高行、陆行、塘桥、杨思、吴淞、殷行、江湾、彭浦、真如、高桥,面积为494.69平方公里(不含租界)。1930年7月,上海特别市改称上海市,所属行政辖区不变。1937年11月,上海沦陷。1938年12月,江苏省的川沙、南汇、奉贤、崇明、宝山、嘉定等县和上海县浦西地区划归汪伪上海市政府管辖。

一、上海房地产的管理机构演变

旧中国订立了《南京条约》以后,英国侨民在旧上海用永租方式掠夺中国人民的土地作为侵略点。所有道契的档案由清会丈局管理。此项道契于1847年(清道光二十七年)至1937年止由清代苏松太兵备道,上海道,辛亥革命后的江苏特派交涉公署,江苏沪海道,国民党反动派统治下的伪上海特别市土地局、伪上海特别市地政局等机构核发的。此后土地租用权若移转时,则由主管机关即在原(道契)永租契上加以批注为凭。②1930年,上海特别市政府重新对租界内的土地产权进行登记,改革道契

---

① 《上海通志》编纂委员会:《上海通志》第1册,上海人民出版社、上海社会科学院出版社2005年第一版,第404、409页。
② 上海档案馆资料,B258-2-153,《上海市人民政府公共房屋管理处档案全宗情况介绍》。

制度，道契从此改称永租契，由上海特别市政府土地局管理。

(一) 开埠后至1927年上海特别市政府成立前

上海开埠后，晚清在上海地区的行政机关是苏松太兵备道，又称上海道，分设会丈局和塘工局，一般土地的丈量、租用、转移等由会丈局主管，海塘塘基塘沟等土地由塘工局主管。对于其他国家的侨民在中国租用中国的土地等由会丈局管理，除在当时上海县境内的租界地区发放的各国道契外，还有属宝山县境内的道契管理，时属宝山县管。

1. 会丈局

从1847年起，美法日比、俄罗斯、瑞典、巴西、挪威、奥、意、德、荷兰、瑞士、丹麦、西班牙等国侨民凭借旧中国订立的不平等条约用永租方式掠夺我国土地作为侵略据点。清代苏松太兵备道发给各国侨民的租地凭证，旧时称做契，因是上海道所发，又称道契，由会丈局主管。[1] 租地外侨的国籍，计有英、美、法、德、日、意、比、奥、荷兰、挪威、巴西、丹麦、瑞士、瑞典、墨西哥、葡萄牙、俄罗斯等国，而英侨执有永租契者为数最多，占永租契总数的42%左右。[2]

2. 会丈局宝山英册道契

会丈局宝山英册道契是英国侨民凭借旧中国订立的不平等条约在旧宝山县境内用永租方式掠夺中国人民土地作为侵略据点的历史记录。宝山英册永租契是于1898年起（清光绪二十六年）由清代苏松太道，宝山县正堂发给的。民国初年，宝山县与上海接壤的地区划归上海管辖后，此项永租契即不再发行。原名为会丈局宝山吴淞英册，后来吴淞英册统一划归会丈局英册道契中，统称英册道契。[3]

3. 塘工局和塘工善后局

塘工局和塘工善后局于1904年（清光绪三十二年）至1927年，负责管理海塘塘基塘沟等公产，保卫海塘工程。其中，契地交涉类因外侨侵占海塘基沟由该局出面交涉，是中国人民与强夺土地的外侨作斗争的历史

---

[1] 上海档案馆资料，B258-2-153，《上海市人民政府公共房屋管理处档案全宗情况介绍》。
[2] 上海档案馆资料，B258-2-153，《上海市人民政府公共房屋管理处档案全宗情况介绍》。
[3] 上海档案馆资料，B258-2-153，《上海市人民政府公共房屋管理处档案全宗情况介绍》。

记录。① 其间,又有清丈局于1924年至1927年止,主要负责户地丈量的记录。②

4. 工部局和公董局

英、法两国在旧上海租界的管理机关为工部局及法公董局,工部局下设工程处,法公董局下设工务处,负责管理房地产的建设,营造执照的发放,房地产的估价,收取房捐、地价税等事项。

英、法等国自1847年起在旧上海用永租方式掠夺中国人民土地作为侵略据点。外侨租用土地,由该国驻沪领事馆转向我国主管机关,代请租用,经会丈后即发给永租契为管业凭证。此后租地权如有移转时,由我国主管机关即在原永租契上批注盖印仍凭原契管业。故此项批注,即系租用权的移转记录,为历来审核租地权权源的依据。永租契系一式三份,分为上契、中契、下契,除将上契、下契交领事馆及租地外侨收存外,中契由主管机关留存备查。③

(二)1927年国民政府成立后至1937年抗日战争前

自1927年至1937年止(即民国十六年至民国二十六年抗日战争开始止)由国民党政府统治下的上海特别市土地局及上海市土地局、上海市地政局负责管理房地产的登记转移等事项,主要制定相关的法令章程以及记录征收赋税,公地升值,私有土地的登记、丈量、立界等。上海特别市土地局于1929年发行土地执业证,规定国人执有外侨永租及其他产证如方单、代单、印谕、部照等,均应换领土地执业证。所有此项换领土地执业证的事务以及管理公地的事务④,私有土地产权的登记转移,道契方单的换领新证及损失单据等事项的处理,都由上述主管机关负责。⑤

国民党政府统治下的上海市地政局于1930年7月至1935年9月,经办英、美、法、日等十四国侨民永租契事务。⑥

---

① 上海档案馆资料,B258-2-153,《上海市人民政府公共房屋管理处档案全宗情况介绍》。
② 上海档案馆资料,B258-2-153,《上海市人民政府公共房屋管理处档案全宗情况介绍》。
③ 上海档案馆资料,B258-2-153,《上海市人民政府公共房屋管理处档案全宗情况介绍》。
④ 上海档案馆资料,B258-2-153,《上海市人民政府公共房屋管理处档案全宗情况介绍》。
⑤ 上海档案馆资料,B258-2-153,《上海市人民政府公共房屋管理处档案全宗情况介绍》。
⑥ 上海档案馆资料,B258-2-153,《上海市人民政府公共房屋管理处档案全宗情况介绍》。

二、清代房地产业的政策法令和管理条例

清代关于土地田宅的拥有和买卖有诸多禁制,《大清律例》中有详细的规定。首先是严格的等级制度,不同官制等级有不同的房舍,不得逾越,否则按律处罚;其次,对于典卖土地田宅的程序和税收的规定;第三,对于禁止政府官员置买房地产的规定;第四,对于旗人买卖土地田宅的禁止和规定;第五,对于土地田宅买卖中各种违法行为的惩处的规定;第六,土地田宅典卖的契约文书样式的规定。

(一)等级制度的规定

清代对于住宅的规定有严格的等级划分,逾越所处的等级就是逾制,会受到严厉的处罚。对于处罚,如果有官职的,会撤销官职并杖一百;没有官职的,笞打五十,户主要定罪,建造房屋的工匠要笞打五十。高等级的可以利用低等级的规格,但低等级的不可以利用高等级的规格,如果擅自逾越,就是犯罪。

"《大清律例》大清律例卷十七,礼律·仪制第一百七十五、服舍违式[①]"中规定:平民百姓只可以住三间五架的房屋,不得有斗拱,不能使用任何彩色的元素和雕饰来装饰。在封建时代,老百姓的生活贫困,除了服舍违式的等级限制外,收入低,受的剥削重,无力购买和建造好的房屋也是一个重要的原因。

上述律例中,对于老百姓的房屋样式大小作了限制,对于广大贫苦老百姓来说,一是收入有限,购买力有限,一生能盖建起一座自己的房屋居住已是很了不起的事情,不到万不得已不会卖掉,否则全家人会无栖身之地。而对于有钱的人来说,受法律限制,不敢买超越自身等级之上的房屋,官员在任职地不能购买田宅产业。这些律令,一方面限制了购买需求,另一方面也阻碍了房地产交易的发展规模和速度。房地产交易数量少,参与的人少,规模小,就不会有专职的经纪人产生,因为生意少,难以维持生机。在清代,房地产交易价格是透明的,会有房牙和地保按照市场

---

① 张荣铮,刘勇强、金懋初点校:《大清律例》,天津古籍出版社1993年12月第1版,第288页。

价评估,由于那时房地产市场价格波动小,市场价格是透明的,因此低买高卖的房地产投机交易没有生存的空间。

无疑,由于律令对于住宅等级的严格限制,不仅束缚了人们的行为,也束缚了人们的思想。在这样严苛的限制下,人们不敢去想超越自己等级之外的东西,更不敢在行动上去拥有高级的房屋。自由建房和买卖权的剥夺,限制了人们的需求。房地产需求被法律压制,房地产业的发展也受到极大的束缚。

(二) 典当买卖土地田宅的文契的规定

按照《大清律例》卷九/户律/田宅/九十五典买田宅/条例第 377 条[①]及第 378 条[②]的规定,卖房地产文契有严格的区分。

清朝关于买卖土地田宅的契约文书有详细的规定:出卖的绝卖契约书中,如果没有注明"找贴"字样的,不准找贴赎回;如果契内未注明"绝卖"字样的,或者注明年限回赎的,允许卖主到期赎回。如果卖主无力赎回,允许找中间人和保人如实对房地产进行评估价值后,按照房地产的市场价值向原买主再要求清算差价一次。卖出时原买主若不愿意再清算差价买下该房地产,则原卖主可以找别的买主按照市值把房地产卖掉,只要把原买主的原价返还就可以了。如果契约里明确载明是卖绝文契,卖主又找买主要求贴补银两,或者是原卖主借口房地产与亲戚邻居相关,借机向买主勒索银两,或者企图少给买主银两,典当期限未到期而强行要赎回的业主都按照不服从刑律治罪。

买卖契约分为典契和卖契。清朝初年,典契和卖契没有明确的区分,比较混乱。因此乾隆十八年,清王朝规定:民间买卖房地产业,如果属于典契,必须在契书内注明"回赎"的字样;如果属于卖契,必须在契内注明"绝卖""永不回赎"的字样。如果是在乾隆十八年以前买卖房地产的契约文书,没有注明是典契还是卖契;如果是在三十年以内,契约里没有"绝卖"字样的,任凭原卖主按照惯例赎回;如果在三十年以上的,契约内虽然没有注明"绝卖"字样,但是并没有注明"回赎"字样的,即按照卖断处理,

---

① 张荣铮,刘勇强、金懋初点校:《大清律例》,天津古籍出版社 1993 年 12 月第 1 版,第 212 页。
② 张荣铮,刘勇强、金懋初点校:《大清律例》,天津古籍出版社 1993 年 12 月第 1 版,第 213 页。

一概不许赎回。如果有故意混淆契约文书、挑起争议诉讼的,一律按照不服从律法罪。

清代的房地产交易制度程序烦琐,时间长,一笔房地产交易往往要经历几个月甚至是几年的时间。另外,回赎制度阻碍了房地产所有权的转移速度。所有这些都使得清代的房地产交易速度非常缓慢,房地产交易数量少,不利于房地产市场的发育。

(三)对于官员置买田地房屋的规定

《大清律例》卷九/户律/田宅/九十四任所置买田宅[①]/条例第373条[②]及第374条[③]的规定,官员在任职期间及在任职地方购买房地产有严格限制。

清朝对于严格禁止官员在任职处购买土地田宅等产业,违犯者,撤职,笞刑五十,所购买的土地田宅没收充公。在外地任满回京的官员,没有经过相关主管部门的考核,不准擅自购买田地房产,不准存钱取利,也不准放债。如果违约,则交给主管部门治罪。即使在服丧期间卸任之后,也不准回原籍居住。有的官员在任职期间置买产业,但是已经身故来不及回原籍的,主管该官员的督抚应该奏明朝廷,请旨定夺。至参将以下等的官员,在任职的地方置有产业,本身已经卸任、解任、退休者,抑或是该官员已经去世但其子孙留居在任所内,想加入地方户籍的,当地的地方官应当上报督抚,将情况说明,允许其加入地方户籍。

在清代,官员属于具有购买力的群体。法律的严格限制,使得地方任职官员不能在任职地从事购买房地产,更无法从房地产交易中取利,再加上住宅的等级限制,逾制是大罪。清朝律法严苛,房地产建设过程复杂,业主不可能事无巨细全程控制,极易被冠上逾制的罪名,具有极高的风险。无论是官员还是平民百姓,都不会冒着生命危险去大量买地造房,这就使房地产的需求很小。需求小,就不会有供给的发展,房地产的发展规模就有限。只要是封建社会体制不解体,这种现象就会持续下去,直到新

---

① 张荣铮、刘勇强、金懋初点校:《大清律例》,天津古籍出版社1993年12月第1版,第211页。
② 张荣铮、刘勇强、金懋初点校:《大清律例》,天津古籍出版社1993年12月第1版,第211页。
③ 张荣铮、刘勇强、金懋初点校:《大清律例》,天津古籍出版社1993年12月第1版,第211页。

的社会体制代替旧的体制。

(四)对于旗人买卖田地宅舍的规定

按照《大清律例》卷九/户律/田宅/九十五典买田宅/条例第 376 条[1]、第 378 条[2]及第 385 条[3]的规定,旗人旗地不准参与房地产买卖。

清朝规定不准八旗人员在各省置买产业。如果八旗人员在各地已经购买产业的,都要据实禀报当地督抚,按照其产业的多寡,勒令其在限期内把所置产业按价变卖,归交本旗。如果有隐瞒不报或者所报不实的,当地督抚应当调查清楚,参奏朝廷,将该八旗人员所置产业没收充公。隐瞒不报的,照侵占田宅论罪;有上报不实的,亦按照侵占田宅论罪,获罪的轻重按照所隐瞒不报的数目论处。如果地方官协同隐瞒,按照相应的律例论罪,其他官员如知府并督抚、司道,均按照相应的律例论罪。

老百姓不准买卖旗人的土地、房屋。如果有想办法借各种名义私自典当买卖的,买卖双方都按照违制论罪,所买卖的土地房屋以及价银一起没收充公,失察的地方官也严加论罪。但是如果是旗人买卖普通的民间地产、房产,或者辗转买卖民间的土地、房产,任其自由买卖。

八旗的官兵、旗人等,有想将现银买没收入官的人口、房产的,即将银两先交到主管部门,并进行登记,发给印信执照;如果有将俸禄钱粮抵扣所买的土地房产的价银的,让主管部门按期扣掉,同时把人口、房产让买主领去,等到价银扣完,把执照发给买主,并报主管部门登记。

清朝对于旗人旗地的硬性规定,是妨碍清代房地产市场发展的一大因素。由于统治阶级是旗人,旗人拥有大量的土地,而且这些土地不能进入市场流通交易,因此缩小了房地产市场上的商品数量。清代旗人生活条件优裕,比起普通平民百姓购买力强,他们可以买卖普通的民间地产、房产,这会使得越来越多的土地和房产集中到旗人的手中,减少交易的土地数量和参与者。而清代对于不准旗人在各省置办产业的法律规定,也限制了房地产的交易数量和规模,不利于房地产业的产生和发展。

---

[1] 张荣铮,刘勇强、金懋初点校:《大清律例》,天津古籍出版社 1993 年 12 月第 1 版,第 212 页。
[2] 张荣铮,刘勇强、金懋初点校:《大清律例》,天津古籍出版社 1993 年 12 月第 1 版,第 212 页。
[3] 张荣铮,刘勇强、金懋初点校:《大清律例》,天津古籍出版社 1993 年 12 月第 1 版,第 212 页。

（五）关于土地田宅买卖中各种违法行为的定义及其惩处

清代对土地田宅买卖中的各种违法行为进行了定义，并规定了惩处的条例。按照《大清律例》卷九/户律/田宅/九十三盗卖田宅[1]规定，凡是偷契、换契、冒名顶替业主，典当买卖或者侵占别人的田宅的，数目在田地一亩、房屋一间以下的，笞五十；数目在田地五亩、房屋三间以上的，罪行加一等，杖八十，徒二年。如果有官职，罪行再加二等。若强占山场、湖泊、茶园、芦荡及金、银、铜、锡、铁等矿产的，杖刑一百，流放三千里。如果是霸占别人的产业作为自己的产业，献给官员豪强的，收受两方都要处以杖刑一百，徒刑三年。非法买卖的田产以及所得的非法价银没收充公，返还原业主。如果功臣有违反的，按照相应的律法定罪，上奏朝廷定夺。[2]

《大清律例》卷九/户律/田宅/九十三盗卖田宅/条例第372条[3]及第366条[4]及第367条[5]规定，公田不得私自招外乡人开垦，子孙不得私自变卖祖产，家奴下人不能私自盗卖主人田产等。

如果有将公共田地山场私自招收外乡人开垦的，按照子孙盗卖祖宗遗产五十亩来论罪，发配边远地方充军。数目不及五十亩的，罪行减一等，租价没收充公。承租的人，不论承租的数目有多少，都按照强占罪，杖行一百，流放三千里；如果是从犯，则罪行减一等，父兄、子弟同犯，一同论罪，族长、祠长按失于查察论罪。如果因为召租承租酿成事端，导致抢夺杀伤的，则论重罪论处。

凡是子孙因为盗卖祖宗的祀产数目达五十亩的，发配边远地区充军。数目不及五十亩的，应该按照盗卖房屋田宅治罪。盗卖宗祠一间以下，杖刑七十，每三间加一等，罪止杖一百，徒三年。知道真实情况而参与买卖的人，以犯人同罪。房产由族长收管，出卖房产的钱没收充公。不知情的，不论罪。但是其祀产、义田应当是明确的证据，证明是公产，才能按照相关律例治罪。如果没有证据，籍生事端的，则按照诬告陷害的律条治

---

[1] 张荣铮，刘勇强、金懋初点校：《大清律例》，天津古籍出版社1993年12月第1版，第208页。
[2] 张荣铮，刘勇强、金懋初点校：《大清律例》，天津古籍出版社1993年12月第1版，第208页。
[3] 张荣铮，刘勇强、金懋初点校：《大清律例》，天津古籍出版社1993年12月第1版，第208页。
[4] 张荣铮，刘勇强、金懋初点校：《大清律例》，天津古籍出版社1993年12月第1版，第209页。
[5] 张荣铮，刘勇强、金懋初点校：《大清律例》，天津古籍出版社1993年12月第1版，第209页。

罪。

如果家奴、庄头人等,乘家主出门在外而私自盗卖家主的田产数目达到五十亩的,都按照子孙盗卖祖宗祀产的律例,发配边远地方充军。数目不及五十亩的,按照盗卖官田的律法治罪。盗卖房屋也按照盗卖官宅的律法治罪。买主串通保人,与盗卖的人获罪相同。房产给还原来的业主,非法买卖的价银没收充公。不知情的,不坐罪。倘若有不肖之徒以此为借口讹诈,按照诬告的律例论处。

由上述律令的内容可知,在清代,对于业主的土地、房屋、田产的所有权保护是比较强有力的。首先,是对私有财产的承认和保护。对于私有产权的界定清晰,业主是房地产交易的唯一合法主体,交易双方的交易标的——房地产必须是合法拥有的。业主合法拥有的房地产受到法律保护。任何非法买卖的房地产都受到严厉惩处,所受的处罚一般是笞杖、流放、徒刑、充军发配等,如果非法行为导致的后果严重,则会以重罪论处。其次,对于公产、祀产的保护。对于公产、祀产如有侵害,同样处以各种各样的刑罚。从律例来看,侵害公产所受的惩处似乎要比侵害私产所受的惩处重,其实不然。这是因为量刑标准是以所侵犯的地产、房产、田产的数量来定的,侵害的财产数目越大,量刑就越重。而私产受侵害财产数额一般少于公产,所以在定罪量刑的时候,显得比较轻;但如果数额相同,量刑则是一致的。

清代对于房地产业主私有财产所有权的保护,保护了业主合法持有房地产的积极性,保证了房地产交易健康存在,房地产交易顺利、合法进行,减少了房地产交易纠纷。

(六)税收及交割的规定

清代实行地丁合一税,即以丁税算入粮中,与明代的一条鞭法大致相同。明代的一条鞭法,是用黄册与鱼鳞册,以丁税计入粮中,缴纳丁粮合一的单一税。"地丁合一"中,"地"指田,"丁"指户口,以地与丁计算所得向政府缴纳钱粮。政府按田派丁,即分配劳役可用,劳役可用钱粮折交,即"富民出财,贫民出力"。康熙五十二年时下诏书,凡每户有添丁时,永

第十章　近代上海房地产管理政策法令(1843—1937年)

不加税。①

《大清律例》卷九/户律/田宅/九十五典买田宅②/条例第375条③、第382条④、第383条⑤及第384条⑥规定了买卖地产房宅所应缴纳的税,以及对各种逃税行为的处罚。

如果买卖田宅不缴纳税契的,笞五十,按照契约有所载明的一半价钱没收充公。不交割的,数目在一亩到五亩的,笞四十;数目每五亩罪加一等,杖刑一百。不进行交割的官田没收充公。如果有将田宅重复典卖给别人的,按照重复典卖所得的价银的数目照盗窃罪论处,把价银追还给买主,田宅归还原典买主为产业。如果重复典买的人与保人知道其重复典卖的情况,与犯人同罪,把价银没收充公。不知情的,不论罪。如果所典当的田宅等年限已满,原业主准备好价银要赎回,但是典主不肯让原业主赎回的,对典主笞四十,在期限以外的年限所得的花利追回给原业主,仍然听凭原业主按照原价赎回。但是年限已满,原业主无力赎回的,不论罪。

凡是州、县官征收田房税契,专设一处机构,由各业主亲自交税,并领承契尾回执。如果业主误交坏人而委托其代交税银,致使被假印诓骗的,按照不服从律令,杖八十,责令业主换契重新交税。倘若州、县官不给粘印契尾,侵吞税收,按照律例追缴。负责的道、府、直隶州、知州的官员如果失察、徇私、隐瞒,按照律例论罪处罚。

凡是民间活契典当田地房屋,一概免除其纳税。其一切的卖契无论是否杜绝卖契,都必须纳税。有先典后卖的,典契不纳税,按照卖契的银两数目纳税。如果有隐瞒泄漏的,则按照相应的律法治罪。

民间有私自买卖军田,隐匿不报,数目达到一亩至五亩的,笞四十,数

---

① 钱穆讲授,叶龙记录整理:《中国社会经济史讲稿》,北京联合出版公司2016年3月第1版,第163—164页。
② 张荣铮,刘勇强、金懋初点校:《大清律例》,天津古籍出版社1993年12月第1版,第211—212页。
③ 张荣铮,刘勇强、金懋初点校:《大清律例》,天津古籍出版社1993年12月第1版,第212页。
④ 张荣铮,刘勇强、金懋初点校:《大清律例》,天津古籍出版社1993年12月第1版,第212页。
⑤ 张荣铮,刘勇强、金懋初点校:《大清律例》,天津古籍出版社1993年12月第1版,第212页。
⑥ 张荣铮,刘勇强、金懋初点校:《大清律例》,天津古籍出版社1993年12月第1版,第212页。

目每增加五亩,罪加一等,罪杖一百。

　　争讼的家财田产,必须达五年以上,虽然不及五年,如果确实验明了有亲族写的分立的书契,出卖的契约是真实的,那么仍然断令归原来的业主,不许重新分配,也不许再赎回;如果有报官要求立案生起诉讼的,则不予立案。

　　清代对于活契典当田地房屋不征税,对于卖契不管是否绝卖契都要征税。本书在前面第八章中已经分析研究过,房地产交易的卖、加、绝、叹四个过程中,卖契其实是典契。但是,只对活典不征税,卖契不管其实质是否是典契,都要征税。卖契是房地产交易的第一个程序,虽然性质是典当,但业主一般都无力赎回,最终会卖绝。在封建农业社会里,田产、地产、房产是人民生活的基本保障,一旦失去了地产、田产和房产,生活也就失去了主要来源,绝大多数人会走向穷困潦倒的境况,所以老百姓不到万不得已,不会卖房卖地。清政府对于活契典当不征税,卖契收税,是运用税收手段鼓励人们在急需钱财时订立活契典当,不致失去地产、房产而导致生存危机,进而引发严重的社会问题。

(七)对于中介的规定

　　《大清律例》卷十五/户律/市廛/一百五十二私充牙行埠头①规定牙行从业人员的资格条件、管理制度以及处罚。

　　各个地方从事各行业牙行的人,必须选有殷实家底的人来充当。官府发给印信文簿,载明每个月的客商、船户姓名、住址、籍贯、路引的号码、货物数目等信息。牙行每月必须报官检查,如果没有经由官府允许,私自开设牙行,甚至所载客商信息、货物、路引等没有经由官府验明,私自冒充的,杖刑六十,所得的牙钱没收入官。如果有官牙、埠头容忍隐瞒不报的,笞五十,革去官牙资格和职务。凡是在京师的各牙行领帖照开张,每五年审查一次换取新的帖照。如果有无赖不肖之徒顶冒亲朋的名义巧立名目,开设牙行,欺行霸市,逼勒商人不许投往别的牙行,拖欠客商的资本经久不还,累及客商经营的,以犯罪论处,并且带枷一个月,发配在附近的地

---

① 张荣铮、刘勇强、金懋初点校:《大清律例》,天津古籍出版社1993年12月第1版,第272页。

方充军。地方官如果包庇纵容的，一并参处。

《大清律例》卷十五/户律/市廛/一百五十三市司评物价[①]则规定了牙行的人在评估物价时舞弊所受到的处罚。

牙行评估物价，如果是以贵为贱，或者是以贱为贵，使物价不公平的，按违法论罪，罪行按所计算短差的数目多少论处。（数目短差一两以下，笞二十，犯罪按杖一百，徒三年。）把所得的差额归于自己的，按照盗窃罪论处。如果以估定赃物的人不据实估定赃物的价值，使得定罪有轻重之分的，则按罪论处。收受赃犯的财物，估价轻的，收受业主的财物；估价重的，按罪论处。

从上述律令中可以看出，清代对于牙行的管理非常严格，充当中介的人要家底殷实、遵纪守法，才具备资格。牙行必须由官府开设。官府每月检查业务，领帖、换帖都要经官府批准，不准欺行霸市，必须据实以报，估价要公平。量刑短缺的数额作为标准，对于犯法者的处罚很重。例如，数目短差一两以下，就要笞二十。牙行充当交易中介，对于媒介市场交易、活跃市场、扩大市场规模有着非常重要的作用；对于牙行的严格管理，稳定了市场秩序，创造了公平交易的市场环境，对于市场健康、良性发展有极其重要的作用。

（八）晚清关于房地产业的法律规定和变革

在1909年（宣统元年），宣统皇帝即位后，颁布了《管理房产卖与外人规则》[②]，规定不准将自有的房地产卖给外国人作为产业，除了卖给教堂作为公产者外，如果发现有依托外国教堂的名义取得房地产而据为己有的，经查明后，所卖的房产全部没收充公。教堂买卖房地产须得业主本人自愿出卖，持有红契，另外呈报官府审核查验批准。另外，卖契必须有卖房人同族的两人以上作保，并且签字画押。卖契上必须载明是卖给教堂作公产。禁止外国人在中国自由买卖房产，除教堂购买公产外不得购买私产。法国天主教堂在上海拥有众多的房产，应该是与这条规则有关。

---

① 张荣铮，刘勇强、金懋初点校：《大清律例》，天津古籍出版社1993年12月第1版，第273页。
② 上海商务印书馆编译所：《大清新法令1901—1911》第七卷，商务印书馆2011年第一版，第217页。

根据《度支部咨酌加田房税契无论旗籍民籍一律征税文》[1],1911年,度支部对直隶总督回文,批准对旗产旗籍征税的办法等同于民籍,对旗产旗籍置买田产,每契价银一两,收税九分;典当收税六分。

根据《外务部咨各省洋商租地约未经注册不能认为业主文(宣统元年1909年)》[2],外交部下令,全省各洋商租地未经官府注册盖印,不能认定为业主。

根据1910年的《度支部咨各省田房买典税款不准浮收文》[3][宣统二年二月二十八日(1910年)],度支部下令不准对田宅房产买卖加收税,否则严处。

1905年,即光绪三十一年,沈家本上奏给光绪帝,请求删除旧律中的三百四十四条,光绪允准。[4] 废除的法令中,尤其是在土地田宅的买卖中,废除了官员购买田宅的限制,以及在田宅买卖交易方面的许多禁制。户口制度方面的限制,使得人口的移动,地产、房产的买卖自由度更大。[5] 取消了在住房服饰方面的等级禁制,平民百姓也有了自由建造不同结构样式房屋的权力。[6]

虽然法律改革并没有具体实施,但成为辛亥革命后民国法律的历史渊源,是对清政府统治理念上的一次冲击,是辛亥革命孙中山先生的民主平等思想解放建立的前奏。晚清的封建王朝统治力弱化,丧权辱国,内忧外患,民心思变,虽然变革的目的是挽回民心,巩固摇摇欲坠的清王朝统治,客观上并未实施到社会经济活动中,没有对生产力的解放起到作用。

综合来看,清代关于土地、田产、房屋方面的政策法令属于非常保守

---

[1] 上海商务印书馆编译所:《大清新法令1901—1911》第七卷,商务印书馆2011年第一版,第217页。
[2] 上海商务印书馆编译所:《大清新法令1901—1911》第七卷,商务印书馆2011年第一版,第217页。
[3] 上海商务印书馆编译所:《大清新法令1901—1911》第七卷,商务印书馆2011年第一版,第226页。
[4] 上海商务印书馆编译所:《大清新法令1901—1911》第一卷,商务印书馆2010年11月第一版,第195—199页。
[5] 上海商务印书馆编译所:《大清新法令1901—1911》第一卷,商务印书馆2010年11月第一版,第195—199页。
[6] 上海商务印书馆编译所:《大清新法令1901—1911》第一卷,商务印书馆2010年11月第一版,第195—199页。

型的,是严重束缚房地产业发展的枷锁。清朝房地产政策的特点:一是禁止官员和旗人对于土地房屋的大量拥有,二是限制对于土地房屋的交易和移转,三是对于土地房屋业主的保护,四是对于房地产交易的合法性、交易程序、契约、中介以及公平性的严格管理。它有好的方面:利用对房牙的任职资格、职业操守以及市场秩序的管理,对于房地产价格评估的透明性和公平性的管理,这些都有利于房地产交易的顺利进行。但是,总的来看,清代的政策法令严重阻碍了房地产业的产生和发展,产生了消极的影响。

三、辛亥革命后至1937年的政策法令

(一)上海特别市的政策法令

1930年,上海特别市政府令第132号,上海特别市土地局颁布《取缔割单代单买卖办法》①(全文见附录Ⅱ第十章1.),公布土地买卖必须使用整张田单,如果田单之内有部分土地卖掉,则必须先将土地丈量清楚再换取土地执业证后才能立契买卖。

老百姓交税时必须拿整张田单验明原先田单应当缴纳的赋税,如果执有割单或者代单想出卖其上面所载的土地,则应该先呈报土地局,申请丈量换给土地证后,才有资格立买卖契约。如果有以割单、代单擅自进行土地买卖的,私立白契的,一经查明,按照隐匿契税处罚。如果老百姓在土地买卖中违反上述条例的,则其实际行为无效。

(二)工部局的法令

道光二十五年十一月初一日(1845年11月29日)英国工部局公布《土地章程》②,规定了租界内租赁土地的规则。主要内容如下:关于在租界内租赁土地的程序和管理、押租和年租的收取、租赁合约的解除、土地的用途限制、不同地区地价贵贱的处理方法、租界内道路的建设和维修、租界内华人坟墓的规定、租界内公共事业的建设、租界内各种商铺市场的

---

① 上海档案馆档案,B119-1-203,《上海市政府公报》第四十五期,第48页。
② 《上海租界志》编纂委员会:《上海租界志》,上海社会科学院出版社2001年11月第一版,第682—684页。

建设等。

咸丰四年六月十一日(1854年7月5日),又公布了《上海英法美租界租地章程》。① 这份章程的不同之处在于:第一,公共租界与法租界的界限的规定。第二,所租地基四址要设立界石的规定。第三,转租的规定。第四,租界内的各种公共支出的分摊。第五,租界内开设店铺的规定。

光绪十九年六月初十(1893年7月22日),《新定虹口租界章程》②规定:第一,关于租界四址界石的规定。第二,工部局修路穿过区域所涉及地产、房屋、坟墓等的规定。第三,房捐的征收。第四,水利工程的规定。第五,租界内庙宇的规定。1901年6月26日,公布了《公共租界工部局中式新房建造章程》,对于房屋的建造做出了详细的规定。

租界在1893年1月公布了《工部局信馆章程》,主要是对工部局信馆的业务范围、邮资、邮票、存款账户、邮件尺寸、包裹、书信馆的责任、姓名、地址的书写、投递时间、客户意见、挂号邮件、个别的业务合同、私人住宅、旅馆等处应设置信箱等项目进行了规定和说明③,是租界的软环境建设。特别是有快件、挂号邮件服务,以及报纸投递、私人信箱的设置等通信方面的服务,可以通往中国内地十七个城市和地区,市区内在中央区基本上一小时一次,在静安寺路及较远的地区两小时一次,其他市区每日2—5次,租界的通信服务良好。

1903年,公布了《公共租界工部局治安章程》,对于租界内客栈及餐馆、洋酒店、弹子房、戏馆、马戏场、歌唱、跳舞、酒馆等娱乐场所的管理,驳船、渡船、货车、马车、机器车、自用马车、自用东洋车、小火轮、华式船、小车等交通工具的管理,豢犬管理,烟馆、当押铺、杉板、东洋车行等的管理进行了规定,对租界治安环境的治理起到了极大作用。

1903年公布了《公共租界工部局巡捕房章程》,对于危险易燃易爆

---

① 《上海租界志》编纂委员会:《上海租界志》,上海社会科学院出版社2001年11月第一版,第684—686页。
② 《上海租界志》编纂委员会:《上海租界志》,上海社会科学院出版社2001年11月第一版,第686页。
③ 《上海租界志》编纂委员会:《上海租界志》,上海社会科学院出版社2001年11月第一版,第687—690页。

品、火警、燃放爆竹、垃圾堆放法治等社会治安、交通秩序、防患灾患等进行了规定。①

1931年6月26日公布了《公共租界工部局公共菜场章程》和《公共租界工部局私立菜场执照条例》，对公共菜场和私立菜场的摊位管理，出售的蔬菜、肉类等的卫生条件等进行了规定；属于对租界内生活环境的建设，安全卫生的食品买卖环境，保障生活质量，适合租界内富人的高品质生活要求。

表10.1、表10.2是1930年工部局在界外马路地面筑路及举办各种市政工程与公用事业的支出，可以此两个表作为工部局对租界管理的参考资料。

表10.1　1930年界外马路地面之面积人口道路里数以及工部局在该地面

购地筑路及举办各种市政工程与事业之费用详表②

	西 区	北 区	合 计
界外马路所包括之地面	45 840 亩	1 700 亩	47 540 亩
外侨人数 （据1930年人口统计）	4 118	5 388	9 506
房屋数目　其住户为曾经或现在约定缴纳工部局房捐者	西式房屋 1 076 华式房屋 1 982 共 3 058	西式房屋 1 082 华式房屋 1 730 共 2 812	西式房屋 2 158 华式房屋 3 712 共 5 870
西人住户其所纳捐额倘住在租界之内足以取得选举人资格者	598	595	1 193①
界外马路之面积里数及为筑此项马路而支出之购地费	1 609 273 亩 43 005 哩② 845 665 两	135 588 亩 5 088 哩③ 218 995 两	1 744 861 亩 48 093 哩 1 064 660 两
卫生阴沟	5 911 哩	2 372 哩	8 283 哩
泄水沟	7 424 哩	3 844 哩	11 268 哩

---

① 《上海租界志》编纂委员会：《上海租界志》，上海社会科学院出版社2001年11月第一版，第700—704页。

② 【英】费唐著，【民】工部局华文处译述：《费唐法官研究上海公共租界情形报告书》第3卷，工部局华文处，1931年，第61—62页。

续表

	西 区	北 区	合 计
建筑道路桥梁及沟渠之基本费用	1 430 000 亩	400 000 两	1 830 000 两
筑造界外马路阴沟之基本费用	387 170 两	72 705 两	459 875 两
除马路外工部局所有之地面及地价	795 070 亩 2 026 147 两	613 433 亩 1 603 239 两	1 408 503 亩 3 629 386 两
工部局所有房屋之基本价值	2 198 124 两	867 065 两	3 065 189 两

注：①其中有242户因在租界内置有地产，或赁住房屋，而得有选举权。

②在此各路之中，内有18.008哩，系用碎石铺面之路，24.994哩系土路。

③在此各路之中，内有4.834哩，系用碎石铺面之路，0.254哩系土路。

表10.2是工部局在界外马路区域对于道路清洁、垃圾处理、公共照明、消防、防疫及公共卫生等方面的支出。

表10.2　1930年工部局在界外马路区域内所办市政与其约计支出费用表①

		西 区	北 区	合 计
公共工程	道路桥梁及沟渠之维持	115 000 两	50 000 两	165 000 两
	阴沟之维持	1 625 两	500 两	2 125 两
	道路之清洁及洒水	22 000 两	11 000 两	33 000 两
	垃圾之收集及处置①	22 400 两	16 600 两	39 000 两
	路灯②	21 000 两	6 000 两	27 000 两
警务巡察界外、马路地面		116 865 两	152 097 两	268 962 两
公共卫生（卫生分处普通卫生工作包括卫生消毒及防治传染病在内）		18 410 两	2 860 两	21 270 两
救火队③		76 902 两	5 456 两	82 358 两
总　　计		394 202 两	244 513 两	638 715 两

注：①清道事务。在西区方面，除中国旧式乡村外，铁道以东各地面皆经举办；在北区方面，则大部分皆经举办。

②路灯。在西区铁道以东之地面及北区之大部分地面，均设有路灯。

---

① 【英】费唐著，【民】工部局华文处译述：《费唐法官研究上海公共租界情形报告书》第3卷，工部局华文处，1931年，第68页。

③救火队。是项支出之估计,系将静安寺救火分处维持费百分之七十归入西区,虹口分处维持费百分之四归入北区。此项支配,系根据1929年该两区向各该两分处告警之次数计算。(表内所列数目,除救火队外,均根据1930年之经常支出。救火队之数目,系根据1929年之支出。各项基本支出,未经列入。)

(三)法公董局的各项管理法令

法公董局档案内有一些法公董局和清政府及民国政府订立的条约及法令,见史料《监督江南海关兼管铜务分巡苏松太兵备道加五级纪录八次麟》①(全文见附录Ⅱ第十章2.),《为出示晓谕事案奉(咸丰十一年九月二十五日)》(全文见附录Ⅱ第十章3.)②,《钦命二品顶戴监督江南海关分巡苏松太道兵备道兼管铜务加十级纪录十次余为》③(全文见附录Ⅱ第十章4.),反映了法租界的最初划定以及之后的历次扩张过程。

1912年11月18日,上海县知事吴某与上海法总领事甘订立了《中法交界订明路权案》④(全文见附录Ⅱ第十章5.),明确了法华马路联合管理办法;1913年6月,上海县知事吴某与上海法总领事甘签订的协议中议定了华法两界的道路合并以及通电车等事宜。史料《续订附件》⑤(见附录Ⅱ第十章7.)中记载了这些事实。

中华民国元年十一月十八日,西历1912年11月18日,上海县知事吴某与上海法总领事甘签订了《附件说明第五条办法》⑥(全文见附录Ⅱ第十章6.),这是关于共同缉拿罪犯的条约。这条史料规定了华洋两界巡警各自巡逻的范围,以及两界警方可以越界办事的几种情况。

1914年7月14日,中华民国上海观察使外交部特派江苏交涉员杨晟与大法国驻上海办理总领事务总领事甘司东签订并公布了一份条约。这份条约没有名称,估且以开头作为它的名称,见《沪海道尹兼外交部特派江苏交涉员布告》⑦(全文见附录Ⅱ第十章9.)。

---

① 上海档案馆档案,U38-4-154,法公董局档案。
② 上海档案馆档案,U38-4-154,法公董局档案。
③ 上海档案馆档案,U38-4-154,法公董局档案。
④ 上海档案馆档案,U38-4-154,法公董局档案。
⑤ 上海档案馆档案,U38-4-154,法公董局档案。
⑥ 上海档案馆档案,U38-4-154,法公董局档案。
⑦ 上海档案馆档案,U38-4-154,法公董局档案。

该布告拟定将上海法租界以西地段,即北自长浜路,西自英之徐家汇路,南自斜桥徐家汇路沿河至徐家汇桥,东自麋鹿路及肇周路各半起至斜桥为止。这片地段内的巡警安全事务归法租界管理,因为该片地段内外国居民很多,马路都是法公董局买地修筑,并且作为公董局的产业。公董局在该地区内安设路灯,设立巡捕房,开通电轨车,接通水、电、煤气等,一直经营了多年,能决定将该地段划归法公董局管辖,并且订立了十一条规定,主要内容有:第一,麋鹿路及肇周路的巡查事务按照民国路的通行章程办理。上述两条路中间划一条中线,一边由华警负责,一边由法警负责,两条路的费用华法两界各负其责,法租界管辖范围内的道路中国军队以及中国的婚丧仪仗等可以通行,但是必须事先通知法国巡捕房。第二,经办人规定。上海交涉员或者是上海观察使会同法国总领事选出中国绅董二人进入法公董局专门处理华人住居法租界内的事务。第三,居于法租界内及外马路的外国人应缴纳中国政府的地税由法公董局主任代收缴纳,以后法租界内及外马路上居住的华人的田赋随华界华人田赋的增加而增加。租界内华人耕种的田地以及房产及其他产业法公董局不能收取房捐地税及其他类似的税收,更不能收人头税。中国业主房主如果在租界内用自来水、煤气、电,应该向法公董局缴纳房捐地税。如果拥有的房地产契约是道契,该房地产不能视作华人产业。第四,租界内的华人坟墓不得随意动迁,但华人不准在租界内再添坟墓。第五,中国政府委派上海中法公堂会审的人员有权利专门办理华人的民事刑事诉讼,中国政府委派的会审员办公地点亦在上文中指明的地段内。

为了防范火灾,法租界公董局曾经于1913年10月1日公布房屋的防火章程,见《摘录法国驻沪总领事署一九一三年十月一日公布》[①](全文见附录Ⅱ第十章9.)。这份法公董局公布的房屋防御火灾章程,主要是从房屋建筑方面具体规定了房屋的防火结构、所用的建筑材料等,主要是烟囱管、风火墙的建造要求及所用材料的许可,是对房屋安全的具体管理条规之一。

---

① 上海档案馆档案,U38-4-154,法公董局档案。

继 1869 年 10 月 1 日公布了《法租界公董局警务路政章程》；1921 年 3 月 18 日公布了《法租界公董局各车行驶章程》，对于法租界内的交通秩序予以管理；1926 年 5 月 17 日公布的《法租界公董局印刷业管理办法》，对于法租界内的报纸杂志等以及文化环境进行管理；1927 年 1 月 26 日公布《法租界公董局告白章程》；1927 年公布的《法租界公董局广告牌章程》，对于广告张贴、广告牌进行管理。

工部局和法公董局颁布的各种管理规则和章程，都是对于租界内公共环境的建设和管理。正是租界内良好的公共环境，公共秩序好，交通、通信便利，司法独立，吸引了大量的人口。涌入租界的人口数量激增，特别是大量有购买力的人口的增加，增加了对于房屋土地的需求，刺激了租界内房地产业的迅速发展。

总的来看，租界内呈现出的特点是：房地产交易自由，房地产作为私人财产受到租界内法律的有力保护，在租界内居住可以享受到政治特权带来的人身自由，房地产投资受到鼓励而且可以获得厚利，租界内的城市化建设和管理水平可以给居住者带来良好的享受，这些都极大地促进了租界内房地产业的形成和发展，产生了积极的影响。

四、结论

清代为维护统治阶级的特权、利益，对于房产、地产、田产从各个方面进行了严苛的规定和管理。首先是住房等级制，对于不同等级的人们的住房进行了严格的规定，逾制即构成大罪，使得从思想观念上扼杀了人们建房买房的欲望，房屋需求很小，没有了房地产市场产生的土壤。按照现代市场营销学里对于需求的定义，"需求"是有支付能力购买具体的商品来满足欲望。[①]"需求"构成三要素：购买欲望、购买能力、具体的商品。住房等级制最大限度地扼杀了人们购房的欲望。清政府对于官员、旗人置产购房的严格限制，进一步抑制了对地产房屋的需求。清代实行保甲制度，户口迁移非常困难，限制人口的流动，而且犯法实行连坐制度。严

---

① [美]菲利普·科特勒，凯文·莱恩·凯勒著：《营销管理》，格致出版社、上海人民出版社 2012 年版，第 10 页。

酷的刑法下,房地产投资和投机存在极大的风险,房地产交易极少,形不成市场。从政策法令管制的角度来看,清政府对于地产、田产、房屋的管制,基调是限制土地、房屋移转的,也是限制地产、房屋交易和买卖的,所以在清代,房地产业难以成为独立的行业。而上海开埠后,租界内的自治以及司法独立,是近代房地产业产生的前提条件。租界内对于道路交通、邮电通信等基础设施的建设,公共事业的发展,文化环境的创造,西方城市规划和管理理念方法的引入,使租界与华界地区形成了巨大的反差,吸引了大量的人流和资金,产生了巨大的需求,催生了近代上海房地产业。

第十一章

近代上海房地产税收管理及其他管理(1843—1937年)

对房地产业的税收管理是政府管理的最重要的手段之一。在清代，对于房地产交易的税收主要是契税和印花税，征税比例随应税额的增加而增加，但有最高税收限额。房地产交易契税和印花税是清代国库收入的来源之一，但由于清代的房地产交易并不多，因此在国库收入中所占的比例很小。工部局对于房地产征收的地税和房捐是工部局增加财政收入的最主要手段。为了增加财政收入，工部局不断地提高地产估价，使上海的地价腾涨。民国时期，南京政府对于房地产业的管理是多方面的，不仅有税收管理，还涉及房屋租赁、对于中介机构等方面的管理。本章将详细进行研究。

一、清代的税收管理

上海开埠以后，与土地有关的税收有：根据《辛丑条约》设立的上海修治黄浦河道局，其经费在条约中订明分为两类：甲类，法国租界和公共租界之内的地产，无论其上有无建筑物，每年按照其地产估价收取0.1%的税收；乙类，黄浦江两岸自江南制造总局之下界向港口(其名为滦华港)作一直线，自该线起至黄浦江入扬子江处为止的各地产亦按甲类办法征抽0.1%的税收，见《辛丑各国和约十二款》光绪二十七年(1901年)七月二十五日附件十七。①

晚清光绪新法令改革,在《印花税则》中对房屋租赁、房地产交易、抵押贷款的税收有明确的规定:第一类,租赁房屋、铺底的契约字据等,价值达制钱两千文以上,贴印花税二十文;第二类,田地、房屋典押契据等,纸面价值不满一千两者,贴印花税二十文,纸面价值达一万两以下者,贴印花税一百文,纸面价值达一万两或者一万两以上者,贴印花税一千文。第二类一千文即为印花税的最高额,纸面价值再增加,印花税也不再增加。田地、房屋买卖契据,除按照惯例另贴税契印花税以外,还得按照第二类的规定加贴印花税。分割财产的字据(田地、房屋典押契据、房屋买卖契据),照立字据时产业的市价来估值,价值二百两以下,贴印花税二十文;价值一千两以下,贴印花税一百文;价值一万两以下,贴印花税一千文;价值每增加一万两,加贴印花税一千文,继承遗产的字据(田地、房屋典押契据、房屋买卖契据),每份契据加贴印花税一千文,见《大清新法令》(1901—1911)/光绪新法令/《印花税则》第十五条。②

《印花税则》第十五条③第一类,租赁地址房屋之字据,均按照票面价值收取相应的印花税;第二类,田地、房屋典押契据、铺户或公司议订合赀营业之合同,分别按照票面价值收取印花税银。田地、房屋买卖契据,除了应缴纳契税,还应再比照第二类缴纳印花税。

这个法令中,把房屋租赁和房屋典押买卖区分为两类,收取不同的税额。田地、房屋买卖,除收取税契以外,还要再收取印花税。如果是析分产业,按不同的金额加收,继承的产业字据也要加收。房地产交易买卖收的税赋较重。

综合来看,清代对于房地产交易的税收分类征收,租赁房屋税收最轻,印花税上限为二十文。土地房屋典押契据较轻,征税幅度从二十文至一千文,一千文为最高限额。房屋土地买卖契据税赋最重,征收契税和印

---

① 上海商务印书馆编译所:《大清新法令1901—1911》第二卷,商务印书馆2011年第一版,第472—473页。
② 上海商务印书馆编译所:《大清新法令1901—1911》第四卷,商务印书馆2011年第一版,第59—61页。
③ 上海商务印书馆编译所:《大清新法令1901—1911》第四卷,商务印书馆2011年第一版,第59—61页。

花税两种税,印花税额幅度与典押契据相同。房地产交易的契税即房地产买卖时向官府购买契纸,登记盖印,即红契契尾上所载明的税银数。地产每年都征收粮串。析分房地产财产的税赋也较重,只征收印花税,但没有上限,随应税额的增长而增长,基本是按应税额增长额的万分之一来征收的。继承房地产遗产的税赋也较重,体现在征税方法上,是按契据份数来征税的,一份契据不管其票面价值如何,一律加征一千文。

从清代对于房地产的各种征税方法来看,税收阻碍房地产产权的转移。涉及房地产产权转移的税种,税赋就重,如房地产买卖、析产、遗产继承;不涉及房地产产权转移的税种,税赋就轻,如房屋租赁、房地产典押。可见清政府在房地产管理上不鼓励房地产产权的转移。另外,在房地产遗产税的征收方法上并不合理,只按契据的份数征税,不管契据票面所载遗产数额大小,不仅会形成贫富不均、贫重富轻的局面,而且很容易造成合法的偷税漏税现象。总之,清代对于房地产的税赋管理,总体上是阻碍房地产业发展的。

二、工部局的税收管理

地税和房捐一直是工部局财政收入的主要来源。表11.1是1908—1943年期间工部局历年所收取的地价税数额。

表 11.1　　　　　　　1908—1943 年工部局地价税表[①]

年　份	地税总额	地税税率(%)	单位
1908	685 105	0.60	两
1909	688 026	0.60	两
1910	689 334	0.60	两
1911	691 000	0.60	两
1912	671 540	0.60	两
1913	674 739	0.60	两

---

① 《上海租界志》编纂委员会:《上海租界志》,上海社会科学院出版社 2001 年 11 月第一版;上海档案馆:《工部局董事会会议录译文》全 27 册,上海古籍出版社 2001 年第一版。

续表

年　份	地税总额	地税税率(%)	单位
1914	678 067	0.60	两
1915	680 405	0.60	两
1916	682 177	0.60	两
1917	836 719	0.60	两
1918	881 461	0.60	两
1919	1 053 579	1.20	两
1920	1 056 641	0.70	两
1921	1 326 872	0.70	两
1922	1 328 091	0.70	两
1923	1 595 680	0.70	两
1924	1 594 676	0.70	两
1925	2 177 069	0.70	两
1926	2 161 284	0.70	两
1927	2 552 638	0.70	两
1928	2 934 031	0.80	两
1929	2 934 067	0.80	两
1930	2 749 249	0.70	两
1931	3 877 847	0.70	两
1932	5 411 064	0.70	元
1933	6 044 485	0.70	元
1934	6 914 750	0.70	元
1935	6 914 976	0.70	元
1936	6 914 537	0.70	元
1937	6 979 441	0.70	元
1938	8 012 407	0.80%	元
1939	8 403 032	0.90%	元
1940	11 539 988	1.35%	元

续表

年 份	地税总额	地税税率(%)	单位
1941	19 458 287	1.89%	元
1942	18 649 210	1.89%	元
1943		2.50%	

从1908年开始,工部局一直按0.6%的税率收取地价税,持续到1918年。1919年因为工部局财政收支严重不平衡,为了摆脱严重的财政赤字,地价税税率一下提高到1.2%。该年度工部局的财政收入由881 461两提高到1 053 579两,但是1920年以后,工部局的地价税税率下调到0.7%,虽然税率降低了,但地价税税收总额并未减少,反而增加。从表11.1可以看出,从1920年到1937年间,地价税税率则维持在0.7%,但地价税总额持续上升,从1920年的1 056 641两一直增长,到1937年,地价税总额增长到6 979 441两,是1920年的6倍多。地价税总额的增长,一方面是由于租界扩张,占有土地增多的原因,另一方面最主要的是由于此期间地价飞涨的缘故。

表11.2是工部局从1908年至1942年征收的房捐数额。

表11.2　　　　　　　　1908—1942年工部局房捐表[①]

年 份	普通房捐总额	房捐税率(%)	特别房捐总额	特别房捐税率(%)	单位
1908	1 110 380	12		6	两
1909	1 162 420	12		6	两
1910	1 171 309	12		6	两
1911	1 187 968	12		6	两
1912	1 258 697	12		6	两
1913	1 297 672	12		6	两
1914	1 336 967	12		6	两

[①] 《上海租界志》编纂委员会:《上海租界志》,上海社会科学院出版社2001年11月第一版;上海档案馆:《工部局董事会会议录译文》全27册,上海古籍出版社2001年第一版。

续表

年　份	普通房捐总额	房捐税率（%）	特别房捐总额	特别房捐税率（%）	单位
1915	1 417 300	12		6	两
1916	1 496 238	12	25 603	6	两
1917	1 559 147	12	25 130	6	两
1918	1 619 785	12	26 629	6	两
1919	2 002 892	15	33 502	7	两
1920	2 139 181	15	49 497	12	两
1921	2 421 843	15	76 752	12	两
1922	2 695 032	15	118 458	12	两
1923	2 989 001	15	153 769	12	两
1924	3 378 973	15	173 533	12	两
1925	3 785 087	15	200 825	12	两
1926	4 022 334	15	233 115	12	两
1927	4 629 335	16	269 958	14	两
1928	5 165 746	16	301 073	14	两
1929	5 540 679	16	327 490	14	两
1930	5 628 933	14	325 612	12	两
1931	5 876 594	14	346 933	12	两
1932	8 952 361	14	521 136	12	元
1933	9 579 571	14	631 710	12	元
1934	10 255 125	14	741 437	12	元
1935	10 284 424	14	787 488	12	元
1936	9 633 402	14	706 274	12	元
1937	8 717 064	14	623 965	12	元
1938	10 061 119	16	894 862	14	元
1939	11 982 168	18	1 136 912	16	元
1940	18 946 011	27	1 803 300	24	元

第十一章　近代上海房地产税收管理及其他管理(1843—1937年)

续表

年　份	普通房捐总额	房捐税率(％)	特别房捐总额	特别房捐税率(％)	单位
1941	40 268 398	37.80	3 024 115	33.60	元
1942	47 533 368	37.80	299 418	33.60	元

　　1871年1月30日,工部局董事会决定对华人房屋征收第13个月的房捐,因为中国农历每三年就有一个闰月,华人房东会收取第13个月的房租。①

　　从1908年开始,工部局征收房捐的税率是12％,一直持续到1918年。在1908年到1918年这段期间内,房捐总额一直在缓慢地增长;1919年开始到1926年这段期间内,房捐税率上升到15％;1927—1929年,房捐税率又上调到16％;1930年以后,房捐税率有所回落,下调到14％,此税率一直维持到1937年。

　　此外,租界内房屋还要缴纳特别房捐税率。1918年以前,特别房捐税率一直是6％,1916年至1918年特别房捐税总额并不大,只有2万—3万两。1919年增为7％。1920年至1926年期间,特别房捐税税率增至12％。此期间特别房捐税总额一直在增长,从1920年的49 497两一直增加到1926年的233 115两。特别房捐增长的原因,除了房屋数量的增长以外,应该还有房价上涨的原因。1927—1929年,特别房捐税税率增为14％,1930年又回落,下调到12％,一直到1937年,同样是12％的税率,除1931年比1930年略有减少以外,1932年起特别房捐总额一直在增长,只是1937年比1936年有所减少。可见,沉重的捐税负担,使得房地产税收反而减少。

　　1863年,驻上海英、美、俄、葡领事与上海道台黄芳商订英美租界内华人房捐征收章程,规定按房租每年每百两抽捐银20两,所收房捐一半归英租界工部局作巡捕房经费,一半归上海道作军饷。②

---

① 上海档案馆:《工部局董事会会议录译文(1870—1871)》,上海古籍出版社2001年版,第768页。
② 《上海通志》编纂委员会:《上海通志》第1册,上海人民出版社、上海社会科学院出版社2005年第一版,第56页。

除了地价税和房捐以外,与房价有关的税收还有照明费。工部局收取照明费是按照房价的估价收取的。

综合来看,工部局对于房地产征收的税赋是沉重的。地产和房产的税赋加起来,业主每年的房地产税赋负担在估价的13%－17%。不到十年,业主买房时的房产价值就全部变成税赋上交给工部局了。为了维持税源,工部局每三年都对地产估价一次,每次估价地价都会大幅提升,这样,虽然税率不变,但是应税额大幅上升,工部局所征得的税额也日益增加。从表11.1和表11.2中可以清楚地看出,工部局地价税收和房捐税收基本都在增长。

总体上说,工部局对房地产的税赋负担虽然沉重,但是工部局把税收转移到公共事业建设上去,通过改善宏观环境吸引更多的投资者涌入,创造出更多的需求,使地价上涨,房地产业主得到补偿。另外,高税率可以抑制地产投机,形成租界内房地产业的良性发展。

工部局通过高额的税赋取得了数量巨大的财政收入,利用财政收入进行租界内市政建设,不断地改善租界内的基础设施条件和区域环境。租界内良好的环境,便利的交通,先进的通信系统及水、暖、电等基础设施的配备,吸引人们迁入租界。房地产的价格不断地上涨,使租界内的房地产投资成为盈利丰厚的行业,以高利润超过高税赋成本,吸引投资者不断地投资于租界内房地产业,维持租界内房地产业的繁荣。工部局对于房地产业征收高税赋以及抬高房地产价格还产生了另外一种作用:高额的税收和房地产价格抬高了租界内房地产业的市场准入门槛,把低收入者挡在了门外,只有高收入者能够进入,高收入者产生的有效需求是租界内房地产业发展的推动力。从经济学角度来说,低收入者由于购买力有限,虽然人口数量巨大,但是对于房地产这种大额商品来说,低收入者能够产生的有效需求非常少,比率很低,基本上接近于零的状态。高收入者购买能力强,虽然人口数量少,但是产生有效需求的比率很高,基本上是100%。这样,产生的局面就是:迁入租界内的人口,以能够产生有效需求的高收入人群为主流,有效地推动了租界内房地产业的发展。

三、民国华界的税收管理

民国时期华界对于房地产的管理,北洋政府时期的资料很少,故不加以研究。本书以上海特别市政府对房地产业的管理作为研究对象。

(一)房捐的征收

上海特别市曾经对房屋征收总捐,捐率为住宅6%、商店10%,由房客全部负担。民国十七年十二月十二日,市长张定璠发布《上海特别市政府布告第61号》①(见附录Ⅱ第十一章1.),说明了改总捐为房捐的情由。民国十七年十二月十二日,上海特别市政府市长张定璠发布上海特别市政府公布令第53号②,公布《上海特别市征收房捐规则》(见附录Ⅱ第十一章2.)③,规定上海市区内房屋房捐的征收办法,对于上海市区内的房屋征收房捐,房捐率按照租额抽取,住宅和商店分别为10%和14%。租额的确定按最近两个月的房票或租摺为依据,由房东和房客各半缴纳,但房屋系房主自有且自住的,由房主全部缴纳。房屋如果是店面式但用于住宅,按住宅收取房捐;如果是住宅但用于营业的,按商店征收房捐。房捐按照门牌号每个号一张,如果一个门牌号内住有几家,则合并填给一张房捐票。

民国十九年三月六日即公历1930年3月6日,《上海特别市政府令第142号》④(见附录Ⅱ第十一章3.)颁布,修正了《上海特别市征收房捐规则》第十条,把关于房屋租值的估定办法加以修正,租值的确定仍以近两个月的房票或租摺为凭,但如果有房屋与租价过于悬殊者,租价应另行估定。

1934年9月1日,上海市政府发布《上海市政府公布令第170号》⑤,

---

① 上海档案馆档案,蒋1-0-1,《上海市政府公报》第十八期,第125页。
② 上海档案馆档案,蒋1-0-1,《上海特别市政府指令第2531号》,《上海市政府公报》第十八期,第71页。
③ 上海档案馆档案,蒋1-0-1,《上海特别市政府指令第2531号》,《上海市政府公报》第十八期,第71—72页。
④ 上海档案馆档案,蒋1-0-1,《上海市政府公报》第四十八期,第55页。
⑤ 上海档案馆档案,蒋1-0-(6),《上海市政府公报》第一百四十九期,第192页。

以及同年十一月二十日《上海市政府公布令第191号》①公布了《修正上海市征收房捐规则》②,修正了民国十七年的《上海特别市征收房捐规则》。③ 这次修改,提高了住宅房捐的捐率。住宅的捐率提高为12%,商店的捐率不变,依旧为14%。

1935年6月3日,《上海市政府令第244号》④颁布《修正上海市房捐规则》(见附录Ⅱ第十一章5.)⑤,修正《上海市房捐规则》第十三条、第十六条。这次修正,主要是对第十三条规则和第十六条规则的修正,涉及房捐的缴纳方式以及延期缴付房捐处罚方法的改动。

上海特别市政府期间房捐的征收由财政局所属的稽征处负责,住宅房捐率达10%—12%,商用房屋的房捐率达14%,应税税额按实际租额抽取,税赋负担是很沉重的。由于房捐与房屋租额联系在一起,而旧上海的房租一直在涨,而且涨幅巨大,这就使得房捐负担越来越重,影响华界房地产业的发展。

(二)不动产转移税的收取

1930年5月21日,上海特别市政府发布《上海特别市政府公布令第161号》⑥,公布《上海特别市征收不动产转移税暂行规则》(见附录Ⅱ第十一章6.)。⑦ 该法令规定对于购买的上海特别市市区内的不动产征收不动产转移税。典契按契价每百元征收四元,卖契按契价每百元征收八元,即典契的税率是4%,卖契的税率是8%。如果超过三个月的法定缴纳期限,卖契三个月以上不满六个月的,加征税率8%;六个月以上不满九个月的,加征税率12%。典契的加征税率是卖契相应期限的一半。少写契价偷税漏税的,按两倍税率征收。

---

① 上海档案馆档案,蒋1-0-(6),《上海市政府公报》第一百四十九期,第192页。
② 上海档案馆档案,蒋1-0-(6),《上海市政府公报》第一百四十九期,第192页。
③ 上海档案馆档案,蒋1-0-1,《上海特别市政府指令第2531号》,《上海市政府公报》第十八期,第71—72页。
④ 上海档案馆档案,蒋1-0-(8),《上海市政府公报》第一百六十八期,第108页。
⑤ 上海档案馆档案,蒋1-0-(8),《上海市政府公报》第一百六十八期,第108页。
⑥ 上海档案馆档案,蒋1-0-(2),《上海市政府公报》第五十六期,第5页。
⑦ 上海档案馆档案,蒋1-0-(2),《上海市政府公报》第五十六期,第5页。

1932年6月23日,上海市颁布了《上海市征收不动产转移税变通办法》[①](见附录Ⅱ第十一章7.)。这次征收不动产转移税变通办法,主要改变的是由于战事的原因,对于逾期缴纳房捐者的处理办法,主要内容如下:第一,闸北、江湾、吴淞、殷行、彭浦、真如、引翔七区的土地,各业主所执的典卖契,至一月二十八日为止逾期九个月以上者按照原规则第四条款的办法加征,不予减免。凡在民国二十一年一月二十八日起至五月五日战争期间订立的不动产典卖契约,不计算在逾期期限内,不加征税款。第二,五月六日以后订立的契约如果逾期,则照旧加征逾期税款。其他各区的土地转移契据逾期照旧办理。

(三)地价税的征收

1933年公布了《上海市征收暂行地价税章程》[②](见附录Ⅱ第十一章8.),对市区内的土地开始征收地价税。

《上海市征收暂行地价税章程》的主要内容如下:第一,暂行地价税税率按照估定地价每年暂时征收千分之六,每年分两期征收,第一期是每年的一月一日至二月底止,第二期自七月一日至八月底止,由财政局负责征收。第二,土地估价方法。由土地局现场勘验,结合时价和业主报价估算,报经土地估价委员会复核后,由财政局和土地局共同公布,业主若有异议,则向土地局申请提交公断员公断。第三,逾期不缴纳地税者,就其所欠数额按年息百分之五加征税收,如果积欠三年不缴者,征收机关报经市政府批准后,将欠税土地及其附属建筑物拍卖,所得金额抵偿税额后归还欠税人。第四,已征收地价税的土地,原有的田赋废止,尚未清丈换取土地证的土地,暂时缴纳旧有的粮赋,等清丈换证后再补交税款,已交粮赋抵扣。第五,征收地价税的土地证买卖时缴纳不动产转移税2%,但办理土地过户转移时应征收土地增值税。

民国二十六年一月十日即公历1937年1月10日,《上海市政府令第

---

① 上海档案馆档案,蒋1-0-(3),《上海市政府公报》第一百二十二期,第166页。
② 上海档案馆档案,蒋1-0-(5),《上海市政府公报》第一百三十五期,第124—125页。

402号》①公布了《修正上海市征收暂行地价税章程第四条》②(见附录Ⅱ第十一章9.),把地价税税率改为千分之七。

(四)其他税种的征收

除了房捐、地价税和不动产转移税,上海市政府对于房地产业征收的税收还有营业税、牙税等。民国二十年七月十一日上海市政府令第266号《上海市营业税课税标准及税率表》③中规定房地产经租业按照营业额收取营业税千分之二,牙税收取千分之二。④

1. 永租地税

除了对华界的地产征税,上海市政府还对租界的土地征收年租,表1.3上海市财政局民国二十六年永租契地年租收据清册⑤是前上海市政府财政局民国二十六年对于登记的永租契土地年租收据清册。

从表1.3可以清楚地看出,永租契地共有139册,户数有12 895户,年租额数共国币70 881.10元,已收的数额是28 689.45元,未收的数额是40 051.88元,租地的税额共计49 015.084 68元。

2. 关税短期库券借征房租

1930年9月19日,上海市政府发布上海市政府令第183号⑥,公布实行《上海市政府筹募十九年关税短期库券借征房租章程》⑦(见附录Ⅱ第十一章10.)和《上海市财政局筹募十九年关税短期库券借征房租细则》⑧(见附录Ⅱ第十一章11.),在该年上海市发行关税短期库券一百万元筹集资金,命令市民以两个月的房租数额来购买此关税短期库券,可以此库券抵交房租,房主不得拒收。

(五)对于民国华界税收管理的评价

表11.3是《上海市政府公报》第五十一期中公布的上海特别市政府

---

① 上海档案馆档案,蒋1-0-(8),《上海市政府公报》第一百七十七期,第111页。
② 上海档案馆档案,蒋1-0-(8),《上海市政府公报》第一百七十七期,第111页。
③ 上海档案馆档案,蒋1-0-(3),《上海市政府公报》第九十七期,第61—62页。
④ 上海档案馆档案,蒋1-0-(6),《上海市政府公报》第一百四十八期,第146页。
⑤ 上海档案馆档案,R1-7-830,《上海市财政局民国二十六年永租契地年租收据清册》。
⑥ 上海档案馆档案,蒋1-0-(2),《上海市政府公报》第五十六期,第39页。
⑦ 上海档案馆档案,蒋1-0-(2),《上海市政府公报》第五十六期,第39页。
⑧ 上海档案馆档案,蒋1-0-(2),《上海市政府公报》第六十八期,第22页。

在1928年至1930年财政收入中有关房地产方面的税收收入。

表 11.3　　　　　　　　市库 17 年至 19 年收入分类表[①]

年份＼科目	土地税	转移税	契税	房捐	土地执业证	房租
1928 年 1 月底	44 691.90			243 602.20	14 468.75	2 758.80
1929 年 1 月底	102 346.92	68 601.57	2 583.54	584 542.01	15.01	5 850.05
1930 年 1 月底	336 256.42	149 414.98	333.91	354 641.23		7 065.93

从上表可以看出，上海特别市政府的财政收入中有六项收入来自房地产业，单就土地税来说，增长最快，1918 年是 1917 年的 2.29 倍，1919 年是 1918 年的 3.29 倍；不动产转移税 1919 年是 1918 年的 2.2 倍；房捐 1918 年增长很快，但在 1919 年减少，应该是由于土地税的实行；房租收入虽然数额不大，但是每年都在增长。

综合来看，上海特别市政府期间对于华界房地产业的税收名目繁多，负担沉重，成为阻碍华界房地产业发展的一大因素。对于房地产正常征收的税率达到 11%－15%，与公共租界的税赋水平相当，但是华界的房地产价格远低于公共租界的价格，价格上涨幅度也小，所以上海特别市政府在房地产业的财政收入远少于工部局。在华界居住的华人人口数量众多，但收入低微，与公共租界在同样的税率水平下，对于华界内居住的低收入者就显得负担特别沉重。由于房租持续上涨，工资收入却一直在低水平徘徊，甚至不涨反降，因此在这种明显的反差下，房东与房客的租赁纠纷不断发生。房租支出在人民的生活费支出中所占比重日益提高，人民的生活日益贫困，不得不栖身在草棚、滚地龙等简陋住所里，形成了租界内繁花似锦，高级别墅林立，而华界内荒芜破败，贫民窟遍布的旧上海房地产畸形格局。

四、对于土地所有权证的管理

上海特别市成立以后，对于土地凭证的管理采取了一系列的措施，颁

[①] 上海档案馆档案，蒋 1-0-1，《上海市政府公报》第五十一期，第 77 页。

布了很多相关的法令,可以说,关于土地所有权凭证方面的管理还是比较完善的。

(一)土地证转移管理

1931年9月4日,上海市土地局颁布了《上海市土地局土地证转移注册办法》①(见附录Ⅱ第十一章12.),对于土地交易时的土地转移过户办法作了规定。

《上海市土地局土地证转移注册办法》中规定了土地转移时办理土地证转移的程序、手续、税收、登记注册办法等内容,是一份内容详细、健全的法规。其主要规定如下:第一,办理土地证转移时,须由买卖双方到土地局填写申请书并双方签字留土地局存档。所转移的土地的坐落地址及总价值必须如实填写清楚,卖方要携带土地证、粮串、缴纳证图费的收据等能够证明土地所有权的证明文件以便土地局检验。如果对土地所有权发生异议,则必须找殷实的铺保用保才能允许转移。第二,土地局收到转移申请书后检验核查无误后,在原土地证上批注转移给某某人、注册号、批准日期并在骑缝处中盖局长章,然后将证交给买主。如果原土地证多次转移已无加批注的地方,土地局则收回旧证,当场填给领证凭单,交给买主。买主一个月后持领证凭单到土地局调换土地证。第三,如果土地证上的土地只买卖一部分,则应该在土地划分清楚后到土地局申请办理所转移部分土地的土地证。

(二)不动产抵押管理

1931年3月28日,上海市土地局颁布了《上海市土地局不动产抵押注册规则》②(见附录Ⅱ第十一章13.),对于不动产抵押作了规定。

该规则主要内容如下:第一,不动产所有权凭证作为抵押品必须向土地局申请注册,注册时必须由业主和受抵人持土地证同到土地局填具申请书,双方亲自签字,在土地局存档备查。第二,土地局收到申请书检验核查后,在土地证上批明土地证抵押给某某人以及注册号、批注日期,加

---

① 上海档案馆档案,蒋1-0-(3),《上海市政府公报》第一百零二期,第69页。
② 上海档案馆档案,蒋1-0-(2),《上海市政府公报》第八十六期,第59—60页。

盖局长章后,交给受抵人收执,同时要缴纳注册费。注册费是抵押费的千分之一,但是数额不足一角的,照一角征收。第三,抵押期限由出抵人和受抵人双方自行约定,如果出抵人到期不赎,由受抵人申请过户到受抵人名下,一旦过户,出抵人即失去对抵押土地的所有权。过户时按照土地局估价缴纳相关税收和费用。如果出抵人申请展期,则应由双方到土地局申请注册,注册程序仍然按照本规则的第三条、第四条办理。如果所抵押的不动产被转抵给第三方,则所抵押的数额和期限都不能超过原来抵押的数额和期限。第四,出抵人赎回土地证后必须携带土地证到土地局取消注册,缴纳图证费以后,由土地局填给领证凭单,调换新证,则受抵人的抵押权消失。

(三)对于华界各种土地凭证的管理

1930年,上海市政府土地局颁布了《修正上海市土地局取缔未经公布发证图分割单买卖办法》[①](见附录Ⅱ第十一章14.),对执业田单进行管理。上述法令的颁布,强化了对土地执业证书的管理。第一,要求土地交易中必须使用完整的田单;第二,持有不完整的田单在土地交易前必须到土地局丈量清楚并换给土地执业证书后才能交易;第三,失单代单不准进行交易。不准割单私自使用白契进行土地交易,违者查出后予以处罚。这则法令的颁布明确地表明了取缔不完整田单的意思,对于规范土地所有权凭证有很大的作用。

1932年,上海市财政局颁布了《财政局处理劈卖劈典及分析不动产请领图照办法》[②](见附录Ⅱ第十一章15.),要求不动产分产析产时遵照此法令执行和办理。

该法令主要的内容是要求在析分析典不动产时不能把原证分割持有,而应持原土地执业证书到财政局填递申请书后由财政局立案办理。财政局接受析分析典不动产案件,审核并测量绘制好的地籍图后,配以相应的析分执照,在申请者缴纳相关费用后发给执照,并在原契上注明析分析典的情况。如果是析分不动产,则要把原契收存于档案内以备查考。

---

① 上海档案馆档案,蒋1-0-(8),《上海市政府公报》第一百五十八期,第108页。
② 上海档案馆档案,Q270-1-127,《财政局处理劈卖劈典及分析不动产请领图照办法》。

1936年,上海市土地局颁布《停止失单请丈补证办法》(见附录Ⅱ第十一章16.)①,规定了失单停止补证以及失单土地交易的管理办法。

这则法令明确地规定了如下内容:第一,失单不再补办。第二,失单土地买卖须在土地局订立契约,但必须在契约内注明卖主对失单所代表的土地负完全责任,如果有土地所有权纠纷或其他的事情,则由卖主负责,在土地局订立的契约只证明土地的转移行为,并不证明土地的所有权。第三,失单补证的手续。要在土地局填具申请书,盖上申请者本人的印鉴及登报公告、保结等手续,并有相关证明和证据,证明这块土地为申请者所拥有和管理。

1936年,上海市土地局修正了《土地执业证规则》第四条,发布了《上海市土地局发给土地执业证规则第四条修正条文》(见附录Ⅱ第十一章17.)。②

这次修正的内容,主要是进一步规定了土地执业证遗失补办的手续。土地执业证丢失后,要先在《民报》《新闻报刊》上刊凳遗失声明,然后拿上刊登遗失声明的报纸,找上家境殷实的保人,以及失主缴粮纳税的粮串税单等一起送到土地局审核。土地局审核文件相符后发给收据,并将遗失声明抄送到《上海市政府公报》刊登公告,如果在公告期满三个月后无疑义发生,则土地局才能准许补发新证。

(四)对于永租契的管理

上海市政府对于永租契也进行了规范和管理。1931年3月9日,《上海市政府指令第938号为今据续报办理永租契一案情形由》③(见附录Ⅱ第十一章18.)发布,上海市政府指令938号对于改革永租契的办法作了明确指示,要求按照既定的办法执行。

从上海市政府的第938号指令及其所附土地局原呈中所载内容来看,对于永租契的主要管理规定如下:第一,规定洋商租地发给的出租地契是永租草契,自民国十九年一月一日开始由土地局承办;第二,土地局改良过去核发道契的办法,规定永租契的式样及核发手续;第三,办理永

---

① 上海档案馆档案,蒋1-0-(8),《上海市政府公报》第一百六十八期,第109页。
② 上海档案馆档案,蒋1-0-(8),《上海市政府公报》第一百六十八期,第109页。
③ 上海档案馆档案,蒋1-0-(2),《上海市政府公报》第八十四期,第49—52页。

租契要收取契纸费;第四,取缔华人冒领永租契。

上海市政府的第 938 号指令是土地局拟定的永租契管理办理规则。其中,对于华人冒领永租契一事作了明确规定,即华人不得委托外商取得永租契,如果是之前持有,想在土地局继续登记注册的,一概不予办理。如果是新申请办理,发现是由华人冒领的,则将原单退回领署。如果是租界外的土地,必须是外商自己租用的,并且查明属实,则审核相关凭证单据后,才予以办理。1930 年 8 月 1 日,上海市土地局发布告第 119 号,《上海市土地局布告第 119 号为布告禁止本国人民冒领永租契事》[①](见附录Ⅱ第十一章 19.)严令禁止本国人民冒领永租契。

该布告明确地告知华界的本国百姓,不能再托洋商办理土地道契,而应领取土地执业证书,如果查明不是洋商自用而是华人冒领,则立刻停办并给予处分。即使冒领,概不受保护。

(五)对民国土地凭证管理的评价

综合来看,上海特别市政府对于各种土地凭证的管理是全面、具体而且有效的,保障了近代上海房地产交易的良性进行,促进了近代上海房地产业的发展。

由于朝代更迭、政府变换,旧上海的土地凭证种类繁多,真伪难辨,因此极易产生纠纷,阻碍房地产交易的顺利进行。在这种历史情形下,上海特别市政府统一土地凭证,废除不合时宜的旧式土地凭证,对于减少房地产纠纷、加快房地产交易速度、减少房地产投资风险有着巨大而深远的积极意义,有力地促进了华界房地产业的发展。

在推行新的土地凭证过程中,下级政府机关遇到了困难,但上海市政府要求下级政府力排困难,切实地执行到底。例如,1930 年 10 月 15 日,漕泾区政府因为推行新土地凭证的工作困难重重,向市政府请求停止执行,上海市政府要求该区排除困难,切实执行《取缔代单割单买卖办法》[②],见《上海市政府指令第 7563 号为所呈请修正取缔代单割单买卖办

---

① 上海档案馆档案,蒋 1-0-(2),《上海市政府公报》第五十六期,第 63 页。
② 上海档案馆档案,蒋 1-0-(8),《上海市政府公报》第一百五十八期,第 108 页。

法确难置议令仰遵照由》[1]（见附录Ⅱ第十一章20.）。

在上述公函中,上海市政府认为田单是产权的重要证据,其式样的规定至关重要。上海市由于历年积习相沿,对于田单作为产权凭证的权威性没有足够重视,以至代单割单等纷争分歧杂出,而官府又管理无方,百姓办证不易,因而流弊丛生。因此,市政府取缔代单割单有利于土地管理。凡持有代单割单者,必须先请土地局丈量清楚地亩,换取土地执业证书,然后才可买卖。虽然开始工作繁重琐碎,但可以一劳永逸,又可以清除积弊,为百姓谋福利。

可见,上海特别市政府对于土地凭证的管理是全面、有效的,革除了清朝以来遗留的积习流弊,改进了土地管理方法,完善了房地产产权制度,促进了房地产业的发展。

五、民国时期华界对于房地产业的各种管理

（一）房屋租赁管理

1933年4月21日,上海市政府发布了《上海市政府令第82号》[2],公布《上海市房屋租赁规则》（见附录Ⅱ第十一章24.）[3],对上海市区的房屋租赁进行管理。

由于房屋租赁纠纷非常严重,不断有房客运动,反对二房东。因此,1930年5月28日,上海特别市政府发布布告第162号[4],专门成立了租房纠纷委员会,处理租赁纠纷,并制定了租房纠纷委员会章程和《上海特别市审议租房纠纷委员会章程》（见附录Ⅱ第十一章22.）。[5] 1930年9月25日,上海市政府指令第7295号颁布,规定将房租纠纷案件划归审议租房纠纷委员会处理,见《上海市政府指令第7295号为租房纠纷案件准归审议租房纠纷委员会处理由》（见附录Ⅱ第十一章23.）。[6]

---

[1] 上海档案馆档案,蒋1-0-(2),《上海市政府公报》第七十期,第22页。
[2] 上海档案馆档案,蒋1-0-(5),《上海市政府公报》第一百三十二期,第139—140页。
[3] 上海档案馆档案,蒋1-0-(5),《上海市政府公报》第一百三十二期,第139—140页。
[4] 上海档案馆档案,蒋1-0-(2),《上海市政府公报》第五十六期,第52页。
[5] 上海档案馆档案,蒋1-0-(2),《上海市政府公报》第五十六期,第52页。
[6] 上海档案馆档案,蒋1-0-(2),《上海市政府公报》第六十七期,第40页。

上海市政府不仅管理租房纠纷,在实际管理中还严禁房客自行成立联合会,发动减租运动。例如,1931年,永安公司监督郭乐呈报上海市政府,告发永乐坊有房客自治会组织,是变相的房客联合会,市政府于同年10月16日批复,《上海市政府批第1504号》①(见附录Ⅱ第十一章24.),指令该房客自治会组织是非法团体,要求随时取缔。

近代上海房地产业发展过程中发生最多、最棘手的问题,就是房东和房客发生的租赁纠纷。上海市政府对于租赁纠纷的管理苍白无力。上海房地产租赁业中产生的奇特的"二房东"现象,是房租纠纷产生的重要因素。"二房东"现象的出现与近代上海房地产业的发展特点有密切联系。近代上海房地产业发展过程中经营的业务以房地产出租为主营业务,房屋的买卖相对较少,因此产生了大量的经租机构,专门替人经租房地产。少数业主是自行管理,这就为"二房东"的产生留下了空隙。当时上海社会贫富悬殊巨大,社会财富集中垄断在少数官僚贵族或富豪手里,大多数的平民维持生计都困难,对于房租的支付能力有限。另外,当时上海的房屋供需严重失衡,这种失衡既有数量上的,也有结构上的,但结构上的失衡更严重。房屋的供给结构不适应大多数需求,一方面,租界内许多房屋空置,无人问津;另一方面,在一幢幢破旧廉价的房屋里却人满为患。随着迁入上海的人口日渐增多,廉价房屋的需求缺口越来越大,而供给有限,在这样的产业发展背景下,房屋租赁市场价格越来越高,"二房东"随行就市,提高房租,压榨房客,为自己赚取利润。"二房东"的产生原因不是来自外部的表面现象,而是来自社会内部矛盾的根源,是当时的上海市政府无法解决和消除的。

总之,民国时期上海特别市政府虽然出台了多种措施对房屋租赁业进行管理,但是管理是无效而混乱的。上海房租一直高涨,"二房东"现象日益严重,租赁纠纷不断,房客的减租运动此起彼伏,房屋租赁市场发展杂乱无序。房屋租赁市场的混乱,阻碍了近代上海房地产业的发展。

(二)行业自律

除了政府法令管制以外,政府还督促房地产行业进行自律管理,成立

---

① 上海档案馆档案,蒋1-0-(3),《上海市政府公报》第一百零六期,第39页。

了房地产公会,制订行规业规,进行行业统一管理。上海房地产行业订有《上海市房地产业业规》①(见附录Ⅱ第十一章25.),要求房地产行业内依此规则自律。另外,各个房地产公司都订立自己的公司章程,房地产经租处等也订有自己的业务规则。这些公司章程、业务规则以及行业业规,较好地规范了房地产行业的秩序,一定程度上保障了房地产行业的正常发展。

《上海市房地产业业规》从职业道德、交易审核、受托买卖的程序、会员接受委托从事交易签订要约的权限、契约签订的规定、房地产买卖交易中的交割办法、定金的收取办法、佣金的收取办法、过户及证明费收取办法、从业人员的职业操守等各方面进行了详细而严格的规定。另外,《上海市房地产业业规》还订立了房地产交易的行业规则,规定房地产交易中除立刻交割以外,先订立买卖契约后交割的,买方应该支付定金,如果买方在付了定金后想解除合同,那么应当赔付卖方定金;如果卖方在接受了定金之后想解除契约,则应该加倍赔偿买方定金,双方另有约定的除外。另外,该业规还规定,佣金按全部产价的千分之二十五给付中间人,中间人有数人时,平均分配,另有约定时,按约定办法执行。

四明银行对于房地产经营制定有《四明银行信托部经租管理房地产规则》②和《四明银行信托部代理买卖经营房地产规则》③,内容不相同,分别适用于经租房产和买卖房产的规则。

由《四明银行信托部经租管理房地产规则》④(见附录Ⅱ第十一章26.)可以了解房屋经租业务的大致情况:经租处对于所有委托经租的房产,对外以经租处的名义从事各种交易活动。所有的租金押租及其他的收益由经租处代为收取和出具收据。承租人欠租或者房地产发生损害的情况,经租处不承担赔偿责任,如果业主委托经租处代理诉讼,则应支付经租处诉讼的费用,租金由经租处定期派人收取。如果委托人自定收取的方法,则费用由委托人支付。经租处可以代理委托人修理被委托的房

---

① 上海档案馆档案,Q269-1-356,《上海市房地产业业规》。
② 上海档案馆档案,Q279-1-117,《四明银行信托部代理买卖经营房地产规则》。
③ 上海档案馆档案,Q279-1-117,《四明银行信托部代理买卖经营房地产规则》。
④ 上海档案馆档案,Q279-1-117,《四明银行信托部代理买卖经营房地产规则》。

地产、投保火险、派遣警卫等人员,所委托房产产生的一切费用由委托人负担,由经租处从收益中直接扣除。经租处的管理手续费由经租处视手续的繁简按收入总额的3%—5%收取,每期结算时从收益中直接扣除。经租处定期向委托人递交收支结算报告。如果欲解除委托关系,则应在一个月前以书面形式通知经租处,但当所委托的房地产发生所有权益的纠葛时,经租处会立即终止委托经租契约,把所委托的房地产返还委托人。

从《四明银行信托部代理买卖经营房地产规则》[①](见附录Ⅱ第十一章27.)可以看出当时房地产买卖经营的概况。第一,信托部代理买卖房屋,按房地产售价的十分之一收取保证金;若违约,则没收保证金。第二,信托部除代理房地产买卖外,还代理办理登记过户手续。第三,信托部还代理房地产建筑设计的程序。这个规则,既可以看出银行信托部的业务范围,又定明了信托部从事房地产经营买卖的程序和费用。

《联华房地产股份有限公司委托保管房地产基地契据章程》(见附录Ⅱ第十一章28.)[②]实质上是联华房地产股份有限公司保管房地产基地契据的业务章程,详细地规定了保管业务的各种情况下的处理办法和规则以及公司收取的各项费用。

行业自律是近代上海房地产业良性发展的重要保障。通过行业业规,房地产业的发展有了统一的行业标准,房地产从业人员有了统一的职业操守标准,违规者也能够受到惩处。另外,整个行业通过房地产行业公会统一起来,避免在竞争中相互倾轧,哄抬市价,形成市场无序局面,可以减少欺诈,降低房地产投资风险,还可以进行行业内相互救济,统一对外抵御风险。总之,房地产业的自律,有力地促进了近代上海房地产业的发展。

(三)对于房地产业的其他管理

旧上海市政府除了前面所述的对于房地产业的管理以外,还对其他方面进行了管理。例如,对于房屋建筑的管理,1934年7月1日,上海市

---

① 上海档案馆档案,Q279-1-117,《四明银行信托部代理买卖经营房地产规则》。
② 上海档案馆档案,Q266-1-547,《联华房地产股份有限公司委托保管房地产基地契据章程》。

政府公布令第158号制定和颁布了《上海市建筑规则》[①],对于各类建筑的设计、施工、管理、装修、维修、拆迁等从各方面进行详细的规定,同年制定了《上海市牙行营业规则》[②]《上海市牙行货目等则表》[③],对于各行各业其中包括房牙的业务行为作了规范。1935年,制定和颁布了《修正上海市中心区域行政区租地规则》[④],对于上海市中心区域的土地租赁作了规定;同年,颁布了《上海市土地局发行外国教会租用土地契纸规则》[⑤],对于外国教会租用中国的土地发行了专用的地契,并且制定了规则进行管理,另外,还对宿舍和小旅馆进行了管理(见附录Ⅱ第十章29.和30.)。

旧上海市政府对于受灾民众的房屋建设也进行管理,拨给专款让灾民用以建筑房屋,《上海市政府公报》第一百四十期第119页刊登了一份《闸北区灾民借款建屋报告名册》[⑥](见附录Ⅱ第十一章31.)。

从上述史料可以看出,闸北区受灾的民众分为甲、乙两种,分别领到100元和50元的借款用于重新盖建房屋,说明旧上海政府对于房屋建设的财政支出。

从上述法令可以看出主要是为了安全和卫生,但在当时的旧上海,人口多如牛毛,穷苦无居的人到处都是,一幢房屋里挤上十几户人家的现象比比皆是,老百姓苟且偷生尚且困难,何谈居住条件的改善?这样的规定,无疑是起不了大的作用的,现实中到处搭建的现象照旧,华界内的居住环境拥挤、脏、乱、差,房屋建设水平非常落后。

(四)对于房地产业资产评估的管理

对于房地产的资产评估,分为官方和民间两种。官方主要由上海市地政局或土地局等主管机构来评估;民间的评估机构一般有房地产同业公会、银行业同业公会、银钱业同业公会等行业协会。评估的结果会出示评价报告,是房地产交易中重要的价格谈判依据。对于房地产的评估有

---

① 上海档案馆档案,蒋1-0-(6),《上海市政府公报》第一百四十七期,第180页。
② 上海档案馆档案,蒋1-0-(6),《上海市政府公报》第一百四十八期,第146页。
③ 上海档案馆档案,蒋1-0-(6),《上海市政府公报》第一百四十八期,第150页。
④ 上海档案馆档案,蒋1-0-(6),《上海市政府公报》第一百五十一期,第144页。
⑤ 上海档案馆档案,蒋1-0-(6),《上海市政府公报》第一百五十三期,第246页。
⑥ 上海档案馆档案,蒋1-0-(5),《上海市政府公报》第一百四十期,第119页。

一套规定的固定程序。业主首先要填写申请书,填写清楚请求评估的房地产的情况、产权状况、业主的姓名和住址等,把申请书以及地契等递交评估机构。下文的史料是由前上海市地政局颁发给福源钱庄的房地产评估文件:《上海市地政局批(37)沪地七发字第33571号》(见附录Ⅱ第十章32.)①、《福源钱庄银行钱庄信托公司房地产增值表》②(见附录Ⅱ第十一章33.)。

上述评估表分别对福源钱庄的两处房地产进行评估:一处房产是在闸北区二图洪字二圩一甲丘光复路113、127号钱庄联合仓库(即国庆路里)。此处房地产除土地外,有三层楼钢骨水泥栈房二座,二层楼砖木材料双开间石库门住房六幢,单开间一幢。另一处房产在黄浦区七图来字圩十四号八丘即宁波路七十号,有四层钢骨水泥大厦一座。

《上海银行业同业公会联合准备委员会房地产评价报告》③(见附录Ⅱ第十一章36.)是1943年7月16日上海银行业同业公会联合准备委员会的两份房地产评价报告,第一份是第S-1091号报告,对汉口路的501—507号房产以及福建路195弄和215弄的211—227号房产进行评估。上述房地产地契号是 G. L. G. 1800,土地共计2.999亩,每亩价格为国币1 300 000元,上述土地总价值为3 898 700元,地上建筑物的总价值是580 000元。

第二份评估报告是第S-1093号,对福源钱庄宁波路七十号房产进行评估。这份房产的地契号是英册第144册 B. C. Lot 13832号,面积是0.669亩,每亩的地价是国币1 800 000元,房产总价值共计1 204 200元,地上建筑物的价值总额是4 075 000元。

《上海地产评价申请书》④(见附录Ⅱ第十一章35.)是福源钱庄要求对上述两房地要求重新估价的申请书。1946年6月12日,上海同业公

---

① 上海档案馆档案,Q76-2-37,《福源钱庄房地产评估报告(上海市地政局批(37)沪地七发字第33571号)》。
② 上海档案馆档案,Q76-2-37,《福源钱庄房地产评估报告(福源钱庄银行钱庄信托公司房地产增值表)》。
③ 上海档案馆档案,Q76-2-37,《上海银行业同业公会联合准备委员会房地产评价报告(1932)》。
④ 上海档案馆档案,Q76-2-37,《上海地产评价申请书》。

会对第 S-1093-B 号房地产重新评估,出具了《上海银行业同业公会联合准备委员会房地产评价报告》[①](见附录Ⅱ第十一章36.)。

经过三年的时间,第 S-1093-B 号房地产的价格上涨,英册第 144 册 13832 号地契中所载明的 0.669 亩土地,在 1946 年,上述房地产,每亩地价 140 000 000 元,总价值 93 660 000 元,是 1943 年的 77.8 倍;地上建筑物价值总额共计 250 000 000 元,是 1943 年的 61.35 倍。1943—1946 年这三年中,福源钱庄的地产价值以每年平均约 26 倍的速度增长。房产价值以每年平均约 20.45 倍的速度增长。这种增长速度对于上海房地产的发展是一种强有力的驱动,在超越常规的资产增长率下,房地产业的厚利吸引着各地的投资者踊跃投入房地产业中,以期实现资产的迅速翻番。

对于房地产中介机构的管理,特别是资产评估机构的严格管理,能够有力地减少房地产交易中的欺诈事件,避免信用风险,保证房地产市场的健康发展。

六、结论

近代上海房地产业的政府管理有多个方面,其中,税收管理是最重要的手段之一。清代对于房地产业的税收不鼓励房地产产权的转移,阻碍了房地产业的发展。工部局对于租界内房地产业的税收管理税赋沉重而有效率,促进了租界内房地产业的发展。高税赋为工部局提供了雄厚的财政收入,一方面为建设改善租界内的基础环境提供了资金,创建了租界内房地产业发展良好的宏观环境;另一方面建立了租界内房地产业的高市场准入门槛,使租界内迁入高收入人群,产生更多的有效需求,推动租界内房地产业的发展。民国时期,上海特别市政府对于华界房地产业的税收多,税率水平与公共租界相当,但由于华界的房地产价格低,价格上涨幅度小,所以政府的财政收入少。对于居住在华界的平民来说,收入低而税收高,不堪重负。华界的税收管理阻碍了华界房地产业的发展。上海特别市政府对于土地凭证的管理是全面而有效的,有利于土地管理,完

---

① 上海档案馆档案,Q76-2-37,《上海银行业同业公会联合准备委员会房地产评价报告(1935)》。

善了房地产产权制度,便利了房地产交易,促进了近代上海房地产业的发展。旧上海房租一直高涨,租赁纠纷不断,"二房东"对房客的剥削严重,减租运动此起彼伏。上海市政府对于房屋租赁业的管理苍白无力,房屋租赁市场混乱无序。"二房东"现象的产生不是因为外部因素,而是源于社会自身的内部矛盾,来自供需的严重失衡。旧上海的政府是无力治理和消除这种矛盾的。房地产业的行业自律,规范了近代上海房地产市场秩序,保证了房地产交易的良性进行,降低了房地产投资的风险,促进了近代上海房地产业的发展。对于房地产中介机构的严格管理,能够减少欺诈,保证房地产市场的健康发展。

结　论

　　从1843年上海开埠到1949年5月27日上海解放，上海始终处于半封建半殖民地的状态，西方列强的经济势力在中国占据了垄断地位，这是近代上海房地产业发展的基本背景。在这种大背景下考察1843—1937年上海房地产业的发展，可以发现它鲜明地体现出这种半殖民地经济的特征，也最能代表近代上海房地产业发展的最高成就。除战争使上海处于非常态的时期以外，其他的时期，上海的房地产业基本上处于常态的发展环境中，包括多次出现的金融危机事件。本书以1843—1937年上海房地产业的产生发展过程为主线索，以房地产业包含的各个部分为研究对象，研究了上海房地产业的基本发展状况。近代上海房地产业随着租界内由农村地区向城市地区转化而产生，并随着城市化的发展而发展，二元经济结构形成了上海租界内外房地产业发展的不平衡格局。正是洋人势力的侵略和渗透，形成了这种畸形的格局。旧上海以南京路和外滩为中心，形成环状地带层次，越外围的地带，地价越低。旧上海已发展成为多中心状的大都市，每个中心的形成都伴随着房地产业的兴盛，其中，城市规划的作用功不可没。近代上海房地产业发展存在不固定的周期，房地产市场价格波动对于商品市场、金融市场和国际收支的影响途径复杂。从管理上看，清政府的房地产税收制度不鼓励房地产产权的转移，阻碍了房地产业的发展。民国南京政府对房地产业征税多，税率水平高，阻碍了华界房地产业的发展。工部局的房地产税收制度通过有效的财政转移支付,把地价上涨的税收转移到公共事业和基础设施建设中,促进了租界内房地产业的发展。

掩卷长思,近代上海房地产业发展中呈现出来的许多现象发人深省。同时,有许多问题需要进一步深入研究,留待后续的挖掘拓展。

一、广东十三行商人在旧上海房地产业的产生发展中有重要地位和作用

1843年11月17日,按照《南京条约》的规定,开放上海作为通商口岸。当时的上海,已发展成为沿海贸易、内地贸易以及国际贸易的中心,地位重要。英国人之所以选择上海为通商五口岸之一,是因其已取得中国商业的中心地位,地理形势之佳,有重大发展之希望,未来会超越广东。[1] 上海开埠后,最早来上海的一批洋行大多数从广州迁移而来,或是广州洋行开设的分号。洋行买办基本上来源于广东。[2] 原广东十三行培养了大批的外贸人才,他们通晓外语,业务娴熟,经商经验丰富,与外商熟悉并被他们所信赖。广东十三行解散后,这些原广东十三行商人失去了外贸垄断权的优势,不得不寻找出路。他们有敏锐的商业眼光、冒险精神和投资魄力,尤为重要的是,在广东十三行的贸易生涯中积累的雄厚资本以及多年的行业经验,新开的通商口岸对他们是机会。在上海这个陌生的地方,洋商人生地不熟,自然要依靠所信赖的广东商人来为他们服务,打开市场。广东商人来到上海,一方面为洋人雇主服务,另一方面亦想方设法发展自己的产业。他们在立足稳定后又拖亲带友,提携同乡,引领家族中子弟来洋行当学徒。甚至许多广东商人,一代继承一代,整个家族都为一个洋行服务,如徐润所在的广东香山的徐氏家族与宝顺洋行,唐廷枢所在的广东香山唐氏家族与怡和洋行。在上海的广东商人抱成一团,形成了自己的势力。广东帮在上海买办圈子里势力最大,直到19世纪末,

---

[1] 【英】费唐著,【民】工部局华文处译述:《费唐法官研究上海公共租界情形报告书》第1卷,工部局华文处,1931年,第42—43页。

[2] 潘君祥、顾柏荣:《买办史话》,社会科学文献出版社2011年10月第1版,第11页。

广东帮依然维持着龙头的地位。[1]

广东商人在上海的房地产业产生和发展过程中有独特的地位和重要作用。这些广东买办跟随洋人最早涉足上海的房地产业,是上海房地产业的先驱。广东商人在敏锐地察觉到上海房地产业的发展前景后果断投资,购进大量的地产,获利颇丰。他们中不少人,不但是近代著名的实业家,也是赫赫有名的地产大亨,如早期的徐润、唐廷枢、陈炳谦等,以及后来的英美烟草公司买办郑伯昭等。[2] 上海在房地产业发展的过程中,自始至终都有广东商人的身影,他们是上海房地产业发展过程中重要的力量。

二、旧上海租界房地产业的发展为租界的土地财政机制提供了坚实的基础

地税和房捐是上海公共租界工部局的主要财政收入来源,是工部局的行政经费来源。费唐在其报告中认为,地价的高涨,对于增加公共租界行政之经济来源有重大影响。如果地价低落,则公共租界的任何统治机关的经济来源亦将因此自然缩减。[3]

工部局土地财政机制之所以能够实行下去,而且实行得不错,原因只有一个:百年来上海的地产价格一直呈上涨的趋势。

上海地产价格一直呈上涨的趋势,有几个前提条件:

1. 优越的地理位置

上海作为中国第一大港,外可沟通世界各国,内有众多水道与内地相连通,又有历史悠久的漕运水道,其运输便利,是国内其他城市远远不及的。鸦片战争前,上海已经成为中国的商业中心。当然,由于当时广东十三行的外贸垄断,上海在国际贸易方面还没有显示出其惊人的潜力,但上

---

[1] 潘君祥、顾柏荣:《买办史话》,社会科学文献出版社2011年10月第1版,第11—12页。
[2] 程仁杰:"英美烟草公司买办郑伯昭",中国人民政治协商会议上海市委员会文史资料工作委员会:《旧上海的外商与买办》,《上海文史资料选辑》第五十六辑,上海人民出版社1987年2月第1版,第171页。
[3] 【英】费唐著,【民】工部局华文处译述:《费唐法官研究上海公共租界情形报告书》第2卷,工部局华文处,1931年,第144页。

海优越的地理位置和其潜力巨大的发展前景已被英国人所觊觎。1843年末,上海除了开辟为通商口岸,英国植物学家福春(有说此人真实身份为英情报人员)来上海游览,将其所见著录于《中国游记》一书。费唐报告中引用其在书中的叙述来说明这一点。"……中国沿海各地之国际贸易以上海为最重要。故能引起多数民众之注意。鄙人所熟谙之其他城市,均无上海所有之便利。上海为中国之大门,就实际而言,凡至中国者,以上海为主要之入口。溯河而上,以达县城,即见桅樯林立,可知为国内商业云集之所。帆船来自沿海各处。非特来自南方各省,抑且来自山东及北直隶。其每年以此,来自新嘉坡与马来群岛者,数亦甚多。内地运输至便,为世界任何地点所不及。地局扬子江流域,平原广衍,为多数美丽河流所横断。而此项河流,复为漕渠所穿连,其中多数,近於天生之水道,亦有为巨大之人工所造成者。因其地面平坦,故潮汐辄深入内地,用以协助就地商民,输运其出口货於上海,或由上海运输进口货於内地各遥远部分,与内地相交通。……上海之接近苏杭大城,以及金陵古都,其就地贸易之盛,内地河渠转运之便,丝茶运至沪上之比运往广州为速。……经加考量,即可知数年以后上海将不仅能与广州相竞争,且将远比广州为重要无疑。……"[①]

2. 国际都市化的进程中不受土地资源和自然地理环境的限制

上海在发展为国际大都市的进程中不可避免地要有地理范围的扩张。如果受到土地资源的限制以及自然地理条件的制约,使得这种扩张被限定,那么上海都市化的进程必定会被打断。无新的土地资源供继续开发利用,上海的房地产业就会局限在一定规模内,地价上涨也就失去了推动力。上海的自然地理条件,为上海的都市化提供了源源不断的土地资源。"……上海区内及其周围各地,均地面平坦,是扬子三角洲平原之一部分。有多数港道,及其他小水道,交错其间。其冲积之地土,深厚而且肥沃。最近之山,约在二十哩以外。故除黄浦江分短浦东及其余之上海区域,迄今尚未有桥梁外,上海无天然之地理障碍,以限制其都市区域

---

① 【英】费唐著,【民】工部局华文处译述:《费唐法官研究上海公共租界情形报告书》第2卷,工部局华文处,1931年,第27—28页。

之发展。……"①

3. 工商业中心的形成

上海开埠后,短短几年后进出口贸易额就超过了广州,并取代广州成为中国第一大港。随着洋行、商号、银行的进驻,工厂的开设,上海成为中国的商业中心、金融中心、工业中心以及经济中心。根据上海市政府社会局局长潘公展所述,1930年上海有工厂1 500余家,其中,华人工厂1 441家,日商所开56家,英商32家,美商16家,法商7家,其他各国商人开设者19家。② 进出口贸易及工商业繁荣带来了就业机会,大量的人口涌入上海,促使上海的房地产业蓬勃发展。

4. 合适的房地产税负水平和房价的巨幅上升

根据历史资料来看,当地税、房捐税率维持在12%左右时,租界的房地产业的发展达到一个微妙的平衡,再往高升,就会影响房地产业的发展。但单单这个条件还是不够的,另外一个条件更重要,即房价上涨到几十倍高。只有房价上涨幅度巨大带来的收益,才能让房地产业主心甘情愿地缴纳地税,因为这样才能忽略缴纳地税和房捐的损失。

5. 不平等的租地条约及以极低廉的成本拿到最初的土地,买办提供原始启动资金和日常周转资金

公共租界的房地产业能得到发展,基础建立在不平等的租地条约上。根据《地皮章程》,洋人以每亩1 500文的土地价格从原中国业户手中租到土地,这个价格恒久不变。洋人把租地钱交到上海县衙指定的银号中去,再由县衙审核后转交业主。一旦土地租定,中国业主对于自己的土地即失去控制权,只准洋人退租,不准中国业主退租。而洋人的交易却不受限制,洋人可以把租到的土地高价转手,低买高卖,获取高利,这对于洋人来说,无异于空手套白狼。工部局最初租地英册第16号第582分地有126.967亩,包括换租的军工厂地11.0亩,共租地137.967亩,1870年以

---

① 【英】费唐著,【民】工部局华文处译述:《费唐法官研究上海公共租界情形报告书》第2卷,工部局华文处,1931年,第27—28页。

② 转引潘公展著:"解决国货前途之困难",《新闻报》民国十九年(1930年)10月10日国庆特刊。费唐著,【民】工部局华文处译述:《费唐法官研究上海公共租界情形报告书》第2卷,工部局华文处,1931年,第74页。

高价卖予几十位洋商,工部局只留余地44.15亩。这次卖地,是工部局通过大规模出售土地获得的第一笔财政资金。工部局后来也有零星的土地交易。例如,1875年,工部局以每亩4 875两白银的价格出售了0.072亩土地。[①] 1890年,兆丰路上0.03亩的一小块土地被工部局以每亩1 375两白银的价格卖给卡普托。[②]

当时洋行雇佣买办的合同,要求提供财产保证品,保证一部分是现金,另一部分最普遍的是租界内的不动产。买办的功能对洋商来说更类似于出纳[③],平时的日常开支以及生意往来资金先由买办垫付,月底洋商再付给买办。

《地皮章程》租地制度与买办制度简直是为洋人量身打造的发财路。无数西方冒险家一贫如洗来到中国,赚得盆满钵满地离开。如信孚洋行大班兄弟H. Madier和J. Madier,即人称大麦田和小麦田。他们流浪到上海时,都是光棍,后不知从哪弄到5 000两银子,盘下信孚洋行。初开办时,写字间的租金、职工薪金、房租、邮电费和其他日常开支都要买办垫付。薛尧峰担任该行买办时,每月垫支两三千元,到月底才由大班归还。麦田兄弟发财后,在上海毕勋路买了一幢华丽大厦,生活穷奢极欲。[④] 哈同利用给沙逊洋行当经理人的便利,由一个平民最终当上了南京路上的地皮大王,实现了自己的发财梦。美国人史密斯原来只是一个奔走于上海滩的普通汇票掮客,早早地投身于上海房地产业,成为上海滩最早的房地产大王。

《地皮章程》的租地制度,摒弃了中国业主作为卖方的权利利益,只留下买方的权利。洋人对于地产有绝对的控制权,从基础上就给其奠定了

---

　　① 上海档案馆:《工部局董事会会议录译文(1874—1876)》,上海古籍出版社2001年第1版,第683页。
　　② 上海档案馆:《工部局董事会会议录译文(1890—1892)》,上海古籍出版社2001年第1版,第697页。
　　③ 吴培初:《旧上海外商银行买办》//中国人民政治协商会议上海市委员会文史资料工作委员会:《旧上海的外商与买办》,《上海文史资料选辑》第五十六辑,上海人民出版社1987年2月第1版,第78页。
　　④ 中国民主建国会上海市委员会上海市工商业联合会:《外商洋行控制华丝出口史料》//中国人民政治协商会议上海市委员会文史资料工作委员会:《旧上海的外商与买办》,《上海文史资料选辑》第五十六辑,上海人民出版社1987年2月第1版,第18—19页。

地产价格上涨几十倍甚至几千几万倍的利润空间。然而,洋人甚至连低微的成本都不愿意出,往往利用政治上的特权强行占有租界内原华人的土地,有名的四明公所案即因此发生。

上海的房地产业的发展从一开始就是买卖双方不平等,洋人单方面的掠夺游戏。如此广袤无际的土地几乎等同于无偿送给洋人,没有成本的生意哪会赔?风险小而利润巨大的行业,谁不想进入?房地产价格越涨,投资人越多;人越多,房地产价格再涨;如此循环往复,上海房地产价格岂不是历经百年而上涨不停,工部局的土地财政政策才能长久维持下来?

6. 工部局对于租界的规划发展与基础设施公用事业建设

工部局对于租界内的建设加以规划,不断进行基础设施及市政工程建设以及公用事业建设,修筑道路,搭建桥梁、通水通电、开设电话邮局、开通电车、清洁道路、处理垃圾等,甚至设立商场、菜场、牛奶站,不断地改善租界环境,使得租界居住环境日益舒适,吸引更多的人进入。

7. 只有有钱人进入租界

租界内虽然安全,居住舒适,但是房租高昂,地产价格也是旧上海最高的。穷人和平民是住不起的,即使在遭逢战乱的时期进入,也是匆匆暂居,动乱结束,都会返回内地。能长久留在租界的,都是有钱人。这样租界通过高房价、高房租,抬高了租界的进入门槛,使得没有购买力的人群都留在华界,只让有购买消费能力的人群留在租界,这些人产生的住房需求又为租界的房地产业和经济发展提供了新的动力。

总而言之,上述因素就是租界土地财政机制能够长久实行的原因。

三、城市规划使得旧上海成为明显的多中心星状城市

根据理查德·M.贝兹和赛拉斯·J.埃利的理论,城市的发展取决于它的起源及这个城市最初被定位的功能,如政治、商业、交通、战争等,当城镇规模扩大时,会出现各种土地利用模式。大城市的形状更接近星形,而星形城市有多个中心,每个中心的功能不同,建筑群围绕每个中心形成一系列同心环,多个功能相似的圆环又被分成不同的部分。受交通系统的影响,这些圆环变形为线性商业条块区。土地的利用模式受城镇的功能、地形、交通系统、现有主要建筑物的吸引力等因素的影响。[①]

旧上海的形状是明显的多中心星状。在城市化发展过程中,受地理位置、地形条件、使用功能等因素的影响,城市布局和土地利用模式有自然选择的结果并受规划的影响。公共租界和法租界都有明确的规划,华界也有城市规划。1928年,上海特别市工务局局长沈怡致市长的公文中所提出的上海市城市规划与公共租界的布局是相互配合的[②],最有名的城市规划是1930年上海市政府大上海计划的规划图。南京国民政府对于工厂设厂地址也进行严格管理。这些都对旧上海的城市布局和土地利用模式产生了巨大影响。

区位分布对地价有明显的影响。商业区的地价最高,居住区次之,工业区的地价最低。除了租界有明显的区位划分,华界政府规划的区位内也同租界的情形相似,受政府规划的影响,即使是原来一些偏远的无人问津的荒地,由于处于政府规划的工业区内,地价也因此很快上涨。

本书只是对这方面进行了一些粗浅的研究。具体的很多问题,例如旧上海从一个小县城以及周边的小渔村或河沟荒地发展为国际大都市的进程中,肯定对房地产业有巨大的影响。影响是什么呢?旧上海在发展过程中呈现出多中心星形布局,这是城市规划推动还是城市化自然发展的结果?随着租界内道路的修筑,房地产发展及房价是如何变化的?旧上海土地利用的各种模式和效率,区位分布的具体情况及其他的影响因素,房地产业围绕发展的每个中心的位置及功能等许多问题有待后续深入研究。

四、战争和灾荒打破了保甲制度对人口迁移的限制,为近代房地产业的产生提供了可能

综观近代上海房地产业发展史,不难发现,战争在近代房地产产业的

---

① [美]理查德·M.贝兹、赛拉斯·J.埃利:《房地产估价》,电子工业出版社2008年1月第六版,第62页。

② 上海档案馆档案,蒋1-0-1,《上海特别市政府指令第2531号》,《上海市政府公报》第十五期,第49页。

产生和发展中起了很大的作用。但战争并不是房地产业产生的原因,恰恰相反,战争对房地产业来说是毁灭性的打击。战争和灾荒引起的人口大规模迁移,才是影响房地产业发展的重要因素。灾荒和战争发生的时候,灾区和战火区人口不断地流失,十室九空,田地荒芜,那里的房地产再便宜,也无人问津。而没有灾荒和战火的地方,人口不断地流入,房价和房租迅速飞涨,物价腾贵,造成当地经济迅速发展,这是战时状态,并非常态。战乱平息后,避难人员返乡,避难区的房价房租及经济都会跌回正常状态。

清朝实行的保甲制度延续自明代。从明代以来,登记户口的册子,叫"黄册";登记田地的,叫"鱼鳞册"。黄册的户口要写明所拥有的田数以及卖出情况;鱼鳞册画有土地的位置,写明土地类别、数量、业主姓名,如业主将田卖掉,要过户,在政府报告中登记并办理过户手续,即领红契,同时要在黄册中注明。① 清代实行保甲制度。十户为一牌,设牌长;十牌为一甲,设甲长;十甲为一保,设保正。每户给发一牌印,写清每户人口、姓名、从业,往来人员和出行都要登记注明,保正、甲长巡查。十户人家要联名俱保,相互检举,若有一家有罪而不举报,其余九家连坐。这些制度,一是限制土地的流转,二是限制人口的迁移。

中国老百姓根深蒂固的观念中房屋田地是命根子般的存在。许多的价值观与房屋田地密切联系,甚至到了封建迷信的地步。如人们认为卖房子是败家的表现,卖房子预示败坏财运的恶兆等。"千生意,万买卖,不如翻地块。"中国的老百姓除非危及生存,否则不会卖地卖屋,背井离乡。中国历史上发生人口大迁移的时候往往是灾荒和压迫使老百姓走投无路、动乱频起的时候。而近代上海房地产业的产生背景,恰恰就是中国处在灾荒频发、民不聊生的时期。

鸦片战争后,中国连年发生灾荒。1847—1848 年,两大饥荒造成饿殍遍野,死者枕藉。1848 年夏秋至 1849 年底,上海及三江两湖一带,饥荒、水灾、地震、瘟疫接踵而来,死人无数,民不聊生。腐败无能的清政府

---

① 钱穆讲授,叶龙记录整理:《中国社会经济史讲稿》,北京联合出版公司 2016 年 3 月第一版,第 157、159 页。

根本无力管老百姓的死活。战乱以1850年广西金田的太平天国起义为起点，很快在沿灾荒地区传播开来，上海爆发小刀会起义。[①] 灾荒、战乱瓦解了一切的制度和秩序，人口开始了大规模的迁移，由战乱区流出，流向安全的地方。大规模的人口迁移到任何地区，都会有大量的住房需求，租界亦不例外。区别在于，租界是个特殊的地方，它的制度与华界不同。当我们界定近代房地产业产生的时候，租界的资本主义制度就有了非同寻常的意义。

五、垄断是旧上海房地产业发展的必然结果

上海的房地产业发展呈现出垄断的明显特征。从初期洋人的垄断如沙逊、哈同，到华人地产商如程谨轩、徐润，到后来的孔祥熙代表的官僚阶层以及一批民族资本家、上海滩帮派人物等，地产都大量垄断在少数特权阶层人物手中。

土地垄断的后果，就是社会极端的两极分化，金字塔塔尖上的少数人穷奢淫靡，为所欲为，庞大的金字塔底端的人苦苦挣扎，苟延残喘。豪宅内，灯红酒绿，夜夜笙歌；贫民窟内，卖儿卖女，贫病交加。

地产的厚利吸引了大量的投资和土地投机，不择手段获取土地的事例比比皆是，多少平民百姓被逼卖房卖地，流离失所。

经租业对于房客的剥削手段层出不穷，租赁纠纷层出不穷，"二房东"对房客的剥削引起一次次的抗租浪潮。

土地资源是有限的。土地资源占有过程中必然会出现倾轧争夺、弱肉强食的现象。在土地所有权私有制、土地买卖没有限制的背景下，在代表地主阶级利益的政府统治下，土地管理、法律、政府管理形同虚设，土地投机盛行，土地的兼并和垄断是旧上海房地产业发展的必然结果。

[①] 上海市地方志办公室、上海市历史博物馆：《民国上海市通志稿》第一册，上海古籍出版社2013年11月第1版，第94页。

六、畸形的金融体系使得房地产业危机和金融危机联动成为近代上海经济危机的典型特征

旧上海的金融体系发展是畸形的。资本主义的外国银行与中国古老的金融机构钱庄、票号、银炉、当铺并存,外国银行的势力超过了中国的金融机构。中国商人的业务依赖钱庄放款,而钱庄的资金来源严重依赖外国银行。外国银行给钱庄的放款是短期的,只有四五个月,且需要抵押,抵押物要求必须是存放于租界的货物或不动产。钱庄业务中,长期放款业务比例很大,其中最多的是房地产抵押贷款。当时地产押款业务是一种很流行的业务,不只钱庄在做,还有许多其他金融机构和非金融机构也在做。房地产投机商抵押房地契,获得押款后再做地产投机,用租金收入流逐年偿还贷款。当时钱庄业普遍存在房地产业重贷现象,缺乏流动性。在这种情况下,只要外国银行催还贷款,钱庄的银根抽紧,钱庄一头面临外国银行的催债压力,一头长期放款收不回来,被挤兑的后果是难以经营下去而倒闭。另一方面,地产商人抵押过重,一旦现金流断裂,无力偿还贷款,常常牵连几十家钱庄倒闭,而钱庄的倒闭又蔓延开来,牵扯到各行各业,影响整个经济。

房地产业存在发展周期,价格也会有起有落。影响房地产价格的因素复杂,但供求关系是决定性因素。房地产市场随经济萧条而处于低迷状态,房地产滞销,房地产价格下跌,价值缩水,是再正常不过的经济自然规律。

上海的房地产从开埠以来就一直在涨,使得人们对于房地产业这一新生产业有盲目的信心追捧,从来没有想过房价会下跌,也有跌破成本价的时候。所以,当房地产业遇到危机,房地产价格下跌,房产滞销时,资产缩水,亏损严重。房地产业的危机迅速牵动金融体系,引发金融危机。房地产危机和金融危机效应叠加,屡屡重创经济。

在漫长的 100 多年发展史中,旧上海的房地产业经历了多次萧条和危机,每次危机都有严重的金融危机。房地产危机与金融危机联动,对经济的损害蔓延广泛而深刻。上海房地产业在历次危机中也经历了一次次

的重新洗牌。

上文是作者的一些浅见。还有许多问题,需要我们继续深入研究。

从现有的资料发现,公共租界、法租界、华界的房地产价格存在差异,公共租界最高,法租界低于公共租界,华界最低。造成这种差异的原因是什么？除了地理位置或区位的不同以外,还有什么因素？需要进一步从三界的各个方面进行分析,如工商业分布,人口数量及构成,居民收入,房地产需求,就业机会,公共环境(公共卫生如街道清洁、公共厕所、垃圾处理、殡葬),基础设施(如医院、学校、邮电通信、电话、金融机构、公共交通),生活配套(如菜市场建设、水暖电),娱乐设施及场所、管理(如违章建筑管理、物业管理等),公共安全(如公共秩序、安全性、司法)等。这些研究需要的资料琐碎、庞大,需要花费时间和精力去找寻。急切地得出一个结论,往往会有失偏颇。

现有搜集到的关于公共租界房地产税收的这部分资料比较多,也比较系统和连贯。华界的房地产税收资料比较零散、不系统,尤其是1912—1927年期间,即辛亥革命以后至南京政府成立期间,房地产方面的资料很少。这段时期从清帝逊位到东北改旗易帜,主要处于北洋军阀的统治下。这段时期又可分为两个阶段：1912—1916年,袁世凯统治时期；1916—1928年,军阀割据混战时期。上海华界的房地产业在该时期的发展状况如何,税收制度是怎样的,尚待研究。另外,法租界的税收制度如何也缺乏更详细的资料挖掘和研究。

租界和华界的税收制度肯定是存在差异的。从现有的资料来看,华界的税收制度也有许多地方是相似的,如果从税收的各个方面,如管理制度、征收制度、税种、税率等进行比较研究,会发现什么结果呢？

篇幅所限,不再赘言。希望本书能带来一点有益的启示。

参考文献

一、中文著作

1. [德]阿尔费雷德·韦伯:《工业区位论》,商务印书馆 2010 年 11 月版。
2. [德]奥古斯特·勒施:《经济空间秩序——经济财货与地理间的关系》,商务印书馆 2010 年 12 月第一版。
3. [美]布赖恩·贝利恩:《比较城市化》,商务印书馆 2010 年 10 月版。
4. [爱尔兰]伯纳德特·安德鲁索、[爱尔兰]戴维·雅各布森:《产业组织经济学与组织——一个欧洲的视角》,经济科学出版社 2009 年 9 月第 1 版,第 89 页。
5. [爱尔兰]伯纳德特·安德鲁索、[爱尔兰]戴维·雅各布森著,王立平、尹莉等译:《产业经济学与组织》,经济科学出版社 2009 年 9 月第一版。
6. 承载、吴健熙:《老上海百业指南——道路机构厂商住宅分布图》,上海社会科学院出版社 2004 年第一版。
7. [美]查尔斯·J. 雅各布斯:《房地产概论》(中译本),电子工业出版社 2007 年 6 月第一版。
8. [英]查尔斯·古德哈特、[德]鲍里斯·霍夫曼:《房价与宏观经济——对银行业和物价稳定的影响》(中译本),东北财经大学出版社 2010 年 6 月第一版。
9. 陈杰:《城市居民住房解决方案——理论与国际经验》,上海财经大学出版社 2009 年 1 月第一版。
10. [美]查尔斯·F. 弗洛伊德、马库斯·T. 艾伦著,周海平译:《房地产原理》,上海人民出版社 2005 年 10 月第一版。
11. [美]查尔斯·J. 雅各布斯著,任荣荣、张红、卢佳平译:《房地产概论》,电子工业出版社2007年6月第一版。

12. 丁日初:《上海近代经济史》(第一卷、第二卷),上海人民出版社1994年版。

13. [美]丹尼斯·迪帕斯奎尔、威廉·C.惠顿著,龙奋杰等译:《城市经济学与房地产市场》,经济科学出版社2002年7月第一版。

14. [美]丹尼斯·J.麦肯泽、理查德·M.贝茨:《不动产经济学》(中译本),中国人民大学出版社2009年7月第一版。

15. 丁芸、武永春:《房地产经济学》,首都经济贸易大学出版社2008年5月第一版。

16. 菲利普·科特勒、凯文·莱恩·凯勒:《营销管理》,格致出版社、上海人民出版社2012年版,第8页。

17. 郭金兴:《房地产的虚拟性及其波动研究》,南开大学出版社2005年12月第一版。

18. 黄苇、夏林根:《近代上海地区方志经济史料选辑》(1840—1949),上海人民出版社1984年第一版。

19. 洪葭管:《中国金融史》,西南财经大学出版社1998年第四版,第92—93页。

20. 金汉渠:《上海房地产投资与开发》,华东师范大学出版社1993年12月第一版。

21. 贾秀岩、陆满平:《民国价格史》,北京中国物价出版社1992年版。

22. 贾彩彦:《近代上海城市土地管理思想》(1843—1949年),复旦大学出版社2007年版。

23. 鞠方:《房地产泡沫研究——基地实体经济和虚拟经济的二元结构分析框架》,中国社会科学出版社2008年10月第一版。

24. 蒋立红:《不动产热点问题研究评述》,北京师范大学出版社2006年12月第一版。

25. 寇慧丽:《房地产金融》,人民交通出版社2007年1月第一版。

26. 柯庆耀、陈燕武:《澳门房地产发展研究》,社会科学文献出版社2009年11月第一版。

27. [美]理查德·M.贝兹,赛拉斯·J.埃利著,黄英、王秀英、刘琳等编:《房地产估价》,电子工业出版社2008年1月第一版。

28. 刘亚臣:《房地产经济学》,大连理工大学出版社2009年3月第一版。

29. [法]梅朋、傅立德著,倪静兰译:《上海法租界史》,上海社会科学院出版社2007年4月第一版。

30. 宁建华:《房地产经济学实证研究》,安徽大学出版社2010年3月第一版。

31. 彭信威:《中国货币史》,上海人民出版社1988年版,第843页。

32. 全国政协文史资料委员会:《中华文史资料文库》第13卷,中国文史出版社1996

年版。

33. 钱国靖:《房地产经济学》,中国建筑工业出版社 2010 年 1 月第一版。

34.《上海住宅建设志》编纂委员会:《上海住宅建设志》,上海社会科学院出版社 1998 年第一版。

35. 上海市闸北区人民政府:《上海市闸北区地名志》,百家出版社 1989 年第一版。

36. 上海市卢湾区人民政府:《上海市卢湾区地名志》,上海社会科学院出版社 1990 年第一版。

37. 上海市普陀区人民政府:《普陀区地名志》,学林出版社 1988 年第一版。

38. 上海市徐汇区人民政府:《上海市徐汇区地名志》,上海社会科学院出版社 1989 年第一版。

39. 上海市杨浦区人民政府:《杨浦区地名志》,学林出版社 1989 年第一版。

40. 上海市虹口区人民政府:《上海市虹口区地名志》,百家出版社 1989 年第一版。

41. 上海市长宁区人民政府:《长宁区地名志》,学林出版社 1988 年第一版。

42. 上海市静安区人民政府:《上海市静安区地名志》,上海社会科学院出版社 1988 年第一版。

43. 上海市黄浦区人民政府:《上海市黄浦区地名志》,上海社会科学院出版社 1989 年第一版。

44. 上海市南市区人民政府:《上海市南市区地名志》,内部资料 1982 年第一版。

45. 上海市测绘院:《上海市政区地名图集》,中华地图学社 2006 年版。

46.《上海城市规划志》编纂委员会:《上海城市规划志》,上海社会科学院出版社 1999 年 5 月第一版。

47.《上海建筑施工志》编纂委员会:《上海建筑施工志》,上海社会科学院出版社 1997 年 10 月第一版。

48.《上海建筑材料工业志》编纂委员会:《上海建筑材料工业志》,上海社会科学院出版社 1997 年 7 月第一版。

49. 上海市闸北区志编纂委员会:《闸北区志》,上海社会科学院出版社 1998 年 3 月第一版。

50. 上海市黄浦区志编纂委员会:《黄浦区志》,上海社会科学院出版社 1996 年 4 月第一版。

51. 上海市静安区志编纂委员会:《静安区志》,上海社会科学院出版社 1996 年 11 月第一版。

52. 上海市普陀区志编纂委员会:《普陀区志》,上海社会科学院出版社 1994 年 9 月第一版。

53. 上海市南市区志编纂委员会:《南市区志》,上海社会科学院出版社1997年3月第一版。

54. 上海市卢湾区志编纂委员会:《卢湾区志》,上海社会科学院出版社1998年2月第一版。

55. 上海市虹口区志编纂委员会:《虹口区志》,上海社会科学院出版社1996年第一版,第491页。

56. 上海市长宁区志编纂委员会:《长宁区志》,上海社会科学院出版社1996年第一版,第201页。

57. 上海市杨浦区志编纂委员会:《杨浦区志》,上海社会科学院出版社1996年第一版,第289页。

58.《上海地名志》编纂委员会:《上海地名志》,上海社会科学院出版社1998年版,第63页。

59. 上海市闵行区地名志编纂委员会:《闵行区地名志》,上海市社会科学院出版社2000年11月第一版。

60. 顾炳权等:《上海市浦东新区地名志》,华东理工大学出版社1994年12月第1版。

61.《上海通志》编纂委员会:《上海通志》第1册,上海人民出版社、上海社会科学院出版社2005年第一版。

62.《上海通志》编纂委员会:《上海通志》第5册,上海人民出版社、上海社会科学院出版社2005年第一版。

63.《上海对外经济贸易志》编纂委员会:《上海对外经济贸易志》,上海社会科学院出版社2001年12月第一版。

64.《上海价格志》编纂委员会:《上海价格志》,上海社会科学院出版社1998年11月第一版。

65. 上海档案馆:《清代上海房地契档案汇编》,上海市古籍出版社1999年版。

66.《上海租界志》编纂委员会:《上海租界志》,上海社会科学院出版社2001年版。

67. 上海商务印书馆编译所:《大清新法令1901－1911》第一卷,商务印书馆2010年11月第一版,第4－5页。

68. 上海商务印书馆编译所:《大清新法令1901－1911》第二卷,商务印书馆2011年第一版,第472－473页。

69. 上海商务印书馆编译所:《大清新法令1901－1911》第四卷,商务印书馆2011年第一版,第5页。

70.《上海地名志》编纂委员会:《上海地名志》,上海社会科学院出版社1998年版,第

63 页。

71. 上海商务印书馆编译所:《大清新法令 1901—1911》第七卷,商务印书馆 2011 年第一版,第 309—331 页。

72. 上海通社:《旧上海史料汇编》,北京图书馆出版社 1998 年版。

73. 上海市档案馆:《档案里的上海》,上海世纪出版股份有限公司、上海辞书出版社出版发行,2006 年。

74. 上海市房地产经济学会:《热点、难点、焦点——沈正超、庞元、李国华房地产经济论文选》,学林出版社 2005 年 1 月第一版。

75. 伍江:《上海百年建筑史(1840—1949)》,同济大学出版社 1997 年 5 月第一版。

76. 王垂芳:《洋商史》,上海社会科学院出版社 2007 年 7 月第一版。

77. 吴承明:《帝国主义在旧中国的投资》,人民出版社 1955 年版。

78. 王燕谋:《中国水泥发展史》,中国建材工业出版社 2005 年版。

79. [德]沃尔特·克里斯塔勒:《德国南部中心地原理》,商务印书馆 2010 年 11 月版。

80. 王克忠:《房地产经济及其周期研究——王克忠文选》,上海财经大学出版社 2005 年 2 月第一版。

81. 王传荣:《产业经济学》,经济科学出版社 2009 年 1 月第一版。

82. 魏农建:《产业经济学》,上海大学出版社 2008 年 12 月第一版。

83. 王莹、唐晓灵:《房地产经济学》,西安交通大学出版社 2010 年 10 月第一版。

84. 萧国亮:《中国社会经济史研究——独特的食货之路》,北京大学出版社 2005 年 9 月第一版。

85.《最新上海地图(1932 年)》,学苑出版社 2011 年复制出版。

86. 夏杨:《上海道契:法制变迁的另一种表现》,北京大学出版社 2007 年第一版。

87. 徐新吾、黄汉民:《上海近代工业史》,上海社会科学院出版社 1998 年版。

88. [美]约翰·P. 威德默:《房地产投资》(中译本),中信出版社 2005 年 7 月第一版。

89. 姚兵:《房地产学研究》,北京交通大学出版社 2011 年 2 月第一版。

90. 周振鹤:《上海历史地图集》,上海人民出版社 1999 年 12 月第 1 版。

91. 张伟等:《老上海地图》,上海画报出版社 2001 年版。

92. 中国人民银行上海市分行金融研究室:《金城银行史料》,上海人民出版社 1983 年 2 月第一版。

93. 中国人民政治协商会议上海市委员会文史资料委员会:《上海文史资料选辑·第 64 辑·旧上海的房地产经营》,上海人民出版社 1990 年版。

94. 中国人民银行上海市分行:《上海钱庄史料》,上海人民出版社 1960 年第一版,

1978 年 7 月第三次印刷。

95. 中国人民银行金融研究所:《美国花旗银行在华史料》,中国金融出版社 1990 年 4 月第一版。

96. 张荣铮、刘勇强、金懋初点校:《大清律例》,天津古籍出版社 1993 年 12 月第 1 版,第 212 页。

97. 张生:《上海居,大不易:近代上海房荒研究》,上海辞书出版社 2009 年版。

98. 张笑川:《近代上海闸北居民社会生活》,上海辞书出版社 2009 年版。

99. 赵津:《中国城市房地产业史论》(1840—1949),南开大学出版社 1994 年版。

100. 张仲礼、陈曾年:《沙逊集团在旧中国》,人民出版社 1985 年第一版。

101. 詹玉荣、谢经荣:《中国土地价格及估价方法研究·民国时期地价研究》,北京农业大学出版社 1994 年版。

102. 张群:《居有其屋:中国住房权历史研究》,北京社会科学文献出版社 2009 年版。

103. 张小林:《清代北京城区房契研究》,中国社会科学出版社 2000 年第一版。

104. 周建军:《游资冲击与房地产泡沫研究》,中国社会科学出版社 2009 年 10 月第一版。

105. 周京奎:《金融支持过度与房地产泡沫——理论与实证研究》,北京大学出版社 2005 年 11 月第一版。

106. 张永岳、陈伯庚等:《房地产经济学》,高等教育出版社 2011 年 9 月第二版。

107. 钱穆讲授,叶龙记录整理:《中国社会经济史讲稿》,北京联合出版公司 2016 年 3 月第 1 版。

108. 上海市地方志办公室、上海市历史博物馆:《民国上海市通志稿》第 1—4 册,上海世纪出版股份有限公司、上海古籍出版社 2013 年 11 月第 1 版。

109. 上海地方志办公室:《上海年鉴(1854)》,上海书店出版社 2019 年 3 月第 1 版。

110. 罗三洋:《古代丝绸之路的绝唱——广东十三行》,台海出版社 2018 年 5 月第 1 版。

111. 潘君祥、顾柏荣:《买办史话》,社会科学文献出版社 2011 年 10 月第 1 版。

112. 文昊:《民国的买办富豪》,中国文史出版社 2013 年 1 月第 1 版。

113. 许涤新、吴承明:《中国资本主义发展史》,人民出版社 2005 年 1 月第 1 版。

114. 薛理勇:《老上海房地产大鄂》,上海书店出版社 2014 年 7 月第 1 版。

115. 尼古拉·蒂姆斯戴尔(Nicholas Dimsdale)、安东尼·霍特森(Anthony Hotson)编:《1825 年以来英国的金融危机》,沈国华译,上海财经大学出版社 2017 年 2 月第 1 版。

二、中文论文文献

1. 陈文彬:《民营公用事业:"监理"还是"监督"?——关于近代上海公用事业管理方

式的一场官商之争(1927—1930)》,《中国经济史研究》,2006 年 6 月,总第 82 期。

2. 陈学文:《清代土地所有权转移的法制化——清道光三十年山西徐沟县王耀田契(私契、官契、契尾)的考释及其他》,《中国社会经济史研究》,2006 年第 4 期。

3. 陈仕中、黄英良:《近代中国房地产行业组织合法性探究及其现实思考》,摘自《求索》,2007 年第 5 期。

4. 陈云:《近代上海吴淞地区研究(1898—1937 年)》,上海师范大学,2007。

5. 陈珮:《上海道契所保存的历史记忆——以〈上海道契〉英册 1—300 号道契为例》,《史林》,2007 年第 2 期。

6. 陈正书:《近代上海城市土地永租制度考源》,《史林》,1996 年第 2 期。

7. 杜恂诚:《1933 年上海城市阶层收入分配的一个估算》,《中国经济史研究》,2005 年 3 月,总第 77 期。

8. 杜恂诚:《道契制度:完全意义上的土地私有产权制度》,《中国经济史研究》,2011 年第 1 期,总第 101 期同,2011 年 3 月。

9. 杜恂诚:《近代上海钱业习惯法初探》,《历史研究》,2006 年第 1 期。

10. 杜正贞:《上海城墙的兴废:一个功能与象征的表达》,《历史研究》,2004 年第 6 期。

11. 杜恂诚:《从找贴风俗的改变看近代上海房地产交易效率的提高》,《上海经济研究》,2006 年第 11 期。

12. 杜恂诚:《货币、货币化与萧条时期的货币供给——20 世纪 30 年代中国经济走出困局回顾》,《财经研究》,2009 年第 3 期。

13. 杜恂诚:《近代以来沪港成为国际金融中心的启示》,《社会科学》,2008 年第 11 期。

14. 杜恂诚:《收入、游资与近代上海房地产价格》,《财经研究》,2006 年第 9 期。

15. 方行:《中国封建社会的土地市场》,《中国经济史研究》2001 年 6 月,总第 62 期。

16. 樊卫国:《民国上海同业公会处罚制度及其施行机制》,《社会科学》,2008 年第 10 期。

17. 高岱:《英法殖民地行政管理体制特点评析(1850—1945)》,《历史研究》,2000 年第 4 期。

18. 耿崇桑:《抗日战争时期上海房地产业研究》,复旦大学,2009。

19. 贺水金:《论中国近代金银的国际流动》,《中国经济史研究》,2002 年 6 月,总第 66 期。

20. 侯杨方:《民国时期全国人口统计数字的来源》,《历史研究》,2000 年第 4 期。

21. 洪涛、高波、毛中根:《外生冲击与房地产真实价格波动——对 1998—2003 年中国 31 省(市、区)的实证研究》,《财经研究》,2005 年第 11 期。

22. 贾彩彦:《近代上海城市化及对城市土地利用与管理思想的影响》,《上海经济研究》,2004 年第 4 期。

23. 刘克祥:《1927—1937 年的地价变动与土地买卖》,《中国经济史研究》,2000 年 3 月,总第 57 期。

24. 刘巍:《对近代中国的银价、汇率与进出口关系之实证分析》,《中国社会经济史研究》,2004 年第 4 期。

25. 梁四宝、武芳梅:《明清时期山西人口迁徙与晋商的兴起》,《中国社会经济史研究》,2001 年第 2 期。

26. 李雷:《近代上海房地产经营活动研究》,江西师范大学,2008。

27. 刘梅英:《近代两种土地制度的差异性研究——基于租界与自开商埠通商场土地制度的比较》,《石家庄经济学院学报》,2005 年第 4 期。

28. 李桂花:《近代上海租界环境对企业发展的影响及启示》,《上海经济研究》,1998 年第 6 期。

29. 李卉卉:从填浜筑路看上海中心区的河道变迁,上海社会科学院,2006。

30. 刘海岩:《并非仅仅是"道契"——租界土地制度的再探讨》,《历史教学》,2006 年第 8 期。

31. 李百浩、郭建、黄亚平:《上海近代城市规划历史及其范型研究(1843—1949)》,《城市规划学刊》,2006 年第 6 期。

32. 毛剑锋:杨树浦工业区研究(1880—1949),上海师范大学,2006。

33. 牟振宇:近代上海法租界城市化空间过程研究(1849—1930),复旦大学,2010。

34. 马学强:《近代上海道契与明清江南土地契约文书之比较》,《史林》,2002 年第 1 期。

35. 牟振宇:《近代上海法租界城市空间的扩展》,《城市规划学刊》,2008 年第 2 期。

36. 聂宝璋:《十九世纪中叶在华洋行势力的扩张与暴力掠夺》,《近代史研究》,1981 年第 2 期。

37. 潘光:《旧上海犹太商人如何经营房地产》,《沪港经济》,2007 年第 5 期。

38. 钱宗灏:《上海近代城市规划的雏形(1845—1864)》,《城市规划学刊》,2007 年第 1 期。

39. 孙建国:《论民国时期上海银行业防弊与信用保证制度变革》,《中国经济史研究》,2007 年 3 月,总第 85 期。

40. 孙玉琴:《简述近代上海对外贸易中心地位的形成》,《中国经济史研究》,2004 年 12 月,总第 76 期。

41. 孙慧、张新:《"租界与近代上海"国际学术研讨会召开》,《上海档案》,2002 年第 1 期。

42. 孙倩:《上海近代城市建设管理制度及其对公共空间的影响》,同济大学,2006。

43. 孙倩:《上海近代城市规划及其制度背景与城市空间形态特征》,《城市规划学刊》,2006 年第 6 期。

44. 田凯:《从房地产广告看近代中国房地产市场》,《文史杂志》,2001 年第 4 期。

45. 魏金玉:《高峰、发展与落后:清代前期封建经济发展的特点与水平》的补充,《中国经济史研究》,2008 年 9 月,总第 91 期。

46. 吴景平、张徐乐:《关于研究 1949—1952 年期间上海私营金融业的若干问题》,《中国经济史研究》,2005 年 3 月,总第 77 期。

47. 汪敬虞:《关于鸦片战后 10 年间银贵钱贱影响下中国对外贸易问题的商榷》,《中国经济史研究》,2006 年 3 月,总第 81 期。

48. 王跃生:《从档案资料看 18 世纪中国人口的迁移流动》,《中国经济史研究》,2006 年 9 月,总第 83 期。

49. 武力:《中国近代以来经济增长与结构演变研究的几点启示——〈劳动力的流动与农村社会经济变迁〉读后感》,《中国经济史研究》,2004 年 12 月,总第 76 期。

50. 江太新:《明清时期土地股份所有制萌生及其对地权的分割》,《中国经济史研究》,2002 年 9 月,总第 67 期。

51. 汪太新:《论清代前期土地买卖的周期》,《中国经济史研究》,2000 年 12 月,总第 60 期。

52. 王玉茹:《世界市场的扩展与中国市场制度的变迁》,《中国社会经济史研究》,2002 年第 2 期。

53. 吴景平:《上海银行同业公会改组风波(1929—1931)》,《历史研究》,2003 年第 2 期。

54. 王立诚:《英国与近代中外贸易"法治"的建立》,《历史研究》,2001 年第 2 期。

55. 吴景平:《英国与中国的法币平准基金》,《历史研究》,2000 年第 1 期。

56. 吴景平、王晶:《"九·一八"事变至"一·二八"事变期间的上海银行公会》,《近代史研究》,2002 年第 3 期。

57. 吴建章:《小刀会起义与上海租界房地产业的初步形成》,《东华大学学报(社会科学版)》,2004 年第 2 期。

58. 吴建光:《金融市场的发展与大量游资的兴起》,《国际金融研究》,1995 年第 8 期。

59. 王庆国:《试论外商与近代上海房地产业——以塞法迪犹太人为例》,《社会科学家》,2005年第S1期。

60. 王中茂、卫铁林:《外商经营房地产活动与上海城市的近代化》,《郑州航空工业管理学院学报》,2000年第3期。

61. 徐华:《近代上海房地产市场波动的金融分析(1929—1935)》,《财经研究》,2007年第11期。

62. 姚会元:《银行业推动近代上海市场经济发展》,《中国社会经济史研究》,2009年第2期。

63. 闫东玲:《外商银行在近代上海成长中的作用》,《潍坊教育学院学报》,2007年第1期。

64. 游子民:《当年,他在旧上海炒房成首富》,《金融经济》,2006年第19期。

65. 杨祖静:《近代上海静安寺城区研究》,上海师范大学,2007。

66. 叶兰莲:《近代上海提篮桥城区研究》,上海师范大学,2007。

67. 姚凯:《近代上海城市规划管理思想的形成及其影响》,《城市规划》,2007年第2期。

68. 庄维民:《贸易依存度与间接腹地:近代上海与华北腹地市场》,《中国经济史研究》,2008年3月,总第89期。

69. 张萍:《从牙行设置看清代陕西商品经济的地域特征》,《中国经济史研究》,2008年6月,总第90期。

70. 赵津:《不动产走向市场——论近代中国房地产商品化的历史前提》,《中国经济史研究》,2005年12月,总第80期。

71. 张徐乐:《上海银行公会结束始末述论》,《中国经济史研究》,2003年9月,总第71期。

72. 张忠民:《近代上海工人阶层的工资与生活——以20世纪30年代调查为中心的分析》,《中国经济史研究》,2011年第2期,2011年6月,总第102期。

73. 张伟:《近代上海租界房地产开发略述》,《文史杂志》,2004年第2期。

74. 张仲礼、沈祖炜:《近代上海市场发育的若干特点》,《学术季刊》,1994年第2期。

75. 张伟:《租界与近代上海房地产》,《西南交通大学学报(社会科学版)》,2002年第3期。

76. 张伟:《近代上海租界房地产开发略述》,《文史杂志》,2004年第2期。

77. 张仲礼、陈曾年:《沙逊集团在华两次发展高潮的资金来源》,《上海经济研究》,1986年第2期。

78. 张仲礼、熊月之、潘君祥、宋一雷:《近代上海城市的发展、特点和研究理论》,《近代史研究》,1991年第4期。

79. 赵津:《近代政府对城市土地经济运行的宏观调控》,《近代史研究》,1994年第3期。

80. 张婷婷:《城市化进程中的边郊地区》,上海师范大学,2006。

81. 庄灵君:《清代城市房地交易管理研究》,四川大学,2006。

82. 张胜永:《试析南京国民政府时期上海工人住房问题及政府对策》,华东师范大学,2007。

83. 朱德新:《民国保甲制度研究述评》,《安徽史学》,1996年第1期。

84. 俞飞:《清国商人跨国诉讼的悲凉身影》,《法治周末》,2015年11月4日。

三、史料文献

(一)上海档案馆档案

1. B119-1-203,《执业田单》,共5页。

2. B119-1-203,《上海市政府档案全宗》,第23页。

3. B242-1-291-14,《执业田单》,共9页。

4. B258-2-123,《上海市人民政府公共房屋管理处档案全宗概况介绍》,共21页。

5. B258-2-153,《上海市人民政府公共房屋管理处档案全宗情况介绍》。

6. Q116-4-5,《粤侨商业联合会第一零五八三号中西文道契》。

7. Q266-1-547,《联华房地产股份有限公司委托保管房地产基地契据章程》。

8. Q270-1-127,《九袯洲全体业主户名产权住址一览表》。

9. Q270-1-171,《上海市典业信托社房地产有价证券及存出款项》。

10. Q279-1-117,《四明银行信托部代理买卖经营房地产规则》。

11. Q38-1-5,《天利淡气制品厂股份有限公司选择建厂地区及购地的有关事项、地产共有合同》。

12. Q403-1-319,《1932年内地自来水公司租地合同》。

13. Q456-1-124,《裕记经租处房产部租户姓名录》。

14. Q53-1-002,上海档案馆法公董局档案,《上海市银行资产表》。

15. Q54-3-453,《中国银行上海分行》。

16. Q76-30-135,《庆大庄房租收据》。

17. Q116-4-5,《粤侨商业联合会第一零五八三号中西文道契》,共4页。

18. Q117-25-28,《湖南旅沪同乡会契据》,共9页。

19. Q124-1-1210,《上海市银行租赁合同》,共9页。

20. Q188-1-17,《张致果经租处代理经租之业主姓名住址一览表》。

21. Q193-1-122,《申新纺织公司租赁房屋合同》,共6页。

参考文献　　453

22. Q199-14-3,《圆圆染织厂买卖田地契》,第1—2、3、5页。
23. Q199-39-3,《上海五和织造厂土地契约证书》,第6—7、46、52、75—88页。
24. Q213-1-55,《上海市政府训令》,共4页。
25. Q266-1-484,《报告兴陆公司营业情形案》。
26. Q266-1-484,牛庄路永平安里房地产购置经历书。
27. Q266-1-583,《本行信托部地产情形》,共9页。
28. Q266-1-67,《大陆银行信托部资料》,共71页。
29. Q266-1-88,《大陆银行资料》,共99页。
30. Q-267-1-12-155,《中国银行上海分行》。
31. Q268-1-29,《银行部房地产投资报告表》,共2页。
32. Q268-1-535-19,《浙江兴业银行房地产信托部为购进地产一方事致总行函（1931年2月）》。
33. Q268-1-536-3,《浙江兴业银行房地产信托部为售出地产三处事致总行函（1931年12月）》。
34. Q268-1-71-32,《四合公司承购浙江兴业银行房地产与浙江兴业银行所订合同书（1930年4月）》。
35. Q269-1-10,《上海合益房地产公司档案》。
36. Q269-1-356,《上海市房地产业业规》。
37. Q269-1-359,《新华银行房地产保险表》,共21页。
38. Q269-1-359,《1937年新华信托储备银行房租表》。
39. Q269-1-82,《新华信托储蓄银行公函》,共2页。
40. Q270-1-127,《财政局处理劈卖劈典及分析不动产请领图照办法》。
41. Q270-1-171,《浙江第一商业银行总行房地产投资账余额表》,共12页。
42. Q276-1-206,《中国实业银行沪区各单位估值前资产负债表》等,共22页。
43. Q276-1-206-46,《中国实业银行房地产投资估值表》,共1页。
44. Q281-1-174,《中国通商银行余额表》,共10页。
45. Q304-1-36-26,《地契照片》(1875年),第2—3页。
46. Q362-1-50,《中华民国上海市土地局永租契第捌柒柒号》,共1页。
47. Q371-1-221,《建安实业公司房地产地契照片一包》,第43—45、46、4、90—92页。
48. Q38-19-2-1,《振华油漆股份有限公司资产负债表》,共8页。
49. Q38-40-4,《新亚化学制药股份有限公司综合类（中华民国二十九年三月二十五日卖买房地契约一份）》。
50. Q38-4-23,《英商美查公司上海江苏药水厂大华企业公司承让,美查公司所有江苏药水厂转让财产契约》,第 21 页。

51. Q38-4-24,《上海江苏药水厂厂史沿革》,第 2—3 页。

52. Q38-4-28,《上海江苏药水厂本厂 1958—1961 年基建年报》。

53. Q38-4-37,《上海江苏药水厂本厂基本情况材料》。

54. Q403-1-836,《上海内陆地产股份有限公司房屋买卖合同》,共 101 页。

55. Q53-1-141,《中国银行上海分行档案》。

56. Q53-1-141,《中央银行上海分行房地产道契及土地执业证一览表》,共 14 页。

57. Q5-3-1811,《陆文彪与闸北水电公司买卖土地》,共 8 页。

58. Q55-2-216,《上海交通银行(上海交通银行租屋契约)》。

59. Q55-2-216,《上海交通银行房地产投资表》。

60. Q55-2-271,《交通银行二十二年资产负债增减比较表》。

61. Q55-2-569,《三行会商》,共 36 页。

62. Q72-4-88,《中央信托局接管仓库及道契清册等公文》,共 10 页。

63. Q76-2-37,《福源钱庄房地产评估报告(上海市地政局批(37)沪地七发字第 33571 号)》。

64. Q76-2-37,《福源钱庄房地产评估报告(福源钱庄银行钱庄信托公司房地产增值表)》。

65. Q76-2-37,《上海银行业同业公会联合准备委员会房地产评价报告(1932)》。

66. Q76-2-37,《上海地产评价申请书》。

67. Q76-2-37,《上海银行业同业公会联合准备委员会房地产评价报告(1935)》。

68. Q76-2-37,《上海银行业同业公会联合准备委员会房地产评价报告》等,共 12 页。

69. Q89-1-8,《生生牧场地契及地契合同》。

70. R1-7-830,《前上海市财政局民国二十六年永租契地年租收据清册》,共 8 页。

71. S107-1-17,《上海市纸盒工业同业公会购地契约及原主(修拼)的执业田单(1855—1931)》。

72. S322-1-15-1,《上海市花树商业同业公会花神公所地契影印件等文书》。

73. S418-1-8,《上海市西烟商业同业公会(中华民国时期)房地契据及其完粮纳税凭证以及向外单位投资的股票等有关文书》。

74. S428-1-13-5,《上海市瓷商业同业公会房屋及基地契约及草契各一份》。

75. Y10-1-434,《中国经济年鉴》,实业部中国经济年鉴编纂委员会编辑,民国二十三年商务印书馆发行。

76. Y10-1-437,《中国经济年鉴》,实业部中国经济年鉴编纂委员会编辑,民国二十四年续编,商务印书馆发行。

参考文献

77. Y10-1-438,《中国经济年鉴》,实业部中国经济年鉴编纂委员会编辑,民国二十五年第三编,商务印书馆发行。

78. Y10-1-440,《中国经济年鉴》,共 2 页。

79. Y10-1-441,《中国经济年鉴》,共 8 页。

80. Y10-1-442,《上海经济年鉴》,共 15 页。

81. Y15-1-17-796,《中国银行报告》,第 805—809、847—848 页。

82. 蒋 1-0-1,《上海特别市政府指令第 2531 号》,《上海市政府公报》第十五期,第 49 页。

83. 蒋 1-0-1,《上海特别市政府指令第 2531 号》,《上海市政府公报》第十八期,第 71—72 页。

84. 蒋 1-0-1,《上海市政府公报》第十八期,第 125 页。

85. 蒋 1-0-1,《上海市政府公报》第三十九期,第 45 页。

86. 蒋 1-0-1,《上海市政府公报》第三十九期,第 46—47 页。

87. 蒋 1-0-1,《上海市政府公报》第四十五期,第 48 页。

88. 蒋 1-0-1,《上海市政府公报》第四十八期,第 55 页。

89. 蒋 1-0-1,《上海市政府公报》第五十一期,第 77 页。

90. 蒋 1-0-(2),《上海市政府公报》第五十六期,第 5 页。

91. 蒋 1-0-(2),《上海市政府公报》第五十六期,第 39 页。

92. 蒋 1-0-(2),《上海市政府公报》第五十六期,第 52 页。

93. 蒋 1-0-(2),《上海市政府公报》第五十六期,第 63 页。

94. 蒋 1-0-(2),《上海市政府公报》第六十七期,第 40 页。

95. 蒋 1-0-(2),《上海市政府公报》第六十八期,第 22 页。

96. 蒋 1-0-(2),《上海市政府公报》第七十期,第 22 页。

97. 蒋 1-0-(2),《上海市政府公报》第八十四期,第 30 页。

98. 蒋 1-0-(2),《上海市政府公报》第八十四期,第 49—52 页。

99. 蒋 1-0-(2),《上海市政府公报》第八十六期,第 59—60 页。

100. 蒋 1-0-(3),《上海市政府公报》第九十七期,第 61—62 页。

101. 蒋 1-0-(3),《上海市政府公报》第一百零二期,第 69 页。

102. 蒋 1-0-(3),《上海市政府公报》第一百零六期,第 39 页。

103. 蒋 1-0-(3),《上海市政府公报》第一百二十二期,第 166 页。

104. 蒋 1-0-(5),《上海市政府公报》第一百三十二期,第 139—140 页。

105. 蒋 1-0-(5),《上海市政府公报》第一百三十五期,第 124—125 页。

106. 蒋 1-0-(5),《上海市政府公报》第一百四十期。

107. 蒋1-0-(5),《上海市政府公报》第一百四十期,第119页。

108. 蒋1-0-(6),《上海市政府公报》第一百四十七期,第180页。

109. 蒋1-0-(6),《上海市政府公报》第一百四十八期,第146页。

110. 蒋1-0-(6),《上海市政府公报》第一百四十八期,第150页。

111. 蒋1-0-(6),《上海市政府公报》第一百四十九期,第192页。

112. 蒋1-0-(6),《上海市政府公报》第一百五十期,第221页。

113. 蒋1-0-(6),《上海市政府公报》第一百五十三期,第246页。

114. 蒋1-0-(8),《上海市政府公报》第一百五十八期,第108页。

115. 蒋1-0-(6),《上海市政府公报》第一百五十一期,第144页。

116. 蒋1-0-(8),《上海市政府公报》第一百六十八期,第108页。

117. 蒋1-0-(8),《上海市政府公报》第一百六十八期,第109页。

118. 蒋1-0-(8),《上海市政府公报》第一百七十期,第118页。

119. 蒋1-0-(8),《上海市政府公报》第一百七十七期,第111页。

120. Q270-1-126,《浙江第一商业银行投资浦口九袱洲地产卷第一册》。

121. Q270-1-127,《浙江第一商业银行投资浦口九袱洲地产卷第二册》(附九袱洲及骆马湖契底租单)。

122. Q185-3-9224,《上海地方法院关于英商恒业地产公司诉洪嘉倪迁让案》,第1页。

123. Q78-2-13850,英商《恒业地产公司》概况调查,第1—4页。

(二) 历史文献

1. 上海档案馆:《工部局董事会会议录译文》全27册,上海古籍出版社2001年第1版。

2. 《统计月报》,1916年第一期。

3. 《统计月报》,1916年第十期。

4. 《社会统计月报》,民国二十一年十一月。

5. 《社会统计月报》,民国二十一年十二月。

6. 《上海经济年鉴》,民国十三年度,上海每日新闻社著作兼发行。

7. 蔡育天:《上海道契》1—30卷,世纪出版集团上海古籍出版社2005年1月第1版。

8. 上海特别市房地产业同业公会:《上海特别市房地图册第壹集,前北区及前闸北区一部分地册地契面积估价对照表》,上海特别市房地产业同业公会,民国三十年九月(1941年9月)。

9. 《世界二十四大城市之地价比较》,湖南大学季刊,1935,1(2)。

10.《汇兑:上海房地产押款呆滞之真相》,《银行周报》,1935,19(39)。

11.《银行界消息备闻:上海银行公会募集房地产公债详情:募集上海银行公会房地产公债办法》,《银行月刊》,1923,3(7)。

12.《杂纂上海银行公会募集房地产公债之拟议》,《银行周报》,1923,7(13)。

13.《近年上海地价增涨之调查及意见》,《钱业月报》,1926,6(3)。

14.《上海地价腾涨谈》,《经济》杂志,1930。

15.《上海地价已至尖端》,《礼拜六》,1932(460)。

16.《上海县实行地价税经过纪要》,江苏省地政局编印,民国二十六年三月。

17. 上海新益地产股份有限公司:《上海市地价区划图》,1944年3月。

18. 上海房产公会:《上海房产公会重要文件》,民国二十一年九月编印。

19. 葛绥成:《袖珍最新上海地图》,上海中华书局,民国十八年十一月(1929年11月)版。

20. 王季深:《上海之房地产业》,上海经济研究所,民国三十三年七月。

21. 张辉:《上海市地价研究》,正中书局,民国二十四年七月出版兼印行。

22.《战时上海经济》第一辑,上海经济研究所,民国二十四年十月出版发行。

23. 朱斯煌:《民国经济史》//沈云龙:《近代中国史料丛刊》三编第四十七辑,文海出版社有限公司印行。

24. 狄超白:《中国经济年鉴》,太平洋经济研究社出版,中华民国三十七年五月一日初版。

25. 萧铮:《民国二十年代中国大陆土地问题资料》,成文出版社有限公司(美国)中文资料中心印行1977年第一版。下列第26—63项皆包括在此丛书里。

26. 黄振铖:《云南田赋之研究》,第11447—11979页,同上。

27. 缪启愉:《武昌田赋之研究》,第11981—12436页,同上。

28. 蓝之章:《芜湖田赋之研究》,第11981—12436页,同上。

29. 周之佐:《青岛市地测量及评价之研究》,同上。

冯山彭:《青岛市地登记及课税之研究》,第12437—12832页,同上。

30. 欧学芳:《四川省土地陈报之研究》,第12833—13519页,同上。

31. 李若虚:《大冶农村经济研究》,同上。

杨予英:《宜宾农村之研究》,同上。

张维熊:《山西阳曲五台二县农村经济研究》,第20953—21510页,同上。

32. 马学芳:《成渝铁路成都平原之土地利用问题》,第22125—22564页,同上。

33. 袁初群:《犍为土地利用之研究》,第23171—23775页,同上。

34.《平湖农村经济之研究》,《江苏盐垦区土地利用问题》,第22565—23169页,同上。

35.《綦江水利工程与土地利用之关系》,《湖北省之土地利用与粮食问题》,23778—24408,同上。

36.《安徽垦殖问题》,《宜宾土地利用之研究》,第24409—24906页,同上。

37.《广东土地利用与粮食产销》,第25459—25934页,同上。

38.《甘肃河西农村经济之研究》,《云南省五县农村经济之研究》,第26365—26784页,同上。

39.《綦江农村经济之研究》,《口为农村经济之研究》,第26785—27356页,同上。

40.《巴县农村经济之研究》,《屏山农村经济之研究》,第27358—27998页,同上。

41.《湖南省土地利用与粮食问题》,《察哈尔农村经济研究》,第28001—28711页,同上。

42.《昆明县租佃制度之研究》,《苏州无锡常熟三县佃租制度调查》,第32598—33268页,同上。

43.《北碚一带房租地租之研究》,《南温泉房地租之研究》,第33269—33860页,同上。

44.《明代土地问题》,《江都耕地分配》,第34348—34946页,同上。

45.《北平市之地价地租房租与税收》,《成都市地价与房租之研究》,第44399—41522页,同上。

46.《长沙市地价之研究》,《重庆市地价与房租之研究》,第40953—41522页,同上。

47. 潘信中:《长沙市一年来之地价与房租》。

　　丘信:《宜宾地价之研究》,同上。

48. 陈家鼎:《宜昌沙市之地价研究》。

　　向思远:《上海嘉定,南江奉贤等四县改征地价税之研究》,第42043—42565页,同上。

49. 陈岳麟:《南京之住宅问题》。

　　吴德虞:《杭州市土地使用分配之研究》,第47771—48369页,同上。

50. 沙曾炤:《上海市之都市设计与土地利用》,第48371—48781页,同上。

51. 吕思俭:《市地利用之研究》,第48784—49328页,同上。

52. 王槃:《昆明市房屋问题》,同上。

　　刘岫青:《南京市土地征收之研究》,同上。

　　张建新:《南京市地区划利用问题》,第49329—49989页,同上。

53. 杨振口:《湘桂铁路沿线地价研究》。

　　房师文:《天津市地价之研究》,第42567—43203页,同上。

参考文献

54. 杨正礼:《上海市办理地价税之研究》。
    林传沧:《福州厦门地价之研究》,第 43207—43793 页,同上。
55. 邢长铭:《重庆市一年来地价之变动》。
    梅元复:《汉口市地价之研究》,第 44271—44741 页,同上。
56. 鲍家驹:《汉口市住宅问题》。
    王慰祖:《上海市房租之研究》,第 49991—50545 页,同上。
57. 王慰祖:《上海市土地局实习总报告》,第 60435—61024 页,同上。
58. 李鸿毅:《北平市财政局实习总报告》,第 90313—91159 页,同上。
59. 周之佐:《青岛市政府实习报告》;
    王文甲:《山东省财政厅实习报告》,第 92959—93335 页,同上。
60. 张聊渊:《甘肃实习调查日记》,第 93719—93976 页,同上。
61. 邓长恒:《贵州财政厅实习调查日记》,第 88467—88836 页,同上。
62. 周锡桢:《开封盐务实习调查日记》;
    帖敏岐、赵晋三:《河南财政厅、民政厅及其他机关实习总报告》,第 86934—87223 页,同上。
63. 王之藼:《安徽省财政厅土地整理处实习报告》,第 84043—84389 页,同上。
64. 《上海市行号路图录》(又名《商用地图》),上海福利营业股份有限公司编印,1940 年第一版。
65. 上海房产公会:《上海房产公会自来水问题专刊》,上海房产公会,民国二十年九月(1931 年 9 月)印,第 1—4、143 页。
66. 《业广公司》,《中西商务报》,1915,1(3),第 1 页。
67. 《中外大事记:上海近事:业广公司抗交爱国捐》,兴华,1927,24(37),第 1—2 页。
68. 《中外大事记:上海近事:上海最近的建筑与地产交易》,兴华,1929,26(47),第 1 页。
69. 《地产消息:六月份上海之地产交易总额》,《联益之友》,1930(156),第 1 页。
70. 《地产珍闻:七月份炎热天气:地产交易大有起色》,《联益之友》,1930(158),第 1 页。
71. 《经济之部:工商、产业、地产:本年份沪市地产交易衰落》,《时事汇报》,1934(3),第 1 页。
72. 《汇总:地产交易之回落》,《银行周报》,1935,19(49)。
73. 《上海之金融市场(续上):第一编:证券市场:五、民国三十年外商股票及发股公司之调查:恒业地产公司》,《经济研究》,1942,3(7),第 1—3 页。
74. 《上海之金融市场(续上):第一编:证券市场:五、民国三十年外商股票及发股公司之调查:中和产业公司》,《经济研究》,1942,3(7),第1—3页。

75.《上海之金融市场(续上):第一编:证券市场:五、民国三十年外商股票及发股公司之调查:英法地产公司》,《经济研究》,1942,3(7),第1—3页。

76.《上海之金融市场(续上):第一编:证券市场:五、民国三十年外商股票及发股公司之调查:华懋地产公司》,《经济研究》,1942,3(7),第1—3页。

77.《上海之金融市场(续上):第一编:证券市场:五、民国三十年外商股票及发股公司之调查:中国建业地产公司》,《经济研究》,1942,3(7),第1—3页。

78.《上海之金融市场(续上):第一编:证券市场:五、民国三十年外商股票及发股公司之调查:中国营业公司》,《经济研究》,1942,3(7),第1—3页。

79.《上海之金融市场(续上):第一编:证券市场:五、民国三十年外商股票及发股公司之调查:业广地产公司》,《经济研究》,1942,3(7),第1—4页。

80. 巴玲:《景纶衫袜厂(工商史料之十七)(附图表、照片)》,《机联会刊》,1934(109)。

81.《一九二六年上海之地产情形(一)(普益地产公司司库述)》,《联益之友》,1927(39)。

82.《一九二六年上海之地产情形(二)》,《联益之友》,1927(40)。

83.《一九二六年上海之地产情形(三)》,《联益之友》,1927(41)。

84.《一九二六年上海之地产情形(四)》,《联益之友》,1927(42)。

85.《一九二六年上海之地产情形(五)》,《联益之友》,1927(43)。

86.《一九二六年上海之地产情形(六)》,《联益之友》,1927(44)。

87.《一九二六年上海之地产情形(七)》,《联益之友》,1927(45)。

88.《一九二六年上海之地产情形(八)》,《联益之友》,1927(46)。

89.《上海社会之现象:地皮掮客之钻营(附图)》,《图画日报》,1909(89)。

90.《滑稽画:五官四肢之生活(二):古董掮客之生活》,《世界》,1921(1)。

91. 甘贝:《白话集:房子掮客》,《新都周刊》,1943(16)。

92. 中国人民政治协商会议上海市委员会文史资料委员会:《旧上海的房地产经营》,《上海文史资料选辑》第六十四辑,上海人民出版社1990年3月第一版。

93. 北华捷报馆:《上海年鑑1852》中文版,上海书店出版社2019年6月重印。

94. 中国人民政治协商会议上海市委员会文史资料委员会:《旧上海的外商买办》,《上海文史资料选辑》第五十六辑,上海人民出版社1990年3月第一版。

95. 雷麦著,蒋学楷、赵康节译:《外人在华投资》,商务印书馆1962年。

96.【英】费唐著,【民】工部局华文处译述:《费唐法官研究上海公共租界情形报告书》第1—3卷,工部局华文处,1931年。

97. 上海通社:《上海研究资料》,上海书店1984年1月第1版。

98. 上海通社:《上海研究资料续集》,上海书店 1984 年 12 月第 1 版。

99.【清】葛元煦撰,郑祖安标点:《沪游杂记》,上海书店出版社 2006 年 10 月第 1 版。

100.【清】徐润撰,梁文生校注:《徐愚斋自叙年谱》,江西人民出版社 2012 年 8 月第 1 版。

101.【清】徐润撰:《上海杂记》,《近代中国史料丛刊续辑》(491)//沈云:徐愚斋自叙年谱,文海出版社 1978 年 3 月第一版。

102. 上海联合征信所编辑:《上海金融业概览》//张研、孙燕京:《民国史料业刊》第 463 辑,《经济金融》,大象出版社 2009 年 8 月第 1 版。

103.【清】徐珂:《清稗类钞》第 17 册农商工艺,商务印书馆 1917 年 11 月第 1 版。

104. 陈炎林:《上海地产大全》,【上海】陈炎林,民国二十二年十一日【1933 年 11 月】華豊印刷鑄字所印刷,陈炎林发行。

105. 上海书店出版社:《民国上海年鉴汇编》(全 20 册),上海书店出版社 2013 年 8 月第 1 版。

106. 徐珂编纂:《上海商业名录》,商务印书馆 1918 年 7 月第 1 版。

107. 徐珂编纂:《上海商业名录》,商务印书馆 1920 年 4 月第二版。

108. 徐珂编纂:《上海商业名录》,商务印书馆 1922 年 11 月第三版。

109. 林震编纂:《上海商业名录》,商务印书馆 1925 年 3 月第四版。

110. 林震编纂:《上海商业名录》,商务印书馆 1928 年 3 月第五版。

111. 中国商务广告公司:《上海商业名录》,商务印书馆 1931 年 4 月第六版。

112. 顾怀宾、鲍士英:《上海市行号路圖录》(上册),福利营业股份有限公司出版,民国三十六年(1947 年)第 2 版。

113. 鲍士英:《上海市行号路圖录》(下册),福利营业股份有限公司出版,民国三十六年(1949 年)第 2 版。

114.【清】梁嘉彬:《广东十三行考》,广东人民出版社 1999 年 12 月第 1 版。

115.【英】孔佩特:《广州十三行》,商务印书馆 2014 年 9 月第 1 版。

116.【清】容闳著,徐凤石、恽铁樵译:《西学东渐记——容纯甫先生自叙》,广东省出版集团新世纪出版社 2011 年 8 月第 1 版。

四、外文文献

1. 上海档案馆档案,Q38-4-17,《英商美查公司上海江苏药水厂历年年度结算(卷二)(1908—1952 年)》。

2. 上海档案馆档案,Q38-4-16,《英商美查公司上海江苏药水厂历年年度结算(卷一)(1908—1950 年)》。

3. 上海档案馆档案,U38-4-154,《法公董局档案——私人建筑物估价》。

4. 上海档案馆档案,U38-4-154-3606,《房屋营造价值统计》,共 405 页。

5. 上海档案馆档案,U38-4-151,法公董局档案。

6. 上海档案馆档案,Q38-4-1,《MAJOR BROTHERS,LIMITED》,共 80 页。

7. North-China Herald Office Printed:SHANGHAI ALMANAC AND COMMERCIAL GUIDE FOR 1852,上海书店出版社。

8. 周湘译:Frederic D. Grant:The Failure of Li-ch'uan Litigationasa Hazard of Nineteenth Century Foreign Trade,*American Neptune*,48,No. 4,Fall,1988.

附录Ⅰ 第一章

一、黄浦区(公共租界中区)数据资料

住宅名称	住宅类型	建筑年代	建筑结构	幢数	建筑面积(平方米)	坐落位置
又新里	旧式里弄	1898	砖木二层	7	1 118	九江路296弄
三和里	旧式里弄	1876	砖木二层	22	6 950	江西中路412、432、460弄
万安里	旧式里弄	1876	砖木二层	11	2 058	北京东路400弄
五福里	旧式里弄	1930	砖木二层	1	226	五福路51弄
仁美里	旧式里弄	1931	砖木二层	9	2 094	北京东路427弄
仁德里	旧式里弄	1900	砖木二层	2	450	南无锡路64弄
升昌里	旧式里弄	1923	砖木二层	6	612	北无锡路60弄
升荣里	旧式里弄	1921	砖木二层	5	964	天津路236弄
长鑫里	旧式里弄	1917	砖木二层	15	4 396	天津路145弄
平阳里	旧式里弄	1912	砖木二层	4	760	北无锡路46弄
东富康里	旧式里弄	1911	砖木二层	3	830	天津路295弄
北高阳里	旧式里弄	1911	砖木二层	4	1 140	盆汤弄20弄
北随安里	旧式里弄	1911	砖木二层	3	580	五福路86弄
永余坊	旧式里弄	1926	砖木二层	2	376	福建中路352弄
永清里	旧式里弄	1929	砖木二层	5	1 114	宁波路244弄
永源里	旧式里弄	1911	砖木二层	6	1 192	天津路7弄
丝业会馆弄	旧式里弄	1911	砖木二层	15	4 905	山西南路255弄
协和里	旧式里弄	1912	砖木二层	2	740	河南中路4—7弄
吉祥里	旧式里弄	1876	砖木二层	17	5 790	河南路531、541弄
西富康里	旧式里弄	1905	砖木二层	5	1 356	天津路305弄
同吉里	旧式里弄	1901	砖木二层	12	4 755	天津路31弄、南京东路192弄
同益里	旧式里弄	1925	砖木二层	4	712	北无锡路66弄
同和古里	旧式里弄	1876	砖木二层	5	6 339	宁波路74弄
庆和里	旧式里弄	1912	砖木二层	1	1 960	河南中路333弄
庆顺里	旧式里弄	1911	砖木二层	29	8 630	北京东路316弄
庆福里	旧式里弄	1913	砖木二层	8	1 667	江西中路469弄
余新里	旧式里弄	1929	砖木二层	2	514	新菜市场6弄
怀远中里	旧式里弄	1911	砖木二层	1	630	山东中路286弄
青阳里	旧式里弄	1876	砖木二层	2	1 262	南京东路306弄
松柏里	旧式里弄	1911	砖木二层	6	1 408	山东北路45、53弄
阜成里	旧式里弄	1931	砖木二层	4	2 026	宁波路99弄、天津路44弄
阜安里	旧式里弄	1907	砖木二层	3	1 444	宁波路207弄、天津路138弄
恰成坊	旧式里弄	1911	砖木二层	3	644	台湾路42弄
南随安里	旧式里弄	1911	砖木二层	3	518	五福路78弄

续表

住宅名称	住宅类型	建筑年代	建筑结构	幢数	建筑面积（平方米）	坐落位置
种德里	旧式里弄	1928	砖木二层	12	3 498	山西南路 332 弄
选青里	旧式里弄	1921	砖木二层	1	531	宁波路 129 弄
保记里	旧式里弄	1902	砖木二层	3	1 365	宁波路 327 弄
保安里	旧式里弄	1930	砖木二层	5	902	南京东路 486 弄
顺寿里	旧式里弄	1923	砖木二层	4	836	南无锡路 16 弄
亲仁里	旧式里弄	1896	砖木二层	4	930	南京东路 338 弄
恒源里	旧式里弄	1876	砖木二层	11	3 701	天津路 179 弄
济阳里	旧式里弄	1911	砖木二层	9	3 546	河南中路 479 弄
冠群坊	旧式里弄	1915	砖木二层	9	1 760	南京东路 301 弄
昼锦里	旧式里弄	1876	砖木一层、二层	5	1 905	汉口路 360 弄、九江路 369 弄
昼锦里	旧式里弄	1876 年前	砖木二层	8	2 188	九江路 397 弄、汉口路 386 弄
耕兴里	旧式里弄	1904	砖木二层	3	662	宁波路 363 弄
泰记里	旧式里弄	1911	砖木二层	11	3 420	天津路 110 弄
祥康里	旧式里弄	1913	砖木二层	5	2 292	天津路 157 弄
陶朱里	旧式里弄	1911	砖木二层	17	3 650	福建中路 266 弄
乾记里	旧式里弄	1911	砖木二层	6	2 308	天津路 182 弄
望云里	旧式里弄	1911	砖木二层	6	1 433	河南中路 426、466 弄
清远里	石库门里弄	1876 年前	砖木一层	34	1 872	北京东路 288 弄
鸿仁里	石库门里弄	1911	砖木二层	13	7 330	天津路 51 弄
隆庆里	石库门里弄	1911	砖木二层	16	3 888	宁波路 284 弄
维庆里	石库门里弄	1911	砖木二层	5	3 114	天津路 247 弄
惠民里	石库门里弄	1900	砖木二层	3	328	北京东路 526 弄
景行里	石库门里弄	1876	砖木二层	7	3 512	天津路 212 弄、宁波路 279 弄
景和里	石库门里弄	1911 年前	砖木二层	8	1 826	福建中路 246 弄
铸范里	石库门里弄	1912	砖木二层	2	876	北无锡路 43 弄
集益里	石库门里弄	1876	砖木二层、三层	11	8 677	天津路 195 弄
瑞兴里	石库门里弄	1922	砖木二层	3	873	北无锡路 28 弄
腾凤里	石库门里弄	1876	砖木二层	14	5 213	四川中路 548、572 弄
满春里	旧式里弄	1904	砖木二层	9	4 728	台湾路 9、19、29 弄
慈丰里	旧式里弄	1902	砖木二层	10	2 206	九江路 414 弄、山西路 133 弄
慈丰里	旧式里弄	1902	砖木二层	3	398	南京东路 389 弄
慈永里	旧式里弄	1902	砖木二层	3	820	南京东路 450 弄
慈昌里	旧式里弄	1911	砖木二层	27	5 631	南京东路 146 弄
慈顺里	旧式里弄	1911 年前	砖木二层、三层	18	2 296	宁波路 10 弄、四川中路 499 弄
慈益里	旧式里弄	1904	砖木二层	7	1 869	九江路 444 弄、石潭路 20 弄
福兴里	旧式里弄	1928	砖木二层	12	4 154	北京东路 360 弄
福星坊	旧式里弄	1912	砖木二层	2	2 372	山西南路 331 弄
福缓里	石库门里弄	1930	砖木二层	15	10 398	天津路 170 弄

续表

住宅名称	住宅类型	建筑年代	建筑结构	幢数	建筑面积（平方米）	坐落位置
德兴坊	旧式里弄	1911年前	砖木二层	1	174	山东路278弄
德和里	旧式里弄	1912	砖木二层	5	1 196	山西南路349弄
德馨里	旧式里弄	1876	砖木二层	6	1 924	南京东路324弄
人丰里	旧式里弄	1916	砖木二层	23	2 950	厦门路25弄
九江里	旧式里弄	1915	砖木二层	45	3 785.1	云南中路308弄
大庆里	石库门里弄	1915	砖木二层	39	10 156	南京东路799弄
大牲坊	旧式里弄	1914	砖木二层	2	432	浙江中路262弄
大新坊	旧式里弄	1914	砖木二层	7	1 685	汉口路588弄
天福里	旧式里弄	1941	砖木三层	3	604	天津路351弄
五福里	旧式里弄	1925	砖木二层	2	480	北京东路819弄
太源里	旧式里弄	1920	砖木二层	3	666	六合路146弄
日新里	旧式里弄	1931	砖木二层	5	1 024	南京东路572、584弄
仁兴里	旧式里弄	1897	砖木二层	4	812	厦门路27弄
介祉里	旧式里弄	1914	砖木二层	6	1 260	福建中路471弄
升安里	旧式里弄	1894	砖木二层	5	1 567	宁波路473弄
长吉里	旧式里弄	1909	砖木二层	6	1 966	西藏中路584弄
文明坊	旧式里弄	1928	砖木二层	2	426	牛庄路650弄
平乐里	旧式里弄	1938	砖木二层	23	2 828	西藏中路330、340弄
东鼎余里	旧式里弄	1915	砖木二层	4	616	芝罘路10弄
龙兴里	旧式里弄	1929	砖木二层	6	1 176	天津路426弄
北益丰里	旧式里弄	1930	砖木二层	3	602	贵州路225弄
汇中里	旧式里弄	1938	砖木二层	4	906	福建中路261弄
宁波里	旧式里弄	1919	砖木二层	2	528	六合路59弄
永平里	旧式里弄	1934	砖木二层	8	2 116	贵州路297弄
永吉里	旧式里弄	1905	砖木二层	3	450	福建中路香粉弄34弄
永安坊	旧式里弄	1916	混合二层	2	996	牛庄路顾家弄51弄
永兴里	旧式里弄	1902	砖木二层	8	2 453	厦门路39弄
永康里	旧式里弄	1933	砖木二层	5	1 692	北京东路796弄
永德里	旧式里弄	1910	砖木二层	2	520	香粉弄48弄
永平安里	旧式里弄	1929	砖木二层	10	2 452	宁波路620弄
西鼎余里	旧式里弄	1915	砖木二层	8	838	北京东路761弄
百德里	旧式里弄	1936	砖木二层、三层	7	1 238	顾家弄23弄
光华坊	旧式里弄	1935	砖木二层	8	2 044	宁波路520弄
曲江里	旧式里弄	1914	砖木二层	7	2 138	汉口路522弄
后逢吉里	旧式里弄	1929	砖木二层	4	838	贵州路131弄
安康里	旧式里弄	1938	砖木二层	11	928	云南中路307弄
均安里	旧式里弄	1930	混合二层	13	1 968	厦门路76弄
苏润里	旧式里弄	1931	砖木二层	13	1 356	厦门路60弄

续表

住宅名称	住宅类型	建筑年代	建筑结构	幢数	建筑面积（平方米）	坐落位置
财神里	旧式里弄	1916	砖木二层	8	498	北京东路 713 弄
余兴里	旧式里弄	1916	砖木二层	24	5 053	福建中路 305 弄
余荫里	旧式里弄	1909	砖木二层	8	1 338	北京东路 640 弄
宋家弄	旧式里弄	1899	砖、混二层、三层	16	4 041	北京东路 688 弄
宏兴里	旧式里弄	1935	砖木二层	18	4 226	北京东路 850 弄
纯孝里	旧式里弄	1910	砖木二层、三层	8	878	北京东路 645 弄
松安里	旧式里弄	1930	砖木二层	10	960	北京东路 627 弄
松阳里	广式里弄	1912	砖木二层	28	1 662	厦门路 53 弄
松寿里	旧式里弄	1930	砖木二层	5	1 168	北京东路 608 弄
茂盛里	旧式里弄	1931	砖木二层	8	1 465	南无锡路 136 弄
明智里	旧式里弄	1931	砖木二层	4	1 497	贵州路 30 弄
宝德里	旧式里弄	1905	砖木二层	1	160	香粉弄 85 弄
居易里	旧式里弄	1925	砖木二层	11	2 782	六合路 127、139 弄
春寿里	旧式里弄	1899	砖木二层	5	982	厦门路 75 弄 20—28 号
南益丰里	旧式里弄	1930	砖木二层	4	528	贵州路 198 弄
荣寿里	旧式里弄	1909	砖木二层	45	4 352	厦门路 161 弄
厚德里	旧式里弄	1930	砖木二层	3	640	福建中路 533 弄
钟秀里	旧式里弄	1920	砖木二层	5	1 020	顾家弄 79 弄
修德坊	旧式里弄	1937	砖木二层	4	827	北京东路 647 弄
保安里	旧式里弄	1923	砖木二层	8	1 246	天津路 440 弄
保康里	旧式里弄	1924	砖木二层	25	5 014	浙江中路 575 弄
顺康里	旧式里弄	1927	砖木二层	5	868	厦门路 50 弄
衍庆里	旧式里弄	1929	砖木二层	74	12 714	厦门路 230 弄
恒清里	旧式里弄	1926	砖木二层	6	1 210	凤阳路 7 弄
洪德里	旧式里弄	1909	砖木二层	2	560	厦门路 75 弄 3032 号
洪德里	石库门里弄	1907	砖木二层	20	4 666	浙江中路 599、609 弄
前逢吉里	旧式里弄	1906	砖木二层	5	1 416	贵州路 77 弄
顾家弄	石库门里弄	1867 年前	砖木二层	22	1 652	宁波路、顾家弄
顾家弄	旧式里弄	1916	砖木二层	10	1 526	顾家弄 65、68、76 弄
致富里	旧式里弄	1921	砖木二层	6	1 682	福建中路 351 弄
峻德里	旧式里弄	1916	砖木二层	6	3 969	南无锡路 162 弄
钱江里	旧式里弄	1910	砖木二层	3	2 411	宁波路 430 弄
积福里	石库门里弄	1914	砖木二层	4	964	顾家弄 34 弄
积福里	石库门里弄	1903	砖木二层	9	2 968	宁波路 457 弄
萃福里	旧式里弄	1937	砖木二层	17	1 942	宁波路 456 弄
盛泾里	旧式里弄	1930	砖木二层	2	762	南苏州路 767 弄
崇新里	旧式里弄	1908	砖木二层	3	755	宁波路 439 弄
鸿兴里	旧式里弄	1920	砖木二层	6	1 384	厦门路 243 弄

续表

住宅名称	住宅类型	建筑年代	建筑结构	幢数	建筑面积（平方米）	坐落位置
敦贻里	旧式里弄	1937	砖木二层	4	750	北京东路607弄
渭水坊	旧式里弄	1921	砖木二层	10	2 822	宁波路542弄
尊德里	石库门里弄	1928	砖、混二层、三层	138	27 020	厦门路136弄
善全里	旧式里弄	1929	砖木二层	6	1 340	龙泉园路36、44、50弄
富润里	广式里弄	19世纪末	砖木二层		2 700	贵州路270弄
瑞芝里	旧式里弄	1927	砖木二层	4	828	宁波路470弄
瑞康里	旧式里弄	1934	砖木二层	15	4 080	北京东路830弄
新庆余里	旧式里弄	1919	砖木二层	14	1 934	北京东路658弄
慈庆里	旧式里弄	1913	砖木二层	12	3 262	浙江中路275弄
慈安里	旧式里弄	1931	砖木二层	6	1 318	宁波路587弄
慈兴里	旧式里弄	1914	砖木二层	5	1 340	金华路7弄
慈和里	旧式里弄	1915	砖木二层	11	3 488	广西路277、287弄
慈觉里	旧式里弄	1911	砖木二层			九江路548弄
慈淑里	旧式里弄	1932	砖木二层	3	790	云南中路336弄
福宁里	旧式里弄	1913	砖木二层	3	648	浙江中路274弄
福庆里	旧式里弄	1909	砖木二层	3	678	牛庄路770弄
福寿村	旧式里弄	1939	砖木二层	2	396	厦门路64弄
福和里	旧式里弄	1905	砖木二层	2	468	福建中路509弄
福禄里	旧式里弄	1904	砖木二层	5	1 074	六合路117弄
福德里	旧式里弄	1916	砖木二层	7	1 426	北京东路713弄内
群益坊	旧式里弄	1917	砖木二层	4	834	宁波路446弄
管鲍里	旧式里弄	1921	砖木二层	2	510	天津路445弄
增裕里	旧式里弄	1929	砖木二层	2	368	宁波路657弄
震厚里	旧式里弄	1928	砖木二层			厦门路42弄
德丰里	旧式里弄	1917	砖木二层	6	1 770	北京东路702弄
德仁里	旧式里弄	1929	砖木二层	10	2 220	广西北路446弄
德兴里	旧式里弄	1928	砖木二层	1	356	牛庄路731弄
德裕里	旧式里弄	1915	砖木二层	19	4 372	六合路36、52弄
镛寿里	旧式里弄	1929	砖木二层	10	2 090	牛庄路666弄
人安里	石库门里弄	1901	砖木二层	51	7 041	牯岭路145弄、定兴路8号
人寿坊	旧式里弄	1933	砖木二层	7	1 060	凤阳路344弄
人和里	旧式里弄	1928	砖木二层	34	6 777	凤阳路60弄
九如里	旧式里弄	1907	砖木二层	7	1 586	凤阳路463弄
九福里	旧式里弄	1919	砖木二层	31	7 300	江阴路88弄
三凤里	旧式里弄	1913	砖木二层	1	120	成都北路586弄
三多里	旧式里弄	1913	砖木二层	17	4 078	成都北路478至532弄
三官里	旧式里弄	1912	砖木二层	9	940	新昌路31弄
三祝里	旧式里弄	1918	砖木二层	6	1 934	重庆北路293弄

续表

住宅名称	住宅类型	建筑年代	建筑结构	幢数	建筑面积（平方米）	坐落位置
大兴里	旧式里弄	1928	砖木二层	3	898	江阴路 83 弄
大新一村	旧式里弄	1924	混合三层	3	1 461	白河路 40 弄
久兴里	旧式里弄	1914	砖木二层	9	3 141	凤阳路 476 弄
元兴里	广式里弄	1912	砖木二层	6	286	凤阳路 314 弄
太和村	旧式里弄	1921	混合三层	14	3 045	威海路 190 弄
仁里	旧式里弄	1913	砖木二层	4	1 060	江阴路 176 弄
公平里	旧式里弄	1919	砖木二层	7	960	长沙路 17 弄
升昌里	旧式里弄	1934	砖木二层	14	986	凤阳路 288 弄
长寿里	旧式里弄	1925	砖木二层	2	328	北京西路 161 弄
长福里	旧式里弄	1927	砖木二层	4	770	凤阳路 136 弄
丹凤里	旧式里弄	1912	砖木二层	4	579	北京西路 97 弄
凤端里	旧式里弄	1931	砖木二层	5	1 259	白河路 11、21 弄
六仪坊	旧式里弄	1937	砖木二层	7	1 426	江阴路 106 弄
平和里	石库门里弄	1931	砖木二层	74	11 178	北京西路 239 弄
白克里	广式里弄	1911	砖木二层	27	1 679	凤阳路 306 弄
礼福坊	旧式里弄	1915	砖木二层	5	586	成都北路 642 弄
兰村	旧式里弄	1939	砖木二层	5	686	江阴路 51 弄
永吉里	旧式里弄	1916	砖木二层	10	2 378	西藏中路 579、587 弄
永年里	石库门里弄	1905	砖木二层	37	10 599	凤阳路 376、406 弄
协和里	旧式里弄	1932	砖木三层	23	3 421	黄河路 132 弄
西邻里	石库门里弄	1918	砖木二层	15	870	成都北路 254 弄
西祥康里	旧式里弄	1939	砖木二层	13	2 516	凤阳路 461 弄
百合里	旧式里弄	1904	砖木二层	12	617	黄河路 172 弄
同寿坊	旧式里弄	1931	砖木二层	5	1 518	成都北路 608 弄
同春坊	旧式里弄	1933	砖木二层	46	9 282	凤阳路 228 弄
同益村	新式里弄	1938	砖木二层	21	2 084	成都北路 378 至 408 弄
同益里	新式里弄	1929	砖木二层、三层	32	9 895	南京西路 479 弄
同裕里	旧式里弄	1915	砖木二层	7	1 066	江阴路 130 弄
同福里	石库门里弄	1926	砖木二层	47	8 869	南京西路 270 弄、凤阳路 303 弄
传寿里	旧式里弄	1935	砖木二层	26	2 270	凤阳路 344 弄
华安坊	旧式里弄	1930	砖木二层	9	2 199	南京西路 96 弄
华兴里	旧式里弄	1938	砖木二层	4	638	成都北路 240 弄
延庆里	旧式里弄	1921	砖木二层	6	1 266	牯岭路 120 弄
兴乐里	旧式里弄	1926	砖木二层	4	450	北京西路 133 弄
兴和里	旧式里弄	1939	砖木二层	13	3 488	北京西路 411 弄
余庆里	旧式里弄	1910	砖木二层	17	1 694	成都北路 598 弄
怀安里	旧式里弄	1905	砖木二层	4	871	凤阳路 150 弄
怀德里	旧式里弄	1910	砖木二层	10	1 860	凤阳路 200 弄

续表

住宅名称	住宅类型	建筑年代	建筑结构	幢数	建筑面积（平方米）	坐落位置
张家浜	旧式里弄	1926	砖木二层	19	343	凤阳路317弄
武昌里	旧式里弄	1932	砖木二层	12	2 620	成都北路632弄
尚德新村	新式里弄	1937	砖混二层、三层	13	3 690	威海路92弄
和平坊	旧式里弄	1939	砖木二层	14	1 670	新昌路61弄
南阳东里	旧式里弄	1904	砖木二层	2	610	牯岭路46弄
南阳西里	旧式里弄	1904	砖木二层	3	718	牯岭路60弄
荣业新村	新式里弄	1940	混合三层	9	2 448	南京西路450弄
荣华新村	东洋式里弄	1927	砖木二层	5	485	新昌路151弄
咸益里	旧式里弄	1924	砖木二层	31	7 789	重庆北路300至324弄
咸德里	石库门里弄	1910	砖木二层	52	4 595	西藏中路539至559弄
威海新村	新式里弄	1931	混合三层	14	6 332	威海路12弄
侯在里	旧式里弄	1906	砖木二层	9	2 169	凤阳路439弄
顺天村	新式里弄	1941	砖木二层、三层	24	8 022	成都北路264弄
顺德里	广式里弄	1914	砖木二层	5	424	凤阳路326弄
派克里	石库门里弄	1935	砖木二层	13	1 833	黄河路107弄
爱寿里	旧式里弄	1913	砖木二层	5	1 040	新昌路64弄
留余坊	旧式里弄	1909	砖木二层	7	1 824	凤阳路150弄
益源里	旧式里弄	1890	砖木二层	34	2 542	凤阳路100弄
祥康里	石库门里弄	1924	混合二层、三层	121	13 267	新昌路87弄、119弄
祥麟里	旧式里弄	1916	砖木二层	3	390	威海路150弄
梅乐村	旧式里弄	1938	砖木二层	4	828	新昌路31弄
梅南坊	旧式里弄	1924	混合二层	7	714	南京西路282弄
梅福里	旧式里弄	1932	砖木二层	18	4 172	黄河路125弄
逸民里	旧式里弄	1929	砖木二层	4	1 098	凤阳路448弄
清和里	旧式里弄	1939	砖木二层	19	1 105	新昌路61弄
鸿运别墅	旧式里弄	1939	砖木二层	15	1 216	南京西路70弄
斯盛里	旧式里弄	1906	砖木二层	13	1 971	牯岭路51弄
景兴里	旧式里弄	1906	砖木二层	9	1 059	北京西路335弄
裕和里	旧式里弄	1925	砖木二层	23	2 876	南京西路455弄
登贤坊	旧式里弄	1909	砖木二层	2	920	凤阳路344弄27—29号
瑜伽精舍	花园式里弄	19世纪末	砖木三层	4	2 152	成都北路江阴路口
鹏飞坊	花园式里弄	1930	砖木二层	6	1 212	凤阳路399弄
锦乐里	旧式里弄	1912	砖木二层	7	1 908	威海路172弄
新巾村	旧式里弄	1930	砖木二层	61	7 961	新昌路215、245弄
新昌路38弄	旧式里弄	1934	砖木二层	18	4 355	
福康里	旧式里弄	1929	砖木二层	2	1 052	牯岭路100弄
福源里	旧式里弄	1899	砖木二层	58	3 985	南京西路70弄
群寿里	旧式里弄	1912	砖木二层	8	2 428	凤阳路161弄

续表

住宅名称	住宅类型	建筑年代	建筑结构	幢数	建筑面积（平方米）	坐落位置
聚兴坊	旧式里弄	1915	砖木二层	21	4 008	凤阳路 434 弄
聚锦里	旧式里弄	1933	砖木二层	10	1 382	牯岭路 144 弄
毓麟里	旧式里弄	1909	砖木二层	28	2 596	牯岭路 103 弄
德星里	旧式里弄	1910	砖木二层	1	1 322	凤阳路 199 弄
德澄里	石库门里弄	1934	砖木三层	1	600	新昌路 38 弄 67 号
懋德里	旧式里弄	1924	砖木二层	11	2 491	新昌路 63、67 号
九春里	旧式里弄	1910	砖木二层	34	2 060	成都北路 962 弄
三成坊	旧式里弄	1920	砖木二层	8	1 600	新昌路 300、310 弄
三星里	旧式里弄	1912	砖木二层	5	838	北京西路 134 弄
三祝里	旧式里弄	1911	砖木二层	4	806	温州路 88、100 弄
三益里	旧式里弄	1923	砖木二层	9	1 544	新闸路 445 弄
三街杀猪弄	旧式里弄	1900	砖木二层	18	1 813	成都北路 1012 弄
三街洋房屋	旧式里弄	1926	砖木二层	7	1 186	成都北路 998 弄
大兴里	旧式里弄	1932	砖木二层	8	1 046	成都北路 988 弄
上吉坊	石库门里弄	1931	砖木二层	1	220	新闸路 418 弄
义成坊	旧式里弄	1930	砖木二层	6	589	成都北路 772 弄
义德里	旧式里弄	1916 年后	砖木二层	18	2 212	新昌路 345 弄 70－104 号
太平弄	旧式里弄	1900 年后	砖木二层	20	2 353	黄河路 215 弄
太平坊	旧式里弄	1925	砖木二层	47	4 950	新闸路 35－57 弄
中文德里	旧式里弄	1908 年后	砖木二层	12	1 775	新桥路 52 弄
仁济里	旧式里弄	1925	砖木二层	52	8 476	新闸路 433 弄
仁德里	旧式里弄	1927	砖木二层	4	306	温州路 7 弄
公盛里	旧式里弄	1900	砖木二层	1	516	成都北路 1012 弄内 10 号
长福里	旧式里弄	1926	砖木二层	37	4 310	山海关路 156 弄
文德坊	旧式里弄	1916	砖木二层	12	830	黄河路 215 弄 56 支弄
平乔里	旧式里弄	1930	砖木二层	4	616	北京西路 120 弄
平安里	旧式里弄	1920	砖木二层	2	654	黄河路 327 弄 40－44 号
正贤坊	石库门里弄	1913	砖木二层	5	1 702	长沙路 149 弄内
乐安里	旧式里弄	1910	砖木二层	1	241	新昌路 418 弄
永寿里	旧式里弄	1913	砖木二层	9	1 808	新昌路 546 弄
永炳里	旧式里弄	1910	砖木二层	5	596	新昌路 345 弄 39－47 号
老聚庆里	旧式里弄	1916	砖木二层	7	1 534	新闸路 456 弄
存在里	旧式里弄	1910	砖木二层	4	544	新桥路 36 弄
成都里	旧式里弄	1916	砖木二层	2	332	成都北路 712 弄
光远坊	旧式里弄	1930	砖木二层	1	1 159	北京西路 256 弄
同安坊	旧式里弄	1936	砖木二层	22	1 998	新桥路 29 弄
后三德里	旧式里弄	1906	砖木二层	6	1 156	新昌路 353 弄
合兴里	石库门里弄	1910	砖木二层	6	1 253	新闸路 229 弄

续表

住宅名称	住宅类型	建筑年代	建筑结构	幢数	建筑面积(平方米)	坐落位置
庆安里	旧式里弄	1910	砖木二层	8	1 843	新昌路293弄126支弄
庆余里	旧式里弄	1924	砖木二层	3	2 124	成都北路842弄
寿康里	旧式里弄	1916	砖木二层	14	1 931	新闸路471弄
苏州里	旧式里弄	1900	砖木二层	3	665	黄河路223弄
余庆里	旧式里弄	1910	砖木二层	2	878	温州路33弄
福海里	旧式里弄	1928	砖木二层	39	3 824	温州路65—101弄
福禄里	旧式里弄	1916	砖木二层	6	1 825	新昌路480弄
福源里	旧式里弄	1876	砖木二层	2	590	黄河路327弄1、3号
聚庆里	旧式里弄	1922	砖木二层	50	5 395	新闸路478弄
肇庆里	旧式里弄	1916年后	砖木二层	25	4 753	成都北路852、874、884弄
德清里	旧式里弄	1900年后	砖木二层	11	969	成都北路1050弄
懋益里	旧式里弄	1912年后	砖木二层	43	8 584	新昌路389弄
九如里	旧式里弄	1917	砖木二层	7	776	金陵西路44弄
三多里	旧式里弄	1916	砖木二层	3	556	金陵西路50弄
三余里	旧式里弄	1924	砖木二层	4	812	延安东路1462弄
三德里	旧式里弄	1937	砖木二层	13	1 176	延安东路1006弄
大方里	旧式里弄	1929	砖木二层	11	1 416	成都北路152弄
大顺里	旧式里弄	1920	砖木二层	4	704	西藏中路42弄
大德里	旧式里弄	1930	砖木二层	4	504	成都北路162弄
马安里(老)	旧式里弄	1925	砖木二层	66	6 678	大沽路186弄
马安里(新)	旧式里弄	1925	砖木三层	32	4 639	大沽路183弄
马德里(西)	旧式里弄	1929	砖木二层	3	212	黄陂北路27弄
中铁新村	旧式里弄	1948	砖木二层	15	1 371	大沽路142弄22支弄
文盛坊	旧式里弄	1910	砖木二层	3	768	延安东路462弄内
东邻里	旧式里弄	1910	砖木二层	5	396	延安东路256弄
东武里	旧式里弄	1923	砖木二层	4	345	西藏中路40弄
东三德里	旧式里弄	1925	砖木二层	10	914	龙门路27弄
永贵里	旧式里弄	1924	砖木二层	19	3 172	延安东路1462弄内
永安里	旧式里弄	1925	砖木二层	8	578	大沽路116弄
同兴里	旧式里弄	1926	砖木二层	12	1 334	重庆北路177弄
华安坊	旧式里弄	1922	砖木二层	4	556	重庆北路93弄
兴隆坊(东)	旧式里弄	1914	砖木二层	6	914	重庆北路94弄
兴隆坊(西)	旧式里弄	1913	砖木二层	6	1 110	重庆北路101弄、延安东路1370弄
均乐村	旧式里弄	1932	砖木三层	15	3 083	延安东路1292弄
佑福里	旧式里弄	1913	砖木二层	9	1 085	延安东路1216弄
松生里	旧式里弄	1910	砖木二层	2	480	延安东路1256弄
松柏里	旧式里弄	1924	砖木二层	3	259	延安东路1462弄
郁家宅	旧式里弄	1915	砖木二层	4	467	延安东路1264弄

续表

住宅名称	住宅类型	建筑年代	建筑结构	幢数	建筑面积（平方米）	坐落位置
绍耕里	旧式里弄	1929	砖木二层	3	1 270	武胜路401弄
承启里	旧式里弄	1923	砖木二层	9	1 130	武胜路69弄
荣康里	旧式里弄	1910	砖木二层	12	1 920	成都北路34弄、46弄
威海路155弄	旧式里弄	1912	砖木三层	1	2 698	威海路155弄
贵福里	旧式里弄	1913	砖木二层	2	493	大沽路111弄
复新里	旧式里弄	1911	砖木二层	2	626	延安东路1278弄
重庆北路117弄	旧式里弄	1915	砖木二层	3	379	
重庆北路177弄4—10号	新式里弄	1932	砖木二层	4	882	
保安坊	旧式里弄	1923	砖木二层	2	312	延安东路894弄
信平里	旧式里弄	1926	砖木二层	42	5 384	龙门路2弄、12弄、30弄
顺大里	旧式里弄	1932	砖木二层	4	460	大沽路110弄
恒业里	石库门里弄	1930	砖木二层	42	5 322	延安东路1414弄
恒康里	旧式里弄	1931	砖木二层	14	1 808	延安东路1462弄
恒源里	旧式里弄	1921	砖木二层	3	496	延安东路978弄
洪德里	旧式里弄	1941	砖木二层	7	537	大沽路239弄
洋关弄	旧式里弄	1931	砖木二层	6	555	武胜路63弄
桂林里	旧式里弄	1915	砖木平房及二层	7	1 229	大沽路219弄
桂馨里	旧式里弄	1922	砖木二层	22	2 992	成都北路140弄
桃林里	旧式里弄	1929	砖木二层、三层	11	728	成都北路162弄
致祥里	旧式里弄	1912年后（估）	砖木二层	6	396	重庆北路16弄
留步坊	旧式里弄	1930	砖木二层	2	392	延安东路876弄
高升里	旧式里弄	1914	砖木二层	7	826	延安东路1310弄
高长兴里	旧式里弄	1912年后（估）		1	402	西藏中路11弄
祯安坊	旧式里弄	1925	砖木二层	10	634	龙门路27弄
梅江里	旧式里弄	1949	砖木平房及二层	9	230	大沽路166弄7—35号
鸿禧里	旧式里弄	1886	砖木二层	2	232	龙门路17弄
敬安坊	旧式里弄	1933	砖木二层	8	596	武胜路147弄
善乐坊	旧式里弄	1910	砖木二层	16	2 453	成都北路128弄
富康里	旧式里弄	1918	砖木二层	14	1 080	延安东路1472弄
锡安里	旧式里弄	1924	砖木二层	2	839	大沽路166弄
福庆里	旧式里弄	1922	砖木二层	39		重庆北路93弄
福兰里	旧式里弄	1924	砖木二层	5	635	大沽路90弄
福庆里	旧式里弄	1939	砖木二层	8	662	重庆北路93弄
福寿里	旧式里弄	1932	砖木三层	2	527	金陵中路156弄
福桃里	旧式里弄	1924	砖木二层	12	1 087	成都北路128弄

续表

住宅名称	住宅类型	建筑年代	建筑结构	幢数	建筑面积（平方米）	坐落位置
福德里	旧式里弄	1920	砖木二层	1	396	延安东路1230弄
群贤坊	旧式里弄	1930	砖木三层	1	538	延安东路866弄
德顺里	旧式里弄	1920	砖木二层	2	164	延安东路1210弄
德培里	旧式里弄	1930	砖木二层	5	962	武胜路213—223号
三元坊	旧式里弄	1926	砖木二层、三层	6	2 220	福州路729弄，汕头路68弄，西藏中路184弄
大吉里	旧式里弄	1924	砖木二层	2	520	靖远街73弄
大年坊	旧式里弄	1915	砖木二层、三层	3	852	山西南路26弄
久安里	旧式里弄	1917	砖木二层	7	2 115	福建中路127弄
久安南里	旧式里弄	1921	砖木二层、三层	7	3 143	福建中路101弄
太平坊	旧式里弄	1903	砖木二层	10	1 998	汉口路341弄
太和坊	旧式里弄	1920	砖木二层	7	1 176	福州路293弄
中和里	旧式里弄	1915	砖木二层、三层	15	4 460	福州路252弄
中保坊	旧式里弄	1913	砖木二层	16	1 154	山东中路128弄
公顺里	石库门里弄	1853	砖木二层	15	3 742	广东路286弄
长余里	旧式里弄	1910	砖木二层	7	779	金陵街43弄
平望里	旧式里弄	1926	砖木三层	2	1 282	平望街6弄
世界里	旧式里弄	1920	砖木二层	7	1 472	福州路328弄
东升里	旧式里弄	1919	砖木二层	13	1 886	浙江中路23号
东华里	旧式里弄	1913	砖木二层	7	1 484	福州路269弄
东广福里	旧式里弄	1924	砖木二层	9	2 624	靖远街54弄
东公和里	旧式里弄	1911	砖木二层	14	3 087	福州路379弄
东平里	旧式里弄	1919	砖木二层	5	400	浙江中路13弄
东金玉里	旧式里弄	1922	砖木二层	5	2 428	延安东路438弄、西上麟11弄
乐金里	旧式里弄	1913	砖木二层	18	4 428	云南中路120、130弄
乐群里	旧式里弄	1930	砖木二层	2	3 047	浙江中路137弄
永乐里	旧式里弄	1900	砖木二层	5	1 226	山东中路202、208弄
永安坊	旧式里弄	1933	砖木二层	9	136	广西北路12、22弄
吉升里	旧式里弄	1912	砖木二层	6	1 057	福建中路195弄
吉庆坊	旧式里弄	1925	砖木二层、三层	10	3 081	湖北路21、31弄，浙江中路28弄
老会乐里	旧式里弄	1917	砖木二层	28	4 742	云南中路253、265弄
西广福里	旧式里弄	1924	砖木二层	15	3 164	靖远街51弄
西公和里	旧式里弄	1926	砖木二层	2	626	福州路393弄
西金玉里	旧式里弄	1922	砖木三层	8	1 398	延安东路456弄
同安里	旧式里弄	1933	砖木二层	12	3 542	汉口路355弄
同春坊	旧式里弄	1929	砖木二层	14	2 616	浙江中路653弄
同德里	旧式里弄	1919	砖木二层	4	846	广东路517弄
自由坊	旧式里弄	1915	砖木二层	34	1 976	广东路414弄

续表

住宅名称	住宅类型	建筑年代	建筑结构	幢数	建筑面积（平方米）	坐落位置
会乐里	石库门里弄	1924	砖木二层	28	14 000	福州路 726 弄
兆贵里	旧式里弄	1933	砖木二层、三层	7	3 038	福建中路 141、151 弄
兆福里	石库门里弄	1933	砖木二层	12	4 043	汉口路 271 弄
庆云里	旧式里弄	1904	砖木二层	9	2 066	山东中路 140 弄
寿康里	旧式里弄	1929	砖木二层、三层	6	1 262	浙江中路 83 弄
均益里	旧式里弄	1926	砖木二层	40	2 600	北海路 83 弄
均益东里	旧式里弄	1927	砖木二层	18	1 644	北海路 48 弄
迎春坊	旧式里弄	1919	砖木二层	22	7 334	湖北路 203 弄
怀仁里	旧式里弄	1902	砖木二层	3	1 054	福建中路 215 弄
沙逊里	旧式里弄	1922	砖木二层	12	2 402	广东路 313 弄、山东中路 62 弄
武陵坊	旧式里弄	1932	砖木二层	6	905	广西北路 229 弄
尚仁坊	旧式里弄	1930	砖木二层	6	5 446	山东中路 117 弄
和乐里	旧式里弄	1917	砖木二层	6	1 497	福州路 566 弄
金寿里	旧式里弄	1925	砖木二层	11	2 451	广东路 369 弄
金隆里	旧式里弄	1925	砖木二层	15	2 280	金隆街 13、85 弄
育仁里	旧式里弄	1917	砖木二层	29	4 660	云南中路 27 弄
怡春里	旧式里弄	1923	砖木二层	15	2 181	金隆街 48 弄
怡益里	旧式里弄	1919	砖木二层	3	646	山西南路 10 弄
波斯胡同	旧式里弄	1932	砖木二层	6	970	福州路 531 弄
宝善里	旧式里弄	1927	砖木二层	4	1 326	广东路 229 弄、河南中路 107 弄
春耕里	旧式里弄	1923	砖木二层	21	4 118	延安东路 340 弄
荣吉里	旧式里弄	1920	砖木二层	11	3 409	广东路 322 弄、山东中路 116 弄
荣寿里	旧式里弄	1929	砖木二层	6	12 778	北海路 18 弄、福建中路 72 弄
荣阳里	旧式里弄	1926	砖木二层	5	1 204	平望街 36 弄
复兴里	旧式里弄	1929	砖木三层	5	3 421	福州路 384 弄
恒德里	旧式里弄	1914	砖木二层、三层	5	1 639	福建中路 204 弄
养正里	旧式里弄	1914	砖木二层	3	708	福建中路 214 弄
美伦里	旧式里弄	1915	砖木二层	11	1 600	金隆街 40 弄
神州里	旧式里弄	1928	混合四层	10	4 565	浙江中路 167 弄
载福里	旧式里弄	1913	砖木二层	3	724	北海路 36 弄
通裕里	旧式里弄	1918	砖木二层	5	1 485	昭通路 17 弄、山东中路 144 弄
崇让里	旧式里弄	1932	砖木二层	10	3 062	福建中路 420 弄
清和坊	石库门里弄	1927	砖木二层	58	17 102	浙江中路 108、118、128 弄
朝宗坊	旧式里弄	1910	砖木三层	1	1 896	汉口路 297 弄
越群里	旧式里弄	1922	砖木二层	17	2 208	北海路 267、279 弄
紫金坊	旧式里弄	1925	砖木三层	14	2 600	广东路 440 弄、福建中路 88 弄
鼎丰里	旧式里弄	1914	砖木二层	3	758	浙江中路 242 弄

续表

住宅名称	住宅类型	建筑年代	建筑结构	幢数	建筑面积（平方米）	坐落位置
普爱坊	旧式里弄	1916	砖木二层	24	2 762	广东路352弄
裕德里	旧式里弄	1919	砖木二层	20	4 296	云南南路8、18、38路
瑞康里	旧式里弄	1930	砖木二层	5	2 402	山东中路227路
槐荫里	旧式里弄	1936	砖木三层	7	982	浙江中路109弄
新普庆里	旧式里弄	1926	砖木二层	19	3 420	福建中路112弄
满庭坊	旧式里弄	1924	砖木二层	2	582	靖远街74弄、西上麟街69号
源泰里	旧式里弄	1923	砖木二层	12	2 854	山东中路9、19弄
慈和里	旧式里弄	1915	砖木二层	5	1 579	云南中路254弄
慈德里	旧式里弄	1915	砖木二层	27	7 420	浙江中路219、229弄
福申里	旧式里弄	1923	砖木二层	12	3 476	延安东路524弄
福昌里	旧式里弄	1919	砖木二层	25	2 980	云南中路9弄
福致里	旧式里弄	1917	砖木二层	9	2 418	广西北路154弄
福详里	旧式里弄	1939	砖木二层	12	3 867	云南中路202、214、224弄
福裕里	旧式里弄	1897	砖木二层	17	5 681	北海路200、220路
群玉坊	石库门里弄	1926	砖木二层	26	5 372	汕头路65弄
聚星里	旧式里弄	1918	砖木二层	4	1 022	福州路446弄
聚源坊	旧式里弄	1939	砖木二层	14	4 304	福建中路140弄
精勤坊	旧式里弄	1926	砖木二层	55	4 721	广西北路80弄
德和里	旧式里弄	1925	砖木二层、三层	6	1 808	广东路420弄
德临里	旧式里弄	1924	砖木二层	27	4 665	汕头路8弄、福州路671弄
馥馨里	旧式里弄	1937	砖木三层	10	1 659	云南中路242、244路
广东路131弄	旧式里弄	1905	砖木三层	3	3 305	广东路131弄
元方弄	旧式里弄	1911	砖木二层	11	15 101	四川中路126弄
长耕里	旧式里弄	1908	砖木三层	10	6 402	延安东路156弄
宁绍里	旧式里弄	1911	砖木二层	12	2 820	江西中路51弄
永吉里	旧式里弄	1903	砖木二层	14	2 748	江西中路15弄
吉安里	旧式里弄	1922	砖木二层、三层	10	4 078	江西中路55至85弄
吉如里	旧式里弄	1920	混合三层	10	5 131	江西中路74弄
吉庆里	旧式里弄	1916	砖木二层	6	961	延安东路238弄
吉庆里	旧式里弄	1922	混合二层	14	3 321	江西中路14、24、34弄
青莲坊	旧式里弄	1908	砖木二层	6	1 452	河南中路166弄
昌兴里	石库门里弄	20世纪初	砖木二层	36	8 552	河南中路80弄
恒业里	旧式里弄	1911	砖木三层	7	5 628	江西中路135弄
瑞临里	旧式里弄	1914	砖木二层	5	967	东棋盘街31弄,延安东路230弄
兴仁里	老式石库门	1872	砖木二层	24	9 175	宁波路120弄
成都北路274弄	花园里弄	1932	砖木二层、三层	12	3 854	
黄河路107弄	旧式里弄	1932	砖木二层	39	3 307	

续表

住宅名称	住宅类型	建筑年代	建筑结构	幢数	建筑面积（平方米）	坐落位置
新昌路194弄	旧式里弄	1938	砖木二层	4	632	
温州路17弄	旧式里弄	1930	砖木三层	1	124	
温州路62弄	旧式里弄	1910	砖木二层	5	297	
温州路68弄	旧式里弄	1900	砖木二层	7	550	
温州路109弄	旧式里弄	1910	砖木二层	6	1 108	
温州路110弄	旧式里弄	1912	砖木二层	2	504	
新闸路411弄	广式里弄	1920	砖木二层	12	693	
新桥路18弄	旧式里弄	1910	砖木二层	5	716	
新桥路51弄	旧式里弄	1910	砖木二层	19	2 914	
京兆里	旧式里弄	1910	砖木二层		1 772	新昌路33弄
大沽路78弄	旧式里弄	1905	砖木二层	3	339	
大沽路139弄	旧式里弄	1925	砖木二层	10	924	
大沽路154弄	旧式里弄	1915	砖木二层	3	272	
延安东路1256弄	旧式里弄	1920	砖木二层	7	1 794	
延安东路1394弄	旧式里弄	1920	砖木二层	18	3 036	
武胜路93弄	旧式里弄	1930	砖木二层	7	834	
同兴里	旧式里弄	1919	砖木二层	8	1 752	福州路614路
延安东路272路	旧式里弄	1912	混合三层	6	1 678	
黄陂北路19弄	旧式里弄	1920	砖木二层	3	628	
黄陂北路67弄	旧式里弄	1911	砖木二层	4	1 165	
黄陂南路48弄	旧式里弄	1911	砖木二层	4	1 259	
辅仁里	旧式里弄	1915	砖木二层	32	2 496	
永福里	石库门里弄	1930	砖木二层	12	790	重庆北路177弄
自由坊	旧式里弄	1930年前	砖木三层	21	10 760	广东路375—420弄
大兴里	旧式里弄	1919	砖木二层	1	2 044	福州路636路
平安里	旧式里弄	1920	砖木二层、三层	7	2 196	福州路604路
如意里	旧式里弄	1876年以前	砖木二层			河南中路575弄
太和大楼	高屋	1932年	钢筋混凝土六层		2 340.6	六合路71—83号
北京东路713弄55支弄	旧式里弄	1916	砖木二层		446	浙江中路
曲江里	旧式里弄	1914	砖木二层		2 138	汉口路522弄
华尊坊		1933				九江路555弄
安德里		1916				顾家弄713弄
香粉弄	旧式里弄	1866年以前	砖木二层			南京东路与天津路之间
萃祥坊（萃福里）	旧式里弄	1937	砖木二层、二层半		1 942	宁波路456弄
凤阳路344弄	旧式里弄	1911	砖木二层		4 022	

续表

住宅名称	住宅类型	建筑年代	建筑结构	幢数	建筑面积（平方米）	坐落位置
黄陂北路249弄	旧式里弄	1854	砖木平房			黄陂北路249弄
长沙路149弄	旧式里弄	1910—1919	砖木二层、三层		6 222	长沙路149弄
成都北路762弄	旧式里弄	1911	砖木二层		201	成都北路762弄
自来火行(巷)		1921				西藏中路725弄
青岛路70弄		1900	砖木二层		204	青岛路70弄
温州路11弄	旧式里弄	1912年	砖木二层、混合结构六层	3		近北京西路
太原坊	旧式里弄	1918	砖木二层			温州路41弄
重庆新村		1932	钢筋混凝土七层		19 264	武胜路429弄、重庆北路216弄
马德里	老式石库门广式里弄	1893				
时报大楼		1915	钢筋混凝土七层		4 981	湖北路179号
人保大楼	大楼	1907	混合结构四层半		6 871	四川中路268—270号
人民电台大楼	大楼	1920—1922	钢筋混凝土七层		11 181	北京东路2号
九江大楼	大楼	1912年后(估)	钢筋混凝土四层		2 580	九江路230号
三一大楼	大楼	1848	砖木二层半		1 821	汉口路210号
工艺大楼	大楼	1926	混凝土四层		4 740	中山东一路16号
大丰大楼	大楼	1926	钢筋混凝土五层		2 179	香港路60号
大平大楼	大楼	1912年后(估)	混合结构四层		1 705	江西中路371号
大北大楼	大楼	1919	钢筋混凝土八层		6 473.3	延安东路34号
大华大楼		1928	钢筋混凝土六层		3 534.4	北京东路543号
大来大楼		1920—1921	钢筋混凝土八层		7 369	广东路51号
大陆大楼		1931	钢筋混凝土十层		10 723	九江路111—113号
大康大楼		1912年后(估)	钢筋混凝土四层		1 370	南苏州路445号
大上海大楼		1930	钢筋混凝土七层		5 746.3	天津路423号
大中华大楼		1927	钢筋混凝土七层		7 200	西藏中路200号
大江南大楼		1929	钢筋混凝土八层		4 577.8	福建中路410号
万泰大楼		1916	混合四层、砖木二层		2 116	圆明园路43号

续表

住宅名称	住宅类型	建筑年代	建筑结构	幢数	建筑面积(平方米)	坐落位置
上海大楼		1929	钢筋混凝土九层		16 856	江西中路368号
上海大楼(中)		1929	钢筋混凝土五层		2 440	江西中路372号
上海大楼(小)		1929	钢筋混凝土六层		6 289	江西中路374—398号
巾帼大楼		1929	钢筋混凝土五层		745	南京东路490—496号
川福大楼		1912年后(估)	混合结构四层		4 397	四川中路175—185号
义兴大楼		1926	钢筋混凝土三层		747	南苏州路465—469号
广东大楼		1941	钢筋混凝土八层		2 386	江西中路355号
广学大楼		1930	钢筋混凝土九层		4 089	虎丘路128号
广和大楼		1912年后(估)	混合二层		1 499	福州路44号
女子大楼		1929	钢筋混凝土六层		2 885	南京东路470—480号
女青年协会大楼		1930	钢筋混凝土九层		5 834	圆明园路133号
元芳大楼		1893	混合结构四层		4 159	中山东一路6号
天津大楼		1934	钢筋混凝土三层		2 546	天津路50—60号
互惠大楼		1917	钢筋混凝土六层		3 228	南苏州路185号
五洲大楼		1935	钢筋混凝土九层		8 366	河南中路220号
丰业大楼		1932	钢筋混凝土五层		1 893.9	天津路238号
丰收大楼		1932	混合结构三层半		1 463.1	天津路258号
区政府大楼		1928	钢筋混凝土五层		4 330.3	九江路219号
中一大楼		1924	钢筋混凝土五层		4 713	北京东路270号
中四大楼		1936	混合结构三层		1 789	九江路49—69号
中业大楼		1912年后(估)	砖木二层		908	四川中路290号
中圣大楼		1936年前	混合四层、钢筋混凝土五层		2 080	香港路58号
中行大楼		1934—1937	钢筋混凝土十七层		32 548	中山东一路23号
中孚大楼		1922	钢筋混凝土七层		6 549	滇池路103号
中实大楼		1917	钢筋混凝土七层		7 085	北京东路130号

续表

住宅名称	住宅类型	建筑年代	建筑结构	幢数	建筑面积（平方米）	坐落位置
中南大楼		1917	钢筋混凝土六层		4 749	汉口路110号
中信大楼		1912年后（估）	混合结构四层		2 945	广东路86号
中垦大楼		1932	钢筋混凝土十一层		6 178	北京东路255号
公平大楼		1922	钢筋混凝土六层		5 834	滇池路81号
公和大楼		1930	钢筋混凝土七层		2 576	四川中路660号
长江公寓		1934—1935	钢筋混凝土八层		12 654.1	黄河路65号
长征大楼		1912年后（估）	钢筋混凝土五层		6 690	汉口路509—525号
长航大楼		1921	钢筋混凝土六层		3 546	福州路37—53号
文汇大楼		1912—1936	钢筋混凝土七层		2 484	圆明园路155弄3号
东川大楼		1912年后（估）	钢筋混凝土五层		3 371	九江路47号
东亚大楼		1926	钢筋混凝土八层		4 389	四川中路299号
东方大楼		1900	钢筋混凝土三层		2 772	中山东一路29号
东海大楼		1931—1932	钢筋混凝土八层		32 223.7	南京东路327号
申达大楼		1927、1934	钢筋混凝土五层		10 129.1	福州路89号
电报大楼		1912年后（估）	混合三层半		4 177	四川中路200号
四川大楼		1943	钢筋混凝土七层		6 091.1	延安东路110号
四明大楼		1931	钢筋混凝土三层		2 656	北京东路240号
四海大楼(前)		1931	砖木二层		659	北京东路256号
四海大楼(后)		1931	混合三层		1 005	北京东路256号
外贸大楼		1926	钢筋混凝土八层		15 976	中山东一路27号
汇中大楼		1906	钢筋混凝土七层		11 697	南京东路19—23号
市府大楼		1921—1923	钢筋混凝土七层		23 415	中山东一路12号
市建大楼		1936	钢筋混凝土六层		8 356	九江路54—60号
市贸信大楼		1934	钢筋混凝土八层		3 553	天津路2号
市公安局大楼		1933—1935	钢筋混凝土十层		13 448	福州路185号
兰心大楼		1927	钢筋混凝土七层		9 105	圆明园路185号

续表

住宅名称	住宅类型	建筑年代	建筑结构	幢数	建筑面积(平方米)	坐落位置
永华大楼		1925	钢筋混凝土五层		2 196	北京东路386号
永兴大楼		1941	砖木三层		1 734	虎丘路95号
永利大楼		1932	钢筋混凝土七层		4 421	河南中路495号
永亨大楼		1931	钢筋混凝土六层		3 756.8	宁波路266号
加利大楼		1931	钢筋混凝土九层		2 492	四川中路666—668号
协进大楼		1923	钢筋混凝土六层		4 421	圆明园路169号
协进大楼(后)		1923	钢筋混凝土七层		9 213	虎丘路88—94号
老市府大楼		1922	钢筋混凝土五层		22 705.6	汉口路193—223号
亚仓大楼		1918	钢筋混凝土四层		8 183	香港路130号
亚细亚大楼		1916	钢筋混凝土八层		12 018	中山东一路1号
有利大楼		1913	钢筋混凝土七层		13 624.4	广东路17号
达丰大楼		1930	钢筋混凝土五层		3 506.8	宁波路349号
成都大楼		1912年后(估)	钢筋混凝土五层		4 905	成都北路360号
扬子大楼		1928	钢筋混凝土七层		4 374	中山东一路26号
光陆大楼		1925	钢筋混凝土九层		7 129	虎丘路142号
同安大楼		1932	钢筋混凝土六层		4 653.9	汉口路431—455号
华达大楼		1926	钢筋混凝土八层		3 110	四川中路620号
华企大楼		1932—1934	钢筋混凝土九层		16 220.7	汉口路422号
华侨大楼		1929—1930	钢筋混凝土十层		6 411	沙市一路24号
华胜大楼		1900、1938	钢筋混凝土三层		5 643	中山东一路15号
华美大楼		1926	钢筋混凝土五层		2 774	圆明园路55号
华东电管局大楼		1931	钢筋混凝土七层		6 440	南京东路181号
延北大楼		1925	钢筋混凝土五层		4 023	延安东路9号
延年大楼		1933	砖木三层		2 124	延安东路7号
延安公寓		1932	钢筋混凝土八层		3 698	延安东路1060号
延河大楼		1934	钢筋混凝土五层		2 286	延安东路274—284号

续表

住宅名称	住宅类型	建筑年代	建筑结构	幢数	建筑面积(平方米)	坐落位置
延龄大楼		1925	砖木四层		3 486	延安东路9—13号
自力大楼		1921	砖木三层		1 302	江西中路464—466号
自来大楼		1921	混合三层、钢筋混凝土五层		3 651	江西中路484号
自博大楼		1923	钢筋混凝土六层		12 320	延安东路260号
企业大楼		1931	钢筋混凝土九层		9 200	四川中路33号
庆丰大楼		1936年前	钢筋混凝土七层		7 775	延安东路160号
江川大楼		1916	钢筋混凝土五层		2 336	九江路85号
江西大楼		1921	钢筋混凝土六层		5 842	江西中路451号
安利大楼		1907	钢筋混凝土七层		4 933	四川中路320号
兴华大楼		1941	砖木三层		2 225	虎丘路107号
农工大楼		1912年后（估）	混合五层		7 751	四川中路215号
麦林大楼(前)		1918	钢筋混凝土五层		1 336	江西中路467号
麦林大楼(后)		1918	钢筋混凝土五层		2 401	江西中路457号
花溪大楼		1935	混合五层		6 873	九江路41—45号
别发大楼		1929	钢筋混凝土四层		2 096	南京东路66号
吴宫大楼		1930	钢筋混凝土七层		7 272.1	福州路423—451号
沙美大楼		1918	钢筋混凝土六层		3 692	北京东路190号
沙弥大楼		1925	钢筋混凝土八层		2 807	圆明园路149号
纺织局大楼		1924	钢筋混凝土七层		18 932	中山东一路24号
虎丘公寓		1920、1924	钢筋混凝土六层		4 799	虎丘路131号
国华大楼		1933	钢筋混凝土十一层		8 107	北京东路342—356号
国金大楼		1925	钢筋混凝土六层		2 463	虎丘路66号
和生大楼		1934	混合五层		739	宁波路59号
金山大楼		1940	钢筋混凝土六层		2 659	汉口路674—678号
金华大楼		1936	钢筋混凝土四层		2 063.2	四川中路63号
金城大楼		1924	钢筋混凝土七层		9 783	江西中路200号

续表

住宅名称	住宅类型	建筑年代	建筑结构	幢数	建筑面积（平方米）	坐落位置
金陵大楼		1937	钢筋混凝土六层		6 124	四川南路29号
金融大楼		1910	钢筋混凝土五层		2 483	九江路31—35号
京东大楼		1912年后（估）	砖木三层		3 750	北京东路47号
建设大厦		1936	钢筋混凝土十七层		11 757	江西中路181号
经租大楼		1936	钢筋混凝土六层		3 179	四川中路49号
春江大楼		1922	钢筋混凝土五层		10 065	中山东一路18号
春江大楼(后)		1854	钢筋混凝土三层		2 466	中山东一路18号
春华大楼		1930	钢筋混凝土四层		2 024	广东路306—310号
南四大楼		1928	混合三层		1 195	南京东路88号
南京大楼		1935	钢筋混凝土六层		12 404.9	南京东路233—257号
南海大楼		1907	钢筋混凝土五层		3 358	四川中路330号
威海大楼		1974	钢筋混凝土八层		6 606.1	威海路161—169号
恒丰大楼		1931	钢筋混凝土四层		5 666	江西中路452号
总工会大楼		1948	钢筋混凝土六层		9 854	中山东一路14号
美丰大楼		1936	钢筋混凝土四层		1 740	河南中路521—529号
美伦大楼(东)		1921	钢筋混凝土六层		3 521	南京东路143—151号
美伦大楼(西)		1916	钢筋混凝土六层		4 746	南京东路151—171号
美和大楼		1935	钢筋混凝土五层		2 949	江西中路261号
珠江大楼		1908	钢筋混凝土四层		2 756	江西中路320号
泰兴大楼(前)		1936	钢筋混凝土三层		2 409	南京东路59—61号
泰兴大楼(后)		1936	砖木三层		1 421	南京东路73号
桂林大楼		1924	钢筋混凝土十层		9 043	中山东一路17号
真光大楼		1930	钢筋混凝土八层		3 347	圆明园路209号
盐业大楼		1923	钢筋混凝土五层		5 165	北京东路280号
钱业大楼		1917	钢筋混凝土四层		2 116.5	宁波路276号
高法大楼		1923—1925	钢筋混凝土八层		6 753	福州路209号

续表

住宅名称	住宅类型	建筑年代	建筑结构	幢数	建筑面积（平方米）	坐落位置
浦光大楼		1905	砖木四层		7 935	四川中路595－607号
浦东大楼		1924	钢筋混凝土八层		10 302	延安东路1454号
浦江大楼		1937	钢筋混凝土十层		10 101	中山东二路9号
浙一大楼		1948－1951	钢筋混凝土八层		13 223	江西中路222号
浙兴大楼		1936	钢筋混凝土六层		10 076	江西中路406号
海关大楼		1923	钢筋混凝土十一层		32 680	中山东一路13号
海青大楼		1915	钢筋混凝土六层		5 053	四川中路630号
资源大楼		1907	混合五层		7 665	四川中路670号
培高大楼		1910	钢筋混凝土四层		3 816.3	广东路93号
黄中大楼		1934	钢筋混凝土四层		3 805	广东路94号
黄浦公安分局大楼		1934－1935	钢筋混凝土十层		7 664.5	金陵东路174号
绸业大楼		1932	钢筋混凝土五层		3 554.1	汉口路460－480号
琥珀大楼		1937	砖木三层		2 661	虎丘路27号
联合大楼		1926	钢筋混凝土九层		5 441	四川中路261号
惠罗大楼		1906	钢筋混凝土五层		5 685	南京东路98号
景云大楼		1931	钢筋混凝土六层		3 421	北京东路378号
景楼大楼		1949	钢筋混凝土七层		2 606	北京东路432号
储运大楼		1921－1922	钢筋混凝土七层		4 636	四川中路133号
普益大楼		1921	钢筋混凝土八层		6 959.6	四川中路106－110号
颐中大楼		1912年后（估）	钢筋混凝土五层		7 221	南苏州路161－175号
锦兴大楼		1932	钢筋混凝土六层		3 680	河南中路505号
新丰大楼		1922	砖木四层		1 831	江西中路367号
新民大楼		1931	砖木三层		3 149	圆明园路50号
新华大楼		1935	混合五层		5 823.9	九江路190号
新昌大楼		1912年后（估）	钢筋混凝土六层、四层		2 263	新昌路39－40号
新城大楼		1920	钢筋混凝土十四层		10 047	江西中路180号

续表

住宅名称	住宅类型	建筑年代	建筑结构	幢数	建筑面积（平方米）	坐落位置
新康大楼		1916	钢筋混凝土八层		9 018	九江路 150 号
新汇丰大楼		1928	钢筋混凝土九层		9 361	四川中路 210—220 号
慎昌大楼		1916	混合四层、砖木三层		4 296	圆明园路 21 号
滇北大楼		1897	砖木四层		1 748	圆明园路 34 号
滇池大楼		1897	砖木三层		1 231	圆明园路 24 号
福州大楼		1931—1933	钢筋混凝土六层、十四层		29 624	江西中路 170 号
福利大楼		1912 年后（估）	钢筋混凝土三层		2 744	福州路 100—120 号
福源大楼		1922	钢筋混凝土五层		1 372	宁波路 70 号
嘉陵大楼		1937	钢筋混凝土十四层		10 110	四川中路 346 号
聚兴诚大楼		1937	钢筋混凝土四层		4 008	江西中路 250 号
又新里	旧式里弄	1898	砖木二层		1 118	九江路 296 弄
三和里	旧式里弄	1876	砖木二层		6 950	江西中路 412、432、460 弄
万安里	旧式里弄	1876	砖木二层		2 058	北京东路 400 弄
五福里	旧式里弄	1930	砖木二层		226	五福弄 51 弄
仁美里	旧式里弄	1931	砖木二层		2 094	北京东路 427 弄
仁德里	旧式里弄	1900	砖木二层		450	南无锡路 64 弄
升昌里	旧式里弄	1923	砖木二层		612	北无锡路 60 弄
升荣里	旧式里弄	1921	砖木二层		964	天津路 236 弄
长鑫里	旧式里弄	1917	砖木二层		4 396	天津路 145 弄
平阳里	旧式里弄	1912	砖木二层		760	北无锡路 46 弄
东富康里	旧式里弄	1911	砖木二层		830	天津路 295 弄
北高阳里	旧式里弄	1911	砖木二层		1 140	盆汤弄 20 弄
北随安里	旧式里弄	1911	砖木二层		580	五福路 86 弄
永余坊	旧式里弄	1926	砖木二层		376	福建中路 352 弄
永清里	旧式里弄	1929	砖木二层		1 114	宁波路 244 弄
永源里	旧式里弄	1911	砖木二层		1 192	天津路 7 弄
丝业会馆弄	旧式里弄	1911	砖木二层		4 905	山西南路 255 弄
协和里	旧式里弄	1912	砖木二层		740	河南中路 4—7 弄
吉祥里	旧式里弄	1876	砖木二层		5 790	河南路 531、541 弄
西富康里	旧式里弄	1905	砖木二层		1 356	天津路 305 弄
同吉里	旧式里弄	1901	砖木二层		4 755	天津路 31 弄、南京东路 192 弄
同益里	旧式里弄	1925	砖木二层		712	北无锡路 66 弄
同和古里	旧式里弄	1876	砖木二层		6 339	宁波路 74 弄

续表

住宅名称	住宅类型	建筑年代	建筑结构	幢数	建筑面积（平方米）	坐落位置
庆和里	旧式里弄	1912	砖木二层		1 960	河南中路 333 弄
庆顺里	旧式里弄	1911	砖木二层		8 630	北京东路 316 弄
庆福里	旧式里弄	1913	砖木二层		1 667	江西中路 469 弄
余新里	旧式里弄	1929	砖木二层		514	新菜场路 6 弄
怀远中里	旧式里弄	1911	砖木二层		630	山东中路 286 弄
青阳里	旧式里弄	1876	砖木二层		1 262	南京东路 306 弄
松柏里	旧式里弄	1911	砖木二层		1 408	山东北路 45、53 弄
阜成里	旧式里弄	1931	砖木二层		2 026	宁波路 99 弄、天津路 44 弄
阜安里	旧式里弄	1907	砖木二层		1 444	宁波路 207 弄、天津路 138 弄
恰成坊	旧式里弄	1911	砖木二层		644	台湾路 42 弄
南随安里	旧式里弄	1911	砖木二层		518	五福路 78 弄
种德里	旧式里弄	1928	砖木二层		3 498	山西南路 332 弄
选青里	旧式里弄	1921	砖木二层		531	宁波路 129 弄
保记里	旧式里弄	1902	砖木二层		1 365	宁波路 327 弄
保安里	旧式里弄	1930	砖木二层		902	南京东路 486 弄
顺寿里	旧式里弄	1923	砖木二层		836	南无锡路 16 弄
亲仁里	旧式里弄	1896	砖木二层		930	南京东路 338 弄
恒源里	旧式里弄	1876	砖木二层		3 701	天津路 179 弄
济阳里	旧式里弄	1911	砖木二层		3 546	河南中路 479 弄
冠群坊	旧式里弄	1915	砖木二层		1 760	南京东路 301 弄
昼锦里	旧式里弄	1876	砖木一层、二层		1 905	汉口路 360 弄、九江路 369 弄
昼锦里	旧式里弄	1876 年前	砖木二层		2 188	九江路 397 弄、汉口路 386 弄
耕兴里	旧式里弄	1904	砖木二层		662	宁波路 363 弄
泰记里	旧式里弄	1911	砖木二层		3 420	天津路 110 弄
祥康里	旧式里弄	1913	砖木二层		2 292	天津路 157 弄
陶朱里	旧式里弄	1911	砖木二层		3 650	福建中路 266 弄
乾记里	旧式里弄	1911	砖木二层		2 308	天津路 182 弄
望云里	旧式里弄	1911	砖木二层		1 433	河南中路 426 弄、466 弄
清远里	石库门里弄	1876 年前	砖木二层		1 872	北京东路 288 弄
鸿仁里	石库门里弄	1911	砖木二层		7 330	天津路 51 弄
隆庆里	石库门里弄	1911	砖木二层		3 888	宁波路 284 弄
维庆里	石库门里弄	1911	砖木二层		3 114	天津路 247 弄
惠民里	石库门里弄	1900	砖木二层		328	北京东路 526 弄
景行里	石库门里弄	1876	砖木二层		3 512	天津路 212 弄、宁波路 279 弄

二、黄浦区(公共租界中区)数据资料补充

住宅名称	建筑年代	建筑面积(平方米)	坐落位置	备 注
如意里	1876年以前		河南中路575弄	《黄浦区地名志》第210页
太和大楼	1932年	2 340.6	六合路71—83号	《黄浦区地名志》第212页
北京东路713弄55支弄	1916	446	浙江中路	《黄浦区地名志》第213页
曲江里	1914	2 138	汉口路522弄	《黄浦区地名志》第214页
华萼坊	1933		九江路555弄	《黄浦区地名志》第214页
安德里	1916		顾家弄713弄	《黄浦区地名志》第215页
香粉弄	1866年以前		南京东路与天津路之间	《黄浦区地名志》第217页
萃祥坊(萃福里)	1937	1 942	宁波路456弄	《黄浦区地名志》第220页
凤阳路344弄	1911	4 022		《黄浦区地名志》第226页
黄陂北路249弄	1854		黄陂北路249弄	《黄浦区地名志》第233页
长沙路149弄	1910—1919	6 222	长沙路149弄	《黄浦区地名志》第239页
成都北路762弄	1911	201	成都北路762弄	《黄浦区地名志》第240页
自来火行(巷)	1921		西藏中路725弄	《黄浦区地名志》第241页
青岛路70弄	1900	204	青岛路70弄	《黄浦区地名志》第242页
温州路11弄	1912	3	近北京西路	《黄浦区地名志》第247页
太原坊	1918		温州路41弄	《黄浦区地名志》第250页
重庆新村	1932	19 264	武胜路429弄、重庆北路216弄	《黄浦区地名志》第259页
马德里	1893			
时报大楼	1915	4 981	湖北路179号	《黄浦区地名志》第278页
人保大楼	1907	6 871	四川中路268—270号	《黄浦区地名志》第166页
人民电台大楼	1920—1922	11 181	北京东路2号	《黄浦区地名志》第166页
九江大楼	1912年后(估)	2 580	九江路230号	《黄浦区地名志》第166页
三一大楼	1848	1 821	汉口路210号	《黄浦区地名志》第166页
工艺大楼	1926	4 740	中山东一路16号	《黄浦区地名志》第166页
大丰大楼	1926	2 179	香港路60号	《黄浦区地名志》第167页
大平大楼	1912年后(估)	1 705	江西中路371号	《黄浦区地名志》第167页
大北大楼	1919	6 473.3	延安东路34号	《黄浦区地名志》第167页
大华大楼	1928	3 534.4	北京东路543号	《黄浦区地名志》第167页
大来大楼	1920—1921	7 369	广东路51号	《黄浦区地名志》第167页
大陆大楼	1931	10 723	九江路111—113号	《黄浦区地名志》第168页

续表

住宅名称	建筑年代	建筑面积（平方米）	坐落位置	备 注
大康大楼	1912年后（估）	1 370	南苏州路445号	《黄浦区地名志》第168页
大上海大楼	1930	5 746.3	天津路423号	《黄浦区地名志》第168页
大中华大楼	1927	7 200	西藏中路200号	《黄浦区地名志》第168页
大江南大楼	1929	4 577.8	福建中路410号	《黄浦区地名志》第168页
万泰大楼	1916	2 116	圆明园路43号	《黄浦区地名志》第168页
上海大楼	1929	16 856	江西中路368号	《黄浦区地名志》第168页
上海大楼(中)	1929	2 440	江西中路372号	《黄浦区地名志》第168页
上海大楼(小)	1929	6 289	江西中路374—398号	《黄浦区地名志》第168页
巾帼大楼	1929	745	南京东路490—496号	《黄浦区地名志》第169页
川福大楼	1912年后（估）	4 397	四川中路175—185号	《黄浦区地名志》第169页
义兴大楼	1926	747	南苏州路465—469号	《黄浦区地名志》第169页
广东大楼	1941	2 386	江西中路355号	《黄浦区地名志》第169页
广学大楼	1930	4 089	虎丘路128号	《黄浦区地名志》第169页
广和大楼	1912年后（估）	1 499	福州路44号	《黄浦区地名志》第170页
女子大楼	1929	2 885	南京东路470—480号	《黄浦区地名志》第170页
女青年协会大楼	1930	5 834	圆明园路133号	《黄浦区地名志》第170页
元芳大楼	1893	4 159	中山东一路6号	《黄浦区地名志》第170页
天津大楼	1934	2 546	天津路50—60号	《黄浦区地名志》第170页
互惠大楼	1917	3 228	南苏州路185号	《黄浦区地名志》第170页
五洲大楼	1935	8 366	河南中路220号	《黄浦区地名志》第170页
丰业大楼	1932	1 893.9	天津路238号	《黄浦区地名志》第170页
丰收大楼	1932	1 463.1	天津路258号	《黄浦区地名志》第171页
区政府大楼	1928	4 330.3	九江路219号	《黄浦区地名志》第171页
中一大楼	1924	4 713	北京东路270号	《黄浦区地名志》第171页
中四大楼	1936	1 789	九江路49—69号	《黄浦区地名志》第171页
中业大楼	1912年后（估）	908	四川中路290号	《黄浦区地名志》第171页
中圣大楼	1936年前	2 080	香港路58号	《黄浦区地名志》第171页
中行大楼	1934—1937	32 548	中山东一路23号	《黄浦区地名志》第171页
中孚大楼	1922	6 549	滇池路103号	《黄浦区地名志》第172页
中实大楼	1917	7 085	北京东路130号	《黄浦区地名志》第172页
中南大楼	1917	4 749	汉口路110号	《黄浦区地名志》第172页
中信大楼	1912年后（估）	2 945	广东路86号	《黄浦区地名志》第172页

续表

住宅名称	建筑年代	建筑面积（平方米）	坐落位置	备注
中垦大楼	1932	6 178	北京东路 255 号	《黄浦区地名志》第 172 页
公平大楼	1922	5 834	滇池路 81 号	《黄浦区地名志》第 172 页
公和大楼	1930	2 576	四川中路 660 号	《黄浦区地名志》第 172 页
长江公寓	1934—1935	12 654.1	黄河路 65 号	《黄浦区地名志》第 172 页
长征大楼	1912 年后（估）	6 690	汉口路 509—525 号	《黄浦区地名志》第 173 页
长航大楼	1921	3 546	福州路 37—53 号	《黄浦区地名志》第 173 页
文汇大楼	1912—1936	2 484	圆明园路 155 弄 3 号	《黄浦区地名志》第 173 页
东川大楼	1912 年后（估）	3 371	九江路 47 号	《黄浦区地名志》第 173 页
东亚大楼	1926	4 389	四川中路 299 号	《黄浦区地名志》第 173 页
东方大楼	1900	2 772	中山东一路 29 号	《黄浦区地名志》第 174 页
东海大楼	1931—1932	32 223.7	南京东路 327 号	《黄浦区地名志》第 174 页
申达大楼	1927、1934	10 129.1	福州路 89 号	《黄浦区地名志》第 174 页
电报大楼	1912 年后（估）	4 177	四川中路 200 号	《黄浦区地名志》第 175 页
四川大楼	1943	6 091.1	延安东路 110 号	《黄浦区地名志》第 175 页
四明大楼	1931	2 656	北京东路 240 号	《黄浦区地名志》第 175 页
四海大楼(前)	1931	659	北京东路 256 号	《黄浦区地名志》第 175 页
四海大楼(后)	1931	1 005	北京东路 256 号	《黄浦区地名志》第 175 页
外贸大楼	1926	15 976	中山东一路 27 号	《黄浦区地名志》第 175 页
汇中大楼	1906	11 697	南京东路 19—23 号	《黄浦区地名志》第 176 页
市府大楼	1921—1923	23 415	中山东一路 12 号	《黄浦区地名志》第 176 页
市建大楼	1936	8 356	九江路 54—60 号	《黄浦区地名志》第 177 页
市贸信大楼	1934	3 553	天津路 2 号	《黄浦区地名志》第 177 页
市公安局大楼	1933—1935	13 448	福州路 185 号	《黄浦区地名志》第 177 页
兰心大楼	1927	9 105	圆明园路 185 号	《黄浦区地名志》第 177 页
永华大楼	1925	2 196	北京东路 386 号	《黄浦区地名志》第 177 页
永兴大楼	1941	1 734	虎丘路 95 号	《黄浦区地名志》第 177 页
永利大楼	1932	4 421	河南中路 495 号	《黄浦区地名志》第 177 页
永亨大楼	1931	3 756.8	宁波路 266 号	《黄浦区地名志》第 178 页
加利大楼	1931	2 492	四川中路 666—668 号	《黄浦区地名志》第 178 页
协进大楼	1923	4 421	圆明园路 169 号	《黄浦区地名志》第 178 页
协进大楼(后)	1923	9 213	虎丘路 88—94 号	《黄浦区地名志》第 178 页
老市府大楼	1922	22 705.6	汉口路 193—223 号	《黄浦区地名志》第 178 页
亚仓大楼	1918	8 183	香港路 130 号	《黄浦区地名志》第 179 页

续表

住宅名称	建筑年代	建筑面积（平方米）	坐落位置	备注
亚细亚大楼	1916	12 018	中山东一路 1 号	《黄浦区地名志》第 179 页
有利大楼	1913	13 624.4	广东路 17 号	《黄浦区地名志》第 179 页
达丰大楼	1930	3 506.8	宁波路 349 号	《黄浦区地名志》第 179 页
成都大楼	1912 年后（估）	4 905	成都北路 360 号	《黄浦区地名志》第 179 页
扬子大楼	1928	4 374	中山东一路 26 号	《黄浦区地名志》第 180 页
光陆大楼	1925	7 129	虎丘路 142 号	《黄浦区地名志》第 180 页
同安大楼	1932	4 653.9	汉口路 431—455 号	《黄浦区地名志》第 180 页
华达大楼	1926	3 110	四川中路 620 号	《黄浦区地名志》第 180 页
华企大楼	1932—1934	16 220.7	汉口路 422 号	《黄浦区地名志》第 180 页
华侨大楼	1929—1930	6 411	沙市一路 24 号	《黄浦区地名志》第 180 页
华胜大楼	1900、1938	5 643	中山东一路 15 号	《黄浦区地名志》第 181 页
华美大楼	1926	2 774	圆明园路 55 号	《黄浦区地名志》第 181 页
华东电管局大楼	1931	6 440	南京东路 181 号	《黄浦区地名志》第 182 页
延北大楼	1925	4 023	延安东路 9 号	《黄浦区地名志》第 182 页
延年大楼	1933	2 124	延安东路 7 号	《黄浦区地名志》第 182 页
延安公寓	1932	3 698	延安东路 1060 号	《黄浦区地名志》第 182 页
延河大楼	1934	2 286	延安东路 274—284 号	《黄浦区地名志》第 182 页
延龄大楼	1925	3 486	延安东路 9—13 号	《黄浦区地名志》第 182 页
自力大楼	1921	1 302	江西中路 464—466 号	《黄浦区地名志》第 182—183 页
自来大楼	1921	3 651	江西中路 484 号	《黄浦区地名志》第 183 页
自博大楼	1923	12 320	延安东路 260 号	《黄浦区地名志》第 183 页
企业大楼	1931	9 200	四川中路 33 号	《黄浦区地名志》第 183 页
庆丰大楼	1936 年前	7 775	延安东路 160 号	《黄浦区地名志》第 183 页
江川大楼	1916	2 336	九江路 85 号	《黄浦区地名志》第 183 页
江西大楼	1921	5 842	江西中路 451 号	《黄浦区地名志》第 183—184 页
安利大楼	1907	4 933	四川中路 320 号	《黄浦区地名志》第 184 页
兴华大楼	1941	2 225	虎丘路 107 号	《黄浦区地名志》第 184 页
农工大楼	1912 年后（估）	7 751	四川中路 215 号	《黄浦区地名志》第 184 页
麦林大楼(前)	1918	1 336	江西中路 467 号	《黄浦区地名志》第 184 页
麦林大楼(后)	1918	2 401	江西中路 457 号	《黄浦区地名志》第 184 页
花溪大楼	1935	6 873	九江路 41—45 号	《黄浦区地名志》第 184 页
别发大楼	1929	2 096	南京东路 66 号	《黄浦区地名志》第 184 页

续表

住宅名称	建筑年代	建筑面积（平方米）	坐落位置	备注
吴宫大楼	1930	7 272.1	福州路 423—451 号	《黄浦区地名志》第 184 页
沙美大楼	1918	3 692	北京东路 190 号	《黄浦区地名志》第 184 页
沙弥大楼	1925	2 807	圆明园路 149 号	《黄浦区地名志》第 185 页
纺织局大楼	1924	18 932	中山东一路 24 号	《黄浦区地名志》第 185 页
虎丘公寓	1920、1924	4 799	虎丘路 131 号	《黄浦区地名志》第 185 页
国华大楼	1933	8 107	北京东路 342—356 号	《黄浦区地名志》第 186 页
国金大楼	1925	2 463	虎丘路 66 号	《黄浦区地名志》第 186 页
和生大楼	1934	739	宁波路 59 号	《黄浦区地名志》第 186 页
金山大楼	1940	2 659	汉口路 674—678 号	《黄浦区地名志》第 186 页
金华大楼	1936	2 063.2	四川中路 63 号	《黄浦区地名志》第 186 页
金城大楼	1924	9 783	江西中路 200 号	《黄浦区地名志》第 186 页
金陵大楼	1937	6 124	四川南路 29 号	《黄浦区地名志》第 187 页
金融大楼	1910	2 483	九江路 31—35 号	《黄浦区地名志》第 187 页
京东大楼	1912 年后（估）	3 750	北京东路 47 号	《黄浦区地名志》第 187 页
建设大厦	1936	11 757	江西中路 181 号	《黄浦区地名志》第 187 页
经租大楼	1936	3 179	四川中路 49 号	《黄浦区地名志》第 188 页
春江大楼	1922	10 065	中山东一路 18 号	《黄浦区地名志》第 188 页
春江大楼（后）	1854	2 466	中山东一路 18 号	《黄浦区地名志》第 188 页
春华大楼	1930	2 024	广东路 306—310 号	《黄浦区地名志》第 188 页
南四大楼	1928	1 195	南京东路 88 号	《黄浦区地名志》第 189 页
南京大楼	1935	12 404.9	南京东路 233—257 号	《黄浦区地名志》第 189 页
南海大楼	1907	3 358	四川中路 330 号	《黄浦区地名志》第 189 页
威海大楼	1974	6 606.1	威海路 161—169 号	《黄浦区地名志》第 189 页
恒丰大楼	1931	5 666	江西中路 452 号	《黄浦区地名志》第 189 页
总工会大楼	1948	9 854	中山东一路 14 号	《黄浦区地名志》第 189 页
美丰大楼	1936	1 740	河南中路 521—529 号	《黄浦区地名志》第 189 页
美伦大楼（东）	1921	3 521	南京东路 143—151 号	《黄浦区地名志》第 190 页
美伦大楼（西）	1916	4 746	南京东路 151—171 号	《黄浦区地名志》第 190 页
美和大楼	1935	2 949	江西中路 261 号	《黄浦区地名志》第 190 页
珠江大楼	1908	2 756	江西中路 320 号	《黄浦区地名志》第 190 页
泰兴大楼（前）	1936	2 409	南京东路 59—61 号	《黄浦区地名志》第 190 页
泰兴大楼（后）	1936	1 421	南京东路 73 号	《黄浦区地名志》第 190 页
桂林大楼	1924	9 043	中山东一路 17 号	《黄浦区地名志》第 190 页
真光大楼	1930	3 347	圆明园路 209 号	《黄浦区地名志》第 190 页

续表

住宅名称	建筑年代	建筑面积（平方米）	坐落位置	备 注
盐业大楼	1923	5 165	北京东路280号	《黄浦区地名志》第191页
钱业大楼	1917	2 116.5	宁波路276号	《黄浦区地名志》第191页
高法大楼	1923—1925	6 753	福州路209号	《黄浦区地名志》第191页
浦光大楼	1905	7 935	四川中路595—607号	《黄浦区地名志》第192页
浦东大楼	1924	10 302	延安东路1454号	《黄浦区地名志》第192页
浦江大楼	1937	10 101	中山东二路9号	《黄浦区地名志》第192页
浙一大楼	1948—1951	13 223	江西中路222号	《黄浦区地名志》第193页
浙兴大楼	1936	10 076	江西中路406号	《黄浦区地名志》第193页
海关大楼	1923	32 680	中山东一路13号	《黄浦区地名志》第193页
海青大楼	1915	5 053	四川中路630号	《黄浦区地名志》第194页
资源大楼	1907	7 665	四川中路670号	《黄浦区地名志》第194页
培高大楼	1910	3 816.3	广东路93号	《黄浦区地名志》第194页
黄中大楼	1934	3 805	广东路94号	《黄浦区地名志》第194页
黄浦公安分局大楼	1934—1935	7 664.5	金陵东路174号	《黄浦区地名志》第194页
绸业大楼	1932	3 554.1	汉口路460—480号	《黄浦区地名志》第195页
琥珀大楼	1937	2 661	虎丘路27号	《黄浦区地名志》第195页
联合大楼	1926	5 441	四川中路261号	《黄浦区地名志》第195页
惠罗大楼	1906	5 685	南京东路98号	《黄浦区地名志》第196页
景云大楼	1931	3 421	北京东路378号	《黄浦区地名志》第197页
景楼大楼	1949	2 606	北京东路432号	《黄浦区地名志》第197页
储运大楼	1921—1922	4 636	四川中路133号	《黄浦区地名志》第197页
普益大楼	1921	6 959.6	四川中路106—110号	《黄浦区地名志》第197页
颐中大楼	1912年后（估）	7 221	南苏州路161—175号	《黄浦区地名志》第198页
锦兴大楼	1932	3 680	河南中路505号	《黄浦区地名志》第198页
新丰大楼	1922	1 831	江西中路367号	《黄浦区地名志》第198页
新民大楼	1931	3 149	圆明园路50号	《黄浦区地名志》第198页
新华大楼	1935	5 823.9	九江路190号	《黄浦区地名志》第198页
新昌大楼	1912年后（估）	2 263	新昌路39—40号	《黄浦区地名志》第198页
新城大楼	1920	10 047	江西中路180号	《黄浦区地名志》第198页
新康大楼	1916	9 018	九江路150号	《黄浦区地名志》第198页
新汇丰大楼	1928	9 361	四川中路210—220号	《黄浦区地名志》第199页
慎昌大楼	1916	4 296	圆明园路21号	《黄浦区地名志》第199页
滇北大楼	1897	1 748	圆明园路34号	《黄浦区地名志》第199页

续表

住宅名称	建筑年代	建筑面积（平方米）	坐落位置	备注
滇池大楼	1897	1 231	圆明园路24号	《黄浦区地名志》第199页
福州大楼	1931—1933	29 624	江西中路170号	《黄浦区地名志》第199页
福利大楼	1912年后（估）	2 744	福州路100—120号	《黄浦区地名志》第200页
福源大楼	1922	1 372	宁波路70号	《黄浦区地名志》第200页
嘉陵大楼	1937	10 110	四川中路346号	《黄浦区地名志》第200页
聚兴诚大楼	1937	4 008	江西中路250号	《黄浦区地名志》第200页
又新里	1898	1 118	九江路296弄	
三和里	1876	6 950	江西中路412、432、460弄	《上海住宅建设志》第378页
万安里	1876	2 058	北京东路400弄	《上海住宅建设志》第378页
五福里	1930	226	五福弄51弄	《上海住宅建设志》第378页
仁美里	1931	2 094	北京东路427弄	《上海住宅建设志》第378页
仁德里	1900	450	南无锡路64弄	《上海住宅建设志》第378页
升昌里	1923	612	北无锡路60弄	《上海住宅建设志》第378页
升荣里	1921	964	天津路236弄	《上海住宅建设志》第378页
长鑫里	1917	4 396	天津路145弄	《上海住宅建设志》第378页
平阳里	1912	760	北无锡路46弄	《上海住宅建设志》第378页
东富康里	1911	830	天津路295弄	《上海住宅建设志》第378页
北高阳里	1911	1 140	盆汤弄20弄	《上海住宅建设志》第378页
北随安里	1911	580	五福路86弄	《上海住宅建设志》第378页
永余坊	1926	376	福建中路352弄	《上海住宅建设志》第378页
永清里	1929	1 114	宁波路244弄	《上海住宅建设志》第378页
永源里	1911	1 192	天津路7弄	《上海住宅建设志》第378页
丝业会馆弄	1911	4 905	山西南路255弄	《上海住宅建设志》第378页
协和里	1912	740	河南中路4—7弄	《上海住宅建设志》第378页
吉祥里	1876	5 790	河南路531、541弄	《上海住宅建设志》第378页
西富康里	1905	1 356	天津路305弄	《上海住宅建设志》第378页
同吉里	1901	4 755	天津路31弄、南京东路192弄	《上海住宅建设志》第378页
同益里	1925	712	北无锡路66弄	《上海住宅建设志》第378页
同和古里	1876	6 339	宁波路74弄	《上海住宅建设志》第378页
庆和里	1912	1 960	河南中路333弄	《上海住宅建设志》第378页
庆顺里	1911	8 630	北京东路316弄	《上海住宅建设志》第378页
庆福里	1913	1 667	江西中路469弄	《上海住宅建设志》第378页
余新里	1929	514	新菜场路6弄	《上海住宅建设志》第379页

续表

住宅名称	建筑年代	建筑面积（平方米）	坐落位置	备 注
怀远中里	1911	630	山东中路286弄	《上海住宅建设志》第379页
青阳里	1876	1 262	南京东路306弄	《上海住宅建设志》第379页
松柏里	1911	1 408	山东北路45、53弄	《上海住宅建设志》第379页
阜成里	1931	2 026	宁波路99弄、天津路44弄	《上海住宅建设志》第379页
阜安里	1907	1 444	宁波路207弄、天津路138弄	《上海住宅建设志》第379页
恰成坊	1911	644	台湾路42弄	《上海住宅建设志》第379页
南随安里	1911	518	五福路78弄	《上海住宅建设志》第379页
种德里	1928	3 498	山西南路332弄	《上海住宅建设志》第379页
选青里	1921	531	宁波路129弄	《上海住宅建设志》第379页
保记里	1902	1 365	宁波路327弄	《上海住宅建设志》第379页
保安里	1930	902	南京东路486弄	《上海住宅建设志》第379页
顺寿里	1923	836	南无锡路16弄	《上海住宅建设志》第379页
亲仁里	1896	930	南京东路338弄	《上海住宅建设志》第379页
恒源里	1876	3 701	天津路179弄	《上海住宅建设志》第379页
济阳里	1911	3 546	河南中路479弄	《上海住宅建设志》第379页
冠群坊	1915	1 760	南京东路301弄	《上海住宅建设志》第379页
昼锦里	1876	1 905	汉口路360弄、九江路369弄	《上海住宅建设志》第379页
昼锦里	1876年前	2 188	九江路397弄、汉口路386弄	《上海住宅建设志》第379页
耕兴里	1904	662	宁波路363弄	《上海住宅建设志》第379页
泰记里	1911	3 420	天津路110弄	《上海住宅建设志》第379页
祥康里	1913	2 292	天津路157弄	《上海住宅建设志》第379页
陶朱里	1911	3 650	福建中路266弄	《上海住宅建设志》第379页
乾记里	1911	2 308	天津路182弄	《上海住宅建设志》第379页
望云里	1911	1 433	河南中路426、466弄	《上海住宅建设志》第379页
清远里	1876年前	1 872	北京东路288弄	《上海住宅建设志》第379页
鸿仁里	1911	7 330	天津路51弄	《上海住宅建设志》第379页
隆庆里	1911	3 888	宁波路284弄	《上海住宅建设志》第379页
维庆里	1911	3 114	天津路247弄	《上海住宅建设志》第379页
惠民里	1900	328	北京东路526弄	《上海住宅建设志》第379页
景行里	1876	3 512	天津路212弄、宁波路279弄	《上海住宅建设志》第379页

三、黄浦区法租界数据资料

住宅名称	住宅类型	建筑年代	建筑结构	幢数	建筑面积（平方米）	坐落位置
大成里	旧式里弄	1926	砖木二层	24	5 488	金陵中路 174 弄
久安坊	石库门里弄	1932	砖木二层	20	2 706	金陵中路 252 弄
久安里	旧式里弄	1936	砖木二层	61	9 134	西藏南路 10 弄
马乐里	旧式里弄	1914	砖木二层	62	5 812	延安东路 873 弄
马吉里	旧式里弄	1925	砖木二层	15	1 540	重庆北路 11、21、24 弄
天惠坊	旧式里弄	1932	混合三层	2	564	金陵中路 100 弄
五福里	石库门里弄	1925	砖木二层	5	1 444	连云路 31 弄
仁昌里	旧式里弄	1924	砖木二层	26	5 265	金陵中路 206 弄
公安里	旧式里弄	1927	砖木二层、三层	6	670	延安东路 605 弄
文安里	石库门里弄	1913	砖木二层	4	878	黄陂南路 20 弄
东兴里	旧式里弄	1916	砖木二层	10	1 453	淡水路 1 弄、11 弄
四德里	旧式里弄	1924	砖木二层	4	902	宁海西路 156 弄
永年里	旧式里弄	1915	砖木二层	17	1 554	延安东路 825 弄
永庆坊	旧式里弄	1926	砖木二层	4	264	望亭路 32 弄
永祥里	旧式里弄	1928	砖木二层	9	1 785	延安东路 751 弄
永安里	旧式里弄	1926	砖木二层	6	511	宁海西路 168 弄
民厚里	旧式里弄	1928	砖木三层	3	240	普安路 100 弄
吉祥坊	旧式里弄	清末	砖木二层	31	2 770	望亭路 32 弄
吉祥里	旧式里弄	1932	砖混二层、三层	2	453	金陵中路 156 弄
光德里	旧式里弄	1919	砖木二层	16	2 593	嵩山路 20 弄
同庆里	旧式里弄	1914	砖木二层	14	1 560	金陵西路 88 弄
同和里	旧式里弄	1915	砖木三层	15	1 606	金陵西路 112 弄
同益坊	石库门里弄	1916 年后	砖木二层	23	2 250	淡水路 47 弄
同登里	旧式里弄	1922	砖木二层	2	642	宁海西路 188 弄
仲安里	旧式里弄	1920	砖木二层	12	1 426	延安东路 561 弄
行仁坊	旧式里弄	1925	砖木二层		1 299	延安东路 809 弄
合兴坊	旧式里弄	1924	砖木二层	10	1 178	金陵西路 72 弄
庆安里	旧式里弄	1937 年后	砖木二层	2	236	望亭路 68 弄
兴业里	旧式里弄	1914	砖木二层	5	762	延安东路 835 弄
兴昌里	旧式里弄	1912 年后（估）	砖木二层	3	504	金陵西路 98—102 弄
秀云里	旧式里弄	1916	砖木二层	9	750	淡水路 26、36 弄

续表

住宅名称	住宅类型	建筑年代	建筑结构	幢数	建筑面积（平方米）	坐落位置
余庆坊	旧式里弄	1912	砖木二层	6	1 226	延安东路865弄（近淡水路）
松寿里	旧式里弄	1913	混合四层	1	269	金陵中路120弄
松柏里	旧式里弄	1929	砖木三层	10	1 782	望亭路81弄
尚义坊	旧式里弄	1931	砖混三层	4	367	永善路6、26、48弄
金陵中路94弄	旧式里弄	1931	砖木二层	1	466	
育伦坊	旧式里弄	1925	砖木二层	3	838	重庆北路39弄
怡乐里	旧式里弄	1916	砖木二层	11	1 490	金陵西路82弄
宝安里	旧式里弄	1911	砖木二层	5	1 092	黄陂南路25弄
宝善里	旧式里弄	1911	砖木二层	1	296	宁海西路149弄
建安里	旧式里弄	1935	砖木二层	9	1 970	金陵中路218弄
树德里	旧式里弄	1929	砖木二层	11	1 868	普安路33弄
南通里	旧式里弄	1923	砖木二层	7	786	淡水路66弄、76弄
复兴里	旧式里弄	1920	砖木二层	6	522	普安路35弄
恒茂里	石库门里弄	1932	砖木三层	94	14 945	龙门路街道东南部,西藏南路以西,龙门路以东,金陵中路以北,宁海西路以南
泰安里	旧式里弄	1915	砖木二层、三层	7	2 364	黄陂南路2弄
桂馥里	旧式里弄	1920	砖木二层	12	2 460	淡水路21弄、31弄
桃源坊	旧式里弄	1932	砖木三层	4	723	普安路51弄
积善里	旧式里弄	1901	砖木二层	3	700	金陵西路60弄
通和里	旧式里弄	1925	砖木二层	3	572	金陵中路232弄
鸿运坊	旧式里弄	1929	砖木三层	13	8 221	宁海西路84弄
惠村	旧式里弄	1910	砖木二层	3	402	金陵中路194弄
森福里	旧式里弄	1935年前	砖木二层、三层	31	2 668	宁海西路150弄
敦厚里	旧式里弄	1912年前（估）	砖木二层	9	1 088	金陵中路156弄
瑞康里	旧式里弄	1912	砖木二层	3	560	金陵中路244弄
勤余坊	旧式里弄	1932	砖木三层	2	1 008	宁海西路184弄
福海里	旧式里弄	1900	砖木二层	12	809	延安东路1427弄
福德里	旧式里弄	1932	砖木平房及二层	16	1 050	金陵中路112弄
德顺里	旧式里弄	1915	砖木二层、三层	3	1 290	连云路19弄

续表

住宅名称	住宅类型	建筑年代	建筑结构	幢数	建筑面积（平方米）	坐落位置
德润里	旧式里弄	1921	砖木二层	2	414	普安路24弄
鹤鸣里	旧式里弄	1923	砖木二层	4	855	普安路58弄
爵德里	旧式里弄	1934	砖木二层	6	524	延安东路953弄
卜邻里	旧式里弄	1930	砖木三层	55	11 616	金陵东路389弄
三星里	旧式里弄	1928	砖木二层	11	626	永寿路57弄
大同坊	旧式里弄	1930	砖木三层	4	1 056	盛泽路5弄
无锡里	旧式里弄	1930	砖木三层	5	1 461	福建南路36弄
友益里	旧式里弄	1930	砖木、混合三层	34	5 538	云南南路58弄
太原里	石库门里弄	20世纪初	砖木三层	41		延安东路401弄、宁海东路250弄
中华里	旧式里弄	1916	砖木三层	55	5 733	金陵东路246弄
仁美里东弄	旧式里弄	1923	砖木三层	4	920	永寿路148弄
仁美里西弄	旧式里弄	1923	砖木二层	5	1 041	广西南路58弄
升平里	石库门里弄	1925	砖、混二层、三层	61		金陵东路396弄
东里	旧式里弄	1921	混合三层	14	3 077	福建南路14弄
东升里	旧式里弄	1938	砖木三层	5	806	浙江南路167—169弄
东新里	旧式里弄	1917	砖木二层	75	5 306	山东南路111弄
东高第里	旧式里弄	1930	砖木三层	4	903	永寿路99弄
北原上里	旧式里弄	1922	砖木三层	12	1 866	永寿路109弄
汇成里	旧式里弄	1930	砖木三层	38	4 410	山东南路38、46、56弄
立贤里	旧式里弄	1930	砖木三层	77	10 752	永寿路176弄
宁兴里	旧式里弄	1936	砖、混三层	13	1 369	宁海东路17弄
永庆里	旧式里弄	1921	砖木二层	7	722	浙江南路14弄
永远里	旧式里弄	1930	混合三层	6	551	宁海东路279弄
吉安里	旧式里弄	1931	混合三层	29	5 982	福建南路84、94弄
吉利坊	旧式里弄	1928	砖木三层	8	2 951	金门路4、8弄
吉信坊	旧式里弄	1926	砖木二层	13	982	永寿路77弄
西高第里	旧式里弄	1930	砖木三层	5	1 248	永寿路138弄
达义坊	旧式里弄	1926	砖木三层	1	249	永寿路9弄
执中里	旧式里弄	1930	混合三层	84	12 442	广西南路86弄
华盛坊	旧式里弄	1931	砖、混三层	24	4 583	人民路628弄
合众里	旧式里弄	1920	砖、混三层	19	5 881	宁海东路266弄
合德里	旧式里弄	1928	砖、混三层	15	2 572	广西南路54弄

续表

住宅名称	住宅类型	建筑年代	建筑结构	幢数	建筑面积（平方米）	坐落位置
安吉里	旧式里弄	1932	混合三层	4	1 293	宁海东路107弄
兴昌里	旧式里弄	1920	砖木二层	33	2 664	金陵东路304弄
寿康里	旧式里弄	1930	砖、混三层	36	7 296	山东南路10弄
余庆里	旧式里弄	1942	砖木二层	47	12 202	广西南路44弄
余顺里	旧式里弄	1918	砖木二层	31	2 655	浙江南路49弄
宏余坊	旧式里弄	1931	砖木二层	13	5 566	宁海东路70弄
明德里	旧式里弄	1923	砖木二层	68	7 106	山东南路106、96、86弄
和平里	旧式里弄	1922	砖木二层	30	3 625	人民路746弄
宝成里	旧式里弄	1925	砖木三层	13	1 664	宁海东路90弄
宝安坊	旧式里弄	1929	砖木二层	49	6 539	浙江南路155弄
宝兴里	旧式里弄	1923	砖木二层	75	1 142	金陵东路300弄
宝康里	旧式里弄	1928	砖、混三层	7	1 589	浙江南路30弄
宝裕里	石库门里弄	1928	砖、混三层	134		宁海东路120弄
居安里	旧式里弄	1912年后（估）	砖木二层	5	553	宁海东路192弄
承志里	旧式里弄	1930	砖、混三层	21	3 583	盛泽路80弄
南原上里	旧式里弄	1914	砖木二层	18	3 572	淮海东路4弄
笃行里	石库门里弄	1932	砖木三层	25	6 987	金陵东路423弄
首禄里	旧式里弄	1918	砖木二层	54	4 425	浙江南路166弄
美华里	旧式里弄	1916	砖木二层	19	1 808	盛泽路34、22弄
振新北里	旧式里弄	1924	砖木二层	28	4 071	浙江南路70弄
振新南里	旧式里弄	1924	砖木二层	7	984	浙江南路104弄
惟祥里	旧式里弄	1919	砖木二层	24	2 549	金陵东路196弄
惟善里	旧式里弄	1931	混合四层	15	3 552	浙江南路57弄
普安里	旧式里弄	1923	砖木二层	15	1 503	西藏南路111弄
裕庆坊	旧式里弄	1916	砖木二层	11	1 377	山东南路79弄
锦衣坊	旧式里弄	1926	砖木二层	3	506	永寿路109弄内11—13号
锦福里	旧式里弄	1935	砖、混三层	25	4 006	宁海东路89弄
新康里	旧式里弄	1939	砖木二层	33	2 809	盛泽路103弄
福兴坊	旧式里弄	1932	砖木三层	4	852	浙江南路117—121号
福星里	旧式里弄	1906	砖木二层	38	2 290	永寿路33、37弄
精益里	旧式里弄	1931	砖木三层	26	4 600	福建南路129弄
增和里	旧式里弄	1918	砖木二层	8	1 519	延安东路353弄

续表

住宅名称	住宅类型	建筑年代	建筑结构	幢数	建筑面积（平方米）	坐落位置
德行里	旧式里弄	1930	砖、混三层	45	7 309	云南南路 150 弄
德和里	旧式里弄	1914	砖木二层	5	649	延安东路 213 弄
德顺里	旧式里弄	1924	砖木二层	29	4 339	云南南路 128 弄
懿德里	旧式里弄	1925	砖木二层	42	4 565	宁海东路 182 弄
龙安里	旧式里弄	1911	砖木三层	4	1 683	新永安路 15 弄
永安坊	旧式里弄	1912	砖木三层	55	13 897	新永安路 12 弄
永安里	旧式里弄	1911	砖木二层	2	422	永安路 4、6 弄
同仁里	旧式里弄	1911	砖木一层、二层	9	1 781	四川南路 44 弄
同安里	旧式里弄	1911	砖木二层	14	3 574	新永安路 21 弄
同德里	旧式里弄	1921	混合三层	12		紫金路中段 13、33 弄
兴业里	旧式里弄	1912	砖木三层	15	5 727	四川南路 25 弄
京江弄	旧式里弄	1911	砖木二层	9	2 212	四川南路 80 弄
复兴里	旧式里弄	1912	砖木三层	3	942	新永安路 83 弄
泰兴里	旧式里弄	1911	砖木二层	9	3 562	人民路 344 弄
晋安里	旧式里弄	1912	砖木三层	5	2 823	永胜路以西
益新里	旧式里弄	1911	砖木二层	3	596	永安路 31 弄
祥安里	旧式里弄	1912	砖木二层	4	1 656	金陵东路 15 弄
祥兴里	旧式里弄	1911	混合三层	6	958	金陵东路 91、119 弄
祥裕里	旧式里弄	1915	砖木二层	10	2 394	四川南路 29、30 弄
谓文坊	旧式里弄	1940	砖木二层	4	1 423	紫金路 3 弄
晋安里	旧式里弄	1916	砖木二层	10	2 796	永安路 36、48 弄
慎兴里	旧式里弄	1912	砖木二层	21	5 186	紫金路 43、57 弄
德培里	旧式里弄	1911	砖木二层	5	1 770	延安东路 105 弄
德铭里	旧式里弄	1920	砖木二层	15	3 888	江西南路 9、19、29 弄
德福里	旧式里弄	1924	砖木二层	4	724	江西南路 38 弄
懿德里	旧式里弄	1912	砖木二层	14	3 035	紫金路 32、42、60 弄
延安东路 919 弄	旧式里弄	1930	砖木二层	1	162	
延安东路 925 弄	旧式里弄	1909	砖木二层	7	1 443	
连云路 68 弄	旧式里弄	1895	砖木二层	9	425	
华业里	旧式里弄	1912 年前（估）	混合三层	11	1 461	江西南路 110 弄
德庆里	旧式里弄	1940	砖混二层、三层	7	1 747	延安东路 77 弄

续表

住宅名称	住宅类型	建筑年代	建筑结构	幢数	建筑面积（平方米）	坐落位置
王家门	旧式里弄	清嘉庆年间	砖木一层、二层	12	570	陆家渡路269弄
黄陂南路48弄	旧式里弄	1911	砖木二层	4	1 259	
望亭路15弄	旧式里弄	1906	砖木二层	5	238	
望亭路20弄	旧式里弄	1910	砖木二层	2	164	
望亭路35弄	旧式里弄	1906	砖木二层	9	804	
望亭路111弄	旧式里弄	1930	砖木二层	1	201	
山东南路41弄	石库门里弄	1944	砖木三层	21	4 173	
瑞福里	石库门里弄	1917	砖木二层	94	9 917	延安东路与宁海东路之间
中山东二路5弄、8弄	旧式里弄	1912	砖木三层		2 291	中山东二路5弄、8弄
丰华大楼		1906	混合四层、三层，钢筋混凝土五层		11 565	中山东二路22号
紫金公寓		1929	钢筋混凝土五层、八层		12 501.4	金陵东路25—41号

四、黄浦区法租界资料补充

住宅名称	建筑年代	建筑面积（平方米）	坐落位置	备注
中山东二路5弄、8弄	1912	2 291	中山东二路5弄、8弄	《黄浦区地名志》第285页
丰华大楼	1906	11 565	中山东二路22号	《黄浦区地名志》第170页
紫金公寓	1929	12 501.4	金陵东路25—41号	《黄浦区地名志》第196页

五、黄浦区华界（洋泾区）数据资料

住宅名称	住宅类型	建筑年代	建筑结构	幢数	建筑面积（平方米）	坐落位置
三义坊	旧式里弄	1936	砖木二层	7	400	东宁路62弄
三官堂弄	旧式里弄	清同治年	砖木平房、二层	69	2 700	陆家嘴路275弄
五福里	旧式里弄	1945	混合三层	4	3 000	烟台路94弄
仁里	旧式里弄	1920	砖木二层	24	900	东昌路189弄8支弄
仁记里	石库门里弄	1932	砖木二层	6	9 000	仁记路17、25、47弄
仁泰里	旧式里弄	1910年后	清末年间	11	500	烂泥渡路117弄

续表

住宅名称	住宅类型	建筑年代	建筑结构	幢数	建筑面积（平方米）	坐落位置
东长里	石库门里弄	1920	砖木二层	36	7 000	东昌路 204 弄
东昌里	旧式里弄	1930	砖木二层	11	1 600	东昌路 247 弄
东昌路	旧式里弄	清嘉庆年	砖木二层	8	700	东昌路 89 弄
东昌路	旧式里弄	清末	砖木二层	44	4 000	东昌路 226 弄
田度西村	旧式里弄	1930	砖木二层	63	4 000	田度路以西、陆家嘴路以南
市范里	旧式里弄	1933	砖木二层	4	5 618	东昌路 382 弄
同兴后街	旧式里弄	1945	砖木二层	37	1 100	杨家宅路 71 弄
华东坊	旧式里弄	1934	砖木二层	8	1 800	东昌路 311 弄
华庆坊	旧式里弄	1933	砖木二层	7	1 800	东昌路 109 弄
华兴里	旧式里弄	清末	砖木平房、二层	12	900	东宁路 60 弄
华懋坊	旧式里弄	1934	砖木平房、二层		1 300	东昌路 51、121 弄
华坊宿舍	旧式里弄	1895	砖木二层		5 400	陆家嘴路 690 弄
延庆里	旧式里弄	1931	砖木二层	6	1 800	东宁路 289 弄 1—24 号
合德里	石库门里弄	1924	砖木二层	23	2 000	海兴路 110、86 路
冰厂田路 260 弄	旧式里弄	1931	砖木二层	6	1 300	冰厂田路 260 路
太平里	旧式里弄	清咸丰年间	砖木一层、二层	15	3 700	冶坊桥路与厂田路之间
仁记路 16 弄	旧式里弄	1900	砖木一层、二层	10	650	
东裕德里	旧式里弄	清光绪年间	砖木平房	47	2 000	东昌路 182 弄
东宁路 82 弄	旧式里弄	清同治年间	砖木一层、二层	14	700	
东宁路 97 弄	旧式里弄	清道光年间	砖木平房	7	200	
东宁路 111 弄	旧式里弄	清咸丰年间	砖木平房	2	150	
东宁路 123 弄	旧式里弄	清道光年间	砖木平房	7	300	
北护塘路 45、75、97 弄	旧式里弄	1945	砖木一层、二层	36	4 300	北护塘路 45、75、97 弄
北护塘路 106、123、146 弄	旧式里弄	1945	砖木一层、二层	61	5 700	北护塘路 106、123、146 弄
北护塘路 171、218、242 弄	旧式里弄	1945	砖木一层、二层	59	2 490	北护塘路 171、218、242 弄
北护塘路 266、356 弄	旧式里弄	1945	砖木一层、二层	38	1 560	北护塘路 266、356 弄
北杨家宅路 3 弄	旧式里弄	1945	砖木一层、二层	18	300	北杨家宅路 3 弄
北杨家宅路 10、16 弄	旧式里弄	清宣统年间	砖木一层、二层	38	2 200	北杨家宅路 10、16 弄

续表

住宅名称	住宅类型	建筑年代	建筑结构	幢数	建筑面积（平方米）	坐落位置
北杨家宅路46、47弄	旧式里弄	1945	砖木一层、二层	80	4 000	北杨家宅路46、47弄
宁波弄堂	旧式里弄	清光绪年间	砖木一层、二层		650	海兴路113路
永兴街	旧式里弄	清光绪年间	砖木一层、二层	19	2 800	陆家嘴路471弄
西彭家宅	旧式里弄	清光绪年间	砖木平房	14	2 000	东昌路255弄
西裕德里	旧式里弄	清光绪年间	砖木平房	24	1 100	东昌路170弄
西杨家宅路10弄、40弄	旧式里弄	清光绪年间	砖木一层、二层	16	1 150	西杨家宅路10弄、40弄
西杨家宅44弄、48弄	旧式里弄	清同治年间	砖木一层、二层	10	800	西杨家宅路44弄、48弄
致善里57弄	旧式里弄	1919	砖木平房	10	620	东昌路街道西北部
东宁路180弄	旧式里弄	1945	砖木平房	15	1 000	
东宁路289弄	旧式里弄	1926	砖木二层	28	2 500	
东宁路303弄	旧式里弄	1930	砖木平房	14	500	
东宁路317弄	旧式里弄	1920	砖木平房	6	300	
东宁路402弄	旧式里弄	清末	砖木平房	5	450	
东昌路89弄	旧式里弄	清嘉庆年间	砖木平房	12	700	
东昌路226弄	旧式里弄	清末	砖木一层、二层	44	1 400	
东昌路226弄	旧式里弄	1920	砖木一层、二层	33	2 500	
东昌路273弄	旧式里弄	清光绪年间	砖木平房	54	1 800	
东昌路284弄	旧式里弄	1930	砖木平房	46	4 000	
东昌路316弄	旧式里弄	清嘉庆年间	砖木平房	13	800	
东杨家宅	旧式里弄	清光绪年间	砖木一层、二层	16	700	东杨家宅路14弄
东杨家宅	旧式里弄	清光绪年间	砖木一层、二层	35	800	东杨家宅路17弄
东杨家宅	旧式里弄	清光绪年间	砖木一层、二层	16	700	东杨家宅路24弄
石旗杆	旧式里弄	清光绪年间	砖木平房	11	1 500	海光路151弄
华通栈后	旧式里弄	清光绪年间	砖木平房	24	2 000	烂泥渡西、东昌路南
杀猪弄	旧式里弄	清末	砖木一层、二层	13	600	东宁路24弄
冰厂田路99弄、229弄	旧式里弄	1920	砖木一层、二层	77	3 800	冰厂田路99路、229路
冰厂田路263弄	旧式里弄	1904	砖木一层、二层	27	6 700	冰厂田路263路

续表

住宅名称	住宅类型	建筑年代	建筑结构	幢数	建筑面积（平方米）	坐落位置
许家弄	旧式里弄	1905	砖木平房	12	350	东宁路32弄
杨家宅路	旧式里弄	清末	砖木一层、二层	12	850	杨家宅路35弄、52弄
杨家宅路	旧式里弄	1945	砖木一层、二层	12	950	杨家宅路42弄、53弄
杨家宅路	旧式里弄	1920	砖木一层、二层	31	3 800	杨家宅路64弄、88弄
杨家宅路	旧式里弄	1945	砖木一层、二层	15	2 900	杨家宅路69弄、85弄
杨家宅路	旧式里弄	清末	砖木一层、二层	52	2 800	杨家宅路93弄、98弄、220弄
杨家宅路	旧式里弄	清末	砖木一层、二层	54	3 300	杨家宅路42弄、256弄、280弄
花园石桥路6弄、33弄、53弄	旧式里弄	清末	砖木一层、二层	22	4 190	花园石桥路6弄、33弄、53弄
花园石桥路98弄、13弄	旧式里弄	清末	砖木一层、二层	33	2 700	花园石桥路98弄、13弄
花园石桥路144弄	旧式里弄	1938	砖木一层、二层	26	7 100	花园石桥路144弄
李家宅	旧式里弄	清嘉庆年间	砖木平房	14	400	东宁路131弄
吴家弄26弄、35弄、93弄	旧式里弄	清末	砖木一层、二层	86	3 300	吴家弄26弄、35弄、93弄
吴家弄124弄	旧式里弄	清光绪年间	砖木平房	34	1 000	吴家弄124弄
冶坊桥路29弄	旧式里弄	1938	砖木一层、二层	8	700	
冶坊桥路36弄	旧式里弄	清光绪年间	砖木一层、二层	14	580	
冶坊桥路39弄	旧式里弄	1920	砖木一层、二层	4	150	
冶坊桥路49弄	旧式里弄	1945	砖木二层	2	250	
冶坊桥路51弄	旧式里弄	1945	砖木二层	4	400	
冶坊桥路61弄	旧式里弄	1923	砖木一层、二层	3	240	
冶坊桥路64弄	旧式里弄	1915	砖木平房	16	270	
冶坊桥路65弄	旧式里弄	1937	砖木一层、二层	9	650	
冶坊桥路71弄	旧式里弄	1932	砖木二层	5	240	
冶坊桥路79弄	旧式里弄	1930	砖木一层	6	250	
冶坊桥路83弄	旧式里弄	1925	砖木二层	18	450	

续表

住宅名称	住宅类型	建筑年代	建筑结构	幢数	建筑面积（平方米）	坐落位置
冶坊桥路93弄	旧式里弄	1900	砖木一层、二层	16	100	
冶坊桥路100弄	旧式里弄	1945	砖木一层、二层	14	280	
冶坊桥路131弄	旧式里弄	1937	砖木一层、二层	14	340	冶坊桥路131弄、140弄
冶坊桥西路30支弄	旧式里弄	1937	砖木平房	5	120	冶坊桥西路30支弄
张家门	旧式里弄	清嘉庆年间	砖木一层、二层	3	350	陆家渡路285弄
朱家宅	旧式里弄	清光绪年间	砖木一层、二层	94	5 000	陆家渡朱家宅
陆家渡路73弄	旧式里弄	1920	砖木平房	53	1 900	陆家渡路73弄
陆家渡路74弄、100弄、181弄	旧式里弄	清末	砖木一层、二层	125	3 550	陆家渡路74弄、100弄、181弄
陆家渡路215弄、323弄、359弄	旧式里弄	清末	砖木一层、二层	62	13 500	陆家渡路215弄、323弄、359弄
陆家渡路380弄、393弄	旧式里弄	清末	砖木一层、二层	20	3 300	陆家渡路380弄、393弄
陆家嘴路150弄、190弄、343弄	旧式里弄	清末	砖木一层、二层	33	3 300	陆家嘴路150弄、190弄、343弄
陆家嘴路172弄、380弄	旧式里弄	1945	砖木一层、二层	50	2 400	陆家嘴路172弄、380弄
陆家嘴路412弄、430弄、504弄	旧式里弄	1945	砖木一层、二层	147	5 000	陆家嘴路412弄、430弄、504弄
枇杷沟	旧式里弄	清同治年间	砖木一层、二层	7	360	陆家嘴路186弄
芇业里	旧式里弄	1930	砖木一层、二层	103	2 500	浦东南路256弄
园寿新村	旧式里弄	1946	砖木平房	30	900	冰厂田路与浦城路之间
金鱼塘	旧式里弄	清道光年间	砖木平房	31	2 000	东昌路490弄
周家宅	旧式里弄	清嘉庆年间	砖木一层、二层	9	250	东宁路55弄
宝德里	旧式里弄	1946	砖木平房	20	1 500	海兴后街18弄
春元里	旧式里弄	1946	砖木平房	18	2 000	海兴后街27弄
荣德里	旧式里弄	1920	砖木一层、二层	42	1 800	烂泥路515弄

续表

住宅名称	住宅类型	建筑年代	建筑结构	幢数	建筑面积（平方米）	坐落位置
荧昌里	旧式里弄	1901	砖木平房	20	2 800	冰厂田路 155 弄
顺昌里	旧式里弄	1945	砖木平房	10	1 000	冰厂田路 147 弄
烂泥渡路	旧式里弄	1945	砖木一层、二层	42	1 000	烂泥渡路 70 弄
烂泥渡路	旧式里弄	清末	砖木平房	26	1 800	烂泥渡路 97 弄
烂泥渡路	旧式里弄	1946	砖木一层、二层	104	5 050	烂泥渡路 106 弄、107 弄、226 弄
烂泥渡路	旧式里弄	1946	砖木一层、二层	78	5 330	烂泥渡路 252 弄、274 弄、330 弄
烂泥渡路	旧式里弄	1946	砖木一层、二层	72	2 600	烂泥渡路 385 弄、416 弄
烂泥渡路	旧式里弄	1930	砖木平房	3	450	烂泥渡路 454 弄
烂泥渡路	旧式里弄	清末	砖木一层、二层	13	105	烂泥渡路 524 弄、540 弄
烂泥渡路	旧式里弄	1930	砖木一层、二层	9	400	烂泥渡路 573 弄
洪兴里	旧式里弄	清同治年间	砖木平房	19	1 200	东昌路 188 弄
荷花沟	旧式里弄	清末	砖木平房	23	900	陆家嘴路 209 弄
高石桥	旧式里弄	清末	砖木平房	31	1 900	陆家渡路 502 弄
烟台路	旧式里弄	1946	砖木一层、二层	8	720	烟台路 39 弄、106 弄
浦东新村	旧式里弄	1946	砖木平房	19	260	浦东南路与陆家渡路之间
浦城路	旧式里弄	1915	砖木一层、二层	26	960	浦城路 6 弄、23 弄
浦城路	旧式里弄	清道光年间	砖木一层、二层	28	1 600	浦城路 51 弄
浦东南路	旧式里弄	1930	砖木一层、二层	63	1 600	浦东南路 292 弄
浦东南路	旧式里弄	清末	砖木一层、二层	48	3 300	浦东南路 334 弄、350 弄
清东南路 370 弄	旧式里弄	1924	砖木一层、二层	28	1 300	
清东南路 386 弄	旧式里弄	清末	砖木一层、二层	31	2 500	
浦东南路 434 弄	旧式里弄	清末	砖木二层	15	900	
浦东南路 922 弄	旧式里弄	1915	砖木平房	2	1 200	

续表

住宅名称	住宅类型	建筑年代	建筑结构	幢数	建筑面积（平方米）	坐落位置
浦东南路928弄	旧式里弄	1912	砖木平房	7	1 500	
浦东南路948弄	旧式里弄	1910	砖木平房	2	800	
海兴路20弄	旧式里弄	清宣统年间	砖木一层、二层	27	1 400	
海兴路55弄	旧式里弄	清宣统年间	砖木平房	21	2 500	
海兴路56弄	旧式里弄	清宣统年间	砖木平房	38	3 800	
海兴路85弄	旧式里弄	清宣统年间	砖木一层、二层	13	1 950	
海兴路86弄	旧式里弄	清末	砖木二层	46	9 000	
海兴路95弄	旧式里弄	20世纪初	砖木一层、二层	11	1 200	
海兴路110弄	旧式里弄	1909	砖木二层	41	3 600	
海兴路113弄	旧式里弄	清咸丰年间	砖木一层、二层	62	3 600	
海兴路162弄	旧式里弄	清乾隆年间	砖木一层、二层	26	4 000	
海兴北路4弄	旧式里弄	清同治年间	砖木平房	5	400	
海兴北路5弄	旧式里弄	1945	砖木一层、二层		600	
海兴北路22弄	旧式里弄	清道光年间	砖木平房	54	3 000	
海兴北路23弄	旧式里弄	1945	砖木平房	4	200	
海兴北路35弄	旧式里弄	1946	砖木一层、二层	90	3 800	
海兴北路44弄	旧式里弄	1932	砖木平房	4	150	
海兴北路60弄	旧式里弄	清末	砖木平房	8	350	
海兴北路68弄	旧式里弄	清乾隆年间	砖木一层、二层	68	9 000	
海兴北路73弄	旧式里弄	1948	砖木一层、二层	14	1 000	
海兴北路124弄	旧式里弄	清末	砖木一层、二层	22	2 400	
海兴北路146弄	旧式里弄	清末	砖木平房	3	70	
海兴后街12弄	旧式里弄	1946	砖木一层、二层	16	1 050	

续表

住宅名称	住宅类型	建筑年代	建筑结构	幢数	建筑面积（平方米）	坐落位置
海兴后街16弄	旧式里弄	1946	砖木一层、二层	24	3 000	
海兴后街17弄	旧式里弄	1946	砖木一层、二层	13	1 000	
通州弄堂	旧式里弄	清末	砖木平房		360	海兴路113弄
鸿贤里	旧式里弄	清末	砖木平房	25	2 000	陆家渡路515弄
鸿奎里	旧式里弄	1931	砖木平房	3	306	北杨家宅路9—27弄
喻家门	旧式里弄	清乾隆年间	砖木平房	23	2 600	陆家渡路297弄
富安里	旧式里弄	1931	砖木二层	1	546	海兴后街与北塘路之间
瑞德里	旧式里弄	1920	砖木平房	8	600	吴家弄15号
锡康里	旧式里弄	1932	砖木平房		800	东昌路162弄40支弄
新街	旧式里弄	清嘉庆年间	砖木二层	40	4 500	东昌路121弄
新荧昌里	旧式里弄	清光绪年间	砖木平房	25	1 200	冰厂田路137弄
酱园弄	旧式里弄	1930	砖木平房	13	1 700	东昌路147弄
德顺里	旧式里弄	1923	砖木平房	40	1 000	东昌路227弄
至善路60弄	旧式里弄	1940	砖木平房	3	170	
至善路92弄	旧式里弄	1947	砖木二层	4	160	
杨家宅	旧式里弄	1920	砖木平房	2	470	杨家宅支路40弄
杨家宅石桥122弄	旧式里弄	清光绪年间	砖木一层、二层	9	580	东昌路街道中部
吴家弄61弄	旧式里弄	1915	砖木一层、二层	11	280	东昌路街道西北部
铁板桥弄	旧式里弄	清道光年间	砖木平房	30	1 400	烂泥渡路东、陆家嘴路南
新浦东里	旧式里弄	1935	砖木二层	4		浦东路东、东昌路北
永福里	旧式里弄	1947	砖木一层、二层	2	343	昌邑路与定家宅之间
协兴里	旧式里弄	1936	砖木平房	1	170	浦东南路东、庄家桥南
沈家弄路171弄	旧式里弄	清同治年间	砖木平房	19	1 398	
沈家弄路195弄	旧式里弄	清乾隆年间	砖木平房	13	942	
沈家弄路232弄	旧式里弄	清同治年间	砖木平房	1	56	
沈家弄路249弄	旧式里弄	清光绪年间	砖木平房	12	1 680	

续表

住宅名称	住宅类型	建筑年代	建筑结构	幢数	建筑面积（平方米）	坐落位置
浦东南路859弄	旧式里弄	1936	砖木平房	4	218	
浦东南路897弄	旧式里弄	1945	砖木平房	2	76	
浦东南路1023弄	旧式里弄	1912	砖木平房	14	1 400	
浦东南路1071弄	旧式里弄	1912	砖木平房	12	5 40	
浦东南路1081弄	旧式里弄	1945	砖木平房	15	3 040	
浦东南路1135弄	旧式里弄	1930	砖木平房	8	990	
裕生里	旧式里弄	1935	砖木二层	2	567	浦东南路907弄
太平坊	旧式里弄	1947	砖木平房	7	260	崂山西路与吴家桥之间
三阳弄	旧式里弄	1902	砖木一层、二层	3	930	老白渡南街51弄
大塘边	旧式里弄	1931	砖木一层、二层	126	3 275	老白渡南街67弄、83弄、89弄
大庆街19弄	旧式里弄	1917	砖木平房	38	2 830	
大庆街38弄	旧式里弄	1921	砖木一层、二层	18	405	
大庆街67弄	旧式里弄	1917	砖木一层、二层	24	748	
大庆街80弄	旧式里弄	1921	砖木一层、二层	17	425	
小花园	旧式里弄	1945	砖木一层、二层	6	310	老白渡南街4—7弄
元和里	旧式里弄	1922	砖木一层、二层	29	1 211	西源庆里以南
天后宫里	旧式里弄	清道光年间	砖木一层、二层	34	1 176	浦东南路西、潍坊西路北
太平里	旧式里弄	清道光年间	砖木平房	5	115	老白渡北街69弄
中善里	旧式里弄	清乾隆年间	砖木一层、二层	126	3 550	大庆街西、高资路东
仁德里	旧式里弄	1908	砖木平房	13	630	高资路29弄
东升里	旧式里弄	明万历年间	砖木平房	44	1 576	杨家渡路352弄
东方里	旧式里弄	清道光年间	砖木平房	70	2 160	高资路东段南
东新里	旧式里弄	1933	砖木平房	6	232	震修支路以南

续表

住宅名称	住宅类型	建筑年代	建筑结构	幢数	建筑面积（平方米）	坐落位置
东源庆里	旧式里弄	1934	砖木一层、二层	69	2 630	震修支路南端以东
北源泥溏26弄	旧式里弄	清光绪年间	砖木一层、二层	4	275	
老白渡路138弄	旧式里弄	清嘉庆年间	砖木一层、二层	6	157	
老白渡路158弄	旧式里弄	1904	砖木平房	8	255	
老白渡北街44弄	旧式里弄	清光绪年间	砖木平房	4	193	
老白渡北街54弄	旧式里弄	清光绪年间	砖木平房	4	94	
老白渡陈家宅	旧式里弄	清光绪年间	砖木平房	9	290	老白渡陈家宅16弄
西源庆里	旧式里弄	清光绪年间	砖木平房	55	2 496	杨家渡路以南
庆生里	旧式里弄	1925	砖木平房	22	660	老白渡路180弄
庆生里	旧式里弄	1930	砖木平房	24	675	老白渡南段、麦家宅北
庆余里	旧式里弄	1917	砖木一层、二层	110	2 581	潍坊西路西段北
江北弄	旧式里弄	清嘉庆年间	砖木平房	19	380	老白渡北街43弄
兴生里	旧式里弄	1930	砖木平房	12	280	东方里、陈家宅之间
寿德里	旧式里弄	1948	砖木一层、二层	10	350	启新路东段南
极庆里	旧式里弄	清光绪年间	砖木一层、二层	130	3 260	福康路西、草泥塘路东
杨家渡路147弄	旧式里弄	清光绪年间	砖木一层、二层	5	259	
杨家渡路157弄	旧式里弄	清咸丰年间	砖木一层、二层	88	4 575	
杨家渡路173弄	旧式里弄	清道光年间	砖木一层、二层	8	400	
杨家渡路189弄	旧式里弄	清道光年间	砖木一层、二层	8	414	
杨家渡路215弄	旧式里弄	清咸丰年间	砖木一层、二层	33	1 420	
杨家渡路231弄	旧式里弄	1905	砖木平房	6	110	
杨家渡路237弄	旧式里弄	1945	砖木二层	2	180	
杨家渡路271弄	旧式里弄	清光绪年间	砖木平房	15	690	

续表

住宅名称	住宅类型	建筑年代	建筑结构	幢数	建筑面积（平方米）	坐落位置
杨家渡路337弄	旧式里弄	清道光年间	砖木一层、二层	58	5 030	
杨家渡路357弄	旧式里弄	1925	砖木平房	16	430	
志忠里	旧式里弄	1926	砖木一层、二层	39	1 450	潍坊西路东段北
余德里	旧式里弄	1917	砖木一层、二层	115	2 533	潍坊西路中段北
启新路13弄	旧式里弄	清道光年间	砖木一层、二层	43	1 323	
启新路20弄	旧式里弄	1911	砖木一层、二层	16	237	
启新路28弄	旧式里弄	清光绪年间	砖木平房	3	285	
启新路194弄	旧式里弄	1915	砖木平房	14	398	
启新路206弄	旧式里弄	1909	砖木平房	14	390	
启新路216弄	旧式里弄	1919	砖木平房	15	600	
张家浜路33弄	旧式里弄	清咸丰年间	砖木平房	4	519	
张家浜路59弄	旧式里弄	1921	砖木平房	20	804	
陆家渡浜南路	旧式里弄	清咸丰年间	砖木平房	14	370	陆家渡浜南路83弄
明德里	旧式里弄	清光绪年间	砖木一层、二层	242	6 000	潍坊西路东段北
昌林里	旧式里弄	1932	砖木平房	24	656	杨家渡路266弄
侉弄堂	旧式里弄	1916	砖木一层、二层	53	1 770	福康路与草泥塘路之间
织布厂	旧式里弄	清光绪年间	砖木平房	40	720	高资路51弄、57弄
南极里	旧式里弄	清道光年间	砖木一层、二层	37	3 300	张家渡路西段以南
荣记路23弄	旧式里弄	清道光年间	砖木平房	4	100	
荣记路33弄	旧式里弄	清道光年间	砖木平房	9	190	
厚德里	旧式里弄	清道光年间	砖木一层、二层	143	5 380	潍坊西路中段以北
高邮街	旧式里弄	1908	砖木一层、二层	47	1 350	高资路99弄
浦东南路1020弄	旧式里弄	1936	砖木平房	2	162	

续表

住宅名称	住宅类型	建筑年代	建筑结构	幢数	建筑面积（平方米）	坐落位置
浦东南路1036弄	旧式里弄	1938	砖木平房	2	186	
浦东南路1044弄	旧式里弄	清同治年间	砖木平房	2	136	
浦东南路1084弄	旧式里弄	清道光年间	砖木平房	24	852	
浦东南路1094弄	旧式里弄	1936	砖木平房	6	297	
鸿丰里	旧式里弄	清光绪年间	砖木一层、二层	68	1 920	草泥塘路以西
景贤里	旧式里弄	1925	砖木一层、二层	8	160	大庆街105弄
湖北里	旧式里弄	清咸丰年间	砖木平房	42	1 030	高资路23弄、35弄
裕民里	旧式里弄	1920	砖木一层、二层	243	5 013	草泥塘路中段以西
福民里	旧式里弄	1920	砖木一层、二层	82	1 490	大庆街西草泥塘路以东
福庆里	旧式里弄	明万历年间	砖木平房	18	796	福康路南端以东
福康里	旧式里弄	1929	砖木平房	24	580	福康支路南端以东
福善里	旧式里弄	清光绪年间	砖木平房	9	296	老白渡北街18街
福源中里	旧式里弄	1909	砖木平房	42	801	福康路以西、草泥塘路东
福源东里	旧式里弄	清光绪年间	砖木一层、二层	183	4 980	福康路以西
福源北里	旧式里弄	1909	砖木一层、二层	59	1 330	草泥塘以东
福源南里	旧式里弄	1909	砖木一层、二层	36	814	草泥塘以东
福康路84弄	旧式里弄	1937	砖木平房	3	100	
福康路91弄	旧式里弄	1905	砖木平房	29	1 842	
福康路121弄	旧式里弄	1940	砖木平房	14	503	
福康路126弄	旧式里弄	清康熙年间	砖木平房	85	1 999	
福康路164弄	旧式里弄	清道光年间	砖木平房	73	1 942	
福康北路14弄	旧式里弄	清咸丰年间	砖木平房	8	205	
福康北路37弄	旧式里弄	1908	砖木平房	4	133	
福康北路53弄	旧式里弄	1919	砖木平房	16	390	
福康北路75弄	旧式里弄	1947	砖木一层、二层	12	315	
福康北路177弄	旧式里弄	1910	砖木平房	3	84	

续表

住宅名称	住宅类型	建筑年代	建筑结构	幢数	建筑面积（平方米）	坐落位置
福康北路198弄	旧式里弄	1919	砖木一层、二层	145	4 309	
福康北路221弄	旧式里弄	1905	砖木平房	17	511	
福康北路228弄	旧式里弄	1914	砖木一层、二层	39	1 239	
福康北路262弄	旧式里弄	清光绪年间		62	2 030	
潍坊西路40弄	旧式里弄	1940	砖木平房	3	140	
潍坊西路50弄	旧式里弄	1938	砖木一层、二层	7	175	
陈家宅	旧式里弄	1945	砖木一层、二层	4	94	潍坊西路陈家宅
震修支路149弄	石库门里弄	1932	砖木平房	1	226	
震修支路169弄	旧式里弄	1928	砖木平房	4	286	
懋业里	旧式里弄	1931	砖木一层、二层	11	265	老白渡路170弄
警局里	旧式里弄	1902	砖木一层、二层	39	930	老白渡路37弄
协升里	旧式里弄	1935	砖木平房	16	420	浦东路西、震修支路以南
杨家渡路286弄	旧式里弄	1932	砖木平房	4	110	
杨家渡路308弄	旧式里弄	明万历年间	砖木平房	7	160	
杨家渡路376弄	旧式里弄	清光绪年间	砖木平房	11	260	
杨家渡路10弄	旧式里弄	清乾隆年间	砖木平房	15	482	
杨家渡路21弄	旧式里弄	清咸丰年间	砖木平房	14	482	
典当弄	旧式里弄	清光绪年间	砖木平房	21	510	杨家渡路230弄
福昌里	旧式里弄	明万历年间	砖木平房	31	712	福康路北段以东
福康路14弄	旧式里弄	清道光年间	砖木平房	4	153	
福康路26弄	旧式里弄	清道光年间	砖木平房	6	166	
聚兴里	旧式里弄	1935	砖木平房	23	550	杨家渡路284弄
钱家巷55弄	旧式里弄	清道光年间	砖木平房	8	500	
钱家巷91弄	旧式里弄	清光绪年间	砖木平房	15	1 280	
钱家巷123弄	旧式里弄	清光绪年间	砖木平房	16	3 600	
钱家巷138弄	旧式里弄	清道光年间	砖木平房	16	1 900	

续表

住宅名称	住宅类型	建筑年代	建筑结构	幢数	建筑面积（平方米）	坐落位置
钱家巷171弄	旧式里弄	清道光年间	砖木平房	17	1 100	
钱家巷185弄	旧式里弄	清道光年间	砖木平房	9	300	
钱家巷190弄	旧式里弄	清道光年间	砖木平房	13	1 000	
钱家巷191弄	旧式里弄	清道光年间	砖木平房	100	2 100	
浦东南路1409弄	旧式里弄	1925	砖木平房	100	1 020	
浦东南路1475弄	旧式里弄	1941	砖木平房	100	12 912	
潍坊路89弄	旧式里弄	清光绪年间	砖木平房	100	8 528	
北洋泾路290弄	旧式里弄	1945	砖木平房	14	1 343	
北洋泾路310弄	旧式里弄	1945	砖木平房	40	696	
北洋泾路320弄	旧式里弄	1945	砖木平房	75	1 560	
北洋泾路338弄	旧式里弄	1945	砖木平房	37	650	
北洋泾路534弄	旧式里弄	1945	砖木平房	56	1 785	
北洋泾路632弄	旧式里弄	1945	砖木平房	28	620	
北洋泾路636弄	旧式里弄	1945	砖木平房	14	227	
北洋泾路648弄	旧式里弄	1945	砖木平房	54	990	
北洋泾路652弄	旧式里弄	1945	砖木平房	15	282	
永安街	旧式里弄	1930	砖木平房	98	1 326	洋泾永安街2—50弄、1—91弄
定水路23弄	旧式里弄	1935	砖木平房	12	253	
定水路111弄	旧式里弄	1920	砖木平房	18	284	
洋泾镇路21弄	旧式里弄	1835	砖木平房	31	289	
洋泾镇路25弄	旧式里弄	1850	砖木平房	11	173	
洋泾镇路43弄	旧式里弄	1885	砖木平房	42	914	
洋泾镇路59弄	旧式里弄	1865	砖木平房	14	193	
高家弄	旧式里弄	1665	砖木平房	59	1 132	洋泾镇路78弄
三和堂	旧式里弄	1780	砖木平房	102	1 871	洋泾镇路89弄
洋泾镇路99弄	旧式里弄	1785	砖木平房	13	243	
洋泾镇路109弄	旧式里弄	1830	砖木平房	12	229	

续表

住宅名称	住宅类型	建筑年代	建筑结构	幢数	建筑面积（平方米）	坐落位置
洋泾镇路113弄	旧式里弄	1835	砖木平房	14	260	
洋泾镇路220弄	旧式里弄	1885	砖木平房	33	634	
洋泾镇路231弄	旧式里弄	1885	砖木平房	43	424	
洋泾镇路242弄	旧式里弄	1685	砖木平房	17	395	
洋泾镇路249弄	旧式里弄	1785	砖木平房	27	534	
洋泾镇路250弄	旧式里弄	1785	砖木平房	10	170	
洋泾镇路257弄	旧式里弄	1900	砖木平房	44	672	
洋泾镇路260弄	旧式里弄	1915	砖木平房	48	917	
洋泾镇路275弄	旧式里弄	1920	砖木平房	8	166	
洋泾镇路282弄	旧式里弄	1930	砖木平房	51	1 054	
洋泾镇路296弄	旧式里弄	1930	砖木平房	10	240	
洋泾镇路319弄	旧式里弄	1930	砖木平房	11	256	
洋泾镇路320弄	旧式里弄	1935	砖木平房	22	408	
洋泾镇路326弄	旧式里弄	1935	砖木平房	3	61	
洋泾镇路327弄	旧式里弄	1685	砖木平房	9	164	
浦东大道1842弄	旧式里弄	1945	砖木平房	38	776	
糟坊路42弄	旧式里弄	1885	砖木平房	12	259	
糟坊路54弄	旧式里弄	1865	砖木平房	38	666	
三十六间	旧式里弄	1930	砖木平房	36	435	
糟坊路92弄	旧式里弄	1885	砖木平房	11	313	
糟坊路100弄	旧式里弄	1915	砖木平房	51	604	
东凌家宅1—15弄	旧式里弄	1930	砖木平房	29	1 000	洋泾镇东北部
鹤州里	旧式里弄	1928	砖木平房	40	1 157	洋泾镇北部
十五间1—15号	旧式里弄	1930	砖木平房	14	397	洋泾镇东北部
永安街27—29号	旧式里弄	1930	砖木平房	10	292	洋泾镇东北部

续表

住宅名称	住宅类型	建筑年代	建筑结构	幢数	建筑面积（平方米）	坐落位置
胜利村	旧式里弄	1945	砖木平房	15		洋泾镇东北部
新海里1—11号	旧式里弄	1930	砖木平房	15	326	洋泾镇东北部
吴家弄94弄	旧式里弄	1925—1935	砖木一层、二层	4	3 500	东昌路街道中部，海兴路以东，东宁路以北
约邻村	旧式里弄	1938	砖木二层	4	360	东宁路226弄
忠德里	旧式里弄	1917	砖木二层	7	1 600	东宁路街道中部，东宁路以北
昌兴里	石库门里弄	1925	砖木二层	61	3 500	仁记路61、71、81弄
烟台路160弄	旧式里弄	1945	砖木二层	8	720	东昌路街道西北部，烟台路以南，北护塘路以北
浦东里	旧式里弄	1931	砖木二层	9	3 500	东昌路240弄
培德里	旧式里弄	1936	砖木二层	6	2 344	海兴北路68弄
裕华新村	旧式里弄	1948	砖木二层	10	3 200	东昌路340弄6—15号
鹤松里	旧式里弄	1923	砖木二层	10	2 600	东昌路227弄
光明村	新式里弄	1948	砖木二层		1 545	浦东南路825弄
大庆里	旧式里弄	1932	砖木二层	5	255	荣记路19弄
大德里	旧式里弄	1932	砖木二层	8	387	震修支路202弄
长裕里	旧式里弄	1908	砖木平房、二层	58	1 395	高资路77弄
东一里	旧式里弄	1908	砖木平房、二层	11	480	荣记路63弄
六和里	旧式里弄	清道光年间	砖木平房		560	海兴路162弄
东宁路150弄		1915			1 800	东宁路中段以南
东宁路271弄		1926	砖木平房、二层		200	东宁路中段以北
东昌路102弄	旧式里弄	清乾隆年间	砖木平房、二层		4 000	
东昌路266弄	旧式里弄	1920	砖木平房、二层		2 500	东昌路中段以南
北护塘路258弄		1945年后	砖木平房		200	北护塘路258弄
北护塘路288弄		1945年后	砖木平房、二层		1 200	北护塘路288弄
华通栈后		清光绪年间	砖木平房		2 000	东昌路以南
汤家弄		清末	砖木平房、楼房		3 600	陆家渡路215弄

续表

住宅名称	住宅类型	建筑年代	建筑结构	幢数	建筑面积（平方米）	坐落位置
扬州弄堂（海兴路113弄）		清光绪年间	砖木平房		250	海兴路113弄
扬州弄堂（东昌路169弄）		清光绪年间（估）	砖木平房		760	
金星里		1931	砖木平房		180	冰厂田路260弄
浦东南路556弄		1920	棚户简屋		1 200	浦东南路556弄
田度浜北		清道光年间				
至善路60弄		1940	砖木平房		170	至善路60弄
浦东南路806弄		1932	砖木平房、简屋		800	浦东南路806弄
平安坊		20世纪30年代初	简屋		423	浦东南路以东
沈家弄路205弄		清乾隆年间	砖木结构		821	沈家弄路205弄
沈家弄路248弄		清乾隆年间	砖木结构		837	沈家弄路248弄
新民里		1920	棚屋、混合结构平房、楼房		2 791	大庆街以西
福源西里		1909	棚屋、混合结构平房、楼房		1 330	草泥塘路以东
懋德里		1927	砖木平房、混合结构二层		265	老白渡路170弄
浦东南路1409弄		1925	棚屋		2 100	浦东南路1409弄
北洋泾路348弄		1945	砖木结构、混合结构		1 092	北洋泾路348弄
定水路23弄		1935	混合结构房屋		253	定水路23弄
洋泾镇路21弄		1835	砖木结构房屋		289	洋泾镇路21弄
洋泾镇路25弄		1850	砖木结构房屋		173	洋泾镇路25弄
洋泾镇路43弄		1885	砖木结构房屋		914	洋泾镇路43弄
洋泾镇路59弄		1865	砖木结构房屋		193	洋泾镇路59弄
洋泾镇路78弄		1665	混合结构房屋		1 132	洋泾镇路78弄

续表

住宅名称	住宅类型	建筑年代	建筑结构	幢数	建筑面积（平方米）	坐落位置
洋泾镇路79弄		1780	混合结构房屋		1 871	洋泾镇路79弄
洋泾镇路89弄		1785	砖木结构房屋		179	洋泾镇路89弄
洋泾镇路163弄		1945	砖木结构房屋		171	洋泾镇路163弄
福兴里		1928	简屋			浦东大道7号桥西堍
糟坊路82弄		1865	砖木结构房屋		18	糟坊路82弄
糟坊路92弄		1885	混合结构房屋		313	糟坊路92弄
糟坊路110弄（金家弄）		1915	砖木结构房屋		604	糟坊路110弄
三十六间1—36号		1930	砖木结构房屋		435	永安街以北

六、黄浦区华界（洋泾区）数据资料补充

住宅名称	建筑年代	建筑面积（平方米）	坐落位置	备注
六和里	清道光年间	560	海兴路162弄	《黄浦区地名志》第291页
东宁路150弄	1915	1 800	东宁路中段以南	《黄浦区地名志》第292页
东宁路271弄	1926	200	东宁路中段以北	《黄浦区地名志》第292页
东昌路102弄	清乾隆年间	4 000		《黄浦区地名志》第293页
东昌路266弄	1920	2 500	东昌路中段以南	《黄浦区地名志》第293页
北护塘路258弄	1945年后	200	北护塘路258弄	《黄浦区地名志》第295页
北护塘路288弄	1945年后	1 200	北护塘路288弄	《黄浦区地名志》第295页
华通栈后	清光绪年间	2 000	东昌路以南	《黄浦区地名志》第298页
汤家弄	清末	3 600	陆家渡路215弄	《黄浦区地名志》第299页
扬州弄堂	清光绪年间	250	海兴路113弄	《黄浦区地名志》第300页
扬州弄堂	清光绪年间（估）	760	（东昌路169弄）	《黄浦区地名志》第300页
金星里	1931	180	冰厂田路260弄	《黄浦区地名志》第307页
浦东南路556弄	1920	1 200	浦东南路556弄	《黄浦区地名志》第311页
田度浜北	清道光年间			《黄浦区地名志》第315页
至善路60弄	1940	170	至善路60弄	《黄浦区地名志》第315页

续表

住宅名称	建筑年代	建筑面积（平方米）	坐落位置	备注
浦东南路806弄	1932	800	浦东南路806弄	《黄浦区地名志》第316页
平安坊	20世纪30年代初	423	浦东南路以东	《黄浦区地名志》第317页
沈家弄路205弄	清乾隆年间	821	沈家弄路205弄	《黄浦区地名志》第318页
沈家弄路248弄	清乾隆年间	837	沈家弄路248弄	《黄浦区地名志》第318页
新民里	1920	2 791	大庆街以西	《黄浦区地名志》第332页
福源西里	1909	1 330	草泥塘路以东	《黄浦区地名志》第333页
懋德里	1927	265	老白渡路170弄	《黄浦区地名志》第335页
浦东南路1409弄	1925	2 100	浦东南路1409弄	《黄浦区地名志》第338页
北洋泾路348弄	1945	1 092	北洋泾路348弄	《黄浦区地名志》第339页
定水路23弄	1935	253	定水路23弄	《黄浦区地名志》第340页
洋泾镇路21弄	1835	289	洋泾镇路21弄	《黄浦区地名志》第340页
洋泾镇路25弄	1850	173	洋泾镇路25弄	《黄浦区地名志》第340页
洋泾镇路43弄	1885	914	洋泾镇路43弄	《黄浦区地名志》第340页
洋泾镇路59弄	1865	193	洋泾镇路59弄	《黄浦区地名志》第341页
洋泾镇路78弄	1665	1 132	洋泾镇路78弄	《黄浦区地名志》第341页
洋泾镇路79弄	1780	1 871	洋泾镇路79弄	《黄浦区地名志》第341页
洋泾镇路89弄	1785	179	洋泾镇路89弄	《黄浦区地名志》第341页
洋泾镇路163弄	1945	171	洋泾镇路163弄	《黄浦区地名志》第341页
福兴里	1928		浦东大道7号桥西塊	《黄浦区地名志》第343页
糟坊路82弄	1865	18	糟坊路82弄	《黄浦区地名志》第343页
糟坊路92弄	1885	313	糟坊路92弄	《黄浦区地名志》第343页
金家弄	1915	604	糟坊路110弄	《黄浦区地名志》第343页
三十六间1—36号	1930	435	永安街以北	《黄浦区地名志》第343页

七、南市区华界(沪南区)数据资料

住宅名称	住宅类型	建筑年代	建筑结构	幢数	建筑面积（平方米）	坐落位置
升吉里	旧式里弄	1912	砖木二层	47	4 465	毛家弄290弄1—47号
升安里	旧式里弄	1912	砖木二层	44	2 851	朱家弄升安里1—44号
瑞芳里	旧式里弄	1912	砖木二层	14	1 525	中华路366、378、384弄

续表

住宅名称	住宅类型	建筑年代	建筑结构	幢数	建筑面积（平方米）	坐落位置
天福里	旧式里弄	1912	砖木二层	16	980	王家码头467弄1—16号
韩康里	旧式里弄	1911	砖木二层	19	1 529	中华路426弄、434弄
铭新里	旧式里弄	1937	砖木二层	16	1 672	王家嘴角街26弄1—16号
同兰里	旧式里弄	1912	砖木二层	18	1 781	中华路705弄、12弄1—24号
勤慎里	新式里弄	1937	砖木二层	23	2 775	乔家路133弄1—23号
集贤村	新式里弄	1912	砖木二层	43	8 339	金坛路35弄1—43号
鸿藻坊	旧式里弄	1912	砖木二层	15	985	巡道街37弄1—15号
三庆里	旧式里弄	1912	砖木二层	17	434	唐家弄107弄1—17号
德备里	旧式里弄	1912	砖木二层	18	1 659	虹桥弄28弄1—28号
兰馨里	旧式里弄	1912	砖木二层	17	1 957	光启南路332弄1—17号
鸿来坊	新式里弄	1937	砖木三层	37	3 244	白洋二弄1—37号
福安里	旧式里弄	1912	砖木二层	12	1 056	白洋一弄1—12号
德馨里	旧式里弄	1912	砖木二层	12	560	也是园弄54弄1—12号
仁安坊	旧式里弄	1911	砖木三层	19	607	文登弄66弄1—19号
萱寿里	旧式里弄	1912	砖木二层	12	3 166	静修路64弄1—10号
新丰里	旧式里弄	1912	砖木二层	22	1 546	梦花街93弄1—22号
勤为里	旧式里弄	1912	砖木二层	11	1 924	庄家街18弄1—11号
合德里	旧式里弄	1912	砖木二层	21	2 820	静修路37弄1—21号
三在里	旧式里弄	1912	砖木二层	116	8 842	静修路114弄1—116号
在华里	旧式里弄	1912	砖木二层	23	2 690	静修路126弄1—23号
文华新村	新式里弄	1937	砖木二层	23	2 203	梦花街163弄1—23号
华兴里	旧式里弄	1912	砖木二层	82	8 164	西仓桥街112弄1—82号
信诚里	旧式里弄	1912	砖木二层	28	1 574	河南南路612弄1—28号
崇孝里	旧式里弄	1912	砖木二层	19	1 884	曹市弄15弄、23弄、33弄
晋德里	旧式里弄	1912	砖木二层	20	2 724	梦花街78弄1—20号
裕厚里	旧式里弄	1912	砖木二层	22	1 945	学宫街11弄、23弄、33弄
通明里	旧式里弄	1937	砖木三层	12	1 785	学宫街53弄、63弄
勤业新村	旧式里弄	1912	砖木二层	11	729	曹市弄20弄1—11号
崇孝坊	旧式里弄	1912	砖木二层	14	280	曹市弄54弄1—14号
德庆里	旧式里弄	1912	砖木二层	13	642	蓬莱路215弄1—13号
荣兴里	旧式里弄	1911年前	砖木二层	15	1 834	文庙路60弄1—15号
普育里	旧式里弄	1912	砖木二层	37	4 356	蓬莱路303弄1—37号
安乐坊	旧式里弄	1912	砖木二层	14	1 744	蓬莱路252弄1—14号
祥康里	旧式里弄	1912	砖木一层	12	378	何家支弄祥康里1—12号
龙门村	新式里弄	1912	砖木二层	94	17 734	蓬莱路133弄1—105号

续表

住宅名称	住宅类型	建筑年代	建筑结构	幢数	建筑面积（平方米）	坐落位置
龙门里	旧式里弄	1912	砖木二层	15	1 468	尚文路149弄1—15号
德仁里	旧式里弄	1912	砖木二层	15	1 376	中华路969弄1—15号
长乐里	旧式里弄	1912	砖木二层	20	2 084	尚文路192弄1—15号
尚文坊	旧式里弄	1912	砖木二层	13	1 281	尚文路257弄1—13号
敬乐坊	旧式里弄	1912	砖木二层	11	1 316	学前街152弄1—11号
蓬莱别业	新式里弄	1937	砖木二层	57	3 360	蓬莱路402弄2—59号
蓬莱里	旧式里弄	1912	砖木二层	17	2 716	蓬莱路388弄2—59号
一德里	旧式里弄	1912	砖木二层	26	3 205	蓬莱路402弄1—26号
泰亨里	旧式里弄	1912	砖木二层	31	3 278	中华路1416弄1—31号
福康里	旧式里弄	1912	砖木二层	13	786	方斜路229弄1—13号
元兴里	旧式里弄	1912	砖木二层半	14	1 026	方斜路184弄1—14号
方斜里	旧式里弄	1912	砖木二层半	14	1 238	方斜路212弄1—14号
日省里	旧式里弄	1912	砖木二层	15	619	方斜路238弄1—15号
宁康里	旧式里弄	1912	砖木二层	44	3 799	方斜支路35弄1—44号
长乐里	旧式里弄	1912	砖木二层	12	941	方斜路265弄1—12号
泰安里	旧式里弄	1912	砖木二层	12	917	宁安路99弄1—12号
长禄里	旧式里弄	1912	砖木二层	12	912	宁安路107弄1—12号
永吉新村	新式里弄	1949	砖木二层	12	1 367	宁兰璐126弄1—12号
和合新村	新式里弄	1937	砖木二层	13	2 576	方斜路371弄3—15号
三多里	旧式里弄	1912	砖木二层	27	2 787	大吉路173弄1—27号
正兴里	旧式里弄	1912	砖木一层	11	277	林荫路48弄1—11号
正兴里	旧式里弄	1912	砖木二层	38	3 856	林荫路60弄12—20号
正兴里	旧式里弄	1912	砖木二层	10	249	林荫路48弄、48支弄1—10号
崇德里	旧式里弄	1912	砖木二层	14	848	西林横路101弄、105弄、109弄
南福昌里	旧式里弄	1912	砖木二层	27	2 793	肇周路65弄1—27号
树详里	旧式里弄	1912	砖木二层	18	1 642	肇周路137弄1—18号
仁昌坊	旧式里弄	1912	砖木一层、二层	33	1 008	唐家湾路171弄1—33号
大吉里	旧式里弄	1937	砖木二层	20	2 899	方斜路402弄1—20号
庆安里	旧式里弄	1912	砖木二层	54	6 303	方斜路450弄1—54号
凤麟里	旧式里弄	1912	砖木二层	19	1 866	方斜路486弄1—19号
同仁坊	旧式里弄	1912	砖木二层	21	1 955	肇周路281弄1—21号
八咏坊	旧式里弄	1912	砖木二层	14	886	肇周路327弄1—14号
永顺里	旧式里弄	1912	砖木一层、二层	14	674	唐家湾路66弄1—14号

续表

住宅名称	住宅类型	建筑年代	建筑结构	幢数	建筑面积（平方米）	坐落位置
钱家里	旧式里弄	1912	砖木一层、二层	25	1 704	方斜路556弄1—25号
永兴里	旧式里弄	1912	砖木二层	27	2 594	大吉路310弄1—27号
敬和村	旧、新式里弄	1912	砖木一层、二层	14	1 532	大林路149弄1—14号
泰康里	旧式里弄	1912	砖木一层、二层	15	715	大林路31弄1—15号
久安里	旧式里弄	1912	砖木二层	21	3 469	黄家阙路88弄1—21号
庆华坊	旧式里弄	1912	砖木二层	19	1 304	大吉路66弄1—19号
永庆里	旧式里弄	1912	砖木二层	15	1 854	大吉路102弄1—12号
松盛里	旧式里弄	1912	砖木二层	12	1 150	林荫路189弄1—12号
成仁里	旧式里弄	1912	砖木二层	42	3 966	少年路24弄1—42号
浩然坊	旧式里弄	1912	砖木二层	14	319	江阴街401弄1—4号、15—25号
同本坊	旧式里弄	1912	砖木二层	11	447	江阴街401弄1—11号
兴业里	旧式里弄	1912	砖木二层	27	1 667	江阴街266弄6—33号
新运村	旧式里弄	1912	砖木一层、二层	12	483	江阴街326弄1—12号
兴安里	旧、新式里弄	1912	砖木二层半	11	2 876	陆家滨路929弄24—35号
华成里	旧式里弄	1912	砖木二层	18	1 242	中华路1032弄1—11号
三益里	旧式里弄	1912	砖木二层半	11	969	中华路1032弄1—5号
棉阳里	旧式里弄	1911年前	砖木二层	17	3 928	中山南路496弄4—10号
吉祥里	旧式里弄	1912年前	砖木二层、三层	24	7 600	中山南路496弄1—24号
敦仁里	旧式里弄	1913年前	砖木二层	11	3 141	豆市街119弄1—11号
百禄里	旧式里弄	1937	砖木二层	17	1 200	紫霞路51弄1—17号
承余里	旧式里弄	1912	砖木二层	20	1 299	旧仓街50弄1—20号
升平里	旧式里弄	1912	砖木二层	13	642	旧仓街50弄
柳村	旧式里弄	1912	砖木二层	15	1 863	旧仓街64弄1—15号
定安里	旧式里弄	1912	砖木二层	11	1 785	墩基弄7弄1—11号
福康里	旧式里弄	1912	砖木二层	15	2 938	墩基弄25弄1—15号
元和里	旧式里弄	1911年后	砖木二层	12	2 088	河南南路106弄1—22号
和平里	旧式里弄	1911年前	砖木二层	16	1 535	旧仓街149弄、175弄
开明里	旧式里弄	1912	砖木二层、三层	64	10 541	大镜路97弄
恒德里	旧式里弄	1912	砖木二层	13	2 045	旧仓街104弄1—13号
春源里	旧式里弄	1912	砖木二层	43	5 374	旧仓街118弄1—43号
合康里	旧式里弄	1912	砖木二层	15	1 343	露香园路171弄1—15号

续表

住宅名称	住宅类型	建筑年代	建筑结构	幢数	建筑面积（平方米）	坐落位置
狮子弄	旧式里弄	1912	砖木二层	20	3 113	方滨中路531弄
永德里	旧式里弄	1912	砖木二层	11	890	阜春街58弄1—11号
三德里	旧式里弄	1912	砖木二层	11	957	阜春街23弄1—11号
蓉兴里	旧式里弄	1911年后	砖木二层	15	980	秦岭街10弄1—15号
同安坊	旧式里弄	1911年前	砖木二层	21	2 503	中石皮弄10弄1—21号
德兰室坊	旧式里弄	1912	砖木二层	19	1 891	河南南路410弄、420弄、430弄
育德里	旧式里弄	1912	砖木二层	20	1 960	果育堂街70弄4—23号
福兴里	旧式里弄	1912	砖木二层	40	3 126	北张家弄50弄1—40号
平安里	旧式里弄	1912	砖木二层	21	2 752	紫华璐61弄1—17号
乐安里	旧式里弄	1912	砖木一层、三层	16	1 844	淮南东路195弄1—16号
树德里	旧式里弄	1911年前	砖木二层	17	1 582	紫华璐61弄1—17号
留贤村	旧式里弄	1912	砖木三层	3	512	槐东路101号、103号、105号
留贤村	旧式里弄	1912	砖木三层	12	2 500	西藏南路193号、195号、197弄
留贤村	旧式里弄	1912	砖木三层	4	764	桃源路60号、62号、64号、66号
文元坊	旧式里弄	1937	砖木二层、三层	14	1 799	寿宁路10弄1—14号
文元坊	旧式里弄	1937	砖木二层、三层	12	1 480	寿宁路28弄15—26号
文元坊	旧式里弄	1937	砖木二层、三层	6	953	寿宁路46弄27—29号
庆余里	旧式里弄	1937	砖木二层	25	3 042	云南南路346弄5—29号
秉安里	旧式里弄	1912	砖木二层	36	3 641	桃源路55弄1—36号
锦余里	旧式里弄	1912	砖木二层	6	536	西藏南路245弄1—6号
锦余里	旧式里弄	1912	砖木二层	7	566	西藏南路245弄1—7号
锦余里	旧式里弄	1911年前	砖木二层	6	625	西藏南路265弄1—6号
锦余里	旧式里弄	1911年前	砖木二层	4	696	西藏南路277弄7—10号
锦余里	旧式里弄	1911年前	砖木二层	9	1 073	西藏南路287弄11—19号
锦余里	旧式里弄	1911年前	砖木二层	11	927	西藏南路293弄20—31号
锦余里	旧式里弄	1911年前	砖木二层	12	1 069	西藏南路39弄1—19号
余康里	旧式里弄	1912	砖木二层	19	2 641	寿宁路39弄1—19号
敏村	旧式里弄	1912	砖木三层	16	2 304	西藏南路311弄1—16号
敏村	旧式里弄	1912	砖木三层	6	877	西藏南路315—325号
敏村	旧式里弄	1912	砖木三层	11	1 421	西藏南路335—353号
敏村	旧式里弄	1912	砖木三层	11	1 574	人民路924—946号

续表

住宅名称	住宅类型	建筑年代	建筑结构	幢数	建筑面积（平方米）	坐落位置
崇德坊	旧式里弄	1912	砖木三层	10	2 047	人民路948弄1—10号
崇德坊	旧式里弄	1912	砖木三层	30	3 451	人民路958弄1—30号
惠顺里	旧式里弄	1912	砖木二层、三层	12	2 335	人民路958弄31—42号
同康里	旧式里弄	1912	砖木三层	65	10 200	会稽路38弄1—46号
同康里	旧式里弄	1912	砖木三层	16	1 653	会稽路40—70号
永华里	旧式里弄	1912	砖木二层	46	4 174	方滨西路38弄1—46号
银河里	旧式里弄	1912	砖木二层	39	4 851	会稽路19弄1—39号
慎余里	旧式里弄	1912	砖木三层	35	6 233	会稽路45弄1—35号
新乐里	旧式里弄	1912	砖木二层	20	5 727	西藏南路439弄1—20号
寿祥村	旧式里弄	1911年前	砖木二层	90	8 322	方滨西路23弄1—90号
恒安坊	新式里弄	1912	砖木四层	59	12 049	方滨西路63弄1—59号
南阳市场	旧式里弄	1937	砖木二层、三层	92	4 147	西藏南路529弄1—92号
南阳市场	旧式里弄	1937	砖木一层、三层	14	925	西藏南路529弄93支弄1—14号
南阳新村	新式里弄	1912	砖木二层、三层	41	3 873	西藏南路547弄
肇坊里	旧式里弄	1912	砖木二层	22	3 151	肇坊弄65弄、75弄、85弄、95弄
泰瑞里	旧式里弄	1912	砖木二层、三层	16	3 455	复兴东路927弄2—17号
兰发里	旧式里弄	1912	砖木三层	14	1 506	复兴东路1047弄1—14号
荣锡里	旧式里弄	1912	砖木一层	12	280	徽宁路499弄1—12号
盈余里	旧式里弄	1937	砖木一层	13	392	徽宁路634弄1—13号
荣寿里	旧式里弄	1937	砖木一层	11	258	徽宁路680弄1—13号
荣乐村	旧式里弄	1912	砖木二层	42	2 324	瞿溪路382弄1—42号
庆华里	旧式里弄	1937	砖木二层	26	1 850	半淞园路631弄1—26号
长乐里	旧式里弄	1937	砖木二层	14	709	张家寨长乐里1—14号
里仁里	旧式里弄	1912	砖木二层	17	1 015	中山南里1335弄
菊村	旧式里弄	1912	砖木二层	12	704	中山南里1361弄
达昌里	旧式里弄	1912	砖木二层	36	2 166	外马路1492弄1—36号
树德里	旧式里弄	1937	砖木二层	18	1 479	南京路117弄1—36号
金陵新村	新式里弄	1937	砖木三层	16	1 212	南京街137弄5—20号
即西弄	旧式里弄	1912	砖木二层	19	1 159	海潮路11弄
安乐里	旧式里弄	1912	砖木二层	59	2 883	外马路1523弄1—59号
同兴里	旧式里弄	1912	砖木二层	29	2 083	半淞园路44弄1—29号
兰藏坊	旧式里弄	1912	砖木二层	11	1 138	半淞园路84弄1—11号

续表

住宅名称	住宅类型	建筑年代	建筑结构	幢数	建筑面积（平方米）	坐落位置
新铭里	旧式里弄	1912	砖木二层	56	3 725	苗江路49弄1—56号
富仁坊	旧式里弄	1912	砖木一层、二层	18	873	苗江路80弄1—18号
益智里	旧式里弄	1912	砖木二层	7	634	西藏南路575弄1—7号
益智里	旧式里弄	1912	砖木二层	15	1 590	方斜路2弄1—15号
益智里	旧式里弄	1911年前	砖木二层	38	4 505	方斜路10弄1—38号
益智里	旧式里弄	1911年前	砖木一层、二层	14	679	方斜路38弄2—29号
益智里	旧式里弄	1911年前	砖木一层、二层	14	374	方斜路68弄1—14号
贻庆里	旧式里弄	1912	砖木一层、三层	19	1 927	贻庆街19弄1—19号
贻庆里	旧式里弄	1912	砖木二层	26	2 274	贻庆街27弄1—26号
如意里	旧式里弄	1912	砖木二层	33	3 292	金家坊47弄1—33号
聚兴里	旧式里弄	1912	砖木一层、二层	14	691	贻庆街28甲弄1—14号
永权坊	旧式里弄	1912	砖木二层	13	1 152	人民路1089弄1—13号
两宜坊	旧式里弄	1912	砖木二层、二层	16	1 510	大方路113弄1—16号
永福里	旧式里弄	1911年前	砖木二层	21	1 155	大方路141弄2—22号
振业里	旧式里弄	1912	砖木二层	3	316	人民路1—27弄1—3号
振业里	旧式里弄	1912	砖木二层半	11	941	人民路1037弄1—11号
莲庆坊	旧式里弄	1912	砖木二层、三层	23	1 409	方滨中路669弄1—23号
润德坊	旧式里弄	1912	砖木二层、三层	34	3 467	万竹街46弄1—34号
同庆坊	旧式里弄	1912	砖木二层	12	1 052	怀真街12弄1—12号
德余里	旧式里弄	1912	砖木二层	17	1 662	青莲街136弄1—17号
建余里	旧式里弄	1912	砖木二层	14	1 360	大镜路55弄1—14号
恒裕里	旧式里弄	1912	砖木二层	17	2 029	青莲街60弄1—17号
仁安里	旧式里弄	1912	砖木二层	11	1 715	露香园路36弄1—11号
仁安里	旧式里弄	1912	砖木二层	10	1 602	露香园路58弄12—21号
义安里	旧式里弄	1912	砖木二层	11	1 632	露香园路68弄1—11号
义安里	旧式里弄	1912	砖木二层	11	1 544	露香园路78弄12—22号
吉安里	旧式里弄	1912	砖木二层	21	3 278	露香园路80弄1—21号
智安里	旧式里弄	1912	砖木二层	19	2 156	青莲街82弄1—19号
信安里	旧式里弄	1912	砖木二层	22	2 367	青莲街102弄1—22号
永庆里	旧式里弄	1912	砖木二层	12	2 188	柳泉弄64弄1—12号
仁寿里	旧式里弄	1912	砖木二层	41	2 882	丽园路43弄1—41号

续表

住宅名称	住宅类型	建筑年代	建筑结构	幢数	建筑面积（平方米）	坐落位置
四合里	旧式里弄	1912	砖木一层	18	478	陆家滨路1242弄1—18号
民立里	新式里弄	1937	砖木二层、三层	11	1 847	陆家滨路1256弄1—11号
树滋里	旧式里弄	1912	砖木一层、二层	21	1 020	制造局路147弄60支弄7—27号
瑞德里	旧式里弄	1912	砖木一层、二层	22	613	制造局路147弄84支弄1—22号
桂兰里	旧式里弄	1912	砖木二层	18	1 416	丽园路44弄1—18号
顺兴里	旧式里弄	1912	砖木二层	41	1 876	苗江路80弄21—61号
贵福里	旧式里弄	1912	砖木二层	19	1 436	苗江路92弄1—19号
德仁里	旧式里弄	1912	砖木一层	12	317	半淞园路260弄1—12号
积善里	旧式里弄	1912	砖木二层	17	903	半淞园路282弄12支弄44—60号
时森村	旧式里弄	1912	砖木一层、二层	11	464	半淞园路308弄1—20号
仁安里	旧式里弄	1912	砖木一层	20	369	半淞园路326弄10支弄1—20号
益元东里	旧式里弄	1912	砖木一层	27	726	半淞园路326弄11支弄1—27号
益元里	旧式里弄	1912	砖木二层	24	1 450	半淞园路344弄4—27号
晓星里	旧式里弄	1912	砖木二层	15	1 277	半淞园路354弄1—15号
圣仪里	旧式里弄	1912	砖木二层	16	1 168	半淞园路362弄1—16号
福祥坊	旧式里弄	1912	砖木一层、二层	14	695	花园岗路7弄1—14号
三山里	旧式里弄	1912	砖木二层	12	1 417	半淞园路239弄31支弄1—12号
益元北里	旧式里弄	1912	砖木一层、二层	19	530	半淞园路273弄1—19号
益元西里	旧式里弄	1912	砖木二层	70	3 480	益园路78弄9—78号
富润里	旧式里弄	1912	砖木二层	13	1 274	东车站路323弄15—27号
南国新村	新式里弄	1937	砖木二层	12	1 279	普育东路193弄1—12号
得胜里	旧式里弄	1912	砖木一层、二层	37	2 563	国货路325弄1—37号
普益里	旧式里弄	1937	砖木二层	59	3 595	东站路149弄1—59号
公济里	旧式里弄	1912	砖木二层	11	973	陆家滨路950弄1—11号
利涉东坊	旧式里弄	1912	砖木二层	21	1 433	东站路41弄1—21号
定福弄	旧式里弄	1912	砖木二层	31	1 838	定福弄1—31号
老硝皮弄	旧式里弄	1911	砖木二层	36	3 141	老少皮弄1—36号
建业里	旧式里弄	1911	砖木二层	12	621	定福弄31弄1—21号
蔡阳弄	旧式里弄	1911	砖木二层	12	1 604	蔡阳弄1—12号

续表

住宅名称	住宅类型	建筑年代	建筑结构	幢数	建筑面积（平方米）	坐落位置
华村	新式里弄	1937	砖木二层	12	2 334	中华路870弄1—12号
百寿坊	旧式里弄	1912	砖木二层	25	3 191	陆家滨路809弄1—25号
种福里	旧式里弄	1912	砖木一层、二层	19	1 184	陆家滨路837弄1—19号
祥令里	旧式里弄	1912	砖木二层	15	1 694	江阴街180弄1—15号
同元里	旧式里弄	1912	砖木一层	17	548	陆家滨路693弄1—17号
南硝皮弄	旧式里弄	1912	砖木一层、三层	15	1 952	南硝皮弄1—15号
糖坊南弄	旧式里弄	1912	砖木二层	20	1 883	糖坊南弄
糖坊北弄	旧式里弄	1912	砖木二层	44	4 104	糖坊北弄
桑园村	旧式里弄	1937	砖木一层	11	503	桑园街6弄6—19号
三善里	旧式里弄	1912	砖木一层、二层	30	2 365	江阴街108弄1—30号
瑞记弄	旧式里弄	1912	砖木一层、二层	12	729	江阴街16弄1—20号
新陆村	旧式里弄	1912	砖木二层	14	1 336	柳市路85弄
羊肠弄	旧式里弄	1912	砖木一层、二层	13	1 207	羊肠弄1—13号
西钩玉弄	旧式里弄	1912	砖木一层、二层	46	5 579	西沟玉弄
东钩玉弄	旧式里弄	1912	砖木一层、二层	11	782	东钩玉弄
张家小弄	旧式里弄	1911年前	砖木一层	15	778	张家小弄2—16号
守一里	旧式里弄	1937	砖木二层	13	1 394	薛家宾路164弄1—19号
鸡毛弄	旧式里弄	1911	砖木二层	23	2 037	鸡毛弄1—26号
裘家弄	旧式里弄	1937	砖木一层	16	471	裘家弄
南施家弄	旧式里弄	1937	砖木一层、二层	20	672	南施家弄
叶家弄	旧式里弄	1911	砖木一层、三层	18	1 024	叶家弄38弄、63弄
鼎新里	旧式里弄	1937	砖木二层	8	811	会馆码头街90弄1—5号、22—24号
鼎新里	旧式里弄	1937	砖木二层	15	2 944	会馆码头街100弄6—20号
兴业里	旧式里弄	1912	砖木二层	11	826	赖义码头街84弄6—16号
安澜里	旧式里弄	1912	砖木二层	13	1 710	会馆后街58弄1—13号
同吉里	旧式里弄	1912	砖木二层	12	1 584	薛家宾路129弄1—12号
多稼二村	旧式里弄	1949	混合三层	12	5 406	新街21弄3—14号
开泰里	旧式里弄	1912	砖木二层	17	1 206	丰记码头街95弄1—17号
世德里	旧式里弄	1912	砖木二层	11	966	油车码头街93弄1—11号

续表

住宅名称	住宅类型	建筑年代	建筑结构	幢数	建筑面积(平方米)	坐落位置
泰森里	旧式里弄	1912	砖木二层	55	1 422	陆家滨路97弄1—11号
承志里	旧式里弄		砖木二层	16	1 706	张家栅路41弄1—16号
硝皮弄	旧式里弄		砖木二层	32	4 158	硝皮弄
崇本里	旧式里弄		砖木二层	15	899	硝皮弄20弄1—15号
四达里	旧式里弄		砖木二层	14	1 952	硝皮弄64弄1—14号
小娘浜弄	旧式里弄		砖木二层	19	1 791	宝带弄56弄1—19号
大庆里	旧式里弄		砖木二层	12	1 026	傅家街64弄1—12号
瑞华里	旧式里弄		砖木二层	15	1 935	复兴东路625弄1—15号
大何家宅	旧式里弄	1912	砖木一层、二层	43	2 263	大何家宅2—55弄

八、静安区(公共租界西区)数据资料表

住宅名称	住宅类型	建筑年代	建筑结构	幢数	建筑面积(平方米)	坐落位置
一品里	旧式里弄	1930	砖木二层	6	2 200	大沽路383弄4—10号、36—40号
人瑞里	旧式里弄	1934	砖木三层	14	2 319	石门一路293弄283—311号
九芝坊	旧式里弄	1925	砖木二层	4	1 101	大沽路406弄404—410号
九间头	旧式里弄	1912	砖木二层	7	456	安远路545弄537—543号
九九新村	旧式里弄	1936	砖木一层、二层	2	324	江宁路808弄
九福新村	新式里弄	1940	砖木三层	9	2 171	茂名北路133—141弄
又一村	旧式里弄	1937	砖木二层	31	1 849	常德路545弄
三义坊	新式里弄	1930	砖木三层	42	7 223	万航渡路223弄、209—237号
三元坊	新式里弄	1912	砖木二层、三层	22	3 129	新闸路1340弄1324—1332号
三多里	旧式里弄	1912	砖木二层	9	953	康定路537弄531—543号
三余里	旧式里弄	1936	砖木二层	28	4 571	康定路52弄、63弄及45—75号
三和里	旧式里弄	1929	砖木二层	44	3 100	西康路894—920弄
三星坊	新式里弄	1912	砖木二层	42	5 437	康定路418弄及388—434号
三星里	旧式里弄	1916	砖木二层	14	3 579	北京西路474弄及462—472号
三瑞里	旧式里弄	1924	砖木二层	7	1 505	石门一路201弄
三德坊	新式里弄	1931	砖木二层	49	8 554	康定路39、61弄
三德里	旧式里弄	1912	砖木二层	1	142	常德路323弄1号
三鸿新村	花园里弄	1936	砖木三楼	16	1 338	胶州路273弄

续表

住宅名称	住宅类型	建筑年代	建筑结构	幢数	建筑面积（平方米）	坐落位置
三慰一村	新式里弄	1941	砖木三层	45	6 806	石门二路134弄及120－144号
大中里	旧式里弄	1925	砖木二层	111	14 699	石门一路214弄
大成里	旧式里弄	1940	砖木二层	75	3 382	南京西路1074弄
大成里	旧式里弄	1929	砖木二层	9	1 649	大田路143弄及145－153号
大同里	石库门里弄	1929	砖木二层	19	1 764	北京西路460弄及3－43号
大同里	新式里弄	1911	砖木二层、三层	8	2 249	陕西北路535弄
大兴坊	旧式里弄	1933	砖木二层	24	2 064	大田路262弄
大通里	旧式里弄	1927	砖木二层	20	5 379	凤阳路592弄及578－598号
大通里	旧式里弄	1912	砖木二层	18	2 379	大田路331弄及329弄
大康里	新式里弄	1912	砖木二层、三层	5	1 089	武定路430弄及428号
大鹏坊	旧式里弄	1912	砖木二层	65	6 367	常德路381弄及371－379号
大新村	旧式里弄	1937	砖木二层、三层	11	943	常德路545弄
大福里	旧式里弄	1937	砖木二层、三层	15	1 730	武定路315弄及317－323号
大德坊	旧式里弄	1912	砖木二层	12	1 238	江宁路360弄及362号
大德里	旧式里弄	1920	砖木二层	14	2 584	新闸路911弄及913弄
大华公寓	里弄公寓	1912	混合四层	4	12 092	南京西路868、882号
大华商场	旧式里弄	1937	砖木二层	29	1 410	南京西路1040弄
大华新村	旧式里弄	1937	砖木三层	12	3 920	南汇路72弄
万福里	旧式里弄	1912	砖木二层	5	444	陕西北路832弄
山海里	旧式里弄	1916	砖木二层	30	6 038	大田路334弄及328－332号
山海新村	旧式里弄	1938	砖木二层	25	2 065	山海关路285弄6－20号
义顺里	旧式里弄	1932	砖木二层	29	1 926	昌化路346弄13－41号
久仁里	旧式里弄	1937	砖木二层	7	746	武定路980弄972－976号
广仁里	旧式里弄	1912	砖木二层	34	4 114	北京西路441弄
小木桥	旧式里弄	1933	砖木简屋	43	2 098	威海路519、535弄
小华坊	旧式里弄	1940	砖木二层	8	736	安远路185弄39－47号
小康里	新式里弄	1912	砖木二层、三层	2	837	武定路416弄1号及414号
马棚里	旧式里弄	1934	砖木二层	12	1 453	威海路236弄及234－254号
子康里	旧式里弄	1912	砖木二层	4	802	常德路664弄及660弄
丰盛里	旧式里弄	1931	砖木二层、三层	44	8 620	茂名北路181－245号
王家库(东)	花园里弄	1900	砖木二层、三层	52	22 723	北京西路605弄及545－675号

续表

住宅名称	住宅类型	建筑年代	建筑结构	幢数	建筑面积（平方米）	坐落位置
王家库（西）	花园里弄	1900	砖木二层、三层	38	16 346	石门二路 41 弄
王家弄	旧式里弄	1911	砖木三层、平房	54	2 861	武定路 326、342、352 弄
天乐坊	新式里弄	1930	砖木二层、三层	50	12 430	吴江路 61 弄及 63－75 号
天宝里	旧式里弄	1880	砖木二层	29	3 390	成都北路 879 弄及 867－889 号
天福里	石库门里弄	1930	砖木二层	21	2 363	慈溪路 90 弄及 80－100 号
天丰一村	旧式里弄	1912	砖木三层	35	5 208	胶州路 170 弄及 160－186 号
元元里	旧式里弄	1934	砖木二层	15	1 359	江宁路 707 弄及 709 号、711 号
元吉里	旧式里弄	1912	砖木二层	2	529	江宁路 455 弄
元福里	旧式里弄	1925	砖木二层	17	1 316	常德路 532 弄及 520－540 号
元龄村	石库门里弄	1930	砖木二层	13	1 881	张家宅 84、102 弄
云上村	新式里弄	1930	砖木二层	7	1 481	陕西北路 332 弄 29 支弄
云义里	旧式里弄	1912	砖木二层	3	715	康定路 751 弄及 753－755 弄
云兰坊	旧式里弄	1906	砖木二层	8	2 983	威海路 583 弄及 587－603 号
去福里	旧式里弄	1916	砖木二层	6	322	凤阳路 692 弄及 694－696 弄
五和里	旧式里弄	1928	砖木二层	10	2 984	江宁路 536 弄
五福里	旧式里弄	1936	砖木二层	5	368	江宁路 194 弄及 50－58 号
太平坊	新式里弄	1930	砖木二层	33	1 606	延平路 180、190－220 弄
太平花园	花园里弄	1928	砖木三层	37	10 038	陕西北路 470 弄及 438－464 号
太和坊	新式里弄	1931	混合三层	16	4 680	武定路 80 弄 52－110 号
太和里	旧式里弄	1912	砖木二层	18	1 003	西康路 600、610 弄
戈登里	新式里弄	1940	砖木二层	8	1 666	江宁路 606 弄
戈登新村	新式里弄	1937	混合三层	7	5 169	江宁路 550 弄 556 号
戈登别墅	新式里弄	1930	混合三层	12	2 090	江宁路 702 弄
日新村	花园里弄	1936	砖木二层	13	1 376	胶州路 253、263 弄
中兴里	旧式里弄	1912	砖木二层	4	622	常德路 332、338、340、344 号
中叶家宅	旧式里弄	1937	砖木平房、二层	31	2 473	延平路 221 弄
中华七村	新式里弄	1937	砖木二层、三层	4	514	江宁路 460 弄
中华新村	新式里弄	1939	砖木三层	28	6 865	泰兴路 445 弄
中华医学会	旧式里弄	1920	砖木二层	1	512	慈溪路 41 号
中和新村	花园里弄	1912 年后（估）	砖木二层、三层	11	2 660	大沽路 489 弄 4－10、5－31 号
内外棉宿舍	新式里弄	1930	砖木二层、三层	18	4 036	江宁路 906 弄

续表

住宅名称	住宅类型	建筑年代	建筑结构	幢数	建筑面积（平方米）	坐落位置
牛家花园	花园里弄	1912	砖木一层、三层	3	788	南京西路1600弄
升如里	旧式里弄	1911	砖木二层	6	630	成都北路165弄
长义坊	新式里弄	1930	砖木三层	32	5 079	万航渡路239弄
长丰里	旧式里弄	1925	砖木二层	19	5 211	石门一路102弄
长庆里	旧式里弄	1920	砖木二层	5	964	大田路299弄
长康里	旧式里弄	1912	砖木二层	6	1 511	康定路367弄
长福里	旧式里弄	1900	砖木二层	18	1 254	石门二路146弄
仁达村	新式里弄	1912	砖木二层	13	1 730	常德路545弄
仁卿里	旧式里弄	1922	砖木二层	11	689	大沽路411弄48—74号
仁熊坊	旧式里弄	1926	砖木二层	20	1 440	石门一路124弄
介福里	石库门里弄	1920	砖木二层	10	1 607	南阳路11弄
公安坊	旧式里弄	1936	砖木二层	36	2 140	海防路391弄210支弄
公安坊	旧式里弄	1912	砖木二层	20	1 887	西康路567弄
公安里	旧式里弄	1923	砖木二层	10	820	武定路258弄17—35号
月光村	新式里弄	1939	砖木三层	13	1 413	江宁路174—188弄
凤昌里	旧式里弄	1912	砖木二层	2	174	安远路317—319号
文华坊	旧式里弄	1913	砖木二层	18	1 112	昌化路435弄
文余里	旧式里弄	1930	砖木二层	5	631	江宁路673弄4—10号
文裕坊	旧式里弄	1924	砖木二层	6	1 337	大沽路519弄3—8号
文德坊	新式里弄	1926	砖木二层	19	3 803	北京西路1300弄
文德里	新式里弄	1925	砖木二层	7	1 102	陕西北路326弄
文德里	石库门里弄	1920	砖木二层	17	1 811	铜仁路240弄10—50号
忆荻村	新式里弄	1939	砖木二层	3	320	铜仁路240弄51—53号
忆梅村	旧式里弄	1912	砖木二层	25	3 021	新闸路1209弄
玉林里	石库门里弄	1924	砖木二层	19	1 402	山海关路395弄
玉珊坊	旧式里弄	1929	砖木二层	9	840	北京西路1548弄
玉皇山	旧式里弄	1932	砖木二层	1	1 162	武定路32弄24—28号
正名里	新式里弄	1912	砖混三层、四层	3	1 270	慈溪路180弄
正明里	旧式里弄	1928	砖木二层	65	6 374	常德路33、43、53、63弄
世述里	旧式里弄	1922	砖木二层	6	1 290	成都北路563—577号
世德里	旧式里弄	1928	砖木二层	41	4 250	康定东路33弄及25—43号
龙门村	旧式里弄	1912	砖木二层	4	194	延平路25弄
龙云里	旧式里弄	1925	砖木二层	4	315	石门二路163弄
平吉里	旧式里弄	1919	砖木二层	29	3 051	泰兴路268弄
平安里	旧式里弄	1913	砖木二层	14	1 223	成都北路741弄24—42号

续表

住宅名称	住宅类型	建筑年代	建筑结构	幢数	建筑面积（平方米）	坐落位置
平阳里	旧式里弄	1925	砖木二层	7	478	成都北路741弄23—29号
东升里	旧式里弄	1890	砖木二层	7	1 576	成都北路589弄
东兴里	旧式里弄	1924	砖木二层	2	473	大沽路411弄76—80号
东来里	旧式里弄	1901	砖木二层	7	672	张家宅43弄
东庙弄	新式里弄	1936	砖木二层、三层	35	11 140	愚园路67弄及81—99号
东麻里	旧式里弄	1912	砖木一层、二层	44	1 848	安远路403弄
东大胜里	旧式里弄	1923	砖木二层	19	2 865	大田路274弄
东王家宅	旧式里弄	1926	砖木二层、三层	7	2 216	泰兴路594弄
东祥鑫里	旧式里弄	1930	砖木二层	28	2 317	大田路290弄
东鸿禧里	新式里弄	1912	砖木三层	7	2 745	北京西路1475弄
东斯文里	石库门里弄	1918	砖木二层	390	28 242	新闸路568、620弄
卡德新村	新式里弄	1936	砖木三层	16	1 970	石门二路154弄29—65号
北永泰里	旧式里弄	1926	砖木二层	37	2 669	昌化路226、232、242弄
北京新村	新式里弄	1911	砖木一层、三层	31	9 972	北京西路1220弄
北映辉里	新式里弄	1941	砖木二层	4	1 054	吴江路129弄
北姚新村	旧式里弄	1937	砖木二层	8	735	西康路617弄41—55号
业华里	新式里弄	1930	砖木三层	32	5 803	南京西路769弄
归仁里	旧式里弄	1928	砖木二层	15	4 591	康定东路3弄及5—9号
申新坊	旧式里弄	1912	混合二层	9	1 871	赵家桥路99弄3—11号
四寿村	新式里弄	1937	混合三层	4	803	北京西路1607—1619号
四家村	旧式里弄	1912	砖木二层	4	290	西康路580—586号
四维村	新式里弄	1931	砖木三层	24	5 649	泰兴路355、369弄
四雄村	旧式里弄	1912	砖木二层、三层	4	563	陕西北路723弄
生生里	旧式里弄	1919	砖木二层	38	3 450	康定路600弄
白鹿坊	旧式里弄	1911	砖木二层	16	3 050	新闸路920弄55、56支弄
务安里	旧式里弄	1937	砖木二层	8	1 179	西康路817、827弄
乐安坊	旧式里弄	1910	砖木二层	19	1 716	成都北路811弄
乐勤坊	旧式里弄	1924	砖木二层	12	810	昌化路346弄1—12号
兰馨里	旧式里弄	1912	砖木一层、二层	19	1 292	句容路127弄
永平里	旧式里弄	1934	砖木二层、三层	145	13 713	石门二路344弄
永业坊	旧式里弄	1936	砖木二层	15	2 384	海防路284弄
永业里	旧式里弄	1932	砖木二层	25	2 820	威海路335弄

续表

住宅名称	住宅类型	建筑年代	建筑结构	幢数	建筑面积（平方米）	坐落位置
永乐坊	新式里弄	1930	砖木二层	2	252	凤阳路738弄3、5号
永乐新村	新式里弄	1936	砖木三层	4	399	威海路425弄
永宁坊	新式里弄	1912	砖木二层	6	1 193	康定路733弄
永宁里	旧式里弄	1929	砖木二层	98	10 105	威海路357弄
永宁巷	旧式里弄	1923	砖木二层	7	2 094	威海路590弄72支弄
永吉里	旧式里弄	1935	砖木二层	2	152	南京西路849弄
永吉里	旧式里弄	1927	砖木二层	12	2 330	北京西路966弄
永吉里	旧式里弄	1931	砖木二层	5	625	昌平路232弄
永庆坊	旧式里弄	1925	砖木二层	89	8 994	大沽路506弄
永庆坊	旧式里弄	1912	砖木二层	23	2 463	成都北路33弄22—170号
永庆里	旧式里弄	1926	砖木二层	26	2 268	北京西路460弄18—72号
永庆里	旧式里弄	1929	砖木二层	6	438	江宁路194弄70—80号
永安里	旧式里弄	1902	砖木二层	20	2 386	北京西路630弄
永安里	旧式里弄	1930	砖木二层	50	4 193	顺德路120弄102—118号
永安新村	新式里弄	1930	砖木二层、三层	13	2 281	西康路545弄
永寿里	旧式里弄	1932	砖木三层	32	2 739	大田路138弄
永利坊	旧式里弄	1929	砖木二层	22	1 961	石门一路216弄
永青里	旧式里弄	1923	砖木二层	9	2 188	升平街41弄28—50号
永和村	旧式里弄	1934	砖木二层、三层	36	3 586	康定路1395弄
永定里	旧式里弄	1916	砖木二层	16	3 100	山海关路464弄
永顺里	旧式里弄	1935	砖木二层	28	1 878	江宁路616弄
永顺里	旧式里弄	1928	砖木二层	8	1 302	江宁路524弄
永泰里	旧式里弄	1919	砖木二层	27	2 047	新闸路965弄
永海坊	旧式里弄	1934	砖木二层	5	739	西康路654弄
永善坊	旧式里弄	1923	砖木二层	20	2 208	新闸路1056弄
民业里	旧式里弄	1912	砖木二层	2	918	西康路895弄50号
民安坊	旧式里弄	1915	砖木二层	7	800	延安中路392弄
圣贤村	新式里弄	1935	砖木平房、二层	16	1 007	西康路786弄
吉安里	旧式里弄	1912	砖木二层	1	327	西康路617弄4号
吉美村	新式里弄	1937	砖木二层、三层	30	4 345	南京西路1610弄
吉祥村	新式里弄	1939	砖木二层	12	1 646	西康路115弄
吉祥里	旧式里弄	1900	砖木二层	8	303	石门二路154弄67支弄
老泰二	新式里弄	1924	砖木二层	1	1 690	康定路87弄99号

续表

住宅名称	住宅类型	建筑年代	建筑结构	幢数	建筑面积（平方米）	坐落位置
老泰德里	旧式里弄	1906	砖木平房、二层	50	4 224	新闸路781弄
老四维村	新式里弄	1926	砖木三层	10	1 672	泰兴路341弄
老修德里	旧式里弄	1885	砖木二层	24	4 090	凤阳路541弄
芝瑞里	旧式里弄	1923	砖木二层	9	2 588	升平街41弄3—21号
芝兴里	旧式里弄	1930	砖木二层	10	2 018	威海路462弄
西庙弄	新式里弄	1912	砖木二层	25	1 880	南京西路1634弄13—53号
西新村	旧式里弄	1912	砖木二层	4	403	陕西北路323弄
西新别墅	新式里弄	1912	砖木三层	19	6 311	陕西北路587—607弄
西摩里	旧式里弄	1927	砖木二层、三层	8	1 430	陕西北路249弄
西摩别墅	新式里弄	1926	混合三层	16	1 917	陕西北路342弄
西大胜里	石库门里弄	1916	砖木二层	10	1 189	大田路273弄
西文德里	旧式里弄	1920	砖木平房、二层	103	3 668	昌化路420弄
西祥鑫里	石库门里弄	1930	砖木二层	17	1 845	大田路289弄
西斯文里	石库门里弄	1914	砖木二层	249	10 843	新闸路638弄
有余村	旧式里弄	1939	砖木二层	10	1 285	人和街191弄
有余里	旧式里弄	1931	砖木三层	15	4 027	新闸路915弄
有恒里	旧式里弄	1912	砖木二层	1	379	余姚路23弄
百花巷	新式里弄	1937	砖木二层、三层	12	1 952	延安中路623弄43—65号
存志新村	新式里弄	1942	砖木三层	16	1 647	慈溪路60、70弄
达巷	新式里弄	1931	砖木三层	3	1 740	延安中路720弄
达德里	新式里弄	1940	砖木二层、三层	30	3 336	江宁路727弄
成都坊	旧式里弄	1931	砖木二层、三层	25	2 651	成都北路47弄
成德坊	旧式里弄	1935	砖木二层	27	2 768	昌平路221弄
成德里	旧式里弄	1912	砖木二层	8	621	威海路241弄
至善里	花园里弄	1933	砖木二层	16	2 054	胶州路273弄2—10号
至德里	旧式里弄	1927	砖木二层	20	3 514	北京西路970—984弄
贞吉里	旧式里弄	1906	砖木二层	3	1 152	成都北路597弄2—5号
光明村	新式里弄	1933	砖木二层	8	1 799	延安中路632弄4—18号
同乐坊	新式里弄	1912	砖木一层、三层	10	1 048	海防路503弄
同乐里	新式里弄	1926	砖木二层	8	1 111	威海路590弄106支弄
同寿里	旧式里弄	1932	砖木二层	33	2 429	成都北路609弄3—63号
同余里	旧式里弄	1912	砖木二层	26	3 221	西康路519、529、539弄

续表

住宅名称	住宅类型	建筑年代	建筑结构	幢数	建筑面积（平方米）	坐落位置
同孚村	旧式里弄	1930	砖木二层	18	1 915	石门一路22弄
同和里	旧式里弄	1928	砖木二层	23	17 479	南京西路688弄
同善里	旧式里弄	1895	砖木平房、二层	25	2 056	石门二路266弄
同福里	旧式里弄	1900	砖木二层	11	362	北京西路459弄
同福里	旧式里弄	1912年后（估）	砖木二层	9	3 117	石门一路251弄
同德里	旧式里弄	1896	砖木二层	3	681	凤阳路520、524、532号
同德里	旧式里弄	1912	砖木二层	18	2 410	新闸路1451弄
团结村	旧式里弄	1925	砖木二层	8	1 788	大沽路428弄
年安坊	新式里弄	1928	砖木二层	4	994	石门一路69弄
迁善里	旧式里弄	1913	砖木二层	18	4 479	北京西路1004弄
传福里	旧式里弄	1923	砖木二层	19	6 362	新闸路1051弄
延平村	新式里弄	1930	砖木三层	52	5 798	延平路209弄
延陵里	旧式里弄	1926	砖木二层	3	1 020	山海关路440弄及444号
延龄坊	新式里弄	1932	砖木二层	5	1 029	人和街32弄
华坊	新式里弄	1937	砖木二层	52	9 221	江宁路881、921弄
华纺宿舍	新式里弄	1928	砖木二层、三层	79	15 596	安远路899弄
华山村	新式里弄	1937	砖木二层	25	2 377	西康路276—286弄
华严里	旧式里弄	1925	砖木二层	17	3 764	威海路590弄56支弄
华顺里	旧式里弄	1925	砖木二层	135	17 012	石门一路234、252、262弄
华福里	旧式里弄	1924	砖木二层	12	2 914	西康路741弄
自在里	新式里弄	1911	砖木二层、三层	5	1 804	陕西北路493弄
后三乐里	旧式里弄	1912	混合一层、三层	27	1 098	新丰路29弄及41—63号
全乐里	旧式里弄	1930	混合二层	19	2 483	康定路77弄及65—85号
全益里	旧式里弄	1929	混合二层	12	884	昌平路216弄
全福里	旧式里弄	1927	混合二层	18	2 590	成都北路301弄
合丰里	旧式里弄	1912	混合一层、二层	18	3 385	胶州路29弄13—37号
合众里	旧式里弄	1932	砖木二层	14	822	江宁路685弄31—57号
合庆里	旧式里弄	1925	砖木二层	15	1 506	大沽路437弄17—31号
合兴坊	旧式里弄	1937	砖木二层	8	748	西康路560弄
合兴里	旧式里弄	1912	砖木一层	8	190	北京西路1574弄
合安里	旧式里弄	1911	砖木二层	12	1 129	大沽路361弄
合泰坊	旧式里弄	1912	砖木二层	41	4 354	赵家桥路43—55号
众乐福	旧式里弄	1912	砖木二层	4	456	武定路551弄541号

续表

住宅名称	住宅类型	建筑年代	建筑结构	幢数	建筑面积（平方米）	坐落位置
众福里	旧式里弄	1912	砖木二层	20	1 218	北京西路1070弄
旭东里	旧式里弄	1928	砖木二层	35	3 474	石门一路93弄
多福里	石库门里弄	1930	砖木二层	66	12 642	延安中路504弄
兆益里	旧式里弄	1926	砖木二层	28	3 097	常德路544、552弄
庆云坊	旧式里弄	1937	砖木一层	9	115	武定路371弄
庆云里	旧式里弄	1912	砖木三层	22	3 208	愚园路259弄1—15号
庆安里	旧式里弄	1915	砖木二层	54	4 370	张家宅路34、36、48、62弄
庆余坊	新式里弄	1927	砖木二层	25	3 306	康定路863弄
吴兴里	旧式里弄	1906	砖木二层	8	520	大田路225弄4—12号
时应里	旧式里弄	1924	砖木二层、三层	28	5 890	陕西北路299弄
足足里	旧式里弄	1920	砖木二层	25	1 570	安远路459弄1—20号
秀兰村	新式里弄	1937	砖木二层	10	1 174	江宁路344弄1—15号
秀山新村	新式里弄	1912	砖木二层、三层	29	2 587	万航渡路49弄
余庆里	旧式里弄	1927	砖木二层	8	784	延平路230弄
余庆里	旧式里弄	1922	砖木二层	15	1 634	江宁路166弄
余庆里	旧式里弄	1912	砖木二层	14	1 211	康定路580弄21—29号
余庆里	旧式里弄	1912	砖木二层	5	360	北京西路1221—1229号
余德里	旧式里弄	1930	砖木二层	20	1 518	康定路44—86号
怀志里	旧式里弄	1940	砖木二层	8	1 589	张家宅路112、120弄
怀荫里	旧式里弄	1912	砖木二层、三层	37	3 432	武定路537弄
怀安寄庐	旧式里弄	1912	砖木二层、三层	2	607	昌平路684弄3、5号
汾阳坊	新式石库门	1929	砖木二层	23	5 062	延安中路540弄
沧州坊	旧式里弄	1930	砖木二层	26	3 531	威海路485弄
沧州别墅	新式里弄	1900	砖木二层、三层	22	12 417	南京西路1213弄
沁园村	新式里弄	1932	砖木三层	56	12 641	新闸路1124弄
宏吉里	旧式里弄	1912	砖混二层、三层	6	1 735	新闸路675弄
良荣村	旧式里弄	1912	砖木一层、二层	14	1 178	西康路595弄
君子里	旧式里弄	1925	砖木二层	6	263	张家宅路97弄及99号
张家花园	旧式里弄	1918	砖木二层	107	35 186	威海路590弄
陈家浜	旧式里弄	1932	砖木二层	3	210	成都北路779弄
纯益里	旧式里弄	1932	砖、混二层、三层	10	1 852	武定路32弄19—27号、32号

续表

住宅名称	住宅类型	建筑年代	建筑结构	幢数	建筑面积（平方米）	坐落位置
武林村	旧式里弄	1912	砖木二层、简屋	17	1 059	江宁路516弄
武林里	旧式里弄	1914	砖木二层	39	12 100	新闸路653弄
武定坊	旧式里弄	1930	砖木二层	62	7 724	武定路600弄
武定村	花园住宅	1924	砖木二层	6	667	武定路181弄
武定别墅	新式里弄	1937	砖木二层	5	1 085	武定路916弄
武陵坊	旧式里弄	1927	砖木二层	24	2 045	吴江路237、253弄
武陵村	花园住宅	1930	砖木二层	5	486	胶州路273弄101—109号
青云里	旧式里弄	1916	砖木二层	6	1 174	大田路300弄
茂林坊	旧式里弄	1932	砖木一层、二层	19	1 937	西康路744弄
茂荣坊	新式里弄	1930	砖木三层	5	1 557	延平路221弄4—8号
茂盛里	旧式里弄	1930	砖木二层	12	784	昌化路453弄
林村	新式里弄	1941	砖木三层	88	8 915	威海路910弄
林琴坊	旧式里弄	1927	砖木二层、三层	6	1 089	西康路492弄
松兰里	旧式里弄	1912	砖木二层、三层	11	1 110	昌化路443弄
松寿里	旧式里弄	1920	砖木二层	9	2 362	西康路6、14、24弄
松寿里	旧式里弄	1919	砖木二层	35	2 700	新闸路587弄
松寿里	旧式里弄	1931	砖木二层	4	478	张家宅路85弄
松茂洋行	旧式里弄	1936	砖木一层	9	827	新闸路1076弄
择邻处	新式里弄	1912	砖木二层	21	3 060	常德路771、781弄
尚庐	旧式里弄	1937	砖木二层	1	505	新闸路1484弄8号
尚贤村	新式里弄	1912	砖木二层、三层	6	727	江宁路374、384弄
尚德坊	旧式里弄	1910	砖木二层	5	682	铜仁路250、260弄
味清里	旧式里弄	1929	砖木二层	17	2 988	大沽路383弄3—9号
味清里	旧式里弄	1912	砖木二层	6	1 447	成都北路65弄
昌平里	旧式里弄	1924	砖木二层	49	3 736	昌平路100、118、136、156弄
昌运里	旧式里弄	1921	砖木二层	42	5 814	大沽路468弄
昌厚村	新式里弄	1939	砖木二层、三层	4	534	泰兴路373弄
明福里	旧式里弄	1932	砖木二层	19	1 703	西康路648弄
明德里	旧式里弄	1933	砖木二层	4	310	江宁路194弄149支弄
明耀里	旧式里弄	1937	砖木二层	4	442	康定路297弄
忠茂里	旧式里弄	1912	砖木二层	11	1 204	成都北路75弄4—6号
鸣玉坊	旧式里弄	1925	砖木二层	24	5 774	南京西路646弄
和丰里	旧式里弄	1921	砖木二层	8	778	大沽路411弄45—65号

续表

住宅名称	住宅类型	建筑年代	建筑结构	幢数	建筑面积(平方米)	坐落位置
和平村	旧式里弄	1912	砖木一层	7	595	成都北路33弄200—224号
和平村	新式里弄	1939	砖木三层	10	1 312	北京西路1285弄
和合里	旧式里弄	1937	砖木二层	8	932	康定路87弄134—148号
和康里	旧式里弄	1921	砖木二层、三层	13	1 489	大沽路452弄
金家宅	旧式里弄	1936	砖木一层、二层	14	456	成都北路711弄42—86号
金裕衬	旧式里弄	1936	砖木一层、二层	14	553	康定路115弄3—4号
金城别墅	新式里弄	1932	混合二层	53	9 956	南京西路1537弄
念吾新村	新式里弄	1932	砖木二层	38	6 000	延安中路470弄
庙弄	旧式里弄	1912	砖木二层、三层	102	13 357	南京西路1664弄
育麟里	旧式里弄	1930	砖木二层	4	808	山海关路387弄
怡乐村	旧式里弄	1912	砖木一层	22	3 459	新闸路1647弄
怡安里	新式里弄	1929	砖木二层	16	2 740	石门二路186弄
怡如里	旧式里弄	1928	砖木二层	6	700	海防路278弄3—4号
怡如里	旧式里弄	1919	砖木二层	54	4 436	成都北路1007、1019弄
郑家巷	旧式里弄	1916	砖木一层	112	13 800	江宁路194弄、泰兴路383弄
永吉里	旧式里弄	1896	砖木二层	85	7 100	新闸路551弄507—549号
宝元里	旧式里弄	1928	砖木二层	12	1 036	江宁路400弄
宝训坊	旧式里弄	1900	砖木二层	17	1 449	大田路250弄
宝兴村	旧式里弄	1910	砖木二层	28	4 361	山海关路264弄
宝安坊	旧式里弄	1928	砖木二层	37	2 575	江宁路562弄
宝如坊	旧式里弄	1930	砖木二层	21	2 374	威海路348弄1—41号
宝余坊	旧式里弄	1929	砖木二层	7	850	海防路455弄
宝善里	旧式里弄	1927	砖木二层	10	1 284	江宁路194弄20—38号
宝裕里	旧式里弄	1924	砖木二层	58	6 535	成都北路155弄
诚意里	旧式里弄	1911	砖木二层	14	2 263	张家宅路19、27、33弄
建业里	旧式里弄	1906	砖木二层	21	1 983	新闸路548弄
建业里	旧式里弄	1932	砖木二层	5	445	安远路507弄
陋巷	旧式里弄	1912	砖木一层、二层	42	2 113	安远路247弄
承庆里	旧式里弄	1923	砖木二层	4	1 140	升平街41弄4—10号
承余坊	新式里弄	1912	砖木二层	18	2 074	康定路733弄15—49号
承荫里	旧式里弄	1912	砖木二层	8	629	常德路281弄
承泰里	旧式里弄	1912	砖木二层	5	1 028	康定路632弄21—29号
承德里	旧式里弄	1915	砖木二层	6	1 717	成都北路129弄

续表

住宅名称	住宅类型	建筑年代	建筑结构	幢数	建筑面积（平方米）	坐落位置
承裕村	新式里弄	1912	砖木三层	17	4 057	西康路167、181弄
贯庐	新式里弄	1925	砖木三层	6	3 471	南京西路962弄
孤军园	旧式里弄	1937	砖木一层、三层	38	2 061	胶州路707弄
经远里	旧式里弄	1917	砖木二层	37	2 743	新闸路613弄
春平坊	旧式里弄	1929	砖木二层	19	3 648	常德路240、248、254弄
春阳里	旧式里弄	1920	砖木二层	8	2 098	威海路590弄40、48支弄
春福里	旧式里弄	1936	砖木二层	6	401	康定路103弄2—4号
春江别墅	新式里弄	1926	砖木三层	8	2 010	康定路888弄
赵家桥	旧式里弄	1912年后（估）	砖木一层、二层	93	9 740	常德路305弄
荣乐里	旧式里弄	1926	砖木二层	12	2 174	威海路405弄
荣庆里	旧式里弄	1913	砖木二层	9	1 278	泰兴路506弄
荣阳里	旧式里弄	1915	砖木二层	23	2 136	泰兴路523弄
荣阳里	旧式里弄	1912	砖木二层	14	1 171	北京西路1080弄
荣阳里	旧式里弄	1912	砖木二层	5	537	北京西路951弄953—959号
荣茂里	旧式里弄	1927	砖木二层	12	1 293	新闸路1104弄
荣康里	旧式里弄	1923	砖木二层	13	3 220	茂名北路230—250弄
荣源里	旧式里弄	1912	砖木平房、二层	10	1 051	赵家桥路67弄6—22号
南安里	旧式里弄	1928	砖木二层	3	780	新闸路1093弄
南洋里	旧式里弄	1924	砖木二层	75	3 014	陕西北路290弄
南洋公寓	里弄公寓	1911	混合四层	2	3 771	陕西北路525弄4、8号
南阳新村	新式里弄	1939	砖木二层	46	5 466	南阳路77弄
南京新村	新式里弄	1948	砖木三层	7	1 516	南京西路820弄
南映辉里	旧式里弄	1932	砖木二层	22	9 070	石门一路319弄
柏德里	旧式里弄	1928	砖木二层	57	8 453	石门一路316—336弄
柳迎村	新式里弄	1937	砖木二层	41	4 191	北京西路1729弄
威凤里	旧式里弄	1912	砖木二层	20	5 203	威海路502弄
威海里	旧式里弄	1924	砖木二层	18	2 156	威海路269弄
威海别墅	新式里弄	1938	混合三层	31	7 800	威海路727弄
厚福里	旧式里弄	1921	砖木二层	16	3 188	新闸路920弄62、68支弄
星村	旧式里弄	1933	砖木二层	14	2 840	新闸路1039弄
星村	新式里弄	1937	砖木二层、三层	9	2 262	余姚路134弄
贵传里	旧式里弄	1925	砖木二层	9	2 468	凤阳路568弄
贵记里	旧式里弄	1912	砖木一层	5	928	新闸路1104弄

续表

住宅名称	住宅类型	建筑年代	建筑结构	幢数	建筑面积（平方米）	坐落位置
贻思里	新式里弄	1912	砖木二层、三层	5	2 240	胶州路120弄
钧福里	旧式里弄	1930	砖木二层	17	2 202	大沽路526弄
重庆里	旧式里弄	1904	砖木二层	9	1 586	成都北路273弄
重华新村	新式里弄	1937	砖木二层	86	17 428	南京西路1081弄
复兴里	旧式里弄	1932	砖木二层	10	701	新丰路364弄
顺义里	旧式里弄	1933	砖木二层	1	200	大沽路411弄67号
顺安坊	旧式里弄	1912	砖木二层	9	1 600	延中路372弄
顺泰里	旧式里弄	1912	砖木一层、二层	24	1 147	武定路440弄442－448号
顺德里	旧式里弄	1892	砖木二层	15	1 407	新闸路812弄
修德坊	新式里弄	1937	砖木二层	5	1 156	武定路930弄
修德里	旧式里弄	1912	砖木一层	17	526	新丰路13弄
修德里	旧式里弄	1922	砖木二层	6	738	成都北路253弄72－82号
修德里	旧式里弄	1933	砖木二层	3	994	威海路590弄35支弄
修德新村	新式里弄	1910	砖木三层	74	12 940	成都北路483、493、503弄
俭村	旧式里弄	1912	砖木一层、三层	5	1 094	延平路175弄44支弄
泉本坊	旧式里弄	1934	砖木二层	10	1 116	威海路381弄（单号）
亲仁坊	旧式里弄	1924	砖木二层、三层	4	648	凤阳路724弄51－57号
恒吉里	旧式里弄	1926	砖木二层	22	1 628	江宁路685弄54－92号
恒成里	旧式里弄	1934	砖木二层	4	816	北京西路460弄106－112号
恒安坊	旧式里弄	1937	砖木二层	9	530	余姚路298－314号
恒祥里	旧式里弄	1912	砖木二层	9	798	西康路566弄
恒德里	新式里弄	1923	砖木二层	80	9 133	常德路633弄
炽荣里	旧式里弄	1912	砖木一层、二层	5	403	北京西路1580弄
养和里	旧式里弄	1923	砖木二层	13	1 610	新闸路566弄及564号
美华里	旧式里弄	1912	砖木一层、二层	5	344	淮安路820弄
美福里	新式里弄	1933	砖木二层、三层	4	988	延安中路840弄842－846号
前江北里	旧式里弄	1925	砖木二层	5	594	武定路332弄及328、330号
洪庆坊	旧式里弄	1935	砖木二层、平房	35	2 520	海防路218弄及208－228号
济康里	旧式里弄	1920	砖木二层	13	1 538	新闸路852弄
觉园	新式里弄	1920	砖木二层、三层	22	9 302	北京西路1400弄及1394号
耕莘里	旧式里弄	1932	砖木二层	38	3 578	威海路301弄及303－325号

续表

住宅名称	住宅类型	建筑年代	建筑结构	幢数	建筑面积（平方米）	坐落位置
耕桐村	旧式里弄	1936	砖木二层	19	1 594	威海路488弄490号
泰兴里	旧式里弄	1911	砖木二层	21	2 402	茂名北路76、86、96弄
泰来里	旧式里弄	1933	砖木二层、三层	17	4 635	康定东路13弄及11—23号
泰利坊	旧式里弄	1930	砖木二层	29	2 055	张家宅路49弄75—131号
泰利巷	旧式里弄	1911	砖木二层	50	4 481	南京西路1664弄2—80号
泰威坊	旧式里弄	1926	砖木二层	33	3 377	安义路80、94弄
晋祥里	新式里弄	1930	砖木三层	13	1 044	慈溪路114弄及116—122号
晋鸿里	旧式里弄	1926	砖木二层	9	2 424	威海路563弄
晋福里	旧式里弄	1926	砖木二层	53	5 038	北京西路524弄504—534号
晋德坊	新式里弄	1935	砖木二层、三层	34	5 122	成都北路183、195弄
贾禄里	旧式里弄	1937	砖木一层、二层	13	454	昌化路83弄
夏家宅	旧式里弄	1940	砖木一层	26	2 233	南京西路1244、1260弄
顾家弄	旧式里弄	1912	砖木二层	12	3 118	愚园路88弄1—33号、4—10号
振华里	旧式里弄	1935	砖木二层	6	398	海防路293弄22—32号
振如村	旧式里弄	1912	砖木二层	8	1 455	陕西北路860、868弄
振隆坊	旧式里弄	1934	砖木二层	17	2 062	威海路381弄（双号）
致和里	旧式里弄	1924	砖木二层	9	2 254	石门二路170弄
致祥里	旧式里弄	1912	砖木二层	4	956	常德路648弄
思庆坊	旧式里弄	1936	砖木二层	15	713	西康路166弄
峻德坊	旧式里弄	1921	砖木二层	7	630	大沽路411弄31—43号
积善坊	旧式里弄	1912	砖木一层、二层	20	1 230	江宁路155、167弄
倚云里	旧式里弄	1937	砖木二层	10	2 822	威海路289弄
健村	新式里弄	1936	砖木二层、三层	9	1 972	西康路370弄
臭水浜	旧式里弄	1937	砖木二层	2	172	陕西北路846弄83、85号
爱文坊	新式里弄	1912	砖木二层	20	2 772	北京西路1312弄
爱文村	旧式里弄	1930	砖木二层	11	658	西康路125弄4—6号
爱文新村	新式里弄	1940	砖木二层	13	3 083	北京西路1192弄
颂九坊	旧式里弄	1924	砖木二层	4	717	威海路590弄72支弄
胶州坊	新式里弄	1912	砖木二层	15	1 608	胶州路388、398、410弄
凌云别墅	新式里弄	1912	砖木二层	10	1 335	康定路627弄
益丰里	旧式里弄	1934	砖木二层	23	1 772	成都北路779弄21—65号
益寿坊	旧式里弄	1912	砖木二层	20	4 039	南京西路1587弄
浩园	新式里弄	1937	砖木三层	16	4 452	胶州路274弄

续表

住宅名称	住宅类型	建筑年代	建筑结构	幢数	建筑面积（平方米）	坐落位置
海防村	新式里弄	1930	砖木二层、三层	95	9 196	海防路410弄
海防里	旧式里弄	1929	砖木二层	8	938	海防路271弄及267—279号
海联里	旧式里弄	1922	砖木二层	16	1 450	新闸路1820弄
海源坊	旧式里弄	1912	砖木二层	3	374	海防路578—582号
海格公寓	公寓里弄	1912	混合三层、四层	3	1 280	华山路449弄
润康村	新式里弄	1926	砖木三层、四层	63	18 157	南京西路591弄
润德里	旧式里弄	1920	砖木二层	13	2 317	泰兴路661弄
润德里	旧式里弄	1925	砖木二层	24	5 246	升平街79弄
容村	旧式里弄	1938	砖木二层	17	1 307	大田路256弄及258—260号
祥元里	旧式里弄	1912	砖木二层	7	777	慈溪路190弄及192—196号
祥兴里	旧式里弄	1925	砖木二层	4	668	武定路276弄1—4号
祥福里	旧式里弄	1900	砖木二层、三层	30	5 633	石门二路146弄2—46号
祥鑫里	旧式里弄	1932	砖木二层	19	1 830	大田路316弄
祥鑫里	旧式里弄	1933	砖木二层	18	1 624	大田路315弄及359—385号
谈家宅	旧式里弄	1912	砖木一层	22	720	海防路66弄
通业里	旧式里弄	1923	砖木二层	12	1 046	胶州路319弄3—13号
通安里	旧式里弄	1922	砖木二层	62	5 383	泰兴路625弄及621—629号
能仁里	旧式里弄	1923	砖木二层	7	869	凤阳路724弄及726—730号
骏蔚里	旧式里弄	1912	砖木二层	52	4 553	泰兴路587弄及551—597号
培初里	新式里弄	1937	砖木三层	4	810	海防路518弄及516、520号
培德北里	旧式里弄	1912	砖木二层	73	6 931	新闸路565弄及553—563号
培德南里	旧式里弄	1925	砖木二层	50	3 304	大田路354弄及270—366号
基安坊	旧式里弄	1931	砖木二层	16	3 209	石门一路315弄及319—325号
梅村	新式里弄	1932	砖木二层	12	2 354	茂名北路108、118、128弄
梅兴里	旧式里弄	1926	砖木二层	28	1 564	大田路250弄2—20号
盛昌里	旧式里弄	1937	砖木二层	6	954	泰兴路637弄及631—645号
辅安里	旧式里弄	1916	砖木二层	8	1 733	成都北路255弄及259—265号
辅德里	旧式里弄	1915	砖木二层	50	5 324	成都北路7弄3—23号
常德坊	新式里弄	1912	砖木二层	6	787	常德路699弄
常德村	旧式里弄	1912	砖木二层	21	1 702	常德路1024弄及1026号
常德新村	新式里弄	1949年前	混合三层	8	1 146	常德路280、284弄
崇义里	旧式里弄	1915	砖木一层	43	3 654	成都北路741弄总弄
崇兴里	旧式里弄	1937	砖木二层	2	324	武定路966—970号
崇敬村	新式里弄	1930	砖木三层	14	1 324	凤阳路624弄及626—640号

续表

住宅名称	住宅类型	建筑年代	建筑结构	幢数	建筑面积（平方米）	坐落位置
崇德里	旧式里弄	1926	砖木二层	20	2 368	威海路550弄及536—576号
崇安里东西	旧式里弄	1912	砖木二层	108	8 819	海防路302、324弄
逸庐	旧式里弄	1922	砖木二层	13	2 004	康定路114弄
康村	新式里弄	1933	砖木二层	30	3 986	康定路848弄及852—870号
康乐村	旧式里弄	1937	砖木二层、三层	3	492	昌化路453弄
康乐村	新式里弄	1928	砖木二层、三层	51	10 998	茂名北路67弄
康乐里	旧式里弄	1930	砖木二层	34	6 034	康定路179弄161—199号
康宁村	新式里弄	1912	砖木二层	20	4 406	康定路716弄720—742号
康定村	旧式里弄	1937	砖木二层	25	2 054	武定路768弄及770—794号
康脑村	旧式里弄	1912	砖木二层	15	2 182	康定路580弄18—48号
康家村	旧式里弄	1944	砖木二层	26	1 808	万春街87弄及79—85号
康福公寓	公寓里弄	1931	砖木三层	5	882	南京西路825弄及829号
康贻公寓	公寓里弄	1912	混合三层、四层	4	2 026	愚园路11号
商文里	旧式里弄	1912	砖木二层	6	1 312	威海路251弄
望德里	旧式里弄	1912	砖木二层	21	1 210	北京西路1060弄
鸿庆里	旧式里弄	1923	砖木二层	75	17 535	泰兴路481弄
鸿安里	旧式里弄	1925	砖木二层	7	1 164	威海路590弄106支弄1、3号
鸿运里	旧式里弄	1912年后（估）	砖木二层	3	808	升平街41弄12—16号
鸿章里	旧式里弄	1930	砖木二层	32	1 911	江宁路592、598弄
鸿福里	旧式里弄	1924	砖木二层	7	1 068	北京西路1457弄
涵仁里	新式里弄	1912	砖木三层	10	1 770	康定路872弄
涵养村	新式里弄	1930	砖木二层	65	6 311	康定路88弄
随云里	旧式里弄	1926	砖木二层	43	6 242	胶州路51、61、71弄
隆智里	旧式里弄	1928	砖木二层	58	5 839	康定路108弄及92—106号
维新里	新式里弄	1937	砖木二层、四层	20	2 919	泰兴路396弄
绿杨村	新式里弄	1912	砖木二层	28	3 725	康定路733弄及735—749号
绿漪新村	新式里弄	1922	砖木二层	12	2 392	青海路90弄及100、102号
琴庐	旧式里弄	1912	砖木二层、三层	8	1 700	西康路429弄及431—439号
联宝里	旧式里弄	1929	砖木二层	36	4 327	康定路560弄3—19号、4—42号
联珠里	旧式里弄	1915	砖木二层	52	10 182	北京西路473、511弄
葆壬里	新式里弄	1937	砖木二层	14	1 538	北京西路1170弄
庆福里	新式里弄	1920	砖木二层	19	2 532	南京西路1122弄

续表

住宅名称	住宅类型	建筑年代	建筑结构	幢数	建筑面积（平方米）	坐落位置
庆福里	旧式里弄	1922	砖木二层	9	2 040	成都北路253弄
亦村	旧式里弄	1940	砖木二层、三层	4	386	成都北路741弄11—19号
江宁村	新式里弄	1912	砖木三层	18	3 290	江宁路254、262、276弄
兴义里	旧式里弄	1912	砖木二层	13	1 232	康定路545弄及547—561号
兴业里	新式里弄	1934	砖木二层、三层	12	2 898	南京西路972弄及974—992号
兴庆里	旧式里弄	1929	砖木二层	17	2 798	茂名北路111—121弄
安庐	旧式里弄	1912	砖木二层	4	344	西康路337弄62—68号
安丰里	新式里弄	1930	砖木二层	8	807	人和街65弄
安仁村	新式里弄	1948	砖木三层	12	5 297	铜仁路90弄及94—120号
安仁里	旧式里弄	1923	砖木二层	26	2 243	北京西路1403弄
安平里	旧式里弄	1930	砖木二层	32	3 135	昌平路97、115弄
安乐坊	旧式里弄	1912	砖木二层	7	552	常德路816弄及818号
安乐坊	新式里弄	1927	砖木二层	90	12 604	南京西路1129弄
安乐村	新式里弄	1930	砖木二层	39	3 366	康定路818弄及802—828号
安全村	旧式里弄	1937	砖木二层	6	504	成都北路611弄52—62号
安庆坊	旧式里弄	1912	砖、混一层、三层	12	2 078	常德路255弄2—6号
安君坊	旧式里弄	1912	砖木二层	20	2 197	常德路730弄及726—728号
安宜坊	新式里弄	1933	砖、混二层、三层	13	2 391	新闸路888弄及890—898号
安顺里	旧式里弄	1926	砖木二层	17	3 530	山海关路274弄及280—282号
安逸坊	新式里弄	1936	砖木二层、三层	26	6 033	陕西北路653、663、673弄
安登别墅	新式里弄	1937	混合三层	8	2 323	南京西路1140弄
如升里	新式里弄	1936	砖木二层	22	2 286	常德路696、680弄3—5号
如意里	旧式里弄	1924	砖木二层	6	2 354	威海路590弄72支弄2—6号
观森里	旧式里弄	1924	砖木二层	13	1 060	北京西路1177弄
红房子	新式里弄	1912	砖木二层	20	5 555	陕西北路617、629、643弄
纪园	旧式里弄	1912	砖木二层	24	2 546	康定路563弄及565—573号
寿椿里	旧式里弄	1925	砖木二层	61	7 519	泰兴路481、507弄
寿萱坊	新式里弄	1912	砖木二层	15	1 563	赵家桥路77弄4—32号
寿萱里	旧式里弄	1917	砖木二层	14	2 609	威海路549弄及537—559号
志文坊	旧式里弄	1931	砖木二层	11	1 246	新闸路1854弄
志勤坊	旧式里弄	1912	砖木二层	3	453	余姚路206—210号
麦根里	旧式里弄	1936	砖木二层	105	8 532	泰兴路703弄
花园公寓	公寓里弄	1930	砖木二层、四层	6	18 216	南京西路1173弄

续表

住宅名称	住宅类型	建筑年代	建筑结构	幢数	建筑面积（平方米）	坐落位置
劳村	旧式里弄	1912	砖木二层、平房	9	475	西康路337弄80—96号
李家沙	旧式里弄	1912	砖木二层、简屋	51	3 164	西康路679弄
李家沙	旧式里弄	1912	砖木二层	7	749	余姚路33弄及29、31号
杨家弄	新式里弄	1921	砖木四层	21	5 369	威海路497弄及503—517号
丽云坊	旧式里弄	1936	砖木二层	8	1 692	成都北路741弄52—66号
来安坊	新式里弄	1924	砖木二层、三层	25	5 463	新闸路1576弄
敬义坊	新式里弄	1912	砖木二层	10	1 926	南京西路1634弄东侧
敬业里	旧式里弄	1923	砖木二层	13	1 218	石门一路108及110—118号
蒋家巷	旧式里弄	1912	砖木一层、二层	87	8 166	江宁路685弄
蒋家巷	旧式里弄	1912	砖木一层、二层	11	650	海防路391弄
萱春里	旧式里弄	1923	砖木二层	13	1 200	威海路347弄及349—355号
森德里	旧式里弄	1935	砖木一层	35	2 313	石门二路301弄及307—333号
雁村	旧式里弄	1937	砖木三层	17	2 361	延平路175弄
紫阳村	旧式里弄	1927	砖木二层	36	7 303	武定路190弄
紫微坊	旧式里弄	1921	砖木二层	8	1 788	大沽路428弄及432—440号
景昌里	旧式里弄	1930	砖木二层	5	1 148	张家宅路49弄65—73号
景星里	旧式里弄	1914	砖木二层	68	8 881	北京西路434弄
景星庆云	旧式里弄	1926	砖木二层	5	262	凤阳路684弄及686—690号
景庭坊	旧式里弄	1925	砖木二层	14	2 361	石门一路31弄及27—39号
景德坊	旧式里弄	1912	砖木二层	7	847	陕西北路824弄及826号
黑墙门	旧式里弄	1912	砖木二层	2	424	西康路578弄
敦裕里	旧式里弄	1923	砖木二层	16	2 930	陕西北路277—287弄
赓业里	旧式里弄	1930	砖木二层	8	1 140	昌平路201弄及205弄
赓庆里	旧式里弄	1920	砖木二层	68	15 304	新闸路944弄及924—966号
善庆坊	旧式里弄	1925	砖木二层	34	3 344	青海路19、29、39、49弄
善庆里	旧式里弄	1928	砖木二层	8	1 094	江宁路194弄41—57号
善昌里	新式里弄	1931	砖木二层	78	16 650	石门二路229弄及207—263号
善德里	旧式里弄	1927	砖木二层	8	1 250	慈溪路102弄及104—110号
善益里	旧式里弄	1929	砖木二层	63	5 020	北京西路809弄及791—827号
道义弄	旧式里弄	1935	砖木二层	11	1 600	石门一路121弄及123—145号
道德会	旧式里弄	1905	砖木二层	1	586	成都北路581弄
渭水坊	旧式里弄	1920	砖木二层	6	577	张家宅路73弄30—46号
渭德坊	旧式里弄	1911	砖木二层	5	154	常德路672弄

续表

住宅名称	住宅类型	建筑年代	建筑结构	幢数	建筑面积（平方米）	坐落位置
渭德里	新式里弄	1930	混合三层	6	1 537	北京西路 1564 弄
裕益里	旧式里弄	1926	砖木二层	13	952	泰兴路 609 弄及 605－619 号
谦益坊	旧式里弄	1934	砖木平房、二层	40	1 964	石门二路 345 弄及 335－359 号
瑞芝村	新式里弄	1912	砖木二层	24	3 586	胶州路 134、148 弄
瑞芝里	旧式里弄	1919	砖木二层	10	1 747	泰兴路 522、530、538 弄
瑞兴里	旧式里弄	1912	砖木二层	15	1 137	威海路 457 弄及 459－469 号
瑞康里	旧式里弄	1912	砖木二层	4	321	西康路 427 弄 100－108 号
瑞德里	旧式里弄	1926	砖木二层	4	982	大田路 237 弄
瑞德里	旧式里弄	1935	砖木二层	10	910	昌化路 421 弄及 415－427 号
瑞霭里	旧式里弄	1910	砖木二层	29	4 890	山海关路 406 弄及 402－424 号
勤村	旧式里弄	1912	砖木二层	24	1 947	威海路 348 弄 10－28 号
勤业坊	旧式里弄	1912	砖木二层	16	2 482	康定路 577 弄
勤德新村	新式里弄	1920	砖木二层	7	829	威海路 590 弄 101 支弄
椿寿里	旧式里弄	1924	砖木二层	21	2 524	新闸路 1013 弄
椿荫坊	旧式里弄	1930	砖木二层	16	1 578	江宁路 713 弄及 715－725 号
甄庆里	旧式里弄	1920	砖木二层	61	6 776	新闸路 1121 弄
愚园弄	旧式里弄	1936	砖木二层	8	1 174	愚园路 66 弄 21－35 号
锡庆坊	旧式里弄	1925	砖木二层	6	937	大沽路 442 弄及 444－450 号
锡昌里	旧式里弄	1911	砖木一层	9	207	常德路 664 弄
锦兴村	旧式里弄	1931	砖木二层	14	1 626	石门一路 228 弄及 230－232 号
锦园里	旧式里弄	1921	砖木二层	33	2 228	张家宅路 74、76、78 弄
锦德里	旧式里弄	1932	砖木一层	11	1 185	大田路 221 弄及 203－209 号
新村	新式里弄	1912	砖木二层	4	816	康定路 935 弄
新乐村	新式里弄	1937	砖木二层、三层	11	2 088	新闸路 1050 弄及 1054 号
新华里	旧式里弄	1924	砖木二层	26	4 021	石门一路 41、49 号
新兴里	旧式里弄	1930	砖木二层	13	1 639	新闸路 929 弄及 923－937 号
新安坊	旧式里弄	1931	砖木二层	9	776	威海路 478 弄及 480－486 号
新余村	新式里弄	1938	砖木二层、三层	64	8 213	昌平路 250 弄及 238－256 号
新和坊	旧式里弄	1936	砖木二层、三层	3	545	愚园路 12 弄
新闸村	新式里弄	1934	砖木二层	9	941	新闸路 876 弄及 878－886 号
新鑫里	旧式里弄	1912	砖木二层	6	1 469	大田路 245 弄
新修德里	旧式里弄	1912	砖木二层	10	2 470	凤阳路 571 弄
新泰德里	旧式里弄	1907	砖木二层	39	4 189	新闸路 719 弄及 711－743 号

续表

住宅名称	住宅类型	建筑年代	建筑结构	幢数	建筑面积（平方米）	坐落位置
慎行村	旧式里弄	1936	砖木一层、三层	4	893	武定路370弄及372—384号
慎余坊	旧式里弄	1931	砖木二层	16	1 926	石门一路269弄及253—279号
慎余里	旧式里弄	1925	砖木二层	48	6 174	武定路63弄及47—61号
慈仁坊	新式里弄	1912	砖木二层	2	318	胶州路52弄3、9号
慈孝村	新式里弄	1936	砖木二层	12	1 828	新闸路1316弄
慈厚北里	石库门里弄	1910	砖木二层	135	15 884	安义路20、38、48弄
慈厚南里	石库门里弄	1910	砖木二层	203	21 733	延安中路1238弄
慈惠北里	旧式里弄	1934	砖木二层	46	7 545	陕西北路119弄
慈惠南里	新式里弄	1934	砖木二层	115	16 682	延安中路930弄及906—970号
源茂村	旧式里弄	1938	砖木二层	8	560	泰兴路383弄
源茂新村	新式里弄	1912	砖、混二层、三层	11	1 957	愚园路78弄5—25号及80号
源裕里	旧式里弄	1912	砖木二层	20	1 676	常德路109弄及103—119号
福田村	新式里弄	1934	砖木二层	82	11 804	泰兴路362弄及346—376号
福刚里	旧式里弄	1921	砖木平房、二层	19	810	北京西路1433弄
福兴里	旧式里弄	1924	砖木二层	12	1 014	海防路391弄274支弄
福兴里	旧式里弄	1912	砖木一层	5	119	昌化路31弄
福兴里	旧式里弄	1912	砖木二层	10	660	西康路427弄115—135号
福安坊	新式里弄	1912	砖木二层	8	1 579	新闸路1489弄
福安里	旧式里弄	1930	砖木二层	6	1 021	威海路380弄
福如里	旧式里弄	1921	砖木二层	7	1 734	威海路590弄61、69支弄
福林里	新式里弄	1912	砖木二层	15	3 779	石门一路70弄及82—100号
福明村	新式里弄	1933	混合二层	50	13 885	延安中路424弄
福明里	旧式里弄	1916	砖木二层	13	1 398	北京西路482弄3—9号
福宝里	旧式里弄	1932	砖木二层	9	1 022	威海路229弄及225—235号
福荫村	旧式里弄	1939	砖木二层	13	1 182	西康路552弄及554—558号
福荫里	旧式里弄	1916	砖木二层	5	993	威海路519弄
福益里	旧式里弄	1923	砖木二层	12	2 742	升平街41弄23—45号
福绥里	旧式里弄	1930	砖木二层	4	552	吴江路1056弄158—160号
福康里	旧式里弄	1912	砖木二层	8	373	成都北路17弄
福康里	旧式里弄	1912	砖木二层	5	1 098	康定路454弄及440—450号
福康里	旧式里弄	1917	砖木二层	55	9 659	新闸路906弄及900—918号
福熙里	旧式里弄	1925	砖木平房、二层	81	10136	石门二路131、143弄
福源里	旧式里弄	1936	砖木二层	38	3 222	西康路491弄及493—501号
福德坊	旧式里弄	1926	砖木二层	61	4 798	常德路5、15、23弄

续表

住宅名称	住宅类型	建筑年代	建筑结构	幢数	建筑面积（平方米）	坐落位置
福麟里	旧式里弄	1912	砖木二层	20	1 518	石门二路24弄10—36号
福鑫里	旧式里弄	1922	砖木二层	29	3 136	新闸路920弄50支弄
静园	花园里弄	1945	砖木二层、三层	11	5 502	万航渡路175弄
静云里	旧式里弄	1912	砖木二层	8	1 418	胶州路56弄3—7号
静安里	新式里弄	1930	砖木二层、三层	21	7 368	南京西路1168弄
静安别墅	新式里弄	1926	混合三层	193	74 634	南京西路1025弄
静安新村	新式里弄	1938	砖木三层	49	11 555	南京西路612弄
静华新村	新式里弄	1941	砖木三层	16	3 271	南汇路10、22、34弄
嘉庐	新式里弄	1912	砖木二层、三层	5	3 283	北京西路1592弄
嘉平坊	新式里弄	1912	砖木二层	14	2 268	北京西路1604弄
嘉平坊	新式里弄	1924	砖木二层	9	1 358	石门二路169弄
嘉和里	旧式里弄	1923	砖木二层	81	5 701	常德路81弄及77—93号
嘉乐村	新式里弄	1934	砖木二层	13	746	江宁路685弄5—29号
嘉运坊	旧式里弄	1927	砖木二层	26	2 444	胶州路175弄
聚宝坊	旧式里弄	1931	砖木二层	45	7 341	成都北路951、961、971弄
聚鑫里	旧式里弄	1935	砖木二层	7	434	山海关路285弄24—36号
蔡家宅	旧式里弄	1912	砖木二层	6	509	安远路375弄
槟榔村	旧式里弄	1937	砖木二层	19	1 326	安远路257弄
槟榔里	旧式里弄	1912	砖木一层、三层	15	1 495	胶州路826弄及810—836号
增祥里	旧式里弄	1912	砖木二层	29	2 358	康定路413弄及409—411号
蕃祉里	旧式里弄	1924	砖木二层	18	4 188	茂名北路257—303弄
蕃衍里	新式里弄	1930	砖木二层	23	4 950	凤阳路542弄及538—556号
震兴里	旧式里弄	1927	砖木二层	31	3 755	茂名北路192—220弄
德仁坊	新式里弄	1924	砖木二层	9	1 329	凤阳路724弄15—19号
德年村	旧式里弄	1925	砖木二层	13	1 703	威海路590弄12、22支弄
德庆坊	新式里弄	1912	砖木二层、三层	11	4 535	江宁路363弄
德庆里	旧式里弄	1925	砖木二层	50	6 301	茂名北路264—328号
德兴里	旧式里弄	1900	砖木二层	9	1 477	石门二路199弄及195—203号
德兴里	旧式里弄	1930年前	砖木平房	37	988	武定路309弄及299—307号
德安坊	新式里弄	1933	砖木三层	12	2 386	海防路403弄及393—413号
德庐坊	新式里弄	1912	砖木二层	5	866	江宁路363弄
德盛里	旧式里弄	1934	砖木二层	33	2 698	石门二路409弄
德康里	旧式里弄	1912	砖木二层	1	210	康定路616—618号

续表

住宅名称	住宅类型	建筑年代	建筑结构	幢数	建筑面积（平方米）	坐落位置
德善里	旧式里弄	1912	砖木二层	10	886	康定路580弄51—69号
德馨里	旧式里弄	1930	砖木二层	19	1 300	安远路261弄及267—277号
鹤守里	旧式里弄	1929	砖木二层	20	2 934	石门二路316弄
燕华村	旧式里弄	1912	砖木一层、二层	10	1 230	西康路617弄24—28号
燕庆里	旧式里弄	1910	砖木二层	17	2 187	成都北路825、835弄
融和里	旧式里弄	1933	砖木二层	5	752	张家宅路73弄18—26号
儒林里	旧式里弄	1912年后（估）	砖木二层	22	5 760	威海路382弄及384—432号
衡兴里	旧式里弄	1927	砖木二层	30	2 609	成都北路711弄
萱庆里	旧式里弄	1912	砖木二层	6	847	威海路532弄及530—534号
麒麟村	旧式里弄	1930	砖木一层、二层	10	946	泰兴路566弄
耀华新村	新式里弄	1941	砖木三层	18	2 289	慈溪路63弄及57—61号
麟村	新式里弄	1912	砖木二层	3	800	西康路370弄
麟趾坊	旧式里弄	1912	砖木一层、二层	3	230	常德路317—321号
鑫德里	旧式里弄	1911	砖木二层	11	816	新闸路745弄及747—755号
蒋家桥	旧式里弄	1911	砖木一层、二层	58	6 342	康定路577弄
谢宝生宅	花园里弄	1911	砖木二层、三层	2	534	昌平路486号
谦益坊	旧式里弄	1937	砖木一层、二层	131	3 626	武定路31弄
慎余里	旧式里弄	1928	砖木一层、二层	30	3 288	成都北路117弄
聚贤里	新式里弄	1923	砖木二层	6	1 636	胶州路319弄
德裕里	旧式里弄	1936	砖木一层、二层	14	325	新丰路10弄
慎余里	旧式里弄	1925	砖木一层、二层	48	6 174	武定路63弄
二十八间	旧式里弄	1904	砖木平房	28	1 014	成都北路117弄
小皮裘公寓	里弄公寓	1912	混合二层、五层	3	1 411	陕西北路354弄
太和里	旧式里弄	1936	砖木一层、二层	20	895	安远路403弄
长福里	旧式里弄	1912	砖木平房	10	232	海防路391弄342支弄
公共里	旧式里弄	1937	砖木二层	11	343	安远路697弄
公和里	旧式里弄	1936	砖木一层、二层	27	1 238	余姚路316弄
公益里	旧式里弄	1944	砖木平房	31	1 904	万春街99弄
文德里	旧式里弄	1928	砖木平房	17	658	万春街204弄33支弄

续表

住宅名称	住宅类型	建筑年代	建筑结构	幢数	建筑面积(平方米)	坐落位置
六合村	旧式里弄	1912	砖木二层	1	134	万春街66弄33支弄
叶家宅	旧式里弄	1912	砖木二层	61	11 227	延平路175弄
叶家里	新式里弄	1912	砖木一层、二层	4	835	延安西路253弄
四间头	旧式里弄	1936	砖木平房	4	764	昌化路554弄
皮裘公寓	里弄公寓	1912	混合三层		2 630	铜仁路278号
吉元里	花园里弄	1932	砖木四层	1	4 469	威海路617弄4号
吉祥里	旧式里弄	1912	砖木平房	19	583	延安西路376弄
共平里	旧式里弄	1937	砖木一层、二层	66	2 270	安远路667弄
共和里	旧式里弄	1937	砖木一层、二层	102	2 263	安远路603弄
西金家巷	旧式里弄	1936	砖木平房	17	2 278	胶州路175弄
同善里	旧式里弄	1948	砖木二层	5	232	淮安路682弄
华业别墅	花园里弄	1937	混合三层、四层	2	1 266	北京西路1729弄
张家宅	旧式里弄	1910	砖木平房	24	1 298	张家宅路129弄
陈家弄	旧式里弄	1936	砖木平房	19	499	海防路98弄
陈家浜	旧式里弄	1932	砖木一层、二层	3	210	成都北路779弄
金家巷(东)	旧式里弄	1928	砖木一层、二层	63	13 317	新闸路1948—1974弄
栖流公所	旧式里弄	1911	砖木二层	34	1 171	成都北路979弄
积善里	旧式里弄	1906	砖木一层、二层	25	2 954	威海路519弄
留余坊	旧式里弄	1934	砖木二层	1	128	泰兴路298—300弄
祥庆里	旧式里弄	1900	砖木一层	12	416	海防路66弄
望德堂	花园里弄	1930	砖木三层	1	1 509	北京西路1220弄
绿庐	里弄公寓	1937	钢混三层	1	2 786	康定路834弄
麦家花园	里弄花园	1912	砖木三层	1	1 286	吴江路45号
瞿家祠堂		1894	六层		6 100	昌平路923弄
八间头		1900	简屋		256	昌化路554弄
父子医院	花园住宅	1914	混合结构四层		782	康定路980弄9号(包括康定路980弄1—8号和986号)
七间头		1920	二层楼房		1 425	凤阳路698号
平安大楼	公寓式大楼	1920	八层		5 894	南京西路1191号(包括南京西路1195—1211号)
福兴里	旧式里弄	1924	二层		1 014	海防路391弄274支弄
德馨里		1924	平房		1 004	康定路174弄
太阳公寓		1926	混合四层		5 700	威海路651号

续表

住宅名称	住宅类型	建筑年代	建筑结构	幢数	建筑面积（平方米）	坐落位置
中央公寓	里弄式公寓	1926	四层		3 029	南京西路 941 号
东莱大楼	公寓式大楼	1927	四层		4 544	南京西路 587 号
南洋大楼	公寓大楼	1927	四层		2 270	陕西北路 204 弄（包括南京西路 1175—1185 号）
华业大楼		1928	十层		18 965	陕西北路 173 号
巢居公寓	公寓大楼	1930	混合五层		1 140	南阳路 30 弄
静安大楼	公寓大楼	1931	四层		7 596	南京西路 749 号
吉元里	花园住宅	1932	四层		4 469	威海路 696 弄
泰兴大楼	公寓大楼	1933	十二层		8 814	南京西路 934 号
同孚大楼	公寓大楼	1935	九层		2 916	南京西路 801—803 号
永乐公寓	公寓	1936	五层		771	凤阳路 738—742 号
麦根里		1936			8 352	泰兴路 703 弄
爱林登公寓		1936	七层		2 663	常德路 195 号
德义大楼	公寓大楼	1900 年前后	十层		11 774	南京西路 770—792 号
卡德大楼	公寓大楼	1912—1932	七层		4 672	石门二路 50—69 号
十间头		1912—1936	简屋		270	康定路 87 弄 131—149 号
太和里	旧式里弄	1912—1936	二层楼房		895	安远路 403 弄
太阳公寓	公寓	1912—1936	五层		990	南京西路 1634 弄 3—9 号
中兴里	旧式里弄	1912—1936	二层楼房		622	常德路 332 号、338 号、340 号、344 号
叶家里	新式里弄	1912—1936	三层		1 871	延平路 259 弄
永源弄		1912—1936			306	南京西路 1946 弄
朱嘉家门		1912—1936			883	南京西路 1912 弄 76 支弄
麦家花园	花园住宅	1912—1936	三层		1 286	吴江路 45 号
陈家弄		1912—1936			499	海坊路 98 弄
积善里	旧式里弄	1912—1936	二层		536	康定路 580 弄 50—56 号
联华公寓	公寓大楼	1931—1932	混合四层		15 213	北京西路 1341—1383 号
新成大厦	公寓大楼	抗战初期	八层		9 018	成都北路 337 号
化子浜		1912 年后（估）	简屋		258	长寿路 945 弄东弄 34—46 号

九、静安区（公共租界西区）数据资料补充

住宅名称	建筑年代	建筑面积（平方米）	坐落位置	备注
瞿家祠堂	1894	6 100	昌平路 923 弄	《静安区地名志》第 225 页
八间头	1900	256	昌化路 554 弄	《静安区地名志》第 98 页

续表

住宅名称	建筑年代	建筑面积（平方米）	坐落位置	备注
父子医院	1914	782	康定路980弄9号（包括康定路980弄1—8号和986号）	《静安区地名志》第117页
七间头	1920	1 425	凤阳路698号	《静安区地名志》第98页
平安大楼	1920	5 894	南京西路1191号（包括南京西路1195—1211号）	《静安区地名志》第122页
福兴里	1924	1 014	海防路391弄274支弄	《静安区地名志》第215页
德馨里	1924	1 004	康定路174弄	《静安区地名志》第223页
太阳公寓	1926	5 700	威海路651号	《静安区地名志》第111页
中央公寓	1926	3 029	南京西路941号	《静安区地名志》第112页
东莱大楼	1927	4 544	南京西路587号	《静安区地名志》第124页
南洋大楼	1927	2 270	陕西北路204弄（包括南京西路1175—1185号）	《静安区地名志》第174页
华业大楼	1928	18 965	陕西北路173号	《静安区地名志》第144页
巢居公寓	1930	1 140	南阳路30弄	《静安区地名志》第201页
静安大楼	1931	7 596	南京西路749号	《静安区地名志》第218页
吉元里	1932	4 469	威海路696弄	《静安区地名志》第134页
泰兴大楼	1933	8 814	南京西路934号	《静安区地名志》第184页
同孚大楼	1935	2 916	南京西路801—803号	《静安区地名志》第141页
永乐公寓	1936	771	凤阳路738—742号	《静安区地名志》第129页
麦根里	1936	8 352	泰兴路703弄	《静安区地名志》第152页
爱林登公寓	1936	2 663	常德路195号	《静安区地名志》第188页
德义大楼	1900年前后	11 774	南京西路770—792号	《静安区地名志》第223页
卡德大楼	1912—1932	4 672	石门二路50—69号	《静安区地名志》第124页
十间头	1912—1936	270	康定路87弄131—149号	《静安区地名志》第98页
太和里	1912—1936	895	安远路403弄	《静安区地名志》第111页
太阳公寓	1912—1936	990	南京西路1634弄3—9号	《静安区地名志》第111页
中兴里	1912—1936	622	常德路332号、338号、340号、344号	《静安区地名志》第112页
叶家里	1912—1936	1 871	延平路259弄	《静安区地名志》第125页
永源弄	1912—1936	306	南京西路1946弄	《静安区地名志》第132页
朱嘉家门	1912—1936	883	南京西路1912弄76支弄	《静安区地名志》第142页
麦家花园	1912—1936	1 286	吴江路45号	《静安区地名志》第152页
陈家弄	1912—1936	499	海坊路98弄	《静安区地名志》第159页

续表

住宅名称	建筑年代	建筑面积（平方米）	坐落位置	备 注
积善里	1912—1936	536	康定路580弄50—56号	《静安区地名志》第187页
联华公寓	1931—1932	15 213	北京西路1341—1383号	《静安区地名志》第201页
新成大厦	抗战初期	9 018	成都北路337号	《静安区地名志》第212页
化子浜	1912年后（估）	258	长寿路945弄东弄34—46号	《静安区地名志》第117页

十、静安区华界(法华区)数据资料表

住宅名称	住宅类型	建筑年代	建筑结构	幢数	建筑面积（平方米）	坐落位置
中实新村	新式里弄	1912	砖木二层、五层	45	11 879	愚园路579弄
双余里	旧式里弄	1930	砖木二层	17	1 018	江苏路35弄62支弄
世德坊	旧式里弄	1912	砖木二层	10	1 572	南京西路1915弄1—4号
本立方	旧式里弄	1912	砖木二层	51	2 404	华山路78弄
平民村	旧式里弄	1949	砖木一层、二层	30	757	乌鲁木齐北路30弄40支弄
田庄	新式里弄	1938	砖木三层	55	9 521	愚园路608弄
四合村	旧式里弄	1912	砖木二层	2	302	余姚路600弄
四明别墅	新式里弄	1912	砖木三层	40	9 885	愚园路576弄
白园	旧式里弄	1912	砖木二层	4	572	万春街9弄
乐安坊	旧式里弄	1937	砖木二层	25	4 134	万航渡路249弄
兰畹	新式里弄	1937	砖木三层	6	2 530	愚园路488弄
永义村	旧式里弄	1937	砖木二层、三层	9	1 052	华山路132弄32—40号
永乐村	新式里弄	1930	砖木三层	28	5 350	万航渡路740、750弄
永余里	旧式里弄	1924	砖木一层、二层	26	1 220	南京西路2042弄
永思坊	旧式里弄	1912	砖木二层、三层	36	2 418	万春街153弄
永顺里	旧式里弄	1912	砖木二层	19	984	南京西路2060弄1—19号
永康里	旧式里弄	1912	砖木结构	43	3 030	南京西路2074弄
永源里	旧式里弄	1924	砖木二层	22	2 683	万航渡路944弄
永德里	旧式里弄	1937	砖木平房、二层	18	476	万航渡路676弄92支弄
地丰里	新式里弄	1924	砖木三层	12	3 224	乌鲁木齐北路195弄22支弄
芝山村	旧式里弄	1912	砖木二层	17	837	康定路1299丁弄138—178号
协成里	旧式里弄	1930	砖木二层	21	1 562	长寿支路56弄

续表

住宅名称	住宅类型	建筑年代	建筑结构	幢数	建筑面积（平方米）	坐落位置
协和里	旧式里弄	1912	砖木二层、三层	18	879	万春街 145 弄甲弄
百禄村	旧式里弄	1927	砖木二层、三层	23	5 089	南京西路 1955 弄
百乐新村	新式里弄	1948	砖木三层	17	3 614	万航渡路 110、120、130 弄
存善里	旧式里弄	1925	砖木二层	102	8 042	万航渡路 917 弄 907—963 号
光华别业	新式里弄	1937	砖木三层	10	1 987	乌鲁木齐中路 15、17 弄
同兴里	旧式里弄	1912	砖木平房、二层	28	1 308	南京西路 1912 弄
同康村	新式里弄	1932	砖木二层、三层	14	1 589	康定路 1356 弄
华村	新式里弄	1930	砖木三层	18	3 373	万航渡路 455 弄
自由弄	旧式里弄	1937	砖木一层、二层	14	508	长寿路 963 弄
合兴里	旧式里弄	1938	砖木二层	11	436	长寿支路 92 弄
时兴村	旧式里弄	1937	砖木平房	13	1 591	华山路 132 弄 1—30 号
利生村	旧式里弄	1936	砖木一层、二层	18	1 414	镇宁路 432 弄 1—18 号
余舍	新式里弄	1912	混合三层	4	2 027	南京西路 2028 弄
余姚村	旧式里弄	1937	砖木一层、三层	24	915	余姚路 518 弄
余康里	旧式里弄	1912	砖木二层	8	694	西康路 377 弄
狄家花园	新式里弄	1911	砖木二层、三层	2	1 093	愚园路 246 弄 37、51 号
忻康里	旧式里弄	1912	砖木二层	184	17 979	康定路 1497 弄
陀康里	旧式里弄	1912	砖木二层	15	1 252	康家桥 11 弄 18 支弄
贤良里	旧式里弄	1912	砖木二层	12	564	万春街 197 弄 8 支弄
贤邻别墅	新式里弄	1937	砖木三层	7	2 749	愚园路 470 弄
国华里	旧式里弄	抗战初期	砖木三层	5	3 301	万航渡路 676 弄 87 支弄
国裕里	旧式里弄	1937	砖木二层	6	825	万航渡路 426 弄 80 支弄
明荣里	旧式里弄	1949	砖木二层	29	1 134	万春街 197 弄 22 支弄
明月新村	新式里弄	1937	砖木三层	16	3 307	武定西路 1420 弄
和村	新式里弄	1937	砖木二层、三层	12	4 288	愚园路 611 弄 3—35 号
和丰里	旧式里弄	1914	砖木二层	120	6 841	长寿路 891 弄
和平里	旧式里弄	1912	砖木二层	22	2 978	长寿路 881 弄
和平新村	新式里弄	1946	砖木三层	28	6 615	万航渡路 393 弄
和合坊	旧式里弄	1912	砖木二层	4	429	余姚路 826 弄
和邻村	旧式里弄	1931	砖木二层	13	1 253	康定路 1304 弄

续表

住宅名称	住宅类型	建筑年代	建筑结构	幢数	建筑面积（平方米）	坐落位置
和顺村	新式里弄	1912	砖木三层	6	1 280	愚园路 541 弄 20—30 号
金林里	旧式里弄	1936	砖木一层	8	156	万航渡路 356 弄 29 支弄
庙后弄	旧式里弄	1912	砖木一层	24	786	万春街 63 弄 11 支弄
怡丰里	旧式里弄	1930	砖木二层	53	3 757	万航渡路 860、870、880 弄
居安	新式里弄	1937	砖木三层	2	835	康定路 945—947 号
承善里	旧式里弄	1930	砖木一层、二层	37	1 912	长寿路 1045 弄
春村	旧式里弄	1912	砖木二层	3	503	康家桥 2 弄 95 支弄
荣宁里	旧式里弄	1931	砖木二层	30	2 302	余姚路 799 弄
荣庆里	旧式里弄	1911	砖木二层	143	9 420	万航渡路 653、671 弄
荣德里	旧式里弄	1912	砖木一层	20	487	乌鲁木齐北路 30 弄 119 支弄
南山村	旧式里弄	1920	砖木二层、三层	12	1 039	长寿路 1079 弄
柳林别墅	新式里弄	1912	砖木三层	18	9 420	愚园路 532 弄
树德村	旧式里弄	1933	砖木二层	12	1 066	康定路 1002 弄 57 支弄
树德里	旧式里弄	1940	砖木二层、三层	32	944	长寿路 929 弄 2—32 号
树德里	旧式里弄	1920	砖木三层	47	7 215	新闸路 939 弄
星华弄	旧式里弄	1945	砖木一层、二层	151	4 038	余姚路 456、474、488 弄
复兴里	旧式里弄	1937	砖木一层、二层	53	1 920	镇宁路 466 弄 19—85 号
顺余里	旧式里弄	1912	砖木三层	16	1 097	南京西路 2052 弄
顺德里	旧式里弄	1912	砖木二层	6	350	康家桥 2 弄 126 支弄
俭村	旧式里弄	1912	砖木一层、二层	63	2 355	武定西路 1400 弄
信义村	新式里弄	1930	砖木二层、三层	34	2 510	万航渡路 724 弄 718—730 号
庭村	旧式里弄	1937	砖木三层	3	583	南京西路 1766—1770 弄
养德里	旧式里弄	1937	砖木一层	34	1 081	余姚路 641 弄
美丽园	新式里弄	1912	混合三层	28	8 299	延安西路 379 弄
美麟园	旧式里弄	1912	砖木一层	25	1 072	万航渡路 767 弄 109 支弄
耕读村	新式里弄	1938	砖木三层	9	1 325	延安西路 48 弄
耕读新村	旧式里弄	1932	砖木二层、平房	70	4 377	南京西路 1793 弄
晋仁坊	新式里弄	1937	混合二层	12	1 010	延安西路 406 弄
致德里	旧式里弄	1912	砖木一层、二层	18	1 001	南京西路 1840 弄
致德村	新式里弄	1932	砖木三层	14	2 187	康定路 1053 弄及 1065 号

续表

住宅名称	住宅类型	建筑年代	建筑结构	幢数	建筑面积（平方米）	坐落位置
钱家巷	旧式里弄	1936	砖木二层	20	2 362	镇宁路466弄
甡甡里	旧式里弄	1928	砖木二层	9	644	康定路1119弄
积善里	旧式里弄	1931	砖木二层、三层	17	1 579	康定路1325弄
留余坊	旧式里弄	1912	砖木二层、三层	7	1 556	华山路156弄及135－140号
高家宅	旧式里弄	1912	砖木一层、三层	174	11 511	万航渡路638、747、767弄
高照里	旧式里弄	1909	砖木二层	48	4 884	石门二路300弄
高福里	新式里弄	1937	砖木二层	4	372	乌鲁木齐北路195弄17－23号
海园	新式里弄	1937	砖木三层	18	4 919	华山路351弄
涌泉坊	新式里弄	1936	砖木三层	16	6 233	愚园路395弄
诸村	旧式里弄	1912	砖木一层、二层	14	1 748	康定路1450弄
祥钦里	旧式里弄	1912	砖木二层	8	439	万春街204弄33支弄
梅村	新式里弄	1930	混合三层	65	10 946	万航渡路776弄及766－792号
授书里	旧式里弄	1938	砖木一层、二层	17	625	乌鲁木齐北路30弄6支弄
康乐坊	旧式里弄	1932	砖木二层	47	3 726	余姚路693弄
康乐村	旧式里弄	1937	砖木二层	10	480	万春街178弄164－176号
康宁村	旧式里弄	1938	砖木二层	18	826	万春街162弄67支弄
康星坊	旧式里弄	1912	砖木二层	3	130	康定路1370弄
康桥村	旧式里弄	1937	砖木二层	6	248	康家桥2弄42支弄
康福里	石库门里弄	1929	砖木二层	53	4 809	长宁支路14弄
隆兴坊	旧式里弄	1937	砖木一层、二层	164	4 767	康定路1190弄11、13、18号
隆昌里	旧式里弄	1927	砖木一层	16	438	万春街86弄
联吉里	旧式里弄	1912	砖木二层	9	1 149	南京西路1756弄1－9号
农邨	新式里弄	1939	砖木三层	6	1 038	愚园路608弄113－121号
志诚里	旧式里弄	1931	砖木二层	11	1 189	康定路1335弄
均泰里	旧式里弄	1938	砖木二层、平房	43	7 086	余姚路526弄
均益里	旧式里弄	1928	砖木二层	12	660	安远路923弄
花园里	旧式里弄	1912	砖木二层	16	1 159	长宁路83弄
劳村新村	旧式里弄	1937	砖木二层、平房	76	2 586	延安西路429弄8－188号
两宜里	旧式里弄	1925	砖木二层	8	2 700	延安西路328弄及334－340号

续表

住宅名称	住宅类型	建筑年代	建筑结构	幢数	建筑面积（平方米）	坐落位置
来福村	旧式里弄	1937	砖木一层、二层	16	1 092	镇宁路422弄及408—420号
连生里	旧式里弄	1928	砖木三层	13	3 335	愚园路259弄18支弄1—7号
景云村	旧式里弄	1912	砖木二层	24	1 556	余姚路808弄及810—814号
善福里	旧式里弄	1911	砖木平房、二层	22	1 586	万航渡路683弄30支弄
道士弄	旧式里弄	1912	砖木一层、二层	12	990	康定路1484弄
瑞云村	旧式里弄	1912	砖木二层	5	376	万航渡路426弄107支弄
瑞福里	旧式里弄	1911	砖木一层	8	478	万航渡路683弄6支弄
愚园坊	新式里弄	1927	砖木三层	47	10 052	愚园路483弄
愚谷村	新式里弄	1927	砖木二层、三层	127	28 629	愚园路361弄及339—383号
新园	新式里弄	1937	砖木三层	26	5 082	延安西路376弄14—54号
新乐村	旧式里弄	1912	砖木二层	19	1 375	余姚路800弄及802—806号
新华园	新式里弄	1937	砖木二层、三层	30	3 808	愚园路235弄及219—241号
新安里	旧式里弄	1912	砖木一层、三层	15	1 043	愚园路677弄4—28号
慎余里	旧式里弄	1930	砖木一层	11	262	长寿路929弄1支弄
慈龄别墅	新式里弄	1948	砖木一层、三层	12	996	万航渡路416弄1—20号
福康里	旧式里弄	1937	砖木二层、三层	14	1 689	延安西路420弄1—10号
静安商场	旧式里弄	1937	砖木二层	47	2 126	愚园路310弄及304—316号
聚兴坊	旧式里弄	1912	砖木二层	17	1 790	南京西路1753弄
蝶村	新式里弄	1912	砖木平房、二层	19	2 081	愚园路641弄2—38号
蝶来新村	新式里弄	1933	砖木三层	24	3 874	南京西路1984号
鹤寿里	旧式里弄	1919	砖木一层	15	430	康定路1383弄
鹤鸣里	旧式里弄	1912	砖木二层	6	154	南京西路1930弄
鹤庭里	旧式里弄	1948	砖木二层	11	734	万春街1967弄27支弄
翰坊	旧式里弄	1932	砖木二层、三层	11	742	康定路1174弄及1176—1182弄
富林村	旧式里弄	1938	砖木二层	21	869	万春街204弄23支弄
新兴村	旧式里弄	1935	砖木一层、二层	14	582	余姚路816弄
福明里	旧式里弄	1935	砖木平房	6	324	万春街74弄36支弄
工部局大弄堂	旧式里弄	1912	砖木平房	5	4 369	延安西路390弄

续表

住宅名称	住宅类型	建筑年代	建筑结构	幢数	建筑面积（平方米）	坐落位置
大吉里	旧式里弄	1911	砖木一层、二层	5	260	南京西路 1912 弄
凯歌别墅	旧式里弄	1941	砖木平房	12	1 796	延安西路 356 弄
廿一坊	旧式里弄	1937	砖木一层、二层	6	1 132	康家桥 2 弄 100 支弄
中行别业	花园里弄	1924	混合二层、五层	14	54 263	万航渡路 623 弄
仁月里	旧式里弄	1937	砖木平房	14	341	万寿街 197 弄 14 支弄
平安南里	旧式里弄	1912	砖木平房	6	189	愚园路 621 弄
宁福里	旧式里弄	1937	砖木平房	2	162	江苏路 35 弄 76 支弄
永乐村	新式里弄	1930	砖木三层	18	3 391	万航渡路 749、759 弄
永记里	旧式里弄	1912	砖木一层	44	1 536	长宁路 155 弄
永源弄	旧式里弄	1912	砖木一层	14	326	南京西路 1964 弄
司徒新村	旧式里弄	1912	砖木一层	11	883	万春街 63 弄 31 支弄
弘农里	旧式里弄	1912	砖木一层	1	135	万春街 162 弄 31 支弄
老街	旧式里弄	1911	砖木平房	30	1 768	华山路 78 弄
百一里	旧式里弄	1930	砖木平房	15	660	万春街 34 弄
同心里	旧式里弄	1912	砖木平房	8	307	南京西路 1912 弄
延庆里	旧式里弄	1912	砖木平房	10	347	康家桥 11 弄 74 支弄
庆云里	花园里弄	1912	砖木三层	1	519	大田路 123 弄
兴隆庄	旧式里弄	1937	砖木一层、二层	23	2 058	余姚路 713 弄
兴隆村	旧式里弄	1937	砖木二层	86	3 870	康定路 1190 弄
兴联坊	旧式里弄	1912	砖木二层	10	743	长宁路 155 弄
仁云里	旧式里弄	1937	砖木平房	3	97	万春街 74 弄 36 支弄
贤良里	旧式里弄	1912	砖木平房	10	770	万春街 175 弄
南曹家宅	旧式里弄	1912 年后（估）	砖木一层、二层	102	11 756	万航渡路 676 号
黄浦弄	旧式里弄	1937	砖木一层、二层	118	3 524	余姚路 536 弄
得发里	旧式里弄	1934	砖木二层	8	1 022	康定路 1381 弄
杏星里	旧式里弄	1925	砖木平房	10	240	康定路 1137 弄
杏星里		1925			240	康定路 1137 弄
懿德公寓	公寓大楼	1934	七层		4 964	乌鲁木齐北路 69 号
红云里		1937			97	万春街 74 弄 36 支弄 12—13 号
尚源坊		1937	简屋		630	镇宁路 46 弄

续表

住宅名称	住宅类型	建筑年代	建筑结构	幢数	建筑面积（平方米）	坐落位置
嘉道理公馆	大楼	1912－1931			3 300	大西路6号
平安南里		1912－1936	简屋		189	愚园路621弄
幸福公寓		1912－1936	混合结构四层		4 010	华山路365－369号
森昌里		1912－1936	简屋		772	万春街77弄
愚园公寓	公寓大楼	1912－1936	五屋		5 043	愚园路258－300号
幸福村		1937－1948	平房		267	万航渡路373弄
尚德里		1937－1948	简屋		707	镇宁路48弄
大德里		1944年后	平房		1 265	万春街97弄（包括万春街91－95号）
永川里		1912年后（估）	简屋		412	万春街162弄56支弄

十一、静安区华界(法华区)资料补充

住宅名称	建筑年代	建筑面积（平方米）	坐落位置	备注
杏星里	1925	240	康定路1137弄	《静安区地名志》第154页
懿德公寓	1934	4 964	乌鲁木齐北路69号	《静安区地名志》第225页
红云里	1937	97	万春街74弄36支弄12－13号	《静安区地名志》第151页
尚源坊	1937	630	镇宁路46弄	《静安区地名志》第163页
嘉道理公馆	1912－1931	3 300	大西路6号	《静安区地名志》第220页
平安南里	1912－1936	189	愚园路621弄	《静安区地名志》第122页
幸福公寓	1912－1936	4 010	华山路365－369号	《静安区地名志》第161页
森昌里	1912－1936	772	万春街77弄	《静安区地名志》第202页
愚园公寓	1912－1936	5 043	愚园路258－300号	《静安区地名志》第209页
幸福村	1937－1948	267	万航渡路373弄	《静安区地名志》第160页
尚德里	1937－1948	707	镇宁路48弄	《静安区地名志》第163页
大德里	1944年后	1 265	万春街97弄（包括万春街91－95号）	《静安区地名志》第104页
永川里	1912年后（估）	412	万春街162弄56支弄	《静安区地名志》第128页

十二、长宁区(公共租界)数据资料表

住宅名称	住宅类型	建造年代	建筑结构	幢数	建筑面积	坐落位置
西园大厦	公寓大楼	1912	英式九层		2 384	愚园路1396号
王家塘		1922	老式平房	9	225	利西路132弄

续表

住宅名称	住宅类型	建造年代	建筑结构	幢数	建筑面积	坐落位置
十二间		1927	砖木平房	12	720	长宁支路279弄
武定公寓		1932			960	武定西路1375号
新华路231号	意大利式洋房	1932	砖木二层	1	600	新华路231号
槐荫村		1936	砖木二层	6	562	万航渡路1152弄内
五四二厂工房		1937			4 000	番禺路209弄15号
玉泉里		1937	棚屋	59	2 180	镇宁路77弄、延安西路551弄41支弄
复兴新村		1945	砖木矮平房	12	266	延安西路970弄62支弄
孝义新村		1947	砖木二屋	3.5	1 100	武夷路70弄
北汪家弄		1910—1949		137	6 000	延安西路548弄
兄弟村		1940年前	二层简楼		160	延安西路543弄54支弄
久安公寓		清末民初	混合五层		855	愚园路1054号

十三、长宁区(公共租界)资料补充

住宅名称	建筑年代	幢数	建筑面积(平方米)	坐落位置	备注
西园大厦	1912		2 384	愚园路1396号	《长宁区地名志》第80页
王家塘	1922	9	225	利西路132弄	《长宁区地名志》第99页
十二间	1927	12	720	长宁支路279弄	《长宁区地名志》第92页
武定公寓	1932		960	武定西路1375号	《长宁区地名志》第81页
新华路231号	1932	1	600	新华路231号	《长宁区地名志》第82页
槐荫村	1936	6	562	万航渡路1152弄内	《长宁区地名志》第145页
五四二厂工房	1937		4 000	番禺路209弄15号	《长宁区地名志》第99页
玉泉里	1937	59	2 180	镇宁路77弄、延安西路551弄41支弄	《长宁区地名志》第105页
复兴新村	1945	12	266	延安西路970弄62支弄	《长宁区地名志》第134页
孝义新村	1947	3.5	1 100	武夷路70弄	《长宁区地名志》第122页
北汪家弄	1910—1949	137	6 000	延安西路548弄	《长宁区地名志》第61页
兄弟村	1940年前		160	延安西路543弄54支弄	《长宁区地名志》第107页
久安公寓	清末民初		855	愚园路1054号	《长宁区地名志》第80页

十四、长宁区（法租界）数据资料表

住宅名称	住宅类型	建筑年代	建筑结构	幢数	建筑面积（平方米）	坐落位置
蕊村	花园里弄	1938	钢混三层	6	750	华山路1641弄
亦邨	新式里弄	1945	砖木三层	6	3 500	泰安路76弄
泰安花园	花园里弄	1912	砖木假三层	9	600	泰安路115号
登云公寓		1910	钢筋混凝土七层		2 277	淮海中路2068号
和合坊		1938	砖木平房	12	300	淮海西路68弄50—60号
新民村		1945年后	砖瓦简屋	110	3 000	华山路1641弄

十五、长宁区（法租界）资料补充

住宅名称	建筑年代	建筑面积（平方米）	坐落位置	备注
登云公寓	1910	2 277	淮海中路2068号	《长宁区地名志》第81页
和合坊	1938	300	淮海西路68弄50—60号	《长宁区地名志》第130页
新民村	1945年后	3 000	华山路1641弄	《长宁区地名志》第147页

十六、长宁区华界（法华区）数据资料表

住宅名称	住宅类型	建造年代	建筑结构	幢数	建筑面积（平方米）	坐落位置
一如里	旧式里弄	1936	砖木平房	28	750	长宁路476弄100支弄
七幢洋房	新式里弄	1932	砖木二层	7	1 200	新华路580弄
三益村	花园里弄	1936	砖木二层	7	690	延安西路1209弄
大西别墅	旧式里弄	1924	砖木三层	17	6 000	延安西路1431、1453、1479弄
大森里	旧式里弄	1938	砖木二层	9	324	宣化路137弄
大新村	老式石库门	1934	砖木二层	18	540	江苏路501弄14支弄
大德里	旧式里弄	1930	砖木二层	8	680	延安西路753弄
义安北里	旧式里弄	1910	砖木二层	12		万航渡路2580弄
义安南里	旧式里弄	1910	砖木二层	12		万航渡路2680弄
义德里	旧式里弄	1924	砖木二层	10	1 160	长宁路320弄
久安坊	新式里弄	清末民初	砖木三层	12	1 080	愚园路1050弄
卫乐园	新式里弄	1924	混合三层	31	7 800	华山路1501—1527弄
小月邨	新式里弄	1930	混合三层	4	720	宣化路1—11号之间
云寿坊	新式里弄	1930	砖木三层	22	2 640	愚园路718弄

续表

住宅名称	住宅类型	建造年代	建筑结构	幢数	建筑面积（平方米）	坐落位置
五柳别墅	新式里弄	1925	混合二层、三层	2	300	延安西路691弄
五幢洋房	花园里弄	1922	砖木二层	5	750	延安西路1446弄内
中一村	新式里弄	1932	砖木二层	70	6 160	江苏路46、54、62、70、78弄
瑞太里	旧式里弄	1937	砖木二层	19	700	长宁路968弄
瑞德村	旧式里弄	1938	砖木二层	13	500	西诸安浜路500弄
勤生里	旧式里弄	1946	砖木平房	32	1 500	长宁路1661弄1—91号
鹏飞里	旧式里弄	1930	砖木二层	3	120	万航渡路1424弄
新光村	石库门里弄	1934	砖木假三层	20	1 500	镇宁路465弄37—73号
新华村	花园里弄	1912	砖木三层	5	3 040	愚园路1320弄
煤屑路	旧式里弄	1948年前	砖木平房	20	960	长宁路450弄
福来村	旧式里弄	1945	砖木平房	12	400	淮海西路68弄
福康里	旧式里弄	1932	砖木平房	20	1 000	宣化路90弄
黎明工房	旧式里弄	1945	砖木一层、二层	11	240	曹家堰路95弄160支弄
黎明村	旧式里弄	1938	砖木二层	8	352	延安西路548弄81支弄
穆家房子	旧式里弄	清光绪年间	砖木三层	7	520	长宁支路223弄33号
鑫业村	旧式里弄	1937	砖木平房	6	144	华山路866弄49支弄
中山新村	花园里弄	1948	砖木三层	12	1 850	愚园路1497弄
中兴村	旧式里弄	1934	砖木二层	43	1 580	延安西路548弄18支弄
仁义新村	新式里弄	1947	砖木二层	16	1 632	武夷路227弄
公园别墅	花园里弄	1937	砖木三层	10	2 000	愚园路1423弄
公茂里	旧式里弄	1935	砖木三层	80	2 000	延安西路970弄66支弄
月邨	新式里弄	1921	砖木三层	22	11 880	江苏路480弄
忆定邨	新式里弄	1934	砖木三层	24	4 020	江苏路495弄
忆定里	石库门里弄	1936	砖木二层	22	2 300	江苏路418弄
东华坊	新式里弄	1935	砖木三层	12	1 665	愚园路983弄
东苑别业	公寓里弄	1924	砖木三层	5	1 100	愚园路1032弄底西侧
北振德坊	石库门里弄	1933	砖木二层	8	720	东诸安浜路224弄
四德村	旧式里弄	1919	砖木二层	10	1 710	江苏路303弄
外国弄堂	花园里弄	1925	混合二层	29	20 000	新华路211、329弄
外国弄堂	花园里弄	1929	砖木三层	21	4 350	番禺55、75、95弄及平武路2—18号
尔康里	石库门里弄	1922	砖木二层	18	1 520	万航渡路1165弄
礼义新村	旧式里弄	1947	砖木二层	6	2 700	定西路1190弄

续表

住宅名称	住宅类型	建造年代	建筑结构	幢数	建筑面积（平方米）	坐落位置
立成里	旧式里弄	1931	砖木二层	18	4 440	万航渡路后 44 弄
立兴里	老式石库门	1922	砖木二层	38	4 126	万航渡路后 66 弄
永乐村	花园里弄	1930	砖木三层	16	1 378	江苏路 389 号
永仪里	石库门里弄	1922	砖木二层	7	800	万航渡路 1062 弄
永吉村	老式石库门	1934	砖木二层	1	160	西诸安浜 368 弄内
永安新村	旧式里弄	1940	砖木二层、三层	10	920	武夷路 263 弄
永庆里	石库门里弄	1904	砖木二层	3	3 240	万航渡路 1114 弄
永庭里	旧式里弄	1927	砖木二层	31	4 000	万航渡路 1184 弄
永德里	旧式里弄	1933	砖木二层	5	212	江苏路 707 弄 20 号
民生里	石库门里弄	1924	砖木二层	12	1 920	长宁支路 55 弄甲支弄
协兴里	石库门里弄	1930	砖木二层	8	5 120	长宁支路 79 弄
协和新村	旧式里弄	1948	砖木二层		1 880	延安西路 1289 弄甲支弄
老宏兴里	石库门里弄	1900	砖木二层	14	1 446	万航渡路 1064 弄
百乐里	石库门里弄	1926	砖木二层	4	1 480	长宁路 484 弄
扬子村	旧式里弄	1943	砖木二层	30	1 500	江苏路 443 弄 501 弄内
扬子别墅	旧式里弄	1938	砖木二层	56	4 760	延安西路 1548 弄
同安村	旧式里弄	1938	砖木二层	10	2 500	镇宁路 405 弄
华园	新式里弄	1925	砖木二层	20	2 200	华山路 1106 弄
延陵邨	新式里弄	1928	砖木三层	4	5 560	愚园路 1407 弄
兆丰村	新式里弄	1937	砖木二层、三层	3	2 180	愚园路 1355 弄
兆丰别墅	新式里弄	1929	砖木三层	50	28 280	长宁路 712 弄
兆丰新村	新式里弄	1934	砖木二层	18	4 040	长宁路 678 弄
灯笼店弄	旧式里弄	1925	砖木二层	3	360	万航渡后路 12 弄内
汤山村	花园式里弄	1911	砖木三层	50	4 350	武夷路 466 弄
安定坊	花园里弄	1936	砖木三层	18	1 476	江苏路 284 弄
安定村	花园里弄	1926	砖木三层	14	1 176	江苏路 82 弄
安息会宿舍	花园里弄	清末民初	砖木假三层	6	1 140	愚园路 1207 弄内
成园	花园式里弄	1940	砖木四层	2	1 600	延安西路 1628 号
安和村	新式里弄	1946	砖木三层	2	720	新华路 693 弄
安和村	旧式里弄	1940	砖木二层	2	320	江苏路 733 弄 17 支弄
安福村	旧式里弄	1925	砖木二层	3	180	延安西路 548 弄 54 支弄
兴业里	旧式里弄	1937	砖木二层	6	200	华山路 1570 弄
兴隆里	旧式里弄	1934	砖木二层	4	192	华山路 866 弄 117 支弄

续表

住宅名称	住宅类型	建造年代	建筑结构	幢数	建筑面积（平方米）	坐落位置
兴德村	旧式里弄	1939	砖木三层	12	1 550	愚园路 1280 弄街面
红庄	新式里弄	1946	砖木三层、四层	40	6 900	新华路 73、84 弄，番禺路 561、571、581、591 弄
进福里	老式石库门	1921	砖木平房	18	1 160	长宁支路 91 弄
花园村	新式里弄	1920	砖木三层	27	7 300	长宁路 934 弄
岐山邨	新式里弄	1930	砖木三层	70	13 000	愚园路 1032 弄
财源坊	旧式里弄	1931	砖木三层	5	210	兴园路 252 弄
余厚里	旧式里弄	1939	砖木二层、三层	12	715	延安西路 548 弄 1 支弄
余顺里	旧式里弄	1925	砖木二层	17	618	长宁支路 110 弄内
余祥里	旧式里弄	1942	砖木二层、三层	12	618	江苏路 707 弄 10 支弄
亨昌里	新式里弄	1925	砖木假三层	25	3 584	愚园路 1376 弄
沪西别墅	公寓里弄	1948	砖木三层	26	3 120	愚园路 1210 弄东侧 2—52 号
宏业花园	花园式里弄	光绪年间	砖木假三层	70	7 030	愚园路 1088 弄
良友别墅	新式里弄	1939	砖木二层	16	960	江苏路 283 弄
良友新村	旧式里弄	1935	砖木二层	10	320	华山路 866 弄内
武夷村	新式里弄	1948	砖木三层	3	750	武夷路 355 弄
坤安坊	旧式里弄	1924	砖木二层	6	576	东诸安浜路 231 弄
松盛里	旧式里弄	1927	砖木二层	22	340	长宁路 518 弄
范园	花园里弄	1916	砖木三层	16	20 000	华山路 1220 弄
幸福村	新式里弄	1934	砖木二层	17	6 482	华山路 1420、1434 弄
明耀村	旧式里弄	1930	砖木二层	4	100	淮海西路 510 弄
忠义新村	旧式里弄	1947	砖木二层	16	5 514	延安西路 1503 弄
忠和坊	旧式里弄	1938	砖木二层		1 980	江苏路 320 弄
典当弄	石库门里弄	1889	砖木二层	48	11 400	万航渡路 1152 弄
和平村	旧式里弄	1935	砖木二层	31		平武路 58 弄
和平南北村	旧式里弄	1938	砖木二层	19	450	淮海西路 442 弄 7 支弄 444—470 号
和村	旧式里弄	1940	砖木二层	12	960	愚园路 1423 弄内
知行村	旧式里弄	1937	砖木三层	17	1 275	新华路 696 弄
依德里	石库门里弄	1916	砖木二层	5	1 040	长宁支路 117 弄
金隆新村	旧式里弄	1948	砖木二层	17	1 110	江苏路 673 弄内
采芝村	新式里弄	1948	砖木三层	28	2 800	愚园路 1280 弄
法华新村	石库门里弄	1943	砖木三层	14	800	新华路 26 弄

续表

住宅名称	住宅类型	建造年代	建筑结构	幢数	建筑面积（平方米）	坐落位置
建兴坊	旧式里弄	1941	砖木二层	5	462	延安西路1179弄
柳新村	旧式里弄	1934	砖木二层	14	455	华山路874弄
南振德坊	旧式里弄	1934	砖木二层	14	475	东诸安浜路219弄
厚禄里	旧式里弄	1940	砖木二层、三层	8	300	宣化路59弄
重阳里	旧式里弄	1937	砖木三层	5	565	镇宁路57弄
俭德坊	新式里弄	1912	砖木二层	10	7 200	愚园路1293弄
信义新村	旧式里弄	1948	砖木二层	16	1 632	淮海西路136弄
顺宁村	旧式里弄	1937	砖木二层	6	360	武定西路1371弄
顺泰里	旧式里弄	1945	砖木二层	8	240	江苏路707弄39支弄
宣化坊	旧式里弄	1937	砖木二层	4	120	东诸安浜路159弄内
美华里	旧式里弄	1937	砖木二层	16	640	曹家堰路95弄118支弄
秦家庄	石库门里弄	1880	砖木二层	5	1 120	万航渡路1487号
泰昌里	旧式里弄	1931	砖木三层	12	1 040	长宁路396弄90支弄
桃源坊	新式里弄	1938	砖木三层	18	1 520	愚园路1292弄
晋兴村	老式石库门	1930	砖木二层	19	2 470	延安西路548弄3支弄
致庆里	广式里弄	1922	砖木二层	40	4 480	万航渡路1128弄
牲德里	旧式里弄	1932	砖木二层	11	1 880	长宁支路100弄
积庆里	旧式里弄	抗战初期	砖木平房	13	416	幸福路70弄
积德里	石库门里弄	1919	砖木二层	30	4 500	长宁支路67弄
徐家宅	旧式里弄	1937	砖木二层、三层	14	24 000	延安西路1013弄、1043弄、1131弄、1179弄、1289弄
留余新村	旧式里弄	抗战后期	砖木二层	33	2 400	延安西路1573弄29—101号
唐寿里	旧式里弄	1912年后（估）	砖木二层	2	360	潘家库113—211号
唐家房子	石库门里弄	1870	砖木平房	4	530	长宁支路249弄66支弄
培德里	石库门里弄	1938	砖木假三层	5	500	万航渡路1152弄内
梅泉别墅	新式里弄	1933	砖木二层	20	2 800	新华路593弄
曹家房子	旧式里弄	1921	砖木二层	8	1 920	长宁路140弄120号
孝义新村	新式里弄	1947	砖木二层	4	1 122	武夷路70弄
梵村	旧式里弄	1948	砖木三层	11	990	镇宁路545弄86—106号
银村	旧式里弄	1940	砖木二层	5	200	江苏路733弄内一条支弄
盘谷村	旧式里弄	1937	砖木二层	42	1 680	江苏路791弄24支弄
逸安村	旧式里弄	1934	砖木三层	19	1 054	江苏路563弄内

续表

住宅名称	住宅类型	建造年代	建筑结构	幢数	建筑面积（平方米）	坐落位置
鸿兴里	旧式里弄	1939	砖木三层	3	332	侯家宅19弄
渔光村	新式里弄	1934	砖木三层	53	5 320	镇宁路255、265、275、285弄
隆兴村	旧式里弄	1937	砖木二层	15	720	镇宁路77弄
绪裕村	旧式里弄	1938	砖木二层	6		延安西路548弄内
绿杨别墅	新式里弄	1940	砖木三层	9	540	江苏路501弄14支弄内
博爱新村	新式里弄	1948	砖木三层	29	2 175	镇宁路465弄
联安坊	花园式里弄	1926	砖木三层	4	1 428	愚园路1352弄
联春坊	旧式里弄	1910	砖木二层	24	840	长宁路296弄内
朝阳坊	花园里弄	1930	混合三层	7	1 470	江苏路200弄
蒋家花园	花园里弄	1932	砖木三层、四层	3	1 040	长宁路877弄内
惠康里	石库门里弄	1934	砖木楼房	27	3 960	万航渡路1254弄内
鼎业里	石库门里弄	1924	砖木二层		2 320	长宁路16弄
鼎和村	旧式里弄	1938	砖木三层	3	750	武夷路337弄
鼎康里	石库门里弄	1920	砖木二层	37	4 960	万航渡路1254弄内
敦惠坊	旧式里弄	1935	砖木二层	48	1 200	幸福路259弄
普义坊	旧式里弄	1932	砖木二层	10	300	幸福路191弄
普益里	旧式里弄	1920	砖木二层	20	1 700	法镇路437弄
善庆里	旧式里弄	1939	砖木二层	10	600	江苏路443弄49支弄内
富园村	旧式里弄	1938	砖木二层	7	490	长宁路321弄
裕生里	旧式里弄	1924	砖木二层	10	1 280	长宁路140弄40支弄
裕兴里	旧式里弄	1919	砖木二层	20	660	长宁路529弄
瑞兴坊	新式里弄	1912	砖木三层	3	3 800	愚园路1315弄
槐荫里	石库门里弄	1902	石库门二层	4	1 020	长宁路36弄
搓馨村	石库门里弄	1944	红砖墙二层	8	454	秀水路109弄
愚园邨	新式里弄	1934	砖木三层	19	4 560	安西路260、280、300弄
愚园新村	新式里弄	1930	砖木三层	29	3 190	愚园路750弄
锦业村	旧式里弄	1938	砖木二层、三层	31	1 458	江苏路501弄内
锦园	新式里弄	1933	砖木三层	32	3 322	愚园路805弄
新村	新式里弄	1934	砖木假三层	15	1 690	愚园路1412弄
福世花园	新式里弄	1930	砖木假三层	12	3 600	安化路200弄内
新益里	旧式里弄	1924	砖木二层	8	440	长宁支路55弄乙支弄
福兴里	旧式里弄	1933	砖木二层	18	1 080	长宁路476弄28支弄
福寿村	旧式里弄	1939	砖木二层	11	506	延安西路548弄53支弄

续表

住宅名称	住宅类型	建造年代	建筑结构	幢数	建筑面积（平方米）	坐落位置
福寿新村	新式里弄	1937	砖木假三层	12	1 530	长宁路902弄99—123号
福康里	石库门里弄	1909	砖木二层	12	2 120	长宁支路55弄乙支弄
静园	旧式里弄	1936	砖木二层	34	1 836	镇宁路405弄
静园新村	旧式里弄	1938	砖木三层	12	900	镇宁路405弄
聚盛里	旧式里弄	1937	砖木二层	4	1 400	延安西路1013弄
肇基新村	旧式里弄	1948	砖木二层	18	1 400	长宁路396弄118支弄
翠庐	旧式里弄	1940	砖木三层	4	360	江苏路733弄32支弄
德安里	石库门里弄	1936	石库门二层	22	3 160	万航渡路1202弄
藜照坊	旧式里弄	1930	砖木三层	14	2 132	愚园路909弄
二十八间	旧式里弄	1938年前	砖木平房	28	800	长宁路1600弄沈家郎
十二间	旧式里弄	1948	砖木二层	12	300	长宁路1250弄57支弄
十八间	旧式里弄	1938	砖木平房	18	1 120	长宁路1632弄
十八间头	旧式里弄	1874	砖木二层	18	1 520	万航渡路1384弄
十间头	旧式里弄	1931	砖木一层、二层	10	330	新华路568弄
七间头	旧式里弄	1934	砖木平房	7	210	江苏路733弄
七间头	旧式里弄	1863	砖木平房	7	210	长宁路1863弄
八间半	旧式里弄	1921	砖木平房	9	630	延安西路1043弄
又一村	旧式里弄	1940	砖木二层	16	600	番禺路275—285弄
三义新村	旧式里弄	1932	砖木三层	20	1 200	番禺路209弄15号
三元村	旧式里弄	1930年前	砖木一层、二层	20	600	东诸安浜路146弄
三多里	旧式里弄	1924	砖木平房	5	360	万航渡路1442弄
三间头	旧式里弄	1900	砖木一层、二层	7	210	武夷路450弄48号
三官堂弄	旧式里弄	1914	砖木二层	15	4 120	万航渡路1147弄
三星里	旧式里弄	1948	砖木平房	2	20	延安西路1688弄
三埭头	旧式里弄	1912年后（估）	砖木平房	1	150	愚园路1423弄
三德坊	旧式里弄	1934	砖木平房	6	216	西诸安浜路368弄
大吴家宅	旧式里弄	清咸丰年间	砖木一层、二层	210	10 800	万航渡路1523—1559弄
万荣村	旧式里弄	1930	砖木二层	5	160	愚园路1439弄
小花园	花园里弄	1945	砖木二层、三层	4	120	长宁路1565—1595弄
小吴家宅	旧式里弄	1939	砖木一层、二层	3	90	万航渡路1486—1524弄

续表

住宅名称	住宅类型	建造年代	建筑结构	幢数	建筑面积（平方米）	坐落位置
飞庐	旧式里弄	1937	木板二层	1	500	平武路 100—118 弄
马棚	旧式里弄	1932	砖木一层、二层	21	700	延安西路 551 弄 50 支弄
马棚弄	旧式里弄	1937	砖木平房	10	300	番禺路 38 弄 31 号甲、31 号乙
云阳里	旧式里弄	1926	砖木二层	13	600	云阳路 31 弄
云村	旧式里弄	1934	砖木三层	2	700	愚园路 1423 弄 74 号
云亮坊	旧式里弄	1935	砖木一层、二层	30	100	法华镇路 415 弄
元义里	旧式里弄	1937	砖木平房	8	320	曹家堰路 169 弄
元芳里	旧式里弄	1923	砖木二层	10	1 160	长宁路 42 弄
王俞弄	旧式里弄	清末	砖木一层、二层	31	1 500	法华镇路 187 弄
王家门	旧式里弄	1945	砖木一层、二层	20	240	长宁路 1488 弄 3 支弄，1576 弄 8 支弄、10 支弄
五间头	旧式里弄	1880	砖木二层	5	430	万航渡路 1384 弄
五间头	旧式里弄	1940	砖木一层、二层	5	150	长宁路 1600 弄 13 支弄 1—5 号
友隆里	旧式里弄	1928	砖木平房	34	680	万航渡路 1152 弄
太原坊	旧式里弄	1932	砖木平房	2	250	新华路 26 弄 10—14 号
仁德里	旧式里弄	1937	砖木平房	18	1 080	长宁路 476 弄 8 支弄
公平里	旧式里弄	1932	砖木平房	10	300	延安西路 551 弄 152 支弄
公兴新村	旧式里弄	1941	砖木一层、二层	12	360	幸福路 239 弄
公和里	旧式里弄	1948	砖木二层	15	880	长宁路 72 弄
长宁里	旧式里弄	1938	砖木二层	40	1 400	长宁路 234 弄
长宁新村	旧式里弄	1948	砖木二层	9	315	长宁路 476 弄 100 支弄
长顺里	旧式里弄	1938	砖木二层	10	1 280	万航渡路 1082 弄
长春里	旧式里弄	1925	砖木平房	9	180	东诸安浜路 206 弄
长盛一里	旧式里弄	1924	砖木二层	17	1 680	长宁支路 104 弄
长盛二里	旧式里弄	1924	砖木平房	18	1 320	长宁支路 108 弄
长盛三里	旧式里弄	1927	砖木二层	12	960	长宁路 140 弄 19 支弄
亿定小弄	旧式里弄	1938	砖木一层、三层	104	3 240	江苏路 256 弄
六十间头	旧式里弄	1880	砖木平房	60	7 040	万航渡路 1424 弄
六合里	旧式里弄	1937	砖木平房	6	120	安化路 50 弄
六间头	旧式里弄	1941	砖木平房	6	180	侯家宅 5 弄
六间头	旧式里弄	1940	砖木平房	6	300	江苏路 793 弄

续表

住宅名称	住宅类型	建造年代	建筑结构	幢数	建筑面积（平方米）	坐落位置
六间头	旧式里弄	1910	砖木二层	6	330	万航渡路1412—1422号
文元新村	旧式里弄	1939	砖木二层	5	210	镇宁路495弄
平安坊	旧式里弄	1945	砖木平房	30	900	长宁路1802号
平安村	旧式里弄	1936	砖木二层	30	1 080	安化路38弄
平阳里	旧式里弄	1930	砖木平房	12	400	长宁路1759弄内杨家宅40—152号
东兴里	旧式里弄	1930	砖木平房	7	210	东诸安浜路159弄45支弄
东李家门	旧式里弄	1946	砖木二层	3	100	长宁路1999弄
龙村	旧式里弄	1926	砖木二层	20	600	江苏路791弄15支弄
四友新村	旧式里弄	1940	砖木二层	21	440	幸福路291弄
四维新村	旧式里弄	1939	砖木平房	12	230	幸福路269弄
四福里	旧式里弄	1948	砖木二层	4	120	长宁路1759弄47支弄67—73号
生生里	旧式里弄	1926	砖木平房	7	210	西诸安浜路394弄
乐村	新式里弄	1934	砖木三层	5	270	镇宁路405弄
冯家房子	旧式里弄	清乾隆年	砖木平房	30	600	长宁路140弄153支弄
兰菊里	旧式里弄	1935	砖木二层	8	210	长宁路476弄38支弄
兰德里	旧式里弄	1939	砖木一层、二层	9	450	江苏路443弄47支弄
永安坊	旧式里弄	1937	砖木平房	12	680	万航渡路1424弄60支弄
永安里	旧式里弄	1931	砖木平房	10	530	长宁路396弄142支弄
永成里	旧式里弄	1945	砖木一层、二层	20	600	长宁路1759弄1—6号
永根里	旧式里弄	1932	砖木二层	10	1 120	长宁支路126弄
民生坊	旧式里弄	1920	砖木平房	48	1 400	古北路136弄
民生里	旧式里弄	1948	砖木一层、二层	50	1 600	长宁支路1250弄25支弄
吉庆里	旧式里弄	1936	砖木一层、二层	4	73	宣化路2弄
老混堂弄	石库门里弄	1886	砖木一层、二层	20	2160	万航渡路1254弄
共和里	旧式里弄	1920	砖木平房	52	1 556	长宁支路117弄内
有余里	旧式里弄	1911	砖木一层、二层	105	3 400	万航渡路1486弄
达成里	旧式里弄	1944	砖木一层、二层	14	360	曹家堰路95弄160支弄
成德里	旧式里弄	1937	砖木平房	27	675	延安西路962弄

续表

住宅名称	住宅类型	建造年代	建筑结构	幢数	建筑面积（平方米）	坐落位置
光新村	旧式里弄	1947	砖木平房	8	250	长宁路1135弄三泾北宅内
同兴里	旧式里弄	1938	砖木平房	44	1 300	法华镇路226弄
仲美里	旧式里弄	1926	砖木平房	20	2 200	长宁路476弄69支弄
华安坊	旧式里弄	1935	砖木平房	1	50	法华镇路662弄内
华安坊	旧式里弄	1937	砖木平房	16	560	曹家堰路109弄
华庆里	旧式里弄	1920	砖木一层、二层	36	2 000	万航渡路1092弄
华明里	旧式里弄	1927	砖木一层、二层	17	1 060	法华镇路751弄
华德坊	旧式里弄	1930	砖木一层、二层	11	280	华山路866弄49支弄
华德坊	旧式里弄	1935	砖木二层	7	350	江苏路502弄50支弄
华勤坊	旧式里弄	1946	砖木一层、二层	22	700	长宁路1732弄
延安二村	旧式里弄	1947	砖木二层	11	3 775	延安西路1745弄
合兴里	旧式里弄	1937	砖木平房	10	200	侯家宅8弄
合兴里	旧式里弄	1944	砖木二层	5	190	华山路866弄49支弄
合成里	旧式里弄	1937	砖木一层、二层	9	200	幸福路206弄
兆安里	旧式里弄	1940	砖木一层、二层	4	120	法华镇路631弄
刘升里	旧式里弄	1935	砖木平房	12	200	长宁路410弄41支弄
安文坊	旧式里弄	1932	砖木二层	6	268	延安西路986弄
安和新村	旧式里弄	1938	砖木二层	15	450	新华路518弄
兴业里	旧式里弄	1920	砖木平房	28	760	万航渡路1424弄74支弄
兴业里	旧式里弄	1937	砖木平房	14	400	延安西路551弄35支弄
兴余里	旧式里弄	1931	砖木平房	6	1 000	华阳路316弄
兴茂里	旧式里弄	1938	砖木平房	13	360	法华镇路483弄
兴祥里	旧式里弄	1919	砖木平房	14	920	长宁支路396弄78支弄
兴隆坊	旧式里弄	1937	砖木平房	7	400	东诸安浜路158弄
进阳里	旧式里弄	1938	砖木平房	1	26	长宁路476弄100支弄
村景楼	花园里弄	1937	砖混三层、四层	2	760	宣化路149号,151弄9号
杨家弄	旧式里弄	1937	砖木平房	40	120	东诸安浜路158弄
严金里	旧式里弄	1924	砖木平房	23	345	西诸安浜路322、348弄
吴德里	旧式里弄	1935	砖木平房	6	120	东诸安浜路159弄82至92号
利园村	旧式里弄	1935	砖木平房	5	333	利西路132弄

续表

住宅名称	住宅类型	建造年代	建筑结构	幢数	建筑面积（平方米）	坐落位置
伯贤坊	旧式里弄	1935	砖木平房	14	500	幸福路215弄
余庆里	旧式里弄	1935	砖木平房	25	650	幸福路80弄
谷村	旧式里弄	1938	砖木二层	5	220	镇宁路465弄
汪家村	旧式里弄	1942	砖木二层	10	400	镇宁路165弄
良友村	旧式里弄	1928	砖木二层	2	924	延安西路548弄
张家房子	旧式里弄	1946	砖木二层	5	160	长宁路140弄159支弄
陆平新村	旧式里弄	1938	砖木平房	10	350	华山路866弄内
陈记马房	旧式里弄	1931	砖木一层、二层	12	330	中山西路688弄
陈兴里	旧式里弄	1934	砖木平房	9	270	镇宁路1弄
陈耕里	旧式里弄	1920	砖木平房	35	2 880	长宁路476弄68支弄
松柏坊	旧式里弄	1937	砖木一层、二层	8	280	东诸安浜路159弄45支弄
和平里	旧式里弄	1937	砖木平房	27	850	利西路129弄
金荣新村	旧式里弄	1934	砖木平房	7	140	曹家堰路12弄
京兆别墅	花园里弄	1907	砖木三层	2	500	愚园路996—1008弄
和合坊	旧式里弄	1938	砖木平房	12	300	淮海西路68弄50—60号
宝兴里	旧式里弄	1938	砖木平房	20	580	新华路210弄内
承荫村	旧式里弄	1923	砖木一层、二层	19	600	云阳路31弄
春阳里	旧式里弄	1935	砖木平房	42	1 000	长宁路1759弄1—42号
南通村	旧式里弄	1934	砖木平房	37	1 350	宣化路226弄
厚德新村	旧式里弄	1937	砖木二层	7	360	东诸安浜路234弄
星仁里	旧式里弄	1940	砖木二层	8	270	江苏路733弄内
秋园里	旧式里弄	1947	砖木平房	2	60	长宁路1863弄
复兴里	旧式里弄	1938	砖木平房	16	400	法华镇路405弄
复兴新村	旧式里弄	1945	砖木二层	12	266	延安西路970弄62支弄
保安里	旧式里弄	1930	砖木平房	14	384	长宁路396弄144支弄
信昌工房	旧式里弄	1912	砖木平房	21	840	万航渡路1384弄55支弄
顺兴里	旧式里弄	1937	砖木平房	10	400	淮海西路68弄众安桥1—10号
顺柳村	旧式里弄	1934	砖木二层	7	300	延安西路548弄39号
顺泰里	旧式里弄	1930	砖木平房	14	245	镇宁路83弄
独村	旧式里弄	1946	砖木二层	2	180	长宁路1302弄7号
盈庆里	旧式里弄	1934	砖木平房	11	260	曹家堰105弄内

续表

住宅名称	住宅类型	建造年代	建筑结构	幢数	建筑面积（平方米）	坐落位置
恒德里	旧式里弄	1938	砖木平房	12	480	长宁路347弄
洪庆里	旧式里弄	1935	砖木平房	24	350	幸福路22—26弄
耕兴新村	旧式里弄	1937	砖木平房	10	350	华山路866弄
泰记里	石库门里弄	1933	砖木三层	1	320	万航渡路1486弄
桃源村	旧式里弄	1930	砖木平房	15	210	延安西路551弄59支弄
爱文里	旧式里弄	1940	砖木平房	4	240	东诸安浜路118弄
海宁村	旧式里弄	1924	砖木平房	4	110	延安西路551弄91支弄、华山路866弄内
诸安坊	旧式里弄	1937	砖木一层、二层	14	600	宣化路138弄
诸安新村	旧式里弄	1938	砖木二层	11	605	江苏路443弄
绢毛工房	广式住宅	1909	砖木二层	69	4160	长宁路212弄
梅村	旧式里弄	1933	砖木二层	4	950	愚园路1423弄
龚乐坊	旧式里弄	1948	砖木二层	20	1000	天山支路152号天原化工厂东大门内
常德坊	旧式里弄	1934	砖木二层	11	330	西诸安浜路374弄
敦惠新村	旧式里弄	1938	砖木二层	14	690	幸福路258弄
善福村	旧式里弄	1944	砖木平房	3	70	长宁路410弄
鑫义村	旧式里弄	1935	砖木二层	19	590	延安西路548弄59支弄及65支弄
鑫森里	石库门里弄	1921	石库门二层	58	2686	万航渡路1170弄
严金里		1924	砖木平房	14	210	西诸安浜路348弄
顺泰里		1930	木板房	14	245	镇宁路83弄
余庆里		1935	砖木高平房	25	650	幸福路80弄
太平村		1938	平房	15	375	曹家堰路169弄
顺福里		1937—1945	棚屋	4	75	宣化路14弄

十七、长宁区华界（法华区）资料补充

住宅名称	建筑年代	建筑面积（平方米）	坐落位置	备 注
严金里	1924	210	西诸安浜路348弄	《长宁区地名志》第123页
顺泰里	1930	245	镇宁路83弄	《长宁区地名志》第135页
余庆里	1935	650	幸福路80弄	《长宁区地名志》第124页
太平村	1938	375	曹家堰路169弄	《长宁区地名志》第100页
顺福里	1937—1945	75	宣化路14弄	《长宁区地名志》第135页

十八、卢湾区法租界数据资料表

住宅名称	住宅类型	建造年代	建筑结构	幢数	建筑面积（平方米）	坐落位置
十八幢	新式里弄	1912年后	砖木三层	14	3 663	淮海中路670弄
九如村	新式里弄	1941	砖木四层	9	1 634	合肥路349弄
九星里	旧式里弄	1911	砖木二层	6	608	延安中路337、341弄
八车弄	旧式里弄	1912年后	砖木平房	8	2 691	泰康路10弄
人民里	旧式里弄	1912	砖木二层	10	452	南昌路43支弄
人民坊	新式里弄	1922	砖木四层	31	17 313	淮海中路833弄
人杰里	旧式里弄	1928	砖木二层、三层	5	977	顺昌路69弄
广明里	旧式里弄	1912年后	砖木二层	17	465	复兴中路288弄
三三里	旧式里弄	1919	砖木二层	7	978	淡水路295弄
三友里	旧式里弄	1931	砖木三层	9	89	黄陂南路788弄
三乐坊	旧式里弄	1912年后	砖木二层	25		成都南路114弄
三乐四村	旧式里弄	1913年后	砖木三层	3	432	进贤路83弄
锦裕坊	旧式里弄	1927	砖木二层	1	172	瑞金二路9弄
锦德里	旧式里弄	1912	砖木二层	68	5 016	瑞金二路441弄
锦涛新村	旧式里弄	1937	砖木二层	25	5 293	瑞金二路74弄
锡义里	旧式里弄	1929	砖木二层	4	180	东台路176弄
锡荣别墅	新式里弄	1912	砖木二层	9	1 714	南昌路69弄
锡祥里	旧式里弄	1921	砖木二层	52	3 260	复兴中路87弄
锡卿里	旧式里弄	1912	砖木二层	18	1 912	肇周路200弄
锡德坊	新式里弄	1936年前	砖木三层	20	2 251	瑞金二路69弄
嘉安里	旧式里弄	1936年前	砖木二层	2	238	济南路185弄
煦成村	新式里弄	1936年前	砖木三层	12	702	延安中路359弄
黎阳里	旧式里弄	1936年前	砖木二层	4	488	西藏南路508弄
德仁里	旧式里弄	1924	砖木二层	16	1 890	复兴中路126弄
鼎昌里	旧式里弄	1936	砖木二层	9	624	崇德路9弄
鼎祥里	旧式里弄	1913	砖木二层	35	2 467	浏河口路57弄
慈云坊	旧式里弄	1919	砖木二层	11	1 224	兴业路96弄
慈云别墅	新式里弄	1934	砖木三层	8	1 241	太仓路116弄
慈安里	旧式里弄	1924	砖木二层、三层	48	5 889	复兴中路346弄
慈安坊	旧式里弄	1928	砖木二层	6	746	合肥路394弄
慈寿里	旧式里弄	1925	砖木二层、三层	23	4 750	淡水路223、225、229弄
慈筑新村	新式里弄	1936年前	砖木三层	16	2 519	淮海中路584弄

续表

住宅名称	住宅类型	建造年代	建筑结构	幢数	建筑面积（平方米）	坐落位置
锦归坊	旧式里弄	1936年前	砖木二层	8	790	南昌路29弄
锦树里	旧式里弄	1934	砖木二层	4	696	复兴中路379弄
锦绣坊	旧式里弄	1923	砖木二层	32	2 563	崇德路40弄
德祥里	旧式里弄	1928	砖木二层	1	154	合肥路82弄
德祥里	石库门里弄	1921	砖木二层	29	3 322	肇周路78弄
德康里	旧式里弄	1912年后	砖木二层	9	708	长乐路122弄
德铭里	旧式里弄	1912	砖木二层	19	1 796	长乐路122弄
鹤鸣里	旧式里弄	1936年前	砖木二层	8	1 867	肇周路200弄
霞飞巷	旧式里弄	1912	砖木三层	8	2 278	成都南路90弄
瀚村	旧式里弄	1912	砖木三层	5	785	巨鹿路180、184弄
长乐村	花园里弄	1912	砖木二层	119	18 916	陕西南路39弄
巴黎新村	新式里弄	1936年前	砖木三层	31	5 624	重庆南路169弄
北京公寓	旧式里弄	1917	砖木二层	9	952	太仓路181弄2号
陕南村	公寓里弄	1930	西式二层、四层	53	23 147	陕西南路151—187弄
国泰公寓	新式里弄	1912	砖木二层、四层	18	9 329	淮海中路814、816弄
金谷村	新式里弄	1930	砖木三层	99	17 364	绍兴路18弄
德兴里	旧式里弄	1928	砖木二层	9	1 052	淮海中路113弄
德诚里	旧式里弄	1908	砖木二层	18	1 465	肇周路146弄
德明里	旧式里弄	1928	砖木三层	14	2 941	自忠路99弄
德胜里	旧式里弄	1925	砖木二层	18	1 793	顺昌路10弄
三让坊	旧式里弄	1912年后	砖木三层	34	3 783	顺昌路170弄
三庆里	石库门里弄	1911	砖木二层	80	6 289	顺昌路180、206弄
三安里	旧式里弄	1912年后	砖木二层	3	716	顺昌路547弄
三兴坊	旧式里弄	1912年后	砖木三层	25	2 444	永年路171弄
三星坊	石库门里弄	1912年后	砖木二层	44	4 890	黄陂南路920—940弄
三益里	旧式里弄	1912年后	砖木三层	8	2 301	巨鹿路225弄
三瑞里	旧式里弄	1915	砖木二层	9	738	复兴中路73弄
三德坊	新式里弄	1928	砖木四层	58	1 857	重庆南路39弄
三鑫里	旧式里弄	1913	砖木二层、三层	31	3 818	桃源路129弄
万宜坊	新式里弄	1931	砖木三层、四层	116	17 063	重庆南路205弄
万福坊	新式里弄	1912年后	砖木三层	21	5 211	复兴中路523弄
万福村	新式里弄	1937	砖木三层	12	2 440	建国西路130弄

续表

住宅名称	住宅类型	建造年代	建筑结构	幢数	建筑面积（平方米）	坐落位置
飞霞别墅	新式里弄	1912	砖木四层	4	816	淮海中路 584 弄
飞腾坊	旧式里弄	1920	砖木三层	6	432	淮海中路 503 弄
上海别墅	新式里弄	1916	砖木三层	31	3 860	南昌路 110 弄
久安里	旧式里弄	1912 年后	砖木二层	6	1 044	济南路 225 路
久兴里	旧式里弄	1912 年后	砖木二层	8	785	淮海中路 154 弄
义业里	旧式里弄	1920	砖木二层	24	3 361	吉安路 20—40 弄
义和里	旧式里弄	1914	砖木二层	29	3 912	黄陂南路 99—153 弄
义品村	花园里弄	1912 年后	砖木三层、四层	30	16 248	思南路 51—95 弄
大千世界	新式里弄	1912 年后	砖木二层	9	1 752	瑞金一路 4 弄
大丰里	新式里弄	1912 年后	砖木三层	15	2 174	巨鹿路 291 弄
大华里	旧式里弄	1929	砖木三层	36	6 008	自忠路 37 弄
大安里	旧式里弄	1904	砖木二层	14	2 876	金陵中路 269 弄
大安坊	石库门里弄	1912 年后	砖木二层	10	1 242	进贤路 156 弄
大兴坊	旧式里弄	1924	砖木二层	3	262	长乐路 386 弄
大兴坊	旧式里弄	1920	砖木二层	28	2 926	自忠路 258 弄
大吉里	旧式里弄	1937	砖木二层、三层	8	1 289	柳林路 122 弄
大陆坊	旧式里弄	1912	砖木二层、三层	69	7 602	重庆南路 288、298 弄
大康里	石库门里弄	1930	砖木二层	103	7 802	建国东路 36 弄
大康坊	旧式里弄	1949	砖木三层	29	3 389	顺昌路 56 弄
大新村	旧式里弄	1912 年后	砖木三层	28	2 725	顺昌路 550 弄
大盛里	新式里弄	1912 年后	砖木三层	4	812	南昌路 46 弄
大德村	新式里弄	1912 年后	砖木三层	13	3 296	巨鹿路 260 弄
小浜湾	旧式里弄	1912 年后	砖木二层	47	4 780	巨鹿路 305 弄
文元坊	旧式里弄	1912 年后	砖木三层	34	4 708	西藏南路 292 弄
文化里	新式里弄	1912 年后	砖木三层	4	574	长乐路 376 弄
文安坊	旧式里弄	1912 年后	砖木三层	9	1 898	黄陂南路 707 弄
文贤里	广式里弄	1922	砖木二层	14	1 194	复兴中路 170 弄
文德里	旧式里弄	1912 年后	砖木三层	10	1 759	吉安里 163 弄
六合里	旧式里弄	1922	砖木二层	34	2 812	崇德路 66 弄
五丰里	旧式里弄	1912 年后	砖木二层	30	4 228	合肥路 127 弄
五丰坊	旧式里弄	1912 年后	砖木三层	20	868	建国东路 215 弄
五凤里	新式里弄	1912 年后	砖木二层	12	2 764	淮海中路 398 弄

续表

住宅名称	住宅类型	建造年代	建筑结构	幢数	建筑面积（平方米）	坐落位置
五和村	旧式里弄	1912	砖木三层	5	253	淮海中路736弄
王家宅	石库门里弄	1917	砖木三层	4	711	复兴中路58弄
王家浜	旧式里弄	1911	砖木二层	44	3 984	瑞金二路70弄
元庆里	旧式里弄	1912年后	砖木二层、三层	7	1 305	太仓路7弄
元吉里	旧式里弄	1912年后	砖木二层	8	973	东台路29弄
元声里	旧式里弄	1912年后	砖木二层	13	2 931	寿宁路69—73弄
元昌里	新式里弄	1912年后	砖木三层	45	7 180	雁荡路56弄
元福里	旧式里弄	1912年后	砖木二层	18	623	徐家汇路212弄
天益坊	旧式里弄	1922	砖木二层	7	851	兴业路40弄
天兴里	旧式里弄	1912年后	砖木二层	5	1 298	徐家汇路132弄
天成里	旧式里弄	1912年后	砖木二层	50	5 964	泰康路248弄
天佑坊	石库门里弄	1912年后	砖木二层	15	1 194	肇周路26弄
天和里	石库门里弄	1922	砖木二层	104	16 656	自忠路239弄
天祥里	新式里弄	1912年后	砖木二层	58	8 351	永年路149弄
天惠坊	旧式里弄	1912年后	砖木三层	3	294	长乐路83弄
天惠坊	旧式里弄	1912年后	砖木四层	3	380	长乐路144弄
云成里	旧式里弄	1912年后	砖木二层	30	3 648	顺昌路472弄
云盛里	旧式里弄	1912年后	砖木二层	4	2 176	黄陂南路381路
云福村	旧式里弄	1912年后	砖木三层	4	546	顺昌路472弄
双文里	旧式里弄	1912年后	砖木二层、三层	4	769	永年路51弄
双禾村	新式里弄	1938	砖木三层	45	6 446	淮海中路312弄
双桂里	旧式里弄	1912	砖木三层	40	2 854	永年路51弄
仁义坊	新式里弄	1933	砖混二层、三层	15	1 606	崇德路150弄
仁乐坊	新式里弄	1912年后	砖木二层	25	2 611	重庆南路124弄
仁本里	石库门里弄	1912年后	砖木二层、三层	3	1 024	西藏南路528弄
仁华里	旧式里弄	1912年后	砖木二层	19	3 576	淡水路82弄
仁吉里	旧式里弄	1929	砖木二层	63	7 214	自忠路322弄
仁寿里	旧式里弄	1928	砖木三层	4	2 110	东台路167弄
仁寿里	旧式里弄	1929	砖木三层	23	3 365	兴业路139弄
仁寿里	旧式里弄	1928	砖木二层	33	2 389	顺昌路279弄
仁寿坊	旧式里弄	1937	砖木二层	2	165	成都南路162弄
仁寿新村	新式里弄	1928	砖木二层	9	1 914	成都南路142弄

续表

住宅名称	住宅类型	建造年代	建筑结构	幢数	建筑面积（平方米）	坐落位置
仁德里	旧式里弄	1912年后	砖木二层	14	3 223	吉安路121、123弄
仁麟里	旧式里弄	1928	砖木二层	16	1 484	崇德路153弄
太平坊	旧式里弄	1883	砖木平房、三层	13	1 048	淮海中路124弄
太和里	新式里弄	1929	砖木三层	71	9 631	重庆中路14、24弄
长安里	旧式里弄	1907	砖木二层	8	526	金陵中路183弄
长安里	旧式里弄	1923	砖木二层	21	1 514	东台路56弄
长安里	旧式里弄	1910	砖木二层	21	2 800	金陵中路257弄
长兴坊	旧式里弄	1912年后	砖木三层	6	1 357	柳林路82弄
长德里	旧式里弄	1926	砖木二层	12	861	顺昌路24弄
中业里	新式里弄	1924	砖木二层	63	7 243	合肥路486弄
中和村	旧式里弄	1912年后	混合二层	21	3 021	长乐路272弄
丰裕里	旧式里弄	1928	砖木二层	117	11 524	淡水路214弄
日辉里	旧式里弄	1927	砖木二层、三层	63	4 031	瑞金二路409弄
巨兴里	旧式里弄	1912年后	砖木二层	44	3 591	成都南路42弄
巨籁村	新式里弄	1937	砖木四层	4	699	巨鹿路401弄
凤德里	新式里弄	1912年后	砖木三层	22	1 837	进贤路202弄
丹桂里	旧式里弄	1912年后	砖木二层	8	1 007	马当路417弄
贝蒂坊	旧式里弄	1912年后	砖木三层	11	1 517	成都南路57弄
公记里	旧式里弄	1937	砖木二层	24	1 191	徐家汇路258弄
忆德里	旧式里弄	1912年后	砖木二层	13	1 245	成都南路119弄
市隐里	旧式里弄	1912年后	砖木二层	45	1 323	柳林路81—93弄
正元里	旧式里弄	1912年后	砖木二层	30	1 790	成都南路108弄
正安里	旧式里弄	1912年后	砖木二层	25	2 116	普安路188弄
正德里	旧式里弄	1912年后	砖木二层	5	534	茂名南路41弄
玉振里	旧式里弄	1924	砖木二层	70	5 104	合肥路458弄
平江里	旧式里弄	1912年后	砖木二层	60	6 642	肇周路224弄
平济里	旧式里弄	1921	砖木三层	21	3 201	济南路275弄
平原坊	旧式里弄	1912年后	砖木三层	59	4 650	泰康路274弄
北永吉里	旧式里弄	1923	砖木二层	41	3 934	兴业路160弄
圣达里	新式里弄	1928	砖木三层	46	6 687	瑞金一路50弄
乐义里	旧式里弄	1913	砖木二层	35	2 480	东台路88弄
乐安坊	新式里弄	1912年后	砖木三层	84	11 337	淮海中路613弄
卢家弄	旧式里弄	1912年后	砖木二层	70	8 039	徐家汇路454弄

续表

住宅名称	住宅类型	建造年代	建筑结构	幢数	建筑面积（平方米）	坐落位置
外希德里	旧式里弄	1912年后	砖木二层	12	764	南昌路43弄
发达里	旧式里弄	1912年后	砖木二层	14	341	建国中路119弄
生吉里	旧式里弄	1924	砖木二层	29	3 858	西藏南路214—244弄
务本里	旧式里弄	1927	砖木二层	8	1 127	东台路284弄
务本坊	旧式里弄	1932	砖木三层	4	891	复兴中路182弄
宁福里	旧式里弄	1920	混合二层、三层	35	4 282	柳林路158弄
永仁里	旧式里弄	1912年后	砖木二层	4	1 610	延安中路307弄
永丰村	新式里弄	1912年后	砖木四层	12	3 368	重庆南路179弄
永乐里	新式里弄	1912年后	砖木二层、三层	18	3 569	金陵中路169弄
永乐村	旧式里弄	1915	砖木二层	2	505	建国西路66弄
永庆里	旧式里弄	1912年后	砖木三层	10	1 408	巨鹿路98弄
永庆里	旧式里弄	1912年后	砖木三层	7	1 730	淮海中路855弄
永庆坊	旧式里弄	1920	砖木二层	18	2 316	黄陂南路350—368弄
永华坊	旧式里弄	1912年后	砖木二层	7	547	顺昌路520弄
永安里	旧式里弄	1927	砖木二层	39	4 391	顺昌路89、99弄
永安里	旧式里弄	1904	砖木二层	6	2 071	复兴中路23、32弄
永安里	旧式里弄	1912年后	砖木二层	10	1 099	重庆中路28弄
永和里	石库门里弄	1912年后	砖木二层	38	2 200	黄陂南路831—839弄
永宸里	旧式里弄	1912年后	砖木二层	15	1 097	济南路78弄
永益里	旧式里弄	1926	砖木二层	7	942	合肥路366弄
永祥里	旧式里弄	1911	砖木二层	5	385	巨鹿路86弄
永康里	旧式里弄	1905	砖木三层	16	2 741	济南路234弄
永清里	旧式里弄	1912年后	砖木二层	10	2 007	桃源路167乙弄
永裕里	旧式里弄	1925	砖木二层、三层	172	21 902	复兴中路320弄
永源里	旧式里弄	1923	砖木二层、三层	5	862	桃源路152弄
永福里	旧式里弄	1912年后	砖木二层	40	6 649	肇周路272弄
永德村	旧式里弄	1912年后	砖木三层	18	1 013	进贤路109弄
汇丰别墅	新式里弄	1938	砖木二层、三层	15	1 705	黄陂南路458弄
礼和里	旧式里弄	1914	砖木二层	7	1 606	黄陂南路146弄
归安里	旧式里弄	1907	砖木二层、三层	53	4 161	西藏南路178、194弄
东山家浜	新式里弄	1912年后	砖木三层	19	974	复兴中路534弄

续表

住宅名称	住宅类型	建造年代	建筑结构	幢数	建筑面积（平方米）	坐落位置
东文兰坊	旧式里弄	1912年后	砖木三层	21	3 902	巨鹿路19弄
东升里	旧式里弄	1926	砖木二层	6	832	复兴中路407弄
东中里	旧式里弄	1923	砖木二层	2	120	合肥路64弄
东林里	旧式里弄	1912年后	砖木二层	40	4 666	泰康路77弄
东明德里	旧式里弄	1923	砖木二层	34	3 711	马当路139、147弄
东顺阳里	旧式里弄	1912年后	砖木二层	30	868	顺昌路507弄
世德坊	旧式里弄	1911	砖木一层、三层	24	2 552	金陵中路123弄
由义坊	旧式里弄	1912年后	砖木三层	9	2 723	长乐路192弄
打浦坊	旧式里弄	1928	砖木三层	40	5 586	瑞金二路457弄
四达里	旧式里弄	1912年后	砖木二层	17	1 522	建国东路115弄
四成里	新式里弄	1912年后	砖木三层	12	1 491	巨鹿路391弄
四合里	新式里弄	1912年后	砖木二层、三层	7	3 378	南昌路24弄
四明里	新式里弄	1929	砖木三层	71	5 388	淮海中路425弄
四维新村	新式里弄	1912年后	砖木三层	18	4 537	重庆南路169弄
四德里	石库门里弄	1912年后	砖木二层	4	440	建国东路478弄
民生坊	新式里弄	1912年后	砖木五层	1	1 789	巨鹿路45弄
兰石里	旧式里弄	1926	砖木二层	11	1 271	普安路128、132弄
兰香里	旧式里弄	1912年后	砖木二层、三层	64	4 302	自忠路112弄
庆平坊	旧式里弄	1923	砖木二层	41	3 117	崇德路119弄
庆成里	旧式里弄	1912年后	砖木二层	2	204	成都南路85弄
庆成坊	旧式里弄	1933	砖木三层	6	1 418	淮海中路96弄
庆安坊	旧式里弄	1924	砖木二层	33	2 655	建安路64弄
庆华里	旧式里弄	1912年后	砖木三层	14	871	进贤路72弄
庆顺里	旧式里弄	1912年后	砖木二层	23	2 417	瑞金一路79—93弄
庆福里	旧式里弄	1912年后	砖木二层	34	3 109	长乐路236弄
庆福里	旧式里弄	1912年后	砖木二层	4	290	寿宁路108弄
延庆里	旧式里弄	1911	砖木二层	5	943	太仓路121弄
延寿里	旧式里弄	1923	砖木二层	1	174	顺昌路325弄
西三合里	旧式里弄	1912年后	砖木三层	8	852	思南路82弄
西门里	旧式里弄	1926	砖木二层、三层	124	12 291	自忠路380弄
西文兰坊	旧式里弄	1912年后	砖木三层	19	2 781	巨鹿路19弄
西西坊	旧式里弄	1929	砖木三层	9	1 429	马当路354弄

续表

住宅名称	住宅类型	建造年代	建筑结构	幢数	建筑面积（平方米）	坐落位置
西成里	旧式里弄	1926	砖木二层、三层	134	13 969	马当路278弄
西林里	旧式里弄	1912年后	砖木三层	20	2 280	泰康路125弄
西明德里	旧式里弄	1923	砖木三层	44	3 714	马当路174弄
西顺阳里	旧式里弄	1926	砖木二层	11	968	顺昌路504弄
西爱村	新式里弄	1912年后	砖木三层、四层	17	3 351	永嘉路19弄
西湖坊	旧式里弄	1928	砖木二层、三层	98	7 245	自忠路317弄
乔安坊	旧式里弄	1912年后	砖木二层、三层	14	1 670	桃源路107弄
华龙别业	新式里弄	1912年后	砖木三层	13	1 313	雁荡路55弄
华村	新式里弄	1912年后	砖木三层	11	1 809	南昌路166弄
华宝坊	旧式里弄	1929	砖木三层	15	2 712	崇德路2弄
华德村	旧式里弄	1942	砖木三层	11	1 663	顺昌路279弄
多福里	旧式里弄	1912年后	砖木平房	23		肇周路200弄179—202号
红薇村	新式里弄	1912年后	砖木三层	6	1 222	香山路18弄
伟达坊	新式里弄	1912年后	砖木三层	6	1 378	复兴中路509弄
伟成里	旧式里弄	1911	砖木二层	21	2 124	肇周路200弄内15号
任陆坊	旧式里弄	1874	砖木二层、三层	12	1 011	淮海中路182弄
达丰里	旧式里弄	1912年后	砖木二层	14	1 240	南昌路232弄
达丰里	旧式里弄	1912年后	砖木二层	7	596	巨鹿路232弄
军官里	旧式里弄	1912年后	砖木平房	14	331	南昌路43弄
安义里	新式里弄	1937	砖木三层	17	2 283	黄陂南路641弄
安丰里	新式里弄	1912年后	砖木二层	5	1 075	巨鹿路272弄
安宁村	新式里弄	1912年后	砖木三层	4	689	绍兴路47弄
安乐坊	旧式里弄	1938	砖木三层	9	1 463	龙门路171弄
安乐村	新式里弄	1912年后	砖木三层	18	3 364	延安中路385弄
安吉坊	旧式里弄	1912年后	混合三层	10	1 502	合肥路168弄
安纳坊	石库门里弄	1928	砖木三层	7	1 450	东台路177弄
安和新村	新式里弄	1912年后	砖木三层	24	6 642	瑞金二路198弄
安临里	旧式里弄	1928	砖木二层	52	3 416	徐家汇路20弄
安顺里	旧式里弄	1926	砖木二层	87	8 534	建国东路143弄
安越里	旧式里弄	1912年后	砖木二层	36	3 200	建国东路138弄
江北弄堂	新式里弄	1919	砖木二层	5	1 386	马当路190弄

续表

住宅名称	住宅类型	建造年代	建筑结构	幢数	建筑面积（平方米）	坐落位置
有余里	旧式里弄	1930	砖木三层	3	392	复兴中路7弄
有德里	旧式里弄	1910	砖木三层	28	2 637	马当路517弄
在明坊	新式里弄	1912年后	砖木三层	15	4 571	长乐路434弄1—15号、16—27号
存厚坊	新式里弄	1912年后	砖木三层	7	1 499	巨鹿路393弄
老三裕里	旧式里弄	1921	砖木二层	24	1 993	复兴中路220弄
如意里	石库门里弄	1929	砖木三层	8	1 233	西藏南路454弄
如意坊	旧式里弄	1936	砖木三层	10	1 784	浏河口路4弄
协盛里	旧式里弄	1926	砖木二层	29	1 800	合肥路444弄
吉益里	新式里弄	1914	砖木三层	45	9 456	太仓路119弄
吉祥里	石库门里弄	1921	砖木二层	8	1 493	吉安路125弄
聿德里	旧式里弄	1933	砖木二层	28	4 393	黄陂南路344弄
执顺里	旧式里弄	1912年后	砖木二层	8	816	进贤路84弄
曲园	新式里弄	1912年后	砖木三层、四层	36	8 035	建国西路56弄
成业里	旧式里弄	1921	砖木三层	12	854	吉安路199弄
成裕里	旧式里弄	1923	砖木三层	41	9 095	复兴中路221弄
同丰里	旧式里弄	1928	砖木三层	61	5 653	徐家汇路608弄
同乐坊	石库门里弄	1936	砖木二层	14	957	进贤路122弄
同安里	旧式里弄	1936年前	砖木二层	10	551	金陵西路119弄
同吉坊	旧式里弄	1908	砖木二层、三层	35	2 469	济南路105、113、125弄
同志坊	旧式里弄	1931	砖木三层	6	2 114	桃源路164弄
同益里	旧式里弄	1929	砖木二层	15	1 925	黄陂南路337、349弄
同康里	旧式里弄	1900	砖木二层	76	3 576	延安中路429弄
同福里	旧式里弄	1936年前	砖木二层	28	4 066	巨鹿路211弄
同福里	旧式里弄	1928	砖木二层	11	1 100	太仓路45弄
竹村	旧式里弄	1930	砖木三层	7	1 139	柳林路25弄
会都里	旧式里弄	1912年后	砖木二层	6	676	普安路121弄
合兴里	旧式里弄	1936年前	砖木二层	11	750	进贤路180弄
合忠坊	石库门里弄	1921	砖木二层	22	2 928	复兴中路188弄
全裕里	石库门里弄	1928	砖木三层	27	4 003	西藏南路412弄
创业新村	新式里弄	1936年前	砖木二层、三层	9	874	复兴中路440—442弄
光明村	新式里弄	1936年前	砖木三层、四层	12	2 425	南昌路276弄

续表

住宅名称	住宅类型	建造年代	建筑结构	幢数	建筑面积（平方米）	坐落位置
光明村	旧式里弄	1929	砖木二层	92	10 470	合肥路 148 弄
光益里	新式里弄	1936 年前	砖木二层	2	301	马当路 11 弄
光裕里	旧式里弄	1936 年前	砖木二层	42	5 034	吉安路 144 弄
兴安里	旧式里弄	1927	砖木二层	17	3 391	自忠路 15 弄
兴隆村	旧式里弄	1936 年前	砖木二层	15	3 683	长乐路 43、47 弄
纯德里	旧式里弄	1912	砖木二层	52	4 251	西藏南路 528 弄
步高里	石库门里弄	1930	砖木二层	78	10 004	陕西南路 278 弄
宏德里	旧式里弄	1911	砖木二层	6	609	金陵西路 131 弄
良善里	旧式里弄	1931	砖木三层	8	1 753	济南路 24 弄
启昌里	旧式里弄	1936 年前	砖木二层	14	1 199	徐家汇路 514 弄
启庐	新式里弄	1936 年前	砖木三层	10	1 794	淮海中路 733 弄
汾晋坊	新式里弄	1934	砖木五层	15	5 025	淮海中路 925 弄
沈家浜	旧式里弄	1935	砖木二层、三层	54	16 640	陕西南路 271 弄
孝友里	旧式里弄	1936 年前	砖木三层	29	3 817	重庆南路 26 弄
孝和里	旧式里弄	1932	砖木三层、四层	83	13 859	金陵西路 23 弄
志丰里	新式里弄	1936	砖木三层	15	2 087	南昌路 148 弄
志成坊	旧式里弄	1918	砖木二层、三层	14	2 471	桃源路 167 甲弄
志成坊	旧式里弄	1926	砖木二层	34	2 655	肇周路 126 弄
志成坊	旧式里弄	1936 年前	砖木三层	13	2 120	泰康路 210 弄
杏村	花园里弄	1937	钢筋混凝土三层	10	1 504	黄陂南路 663 弄
苍桥弄	旧式里弄	1936 年前	砖木平房	15	244	淡水路 442 弄
花园里	新式里弄	1936 年前	砖木四层	3	1 023	淮海中路 519 弄
花园坊	新式里弄	1928	砖木三层	132	21 173	瑞金二路 129 弄
花园村	新式里弄	1920	砖木四层	34	6 998	重庆南路 198－214 弄
花园别墅	新式里弄	1912 年后	砖木三层	65	7 264	南昌路 136 弄
均益里	旧式里弄	1923	砖木二层	25	1 449	黄陂南路 429 弄
杨家弄	旧式里弄	1912 年后	砖木二层	5	464	巨鹿路 19 弄
寿华村	石库门里弄	1912	砖木三层	14	1 451	顺路 425 弄
寿松里	旧式里弄	1912	砖木二层	11	550	巨鹿路 83 弄
来德坊	新式里弄	1934	砖木四层	51	12 653	淮海中路 899 弄
麦赛坊	旧式里弄	1936 年前	砖木三层	22	2 601	兴安路 163 弄
园村	新式里弄	1941	砖木三层	10	1 879	南昌路 102 弄

续表

住宅名称	住宅类型	建造年代	建筑结构	幢数	建筑面积（平方米）	坐落位置
吴兴里	旧式里弄	1914	砖木二层	82	7 714	黄陂南路300—310弄
里希德里	旧式里弄	1932	砖木三层	14	1 400	南昌路43弄
余庆里	新式里弄	1936年前	砖木三层	16		延安中路529弄
余庆里	新式里弄	1936年前	砖木三层	4	1 681	茂名南路131弄
余庆里	日本旧式	1912	砖木二层	5	246	西藏南路528弄
余庆坊	旧式里弄	1930	砖木二层、三层	26	2 425	顺昌路68弄
余兴坊	石库门里弄	1936年前	砖木三层	35	4 978	合肥路117弄
余兴里	旧式里弄	1936年前	砖木二层	26	1 314	长乐路396弄
邻圣坊	旧式里弄	1936年前	砖木三层	20	2 292	延安中路395弄
邻圣村	新式里弄	1937	砖木三层	9	1 816	南昌路43弄
怀本坊	旧式里弄	1928	砖木二层	12	1 866	顺昌路111弄
环龙里	新式里弄	1936年前	砖木三层	9	1 075	南昌路244弄
环龙新村	新式里弄	1936年前	砖木结构	13	1 953	南昌路224弄
建国坊	新式里弄	1936年前	砖木三层	28	4 735	建国中路155弄
承业里	旧式里弄	1936年前	砖木二层	21	1 029	金陵西路191弄
承庆里	旧式里弄	1928	砖木二层	71	6 651	顺昌路108弄
承遂里	旧式里弄	1924	砖木二层	9	872	黄陂南路482弄
承德里	旧式里弄	1915	砖木二层	6	791	浏河南口路15弄
受福里	石库门里弄	1920	砖木二层	51	6 772	顺昌路205弄
采寿里	旧式里弄	1936年前	砖木三层	256	4 029	巨鹿路383弄
采福里	旧式里弄	1936年前	砖木三层	5	753	巨鹿路407弄
经益里	新式里弄	1922	砖木二层	61	4 825	马当路214弄
绍安里	旧式里弄	1936年前	砖木二层	5	1 235	济南路207、217弄
绍兴新村	新式里弄	1932	砖木三层	12	2 136	绍兴路102弄
绍益里	旧式里弄	1936年前	砖木二层	1	366	吉安路102弄
和平里	新式里弄	1912	砖木三层	11	2 804	建国中路137弄
和平坊	旧式里弄	1927	砖木三层	6	1 749	望亭路137弄
和合坊	新式里弄	1928	砖木三层	117	13 232	淮海中路526弄
和村	新式里弄	1936年前	砖木三层	11	2 694	重庆南路268弄
和玫坊	新式里弄	1936年前	砖木三层	7	1 347	建国中路61弄
和康新村	新式里弄	1936年前	砖木三层	4	765	复兴中路598弄
贤成坊	旧式里弄	1936年前	砖木二层	58	4 536	合肥路14弄
宝庆里	旧式里弄	1936年前	砖木二层	8	988	肇周路298弄

续表

住宅名称	住宅类型	建造年代	建筑结构	幢数	建筑面积（平方米）	坐落位置
宝安里	旧式里弄	1936年前	砖木二层	34	2 709	泰康路160弄
宝安坊	旧式里弄	1936年前	砖木二层	13	2 041	自忠路131—159弄
宝兴里	旧式里弄	1936年前	砖木三层	8	1 052	黄陂南路679弄
宝明坊	新式里弄	1929	砖木四层	8	1 345	复兴中路394弄
宝康里	石库门里弄	1913	砖木三层	120	11 952	淮海中路315弄
宝培坊	旧式里弄	1905	砖木二层、三层	6	792	复兴中路446弄
宝善里	旧式里弄	1921	砖木二层	1	272	济南路173—175弄
定安坊	旧式里弄	1922	砖木二层	1	265	长乐路152弄
法益里	旧式里弄	1925	砖木二层	7	1 496	兴业路54弄
诚德里	旧式里弄	1912	砖木三层	15	2 530	茂名南路55弄
幸福弄	新式里弄	1912	砖木三层	15	5 609	淮海中路706弄
幸福坊	新式里弄	1912	砖木四层	18	3 277	重庆南路160、166弄
茂德里	旧式里弄	1912	砖木三层	9	620	巨鹿路133弄
林金坊	旧式里弄	1912	砖木二层	2	565	鲁班路109弄
松庆坊	旧式里弄	1919	砖木平房	23	1 310	济南路232弄
松庆里	旧式里弄	1925	砖木二层	6	831	淮海中路101弄
松村	新式里弄	1937	砖木二层	13	1 578	太仓路98弄
松村	旧式里弄	1930	砖木三层	13	2 055	柳林路35弄
松柏庐	旧式里弄	1931	砖木二层、三层	11	1 011	济南路124弄
松桂坊	旧式里弄	1930	砖木二层	2	356	淮海中路16弄
松龄里	旧式里弄	1912	砖木二层	7	879	建国东路58弄
松德里	旧式里弄	1912	砖木二层	19	633	进贤路174弄
松韵别墅	新式里弄	1934	砖木三层	12	2 543	复兴中路498弄
国民里	新式里弄	1936年前	砖木三层	10	1 113	延安中路507弄
昌平里	旧式里弄	1931	砖木三层	12	1 320	吉安路328弄
昌兴里	旧式里弄	1936年前	砖木二层	6	2 250	吉安路126弄
昌厚新村	旧式里弄	1936年前	砖木三层	37	3 517	陕西南路105弄
明德里	新式里弄	1927	砖木三层	118	18 935	延安中路545弄
居安里	旧式里弄	1936年前	砖木二层	22	3 299	龙门路172弄
郑家弄	新式里弄	1930	砖木二层、三层	12	9 220	永嘉路39弄
尚贤坊	新式石库门	1921	砖木二层	71	9 720	淮海中路358弄
尚德里	旧式里弄	1930	砖木三层	36	5 654	普安路133、141弄

续表

住宅名称	住宅类型	建造年代	建筑结构	幢数	建筑面积（平方米）	坐落位置
怡安坊	旧式里弄	1936年前	砖木三层	80	12 322	长乐路169弄
重庆坊	新式里弄	1936年前	砖木三层	24	2 901	重庆南路146、154弄
信平里	旧式里弄	1936年前	砖木二层	10	1 357	自忠路121弄
信陵村	旧式里弄	1929	砖木三层	59	8 453	顺昌路612弄
信德里	旧式里弄	1936年前	砖木二层、三层	8	1 524	黄陂南路419弄
保安坊	旧式里弄	1936年前	砖木三层	16	2 423	东台路9弄
顺元里	旧式里弄	1926	砖木二层、三层	17	1 586	吉安路60弄
顺安里	旧式里弄	1930	砖木三层	25	2 322	永嘉路20弄
顺昌里	旧式里弄	1914	砖木二层	24	2 617	兴业路31—61弄
顺德里	新式里弄	1939	砖木二层	19	2 814	马当路374弄
顺鑫里	石库门里弄	1936年前	砖木二层	23	1 218	合肥路77弄
洞天别墅	旧式里弄	1920	砖木二层	6	444	建国西路150弄
冠华里	旧式里弄	1920	砖木三层	38	5 784	复兴中路239弄
南山里	旧式里弄	1936年前	砖木三层	6	849	马当路417弄1—6号
南文德里	旧式里弄	1936年前	砖木三层	20	2 073	永年路223弄
南天一坊	旧式里弄	1936年前	砖木二层	5	292	建国东路492弄
南永吉里	旧式里弄	1922	砖木二层	114	10 145	兴业路205弄
南永寿里	旧式里弄	1936年前	砖木二层、三层	12	852	淮海中路584弄
南昌别业	新式里弄	1925	砖木三层	16	4 100	南昌路212弄
南顾家弄	旧式里弄	1911	砖木二层	36	1 054	南昌路36弄
树祥里	旧式里弄	1931	砖木三层	11	2 095	顺昌路279弄15—25号
树德里	旧式里弄	1912	砖木二层	13	720	顺昌路433弄
树德南里	石库门里弄	1919	砖木二层	12	1 356	黄陂南路412弄
树德里	旧式里弄	1903	砖木二层	31	2 956	济南路260、272弄
树德北里	石库门里弄	1911	砖木二层	30	3 898	黄陂南路374弄
荫余里	旧式里弄	1930	砖木二层	62	12 929	柳林路10弄
荪吉里	旧式里弄	1936年前	砖木三层	24	1 326	瑞金一路39弄
荪顺里	新式里弄	1912	砖木三层	6	814	南昌路99弄
荣仁里	旧式里弄	1928	砖木三层	36	5 508	徐家汇路76弄
荣业里	新式里弄	1912	砖木三层	21	2 153	淮海中路606弄
荣生里	旧式里弄	1936年前	砖木二层	28	4 193	东台路156弄
荣华里	旧式里弄	1936年前	砖木二层	96	7 398	马当路437—467弄

续表

住宅名称	住宅类型	建造年代	建筑结构	幢数	建筑面积（平方米）	坐落位置
荣福里	旧式里弄	1936年前	砖木二层	33	1 526	成都南路80弄
春魁里	旧式里弄	1936年前	砖木二层	17	1 074	成都南路55弄
费家弄	旧式里弄	1926	砖木二层、三层	22	2 763	建国东路500弄
星平里	石库门里弄	1936年前	砖木三层	12	2 030	顺昌路279弄
思乡坊	旧式里弄	1936年前	砖木二层	4	501	南昌路40弄
厚德里	石库门里弄	1936年前	砖木二层	26	3 004	肇周路148－175弄
厚德里	旧式里弄	1936年前	砖木二层	23	1 440	巨鹿路163弄
厚德里	旧式里弄	1903	砖木二层、三层	10	726	淮海中路198弄
厚德里	旧式里弄	1936	混合三层	24	4 076	寿宁路94弄
厚福里	旧式里弄	1917	砖木二层	9	592	顺昌路11弄
眉寿里	旧式里弄	1912	砖木平房	10	931	建国东路523弄
眉寿里	旧式里弄	1936年前	砖木三层	12	3 024	泰康路178弄
俞家宅	旧式里弄	1936年前	砖木二层、三层	8	424	徐家汇路436弄
美仁里	旧式里弄	1936年前	砖木二层	32	4 201	成都南路132弄
美乐坊	新式里弄	1936年前	砖木三层	27	4 743	南昌路272弄
首安里	旧式里弄	1927	砖木二层	44	4 763	龙门路119弄
首芝坊	旧式里弄	1912	砖木三层	13	1 113	巨鹿路164弄
首苏坊	旧式里弄	1937	砖木二层	4	288	巨鹿路172弄
复兴坊	新式里弄	1927	砖木三层、四层	95	23 975	复兴中路553弄
钧培里	旧式里弄	1926	砖木二层	9	1 703	龙门路145弄
钧福里	新式里弄	1937	砖木二层、三层	22	2 048	西藏南路122、144弄
恒庆里	旧式里弄	1927	砖木三层	24	16 954	徐家汇路144弄
恒庆里	旧式里弄	1912	砖木二层	23	2 001	成都南路29弄
恒吉里	新式里弄	1912	砖木三层、四层	5	894	瑞金一路223弄
恒村	新式里弄	1928	混合三层、四层	16	1 784	崇德路145弄
恒昌里	旧式里弄	1925	砖木三层	16	2 084	建国东路17弄
恒昌里	旧式里弄	1919	砖木三层	66	10 536	黄陂南路685弄
恒爱里	新式里弄	1936年前	砖木三层	12	1 793	永嘉路21弄
恒福里	旧式里弄	1936年前	砖木三层	2	303	泰康路20弄
恒德里	旧式里弄	1910	砖木二层、三层	24	2 199	东台路16弄

续表

住宅名称	住宅类型	建造年代	建筑结构	幢数	建筑面积（平方米）	坐落位置
高村	旧式里弄	1912	砖木二层	4	363	淮海中路 736 弄
高升里	旧式里弄	1915	砖木二层	19	1 494	肇周路 166 弄
高福里	新式里弄	1925	砖木三层	104	11 689	瑞金一路 121 弄
高畴里	新式里弄	1912	砖木三层	6	157	瑞金一路 241 弄
晋福里	旧式里弄	1927	砖木二层	53	5 829	巨鹿路 181 弄
顾家弄	旧式里弄	1911	砖木三层	9	806	雁荡路 51 弄
息庐	新式里弄	1912	砖木三层	8	1 144	思南路 42 弄
特秀坊	新式里弄	1936 年前	砖木三层	3	1 092	巨鹿路 201 弄
爱敬坊	新式里弄	1936 年前	混合四层	4	792	巨鹿路 110 弄
积善里	旧式里弄	1924	砖木二层	6	1 153	顺昌路 141 弄
积善里	旧式里弄	1936 年前	砖木二层	6	536	建国东路 75 弄
逢伯里	旧式里弄	1924	砖木二层	3	837	太仓路 33 弄
祥云里	旧式里弄	1924	砖木二层	18	1 453	复兴中路 361 弄
祥生里	旧式里弄	1930	砖木二层	5	712	合肥路 14 弄
祥庆村	旧式里弄	1923	砖木三层	5	7 385	建国东路 318、334 弄
祥村	新式里弄	1912	砖木三层	60		进贤路 214—218 弄
祥成里	旧式里弄	1912	砖木二层	3	1 151	自忠路 93 弄
祥茂新村	新式里弄	1940	混合三层	7	5 849	淡水路 89、91 弄
祥顺里	旧式里弄	1920	砖木二层、三层	70	6 927	顺昌路 424 弄
根德坊	旧式里弄	1928	砖木二层	2	686	东台路 278 弄
桂云里	旧式里弄	1923	砖木平房	14	1 338	济南路 242 弄
桂福里	旧式里弄	1930	砖木三层	4	2 768	自忠路 273 弄
桂福里	旧式里弄	1929	砖木三层	22	3 868	顺昌路 135 弄
桃园里	旧式里弄	1912	砖木三层	18	1 968	成都南路 60 弄
桃源坊	旧式里弄	1936 年前	砖木三层	12	3 792	淮海中路 593 弄
信益里	旧式里弄	1912 年后	砖木二层	63	4 581	徐家汇路 474—508 弄
振平里	新式里弄	1927	砖木二层、三层	44	8 777	金陵中路 241 弄
振华里	旧式里弄	1928	砖木二层	45	4 754	马当路 301 弄
振华里	旧式里弄	1926	砖木二层	18	1 869	东台路 77、109 弄
泰安里	旧式里弄	1912	砖木二层	17	1 739	永年路 92 弄
泰和坊	石库门里弄	1919	砖木二层	24	7 007	自忠路 163 弄
泰辰里	新式里弄	1912	砖木三层	27	3 133	淮海中路 637 弄
泰德里	旧式里弄	1936 年前	砖木二层	25	1 838	徐家汇路 338 弄

续表

住宅名称	住宅类型	建造年代	建筑结构	幢数	建筑面积（平方米）	坐落位置
耕云里	旧式里弄	1929	砖木二层	5	1 194	济南路96弄
陶村	新式里弄	1936年前	砖木三层	3	400	南昌路50弄
钱家宅东	旧式里弄	1936年前	砖木平房	13	547	进贤路56弄
钱家塘	旧式里弄	1911	砖木平房	8	624	淮海中路946弄
益寿里	旧式里弄	1911	砖木二层	7	612	崇德路45弄
益润里	旧式里弄	1925	砖木三层	11	1 339	崇德路79弄
悦来坊	旧式里弄	1929	砖木三层	79	7 309	顺昌路605弄
康明坊	旧式里弄	1936年前	砖木三层	17	2 445	建国东路512弄
康宁里	旧式里弄	1912	砖木三层	1	172	淮海中路533弄
康宁村	旧式里弄	1936年前	砖木二层	3	452	东台路36弄
康吉里	旧式里弄	1931	砖木二层	18	2 082	济南路106弄
康吉里	旧式里弄	1927	砖木二层	12	1 508	建国东路61弄
康吉里	旧式里弄	1936	砖木二层	33	2 114	马当路481弄
康村	旧式里弄	1925	砖木平房	11	999	济南路284弄
康益里	旧式里弄	1936	砖木二层	31	2 040	建国东路39弄
康福里	旧式里弄	1916	砖木二层	43	10 496	淮海中路271弄
望贤里	旧式里弄	1936年前	砖木三层	11	1 651	吉安路154弄
望德里	旧式里弄	1919	砖木二层	18	2 811	黄陂南路430弄
崇一里	旧式里弄	1920	砖木二层	20	1 754	马当路291弄
崇善里	旧式里弄	1921	砖木三层	10	1 587	西藏南路438弄
崇福里	旧式里弄	1936	砖木三层	21	1 493	延安中路367弄
梨园坊	旧式里弄	1938	砖木三层	50	4 950	肇周路332弄
维兴里	石库门里弄	1925	砖木二层	14	1 032	永年路24弄
维厚里	旧式里弄	1919	砖木二层	26	3 424	复兴中路263弄
停云里	旧式里弄	1919	砖木二层	62	6 724	复兴中路160弄
得利坊	旧式里弄	1912	砖木二层	15	942	建国东路120弄
得意里	旧式里弄	1922	砖木二层	19	2 735	东台路339－349弄
淮海坊	新式里弄	1924	砖木三层	199	27 619	淮海中路927弄
淞南村	旧式里弄	1936年前	砖木三层	3	533	长乐路132弄
淞浜小筑	新式里弄	1925	砖木二层	6	634	淮海中路713弄
淞德里	旧式里弄	1936年前	砖木二层	9	745	巨鹿路212弄
鸿仁里	旧式里弄	1936年前	砖木二层	15	1 817	复兴中路384弄
鸿宁里	旧式里弄	1936年前	砖木二层	14	1 250	顺昌路401、409弄
鸿安坊	新式里弄	1936年前	砖木三层	27	2 189	兴安路141弄

续表

住宅名称	住宅类型	建造年代	建筑结构	幢数	建筑面积（平方米）	坐落位置
鸿仪里	旧式里弄	1912	砖木二层	23	2 485	太仓路138弄
鸿兴里	旧式里弄	1936年前	砖木二层	20	1 039	肇周路200弄
鸿泉里	旧式里弄	1936年前	砖木二层	15	1 360	淡水路256弄
鸿富里	旧式里弄	1915	砖木二层	1	1 474	西藏南路346弄
渔阳里	新式里弄	1929	砖木三层	34	6 390	重庆中路64弄
渔阳里	旧式里弄	1936	砖木二层	33	4 005	淮海中路567弄
渔村	新式里弄	1936	砖木三层	21	3 836	顺昌路41—46弄
涵泽里	旧式里弄	1926	砖木二层	8	1 047	自忠路162弄
淡水村	新式里弄	1912	砖木三层	65	9 301	淡水路322、332弄
培业村	新式里弄	1912	砖木二层、三层	24	3 270	淡水路266弄
培福里	旧式里弄	1927	砖木二层、三层	36	5 922	崇德路91弄
梅兰坊	新式里弄	1930	砖木三层	70	11 326	黄陂南路596弄
梅村	旧式里弄	1930	砖木三层	7	1 016	柳林路15弄
梅赋里	旧式里弄	1912	砖木二层、三层	19	2 033	巨鹿路395弄
萍渔里	旧式里弄	1925	砖木三层	9	1 352	复兴中路328弄
萝村	新式里弄	1940	砖木三层	7	1 862	嵩山路101弄
萝村	新式里弄	1936	砖木三层	10	1 854	南昌路205弄
菜市坊	旧式里弄	1927	砖木三层	15	2 736	顺昌路302弄
菜市村	旧式里弄	1936年前	砖木三层	11	906	顺昌路557弄
盛德里	旧式里弄	1936年前	砖木二层、三层	16	1 274	淮海中路771弄
盛德坊	新式里弄	1936年前	砖木三层	2	392	瑞金二路17弄
敏慎坊	旧式里弄	1932	砖木二层	27	3 643	西藏南路356弄
铭德里	旧式里弄	1912	砖木二层	8	1 542	南昌路100弄
敦仁里	旧式里弄	1928	砖木三层	5	1 507	西藏南路426弄
敦仁里	旧式里弄	1925	砖木二层	7	778	马当路257弄
敦仁坊	旧式里弄	1923	砖木二层	10	751	马当路177弄
敦让里	旧式里弄	1912	砖木二层	8	883	自忠路98弄
敦厚里	旧式里弄	1936	砖木二层	30	1 939	巨鹿路111弄
斐村	新式里弄	1925	砖木二层、三层	19	3 645	复兴中路408弄
集美里	新式里弄	1912	砖木三层	22	3 162	巨鹿路244弄
紫阳里	旧式里弄	1912	砖木二层	8	1 354	柳林路140弄

续表

住宅名称	住宅类型	建造年代	建筑结构	幢数	建筑面积（平方米）	坐落位置
紫阳里	旧式里弄	1935	砖木二层	11	1 200	复兴中路 64 弄
紫祥里	旧式里弄	1925	砖木二层	20	1 004	自忠路 244 弄
赓裕里	旧式里弄	1929	砖木三层	30	6 313	太仓路 239 弄
谢家弄	新式里弄	1936 年前	砖木三层	12	2 324	延安中路 535 弄
遗德里	旧式里弄	1926	砖混三层、四层	7	1 191	普安路 112 弄
道德里	旧式里弄	1924	砖木二层	1	371	复兴中路 24 弄
富星里	旧式里弄	1931	砖木三层	10	1 489	太仓路 110 弄
富贵坊	旧式里弄	1912	砖木二层	16	1 489	马当路 110 弄
富德里	旧式里弄	1907	砖木二层	23	1 669	淮海中路 176 弄
裕民里	旧式里弄	1911	砖木三层	26	1 579	进贤路 138 弄
裕民里	旧式里弄	1913	砖木二层	9	1 085	金陵中路 135 弄
裕安里	旧式里弄	1930	砖木三层	23	3 788	望亭路 104 弄
裕福里	新式里弄	1933	砖木三层	28	5 843	自忠路 18 弄
棣华里	旧式里弄	1936 年前	砖木二层	7	1 952	淮海中路 222 弄
葆仁里	新式里弄	1936 年前	砖木三层	28	6 402	淮海中路 697 弄
敬业里	石库门里弄	1936 年前	砖木二层	6	661	顺昌路 455 弄
敬熙坊	旧式里弄	1936 年前	砖木三层	12	1 452	进贤路 89 弄
敬禧北里	旧式里弄	1929	砖木二层、三层	6	569	兴业路 151 弄
敬禧南里	旧式里弄	1929	砖木二层、三层	7	565	马当路 209 弄
惠安坊	新式里弄	1934	砖木三层	21	2 956	绍兴路 88 弄
惠村	新式里弄	1937	砖木三层	5	1 510	顺昌路 419 弄
惠荣坊	旧式里弄	1928	砖木三层	12	1 560	徐家汇路 628 弄
景行村	新式里弄	1936 年前	砖木三层	14	9 630	淮海中路 412 弄
景安里	旧式里弄	1921	砖木二层	28	4 732	济南路 185 弄
景锡坊	旧式里弄	1936 年前	砖木二层	14	870	长乐路 122 弄
景益里	新式里弄	1922	砖木三层	10	1 605	马当路 222、224 弄
善安坊	旧式里弄	1936 年前	砖木二层	2	240	济南路 165 弄
善庆坊	新式里弄	1936 年前	砖木三层	9	985	南昌路 83 弄
善庆坊	旧式里弄	1936 年前	砖木三层	13	2 280	建国东路 580 弄
善庆里	石库门里弄	1925	砖木三层	75	9 322	马当路 306 弄
新三裕里	旧式里弄	1936	砖木二层	12	1 388	复兴中路 234 弄
新归安里	旧式里弄	1936	砖木二层、三层	11	1 460	柳林路 52—68 弄

续表

住宅名称	住宅类型	建造年代	建筑结构	幢数	建筑面积（平方米）	坐落位置
新民里	旧式里弄	1911	砖木二层	51	3 156	金陵西路101弄
新民坊	旧式里弄	1924	砖木二层	14	2 525	桃源路87弄
新民村	旧式里弄	1926	砖木二层、三层	63	9 218	马当路328、342弄
新华村	新式里弄	1937	砖木三层	16	2 345	崇德路143弄
新新里	旧式里弄	1926	砖木二层	344	19 272	瑞金二路409弄
新福里	旧式里弄	1912	砖木二层	9	1 871	吉安路78、80弄
瑞华坊	新式里弄	1920	砖木三层	79	12 446	复兴中路285弄
瑞安坊	旧式里弄	1912	砖木二层	12	1 314	肇周路40弄
瑞康里	旧式里弄	1931	砖木二层	13	1 012	自忠路219弄
瑞康里	旧式里弄	1935	砖木二层	8	634	顺昌路279弄
瑞清里	旧式里弄	1921	砖木二层	3	590	自忠路255弄
瑞清里	旧式里弄	1924	砖木二层、三层	6	865	桃源路135弄
幹民里	旧式里弄	1936	砖木三层	8	976	茂名南路56弄
群贤别墅	新式里弄	1936年前	砖木三层	51	6 528	瑞金二路225弄
福庆里	旧式里弄	1916	砖木二层	12	983	柳林路65弄
福兴里	旧式里弄	1924	砖木三层	8	1 045	顺昌路106弄
福兴里	旧式里弄	1936年前	砖木二层	18	1 221	顺昌路386弄
福寿里	旧式里弄	1936年前	砖木二层	12	1 827	桃源路116弄
福寿里	旧式里弄	1936年前	砖木二层	4	342	太仓路191弄
福寿坊	新式里弄	1936年前	砖木三层	27	4 271	南昌路74弄
福寿坊	旧式里弄	1936年前	砖木二层	3	581	长乐路93弄
福昌里	旧式里弄	1936年前	砖木一层、二层	32	2 474	淮海中路63弄
福临里	旧式里弄	1936年前	砖木二层、平房	49	4 302	复兴中路106弄
福星村	新式里弄	1934	砖木三层	6	1 328	瑞金二路29弄
福润里	旧式里弄	1912	砖木二层	22	2 033	巨鹿路1弄
福海里	旧式里弄	1912	砖木三层	19	1 693	巨鹿路155弄
福康里	旧式里弄	1936年前	砖木二层	30	3 751	复兴中路250弄
福盛里	旧式里弄	1930	砖木二层	4	608	顺昌路30弄
福禄村	新式里弄	1936年前	砖木三层、四层	5	983	延安中路517弄
福源里	旧式里弄	1921	砖木二层	54	4 999	自忠路60弄
福熙村	旧式里弄	1939	砖木三层	99	10 303	黄陂南路710弄

续表

住宅名称	住宅类型	建造年代	建筑结构	幢数	建筑面积（平方米）	坐落位置
源成里	旧式里弄	1915	砖木二层	58	5 395	复兴中路 113 弄
蒲柏坊	旧式里弄	1936 年前	砖木三层	74	9 638	重庆南路 30 弄
槑宜精舍	新式里弄	1936 年前	砖木三层	8	935	永嘉路 25 弄
辑五坊	旧式里弄	1925	砖木二层	61	9 840	自忠路 210 弄
勤乐村	新式里弄	1912	砖木三层	18	2 012	泰康路 316 弄
勤余坊	旧式里弄	1917	砖木二层	10	605	马当路 111 弄
照禄坊	旧式里弄	1936 年前	砖木二层	18	1 412	马当路 142 弄
鼎宁里	旧式里弄	1918	砖木二层	40	2 839	桃源路 145 弄
鼎吉里	旧式里弄	1924	砖木二层	23	3 444	淮海中路 114 弄
鼎平里	旧式里弄	1936 年前	砖木二层	29	2 077	桃源路 132 弄
鼎臣东里	旧式里弄	1936 年前	砖木平房	6	364	永年路 78 弄
由义坊	旧式里弄	1912 年后	砖木二层	24	1 384	瑞金二路 434 弄
米丘林公寓	里弄公寓	1937	砖混三层	3	1 407	复兴中路 518 弄
白尔登公寓	里弄公寓	1924	钢混三层、六层	4	21 270	陕西南路 213 弄
泰山公寓	里弄公寓	1928	钢混四层、五层	6	15 925	淮海中路 622 弄
胜利公寓	里弄公寓	1935	钢混四层、五层	11	2 710	绍兴路 56 弄
德来才公寓	里弄公寓	1912 年后	钢混三层、四层	33	8 674	瑞金一路 118、126 弄
树德北里	旧式里弄	1916	砖木二层	21	2 998	黄陂南路 374 弄及兴业弄 80 弄
北京公寓	旧式里弄	1917	砖木二层		952	太仓路 181 弄 2 号
贤成坊（前弄）		1921	砖木二层	22	2 808	合肥路 14 弄 2－32 号、48－52 号
锡祥里	旧式里弄	1921	砖木二层	52	3 260	复兴中路 87 弄
培文公寓		1923	钢筋混凝土九层		16 665	淮海中路 453－457 号
德仁里	旧式里弄	1924	砖木二层	16	1 890	复兴中路 126 弄
陕南大楼		1924	钢筋混凝土六层、三层		4 270	陕西南路 213 号
花园公寓		1926	钢筋混凝土五层		2 460	复兴中路 455 号
锦裕坊	旧式里弄	1927	砖木二层	1	172	瑞金二路 9 号
泰山大楼		1928	钢筋混凝土四层、五层	6	15 295	淮海中路 622 弄

续表

住宅名称	住宅类型	建造年代	建筑结构	幢数	建筑面积（平方米）	坐落位置
锡义里	旧式里弄	1929	砖木二层	4	180	东台路176弄
陕南村		1930	砖木四层		23 147	陕西南路151—187号
金谷村	新式里弄	1930	混合三层		17 364	绍兴路18弄
重庆公寓		1931	钢筋混凝土五层	1	13 740	重庆南路185号
永业大楼		1932	钢筋混凝土六层		10 391	雁荡路6、18、30号
康绥公寓		1932	钢筋混凝土五层		7 618	淮海中路494号
南昌大楼		1933	钢筋混凝土八层		11 196	南昌路294—316号
新华公寓		1934	钢筋混凝土四层	1	1 071	淮海中路496号
宝庆里	旧式里弄	1912—1936	砖木二层	8	988	肇周路298弄
振玉坊		1912—1936	砖木平房	3	35	徐家汇路113弄
鸿安坊	新式里弄	1912—1936	砖木三层	27	2 189	兴安路141弄
锦德里	旧式里弄	1912—1936	砖木二层	68	5 016	瑞金二路441弄
锡荣别墅	新式里弄	1912—1936	砖木混合三层、花园住宅	9	1 714	南昌路69弄
锡卿里	旧式里弄	1912—1936	砖木二层	18	1 912	肇周路200弄103支弄
锡德坊	新式里弄	1912—1936	砖木三层	20	2 251	瑞金二路69弄
嘉安里	旧式里弄	1912—1936	砖木二层	2	238	济南路185弄
煦成村	新式里弄	1912—1936	砖木三层	12	702	延安中路359弄
黎阳里	旧式里弄	1912—1936	砖木二层	4	488	西藏南路508弄
德胜里	旧式里弄	1912—1936	砖木二层	20	667	淮海中路753弄
长乐村	花园住宅	1912—1936	砖木二层	119	18 916	陕西南路39号
巴黎新村		1912—1936	混合三层		5 624	重庆南路169号
格林顿公寓	花园公寓	1912—1936			2 770	茂名南路64—70号
锦涛新村	旧式里弄	1937—1948	砖木二层	19	5 293	瑞金一路74弄
飞龙大楼		1912年后（估）	钢筋混凝土五层		4 806	淮海中路542号
大泰山公寓		1912年后（估）	钢筋混凝土四层		1 628	延安中路347号
小泰山公寓		1912年后（估）	钢筋混凝土四层		1 004	延安中路355号
巴黎公寓		1912年后（估）	钢筋混凝土五层		4 577	重庆南路165号

续表

住宅名称	住宅类型	建造年代	建筑结构	幢数	建筑面积（平方米）	坐落位置
香山公寓		1912年后（估）	钢筋混凝土六层		6 582	南昌路125号
向明公寓		1912年后（估）	钢筋混凝土四层		1 280	瑞金一路139号
回力公寓		1912年后（估）	混合四层		1 640	淮海中路947号
金友公寓		1912年后（估）	钢筋混凝土五层		952	巨鹿路321号
爱达公寓		1912年后（估）	混合四层		660	茂名南路110号
钟和公寓		1912年后（估）	钢筋混凝土五层		2 694	茂名南路112—124号
恒兴公寓		1912年后（估）	砖木四层		880	茂名南路134号
瑞金大楼		1912年后（估）	钢筋混凝土七层		2 941	瑞金一路150号

十九、卢湾区法租界资料补充

住宅名称	建造年代	建筑面积（平方米）	坐落位置	备注
树德北里	1916	2 998	黄陂南路374弄及兴业弄80弄	《卢湾区地名志》第132页
北京公寓	1917	952	太仓路181弄2号	《卢湾区地名志》第80页
贤成坊（前弄）	1921	2 808	合肥路14弄2—32号、48—52号	《卢湾区地名志》第123页
锡祥里	1921	3 260	复兴中路87弄	《卢湾区地名志》第160页
培文公寓	1923	16 665	淮海中路453—457号	《卢湾区地名志》第81页
德仁里	1924	1 890	复兴中路126弄	《卢湾区地名志》第161页
陕南大楼	1924	4 270	陕西南路213号	《卢湾区地名志》第80页
花园公寓	1926	2 460	复兴中路455号	《卢湾区地名志》第80页
锦裕坊	1927	172	瑞金二路9号	《卢湾区地名志》第160页
泰山大楼	1928	15 295	淮海中路622弄	《卢湾区地名志》第82页
锡义里	1929	180	东台路176弄	《卢湾区地名志》第160页
陕南村	1930	23 147	陕西南路151—187号	《卢湾区地名志》第81页
金谷村	1930	17 364	绍兴路18弄	《卢湾区地名志》第83页
重庆公寓	1931	13 740	重庆南路185号	《卢湾区地名志》第82页
永业大楼	1932	10 391	雁荡路6、18、30号	《卢湾区地名志》第79页
康绥公寓	1932	7 618	淮海中路494号	《卢湾区地名志》第82页
南昌大楼	1933	11 196	南昌路294—316号	《卢湾区地名志》第81页

续表

住宅名称	建造年代	建筑面积（平方米）	坐落位置	备注
新华公寓	1934	1 071	淮海中路 496 号	《卢湾区地名志》第 82 页
宝庆里	1912—1936	988	肇周路 298 弄	《卢湾区地名志》第 124 页
振玉坊	1912—1936	35	徐家汇路 113 弄	《卢湾区地名志》第 140 页
鸿安坊	1912—1936	2 189	兴安路 141 弄	《卢湾区地名志》第 145 页
锦德里	1912—1936	5 016	瑞金二路 441 弄	《卢湾区地名志》第 160 页
锡荣别墅	1912—1936	1 714	南昌路 69 弄	《卢湾区地名志》第 160 页
锡卿里	1912—1936	1 912	肇周路 200 弄 103 支弄	《卢湾区地名志》第 161 页
锡德坊	1912—1936	2 251	瑞金二路 69 弄	《卢湾区地名志》第 161 页
嘉安里	1912—1936	238	济南路 185 弄	《卢湾区地名志》第 161 页
煦成村	1912—1936	702	延安中路 359 弄	《卢湾区地名志》第 161 页
黎阳里	1912—1936	488	西藏南路 508 弄	《卢湾区地名志》第 161 页
德胜里	1912—1936	667	淮海中路 753 弄	《卢湾区地名志》第 162 页
长乐村	1912—1936	18 916	陕西南路 39 号	《卢湾区地名志》第 80 页
巴黎新村	1912—1936	5 624	重庆南路 169 号	《卢湾区地名志》第 80 页
格林顿公寓	1912—1936	2 770	茂名南路 64—70 号	《卢湾区地名志》第 82 页
锦涛新村	1937—1948	5 293	瑞金一路 74 弄	《卢湾区地名志》第 160 页
飞龙大楼	1912 年后（估）	4 806	淮海中路 542 号	《卢湾区地名志》第 79 页
大泰山公寓	1912 年后（估）	1 628	延安中路 347 号	《卢湾区地名志》第 79 页
小泰山公寓	1912 年后（估）	1 004	延安中路 355 号	《卢湾区地名志》第 79 页
巴黎公寓	1912 年后（估）	4 577	重庆南路 165 号	《卢湾区地名志》第 80 页
香山公寓	1912 年后（估）	6 582	南昌路 125 号	《卢湾区地名志》第 80 页
向明公寓	1912 年后（估）	1 280	瑞金一路 139 号	《卢湾区地名志》第 80 页
回力公寓	1912 年后（估）	1 640	淮海中路 947 号	《卢湾区地名志》第 80 页
金友公寓	1912 年后（估）	952	巨鹿路 321 号	《卢湾区地名志》第 81 页
爱达公寓	1912 年后（估）	660	茂名南路 110 号	《卢湾区地名志》第 82 页
钟和公寓	1912 年后（估）	2 694	茂名南路 112—124 号	《卢湾区地名志》第 82 页
恒兴公寓	1912 年后（估）	880	茂名南路 134 号	《卢湾区地名志》第 83 页
瑞金大楼	1912 年后（估）	2 941	瑞金一路 150 号	《卢湾区地名志》第 83 页

二十、卢湾区华界数据资料表

住宅名称	住宅类型	建造年代	建筑结构	幢数	建筑面积（平方米）	坐落位置
聚兴里	旧式里弄	1912	砖木平房	4		蒙自路7弄
嘉德里	旧式里弄	1937	砖木二层	1	171	鲁班路197弄
锦业里	旧式里弄	1936年前	砖木平房、二层	18	2 415	瞿溪路655弄
锦同村	旧式里弄	1936年前	砖木二层	94	8 059	肇家浜路62弄
德邻里	旧式里弄	1937	砖木二层	10	243	斜徐路874弄
三星里	旧式里弄	1937	砖木三层	8	228	打浦路24弄
大来村	旧式里弄	1928	砖木二层	14	1 372	丽园路815弄
小花园	旧式里弄	1912年后	砖木二层	14	3 605	蒙自路25弄
文德村	旧式里弄	1937	砖木二层、三层	3	160	蒙自东路133弄
五云坊	旧式里弄	1912	砖木二层	40	1 280	斜土路278弄
仁记里	旧式里弄	1929	砖木平房	13	500	丽园路853弄
计家弄	旧式里弄	1912年后	砖木平房、二层	43	3 898	瑞金二路410弄
公义里	旧式里弄	1937	砖木二层	8	1 169	蒙自路30弄
平民里	旧式里弄	1937	砖木二层	22	900	徐家汇路323弄
平安里	新式里弄	1912年后	砖木二层、四层	33	2 927	淮海中路736弄
生吉里	旧式里弄	1937	砖木二层	5	274	蒙自东路50弄12—16号
永乐坊	旧式里弄	1936	砖木二层	1	200	局门路53弄
永吉里	旧式里弄	1912年后	砖木二层	7	830	制造局路12弄
永合坊	旧式里弄	1912年后	砖木二层	7	294	局门路41弄
永和坊	旧式里弄	1912年后	砖木平房、二层	28	964	局门路68弄
永昌里	旧式里弄	1912年后	砖木三层	20	2 447	永年路63弄
永盛里	旧式里弄	1912年后	砖木二层	26	1 247	斜土路460弄
永裕里	旧式里弄	1912年后		50		丽园路994弄
永福里	旧式里弄	1937	砖木平房	24	1 078	打浦路271弄乙支弄
永德里	旧式里弄	1912年后	砖木二层	7	531	肇家浜路100弄
东彭家弄	旧式里弄	1937	砖木二层	18		打浦路53弄、77弄
东源里	旧式里弄	1935	砖木二层	24	1 660	局门路78弄
龙云里	旧式里弄	1937	砖木二层	1	67	南塘浜路32弄4号
打浦里	旧式里弄	1945	砖木二层	38	1 789	打浦路81弄
四间头	旧式里弄	1912年后	砖木二层、三层	7	488	蒙自西路1弄

续表

住宅名称	住宅类型	建造年代	建筑结构	幢数	建筑面积（平方米）	坐落位置
庆丰村	旧式里弄	1945	砖木平房	7	194	斜徐路843、845弄
庆安新村	旧式里弄	1915	砖木二层	116	6 000	局门路225—263弄
安乐里	旧式里弄	1912年后	砖木二层	14	640	局门路37弄
江南里	旧式里弄	1937	砖木二层	152	3 991	斜徐路838—852弄
协兴坊	旧式里弄	1912年后（估）	砖木二层	6	932	局门路573弄
协盛里	旧式里弄	1937	砖木二层	1	46	蒙自路8号
兴隆街	旧式里弄	1936年前	砖木一层	50	3 559	肇家浜路18弄
丽园里	旧式里弄	1937	砖木平房	7	678	丽园路731弄
宏安里	旧式里弄	1937	砖木二层	14	711	龙华路777弄
孝思里	旧式里弄	1937	砖木二层	7	524	蒙自路30弄76—84号
李家宅	旧式里弄	1937	砖木二层	24	1 877	鲁班路20、70弄
花园里	旧式里弄	1936年前	砖木平房	8	326	丽园路448弄
杨家宅	旧式里弄	1948	砖木平房	26	119	龙华路53、69弄
寿村	旧式里弄	1948	砖木三层	4	373	打浦桥路93弄
来安里	旧式里弄	1945	砖木平房	22		斜徐路580弄
余顺里	旧式里弄	1922	砖木二层	3	391	丽园路870弄
武源村	旧式里弄	1935	混合结构	12	2 074	蒙自路252弄
昌福坊	旧式里弄	1937	砖木二层	1	672	蒙自西路24弄
明德里	旧式里弄	1936年前	砖木二层	1	170	斜徐路9弄
明德村	新式里弄	1936年前	砖木三层	69	10 476	瑞金二路290—394弄
金寿里	旧式里弄	1936年前	砖木二层	32	2 232	斜土路757弄
金祥里	旧式里弄	1936年前	砖木二层	3	490	柳林路105弄
迪桂里	旧式里弄	1936年前	砖木二层	72	1 790	鲁班路226弄
庭庐	旧式里弄	1936年前	砖木二层	3	459	斜土路367弄
顺记里	旧式里弄	1936年前	砖木三层	15	844	徐家汇路21弄
顺兴里	旧式里弄	1937	砖木二层	22	1 800	打浦路53弄
顺兴里	旧式里弄	1912	砖木平房	18		蒙自西路137弄
顺昌里	旧式里弄	1936年前	砖木二层	19	1 010	局门路83弄
南生里	旧式里弄	1936年前	砖木二层	7	318	丽园路422弄
南彭家弄	旧式里弄	1937	砖木二层	123	1 530	打浦路53弄72支弄
树德坊	旧式里弄	1912	砖木二层	3	126	斜徐路136弄
草塘村	旧式里弄	1936年前	砖木二层	67	1 764	鲁班路183弄
荣财里	旧式里弄	1937	砖木二层	14		蒙自东路67弄

续表

住宅名称	住宅类型	建造年代	建筑结构	幢数	建筑面积（平方米）	坐落位置
荣昌里	旧式里弄	1936 年前	砖木二层	18	648	蒙自西路 62 弄
荣祥里	旧式里弄	1937	砖木平房	16		斜徐路 641、647 弄
春荣里	旧式里弄	1937	砖木二、三层	5	232	鲁班路 23 弄
复兴村	旧式里弄	1945	砖木平房	10	906	斜徐路 532、538 弄
顾家花园	旧式里弄	1937	砖木二层	15	683	鲁班路 255 弄
徐汇新村	旧式里弄	1912	砖木二层	20	1 732	肇家浜路 154 弄
谈家宅	旧式里弄	1936 年前	砖木平房、二层	39		丽园路 885 弄
通兴里	旧式里弄	1912	砖木二层	34	1 758	鲁班路 190 弄 8 支弄
祥兴里	旧式里弄	1912	砖木二层	71	1 297	鲁班路 190 弄
祥新里	旧式里弄	1920	砖木二层	24	1 544	斜土路 600 弄
祥丰里	旧式里弄	1912	砖木三层	4	400	丽园路 885 弄
康成里	旧式里弄	1938	砖木二层	26	1 679	斜土路 83 弄
康家宅	旧式里弄	1936	砖木二层	13	1 101	斜徐路 56 弄
康安里	旧式里弄	1936 年前	砖木二层	8	551	斜徐路 164 弄
得财里	旧式里弄	1933	砖木二层	19	1 314	蒙自路 345 弄
淮盐新村	旧式里弄	1937	砖木三层	98	4 759	打浦路 53 弄
隆兴坊	旧式里弄	1927	砖木二层	1	281	南塘浜路 48 弄
联陞里	旧式里弄	1936	砖木二层	10		鲁班路 33 弄
鲁顺里	旧式里弄	1937	砖木平房、二层	15	947	鲁班路 30 弄
谢家宅	旧式里弄	1937	砖木二层	6	240	鲁班路 162 弄
富生坊	旧式里弄	1912	砖木二层	5	270	局门路 63 弄
富宝弄	旧式里弄	1945	砖木平房	52	428	斜徐路 617 弄
裕兴里	旧式里弄	1945	砖木二层	39	1 393	五里桥路 66 弄
裕兴坊	旧式里弄	1936	砖木二层	14	683	局门路 90 弄
新顺里	旧式里弄	1937	砖木平房、二层	44	340	南塘路 143、147 弄
瑞金新村	新式里弄	1931	砖木三层	18	2 261	瑞金二路 232 弄
福安里	旧式里弄	1936 年前	砖木平房	8	395	丽园路 713 弄
楚园	旧式里弄	1936 年前	砖木三层	6	21 737	建国西路 25 弄
平民村	旧式里弄	1930	砖木一层、二层	169	4 225	斜土路 628 弄
聚兴里	旧式里弄	1912—1936	砖木平房	4	93	蒙自西路 7 弄
嘉德里	旧式里弄	1937—1948	砖木二层	1	171	鲁班路 297 弄

二十一、卢湾区华界(沪南区)资料补充

住宅名称	建造年代	建筑面积(平方米)	坐落位置	备 注
聚兴里	1912—1936	93	蒙自西路7弄	《卢湾区地名志》第161页
嘉德里	1937—1948	171	鲁班路297弄	《卢湾区地名志》第161页

二十二、闸北华界(闸北区)数据资料表

住宅名称	住宅类型	建造年代	建筑结构	幢数	建筑面积(平方米)	坐落位置
八间里	旧式里弄	1937	砖木二层	8	2 778	民立路208弄
三阳里	旧式里弄	1910	砖木平房	4	977	西宝兴路694弄
毓常里	石库门里弄	1920	砖木二层	2	2 090	光复路247号
熙安里	旧式里弄	1928	砖木二层	5	2 387	虬江路1466弄
三益里	旧式里弄	1930	砖木平房	4	767	中兴路243弄甲支弄
广源坊	旧式里弄	1936	砖木二层	16	1 979	京江路220弄
大同里	旧式里弄	1923	砖木二层	16	861	新路54弄
文元坊	广式里弄	1920	砖木二层	10	1 065	中兴路588弄
文如坊	广式里弄	1930	砖木二层	5	410	会文路5弄
文英坊	石库门里弄	1930	砖木二层	5	224	王家宅路19弄
五福宫	旧式里弄	1920	砖木二层	6	2 810	北苏州路476弄7号
元亨里	石库门里弄	1911	砖木二层	17	2 049	华兴路64弄
天乐坊	新式里弄	1937	砖木二层	28	2 903	康乐路238弄
天林里	旧式里弄	1920	砖木二层	28	1 333	芷江中路156弄
天保里	石库门里弄	1924	砖木二层	37	7 727	热河路102—334号
天保新村	石库门里弄	1932	砖木二层	14	1 712	热河路187、197弄
天鑫里	石库门里弄	1911	砖木二层	16	4 274	新疆路81弄
云德里	旧式里弄	1920	砖木二层	12	16 706	青云路358弄
仁义坊	旧式里弄	1927	砖木平房	9	504	芷江中路113弄
仁安坊	旧式里弄	1937	砖木二层	8		蒙古路239弄
仁成里	旧式里弄	1933	砖木平房	4	288	芷江中路141弄
太阳里	旧式里弄	1937	砖木平房		365	太阳山路97弄
长乐里	旧式里弄	1937	砖木二层	19	69	长兴路172弄
长庆里	旧式里弄	1937	砖木二层		702	京江路311弄
长安坊	旧式里弄	1936	砖木二层	2	122	长安路642号
长寿里	旧式里弄	1937	砖木二层		682	永兴路773弄
长春坊	广式里弄	1937	砖木二层	15	2 580	长安路49弄

续表

住宅名称	住宅类型	建造年代	建筑结构	幢数	建筑面积（平方米）	坐落位置
长康里	旧式里弄	1926	砖木平房		455	芷江中路141弄乙支弄
中华新村	旧式里弄	1930	砖木二层	1	84	中华新路66－70号
中兴里	旧式里弄	1937	砖木二层		299	中兴路1252弄
中兴里	旧式里弄	1937	砖木二层		984	中兴路1212弄
凤翔里	石库门里弄	1915	砖木二层		3 390	新疆路15弄
乐安坊	石库门里弄	1912	砖木三层	2	657	东华路21弄
乐善里	石库门里弄	1920	砖木二层	32	3 204	宝通路214、224弄
汉兴里	石库门里弄	1932	砖木二层	58	4 743	西宝兴路432弄
四安里	石库门里弄	1932	砖木二层	43	5 092	裕通路85弄
宁安坊	石库门里弄	1910	砖木二层	14	1 392	浙江北路427弄
永业新村	广式里弄	1930	砖木二层	98	3 486	永兴路63弄
永兴坊	广式里弄	1923	砖木二层	22	1 129	青云路317弄
永庆里	旧式里弄	1928	砖木二层	22	1 590	芷江中路191弄甲支弄
永庆里	石库门里弄	1937	砖木二层	15	644	新疆路221弄
永安坊	石库门里弄	1930	砖木二层	4	1 087	临山路153弄
永安坊	旧式里弄	1937	砖木简屋		701	永兴路898弄
永安村	旧式里弄	1937	砖木简屋	19	1 704	和田路51弄
永年里	旧式里弄	1922	砖木二层		418	中山北路142弄
永余里	广式里弄	1928	砖木二层	9	736	芷江中路257弄
永和里	石库门里弄	1932	砖木二层	40	7 020	宝昌路7－65弄
永和坊	石库门里弄	1910	砖木二层	25	3 514	新疆路104弄
永祥里	旧式里弄	1927			60	共和路13弄
永祥里	石库门里弄	1931	砖木二层		2 447	南山路128弄
永德里	石库门里弄	1935	砖木二层	19	1 776	光复路221弄
业华新村	广式里弄	1935	砖木二层	10	943	宝昌路116弄
东平里	旧式里弄	1910	砖木二层	4	546	大统路44弄
东华巷	旧式里弄	1912年后（估）	砖木平房		200	宝昌路631弄丙支弄
交通里	石库门里弄	1912	砖木二层	6	689	交通路44弄
同乐里	新式里弄	1911	砖木二层	3	2 580	武进路566弄
同安坊	石库门里弄	1930	砖木二层	32	2 668	永兴路157弄
同志里	石库门里弄	1930	砖木二层	9	2 044	长安路153弄
同和里	石库门里弄	1930	砖木二层	16	2 236	西宝兴路258弄
同林里	石库门里弄	1926	砖木二层	16	3 122	民德路156弄

续表

住宅名称	住宅类型	建造年代	建筑结构	幢数	建筑面积（平方米）	坐落位置
光明新村	石库门里弄	1935	砖木二层、三层	19	2 745	天通庵路136弄
兴乐村	石库门里弄	1930	砖木二层	2	1 422	西宝兴路2255弄
兴善庵	旧式里弄	1930	砖木平房		287	和田路125弄
庆余西里	旧式里弄	1939	砖木平房	6	581	京江支路72弄
庆余南里	旧式里弄	1936	砖木平房		1 862	京江支路99弄
华安坊	石库门里弄	1911	砖木二层	128	6 134	浙江北路403弄
华益新村	旧式里弄	1920	砖木平房		678	宝通路9弄
华盛里	广式里弄	1911	砖木平房	28	1 452	虹江路1368弄
老南林里	石库门里弄	1890	砖木二层	32	1 308	热河路248－290号
伦敦新村	新式里弄	1934	砖木二层		240	黄山路225弄
安乐村	旧式里弄	1930	砖木二层	7	447	宝通路130弄
安民坊	旧式里弄	1937	砖木二层			海昌路81弄
安祥里	广式里弄	1911	砖木二层	15	929	南星路128弄
存仁里	石库门里弄	1912	砖木二层	24	3 352	宝山路125弄
合和里	旧式里弄	1937	砖木二层		474	中兴路1262弄
合鑫里	旧式里弄	1933	砖木二层		1 378	宝山路191弄
全安坊	石库门里弄	1920	砖木二层		2 106	裕通路122弄
阮德新村	旧式里弄	1930	砖木二层		56	徐家宅路64弄
来安里	石库门里弄	1912	砖木二层		20 905	东新民路55弄
余庆里	石库门里弄	1890	砖木二层	8	1 162	武进路548弄
余庆里	广式里弄	1924	砖木二层	25	1 243	新路69弄
余庆坊	旧式里弄	1920	砖木平房	6	176	新疆路460弄
和乐坊	石库门里弄	1925	砖木二层	3	590	中华新路182弄
和福里	旧式里弄	1910	砖木二层		568	中山北路703弄
武陵里	旧式里弄	1937	砖木平房		249	太阳山路35弄
建业里	旧式里弄	1937	砖木结构	14	1 940	大统路114弄
建业新村	广式里弄	1934	砖木二层	25	1 820	西宝兴路410弄
宝山里	石库门里弄	1920	砖木二层	34	2 098	宝山路403弄
宝生里	新式里弄	1937	砖木二层	5	2 061	武进路502弄
宝虹小筑	石库门里弄	1930	砖木结构	1	278	中华新路184弄
宝顺里	旧式里弄	1923	砖木二层	9	615	川公路243弄
怡然里	石库门里弄	1925	砖木二层	4	1 629	虹江路1226弄
信益里	石库门里弄	1929	砖木二层	1	400	虹江路1372弄

续表

住宅名称	住宅类型	建造年代	建筑结构	幢数	建筑面积（平方米）	坐落位置
恺乐里	石库门里弄	1920	砖木二层	20	3 414	罗浮路52、64弄
洪发里	石库门里弄	1920	砖木二层	60	2 206	青云路358弄
荣业里	石库门里弄	1926	砖木二层	7	782	永兴路319弄
荣庆坊	旧式里弄	1898	砖木平房	11	1 125	天通庵路419弄
荣祥里	石库门里弄	1932	砖木结构	7	1 615	天通庵路505弄
星南里	石库门里弄	1925	砖木二层	50	3 872	西宝兴路506弄
复兴里	石库门里弄	1920	砖木二层	15	1 174	会文路125弄
复兴村	石库门里弄	1920	砖木二层	48	7 503	临山路13弄
高福坊	石库门里弄	1932	砖木二层	88	8 340	宝山路226弄
顾家花园	旧式里弄	1928	砖木二层	55	1 492	京江路143弄
积善里	石库门里弄	1925	砖木二层	2	348	宝山路381弄
牲昌里	石库门里弄	1920	砖木二层	21	1 892	新疆路55弄
祥善里	广式里弄	1932	砖木二层	17	1 188	芷江中路141弄
祥麟里	石库门里弄	1925	砖木二层	24	1 336	虬江路1111弄
载祥里	广式里弄	1920	砖木二层	8	770	裕通路112弄
泰兴里	旧式里弄	1920	砖木二层	4	904	川公路254弄甲乙支弄
桂馨里	石库门里弄	1914	砖木二层	6	1 065	热河路15号
益寿里	石库门里弄	1931	砖木二层	15	1 156	川公路235弄
鸿谋里	旧式里弄	1912	砖木二层	3	531	虬江路771弄
集贤坊	旧式里弄	1930	砖木二层	5	1 618	虬江路988弄
紫阳里	旧式里弄	1928	砖木二层	8	590	陆丰路193弄
渭阳坊	石库门里弄	1925	砖木二层		1 578	西华路11、17、23弄
滋德里	石库门里弄	1922			634	芷江中路166—172号
富明里	旧式里弄	1937	砖木一层、三层	58	1 303	太阳山路87弄
森巽里	石库门里弄	1934	砖木二层	29	4 164	虬江路958弄
景德里	石库门里弄	1920	砖木二层	13	2 072	宝山路450弄
新华别墅	新式里弄	1923	砖木二层	12	1 092	中兴路243弄乙支弄
新盛里	旧式里弄	1920	砖木结构	51	1 553	长安路192弄
瑞和坊	石库门里弄	1912	砖木二层	78	10 800	虬江路807弄
勤积村	广式里弄	1930	砖木二层	18	3 994	中兴路285弄
福星里	石库门里弄	1912	砖木二层	9	739	水兴路189弄
源泰里	石库门里弄	1912	砖木二层	8	465	西华路39弄
源吉里	旧式里弄	1921	砖木二层	3	534	芷江中路142弄

续表

住宅名称	住宅类型	建造年代	建筑结构	幢数	建筑面积（平方米）	坐落位置
颐福里	石库门里弄	1929	砖木一层、三层	96	10 580	宝山路47弄
聚安坊	石库门里弄	1930	砖木二层	60	4 165	临山路143弄
静波村	石库门里弄	1920	砖木二层	16	1 104	西宝兴路276弄
中和里	旧式里弄	1937	砖木一层、二层	6	277	京江路437弄
永吉里	旧式里弄	1918	砖木二层	19	1 274	通阔路205弄
庆成新村	旧式里弄	1935	砖木二层	30	1 200	西和田路1234弄
宝华里	旧式里弄	1929	砖木二层	25	2 228	天通庵路363弄
昌盛里	旧式里弄	1935	砖木二层	39	1 544	永兴路326弄
顾家花园	旧式里弄	1937	砖木一层、二层	16	420	太阳山路35弄
浙江里	旧式里弄	1930	砖木二层	3	786	西宝兴支路20弄
惠兴里	旧式里弄	1923	砖木二层	18	918	徐家宅路52弄
德兴里	石库门里弄	1920	砖木二层	50	7 345	新疆路129弄
德康里	石库门里弄	1927	砖木二层、三层	75	7 828	罗浮路76弄
德福里	石库门里弄	1920	砖木结构	16	2 626	川公路285弄
豫康里	石库门里弄	1925	砖木二层	7	1 580	晋元路8弄
儒林里	石库门里弄	1920	砖木二层	17	2 967	永兴路160弄
藏玉新村	旧式里弄	1930	砖木二层	14	613	宝通路183弄
三生里		1922	砖木二层	9	603	新疆路204弄
三阳里		1942	砖木平房	7	346	大统路601弄
三泰里		1933	砖木平房	5	167	国庆路164弄
三益村		1946	简屋平房	1	12	晋元路184弄
三德里		1910	砖木平房	12	375	中山北路275弄
广大里		1949	一层、二层简屋	6	212	共和路141弄
万兴里		1949	砖木二层	4	1 728	汉中路156弄
大兴里		1947	砖木二层	25	1 300	大统路764弄
大同里		1942	砖木二层	7	353	长安路1003弄
大顺里		1940	简屋二层	31	1 395	蒙古路139弄
文孝坊		1926	砖木二层	18	1 580	虹江路777弄
元亨里		1918	砖木二层	17	1 654	海宁路1022弄
止园里		1943	砖木二层、三层	6	325	止园路66弄
仁贵坊		1934	简屋平房	20	537	交通路503弄

续表

住宅名称	住宅类型	建造年代	建筑结构	幢数	建筑面积（平方米）	坐落位置
仁贵村		1934	简屋一层、二层	27	1 633	京江路220弄
长兴里		1910	简屋二层	49	1 198	宝通路135弄
长兴里		1940	砖木一层、二层	25	616	中山北路259弄
中和里		1938	一层、二层简屋	6	277	京江路437弄
公兴里		1942	简屋平房	14	474	公兴路183弄
平安里		1940	混合二层	6	389	芷江中路345弄
平安里		1936	简屋平房	4	70	中兴路1098弄
乐仁里		1933	砖木二层	15	910	虹江路714弄
乐安里		1940	简屋一层、二层	34	1 152	大统路17、21弄
兰亭村		1946	简屋平房	4	97	乌镇路21弄
民生里		1940	砖木二层	6	288	民立路71弄
交通里		1911	砖木平房	13	211	交通路959弄
孙家楼		1944	混合二层、三层	8	1 188	中兴路1483弄
同兴里		1946	简屋平房	4	164	裕通路18弄
同兴宿舍		1943	砖木二层	29	785	中山北路249弄
同和里		1920	砖木二层	21	791	沪太路74弄
光华坊		1945	简屋平房	10	182	永兴路431弄
光廉里		1945	简屋平房	5	105	中兴路1700弄
兴庆里		1928	简屋一层、二层	18	806	宝源路154弄
庆余南里		1940	砖木平房	53	1 862	京江支路99弄
延吉坊		1940	砖木二层	4	206	会文路220弄
延绪新村		1946	砖木平房	113	1 599	老沪太路203弄
兆福里		1920	砖木二层	5	342	宝山路412弄
安福里		1943	砖木二层、三层	19	1 400	止园路184弄
吉星里		1935	简屋平房	14	293	虹江路714弄
合润里		1942	砖木二层	7	463	长兴路226弄
沈家里		1940	砖木二层	15	766	沈家宅路83弄
沪太里		1946	简屋平房	6	308	沪太路274弄
沪北新村		1939	砖木二层	80	147	晋元路268弄
近澜坊		1942	砖木二层	15	561	公兴路17弄

续表

住宅名称	住宅类型	建造年代	建筑结构	幢数	建筑面积（平方米）	坐落位置
均安里		1939	简屋二层	7	138	交通路1023弄
虬江里		1911	简屋平房	8	350	交通路2弄
虬安里		1942	砖木一层、二层	2	174	虬江路1527弄
余庆坊		1920	简屋平房	6	176	蒙古路239弄
和乐里		1921	砖木二层	5	414	裕通路102弄
武陵里		1935	砖木平房	34	1 064	中华新路1932弄
宝发里		1940	砖木二层	5	156	宝昌路149弄
青云坊		1949	砖木平房	48	1 211	天目西路80弄
青云里		1946	砖木二层	11	253	青云路298弄
昇康里		1910	砖木二层	29	2 120	七浦路604弄
恒福里		1923	砖木二层	15	980	裕通路132弄
恒德里		1912年后（估）	砖木一层、二层	10	347	京江路131弄
保卫北弄		1943	砖木一层、二层	8	256	永兴路845弄
统北村		1910	砖木平房	11	350	共和新路970弄
洪南山宅		1900	竹木简屋	17	1 943	共和新路
洽和里		1912	砖木二层	11	560	中兴路1461弄
赵家宅		1910	砖木二层	31	2 527	和田路485弄内
荣庆坊		1943	简屋一层、二层	11	324	芷江中路190弄
荣华里		1941	砖木平房	7	195	宝源路631弄丙支弄
荣福里		1910年前	简屋平房	30	840	太阳山路281弄
荣福村		1946	砖木一层、二层	17	786	中兴路1839、1853弄
保安里		1936	砖木一层、二层	8	708	宝源路126弄
复元坊		1929	砖木二层	17	842	虬江路1447弄
祥生里		1942	砖木二层	22	1 214	中兴路592弄
桂馨里		1943	砖木二层	13	837	西宝兴路452弄
钱江会馆		1936	简屋平房	42	976	太阳山路381弄
鸿福里		1923	砖木二层	5	350	会文路5弄
渔光新村		1947	砖木二层	13	809	永兴路384弄
维高里		1942	砖木平房	5	124	宝昌路699弄
宿泗里		1942	砖木一层、二层	28	1 302	虬江路1401弄

续表

住宅名称	住宅类型	建造年代	建筑结构	幢数	建筑面积（平方米）	坐落位置
敦祥里		1930	砖木二层	3	96	中华新路20弄
道安里		1942	砖木二层	7	220	中兴路487弄
富隆里		1935	砖木平房	8	202	永兴路883弄
景星里		1923	砖木二层	1	20	宝山路191弄
善庆里		1935	简屋二层	4	79	宝昌路463弄
普爱坊		1914	砖木平房	41	1 213	大统路612弄
新平民村		1946	简屋二层	10	788	中兴路1895-1905弄
新安里		1916	砖木二层	17	940	虬江路714弄
新祥里		1946	砖木二层	24	742	公兴路338弄甲支弄
福兴里		1918	砖木平房	5	1 212	天通庵路40弄
满洲里		1942	砖木平房	12	379	晋元路310弄
慎义坊		1933	砖木平房	12	260	大统路710弄
锦绣里		1926	砖木二层	50	3 100	长安路1003弄
鼎盛里		1934	简屋二层	37	819	长安路219弄
德兴坊		1946	砖木二层	20	7 499	中兴路1915弄
德余坊		1921	简屋一层、二层	10	750	芷江西路31弄
德余里		1940	砖木二层	7	595	王家宅路19弄
德宝里		1939	砖木二层	9	742	秣陵路322弄

二十三、闸北华界（闸北区）资料补充

住宅名称	建筑年代	建筑面积（平方米）	坐落位置	备注
三生里	1922	603	新疆路204弄	《上海市闸北区地名志》第257页
三阳里	1942	346	大统路601弄	《上海市闸北区地名志》第257页
三泰里	1933	167	国庆路164弄	《上海市闸北区地名志》第257页
三益村	1946	12	晋元路184弄	《上海市闸北区地名志》第257页
三德里	1910	375	中山北路275弄	《上海市闸北区地名志》第257页
广大里	1949	212	共和路141弄	《上海市闸北区地名志》第257页
万兴里	1949	1 728	汉中路156弄	《上海市闸北区地名志》第257页
大兴里	1947	1 300	大统路764弄	《上海市闸北区地名志》第258页
大同里	1942	353	长安路1003弄	《上海市闸北区地名志》第258页
大顺里	1940	1 395	蒙古路139弄	《上海市闸北区地名志》第258页
文孝坊	1926	1 580	虬江路777弄	《上海市闸北区地名志》第258页

续表

住宅名称	建筑年代	建筑面积（平方米）	坐落位置	备注
元亨里	1918	1 654	海宁路1022弄	《上海市闸北区地名志》第258页
止园里	1943	325	止园路66弄	《上海市闸北区地名志》第259页
仁贵坊	1934	537	交通路503弄	《上海市闸北区地名志》第260页
仁贵村	1934	1 633	京江路220弄	《上海市闸北区地名志》第260页
长兴里	1910	1 198	宝通路135弄	《上海市闸北区地名志》第260页
长兴里	1940	616	中山北路259弄	《上海市闸北区地名志》第260页
中和里	1938	277	京江路437弄	《上海市闸北区地名志》第261页
公兴里	1942	474	公兴路183弄	《上海市闸北区地名志》第261页
平安里	1940	389	芷江中路345弄	《上海市闸北区地名志》第262页
平安里	1936	70	中兴路1098弄	《上海市闸北区地名志》第262页
乐仁里	1933	910	虹江路714弄	《上海市闸北区地名志》第262页
乐安里	1940	1 152	大统路17、21弄	《上海市闸北区地名志》第262页
兰亭村	1946	97	乌镇路21弄	《上海市闸北区地名志》第262页
民生里	1940	288	民立路71弄	《上海市闸北区地名志》第264页
交通里	1911	211	交通路959弄	《上海市闸北区地名志》第265页
孙家楼	1944	1 188	中兴路1483弄	《上海市闸北区地名志》第265页
同兴里	1946	164	裕通路18弄	《上海市闸北区地名志》第265页
同兴宿舍	1943	785	中山北路249弄	《上海市闸北区地名志》第265页
同和里	1920	791	沪太路74弄	《上海市闸北区地名志》第265页
光华坊	1945	182	永兴路431弄	《上海市闸北区地名志》第265页
光廉里	1945	105	中兴路1700弄	《上海市闸北区地名志》第265页
兴庆里	1928	806	宝源路154弄	《上海市闸北区地名志》第266页
庆余南里	1940	1 862	京江支路99弄	《上海市闸北区地名志》第266页
延吉坊	1940	206	会文路220弄	《上海市闸北区地名志》第266页
延绪新村	1946	1 599	老沪太路203弄	《上海市闸北区地名志》第266页
兆福里	1920	342	宝山路412弄	《上海市闸北区地名志》第267页
安福里	1943	1 400	止园路184弄	《上海市闸北区地名志》第268页
吉星里	1935	293	虹江路714弄	《上海市闸北区地名志》第268页
合润里	1942	463	长兴路226弄	《上海市闸北区地名志》第269页
沈家里	1940	766	沈家宅路83弄	《上海市闸北区地名志》第269页
沪太里	1946	308	沪太路274弄	《上海市闸北区地名志》第269页
沪北新村	1939	147	晋元路268弄	《上海市闸北区地名志》第269页
近澜坊	1942	561	公兴路17弄	《上海市闸北区地名志》第269页
均安里	1939	138	交通路1023弄	《上海市闸北区地名志》第269页
虬江里	1911	350	交通路2弄	《上海市闸北区地名志》第269页

续表

住宅名称	建筑年代	建筑面积（平方米）	坐落位置	备 注
虬安里	1942	174	虬江路 1527 弄	《上海市闸北区地名志》第 269 页
余庆坊	1920	176	蒙古路 239 弄	《上海市闸北区地名志》第 270 页
和乐里	1921	414	裕通路 102 弄	《上海市闸北区地名志》第 270 页
武陵里	1935	1 064	中华新路 1932 弄	《上海市闸北区地名志》第 271 页
宝发里	1940	156	宝昌路 149 弄	《上海市闸北区地名志》第 271 页
青云坊	1949	1 211	天目西路 80 弄	《上海市闸北区地名志》第 271 页
青云里	1946	253	青云路 298 弄	《上海市闸北区地名志》第 272 页
昇康里	1910	2 120	七浦路 604 弄	《上海市闸北区地名志》第 272 页
恒福里	1923	980	裕通路 132 弄	《上海市闸北区地名志》第 272 页
恒德里	1912 年后（估）	347	京江路 131 弄	《上海市闸北区地名志》第 272 页
保卫北弄	1943	256	永兴路 845 弄	《上海市闸北区地名志》第 273 页
统北村	1910	350	共和新路 970 弄	《上海市闸北区地名志》第 273 页
洪南山宅	1900	1 943	共和新路	《上海市闸北区地名志》第 273 页
洽和里	1912	560	中兴路 1461 弄	《上海市闸北区地名志》第 273 页
赵家宅	1910	2 527	和田路 485 弄内	《上海市闸北区地名志》第 273 页
荣庆坊	1943	324	芷江中路 190 弄	《上海市闸北区地名志》第 273 页
荣华里	1941	195	宝昌路 631 弄丙支弄	《上海市闸北区地名志》第 274 页
荣福里	1910 年前	840	太阳山路 281 弄	《上海市闸北区地名志》第 274 页
荣福村	1946	786	中兴路 1839、1853 弄	《上海市闸北区地名志》第 274 页
保安里	1936	708	宝源路 126 弄	《上海市闸北区地名志》第 274 页
复元坊	1929	842	虬江路 1447 弄	《上海市闸北区地名志》第 274 页
祥生里	1942	1 214	中兴路 592 弄	《上海市闸北区地名志》第 275 页
桂馨里	1943	837	西宝兴路 452 弄	《上海市闸北区地名志》第 276 页
钱江会馆	1936	976	太阳山路 381 弄	《上海市闸北区地名志》第 276 页
鸿福里	1923	350	会文路 5 弄	《上海市闸北区地名志》第 276 页
渔光新村	1947	809	永兴路 384 弄	《上海市闸北区地名志》第 277 页
维高里	1942	124	宝昌路 699 弄	《上海市闸北区地名志》第 277 页
宿泗里	1942	1 302	虬江路 1401 弄	《上海市闸北区地名志》第 277 页
敦祥里	1930	96	中华新路 20 弄	《上海市闸北区地名志》第 277 页
道安里	1942	220	中兴路 487 弄	《上海市闸北区地名志》第 277 页
富隆里	1935	202	永兴路 883 弄	《上海市闸北区地名志》第 277 页
景星里	1923	20	宝山路 191 弄	《上海市闸北区地名志》第 278 页
善庆里	1935	79	宝昌路 463 弄	《上海市闸北区地名志》第 278 页
普爱坊	1914	1 213	大统路 612 弄	《上海市闸北区地名志》第 278 页

续表

住宅名称	建筑年代	建筑面积（平方米）	坐落位置	备注
新平民村	1946	788	中兴路1895—1905弄	《上海市闸北区地名志》第278页
新安里	1916	940	虬江路714弄	《上海市闸北区地名志》第279页
新祥里	1946	742	公兴路338弄甲支弄	《上海市闸北区地名志》第279页
福兴里	1918	1 212	天通庵路40弄	《上海市闸北区地名志》第279页
满洲里	1942	379	晋元路310弄	《上海市闸北区地名志》第279页
慎义坊	1933	260	大统路710弄	《上海市闸北区地名志》第279页
锦绣里	1926	3 100	长安路1003弄	《上海市闸北区地名志》第280页
鼎盛里	1934	819	长安路219弄	《上海市闸北区地名志》第280页
德兴坊	1946	7 499	中兴路1915弄	《上海市闸北区地名志》第280页
德余坊	1921	750	芷江西路31弄	《上海市闸北区地名志》第280页
德余里	1940	595	王家宅路19弄	《上海市闸北区地名志》第280页
德宝里	1939	742	秣陵路322弄	《上海市闸北区地名志》第280页

二十四、闸北区(公共租界北区)数据资料表

住宅名称	住宅类型	建筑年代	建筑结构	幢数	建筑面积（平方米）	坐落位置
九思里	石库门里弄	1910	砖木二层	3	1 185	天潼路799弄44支弄
人寿里	石库门里弄	1910	砖木二层	3	642	海宁路791弄
三三径	石库门里弄	1920	砖木二层	4	1 272	塘沽路747弄
毓秀里	石库门里弄	1923	砖木二层	16	904	福建北路260弄
三星里	石库门里弄	1912	砖木二层	10	977	山西北路449弄
万茂里	石库门里弄	1923	砖木二层	8	614	天潼路800弄
万祥里	石库门里弄	1928	砖木二层	8	2 362	安庆路351弄
马逢伯弄	广式里弄	1910	砖木二层	10	1 037	海宁路898弄
上海里	广式里弄	1911	砖木二层	9	1 791	安庆路382、388弄
久安里	石库门里弄	1912	砖木二层	49	1 651	安庆路404弄
久和里	石库门里弄	1937	砖木二层	61	4 392	西藏北路222弄
大吉里	石库门里弄	1910	砖木二层	2	785	天潼路671弄
文昌里	石库门里弄	1900	砖木二层	19	3 962	海宁路983弄
文惠坊	旧式里弄	1911	砖木二层	4	540	海宁路844弄
六桂坊	石库门里弄	1911	砖木二层	6	5 436	浙江北路307弄
六桂里	石库门里弄	1910	砖木二层	15	2 807	海宁路691弄
元亨里	石库门里弄	1916	砖木二层	5	998	天潼路799弄83支弄
天生里	旧式里弄	1911	砖木二层	9	204	康乐路22弄

续表

住宅名称	住宅类型	建筑年代	建筑结构	幢数	建筑面积（平方米）	坐落位置
天禄里	石库门里弄	1904	砖木二层	10	1 488	浙江北路102弄
云昌里	旧式里弄	1926	砖木二层	5	999	天潼路800弄236支弄
仁志里	广式里弄	1910	砖木二层	14	1 343	浙江北路164弄
仁德里	石库门里弄	1910	砖木二层	6	1 944	天潼路799弄107支弄
太原坊	石库门里弄	1910	砖木二层	14	2 347	海宁路711弄
升康里	石库门里弄	1937	砖木二层		405	七浦路604弄
长兴里	石库门里弄	1930	砖木二层		3 116	天目东路57弄
长兴里	旧式里弄	1937	砖木二层	9	376	长兴路15弄
长春里	石库门里弄	1910	砖木二层	5	1 885	塘沽路828弄
长康里	石库门里弄	1910	砖木二层	40	5 678	曲阜路172弄
长留里	石库门里弄	1925	砖木二层	10	2 107	西藏北路246弄
正修里	石库门里弄	1906	砖木二层	4	2 681	开封路210弄
龙吉里	石库门里弄	1923	砖木二层	25	3 325	浙江北路129弄
龙福里	石库门里弄	1930	砖木二层	5	1 171	浙江北路156弄
北高寿里	石库门里弄	1928	砖木二层	103	11 051	天目东路254弄
四平里	石库门里弄	1931	砖木二层	3	870	天潼路831弄
生葆里	石库门里弄	1935	砖木二层	11	1 160	塘沽路999、1007弄
归仁里	石库门里弄	1920	砖木二层	60	7 434	天潼路746弄
宁安里	石库门里弄	1928	砖木二层、三层	33	4 630	海宁路997弄
宁安坊	石库门里弄	1900	砖木二层	12	1 421	开封路134弄
宁康里	石库门里弄	1911	砖木二层	67	7 305	浙江北路372、382、412弄
永平里	石库门里弄	1911	砖木二层	8	1 057	海宁路808弄
永乐里	石库门里弄	1916	砖木二层	7	793	海宁路811弄
永乐新村	新式里弄	1933	砖木二层	40	3 390	浙江北路41弄
永吉里	石库门里弄	1920	砖木二层	8	844	海宁路707弄
永庆里	石库门里弄	1935	砖木二层、三层	49	5 823	天目东路223弄
永庆坊	石库门里弄	1887	砖木二层	4	706	老闸街12弄
永安里	石库门里弄	1912	砖木二层	34	1 778	安庆路288弄
永芳里	石库门里弄	1910	砖木二层	13	2 347	热河路67弄
永寿里	广式里弄	1911	砖木二层	10	741	安庆路331弄
永和里	广式里弄	1911	砖木二层	27	3 372	开封路236弄
永康里	石库门里弄	1929	砖木二层	100	9 894	北苏州路996弄
永清里	广式里弄	1890	砖木二层	6	321	海宁路901弄

续表

住宅名称	住宅类型	建筑年代	建筑结构	幢数	建筑面积（平方米）	坐落位置
东普益里	石库门里弄	1929	砖木二层		1 307	七浦路 485 弄
同发里	石库门里弄	1930	砖木二层	31	4 184	安庆路 350 弄
同兴里	石库门里弄	1912	砖木二层	21	2 170	西藏北路 210 弄
同安里	石库门里弄	1927	砖木二层	2	730	七浦路 358 弄
同和里	石库门里弄	1900	砖木二层	5	430	塘沽路 987 弄
兴昌里	石库门里弄	1921	砖木二层	4	848	七浦路 287 弄
兴盛坊	石库门里弄	1912	砖木二层	24	3 440	山西北路 514—530 弄
庆长里	石库门里弄	1916	砖木二层	34	4 460	安庆路 396 弄
庆源里	石库门里弄	1920	砖木二层	5	990	天潼路 799 弄 39 支弄
庆生里	石库门里弄	1934	砖木二层	12	1 070	七浦路 462 弄
延吉里	石库门里弄	1911	砖木二层	19	6 188	天潼路 877 弄
西德安里	石库门里弄	1920	砖木二层	55	6 221	山西北路 29 弄
百脚弄	旧式里弄	1930	砖木二层	2	3 121	北苏州路 498 弄
朱家宅	旧式里弄	1860	砖木平房	4	388	七浦路 284 弄
华兴坊	石库门里弄	1895	砖木二层	196	21 002	华兴路 64 弄
华真坊	石库门里弄	1911	砖木二层	6	1 089	海宁路 826 弄
老宁安里	石库门里弄	1911	砖木二层	18	2 997	海宁路 942 弄
老德兴里	广式里弄	1893	砖木二层	28	1 840	新疆路 15 弄 13 支弄
安迪里	石库门里弄	1911	砖木二层	11	702	山西北路 485 弄
安宜村	石库门里弄	1934	砖木二层	59	9 391	西藏北路 74 弄
吉庆里	石库门里弄	1917	砖木二层	17	2 682	山西北路 457 弄
成德里	石库门里弄	1912	砖木二层	6	2 594	安庆路 395 弄
协兴里	石库门里弄	1911	砖木二层	20	1 483	甘肃路 153 弄
合康里	石库门里弄	1910	砖木二层	5	1 077	天潼路 799 弄 18—34 号
怀安坊	旧式里弄	1911	砖木二层	5	948	福建北路 342 弄
怀安巷	石库门里弄	1894	砖木二层	12	2 119	塘沽路 752 弄
怀德里	石库门里弄	1915	砖木二层	10	2 215	七浦路 384 弄
状元里	广式里弄	1911	砖木二层		564	山西北路 452 弄
均安里	广式里弄	1900	砖木二层	8	1 288	浙江北路 202 弄
均益里	石库门里弄	1912	砖木二层	72	12 385	天目东路 85 弄
余庆里	石库门里弄	1910	砖木二层	2	762	康乐路 51 弄
余庆里	石库门里弄	1925	砖木二层	9	842	浙江北路 109 弄
余庆坊	广式里弄	1911	砖木二层	18	1 106	天潼路 799、1195 弄 125 支弄

续表

住宅名称	住宅类型	建筑年代	建筑结构	幢数	建筑面积（平方米）	坐落位置
余安坊	石库门里弄	1906	砖木二层	12	2 042	开封路208弄
余森里	广式、旧式	1911	砖木二层	15	1 076	七浦路394弄
志铨里	石库门里弄	1911	砖木二层	10	887	安庆路287弄
和平坊	石库门里弄	1911	砖木二层	14	2 090	开封路150弄
和济里	石库门里弄	1911	砖木三层	13	686	浙江北路114弄
和康里	石库门里弄	1890	砖木二层	65	6 120	浙江北路262－302弄
承吉里	石库门里弄	1901	砖木二层	83	7 299	北苏州路814弄
绍兴里	石库门里弄	1911	砖木一层、二层	7	847	山西北路527弄
宝庆里	石库门里弄	1928	砖木二层	35	7 589	天潼路666弄
宝兴里	旧式里弄	1911	砖木二层	11	555	开封路171弄
实业里	石库门里弄	1936	砖木二层	13	1 724	安庆路275弄
河南里	石库门里弄	1920	砖木二层	11	1 109	山西北路160弄
泳源里	石库门里弄	1911	砖木二层	9	1 232	海宁路858弄
茂福里	石库门里弄	1900	砖木二层	2	505	塘沽路934弄
松庆里	石库门里弄	1937	砖木二层		2 123	七浦路610弄
松桐里	石库门里弄	1912年后（估）	砖木二层	48	1 515	七浦路312弄
图南里	石库门里弄	1911	砖木二层	35	7 192	河南北路365弄
明德里	广式里弄	1910		30	1 223	安庆路380弄
金水里	石库门里弄	1911	砖木二层		1 516	开封路114弄
怡如里	石库门里弄	1930	砖木二层	49	9 922	天潼路646弄
怡兴里	广式里弄	1912	砖木二层	59	13 602	长安路153弄
怡兴里	石库门里弄	1930	砖木二层	38	5 982	七浦路427弄
恒庆里	石库门里弄	1912	砖木二层	2	951	天潼路597弄
恒安里	石库门里弄	1922	砖木二层	3	616	康乐路6弄
恒吉里	石库门里弄	1921	砖木二层	14	1 654	天潼路610弄
恒吉坊	石库门里弄	1920	砖木二层	54	13 023	七浦路207弄
恒余里	石库门里弄	1926	砖木结构	9	1 015	天潼路800弄226支弄
信昌里	石库门里弄	1916	砖木二层	1	1 928	浙江北路49弄
信昌隆	石库门里弄	1912年后（估）	砖木二层		2 272	北苏州路52弄10号
顺庆里	石库门里弄	1922	砖木二层	55	12 909	七浦路303弄
顺征里	石库门里弄	1905	砖木二层	20	2 800	海宁路696弄
顺裕里	石库门里弄	1922	砖木二层	11	1 643	七浦路313弄

续表

住宅名称	住宅类型	建筑年代	建筑结构	幢数	建筑面积（平方米）	坐落位置
洪发里	石库门里弄	1920	砖木二层	60	2 206	青云路358弄
洪安坊	石库门里弄	1900	砖木二层	6	628	天潼路789弄116支弄
洽兴里	石库门里弄	1911	砖木二层	77	9 288	曲阜路224弄
南阳里	石库门里弄	1910	砖木二层	11	1 523	浙江北路146弄
南林里	石库门里弄	1911	砖木二层	34	4 027	新疆路31弄
南高寿里	石库门里弄	1912	砖木二层	85	8 868	海宁路942弄
南新唐家弄	广式里弄	1908	砖木二层		2 428	天潼路799弄
荣庆里	石库门里弄	1910	砖木二层	40	3 556	安庆路251弄（河南北路409弄）
荣陆里	旧式里弄	1915	砖木平房	2	4 075	塘沽路817弄
春安里	石库门里弄	1900	砖木一层、二层	7	1 435	海宁路780弄
春晖里	石库门里弄	1905	砖木二层	35	5 032	安庆路409弄
春桂里	广式里弄	1911	砖木二层	40	1 947	海宁路794弄
咸宁里	石库门里弄	1926	砖木二层	7	1 905	海宁路923弄
厚余里	石库门里弄	1936	砖木二层	12	1 405	浙江北路138弄
厚德里	石库门里弄	1903	砖木二层		2 541	甘肃路195弄
省庆里	石库门里弄	1905	砖木二层	11	927	塘沽路876弄
钓和里	石库门里弄	1911	砖木二层	40	4 505	曲阜路110弄
晋寿里	石库门里弄	1934	砖木二层	31	3 791	安庆路534弄
高厚里	广式里弄	1911	砖木二层	14	1 021	天潼路799弄107支弄
徐家园	广式里弄	1910	砖木二层	32	8 090	天潼路814弄35、41支弄
卿云里	石库门里弄	1911	砖木二层	14	948	海宁路799弄
海宁村	石库门里弄	1926	砖木二层	8	527	海宁路1013弄
祥新里	石库门里弄	1927	砖木二层	34	3 808	安庆路487弄
祥麟里	石库门里弄	1908	砖木二层	5	1 868	海宁路945弄
恭庆里	石库门里弄	1926	砖木二层	8	717	福建北路226弄
振兴里	石库门里弄	1911	砖木二层	8	1 374	海宁路684弄
泰仁里	石库门里弄	1897	砖木二层	8	1 967	浙江北路49弄
泰丰里	石库门里弄	1927	砖木二层	17	2 889	天潼路639弄
泰来里	石库门里弄	1911	砖木二层	14	3 070	海宁路764弄
泰源里	石库门里弄	1910	砖木二层	7	833	七浦路346弄
耕山里	广式里弄	1911	砖木二层	9	612	安庆路381弄
悦来坊	石库门里弄	1906	砖木二层	50	3 755	天潼路657弄

续表

住宅名称	住宅类型	建筑年代	建筑结构	幢数	建筑面积（平方米）	坐落位置
康乐里	石库门里弄	1914	砖木二层	8	1 975	山西北路541、551、561弄
彩和里	旧式里弄	1900	砖木二层	66	5 060	天潼路754弄
联合新村	新式里弄	1937	砖木一层、三层	37	3 651	天目东路181弄
巽阳里	石库门里弄	1934	砖木结构	9	1 240	七浦路254弄
谦庆里	石库门里弄	1905	砖木二层	12	2 188	七浦路227弄
谦福里	石库门里弄	1928	砖木二层	14	1 065	七浦路257弄
富润里	石库门里弄	1930	砖木三层	8	966	海宁路929弄
裕安里	石库门里弄	1922	砖木二层	12	2 174	北苏州路776弄
裕庆里	石库门里弄	1930	砖木二层	56	8 059	天潼路860弄
裕隆里	石库门里弄	1910	砖木二层	7	1 207	热河路49弄
裕鑫里	石库门里弄	1911	砖木二层		2 064	海宁路1010弄
棣隆里	石库门里弄	1890	砖木二层	25	3 013	山西北路556、568弄
葆青坊	石库门里弄	1923	砖木二层	55	4 423	天潼路728弄
敬盛里	石库门里弄	1910	砖木二层	23	2 137	安庆路295弄
景兴里	石库门里弄	1910	砖木二层		13 537	七浦路177弄
景德里	石库门里弄	1913	砖木二层	3	1 949	塘沽路981弄
善庆里	石库门里弄	1916	砖木二层	2	1 872	七浦路210弄
普贤坊	石库门里弄	1911	砖木二层	15	1 884	甘肃路117弄
普福里	石库门里弄	1911	砖木二层	14	1 430	天潼路799弄51支弄
新乐村	石库门里弄	1934	砖木二层	11	1 994	海宁路691弄
新泰安里	石库门里弄	1931	砖木二层	202	11 944	天潼路727弄
新唐里	石库门里弄	1928	砖木二层	8	1 682	天潼路799弄107支弄21—35号
瑞源里	石库门里弄	1925	砖木二层	8	694	福建北路244弄
勤安坊	石库门里弄	1911	砖木二层	45	4 798	康乐路100、106、114弄
勤志坊	旧式里弄	1926	砖木二层、三层	6	1 196	海宁路1021弄
福兴里	广式里弄	1908	砖木二层	8	787	天潼路799弄107支弄3—15号
福庆坊	石库门里弄	1926	砖木二层	13	1 238	浙江北路132弄
福寿里	石库门里弄	1911	砖木二层	52	8 358	海宁路814弄
福荫里	石库门里弄	1912	砖木二层	4	806	山西北路469弄
福祥里	石库门里弄	1909	砖木二层	6	3 556	天潼路676弄
福康里	石库门里弄	1929	砖木二层	21	1 470	海宁路998弄
源茂里	石库门里弄	1922	砖木二层	11	1 557	浙江北路95弄

续表

住宅名称	住宅类型	建筑年代	建筑结构	幢数	建筑面积（平方米）	坐落位置
慎吉里	石库门里弄	1925	砖木二层	3	2 618	塘沽路858弄
慎余里	石库门里弄	1932	砖木二层	39	10 253	天潼路847弄
鹏程里	石库门里弄	1911	砖木二层	22	1 742	河南北路381弄
平安坊	旧式里弄	1922	砖木二层	11	596	天潼路726弄
协志里	旧式里弄	1922	砖木二层	5	860	天潼路726弄
树仁坊	旧式里弄	1919	砖木二层、三层	4	1 358	康乐路85弄
德安里	石库门里弄	1920	砖木二层	280	43 813	北苏州路520弄
德安坊	石库门里弄	1935	砖木二层	33	2 464	甘肃路208弄
德兴坊	石库门里弄	1925	砖木二层	67	7 499	甘肃路141弄
德寿里	石库门里弄	1912	砖木二层	15	1 072	安庆路488弄
德润坊	石库门里弄	1920	砖木二层	57	6 305	安庆路461弄
德泰里	石库门里弄	1910	砖木二层	9	847	海宁路670弄
豫顺里	石库门里弄	1910年前	砖木二层	9	3 221	七浦路232弄
鑫顺里	石库门里弄	1910	砖木二层	18	2 415	天潼路830弄
鑫益里	石库门里弄	1923	砖木结构	6	1 126	山西北路262弄
文惠坊		1923	砖木二层	4	388	康乐路100弄
毛坑弄		1910	砖木一层、二层	4	235	塘沽路823弄
太原里		1920	砖木二层	10	844	福建北路286弄
长寿里		1910	砖木二层	4	964	曲阜路146弄
兴昌隆		1911	砖木二层大宅	2	2 272	北苏州路520弄10号
华东里		1914	砖木二层	40	4 508	曲阜路
如意里		1924	砖木二层	2	674	七浦路202弄
绍兴里		1920	砖木二层	18	1 286	山西北路140弄
林泉里		1920	砖木二层	7	582	七浦路346弄
顺德里		1923	砖木二层	23	2 720	天潼路615弄
荣庆里		1910	砖木二层	46	3 556	河南北路409弄
荣华里		1910	砖木二层	1	946	海宁路957弄
荣陆里		1915	砖木二层	22	4 075	七浦路264弄
春茂里		1911	砖木二层	6	832	海宁路774弄
茶阳里		1930	砖木二层	9	997	康乐路243弄
晋福里		1910	砖木二层	6	432	天潼路799弄51支弄
祥安里		1911	砖木二层	4	390	康乐路243弄

续表

住宅名称	住宅类型	建筑年代	建筑结构	幢数	建筑面积（平方米）	坐落位置
祥安坊		1910	砖木二层	15	952	七浦路 623 弄
泰安里		1931	砖木二层	307	32 087	天潼路 727、759 弄
富庆里		1906	砖木二层	9	1 593	河南北路 477 弄
福康里		1910	砖木平房	21	590	龚家宅路 221 弄
聚源里		1923	砖木二层	4	588	塘沽路 974 弄

二十五、闸北区（公共租界北区）资料补充

住宅名称	建筑年代	建筑面积（平方米）	坐落位置	备注
文惠坊	1923	388	康乐路 100 弄	《上海市闸北区地名志》第 258 页
毛坑弄	1910	235	塘沽路 823 弄	《上海市闸北区地名志》第 259 页
太原里	1920	844	福建北路 286 弄	《上海市闸北区地名志》第 260 页
长寿里	1910	964	曲阜路 146 弄	《上海市闸北区地名志》第 260 页
兴昌隆	1911	2 272	北苏州路 520 弄 10 号	《上海市闸北区地名志》第 266 页
华东里	1914	4 508	曲阜路	《上海市闸北区地名志》第 267 页
如意里	1924	674	七浦路 202 弄	《上海市闸北区地名志》第 268 页
绍兴里	1920	1 286	山西北路 140 弄	《上海市闸北区地名志》第 271 页
林泉里	1920	582	七浦路 346 弄	《上海市闸北区地名志》第 271 页
顺德里	1923	2 720	天潼路 615 弄	《上海市闸北区地名志》第 273 页
荣庆里	1910	3 556	河南北路 409 弄	《上海市闸北区地名志》第 273 页
荣华里	1910	946	海宁路 957 弄	《上海市闸北区地名志》第 274 页
荣陆里	1915	4 075	七浦路 264 弄	《上海市闸北区地名志》第 274 页
春茂里	1911	832	海宁路 774 弄	《上海市闸北区地名志》第 274 页
茶阳里	1930	997	康乐路 243 弄	《上海市闸北区地名志》第 274 页
晋福里	1910	432	天潼路 799 弄 51 支弄	《上海市闸北区地名志》第 274 页
祥安里	1911	390	康乐路 243 弄	《上海市闸北区地名志》第 275 页
祥安坊	1910	952	七浦路 623 弄	《上海市闸北区地名志》第 275 页
泰安里	1931	32 087	天潼路 727、759 弄	《上海市闸北区地名志》第 276 页
富庆里	1906	1 593	河南北路 477 弄	《上海市闸北区地名志》第 277 页
福康里	1910	590	龚家宅路 221 弄	《上海市闸北区地名志》第 279 页
聚源里	1923	588	塘沽路 974 弄	《上海市闸北区地名志》第 280 页

二十六、普陀华界(1927—1937年各区)数据资料表

住宅名称	住宅类型	建筑年代	建筑结构	幢数	建筑面积(平方米)	坐落位置	管辖地区
新生里	旧式里弄	1946	砖木一层、二层	110	8 100	中山北路1631弄1—144号	真如
新兴里	旧式里弄	1947	砖木一层、二层	24	1 600	潘家湾支路132弄1—24号	闸北
六凤里	旧式里弄	1918	砖木二层	7	3 300	长寿路832弄1—66号	法华
溥益东里西二弄	石库门里弄	1920	砖木二层	2	650	昌化路东侧、长寿路北	法华
新渡口	旧式里弄	1920	砖木二层		2 400	光复西路2163弄	蒲淞
福森里	旧式里弄	1935	砖木平房		1 300	长寿路1058弄	法华
福新里	旧式里弄	1946	砖木二层、三层	72	2 290	中山北路2056弄	蒲淞
福德里	旧式里弄	1920	砖木二层	3	600	西康路1197弄1—7号、1199—1207号	法华
德隆坊	旧式里弄	1920	砖木二层	6	2 400	长寿路830弄	法华
溥益东里西三弄	石库门里弄	1920	砖木二层	1	400	昌化路964弄	法华
善康里	旧式里弄	1940年前	砖木二层	4	1 300	长寿路562弄	法华
森富里	旧式里弄	1937	砖木二层	1	600	长寿路1072—1078号、1082—1090号	法华
富源里	石库门里弄	1929	砖木一层、二层	10	2 500	长寿路664弄及沿路店面656—672号	法华
新大丰里	旧式里弄	1920	砖木一层、二层	50	2 600	潘家湾路173弄1—50号	闸北
长寿新村	旧式里弄	1948	砖木假三层	2	930	长寿路708弄及沿路710—720号	法华
天福里	旧式里弄	1937	砖木二层		4 300	潭子湾路247弄1—81号	彭浦
五福里	旧式里弄	1940	简屋	5	240	潘家湾路47弄28—33号	闸北
北大旭里	旧式里弄	1918	砖木二层	5	1 700	长寿路380弄	法华
东平里	旧式里弄	1932	砖木平房	3	4 800	曹杨路111弄4支弄10—32号(双)	蒲淞
永庆里	旧式里弄	1931	砖木平房、二层	11	1 700	西康路1371弄48支弄	法华
永安里	旧式里弄	1930	砖木二层	6	1 700	长寿路593弄	法华
永兴里	旧式里弄	1940	砖木平房、二层		540	中山北路1643弄1—14号	真如
兰安坊	广式里弄	1930	砖木二层	4	1 600	西康路1001弄南侧55—97号	法华
永康里	旧式里弄	1940	砖木简屋		350	中山北路1725弄1—10号	彭浦
东瀛里	旧式里弄	1913	砖木二层、平房	19	3 500	西康路1371弄104支弄	法华

续表

住宅名称	住宅类型	建筑年代	建筑结构	幢数	建筑面积（平方米）	坐落位置	管辖地区
老公益里	旧式里弄	1920	砖木二层	9	6 000	万航渡后路13弄	法华
共和里	旧式里弄	1947	砖木二层		1 340	西谈家渡路118弄	蒲淞
西康村	旧式里弄	1945	砖木二层	3	1 160	西康路1501弄110支弄1—26号	法华
西新村	旧式里弄	1947	砖木二层、平房		2 400	西谈家渡路124弄及沿路120—128号	蒲淞
同福里	旧式里弄	1936	砖木二层	1	600	西康路1233弄91支弄1—13号	法华
志仁村	石库门里弄	1930	砖木二层	2	960	长寿路580弄及574—578号	法华
怀远新村	旧式里弄	1934	砖木二层	4	1 430	西康路1233弄108支弄21—42号	法华
陈福里	旧式里弄	1938	砖木二层、平房		3 300	潭子湾路275弄1—78号	彭浦
秀德里	旧式里弄	1932	砖木二层	4	1 500	长寿路1098弄	法华
幸福里	旧式里弄	1946	砖木二层		11 000	中山北路1593弄4—258号	真如
招源里	旧式里弄	1945	砖木二层		870	潘家湾支路165弄1—29号	闸北
经德坊	旧式里弄	1920	砖木二层	4	1 100	安远路804弄及沿路806—812号	法华
恒业里	旧式里弄	1933	砖木二层	2	830	长寿路356弄1—12号	法华
陶公馆	石库门里弄	1914	砖木二层	1	700	西康路1501弄113支弄4号	法华
泰安坊	旧式里弄	1920	砖木二层	5	1 230	光复西路137弄2—21号	蒲淞
泰兴村	石库门里弄	1938	砖木二层	2	860	长寿路344弄及沿路346—354号	法华
养成里	旧式里弄	1920	砖木二层	7	4 090	常德路1258—1270弄	法华
鸿发里	石库门里弄	1920	砖木二层	2	700	长寿路506弄及沿路502—504号	法华
曹杨村	旧式里弄	1946	砖木三层		11 300	曹杨路111弄50、63、64号，111弄66支弄1—10号，145弄2—118号、3—113号及沿路113—173号	蒲淞
裕通里	石库门里弄	1924	砖木二层	5	1 000	长寿路320弄及沿路312—318号	法华
崇德里	新式里弄	1935	砖木平房	20	3 000	中山北路3700弄20支弄1—70号	蒲淞
富兴里	旧式里弄	1930	砖木二层	1	210	长寿路390弄1—4号	法华
新民里	旧式里弄	1945	砖木二层、三层		970	东谈家渡路49弄	蒲淞

续表

住宅名称	住宅类型	建筑年代	建筑结构	幢数	建筑面积（平方米）	坐落位置	管辖地区
新华北里	旧式里弄	1917	砖木二层	33	19 000	常德路1237—1259弄（单）及1238—1270弄（双）长寿路416—484号	法华
勤俭里	旧式里弄	1903	砖木二层	1	440	长寿路743弄	法华
一工房	旧式里弄	1915	砖木二层	6	3 170	长寿路750弄	法华
十二间	旧式里弄	1940	砖木平房	12	600	潘家湾路163弄1—15号	蒲淞
二工房	旧式里弄	1916	砖木二层	6	3 500	叶家宅路115弄	法华
人民里	旧式里弄	1946	砖木平房	30	4 200	中山北路1565弄	真如
九间头	旧式里弄	1914	砖木一层、二层	9	9 260	光复西路145弄	蒲淞
人杰里	旧式里弄	1946	砖木一层、二层	20	1 540	曹杨路西谈家渡29弄	蒲淞
中山村	旧式里弄	1935	砖木平房	39	1 440	中山北路3700弄1—37号	蒲淞
三工房	旧式里弄	1918	砖木二层	6	480	长寿路750弄56—270（双）号	法华
上无二厂宿舍	旧式里弄	1930	砖木二层	5	1 780	宜昌路96号内	法华
三元坊	旧式里弄	1918	砖木平房	3	820	长寿路579弄	法华
大同里	旧式里弄	1946	砖木平房	3	1 100	光复西路277弄111支弄1—30号	蒲淞
广益里	旧式里弄	1940年前	砖木二层	23	6 600	长寿路792弄	法华
三新村	新式里弄	1932	砖木二层	3	3 800	澳门路180弄1—27号及昌化路1072—1078号	法华
三德里	旧式里弄	1922	砖木一层、二层	40	2 140	潘家湾路277弄1—40号	闸北
中山里	旧式里弄	1940年后	砖木平房	25	950	中山北路2072弄1—25号	蒲淞
仁义里	旧式里弄	1930	砖木平房	70	2 900	潘家湾支路68弄1—72号	闸北
中山新村	旧式里弄	1936	砖木一层、二层	53	16 900	中山北路1913弄1、11、23、29、41、47、79支弄	蒲淞
太平村	旧式里弄	1946	砖木一层、二层	72	1 850	潘家湾183弄1—41号	彭浦
云达里	旧式里弄	1945	砖木平房	10	440	中山北路1959弄1—15号	蒲淞
太平里	旧式里弄	1930年后	砖木一层、二层	14	800	曹杨路西谈家渡路147弄一部分	蒲淞

续表

住宅名称	住宅类型	建筑年代	建筑结构	幢数	建筑面积（平方米）	坐落位置	管辖地区
牛奶棚	旧式里弄	1923	砖木一层、二层	13	1 000	西谈家渡路 25 弄	蒲淞
长发里	旧式里弄	1946	砖木一层、二层	16	700	曹杨路 162 弄 1—17 号	蒲淞
长寿里	旧式里弄	1946	砖木一层、二层	200	6 150	中山北路 1825 弄 1—183 号	彭浦
天助里	旧式里弄	1930	砖木平房	36	1 450	潘家湾支路 53 弄 1—34 号	闸北
中和村	旧式里弄	1945	砖木平房	20	880	中山北路 1660 弄 1—20 号	彭浦
王家巷	旧式里弄	清末	砖木平房	150	6 100	延长路北宜川路东西侧	彭浦
平民村	旧式里弄	1935	砖木平房	57	7 524	中山北路 2035 弄	蒲淞
民主里	旧式里弄	1945	砖木平房	150	3 400	中山北路 1401 弄	真如
民主村	旧式里弄	1945	砖木平房	120	2 500	中山北路 2182 弄 1—49 号	蒲淞
四平村	旧式里弄	1945	砖木平房	100	2 600	光复西路 201 弄	蒲淞
永明村	旧式里弄	1945	砖木平房	18	1 740	中山北路 1988 弄 1—46 号	蒲淞
甘家弄	旧式里弄	1935	砖木平房	10	2 000	光新路东、虹江路北	彭浦
申新工房	旧式里弄	1937	砖木一层、二层	4	1 900	光复西路 2359 弄 1—26 号	蒲淞
永新村	旧式里弄	1945	砖木一层、二层	130	3 000	沪太路西、洛川路南	彭浦
同发里	旧式里弄	1937	砖木一层、二层	18	240	西谈家渡路 12 弄	蒲淞
合兴里	旧式里弄	1948	砖木平房	13	650	中山北路 1913 弄 1 支弄 2—13 号	蒲淞
华兴里	旧式里弄	1930 年后	砖木一层、二层	40	1 600	长寿路 1042 弄及沿路 1032—1040 号、1044—1048 号	法华
吉庆里	旧式里弄	1930	砖木平房	10	770	中山北路 3966 弄 1—10 号	蒲淞
团结里	旧式里弄	1945	砖木平房	80	3 700	中山北路 1465 弄 1—81 号	真如
团结村	旧式里弄	1913	砖木平房	10	510	交通路 1913 弄内	彭浦
光复里	旧式里弄	1945	砖木平房	110	18 000	光复西路 555 弄	蒲淞
江畔里	旧式里弄	1924	砖木平房	30	700	常德路东、西康路西	法华
吉祥里	旧式里弄	1936	砖木平房	40	1 400	中山北路 1936 弄 1—40 号	蒲淞
江淮新村	旧式里弄	1945	砖木平房	65	2 360	潘家湾东支路 40 弄 1—65 号	闸北

续表

住宅名称	住宅类型	建筑年代	建筑结构	幢数	建筑面积（平方米）	坐落位置	管辖地区
西新村	旧式里弄	1947	砖木二层、三层	30	2 400	西谈家渡路124弄及沿路120—128号	蒲淞
岐山里	旧式里弄	1937	砖木平房	10	280	长寿路655弄3—25号（单）	法华
苏北里	旧式里弄	1945	砖木平房	11	330	安远路630弄1—8号、18—21号	法华
苏安村	旧式里弄	1940年前	砖木平房	49	1 170	中山北路2084弄1—49号	蒲淞
吴家里	旧式里弄	1945	砖木平房	9	350	潘家湾路7弄1—9号	闸北
协鑫里	旧式里弄	1940	砖木平房	3	1 000	光复西路1023弄11—46、52、56号	蒲淞
金元里	旧式里弄	1947	砖木平房	20	1 100	中山北路1593弄31—52号	真如
和平里	旧式里弄	1945	砖木一层、二层	7	400	安远路626弄	法华
建成工房	旧式里弄	1941	砖木平房	4	640	东谈家渡路166弄16支弄1—32号	蒲淞
居安里	旧式里弄	1946	砖木一层、二层	20	1 480	长寿路549弄	法华
建设里	旧式里弄	1946	砖木平房	98	2 350	中山北路1433弄	真如
国祥里	旧式里弄	1945	砖木平房	13	730	中山北路1799弄1—25号	彭浦
金家巷	旧式里弄	1937	砖木平房	28	2 500	中山北路3487弄9—37号	蒲淞
复兴里	旧式里弄	1947	砖木平房	35	800	中山北路1351弄	真如
侯家宅	旧式里弄	清乾隆年间	砖木一层、二层	86	3 400	石泉六村境内	真如
茨菇塘东村	旧式里弄	1940	砖木平房	26	1 100	石泉路65弄5—20号	真如
茨菇塘前村	旧式里弄	20世纪初	砖木平房	42	1 840	石泉路99弄1—42号	真如
祖德里	旧式里弄	1920	砖木二层	6	2 000	安远路706弄1—50号及沿路686—704号	法华
真北村	旧式里弄	1937	砖木平房	120	9 160	真北路1—120号	真如
振华新村	旧式里弄	1945	砖木平房	53	1 600	中山北路1600弄7—60号	彭浦
致和里	旧式里弄	1938	砖木平房	30	1 050	潘家湾支路48弄1—30号	法华
振泰村	旧式里弄	1946	砖木二层	10	280	白玉路东、隆德路南	蒲淞
悦祥里	旧式里弄	1935	砖木平房	11	300	光新路西、石泉路南	真如
祥新村	旧式里弄	1936	砖木平房	24	2 380	光新路东、石泉路南	真如
益群坊	旧式里弄	1940	砖木一层、二层	90	3 350	中山北路1698弄1—98号	彭浦

续表

住宅名称	住宅类型	建筑年代	建筑结构	幢数	建筑面积（平方米）	坐落位置	管辖地区
第一新村	旧式里弄	1942	砖木平房	5	620	沪太路682弄4—27号	彭浦
康乐里	旧式里弄	1942	砖木平房	20	800	中山北路1701弄1—24号	彭浦
崇信工房	旧式里弄	1938	砖木二层	2	1 100	长寿路613弄	法华
崇信工房	旧式里弄	1920	砖木二层	15	4 100	西谈家渡路166弄30支弄	蒲淞
鸿盛里	旧式里弄	1931	砖木平房	9	700	光新路西、石泉路南	真如
敬和里	旧式里弄	1940	砖木平房	12	380	光复西路1023弄1—13号	蒲淞
集益里	石库门里弄	1920	砖木二层	2	800	长寿路342弄及334—340号	法华
恒泰里		1900	简屋		400	西康路1501弄8支弄	法华
姚湾		1900	四合院式平房		300	武宁路东、岚皋路西、中山北路北侧	真如
章家巷		1911	棚户简屋		3 800	志丹路东、子长路西侧、甘泉路与延长路之间	彭浦
合兴里		1930	平房简屋		930	长寿路684弄3—25号	法华
红粉厂		1930	简屋		1 080	中山北路1975弄1—21号、1967—1973号、1913弄62—64号	蒲淞
朱家宅		1784年后	平房简屋		3 600	子长路东侧、延长路北侧	彭浦
朱港		1900年后	平房简屋		7 500	泾惠路东、宜川路西、洛川路南	彭浦
北赵家宅		1912—1949	棚户简屋		2 000	宜川路东、沪太路西、新村路南	真如
韭菜弄		1915年后	简屋		2 000	中山北路东侧、中山北路真西铁路支线交叉处南、真西铁路支线东西两侧	蒲淞
三康村		1930—1939	简屋		334	光新路53、61、67、75弄	蒲淞
牛棚		1930—1939	简屋		280	志丹路交通路东北侧	彭浦
荣华坊		1930—1939	简屋		760	中山北路1101弄	彭浦
铁路西村		1930年后	简屋		2 040	中山北路2108弄1—55号	蒲淞
桂巷		1949年前	平房		20 000	杨柳青路东、杏山路西、桂巷路南、虬江南北两侧	蒲淞

二十七、普陀华界(1927—1937年各区)资料补充

住宅名称	建造年代	建筑面积(平方米)	坐落位置	备注
恒泰里	1900	400	西康路1501弄8支弄	法华 《普陀区地名志》第157页
姚湾	1900	300	武宁路东、岚皋路西、中山北路北侧	真如 《普陀区地名志》第158页
章家巷	1911	3 800	志丹路东、子长路西侧、甘泉路与延长路之间	彭浦 《普陀区地名志》第164页
合兴里	1930	930	长寿路684弄3—25号	法华 《普陀区地名志》第142页
红粉厂	1930	1 080	中山北路1975弄1—21号、1967—1973号、1913弄62—64号	蒲淞 《普陀区地名志》第144页
朱家宅	1784年后	3 600	子长路东侧、延长路北侧	彭浦 《普陀区地名志》第145页
朱港	1900年后	7 500	泾惠路东、宜川路西、洛川路南	彭浦 《普陀区地名志》第145页
北赵家宅	1912—1949	2 000	宜川路东、沪太路西、新村路南	真如 《普陀区地名志》第138页
韭菜弄	1915年后	2 000	中山北路东侧、中山北路真西铁路支线交叉处南、真西铁路支线东西两侧	蒲淞 《普陀区地名志》第157页
三康村	1930—1939	334	光新路53、61、67、75弄	蒲淞 《普陀区地名志》第128页
牛棚	1930—1939	280	志丹路交通路东北侧	彭浦 《普陀区地名志》第133页
荣华坊	1930—1939	760	中山北路1101弄	彭浦 《普陀区地名志》第155页
铁路西村	1930年后	2 040	中山北路2108弄1—55号	蒲淞 《普陀区地名志》第161页
桂巷	1949年前	20 000	杨柳青路东、杏山路西、桂巷路南、虬江南北两侧	蒲淞 《普陀区地名志》第160页

二十八、普陀区(公共租界)数据资料

住宅名称	住宅类型	建造年代	建筑结构	幢数	建筑面积(平方米)	坐落位置
九如里	石库门里弄	1920	砖木二层	4	1 100	长寿路264弄
人和里	旧式里弄	1934	砖木二层	4	980	安远路514弄
七家村	石库门里弄	1920	砖木结构	3	2 700	江宁路1242弄3—91号
又新村	旧式里弄	1935	砖木二层	2	780	昌化路939弄
三乐里	石库门里弄	1917	砖木二层	1	300	江宁路1080弄77号
三友里	旧式里弄	1930	砖木二层	1	510	安远路418弄西侧2—9号
义兴里	旧式里弄	1937	砖木二层	1	1 800	安远路498弄
三余坊	石库门里弄	1936	砖木二层	7	4 200	西康路1047弄

续表

住宅名称	住宅类型	建造年代	建筑结构	幢数	建筑面积（平方米）	坐落位置
纺织局宿舍	花园里弄	1918	日式花园二层	5	1 300	江宁路1383、1399弄
六合坊	石库门里弄	1932	砖木二层	1	630	长寿路250弄东侧2—7号
木匠弄	旧式里弄	1932	砖木二层、三层	5	1 400	新会路185弄
锦绣里	旧式里弄	1920	砖木二层	38	1 100	安远路62弄
溥益里	石库门里弄	1914	砖木二层	6	4 300	江宁路1450号
福德坊	石库门里弄	1928	砖木二层	2	3 800	西康路1132弄9—31号、1134—1152号，长寿路185—219号
德明里	石库门里弄	1936	砖木二层	1	470	澳门路559弄，沿路561—569号
澳门路609弄	石库门里弄	1920	砖木二层、平房	6	5 500	陕西北路与西康路之间
澳门路666弄	新式里弄	1920	砖木二层、三层	38	32 100	澳门路666弄
五余坊	石库门里弄	1931	砖木二层	1	480	西康路1141弄3、5号
长寿里	旧式里弄	1917	砖木二层	25	1 440	长寿路275及沿路265—273号、277—283号
仁和里	石库门里弄	1936	砖木二层	4	2 200	长寿路152弄
五福里	石库门里弄	1932	砖木二层	4	2 550	昌化路915—919号及921弄
申九里	旧式里弄	1940	砖木二层、三层	3	3 400	澳门路436弄及江宁路1377弄
北白玉坊	旧式里弄	1933	砖木二层	11	2 400	新会路312弄
永安里	石库门里弄	1914	砖木二层	5	2 730	长寿路182弄及沿路184—212号
永安里	石库门里弄	1930	砖木平房、二层	10	1 700	昌化路1043弄及沿路1045—1055号，澳门路225—243号
永泉里	石库门里弄	1923	砖木二层	2	700	长寿路225弄及227—233号
印雪里	石库门里弄	1931	砖木二层	3	100	昌化路929弄及沿路923—927号、931—937号
永盛坊	石库门里弄	1938	砖木二层	7	3 500	胶州路928弄及922—926号、930—934号
申新里	旧式里弄	1920	砖木二层	3	3 000	宜昌路168弄152—184号
龙福里	石库门里弄	1935	砖木二层	2	580	江宁路1080弄61—69号、71—73号

续表

住宅名称	住宅类型	建造年代	建筑结构	幢数	建筑面积（平方米）	坐落位置
芝兰里	石库门里弄	1931	砖木二层	2	1 300	胶州路 950 弄 952－960 号，长寿路 471－487 号
乐安坊	石库门里弄	1932	砖木二层	4	620	西康路 1123 弄 1125－1127 号
乐安坊	旧式里弄	1924	砖木二层	2	700	安远路 264－270 号
同心里	旧式里弄	1923	砖木二层	2	534	长寿路 63 弄 1－7 号及沿路 47－61 号
有余里	石库门里弄	1930	砖木二层、平房	6	1 100	长寿路 226 弄 1－12 号
合利坊	石库门里弄	1936	砖木二层	6	2 700	新会路 219 弄及沿路店面 221－229 号
光明村	石库门里弄	1930	砖木二层	10	3 000	江宁路 1000 弄
光裕坊	石库门里弄	1920	砖木二层	7	1 900	长寿路 288 弄 1－9 号
庆福里	旧式里弄	1910	砖木二层	4	2 100	宜昌路 161 弄、155 弄及沿路 145－165 号
有德里	旧式里弄	1927	砖木二层		3 200	普陀路 36 弄及沿路 2－66 号，昌化路 1005－1013 号
启德里	石库门里弄	1920	砖木二层	3	3 500	胶州路 938 弄 1－26 号及沿路 940－948 号
阜丰里	石库门里弄	1904	砖木二层	3	3 000	莫干山路 92 弄及沿路 94－118 号
和乐坊	石库门里弄	1930	砖木二层	2	680	江宁路 1080 弄 43－59 号
金城里	新式里弄	1936	砖木二层、三层	10	12 000	安远路 188 弄
武陵村	旧式里弄	1925	砖木二层	2	920	安远路 360 弄 1－5 号及沿路 362－372 号
怡福里	石库门里弄	1924	砖木二层	1	340	长寿路 214 弄 14－19 号
茂德里	旧式里弄	1936	砖木三层	3	4 200	西康路 1018 弄 3－35 号
宗德坊	石库门里弄	1935	砖木二层	6	1 800	长寿路 91 弄及沿路 85－89 号
鸣德里	石库门里弄	1947	砖木二层	4	1 100	西康路 115 弄及 1117－1121 号
承德里	石库门里弄	1919	砖木二层	5	6 000	江宁路 1014 弄 1－9 号
南白玉坊	旧式里弄	1933	砖木二层	7	2 700	新会路 313 弄
柏兰坊	旧式里弄	1932	砖木二层	3	570	安远路 392 弄 1－5 号

续表

住宅名称	住宅类型	建造年代	建筑结构	幢数	建筑面积（平方米）	坐落位置
恒安里	旧式里弄	1939	砖木二层	2	370	安远路 332 弄及沿路 334—336 号
荣庆里	石库门里弄	1925	砖木二层	1	330	长寿路 214 弄 38—40 号
俭庐	石库门里弄	1934	砖木二层	1	320	长寿路 250 弄 18 号
统益东里	旧式里弄	1920	砖木二层	5	2 000	江宁路 1128 弄、1152 弄及沿路 1130—1158 号
统益村	旧式里弄	1920	砖木二层	1	1 300	长寿路 97 弄
泰来坊	石库门里弄	1930	砖木二层、三层	6	4 600	江宁路 1325 弄、1335 弄、1345 弄、1353 弄、1361 弄 1369 号及澳门路 415—431 号
胶州村	石库门里弄	1931	砖木二层	3	2 000	胶州路 908 弄 1—6 号、14—18 号及 898—906 号、910—920 号
致和里	石库门里弄	1920	砖木二层	6	3 700	长寿路 113 弄及沿路 115—137 号，陕西北路 1366 弄及 1368—1376 号
养和村	新式里弄	1935	砖木二层	8	2 300	长寿路 160 弄及沿路 54—158 号、162—166 号
泰裕里	石库门里弄	1930	砖木二层	4	1 800	新会路 173 弄及沿路 75—183 号
第安坊	旧式里弄	1934	砖木二层	1	220	澳门路 551 弄及沿路 553—557 号
裕庆里	石库门里弄	1937	砖木二层	14	6 300	长寿路 171 弄及沿路 63—169 号、173—183 号，新会路 152 弄 154—160 号
鸿寿坊	石库门里弄	1933	砖木二层	15	8 100	新会路 234 弄 214—232 号，长寿路 253—263 号，西康路 1069—1113 号
梅芳里	旧式里弄	1921	砖木二层	37	15 000	长寿路 421 弄及沿路 411—419 号
滋丰坊	旧式里弄	1932	砖木二层	2	1 400	普陀路 216 弄
森业里	旧式里弄	1934	砖木二层	2	620	安远路 418 弄西侧 23—29 号
新会里	旧式里弄	1936	砖木平房	3	180	新会路 83 弄及沿路 85—87 号

续表

住宅名称	住宅类型	建造年代	建筑结构	幢数	建筑面积（平方米）	坐落位置
新华南里	旧式里弄	1920	砖木二层、三层	30	24 000	常德路1212—1228弄（双），1213—1231弄（单），沿路1204—1210号、1205—1211号、1233—1237号,新会路342—390号（双），长寿路305—343号、349—371号
颐和里	石库门里弄	1924	砖木二层	2	1 440	江宁路1040—1056号，1060弄4—10号
源和里	石库门里弄	1930	砖木二层	5	4 200	江宁路1192弄1172—1190号、1194—1214号
溥益东里北	旧式里弄	1920	砖木二层、平房	11	2 900	澳门路61、111弄
溥益东里西一弄	旧式里弄	1920	砖木二层	1	1 160	昌化路924弄3—31号
九如后里	旧式里弄	1884	砖木平房	6	560	西康路1212弄46支弄1—15号、19—27号
丁家宅	旧式里弄	1910	砖木平房	2	610	长寿路214弄3支弄6号
八家村	旧式里弄	清末	砖木二层	8	400	江宁路1253弄
小七家村	旧式里弄	清末	砖木平房	6	230	澳门路181弄1—5号（单），昌化路1034弄5—11号、13号
四如村	旧式里弄	1935	砖木平房	3	360	胶州路908弄7—11号
永和坊	旧式里弄	1931	砖木一层、二层	10	860	普陀路445弄10号、14号及西康路1214—1236号
民政坊	旧式里弄	1931	砖木平房	6	440	西康路1212弄37支弄西侧1—6号
同兴工房	旧式里弄	1918	砖木二层	9	9 900	澳门路524弄
信大工房	旧式里弄	1920	砖木平房	9	400	西苏州路1239—1255号
信大里	旧式里弄	1912	砖木一层、二层	6	500	西苏州路1217—1237号、1257号
统益里	旧式里弄	1920	砖木一层、二层	12	2 620	长寿路150弄及沿路138—148号
康宁村	石库门里弄	1920	砖木二层、三层	5	2 730	澳门路460弄及沿路438—458号
菜市弄	旧式里弄	1925	砖木二层	2	1 740	长寿路191弄1—33号

续表

住宅名称	住宅类型	建造年代	建筑结构	幢数	建筑面积（平方米）	坐落位置
乾兴坊	旧式里弄	1931	砖木二层	4	2 620	安远路38弄及沿路40—48号
鸿寿坊	石库门里弄	1933	砖木二层	15	8 100	新会路234弄
普陀坊	旧式里弄	1932	砖木二层	3	1 300	普陀路51弄3—11号、15号及沿路39—49号，昌化路977弄32—42号
集贤村	新式里弄	1937	砖木二层	2	1 940	江宁路1023弄、1033弄
三十间		1914	简屋	30	1 900	莫干山路134弄1—13号、22—33号
上海纺织管理局六宿舍	日式楼房	1918		5	1 300	江宁路1383弄
和乐里		1918	平房	8	300	戈登路东侧、劳勃生路南、江宁路1080弄北侧

二十九、普陀区(公共租界)资料补充

住宅名称	建造年代	建筑面积（平方米）	坐落位置	管辖地区	备注
三十间	1914	1 900	莫干山路134弄1—13号、22—33号	公共租界	《普陀区地名志》第123页
上海纺织管理局六宿舍	1918	1 300	江宁路1383弄	公共租界	《普陀区地名志》第127页
和乐里	1918	300	戈登路东侧、劳勃生路南、江宁路1080弄北侧	公共租界	《普陀区地名志》第152页

三十、虹口区华界(1927—1937年各区)数据资料

住宅名称	住宅类型	建筑年代	建筑结构	幢数	建筑面积（平方米）	坐落位置	管辖地区
二谊里	旧式里弄	1937	砖木二层	10	900	岳州路171弄	引翔
九如里	旧式里弄	1937	砖木二层	9	430	天德路105弄	引翔
三鑫里	旧式里弄	1882	砖木平房	45	1 467	胡家木桥路313弄	引翔
大德里	旧式里弄	1948	砖木一层、二层	136	4 260	高阳路651弄	引翔
义兴里	旧式里弄	1936	砖木二层	12	370	通州路360弄	引翔
元成里	旧式里弄	1936	砖木二层	39	1 500	通州路356弄	引翔
天宝里	旧式里弄	1946	砖木二层	33	911	胡家木桥路235弄	引翔
天厚里	旧式里弄	1936	砖木二层	41	3 600	岳州路288弄	引翔
天德里	旧式里弄	1937	砖木平房	87	2 139	天德路52弄	引翔

续表

住宅名称	住宅类型	建筑年代	建筑结构	幢数	建筑面积（平方米）	坐落位置	管辖地区
太性里	旧式里弄	1937	砖木二层	2	724	岳州路364弄	引翔
中兴里	旧式里弄	1948	砖木二层	10	730	高阳路564、570弄	引翔
中南里	旧式里弄	1936	砖木一层、二层	12	360	海拉尔路276弄	引翔
仁信里	旧式里弄	1936	砖木二层	48	3 400	飞虹路187弄	引翔
月德坊	旧式里弄	1948	砖木二层	69	3 000	高阳路689弄	引翔
永元坊	旧式里弄	1936	砖木二层	6	310	岳州路395弄	引翔
永业坊	旧式里弄	1937	砖木二层	22	1 830	岳州路414弄	引翔
永兴里	旧式里弄	1940	砖木二层	17	300	岳州路254弄	引翔
东太平里	旧式里弄	1884	砖木一层、二层	15	300	太平桥路5弄	引翔
东合兴里	旧式里弄	1946	砖木平房	57	2 543	太平桥16弄	引翔
东均安里	旧式里弄	1936	砖木二层	51	2 515	天宝路193弄	引翔
兴祥里	旧式里弄	1936	砖木二层	32	1 900	岳州路423弄	引翔
安乐里	旧式里弄	1936	砖木二层	20	1 800	周家嘴路783弄	引翔
庆善里	旧式里弄	1920	砖木二层	33	1 152	胡家木桥路219弄	引翔
亦德坊	旧式里弄	1936	砖木二层	12	1 010	高阳路689弄	引翔
西太平里	旧式里弄	1884	砖木一层、二层	39	1 248	胡家木桥路302弄	引翔
西均安里	旧式里弄	1930	砖木二层	22	1 138	天宝路198弄	引翔
吉祥里	旧式里弄	1920	砖木平房	53	1 637	胡家木桥路241弄	引翔
成德里	旧式里弄	1930	砖木一层、二层	22	901	张家巷路111弄	引翔
同庆里	旧式里弄	1936	砖木二层	32	3 100	岳州路312弄	引翔
同德坊	旧式里弄	1936	砖木二层	7	407	岳州路407弄	引翔
合兴里	旧式里弄	1937	砖木二层	194	7 130	张家巷路70、128弄	引翔
老凤鸣里	旧式里弄	1936	砖木二层	7	475	岳州路49弄	引翔
育才里	旧式里弄	1930	砖木平房	18	622	育才路173弄	引翔
郎德里	旧式里弄	1937	砖木二层	16	290	周家嘴路859弄	引翔
金有里	旧式里弄	1940	砖木二层、三层	11	335	安丘路150弄	引翔
岳州坊	旧式里弄	1936	砖木二层	11	670	岳州路415弄	引翔
物华里	旧式里弄	1930	砖木平房	107	2 139	安丘路2、8、12弄	引翔
承平里	旧式里弄	1936	砖木二层	50	3 110	临平路51弄	引翔
建国里	旧式里弄	1937	砖木一层、二层	28	766	通州路214弄	引翔
养慈坊	旧式里弄	1936	砖木二层	29	1 940	岳州路78弄	引翔
润德里	旧式里弄	1937	砖木二层	71	2 250	周家嘴路733弄	引翔
祥安里	旧式里弄	1882	砖木平房	47	1 639	胡家木桥路319弄	引翔
高家弄	旧式里弄	1880	砖木平房	43	1 439	胡家木桥路303弄	引翔

续表

住宅名称	住宅类型	建筑年代	建筑结构	幢数	建筑面积（平方米）	坐落位置	管辖地区
泰安坊	旧式里弄	1931	砖木二层	24	1 940	公平路652、706弄	引翔
恭宽坊	旧式里弄	1931	砖木一层、二层	37	2 300	育才路103弄	引翔
积余里	旧式里弄	1936	砖木二层	5	230	通州路284弄	引翔
通海里	旧式里弄	1936	砖木二层	24	900	通州路324、340、350弄	引翔
鸿福里	旧式里弄	1936	砖木二层	40	3 400	临平路243弄	引翔
淮安里	旧式里弄	1920	砖木平房	79	2 435	安丘路239弄	引翔
淮阳北里	旧式里弄	1930	砖木二层	13	393	沙虹路69弄	引翔
竟成坊	旧式里弄	1936	砖木二层	12	1 230	岳州路266弄	引翔
曹家弄	旧式里弄	1880	砖木平房	43	1 378	胡家木桥路310弄	引翔
崇业里	旧式里弄	1936年前	砖木一层、二层	71	1 747	岳州路335弄	引翔
裕华里	旧式里弄	1946	砖木平房	54	1 437	天宝路44弄	引翔
裕华里	旧式里弄	1946	砖木平房	21	708	天宝支路18弄	引翔
新华里	旧式里弄	1937	砖木二层	5	200	临平路172弄	引翔
新凤鸣里	旧式里弄	1945	砖木平房	28	330	岳州路85弄	引翔
福安里	旧式里弄	1948	砖木平房	283	2 850	育才路127弄	引翔
勤益北里	旧式里弄	1936	砖木二层	10	690	岳州路425弄	引翔
嘉德里	旧式里弄	1930	砖木二层	32	1 174	周家嘴路753弄	引翔
毓德里	旧式里弄	1937	砖木平房	52	1 196	高阳路536弄	引翔
德庆里	旧式里弄	1948	砖木二层	17	1 100	通州路264、274、284弄	引翔
鑫业里	旧式里弄	1930	砖木二层	1	278	周家嘴路669弄	引翔
鑫益里	旧式里弄	1936	砖木二层	25	1 170	飞虹路237弄	引翔
七友小筑	旧式里弄	1940	砖木二层	7	210	祥德路12弄	闸北
万里新村	旧式里弄	1930	砖木二层	10	450	欧阳413弄	江湾
永德里	旧式里弄	1937	砖木二层	14	651	临平北路227弄	闸北
安吉里	旧式里弄	1927	砖木三层	53	5 020	吉祥路84弄	闸北
吉祥坊	旧式里弄	1920	砖木二层	9	980	吉祥路49弄	闸北
全家宅	旧式里弄	1940	砖木二层	15	300	宝安支路23弄	闸北
延龄新村	旧式里弄	1930	砖木二层	14	3 920	宝安路279弄	闸北
青庄	花园里弄	1918	砖木假三层	16	3 000	山阴路343弄	闸北
荣旺里	旧式里弄	1937	砖木二层	12	1 184	临平北路239弄	闸北
瑞余里	旧式里弄	1937	砖木二层	7	440	海伦路424弄	闸北
海余里	旧式里弄	1940	砖木一层、三层	18	1 720	欧阳路30弄	闸北
祥生里	旧式里弄	1940	砖木二层	3	210	吉祥路33弄	闸北
祥德村	旧式里弄	1940	砖木二层	7	210	祥德路2弄	闸北
积善里	新式里弄	1926	砖木三层	32	5 650	山阴路340弄	闸北
黄苑庄	旧式里弄	1930	砖木二层	10	2 150	四达路99路	闸北

续表

住宅名称	住宅类型	建筑年代	建筑结构	幢数	建筑面积（平方米）	坐落位置	管辖地区
绿苑庄	新式里弄	1940	砖木三层	4	1 620	祥德路48弄	闸北
塘里	旧式里弄	1920	砖木平房	17	1 394	欧阳路35弄	闸北
新村里	旧式里弄	1935	砖木二层	20	2 900	祥德路96弄	闸北
新四达村	新式里弄	1940	砖木三层	4	300	四达路227弄	闸北
新亚新村	旧式里弄	1930	砖木二层	20	3 400	四平路357弄	闸北
瑞龙里	旧式里弄	1920	砖木平房	18	1 386	欧阳路23弄	闸北
增余里	旧式里弄	1937	砖木二层	17	1 820	宝安支路79弄	闸北
广新里	旧式里弄	1937	砖木平房	30	570	新广路265弄	闸北
广福里	旧式里弄	1937	砖木二层	2	176	邢家桥南路187弄	闸北
三义里	旧式里弄	1937	砖木平房	18	990	川公路13弄	闸北
三元里	旧式里弄	1926	砖木二层	17	1 797	虬江支路43—63弄	闸北
三安里	旧式里弄	1937	砖木三层	5	600	虬江路245弄	闸北
三善里	旧式里弄	1937	砖木二层	2	120	虬江路501弄	闸北
三新里	旧式里弄	1934	砖木三层	27	3 150	四川北路1466弄	闸北
三德坊	旧式里弄	1926	砖木二层	33	3 400	嘉兴路59弄	闸北
士德里	旧式里弄	19世纪初	砖木三层	7	510	四川北路1589弄	闸北
大德里	新式里弄	1927	砖木三层	42	4 470	四川北路1545弄	闸北
义民里	旧式里弄	1948	砖木平房	34	550	东宝兴路341路	闸北
义兴里	旧式里弄	1937	砖木二层	46	740	新广路240弄	闸北
子祥里	旧式里弄	1920	砖木二层	16	1 176	东宝兴路37—61弄	闸北
子祥里西	旧式里弄	1948	砖木平房	26	725	东宝兴路29弄	闸北
六桂里	旧式里弄	1910	砖木二层	24	1 130	嘉兴路36弄	闸北
天寿里	旧式里弄	1937	砖木二层	42	3 833	永明路133弄	闸北
开明新村	旧式里弄	1948	砖木平房、二层	17	1 574	川公路146弄	闸北
太安里	旧式里弄	1910	砖木二层	21	1 500	海南路82弄	闸北
丰盛里	石库门里弄	1915	砖木三层	36	2 600	四川北路1360、1386弄	闸北
中州里	旧式里弄	1936年前	砖木二层	7	1 110	虬江路522弄	闸北
中一新村	新式里弄	1936年前	砖木三层	8	670	川公路84弄	闸北
中州新村	新式里弄	1947	砖木三层	25	1 291	中州路68弄	闸北
仁元里	旧式里弄	1936年前	砖木二层	3	320	虬江路72弄	闸北
仁元里	旧式里弄	1900	砖木二层	11	1 414	罗浮路99弄	闸北
长安里	旧式里弄	1910	砖木二层	11	720	新乡路38、42弄	闸北
长春坊	旧式里弄	1926	砖木二层	18	1 600	虬江路233弄	闸北
北安宁里	旧式里弄	1936年前	砖木二层	8	790	中州路51弄	闸北
北克俭里	旧式里弄	1932	砖木二层	19	1 720	吴淞路652弄	闸北
永兴里	旧式里弄	1936年前	砖木二层	6	260	东宝兴路16弄	闸北
永庆里	旧式里弄	1936年前	砖木二层	14	1 833	川公路176弄	闸北

续表

住宅名称	住宅类型	建筑年代	建筑结构	幢数	建筑面积（平方米）	坐落位置	管辖地区
永富里	旧式里弄	1912	砖木二层	14	2 250	嘉兴路35弄	闸北
永福坊	旧式里弄	1934	砖木二层	12	1 120	哈尔滨路29弄	闸北
左川里	旧式里弄	1948	砖木平房	29	400	川公路171弄	闸北
正兴里	石库门里弄	1895	砖木平房、二层	40	4 200	新广路251弄	闸北
东新余里	旧式里弄	1912	砖木二层	34	2 130	虬江路209弄	闸北
四川里	石库门里弄	1922	砖木二层	61	9 940	四川北路1604弄	闸北
华盛里	旧式里弄	1910	砖木二层	73	6 180	虬江路49弄	闸北
界虹宅	旧式里弄	1880	砖木平房	2	280	欧阳路385弄	江湾
安宁里	旧式里弄	1933	砖木二层	39	4 360	中州路19、29、39、49弄	闸北
安慎坊	新式里弄	1921	砖木二层	65	7 700	四川北路1635、1649弄	闸北
安福里	旧式里弄	1934	砖木二层	25	3 400	中州路58—66弄	闸北
西德康里	旧式里弄	1937	砖木二层	3	290	海山路65弄	闸北
吉祥里	旧式里弄	1937	砖木二层	1	540	虬江支路212弄	闸北
存福里	旧式里弄	1937	砖木二层	9	570	川公路21弄	闸北
存德里	旧式里弄	1937	砖木二层	3	645	永明路84弄	闸北
合兴里	旧式里弄	1937	砖木二层	6	190	新广路238弄	闸北
志善村	旧式里弄	1937	砖木二层	4	428	虬江路193弄	闸北
寿德里	旧式里弄	1890	砖木三层	25	2 780	吴淞路670弄	闸北
克明里	旧式里弄	1928	砖木三层	18	2 426	四川北路1689弄	闸北
进和里	旧式里弄	1937	砖木一层、二层	43	410	川公路123弄	闸北
虬江里	旧式里弄	1931	砖木平房	11	700	虬江路187弄	闸北
余乐里	旧式里弄	1929	砖木二层	21	2 330	虬江路186弄	闸北
余庆里	旧式里弄	1937	砖木二层	7	490	哈尔滨路51弄	闸北
青莲里	旧式里弄	1948	混合三层	15	1 060	川公路147弄	闸北
林乐里	旧式里弄	1937	砖木二层	5	450	东宝兴路158弄	闸北
宝成里	旧式里弄	1937	砖木三层	3	744	四川北路1634弄	闸北
宝德里	旧式里弄	1937	砖木二层、三层	20	1 500	虬江支路120弄	闸北
松柏里	旧式里弄	1918	砖木二层	47	6 000	虬江路208弄	闸北
和平坊	旧式里弄	1929	砖木二层	46	3 200	东宝兴路254弄	闸北
和平里	旧式里弄	1948	砖木三层	17	480	虬江支路216弄	闸北
承庆坊	旧式里弄	1937	砖木二层	11	1 120	武进路312弄	闸北
承德里	旧式里弄	1937	砖木二层	4	330	龚家宅路124弄	闸北
建德新村	旧式里弄	1900	砖木二层	24	2 260	邢家桥南路253弄	闸北
恒安坊	旧式里弄	1927	砖木三层	18	2 700	四川北路1545弄	闸北
荣光新村	旧式里弄	1937	砖木二层	5	736	川公路176弄	闸北
映生里	旧式里弄	1922	砖木二层	27	2 770	海山路19弄	闸北

续表

住宅名称	住宅类型	建筑年代	建筑结构	幢数	建筑面积（平方米）	坐落位置	管辖地区
顺大里	旧式里弄	1948	砖木二层	70	1 960	东宝兴路323弄	闸北
胜利坊	旧式里弄	1948	砖木平房	11	300	虬江支路252弄	闸北
南克俭里	旧式里弄	1927	砖木二层	23	2 010	吴淞路604弄	闸北
祥丰里	旧式里弄	1912	混合三层	12	1 200	虬江路604弄	闸北
祥经里	旧式里弄	1912	砖木二层	11	640	川公路146弄	闸北
积善里	旧式里弄	1932	砖木二层	22	2 350	虬江路173弄	闸北
积德里	旧式里弄	1927	砖木二层	8	460	邢家桥南路132弄	闸北
崇义坊	旧式里弄	1937	砖木二层	5	418	厚德路15弄	闸北
崇业里	旧式里弄	1901	砖木三层	14	1 800	四川北路1385弄	闸北
崇顺里	旧式里弄	1937	砖木二层	5	380	东宝兴路60弄	闸北
普益里	旧式里弄	1937	砖木二层	35	3 200	虬江路92弄	闸北
富春里	旧式里弄	1937	砖木二层	16	960	哈尔滨路57弄	闸北
敦仁里	旧式里弄	1948	砖木平房	6	700	虬江路553弄	闸北
敦礼里	旧式里弄	1920	砖木二层	44	3 100	邢家桥南路87弄	闸北
谦厚里	旧式里弄	1937	砖木二层	7	740	龚家宅路166弄	闸北
新祥里	旧式里弄	1932	砖木三层	52	6 400	四川北路1569弄	闸北
新福里	旧式里弄	1901	砖木二层	13	720	东宝兴路34弄	闸北
新德里	旧式里弄	1937	砖木二层	5	490	川公路39弄	闸北
福寿里	旧式里弄	1937	砖木二层	10	845	永明路56弄	闸北
福祥里	旧式里弄	1937	砖木二层	24	530	吴淞路586弄	闸北
福德里	石库门里弄	1919	砖木二层	71	6 000	四川北路1702—1726弄	闸北
豪星坊	旧式里弄	1937	砖木三层	7	810	新广路89弄	闸北
慎福里	旧式里弄	1916	砖木三层	23	2 800	罗浮路109—131弄	闸北
源兴里	旧式里弄	1937	砖木二层	4	729	永明路70弄	闸北
聚兴里	旧式里弄	1937	砖木二层	4	470	龚家宅路201弄	闸北
甄庆里	旧式里弄	1900	砖木二层	27	3 800	新广路251弄	闸北
增盛里	旧式里弄	1937	砖木二层、三层	2	400	龚家宅路165弄	闸北
德仁里	旧式里弄	1900	砖木二层	34	3 400	邢家桥南路231弄	闸北
德邻里	旧式里弄	1901	砖木二层	19	1 540	东宝兴路101弄	闸北
德明里	旧式里弄	1905	砖木二层	22	1 620	九龙路823弄	闸北
德润里	旧式里弄	1937	砖木二层	5	430	中州路73弄83号	闸北
德康里	旧式里弄	1903	砖木二层	18	1 540	虬江路228弄	闸北
德馨里	旧式里弄	1910	砖木二层	39	2 700	嘉兴路58弄	闸北
公园坊	新式里弄	1937	混合三层	41	6 800	西江湾路476弄	闸北
永德坊	旧式里弄	1930	砖木二层	6	700	西江湾路560弄	闸北
模范村	新式里弄	1931	砖混二层、四层	23	6 980	东体育会路119弄	闸北

续表

住宅名称	住宅类型	建筑年代	建筑结构	幢数	建筑面积（平方米）	坐落位置	管辖地区
飞虹支里	旧式里弄	1940	砖木一层、二层	50	1 935	飞虹支路152弄	江湾
江祥里	旧式里弄	1937	砖木二层、三层	16	510	沙虹路166弄	江湾
吉祥里	旧式里弄	1930	砖木二层	100	2 000	天宝路456弄	江湾
宝昌里	旧式里弄	1930	砖木二层、三层	92	1 700	天宝路285弄31支弄	江湾
恒益里	新式里弄	1930	砖混二层、四层	21	15 000	天宝路535弄	江湾
春源里	旧式里弄	1930	砖木二层	5	450	飞虹路238弄	江湾
崇海里	旧式里弄	1920	砖木二层、三层	39	600	飞虹支路178弄	江湾
福昌里	旧式里弄	1930	砖木一层、二层	39	2 075	天宝路335弄	江湾
丁家里	旧式里弄	1948	砖木平房	4	78	恒业路425弄	闸北
三元里	旧式里弄	1948	砖木二层	6	311	恒业路343弄	闸北
小麦里	旧式里弄	1937	砖木二层、三层	19	2 403	横浜路206弄	闸北
六义里	旧式里弄	1937	砖木二层	7	257	恒业路329弄	闸北
王家宅	旧式里弄	1937	砖木一层、二层	271	1 861	中兴路14弄	闸北
仁德里	旧式里弄	1938	砖木二层	7	360	中山北路66弄	闸北
长云里	旧式里弄	1937	砖木二层	4	330	华昌路16号	闸北
凤凰里	旧式里弄	1937	砖木一层、二层	7	142	宝山路908弄	闸北
兴隆村	旧式里弄	1948	砖木平房	24	754	恒业路421弄	闸北
芝桂里	旧式里弄	1925	砖木平房	12	350	中山北路56弄1—12号	闸北
同义里	旧式里弄	1946	砖木二层	27	400	同心路80弄	闸北
同济里	旧式里弄	1925	砖木三层	43	6 800	同心路209弄1—43号	闸北
伦敦里	旧式里弄	1948	砖木二层	6	180	黄山路149弄	闸北
沧浪小筑	旧式里弄	1937	砖木一层、二层	3	675	西江湾路98弄	闸北
林荫坊	旧式里弄	1937	砖木二层	22	3 900	西江湾路264弄1—43号	闸北
茂福里	旧式里弄	1930	砖木平房	13	350	中山北路51弄1—13号	闸北
恒裕里	旧式里弄	1948	砖木一层、二层	10	376	恒业路408弄	闸北
顺兴里	旧式里弄	1948	砖木二层	10	605	西宝兴257弄	闸北
顺余里	旧式里弄	1936年前	砖木二层	15	465	宝山路944弄	闸北
泰兴里	旧式里弄	1937	混合三层	2	741	横浜路450弄	闸北
顾家湾	旧式里弄	1937	砖木平房	16	539	恒业路155弄	闸北
倚文村	旧式里弄	1937	砖木二层	5	354	西宝兴路267弄	闸北
积善坊	旧式里弄	1922	砖木二层	13	350	恒业路405弄	闸北

续表

住宅名称	住宅类型	建筑年代	建筑结构	幢数	建筑面积（平方米）	坐落位置	管辖地区
通益里	旧式里弄	1937	砖木一层、二层	16	417	天通庵路594弄	闸北
梅村	旧式里弄	1937	砖木二层	7	816	横浜路211弄	闸北
鸿顺里	旧式里弄	1937	砖木一层、二层	12	640	横浜路142弄	闸北
新华村	旧式里弄	1937	砖木一层、二层	5	764	宝山路938弄	闸北
新如里	旧式里弄	1948	砖木一层、二层	5	821	西宝兴路417弄	闸北
精艺弄	旧式里弄	1937	砖木平房	154	4 928	同心路4弄	闸北
嘉良里	旧式里弄	1948	砖木平房	5	250	天通庵路560弄	闸北
一新坊	旧式里弄	1930	砖木二层	28	2 350	梧州路309弄	江湾
广裕里	旧式里弄	1937	砖木二层	6	516	海拉尔路31弄	江湾
三义里	旧式里弄	1948	砖木二层	13	200	四平路117弄	闸北
三陞里	旧式里弄	1912	砖木二层	7	500	鸭绿江路151弄	江湾
大有里	旧式里弄	1937	砖木二层	8	476	海拉尔路74弄	江湾
元和里	旧式里弄	1912	砖木二层	30	1 740	鸭绿江路139弄	江湾
天同里	旧式里弄	1922	砖木二层	58	5 650	溧阳路1009弄	闸北
五贤坊	旧式里弄	1940	砖木二层	26	1 550	宝安路47弄	闸北
仁兴里	旧式里弄	1930	砖木一层、二层	193	3 560	天水路147弄	闸北
仁和里	旧式里弄	1912	砖木假三层	13	960	鸭绿江路107弄	江湾
长兴里	旧式里弄	1937	砖木一层、二层	22	976	海伦路55弄	江湾
凤凰新村	新式里弄	1948	砖木二层、三层	24	1 920	溧阳路755弄和763弄	闸北
月安里	旧式里弄	1930	砖木一层、二层	21	400	梧州路355弄	江湾
兰心里	旧式里弄	1930	砖木二层	29	2 200	溧阳路977弄	闸北
兰言里	旧式里弄	1923	砖木二层	76	2 600	梧州路199弄	江湾
兰藏里	旧式里弄	1926	砖木二层	30	1 926	哈尔滨路122弄、144弄	江湾
永平里	旧式里弄	1923	砖木二层	18	2 114	鸭绿江路11弄	江湾
永乐村	旧式里弄	1936	砖木二层	1	300	梧州路326弄	江湾
永兴里	旧式里弄	1920	砖木二层	23	2 400	宝安路37弄	闸北
永昌里	旧式里弄	1913	砖木二层	10	450	通州路147弄	江湾
永和里	旧式里弄	1923	砖木二层	28	1 770	同嘉路55弄	闸北
立新里	旧式里弄	1948	砖木平房	52	1 300	海拉尔路51弄	江湾
东兴里	旧式里弄	1948	砖木平房	23	460	沙泾港路136弄	闸北
兴发里	旧式里弄	1948	砖木二层、三层	18	1 441	杨家浜路59弄1—21号和59弄乙支弄	闸北
兴胜里	旧式里弄	1948	砖木平房	18	490	香烟桥路112弄	闸北
江夏里	旧式里弄	1920	砖木二层	35	2 400	海拉尔路13弄	江湾

续表

住宅名称	住宅类型	建筑年代	建筑结构	幢数	建筑面积（平方米）	坐落位置	管辖地区
庆云里	旧式里弄	1930	砖木二层	29	2 200	梧州路295弄	江湾
庆阳里	旧式里弄	1948	砖木平房	101	1 000	庆阳路西端	闸北
百德里	旧式里弄	1911	砖木二层	7	426	香烟桥路137弄	闸北
存德坊	旧式里弄	1934	砖木二层	48	2 800	海伦路31弄	江湾
同嘉里	旧式里弄	1930	砖木二层	20	700	同嘉路76弄	闸北
合兴里	旧式里弄	1930	砖木二层	60	4 400	梧州路244弄	江湾
麦加里	新式里弄	1923	砖木二层	38	5 000	溧阳路965弄	闸北
寿荫坊	旧式里弄	1926	砖木二层	56	4 800	天水路171弄	闸北
连桥里	旧式里弄	1937	砖木一层、二层	16	600	杨家浜路77弄	闸北
库伦新村	旧式里弄	1937	砖木二层	8	340	海伦路43号	江湾
利华新村	旧式里弄	1940	砖木三层	10	1 120	同嘉路90弄	闸北
欧嘉村	旧式里弄	1937	砖木二层	18	1 445	海伦路93弄	江湾
松阳里	旧式里弄	1937	砖木平房	24	560	梧州路277弄	江湾
英明坊	旧式里弄	1930	砖木二层	16	1 400	梧州路199弄34—64号	江湾
昆明里	旧式里弄	1920	砖木二层、三层	25	3 100	溧阳路949弄	闸北
贤德里	旧式里弄	1920	砖木二层	14	1 400	宝安路65弄	闸北
和康里	旧式里弄	1949	砖木一层、二层	24	1 170	海伦路310—364弄	闸北
金星里	旧式里弄	1937	砖木平房	4	100	同嘉路28—34号	闸北
经纬里	旧式里弄	1920	砖木二层	18	1 460	梧州路362弄	江湾
洪业坊	旧式里弄	1920	砖木二层	8	800	如皋路38弄	江湾
洪福里	旧式里弄	1912	砖木二层	3	300	梧州路191弄	江湾
亲仁里	旧式里弄	1930	砖木二层	24	2 600	鸭绿江路121弄	江湾
垦业里	旧式里弄	1920	砖木二层	46	2 600	海伦路132弄	江湾
益和里	旧式里弄	1937	砖木二层	1	232	海伦路310弄	闸北
益源里	旧式里弄	1937	砖木二层	5	400	溧阳路897弄	闸北
祥园里	旧式里弄	1937	砖木平房	9	719	宝安路93弄	闸北
祥茂里	旧式里弄	1920	砖木一层、二层	76	5 900	宝安路97弄、107弄	闸北
高阳里	旧式里弄	1920	砖木二层	30	2 600	杨家浜路200弄	闸北
积善里	旧式里弄	1930	砖木二层	30	1 300	天水路155弄	江湾
鸿安里	旧式里弄	1937	砖木二层	7	1 188	香烟桥路94弄	闸北
鸿益里	旧式里弄	1920	砖木二层	18	1 500	香烟桥横路3弄、13弄	闸北
培兴里	旧式里弄	1948	砖木三层	18	2 670	海伦路84弄	江湾
常乐里	旧式里弄	1931	砖木二层	44	6 500	溧阳路637弄	江湾
裕新里	旧式里弄	1920	砖木三层	32	4 000	溧阳路929弄	闸北
谦益里	旧式里弄	1933	砖木二层	19	1 290	天水路135弄	闸北

续表

住宅名称	住宅类型	建筑年代	建筑结构	幢数	建筑面积（平方米）	坐落位置	管辖地区
新元和里	旧式里弄	1948	砖木二层	24	540	梧州路220弄	江湾
福民里	旧式里弄	1921	砖木二层	9	460	杨家浜路210弄、213弄	闸北
福润里	旧式里弄	1937	砖木平房	20	448	香烟桥路31弄	闸北
福善里	旧式里弄	1937	砖木一层、二层	30	1 543	宝安路25弄	闸北
源茂里	旧式里弄	1921	砖木二层	56	6 300	天水路191弄	闸北
瑞庆里	旧式里弄	1921	砖木三层	69	9 600	东嘉兴路304弄和哈尔滨路220弄	闸北
瑞吉里	旧式里弄	1921	砖木二层	29	2 610	东嘉兴路175弄、新嘉路15弄及溧阳路807弄	闸北
瑞余里	旧式里弄	1937	砖木二层	2	152	同嘉路5弄	闸北
瑞金里	旧式里弄	1948	砖木平房	82	1 170	金田路47弄	江湾
瑞康里	石库门里弄	1931	砖木二层、三层	183	12 600	溧阳路和新嘉路之间	闸北
瑞源里	旧式里弄	1927	砖木二层	10	152	东嘉兴路283及301弄	闸北
瑞德里	旧式里弄	1937	砖木二层	3	412	海伦路111弄	江湾
椿荫坊	旧式里弄	1937	砖木二层	18	1 600	通州路189弄	江湾
勤裕里	旧式里弄	1912	砖木二层	13	1 200	海伦路108弄	江湾
肇兴里	旧式里弄	1920	砖木二层	31	3 100	宝安路81弄	闸北
德宁里	旧式里弄	1912	砖木一层、二层	32	2 600	天水路63弄及东交通路182弄、192弄	闸北
德安坊	旧式里弄	1937	砖木二层	2	470	梧州路202弄	江湾
德馨里	旧式里弄	1948	砖木二层	11	681	杨家浜路19弄	闸北
十意里	旧式里弄	1937	砖木一层、二层	7	270	长春路182弄	江湾
九一弄	旧式里弄	1948	砖木一层、二层	7	167	长春路50弄	江湾
广寿里	旧式里弄	1920	砖木二层	3	260	四川北路1851弄	江湾
士庆里	旧式里弄	1947	砖木二层	10	880	海伦路485弄	江湾
大兴坊	旧式里弄	1922	砖木二层	18	1 500	横浜路63弄	江湾
大陆里	旧式里弄	1918	砖木二层	43	2 600	东横浜路24弄	江湾
义源里	旧式里弄	1919	砖木二层	10	550	东横浜路13弄	江湾
千爱里	新式里弄	1930	砖木二层	45	12 100	山阴路2弄	江湾
文彦坊	旧式里弄	1937	砖木二层	5	810	横浜路58弄	江湾
文华别墅	新式里弄	1932	砖木三层	40	7 200	山阴路208号	江湾
长兴里	旧式里弄	1937	砖木二层	9	357	长春路96弄	江湾
长春小筑	新式里弄	1937	砖木三层	6	528	长春路186弄	江湾
长春新村	旧式里弄	1948	砖木三层	9	1 048	海伦西路19弄	江湾
升发里	旧式里弄	1937	砖木平房	12		长春路40弄	江湾
双庆里	旧式里弄	1931	砖木二层	8	5 300	多伦路201弄	江湾

续表

住宅名称	住宅类型	建筑年代	建筑结构	幢数	建筑面积（平方米）	坐落位置	管辖地区
永乐坊	新式里弄	1932	砖木三层	147	13 500	四川北路1774弄	江湾
永兴里	旧式里弄	1937	砖木二层	7	457	邢家桥北路154弄	江湾
永安里	新式里弄	1925	砖木三层	155	21 000	四川北路1963弄	江湾
正明里	新式里弄	1949	砖木三层	12	1 288	海伦路495弄	江湾
东方村	新式里弄	1930	砖木三层	8	1 700	多伦路210弄内	江湾
东陆里	旧式里弄	1918	砖木二层	26	2 000	海伦西路238弄	江湾
东照里	新式里弄	1920	混合三层	122	9 000	山阴路133弄	江湾
四达里	新式里弄	1900	砖木三层	138	26 100	山阴路57弄	江湾
民二坊	旧式里弄	1937	砖木二层	5	280	邢家桥北路182弄	江湾
华兴坊	旧式里弄	1937	砖木二层	6	407	海伦西路45弄	江湾
华康里	旧式里弄	1937	砖木平房	66	1 513	邢家桥北路107弄及长春路164弄	江湾
华福里	旧式里弄	1937	砖木平房	10	491	溧阳路1084弄	江湾
兴立村	旧式里弄	1948	砖木二层	10	1 000	东横浜路82弄	江湾
兴业坊	新式里弄	1931	砖木四层	96	16 000	山阴路165弄	江湾
兴生里	旧式里弄	1937	砖木二层	6	310	邢家桥北路148弄	江湾
兴业北里	旧式里弄	1927	砖木二层	22	4 300	溧阳路994弄和1014弄	江湾
江业里	旧式里弄	1948	砖木二层	4	260	邢家桥北路113弄	江湾
安乐里	旧式里弄	1937	砖木二层	25	2 296	秦关路29弄	江湾
西安乐里	旧式里弄	1948	砖木二层	7	364	海伦西路285弄7—13号	江湾
百善里	旧式里弄	1925	砖木二层	25	1 700	海伦西路66—104弄	江湾
光明村	旧式里弄	1948	砖木平房	21	460	海伦路533弄	江湾
光裕里	旧式里弄	1937	砖木二层	8	380	海伦西路14弄	江湾
则敬里	旧式里弄	1925	砖木二层	9	780	邢家桥北路16、24弄	江湾
合顺里	旧式里弄	1948	砖木一层、二层	13	430	邢家桥北路284弄	江湾
合意里	旧式里弄	1937	砖木二层	9	414	长春路177弄	江湾
亚西亚里	新式里弄	1935	砖木三层	22	3 500	黄渡路107弄	江湾
纪家花园	新式里弄	1918	砖木三层	15	2 200	多伦路236弄	江湾
启秀坊	旧式里弄	1928	砖木二层	21	3 200	长春路214弄	江湾
志安坊	旧式里弄	1926	砖木三层	32	3 800	四川北路2023弄	江湾
麦丰里	新式里弄	1927	砖木假三层	42	3 860	四川北路1811弄	江湾
寿昌里	石库门里弄	1948	砖木二层	5	350	海伦西路285弄（14、15、323、325、327号）	江湾
求安里	旧式里弄	1927	砖木二层	10	680	四川北路1999弄	江湾
求志里	旧式里弄	1920	砖木二层	52	4 700	溧阳路1413弄	江湾
花园里	花园里弄	1927	砖木三层	28	3 600	山阴路145弄	江湾
吟桂里	旧式里弄	1948	砖木平房	58	810	长春路117弄	江湾
余庆里	旧式里弄	1922	砖木二层	10	750	多伦路163弄	江湾

续表

住宅名称	住宅类型	建筑年代	建筑结构	幢数	建筑面积（平方米）	坐落位置	管辖地区
余庆坊	石库门里弄	1900	砖混二层、三层	172	22 500	四川北路1906弄	江湾
阿瑞里	旧式里弄	1915	砖木二层、三层	29	6 700	四川北路1856弄	江湾
青业庄	旧式里弄	1925	砖木三层	1	366	四川北路2394弄	江湾
林村	旧式里弄	1924	砖木假三层	7	670	宝安路248弄	江湾
宝安村	旧式里弄	1948	砖木三层	9	691	长春路138弄	江湾
明德坊	旧式里弄	1924	砖木二层	26	1 750	多伦路177弄	江湾
金星北里	旧式里弄	1918	砖木二层	7	516	海伦西路318弄	江湾
洪发里	旧式里弄	1937	砖木二层	12	569	长春路30弄	江湾
美楣里	旧式里弄	1933	砖木三层	45	3 900	四川北路1746弄	江湾
美德新村	旧式里弄	1937	砖木三层	54	3 700	溧阳路826弄	江湾
恒丰里	石库门里弄	1905	砖木假三层	93	14 040	山阴路69、85弄	江湾
恒盛里	花园里弄	1930	砖木假四层	49	11 000	宝安路160弄	江湾
柳林里	旧式里弄	1911	砖木二层	35	7 700	四川北路1831弄	江湾
树德里	旧式里弄	1920	砖木二层	6	950	海伦西路46弄	江湾
春季里	旧式里弄	1911	砖木二层	21	796	海伦西路276弄	江湾
荣华里	旧式里弄	1920	砖木二层	21	1 500	秦关路10弄	江湾
贻德里	旧式里弄	1924	砖木二层	5	600	东航浜路69弄	江湾
顺盛里	旧式里弄	1920	砖木二层	15	950	海伦西路162弄	江湾
陞祥里	旧式里弄	1920	砖木二层	6	250	东横浜路83弄	江湾
南北丰乐里	旧式里弄	1916	砖木二层	108	9 000	四川北路1999弄	江湾
浙兴里	旧式里弄	1927	砖木假三层	234	24 000	溧阳路930、954、964弄	江湾
润德坊	旧式里弄	1924	砖木二层	20	1 960	四川北路2324、2330、2340弄	江湾
祥吉里	旧式里弄	1948	砖木二层	1	190	横浜路89弄甲支弄	江湾
祥顺里	旧式里弄	1937	砖木平房	5	82	邢家桥北路223弄	江湾
铁门里	旧式里弄	1911	砖木二层	14	618	海伦西路335弄	江湾
积善坊	旧式里弄	1937	砖木二层	2	270	秦关路7弄	江湾
留青小筑	新式里弄	1937	砖木假三层	43	5 000	山阴路112—124号	江湾
清源里	旧式里弄	1920	砖木二层	21	2 600	溧阳路1333弄	江湾
培德里	旧式里弄	1937	砖木二层	4	753	秦关路5弄	江湾
毓德坊	新式里弄	1936	砖木三层	84	9 100	四川北路2208弄	江湾
淞云别业	新式里弄	1937	砖木三层	51	5 900	山阴路44、64弄	江湾
尊德坊	旧式里弄	1930	砖木三层	2	680	东江湾101弄	江湾
富禄里	旧式里弄	1937	砖木三层	9	1 115	四川北路1848—1854弄	江湾
瑛芳里	旧式里弄	1932	砖木三层	11	950	横浜路89弄	江湾
景云里	石库门里弄	1925	砖木三层	32	2 400	横浜路35弄	江湾
景星里	旧式里弄	1930	砖木二层	19	1 450	东横浜路31弄	江湾

续表

住宅名称	住宅类型	建筑年代	建筑结构	幢数	建筑面积（平方米）	坐落位置	管辖地区
紫苑庄	里弄公寓	1936	砖木二层	10	894	山阴路41弄	江湾
新绿里	旧式里弄	1948	砖木三层	28	7 434	四川北路2388弄	江湾
新嘉里	旧式里弄	1948	砖木平房	9	130	邢家桥北路334弄	江湾
新嘉南里	新式里弄	1948	砖木三层	12	290	邢家桥北路378弄	江湾
福星里	旧式里弄	1937	砖木二层	11	850	横浜路16弄	江湾
福兴里	旧式里弄	1927	砖木二层	16	1 200	海伦西路194弄	江湾
溧阳新村	新式里弄	1937	砖木假三层	14	1 500	溧阳路874弄	江湾
溧阳憩园	新式里弄	1937	砖木三层	11	1 400	溧阳路874弄	江湾
德恩里	旧式里弄	1920	砖木二层	30	3 000	秦关路44弄	江湾
德培里	旧式里弄	1926	砖木二层	14	1 400	东横浜路80弄	江湾
燕山别墅	新式里弄	1938	砖木三层	28	2 800	多伦路257弄	江湾
魏盛里	旧式里弄	1937	砖木假三层	4	243	四川北路1881弄	江湾
馥致里	旧式里弄	1937	砖木假三层	7	688	黄渡路103弄	江湾
大陆新村	新式里弄	1931	砖木三层	60	5 500	山阴路132弄1—10号，144弄11—20号，156弄21—30号，168弄31—40号，180弄41—50号，192弄51—60号	江湾
三义里		1912年后（估）	砖木二层	13	200	同心路56弄	闸北
大德里		1949年前	砖木一层、二层	136	4 260	高阳路651弄	引翔
大王家宅		1912年后（估）	砖木平房	5	353	秦关路6弄	江湾
小陈家宅			平房	2		虹口区江湾镇南	江湾
小顾家宅			砖木二层、平房	52		虹口区江湾镇北	江湾
火油弄						虹口区中部	
方浜村			砖木二层、平房	88		虹口区江湾镇南	江湾
卞家宅			砖木二层、平房	48		虹口区江湾镇南	江湾
天宝新村		1940—1949	砖木一层、二层		13 000	天宝路410弄	江湾
月德坊		1949年前	砖木二层	69	3 000	高阳路689弄	引翔
北塘						虹口区江湾镇西南部	江湾
北周家宅						虹口区江湾镇南部	江湾
永丰坊		1930	砖木三层	104	11 200	四川北路1515弄	闸北
永乐村		1912—1936	砖木二层	1	300	梧州路326弄	江湾
永兴里		1940	砖木二层	17	320	岳州路254弄	闸北
吉祥里		1937年前	砖木二层	1	540	虬江支路212弄	闸北

续表

住宅名称	住宅类型	建筑年代	建筑结构	幢数	建筑面积（平方米）	坐落位置	管辖地区
吉祥里		1937年前	砖木平房	16	473	临平北路4弄	闸北
合兴里		1937年前	砖木二层	194	7 130	张家巷路70、110、120、128弄	引翔
全家宅		1940—1949	简屋	15	250	欧阳路60弄	闸北
张家宅		1949年前	砖木一层、二层	14	1 520	西江湾路206弄	闸北
幸福村		1934	砖木平房	215	6 130	大连西路南、四平路西	江湾
恒兴坊		1912年后（估）	砖木一层、二层	29	1 696	张家巷路89弄	引翔
横浜桥街道福德居委会		1919			5 642	横浜桥街道福德居委会	闸北
瑞吉里		1930—1939	砖木二层	29	2 610	东嘉兴路175弄、新嘉路15弄及溧阳路807弄	闸北
瑞源里		1927	砖木二层	10	910	东嘉兴路283弄及301弄	闸北
长春公寓		1928	钢筋混凝土四层		11 200	长春路304号	江湾
北川公寓		1930年前	钢筋混凝土四层		5 675	四川北路2081号、2087号、2093号、2099号	闸北
捷克公寓		1932	钢筋混凝土四层		2 250	溧阳路1040号	江湾
溧阳大楼		1929	钢筋混凝土六层		5 279	四川北路1914号、1920号、1926号、1932号	江湾

三十一、虹口华界资料补充

住宅名称	建造年代	建筑面积（平方米）	坐落位置	管辖地区	备注
三义里	1912年后（估）	200	同心路56弄	闸北	《上海市虹口区地名志》第176页
大德里	1949年前	4 260	高阳路651弄	引翔	《上海市虹口区地名志》第178页
大王家宅	1912年后（估）	353	秦关路6弄	江湾	《上海市虹口区地名志》第179页
小陈家宅			虹口区江湾镇南	江湾	《上海市虹口区地名志》第180页
小顾家宅			虹口区江湾镇北	江湾	《上海市虹口区地名志》第180页
火油弄			虹口区中部		《上海市虹口区地名志》第181页
方浜村			虹口区江湾镇南	江湾	《上海市虹口区地名志》第181页
卞家宅			虹口区江湾镇南	江湾	《上海市虹口区地名志》第182页

续表

住宅名称	建造年代	建筑面积（平方米）	坐落位置	管辖地区	备注
天宝新村	1940—1949	13 000	天宝路410弄	江湾	《上海市虹口区地名志》第183页
月德坊	1949年前	3 000	高阳路689弄	引翔	《上海市虹口区地名志》第188页
北塘			虹口区江湾镇西南部	江湾	《上海市虹口区地名志》第189页
北周家宅			虹口区江湾镇南部	江湾	《上海市虹口区地名志》第189页
永丰坊	1930	11 200	四川北路1515弄	闸北	《上海市虹口区地名志》第190页
永乐村	1912—1936	300	梧州路326弄	江湾	《上海市虹口区地名志》第190页
永兴里	1940	320	岳州路254弄	闸北	《上海市虹口区地名志》第191页
吉祥里	1937年前	540	虬江支路212弄	闸北	《上海市虹口区地名志》第202页
吉祥里	1937年前	473	临平北路4弄	闸北	《上海市虹口区地名志》第202页
合兴里	1937年前	7 130	张家巷路70弄、110弄、120弄、128弄	引翔	《上海市虹口区地名志》第205页
全家宅	1940—1949	250	欧阳路60弄	闸北	《上海市虹口区地名志》第206页
张家宅	1949年前	1 520	西江湾路206弄	闸北	《上海市虹口区地名志》第212页
幸福村	1934	6 130	大连西路南、四平路西	江湾	《上海市虹口区地名志》第215页
恒兴坊	1912年后（估）	1 696	张家巷路89弄	引翔	《上海市虹口区地名志》第219页
横浜桥街道福德居委会	1919	5 642	横浜桥街道福德居委会	闸北	《上海市虹口区地名志》第240页
瑞吉里	1930—1939	2 610	东嘉兴路175弄、新嘉路15弄及溧阳路807弄	闸北	《上海市虹口区地名志》第242页
瑞源里	1927	910	东嘉兴路283弄及301弄	闸北	《上海市虹口区地名志》第243页
长春公寓	1928	11 200	长春路304号	江湾	《上海市虹口区地名志》第170页
北川公寓	1930年前	5 675	四川北路2081号、2087号、2093号、2099号	闸北	《上海市虹口区地名志》第170页
捷克公寓	1932	2 250	溧阳路1040号	江湾	《上海市虹口区地名志》第174页
溧阳大楼	1929	5 279	四川北路1914号、1920号、1926号、1932号	江湾	《上海市虹口区地名志》第175页

三十二、虹口区(公共租界)数据资料

住宅名称	住宅类型	建造年代	建筑结构	幢数	建筑面积（平方米）	坐落位置
人安里	旧式里弄	1930	砖木二层	60	6 340	霍山路21弄
中和里	旧式里弄	1927	砖木二层	4	510	杨树浦路281弄
日新里	旧式里弄	1931	砖木二层、三层	25	6 700	唐山路416弄
仁吉里	旧式里弄	1924	砖木平房、二层	29	1 000	东长治路856弄、870弄
仁源里	旧式里弄	1925	砖木二层	34	24 800	临潼路292弄、320弄
长江里	旧式里弄	1934	砖木二层	78	5 600	杨树浦路323弄
公平里	旧式里弄	1932	砖木二层	64	6 000	公平路218弄
公平坊	石库门里弄	1931	砖木二层	61	7 200	公平路220弄
凤生里	旧式里弄	1911	砖木二层	68	4 100	海门路41弄
汇山里	旧式里弄	1929	砖木二层	102	11 700	东大名路1120弄、1166弄
正国村	旧式里弄	1947	砖木二层	50	2 800	丹徒路76弄
平凉村	旧式里弄	1920	砖木三层	78	12 647	榆林路114弄
四达坊	旧式里弄	1931	砖木二层	50	4 200	大连路473弄、547弄
乐安里	旧式里弄	1921	砖木二层	72	3 700	昆明路284弄
华村	新式里弄	1948	砖木二层	35	4 300	东长治路1009弄
兴业里	旧式里弄	1931	砖木二层	29	2 800	长阳路327弄
德安里	旧式里弄	1920	砖木二层	6	400	吴淞路382弄
德润里	旧式里弄	1900	砖木二层	26	1 970	长治路197弄
德兴里	旧式里弄	1920	砖木二层	25	2 276	鲁关路10—40号
成志里	旧式里弄	1923	砖木二层	18	1 400	临潼路303弄
存德里	旧式里弄	1900	砖木二层	40	1 700	杨树浦路299弄
同春里	旧式里弄	1918	砖木二层	10	920	公平路185弄
舟山里	旧式里弄	1940	砖木二层、三层	20	5 400	舟山路54弄
延龄里	旧式里弄	1926	砖木二层	19	1 920	榆林路17弄
汾安坊	旧式里弄	1931	砖木二层	30	4 100	东长治路894弄
吴兴坊	旧式里弄	1930	砖木二层	32	2 400	霍山路144弄
诚信坊	旧式里弄	1931	砖木二层	87	7 500	长阳路343弄
矿山里	旧式里弄	1930	砖木一层、二层	6	1 520	保定路184弄
茂海里	旧式里弄	1937	砖木二层	5	400	海门路131弄
茂海新村	公寓里弄	1941	砖木二层	10	3 676	东长治路1047弄
明华坊	旧式里弄	1932	砖木二层	51	5 100	霍山路289弄
明德里	旧式里弄	1936年前	砖木二层	45	3 840	大连路547弄
贤邻别墅	新式里弄	1943	砖木二层	91	8 100	霍山路66弄
金恩里	旧式里弄	1936年前	砖木二层	8	885	霍山路315弄

续表

住宅名称	住宅类型	建造年代	建筑结构	幢数	建筑面积（平方米）	坐落位置
树丰南里	旧式里弄	1927	砖木二层、三层	12	900	保定路31—49弄
树丰北里	旧式里弄	1932	砖木二层	12	900	保定路116—124弄
春江里	旧式里弄	1921	砖木二层	39	3 000	长阳路302弄
祥光里	旧式里弄	1932	砖木二层	77	8 000	东长治路810弄
竟新里	旧式里弄	1931	砖木二层	51	3 300	长阳路226弄
晋阳里	旧式里弄	1916	砖木二层	71	7 100	惠民路74弄
桃源里	旧式里弄	1921	砖木二层	64	5 416	惠民路73弄
振德坊	旧式里弄	1921	砖木二层	11	1 100	霍山路252弄
积善里	旧式里弄	1930	砖木二层	8	1 100	平凉路57弄
鸿兴里	旧式里弄	1948	砖木二层	8	1 404	东长治路779弄
辅庆里	旧式里弄	1920	砖木二层	101	800	东大名路1027弄
乾信坊	旧式里弄	1931	砖木二层	40	3 300	长阳路340弄
善旌坊	旧式里弄	1936年前	砖木二层	3	312	大连路529弄
意大里	石库门里弄	1927	砖木一层、二层	46	3 300	长阳路340弄
廉家坊	旧式里弄	1936年前	砖木二层	8	664	高阳路280弄
榆林里	旧式里弄	1936年前	砖木三层	21	4 400	平凉路41弄
鼎康里	旧式里弄	1914	砖木二层	71	5 100	大连路19弄、49弄
熙华里	旧式里弄	1932	砖木二层	36	5 000	东长治路912弄
同福里	旧式里弄	1936年前	砖木二层	5	380	保定路227弄
三多里	旧式里弄	1912	砖木二层	15	1 370	唐山路133弄
大圣庙	旧式里弄	1912	砖木二层	2	450	马厂路65弄2号
小源昌里	旧式里弄	1930	砖木二层	25	1 200	马厂路132弄
元安里	旧式里弄	1933	砖木二层	20	1 510	商丘路161弄
元芳里	旧式里弄	1898	砖木二层	98	7 300	商丘路99弄、119弄、129弄
元和弄	旧式里弄	1926	砖木二层	15	930	商丘路122弄
元福里	旧式里弄	1926	砖木二层	10	720	商丘路140弄及马厂路232弄
王家弄	旧式里弄	1948	砖木二层	2	272	商丘路185弄
仁兴里	旧式里弄	1937	砖木二层	28	4 800	东大名路737弄
仁初里	旧式里弄	1948	砖木二层	7	877	周家嘴路428弄
仁和里	旧式里弄	1937	砖木二层	1	2 550	溧阳路361弄
仁德里	旧式里弄	1937	砖木二层	24	1 330	东长治路425弄
长治里	旧式里弄	1938	砖木二层	111	9 000	东长治路609弄
公益里	旧式里弄	1937	砖木二层	15	1 310	西安路247弄
永成里	旧式里弄	1937	砖木二层	130	10 500	东大名路649弄
永昌里	旧式里弄	1916	砖木二层	15	2 540	东长治路385弄

续表

住宅名称	住宅类型	建造年代	建筑结构	幢数	建筑面积（平方米）	坐落位置
永贵里	旧式里弄	1946	砖木二层	13	1 700	东长治路666弄
永康里	旧式里弄	1920	砖木二层	10	3 400	东长治路380弄
东华里	旧式里弄	1920	砖木二层	24	2 084	唐山路258弄
东同生里	旧式里弄	1937	砖木二层	17	1 671	周家嘴路12弄
世昌里	旧式里弄	1948	砖木二层	5	478	东汉阳路264弄
华德里	旧式里弄	1929	砖木二层	67	2 800	东余航路526弄、616弄
兴平坊	旧式里弄	1937	砖混二层、三层	5	781	唐山路191弄
安多里	旧式里弄	1948	砖木二层	3	374	高阳路185弄
庆余里	旧式里弄	1937	砖木二层	44	3 400	东长治路405弄
西安里	旧式里弄	1900	砖木一层、二层	20	300	西安路219弄
西同生里	旧式里弄	1937	砖木二层	45	2 660	周家嘴路11弄
百福里	旧式里弄	1912	砖木三层	10	3 400	东大名路355弄
有恒村	旧式里弄	1937	砖木二层	39	2 600	东余航路557弄
有恒新村	旧式里弄	1930	砖木三层、平房	28	3 876	东余航路505弄
师善里	旧式里弄	1929	砖木二层	87	9 500	东长治路431弄、449弄
合安里	旧式里弄	1912	砖木二层	29	2 550	东余航路595弄
启文里	旧式里弄	1927	砖木二层	5	250	马厂路262弄
怀安里	旧式里弄	1926	砖木二层	32	2 600	商丘路171弄
寿华坊	旧式里弄	1928	砖木二层	8	800	东长治路361弄
来安里	旧式里弄	1919	砖木二层	40	3 054	永定路71—87弄
克勤里	旧式里弄	1912	砖木二层	10	2 200	东大名路324—350弄
两宜坊	旧式里弄	1940	砖木二层	8	1 154	周家嘴路89弄
余庆里	旧式里弄	1921	砖木二层	6	1 300	东长治路690弄
宝兴里	旧式里弄	1937	砖木二层	19	1 543	梧州路32弄
宝华里	旧式里弄	1929	砖木三层	94	16 000	东长治路573弄
宝隆里	旧式里弄	1928	砖木二层	28	2 822	东余航路178弄
怡和里	旧式里弄	1937	砖木二层	61	4 500	永定路30弄、40弄、50弄
松茂里	旧式里弄	1937	砖木二层	6	600	通州路84弄11—21号
明德里	旧式里弄	1946	砖木二层	40	2 600	东长治路624弄
树德坊	旧式里弄	1928	砖木二层	9	1 398	东余航路198弄、208弄
厚生里	旧式里弄	1909	砖木二层	12	1 303	高阳路241弄
厚德里	旧式里弄	1911	砖木二层	4	403	马厂路125弄
春阳里	旧式里弄	1930	砖木二层	217	15 800	东余航路211弄
思源村	旧式里弄	1940	砖木二层	63	3 635	永定路31弄

续表

住宅名称	住宅类型	建造年代	建筑结构	幢数	建筑面积（平方米）	坐落位置
保龄里	旧式里弄	1937	砖木二层	24	1 800	梧州路 11 弄
益丰里	旧式里弄	1930	砖木二层	38	2 800	醴陵路 68 弄
祥裕里	旧式里弄	1912	砖木二层	27	2 400	东汉阳路 427 弄
晋源里	旧式里弄	1924	砖木二层	55	4 500	东长治路 480 弄和商丘路 178—184 弄
恩德里	旧式里弄	1921	砖木二层	4	650	马厂路 119 弄
积善里	旧式里弄	1910	砖木二层	44	4 100	东长治路 549 弄
积德里	旧式里弄	1910	砖木二层	7	550	马厂路 135 弄 3—15 号
培德坊	旧式里弄	1925	砖木二层	17	1 569	高阳路 277 弄
崇裕里	旧式里弄	1937	砖木二层	14	1 100	马厂路 237 弄
崇德里	新式里弄	1937	砖木三层、四层	12	1 136	溧阳路 177 弄
逸安里	旧式里弄	1940	砖木二层		396	通州路 58 弄
维昌里	旧式里弄	1946	砖木二层	13	2 600	东长治路 568 弄
尊德里	旧式里弄	1937	砖木二层	9	600	东余航路 628 弄
敦本里	旧式里弄	1937	砖木二层	22	1 916	商丘路 408 弄
联成坊	旧式里弄	1932	砖木二层	90	6 800	东大名路 423 弄
景德里	旧式里弄	1937	砖木二层	7	511	唐山路 145 弄
集贤里	旧式里弄	1912	砖木二层	67	5 600	东余航路 598 弄
集善里	旧式里弄	1948	砖木二层	6	874	唐山路 227 弄
新茂里	旧式里弄	1937	砖木二层	3	200	西安路 235 弄 4—6 号
新三和里	旧式里弄	1948	砖木平房			西安路 191 弄
福兴东里	旧式里弄	1912	砖木二层	7	550	马厂路 175 弄
源昌里	旧式里弄	1933	砖木二层	115	9 000	东大名路 465—477 弄
源福里	旧式里弄	1927	砖木二层	3	200	马厂路 250 弄
瑞庆里	旧式里弄	1926	砖木二层	9	800	东长治路 717 弄
瑞庆里	旧式里弄	1924	砖木二层	4	500	东长治路 718 弄
瑞昌里	旧式里弄	1921	砖木二层	21	1 815	旗顺路 56—76 弄
勤余里	旧式里弄	1926	砖木二层	12	1 334	商丘路 168 弄
锦华里	旧式里弄	1948	砖木一层、二层	14	670	周家嘴路 324 弄
蕃生里	旧式里弄	1922	砖木二层	51	6 200	东长治路 685 弄
德裕里	旧式里弄	1870	砖木二层	54	6 900	东余航路 541 弄
耀祖里	旧式里弄	1940	砖木二层	18	1 424	东余航路 285 弄
三一里	旧式里弄	1929	砖木二层	12	945	安国路 111 弄
三区里	旧式里弄	1930	砖木二层	1	424	唐山路 808 弄
三兴坊	旧式里弄	1930	砖木二层	74	6 700	唐山路 952 弄

续表

住宅名称	住宅类型	建造年代	建筑结构	幢数	建筑面积（平方米）	坐落位置
三多里	旧式里弄	1930	砖木二层	22	1 391	周家嘴路786弄
三阳里	旧式里弄	1930	砖木二层	6	445	公平路525弄
三益村	新式里弄	1929	砖木二层	84	7 033	唐山路599弄
大连坊	旧式里弄	1930	砖木二层	12	1 370	唐山路974弄、大连路611弄
小宅里	旧式里弄	1930	砖木平房、二层	22	1 688	丹徒路401弄
文华里	旧式里弄	1930	砖木二层	8	900	周家嘴路1024弄
元兴里	旧式里弄	1930	砖木二层	34	2 770	周家嘴路998弄
五星里	旧式里弄	1930	砖木二层	4	1 071	昆明路355弄
五福里	旧式里弄	1929	砖木二层	74	5 300	唐山路635弄
仁庆里	旧式里弄	1931	砖木二层	6	470	昆明路365弄
仁茂里	旧式里弄	1930	砖木二层	10	683	东余航路978弄
长春里	旧式里弄	1930	砖木二层	15	703	唐山路632弄
公平里	旧式里弄	1926	砖木二层	5	1 510	公平路425弄
公安坊	旧式里弄	1930	砖木二层	9	1 200	东余航路849弄
凤德里	旧式里弄	1925	砖木二层	13	1 890	公平路445—461弄
升余坊	旧式里弄	1929	砖木二层	10	1 150	舟山路227弄
永安里	旧式里弄	1926	砖木二层	59	5 300	周家嘴路864弄
永昌里	旧式里弄	1930	砖木二层	13	460	周家嘴路794弄
永源里	旧式里弄	1930	砖木二层	2	170	昆明路397弄
正心里	旧式里弄	1929	砖木二层	4	720	唐山路765弄
正德里	旧式里弄	1930	砖木二层	11	717	安国路30弄
东安里	旧式里弄	1933	砖木二层	14	1 104	丹徒路331弄、341弄
世厚里	旧式里弄	1929	砖木二层	19	1 990	安国路118—154弄
业广里	旧式里弄	1929	砖木二层	127	12 480	唐山路685弄
生吉里	旧式里弄	1929	砖木二层	15	1 100	唐山路827弄
华东里	旧式里弄	1931	砖木二层	40	2 800	昆明路381弄
华兴坊	旧式里弄	1929	砖木二层	67	7 520	保定路326—382弄
安康里	旧式里弄	1930	砖木一层、二层	26	1 980	公平路563弄、571弄、581弄
庆福里	旧式里弄	1930	砖木二层	21	1 800	周家嘴路762弄
协兴里	旧式里弄	1930	砖木二层	13	1 200	保定路547—563弄
成厚里	旧式里弄	1927	砖木二层	33	3 200	唐山路778弄
同丰里	旧式里弄	1945	砖木二层	17	600	昆明路55弄
同康坊	旧式里弄	1929	砖木二层	8	790	周家嘴路620弄
同福里	旧式里弄	1929	砖木一层、二层	48	3 900	周家嘴路750弄

续表

住宅名称	住宅类型	建造年代	建筑结构	幢数	建筑面积（平方米）	坐落位置
合大里	旧式里弄	1929	砖木二层	28	2 100	保定路371弄、375弄
兆庆里	旧式里弄	1929	砖木二层	16	6 860	丹徒路277－301弄
杂铁里	旧式里弄	1940	砖木平房	23	364	公平路433弄
老三益村	旧式里弄	1935	砖木二层	24	1 910	舟山路234弄、254弄
宏仁里	旧式里弄	1933	砖木二层	9	2 200	公平路542弄、552弄
志一坊	旧式里弄	1926	砖木平房	10	730	公平路572弄
孝本里	旧式里弄	1926	砖木二层	32	2 750	公平路391弄、401弄、411弄
克明里	旧式里弄	1923	砖木二层	1	1 460	东余航路741弄
余庆里	旧式里弄	1929	砖木二层	61	6 500	东余航路1051弄
宝昌里	旧式里弄	1931	砖木二层	24	1 700	昆明路409弄
图南坊	旧式里弄	1929	砖木二层	4	460	高阳路394－428弄
和寿坊	旧式里弄	1929	砖木二层	8	660	东余航路862弄
金友里	旧式里弄	1929	砖木二层	14	1 300	东余航路1078弄
承康里	旧式里弄	1929	砖木二层	49	3 900	唐山路725弄
养正中里	旧式里弄	1929	砖木二层	41	4 500	唐山路415弄
恒安里	旧式里弄	1930	砖木二层	12	1 120	东余航路849弄
恒泰里	旧式里弄	1926	砖木二层	82	7 300	周家嘴路850弄
柿子湾	旧式里弄	1933	砖木一层、二层	21	820	舟山路349弄
柳荫里	旧式里弄	1929	砖木二层	30	3 500	东余航路951弄
柳荫小筑	新式里弄	1929	砖木二层、三层	21	2 530	东余航路943弄
树德里	旧式里弄	1929	砖木二层	33	2 200	公平路448弄
树德里	旧式里弄	1940	砖木二层	5	500	丹徒路392弄1－5号
荣昌里	石库门里弄	1929	砖木二层	186	16 400	东余航路1143弄
顺兴里	旧式里弄	1925	砖木二层	19	1 230	东余航路876弄
复兴里	旧式里弄	1942	砖木二层	50	1 570	高阳路454弄
润德里	旧式里弄	1937	砖木二层	40	4 100	东长治路909弄
益丰里	旧式里弄	1929	砖木二层	46	3 300	安国路127－147弄
凌家宅	旧式里弄	1858	砖木一层、二层	27	1 152	安国路288弄
竞业里	旧式里弄	1930	砖木二层	5	430	昆明路333弄
泰昌里	旧式里弄	1929	砖木二层	28	3 200	东余航路1140弄
恭安坊	旧式里弄	1924	砖木二层	31	2 600	东余航路1021弄
秦晋村	旧式里弄	1930	砖木二层	14	1 210	周家嘴路1034弄
逢源里	旧式里弄	1929	砖木二层	61	4 900	唐山路781弄及安国路162弄
爱面坊	旧式里弄	1930	砖木二层	4	304	安国路299－305弄

续表

住宅名称	住宅类型	建造年代	建筑结构	幢数	建筑面积（平方米）	坐落位置
积余里	旧式里弄	1930	砖木二层	4	390	周家嘴路950弄
通德里	旧式里弄	1930	砖木二层	20	2 550	舟山路391—429弄
鸿兴里	旧式里弄	1929	砖木平房、二层	30	1 460	东余杭路727弄
鸿懋里	旧式里弄	1929	砖木二层	37	2 500	唐山路696弄
辅仁里	旧式里弄	1935	砖木二层	11	760	昆明路283弄
崇义里	旧式里弄	1929	砖木二层	12	1 300	唐山路799弄
铭兴里	旧式里弄	1926	砖木二层	41	3 700	东余杭路932弄
普元堂	旧式里弄	1937	砖木平房	35	3 200	昆明路189弄
富春坊	旧式里弄	1930	砖木二层	11	960	安国路166—204弄
禄寿里	旧式里弄	1925	砖木二层	47	3 200	东余杭路1107弄
森昌里	旧式里弄	1930	砖木二层	5	750	昆明路423弄
景余里	旧式里弄	1929	砖木二层	30	3 400	唐山路809弄
景星里	旧式里弄	1929	砖木二层	64	5 100	东余杭路929弄
源福里	旧式里弄	1927	砖木二层	82	7 500	唐山路818弄、昆明路281弄
群贤里	旧式里弄	1926	砖木二层	40	5 400	周家嘴路900弄
蕃兴里	旧式里弄	1929	砖木二层	40	2 900	唐山路674弄
德福里	旧式里弄	1925	砖木二层	26	600	东余杭路1030弄
懿园	旧式里弄	1933	砖木二层	44	4 000	舟山路329弄
七浦里	旧式里弄	1937	砖木二层	2	380	七浦路152弄
九华新村	新式里弄	1937	砖木三层	14	2 700	武昌路551弄
广兴里	旧式里弄	1905	砖木二层	78	8 000	塘沽路567—597弄及武昌路558—578弄
三德里	旧式里弄	1930	砖木二层	51	4 500	海宁路382弄
文锦里	旧式里弄	1930	砖木二层	12	2 800	武昌路523弄
元济里	旧式里弄	1910	砖木二层	12	3 060	塘沽路499弄
中新余里	旧式里弄	1911	砖木二层	20	1 250	安庆东路91弄
长庆里	旧式里弄	1922	砖木二层	4	794	河南北路244弄
长源里	旧式里弄	1916	砖木二层	27	2 230	海宁路404弄
公益坊	石库门里弄	1930	砖木二层	119	2 060	四川北路989弄
北仁智里	石库门里弄	1905	砖木二层	268	9 000	武昌路448弄
永吉里	旧式里弄	1906	砖木二层	40	3 240	武进路435弄
永安里	旧式里弄	1937	砖木二层	13	1 460	河南北路344、354弄
东寿坊	旧式里弄	1903	砖木二层	10	990	武进路569弄
东泰华里	旧式里弄	1905	砖木二层	65	5 440	江西北路194—206弄
东德兴里	石库门里弄	1924	砖木二层	149	12 000	塘沽路540—594弄
乐善里	旧式里弄	1937	砖木二层	2	320	海宁路526—532弄

续表

住宅名称	住宅类型	建造年代	建筑结构	幢数	建筑面积（平方米）	坐落位置
乍浦里	旧式里弄	1906	砖木二层	29	2 540	乍浦路83、113弄
安庆里	旧式里弄	1910	砖木二层	42	2 534	天潼路546弄4—86号
安定里	旧式里弄	1948	砖木二层	8	760	七浦路78弄
安定里	旧式里弄	1906	砖木二层	24	2 290	乍浦路131弄
安富里	旧式里弄	1937	砖木二层	7	520	七浦路104弄
西泰华里	旧式里弄	1905	砖木二层	110	7 900	塘沽路673弄
西德兴里	旧式里弄	1922	砖木二层	163	5 565	塘沽路646弄
同余里	旧式里弄	1937	砖木二层	38	2 920	南天潼路70弄
同昌里	旧式里弄	1931	砖木二层	68	8 170	海宁路570弄
同德里	旧式里弄	1905	砖木二层	29	2 365	武昌路406、420弄
会元里	旧式里弄	1920	砖木二层	16	1 900	乍浦路313弄
老天福里	旧式里弄	1926	砖木二层	26	1 400	武进路439弄
寿彭里	旧式里弄	1900	砖木二层	16	2 180	武进路263弄
更富里	旧式里弄	1937	砖木二层	37	4 920	江西北路429弄
陈复兴里	旧式里弄	1911	砖木二层	11	730	武进路435弄
宝兴里	旧式里弄	1927	砖木二层	47	4 470	河南北路406—456弄
怡兴里	旧式里弄	1906	砖木二层	18	4 529	四川北路961弄
洪福里	旧式里弄	1931	砖木二层	40	7 200	河南北路36弄
养志里	旧式里弄	1911	砖木平房	12	360	七浦路114—118号
恒善里	旧式里弄	1880	砖木二层	40	3 520	海宁路348弄
荣升里	旧式里弄	1935	砖木二层	63	7 840	江西北路426弄
顺天坊	旧式里弄	1932	砖木二层	20	2 340	海宁路316弄
顺和里	旧式里弄	1927	砖木二层	103	10 500	天潼路478弄、崇明路109弄、江西北路60—80弄
保安里	旧式里弄	1931	砖木二层	30	2 700	海宁路514弄
南仁智里	石库门里弄	1905	砖木二层	207	12 000	四川北路54—276弄
桃源坊	旧式里弄	1910	砖木二层	236	25 516	天潼路546弄，七浦路141、161、163弄，河南北路120、140、182弄和江西北路59、69、79、91、101、121、131弄
耕德里	旧式里弄	1930	砖木二层	7	431	海宁路590弄81—93号
爱莲坊	旧式里弄	1937	砖木二层	2	430	江西北路174弄
鸿兴里	旧式里弄	1937	砖木二层	129	9 240	彭泽路51—71弄
鸿安里	旧式里弄	1937	砖木二层	250	14 933	海宁路590弄、武进路541弄
崇明新村	旧式里弄	1920	砖木二层	1	390	南崇明路35号
富贵里	旧式里弄	1910	砖木二层	9	444	河南北路244弄
景星里	旧式里弄	1929	砖木二层	27	2 200	安庆东路93弄

续表

住宅名称	住宅类型	建造年代	建筑结构	幢数	建筑面积（平方米）	坐落位置
粤秀坊	旧式里弄	1907	砖木二层	20	4 680	海宁路442—482弄
新庆里	旧式里弄	1910	砖木二层	170	15 800	武昌路409弄
新天福里	旧式里弄	1930	砖木二层	43	4 450	安庆东路98弄
福禄寿里	旧式里弄	1937	砖木二层	5	1 395	七浦路98弄
瑞泰里	旧式里弄	1930	砖木二层	19	2 770	北苏州路222弄
蕃祉里	旧式里弄	1931	砖木二层	14	1 890	江西北路364弄
德年新村	旧式里弄	1900	砖木二层	79	7 100	武进路521弄
广裕里	旧式里弄	1926	砖木二层	10	1 670	天潼路225弄
大兴里	旧式里弄	1897	砖木二层	24	1 712	吴淞路429弄、海宁路197弄
大庆坊	旧式里弄	1937	砖木二层	1	252	海宁路253弄
久庆里	旧式里弄	19世纪初	砖木二层	25	3 409	乍浦路190、202弄
久远里	旧式里弄	1926	砖木二层	6	1 100	海宁路241弄
五福里	旧式里弄	1900	砖木二层	5	340	海宁路272弄
长安里	旧式里弄	1897	砖木二层	31	2 200	吴淞路42弄及407×22支弄
东长安里	旧式里弄	1900	砖木二层	87	10 000	吴淞路355弄、407弄9支弄
石家里	旧式里弄	1929	砖木二层	4	747	武昌路302弄
兴顺里	旧式里弄	1897	砖木二层	16	1 650	吴淞路407弄58支弄
西余庆坊	旧式里弄	1937	砖木二层	4	470	海宁路291弄
共和里	旧式里弄	1931	砖木二层	67	4 900	昆山路172弄
共和坊	旧式里弄	1923	砖木二层	24	1 880	武昌路339弄
同仁里	旧式里弄	1923	砖木假三层	72	5 000	武昌路281、291弄，吴淞路143弄
同庆里	旧式里弄	1931	砖木二层	12	800	乍浦路344弄
同福里	旧式里弄	1937	砖木二层	1	553	武进路215弄
余庆里	旧式里弄	1926	砖木二层	9	2 100	海宁路223弄
宜德里	旧式里弄	1926	砖木二层	7	1 250	海宁路211弄
武昌里	旧式里弄	1923	砖木二层	4	480	武昌路286弄
金书里	旧式里弄	1937	砖木二层	18	2 350	峨嵋路15、37弄，天潼路148弄，武昌路239弄
金福里	旧式里弄	1924	砖木二层	9	1 410	峨眉路18弄
恒丰里	旧式里弄	1910	砖木二层	15	4 800	峨眉路71弄
恺乐里	旧式里弄	1937	砖木二层	3	884	武进路199弄
春江里	旧式里弄	1937	砖木二层	11	1 612	鲁关路31弄
顺安里	旧式里弄	1910	砖木二层	3	730	武昌路326弄
保源坊	旧式里弄	1930	砖木二层	14	1 700	北海宁路24弄
重庆坊	旧式里弄	1931	砖木二层	8	1 390	吴淞路529弄

续表

住宅名称	住宅类型	建造年代	建筑结构	幢数	建筑面积（平方米）	坐落位置
益寿里	旧式里弄	1920	砖木二层	25	3 000	吴淞路183弄，武昌路260弄
积寿里	旧式里弄	1937	砖木二层	4	1 000	北海宁路69弄
积善里	旧式里弄	1923	砖木二层	11	1 100	武昌路342弄
鸿祥里	旧式里弄	1923	砖木二层	30	2 790	天潼路193弄
猛将弄	旧式里弄	1920	砖木二层	122	8 927	吴淞路407弄
普爱里	旧式里弄	1853	砖木二层	10	790	头坝路50弄
联安里	旧式里弄	1920	砖木二层	45	5 890	天潼路242弄，乍浦路96弄
朝阳里	旧式里弄	1914	砖木三层	15	3 100	吴淞路101、129弄
景林庐	新式里弄	1937	砖木二层、四层	8	9 127	乍浦路254弄
景祥里	旧式里弄	1931	砖木二层	10	970	吴淞路407弄
源康里	旧式里弄	1900	砖木二层	3	230	武昌路272弄
颐和里	旧式里弄	1920	砖木二层	6	1 130	乍浦路130弄，武昌路361弄
静宜里	旧式里弄	1923	砖木二层	8	1 840	武昌路360弄
蔡家宅	旧式里弄	1911	砖木二层	15	479	吴淞路407弄73支弄
久庆里		19世纪初	砖木二层	25	3 409	乍浦路190、202弄
日新里		1931	砖木二层、三层、平房	90	6 700	唐山路416弄
仁吉里		1924	砖木二层	29	1 000	东长治路856、870弄
仁和里	旧式楼房	1949年前			2 550	溧阳路361弄
仁源里		1925	砖木二层		2 480	临潼路292、300、310、320弄
长江里		1934	砖木二层		5 600	杨树浦路323弄
公平里		1932	砖木二层		6 000	公平路218弄
公平坊		1931	砖木二层		7 200	公平路220弄
公益坊		1930	砖木二层	119	2 060	四川北路989弄
凤生里		1911	砖木二层	68	4 100	海门路41弄
兰村		1916	砖木二层	32	5 300	长阳路50弄
汇山里		1929	砖木二层	102	11 700	东大名路1120、1166弄
永福里		1910	砖木二层	5	660	余杭路44弄
永祥东里		1949年前	砖木二层	17	1 094	商丘路287弄
正国村		1947	砖木二层	50	2 800	丹徒路76弄
平凉村		1920—1929	砖木三层	78	12 647	榆林路114弄
四达坊		1931	砖木二层	50	4 200	大连路473、509、539、547弄
乐安里		1920	砖木二层	72	3 700	昆明路284弄
华村		1948	砖木二层	35	4 300	东长治路1009弄
华兴坊		1949年前	砖木二层	6	407	保定路326、346、364、382弄
兴业里		1925	砖木二层	29	2 800	长阳路327弄

续表

住宅名称	住宅类型	建造年代	建筑结构	幢数	建筑面积（平方米）	坐落位置
安庆里		1930	砖木二层	18	1 600	霍山路47弄
宝兴坊		1927	砖木二层	47	4 470	河南北路406、426、436、446、456弄
明德里		1937年前	砖木二层	45	3 840	大连路547弄
和乐里	石库门里弄	1918	假三层	25	2 750	河南北路368弄
益丰里		1929	砖木二层	46	3 300	安国路127、133、147弄
唐山里		1945	平房简屋		3 990	唐山路945弄
积善里		1930	砖木二层	8	1 100	平凉路57弄
久耕、久椿里		1853、1863			33 000	虹口区南部虹口港西
大桥大楼		1930—1934	钢筋混凝土七层		11 600	四川北路85号
中行大楼		1932	钢筋混凝土七层		5 500	四川北路912—922号
中和公寓		1935	钢筋混凝土六层		6 100	武进路297弄
公安大楼		1926—1930	钢筋混凝土八层		2 516	闵行路260号内西北隅
东兴公寓		1927	混合三层		4 185	吴淞路444弄
四行大楼		1931	钢筋混凝土四层		3 300	四川北路1274—1290号
乍浦大楼		1920—1929	钢筋混凝土四层		1 700	乍浦路383号
闵行大楼		1933	钢筋混凝土五层		5 414	闵行路201号
金山大楼		1903	砖木五层		8 100	金山路43号
河滨大楼		1931—1935	钢筋混凝土八层		54 000	北苏州路400号
虹口大楼		1927	钢筋混凝土三、六层		5 400	海宁路449号
浦西公寓		1931	钢筋混凝土九层		13 000	蟠龙街26号
银行大楼		1908	混合三层		2 476	大名路65号
景林公寓		1923	钢筋混凝土五层		5 943	乍浦路254弄
广安里	旧式里弄	1937	砖木二层	14	870	南浔路70号
三益里	旧式里弄	1910	砖木三层	4	260	塘沽路93弄
山寿里	旧式里弄	1920	砖木二层	11	2 372	大名路179弄
义丰里	旧式里弄	1920	砖木二层	98	8 200	吴淞路332弄
仁和里	旧式里弄	1916	砖木二层	4	900	九龙路55弄
公安里	旧式里弄	1937	砖木二层	47	3 577	汉阳路35弄
公和里	旧式里弄	1910	砖木二层	21	1 484	南浔路153弄
永和里	旧式里弄	1929	砖木二层	2	316	吴淞路104弄

续表

住宅名称	住宅类型	建造年代	建筑结构	幢数	建筑面积（平方米）	坐落位置
永福里	旧式里弄	1910	砖木一层、二层	13	660	余杭路44弄
永福里	旧式里弄	1900	砖木二层	13	833	峨眉路303弄
礼查村	旧式里弄	1910	砖木二层	8	800	金山路22弄
东兴里	旧式里弄	1920	砖木二层	29	2 190	吴淞路444弄，海宁路177弄，茂林路40弄
东新康里	旧式里弄	1920	砖木二层	39	4 650	闵行路178、188弄，塘沽路155弄
平安里	旧式里弄	1920	砖木二层	16	4 000	九龙路139、149、159、169弄，塘沽路42弄
四联里	旧式里弄	1910	砖木二层	46	4 230	南浔路284、296、304、312弄
兴业里	旧式里弄	1925	砖木二层	30	4 300	峨眉路352弄
西新康里	旧式里弄	1920	砖木二层	17	2 102	闵行路232弄
百禄坊	旧式里弄	1920	砖木二层	67	6 250	大名路182弄、南浔路53弄、黄浦路177—189弄
有恒里	旧式里弄	1920	砖木二层	7	550	余杭路45弄
汾征坊	旧式里弄	1920	砖木二层	10	1 700	吴淞路350弄
寿宁里	旧式里弄	1920	砖木二层	9	940	峨眉路297弄
丽农里	旧式里弄	1910	砖木二层	14	1 250	南浔路152弄
余庆里	旧式里弄	1926	砖木二层	9	2 100	海宁路223弄
闵行新村	新式里弄	1946	砖木三层	10	1 415	闵行路130弄
和丰里	旧式里弄	1910	砖木二层	5	530	武昌路107弄
金贵里	旧式里弄	1911	砖木二层	20	1 570	汉阳路137弄
承业里	旧式里弄	1920	砖木二层	17	2 190	峨眉路263弄
养正里	旧式里弄	1923	砖木二层	5	1 273	南浔路129弄
恒祥里	旧式里弄	1920	砖木二层	25	540	峨眉路338弄、余杭路133弄
南新康里	旧式里弄	1910	砖木二层	18	4 790	武昌路178弄
祥和里	旧式里弄	1900	砖木二层	17	1 520	峨眉路405、415弄
泰威村	旧式里弄	1920	砖木二层	16	1 130	吴淞路402弄
逢吉里	旧式里弄	1920	砖木二层	10	754	峨眉路281弄
棣萼里	旧式里弄	1910	砖木二层	4	390	塘沽路85弄
慎安西里	旧式里弄	1920	砖木二层	22	1 880	峨眉路239弄
源安里	旧式里弄	1923	砖木二层	2	584	闵行路131弄
德心里	旧式里弄	1910	砖木二层	8	630	长治路206、214弄，九龙路189弄

三十三、虹口区公共租界资料补充

住宅名称	建造年代	建筑面积（平方米）	坐落位置	备注
久庆里	19 世纪初	3 409	乍浦路 190、202 弄	《上海市虹口区地名志》第 179 页
日新里	1931	6 700	唐山路 416 弄	《上海市虹口区地名志》第 185 页
仁吉里	1924	1 000	东长治路 856、870 弄	《上海市虹口区地名志》第 185 页
仁和里	1949 年前	2 550	溧阳路 361 弄	《上海市虹口区地名志》第 186 页
仁源里	1925	2 480	临潼路 292、300、310、320 弄	《上海市虹口区地名志》第 186 页
长江里	1934	5 600	杨树浦路 323 弄	《上海市虹口区地名志》第 186 页
公平里	1932	6 000	公平路 218 弄	《上海市虹口区地名志》第 187 页
公平坊	1931	7 200	公平路 220 弄	《上海市虹口区地名志》第 187 页
公益坊	1930	2 060	四川北路 989 弄	《上海市虹口区地名志》第 188 页
凤生里	1911	4 100	海门路 41 弄	《上海市虹口区地名志》第 188 页
兰村	1916	5 300	长阳路 50 弄	《上海市虹口区地名志》第 188 页
汇山里	1929	11 700	东大名路 1120、1166 弄	《上海市虹口区地名志》第 190 页
永福里	1910	660	余杭路 44 弄	《上海市虹口区地名志》第 192 页
永祥东里	1949 年前	1 094	商丘路 287 弄	《上海市虹口区地名志》第 192 页
正国村	1947	2 800	丹徒路 76 弄	《上海市虹口区地名志》第 193 页
平凉村	1920—1929	12 647	榆林路 114 弄	《上海市虹口区地名志》第 195 页
四达坊	1931	4 200	大连路 473、509、539、547 弄	《上海市虹口区地名志》第 195 页
乐安里	1920	3 700	昆明路 284 弄	《上海市虹口区地名志》第 196 页
华村	1948	4 300	东长治路 1009 弄	《上海市虹口区地名志》第 197 页
华兴坊	1949 年前	407	保定路 326、346、364、382 弄	《上海市虹口区地名志》第 197 页
兴业里	1925	2 800	长阳路 327 弄	《上海市虹口区地名志》第 198 页
安庆里	1930	1 600	霍山路 47 弄	《上海市虹口区地名志》第 199 页
宝兴坊	1927	4 470	河南北路 406、426、436、446、456 弄	《上海市虹口区地名志》第 213 页
明德里	1937 年前	3 840	大连路 547 弄	《上海市虹口区地名志》第 215 页
和乐里	1918	2 750	河南北路 368 弄	《上海市虹口区地名志》第 216 页
益丰里	1929	3 300	安国路 127、133、147 弄	《上海市虹口区地名志》第 225 页
唐山里	1945	3 990	唐山路 945 弄	《上海市虹口区地名志》第 226 页
积善里	1930	1 100	平凉路 57 弄	《上海市虹口区地名志》第 229 页
久耕、久椿里	1853、1863	33 000	虹口区南部虹口港西	《上海市虹口区地名志》第 247 页
大桥大楼	1930—1934	11 600	四川北路 85 号	《上海市虹口区地名志》第 169 页
中行大楼	1932	5 500	四川北路 912—922 号	《上海市虹口区地名志》第 169 页
中和公寓	1935	6 100	武进路 297 弄	《上海市虹口区地名志》第 169 页
公安大楼	1926—1930	2 516	闵行路 260 号内西北隅	《上海市虹口区地名志》第 170 页
东兴公寓	1927	4 185	吴淞路 444 弄	《上海市虹口区地名志》第 171 页
四行大楼	1931	3 300	四川北路 1274—1290 号	《上海市虹口区地名志》第 171 页

续表

住宅名称	建造年代	建筑面积（平方米）	坐落位置	备注
乍浦大楼	1920—1929	1 700	乍浦路383号	《上海市虹口区地名志》第171页
闵行大楼	1933	5 414	闵行路201号	《上海市虹口区地名志》第171页
金山大楼	1903	8 100	金山路43号	《上海市虹口区地名志》第172页
河滨大楼	1931—1935	54 000	北苏州路400号	《上海市虹口区地名志》第173页
虹口大楼	1927	5 400	海宁路449号	《上海市虹口区地名志》第173页
浦西公寓	1931	13 000	蟠龙街26号	《上海市虹口区地名志》第173页
银行大楼	1908	2 476	大名路65号	《上海市虹口区地名志》第174页
景林公寓	1923	5 943	乍浦路254弄	《上海市虹口区地名志》第174页

三十四、徐汇区华界（1927—1937年各区）数据资料

住宅名称	住宅类型	建造年代	建筑结构	幢数	建筑面积（平方米）	坐落位置	管辖地区
国际新村	旧式里弄	1948	砖木二层	14	288	大木桥路13弄	沪南
长林里	旧式里弄	1934	砖木平房	4	88	大木桥路216弄	沪南
锡祥里	旧式里弄	1947	砖木平房	8	210	大木桥路232弄	沪南
西鼎吉里	旧式里弄	1937	砖木二层	19	1 233	大木桥路262弄	沪南
新林村	旧式里弄	1948	砖木二层	9	805	大木桥路437弄	沪南
王家宅	花园里弄	1948	砖木三层	4	824	小木桥路439弄	沪南
堂生里	旧式里弄	1938	砖木平房	10	430	东安路50弄25、27支弄	沪南
和平新村	旧式里弄	1948	砖木平房	73	2 421	宛平南路171弄	沪南
斜塘村	旧式里弄	1937	砖木二层	12	856	斜土路1111弄	沪南
中和村	旧式里弄	1948	砖木二层	5	1 220	斜土路1155弄	沪南
兴泰里	旧式里弄	1948	砖木平房	8	195	斜土路1410弄	沪南
谈家宅	旧式里弄	1916	砖木平房	56	1 178	汇站街9弄5号	法华
沈家宅	旧式里弄	1937年前后	砖木平房	17	621	漕溪北路沈家宅50弄	沪南
康家里	旧式里弄	1912年后（估）	砖木平房	8	168	肇嘉浜路99弄	沪南
明毓里	旧式里弄	1934	砖木平房	20	520	肇嘉浜路99弄甲弄	沪南
裕庆里	旧式里弄	1937	砖木平房	14	629	肇嘉浜路167弄	沪南
瑞吾村	旧式里弄	1945	砖木二层	17	1 066	肇嘉浜路283弄	沪南
鼎祥里	旧式里弄	1937	砖木二层	20	1 207	大木桥路286—326号	沪南
六间头	旧式里弄	1938	砖木平房	6	162	怀安街67弄甲支弄14—19号	法华
泰安新村	旧式里弄	1930	砖木二层	13	480	清真路38弄	沪南
上塘村	旧式里弄	1938	砖木二层	17	1 378	蒲东路735弄丙弄1—18号	沪南
大池浜	旧式里弄	1900	砖木二层	8	470	同仁街150—156号	法华

续表

住宅名称	住宅类型	建造年代	建筑结构	幢数	建筑面积(平方米)	坐落位置	管辖地区
三合里	旧式里弄	1930	砖木平房	10	328	徐镇路261弄1—10号	法华
三德里	旧式里弄	1935	砖木平房	12	750	马家宅39弄12—17号	沪南
天申里	旧式里弄	1935	砖木二层	13	1 063	同仁街95—115号(单号),同仁街117弄1—2号	法华
天福里	旧式里弄	1926	砖木二层	28	2 727	蒲东路735弄1—32号	沪南
仁记里	旧式里弄	1926	砖木二层	8	1 114	镇北街36—46号、54弄1,2号、62弄3,4,5号,64、66号(双号),徐镇路31—37号(单号)	法华
仁和里	旧式里弄	1934	砖木二层	5	724	汇站街7弄6—11号	法华
仁美里	旧式里弄	1927	砖木二层	24	2 001	华山路2212—2234号(双号),同仁街13—19号(单号),同仁街11弄1—8号	法华
正本里	石库门里弄	1850	砖木二层	7	520	沈家宅3—5号	漕泾
北辰里	旧式里弄	1936年前	砖木二层	11	427	徐镇路237弄1—7号	法华
四川里	旧式里弄	1924	砖木平房	6	240	徐虹路104、106弄1—6号	法华
西河里	旧式里弄	1917	砖木二层	25	1 176	沈家宅25弄1—24号	漕泾
存德里	旧式里弄	1929	砖木二层	5	580	虹桥路38弄1—10号,40—48号(双号)	法华
同安里	旧式里弄	1919	砖木平房	6	234	同仁街140弄甲支弄1—6号	法华
寿福里	旧式里弄	1933	砖木三层	4	748	宛平南路195弄	法华
余庆里	旧式里弄	清同治年间	砖木二层	22	1 350	徐镇路139、143、151—163号,徐镇路145弄3—8号	法华
怀安里	旧式里弄	1925	砖木二层	18	1 303	怀安路45弄1—34号	法华
宏仁里	旧式里弄	1933	砖木二层	7	671	蒲东路735弄乙弄1—7号	沪南
武陵里	旧式里弄	1928	砖木二层	12	384	汇西街130弄1—12号	法华
承旨里	旧式里弄	1925	砖木二层	16	849	怀安街128弄	法华
春耕里	旧式里弄	1932	砖木二层	12	768	汇南街167弄1—9号及161、163、165号	沪南
顺德里	旧式里弄	1929	砖木二层、平房	8	1 533	漕溪北路三角东街1—51号	沪南
禹洲里	旧式里弄	1905	砖木二层、平房	4	238	镇北街13弄1—13号	法华

续表

住宅名称	住宅类型	建造年代	建筑结构	幢数	建筑面积（平方米）	坐落位置	管辖地区
亲义里	旧式里弄	1900	砖木二层、平房	10	493	紫阳路280弄1－9号	法华
亲仁里	旧式里弄	1935	砖木二层、三层	69	5 484	华山路2094－2122弄1－38号、78－102号	法华
姚家里	旧式里弄	清末	砖木平房	9	2 224	中山南二路姚家里1－9号	沪南
海星光里	旧式里弄	1921	砖木二层	46	1 944	镇南街62弄1－12、14号，62弄1－5号，70弄10－23号、25－36号	法华
浚源里	旧式里弄	1908	砖木二层	17	478	徐镇路125弄1－8号、131－137号（单号）	法华
培元里	旧式里弄	1949	砖木三层	10	548	清真路1614弄1－5号及街面1604－1612号	沪南
提明里	旧式里弄	1925	砖木平房	4	215	同仁街163弄，165弄1－3号	法华
瑞昌里	旧式里弄	1941	砖木二层	12	744	徐虹路99弄1－21号	法华
慈云里	旧式里弄	1937	砖木平房	9	169	漕溪北路573弄6－9号	法华
福安里	旧式里弄	1938	砖木二层	10	534	徐镇路273弄1－10号	法华
染坊弄	旧式里弄	1830	砖木二层	45	1 387	徐镇路43弄1－10、39，41，45，47号	法华
永兴坊	旧式里弄	1925	砖木平房	7		怀安街114弄1－7号	法华
合兴坊	旧式里弄	1920	砖木平房	10	340	同仁街140弄乙支弄1－10号	法华
树德坊	旧式里弄	1927	砖木二层	25	1 861	华山路2210弄1－14号及2188－2208号（双号）	法华
振业坊	旧式里弄	1936	砖木二层	2	409	虹桥路192弄	法华
慈云坊	旧式里弄	1936	砖木二层	10	396	漕溪北路547弄3－6号	沪南
聚贤坊	旧式里弄	1931	砖木二层	9	716	马家宅34弄1－9号	沪南
大华村	旧式里弄	1938	砖木二层	29	1 796	汇站街65弄1－29号	法华
五星村	旧式里弄	1948	砖木二层	7	247	天钥桥路赵巷30弄1－5号及赵巷30号	沪南
中兴村	旧式里弄	1938	砖木二层	27	1 686	紫阳路221弄1－19、223－239号（单号）	法华
冈恒村	旧式里弄	1912	砖木二层	21	825	汇西街61－69号，60弄1－16号	法华
四谊村	旧式里弄	1938	砖木二层	32	1 150	汇西街110－130号，汇西街108弄12－33号	法华

续表

住宅名称	住宅类型	建造年代	建筑结构	幢数	建筑面积（平方米）	坐落位置	管辖地区
乐村	旧式里弄	1940	砖木平房	60	1 766	徐虹路116弄1－5号、6－27号、118－138号（双号）	法华
乐和村	旧式里弄	1948	砖木二层	6	232	徐镇路237弄乙支弄1－6号	法华
竹兰村	旧式里弄	1935	砖木二层	54	2 867	蒲东路931－953号（单号），蒲东路941弄1－44号	漕泾
成贤村	新式里弄	1943	砖木三层	2	788	医学院路80弄	法华
华星村	旧式里弄	1937	砖木平房	14	2 875	宛平南路500弄1－27号	漕泾
安吉村	旧式里弄	1948	砖木二层	15	916	怀安街120弄1－19号	法华
枫林村	花园里弄	1936	砖木假三层	3	1 394	平江路215弄	法华
河南村	旧式里弄	1946	砖木二层		2 271	宛平南路西侧260弄1－40、206－214号（双号）	沪南
承志村	旧式里弄	1939	砖木平房	8	768	裕德路承光一村1－20号	法华
秋棠村	旧式里弄	1944	砖木二层	17	1 690	蒲东路929弄1－17号	沪南
俭德村	旧式里弄	1938	砖木平房	21	549	徐镇路320弄1－21号	法华
爱堂村	旧式里弄	1939	砖木二层	8	416	天钥桥路马家宅33弄1－8号	沪南
祥云村	旧式里弄	1938	砖木平房	6	334	汇站街85弄1－4号	法华
逸村	旧式里弄	1939	砖木平房	29	992	裕德路51弄1－29号	法华
鸿村	石库门里弄	1931	砖木二层	15	1 201	慈云街41－61号（单号）、55弄1－5号	沪南
敬一村	旧式里弄	1936	砖木二层	8	699	斜土路3036弄1－8号	沪南
景贤村	旧式里弄	1938	砖木二层	8	908	马家宅路2－18号	沪南
程荣村	旧式里弄	1938	砖木二层	19	866	汇站街77弄1－11号，77弄甲弄1－8号	法华
新乐村	旧式里弄	1935	砖木二层	6	510	天钥桥路赵巷1－6号	沪南
慈云村	旧式里弄	1936	砖木二层	15	184	漕溪北路563弄12－15号	法华
群安村	旧式里弄	1930	砖木二层	2	359	虹桥路192弄21－33号	法华

续表

住宅名称	住宅类型	建造年代	建筑结构	幢数	建筑面积（平方米）	坐落位置	管辖地区
静乐村	旧式里弄	1930	砖木二层	8	1 635	三角东街 44 弄 1－15 号、17－25 号	沪南
增祖村	旧式里弄	1938	砖木二层	6	372	沈家宅 22 弄 1－6 号	沪南
震宇村	新式里弄	1930	砖木三层	10	818	殷家角 19 弄 1－10 号	沪南
懋村	旧式里弄	1939	砖木二层	9	598	徐虹路 40－56 号	法华
文定新村	新式里弄	1948	砖木二层	97	5 992	汇站街 125 弄 1－72 号	法华
永利新村	公寓里弄	1948	混合三层	4	4 018	清真路 1615 弄	沪南
齐鲁新村	旧式里弄	1949	砖木假三层	22	1 292	清真路 1624 弄 1－15 号，街面 1616－1630 号（双号）	沪南
安乐新村	旧式里弄	1935	砖木二层	18	1 964	斜土路 2167 弄 1－8 号及街面 2157－2165 号	沪南
树德新村	旧式里弄	1939	砖木二层、三层	11	1 775	华山路 2210 弄 15－24 号、35 号	法华
桃园	旧式里弄	1919	砖木三层	28	1 091	徐镇路 203－231 号，227 弄 2－10 号	法华
十五间头	旧式里弄	1911	砖木平房	15	343	天钥桥路马家宅 26 弄 1－15 号	漕泾
九间头	旧式里弄	1930	砖木平房	9	200	同仁街辛民新村 323－331 号	法华
三十间头	旧式里弄	1923	砖木高平房	30	2 676	沈家宅 44 弄 1－51 号	漕泾
良友别墅		1949	砖木二层、三层	4	1 510	淮海西路 345 弄 1－4 号	法华
市民新村	旧式里弄	1935	砖木平房	168	3 464	大木桥路 321 弄	沪南
锦韫坊	旧式里弄	1932	砖木平房	22	693	日晖西路 42 弄	沪南
二十间头	旧式里弄	1935	砖木平房	20	720	汇站街 48 弄	法华
中华新村	旧式里弄	1948	砖木二层	20	1 226	宛平南路 179 弄	沪南
四意新村	旧式里弄	1948	砖木二层	8	304	宛平南路 179 弄	沪南
自由新村	旧式里弄	1948	砖木二层	27	1 614	宛平南路 179 弄	沪南
雪村	旧式里弄	1948	砖木一层、二层	7	346	宛平南路 179 弄	沪南
鲁东新村	旧式里弄	1946	砖木二层	28	1 848	宛平南路 179 弄	沪南
新森里	旧式里弄	1930	砖木平房	27	5 331	虹桥路 312 弄 310 号、320 号、330 号	法华
祥茂里	旧式里弄	1946	砖木二层	12	380	清真路 102 弄甲支弄	沪南
老八间	旧式里弄	1942	砖木一层、二层	8	320	肇嘉浜路 193 弄丁弄	沪南

续表

住宅名称	住宅类型	建造年代	建筑结构	幢数	建筑面积（平方米）	坐落位置	管辖地区
库里	旧式里弄	1944	砖木一层、二层	80	1 662	上海水泥厂南端	漕泾
福盛里	旧式里弄	1931	砖木一层、二层	36	1 171	上海水泥厂北	漕泾
大德里	旧式里弄	1945	砖木一层、二层	5	2 144	虹桥路420弄	法华
沈家里	旧式里弄	1850	砖木一层、二层	186	5 670	东安路350弄，零陵路401弄	沪南
潘家弄	旧式里弄	1938	砖木一层、二层	110	10 700	裕德路潘家弄1－116号及30、46弄	法华
蔡家弄	旧式里弄	1948	砖木一层、二层	4	4 051	龙华镇路136弄	漕泾
三合村	旧式里弄	1919	砖木一层、二层	71	1 000	小木桥路814弄北侧及703弄东南一块	沪南
工民村	旧式里弄	1945	砖木一层、二层	110	1 650	文定路1－81号	法华
园坊村	旧式里弄	1938	砖木一层、二层	8	310	虹桥路192弄34号	法华
五埭头	旧式里弄	清末年间	砖木平房	150	6 027	漕溪北路与汇站街之间	法华
五福里	旧式里弄	1948	砖木一层、二层	9	350	大木桥路470弄	沪南
东鼎吉里	旧式里弄	1927	砖木一层、二层	38	1 562	大桥路249弄、261弄及沿路245－273号	沪南
汇兴里	旧式里弄	1940	砖木一层、二层	4	1 147	漕溪北路沈家宅汇兴里1－2号、7－8号、12－13号、27－30号	沪南
协祥里	旧式里弄	1930	砖木二层	16	460	肇嘉浜路899弄及路面897、901号	法华
至善里	旧式里弄	1940	砖木二层	8	485	原三角街139、141、143号及137弄1－4号	沪南
乔家里	旧式里弄	清末年间	砖木二层	5	1 796	中山南二路乔家里1－15号	沪南
英英里	旧式里弄	1931	砖木平房	7	295	裕德路北侧潘家宅13号甲，英英里1－6号	法华
鼎顺里	旧式里弄	1928	砖木一层、二层	13	450	斜土路1598弄	沪南
三和村	旧式里弄	1936	砖木平房	3	292	虹桥路189弄10、12、14、16号	法华
仁和村	旧式里弄	1939	砖木平房	7	149	虹桥路223弄甲支弄9－15号	法华
桃源村	旧式里弄	1932	砖木平房	10	358	虹桥路311弄甲支弄1－10号	法华
鸿裕新村	旧式里弄	1936	砖木二层	12	792	裕德路51弄鸿裕新村1－12号	法华
郑公馆	石库门里弄	1935	砖木二层	3	835	虹桥路181弄1－3号	法华

续表

住宅名称	住宅类型	建造年代	建筑结构	幢数	建筑面积（平方米）	坐落位置	管辖地区
耕园	旧式里弄	1932	砖木平房	9	216	原漕溪北路54弄1－9号,漕溪北路56号	法华
芦浦小筑	旧式里弄	1937－1945	砖木二层	1	499	斜土路2185号	法华
王家堂	旧式里弄	1912年后（估）	砖木二层、三层	33	23 500	天钥桥路175弄东侧与斜土路2561弄西北侧交汇地区	沪南
康门厂	旧式里弄	1910	砖木平房	9	274	汇南路169号	沪南
泰东村		1937－1945	简屋		2 499	天钥桥路泰东村1、26－94号	沪南
泰西村		1940	简屋		910	天钥桥路泰西村2、13－25号	沪南
文华新村		1946	砖木平房	12	312	斜土路2534弄	沪南
庄家宅		1930－1939	砖木二层、平房、简屋		3 484	斜土路南侧	沪南
陈家宅		1949年前	老式平房、二层楼房、简式平房		4 865	漕溪北路街道西南部	法华
顾家宅		1949年前	砖木平房		3 200	斜土路2060弄	法华
姚屯湾		1949年前	老式平房、二层楼房、简式平房		3 799	斜土路姚屯湾1－22号、61－69号、41－57号、71－89号（单号）	沪南
镇北街二十间头		1911	砖木平房		1 394	镇北街20弄1－10号、26弄1－10号	法华
小洋房		1920	砖木二层	1	316	虹桥路228弄3号	法华
邢家宅		1949年前	老式平房		3 388	漕溪北路街道东南部,邢家宅1－34号	沪南
七间头		1937－1945	砖木平房	7	70	虹桥路192弄	法华
乔家堂		1949年前	简易楼房、老式平房		1 385	零陵路665弄1－26号,斜土路2612、2614、2618、2620、2622弄	沪南
启明新村		1948	砖木假三层	48	6 841	天钥桥路125弄1－48号	沪南
福华新村		1943	砖木二层	4	200	天钥桥路马家宅26弄1－4号	沪南
外交大楼		1923－1924	砖木二层	1	4 214	平江路170弄	沪南

三十五、徐汇区华界资料补充

住宅名称	建造年代	建筑面积（平方米）	坐落位置	管辖地区	备 注
泰东村	1937—1945	2 499	天钥桥路泰东村1、26—94号	沪南	《徐汇区地名志》第216页
泰西村	1940	910	天钥桥路泰西村2、13—25号	沪南	《徐汇区地名志》第216页
文华新村	1946	312	斜土路2534弄	沪南	《徐汇区地名志》第224页
庄家宅	1930—1939	3 484	斜土路南侧	沪南	《徐汇区地名志》第226页
陈家宅	1949年前	4 865	漕溪北路街道西南部	法华	《徐汇区地名志》第228页
顾家宅	1949年前	3 200	斜土路2060弄	法华	《徐汇区地名志》第229页
姚屯湾	1949年前	3 799	斜土路姚屯湾1—22号、61—69号、41—57号、71—89号（单号）	沪南	《徐汇区地名志》第232页
镇北街二十间头	1911	1 394	镇北街20弄1—10号、26弄1—10号	法华	《徐汇区地名志》第233页
小洋房	1920	316	虹桥路228弄3号	法华	《徐汇区地名志》第235页
邢家宅	1949年前	3 388	漕溪北路街道东南部邢家宅1—34号	沪南	《徐汇区地名志》第242页
七间头	1937—1945	70	虹桥路192弄	法华	《徐汇区地名志》第249页
乔家堂	1949年前	1 385	零陵路665弄1—26号，斜土路2612、2614、2618、2620、2622号	沪南	《徐汇区地名志》第250页
启明新村	1948	6 841	天钥桥路125弄1—48号	沪南	《徐汇区地名志》第118页
福华新村	1943	200	天钥桥路马家宅26弄1—4号	沪南	《徐汇区地名志》第121页
外交大楼	1923—1924	4 214	平江路170弄	沪南	《徐汇区地名志》第124页

三十六、徐汇区法租界数据资料表

住宅名称	住宅类型	建造年代	建筑结构	幢数	建筑面积（平方米）	坐落位置
长风一村	新式里弄	1937	砖木二层	6	759	广元路139弄
茂龄新村	新式里弄	1941	混合三层	14	2 808	天平路120、130弄
来斯南村	新式里弄	1938	砖木三层	7	1 075	五原路175弄
钱家宅	旧式里弄	1923	砖木三层		2 350	太原路121、139弄
台拉别墅	新式里弄	1930	砖木三层	10	2 661	太原路177、181弄
外国弄堂	新式里弄	1930	砖木三层		13 200	永康路175弄
逸安里	新式里弄	1930	砖木三层、四层	28	47 900	永嘉路229弄
西爱里	旧式里弄	1931	砖木二层	32	968	永嘉路309、315弄
集益里	新式里弄	1939	砖木三层	12	2 023	永嘉路321弄

续表

住宅名称	住宅类型	建造年代	建筑结构	幢数	建筑面积(平方米)	坐落位置
何合坊	旧式里弄	1931	砖木二层	16	1 178	永嘉路612弄
华村一弄、二弄	新式里弄	1937	砖木三层	41	3 447	五原路72、74、80、82、86、88号，76弄1—12号，84弄1—23号、24—33号
延庆路4弄	花园里弄	1930	混合三层、四层	23	1 992	延庆路4弄2—44号及延庆路2号、6—16号
哥伦比亚公寓	公寓里弄	1936	混合四层		1 870	延庆路11弄
延庆路18弄	花园里弄	1926	混合三层	11	4 746	延庆路18弄
来斯别业	花园里弄	1934	混合三层	4	2 092	安福路189弄
茂龄村	新式里弄	1941	砖木三层	30	9 184	岳阳路79弄
汶林别墅	新式里弄	1927	砖木三层、四层	11	2 514	宛平路189弄
汶林西村	新式里弄	1927	砖木三层	17	2 370	宛平路294弄
汶林三村	新式里弄	1927	砖木三层	7	1 735	宛平路295弄
汶林二村	新式里弄	1927	砖木三层	11	2 112	宛平路297弄
汶林一村	新式里弄	1927	砖木三层	7	1 286	宛平路299弄
鼎臣里	旧式里弄	1930	砖木二层	8	274	建国西路241弄
李家宅	旧式里弄	1928	砖木平房	22	548	建国西路248弄
明毋坊	旧式里弄	1933	砖木二层	3	404	建国西路258弄
生林里	旧式里弄	1932	砖木二层、三层	4	901	建国西路279弄
福履别墅	新式里弄	1912年后（估）	砖木二层	10	2 367	建国西路327弄
福履新村	花园里弄	1934	混合四层	15	3 520	建国西路365弄
台拉新村	新式里弄	1943	混合三层	14	2 553	建国西路384弄
循陔别墅	花园里弄	1943	混合三层、四层	6	2 883	建国西路402弄
茂龄新村	新式里弄	1941	砖木三层	33	7 191	建国西路619弄
亚尔新村	新式里弄	1936	混合三层	7	1 512	陕西南路560弄
亚尔培坊	新式里弄	1920	混合三层、四层	43	12 100	陕西南路582弄
锡安里	旧式里弄	1940	砖木二层	7	518	南昌路551弄甲之弄
兴祥村	旧式里弄	1942	砖木二层	6	856	复兴中路1201弄
高露新村	花园里弄	1942	砖木三层	4	1 180	高安路9弄
淮海中路1754弄	花园里弄	1930	混合二层、三层	29	4 856	淮海中路1754弄
贵和坊	旧式里弄	1930	砖木二层	7	766	嘉善路45弄

续表

住宅名称	住宅类型	建造年代	建筑结构	幢数	建筑面积（平方米）	坐落位置
永乐村	新式里弄	1939	砖木二层、三层	19	2 721	嘉善路236弄
长寿里	旧式里弄	1942	砖木二层	4	586	襄阳南路239弄
绿杨村	旧式里弄	1939	砖木平房	2	334	襄阳南路383弄
拉都坊	新式里弄	1930	砖木二层	27	2 752	襄阳南路499弄
思齐新村	花园里弄	1940	砖木三层	4	1 369	永嘉路500弄496、498号
麦琪里	旧式里弄	1932	砖木二层、三层	19	2 910	乌鲁木齐中路174—210号
环龙村	新式石库门	1930	砖木三层	16	3 240	复兴中路1218弄42—72号（双号）
淮海中路	花园里弄	1919	混合三层、四层	8	3 883	淮海中路1276—1298号
花园陈家宅	旧式里弄	民国初年	砖木平房	11	5 720	兴国路63弄1—67号
大池浜	旧式里弄	1900	砖木二层	8	470	同仁街150—156号
人和里	旧式里弄	1933	砖木二层	12	953	安福路204弄11—22号
九华里	旧式里弄	1930	砖木二层	6	424	乌鲁木齐中路149、151、153号及155弄1—3号
九兴里	旧式里弄	1927	砖木二层	7	656	安福路78弄1—3号及70、72、74、76号
三星里	石库门里弄	1935	砖木二层、三层	7	1 046	肇嘉浜路644—660弄
三牲里	旧式里弄	1936	砖木三层	5	589	安福路100弄23—27号
大福里	新式里弄	1926	砖木三层	21	4 286	延庆路29弄1—21号
大德里	新式里弄	1912	砖木假三层	11	5 497	淮海中路北侧1270弄
大德里	旧式里弄	1933	砖木二层	8	1 020	宛平路349弄4—11号、345、347、353号
广元里	旧式里弄	1925	砖木二层	64	9 305	东起天平路西侧242—246号，西为华山路1871—1923号，北为广元路233弄201—247号
天佑里	旧式里弄	1925	砖木二层	40	3 841	广元路1931—1955号
公兴里	旧式里弄	1925	砖木二层	4	471	南昌路594弄甲之弄3—14号及16、18、20号
长兴里	旧式里弄	1934	砖木二层	5	341	安福路131—137号（单号）及129弄1号
迪化里	旧式里弄	1937	砖木二层	178	15 725	乌鲁木齐路179弄1—144号、157—221号，安福路81、83号

续表

住宅名称	住宅类型	建造年代	建筑结构	幢数	建筑面积（平方米）	坐落位置
文福里	新式里弄	1930	砖木三层	3	596	长乐路 467、469、471 号
申江里	旧式里弄	1920	砖木二层	9	578	长乐路 845 弄 1—6 号、847—851 号
永盛里	旧式里弄	1936	砖木三层	85	4 177	嘉善路 101 弄 1—66 号、83—107 号（单号）、119 弄（11—17 号）
民乐里	旧式里弄	1939	砖木二层	5	360	乌鲁木齐中路 95 弄 10—15 号
光裕里	旧式里弄	1933	砖木二层	19	1 169	建国西路 279 弄 1—18 号
合兴里	新式里弄	1930	砖木二层	15	1 242	长乐路 815 弄 1—15 号
安和里	新式里弄	1939	砖木假三层	6	1 617	建国西路 248 弄 250 号及嘉善路 449 号
兴业里	新式里弄	1930	砖混二层、四层	70	15 206	淮海中路 955—977 弄和 967 弄 1—25 号、26—43 号，陕西南路 302—334 号
兴顺东里	旧式里弄	1928	砖木二层	25	2 416	嘉善路 140、150 弄和 152 号
兴顺北里	旧式里弄	1926	砖木二层、三层	86	6 752	永康路 38 弄
兴顺南里	旧式里弄	1928	砖木二层、三层		8 447	永康路 37 弄
进兴里	旧式里弄	1928	砖木二层	4	362	安福路 88、90 号、86 弄 1—2 号
孝友里	石库门里弄	1908	砖木二层	171	16 100	衡山路 964 弄及华山路 2057 弄
全庆里	旧式里弄	1933	砖木三层	4	470	复兴中路 1218 弄 34—40 号
余福里	旧式里弄	1930	砖木二层	10	924	永嘉路 626 弄
岐斋里	旧式里弄	1926	砖木三层	7	724	淮海中路 977、979 号及 981 弄 1—5 号
尚德里	旧式里弄	1936	砖木二层	30	2 538	肇嘉浜路 800 弄
明德里	旧式里弄	1926	砖木二层	6	852	襄阳南路 358 弄 1—6 号
和乐里	旧式里弄	1932	砖木二层	8	614	乌鲁木齐中路 90—94 号（双号）及 96 弄 1—5 号
金仁里	旧式里弄	1932	砖木二层	4	602	永嘉路 136 弄
怡德里	新式里弄	1929	混合三层	28	3 816	复兴中路 1296—1306 号（双号）及 1294 弄 1—23 号
宝善里	旧式里弄	1934	砖木二层	10	628	乌鲁木齐中路 309 弄 1—2 号、317 弄 303—307 号、311—315 号

续表

住宅名称	住宅类型	建造年代	建筑结构	幢数	建筑面积（平方米）	坐落位置
建中里	石库门里弄	1931	砖木三层	22	2 215	淮海中路1522弄11—33号
建业里	旧式里弄	1930	砖木二层	260	20 400	建国西路440—496弄
春华里	石库门里弄	1925	砖木二层	59	3 702	安福路南侧61—67号（单号），59弄1—25号、71—79号，69弄1—25号
荣福里	旧式里弄	1930	砖木二层	18	1 651	嘉善路119弄18—35号
厚福里	旧式里弄	1905	砖木三层	13	956	南昌路551弄50号
顺龙里	旧式里弄	1927	砖木二层	29	784	延庆路112—122号及110弄1—6号
恒德里	旧式里弄	1932	砖木二层、三层	5	702	复兴西路317弄1—4号
美华里	旧式里弄	1930	砖木三层	22	2 121	安福路191弄1—22号
桃源里	旧式里弄	1914	砖木三层	8	862	复兴中路1202弄1204号及1200弄1—4号
振飞里	石库门里弄	1928	砖木二层	11	667	南昌路594弄27—35号（单号）
振福里	旧式里弄	1932	砖木二层	11	1 076	建国西路248弄4—15号
牲牲里	旧式里弄	1928	砖木二层	42	3 052	南昌路551弄丁支弄1—42号
润德里	旧式里弄	1925	砖木二层	5	798	南昌路594弄乙支弄1—7号
骏德里	旧式里弄	1932	砖木三层	5	422	南昌路594弄11—19号（单号）
崇仁里	旧式里弄	1928	砖木二层	20	2 430	嘉善路69弄
铠记里	旧式里弄	1927	砖木二层	4	726	南昌路550弄86—92号（双号）
鸿裕里	旧式里弄	1936	砖木二层	18	1 935	广元路169弄及161—179号
储康里	旧式里弄	1928	砖木二层	20	3 666	长乐街401弄1—20号
敦伦里	旧式里弄	1931	砖木二层、三层	18	1 120	永嘉路425弄
敦和里	新式里弄	1931	砖木三层	84	13 600	襄阳南路306弄
善富里	新式里弄	1929	砖木三层	15	1 728	长乐街821弄1—10号及823—831号（单号）
道生里	旧式里弄	1930	砖木三层	33	3 747	复兴中路1218弄2—28号及1218弄20甲、乙、丙、丁号

续表

住宅名称	住宅类型	建造年代	建筑结构	幢数	建筑面积（平方米）	坐落位置
瑞福里	旧式里弄	1925	砖木二层	7	391	淮海中路1506弄1—4号及1500—1504号双号
锦福里	旧式里弄	1920	砖木三层	6	525	安福路78弄4—6号及80—84号
新兴顺里	旧式里弄	1930	砖木二层	38	5 118	嘉善路109、111、115号，113弄1—3号，117弄1—25号，119弄1B、2B、3B、A5—9号
慎成里	旧式里弄	1931	砖木二层、三层	120	15 900	永嘉291弄1—90号、277—307号（单号）
福安里	旧式里弄	1933	砖木三层	14	656	襄阳北路75—97号，101弄1—2号
福兴里	旧式里弄	1929	砖木二层	6	545	肇嘉浜路244弄
福昌里	新式里弄	1939	砖木三层	8	1 392	建国西路354弄
德安里	新式里弄	1928	混合三层	16	1 760	安福路56—60、64—66双号，62弄1—11号
褒德里	旧式里弄	1936	砖木三层	24	2 390	五原路142弄1—12号、130—154号
鑫生里	旧式里弄	1933	砖木二层	4	378	复兴中路1218弄乙支弄4、5、7、9号
小桃园弄	旧式里弄	1912	砖木二层	33	1 800	复兴中路1218弄内东侧31—41号，南昌路551弄内东侧2—6、8—11、13—29号
北丁家弄	旧式里弄	1850	砖木二层、三层	12	1 000	永康路148弄
纪德兴弄	旧式里弄	1932	砖木二层	10	600	乌鲁木齐南路163弄
吴家弄	旧式里弄	1930	砖木二层	26	965	南昌路551弄16—48号、52—56号、35—45号
张家弄	新式里弄	1933	砖木三层	10	1 214	复兴中路1252弄5—14号
曹家弄	石库门里弄	1931	砖木二层	107	3 178	淮海中路1522弄甲支弄及乙支弄
三德坊	新式里弄	1930	砖混二层、三层	12	3 055	嘉善路17弄
三鑫坊	旧式里弄	1933	砖木三层	32	2 914	襄阳南路510弄及建国西路102—110号
大同坊	新式里弄	1931	砖木三层	39	4 735	天平路91弄及余庆路102—110号
义合坊	旧式里弄	1925	砖木三层	5	1 085	广元路208弄
广寒坊	旧式里弄	1930	砖木三层	13	364	淮海中路1490、1492、1494号，1498弄1—3、3丙、4—9号

续表

住宅名称	住宅类型	建造年代	建筑结构	幢数	建筑面积（平方米）	坐落位置
仁德坊	旧式里弄	1930	砖木二层	4	296	乌鲁木齐中路95弄1—4号
公兴坊	旧式里弄	1927	砖木二层	14	872	嘉善路68、112弄及64、66、70、72号
长余坊	新式里弄	1932	砖木三层	6	1 161	复兴中路1266、1268号及1264弄1—4号
文元坊	旧式里弄	1931	砖木假三层	7	627	新乐路134弄34—40号
文安坊	旧式里弄	1926	砖木假三层	8	1 043	永康路141弄南丁家弄内
文安坊	旧式里弄	1935	砖木二层	15	1 077	高安路69弄丁弄
双龙坊	旧式里弄	1933	砖木三层	7	1 043	永嘉路172弄
四星坊	旧式里弄	1911	砖木三层	16	1 242	南昌路596、598、600、604、606、608号及602弄过街楼
永存坊	新式里弄	1912	砖木三层	18	2 805	长乐路611弄1—18号、1甲号
永利坊	新式里弄	1938	砖木二层、三层	44	8 902	新乐路84—98号（双号）及100弄1—47号
毕兴坊	新式里弄	1931	砖木二层	22	3 423	汾阳路64弄
同兴坊	石库门里弄	1932	砖木二层	18	1 268	乌鲁木齐中路301弄14—31号
同裕坊	旧式里弄	1932	砖木三层	11	801	复兴中路1218弄12—32号（双号）
华安坊	新式里弄	1933	砖木二层、三层	31	5 147	肇嘉浜路856弄和852—868号
华安坊	花园里弄	1940	砖木三层、四层	4	1 919	高安路69弄甲弄1—4号
合群坊	新式里弄	1929	砖木假三层	42	4 108	建国西路316弄
汝南坊	旧式里弄	1930	砖木二层	3	860	永康路157弄1—3号
志庆坊	旧式里弄	1928	砖木二层	14	1 065	华山路1857弄
尚贤坊	新式里弄	1912年后（估）	砖木三层	2	378	襄阳南路234弄
明志坊	旧式里弄	1933	砖木假三层	3	404	建国西路248弄（16—19号）
和乐坊	旧式里弄	1937	砖木二层	21	1 440	襄阳南路444弄51—71号
宝隆坊	新式里弄	1925	砖木二层、三层	17	1 628	陕西南路224—230号（双号），232弄1—3号、11—20号
宗德坊	旧式里弄	1920	砖木二层	5	685	南昌路551弄34甲

续表

住宅名称	住宅类型	建造年代	建筑结构	幢数	建筑面积（平方米）	坐落位置
树德坊	新式里弄	1934	砖木二层、三层	87	9 770	天平路276—320弄
咸庆坊	老式石库门	1927	砖木二层	5	357	嘉善路62弄甲支弄
胡兴坊	旧式里弄	1925	砖木二层	6	433	华山路1929弄
复兴坊	旧式里弄	1930	砖木二层	8	708	广元路181弄及183—187号
禹兴坊	旧式里弄	1920	砖木假三层	6	671	建国西路279弄内（19—24号）
亭元坊	旧式里弄	1932	砖木假三层	7	508	建国西路279弄
泰兴坊	旧式里弄	1926	砖木二层	16	1 600	南昌路585弄1—16号
莹瑞坊	石库门里弄	1924	砖木假三层	19	1 733	淮海中路987弄甲支弄7—13号、14—32号
振兴坊	旧式里弄	1916	砖木二层	31	2 703	永康路10弄
振德坊	旧式里弄	1920	砖木假三层	4	633	南昌路551弄乙支弄1—21号
余德坊	新式里弄	1936	砖木二层、三层	8	1 184	复兴中路1280、1284、1286号及1282弄1—5号
益余坊	新式里弄	1931	砖木三层	33	5 242	复兴中路1235弄
资敬坊	旧式里弄	1931	砖木三层	18	1 881	建国西路233弄
鸿安坊	新式里弄	1932	砖木三层	11	1 562	陕西南路572弄
鸿运坊	旧式里弄	1916	砖木三层	7	395	安福路158弄1—7号
颐德坊	新式里弄	1930	砖木三层	54	7 665	襄阳北路66弄1—12号,68弄1—11号,70弄1—11号,72弄1—10号,74弄1—10号
锡贤坊	旧式里弄	1931	砖木二层	26	1 947	建国西路284弄1—5号及建国西路272—284号
新乐坊	新式里弄	1932	砖木三层	18	3 222	新乐路44弄38—42、46—50号（双号），44弄1—15号
新安坊	旧式里弄	1928	砖木二层、三层	5	681	复兴中路1218弄甲支弄1—5号
福兴坊	旧式里弄	1931	砖木二层	5	618	复兴中路1218弄2—10号（双号）
福寿坊	新式里弄	1931	砖木二层	4	575	南昌路566弄
福显坊	旧式里弄	1932	砖木二层	35	2 936	襄阳南路411弄（1—26号）

续表

住宅名称	住宅类型	建造年代	建筑结构	幢数	建筑面积（平方米）	坐落位置
慧庆坊	旧式里弄	1930	砖木二层	5	478	建国西路267号
增乐坊	新式里弄	1947	砖木三层	10	1 494	襄阳南路383弄（30—48号双号）
又一村	新式里弄	1939	砖木三层	12	1 524	复兴中路1315弄11—22号
三三村	新式里弄	1933	砖木三层	6	1 623	复兴中路1252弄1—4号及沿路1254、1256号
大来村	新式里弄	1936	砖木三层	12	3 675	五原路94、98号及96弄1—10号
云裳村	新式里弄	1939	砖木三层	3	5 270	广元路22弄及12—20号、24—30号（双号）
天一村	新式里弄	1939	砖木三层	5	1 260	五原路165弄1—5号
五福村	旧式里弄	1918	砖木二层	11	1 260	建国西路288弄
友宁村	新式里弄	1939	砖木三层、四层	36	3 733	太原路293、297、305、311弄
友华村	新式里弄	1933	砖木二层、三层	24	4 000	长乐路637弄1—24号
中信一村	新式里弄	1937	砖木假三层	30	5 424	常熟路163弄1—30号
双梅村	新式里弄	1934	砖木四层	6	2 048	太原路199弄1—6号
甘村	新式里弄	1931	砖木三层、四层	78	10 700	嘉善路131弄1—6号，137弄1—6号，143弄1—6号
龙村	新式里弄	1940	砖木三层	29	2 921	襄阳南路175、117号，南昌路605—613、617—621号（单号），615弄1—20号
龙德村	新式里弄	1932	砖木三层	12	1 758	襄阳南路161弄1—6号，173弄1—6号
四达衬	新式里弄	1933	混合三层、四层	15	2 082	永康路142弄
四维村	新式里弄	1935	砖木三层、四层	21	3 798	广元路190弄
乐村	新式里弄	1940	砖木三层	17	1 993	襄阳南路388弄1—14号
兰村	新式里弄	1940	砖木二层	11	861	南昌路512弄1号、5—12号、12甲、13号
宁村	新式里弄	1938	砖木二层	27	1 642	广元路158弄及152—166号
永和村	新式里弄	1939	混合三层、四层	5	598	永康路116—124号
永顺村	旧式里弄	1934	砖木三层	21	2 799	南昌路585弄17—37号

续表

住宅名称	住宅类型	建造年代	建筑结构	幢数	建筑面积（平方米）	坐落位置
永康村	新式里弄	1931	砖木三层	33	3 940	永康路 109 弄
吉村	新式里弄	1941	砖木三层	6	1 644	永福路 131 弄 1－5 号、133 号
华村	新式里弄	1948	砖木三层	7	985	永嘉路 353 弄
同和村	旧式里弄	1936	砖木三层	17	1 278	乌鲁木齐南路 213 弄 14－22 号
同益村	新式里弄	1939	砖木混合三层	3	1 357	永嘉路 416 弄
多福村	新式里弄	1944	砖木二层	9	1 459	长乐路 339 弄甲之弄 1－9 号、12 号
守民村	新式里弄	1933	混合四层	8	1 401	永康路 142 弄
安乐村	新式里弄	1938	砖木二层	36	2 359	肇嘉浜路 384 弄
安村	新式里弄	1938	砖木三层	6	916	余庆路 2－12 号
红叶村	新式里弄	1938	砖木三层	8	694	襄阳南路 383 弄
沪江一村	新式里弄	1938	混合三层	5	1 231	乌鲁木齐中路 166 弄 4、5、7－11、13 号
沁村	新式里弄	1941	砖木二层、三层	6	758	乌鲁木齐中路 124 弄 1、2 号及 116－122 号（双号）
林村	新式里弄	1939	砖木三层	1	196	襄阳南路 393 弄
松鹤村	新式里弄	1931	砖木三层	3	729	复兴西路 299 弄 1－3 号
良村	新式里弄	1937	砖木三层	5	1 120	新乐路 56 弄 1 号、1 甲、2－4 号
咏村	新式里弄	1939	砖木三层	7	1 002	襄阳南路 452 弄 31－37 号
明月村	新式里弄	1937	砖木三层	4	380	永康路 142 弄 39－42 号
明霞村	新式里弄	1934	砖木三层	18	2 499	襄阳南路 100 弄 1－18 号
和平村	新式里弄	1939	砖木三层	26	5 817	永嘉路 485 弄及 481－491 号（单号）
和村	新式里弄	1935	砖木三层	13	1 656	永嘉路 300 弄
和合村	旧式里弄	1939	砖木二层	4	496	襄阳南路 383 弄
和明村	新式里弄	1939	砖木三层	15	2 704	安福路 53 弄 1－13 号及 55、57 号
和悦村	新式里弄	1932	砖木三层	11	1 420	襄阳南路 151 弄 1－5 号，155 弄 1－6 号
金波村	新式里弄	1939	砖木三层	5	1 238	五原路 372 弄 1－5 号

续表

住宅名称	住宅类型	建造年代	建筑结构	幢数	建筑面积（平方米）	坐落位置
怡村	新式里弄	1939	砖木假三层	39	7 500	天平路208、212、216弄
定一村	新式里弄	1939	砖木三层	6	1 119	襄阳南路556－558弄1－2号,558弄1－4号
建国村	新式里弄	1939	砖木二层	16	1 687	襄阳南路438弄1－8号,444弄1－8号
星村	新式里弄	1944	砖木三层	9	1 281	永康路142弄29－37号
泰安村	新式里弄	1937	砖木三层	6	756	泰安路10弄1－11号（单号）
栖霞村	新式里弄	1939	砖木三层	4	1 238	五原路372弄6－9号
桃源村	新式里弄	1936	砖木三层	83	12 400	复兴中路1295弄
莹瑞村	新式里弄	1942	砖木三层	4	2 012	太原路196、200、218弄1、2号
积村	旧式里弄	1937	砖木二层、三层	10	915	乌鲁木齐中路67－75号及77弄1号,长乐路971－979号
息村		1935	混合三层	17	4 094	建国西路355弄
柳林村	新式里弄	1939	混合三层、四层	9	3 050	五原路228弄1－4、6－10号
祥乐村	新式里弄	1912	砖木三层	3	303	新乐路134弄4－6号
常熟村	新式里弄	1938	砖木三层	7	810	永嘉路166弄
敏慎村	新式里弄	1936	砖木三层	4	989	襄阳南路393弄
逸村	新式里弄	1937	砖木三层	6	2 481	永福路51号、49弄2－6、10－14号双号
逸村	花园里弄	1942	砖木三层	6	4 276	淮海中路1610弄1－8号
清泉村	新式里弄	1933	砖木二层	8	1 599	襄阳南路271弄
绸缪村	花园里弄	1933	砖木三层	4	1 791	淮海中路1857弄41－51号
绿村	新式里弄	1941	砖木三层	3	660	复兴西路18号、20号及22弄
蒲石村	新式里弄	1934	砖木二层	44	7 376	长乐街339弄1－44号
蓉村	花园里弄	1936	混合四层	5	2 547	永嘉路471弄
锦村	新式里弄	1933	混合三层、四层	16	2 584	襄阳南路166弄1－10号及158－164、168－170号（双号）

续表

住宅名称	住宅类型	建造年代	建筑结构	幢数	建筑面积（平方米）	坐落位置
颖村	新式里弄	1932	砖木三层	28	4 782	复兴中路 1224－1244 号，1232 弄 1－20 号
新乐村	新式里弄	1932	砖木三层	6	1 071	新乐路 58 弄 1－4 号及 60、62 号
新民村	旧式里弄	1934	砖木二层	21	1 473	天平路 260 弄及 262－274 号
新民村	新式里弄	1934	砖木三层	12	2 067	南昌路 532 弄 1－10、534、536 号
新村	新式里弄	1936	砖木三层	4	698	嘉善路 119 弄 38－41 号
慈惠村	新式里弄	1920	砖木三层	12	2 484	太原路 4 弄 1－2 号，8 弄 1－5 号，18 弄 1－5 号
福禄村	新式里弄	1939	砖木三层	21	5 550	建国西路 384 弄
福德坊	旧式里弄	1932	砖木二层	17	2 681	建国西路 336 弄
静安村	旧式里弄	1930	砖木三层	2	407	南昌路 594 弄 32、34 号
静村	新式里弄	1938	砖木假四层	7	1 208	淮海中路 1412 弄 16－22 号
碧梧村	新式里弄	1940	砖木三层	10	2 678	复兴中路 49 弄 1－10 号
碧筠村	新式里弄	1938	砖木三层	6	930	乌鲁木齐南路 302 弄 306 号
震宇村	新式里弄	1930	砖木三层	4	926	襄阳南路 124 弄 1－4 号及 120、122 号
德村	新式里弄	1938	砖木假三层	4	516	襄阳南路 433 弄 1－4 号
燕平一村	旧式里弄	1930	砖木二层	92	11 715	宛平路 208 弄及沿马路 198－216 号
衡山村	新式里弄	1948	砖木三层	12	3 637	衡山路 880、890 弄和天平路 326 号
大方新村	新式里弄	1939	砖木三层	25	4 170	襄阳南路 444 弄 9－33 号
大同新村	新式里弄	1940	混合三层	8	1 262	襄阳南路 217 弄
大华新村	花园里弄	1947	混合三层	17	7 226	五原路 212 弄 1－12、14、16、18、20 及 214 号
大陆新村	新式里弄	1937	砖木三层	17	2 478	太原路 165 弄
上海新村	新式里弄	1939	混合三层	56	15 800	淮海中路 1487 弄
五原新村	新式里弄	1949	砖木三层	5	691	五原路 87 弄 4－8 号
中南新村	新式里弄	1907	砖木三层	33	12 481	淮海中路 1670 弄 1－12 号、14－32 号，湖南路 5 号、9 号

续表

住宅名称	住宅类型	建造年代	建筑结构	幢数	建筑面积（平方米）	坐落位置
月华新村	花园里弄	1941	砖木三层	7	2 450	天平路71弄1－3号、75弄1－4号
文德新村	新式里弄	1949	砖木三层	9	1 063	天平路179弄4－18号双号
可安新村	新式里弄	1940	砖木三层	9	3 482	高安路18弄1－9号
永喜新村	新式里弄	1907	砖木二层、四层	47	20 000	永嘉路580弄
华福新村	新式里弄	1930	砖木三层	10	2 024	建国西路309弄
安乐新村	新式里弄	1947	砖木三层	27	8 545	康平路203弄
安福新村	新式里弄	1939	砖木二层、三层	16	4 328	安福路275弄1－16号
两宜新村	新式里弄	1940	砖木三层	8	1 100	永嘉路286弄2－7号
来喜新村	新式里弄	1937	砖木三层	2	657	安福路218弄1号及220号
余庆新村	新式里弄	1937	砖木三层	24	9 226	余庆路弄路134、146、156弄,138、142、150、158、160号及广元路146、150号
国泰新村	新式里弄	1939	砖木三层	44	4 007	天平路43、47、51弄及45、49号
复兴新村	新式里弄	1941	砖木假三层	6	2 068	湖南路311弄1－9号（单号）、10、11、12－20号（双号）
复兴新村	公寓里弄	1932	混合三层、四层	17	2 861	复兴中路1246－1250号,1248弄1－4号、5－21号
美琪新村	新式里弄	1942	混合四层	2	680	乌鲁木齐中路349、351号
高安新村	新式里弄	1940	砖木三层	10	3 493	高安路1弄
琪美新村	新式里弄	1941	砖木三层	8	2 457	乌鲁木齐中路148弄1－8号
瑞安新村	新式里弄	1948	砖木三层	16	1 504	高安路6弄12－34号（双号）
福利新村	新式里弄	1948	砖木三层	15	1 991	吴兴路260弄
黎明新村	新式里弄	1948	砖木三层	17	2 908	乌鲁木齐南路398弄甲支弄1－17号
华园	新式里弄	1942	砖木三层	8	3 647	安福路250弄1－7号和256号
愉园	新式里弄	1941	砖木三层	16	5 877	淮海中路1350弄
福园	新式里弄	1940	砖木三层	13	9 690	湖南路20弄1－12、14、16、17、20－22号

续表

住宅名称	住宅类型	建造年代	建筑结构	幢数	建筑面积（平方米）	坐落位置
鹤园	新式里弄	1922	砖木三层、四层	7	7 283	安福路229弄1—8、211、215、221、225号
懿园	新式里弄	1941	砖木三层	61	19 500	建国西路500—504号、506弄
上方花园	花园里弄	1916	砖木三层	74	24 502	淮海中路1285弄4—77、79、1287—1305号
丽生花园	新式里弄	1930	砖木三层	14	2 568	安福路228弄1—11、230—236、238号
丽波花园	新式里弄	1928	砖木三层	13	2 245	吴兴路87号及衡山路300弄
培福里和纪家花园	新式里弄	1927	砖木二层、四层	44	14 400	陕西南路186弄1—20号、188弄1—20号，新乐路22—32号
新康花园	公寓里弄	1916	砖混二层、五层	15	9 318	淮海中路1273弄1—22号、复兴中路1360弄1—4号
八间头	旧式里弄	1912	砖木平房	8	184	新乐路134弄41—48号
琼庐	新式里弄	1941	砖木三层	8	6 027	武康路394、396、398号及400弄1—5号
静思庐	旧式里弄	1935	砖木二层	4	976	建国西路605号
大昌别墅	新式里弄	1947	砖木三层	4	948	兴国路151弄甲支弄1—4号
大通别墅	花园里弄	1941	砖混二层、三层	17	5 314	五原路248、252弄1—15、16、17号
云水别墅	新式里弄	1938	砖木三层	5	1 597	襄阳南路429弄
沪江别墅	新式里弄	1939	砖木三层	18	6 725	长乐路613弄1—25、615—629号
雨村	新式里弄	1941	砖木三层	2	1 529	永嘉路250弄
外国弄堂	公寓里弄	1925	砖木三层	1	1 173	襄阳南路275弄
川云里	旧式里弄	1930	砖木一层、二层	9	1 083	长乐路473—479号（单号）及481弄1甲号
崇业里	旧式里弄	1916	砖木平房	18	600	永嘉路366弄
福康里	旧式里弄	1932	砖木二层	5	392	乌鲁木齐中路251、253号，255弄1—3号
永和坊	旧式里弄	1928	砖木二层	20	1 116	南昌551弄丙支弄1—20号
联贵坊	新式里弄	1919	砖木三层	19	1 734	陕西南路242弄1—12号
大明村	旧式里弄	1938	砖木一层、二层	8	300	襄阳南路379弄

续表

住宅名称	住宅类型	建造年代	建筑结构	幢数	建筑面积（平方米）	坐落位置
兴国村	旧式里弄	1937	砖木二层	7	461	兴国路105弄
福绿公寓	里弄公寓	1936	混合四层	4	924	复兴中路1317弄
光明公寓	里弄公寓	1934	混合四层	2	235	淮海中路1222－1238、1230号,1240弄1－28号
伟美公寓	里弄公寓	1932	混合五层	3	2 465	高安路69弄丙支弄内
克莱门公寓	里弄公寓	1929	混合四层、五层	5	12 900	复兴中路1363弄
安和里	新式里弄	1939	砖木假三层	11	1 617	建国西路248弄、250号及嘉善路449号
玫瑰别墅	花园里弄	1937	砖木三层	7	3 175	复兴西路44弄1－7、10号
春芬别墅	新式里弄	1940	砖木三层	11	3 269	高安路18弄17－19、21－25号及康平路17、21、63号
信和别墅	新式里弄	1941	砖木三层	9	2 938	安福路49弄1－10号
淞云别墅	新式里弄	1928	砖木三层	8	1 317	复兴中路1198、1200号及1196弄1－5号
穗农别业	新式里弄	1941	砖木三层	2	584	乌鲁木齐中路361、363号
正蕃小筑	新式里弄	1941	混合三层	10	1 920	永嘉路396弄1－8号及沿永嘉路392、394号
茅馆	新式里弄	1925	砖木三层、四层	19	3 933	天平路222弄218－232号
剑桥阁	新式里弄	1938	砖木假三层	15	2 289	复兴中路1460号,1462弄1－14号
云圃	旧式里弄	1910	砖木二层	7	534	南昌街550弄2－84号
翠竹乡	新式里弄	1943	砖木三层	16	3 546	嘉善路169弄1－16号
广福街	旧式里弄	1866	砖木二层、三层	82	1 499	淮海中路987弄31－61号
永安别业	旧式里弄	1934	砖木二层	43	5 072	襄阳南路357弄
建中里	石库门里弄	1931	砖木三层	22	2 215	淮海中路1522弄11－33号
张家弄	新式里弄	1933	砖木三层	10	214	复兴中路1252弄5－14号
文安坊	旧式里弄	1935	砖木二层	15	1 077	高安路69弄丁弄
沪江一村	新式里弄	1938、1946	砖木、混合三层	8	2 061	乌鲁木齐中路166弄4、5、7－11、13号
静安村	旧式里弄	1930	砖木二层、平房		407	南昌路594弄32、34号

续表

住宅名称	住宅类型	建造年代	建筑结构	幢数	建筑面积（平方米）	坐落位置
永安公司		1934	砖木二层	46	5 072	襄阳南路357弄1—43号
义品大楼		1937	混合六层		1 176	淮海中路1333号
老武康大楼		1924	钢筋混凝土八层	1	9 755	淮海中路1836—1858号
新武康大楼		1930	混合五层	1	1 700	淮海中路1828—1834号
钱塘大楼		1919	钢筋混凝土九层	1	3 253	淮海中路989—997号
淮中大楼		1939	钢筋混凝土八层	1	5 373	淮海中路1154—1170号
淮海大楼		1931	钢筋混凝土六层	1	10 400	淮海中路1300—1326号
迪瑞公寓		1935—1937	混合四层	1	780	泰安路20号
康高特公寓		1944	混合五层	2	2 037	泰安路22、24号
二六公寓		1931	钢筋混凝土六层	1	739	复兴西路26、28号
国富门公寓		1936	混合五层	1	741	武康路230、232号
开普敦公寓		1942	混合四层	1	429	武康路240、242、246号
二六六公寓		1936	混合五层	1	760	湖南路266、268及264号
乔琪公寓		1939	混合四层	1	632	复兴西路32号
三四三公寓		1946	砖木三层	1	688	湖南路343号
卫乐公寓		1931	钢筋混凝土十三层	1	3 797	复兴西路34号
大开文公寓		1933	钢筋混凝土十层	1	3 626	衡山路525号
小开文公寓		1932	钢筋混凝土五层	1	1 768	建国西路750号
乌鲁木齐公寓		1939	混合六层	1	3 063	乌鲁木齐南路176号
四一公寓		1942	砖木三层	1	1 152	广元路41号
永康公寓		1930	钢筋混凝土三层	1	910	永康路93弄1号
协发公寓		1934	混合四层	1	2 128	五原路253—267、269—271号
西安公寓		1940	混合四层	1	1 378	襄阳南路336—338号
西湖公寓		1928	钢筋混凝土九层	1	8 825	衡山路械303、305号、307弄甲10—23号,高安路48号

续表

住宅名称	住宅类型	建造年代	建筑结构	幢数	建筑面积（平方米）	坐落位置
自由公寓		1933—1937	钢筋混凝土九层	1	2 791	五原路258号
安亭公寓		1935	钢筋混凝土六层	1	2 619	安亭路43号
安亭路71公寓		1936	混合四层	1	944	安亭路71号
安亭路81弄公寓		1936	混合四层	1	1 272	安亭路81弄
安福路233号公寓		1918	混合四层	1	1 004	安福路233号
吴兴公寓		1940—1942	混合四层	1	1 240	淮海中路1706号
秀琪公寓		1943	混合三层	1	336	南昌路635号
汾阳公寓		1925	钢筋混凝土五层	1	1 311.2	汾阳路108号
良友公寓		1937	混合四层	1	2 452	复兴西路91、93号，永福路68号
武康路393号公寓		1912—1915	混合四层	1	1 749	武康路393号
林名公寓		1942	混合五层	1	1 189	高安路16号
国泰公寓		1940	混合四层	1	585	襄阳南路433弄22号
岳阳路195弄3号公寓		1926	钢筋混凝土五层	1	1 145	岳阳路195弄3号
金氏公寓		1929	混合四层	2	1 036	建国西路380—382号
宛平公路42号公寓		1945	混合五层	1	603	宛平路42号
宛平路116号公寓		1937	钢筋混凝土六层	1	2 316	宛平路116号
建安公寓		1932	钢筋混凝土五层、四层	2	6 306	建国西路641—645号
陕西公寓		1934	混合五层	1	2 814	陕西南路490—492号
南昌路513号公寓		1912—1936	钢筋混凝土三层	1	405	南昌路513—519号
复中公寓		1930	钢筋混凝土五层	1	1 646	复兴中路1327号
复兴公寓		1926	钢筋混凝土六层	1	4 977	复兴中路1331号
复兴西路24号公寓		1937	钢筋混凝土十层	1	1 939	复兴西路24号
复兴西路30弄12号公寓		1924	混合三层	1	2 069	复兴西路30弄12号

续表

住宅名称	住宅类型	建造年代	建筑结构	幢数	建筑面积（平方米）	坐落位置
复兴西路30弄12号公寓		1929	混合三层	1	132	复兴西路30弄12号
复兴西路51号公寓		1926	混合五层	1	1 170	复兴西路51号
美杜公寓		1940	混合四层	1	856	武康路135—137号
徐南公寓		1941	混合四层	1	1 380	淮海中路1481—1485号
高安路14号公寓		1941	混合六层	1	1 052	高安路14号
高邮公寓		1936—1939	钢筋混凝土五层	1	653	复兴西路271号
高塔公寓		1933	钢筋混凝土八层	1	1 163	淮海中路1039号
梅谷公寓		1921	混合四层	1	2 287	陕西南路372—388号，复兴中路1180—1184号
崇安公寓		1941	混合四层	1	837	淮海中路1698—1704号
康平路182号公寓		1934	钢筋混凝土十层	1	2 991	康平路182号
淮海中路1491—1493号公寓		1941	混合四层	1	1 375	淮海中路1491—1493号
淮海公寓		1935	钢筋混凝土十三层	1	13 138	淮海中路1202、1204—1220号
密丹公寓		1931	钢筋混凝土五层	1	558	武康路115号
绿化公寓		1935	混合五层	1	507	淮海中路1526—1532号
集雅公寓		1942	钢筋混凝土七层	1	6 767	衡山路311—331号
愉园公寓		1941	钢筋混凝土四层	1	3 424	淮海中路1352—1370号
瑞华公寓		1928	钢筋混凝土九层		11 600	常熟路209弄1—4号
新乐公寓		1933	混合五层	1	706	新乐路142弄及142A号
新乐路7号公寓		1929	钢筋混凝土四层	1	1 625	新乐路7、9号
新乐路15号公寓		1931—1936	钢筋混凝土四层	1	1 087	新乐路15号
新乐路17号公寓		1936	钢筋混凝土五层	1	1 893	新乐路17、19号
新乐路21号公寓		1935	混合五层	1	1 506	新乐路21号
新乐路23号公寓		1933	钢筋混凝土五层	1	1 473	新乐路23—31号

续表

住宅名称	住宅类型	建造年代	建筑结构	幢数	建筑面积（平方米）	坐落位置
新乐路136—140号公寓		1933	钢筋混凝土五层	1	1 318	新乐路136—140号
新乐路145—149号公寓		1931	六层	1	2 254	新乐路145—149号
新乐路192—196号公寓		1940	钢筋混凝土五层	1	683	新乐路192—196号
嘉宝公寓		1943	混合三层	1	324	南昌路625号
衡山公寓		1934	钢筋混凝土六层	1	1 248	衡山路700号
衡山路288号公寓		1939	钢筋混凝土五层	1	1 153	衡山路288号
襄阳公寓		1920	钢筋混凝土六层	1	1 966	襄阳南路254号
襄阳南路69号公寓		1912—1936	混合四层	1	1 037	襄阳南路69、71、79号
曙光公寓		1930	混合四层	6	3 790	淮海中路1554—1558号，1562弄1—6号，1562弄附屋1—13号

三十七、徐汇区法租界资料补充

住宅名称	建筑年代	建筑面积（平方米）	坐落位置	备 注
建中里	1931	2 215	淮海中路1522弄11—33号	《徐汇区地名志》第191页
张家弄	1933	214	复兴中路1252弄5—14号	《徐汇区地名志》第199页
文安坊	1935	1 077	高安路69弄丁弄	《徐汇区地名志》第201页
沪江一村	1938、1946	2 061	乌鲁木齐中路166弄4、5、7—11、13号	《徐汇区地名志》第213页
静安村	1930	407	南昌路594弄32、34号	《徐汇区地名志》第221页
永安公司	1934	5 072	襄阳南路357弄1—43号	《徐汇区地名志》第234页
义品大楼	1937	1 176	淮海中路1333号	《徐汇区地名志》第123页
老武康大楼	1924	9 755	淮海中路1836—1858号	《徐汇区地名志》第124页
新武康大楼	1930	1 700	淮海中路1828—1834号	《徐汇区地名志》第124页
钱塘大楼	1919	3 253	淮海中路989—997号	《徐汇区地名志》第125页

续表

住宅名称	建筑年代	建筑面积（平方米）	坐落位置	备注
淮中大楼	1939	5 373	淮海中路 1154—1170 号	《徐汇区地名志》第 125 页
淮海大楼	1931	10 400	淮海中路 1300—1326 号	《徐汇区地名志》第 125 页
迪瑞公寓	1935—1937	780	泰安路 20 号	《徐汇区地名志》第 126 页
康高特公寓	1944	2 037	泰安路 22、24 号	《徐汇区地名志》第 126 页
二六公寓	1931	739	复兴西路 26、28 号	《徐汇区地名志》第 126 页
国富门公寓	1936	741	武康路 230、232 号	《徐汇区地名志》第 126 页
开普敦公寓	1942	429	武康路 240、242、246 号	《徐汇区地名志》第 127 页
二六六公寓	1936	760	湖南路 266、268 及 264 号	《徐汇区地名志》第 127 页
乔琪公寓	1939	632	复兴西路 32 号	《徐汇区地名志》第 127 页
三四三公寓	1946	688	湖南路 343 号	《徐汇区地名志》第 127 页
卫乐公寓	1931	3 797	复兴西路 34 号	《徐汇区地名志》第 127 页
大开文公寓	1933	3 626	衡山路 525 号	《徐汇区地名志》第 127 页
小开文公寓	1932	1 768	建国西路 750 号	《徐汇区地名志》第 127 页
乌鲁木齐公寓	1939	3 063	乌鲁木齐南路 176 号	《徐汇区地名志》第 128 页
四一公寓	1942	1 152	广元路 41 号	《徐汇区地名志》第 128 页
永康公寓	1930	910	永康路 93 弄 1 号	《徐汇区地名志》第 128 页
协发公寓	1934	2 128	五原路 253—267、269—271 号	《徐汇区地名志》第 128 页
西安公寓	1940	1 378	襄阳南路 336—338 号	《徐汇区地名志》第 128 页
西湖公寓	1928	8 825	衡山路械 303、305 号、307 弄甲 10—23 号，高安路 48 号	《徐汇区地名志》第 128 页
自由公寓	1933—1937	2 791	五原路 258 号	《徐汇区地名志》第 129 页
安亭公寓	1935	2 619	安亭路 43 号	《徐汇区地名志》第 129 页

续表

住宅名称	建筑年代	建筑面积（平方米）	坐落位置	备注
安亭路71公寓	1936	944	安亭路71号	《徐汇区地名志》第129页
安亭路81弄公寓	1936	1 272	安亭路81弄	《徐汇区地名志》第130页
安福路233号公寓	1918	1 004	安福路233号	《徐汇区地名志》第130页
吴兴公寓	1940—1942	1 240	淮海中路1706号	《徐汇区地名志》第130页
秀琪公寓	1943	336	南昌路635号	《徐汇区地名志》第130页
汾阳公寓	1925	1 311.2	汾阳路108号	《徐汇区地名志》第130页
良友公寓	1937	2 452	复兴西路91、93号，永福路68号	《徐汇区地名志》第130页
武康路393号公寓	1912—1915	1 749	武康路393号	《徐汇区地名志》第130页
林名公寓	1942	1 189	高安路16号	《徐汇区地名志》第131页
国泰公寓	1940	585	襄阳南路433弄22号	《徐汇区地名志》第131页
岳阳路195弄3号公寓	1 926	1 145	岳阳路195弄3号	《徐汇区地名志》第131页
金氏公寓	1929	1 036	建国西路380—382号	《徐汇区地名志》第131页
宛平公路42号公寓	1945	603	宛平路42号	《徐汇区地名志》第131页
宛平路116号公寓	1937	2 316	宛平路116号	《徐汇区地名志》第131页
建安公寓	1932	6 306	建国西路641—645号	《徐汇区地名志》第131页
陕西公寓	1934	2 814	陕西南路490—492号	《徐汇区地名志》第132页
南昌路513号公寓	1912—1936	405	南昌路513—519号	《徐汇区地名志》第132页
复中公寓	1930	1 646	复兴中路1327号	《徐汇区地名志》第132页
复兴公寓	1926	4 977	复兴中路1331号	《徐汇区地名志》第132页
复兴西路24号公寓	1937	1 939	复兴西路24号	《徐汇区地名志》第133页
复兴西路30弄12号公寓	1924	2 069	复兴西路30弄12号	《徐汇区地名志》第133页
复兴西路30弄12号公寓	1929	132	复兴西路30弄12号	《徐汇区地名志》第133页

续表

住宅名称	建筑年代	建筑面积（平方米）	坐落位置	备　注
复兴西路51号公寓	1926	1 170	复兴西路51号	《徐汇区地名志》第133页
美杜公寓	1940	856	武康路135—137号	《徐汇区地名志》第133页
徐南公寓	1941	1 380	淮海中路1481—1485号	《徐汇区地名志》第133页
高安路14号公寓	1941	1 052	高安路14号	《徐汇区地名志》第133页
高邮公寓	1936—1939	653	复兴西路271号	《徐汇区地名志》第133页
高塔公寓	1933	1 163	淮海中路1039号	《徐汇区地名志》第134页
梅谷公寓	1921	2 287	陕西南路372—388号，复兴中路1180—1184号	《徐汇区地名志》第134页
崇安公寓	1941	837	淮海中路1698—1704号	《徐汇区地名志》第134页
康平路182号公寓	1934	2 991	康平路182号	《徐汇区地名志》第134页
淮海中路1491—1493号公寓	1941	1 375	淮海中路1491—1493号	《徐汇区地名志》第134页
淮海公寓	1935	13 138	淮海中路1202、1204—1220号	《徐汇区地名志》第135页
密丹公寓	1931	558	武康路115号	《徐汇区地名志》第135页
绿化公寓	1935	507	淮海中路1526—1532号	《徐汇区地名志》第135页
集雅公寓	1942	6 767	衡山路311—331号	《徐汇区地名志》第135页
愉园公寓	1941	3 424	淮海中路1352—1370号	《徐汇区地名志》第135页
瑞华公寓	1928	11 600	常熟路209弄1—4号	《徐汇区地名志》第135页
新乐公寓	1933	706	新乐路142弄及142A号	《徐汇区地名志》第136页
新乐路7号公寓	1929	1 625	新乐路7、9号	《徐汇区地名志》第136页
新乐路15号公寓	1931—1936	1 087	新乐路15号	《徐汇区地名志》第136页
新乐路17号公寓	1936	1 893	新乐路17、19号	《徐汇区地名志》第136页
新乐路21号公寓	1935	1 506	新乐路21号	《徐汇区地名志》第136页

续表

住宅名称	建筑年代	建筑面积（平方米）	坐落位置	备注
新乐路 23 号公寓	1933	1 473	新乐路 23—31 号	《徐汇区地名志》第 136 页
新乐路 136—140 号公寓	1933	1 318	新乐路 136—140 号	《徐汇区地名志》第 136 页
新乐路 145—149 号公寓	1931	2 254	新乐路 145—149 号	《徐汇区地名志》第 136 页
新乐路 192—196 号公寓	1940	683	新乐路 192—196 号	《徐汇区地名志》第 137 页
嘉宝公寓	1943	324	南昌路 625 号	《徐汇区地名志》第 137 页
衡山公寓	1934	1 248	衡山路 700 号	《徐汇区地名志》第 137 页
衡山路 288 号公寓	1939	1 153	衡山路 288 号	《徐汇区地名志》第 137 页
襄阳公寓	1920	1 966	襄阳南路 254 号	《徐汇区地名志》第 137 页
襄阳南路 69 号公寓	1912—1936	1 037	襄阳南路 69、71、79 号	《徐汇区地名志》第 137 页
曙光公寓	1930	3 790	淮海中路 1554—1558 号，1562 弄 1—6 号，1562 弄附屋 1—13 号	《徐汇区地名志》第 138 页

三十八、杨浦区（公共租界东区）数据资料表

住宅名称	住宅类型	建筑年代	建筑结构	幢数	建筑面积（平方米）	坐落位置
安庆里	广式里弄	1904	砖木二层	17	1 017	杨树浦路 1677 弄
松柏里	广式里弄	1904	砖木二层	22	1 145	杨树浦路 1604 弄
鼎和里	石库门里弄	1905	砖木二层	91	5 164	杨树浦路 403 弄
长安里	广式里弄	1906	砖木二层	177	13 900	杨树浦路 563 弄
八埭头	广式里弄	1908	砖木二层	225	16 151	通北路 134 弄
九埭头	广式里弄	1908	砖木二层	30	2 008	锦州湾路 105 弄
九埭头	广式里弄	1910	砖木二层	84	5 490	锦州湾路 97 弄
崇业里	广式里弄	1911	砖木二层	58	4 572	杨树浦路 1423 弄
同兴里	旧式里弄	1912	砖木二层	29	2 432	通北路 122 弄
鸿运坊	石库门里弄	1912	砖木二层	70	7 806	长阳路 503 弄
光明里	旧式里弄	1913	砖木二层	49	3 457	通北路 133 弄
小三益里	旧式里弄	1914	砖木二层	93	2 166	扬州路 343 弄
永仁坊	广式里弄	1914	砖木二层	96	6 008	杨树浦路 383 弄

续表

住宅名称	住宅类型	建筑年代	建筑结构	幢数	建筑面积（平方米）	坐落位置
新康里	石库门里弄	1914	砖木二层	283	23 200	扬州路 208 弄
万兴坊	旧式里弄	1916	砖木二层	54	4 464	杨树浦路 1725 弄
公余里	旧式里弄	1916	砖木二层	182	11 800	杨树浦路 643 弄
振声里	旧式里弄	1916	砖木二层	84	8 064	海州路 165 弄
普爱坊	新式石库门	1916	砖木二层	161	11 600	周家牌路 109 弄
平凉路工房	石库门里弄	1916	砖木二层	6	819	平凉路 159 弄
六吉里	旧式里弄	1917	砖木二层	6	363	杨树浦路 1693 弄
庆云里	石库门里弄	1917	砖木二层	24	1 702	惠民路 422 弄
厚德里	旧式里弄	1917	砖木二层	17	1 897	平凉路 304 弄
广林里	广式里弄	1918	砖木二层	30	1 638	龙江路 191 弄
申新东里	旧式里弄	1918	砖木二层	49	3 094	河间路 126 弄
留春里	旧式里弄	1918	砖木二层	22	1 512	杨树浦路 1541 弄
红墙头	花园里弄	1929	砖木三层	12	2 680	隆昌路 222－266 号
三益里	广式里弄	1904	砖木二层	64	3 858	杨树浦路 1391 弄
十九厂工房	旧式里弄	1919	砖木二层、平房	16	3 726	军工路 307 弄
大德里	广式里弄	1920	砖木二层	56	3 584	杨树浦路 2059 弄
均康里	旧式里弄	1920	砖木二层	10	1 004	景星路 350 弄
恒丰工房	旧式里弄	1920	砖木二层	74	5 036	许昌路 623 弄
惟兴里	旧式里弄	1920	砖木二层	206	15 500	通北路 157、171 弄
十九厂工房	旧式里弄	1920	砖木二层	247	34 206	平凉路 2767 弄
九厂工房	广式里弄	1921	砖木二层	150	8 076	周家牌路 147 弄
申新坊	广式里弄	1921	砖木二层	17	1 923	兰州路 873 弄
华忻坊	广式里弄	1921	砖木二层	226	17 200	杨树浦路 1911 弄、2011 弄
建德里	广式里弄	1921	砖木二层	49	3 051	河间路 50 弄
顺和里	旧式里弄	1921	砖木二层	14	1 184	平凉路 610 弄
晋福里	石库门里弄	1921	砖木二层	69	5 938	惠民路 507 弄
十二厂工房	旧式里弄	1921	砖木二层	132	8 551	海州路 108 弄
二工房	旧式里弄	1921	砖木二层	116	7 168	平凉路 2272 弄
义德里	旧式里弄	1922	砖木二层	81	6 836	杨树浦路 2639 弄
世泽里	旧式里弄	1922	砖木平房	23	803	河间路 82 弄
扬州里	旧式里弄	1922	砖木二层	21	1 448	扬州路 421 弄
南光德里	旧式里弄	1922	砖木二层	31	1 982	榆林路 281 弄
南泰成里	旧式里弄	1922	砖木二层	28	2 606	盐山路 309、319 弄

续表

住宅名称	住宅类型	建筑年代	建筑结构	幢数	建筑面积（平方米）	坐落位置
恒德里	旧式里弄	1922	砖木平房、二房	67	2 751	眉州路271弄
润玉里	旧式里弄	1922	砖木二层	66	4 839	杨树浦路1825弄
十七厂宿舍	旧式里弄	1923	砖木二层	332	25 800	定海路449弄
心安坊	广式里弄	1923	砖木二层	49	3 867	惠民路406弄
永安里	旧式里弄	1923	砖木二层	48	3 168	眉州路224、230、238、246弄
寿品里	石库门里弄	1923	砖木二层	158	15 600	长阳路446弄
和福里	石库门里弄	1923	砖木二层	15	1 028	惠民路356弄
春阳里	石库门里弄	1923	砖木二层	41	2 982	惠民路424弄
渭德里	旧式里弄	1923	砖木二层	75	4 753	江浦路307弄
瑞福里	石库门里弄	1923	砖木二层	19	1 191	惠民路354弄
靖绥里	旧式里弄	1923	砖木二层	13	1 090	杨树浦路1811弄
福寿坊	旧式里弄	1923	砖木二层	34	2 499	大连路260弄
福康里	石库门里弄	1923	砖木二层	14	1 054	扬州路181弄
十四间头	旧式里弄	1923	砖木平房	14	448	榆林路181弄
芝阳里	旧式里弄	1924	砖木二层	20	1 932	霍山路483弄
积善里	旧式里弄	1924	砖木二层	31	2 163	松潘路62弄
祥记坊	旧式里弄	1924	砖木二层	19	1 349	济宁路143弄
绿杨村	旧式里弄	1924	砖木二层	12	791	扬州路322弄
新德里	旧式里弄	1924	砖木二层	2	142	榆林路478弄
德源里	石库门里弄	1924	砖木二层	55	3 104	杨树浦路2747弄
人寿里	石库门里弄	1925	砖木二层	167	12 247	惠民路419弄
三瑞里	石库门里弄	1932	砖木二层	58	12 000	惠民路372弄
三星里	旧式里弄	1925	砖木二层	24	1 798	霍山路372弄
十七厂宿舍	旧式里弄	1925	混合二层	10	8 603	杨树浦路419弄
月和里	旧式里弄	1925	砖木二层	10	622	盐山路256弄
文兴坊	石库门里弄	1925	砖木假三层	47	3 614	惠民路518弄
百忍坊	旧式里弄	1925	砖木二层	14	1 262	通北22弄
延龄里	石库门里弄	1925	砖木二层	47	4 532	榆林路157弄
怀安坊	旧式里弄	1925	砖木二层	37	2 475	惠民路560弄
昆明里	旧式里弄	1925	砖木二层	38	3 436	昆明路611弄
依仁里	旧式里弄	1925	砖木二层	135	8 540	杨树浦路1963弄
欣托里	石库门里弄	1925	砖木二层	10	844	福禄街109弄
河间里	旧式里弄	1925	砖木二层	40	2 449	河间路284弄

续表

住宅名称	住宅类型	建筑年代	建筑结构	幢数	建筑面积（平方米）	坐落位置
怡福里	旧式里弄	1925	砖木二层	31	1 898	扬州路606弄
泰成里	旧式里弄	1925	砖木二层	34	2 009	平凉路795弄
斯文里	石库门里弄	1925	砖木二层	197	14 949	长阳路394弄
新和坊	旧式里弄	1925	砖木二层	14	913	盐山路266弄
恒丰工房	旧式里弄	1925	砖木二层	14	1 084	许昌路310弄
太和里	旧式里弄	1926	砖木二层	157	9 383	杨树浦路461弄
东华里	旧式里弄	1926	砖木二层	35	2 048	杨树浦路1571弄、1581弄
汇山里	旧式里弄	1926	砖木二层	20	1 461	霍山路1188弄
有兴里	旧式里弄	1926	砖木二层	61	1 359	榆林路533弄
华安坊	旧式里弄	1926	砖木二层	9	930	长阳路972弄
安乐坊	旧式里弄	1926	砖木二层	16	1 313	昆明路758弄
如龙里	旧式里弄	1926	砖木二层	15	1 336	江浦路843弄
听彝里	石库门里弄	1926	砖木二层	24	1 786	景星路380、390弄
纺三宿舍	旧式里弄	1926	砖木二层、四层	183	24 600	许昌路227弄
明园坊	旧式里弄	1926	砖木二层	88	5 085	长阳路772弄
忠德里	旧式里弄	1926	砖木二层	6	474	榆林路442弄
和安里	旧式里弄	1926	砖木二层	26	1 937	榆林路567弄
和霖里	石库门里弄	1926	砖木二层	56	3 776	榆林路412弄
怡德里	旧式里弄	1926	砖木二层	80	7 297	杨树浦路1851弄
宝鑑坊	旧式里弄	1926	砖木二层	9	775	平凉路159弄
顺吉里	旧式里弄	1926	砖木二层	27	2 964	江浦路853弄
晋德坊	旧式里弄	1926	砖木二层	13	894	福禄街216弄
鸿德坊	旧式里弄	1926	砖木二层	65	4 160	杨树浦路2181弄
隆信里	石库门里弄	1926	砖木二层	28	3 169	平凉路516弄
富禄里	旧式里弄	1926	砖木二层	35	2 240	杨树浦路2125弄
锦福里	旧式里弄	1926	砖木二层	11	2 246	榆林路357弄
福润里	石库门里弄	1926	砖木二层	15	1 088	福禄街141、149弄
德孚里	旧式里弄	1926	砖木二层	34	2 425	景星路469弄
三益里	石库门里弄	1927	砖木二层	133	13 894	怀德路491弄
上水工房	石库门里弄	1927	砖木二层、三层	117	11 282	江浦路157弄
久临里	旧式里弄	1927	砖木二层	456	2 463	齐齐哈尔路198弄
友邦里	石库门里弄	1927	砖木二层	141	15 537	长阳路640弄

续表

住宅名称	住宅类型	建筑年代	建筑结构	幢数	建筑面积（平方米）	坐落位置
东文德里	旧式里弄	1927	混合二层、三层	33	2 040	平凉路南侧1378弄和宁国路口145弄
西文德里	旧式里弄	1927	砖木二层	39	5 005	渭南路350弄
存和里	旧式里弄	1927	砖木二层	16	1 307	杨树浦路1761弄和1775弄
同益里	旧式里弄	1927	砖木二层	18	1 481	惠民路527弄
同盛里	旧式里弄	1927	砖木二层	10	684	许昌路611弄
志仁里	石库门里弄	1927	砖木二层、三层	98	6 945	临青路43弄
银禄里	旧式里弄	1927	砖木二层	11	923	许昌路496弄
隆仁里	石库门里弄	1927	砖木二层	208	16 582	平凉路455、491弄
隆义里	旧式里弄	1927	砖木二层	67	4 856	平凉路509弄
椿安坊	旧式里弄	1927	砖木二层	8	709	杨树浦路1497弄
新华里	旧式里弄	1927	砖木二层	72	4 147	平凉路1298弄
慧源里	旧式里弄	1927	砖木二层	17	1 289	长阳路421弄
九如里	旧式里弄	1928	砖木二层	20	1 222	福宁路63弄
长兴坊	旧式里弄	1928	砖木二层	14	842	盐山路209弄
北光德里	石库门里弄	1928	砖木二层、三层	36	2 685	榆林路280弄
兰桂坊	旧式里弄	1928	砖木二层	33	2 938	兰州路857弄
和祥里	旧式里弄	1928	砖木二层	23	1 578	宁国路7、15弄
顺德坊	旧式里弄	1928	砖木二层	33	2 466	长阳路403弄
德和里	旧式里弄	1928	砖木二层	17	1 120	盐山路230弄
小华平里	石库门里弄	1929	砖木二层	37	2 383	平凉路564弄
长发里	旧式里弄	1929	砖木二层	19	1 650	杨树浦路1877弄
北盐山里	旧式里弄	1929	砖木二层	8	456	盐山路283弄
达昌里	旧式里弄	1929	砖木二层	28	1 801	昆明路652弄
同兴里	旧式里弄	1929	砖木二层	39	3 046	昆明路631弄
兴仁里	广式里弄	1929	砖木二层	79	5 108	长阳路2222弄
松茂坊	旧式里弄	1929	砖木二层	25	2 314	周家牌路10弄
南盐山里	旧式里弄	1929	砖木二层	22	1 233	盐山路284弄
顺成里	石库门里弄	1929	砖木二层、三层	196	12 506	周家牌路159弄
惟善里	石库门里弄	1929	砖木二层	60	5 587	平凉路393弄
聚德里	石库门里弄	1929	砖木二层	14	1 159	榆林路298弄
耀华里	石库门里弄	1929	砖木二层	76	3 645	平凉路547弄

续表

住宅名称	住宅类型	建筑年代	建筑结构	幢数	建筑面积（平方米）	坐落位置
苏伦工房	旧式里弄	1929	砖木二层	41	2 839	景星路 323 弄
十间头	旧式里弄	1929	砖木二层	10	334	扬州路 225 弄
三乐里	旧式里弄	1930	砖木二层	57	3 484	惠民路 394 弄
中兴里	石库门里弄	1930	砖木二层	48	3 859	长阳路 998 弄
中华里	旧式里弄	1930	砖木二层	10	867	杨树浦路 1693 弄
仁庆坊	石库门里弄	1930	砖木二层	128	15 891	长阳路 498 弄
仁兴里	旧式里弄	1930	砖木二层	36	3 449	杨树浦路 1941 弄
月华坊	石库门里弄	1930	砖木三层	97	14 331	长阳路 522 弄
玉华坊	旧式里弄	1930	砖木二层	8	1 063	杨树浦路 1941 弄
永业里	石库门里弄	1930	砖木二层	23	1 956	福禄街 129 弄
协兴里	旧式里弄	1930	砖木二层	13	1 166	许昌路 476 弄
吉祥里	石库门里弄	1930	砖木二层	39	2 531	榆林路 401 弄
成昂里	旧式里弄	1930	砖木二层	9	765	长阳路 1042 弄
同华里	旧式里弄	1930	砖木二层	44	2 816	海州路 215 弄
安乐坊	石库门里弄	1930	砖木二层	28	4 168	长阳路 540 弄
明月里	旧式里弄	1930	砖木二层	31	2 494	江浦路 338 弄
物华里	旧式里弄	1930	砖木二层	43	2 859	江浦路 831 弄
周南里	旧式里弄	1930	砖木二层	30	2 203	霍山路 551 弄
修仁坊	旧式里弄	1930	砖木二层	22	1 152	周家牌路 11 弄
通北里	石库门里弄	1930	砖木二层	46	3 215	通北路 243 弄
德生理	石库门里弄	1930	砖木二层	13	2 093	惠民路 440 弄
德铭里	旧式里弄	1930	砖木三层	82	8 119	霍山路 643 弄
仁安里	石库门里弄	1931	砖木二层	16	1 056	惠民路 366 弄
仁昌里	旧式里弄	1931	砖木二层	64	4 432	江浦路 231 弄
永和里	石库门里弄	1931	砖木二层	15	1 223	平凉路 245 弄（北）
同乐坊	石库门里弄	1931	砖木二层	171	12 766	济宁路 130 弄
安德里	旧式里弄	1931	砖木二层	40	2 219	杨树浦路 1615 弄
松茂里	旧式里弄	1931	砖木二层	71	4 765	松潘路 107 弄内
明德里	旧式里弄	1931	砖木二层	64	5 315	松潘路 120 弄
宝福里	石库门里弄	1931	砖木二层	43	3 624	榆林路 528 弄
南芦坊	旧式里弄	1931	砖木二层	17	1 654	怀德路 950 弄
济阳里	旧式里弄	1931	砖木二层	33	3 189	江浦路 385、405 弄
晋城村	旧式里弄	1931	砖木二层	60	4 921	平凉路 1751 弄
爱民坊	石库门里弄	1931	砖木二层	72	4 982	扬州路 346 弄

续表

住宅名称	住宅类型	建筑年代	建筑结构	幢数	建筑面积（平方米）	坐落位置
高阳里	旧式里弄	1931	砖木二层	16	1 090	眉州路200弄
湘安里	旧式里弄	1931	砖木二层	16	1 089	扬州路320弄
扬州路工房	广式里弄	1931	砖木二层	64	4 106	扬州路450弄
元余里	石库门里弄	1932	砖木二层	50	3 110	松潘路55弄
仁义里	旧式里弄	1932	砖木二、三层	27	2 459	通北路262弄
东晋城里	旧式里弄	1932	砖木二层	23	2 059	榆林路783弄
北晋城里	旧式里弄	1932	砖木二层	25	2 080	平凉路757弄
宁国里	旧式里弄	1932	砖木二层	27	1 734	宁国路50弄
华兴坊	石库门里弄	1932	砖木二层	20	1 460	榆林路380弄
华盛里	石库门里弄	1932	砖木二层	25	1 559	许昌路698弄
汾州里	石库门里弄	1932	砖木二层	14	1 158	许昌路431、441弄
宏源里	旧式里弄	1932	砖木二层	20	3 532	辽阳路156弄
临青坊	旧式里弄	1932	砖木二层	93	5 952	临青路116、126、136弄
洪兴里	石库门里弄	1932	砖木二层	15	1 452	江浦路390弄
晋城坊	旧式里弄	1932	砖木二层	24	1 536	隆昌路429弄
颐庆里	石库门里弄	1932	砖木二层	18	1 549	景星路314弄
福安坊	旧式里弄	1932	砖木二层	11	1 264	辽阳路191弄
福荫坊	石库门里弄	1932	砖木二层	7	886	辽阳路205弄
久安里	旧式里弄	1933	砖木二层	58	2 950	平凉路1258弄
中太和里	石库门里弄	1933	砖木二层	199	16 358	长阳路1121弄
兴德里	旧式里弄	1933	砖木二层	19	1 320	龙江路179弄
近胜坊	旧式里弄	1933	砖木二层	19	1 753	景星路490弄
近胜里	旧式里弄	1933	砖木二层	54	2 858	景星里385弄
树诚坊	石库门里弄	1933	砖木三层	32	2 528	荆州路255弄
厚德坊	旧式里弄	1933	砖木二层	23	1 760	通北路575弄
爱公里	新式里弄	1933	砖木二层	18	1 826	霍山路567弄
祥庆里	旧式里弄	1933	砖木二层	7	550	辽阳路215弄
华平里	石库门里弄	1934	砖木二层	30	2 396	汾州路74弄
梅村	石库门里弄	1934	砖木二层	12	1 074	江浦路969弄
毓常里	旧式里弄	1934	砖木二层	31	1 756	渭南路5弄
裕康里	旧式里弄	1935	砖木二层	8	1 104	杨树浦路2797弄
团结里	旧式里弄	1937	砖木二层	54	3 854	昆明路1222弄
林园里	新式里弄	1937	砖木二层	34	3 913	长阳路539弄

续表

住宅名称	住宅类型	建筑年代	建筑结构	幢数	建筑面积（平方米）	坐落位置
爱文坊	旧式里弄	1937	砖木二层	11	964	长阳路843弄
钓安里	旧式里弄	1937	砖木二层	16	1 390	杨树浦路2489弄
中机工房	广式住宅	1937	砖木二层	37	3 470	长阳路1839弄
杭州坊	旧式里弄	1946	砖木二层	64	2 135	杭州路417弄
利民里	旧式里弄	1947	砖木二层	57	2 662	杭州路424弄
齐齐哈尔路800弄	旧式里弄	1948	砖木二层	12	364	齐齐哈尔路800弄
西门宿舍	新式里弄	1902	砖木平房、三层	38	2 702	江浦路104弄
九厂宿舍	新式里弄	1915	砖木平房、二层	179	17 270	平凉路1695弄
西白林寺	新式里弄	1922	砖混二层、五层	85	22 199	隆昌路541弄
东白林寺	新式里弄	1922	砖木二层	58	4 528	隆昌路542弄
十七厂宿舍	新式里弄	1924	砖木二层	101	17 489	杨树浦路3061弄
九厂工房	新式里弄	1924	砖混三层、五层	62	11 219	平凉路1777弄
大纯工房	新式里弄	1940	砖木二层	77	5 941	齐齐哈尔路205弄
罗宋工房	新式里弄	1927	砖木二层	16	1 448	杨树浦路1001弄
亚西亚工房	新式里弄	1929	砖木二层	11	1 066	杨树浦路2843弄
平心里	老石库门里弄	1925	砖木二层	47	3 614	惠民路518弄
康益里		1927	砖木二层	25	1 087	河间路323弄
隆昌公寓		1932	钢筋混凝土五层		10 200	隆昌路362号

三十九、杨树浦区(公共租界东区)资料补充

住宅名称	建筑年代	建筑面积（平方米）	坐落位置	备注
平心里	1925	3 614	惠民路518弄	《杨浦区地名志》第151页
康益里	1927	1 087	河间路323弄	《杨浦区地名志》第165页
隆昌公寓	1932	10 200	隆昌路362号	《杨浦区地名志》第101页

四十、杨树浦区华界(1927—1937年各区)数据资料表

住宅名称	住宅类型	建筑年代	建筑结构	幢数	建筑面积（平方米）	坐落位置	管辖地区
西栈	旧式里弄	1912	砖木二层	50	1 459	上粮八库西侧	引翔
三荣里	旧式里弄	1916	砖木平房	28	1 205	歇浦路西	引翔

续表

住宅名称	住宅类型	建筑年代	建筑结构	幢数	建筑面积（平方米）	坐落位置	管辖地区
三十六宅	花园里弄	1933	砖木三层	36	8 376	市光路133弄	引翔
上海新村	花园里弄	1931	砖木二层	30	4 601	国京路131弄	引翔
怀瑛里	旧式里弄	1920	砖木二层	22	1 914	通北路736弄	引翔
正兴里	旧式里弄	1925	砖木平房	9	212	三荣西路东	引翔
新德里	旧式里弄	1925	砖木平房	16	1 162	钱仓路211弄	引翔
德安里	石库门里弄	1925	砖木二层、三层	116	8 936	昆明路832弄	引翔
三友里	旧式里弄	1928	砖木二层	6	220	上川路159弄	引翔
极庆里	旧式里弄	1930	砖木平房	12	845	歇浦路东蔡家宅北	引翔
定海坊	旧式里弄	1932	砖木二层	29	1 932	昆明路850弄	引翔
新生里	石库门里弄	1925	砖木二层、平房	13	575	上川路311弄	引翔
小宅头		1932	竹木结构平房	143	4 131	控江路南，图们路东西两侧	引翔
黄村	花园住宅	1936	混合结构	8	93	政立路201弄	引翔
水电新村		1937	砖木三层、二层、平房	177	13 300	闸殷路北端的东西两侧	殷行

四十一、闸北区数据更正表

住宅名称	住宅类型	建造年代	建筑面积（平方米）	坐落位置	管辖地区	备 注
九思里	石库门里弄	1910	1 185	天潼路799弄44支弄	公共租界	《上海市闸北区地名志》第257页
人寿里	石库门里弄	1910	642	海宁路791弄	公共租界	《上海市闸北区地名志》第257页
三三径	石库门里弄	1920	1 272	塘沽路747弄	公共租界	《上海市闸北区地名志》第257页
三阳里	旧式里弄	1910	977	西宝兴路694弄	华界	《上海市闸北区地名志》第257页
毓秀里	石库门里弄	1923	904	福建北路260弄	公共租界	《上海市闸北区地名志》第280页
毓常里	石库门里弄	1920	2 090	光复路247号	华界	《上海市闸北区地名志》第280页
三星里	石库门里弄	1912	977	山西北路449弄	公共租界	《上海市闸北区地名志》第280页
三益里	旧式里弄	1930	767	中兴路243弄甲支弄	华界	《上海市闸北区地名志》第280页
广源坊	旧式里弄	1936	1 979	京江路220弄	华界	《上海市闸北区地名志》第280页
万茂里	石库门里弄	1923	614	天潼路800弄	公共租界	《上海市闸北区地名志》第280页
万祥里	石库门里弄	1928	2 362	安庆路351弄	公共租界	《上海市闸北区地名志》第280页

续表

住宅名称	住宅类型	建造年代	建筑面积（平方米）	坐落位置	管辖地区	备注
马逢伯弄	广式里弄	1910	1 037	海宁路898弄	公共租界	《上海市闸北区地名志》第280页
上海里	广式里弄	1911	1 791	安庆路382、388弄	公共租界	《上海市闸北区地名志》第280页
久安里	石库门里弄	1912	1 651	安庆路404弄	公共租界	《上海市闸北区地名志》第280页
久和里	石库门里弄	1937	4 392	西藏北路222弄	公共租界	《上海市闸北区地名志》第257页
大吉里	石库门里弄	1910	785	天潼路671弄	公共租界	《上海市闸北区地名志》第258页
大同里	旧式里弄	1923	861	新路54弄	华界	《上海市闸北区地名志》第258页
文昌里	石库门里弄	1900	3 962	海宁路983弄	公共租界	《上海市闸北区地名志》第258页
文惠坊	旧式里弄	1911	540	海宁路844弄	公共租界	《上海市闸北区地名志》第258页
六桂坊	石库门里弄	1911	5 436	浙江北路307弄	公共租界	《上海市闸北区地名志》第258页
五福宫	旧式里弄	1920	2 810	北苏州路476弄7号	华界	《上海市闸北区地名志》第258页
元亨里	石库门里弄	1911	2 049	华兴路64弄	华界	《上海市闸北区地名志》第258页
元亨里	石库门里弄	1916	998	天潼路799弄83支弄	公共租界	《上海市闸北区地名志》第258页
天乐坊	新式里弄	1937	2 903	康乐路238弄	华界	《上海市闸北区地名志》第259页
天生里	旧式里弄	1911	204	康乐路22弄	公共租界	《上海市闸北区地名志》第259页
天林里	旧式里弄	1920	1 333	芷江中路156弄	华界	《上海市闸北区地名志》第259页
天保里	石库门里弄	1924	7 727	热河路102—334号	华界	《上海市闸北区地名志》第259页
天保新村	石库门里弄	1932	1 712	热河路187、197弄	华界	《上海市闸北区地名志》第259页
天禄里	石库门里弄	1904	1 488	浙江北路102弄	公共租界	《上海市闸北区地名志》第259页
天鑫里	石库门里弄	1911	4 274	新疆路81弄	华界	《上海市闸北区地名志》第259页
云昌里	旧式里弄	1926	999	天潼路800弄236支弄	公共租界	《上海市闸北区地名志》第259页
云德里	旧式里弄	1920	16 706	青云路358弄	华界	《上海市闸北区地名志》第259页
仁义坊	旧式里弄	1927	504	芷江中路113弄	华界	《上海市闸北区地名志》第259页
仁成里	旧式里弄	1933	288	芷江中路141弄	华界	《上海市闸北区地名志》第260页
仁志里	广式里弄	1910	1 343	浙江北路164弄	公共租界	《上海市闸北区地名志》第260页

续表

住宅名称	住宅类型	建造年代	建筑面积（平方米）	坐落位置	管辖地区	备注
仁德里	石库门里弄	1910	1 944	天潼路 799 弄 107 支弄	公共租界	《上海市闸北区地名志》第260页
太原坊	石库门里弄	1910	2 347	海宁路 711 弄	公共租界	《上海市闸北区地名志》第260页
长春里	石库门里弄	1910	1 885	塘沽路 828 弄	公共租界	《上海市闸北区地名志》第260页
长春坊	广式里弄	1937	2 580	长安路 49 弄	华界	《上海市闸北区地名志》第261页
长康里	石库门里弄	1910	5 678	曲阜路 172 弄	公共租界	《上海市闸北区地名志》第261页
长留里	石库门里弄	1925	2 107	西藏北路 246 弄	公共租界	《上海市闸北区地名志》第261页
凤翔里	石库门里弄	1915	3 390	新疆路 15 弄	华界	《上海市闸北区地名志》第261页
正修里	石库门里弄	1906	2 681	开封路 210 弄	公共租界	《上海市闸北区地名志》第261页
龙吉里	石库门里弄	1923	3 325	浙江北路 129 弄	公共租界	《上海市闸北区地名志》第261页
龙福里	石库门里弄	1930	1 171	浙江北路 156 弄	公共租界	《上海市闸北区地名志》第261页
北高寿里	石库门里弄	1928	11 051	天目东路 254 弄	公共租界	《上海市闸北区地名志》第261页
乐安坊	石库门里弄	1912	657	东华路 21 弄	华界	《上海市闸北区地名志》第261页
乐善里	石库门里弄	1920	3 204	宝通路 214、224 弄	华界	《上海市闸北区地名志》第261页
汉兴里	石库门里弄	1932	4 743	西宝兴路 432 弄	华界	《上海市闸北区地名志》第261页
四平里	石库门里弄	1931	870	天潼路 831 弄	公共租界	《上海市闸北区地名志》第261页
四安里	石库门里弄	1932	5 092	裕通路 85 弄	华界	《上海市闸北区地名志》第262页
生葆里	石库门里弄	1935	1 160	塘沽路 999、1007 弄	公共租界	《上海市闸北区地名志》第262页
归仁里	石库门里弄	1920	7 434	天潼路 746 弄	公共租界	《上海市闸北区地名志》第262页
宁安里	石库门里弄	1928	4 630	海宁路 997 弄	公共租界	《上海市闸北区地名志》第262页
宁安坊	石库门里弄	1900	1 421	开封路 134 弄	公共租界	《上海市闸北区地名志》第262页
宁安坊	石库门里弄	1910	1 392	浙江北路 427 弄	华界	《上海市闸北区地名志》第262页
宁康里	石库门里弄	1911	7 305	浙江北路 372、382、412 弄	公共租界	《上海市闸北区地名志》第262页
永平里	石库门里弄	1911	1 057	海宁路 808 弄	公共租界	《上海市闸北区地名志》第262页
永乐里	石库门里弄	1916	793	海宁路 811 弄	公共租界	《上海市闸北区地名志》第262页

续表

住宅名称	住宅类型	建造年代	建筑面积（平方米）	坐落位置	管辖地区	备注
永乐新村	新式里弄	1933	3 390	浙江北路41弄	公共租界	《上海市闸北区地名志》第262页
永业新村	广式里弄	1930	3 486	永兴路63弄	华界	《上海市闸北区地名志》第262页
永吉里	石库门里弄	1920	844	海宁路707弄	公共租界	《上海市闸北区地名志》第262页
永兴坊	广式里弄	1923	1 129	青云路317弄	华界	《上海市闸北区地名志》第262页
永庆里	石库门里弄	1935	5 823	天目东路223弄	公共租界	《上海市闸北区地名志》第262页
永庆里	旧式里弄	1928	1 590	芷江中路191弄甲支弄	华界	《上海市闸北区地名志》第262页
永庆里	石库门里弄	1937	644	新疆路221弄	华界	《上海市闸北区地名志》第262页
永庆坊	石库门里弄	1887	706	老闸街12弄	公共租界	《上海市闸北区地名志》第262页
永安里	石库门里弄	1912	1 778	安庆路288弄	公共租界	《上海市闸北区地名志》第264页
永安坊	石库门里弄	1930	1 087	临山路153弄	华界	《上海市闸北区地名志》第264页
永芳里	石库门里弄	1910	2 347	热河路67弄	公共租界	《上海市闸北区地名志》第264页
永余里	广式里弄	1928	736	芷江中路257弄	华界	《上海市闸北区地名志》第264页
永寿里	广式里弄	1911	741	安庆路331弄	公共租界	《上海市闸北区地名志》第264页
永和里	石库门里弄	1932	7 020	宝昌路7—65弄	华界	《上海市闸北区地名志》第264页
永和里	广式里弄	1911	3 372	开封路236弄	公共租界	《上海市闸北区地名志》第264页
永和坊	石库门里弄	1910	3 514	新疆路104弄	华界	《上海市闸北区地名志》第264页
永祥里	石库门里弄	1931	2 447	南山路128弄	华界	《上海市闸北区地名志》第264页
永康里	石库门里弄	1929	9 894	北苏州路996弄	公共租界	《上海市闸北区地名志》第264页
永清里	广式里弄	1890	321	海宁路901弄	公共租界	《上海市闸北区地名志》第264页
永德里	石库门里弄	1935	1 776	光复路221弄	华界	《上海市闸北区地名志》第264页
业华新村	广式里弄	1935	943	宝昌路116弄	华界	《上海市闸北区地名志》第264页
东普益里	石库门里弄	1929	1 307	七浦路485弄	公共租界	《上海市闸北区地名志》第264页
交通里	石库门里弄	1912	689	交通路44弄	华界	《上海市闸北区地名志》第265页
同发里	石库门里弄	1930	4 184	安庆路350弄	公共租界	《上海市闸北区地名志》第265页

续表

住宅名称	住宅类型	建造年代	建筑面积（平方米）	坐落位置	管辖地区	备注
同乐里	新式里弄	1911	2 580	武进路 566 弄	华界	《上海市闸北区地名志》第 265 页
同兴里	石库门里弄	1912	2 170	西藏北路 210 弄	公共租界	《上海市闸北区地名志》第 265 页
同安里	石库门里弄	1927	730	七浦路 358 弄	公共租界	《上海市闸北区地名志》第 265 页
同安坊	石库门里弄	1930	2 668	永兴路 157 弄	华界	《上海市闸北区地名志》第 265 页
同志里	石库门里弄	1930	2 044	长安路 153 弄	华界	《上海市闸北区地名志》第 265 页
同和里	石库门里弄	1900	430	塘沽路 987 弄	公共租界	《上海市闸北区地名志》第 265 页
同和里	石库门里弄	1930	2 236	西宝兴路 258 弄	华界	《上海市闸北区地名志》第 265 页
同林里	石库门里弄	1926	3 122	民德路 156 弄	华界	《上海市闸北区地名志》第 265 页
光明新村	石库门里弄	1935	2 745	天通庵路 136 弄	华界	《上海市闸北区地名志》第 265 页
兴乐村	石库门里弄	1930	1 422	西宝兴路 2255 弄	华界	《上海市闸北区地名志》第 265 页
兴昌里	石库门里弄	1921	848	七浦路 287 弄	公共租界	《上海市闸北区地名志》第 266 页
兴盛坊	石库门里弄	1912	3 440	山西北路 514—530 弄	公共租界	《上海市闸北区地名志》第 265 页
庆长里	石库门里弄	1916	4 460	安庆路 396 弄	公共租界	《上海市闸北区地名志》第 265 页
庆生里	石库门里弄	1934	1 070	七浦路 462 弄	公共租界	《上海市闸北区地名志》第 265 页
庆余南里	旧式里弄	1936	1 862	京江支路 99 弄	华界	《上海市闸北区地名志》第 265 页
延吉里	石库门里弄	1911	6 188	天潼路 877 弄	公共租界	《上海市闸北区地名志》第 265 页
西德安里	石库门里弄	1920	6 221	山西北路 29 弄	公共租界	《上海市闸北区地名志》第 265 页
百脚弄	旧式里弄	1930	3 121	北苏州路 498 弄	公共租界	《上海市闸北区地名志》第 265 页
朱家宅	旧式里弄	1860	388	七浦路 284 弄	公共租界	《上海市闸北区地名志》第 265 页
华安坊	石库门里弄	1911	6 134	浙江北路 403 弄	华界	《上海市闸北区地名志》第 267 页
华兴坊	石库门里弄	1895	21 002	华兴路 64 弄	公共租界	《上海市闸北区地名志》第 267 页
华真坊	石库门里弄	1911	1 089	海宁路 826 弄	公共租界	《上海市闸北区地名志》第 267 页
华益新村	旧式里弄	1920	678	宝通路 9 弄	华界	《上海市闸北区地名志》第 267 页
华盛里	广式里弄	1911	1 452	虬江路 1368 弄	华界	《上海市闸北区地名志》第 267 页

续表

住宅名称	住宅类型	建造年代	建筑面积（平方米）	坐落位置	管辖地区	备 注
老宁安里	石库门里弄	1911	2 997	海宁路 942 弄	公共租界	《上海市闸北区地名志》第 267 页
老德兴里	广式里弄	1893	1 840	新疆路 15 弄 13 支弄	公共租界	《上海市闸北区地名志》第 267 页
安迪里	石库门里弄	1911	702	山西北路 485 弄	公共租界	《上海市闸北区地名志》第 268 页
安宜村	石库门里弄	1934	9 391	西藏北路 74 弄	公共租界	《上海市闸北区地名志》第 268 页
安祥里	广式里弄	1911	929	南星路 128 弄	华界	《上海市闸北区地名志》第 268 页
存仁里	石库门里弄	1912	3 352	宝山路 125 弄	华界	《上海市闸北区地名志》第 268 页
吉庆里	石库门里弄	1917	2 682	山西北路 457 弄	公共租界	《上海市闸北区地名志》第 268 页
成德里	石库门里弄	1912	2 594	安庆路 395 弄	公共租界	《上海市闸北区地名志》第 268 页
协兴里	石库门里弄	1911	1 483	甘肃路 153 弄	公共租界	《上海市闸北区地名志》第 268 页
合康里	石库门里弄	1910	1 077	天潼路 799 弄 18 — 34 号	公共租界	《上海市闸北区地名志》第 269 页
合鑫里	旧式里弄	1933	1 378	宝山路 191 弄	华界	《上海市闸北区地名志》第 269 页
全安坊	石库门里弄	1920	2 106	裕通路 122 弄	华界	《上海市闸北区地名志》第 269 页
怀安坊	旧式里弄	1911	948	福建北路 342 弄	公共租界	《上海市闸北区地名志》第 269 页
怀安巷	石库门里弄	1894	2 119	塘沽路 752 弄	公共租界	《上海市闸北区地名志》第 269 页
怀德里	石库门里弄	1915	2 215	七浦路 384 弄	公共租界	《上海市闸北区地名志》第 269 页
状元里	广式里弄	1911	564	山西北路 452 弄	公共租界	《上海市闸北区地名志》第 269 页
均安里	广式里弄	1900	1 288	浙江北路 202 弄	公共租界	《上海市闸北区地名志》第 269 页
均益里	石库门里弄	1912	12 385	天目东路 85 弄	公共租界	《上海市闸北区地名志》第 269 页
来安里	石库门里弄	1912	20 905	东新民路 55 弄	华界	《上海市闸北区地名志》第 269 页
余庆里	石库门里弄	1910	762	康乐路 51 弄	公共租界	《上海市闸北区地名志》第 270 页
余庆里	石库门里弄	1890	1 162	武进路 548 弄	华界	《上海市闸北区地名志》第 270 页
余庆里	广式里弄	1924	1 243	新路 69 弄	华界	《上海市闸北区地名志》第 270 页
余庆里	石库门里弄	1925	842	浙江北路 109 弄	公共租界	《上海市闸北区地名志》第 270 页
余庆坊	广式里弄	1911	1 106	天潼路 799、1195 弄 125 支弄	公共租界	《上海市闸北区地名志》第 270 页

续表

住宅名称	住宅类型	建造年代	建筑面积（平方米）	坐落位置	管辖地区	备 注
余庆坊	旧式里弄	1920	176	新疆路460弄	华界	《上海市闸北区地名志》第270页
余安坊	石库门里弄	1906	2 042	开封路208弄	公共租界	《上海市闸北区地名志》第270页
余森里	广式、旧式	1911	1 076	七浦路394弄	公共租界	《上海市闸北区地名志》第270页
志铨里	石库门里弄	1911	887	安庆路287弄	公共租界	《上海市闸北区地名志》第270页
和平坊	石库门里弄	1911	2 090	开封路150弄	公共租界	《上海市闸北区地名志》第270页
和乐坊	石库门里弄	1925	590	中华新路182弄	华界	《上海市闸北区地名志》第270页
和济里	石库门里弄	1911	686	浙江北路114弄	公共租界	《上海市闸北区地名志》第270页
和康里	石库门里弄	1890	6 120	浙江北路262—302弄	公共租界	《上海市闸北区地名志》第270页
和福里	旧式里弄	1910	568	中山北路703弄	华界	《上海市闸北区地名志》第270页
武陵里	旧式里弄	1937	249	太阳山路35弄	华界	《上海市闸北区地名志》第271页
建业新村	广式里弄	1934	1 820	西宝兴路410弄	华界	《上海市闸北区地名志》第271页
承吉里	石库门里弄	1901	7 299	北苏州路814弄	公共租界	《上海市闸北区地名志》第271页
绍兴里	石库门里弄	1911	847	山西北路527弄	公共租界	《上海市闸北区地名志》第271页
宝山里	石库门里弄	1920	2 098	宝山路403弄	华界	《上海市闸北区地名志》第271页
宝生里	新式里弄	1937	2 061	武进路502弄	华界	《上海市闸北区地名志》第271页
宝庆里	石库门里弄	1928	7 589	天潼路666弄	公共租界	《上海市闸北区地名志》第271页
宝兴里	旧式里弄	1911	555	开封路171弄	公共租界	《上海市闸北区地名志》第271页
宝顺里	旧式里弄	1923	615	川公路243弄	华界	《上海市闸北区地名志》第271页
实业里	石库门里弄	1936	1 724	安庆路275弄	公共租界	《上海市闸北区地名志》第271页
河南里	石库门里弄	1920	1 109	山西北路160弄	公共租界	《上海市闸北区地名志》第271页
泳源里	石库门里弄	1911	1 232	海宁路858弄	公共租界	《上海市闸北区地名志》第271页
茂福里	石库门里弄	1900	505	塘沽路934弄	公共租界	《上海市闸北区地名志》第271页
松庆里	石库门里弄	1937	2 123	七浦路610弄	公共租界	《上海市闸北区地名志》第271页
图南里	石库门里弄	1911	7 192	河南北路365弄	公共租界	《上海市闸北区地名志》第272页

续表

住宅名称	住宅类型	建造年代	建筑面积（平方米）	坐落位置	管辖地区	备注
明德里	广式里弄	1910	1 223	安庆路 380 弄	公共租界	《上海市闸北区地名志》第 272 页
金水里	石库门里弄	1911	1 516	开封路 114 弄	公共租界	《上海市闸北区地名志》第 272 页
怡如里	石库门里弄	1930	9 922	天潼路 646 弄	公共租界	《上海市闸北区地名志》第 272 页
怡兴里	广式里弄	1912	13 602	长安路 153 弄	公共租界	《上海市闸北区地名志》第 272 页
怡兴里	石库门里弄	1930	5 982	七浦路 427 弄	公共租界	《上海市闸北区地名志》第 272 页
怡然里	石库门里弄	1925	1 629	虬江路 1226 弄	华界	《上海市闸北区地名志》第 272 页
恒庆里	石库门里弄	1912	951	天潼路 597 弄	公共租界	《上海市闸北区地名志》第 272 页
恒吉里	石库门里弄	1921	1 654	天潼路 610 弄	公共租界	《上海市闸北区地名志》第 272 页
恒吉坊	石库门里弄	1920	13 023	七浦路 207 弄	公共租界	《上海市闸北区地名志》第 272 页
恒余里	石库门里弄	1926	1 015	天潼路 800 弄 226 支弄	公共租界	《上海市闸北区地名志》第 272 页
信昌里	石库门里弄	1916	1 928	浙江北路 49 弄	公共租界	《上海市闸北区地名志》第 272 页
信益里	石库门里弄	1929	400	虬江路 1372 弄	华界	《上海市闸北区地名志》第 273 页
恺乐里	石库门里弄	1920	3 414	罗浮路 52、64 弄	华界	《上海市闸北区地名志》第 273 页
顺庆里	石库门里弄	1922	12 909	七浦路 303 弄	公共租界	《上海市闸北区地名志》第 273 页
顺征里	石库门里弄	1905	2 800	海宁路 696 弄	公共租界	《上海市闸北区地名志》第 273 页
顺裕里	石库门里弄	1922	1 643	七浦路 313 弄	公共租界	《上海市闸北区地名志》第 273 页
洪安坊	石库门里弄	1900	628	天潼路 789 弄 116 支弄	公共租界	《上海市闸北区地名志》第 273 页
洽兴里	石库门里弄	1911	9 288	曲阜路 224 弄	公共租界	《上海市闸北区地名志》第 273 页
南阳里	石库门里弄	1910	1 523	浙江北路 146 弄	公共租界	《上海市闸北区地名志》第 273 页
南林里	石库门里弄	1911	4 027	新疆路 31 弄	公共租界	《上海市闸北区地名志》第 273 页
南高寿里	石库门里弄	1912	8 868	海宁路 942 弄	公共租界	《上海市闸北区地名志》第 273 页
荣业里	石库门里弄	1926	782	永兴路 319 弄	华界	《上海市闸北区地名志》第 273 页
荣庆里	石库门里弄	1910	3 556	安庆路 251 弄	公共租界	《上海市闸北区地名志》第 273 页
荣庆坊	旧式里弄	1898	1 125	天通庵路 419 弄	华界	《上海市闸北区地名志》第 273 页

续表

住宅名称	住宅类型	建造年代	建筑面积（平方米）	坐落位置	管辖地区	备注
荣陆里	旧式里弄	1915	4 075	塘沽路817弄	公共租界	《上海市闸北区地名志》第274页
荣祥里	石库门里弄	1932	1 615	天通庵路505弄	华界	《上海市闸北区地名志》第274页
春安里	石库门里弄	1900	1 435	海宁路780弄	公共租界	《上海市闸北区地名志》第274页
春晖里	石库门里弄	1905	5 032	安庆路409弄	公共租界	《上海市闸北区地名志》第274页
春桂里	广式里弄	1911	1 947	海宁路794弄	公共租界	《上海市闸北区地名志》第274页
咸宁里	石库门里弄	1926	1 905	海宁路923弄	公共租界	《上海市闸北区地名志》第274页
星南里	石库门里弄	1925	3 872	西宝兴路506弄	华界	《上海市闸北区地名志》第274页
厚余里	石库门里弄	1936	1 405	浙江北路138弄	公共租界	《上海市闸北区地名志》第274页
厚德里	石库门里弄	1903	2 541	甘肃路195弄	公共租界	《上海市闸北区地名志》第274页
省庆里	石库门里弄	1905	927	塘沽路876弄	公共租界	《上海市闸北区地名志》第274页
钓和里	石库门里弄	1911	4 505	曲阜路110弄	公共租界	《上海市闸北区地名志》第274页
复兴里	石库门里弄	1920	1 174	会文路125弄	华界	《上海市闸北区地名志》第274页
复兴村	石库门里弄	1920	7 503	临山路13弄	华界	《上海市闸北区地名志》第274页
晋寿里	石库门里弄	1934	3 791	安庆路534弄	公共租界	《上海市闸北区地名志》第274页
高厚里	广式里弄	1911	1 021	天潼路799弄107支弄	公共租界	《上海市闸北区地名志》第274页
高福坊	石库门里弄	1932	8 340	宝山路226弄	华界	《上海市闸北区地名志》第275页
徐家园	广式里弄	1910	8 090	天潼路814弄35、41支弄	公共租界	《上海市闸北区地名志》第275页
积善里	石库门里弄	1925	348	宝山路381弄	华界	《上海市闸北区地名志》第275页
牲昌里	石库门里弄	1920	1 892	新疆路55弄	华界	《上海市闸北区地名志》第275页
卿云里	石库门里弄	1911	948	海宁路799弄	公共租界	《上海市闸北区地名志》第275页
祥善里	广式里弄	1932	1 188	芷江中路141弄	华界	《上海市闸北区地名志》第275页
祥新里	石库门里弄	1927	3 808	安庆路487弄	公共租界	《上海市闸北区地名志》第275页
祥麟里	石库门里弄	1925	1 336	虬江路1111弄	华界	《上海市闸北区地名志》第275页
祥麟里	石库门里弄	1908	1 868	海宁路945弄	公共租界	《上海市闸北区地名志》第275页

续表

住宅名称	住宅类型	建造年代	建筑面积（平方米）	坐落位置	管辖地区	备注
恭庆里	石库门里弄	1926	717	福建北路 226 弄	公共租界	《上海市闸北区地名志》第 275 页
振兴里	石库门里弄	1911	1 374	海宁路 684 弄	公共租界	《上海市闸北区地名志》第 275 页
载祥里	广式里弄	1920	770	裕通路 112 弄	华界	《上海市闸北区地名志》第 276 页
泰仁里	石库门里弄	1897		浙江北路 49 弄	公共租界	《上海市闸北区地名志》第 276 页
泰丰里	石库门里弄	1927	2 889	天潼路 639 弄	公共租界	《上海市闸北区地名志》第 276 页
泰兴里	旧式里弄	1920	904	川公路 254 弄甲乙支弄	华界	《上海市闸北区地名志》第 276 页
泰来里	石库门里弄	1911	3 070	海宁路 764 弄	公共租界	《上海市闸北区地名志》第 276 页
泰源里	石库门里弄	1910	833	七浦路 346 弄	公共租界	《上海市闸北区地名志》第 276 页
桂馨里	石库门里弄	1914	1 065	热河路 15 号	华界	《上海市闸北区地名志》第 276 页
耕山里	广式里弄	1911	612	安庆路 381 弄	公共租界	《上海市闸北区地名志》第 276 页
悦来坊	石库门里弄	1906	3 755	天潼路 657 弄	公共租界	《上海市闸北区地名志》第 276 页
益寿里	石库门里弄	1931	1 156	川公路 235 弄	华界	《上海市闸北区地名志》第 276 页
康乐里	石库门里弄	1914	1 975	山西北路 541、551、561 弄	公共租界	《上海市闸北区地名志》第 276 页
彩和里	旧式里弄	1900	5 060	天潼路 754 弄	公共租界	《上海市闸北区地名志》第 277 页
联合新村	新式里弄	1937	3 651	天目东路 181 弄	公共租界	《上海市闸北区地名志》第 277 页
巽阳里	石库门里弄	1934	1 240	七浦路 254 弄	公共租界	《上海市闸北区地名志》第 277 页
集贤坊	旧式里弄	1930	1 618	虬江路 988 弄	华界	《上海市闸北区地名志》第 277 页
紫阳里	旧式里弄	1928	590	陆丰路 193 弄	华界	《上海市闸北区地名志》第 277 页
谦庆里	石库门里弄	1905	2 188	七浦路 227 弄	公共租界	《上海市闸北区地名志》第 277 页
谦福里	石库门里弄	1928	1 065	七浦路 257 弄	公共租界	《上海市闸北区地名志》第 277 页
渭阳坊	石库门里弄	1925	1 578	西华路 11、17、23 弄	华界	《上海市闸北区地名志》第 277 页
富润里	石库门里弄	1930	966	海宁路 929 弄	公共租界	《上海市闸北区地名志》第 277 页
裕安里	石库门里弄	1922	2 174	北苏州路 776 弄	公共租界	《上海市闸北区地名志》第 278 页
裕庆里	石库门里弄	1930	8 059	天潼路 860 弄	公共租界	《上海市闸北区地名志》第 278 页

续表

住宅名称	住宅类型	建造年代	建筑面积（平方米）	坐落位置	管辖地区	备注
裕隆里	石库门里弄	1910	1 207	热河路49弄	公共租界	《上海市闸北区地名志》第278页
裕鑫里	石库门里弄	1911	2 064	海宁路1010弄	公共租界	《上海市闸北区地名志》第278页
楝隆里	石库门里弄	1890	3 013	山西北路556、568弄	公共租界	《上海市闸北区地名志》第278页
森巽里	石库门里弄	1934	4 164	虬江路958弄	华界	《上海市闸北区地名志》第278页
葆青坊	石库门里弄	1923	4 423	天潼路728弄	公共租界	《上海市闸北区地名志》第278页
敬盛里	石库门里弄	1910	2 137	安庆路295弄	公共租界	《上海市闸北区地名志》第278页
景兴里	石库门里弄	1910	13 537	七浦路177弄	公共租界	《上海市闸北区地名志》第278页
景德里	石库门里弄	1920	2 072	宝山路450弄	华界	《上海市闸北区地名志》第278页
景德里	石库门里弄	1913	1 949	塘沽路981弄	公共租界	《上海市闸北区地名志》第278页
善庆里	石库门里弄	1916	1 872	七浦路210弄	公共租界	《上海市闸北区地名志》第278页
普贤坊	石库门里弄	1911	1 884	甘肃路117弄	公共租界	《上海市闸北区地名志》第278页
普福里	石库门里弄	1911	1 430	天潼路799弄51支弄	公共租界	《上海市闸北区地名志》第278页
新乐村	石库门里弄	1934	1 994	海宁路691弄	公共租界	《上海市闸北区地名志》第278页
新华别墅	新式里弄	1923	1 092	中兴路243弄乙支弄	华界	《上海市闸北区地名志》第279页
新唐里	石库门里弄	1928	1 682	天潼路799弄107支弄21—35号	公共租界	《上海市闸北区地名志》第279页
新盛里	旧式里弄	1920	1 553	长安路192弄	华界	《上海市闸北区地名志》第279页
瑞和坊	石库门里弄	1912	10 800	虬江路807弄	华界	《上海市闸北区地名志》第279页
瑞源里	石库门里弄	1925	694	福建北路244弄	公共租界	《上海市闸北区地名志》第279页
勤安坊	石库门里弄	1911	4 798	康乐路100、106、114弄	公共租界	《上海市闸北区地名志》第279页
勤志坊	旧式里弄	1926	1 196	海宁路1021弄	公共租界	《上海市闸北区地名志》第279页
勤积村	广式里弄	1930	3 994	中兴路285弄	华界	《上海市闸北区地名志》第279页
福兴里	广式里弄	1908	787	天潼路799弄107支弄3—15弄	公共租界	《上海市闸北区地名志》第279页
福庆坊	石库门里弄	1926	1 238	浙江北路132弄	公共租界	《上海市闸北区地名志》第279页
福寿里	石库门里弄	1911	8 358	海宁路814弄	公共租界	《上海市闸北区地名志》第279页

续表

住宅名称	住宅类型	建造年代	建筑面积（平方米）	坐落位置	管辖地区	备注
福荫里	石库门里弄	1912	806	山西北路469弄	公共租界	《上海市闸北区地名志》第279页
福星里	石库门里弄	1912	739	水兴路189弄	华界	《上海市闸北区地名志》第279页
福祥里	石库门里弄	1909	3 556	天潼路676弄	公共租界	《上海市闸北区地名志》第279页
福康里	石库门里弄	1929	1 470	海宁路998弄	公共租界	《上海市闸北区地名志》第279页
源茂里	石库门里弄	1922	1 557	浙江北路95弄	公共租界	《上海市闸北区地名志》第279页
慎吉里	石库门里弄	1925	2 618	塘沽路858弄	公共租界	《上海市闸北区地名志》第280页
慎余里	石库门里弄	1932	10 253	天潼路847弄	公共租界	《上海市闸北区地名志》第280页
颐福里	石库门里弄	1929	10 580	宝山路47弄	华界	《上海市闸北区地名志》第280页
鹏程里	石库门里弄	1911	1 742	河南北路381弄	公共租界	《上海市闸北区地名志》第280页
聚安坊	石库门里弄	1930	4 165	临山路143弄	华界	《上海市闸北区地名志》第280页
静波村	石库门里弄	1920	1 104	西宝兴路276弄	华界	《上海市闸北区地名志》第280页
中和里	旧式里弄	1937	277	京江路437弄	华界	《上海市闸北区地名志》第261页
永吉里	旧式里弄	1918	1 274	通阁路205弄	华界	《上海市闸北区地名志》第263页
宝华里	旧式里弄	1929	2 228	天通庵路363弄	华界	《上海市闸北区地名志》第271页
树仁坊	旧式里弄	1919	1 358	康乐路85弄	公共租界	《上海市闸北区地名志》第273页
顾家花园	旧式里弄	1937	420	太阳山路35弄	华界	《上海市闸北区地名志》第275页
惠兴里	旧式里弄	1923	918	徐家宅路52弄	华界	《上海市闸北区地名志》第278页
德安里	石库门里弄	1920	43 813	北苏州路520弄	公共租界	《上海市闸北区地名志》第278页
德安坊	石库门里弄	1935	2 464	甘肃路208弄	公共租界	《上海市闸北区地名志》第278页
德兴里	石库门里弄	1920	7 345	新疆路129弄	华界	《上海市闸北区地名志》第278页
德兴坊	石库门里弄	1925	7 499	甘肃路141弄	公共租界	《上海市闸北区地名志》第278页
德寿里	石库门里弄	1912	1 072	安庆路488弄	公共租界	《上海市闸北区地名志》第278页
德润坊	石库门里弄	1920	6 305	安庆路461弄	公共租界	《上海市闸北区地名志》第278页
德康里	石库门里弄	1927	7 828	罗浮路76弄	华界	《上海市闸北区地名志》第278页

续表

住宅名称	住宅类型	建造年代	建筑面积（平方米）	坐落位置	管辖地区	备注
德泰里	石库门里弄	1910	847	海宁路670弄	公共租界	《上海市闸北区地名志》第278页
德福里	石库门里弄	1920	2 626	川公路285弄	华界	《上海市闸北区地名志》第278页
豫顺里	石库门里弄	1910年前	3 221	七浦路232弄	公共租界	《上海市闸北区地名志》第281页
豫康里	石库门里弄	1925	1 580	晋元路8弄	华界	《上海市闸北区地名志》第281页
儒林里	石库门里弄	1920	2 967	永兴路160弄	华界	《上海市闸北区地名志》第281页
藏玉新村	旧式里弄	1930	613	宝通路183弄	华界	《上海市闸北区地名志》第281页
鑫顺里	石库门里弄	1910	2 415	天潼路830弄	公共租界	《上海市闸北区地名志》第281页
鑫益里	石库门里弄	1923	1 126	山西北路262弄	公共租界	《上海市闸北区地名志》第281页

四十二、虹口公共租界北区数据资料

住宅名称	住宅类型	建筑年代	建筑结构	幢数	建筑面积（平方米）	坐落位置
普爱里	旧式里弄	1853	砖木二层	10	790	头坝路50弄
恒善里	旧式里弄	1880	砖木二层	40	3 520	海宁路348弄
大兴里	旧式里弄	1897	砖木二层	24	1 712	吴淞路429弄,海宁路197弄
长安里	旧式里弄	1897	砖木二层	31	2 200	吴淞路42弄及407×22支弄
兴顺里	旧式里弄	1897	砖木二层	16	1 650	吴淞路407弄58支弄
德润里	旧式里弄	1900	砖木二层	26	1 970	长治路197弄
寿彭里	旧式里弄	1900	砖木二层	16	2 180	武进路263弄
德年新村	旧式里弄	1900	砖木二层	79	7 100	武进路521弄
五福里	旧式里弄	1900	砖木二层	5	340	海宁路272弄
东长安里	旧式里弄	1900	砖木二层	87	10 000	吴淞路355弄、407弄9支弄
源康里	旧式里弄	1900	砖木二层	3	230	武昌路272弄
东寿坊	旧式里弄	1903	砖木二层	10	990	武进路569弄
广兴里	旧式里弄	1905	砖木二层	78	8 000	塘沽路567—597弄及武昌路558—578弄
北仁智里	石库门里弄	1905	砖木二层	268	9 000	武昌路448弄
东泰华里	旧式里弄	1905	砖木二层	65	5 440	江西北路194—206弄
西泰华里	旧式里弄	1905	砖木二层	110	7 900	塘沽路673弄
同德里	旧式里弄	1905	砖木二层	29	2 365	武昌路406、420弄
南仁智里	石库门里弄	1905	砖木二层	207	12 000	四川北路54—276弄
永吉里	旧式里弄	1906	砖木二层	40	3 240	武进路435弄

续表

住宅名称	住宅类型	建筑年代	建筑结构	幢数	建筑面积（平方米）	坐落位置
乍浦里	旧式里弄	1906	砖木二层	29	2 540	乍浦路83、113弄
安定里	旧式里弄	1906	砖木二层	24	2 290	乍浦路131弄
怡兴里	旧式里弄	1906	砖木二层	18	4 529	四川北路961弄
粤秀坊	旧式里弄	1907	砖木二层	20	4 680	海宁路442—482弄
元济里	旧式里弄	1910	砖木二层	12	3 060	塘沽路499弄
安庆里	旧式里弄	1910	砖木二层	42	2 534	天潼路546弄4—86号
桃源坊	旧式里弄	1910	砖木二层	236	25 516	天潼路546弄,七浦路141、161、163弄,河南北路120、140、182弄和江西北路59、69、79、91、101、121、131弄
富贵里	旧式里弄	1910	砖木二层	9	444	河南北路244弄
新庆里	旧式里弄	1910	砖木二层	170	15 800	武昌路409弄
恒丰里	旧式里弄	1910	砖木二层	15	4 800	峨眉路71弄
顺安里	旧式里弄	1910	砖木二层	3	730	武昌路326弄
中新余里	旧式里弄	1911	砖木二层	20	1 250	安庆东路91弄
陈复兴里	旧式里弄	1911	砖木二层	11	730	武进路435弄
养志里	旧式里弄	1911	砖木平房	12	360	七浦路114—118号
蔡家宅	旧式里弄	1911	砖木二层	15	479	吴淞路407弄73支弄
朝阳里	旧式里弄	1914	砖木三层	15	3 100	吴淞路101、129弄
久庆里	旧式里弄	19世纪初	砖木二层	25	3 409	乍浦路190、202弄
广安里	旧式里弄	1937	砖木二层	14	870	南浔路70号
三益里	旧式里弄	1910	砖木三层	4	260	塘沽路93弄
山寿里	旧式里弄	1920	砖木二层	11	2 372	大名路179弄
义丰里	旧式里弄	1920	砖木二层	98	8 200	吴淞路332弄
仁和里	旧式里弄	1916	砖木二层	4	900	九龙路55弄
公安里	旧式里弄	1937	砖木二层	47	3 577	汉阳路35弄
公和里	旧式里弄	1910	砖木二层	21	1 484	南浔路153弄
永和里	旧式里弄	1929	砖木二层	2	316	吴淞路104弄
永福里	旧式里弄	1910	砖木一层、二层	13	660	余杭路44弄
永福里	旧式里弄	1900	砖木二层	13	833	峨眉路303弄
礼查村	旧式里弄	1910	砖木二层	8	800	金山路22弄
东兴里	旧式里弄	1920	砖木二层	29	2 190	吴淞路444弄,海宁路177弄,茂林路40弄
东新康里	旧式里弄	1920	砖木二层	39	4 650	闵行路178、188弄,塘沽路155弄
平安里	旧式里弄	1920	砖木二层	16	4 000	九龙路139、149、159、169弄,塘沽路42弄

续表

住宅名称	住宅类型	建筑年代	建筑结构	幢数	建筑面积（平方米）	坐落位置
四联里	旧式里弄	1910	砖木二层	46	4 230	南浔路 284、296、304、312 弄
兴业里	旧式里弄	1925	砖木二层	30	4 300	峨眉路 352 弄
西新康里	旧式里弄	1920	砖木二层	17	2 102	闵行路 232 弄
百禄坊	旧式里弄	1920	砖木二层	67	6 250	大名路 182 弄、南浔路 53 弄，黄浦路 177—189 弄
有恒里	旧式里弄	1920	砖木二层	7	550	余杭路 45 弄
汾征坊	旧式里弄	1920	砖木二层	10	1 700	吴淞路 350 弄
寿宁里	旧式里弄	1920	砖木二层	9	940	峨眉路 297 弄
丽农里	旧式里弄	1910	砖木二层	14	1 250	南浔路 152 弄
余庆里	旧式里弄	1926	砖木二层	9	2 100	海宁路 223 弄
闵行新村	新式里弄	1946	砖木三层	10	1 415	闵行路 130 弄
和丰里	旧式里弄	1910	砖木二层	5	530	武昌路 107 弄
金贵里	旧式里弄	1911	砖木二层	20	1 570	汉阳路 137 弄
承业里	旧式里弄	1920	砖木二层	17	2 190	峨眉路 263 弄
养正里	旧式里弄	1923	砖木二层	5	1 273	南浔路 129 弄
恒祥里	旧式里弄	1920	砖木二层	25	540	峨眉路 338 弄、余杭路 133 弄
南新康里	旧式里弄	1910	砖木二层	18	4 790	武昌路 178 弄
祥和里	旧式里弄	1900	砖木二层	17	1 520	峨眉路 405、415 弄
泰威村	旧式里弄	1920	砖木二层	16	1 130	吴淞路 402 弄
逢吉里	旧式里弄	1920	砖木二层	10	754	峨眉路 281 弄
棣萼里	旧式里弄	1910	砖木二层	4	390	塘沽路 85 弄
慎安西里	旧式里弄	1920	砖木二层	22	1 880	峨眉路 239 弄
源安里	旧式里弄	1923	砖木二层	2	584	闵行路 131 弄
德心里	旧式里弄	1910	砖木二层	8	630	长治路 206、214 弄，九龙路 189 弄

附录 Ⅱ 各章附录

第一章
1. 黄浦区华界(洋泾区)建筑面积表

建造年代	建筑面积（平方米）	建造年代	建筑面积（平方米）	建造年代	建筑面积（平方米）
1850	346	1912	3 440	1927	265
1865	1 070	1914	1 239	1928	1 443
1885	3 771	1915	7 033	1929	580
1895	5 400	1916	1 770	1930	24 706
1900	1 422	1917	10 292	1931	11 172
1901	2 800	1919	5 919	1932	12 624
1902	1 860	1920	36 664	1933	7 650
1904	6 955	1921	1 634	1934	5 730
1905	2 813	1922	1 211	1935	2 512
1908	3 988	1923	3 840	1936	3 591
1909	8 265	1924	3 300	1937	1 210
1910	884	1925	8 320	1912年后	4 423
1911	237	1926	4 150	1912年前	221 053
				总计	425 582

2. 黄浦区公共租界(中区)建筑面积表

建造年代	建筑面积（平方米）	建造年代	建筑面积（平方米）	建造年代	建筑面积（平方米）
1848	1 821	1905	26 839	1923	83 901
1853	3 742	1906	25 153	1924	117 992
1854	2 466	1907	31 967	1925	70 007
1872	9 175	1908	11 365	1926	84 639
1876	79 438	1909	14 234	1927	39 634
1886	232	1910	42 493.3	1928	77 810.7
1890	2 542	1911	139 098	1929	98 090.8
1893	4 159	1912	25 945	1930	87 774.2
1894	1 567	1913	45 738.4	1931	86 937.8
1896	1 860	1914	19 334	1932	77 905
1897	9 472	1915	65 199.1	1933	35 002
1898	2 236	1916	64 893	1934	25 066
1899	9 008	1917	44 782.5	1935	46 789.8

续表

建造年代	建筑面积(平方米)	建造年代	建筑面积(平方米)	建造年代	建筑面积(平方米)
1900	9 302	1918	22 003	1936	47 008.2
1901	16 551	1919	39 379.3	1937	46 416
1902	9 661	1920	36 170	1912年后	266 286.7
1903	7 714	1921	40 775.6	1912年后(估)	64 717
1904	13 006	1922	74 007.6	1912年前	32 569
				总计	2 341 875

3. 黄浦区法租界建筑面积表

建造年代	建筑面积(平方米)	建造年代	建筑面积(平方米)	建造年代	建筑面积(平方米)
1895	425	1917	15 223	1929	30 911.4
1900	809	1918	8 599	1930	68 528
1901	700	1919	5 142	1931	25 116
1906	14 897	1920	16 841	1932	30 581
1909	1 443	1921	4 213	1934	524
1910	566	1922	6 133	1935	5 976
1911	19 205	1923	13 353	1936	10 503
1912	37 343	1924	17 463	1912年后	4 918
1913	1 147	1925	11 922	1912年后(估)	1 057
1914	12 355	1926	8 000	1912年前	2 770
1915	9 208	1927	670	1912年前(估)	2 549
1916	15 407	1928	9 763	总计	414 260.4

4. 南市区华界(沪南区)建筑面积表

建造年代	建筑面积(平方米)	建造年代	建筑面积(平方米)	建造年代	建筑面积(平方米)
1911	10 563	1937	55 810	1912年后(估)	13 467
1912	421 802	1912年后	3 068	1912年前	42 326
				总计	547 036

5. 静安区华界建筑面积表

建造年代	建筑面积(平方米)	建造年代	建筑面积(平方米)	建造年代	建筑面积(平方米)
1909	4 884	1925	11 222	1933	4 940
1911	14 605	1927	44 208	1934	5 986
1912	125 824	1928	4 639	1935	906

续表

建造年代	建筑面积（平方米）	建造年代	建筑面积（平方米）	建造年代	建筑面积（平方米）
1914	6 841	1929	4 809	1936	10 165
1919	430	1930	34 741	1937	68 871
1920	8 254	1931	6 323	1912年后	13 314
1924	61 390	1932	12 621	1912年后（估）	12 168
				总计	457 141

6.静安区公共租界（西区）建筑面积表

建造年代	建筑面积（平方米）	建造年代	建筑面积（平方米）	建造年代	建筑面积（平方米）
1880	3 390	1911	43 836	1926	160 082
1885	4 090	1912	329 470	1927	61 823
1890	1 576	1913	8 092	1928	134 785
1892	1 407	1914	32 606	1929	52 046
1894	6 100	1915	28 183	1930	183 436
1895	2 056	1916	33 326	1931	78 276
1896	7 781	1917	15 011	1932	76 559
1900	62 636	1918	63 428	1933	51 820
1901	672	1919	17 431	1934	74 341
1902	2 386	1920	63 670	1935	22 018
1904	2 600	1921	23 828	1936	76 516
1905	586	1922	20 756	1937	110 142
1906	13 816	1923	71 348	1912年后	38 049
1907	4 189	1924	62 145	1912年后（估）	22 343
1910	65 691	1925	124 887	1912年前	11 774
				总计	2 271 003

7.静安区法租界建筑面积表

建造年代	建筑面积（平方米）	建造年代	建筑面积（平方米）	建造年代	建筑面积（平方米）
1909	1 282	1925	3 149	1931	27 964
1911	17 428	1926	5 444	1933	1 674
1912	54 479	1927	1 573	1935	4 179
1919	915	1928	54 990	1936	845
1920	3 041	1929	7 880	1937	61 056
1923	10 154	1930	22 453	总计	278 506

8. 闸北区华界建筑面积表

建造年代	建筑面积（平方米）	建造年代	建筑面积（平方米）	建造年代	建筑面积（平方米）
1890	2 470	1920	69 105	1930	26 768
1898	1 125	1921	1 698	1931	3 603
1900	1 943	1922	1 655	1932	29 710
1910	13 567	1923	5 965	1933	3 003
1911	17 979	1924	8 970	1934	9 213
1912	38 698	1925	10 933	1935	9 846
1914	2 278	1926	9 039	1936	5 717
1915	3 390	1927	8 392	1937	21 135
1916	940	1928	7 601	1912年后（估）	547
1918	4 140	1929	14 050	1912年前	840
				总计	334 320

9. 闸北区公共租界建筑面积表

建造年代	建筑面积（平方米）	建造年代	建筑面积（平方米）	建造年代	建筑面积（平方米）
1860	388	1910	66 882	1926	7 597
1887	706	1911	102 166	1927	7 427
1890	9 454	1912	50 294	1928	28 379
1893	1 840	1913	1 949	1929	12 671
1894	2 119	1914	6 483	1930	37 518
1895	21 002	1915	10 365	1931	44 901
1897	1 967	1916	10 051	1932	10 253
1900	14 729	1917	2 682	1933	3 390
1901	7 299	1919	1 358	1934	17 486
1903	2 541	1920	85 929	1935	9 447
1904	1 488	1921	2 502	1936	3 129
1905	10 947	1922	20 355	1937	10 947
1906	10 071	1923	14 088	1912年后（估）	3 787
1908	5 083	1924	674	1912年前	3 221
1909	3 556	1925	13 760	总计	682 881

10. 长宁区华界建筑面积表

建造年代	建筑面积（平方米）	建造年代	建筑面积（平方米）	建造年代	建筑面积（平方米）
1863	210	1912	14 880	1929	32 630
1870	530	1914	4 120	1930	38 754
1874	1 520	1916	21 040	1931	7 880

续表

建造年代	建筑面积（平方米）	建造年代	建筑面积（平方米）	建造年代	建筑面积（平方米）
1880	8 590	1919	7 790	1932	15 418
1886	2 160	1920	22 556	1933	9 404
1889	11 400	1921	18 276	1934	40 074
1900	1 656	1922	11 676	1935	10 288
1902	1 020	1923	1 760	1936	11 365
1904	3 240	1924	26 621	1937	46 669
1907	500	1925	27 422	1912年后	600
1909	6 280	1926	7 694	1912年后(估)	510
1910	1 170	1927	6 360	1912年前	22 070
1911	7 750	1928	7 164	总计	459 047

11. 长宁区公共租界建筑面积表

建造年代	建筑面积（平方米）	建造年代	建筑面积（平方米）	建造年代	建筑面积（平方米）
1912	2 384	1932	1 560	1912年后	6 000
1922	225	1936	562	1912年前	855
1927	720	1937	6 180	总计	18 486

12. 长宁区华界建筑面积表

建造年代	建筑面积（平方米）	建造年代	建筑面积（平方米）	建造年代	建筑面积（平方米）
1863	210	1912	14 880	1929	32 630
1870	530	1914	4 120	1930	38 754
1874	1 520	1916	21 040	1931	7 880
1880	8 590	1919	7 790	1932	15 418
1886	2 160	1920	22 556	1933	9 404
1889	11 400	1921	18 276	1934	40 074
1900	1 656	1922	11 676	1935	10 288
1902	1 020	1923	1 760	1936	11 365
1904	3 240	1924	26 621	1937	46 669
1907	500	1925	27 422	1912年后	600
1909	6 280	1926	7 694	1912年后(估)	510
1910	1 170	1927	6 360	1912年前	22 070
1911	7 750	1928	7 164	总计	459 047

13. 长宁区法租界建筑面积表

建造年代	建筑面积（平方米）	建造年代	建筑面积（平方米）	建造年代	建筑面积（平方米）
1910	2 277	1912	600	总计	2 877

14. 虹口区公共租界建筑面积表

建造年代	建筑面积（平方米）	建造年代	建筑面积（平方米）	建造年代	建筑面积（平方米）
1853	790	1910	73 218	1926	44 614
1858	1 152	1911	12 992	1927	44 885
1870	6 900	1912	18 520	1928	5 020
1880	3 520	1914	8 200	1929	180 161
1897	5 562	1916	18 070	1930	91 893
1898	7 300	1918	3 670	1931	106 490
1900	26 173	1919	3 054	1932	45 640
1903	9 090	1920	85 992	1933	24 048
1905	44 705	1921	16 981	1934	11 200
1906	12 599	1922	12 559	1935	16 610
1907	4 680	1923	23 750	1937	113 121
1908	2 476	1924	23 010	1912年后	96 784
1909	1 303	1925	42 869	1912年前	33 000
				总计	1 210 286

15. 虹口区华界建筑面积表

建造年代	建筑面积（平方米）	建造年代	建筑面积（平方米）	建造年代	建筑面积（平方米）
1880	3 097	1915	9 300	1929	11 125
1882	3 106	1916	12 700	1930	98 080
1884	1 548	1918	16 316	1931	57 820
1890	2 780	1919	12 192	1932	34 370
1895	4 200	1920	107 778	1933	9 550
1900	61 827	1921	26 670	1934	16 600
1901	4 060	1922	20 960	1935	6 400
1903	1 540	1923	13 341	1936	44 381
1905	15 660	1924	4 980	1937	121 108
1910	27 254	1925	37 696	1912年后	23 923
1911	11 110	1926	26 473	1912年后（估）	2 249
1912	13 520	1927	53 362	总计	934 352
1913	450	1928	16 826		

16. 卢湾区华界建筑面积表

建造年代	建筑面积（平方米）	建造年代	建筑面积（平方米）	建造年代	建筑面积（平方米）
1912	6 863	1928	1 372	1935	3 734
1915	6 000	1929	500	1936	1 984
1920	1 544	1930	4 225	1937	23 320
1922	391	1931	2 261	1912年后	75 207
1927	281	1933	1 314	1912年后（估）	932
				总计	129 928

17. 卢湾区法租界建筑面积表

建造年代	建筑面积（平方米）	建造年代	建筑面积（平方米）	建造年代	建筑面积（平方米）
1874	1 011	1915	10 397	1928	152 229
1883	1 048	1916	18 337	1929	85 741
1900	3 576	1917	3 812	1930	155 538
1903	3 682	1918	5 310	1931	43 768
1904	4 947	1919	36 756	1932	39 938
1905	3 533	1920	54 442	1933	24 456
1907	6 356	1921	45 019	1934	27 513
1908	3 934	1922	58 401	1935	21 184
1910	7 636	1923	56 392	1936	30 633
1911	29 223	1924	94 515	1937	25 856
1912	130 975	1925	78 590	1912年后	610 742
1913	21 802	1926	85 232	1912年后（估）	29 644
1914	25 305	1927	104 432	总计	2 141 905

18. 普陀区华界建筑面积表

建造年代	建筑面积（平方米）	建造年代	建筑面积（平方米）	建造年代	建筑面积（平方米）
1900	700	1918	6 300	1932	10 100
1903	440	1920	29 070	1933	830
1911	3 800	1922	2 140	1934	1 430
1913	4 010	1923	1 000	1935	15 564
1914	9 960	1924	1 700	1936	21 280
1915	3 170	1929	2 500	1937	18 980
1916	3 500	1930	13 380	1912年后	9 814
1917	19 000	1931	2 400	1912年前	15 440
				总计	196 508

19. 普陀区公共租界建筑面积表

建造年代	建筑面积（平方米）	建造年代	建筑面积（平方米）	建造年代	建筑面积（平方米）
1884	560	1920	91 710	1931	7 800
1904	3 000	1921	15 000	1932	8 470
1910	2 710	1923	1 234	1933	21 300
1912	500	1924	2 480	1934	2 140
1914	8 930	1925	2 990	1935	5 820
1917	1 740	1927	3 200	1936	25 950
1918	12 800	1928	3 800	1937	10 040
1919	6 000	1930	17 590	1912年前	630
				总计	256 394

20. 杨浦区华界建筑面积

建造年代	建筑面积（平方米）	建造年代	建筑面积（平方米）	建造年代	建筑面积（平方米）
1912	1 459	1928	220	1933	8 376
1916	1 205	1930	845	1936	93
1920	1 914	1931	9 202	1937	13 300
1925	10 885	1932	6 063	总计	5 3562

21. 杨浦区公共租界建筑面积

建造年代	建筑面积（平方米）	建造年代	建筑面积（平方米）	建造年代	建筑面积（平方米）
1902	2 702	1916	36 747	1927	91 679
1904	6 020	1917	3 962	1928	12 851
1905	5 164	1918	6 244	1929	47 807
1906	13 900	1919	3 726	1930	78 481
1908	18 159	1920	59 330	1931	56 431
1910	5 490	1921	53 091	1932	53 990
1911	4 572	1922	47 992	1933	31 903
1912	10 238	1923	63 480	1934	5 226
1913	3 457	1924	38 189	1935	1 104
1914	31 374	1925	74 889	1937	13 591
1915	17 270	1926	82 746	总计	981 805

22. 徐汇区华界建筑面积表

建造年代	建筑面积（平方米）	建造年代	建筑面积（平方米）	建造年代	建筑面积（平方米）
1850	6 190	1920	656	1931	3 383
1900	963	1921	1 944	1932	2 035
1905	238	1923	2 676	1933	1 419
1908	478	1924	240	1934	1 332
1910	274	1925	2 367	1935	17 657
1911	1 737	1926	3 841	1936	4 166
1912	825	1927	5 424	1937	6 969
1916	1 178	1928	1 517	1912年后	8 746
1917	1 176	1929	2 113	1912年后(估)	23 668
1919	2 325	1930	9 611	1912年前	11 397
				总计	126 545

23. 徐汇区法租界建筑面积

建造年代	建筑面积（平方米）	建造年代	建筑面积（平方米）	建造年代	建筑面积（平方米）
1850	1 000	1919	8 870	1931	92 539
1866	1 499	1920	19 642	1932	44 789
1900	470	1921	2 287	1933	39 352
1905	956	1922	7 283	1934	54 173
1907	32 481	1923	2 350	1935	31 494
1908	16 100	1924	13 557	1936	44 316
1910	534	1925	28 071.2	1937	56 327
1911	1 242	1926	27 295	1912年后	8 502
1912	10 589	1927	27 812	1912年后(估)	2 745
1914	862	1928	50 197	1912年前	5 720
1916	37 518	1929	25 890	总计	869 363.2
1918	2 264	1930	170 637		

24. 洋泾区(1927—1937年行政区划)建筑面积表

建造年代	建筑面积（平方米）	建造年代	建筑面积（平方米）	建造年代	建筑面积（平方米）
1850	346	1912	3 440	1927	265
1865	1 070	1914	1 239	1928	1 443
1885	3 771	1915	7 033	1929	580
1895	5 400	1916	1 770	1930	24 706
1900	1 422	1917	10 292	1931	11 172
1901	2 800	1919	5 919	1932	12 624

续表

建造年代	建筑面积（平方米）	建造年代	建筑面积（平方米）	建造年代	建筑面积（平方米）
1902	1 860	1920	36 664	1933	7 650
1904	6 955	1921	1 634	1934	5 730
1905	2 813	1922	1 211	1935	2 512
1908	3 988	1923	3 840	1936	3 591
1909	8 265	1924	3 300	1937	1 210
1910	884	1925	8 320	1912年后	4 423
1911	237	1926	4 150	1912年前	221 053
				总计	425 582

25.闸北区(1927—1937年行政区划)建筑面积表

建造年代	建筑面积（平方米）	建造年代	建筑面积（平方米）	建造年代	建筑面积（平方米）
1890	5 250	1919	11 642	1933	8 653
1895	4 200	1920	103 741	1934	16 883
1898	1 125	1921	28 368	1935	12 746
1900	12 817	1922	22 505	1936	5 717
1901	4 060	1923	12 735	1937	82 053
1903	1 540	1924	8 970	1912年后（估）	747
1905	1 620	1925	18 083	1912年前	840
1910	25 797	1926	26 286	1930—1939	2 610
1911	18 405	1927	24 114	1930年前	5 675
1912	47 518	1928	10 027	1936年前	5 448
1914	2 278	1929	19 580	1937年前	1 013
1915	5 990	1930	59 298	19世纪初	510
1916	3 740	1931	23 883	总计	699 787
1918	13 140	1932	40 180		

26.法华区(1927—1937年行政区划)建筑面积表

建造年代	建筑面积（平方米）	建造年代	建筑面积（平方米）	建造年代	建筑面积（平方米）
1830	1 387	1912	141 529	1929	40 519
1863	210	1913	3 500	1930	87 353
1870	530	1914	11 661	1931	16 198
1874	1 520	1915	3 170	1932	33 913
1880	8 590	1916	24 540	1933	15 922
1886	2 160	1917	19 000	1934	48 214
1889	11 400	1918	6 300	1935	20 596
1900	3 019	1919	9 545	1936	25 201

续表

建造年代	建筑面积(平方米)	建造年代	建筑面积(平方米)	建造年代	建筑面积(平方米)
1902	1 020	1920	50 206	1937	116 589
1903	440	1921	20 220	1912 年前	22 070
1904	3 240	1922	11 676	1912 年后	13 914
1905	238	1923	1 760	1912 年后(估)	12 678
1907	500	1924	89 951	1930 年后	1 600
1908	478	1925	41 011	1936 年前	427
1909	11 164	1926	8 808	1940 年前	7 900
1910	1 170	1927	54 430	清末年间	6 027
1911	23 749	1928	12 187	清同治年间	1 350
				总计	1 050 780

27. 沪南区(1927—1937年行政区划)建筑面积表

建造年代	建筑面积(平方米)	建造年代	建筑面积(平方米)	建造年代	建筑面积(平方米)
1850	5 670	1927	1 843	1936	3 079
1910	274	1928	1 822	1937	83 055
1911	10 563	1929	2 033	1912 年前	42 326
1912	428 665	1930	7 158	1912 年后	78 275
1915	6 000	1931	4 178	1912 年后(估)	38 067
1919	1 000	1932	1 461	1923—1924	4 214
1920	1 544	1933	1 985	1930—1939	3 484
1922	391	1934	608	1937 年前后	621
1926	2 727	1935	10 422	清末	4 020
				总计	745 485

28. 真如区(1927—1937年行政区划)建筑面积表

建造年代	建筑面积(平方米)	建造年代	建筑面积(平方米)	建造年代	建筑面积(平方米)
1900	300	1936	2 380	20 世纪初	1 840
1931	700	1937	9 160	合 计	16 680
1935	300	1912—1949	2 000		

29. 漕泾区(1927—1937年行政区划)建筑面积表

建造年代	建筑面积(平方米)	建造年代	建筑面积(平方米)	建造年代	建筑面积(平方米)
1850	520	1923	2 676	1937	2 875

续表

建造年代	建筑面积（平方米）	建造年代	建筑面积（平方米）	建造年代	建筑面积（平方米）
1911	343	1931	1 171	合计	11 628
1917	1 176	1935	2 867		

30. 蒲淞区(1927—1937年行政区划)建筑面积表

建造年代	建筑面积（平方米）	建造年代	建筑面积（平方米）	建造年代	建筑面积（平方米）
1914	9 260	1935	11 964	1930年后	2 040
1920	7 730	1936	18 300	1930年后	800
1923	1 000	1937	4 640	1940年前	1 170
1930	1 850	1915年后	2 000	总计	65 888
1932	4 800	1930—1939	334		

31. 引翔区(1927—1937年行政区划)建筑面积表

建造年代	建筑面积（平方米）	建造年代	建筑面积（平方米）	建造年代	建筑面积（平方米）
1880	2 817	1925	10 885	1936	34 180
1882	3 106	1928	220	1937	17 855
1884	1 548	1930	7 490	1912年后(估)	1 696
1912	1 459	1931	8 841	1936年前	1 747
1916	1 205	1932	6 063	1937年前	7 130
1920	7 138	1933	8 376	总计	121 756

32. 江湾区(1927—1937年行政区划)建筑面积表

建造年代	建筑面积（平方米）	建造年代	建筑面积（平方米）	建造年代	建筑面积（平方米）
1880	280	1920	31 070	1931	33 300
1900	48 600	1922	2 250	1932	23 900
1905	14 040	1923	4 714	1933	3 900
1911	9 114	1924	4 980	1934	8 930
1912	4 700	1925	26 246	1935	3 500
1913	450	1926	7 126	1936	10 294
1915	6 700	1927	37 640	1937	37 888
1916	9 000	1928	14 400	1912—1936	300
1918	7 316	1929	5 279	1912年后(估)	353
1919	550	1930	63 255	总 计	420 075

33. 彭浦区(1927—1937年行政区划)建筑面积表

建造年代	建筑面积（平方米）	建造年代	建筑面积（平方米）	建造年代	建筑面积（平方米）
1911	3 800	1937	4 300	1930—1939	1 040
1913	510	1784年后	3 600	清末	6 100
1935	2 000	1900年后	7 500	总　计	28 850

34. 殷行区(1927—1937年行政区划)建筑面积表

建造年代	建筑面积（平方米）	管辖地区
1937	13 300	殷行

35. 1937年华界各区、公共租界、法租界建筑面积总表

所辖地区	建筑面积（平方米）	所辖地区	建筑面积（平方米）	所辖地区	建筑面积（平方米）
洋泾	425 582	漕泾	11 628	殷行	13 300
闸北	699 787	蒲淞	65 888	公共租界	7 835 045
法华	1 050 780	引翔	121 756	法租界	3 706 911.6
沪南	745 485	江湾	420 075		
真如	20 080	彭浦	28 850		

36. 1914年公共租界各区、法租界、华界建筑面积表

所辖地区	建筑面积（平方米）	所辖地区	建筑面积（平方米）	所辖地区	建筑面积（平方米）
公共租界北区	553 378	公共租界西区	611 919	法租界	479 036
公共租界东区	164 431	公共租界中区	598 687.7	华界	1 174 158

37.《上海特别市房地图册第壹集——前北区及前闸北区一部分地册地契面积估价对照表》[①]

地册	前永租契	面积	1933年估价九八规元	地册	前永租契	面积	1933年估价九八规元
1	B2022	0.91	42 000	678	B1479	0.778	45 000
2	B2159	1.07	42 000	678A	B1770	4.189	45 000
3	B4843	0.138	51 000	679	B13509	6.51	80 000
4	US622	2.564	33 000	680	B1865	8.102	68 000

---

① 《上海特别市房地图册第壹集——前北区及前闸北区一部分地册地契面积估价对照表》，联华房地产公司、永业地产公司、建隆地产公司、茂华房地产公司、中和地产公司、建华企业公司发行，上海特别市房地产业同业公会出版，中华民国三十三年九月，世界书局承印。

续表

地册	前永租契	面积	1933年估价九八规元	地册	前永租契	面积	1933年估价九八规元
5	B2021	0.231	35 000	681	B1770	7.31	57 000
8	B3358	3.578	53 000	682	B1478	11.152	57 000
9	B3710	0.646	41 000	683	B1770	3	44 000
10	B3354	6.977	43 000	683A	B1771	9.183	44 000
11	B6147	0.159	33 000	683B	B1783	0.79	44 000
12	B3359	10.661	31 000	684	B1784	6.209	45 000
13	US3709	0.04	31 000	685	GER112	0.3	51 000
20	B3355	3.059	44 000	686	B1771	0.83	57 000
23	B2332	16.427	36 000	686A	B1843	0.211	45 000
25	B440	6.387	41 000	687	B1551	2.648	50 000
27	B438	6.366	46 000	688	B1772	4.822	57 000
29	B3226	1.962	29 000	688A	B8816	1.244	45 000
31	B7200	4.503	26 000	688B	B1844	0.325	45 000
34	B9923	3.363	26 000	689	B4086	0.405	40 000
37	B3743	0.93	26 000	690	B8600	4.885	40 000
40	B3369	9.094	27 000	691	B4444	3.245	45 000
41	B4967	4.15	30 500	692	B1916	1.272	32 000
44	B3364	2.626	28 000	693	B8631	5.837	26 000
45	B3363	4.397	29 500	694	B7204	2.686	34 000
47	B5201	2.892	32 000	695	GER97	17.677	28 000
49	B3367	3.992	29 000	696	B1832	4.336	57 000
50	B3368	2.178	27 500	697	B2110	0.62	57 000
51	US834	1.593	25 000	698	B2107	1.489	34 000
52	B3590	1.112	29 000	699	B2111	0.894	57 000
53	B2477	3.042	22 000	700	B2201	1.454	57 000
54	US1372	1.605	29 000	701	B9878	0.621	22 000
55	B7629	4.079	20 000	702	B12815	9.559	26 000
56	B8401	0.49	22 500	703	B8739	10.574	27 000
57	B7633	1.131	22 000	704	B3317	3.438	38 000
57A	B11688	0.279	17 500	706	US949	6.249	37 000
58	F2745	0.57	16 000	707	B7892	0.86	31 000
59	B12641	0.534	18 500	709	B13516	1.542	38 000
60	B2719	0.527	16 000	712	B5116	2.336	45 000
61	B4316	3.88	19 000	713	B3325	1.828	39 000
62	B10108	0.431	16 000	714	B6427	0.549	47 000
63	B4703	2.059	21 000	715	B2398	1.885	37 000
64	B7463	0.985	22 000	716	B5516	0.134	18 000

续表

地册	前永租契	面积	1933年估价 九八规元	地册	前永租契	面积	1933年估价 九八规元
65	B7719	0.512	27 000	717	B12412	0.431	43 000
69	B7428	0.282	21 000	718	B7575	0.451	33 000
70	B5091	1.524	27 000	719	B5097	0.189	22 000
71	B1983	2.051	23 000	720	B4880	1.047	24 000
72	B3806	1.418	24 000	721	B4090	1.11	40 000
73	B9433	0.561	25 000	722	US2969	3.806	33 000
75	B2899	1.618	19 500	722A	US2970	4.584	26 000
76	B7836	0.758	18 000	723	B4866	0.233	24 000
80	B1556	6.545	21 500	723A	B4867	0.222	24 000
81	B12822	0.4	23 000	723B	B4868	0.233	24 000
82	B12821	1.269	20 000	723C	B4869	0.198	24 000
83	B11927	0.501	17 000	723D	B4870	0.29	24 000
84	B12056	0.741	22 000	723E	B4871	0.341	24 000
85	B5459	1.407	18 500	723F	B4872	0.171	24 000
86	B10296	4.354	18 500	723G	B4873	0.319	24 000
87	B8623	0.415	20 000	723H	B4874	0.393	44 000
88	B11080	0.161	21 000	723I	B4875	0.273	44 000
88A	B12346	0.208	20 000	723J	B4876	0.353	44 000
88B	B12545	0.038	21 000	723K	B4877	0.61	33 000
89	B10215	1.483	18 000	723L	B7834	0.141	24 000
90	B2897	1.336	18 000	724	B6562	0.546	33 000
91	B4842	0.703	20 000	725		0.076	220 000
92	B4841	0.504	25 000	726	B7783	0.295	22 000
92A		1.399	22 500	727	B7869	2.177	24 000
93	B7639	0.329	16 500	727A	B12102	0.989	28 000
94	B6193	1.155	18 000	728	B8019	0.647	20 000
95	B4844	2.441	19 000	728A	B8187	0.853	22 000
96	B11226	0.965	17 000	729	B13014	4.846	27 000
97	B7568	2.415	19 000	730	B2016	8.056	30 000
98	US1678	1.063	26 000	731	B11261	0.225	56 000
99	US3436	1.158	24 000	733	B2079	11.139	33 000
100	B5794	1.392	47 000	734	B1774	0.801	95 000
101	B1347	3.243	43 000	735	B4702	0.158	90 000
102	SMC102	9.623	48 000	735A	B10972	0.098	90 000
106	IT92	4.02	37 000	735B	B10973	0.098	90 000
107	B1594	2.285	35 000	735C	B10974	0.098	90 000
108	US905	0.57	38 000	736	B7433	1.045	90 000

续表

地册	前永租契	面积	1933年估价 九八规元	地册	前永租契	面积	1933年估价 九八规元
111	B2835	2.452	27 000	737	B5405	1.117	90 000
112	B1740	2.181	26 000	738	B8091	0.423	24 000
114	B1973	2.772	30 000	739	B7563	2.38	22 000
115	B3138	0.368	38 000	740	B8508	1.563	31 000
116	B12144	0.543	35 000	741	B1937	1.448	20 000
119	B3697	2.774	36 000	742	B2847	0.249	33 000
120		0.017	23 000	743	B4310	0.698	95 000
131	US3456	0.901	30 000	744	B4265	1.853	22 000
131	US3456	6 187	32 000	745	B4445	1.999	39 000
135	US1025	0.63	40 000	745A	B5052	1.521	32 000
140	B7766	2.97	23 000	745B	B5053	1.608	32 000
141	B7730	0.686	24 000	746	B11078	0.865	27 000
142	US2366	0.667	24 000	747	US639	1.605	32 000
148	B4946	0.617	25 000	748	B4378	0.898	29 000
149	US931	2.869	26 000	749	US630	1.206	31 000
150	B3328	0.099	33 000	751	B3804	1.433	31 000
150A	B11897	0.413	38 000	752	B10583	1.838	32 000
151	B5100	0.002	32 000	753	B8612	0.748	30 000
152	B3630	1.547	27 000	754	US2262	0.602	30 000
154	B6529	1.792	23 000	755	US3712	0.177	28 000
155	B8216	0.351	32 000	756	US621	1.223	38 000
158	B3681	0.356	24 000	757	US3789	0.19	40 000
159	B3222	2.643	19 000	758	B9538	2.428	33 000
160	B12889	0.223	16 000	759	B1887	1.33	32 000
201	B6973	0.078	53 000	760	B2991	2.256	32 000
202	B4726	0.124	42 000	761	B3004	2.63	32 000
203	B10676	0.393	24 000	763	B5932	0.859	26 000
204	B1739	7.191	42 000	764	B2418	1.491	38 000
205	B362	15.09	35 000	766	B1969	0.438	32 000
206	B12600	2.404	45 000	767	B12858	0.539	38 000
207	B3443	3.35	42 000	768	B1935	1.534	45 000
209	B1959	1.455	47 000	769	B1936	0.922	90 000
210	B1959	0.423	32 000	770	B3315	1.017	90 000
211	B9089	0.285	24 000	800	F1066	3.169	92 000
212	B2818	1.933	51 000	801	B1109	11.172	70 000
213	B2818	2.925	42 000	802A		0.082	62 000
214	B3303	1.012	30 000	803	B686	2.996	78 000

续表

地册	前永租契	面积	1933年估价九八规元	地册	前永租契	面积	1933年估价九八规元
215	B2818	1.067	44 000	804	US260	3.566	63 000
216	B4187	0.823	26 000	805	B689	1.924	73 000
217	B2818	1.827	44 000	806	B7071	2.944	63 000
218A	B3303	0.037	26 000	807	B688	3.033	55 000
219A	B7311	0.439	26 000	808	B1565	1.41	56 000
220	B8163	0.429	26 000	809	B1198	2.785	65 000
221	B3378	1.232	26 000	810	B8716	0.964	53 000
222	B1803	0.34	37 000	811	B8717	0.878	55 000
226	IT66	1.088	26 000	814	US649	0.269	32 000
227	IT53	0.796	26 000	822	B7353	0.676	32 000
228	B1848	1.914	24 000	824A		0.476	58 000
229	1541	1.342	24 000	825	B3827	9.239	72 000
230	B4747	0.197	23 000	826	B7142	2.188	65 000
231	B10360	0.344	26 000	827	B10224	0.645	48 000
236	B2223	1.031	29 000	829	B1845	1.279	52 000
239	B5423	0.256	42 000	830	B1944	0.33	58 000
240	B6764	0.079	42 000	830A	B4413	0.237	60 000
242	B3247	5.882	37 000	831	B1266	1.434	36 000
243	B4045	0.589	25 000	832	B1820	0.211	60 000
244	B5828	0.01	42 000	834	B10096	0.198	36 000
245	B4693	0.016	37 000	835	B694	9.203	55 000
246	B6398	0.131	25 000	836	B1221	1.848	65 000
247	B6398	0.04	25 000	837	B9217	0.299	35 000
248	B7851	0.286	25 000	838	US665	0.156	33 000
250	B7863	1.31	25 000	839	B8212	0.133	33 000
251	B1777	0.679	25 000	842	B1920	1.648	55 000
252	B6094	0.592	25 000	841	B530	19.442	78 000
255	B10193	3.116	32 000	843	B10110	2.323	35 000
256	B1358	3.732	24 000	845	B9620	0.966	55 000
257	B1755	3.36	27 000	846	B1814	5.506	40 000
258	B2711	8.006	28 000	849	B696	2.681	53 000
259	US2929	0.281	27 000	855	B8651	0.293	36 000
260	B12907	3.36	26 000	856	B5892	2.941	35 000
261	B13856	0.035	24 000	859	US536	0.836	60 000
262	B12553	0.16	24 000	860	B8030	0.598	62 000
263	B3247	2.214	37 000	861	B8651	3.766	43 000
264	B5822	1.257	35 000	862	B5891	2.699	46 000

续表

地册	前永租契	面积	1933年估价 九八规元	地册	前永租契	面积	1933年估价 九八规元
265	IT100	0.29	24 000	864	US528	0.244	45 000
266	B7977	0.805	35 000	866	B12999	1.182	37 000
267	B7636	0.385	22 000	867	B11400	2.83	55 000
268	B10556	0.403	23 000	868	B697	2.783	55 000
269	B7373	0.849	24 000	869		1.005	52 000
270	B4795	1.02	35 000	870	B1924	4.85	46 000
271	B9655	1.943	30 000	871	B11904	13.003	73 000
272	B8365	0.55	27 000	872	B1852	0.424	53 000
273	B8103	0.984	23 000	872A	B13784	1.436	53 000
275	B3170	1.411	27 000	872B	B13785	0.002	53 000
276	B5620	0.313	24 000	873	B1130	0.734	53 000
277	B8029	0.603	23 000	874	B2646	2.994	46 000
278	B7116	0.706	29 000	875	B2647	3.128	48 000
279	B7148	0.666	29 000	876		0.61	58 000
281	US3468	1.309	38 000	877	B8089	1.406	52 000
283	B2834	1.012	39 000	878	B12998	0.905	52 000
284	B4691	0.755	30 000	879	B1792	1.578	53 000
284A	B5506	1.087	37 000	880	B1793	0.319	53 000
285	B2081	1.31	30 000	881	B4328	1.755	48 000
286	B8712	0.22	29 000	882	US2098	0.36	45 000
287	B3989	0.79	27 000	883	B1524	5.916	58 000
288	B2833	0.91	31 000	884		4.16	48 000
289	B8438	0.391	33 000	885	B1794	0.089	53 000
290	B10921	0.217	21 000	886	B7151	2.284	36 000
291	B10922	0.225	21 000	887	B7079	0.426	37 000
292A	B3730	2.125	38 000	888	B7320	2.313	35 000
293	SWI74	1.784	30 000	889	B7729	3.06	53 000
294	B4037	1.003	29 000	890	B1809	6.689	50 000
295	B4367	1.777	31 000	891	B1773	1.599	58 000
296	B3452	2.33	31 000	892	B1356	0.477	70 000
297	B3739	1.451	30 000	893	B1356	0.314	58 000
298	B4845	0.883	34 000	894	B1852	0.006	53 000
299	B3311	0.819	33 000	894A	B13783	2.115	53 000
300	B2818	2.691	51 000	894A	B1852	0.07	55 000
301	B2818	4.175	44 000	895	LUS468	4.148	80 000
303	B781	0.719	29 000	896	B1792	0.58	58 000
304	B10001	3.399	23 000	897	B1769	2.757	60 000

续表

地册	前永租契	面积	1933年估价 九八规元	地册	前永租契	面积	1933年估价 九八规元
305	B11965	19.058	33 000	897A	B13642	4.799	85 000
307	B12816	3.639	47 000	897B	US616	1.432	55 000
310	B1869	8.079	49 000	897D	B13782	3.306	55 000
312	B11955	28.884	37 000	897G	B13781	3.441	60 000
327	B1376	40.924	48 000	898	B2220	9.536	58 000
328	B6611	7.162	30 000	899	B2007	10.446	58 000
329	B8085	0.572	26 000	900		1.563	54 000
330		11.61	53 000	901	B2518	1.234	55 000
331	B2202	0.495	44 000	902	B13612	2.647	55 000
332	US846	2.2	33 000	903		1.993	65 000
334	SMC97	3.059	32 000	904	B1793	0.008	58 000
335	SMC111	4.539	32 000	905	B499C	12.037	48 000
338	B9171	2.36	43 000	906	US1071	2.567	50 000
339	B1888	1.004	28 000	907	B1794	3.284	58 000
340	B1994	1.228	35 000	908	US1893	15 652	42 000
342	B2202	13.957	43 000	909	B1852	1.609	58 000
349	B1958	5.741	27 000	910	B499	5.545	48 000
351	B6784	0.996	18 000	911	B13785	0.282	58 000
352	B1100	1.563	19 000	912	B1680	5.177	35 000
363	B12902	1.874	31 000	913	US1893	15.373	40 000
365	B3163	9.679	27 000	914	B1769	8.264	47 000
366	B5139	0.794	32 000	914A	B13023	11.547	47 000
368	B3470	1.237	28 000	914B	B13372	4.904	85 000
369	B5507	0.266	23 000	915	B8973	1.1	55 000
370	B3526	0.424	43 000	915A	B10812	0.343	52 000
371	B8644	0.635	37 000	916	B10384	0.041	55 000
372	B10163	0.109	23 000	916A	B10510	0.348	52 000
373	B8766	0.452	37 000	917	B8507	0.368	25 000
374	B12960	0.263	31 000	917A	B8071	1.479	28 000
375	US3704	0.231	32 000	917B	B11756	0.504	28 000
376	B13704	0.256	35 000	918	US1893	1.773	45 000
377	B11835	0.338	21 000	919	B7343	0.585	50 000
378	B12721	5.719	27 000	919A	B7089	0.251	28 000
379	IT245	0.778	32 000	920	B3776	0.695	52 000
380	IT246	0.736	32 000	921	B3777	0.089	53 000
381	B9827	0.01	31 000	922	B13794	0.686	58 000
382	B9360	5.548	24 000	923	B2879	2.167	36 000

续表

地册	前永租契	面积	1933年估价 九八规元	地册	前永租契	面积	1933年估价 九八规元
383	B11573	2.017	37 000	924	B2867	0.475	25 000
384	B7571	0.314	21 000	925	B1797	4.382	40 000
385	US2922	0.289	23 000	926	B8037	0.858	28 000
386	B11574	2.277	37 000	927	B6380	0.385	33 000
387	B13886	8.066	29 000	928	B1797	9.344	38 000
388	B2675	1.745	43 000	929		1.607	47 000
389	B2760	3.472	27 000	930	B13309	1.975	38 000
390	B8962	0.691	25 000	931		4.147	45 000
391	B8961	0.637	26 000	932	B6451	3.306	41 000
392	B8848	0.746	29 000	933	B6451	0.91	40 000
393	B3108	1.591	32 000	934	B6450	0.247	44 000
394	B6385	1.188	25 000	934A	B6450	0.387	44 000
395	B3109	1.073	30 000	935	F3723	0.58	29 000
396	B9181	0.53	28 000	936	B3868	0.745	36 000
397	B13210	0.555	32 000	937	B8350	0.848	26 000
398	B4634	2.563	33 000	938	B8208	0.158	36 000
399	B5680	0.382	36 000	939	B7430	0.148	36 000
400	US2376	0.984	21 000	940	B3778	0.833	55 000
401	B10909	0.14	32 000	941	B11614	0.67	36 000
402	B13346	0.315	34 000	942	B13137	1.044	25 000
409	US1093	0.174	33 000	943	B9038	2.634	34 000
410	B8284	0.883	32 000	943A	B10375	2.273	33 000
411	B8777	0.572	33 000	944	US3747	0.786	34 000
412	US1092	0.367	34 000	944A		2.026	32 000
413	B9803	0.492	29 000	945	US2988	1.992	36 000
415	B9044	0.316	31 000	945A	B11640	0.775	36 000
416	B4043	1.463	23 000	946	US1126	1.257	45 000
417	B11548	0.182	31 000	946B	B4767	1.292	32 000
418	B4391	0.56	32 000	947		0.088	45 000
419	B8953	0.185	32 000	947A	US1112	1.201	45 000
421	B9380	0.536	25 000	948	F3229	1.446	45 000
432	B12570	0.532	29 000	948C		0.549	48 00
433	B2129	1.917	30 000	948B		1.033	36 00
434	B12765	1.493	27 000	949A	B7171	1.35	34 000
435	B2957	0.283	30 000	950	B4821	0.584	38 000
436	B1260	2.551	31 000	950A	F1091	0.856	34 000
437	B2958	1.542	31 000	951		1.198	45 000

续表

地册	前永租契	面积	1933年估价 九八规元	地册	前永租契	面积	1933年估价 九八规元
438	B1645	0.774	28 000	951A		0.617	35 000
440	B984	2.625	35 000	952	B2089	3.116	40 000
441	B2310	1.356	48 000	953	B1747	1.022	42 000
447	B1073	9.647	36 000	954	B1757	0.862	42 000
449	B3122	0.825	31 000	955	B1760	0.879	42 000
450	B7381	0.829	32 000	956	B12903	1.603	42 000
452	B3123	1.19	31 000	957	B4823	0.599	27 000
453	B2193	1.957	31 000	958	US3335	2.523	34 000
454	B2177	1.518	31 000	959	B7994	3.292	37 000
463	B13284	0.554	23 000	964	B7584	4.923	36 000
464	B6452	4.262	31 000	965	B4332	2.336	45 000
465	B9246	0.656	31 000	966		2.802	40 000
466	B9994	0.505	31 000	967	GER60	2.782	45 000
467	B11488	0.942	23 000	968	B1442	4.564	40 000
468	B7614	0.7	29 000	970	SPAN46	1.465	55 000
469	B8137	0.485	32 000	971	B3245	1.565	95 000
470	B6279	0.572	30 000	972	B3644	0.848	90 000
471	B5246	0.687	23 000	972A	B3645	0.607	90 000
472	US808	0.869	34 000	973	B12904	0.608	90 000
473	B4041	0.465	21 000	974	B1779	0.631	95 000
474	5190	1.316	30 000	975	US607	2.426	42 000
475	B6115	0.372	35 000	976	B13510	2.761	36 000
476	B1495	2.155	36 000	977	B13511	4.507	34 000
477	B8383	0.494	34 000	978	B4633	1.406	21 000
480	B10955	6	25 000	978A	B4632	1.204	22 000
486	B11037	0.431	22 000	978B	B5298	0.922	21 000
487	B7484	0.555	31 000	979	B2765	24.904	34 000
488	B4701	0.726	29 000	980	B13512	5.009	32 000
489	B9701	1.193	31 000	981	B10369	0.696	21 000
490	B3385	9.945	27 000	982	B13513	11.415	34 000
490A	B3148	0.188	30 000	983	B5700	2.691	19 000
492	B2956	7.37	35 000	984	US706	1.625	21 000
493	B8065	4.566	32 000	990	US707	4.011	25 000
494	B7118	0.85	34 000	1001	RUSS44	2.491	90 000
495	B7979	2.907	28 000	1002	GER48	4.07	85 000
497	B13046	1.242	20 000	1003	US2222	6.279	85 000
498	B7980	2.768	28 000	1005		5.366	85 000

续表

地册	前永租契	面积	1933年估价九八规元	地册	前永租契	面积	1933年估价九八规元
509	B3385	12.074	26 000	1006		3.444	85 000
500	B8064	2.752	28 000	1007		5.934	85 000
501	B4290	1.539	27 000	1009		3.009	85 000
502	B4289	5.665	23 000	1010		7.878	75 000
503	B3031	12.546	29 000	1010A	B4280	3.64	60 000
504	B2146	1.556	27 000	1011	B199	8.674	60 000
505	B2167	2.891	28 000	1012	US406	18825	57 000
506	B7705	0.164	25 000	1013	B0388	4.484	60 000
507	B7716	0.111	18 000	1013A	B8854	4.273	60 000
518	B4407	12.027	26 000	1014	B890	9.156	60 000
521	B9976	3.435	26 000	1015	B13415	7.991	70 000
522	B6140	1.144	34 000	1016	B4300	10.04	90 000
523	B2987	2.374	30 000	1017	B3715	16.451	80 000
524	B7168	2.617	33 000	1017A	B8184	0.559	66 000
524A	B6458	0.306	34 000	1017B	B8185	0.735	58 000
525A	B6602	0.763	31 000	1017C		3.088	67 000
526	B6312	0.159	33 000	1017D	B12980	0.45	57 000
526A	US3790	0.367	34 000	1017E	B12981	0.233	55 000
527	B4752	4.9	30 000	1018	B5774	1.366	82 000
527A	B4756	2.72	32 000	1019	B1520	2.701	78 000
529	B8162	1.693	32 000	1020	B1656	3.798	75 000
530	B5839	4.031	21 000	1021	B8352	2.691	62 000
531	B12620	2.131	23 000	1023	US234	5.656	55 000
532	B13310	1.468	26 000	1024	B930	3.243	55 000
532A	B4181	0.537	30 000	1025	B364	3.204	55 000
533	B3947	15.506	29 000	1026	US211	10.943	53 000
534	B3948	3.171	31 000	1027		0.782	43 000
535	B4254	3.32	21 000	1028	B11876	12.751	50 000
536	B5461	1.15	28 000	1029		0.824	45 000
537	US1845	0.436	28 000	1030	B1557	1.02	45 000
538	B3398	0.32	32 000	1031	B6829	0.875	45 000
539	B3950	0.276	31 000	1032	B1278	0.853	53 000
540	B5255	0.588	26 000	1033	B9478	0.722	55 000
540A	B7771	0.95	26 000	1034	US3521	0.643	45 000
542	B8340	0.584	33 000	1035	B844	2.515	53 000
542A	B5979	0.11	31 000	1036	B844	10.366	50 000
542B	B6159	0.077	31 000	1037	US210	5.874	37 000

续表

地册	前永租契	面积	1933年估价 九八规元	地册	前永租契	面积	1933年估价 九八规元
543	B5782	0.679	27 000	1039	B312	4.289	37 000
544	B6062	4.943	24 000	1040	US101	2.751	38 000
545	B2345	3.894	25 000	1041	B1528	1.337	42 000
546	B4883	0.267	32 000	1042	B1527	1.71	50 000
546A	B4884	0.364	21 000	1043	US101	1.051	35 000
546B		0.374	21 000	1044	B1384	9.369	45 000
546C	B4886	0.353	21 000	1045	B1526	4.019	55 000
546D	B4887	0.359	21 000	1046	US539	1.075	58 000
546E	B4888	0.348	21 000	1048	US298	0.827	55 000
546F	B4889	0.351	21 000	1052	B872	2.407	40 000
548	B5953	0.944	30 000	1053	B373	10.84	48 000
549	B4468	0.916	23 000	1054	US1233	0.756	50 000
550	B6186	0.719	29 000	1057		1.525	55 000
551	B8427	0.245	32 000	1058		1.531	55 000
554	B2775	7.203	25 000	1059	B8657	1.736	65 000
555	B8028	3.253	21 000	1061	B433	3.281	50 000
557	B3824	1.009	21 000	1062	B1521	3.125	68 000
558	B3823	0.836	22 000	1064	B1651	1.129	65 000
559	B7809	0.193	19 000	1065	B1523	9.119	57 000
560	B6463	0.25	19 000	1066	B1522	7.224	55 000
561	B8143	1.101	28 000	1067	B525	4.908	55 000
562	B6966	0.4	31 000	1068	B1157	7.071	60 000
563	B6338	0.563	22 000	1070	B1967	9.939	60 000
566	B5381	2.735	27 000	1071	B1530	10.09	60 000
567	B8016	0.667	29 000	1072	B10339	0.738	50 000
568	B8360	0.079	28 000	1073	B1529	1.578	47 000
569	B6914	0.144	33 000	1074	US3689	9.603	32 000
570	B8154	0.238	20 000	1075	US2452	0.389	32 000
575	B2002	0.149	33 000	1076	B4327	1.31	30 000
576	B6453	0.673	26 000	1077	B1553	3.444	28 000
577	B6915	1.669	24 000	1078	B7217	0.181	25 000
578	B4194	3.047	31 000	1078A		0.643	25 000
579	B4397	1.171	21 000	1078C	B7911	0.235	25 000
580	B2415	0.662	21 000	1078D	B7910	0.172	25 000
581	B5666	0.968	32 000	1078E	B7909	0.278	40 000
582	B2286	8.418	28 000	1079	B567A	5.504	57 000
583	B9139	2.86	30 000	1080		7.165	30 000

续表

地册	前永租契	面积	1933年估价九八规元	地册	前永租契	面积	1933年估价九八规元
584	B3490	2.224	28 000	1081	B560	4.872	28 000
585	B4105	3.91	37 000	1082	US3794	5.042	29 000
587	B13593	2.434	32 000	1083		0.479	25 000
588	B12048	1.611	32 000	1084		1.068	25 000
589	B5510	0.875	30 000	1086	B3404	0.127	32 000
590	B8907	0.809	28 000	1087	B4087	0.149	31 000
591	B8175	1.569	30 000	1088	B3754	0.932	30 000
592	B12842	0.031	28 000	1088A	B12163	0.076	24 000
593	B12841	0.242	19 000	1088B	B12164	0.073	24 000
597	B3698	7.804	31 000	1088C	B12165	0.078	24 000
595	B2205	6.04	27 000	1089	B12131	1.032	30 000
599	B2118	5.171	38 000	1091		1.621	30 000
600	B8368	5.546	45 000	1092	B2838	0.387	28 000
603	B1723	10.704	66 000	1093	B1611	0.223	32 000
604	B1723	6.007	64 000	1094		3 324	49 000
607	F1495	9.614	75 000	1095	B567	0.965	43 000
609	B13754	8.922	65 000	1096	B1919	1.115	41 000
610	B13755	9.594	65 000	1097	B1918	2.471	42 000
611	B9712	1.242	43 000	1098	B1807	1.974	28 000
612	B9712	0.272	42 000	1100	B3463	1.772	22 000
613	B8367	1.16	45 000		B5880	1.025	28 000
614	B8367	1.991	46 000	1107	B7816	0.399	31 000
615	B8404	5.233	42 000	1108	B10229	0.248	32 000
616	B13756	5.452	40 000	1110	B8151	0.97	29 000
617	B13757	6.002	40 000	1115	B5569	3.625	22 000
625	B9710	17.538	50 000	1116A	B1910	6.147	29 000
626	F1105	0.585	27 000	1117	B9167	3	27 000
632	B7956	4.244	35 000	1118	GER590	9.986	25 000
633	B10401	18.249	42 000	1119	B9163	0.47	30 000
637	B7080	0.815	29 000	1120	B10938	12.79	25 000
638	B8660	0.818	32 000	1121	B12909	0.438	22 000
639	B6394	0.91	27 000	1122	B12910	0.438	22 000
640	B2863	0.629	26 000	1123	B12911	0.289	21 000
641	B13282	0.135	36 000	1124	B12912	0.149	21 000
641A	B5664	0.155	36 000	1125	B1870	14.645	30 000
642	B6617	0.372	24 000	1128	B1469	2.577	35 000
643	B8124	0.391	27 000	1130	B10009	2.871	29 000

续表

地册	前永租契	面积	1933年估价 九八规元	地册	前永租契	面积	1933年估价 九八规元
644	B4668	0.426	40 000	1132		6.249	44 000
645	B7759	0.12	36 000	1135	US384	0.774	20 000
646	B7818	1.535	38 000	1136	B1561	0.932	36 000
647	B11748	0.319	27 000	1150	B4287	50.607	33 000
649	B7172	0.975	24 000	1151	B8339	4.211	37 000
650	B1509	1.213	26 000	1152		8	29 000
651	B3835	0.38	24 000	1153	B4287	5.252	30 000
657	B1865	2.897	80 000	1154		1.253	31 000
659	B2457	2.832	40 000	1155		0.762	22 000
660	B3696	0.958	30 000	1156	B7715	2.233	24 000
661	B9238	1.009	30 000	1157	F3021	0.749	34 000
662	B9238	0.107	45 000	1159	B5716	0.53	20 000
663	B3329	0.634	24 000	1160	B7229	2.302	23 000
664	B8925	1.853	31 000	1161	B5843	0.106	25 000
665	B2355	1.909	29 000	1162	B5245	0.3	23 000
666	B4835	0.055	45 000	1163	US1790	0.1	15 000
667	B2085	0.382	45 000	1164	US1791	0.998	20 000
				1165	B7807	0.993	22 000
668	B2057	0.368	45 000	1166	B7317	0.238	17 000
669	B2056	0.176	45 000	1167	US3700	0.235	25 000
670	B1783	0.877	45 000	1168	B5762	2.503	22 000
671	B1771	2.935	45 000	1170	B6761	3.37	24 000
672	B1770	4.613	45 000	1171	B8502	4.57	33 000
673	B10040	0.145	36 000	1172	B8503	3.641	29 000
674	B1770	1.922	42 000	1173	US2733	2.521	17 000
674A	B1818	1.098	42 000	1174	B7965	1.128	24 000
674B	B2055	0.111	42 000	1175	B6762	1.316	25 000
674D	B2113	0.162	42 000	1176	B10512	2.782	22 000
674F	B2215	0.337	42 000	1177	B7324	0.186	17 000
674G	B9238	0.499	42 000	1178	BP656	0.686	16 000
675	B1491	1.09	57 000	1179	B7966	0.567	25 000
676	B8648	1.428	50 000	1180	B7981	0.643	17 000
677	B1768	0.942	57 000	1181	B7967	1.735	26 000
677A	B1819	0.317	45 000	1182	B7952	0.224	20 000
677B	B1817	1.91	45 000	合计		7174.481	13 780 000

第二章

1. 史密斯地产表

年代(农历)	亩数(亩)	道契号	来源
1852 年 3 月 13 日	17.23	英册第 19 号第 43 分地	《上海道契卷一(1847—1911)》第 31—32 页
1852 年 3 月 13 日	7.663	英册第 15 号第 40 分地	《上海道契卷一(1848—1911)》第 24—26 页
1852 年 3 月 13 日	4.619	英册第 50 号第 77 分地	《上海道契卷一(1848—1911)》第 82—84 页
1854 年 7 月 7 日	2.935	英册第 64 号乙字第 22 分地	《上海道契卷一(1848—1911)》第 111—112 页
1855 年 10 月 21 日	1.201	英册第 167 号第 174 分地	《上海道契卷一(1843—1911)》第 226 页
1855 年 10 月 21 日	2.25	英册第 168 号第 175 分地	《上海道契卷一(1843—1911)》第 227 页
1855 年 10 月 21 日	2.101	英册第 169 号第 176 分地	《上海道契卷一(1843—1911)》第 229 页
1855 年 10 月 21 日	2	英册第 170 号第 177 分地	《上海道契卷一(1843—1911)》第 229 页
1855 年 10 月 21 日	1	英册第 171 号第 178 分地	《上海道契卷一(1843—1911)》第 230 页
1855 年 10 月 21 日	9.3235	英册第 172 号第 179 分地	《上海道契卷一(1843—1911)》第 231 页
1855 年 10 月 21 日	3.463	英册第 173 号第 180 分地	《上海道契卷一(1843—1911)》第 232 页
1855 年 10 月 27 日	5.934	英册第 80 号第 90 分地	《上海道契卷一(1843—1911)》第 133 页
1856 年 11 月 13 日	9.634	英册第 85 号第 88 分地	《上海道契卷一(1843—1911)》第 138 页
1856 年 3 月 17 日	1.2	英册第 141 号第 147 分地	《上海道契卷一(1843—1911)》第 194 页
1856 年 3 月 17 日	4	英册第 188 号第 195 分地	《上海道契卷一(1843—1911)》第 245 页
1856 年 5 月 2 日	0.25	英册第 189 号第 196 分地	《上海道契卷一(1843—1911)》第 245 页
1856 年 6 月 5 日	6	英册第 70 号第 20 分地	《上海道契卷一(1843—1911)》第 120 页
1857 年 11 月 7 日	1.2	英册第 95 号第 101 分地	《上海道契卷一(1843—1911)》第 149 页
1857 年 5 月 4 日	1.252	英册第 157 号第 164 分地	《上海道契卷一(1843—1911)》第 215 页
1857 年 5 月 6 日	1.5	英册第 106 号第 112 分地	《上海道契卷一(1843—1911)》第 159 页
1857 年 5 月 6 日	1	英册第 107 号第 113 分地	《上海道契卷一(1843—1911)》第 160 页
1858 年 6 月 5 日	6	英册第 70 号第 20 分地	《上海道契卷一(1848—1911)》第 120—121 页
1858 年 6 月 25 日	8.235	英册第 76 号第 87 分地	《上海道契卷一(1848—1911)》第 128 页
1862 年 12 月 15 日	5.117	英册第 617 号第 624 分地	《上海道契卷三(1843—1911)》第 2 页
1862 年 2 月 12 日	21.015	英册第 475 号第 482 分地	《上海道契卷二(1847—1911)》第 187 页
1862 年 2 月 12 日	21.015	英册第 475 号第 482 分地	《上海道契卷二(1843—1911)》第 187 页
1862 年 2 月 7 日	9.3235	英册第 172 号第 179 分地	《上海道契卷一(1843—1911)》第 231 页
1862 年 2 月 7 日	0.086	英册第 172 号第 179 分地	《上海道契卷一(1843—1911)》第 231 页
1862 年 5 月 11 日	10.801	英册第 514 号第 521 分地	《上海道契卷二(1847—1911)》第 232 页
1862 年 5 月 11 日	10.801	英册第 514 号第 521 分地	《上海道契卷二(1843—1911)》第 232 页
1862 年 7 月 12 日	2.972	英册第 312 号第 319 分地	《上海道契卷二(1843—1911)》第 12 页
1862 年 7 月 12 日	1.707	英册第 326 号第 333 分地	《上海道契卷二(1843—1911)》第 24 页
1862 年 9 月 14 日	3.02825	英册第 378 号第 385 分地	《上海道契卷二(1843—1911)》第 82 页
1862 年 9 月 30 日	25.17867	英册第 586 号第 593 分地	《上海道契卷二(1843—1911)》第 310 页
1862 年 9 月 9 日	11.497	英册第 339 号第 346 分地	《上海道契卷二(1843—1911)》第 37 页
1863 年 1 月 18 日	75.536	英册第 747 号第 754 分地	《上海道契卷三(1843—1911)》第 116 页
1863 年 1 月 23 日	1.531	英册第 410 号第 418 分地	《上海道契卷二(1843—1911)》第 114 页
1863 年 1 月 23 日	1.531	英册第 411 号第 418 分地	《上海道契卷二(1843—1911)》第 114 页
1863 年 1 月 27 日	2.1	英册第 330 号第 337 分地	《上海道契卷二(1843—1911)》第 28 页

续表

年代(农历)	亩数(亩)	道契号	来　源
1863年2月24日	2.017	英册第385号第392分地	《上海道契卷二(1843—1911)》第88页
1863年2月24日	2.017	英册第385号第392分地	《上海道契卷二(1843—1911)》第88页
1863年2月27日	40.67	英册第381号第388分地	《上海道契卷二(1843—1911)》第84页
1863年4月9日	3.312	英册第381号第388分地	《上海道契卷二(1843—1911)》第84页
1864年1月17日	50.35733	英册第586号第593分地	《上海道契卷二(1843—1911)》第310页
1864年1月18日	75.536	英册第747号第754分地	《上海道契卷三(1843—1911)》第114页
1866年4月27日	6.0565	英册第378号第385分地	《上海道契卷二(1843—1911)》第82页
1873年3月7日	5.117	英册第958号第965分地	《上海道契卷三(1843—1911)》第315页
1873年6月7日	3	英册第137号第143分地	《上海道契卷一(1843—1911)》第128页
1873年6月15日	4.002	英册第70号第20分地	《上海道契卷一(1843—1911)》第120页
1873年6月15日	4	英册第70号第20分地	《上海道契卷一(1843—1911)》第120—121页
1873年6月29日	4.505	英册第314号第321分地	《上海道契卷二(1843—1911)》第13页
1873年7月1日	12.7	英册第47号第60分地	《上海道契卷一(1843—1911)》第77—80页
1874年10月6日	8	英册第151号第157分地	《上海道契卷一(1843—1911)》第206页
1874年5月6日	15.409	英册第817号第824分地	《上海道契卷三(1843—1911)》第179页
1876年7月8日	4.093	英册第480号第487分地	《上海道契卷二(1843—1911)》第192页
1877年4月17日	5.225	英册第318号第325分地	《上海道契卷二(1843—1911)》第17页
1878年3月25日	1.24	英册第410号第417分地	《上海道契卷二(1843—1911)》第113页
1880年7月8日	3.5	英册第366号第373分地	《上海道契卷二(1843—1911)》第69页

2. 高易地产表

年代(农历)	亩数(亩)	道契号	来　源
1855年5月	9.88	英册第119号第125分地	《上海道契卷一(1843—1911)》第176页
1861年11月18日	20.5	英册第429号第436分地	《上海道契卷二(1843—1911)》第132页
1861年11月18日	20.5	英册第429号第436分地	《上海道契卷二(1843—1911)》第132页
1861年6月1日	5.085	英册第306号第313分地	《上海道契卷二(1843—1911)》第6页
1861年7月8日	1.32	英册第321号第328分地	《上海道契卷二(1843—1911)》第20页
1862年12月15日	5.631	英册第617号第624分地	《上海道契卷三(1843—1911)》第2页
1862年2月21日	13.07	英册第353号第360分地	《上海道契卷二(1843—1911)》第57页
1862年3月1日	25	英册第1091号第1098分地	《上海道契卷四(1843—1911)》第107页
1862年3月24日	6.2	英册第492号第499分地	《上海道契卷二(1843—1911)》第206页
1862年3月9日	22.4	英册第359号第366分地	《上海道契卷二(1843—1911)》第63页
1863年10月8日	13.921	英册第197号第204分地	《上海道契卷一(1843—1911)》第251页
1863年4月10日	6.388	英册第659号第666分地	《上海道契卷三(1843—1911)》第44页
1863年4月27日	1.62	英册第610号第617分地	《上海道契卷二(1843—1911)》第330页
1864年3月20日	8.54	英册第560号第567分地	《上海道契卷二(1843—1911)》第281页
1864年3月20日	10.56	英册第431号第438分地	《上海道契卷二(1843—1911)》第134页

续表

年代(农历)	亩数(亩)	道契号	来源
1864 年 5 月 24 日	1.3	英册第 419 号第 426 分地	《上海道契卷二(1843—1911)》第 122 页
1866 年 6 月 24 日	3.48025	英册第 197 号第 204 分地	《上海道契卷一(1843—1911)》第 251 页
1867 年 8 月 1 日	2.354	英册第 508 号第 515 分地	《上海道契卷二(1843—1911)》第 223 页
1868 年 12 月 15 日	0.863	英册第 131 号第 137 分地	《上海道契卷一(1843—1911)》第 187 页
1868 年 9 月 6 日	0.918	英册第 194 号第 201 分地	《上海道契卷一(1843—1911)》第 249 页
1869 年 11 月 21 日	6.12	英册第 515 号第 522 分地	《上海道契卷二(1843—1911)》第 234—235 页
1869 年 2 月	4.312	英册第 664 号第 671 分地	《上海道契卷三(1843—1911)》第 49 页
1869 年 4 月 20 日	1.32	英册第 321 号第 328 分地	《上海道契卷二(1843—1911)》第 20 页
1869 年 4 月 20 日	1.32	英册第 321 号第 328 分地	《上海道契卷二(1843—1911)》第 20 页
1870 年 10 月 19 日	1.5	英册第 209 号第 216 分地	《上海道契卷一(1843—1911)》第 260 页
1870 年 1 月 17 日	2.72	英册第 120 号第 126 分地	《上海道契卷一(1843—1911)》第 177 页
1870 年 1 月 27 日	5.75	英册第 84 号第 97 分地	《上海道契卷一(1843—1911)》第 137 页
1870 年 3 月 1 日	1.98	英册第 134 号第 140 分地	《上海道契卷一(1843—1911)》第 190 页
1871 年 10 月 19 日	2.13	英册第 275 号第 282 分地	《上海道契卷一(1843—1911)》第 321 页
1871 年 11 月 24 日	3.773	英册第 894 号第 901 分地	《上海道契卷三(1843—1911)》第 257 页
1871 年 11 月 24 日	0.925	英册第 895 号第 902 分地	《上海道契卷三(1843—1911)》第 258 页
1871 年 11 月 24 日	0.271	英册第 898 号第 905 分地	《上海道契卷三(1843—1911)》第 261 页
1871 年 11 月 24 日	3.757	英册第 178 号第 185 分地	《上海道契卷一(1843—1911)》第 235 页
1871 年 11 月 24 日	3.773	英册第 178 号第 185 分地	《上海道契卷一(1843—1911)》第 235 页
1871 年 11 月 24 日	0.925	英册第 178 号第 185 分地	《上海道契卷一(1843—1911)》第 235 页
1871 年 12 月 20 日	0.68	英册第 899 号第 906 分地	《上海道契卷三(1843—1911)》第 262 页
1871 年 5 月 16 日	3.757	英册第 893 号第 900 分地	《上海道契卷三(1843—1911)》第 256 页
1871 年 7 月 17 日	2.237	英册第 107 号第 113 分地	《上海道契卷一(1843—1911)》第 160 页
1871 年 9 月 6 日	2.2	英册第 204 号第 211 分地	《上海道契卷一(1843—1911)》第 258 页
1872 年 1 月 20 日	0.808	英册第 903 号第 910 分地	《上海道契卷三(1843—1911)》第 265 页
1872 年 2 月 11 日	2.843	英册第 906 号第 913 分地	《上海道契卷三(1843—1911)》第 268 页
1872 年 5 月 13 日	30	英册第 599 号第 606 分地	《上海道契卷二(1843—1911)》第 319 页
1873 年 12 月 12 日	5.631	英册第 961 号第 968 分地	《上海道契卷三(1843—1911)》第 318 页
1873 年 2 月 24 日	0.4	英册第 953 号第 960 分地	《上海道契卷三(1843—1911)》第 310 页
1873 年 3 月 20 日	0.14	英册第 983 号第 990 分地	《上海道契卷四(1843—1911)》第 4 页
1873 年 3 月 20 日	0.53	英册第 962 号第 969 分地	《上海道契卷三(1843—1911)》第 319 页
1873 年 3 月 7 日	0.53	英册第 962 号第 969 分地	《上海道契卷三(1843—1911)》第 319 页
1873 年 3 月 7 日	5.631	英册第 617 号第 624 分地	《上海道契卷三(1843—1911)》第 2 页
1873 年 9 月 1 日	1.5	英册第 984 号第 991 分地	《上海道契卷四(1843—1911)》第 4 页

续表

年代(农历)	亩数(亩)	道契号	来　源
1873年9月1日	1.5	英册第1014号第1021分地	《上海道契卷四(1843—1911)》第33页
1873年9月1日	0.14	英册第983号第990分地	《上海道契卷四(1843—1911)》第3页
1874年1月21日	1.5	英册第178号第185分地	《上海道契卷一(1843—1911)》第235页
1874年1月22日	1.413	英册第1023号第1030分地	《上海道契卷四(1843—1911)》第33页
1874年12月25日	4.703	英册第1070号第1077分地	《上海道契卷四(1843—1911)》第89页
1874年3月28日	1.413	英册第408号第415分地	《上海道契卷二(1843—1911)》第110—111页
1874年3月28日	16.845	英册第1061号第1068分地	《上海道契卷四(1843—1911)》第80页
1875年11月11日	1.6	英册第1096号第1103分地	《上海道契卷四(1843—1911)》第112页
1875年12月11日	1	英册第1097号第1104分地	《上海道契卷四(1843—1911)》第113页
1875年12月16日	23.98	英册第1119号第1126分地	《上海道契卷四(1843—1911)》第133页
1875年3月1日	4.703	英册第1070号第1077分地	《上海道契卷四(1843—1911)》第89页
1875年3月1日	4.703	英册第959号第966分地	《上海道契卷三(1843—1911)》第316页
1876年10月21日	0.9	英册第756号第763分地	《上海道契卷三(1843—1911)》第123页
1877年11月10日	0.852	英册第897号第904分地	《上海道契卷三(1843—1911)》第260页
1877年1月18日	13	英册第1066号第1073分地	《上海道契卷四(1843—1911)》第85页
1877年12月5日	2.187	英册第1092号第1099分地	《上海道契卷四(1843—1911)》第108页
1877年1月25日	1	英册第928号第935分地	《上海道契卷三(1843—1911)》第291页
1877年1月7日	2.5	英册第1121号第1128分地	《上海道契卷四(1843—1911)》第135页
1877年4月23日	8	英册第433号第440分地	《上海道契卷二(1843—1911)》第140页
1877年4月9日	0.8	英册第919号第926分地	《上海道契卷三(1843—1911)》第281页
1877年5月23日	9.75	英册第1077号第1084分地	《上海道契卷四(1843—1911)》第96页
1877年6月18日	2.063	英册第1130号第1137分地	《上海道契卷四(1843—1911)》第143页
1877年6月18日	0.078	英册第1132号第1139分地	《上海道契卷四(1843—1911)》第145页
1877年6月30日	0.078	英册第289号第296分地	《上海道契卷一(1843—1911)》第336页
1877年7月2日	1.182	英册第1139号第1146分地	《上海道契卷四(1843—1911)》第152页
1878年5月11日	20.155	英册第754号第761分地	《上海道契卷三(1843—1911)》第121页
1878年5月11日	3.65	英册第447号第454分地	《上海道契卷二(1843—1911)》第154页
1878年5月11日	3.4785	英册第832号第839分地	《上海道契卷三(1843—1911)》第195页
1880年11月19日	3.5	英册第1282号第1289分地	《上海道契卷四(1843—1911)》第283页

3. 道光时期上海租界地产转手交易表

时　间	买　主	亩数	国籍	道契号	来　源
1850年12月6日	格鲁默·启	4.73	英商	英册第7号第25分地	《上海道契卷一(1847—1911)》第10—11页

续表

时间	买主	亩数	国籍	道契号	来源
1850年10月1日	爱释罗·宝	10	英商	英册第70号第20分地	《上海道契卷一（1848—1911）》第120—121页
1848年12月12日	北士顿治·拂兰治·嘉玛公司	4.975	英商	英册第60号第18分地	《上海道契卷一（1848—1911）》第104—105页
1849年4月3日	北士顿治·拂兰治·嘉玛公司	0.4	英商	英册第60号第18分地	《上海道契卷一（1848—1911）》第104—105页
1849年3月19日	福北士	2.976	英商	英册第41号第73分地	《上海道契卷一（1848—1911）》第68—70页
1849年2月1日	布尔乃公司	13.258	美商	英册第35号第30分地	《上海道契卷一（1848—1911）》第58—59页
1848年4月14日	公生号查记士阿罗你	2.838	法商	英册第41号第73分地	《上海道契卷一（1848—1911）》第68—70页
1850年12月6日	菖隆格	0.429	英商	英册第7号第25分地	《上海道契卷一（1847—1911）》第10—11页
1849年4月26日	赐陀尔安	10.7	英人	英册第47号第60分地	《上海道契卷一（1848—1911）》第77—80页
1847年10月10日	达德培珀乍治	4.24	白头商人	英册第42号第19分地	《上海道契卷一（1848—1911）》第70—71页
1847年9月18日	颠	4.918	英商	英册第42号第19分地	《上海道契卷一（1848—1911）》第70—71页
1850？	福立勒·亚勒·经	9.188	美商	英册第66号第26分地	《上海道契卷一（1848—1911）》第114页
1848年5月12日	格	6.88	英国医生	英册第37号第64分地	《上海道契卷一（1848—1911）》第61—63页
1847年1月18日	格医生	1.169	英人	英册第23号第65分地	《上海道契卷一（1847—1911）》第40—41页
1847年1月18日	格医生	1.169	英人	英册第41号第73分地	《上海道契卷一（1848—1911）》第68—70页
1847年3月17日	公平行玻士德公司	0.921	英商	英册第11号第35分地	《上海道契卷一（1847—1911）》第16—17页
1847年3月17日	公平行即玻士德公司	0.922	英商	英册第6号第4分地	《上海道契卷一（1847—1911）》第8—9页
1846年5月25日	公平行即玻士德公司	2.51	英商	英册第11号第35分地	《上海道契卷一（1847—1911）》第16—17页
1850年3月22日	公平行薛士施湿公司	7.821	英商	英册第11号第35分地	《上海道契卷一（1847—1911）》第16—17页
1847年8月7日	公易行麦未客公司	0.478	英商	英册第51号甲字第11分地	《上海道契卷一（1848—1911）》第84—85页
1849年2月6日	哈尔	5.25	美医生	英册第47号第60分地	《上海道契卷一（1848—1911）》第77—80页
1850年8月19日	海郎福公司	2.5	美商	英册第59号第50分地	《上海道契卷一（1848—1911）》第96—97页
1847年11月29日	何各士颠哈	13.59		英册第27号第36分地	《上海道契卷一（1848—1911）》第48—49页
1850年5月22日	华地玛公司	4.6	美商	英册第52号甲字第22分地	《上海道契卷一（1848—1911）》第86—87页
1850年5月22日	华地玛公司	2.958	美商	英册第39号第22分地	《上海道契卷一（1848—1911）》第63—64页
1847年8月7日	华记行即单拿公司	0.349	英商	英册第29号第55分地	《上海道契卷一（1848—1911）》第51—51页

续表

时间	买主	亩数	国籍	道契号	来源
1848年2月4日	华记行即单拿公司	3	英商	英册第40号第21分地	《上海道契卷一(1848—1911)》第63—64页
1848年3月28日	华记行即单拿公司	3.45	英商	英册第47号第60分地	《上海道契卷一(1848—1911)》第77—80页
1847年8月7日	华记行即单拿公司	0.349	英商	英册第51号甲字第11分地	《上海道契卷一(1848—1911)》第84—85页
1848年7月18日	季勒曼	8.471	英商	英商第18号第27分地	《上海道契卷一(1847—1911)》第29—30页
1847年3月22日	季勒曼·波文公司	1.742	英商	英商第18号第27分地	《上海道契卷一(1847—1911)》第29—30页
1847年3月22日	季勒曼·波文公司	1.742	英商	英册第35号第30分地	《上海道契卷一(1848—1911)》第58—59页
无	忝·波文,亚巴阑·波文	0.4	英商	英册第12号第39分地	《上海道契卷一(1847—1911)》第19—20页
1847年5月18日	忝·波文,亚巴阑·波文	3.042	英商	英册第12号第39分地	《上海道契卷一(1847—1911)》第19—20页
1847年5月18日	忝·波文,亚巴阑·波文	3.042	英商	英册第15号第40分地	《上海道契卷一(1848—1911)》第24—26页
1847年5月24日	加勒得	0.8	英商	英册第26号第17分地	《上海道契卷一(1847—1911)》第45—47页
1847年5月28日	刻勒得福·奄巽,阿得尔·奄巽	2.133	英商	英册第15号第40分地	《上海道契卷一(1848—1911)》第24—26页
1847年5月18日	刻忝勒士得福·奄巽,阿得尔·奄巽	2.133	英商	英册第12号第39分地	《上海道契卷一(1847—1911)》第19—20页
1847年	谈氏·刻蘭得	1	英商	英册第45号第66分地	《上海道契卷一(1848—1911)》第73—75页
1847年1月30日	利查士	0.983	英人	英册第41号第73分地	《上海道契卷一(1848—1911)》第68—70页
1850年6月15日	伦敦传教会	5.5		英册第21号第61分地	《上海道契卷一(1847—1911)》第35—36页
1846年8月20日	锥颉	0.6	英人	英册第22号第62分地	《上海道契卷一(1847—1911)》第38—39页
1847年1月18日	麦都思	0.65	英人	英册第2号第24	《上海道契卷一(1847—1911)》第2页
1850年6月15日	麦都思	5.5	英人	英册第22号第62	《上海道契卷一(1847—1911)》第38—39页
1847年1月18日	麦都思	12.1	英人	英册第43号第74分地	《上海道契卷一(1848—1911)》第72页
1847年3月28日	麦都思	2	英人	英册第43号第74分地	《上海道契卷一(1848—1911)》第72页
1846年12月4日	麦多那	0.433	英商	英册第33号第14分地	《上海道契卷一(1848—1911)》第51—51页
1847年3月28日	麦多那	0.8	英商	英册第33号第14分地	《上海道契卷一(1848—1911)》第51—51页
1847年3月28日	麦多那	1.5	英商	英册第33号第14分地	《上海道契卷一(1848—1911)》第51—51页
1847年6月4日	麦多那	0.433	英商	英册第33号第14分地	《上海道契卷一(1848—1911)》第51—51页

续表

时间	买主	亩数	国籍	道契号	来源
1849年6月28日	麦多那	0.5	英商	英册第33号第14分地	《上海道契卷一(1848—1911)》第51—51页
1850年10月27日	麦多那	2.85	英商	英册第33号第14分地	《上海道契卷一(1848—1911)》第56—57页
1849年4月26日	麦格剌	10.7	英商	英册第47号第60分地	《上海道契卷一(1848—1911)》第77—80页
1848年1月19日	查理士·麦金西	0.92	英商	英册第61号第79分地	《上海道契卷一(1848—1911)》第106—107页
1848年5月27日	名利号麦今西兄弟公司	4	英商	英册第49号第71分地	《上海道契卷一(1848—1911)》第81—82页
1848年5月27日	名利号麦金西兄弟公司	3.5	英商	英册第54号第72分地	《上海道契卷一(1848—1911)》第89—90页
1848年5月27日	名利号麦金西兄弟公司	8.345	英商	英册第61号第79分地	《上海道契卷一(1848—1911)》第106—107页
1850年12月7日	皮尔	0.429	英商	英册第7号第25分地	《上海道契卷一(1847—1911)》第10—11页
1848年7月2日	娑尔	0.5	英商	英册第49号第71分地	《上海道契卷一(1848—1911)》第81—82页
1849年10月1日	娑尔	2	英商	英册第64号乙字第22分地	《上海道契卷一(1848—1911)》第111—112页
1850年11月28日	娑尔	3.3	英商	英册第64号乙字第22分地	《上海道契卷一(1848—1911)》第111—112页
1848年7月2日	娑尔	0.5		英册第39号第22分地	《上海道契卷一(1848—1911)》第63—64页
1850年3月2日	祁士滑	1.2	美商	英册第83号第95分地	《上海道契卷一(1848—1911)》第135—136页
1846年12月3日	旗昌行即路撒公司	0.974	美商	英册第25号第34分地	《上海道契卷一(1847—1911)》第43—44页
1849年2月16日	托尔布布厄	2.517	英商	英册第61号第79分地	《上海道契卷一(1848—1911)》第106—107页
1849年2月16日	托尔布尼	1.483	英商	英册第54号第72分地	《上海道契卷一(1848—1911)》第89—90页
1846年8月20日	梭	6.1	英商	英册第22号第62分地	《上海道契卷一(1847—1911)》第38—39页
1848年1月15日	托玛士·李百里	3.953	英商	英册第9号第7分地	《上海道契卷一(1847—1911)》第14—15页
1848年	托玛士·李百里	22.725	英商	英册第13号第42分地	《上海道契卷一(1847—1911)》第21页
1850年4月17日	尾生	17	英商	英册第46号第59分地	《上海道契卷一(1848—1911)》第76页
1847年11月29日	文直	13.59		英册第27号第36分地	《上海道契卷一(1848—1911)》第48—49页
1848年6月26日	西拉	16	英商	英册第53号甲字第75分地	《上海道契卷一(1848—1911)》第87—88页
1850年12月6日	夏果林	3	英商	英册第71号第13分地	《上海道契卷一(1848—1911)》第121—122页
1849年4月23日	祥胜号西北逊	4.388	英商	英册第61号第79分地	《上海道契卷一(1848—1911)》第106—107页
1846年12月11日	祥胜行即西北逊	6.582	英商	英册第11号第35分地	《上海道契卷一(1847—1911)》第16—17页

续表

时间	买主	亩数	国籍	道契号	来源
1847年3月28日	修造公路会	1.181	英商	英册第50号第77分地	《上海道契卷一（1848—1911）》第82—84页
1847年3月17日	义记行即威士，荷利地公司	0.871	英商	英册第6号第4分地	《上海道契卷一（1847—1911）》第8—9页
1847年3月17日	义记行即威士，荷利地公司	0.871	英商	英册第11号第35分地	《上海道契卷一（1847—1911）》第16—17页
1845年5月27日	太伦·客理公司	5.435	英商	英册第17号第5分地	《上海道契卷一（1847—1911）》第27—28页
1845年12月11日	裕记行即太伦·客理公司	4.73	英商	英册第7号第25分地	《上海道契卷一（1847—1911）》第10—11页
1845年5月	裕记行即太伦·客理公司	0.86	英商	英册第9号第7分地	《上海道契卷一（1847—1911）》第14—15页
1845年12月10日	裕盛璞拉·黑尔克理服士公司	9.46	英商	英册第7号第25分地	《上海道契卷一（1847—1911）》第10—11页

4. 道光时期上海从事房地产交易的洋行

洋行名字	其他名称	开设年份①	附注②	国籍③	最早租地时间（农历）④	英文名字及其成员记录⑤（1852年）
怡和行即查颠·马地孙公司	渣甸洋行，查颠·马地臣公司，查颠·孖地臣公司	1843	第一任大班达拉斯（A G Dallas），1851年回国，由"波卫斯"（Alex. Percial）接替。波斯卫系丹麦领事	英商	1844年10月	怡和 E-Ke Jardine Matheson & Co Dallas A. G. Wills C. Matheson C. S. Ross J. B.
仁记行即利永士敦 吉公司	利永士敦；吉利永士敦公司	1843		英商	1844年10月	仁记 Jin-ke Gibb Livingston & Co. Skinner John Gibb John D. (absent) Ullett R. B. Halton F.
义记行即威士 & 荷利地公司		1843		英商	1844年10月	义记 E-ke Holliday Wise & Co. Waters C. Santos A. dos

---

① 《上海对外经济贸易志》编纂委员会：《上海对外经济贸易志》上册第1卷，上海社会科学院出版社2001年版，第53—60页。

② 《上海对外经济贸易志》编纂委员会：《上海对外经济贸易志》上册第1卷，上海社会科学院出版社2001年版，第53—60页。

③ 蔡育天：《上海道契1—30卷》第1册，世纪出版集团上海古籍出版社2005年1月第1版，第1—125页。

④ 蔡育天：《上海道契1—30卷》第1册，世纪出版集团上海古籍出版社2005年1月第1版，第1—125页。

⑤ North-China Herald Office Printed：《SHANGHAI ALMANAC AND COMMERCIAL GUIDE FOR 1852．》"RESIDENTS AT SHANGHAI"，上海书店出版社。

续表

洋行名字	其他名称	开设年份	附注	国籍	最早租地时间（农历）	英文名字及其成员记录（1852年）
喇得文士·华定敦公司	祥泰洋行，Rathbone Worthington & Co.，满吉利行，拉得文士·华定敦公司	1845	1853年1月1日原合伙人拆伙，改组为 Briley Worthington & Co.	英商	1847年6月	满吉利 Muan-keih-le Rathbones Worthington & Co. Moncrieff T. (absent) Brown W. S. Malthy C. Lyle G. R.
旗昌行即路撒公司		1846	第一任大班华尔考（Henry G. Walcott）是美国驻上海领事，接任的是金能亨（Edw. Cunningham），是美国代理领事兼瑞典和挪威领事，并任上海第一届工部局董事，于1858年退出，由福士（P. S. Forbes）任瑞典、挪威领事和该行行员卢瑞欧（P. J. S. Loureiro）接替，卢并任西班牙领事	美商	1846年闰5	旗昌 K'e-chang. Russell & Co. Cunningham E. Pierce W. G. Crampton J. Loureiro P. Jr. Orne C. W. Loureiro F.
公平行即玻士德公司	公平洋行	1850年前	1853年12月解散，改组为 G. C. Schwabe & Co. 到1858年又解散，改组为 Bower Hanbury & Co.	英商	1845年4月	公平 Kung-ping. Sykes Schwabe & Co. Connolly A. Crossley J. and family Odell T. S. Trautmann J. F. H. Wrigley A
梭即李百里·托玛士公司	原名 Thos. Repley & Co.，又称李百里洋行，李百里·托玛士公司，梭	1850年前	1851年改组为 Shaw. Bland & Co.	英商	1845年4月	李百里 Le-pih-le. Shaw Bland & Co. Shaw C. (absent) Winch J. H. Shaw W.
德记行即吴鲁国·北士公司	又称森和洋行	1850年前	歇业时间为1862年，大班华尔考原为旗昌洋行首任大班和美国驻上海领事。1850年前与巴地（E. W Bate）合伙组成本行。1852年华尔考逝世，洋行清理歇业	美商	1845年5月	德记 Tih-ke Wolcott Bates & Co. Westray F. Williams F. D. Wilson C. Clark D. O. Amory J. A. Blaney H. Moulton C. R.
太平行即季勒曼·波文公司		1850年前	1856年9月改组为 Gilman & Co.，1858年底该行职员"查卫"（Robert Jarvie）参加入伙	英商	1845年5月	太平 Tae-ping. Gilman Bowman & Co. Bowman A. Vacher W. H. Rusden A.

续表

洋行名字	其他名称	开设年份	附注	国籍	最早租地时间（农历）	英文名字及其成员记录(1852年)
公易行即麦未客公司	公易洋行，Mac. Vicar & Co.	1850年前	1851年解散改组为 Smith Kennedy & Co.，大班 H. C. B. Macduff 是上海英商会的副主席	英商	1846年8月	公易 Kung-yih. Smith Kennedy & Co. Kennedy H. H. Mackuff H. C. R. Saur J. Bennet G. J. Helbling L.
长利行即麦多那	得利洋行，Jame McDonald	1850年前	原系独资，1858年4月改组为 James. MacDonald & Co.，1859年再改组为 Alex. Cushny & Co.	英商	1846年9月	长利 Chang-le McDonald J. Hudson J. S.
广隆行即林赛公司		1850年前	上海第一任大班浩格（Wm. Hogg）是汉堡（Hamburg）、房伯克（Lubeck）、不来梅（Bremen）领事，其弟詹姆士·浩格（James Hogg）原为该行行员，后升大班，任上述各国副领事	英商	1847年1月	广隆 KWang-Lung Lindsay & Co. Hogg W. and famil. Green G. F. Hogg J. Young A. J. Major R. F. V. O.
北华记即单拿公司	华记行，北华记，单拿公司	1850年前		英商	1847年2月	华记 Wha-ke. Turner & Co. Maculloch A. Scarth J. Hutchison W.
安达生·尾生公司	天长洋行，W. R. Adamson，尾生	1850年前	原系独资，1857年客地利洋行职员麦克廉（J. L. MacLean）加入，改组为 W. R. Adamson & Co.，是天祥洋行前身	英商	1847年2月	天长 Tien-chang. Adamson W. R Silk Inspector
和记行即璞蘭金·罗孙公司	和记洋行	1850年前	该行大班克鲁姆（A. F. Croom）于1850年前后为上海商会主席，另一大班"开氏"（W. Kay）为1854年上海第一届工部局董事。该行于1859年1月1日歇业	英商	1844年10月	和记 Ho-ke. Blenkin Rawsonn & Co. Kay. W. and family. Norton W. M. Cartwright H. D. Dow J. Jordan V. P.
裕盛璞拉·黑尔克理服士公司	客利地洋行	1850年前	1856年解散，该行职员 Geo. Thorburn 接手经营，后改组为 Wm. Hargreave & Co.	英商	1845年12月	裕盛 Yuh-shing Hargreaves & Co. Thorburn W. and family Hargreaves W. (absent) Maclean J. L. Thorburn G.
名利行即麦金西兄弟公司	名利洋行，Mackenzie Bros & Co.	1850年前		英商	1846年10月	名利 Ming-Le. Mackenzie Brothers & Co. Mackenzie K. R. (absent) Mackenzie C. D. Aspinall R. Jr. Birdseye T. J.

附录 Ⅱ 各章附录

续表

洋行名字	其他名称	开设年份	附注	国籍	最早租地时间（农历）	英文名字及其成员记录(1852年)
祥胜行即酉北逊	浩昌洋行	1850年前		英商	1846年12月	祥胜 Tseang-chin Sillar D. (absent) Sillar J. C.
北士顿治·拂兰治·嘉玛公司	顺章洋行，顺章	1850年前		英属帕栖	1848年12月	顺章 Shun-chang. Pestonjee Framjee Cama&Co. Jamsetjee Bazenjee. Bomanjee Muncherjee
裕记行即太伦客理公司	裕记洋行，Dirom Gray & Co.	1850年前	此行在1856年以后已不见其营业	英商	1848年7月	裕记 Yuh-ke Dirom Grey & Co. Potter D. Gray H. M. M. Lewin D. D.
布尔乃公司	同珍洋行，同珍	1850年前	1856年底该行职员派克(Pyke Thomas)入伙，改组为 Isaac M. Bull & Co.	美商	1849年2月	同珍 Tung-chin Bull Nye & Co. Nye C. D. Pyke Thomas Huttleston J. T. Mailtland S.
海郎福公司	丰裕行即滑百利·配理士公司	1850年前	行主 Fogg Hiram①	美商	1850年8月	丰裕 Fung-yuh Fogg H. & Co. Ship Chandlers &c. Fogg H. Holtz A. Ayers W. E.
梭即李百里·托玛士公司	李百里洋行，托玛士洋行，	1850年前		英商	1845年4月	
丰裕行即滑百利·配理士公司				美商	1847年7月	丰裕 Fung-yuh Fogg H. & Co. Ship Chandlers &c. Fogg H. Holtz A. Ayers W. E.
融和行即位第				英商	1844年10月	
公生号查记士阿罗你				法商	1848年4月	公生 Kung-sang Bach & Aroné Aroné Jacques

---

① North-China Herald Office Printed:《SHANGHAI ALMANAC AND COMMERCIAL GUIDE FOR 1854.》"LIST OF FOREIGN RESIDENTS &C. AT SHANGHAE",上海书店出版社.

续表

洋行名字	其他名称	开设年份	附注	国籍	最早租地时间（农历）	英文名字及其成员记录(1852年)
广源洋行（胡巴）	J Mackrill Smith，四美，四美京，士美士公司	1843	原是独资户。1850年美国人金氏(D O King)参加入伙，组成 J. M. Smith & Co.，1851年1月1日改组为 Smith king & CO.，1853年又改为 King & Co.，金氏为暹罗驻沪领事，1854年任上海第一届工部局董事。此行大约在1858年歇业 大班 Jame Hooper 1850年前原为广源洋行职员，1851年自己独资经营，创立哈巴洋行(火柏洋行)	英商	1849年9月	四美 Sze-mei Smith King & Co. Smith J. M. and family. King D. O. Piccope W. N.
宝顺洋行（颠地·蘭士禄）	颠地洋行，宝顺祥记	1843	第一任大班"比尔"(T. C. Beale)是葡萄牙和荷兰领事，1857年逝世，由该行职员韦伯(EdW. Webb)接替任葡萄牙领事，行名改为 Dent & CO.	英商	1844年4月	宝顺祥记 Paou-shun-tseang-ke Dent Beale & Co. Dent I. (absent) Beale T. C. Bowman J. Webb E. Laccy N. M. Baptista J. S.
隆泰洋行（礼查士或利查士）				英商	1847年1月	隆泰 Lung-tae Richards P. F. & Co. Ship Chandlers &c. Richards P. F. and family. Smith G. McKenzie J. Johnson J. McKenzie D.

5. 道光咸丰年间洋人经理人名单

经理人名称	雇主名称	道契号	年代(农历)	来源	国籍
阿尔其·锡剌	锡剌公司	英册第47号第60分地	1855年3月28日	《上海道契卷一（1847－1911)》第77－80页	英商
麦道夫	锡剌公司	英册第47号第60分地	1855年3月28日	《上海道契卷一（1847－1911)》第77－80页	英商
宝和行	入署·李百里	英册第9号第7分地	1855年6月4日	《上海道契卷一（1847－1911)》第14页	
那登卜即	多美里及其子女	英册第7号第25分地	1856年8月15日	《上海道契卷一（1847－1911)》第11页	英商

续表

经理人名称	雇主名称	道契号	年代(农历)	来源	国籍
勿忽来客龙	这呒四搭兑而,阿唐赛格师,奢伯,买理牙瓒末司四人	英册第11号第35分地	1856年4月23日	《上海道契卷一(1847—1911)》第16—17页	英商
者西弗·白兰特	入罢·李百里	英册第9号第7分地	1859年8月12日	《上海道契卷一(1847—1911)》第15页	
恒利这西·合今空得	入罢·李百里	英册第9号第7分地	1859年8月12日	《上海道契卷一(1847—1911)》第15页	
惠德	搭拉士	英册第45号第66分地	1859年8月12日	《上海道契卷一(1847—1911)》第73—75页	英民
者西弗·白阑特	入略·李百里	英册第9号第7分地	1859年8月12日	《上海道契卷一(1847—1911)》第14—15页	英商
恒利这西·合今挖得	入略·李百里	英册第9号第7分地	1859年8月12日	《上海道契卷一(1847—1911)》第14—15页	英商
克时立	麦多那	英册第33号第14分地	1859年5月16日	《上海道契卷一(1847—1911)》第56—57页	英民
塌本美	勃什	英册第26号第17分地	1860年5月15日	《上海道契卷一(1847—1911)》第45—47页	英民
怡艾弗东更生	英国医生格	英册第37号第64分地	1860年9月12日	《上海道契卷一(1847—1911)》第61—63页	
渣治·列登	位力门弗得利克·列登	英册第72号第84分地	1860年11月7日	《上海道契卷一(1847—1911)》第123—124页	英民
弗得利格南特·厌得	林德	英册第63号第81分地	1860年12月27日	《上海道契卷一(1847—1911)》第110页	英商
位列门·哈格立弗思	知米士·格罗士理	英册第56号甲字第58分地	1860年3月26日	《上海道契卷一(1847—1911)》第91—92页	英商
克时利	士密士	英册第70号第20分地	1860年7月29日	《上海道契卷一(1847—1911)》第120—121页	英民
位力门·来门特	宝文	英册第72号第84分地	1860年7月4日	《上海道契卷一(1847—1911)》第123—124页	英民
沸利门·法克	海郎福	英册第57号甲字第52分地	1861年2月5日	《上海道契卷一(1847—1911)》第93页	美商

6.早期华人购地表

时间(农历)	姓名	亩数(亩)	道契号	来源[①]
1856年12月	乐鸣记	2.5	英册第178号第185分地	《上海道契卷一(1847—1911)》第235页
1867年5月11日	上海道	7.281	英册第216号第223分地	《上海道契卷一(1847—1911)》第269页
1868年12月16日	朱子方	5	英册第722号第729分地	《上海道契卷三(1847—1911)》第103页
1869年2月1日	朱瞻云	17.687	英册第794号第801分地	《上海道契卷三(1847—1911)》第157页

[①] 蔡育天主编:《上海道契(1847—1911)卷一—卷四》,世纪出版集团上海古籍出版社2005年1月第1版。

续表

时间（农历）	姓名	亩数（亩）	道契号	来源
1869年8月2日	曹基孝	12.933	英册第815号第822分地	《上海道契卷三（1847－1911）》第178页
1869年8月6日	朱桂塘	5	英册第270号第277分地	《上海道契卷一（1847－1911）》第327页
1870年12月25日	朱宝南	5.962	英册第785号第792分地	《上海道契卷三（1847－1911）》第149页
1871年11月23日	叶成忠	0.6	英册第240号第247分地	《上海道契卷一（1847－1911）》第293页
1873年11月3日	张庆源、冯萍元	51.846	英册第839号第846分地	《上海道契卷三（1847－1911）》第202页
1873年11月3日	张庆源、冯萍元	0.5	英册第840号第847分地	《上海道契卷三（1847－1911）》第203页
1873年11月3日	张庆源、冯萍元	0.5	英册第841号第848分地	《上海道契卷三（1847－1911）》第204页
1876年9月17日	朱云甫	0.3	英册第1099号第1106分地	《上海道契卷四（1847－1911）》第115页
1876年9月5日	曹子桥	19	英册第499号第506分地	《上海道契卷二（1847－1911）》第214页
1877年12月23日	汪绍荣	17.35	英册第671号第678分地	《上海道契卷三（1847－1911）》第56页
1878年12月7日	姚存養堂	5.531	英册第211号第218分地	《上海道契卷一（1847－1911）》第261页
1878年5月8日	唐景星	0.4	英册第1115号第1122分地	《上海道契卷四（1847－1911）》第130页
1879年5月13日	顾丰成	3.463	英册第173号第180分地	《上海道契卷一（1847－1911）》第232页
1879年8月21日	唐聚卿	0.625	英册第1069号第1076分地	《上海道契卷四（1847－1911）》第88页
1880年12月22日	李谦记	0.834	英册第1021号第1028分地	《上海道契卷四（1847－1911）》第39页
1880年2月6日	唐景星	11.5	英册第300号第307分地	《上海道契卷一（1847－1911）》第346页
1881年12月2日	徐雨之	6	英册第282号第289分地	《上海道契卷一（1847－1911）》第328页
1881年12月2日	徐雨之	1.43	英册第292号第299分地	《上海道契卷一（1847－1911）》第339页
1881年3月28日	徐雨之	8.6	英册第28号第52分地	《上海道契卷一（1847－1911）》第51页
1881年3月28日	徐雨之	8.6	英册第1316号第1323分地	《上海道契卷四（1847－1911）》第313页
1882年10月13日	曹子桥	43.32	英册第666号第673分地	《上海道契卷三（1847－1911）》第51页
1882年2月16日	陈辉廷	1.322	英册第1341号第1348分地	《上海道契卷四（1847－1911）》第338页
1882年2月17日	程谨轩	15.409	英册第817号第824分地	《上海道契卷三（1847－1911）》第179页
1882年2月17日	程谨轩	12.932	英册第818号第825分地	《上海道契卷三（1847－1911）》第180页
1882年4月7日	陈辉廷	11.1	英册第344号第344分地	《上海道契卷二（1847－1911）》第35页

续表

时间(农历)	姓名	亩数(亩)	道契号	来源
1886年3月6日	金梅溪	12.932	英册第820号第827分地	《上海道契卷三(1847—1911)》第184页
1886年4月6日	程谨轩	6.467	英册第822号第829分地	《上海道契卷三(1847—1911)》第186页
1886年4月6日	程谨轩	12.932	英册第826号第833分地	《上海道契卷三(1847—1911)》第190页
1886年5月13日	叶成忠	0.487	英册第1115号第1122分地	《上海道契卷四(1847—1911)》第130页
1893年8月17日	沈观察使	1.2	英册第83号第95分地	《上海道契卷一(1847—1911)》第136页
1893年8月17日	沈观察使	2	英册第90号第14分地	《上海道契卷一(1847—1911)》第143页
1894年8月14日	陈锦华	10	英册第361号第368分地	《上海道契卷二(1847—1911)》第65页
1894年8月14日	陈锦华	11.3	英册第421号第426分地	《上海道契卷二(1847—1911)》第124页
1896年7月16日	李锦华	12.11	英册第512号第519分地	《上海道契卷二(1847—1911)》第227页
1902年7月22日	陆永茂	51.846	英册第839号第846分地	《上海道契卷三(1847—1911)》第202页
1902年7月22日	陆永茂	0.5	英册第840号第847分地	《上海道契卷三(1847—1911)》第203页
1902年7月22日	陆永茂	0.5	英册第841号第848分地	《上海道契卷三(1847—1911)》第204页
1935年9月11日	颜惠庆	1	英册第655号第662分地	《上海道契卷三(1847—1911)》第40页

第三章

1. 九袱洲全体业主户名产权住址一览表[①]

户 名	营造尺产权(亩)	通信住址
丁春之	19	苏州城内大儒巷
九袱洲公记	5	驻京办事处
中华邮政总局	25	南京下关苏皖邮政管理局
王弼臣	5	南京下关热河路十座庵54号
王蘭芳	5	天津法租界天祥市场便门旁华洋书庄徐华生先生收
王农伯	6	天津英租界52号路81号
王星卿	24	天津英租界52号路81号门牌
王揆尧	5	南京苏家沟妙案庵14号高府同居
王明甫	6	扬州莲花桥1号
王雨苍	10	上海大通路信业里961号娥少明先生收转

---

① 上海档案馆档案,Q270-1-127,《九袱洲全体业主户名产权住址一览表》。

续表

户 名	营造尺产权（亩）	通信住址
王凤梧	10	南京三坊巷65号周莲洁先生收转
王德馨	21	
王鸿桢	20	上海商务印书馆总管理处王云五先生收转
王筱萱	25	镇江西门外同德里11号王仲华先生收转
王木萱	76	南京门西小王府里6号王伯举先生收
王自霖	35	南京边营王自英先生收
王述庵	104	镇江中国银行王叔清先生收转
王合兴	5	镇江中国银行王叔清先生收转
王润记	27	镇江中国银行王叔清先生收转
王槻香	105	南京止马营20号
仁记公司	66	南京彩霞街荫惜里马梓卿先生收转
毛润芬	24	上海卞德路154弄9号潘砚先生收转
方仲舟	20	天津特一区福州路20号刘季英先生收转
方泽山	10	扬州丁家湾谦益永国号收转
卞旧德	18	南京下关大同面粉厂卞竹轩先生
仇徕之	5	南京汉府街18号
仇亮卿	6	南京金沙井7号
文进生	5	北平宣内两西拴马桩18号
石仲铭	70	南京长乐路（即茇街）
石雨生	10	南京程阁老巷22号李乔生先生收转
朱白萍	6	南京下关大马路源昌号收交
朱锡韩	10	南京下关大马路源昌号收交
朱苹圆	20	南京下关大马路源昌号收交
朱继庵	10	镇江桃一湾森生園农林公司宛养和先生收交
朱崇厚	10	南京陆门桥亿兴银楼冉锡章先生收交
朱恒基	27	陇海铁路管理局医务处朱林孙先生收
朱渐达	20	北平北长街90号
朱午楼	40	南京下关热河路兆庆里17号龙小泉先生收交
朱叔雅	40	上海招商局会计科文牍科长张李庭先生收交
朱锡生	10	南京李府巷仁泰钱店7号门牌收转
江裕张	5	南京小王府巷江秀东先生收交
江苏财政厅	233	镇江城内
米登魁	15	上海同孚路大中里22号米仲年先生收
安玉明	10	南京坊口翰春斋纸号马吉斋先生收交
杜飞卿	5	

续表

户　名	营造尺产权（亩）	通信住址
李让卿	10	南京七家湾大常巷 17 号马玉叔先生收交
李瑞龙	10	南京秤砣巷 14 号李质轩先生收交
李叔和	5	上海徐家汇路交通大学内交
李凤祥	7	南京承恩寺康源钱庄收交
李绍周	10	天津日租界福岛街北头仁寿里后安定里内
李皋宇	20	镇江洋浮桥小营磐泰来面粉公司内交
李新吾	36	南京新街口忠林坊 42 号端木恺律师收交
李桦庵	150	天津英界 14 号路 185 号李宅
李炳文	15	南京大功坊望鹤图 1 号李煊之先生收
李侑民	3	
沈吉石	20	南京门东半边营新路朱石城先生收交
宋蓉塘	20	安徽省安徽财政厅收交
吴根寿	1	苏州城内大儒巷丁春之先生收交
吴德禄	13	
吴苍园	5	南京卯家桥金汤里 109 号吴中士医士诊所收交
吴荟园	5	六合城内板门口吴大可先生收交
吴芷洲	20	天津法界天祥市场便门旁华洋书庄收交
吴鹿伯	105	南京小王府
狄平安	166	上海愚园路 246 弄 51 号狄楚青先生收交
狄南士	20	苏州带城桥下塘 25 号狄景森先生收交
於应	112	上海静安寺路延年坊 42 号刘铮先生收交
金养亭	10	南京旧王府 38 号金键先生收
宛仲平、宛养和	174	镇江桃一湾森生园内
周竹墟	4	南京小王府园寿椿里周佛航先生收转
川德明	5	南京地方法院间壁徐子怡先生收转
周志成	21	
周佐周	3	
屈桂庭	10	北平东钱椿树胡同成寿寺内
协兴公司	97	镇江桃一湾森生园内宛养量先生转交
易园	10	南京木料市田砚甫律师收转
胡厚生	21	亳州城内西门大街宁宅内胡荫桥先生收
胡镛	20	上海江海关汉文秘书科
胡耀庭	20	上海极司菲尔路 56 号温钦甫先生收转
胡晴初	20	
候竞原	2	南京娃娃桥 6 号

续表

户　名	营造尺产权（亩）	通信住址
侯井心、侯月笙	4	南京娃娃桥6号
侯辛生	4	南京娃娃桥6号
侯方中	6	南京黑廊街伏魔庵11号
段伯威	100	天津法租界天祥市场便门旁华洋书庄徐庆平先生收转
柳伟甫	50	上海极司菲尔路56号温钦甫先生收转
俞伯良	5	南京常府街20号
俞德泰	10	南京常府街20号内俞伯良先生收转
俞幼堂	15	汉口大陆银行俞仲♯先生收转
俞申伯	24	苏州前门严弄前打义弄5号俞画梅、俞子才先生收
俞寿山	6	安徽凤阳城内♯楼西街
洪申甫	90	上海北河南路景兴里1弄56号♯♯♯♯收交洪♯♯先生
洪少圃	3	上海界路汇通总公司收交
晗孟欣	5	南京♯♯
徐朗宵	5	南京小应府♯♯♯♯♯
徐球	5	南京小应府♯♯♯♯♯
徐张氏、徐瑶	5	南京小应府陶家巷9号徐叔蕃先生收转
徐琇、徐玟、徐琳	5	南京小应府陶家巷9号徐叔蕃先生收转
徐筱如	90	南京地方法院间壁徐耀生先生收
徐春晖	11	南京地方法院间壁徐耀生先生收
徐永萧	91	南京地方法院间壁徐耀生先生收
徐季荪	20	上海英租界汉口路浙江地方实业银行
徐静仁	52	上海南京路鸿仁里博益纱厂收交
徐紫石	60	天津英租界义庆里16号余♯平先生收转
徐蒲生	70	广州市福路米市街金城里10号
徐汉生	55	广州市福路米市街金城里10号
徐茂煊	25	上海南市新普育堂小妹妹间徐郭氏收转
徐茂煊、徐蒲生、徐汉生	17	上海南市新普育堂小妹妹间徐郭氏收转
徐庆生	46	南京上街口天民池收转
徐萍洲	55	南京珠履巷
徐云荪	68	南京籍坊巷地方法院间壁4号门牌后进
徐宝生	154	南京珠履巷
徐荣生	34	南京下关天宅路正西17号
徐子怡	22	南京地方法院间壁
徐采卿	26	直隶省石家庄大兴纺织公司内交

续表

户　名	营造尺产权（亩）	通信住址
徐飞卿	64	南京干草巷 22 号
徐虎臣	64	南京五蘭苏♯姓门内
徐五楼	42	南京边营杂货店对门
徐♯之、徐茂林	4	南京珠履巷♯♯先生收转
徐春池	4	南京珠履巷♯♯先生收转
徐♯生	3	南京下关天宝路正街 17 号徐华生先生收转
姚慕莲	8	上海卡德路 154 弄 9 号♯♯生先生收转
姚鸿史	40	浙江♯♯东门官弄♯♯年先生收
姚仲勋	10	南汇城内东北木关桥
姚雨春	71	上海大通路信业里 961 号娥少明先生收转
姚忠洪	40	上海大通路信业里 961 号娥少明先生收转
姚双庆	12	上海大通路信业里 961 号娥少明先生收转
姚荣和	20	上海大通路信业里 961 号娥少明先生收转
马芹轩	2	南京大常巷 16 号
马庆延	15	南京大常巷 16 号马玉叔先生收转
马积庆	34	南京大常巷 16 号马玉叔先生收转
马良弼	33	南京七家湾 27 号马七浩先生收转
马振之	41	南京坊口翰春斋纸号收转
马国璋	50	南京坊口翰春斋纸号收转
马宣三	6	南京坊口翰春斋纸号收转
马玉龄	8	南京♯♯府♯街 12 号陆♯♯先生收转
马星斋	10	南京小彩霞街荫措里内♯♯先生收转
马隽卿	10	扬州弥勒庵桥 20 号
马裕泰	12	南京下关中西旅馆马金章收
姜寿彭	3	南京江宁♯城隍庙对门 22 号
范叔芸	15	上海劳合路居♯♯4 号程秉良先生转交
孙叔平	10	南京大金♯巷孙印若先生收
桂崑生	5	南京娃娃桥♯♯♯♯
秦善之	10	南京柳♯街 28 号
秦绍文	10	
秦晓春	7	南京承恩寺康源钱庄收交
浙江地方实业银行	211	上海英界汉口路浙江实业银行总管理处交
唐心畬	5	上海徐家汇路交通大学李叔和先生收转
唐♯民	10	上海北河南路北京路口国华银行收交

续表

户　名	营造尺产权（亩）	通信住址
唐少侯	20	南京行口街谦益庄毛作屏先生收转
倪静波	6	上海威海卫路威风里3号恽季申先生收转
翁孟瑜	10	上海威海卫路威风里3号恽季申先生收转
席味琴	30	
通州育婴堂	40	南通州康家闸
高必庆堂	67	南京大夫第221号高左泉先生收转
高德生	3	
高雨严、翁♯夫、陈子英	184	镇江姚一湾森生园农林公司宛养和先生转交
梁仁记	10	扬州永胜街梁少五先生收转
梁荫兰	10	天津法界天祥市场便门旁华洋书店徐襄平先生收交
陈礼耕	4	
陈宗绪	10	南京鼓楼中山路53号陈汉清律师事务所收交
陈启之	10	浦口镇东门陈义和号收交
陈岳穗	10	上海邮政信箱1732号
陈子英	10	镇江广东乡荡田村陈春木先生收
陈劲吾	14	南京下关交通银行胡慎夫先生收转
陈荣才	10	上海爱多亚路金玉西里地弄39号震亭花号收交
陈荣才	10	南京下关老江口救生局间壁闲庭魁花先生收交
陈紫笙	20	南京大石坝街22号傅选青先生收转
陈季♯	30	南京大石坝街22号傅选青先生收转
陈甲三	30	南京大石坝街22号傅选青先生收转
陈青峰	104	南京大陆银行收转
陈敬亭	30	天津英界宝华里5号
陈必庆	13	
陆慕秋	3	上海威海卫路威风里3号恽季申先生收转
陆小斋	20	南京门东八间房19号陆植三先生收转
陆晋轩	8	南京马道街6号陆禹云先生收
陆公业	40	南京平江府北街12号陆仲宜先生收转
陆仲宜	10	南京平江府北街12号
陆启煌	15	南京平江府北街12号陆耀青先生收转
陆基五、姚昌鈢	5	南京平江府北街12号陆仲宜先生收转
郭翼山山记	30	上海霞飞路仁和里5号
郭翼山翼记	30	上海爱多亚路永贵里23号
曹德馨	10	浙江杭州市太平坊浙江地方银行收转

续表

户　名	营造尺产权（亩）	通信住址
许云浦	5	扬州丁家湾谦益永国号收转
许鹤舫	15	天津法界天祥市场便门旁华洋书庄徐襄平先生收转
笪礼卿	10	南京信府河笪海珊先生收
庄乐峰	200	天津法界天祥市场便门旁华洋书庄徐襄平先生收转
崇善堂	5	南京金沙井
张敬之	5	上海愚园路亨昌里40号
张廉叔	8	上海威海卫路威凤里3号恽季申先生收转
张岱杉	10	上海界路汇通总公司汇少甫先生收转
张子万	12	南京石壩街竹林居间壁张伯泉先生收
张仲延	12	扬州左卫街91号
张东甫	15	扬州左卫街91号
张锡唐	20	天津法界天祥市场便门旁华洋书庄徐襄平先生收转
张武德	30	上海愚园路246弄51号狄楚青先生收交
张丁琨	80	上海北福建路底怀安坊1218号半丁少华先生收转
张李余	100	上海北福建路底怀安坊1218号半丁少华先生收转
张增福、张增禄	100	天津义界东马路41号万粥臣先生收转
张承修	7	
张思堂、张子良	15	南京下关悦来公司或晋和庄办事处收转
贺羡兰	10	南京西王府园13号贺四馨太太收
贺圣荪	10	北平府右街饽饽房3号贺良忭先生收
黄特庵	3	南京土街口中山东路123号黄伯涛先生收
黄靖侯	5	南京琵琶巷45号
黄弈文	10	上海美界七浦路恒庆里永盛昌茶栈唐廷鳌先生收交
黄恒丰	20	扬州永胜街梁少五先生收转
华祥瑞	10	泰州谦益永临号堆栈潘吉堂先生收转
华兴公司	10	南京实业部司徒克秋先生收转
温德浩	267	上海极司菲尔路56号温钦甫先生收转
温佩珊	10	天津法界天祥市场便门旁华洋书庄徐襄平先生收转
程公福	80	苏州干将坊153号程叔#先生收转
程仲庠	5	扬州仙女庙西南滩程千里先生收
程椿亭	10	南京木料市45号程善卿先生收
程端静	11	苏州大儒巷西口丁春之先生收转
程铁如	10	上海威海卫路威凤里3号恽季申先生收转
程少如	6	

续表

户　名	营造尺产权（亩）	通信住址
焦月亭	10	南京木料市 45 号程善卿先生收转
彭临记	10	上海静安寺路 1900 号殷铸夫先生收
彭莲恒	4	上海威海卫弄路威风里 33 号大#公司张琴#先生收转
冯家遂	200	天津河北宇纬冯公馆内冯家#先生收转
冯季樵	10	天津河北新大路景阳里内
冯镇湖	7	南京承恩寺康源钱庄收转
冯少山	20	上海江西路 491 号五楼裕生煤矿公司收转
恽季申	16	上海威海卫路威风里 3 号内
#季威	10	上海同孚路华顺里四弄 19 号云孝威先生收
汤辅宜	5	南京细柳巷汤#君先生收转
#翔青	30	天津法界天祥市场便门旁华洋书庄徐襄平先生收转
游竹荪	30	南京沙湾马康钱庄
景阜冈	7	
贾吉村	2	上海大通路信业里 961 号娥少明先生收转
单少堂	6	南京平章巷顺康店钱对门 15 号车单昌华收转
虞和甫	27	北平金城银行收转
杨焕卿	5	上海法界望志路永吉里 54 号
杨鸿钧	5	上海四川路 68 号四行储蓄会杨瑞生先生收转
杨庆堂	10	浦镇广生号杨怀山先生收
杨绍芝	10	苏州城内景德路 176 号内杨寿昌先生收
杨寿生	30	
杨伯明	3	南京小王府园 21 号
赵双寿	3	上海大通路信业里 961 号娥少明先生收转
赵吉卿	5	浦道金汤门大街 22 号赵浦生先生收
赵社健	7	高淳县正仪街赵福康号收转
赵少勤	10	上海大通路信业里 961 号姚少明先生收转
赵鹤舫	40	
赵云生	30	南京焦状元巷 47 号司马景#先生收转
赵佐铭	4	
叶素心	10	南京磊功巷 34 号叶仰桥先生收转
叶山涛	52	上海厦门路 47 号
蒋庆生	5	南京坊口翰春斋纸号交马继章先生收转
蒋怀仁	25	镇江南马路蒋怀仁医院

续表

户　名	营造尺产权（亩）	通信住址
蒋聘三	10	镇江西门大街大刘李巷 18 号蒋冠白先生收
蒋泰来	63	上海汉口路 398 号♯♯书店收转
蔡敏斋	5	镇江城内磨刀巷 23 号蔡耀成先生收
蔡焦珊	15	扬州新城仓巷 31 号蔡巨川先生收上
荣兴公司	50	上海市海关路天福里 17 号孙谕臣先生收交
潘家田	8	上海卡德路 154 弄第 9 号潘砚生先生收转
潘家本	15	上海卡德路 154 弄第 9 号潘砚生先生收转
潘孟威	15	上海卡德路 154 弄第 9 号潘砚生先生收转
潘砚生	10	上海卡德路 154 号第 9 号
潘同福	7	上海卡德路 154 弄第 9 号潘砚生先生收转
郑祥惠	21	上海静安寺路 1900 号殷铸夫先生收
刘沛时	6	南京♯♯
刘放之	10	南京琵琶巷 45 号
刘祝君	5	南京琵琶巷 45 号
刘♯如	10	南京大夫第 197 号大福庵对门
刘子鹤	20	天津法界天祥市场便门旁华洋书庄徐襄平先生收转
刘荣厚	255	汉口华商街泰安里 98 号
刘宝雨	25	镇江姚一湾森生園农林公司宛养和先生转交
刘景山	10	天津法界天祥市场便门旁华洋书庄徐襄平先生收转
刘炳森	5	镇江姚一湾森生園农林公司宛养和先生转交
刘刚养	6	扬州丁家巷♯♯♯♯
刘同孚	35	上海邮政信箱 1778 号
钱仲♯	10	苏州装♯桥巷 14 号
钱灭信堂	10	苏州♯门内严卫♯打线弄 5 号俞宅收转
钱筱香	12	苏州♯门内严卫♯打线弄 5 号俞宅收转
钱复生	7	
卢秀峰	10	南京李府巷福康庄内程养吾先生收交
卢思信	20	上海愚園路 1095 号
卢锡荣	30	上海愚園路 1095 号
谢笳璁	395	上海宁波路阜成里弄内第 5 号
濮伯欣	15	上海西门路♯五坊 19 号
罗普丰	10	上海老靶子路寿彭里 71 号
罗贻毂	15	天津特一区福州路 20 号刘季英先生收转
罗♯东	10	淮安南大沟巷 16 号罗凤洲先生收交

续表

户　名	营造尺产权（亩）	通信住址
蘭寅初	20	上海极司菲尔路 56 号温钦甫先生收转
简照南	112	上海东西华德路 786 号南洋烟草公司简玉陛先生收
戴承恩	14	南京水西门天♯绸布庄戴玉鲲先生收
韩永清	20	南京下关热河路兆庆里 17 号龙小泉先生转交
边霞轩	20	镇江西门同德里 11 号王仲华先生收交
♯♯芬	14	南京中正路五段 413 号♯♯♯先生转交
谭合兴	30	上海极司菲尔路 56 号温钦甫先生收转
谭海秋	120	上海极司菲尔路 56 号温钦甫先生收转
♯有斋	10	上海威海卫弄路威风里 33 号大源公司张琴耡先生收转
顾战蔑	11	南京庆丰街 11 号
龙少泉	5	南京下关热河路兆庆里 17 号

2. 1931—1937 年 7 家房地产公司盈亏情况表

公司名称	历年盈亏	获利因素	营业性质
中和产业公司（Centrql Properties Ltd.）①	该公司之营业收益大部分系来自不动产，故历年收益颇为稳定，1934 年度（仅十个月盈余 313 298 元，1935 年盈余为 360 155 元，1936 年为 369 209 元，1937 年为 358 814 元。……）	该公司营业收益之来源，大部分为不动产抵押放款之利息及房地产租金，故房地产市价及租金之升涨为该公司获利之因素。	该公司经营产业投资及抵押放款等业务，最初该公司设立之目的，原为经营哈同夫人某项抵押放款。
英法地产有限公司（The Anglo-french land investment Co., Ltd.）②	该公司自 1931 年至 1934 年度营业良好，自 1935 年起上海地产事业转趋衰落，故该公司营业亦逐渐减退。1937 年度，因中日事变，该公司在公共租界东北区之财产遭受损失，故营业颇受影响，盈余数额由上年度的 221 419 元降至是年度之 62 661 元。……	该公司系经营房地产事业，故房地产交易繁盛，地价高昂及租金增涨为该公司获利之因素。	该公司经营房地产事业并兼营抵押放款。该公司之财产系在法租界及公共租界，并有一部分财产在公共租界东区及北区。

---

① 《上海之金融市场（续上）：第一编：证券市场：五、民国三十年外商股票及发股公司之调查：中和产业公司：注册：香港注册……》，载《经济研究》，1942, 3(7)，第 1—3 页。
② 《上海之金融市场（续上）：第一编：证券市场：五、民国三十年外商股票及发股公司之调查：英法地产公司：注册：香港注册……》，载《经济研究》，1942, 3(7)，第 1—3 页。

续表

公司名称	历年盈亏	获利因素	营业性质
恒业地产公司(Metroplitan Land Company Limited)①	该公司历年营业情形尚称良好,1931年因上海地产事业繁荣,该公司获利386 309银两,1932年盈余数额降至125 166银两,其后两年盈余数额各为90 730元及170 688元。自1935年起上海地产事业转趋衰落,该公司营业颇受影响,计是年度盈余仅44 129元,1936年盈余续降至13 566元,1937年八·一三事变之影响,该公司盈余仅405元。……	该公司系经营房地产事业,故上海地产交易繁盛,地价高涨及房地租增高,为该公司获利之因素。	该公司经营地产事业并设有分公司于香港,有一部分资产系在公共租界东区及北区。
华懋地产公司(Cathay Land Company Limited)②	该公司自1931年至1934年因上海房产事业繁荣,故营业颇为发达,1932年盈余510 016元,1933年盈余262 690元,1934年盈余249 668元,自1935年起地产事业转趋衰落,故该公司营业颇受影响,1935年亏损511 840元。	该公司系经营房地产事业,故上海地产交易繁盛,地价高涨及房地租增高,为该公司获利之因素。	该公司经营地产事业并有一部分财产系在虹口。
中国营业公司(China Realty Company himited fed inc. U.S.A.)③	该公司设立于1925年,自是年起至1933年,上海地产价格颇见高涨,故该公司之营业颇为良好。1934年夏起,上海地产事业转趋衰落,该公司营业大受影响,乃于1935年9月向美国驻沪法庭,申请无力偿付债款而选定清算人清理,如期实行改组。		该公司经营地产事业及代理房产经租等业务。
中国建业地产公司(Fonciere et Immobiliere de Chine)④	该公司历年营业颇称稳定,1933年盈余458 635元,1934年盈余475 365元,1935年起营业稍见衰落,故1935年盈余降减至256 109元,1936年盈余为208 692元,1937年中日事变该公司稍受影响,盈余为203 602元。	该公司系经营房地产事业,故房地产交易及建筑繁盛,地价高昂及租金增涨,为该公司获利之因素。	该公司经营地产事业并代理买卖房地产及房屋建筑等业务,并略作抵押放款业务。该公司大部分之资产系在法租界。

---

① 《上海之金融市场(续上)》第一编:证券市场:五、民国三十年外商股票及发股公司之调查:恒业地产公司:注册:香港注册……》,载《经济研究》,1942,3(7),第1—3页。
② 《上海之金融市场(续上)》第一编:证券市场:五、民国三十年外商股票及发股公司之调查:华懋地产公司:注册:香港注册……》,载《经济研究》,1942,3(7),第1—3页。
③ 《上海之金融市场(续上)》第一编:证券市场:五、民国三十年外商股票及发股公司之调查:中国营业公司……》,载《经济研究》,1942,3(7),第1—3页。
④ 《上海之金融市场(续上)》第一编:证券市场:五、民国三十年外商股票及发股公司之调查:中国建业地产公司:地址:上海爱多亚路九路……》,载《经济研究》,1942,3(7),第1—3页。

续表

公司名称	历年盈亏	获利因素	营业性质
业广地产有限公司（Shanghai Land investment Co., Ltd.(1888)）①	该公司之营业情形,原称良好,1931年盈余3 370 140银两,次年为1 011 425银两,1933年盈余为842 782银两。自1934年夏起,上海地产事业转趋衰落,该公司之营业即受影响,1934年盈余1 285 172元,1935年为1 130 525元,1936年则盈余仅112 628元。1937年6月,该公司为减轻银行透支利息之负担,发行新股982 800股,每股票面7元,后八·一三沪战发生,该公司大部分财产系在虹口,遭受相当损失,故营业结果亏损308 601元。……	该公司经营地产事业,故上海房地产交易繁盛,市价及租金高昂,为该公司获利之因素。	该公司经营地产投资业务,其大部分资产系在公共租界东区及北区,并有一部分财产越界筑路。

3. 1918年上海地产经租公司及地产掮客名录

行　名	地　址	经　理	来源②	业务
中国营业公司（China Realty Co.,Ltd.）	英租界南京路39号（江西路角）	爱滕姆司 W. A. Adams 买办：雷穉韩	1918年《上海商业名录》第138页	地产兼营造保险
平治门洋行（Maurice Benjamin & Co.）	爱多亚路25号	M. Benjamin	1918年《上海商业名录》第138页	
李诵清堂（Lee Chong Ching Dong Land & Estate Co.）	英租界四川路11号	李云书	1918年《上海商业名录》第138页	地产
招商局积余产业公司（China Merchants' S. N. Co's Properties Department）	英租界福州路1号	傅筱庵	1918年《上海商业名录》第138页	地产
恒孚洋行（China Investment Co.）	英租界九江路6号三层楼上	A. C. Davis	1918年《上海商业名录》第138页	地产兼保险
振业地产公司	英租界仁记路A1号		1918年《上海商业名录》第138页	地产
泰利洋行（Tah=Lee）	英租界四川路131号	李吉祥	1918年《上海商业名录》第138页	地产兼煤炭

---

① 《上海之金融市场(续上)：第一编：证券市场：五、民国三十年外商股票及发股公司之调查：业广地产公司……》,载《经济研究》,1942,3(7),第1—4页。
② 徐珂：《上海商业名录》,商务印书馆1918年7月第1版。

续表

行　名	地　址	经理	来　源	业务
华通置业公司	英租界四川路112号	薛仲豪	1918年《上海商业名录》第138页	地产
华盛公司（The Caihay Trading Co.）	英租界江西路51号A	麦增利 买办：郑桂林	1918年《上海商业名录》第138页	地产
扬子地产银公司（Yangtsze Land & Finance Co., Ltd.）	英租界圆明园路11号	Aigar & Co. Ltd. Agents	1918年《上海商业名录》第138页	地产
新瑞和洋行（Davies & Brooke）	英租界黄浦滩路10号	Davies Gilbert M.S.A. M.C.I. Brooke T. W. A. R. I. B. A. 买办：刘然青	1918年《上海商业名录》第139页	地产
颐丰实业公司（John P. Sung & Co.）	英租界广东路13号A	孙权标（John P. Sung）	1918年《上海商业名录》第139页	地产
锦发产业有限公司（The China Land & Building Co., Ltd.）	英租界四川路125号	克明（H. M. Cumine）	1918年《上海商业名录》第139页	地产兼营造
公平	英租界南京路余兴里510号		1918年《上海商业名录》第139页	经租
有益公司	英租界台湾路39号		1918年《上海商业名录》第139页	经租
邢恒顺绥记	英租界福建路介祉里9号		1918年《上海商业名录》第139页	经租
周莲记	英租界牛庄路27号		1918年《上海商业名录》第139页	经租
周锐记	法租界平济利路132号		1918年《上海商业名录》第139页	经租
东裕公司	英租界宁波路89号	徐冠南	1918年《上海商业名录》第139页	经租
姚慕记	英租界宁波路乾记衖1号半		1918年《上海商业名录》第139页	经租
姚南记	美租界蓬路949号		1918年《上海商业名录》第139页	经租
恒丰	英租界南京路集益里95号		1918年《上海商业名录》第139页	经租
振益公司	英租界广东路13号	励汝熊	1918年《上海商业名录》第139页	经租
陈兴昌	新租界派克路46号（爱文义路相近）		1918年《上海商业名录》第139页	经租

续表

行　名	地　址	经　理	来　源	业务
陈顺记	闸北宝兴路顺大里 A20 号（北四川路克明路中）		1918 年《上海商业名录》第 139 页	经租
益丰	法租界嵩山路长安里	张秉棠	1918 年《上海商业名录》第 139 页	经租
甡记公司	英租界北京路庆顺里 42 号		1918 年《上海商业名录》第 139 页	经租
祥泰	英租界北京路 6 号		1918 年《上海商业名录》第 139 页	经租
陆云记	英租界北京路怀安路 89 号		1918 年《上海商业名录》第 139 页	经租
陆安雅堂	美租界东西华德路安雅里 J2773 号	总经理:陆文中	1918 年《上海商业名录》第 139 页	经租
孙直记	英租界宁波路 199 号		1918 年《上海商业名录》第 139 页	经租
黄庆记	英租界山海关路	黄庆元	1918 年《上海商业名录》第 139 页	经租兼营造
华商兴业测量绘图经租公司	西门外林荫路 24 号（福康医院附近）		1918 年《上海商业名录》第 139 页	经租
裕记	法租界公馆马路 222 号		1918 年《上海商业名录》第 139 页	经租
裕祥	英租界山西路集益里 95 号		1918 年《上海商业名录》第 139 页	经租
业广公司	英租界仁记路 2 号		1918 年《上海商业名录》第 140 页	经租
叶三福记	美租界塘山路 6 号		1918 年《上海商业名录》第 140 页	经租
爱理思	英租界南京路英华界（小菜场相近）	冯永康	1918 年《上海商业名录》第 140 页	经租
董荪记	美租界北和南路 523 号		1918 年《上海商业名录》第 140 页	经租
源益公司	英租界台湾路 38 号	徐凌云	1918 年《上海商业名录》第 140 页	经租
鼎丰公司	英租界北京路庆顺里 42 号		1918 年《上海商业名录》第 140 页	经租
鼎余公司	英租界北京路庆顺里 42 号		1918 年《上海商业名录》第 140 页	经租
德和	英租界北京路同和里 28 号		1918 年《上海商业名录》第 140 页	经租
刘景德	英租界北京路福兴里 72 号半		1918 年《上海商业名录》第 140 页	经租

续表

行　名	地　址	经　理	来　源	业务
刘贻德堂	英租界浙江路424号		1918年《上海商业名录》第140页	经租
谦吉	英租界北京路庆顺里50号		1918年《上海商业名录》第140页	经租
鸿大	美租界开封路D450号		1918年《上海商业名录》第140页	经租
懿德公司	英租界浙江路贻德里424号	刘裕屏	1918年《上海商业名录》第140页	经租
海利洋行（Gensburger & Co.）	法租界爱多亚路11号	H. Gensburger 买办:卓绍秋	1918年《上海商业名录》第41页	股票捐客兼地产贷押
陈永青 Y.C.Chun	美租界七浦路恒庆里1衖1048号半	正经理:陈永书 副经理:陈永茂	1918年《上海商业名录》第41页	股票捐客兼地产押款

4.1920年上海地产经租公司及地产捐客名录

行　名	地　址	经　理	来源①	业务
中国营业公司（China Realty Co.,Ltd.）	英租界南京路27号（江西路角）	爱滕姆司 W.A Adams 买办:雷汲韩	第176页	地产
平治门洋行	爱多亚路25号		第176页	地产
至善地产办事处	新租界静安寺路110号		第176页	地产
李诵清堂	英租界四川路128号半（苏州路南）	李云书	第176页	地产
招商局积余产业公司	英租界福州路1号	傅筱庵	第176页	地产
恒孚洋行（China Investment Co.）	英租界九江路6号三层楼上	A.C. Davis	第176页	地产兼保险
泰利洋行（Brandt & Rodgers）	英租界四川路121号	Brandt. Wm.	第176页	地产
容纳房产公司	英租界苏州路1号		第176页	地产
华通地产有限公司	英租界南京日新里239号	薛仲豪	第176页	地产
华盛公司（The Caihay Trading Co.）	英租界江西路51号A	麦增利（Rwmaclaba）买办:郑桂林	第176页	地产兼煤炭
胜业（China Land & Finance Co.,Ltd.）	英租界广东路10号		第177页	地产

---

① 徐珂:《上海商业名录》,商务印书馆民国九年(1920年)4月第2版。

续表

行　名	地　址	经　理	来源	业务
扬子地产银公司（Yangtsze Land & Finance Co., Ltd.）	英租界圆明园路11号	Aigar & Co. Ltd. Agents	第177页	地产
富有地产置业公司	新租界派克路13号		第177页	地产
业广公司（Shanghai Land Investment Co., Ltd.）	英租界仁记路2号		第177页	地产兼经租
新瑞和洋行（Davies & Brooke）	英租界黄浦滩路10号	Davies Gilbert M. S. A. M. C. I. Brooke J. T. W. A. R. I. B. A. 买办：刘然青	第177页	地产
德和洋行	英租界泗泾路2号	Johnson George A A. R. I. B. A. Morriss Gordon Barrera P. J. 买办：袁祖怀	第177页	地产
驻沪宁省利达房产有限公司	新租界长浜路146号		第177页	地产
颐丰实业公司（John P. Sung & Co.）	英租界广东路13号	孙权标	第177页	地产
余庆地产公司	英租界河南路即抛球场济阳里		第177页	地产
锦发产业有限公司（The China Land & Building Co., Ltd.）	英租界四川路125号	克明（H. M. Cumine）	第177页	地产兼营造
礼益地产公司（Lee Yik Land Co.）	英租界江西路7号	朱鑑塘	第177页	地产
大陆营业房产有限公司（The Continental Commercial & Realty Co., Ltd.）	闸北华兴路南林里雨字11号、12号（海宁路相近）		第177页	经租
大穰公司	英租界北京路东海里312号（山西路即盆堂衖西）		第177页	经租
三星公司	英租界南京路34号		第177页	经租
方裕兴	英租界宁波路兴仁里53号		第177页	经租
方兴记	英租界北京路兴仁里46号（江西路新）		第177页	经租
仁和公司	闸北恒丰路智和里375号		第177页	经租
仁新公司	英租界北京路仁兴里407号（福建路西）		第177页	经租
永和公司	英租界牛庄路31号		第177页	经租

续表

行　名	地　址	经　理	来源	业务
永福公司	美租界北山西路泰来里286号		第177页	经租
有益公司	英租界台湾路39号		第178页	经租
同益公司	南市老马路同益里14号		第178页	经租
安裕	西门内静修路合德里6号		第178页	经租
克明洋行	英租界泗泾路6号	H. M. Cumine	第178页	经租兼营造
周莲记	英租界牛庄路27号		第178页	经租
周锐记	法租界平济利路康吉里131号、132号		第178页	经租
东裕公司	英租界宁波路乾记里89号	徐冠南	第178页	经租
和丰公司	英租界浙江路和心坊133号		第178页	经租
承德公司	美租界塘山路（澄衷学校旁）		第178页	经租
林记公司	闸北共和路余庆里1号		第178页	经租
恒利公司	城内大境路恒余里1号		第178页	经租
恒业公司	英租界南京路34号		第178页	经租
恒丰	英租界南京路集益里95号		第178页	经租
茂祥公司	英租界北无锡路13号（直隶路东）		第178页	经租
茂源	英租界山西路即盆汤衖10号、11号（北高阳里旁）		第178页	经租
姚南记	美租界蓬路949号		第178页	经租
姚慕记	英租界宁波路乾记衖1号半		第178页	经租
首善堂	英租界南京路泰和里96号又法租界八仙桥街80号		第178页	经租
洪慎记	美租界北河南路桃源坊141号		第178页	经租
益记	英租界南京路鸿仁里511号		第178页	经租
晋陞公司	美租界爱而近路均益里126号		第178页	经租
晋源公司	英租界北无锡路15号（直隶路东）		第178页	经租
牲记公司	英租界北京路如意里302号		第178页	经租
孙直记（即哈华托）	英租界宁波路199号		第178页	经租
祥济公	法租界郑家木桥大街119号		第178页	经租
陈顺记	闸北宝兴路顺大里A20号（北四川路克明路中）		第178页	经租
陈兴昌	新租界派克路46号（爱文义路相近）		第178页	经租
崇德	英租界南京路鸿仁里512号		第178页	经租
望云公司	英租界北京路130号（山东路西）		第178页	经租

续表

行 名	地 址	经 理	来源	业务
堃记公司	英租界北京路兴仁里 53 号（江西路西）		第 178 页	经租
陆安雅堂 Loh An Yar Dong	美租界东西华德路安雅里 J2773 号	总经理:陆文中	第 179 页	经租
陆云记	英租界北京路怀安里 89 号		第 179 页	经租
惇文堂	南市老马路吉祥街 16 号		第 179 页	经租
麦丁洋行	南市老马路协兴里 21 号		第 179 页	经租
贵兴	英租界南京路集益里 95 号		第 179 页	经租
集益公司	英租界山西路集益里 95 号半		第 179 页	经租
敦贻公司	英租界北京路敦贻里 1152 号		第 179 页	经租
贻大	美租界北山西路德安里 59 号半		第 179 页	经租
黄庆记	新租界山海关路 153 号	黄庆元	第 179 页	经租兼营造
钦一堂	南市豆市街厚德里		第 179 页	经租
华商兴业测量绘图经租公司	西门外林荫路 38 号		第 179 页	经租
裕记	法租界公馆马路 222 号（西藏路相近）		第 179 页	经租
裕祥公司	英租界北京路东海里 331 号		第 179 页	经租
裕庆公司	英租界北京路东海里 332 号（山西路即盆汤街西）		第 179 页	经租
鼎余公司	英租界北京路如意里 302 号		第 179 页	经租
鼎丰公司	英租界北京路如意里 302 号		第 179 页	经租
源和	法租界天主教堂街祥裕里 2 衖 3 号		第 179 页	经租
源益公司	英租界台湾路 38 号、39 号	徐凌云	第 179 页	经租
爱理思	英租界南京路英华界维新里 3 衖 25 号	冯永康	第 179 页	经租
董苏记	美租界北和南路 523 号		第 179 页	经租
叶三福记	美租界塘山路 6 号（澄衷学校旁）		第 179 页	经租
勤业	闸北蒙古路 1596 号		第 179 页	经租
种德公司	英租界北京路隆庆里 97 号（山东路西）		第 179 页	经租
铭庆公司	闸北共和路余庆里 1 号		第 179 页	经租
维益公司	闸北蒙古路公益里 5 衖 299 号		第 179 页	经租
德生公司	美租界塘山路 6 号（澄衷学校旁）		第 179 页	经租
德和	英租界泗泾路		第 179 页	经租
刘景德	英租界北京路福兴里 72 号半		第 179 页	经租

附录Ⅱ 各章附录　　　　　　　　　　　　　　　　　　　　　　　　　　　　　　　　763

续表

行　名	地　址	经　理	来源	业务
刘贻德堂	英租界浙江路424号		第179页	经租
蔡成记	英租界南京路566号		第179页	经租
郑乐记	英租界北海路134号		第179页	经租
兴安公司	美租界塘山路6号(澄衷学校旁)		第180页	经租
颐福	闸北宝山路颐福里2衖55号		第180页	经租
谦吉	英租界北京路如意里309号(河南路即抛球场西)		第180页	经租
鸿大	美租界开封路永和里450号		第180页	经租
怀安公司	英租界北京路兴仁里51号		第180页	经租
怀远	英租界山西路义益里3衖95号		第180页	经租
畴福公司	爱多亚路永兴北里8号		第180页	经租
兢新	英租界南京路五昌里263号		第180页	经租
宝源公司	英租界天津路25号		第180页	经租
懿德公司	英租界浙江路贻德里424号	刘裕屏	第180页	经租
海利洋行(Gensburger & Co.)	法租界爱多亚路11号	H. Gensburger 买办:卓绍秋	第58页	股票捐客兼地产
陈永青 Y.C. Chun	美租界七浦路恒庆里底1衖1048号半		第41页	股票捐客兼地产

5. 1922年上海地产经租公司名录

行　名	地　址	经　理	来源①	业务
上海地产公司	法租界公馆马路41号	何道华买办:陈樨才	第189页	地产
九裕公司(Chow Yue & Co.)	英租界泗泾路8号	徐坤久、周雨卿	第189页	地产兼地产押款
大盛地产公司	英租界爱多亚路700号(大世界对面)		第189页	地产
中国营业公司(China Realty Co.)	英租界南京路27号	阿特姆司(W. A. Adams)	第189页	地产兼营造保险
永庆放款置产股份有限公司	英租界山东路永庆里274号	张蘭坪	第190页	地产
至善堂地产办事处	新租界静安路110号(斜桥东)		第190页	地产
地利产业交易所	美租界崇明路64号(北四川路西)	游荫乔	第190页	地产

---

① 徐珂:《上海商业名录》,商务印书馆民国十一年(1922年)11月第三版。

续表

行　名	地　址	经　理	来源	业务
同益公司	英租界山西路即书锦里民丰东里 61 号半		第 190 页	地产兼建筑
李诵清堂	英租界四川路 128 号 A（香港路角）		第 190 页	地产
招商局积余产业公司（China Merchant's S. N. Co's Propertids Department）	英租界福州路 1 号	傅筱庵	第 190 页	地产
东恒裕冠记申号	英租界宁波路（乾记衖口）	徐冠南	第 190 页	地产
泰利洋行（Brandit & Rodgers）	英租界四川路 131 号	W. Brandt 买办：陆仲甫	第 190 页	地产兼经租营造保险
泰昌洋行（G. R. Grove & Co.）	英租界四川路 123 号	G. R. Grove & Co.	第 190 页	地产
容纳房产公司（Settlement Realty Co.）	英租界苏州路 1 号		第 190 页	地产
康纳利地产油矿公司（Connalty Land and Oil Co.）	英租界泗泾路 8 号	罗师	第 190 页	地产
胜业（China Land & Finance Co. ,Ltd.）	英租界广东路 10 号		第 190 页	地产
普爱堂	英租界四川路 44 号	Rev. R. Verhaegine 陈庆平	第 190 页	地产兼押款经租
业广公司（Shanghai Land Investment Co. Ltd.）	英租界仁记路 2 号	P. Publes	第 190 页	地产兼经租
新康洋行（Edward Ezra & Co.）	英租界九江路 14 号	爱士勒	第 190 页	地产
新瑞和洋行（Davies & Brooke）	英租界黄浦滩路 25 号（天主教堂街西）	买办：刘瑞清	第 190 页	地产兼营造
聚兴营造地产公司	新租界白克路聚兴坊 511 号	王皋荪	第 190 页	地产
赫门洋行（J. T. Hammond）	英租界四川路 51 号	章钟豪	第 190 页	地产
余庆地产公司	英租界河南路济阳里 378 号		第 190 页	地产
余兴房产公司	英租界湖北路即大新街余兴里		第 191 页	地产
颐丰实业公司（John P. Sung & Co.）	英租界广东路 13 号 A	孙泉标（John P. Sung）	第 191 页	地产
礼益地产公司（Lee Yik Land Co.）	英租界江西路 7 号	朱馥棠	第 191 页	地产
上海地产股份有限公司	法租界白来尼蒙马浪路 35 号		第 499 页	地产

续表

行　名	地　　址	经　理	来源	业务
上海华商地产营业有限公司	筹备处:小北门方浜桥华安坊背后里城濠永福记	筹备主任:郁葆青 胡家锠	第499页	地产
宏安地产股份有限公司	英租界九江路233号		第499页	地产
东昇实业地产公司	英租界四川路44号	主任:陈庆平	第500页	地产
宽寿地产公司	英租界新康路12号	经理:林鹤寿　总经理:雷汲韩	第500页	地产
三合兴	闸北吟桂路47号(北四川路西)		第191页	经租
仁和公司	法租界贝勒路义和里5号		第191页	经租
仁茂公司	法租界典当街25号(公馆马路南)	郑绍棋	第191页	经租
仁德堂	美租界东西华德路仁德堂2254号		第191页	经租
公平	英租界福建路余兴里510号	汪蟾清	第191页	经租
王竹记	英租界山东路即望平街	王黼卿	第191页	经租
升顺公司	英租界江西路50号(北京路相近)	虞洽卿	第191页	经租
永和公司	英租界牛庄路31号		第191页	经租
永顺公司	英租界盆汤衖北高阳里21号(山西路西)	耿道顺	第191页	经租
平治明经租维益公司账房	英租界西藏路L216号(新垃圾桥南塊)		第191页	经租
有益公司	英租界台湾路39号		第191页	经租
朱经远堂	新租界牯嶺路101号(派克路东)		第191页	经租
吉益公司	英租界湖北路余兴里520号	李荣卿	第191页	经租
利昌	法新租界巨籁达路14号(浦石路北)		第191页	经租
利记	英租界江西路雙庆里		第191页	经租
东裕公司	英租界宁波路89号(乾记衖口)	宋绶若	第191页	经租
林记公司	闸北共和路余庆里1衖1号		第191页	经租
依巴德	美租界北河南路圖南里550号		第191页	经租
恒亦记	英租界山东路即观音阁码头吉祥里330号		第191页	经租

续表

行 名	地 址	经 理	来源	业务
恒丰	英租界南京路集益里	沈聊芳	第191页	经租
首善堂	英租界直隶路泰和里96号	李星聊	第191页	经租
厚昌祥	英租界江西路B52号（自来水桥相近）	蒋秀冬	第191页	经租
哈华托经租账房	英租界宁波路即中旺街乐安坊		第191页	经租
洽康公司	英租界山东路即麦家圈普爱坊147号	项松茂	第192页	经租
晋陞公司	美租界路均益里126号		第192页	经租
泰昌公司	英租界汉口路223号		第192页	经租
振益	新租界牯岭路17号（长沙路口）		第192页	经租
马永安	英租界湖北路大新街久安里714号		第192页	经租
陆文记	英租界苏州路2号（四川路口）	总经理：陆文仲（W.T. Loh）	第192页	经租
陆云记	英租界北京路怀安里89号	陆云斋	第192页	经租
通裕公司	英租界山东路即望平街永庆里274号	永庆公司	第192页	经租
集益公司	英租界南京路集益里95号	沈聊芳	第192页	经租
顺庆公司	英租界河南路即抛球场庆和里419号		第192页	经租
贵兴	英租界南京路集益里95号	庐少堂	第192页	经租
善積堂经租账房	英租界广西路415号（南京路北）		第192页	经租
渭记	英租界天津路惟庆里455号	孙学盛	第192页	经租
琼记	英租界海口路34号		第192页	经租
源昌	美租界北苏州路921号		第192页	经租
源茂	英租界盆汤衖10号、11号		第192页	经租
源益公司	英租界台湾路38号、39号		第192页	经租
董蓀记	美租界北和南路523号		第192页	经租
煦记	闸北新疆路南林里		第192页	经租
瑛记公司	南市陆家浜桂馨里	顾镜清	第192页	经租

续表

行　名	地　址	经　理	来源	业务
铭庆里	闸北共和路余庆里1街1号		第192页	经租
维益公司	闸北蒙古路公益里164号		第192页	经租
福记公司	英租界北京路U310号		第192页	经租
刘崇德	英租界南京路鸿仁里	吴伯如	第192页	经租
刘景德	英租界北京路福兴里127号半（观音阁码头西）	姚莲村	第192页	经租
刘贻德	英租界浙江路贻德堂	刘澂如	第192页	经租
刘尊德	新租界爱文义路84号	刘翰怡	第192页	经租
郑永康	英租界江西路永吉里		第192页	经租
庆平公司	英租界山东路即麦家圈庆云里57号		第192页	经租
增记公司	新租界爱文义路482号（成都路西）		第192页	经租
广维新	英租界盆汤衖北高阳里3号（山西路西）	耿道顺	第193页	经租
兴业公司	英租界山东路即望平街永庆里274号	永庆公司	第193页	经租
余庆公司	英租界山东路即望平街269号（汉口路南）	秦涵琛	第193页	经租
余兴房产公司	英租界福建路余兴里513号	朱琴伯	第193页	经租
积余公司	英租界河南路即抛球场庆和里419号		第193页	经租
鸿大	美租界开封路永和里450号		第193页	经租
鸿仪堂	法租界麦赛而蒂罗路鸿仪里		第193页	经租
谦吉	英租界河南路即抛球场如意里309号		第193页	经租
懋业公司	英租界厦门路贻德里159号		第193页	经租
薄元记	西门外安澜路元昌里15号		第193页	经租
宝隆公司经租处	英租界浙江路贻德里125号		第193页	经租
蘭记	英租界东棋盘街620号		第193页	经租
耕记经租账房	英租界北京路180号		第500页	经租
懋业公司	英租界厦门路贻德四里159号		第500页	经租

6. 1925年上海地产经租公司及捐客名录

行　名	地　址	经　理	来源①	业务
三源地产公司	美租界北苏州路德安里13号		第219页	地产
上海互助置业有限公司	闸北宝山路底474号	董事:长欧谭惠然　总经理:罗泮辉	第219页	地产
上海地产有限公司（Shanghai Estate Co., Inc.）	法租界公馆马路41号（永安街东）	何道华（A. M. T. Woodward Pres.）	第219页	地产
久康贸易公司（Kiu Kong Trading Co., Ltd.）	爱多亚路38号	沈耕莘	第219页	地产兼经租
中国建业地产公司（Fonciere & Immobiliere de Chine）	爱多亚路7号		第219页	地产兼营造
中国营业公司（China Realty Co., Ltd.）	英租界黄浦滩路12号	W. A. Adams	第219页	地产兼营造保险
永德公司（The Shanghai Investment & Trade Co.）	英租界九江路20号	莫俊伟	第219页	地产兼进出口
永庆放款置产公司	英租界山东路即望平街永庆里274号	张开坪	第219页	地产
合兴公司	美租界七浦路恒庆里1003号		第219页	地产
同泰祥	英租界云南路青仁里580号	董友贤	第219页	地产
同益地产公司	英租界河南路364号		第219页	地产
同兴地产银公司	英租界宁波路同和里18号A	方椒伯	第219页	地产兼贷押
亨利公司	法租界霞飞路690号		第219页	地产
何子林	新租界北成都路余庆里513号		第219页	地产
克明洋行（Cumine & Milne）	英租界江西路38号	Cumine	第219页	地产兼工程保险
宏业有限公司	英租界江西路38号		第219页	地产
成业地产公司（Union Land Investment Co., Ltd.）	英租界广东路13号		第219页	地产

---

① 林震:《上海商业名录》,商务印书馆民国十四年(1925年)3月第4版。

续表

行　名	地　址	经　理	来源	业务
协大洋行（J. A. Yavdynsky）	英租界九江路1号	A. Yavdynsky	第219页	地产兼经租
协兴地产公司（Hip Hing Land Investment Co.）	英租界江西路58号	谭海秋	第219页	地产
承发公司	南门外西陆家浜顾家厂养性庐		第219页	地产
东恒裕冠记申号	英租界宁波路（乾记衖口）	徐冠南	第219页	地产
恒业置产公司（Heng Nia Land Investment Co.）	闸北恒业路恒业里（江湾路济良所后）	总经理：杨缙卿　经理：李德恩	第220页	地产
恒丰	英租界南京路集益里97号	沈聊芳	第220页	地产
泰利洋行（Brandt & Rodgers）	英租界四川路121号	W. Brandt 买办：陆仲甫	第220页	地产兼营造保险经租
乾元兄弟产业股份公司	南市吉祥街		第220页	地产
惟善堂地产公司	英租界广东路2号	溢中银公司	第220页	地产
扬子地产公司（Yangtsze Land & Estate Co., Ltd.）	英租界九江路432号	吴萃五、胡景扬	第220页	地产
普益地产公司（Asia Realty Company）	英租界南京路15号	T. C. Briton 华经理：杨秋生	第220页	地产
普爱堂	英租界四川路44号	陈廖平	第220页	地产兼贷押经租
程谨记	英租界劳合路3号	程霖生	第220页	地产
华产公司	英租界四川路136号		第220页	地产兼进出口贷押
隆业地产公司（The Zah Chen Realty & Banking Co., Ltd.）	英租界南京路亲仁里65号	吴仲彝	第220页	地产
集成地产公司（The Zah Chen Realty & Banking Co., Ltd.）	新租界山海关路瑞霭里	总经理：薇舟	第220页	地产兼贷押营造储蓄
汇广公司	英租界广东路10号	J. A. Watte & Co.	第220页	地产
新瑞和洋行（Davies & Brooke）	爱多亚路4号七层楼	Davies G; Brook J. T. W 华经理：刘然青	第220页	地产兼营造

续表

行　名	地　址	经　理	来源	业务
业广公司（Shanghai Land Investment Co. Ltd.）	英租界仁记路28号	Philip Publes	第220页	地产兼经租
徽生地产公司	英租界江西路60号	邬挺生、朱之椿	第220页	地产
广益地产有限公司	美租界北苏州路30号（北江西路西）	余少常	第220页	地产
辉光公司	英租界南京路60号	黄荣辉	第220页	地产兼营造保险贷押
积余地产公司	英租界福州路1号	傅筱菴	第220页	地产
余兴公司（Yue Hsin Real Estate Co.）	英租界福建路余兴里G513号	朱琴伯	第220页	地产
礼益地产公司（Lee Yih Land Co.）	英租界江西路七号（广东路北）	朱馥棠	第221页	地产
宝恒公司（Pao Heng Trading Co.）	爱多亚路38号	沈耕莘	第221页	地产兼经租
Small Investors Ltd.	英租界四川路41号	Fleming Douglas.	第221页	地产
仁和公司	法租界贝勒路义和里5号	丁钦尧	第221页	经租
仁茂公司	法租界兴当街25号（公馆马路南）	郑绍祺	第221页	经租
公平	英租界福建路余兴里510号	汪蟾清	第221页	经租
升顺公司	英租界江西路50号	虞洽卿	第221页	经租
朱承德堂经租处	闸北长安路226号（裕通路口）		第221页	经租
朱勤记经租账房	闸北金陵路精勤染织工厂内		第221页	经租
朱经远堂	新租界牯嶺路101号		第221页	经租
吉益公司	英租界湖北路余兴里520号	盛莲舫	第221页	经租
李光裕堂经租账房	法租界恺自迩路荫余里5号		第221页	经租
李诵清堂	英租界四川路136号	李云书	第221页	经租
东方营业公司	英租界四川路45号（福州路口）		第221页	经租
东昇实业地产公司（Tung Sheng Land & Estate）	英租界四川路44号（福州路南）	陈庆平	第221页	经租兼打样建筑
东裕公司	英租界宁波路89号（乾记衖）	宋绶若	第221页	经租

续表

行　名	地　址	经　理	来源	业务
俞顺记	爱多亚路德顺里（孟纳拉路南）		第221页	经租
厚昌祥	英租界江西路52号（北京路口）	蒋秀冬	第221页	经租
徐金记（Zee King Kee General Contractor）	爱多亚路6号	徐金和	第221页	经租
振记经租账房	法租界敏体尼荫路146号（八仙桥南）		第221页	经租
马裕隆	英租界山东路即麦家圈庆云里57号	马乙棠	第221页	经租
张恒祥	英租界南京路亲仁里64号	沈仲毅	第221页	经租
通裕公司	英租界山东路即望平街永庆里274号	永庆公司	第221页	经租
陈伟记	法租界恺自迩路永乐里2号（李梅路东）		第221页	经租
陆云记	英租界北京路怀安里89号		第221页	经租
敦贻公司	英租界北京路敦贻里1152号		第222页	经租
华承昌经租账房	闸北华康路17号（海昌路南）		第222页	经租
贵兴	英租界南京路集益里95号	庐少堂	第222页	经租
集益公司	英租界南京路集益里95号	沈聊芳	第222页	经租
瑛记公司	南市小南门外西陆家浜桥南桂馨里9号	顾镜清	第222页	经租
福昌公司经租账房	爱多亚路日夜银行内		第222页	经租
福记公司	小北门方浜桥华安坊背后大方路永福里1号	胡绥之	第222页	经租兼地产
刘景德	英租界北京路127号半（观音阁码头西）	姚莲村	第222页	经租
刘贻德	英租界浙江路贻德里424号		第222页	经租
德和公司	英租界北京路敦贻里1152号		第222页	经租
庆平公司	英租界山东路即麦家圈庆云里57号	马乙棠	第222页	经租
郑永康	英租界江西路永吉里255号		第222页	经租
余庆公司	英租界山东路即望平街269号（福州路北）	秦涵琛	第222页	经租
骏业公司	爱多亚路德和里211号（郑家木桥东）		第222页	经租

续表

行　名	地　址	经　理	来源	业务
你路臣洋行（G. Nielsen）	新租界愚园路 B24 号		第 67 页	股票及地产捐客
利德洋行（Linnestad & Co.）	法租界黄浦滩 4 号（爱多亚路南）	B. Thams Proprietor	第 68 页	船头转运及地产捐客
依利士洋行（Ellis & Co.）	英租界仁记路 25 号	A. S. Ellis	第 68 页	股票及地产捐客
长利洋行（J. N. Bisset & Co.）	英租界黄浦滩路 12 号	Hummel G. M. W.	第 68 页	股票捐客及地产经租
华德洋行（L. P. O'Driscoll）	英租界四川路 41 号（广东路北）		第 69 页	地产船头及转运捐客
苏美洋行（D. S. Somekh）	英租界南京路外滩汇中旅馆转交		第 69 页	股票及地产捐客

7. 1928 年上海地产经租公司及捐客名录

行　名	地　址	经　理	来源①	业务
三源地产公司	英租界西藏路平乐里 95 号		第 229 页	地产
三鑫房产公司	英租界福州路 M345 号大新舞台三楼	周乾康谢三希	第 229 页	地产
大陆营业房产有限公司	美租界界路 201 号（克能海路东）		第 229 页	地产
上海地产有限公司（Shanghai Estate Co. , Inc.）	法租界公馆马路 41 号（永安街东）	何道华（A. M. T. Woodward Pres.）	第 229 页	地产
上海联合地产公司（The Shanghai United Estate Association）	英租界汉口路 9 号（江西路东）	雷汲韩（C. K. Lay）	第 229 页	地产
中国建筑地产公司（Fonciére Et & Immobiliere de Chine）	爱多亚路 9 号	J. Beuden；M. Speelman	第 229 页	地产兼营造
中国营业公司（China Realty Co. , Ltd.）	英租界四川路 70 号	洋经理：萌达理（E. W. Sutterle）华经理：方液仙	第 229 页	地产兼营造保险
永业地产公司	美租界靶子路 337 号同记花园内		第 229 页	地产

---

① 林震：《上海商业名录》，商务印书馆出版，民国十四年（1925 年）3 月第 5 版。

续表

行　名	地　址	经　理	来源	业务
永庆放款置产股份有限公司	英租界山东路即望平街永庆里274号	张蘭坪	第229页	地产
医家置产公司	英租界福州路怀远里105号	薛次莘	第229页	地产
合记地产公司	英租界黄浦滩路7号（福州路南）		第229页	地产
合兴公司	美租界七浦路恒庆里1003号		第229页	地产
同兴地产银公司	英租界宁波路同和里18号A	方椒伯	第229页	地产兼贷押
何子记	新租界北成都路余庆里513号		第229页	地产
克明洋行（Cumine & Milne）	英租界江西路38号	Cumine	第229页	地产兼工程保险
成业地产公司（Union Land Investment Co., Ltd.）	英租界广东路13号		第230页	地产
协大洋行（J. A. Yavdynsky）	英租界九江路1号	A. Yavdynsky	第230页	地产兼经租
东恒裕冠记申号	英租界宁波路（乾记衖口）	徐冠南	第230页	地产
哈同洋行	英租界南京路36号	S. A. Hardoon	第230页	地产
恒裕地产公司	英租界黄浦滩路7号	傅其霖	第230页	地产
恒业地产公司（Heng Nih Land Investment Co.）	闸北恒业路恒业里（天通庵火车站西同济路中国公立医院后）	总经理：杨缙卿　经理：李德恩	第230页	地产
恒丰	英租界南京路集益里97号	沈聊芳	第230页	地产
泰利洋行（Brandt & Rodgers）	英租界四川路121号	W. Brandt 买办：陆仲甫	第230页	地产兼营造保险经租
乾元兄弟产业股份公司	南市吉祥街5号	李咏裳	第230页	地产
扬子地产公司（Yangtsze Land & Estate Co., Ltd.）	英租界九江路432号	吴萃五、胡景扬	第230页	地产
普益地产公司（Asia Realty Company）	英租界南京路15号	T. C. Britton 华经理：杨秋生	第230页	地产
普爱堂办事处	英租界汉口路3号	刘达义	第230页	地产兼贷押经租
程谨记	英租界劳合路3号	程霖生	第230页	地产
普业地产公司（National Realty Co.）	闸北虬江路即王家宅1134号	总理：张葆莹	第230页	地产

续表

行　名	地　址	经　理	来源	业务
集成地产银公司（The Zah Chen Realty & Banking Co.,Ltd.）	英租界福州路 332 号	董事长:汪薇舟　经理:汪墨溪	第 230 页	地产兼贷押保险营造储蓄
汇广公司（Shanghai Building Investment Co. Ltd.）	英租界广东路 10 号	J. A. Watte & Co.	第 230 页	地产
敬业地产公司	爱多亚路德顺里 735 号		第 230 页	地产
新瑞和洋行（Davies & Brooke）	爱多亚路 4 号七层楼	华经理:刘然青	第 230 页	地产兼营造
业广公司（Shanghai Land Investment Co. Ltd.）	英租界仁记路 28 号	Philip Publes	第 230 页	地产兼经租
广益置业有限公司	美租界北苏州路 30 号（北江西路西）	余少常	第 230 页	地产
毅庭地产公司	英租界北京路新庆余里 448 号	顾椿庭	第 231 页	地产
辉光公司	英租界南京路 60 号	黄荣辉	第 231 页	地产兼营造保险贷押
积余地产公司	英租界福州路 1 号		第 231 页	地产
余兴公司（Yue Hsin Real Estate Co.）	英租界福建路余兴里 G513 号	朱琴伯	第 231 页	地产
谢三希	美租界克能海路祥安里 KA187 号	谢三希	第 231 页	地产
礼益地产公司（Lee Yih Land Co.）	英租界江西路七号（广东路北）	朱馥棠	第 231 页	地产
Small Investors Ltd.	英租界四川路 41 号	Fleming Douglas.	第 231 页	地产
仁和公司	法租界贝勒路义和里 5 号	丁钦尧	第 231 页	经租
公平洋行	英租界仁记路 21 号四楼	汪蟾清	第 231 页	经租
吉益公司	英租界湖北路余兴里 520 号	盛莲舫	第 231 页	经租
同德公司	英租界牛庄路 31 号（云南路角）		第 231 页	经租
朱承德堂经租处	闸北长安路 226 号（裕通路口）		第 231 页	经租
朱经远堂	新租界牯岭路 101 号		第 231 页	经租
李光裕堂经租账房	法租界恺自迩路荫余里 5 号		第 231 页	经租

续表

行 名	地 址	经 理	来源	业务
李诵清堂	英租界四川路 136 号	李云书	第 231 页	经租
居易公司经租账房（Tung Sheng Land & Estate）	英租界南京路余兴里 513 号	王中之	第 231 页	经租
东方营业公司	英租界四川路 45 号（福州路口）		第 231 页	经租
东裕公司	英租界宁波路 89 号（乾记衖口）	宋绶若	第 231 页	经租
厚昌祥	英租界江西路 52 号（北京路口）	蒋秀冬	第 231 页	经租
徐金记（Zee King Kee General Contractor）	爱多亚路 6 号	徐金和	第 231 页	经租
振记经租账房	法租界敏体尼荫路 146 号（八仙桥南）		第 231 页	经租
张恒泰	闸北虬江路即王家宅 1134 号	总经理：张葆莹	第 231 页	经租
通裕公司	英租界山东路即望平街永庆里 274 号	永庆公司	第 231 页	经租
陆安雅堂（Loh An Yar Dong）	美租界东西华德路安雅里	陆文中	第 231 页	经租
敦贻公司	英租界北京路敦贻里 1152 号		第 232 页	经租
渭记	英租界天津路惟庆里 455 号		第 232 页	经租
华承昌经租账房	闸北华康路 17 号（海昌路南）		第 232 页	经租
贵兴	英租界南京路集益里 95 号	庐少堂	第 232 页	经租
集益公司	英租界南京路集益里 95 号	沈聊芳	第 232 页	经租
爱记经租账房	美租界老靶子路 237 号	赵同记	第 232 页	经租
源利经租账房	英租界劳合路长吉里 236 号		第 232 页	经租
瑛记公司	南市小南门外西陆家浜桥南桂馨里 9 号	顾镜清	第 232 页	经租
颂莘公司经租账房	英租界劳合路长吉里底		第 232 页	经租
福昌公司经租账房	爱多亚路日夜银行内		第 232 页	经租
福记公司	小北门方浜桥华安坊背后大方路永福里 1 号	胡绥之	第 232 页	经租兼地产
刘景德	英租界北京路 127 号半（观音阁码头西）	姚莲村	第 232 页	经租

续表

行 名	地 址	经 理	来源	业务
刘贻德	英租界浙江路贻德里424号		第232页	经租
德和公司	英租界北京路敦贻里1152号		第232页	经租
庆平公司	英租界山东路即麦家圈庆云里57号	马乙棠	第232页	经租
郑永康	英租界江西路永吉里255号		第232页	经租
余庆公司	英租界山东路即望平街269号(福州路北)	秦涵琛	第232页	经租
懋业公司	英租界厦门路贻德西里159号	陈文甫	第232页	经租
骏业公司	爱多亚路德和里211号(郑家木桥东)		第232页	经租
瀛记经租账房	英租界牛庄路31号(云南路角)		第232页	经租
你路臣洋行(G. Nielsen)	新租界愚园路B24号		第232页	股票及地产掮客
利德洋行(Linnestad & Co.)	法租界黄浦滩4号(爱多亚路南)	B. Thams Proprietor	第232页	船头转运及地产掮客
依利士洋行(Ellis & Co.)	英租界仁记路25号	A. S. Ellis	第233页	股票及地产掮客
长利洋行(J. P. Bisset & Co.)	英租界黄浦滩路12号	Hummel G. M. W.	第233页	股票掮客及地产经租
海利洋行(Gensburger & Co.)	英租界仁记路12号	V. D. Gensburger	第233页	股票掮客兼地产
夏老臣洋行(Herlofson & Reeves)	爱多亚路9号(黄浦滩路西)	H. Herlofson; W. M. Reeves	第233页	船头煤及地产掮客
华德洋行(L. P. O'Driscoll)	英租界四川路41号(广东路北)		第234页	地产船头及转运掮客
蘇美洋行(D. S. Somekh)	英租界南京路外滩汇中旅馆转交		第234页	股票及地产掮客

8. 1931年上海主业经营房地产业务的公司机构名录

行 名	地 址	经 理	主要业务	来 源	副业
一大股份银公司	南京路德馨里198号	刘(?)源	地产、押款	1931《上海商业名录》第1页①	经租、建筑

---

① 中国商务广告公司:《上海商业名录》,商务印书馆中华民国二十年(1931年)四月初版。

续表

行名	地址	经理	主要业务	来源	副业
上海银公司	爱多亚路 33 号	G. Bargeron	地产借款保险	1931《上海商业名录》第 16 页①	
上海兴业地产公司	平望街 40 号		地产	1931《上海商业名录》第 17 页	
大亨洋行	公馆马路 42 号	J. K. L. Tsu I. K. S. Tsu	进口、地产、烟丝	1931《上海商业名录》第 25 页	
大耀建筑公司	博物院路 3 号	建筑部:林大海 地产部:曾伯谋	建筑、设计、地产、经租、保险	1931《上海商业名录》第 41 页	
久益地产公司	北京路 96 号	曾次蔫	地产	1931《上海商业名录》第 44 页	
中法银公司	爱多亚路 39 号	勒百宝、魏廷荣	放款、地产、经租	1931《上海商业名录》第 51 页	
中国地产实业公司	汉口路 14 号浙江实业银行楼上	陈纯馥、李德恩、刘灏芳	地产、建筑、放款	1931《上海商业名录》第 54 页	
中国协商公司	香港路 4 号	J. A. Dismeyer	进出口、地产	1931《上海商业名录》第 55 页	
中国投资公司	广东路 3 号	Meyer E. Solomon	股票、地产、保险	1931《上海商业名录》第 55 页	
中国建筑地产公司	爱多亚路 6 号	M. Speelman E. Aigaut	建筑、地产、经租	1931《上海商业名录》第 56 页	
中国营业公司	四川路 70 号	地产部:G. Grane H. S. Carey;经租部:E. F. Toeg L. J. Nuthin	地产、押款、经租、保险、工程、测量	1931《上海商业名录》第 59 页	
中国劝工银行	南京路 210 号	刘聘三	银行、储蓄、地产	1931《上海商业名录》第 65 页	
公和洋行	广东路 1 号	潘梅轩	建筑、地产	1931《上海商业名录》第 68 页	
公兴公司	台湾路满春坊 8 号	范馀记	地产、经租	1931《上海商业名录》第 72 页	
仁元地产公司	斐伦路 400 号	杨挹芬	地产	1931《上海商业名录》第 86 页	
五和洋行	圆明园路 17 号		建筑、地产	1931《上海商业名录》第 89 页	
六合贸易工程公司	四川路 5 号	总经理:李祖贤 地产部:洪彦直	进出口、地产、工程	1931《上海商业名录》第 90 页	

---

① 中国商务广告公司:《上海商业名录》,商务印书馆中华民国二十年(1931 年)四月初版。

续表

行　名	地　址	经　理	主要业务	来　源	副业
日东运输公司	四川路 45 号	经理：R. Shiotsuki；华经理：俞钧孚	买卖、经租、轮船运输	1931《上海商业名录》第 92 页	
友华银公司	江西路 8 号		押款、地产	1931《上海商业名录》第 100 页	
方来公司	四川路 68 号		汇兑、股票、地产	1931《上海商业名录》第 103 页	
平治明洋行	江西路 28 号	陈宜昌	地产	1931《上海商业名录》第 111 页	
永安地产公司	江西路 5 号	李若蘅	地产、押款、建筑	1931《上海商业名录》第 114 页	
正太地产公司	爱多亚路 29 号		地产、经租、建筑	1931《上海商业名录》第 130 页	
申泰营业公司	四川路 72 号四楼		地产、保险、经租	1931《上海商业名录》第 136 页	
伊藤一郎	吴淞路义丰里 200 号	R. I. Ito	地产	1931《上海商业名录》第 138 页	
同仁法律事务所	北京路 43 号	律师：袁汉云、王毓裳（？）、陈志荫	诉讼、经租	1931《上海商业名录》第 147 页	
同益银公司	汉口路 9 号	赵晋卿	汇兑、地产	1931《上海商业名录》第 153 页	
同盛公号	公馆马路升平里 28 号		地产	1931《上海商业名录》第 154 页	
安利洋行	南京路外滩沙逊大厦	总董：H. E. Arnhold　C. H. Arnhold　R. E Sassoon　F. R. Davey	进出口呢绒疋头、丝荄（？）、棉花、机器、五金、洋纸、保险、洋杂货、地产房屋、建筑工程	1931《上海商业名录》第 164 页	
有利地产公司	平望街荣阳里 40 号		地产	1931《上海商业名录》第 166 页	
壳件洋行	四川路 48 号	Brodie A. Clarke	煤、地产、运输、拍卖	1931《上海商业名录》第 188 页	
均记地产公司	吕班路 42 号	郁均候、郁振初、郁友阑	房产、地产	1931《上海商业名录》第 188 页	
儿岛洋行	宝乐（？）安路 103 号	儿岛德治	地产、经租、营造	1931《上海商业名录》第 204 页	
协隆地产建筑公司	湖北路 313 号	赞（？）允芳	地产、建筑	1931《上海商业名录》第 210 页	
昌业地产有限公司	苏州路 6 号	A. L. Dickson　H. Moore　D. W. M. Price	地产	1931《上海商业名录》第 227 页	

续表

行　名	地　址	经理	主要业务	来　源	副业
东兴土地信用组合	吴淞路号 C294 号	T. Murakami	地产、房产	1931《上海商业名录》第 238 页	
长利洋行	黄浦滩 12 号三楼	G. M. W. Humme	股票、地产、火险	1931《上海商业名录》第 245 页	
长丰地产公司	九江路 12 号	蔡福棠	经租、地产、押款	1931《上海商业名录》第 246 页	
信平公司	四川路 66 号	黄(?)延芳	房产、地产、保险	1931《上海商业名录》第 249 页	
哈同洋行	南京路 107 号	经理：S. A. Hardoon 华经理：姬觉弥	房地产	1931《上海商业名录》第 261 页	经租
建明地产公司	四川路 72 号	董廉、顾文生	地产	1931《上海商业名录》第 262 页	
恒利金号	山海关路南兴(?)坊 117 号半	张定湘、汪定荣	标金、地产	1931《上海商业名录》第 265 页	
恒裕丰地产公司	南京路 140—142 号三楼	总经理：孙梅堂 经理：周亭荪	房产、地产、信托、经租	1931《上海商业名录》第 270 页	
美华地产公司	南京路 49 号三楼	R. M. Vauderburgh	地产、营造	1931《上海商业名录》第 287 页	
振益公司	爱多亚路 38 号	James H. Lee	地产	1931《上海商业名录》第 307 页	
晋元地产公司	白克路人和里 30 号	邵瑛	地产	1931《上海商业名录》第 311 页	
晋城地产公司	外滩 12 号二楼	总经理：H. Wakelam 经理：S. H. Peek J. Sanvayre A. V. White	地产、建筑	1931《上海商业名录》第 312 页	
泰利洋行	江西路 391 号	Wm. Brandt	建筑、地产	1931《上海商业名录》第 314 页	
益群事务委托所	爱多亚路 187 号	姚鑫之	建筑、经租	1931《上海商业名录》第 326 页	
高士荣	博物院路 20 号	高士荣	地产、保险	1931《上海商业名录》第 330 页	
昆源银公司	四川路中央拱厦内 27 号	席叔文、席季明	地产、押款、经租	1931《上海商业名录》第 339 页	
张裕泰建筑厂	贝勒路 14 号	张裕田	建筑、地产、经租	1931《上海商业名录》第 344 页	
得利洋行	九江路 3 号	经理：A. H. Hatherly 华经理：沈戴发	地产、股票掮客	1931《上海商业名录》第 346 页	

续表

行　名	地　址	经　理	主要业务	来　源	副业
捷发地产公司	朱葆三路 26 号	经理：V. L. Albert 华经理：王咏梅	房地产	1931《上海商业名录》第 347 页	建筑打样
毕利华	九江路 2 号甲		股票、地产	1931《上海商业名录》第 351 页	
琅记营业工程公司	九江路 22 号	总理兼总工程师：王士良	地产、保险、经租、五金、机器、电料、制井、土木工程	1931《上海商业名录》第 351 页	
通利洋行	博物院路 20 号三楼	H. Fittkau	建筑、地产、保险	1931《上海商业名录》第 360 页	
郭晋馀号	公馆马路惟祥里 4 号	郭晋之	汇兑、经租	1931《上海商业名录》第 363 页	
陆文记	东熙华德路 2781—2782	陆文中	地产	1931《上海商业名录》第 368 页	营造保险经租
务本地产公司	华成路 12 号		地产	1931《上海商业名录》第 372 页	
藤业地产公司	白利南路 47 号 A	曹裕卿	地产	1931《上海商业名录》第 373 页	建筑
富润地产有限公司	四川路 56 号汇丰房子	G. R. Coutte	地产	1931《上海商业名录》第 375 页	
惠丰营业公司	北京路 50 号二楼	毛剑雄（？）	地产、建筑、五金	1931《上海商业名录》第 380 页	
扬子贸易有限公司	仁记路 25 号		地产	1931《上海商业名录》第 380 页	
普益地产公司	南京路 50 号	T. C. Britton	地产	1931《上海商业名录》第 381 页	
普业地产公司	博物院路 20 号	高士荣	地产、保险	1931《上海商业名录》第 382 页	
华懋地产有限公司	沙逊大厦三楼安利洋行内		地产	1931《上海商业名录》第 406 页	
开宜公司	九江路 14 号	E. S. Hsioh F. P. Mnsso	建筑、地产、保险	1931《上海商业名录》第 410 页	
集成银公司	福州路 332 号	汪薇洲	银行业务、地产	1931《上海商业名录》第 414 页	
汇众银公司	汉口路 4 号	经理：F. W. Sutterle 华经理：陈其均	押款、放款、保险	1931《上海商业名录》第 425 页	
汇福公司	九江路 B 字 2 号	王衍庆	地产、经租	1931《上海商业名录》第 427 页	
爱尔德有限公司	香港路 5 号	N. E. Kent	建筑、地产、保险	1931《上海商业名录》第 428 页	

续表

行　名	地　　址	经　理	主要业务	来　　源	副业
新顺泰营造厂	公平路公安里895号	姚嘉银,方信厚	建筑、打样、地产、保险	1931《上海商业名录》第440页	
新瑞和洋行	爱多亚路4号	Glibert Davies J. T. W. Brooke	建筑、房产、地产	1931《上海商业名录》第441页	
杨一和	北京路64号		地产	1931《上海商业名录》第444页	
业广地产有限公司	仁记路28号	经理：N. L. Sparke 华经理：C. Y. Yih	房屋、地产	1931《上海商业名录》第445页	
义品放款银行	南京路沙逊大厦二楼	E. Molines	押款、房地产、保险	1931《上海商业名录》第464页	
叶和记营造厂	提篮桥茂海路凤生里56号	叶悦亭	建筑、房屋、地产	1931《上海商业名录》第477页	
远东公共运动场股份有限公司	办事处：霞飞路220号	姚献廷	地产	1931《上海商业名录》第516页	
台维洋行	江西路320号	W. A. Kearton	进出口、地产	1931《上海商业名录》第518页	
辉光公司	江西路212号	W. F. Wong	建筑、地产、押款、保险	1931《上海商业名录》第544页	
震兴公司	宁波路112号	郁震东	抵押、放款、地产	1931《上海商业名录》第546页	
锦名建筑工程师	四川路48号	H. M. Cumine E. B. Cumine	建筑工程、保险、地产	1931《上海商业名录》第555页	
锦兴地产营业公司	仁记路25号	孙春生	地产	1931《上海商业名录》第558页	房产、建筑、设计
懋赉地产公司	江西路218号	L. E. Moeller	地产	1931《上海商业名录》第561页	
环球贸易公司	宁波路47号	Hamilton L. Mars Wm. A. Kirk	地产、银业、进出口	1931《上海商业名录》第567—568页	
联益贸易公司	东熙华德路2781—2782号	陆文中	进出口、地产、经租	1931《上海商业名录》第569页	
谭贵记经租账房	广西路494号	谭贵记	经租	1931《上海商业名录》第583页	
宝耀记	香港路4号	宝耀庭	地产	1931《上海商业名录》第590页	
苏尔工程师	北京路96号	经理：K H. Suhr 华经理：张尚义	绘图、营造、地产	1931《上海商业名录》第592页	

续表

行　名	地　址	经　理	主要业务	来　源	副业
顾忍大律师	江西路452号		律师业务	1931《上海商业名录》第593页	经租、地产
大源公司	闸北海昌路如意里	赵松年	测绘、地产	1931《上海商业名录》第597页	
丰盛宝业公司	爱多亚路38号	总理：盛泽承	押款、保险、地产	1931《上海商业名录》第598页	

9. 1931年上海副业经营房地产业务的公司机构名录

行　名	地　址	经　理	主要业务	来　源	副业
三星大舞台	牛庄路2号	周炳臣	京戏	1931《上海商业名录》第7页①	地产
大方建筑公司	四川路112号四楼	刘既漂、李宗保	建筑、打样	1931《上海商业名录》第21页	经租、地产
大昌建筑公司	江西路24号四楼	施衍林	建筑设计	1931《上海商业名录》第27页	地产
工商储蓄会	海防路50号	殷芝龄	储蓄、银行业务	1931《上海商业名录》第47页	地产
王佳记营造厂	闸北金陵路佳兴里1号	王士佳	建筑	1931《上海商业名录》第84页	经租
王海帆会计师	爱多亚路39号		会计师事务	1931《上海商业名录》第85页	地产、经租、保险
王梓康会计师	北京路32号		会计师事务	1931《上海商业名录》第85页	注册、保险、地产
元和公行	四川路35号	王如椿	运输、进出口	1931《上海商业名录》第96页	保险、押款地产
方瑞记	星加坡路21－25号	方祥和	建筑	1931《上海商业名录》第103页	地产
立信会计师事务所	江西路62号	经租部主任：黄介前	会计师事务	1931《上海商业名录》第128页	地产、经租
正诚法律事务所	四川路112号	主任律师：谭毅公	民刑诉讼	1931《上海商业名录》第132页	地产、经租
伍守恭律师	江西路24号四楼		律师事务	1931《上海商业名录》第138页	地产、经租
同济建筑公司	爱多亚路80号	蔡君锡	建筑、设计、估价	1931《上海商业名录》第158页	地产
老沙逊洋行	江西路28号 栈房：香港路10号	经理：A. G. Dovey 华经理：吴锻宏	进出口	1931《上海商业名录》第172页	保险、地产
何庆云律师事务所	老靶子路148号三楼	主任：何庆云	律师事务	1931《上海商业名录》第180页	地产

---

① 中国商务广告公司：《上海商业名录》，商务印书馆中华民国二十年（1931年）四月初版。

附录 Ⅱ 各章附录

续表

行　名	地　址	经理	主要业务	来　源	副业
利纪生洋行	四川路 215 号	经理:A. J. Richardson 华经理:陈秉钧	拍卖行	1931《上海商业名录》第 183 页	房产
吴少山律师	江西路 451 号五楼		律师事务	1931《上海商业名录》第 186 页	地产、经租
志平法律事务所	静安寺路 29 号甲	律师:陶一民,江宗洋	律师事务	1931《上海商业名录》第 190 页	地产、经租
沈家桢会计师	西门路西湖坊 45 号		会计师事务	1931《上海商业名录》第 198 页	地产、经租
沈轶千律师	白克路 E701 号	地产部:沈企周 经租部:周介候	律师事务	1931《上海商业名录》第 198 页	地产、经租、放款
沈豫善律师	事务所:四川路 112 号 住宅:白克路 590 号 A		律师事务	1931《上海商业名录》第 198 页	地产、经租
沈鹤甫建筑师	博物院路 20 号		建筑设计	1931《上海商业名录》第 199 页	地产
东南建筑公司	江西路 451 号	过养默	建筑	1931《上海商业名录》第 236 页	地产
俞钟骆律师	事务所:四川路 112 号 住宅:西门黄家园(?)庆云里 6 号		律师事务	1931《上海商业名录》第 255 页	地产、经租
建安测绘行	北四川路 379 号	陆志刚	测绘设计	1931《上海商业名录》第 262 页	经租、地产
恒兴华洋杂货号	紫来街同德里 9 号	总理:胥汉臣 经理:藤国良	华洋杂货	1931《上海商业名录》第 271 页	地产
范铭(镜潭)律师	海宁路南高寿里 1913 号		律师事务	1931《上海商业名录》第 294 页	经租
彦沛记建筑事务所	四川路 29 号	黄檀甫	建筑设计	1931《上海商业名录》第 298 页	地产
唐行健律师	福煦路国民里 10 号		律师事务	1931《上海商业名录》第 300 页	地产、经租
奚亚夫律师	江西路 451 号		律师事务	1931《上海商业名录》第 301 页	地产
徐式昌律师	白克路 653 号		律师事务	1931《上海商业名录》第 303 页	地产、经租
徐广德会计师	爱多亚路 39 号		会计师事务	1931《上海商业名录》第 305 页	地产、经租、保险
振昌公司	同孚路 565 号	Y. S. Lee	花边、顾繡	1931《上海商业名录》第 306 页	地产、发网
泰昌公司(英商)	新闸路 B 字 57—58 号	总经理:Y. S. Kumsoo 华经理:薛春魁	煤	1931《上海商业名录》第 315 页	地产
泰昌公典	法租界篮维蔼路 93—94 号	穆静山	典质业	1931《上海商业名录》第 315 页	地产、押款

续表

行　名	地　址	经　理	主要业务	来　源	副业
益泰公司	外滩 24 号	经理：A. A. Reyer 华经理：宛开甲、吴瑞华	营造、制图、监工	1931《上海商业名录》第 324 页	地产、经租
真裕公司	四川路 29 号	黄檀甫	建筑、打样、营造	1931《上海商业名录》第 327 页	地产、进口
高易公馆	北京路 7 号		律师事务	1931《上海商业名录》第 330 页	地产
张骥律师事务所	博物院路 20 号	张云皇	律师事务	1931《上海商业名录》第 345 页	地产、经租
笪耀先律师	白克路 E61 号	地产部：陈忠皋	律师及会计师	1931《上海商业名录》第 358 页	地产、保险、估价
逊百克律师	朱葆路 26 号	帮办：方昇平	律师事务	1931《上海商业名录》第 363 页	地产
陈日平徐广德王海帆会计师事务所	爱多亚路 39 号		会计师业务	1931《上海商业名录》第 365 页	地产、经租、保险、信托
陈金镕律师	七浦路 609 号	帮办：张保鼎	律师事务	1931《上海商业名录》第 366 页	地产、经租
陶悟志律师	北京路 100 号		律师事务	1931《上海商业名录》第 370 页	经租、房产
汤有为律师	海宁路天保里 9 号	经租部：何杏圃（？）	律师事务	1931《上海商业名录》第 386 页	地产、经租
华中营业有限公司	爱多亚路 36 号甲	李孤帆	建筑设计	1931《上海商业名录》第 391 页	保险、经租
华信建筑公司	中华路 195 号	总经理：杨楚翘	建筑、打样	1931《上海商业名录》第 397 页	地产、经租
华星公司	爱而近路德润坊 500 号	丁天成、戴悟庵	进出口	1931《上海商业名录》第 397 页	地产
华商益中拍卖行	广东路 13 号甲	葛杰臣	拍卖及公证人	1931《上海商业名录》第 401 页	地产
顺利五金号	百老汇路 A 字 1299 号	徐通浩、徐通源、徐通海	五金、杂货	1931《上海商业名录》第 416 页	地产
黄宇平律师	四川路 216 号		律师事务	1931《上海商业名录》第 421 页	抵押、经租、房产
新亨营造厂	爱多亚路 80 号内 145 号	徐钜亨	建筑、打样	1931《上海商业名录》第 435 页	地产
瑞和洋行	汉口路 11 号	经理：Hugh Martin K. H. Martin 华经理：Y. Churtong	拍卖	1931《上海商业名录》第 454 页	股票、房产、估价
葛福莱律师	北京路 15 号	经理：K. E. Newman R. G. McDonald 华经理：蔡元卿	律师事务	1931《上海商业名录》第 478 页	地产、商标、注册

续表

行 名	地 址	经 理	主要业务	来 源	副业
裕和洋行（英商）	四川路74号一楼	经理：Sidney J. Powell 华经理：朱之椿	建筑工程师	1931《上海商业名录》第481页	地产
达理会计师	爱多亚路4号	Maroel Darre	会计师	1931《上海商业名录》第490页	火险、地产、房产
鸣鹤建筑公司	新闸路育伦里440号	戚鸣鹤	建筑、设计、监工	1931《上海商业名录》第497页	地产、测量
荣龄轩牙医局	公馆马路敏体尼荫路611号	冯宝荣	牙医	1931《上海商业名录》第501页	经租
潘晋之律师	四川路72号		律师事务	1931《上海商业名录》第537页	地产
卫藤日本律师	南京路中央大厦三楼10号		律师事务	1931《上海商业名录》第553页	地产、经租
龙章造纸公司	法租界新永安街17号	罗赞臣	纸	1931《上海商业名录》第561页	地产
缪凯伯工程师	九江路B2号		土木工程打样	1931《上海商业名录》第568页	地产、经租
戴成祥律师	白克路637号		律师事务	1931《上海商业名录》第574页	房地产、信托、经租
蘇生洋行	九江路2号甲	总理：E. Sueason 经理：P. H. Duncan	建筑、打样、测绘	1931《上海商业名录》第591页	地产、房产
顾忍大律师	江西路452号		律师业务	1931《上海商业名录》第593页	经租、地产

第五章

1. 表5.1 工部局地产交易表

时间	地 址	土地面积单位(亩)	单价	单位	土地用途	备 注
1854年11月3日	教会路	2×100×110英尺	825	元	巡捕营房地点	《工部局董事会会议录译文（1854—1863）》第573页 10亩=72 600平方英尺 《工部局董事会会议录译文（1867—1869）》第616、620页）
1862年7月21日	从马路到石桥路中间的路段		800	白银两	解决从马路通过石桥路的路段中一条7英尺宽的华人道路	《工部局董事会会议录译文（1854—1863）》第644页
1863年7月29日		40×60英尺	1 300.75	白银两	建造公共厕所	《工部局董事会会议录译文（1854—1863）》第685、687页

续表

时间	地址	土地面积单位(亩)	单价	单位	土地用途	备注
1863 年	查尔斯·韦尔斯房地产征税		2 000	白银两		《工部局董事会会议录译文（1867－1869）》第 616 页
1864 年			2 000	白银两		同上
1865 年 1 月 1 日－6 月 30 日			2 000	白银两		同上
1865 年 7 月 1 日－12 月 31 日			1 500			同上
1866 年			1 500			同上
1867 年		10 亩	70	白银两	建屠宰场	《工部局董事会会议录译文（1867－1869）》第 622 页
1868 年	浦东公墓	10 亩	100	白银两		《工部局董事会会议录译文（1867－1869）》第 666 页
1869 年	索恩先生邻近巡捕房土地	6.1 亩	819.7	英镑	巡捕房附近土地	《工部局董事会会议录译文（1867－1869）》第 736 页
1869 年	界外马路南井路边	2 亩	60	白银两	取土填高南井路	《工部局董事会会议录译文（1867－1869）》第 747 页
1870 年	索恩先生的土地（毗邻中央巡捕房）	6.1 亩	2 771	白银两	巡捕房附近土地	《工部局董事会会议录译文（1870－1871）》第 682 页，相当于 5 000 英镑
1871 年	十字路	2 800 平方英尺	48	白银两	十字路扩展	《工部局董事会会议录译文（1870－1871）》第 798 页 1 亩＝6 600 平方英尺（《工部局董事会会议录译文（1870－1871）》第 780 页）
1871 年	宁波路汉壁礼土地	0.55 亩	600	白银两	宁波扩展	《工部局董事会会议录译文（1870－1871）》第 829 页
1872 年	H. C. 因斯第 232 号册地	11 亩	2 400	白银两	工部局土地估价	《工部局董事会会议录译文（1872－1873）》第 549 页

续表

时间	地 址	土地面积单位(亩)	单价	单位	土地用途	备 注
1872年	浙江路霍锦士转英国业主	6 600平方英尺	500	白银两	浙江路(南京路到汉口路之间)	《工部局董事会会议录译文(1872－1873)》第587页
1873年	香港路胡珀产业		2 400	白银两	香港路从四川路延长到江西路	《工部局董事会会议录译文(1872－1873)》第660页
1874年	惇信洋行房地产	11.02亩连带房屋	3 629.76	白银两	新的工部局用房	《工部局董事会会议录译文(1874－1876)》第619页
1874年	祥泰洋行地皮	0.409	5 000	白银两	拓宽南京路	《工部局董事会会议录译文(1874－1876)》第627页
1874年	册地第1516号等F.A.格罗姆地皮	0.62	300	白银两	广西路的延伸	《工部局董事会会议录译文(1874－1876)》第633页
1875年	道契第1002号,伊伏地皮	0.91	4 000	白银两	拓宽四川路	《工部局董事会会议录译文(1874－1876)》第666页
1875年	工部局出让土地	0.072	4 875	白银两		《工部局董事会会议录译文(1874－1876)》第683页
1875年	旗昌洋行土地	0.1	6 000	白银两		《工部局董事会会议录译文(1874－1876)》第683页
1875年	费伦产业		12 000	白银两	南京路拓宽	《工部局董事会会议录译文(1874－1876)》第667页
1875年	第513号册地道契第236号地	0.09	7 000	白银两	南京路拓宽	《工部局董事会会议录译文(1874－1876)》第667页
1875年	苏州河边土地		4 000－5 000两	白银两		《工部局董事会会议录译文(1874－1876)》第684页
1876	文森特土地	0.624	400	白银两	百老汇路转弯用	《工部局董事会会议录译文(1874－1876)》第737页
1876年	W.H.福格的第50号、第99号、第153号册地		6 000	白银两	调整估价	《工部局董事会会议录译文(1874－1876)》第749页

续表

时间	地址	土地面积单位(亩)	单价	单位	土地用途	备注
1876 年	广和洋行福州路地皮	3 英尺×1 英尺	1 000	白银两	扬子路至四川路的一段福州路拓宽	《工部局董事会会议录译文(1874—1876)》第 758—759 页
1877 年	广东路隆茂洋行土地	0.328	4 000	白银两	广东路拓宽外滩至四川路之间的一段路面	《工部局董事会会议录译文(1877—1882)》第 591 页
1877 年	厦门路第 768 号及 776 号册地		300	白银两	厦门路从广西路延长至浙江路	《工部局董事会会议录译文(1877—1882)》第 594 页
1877 年	62 号册地部分土地		1 500	白银两	修圆路角—南浔路百老汇路西北角	《工部局董事会会议录译文(1877—1882)》第 610 页
1877 年	托马斯·汉壁礼土地第 365、380、652 号册地一部分	7.5 亩	533.3	上海纹银两	虹口捕房地基	《工部局董事会会议录译文(1877—1882)》第 610 页
1877 年	格鲁姆地产	0.085	1 176.50	白银两	浙江路—自福州路延伸至汉口路	《工部局董事会会议录译文(1877—1882)》第 620 页
1877 年	格鲁姆地产第 758 号和第 759 号册地		1 000	白银两	浙江路向九江路延伸	《工部局董事会会议录译文(1877—1882)》第 624 页
1877 年	从百老汇路到熙华德路之间的新马路		200	元	元芳路自百老汇路延长至熙华德路	《工部局董事会会议录译文(1877—1882)》第 582 页
1877 年	元芳路裴云春地产		500	白银两	元芳路延伸工程	《工部局董事会会议录译文(1877—1882)》第 587 页
1877 年	厦门路第 768 号册地及第 776 号册地	1.925	300	白银两	厦门路从广西路南端延伸至浙江路，将广西路南端和厦门路交叉处的几个路角筑成圆形	《工部局董事会会议录译文(1877—1882)》第 598 页
1877 年	南京路	0.091	5 000	白银两	南京路拓宽河南路到江西路的一段路面	《工部局董事会会议录译文(1877—1882)》第 589 页
1877 年	汉壁礼第 96 号册地		5 000	白银两	虹口捕房的地基	《工部局董事会会议录译文(1877—1882)》第 612 页

续表

时间	地址	土地面积单位(亩)	单价	单位	土地用途	备 注
1877年	麦根路		60	白银两	麦根路延长至极司非而路	《工部局董事会会议录译文(1877—1882)》第617页
1878年	义和洋行第1052号册地	0.123	8 130	白银两	拓宽福州路	《工部局董事会会议录译文(1877—1882)》第631页
1879年	泰勒汉口路地产	0.2亩	6 000	白银两	汉口路的拓宽	《工部局董事会会议录译文(1877—1882)》第690页
1879年	祥泰洋行地皮九江路与南京路之间的江西路		5 000	白银两	拓宽南京路与九江路间的江西路	《工部局董事会会议录译文(1877—1882)》第690页
1881年	公平路和煤气柜路之间	8.5	200	白银两	延长熙华德路	《工部局董事会会议录译文(1877—1882)》第690页
1881年	徐雨之地产	0.351	5 000	白银两	拓宽河南路	《工部局董事会会议录译文(1877—1882)》第748页
1881年	F. A.格罗姆地产第967号册地	270英尺×5英尺	2 151	白银两	拓宽福州路	《工部局董事会会议录译文(1877—1882)》第756页 按1亩=7 260平方英尺计算
1881年	戴利地产339号、411号、1288号地契	0.128	2 000	白银两	拓宽福州路	《工部局董事会会议录译文(1877—1882)》第759页
1881年	英华街道契381号,第388号册地从南京路到天津路	242英尺×30英尺	1 127.5	规银	工部局卖给雷氏德	《工部局董事会会议录译文(1877—1882)》第760页 按1亩=7 260平方英尺计算
1881年	英华街道契1265号,第1272号册地从天津路到宁波路	234英尺×30英尺	848.03	规银	工部局卖给戴利	《工部局董事会会议录译文(1877—1882)》第760页 按1亩=7 260平方英尺计算

续表

时间	地址	土地面积单位(亩)	单价	单位	土地用途	备注
1881年	上广西路延伸部分东半段，九江路与汉口路之间向南伸出	0.15	800	白银两	工部局卖给怡和洋行	《工部局董事会会议录译文(1877—1882)》第760页
1881年	上广西路延伸西半段	0.161	800	白银两	工部局卖给O.M.亨德森先生	《工部局董事会会议录译文(1877—1882)》第760页
1881年	英华街延伸—九江路与汉口路之间向南伸出	0.151	1 200	白银两	工部局卖给梅博阁	《工部局董事会会议录译文(1877—1882)》第760页
1881年	九江路第327B号册地		1 500	白银两	九江路拓宽	《工部局董事会会议录译文(1877—1882)》第763页
1881年	福州路与江西路转角处的第22号册地		7 000	白银两	拓宽福州路—四川路与江西路之间	《工部局董事会会议录译文(1877—1882)》第761页
1882年	北京路、江西路和四川路地产		7 000	白银两	拓宽北京路、江西路、四川路	《工部局董事会会议录译文(1877—1882)》第772页
1882年	第77号册地第50号地契	0.396	7 071	白银两	拓宽四川路和江西路之间的北京路，以及北京路以北的四川路	《工部局董事会会议录译文(1877—1882)》第773页
1882年	第40号册地	85英尺×7英尺	8 541	白银两	拓宽四川路	《工部局董事会会议录译文(1877—1882)》第777页 按1亩＝7 260平方英尺计算
1882年	元芳路徐润之地产	2.489	1 500	白银两	延伸元芳路(从百老汇路到熙华德路一段)	《工部局董事会会议录译文(1877—1882)》第783页
1882年	徐润之地产闵行路、黄浦路和南浔路的部分土地	0.242	2 000	白银两	闵行路、黄浦路和南浔路占用	《工部局董事会会议录译文(1877—1882)》第783页
1882年	九江路第327号B册地	366英尺×8英尺	1 600	白银两	拓宽九江路	《工部局董事会会议录译文(1877—1882)》第793页

续表

时间	地　址	土地面积单位（亩）	单价	单位	土地用途	备　注
1882年	戴利地产第1305号册地	7.55	3 311.3	白银两	新公共菜场投标书地价	《工部局董事会会议录译文（1877—1882）》第794页
1882年	格鲁姆第22D号册地和第1217号册地	168英尺×4英尺	400	白银两	拓宽福州路	《工部局董事会会议录译文（1877—1882）》第770页 按1亩＝7 260平方英尺计算
1882年	沙逊第33号、34号、36号册地	1.5	7 500	白银两	拟议从江西路到四川路建新路	《工部局董事会会议录译文（1877—1882）》第785页
1882年	九江路和汉口路之间E.G.罗，第327号B册地	8	2 250	白银两	修建新的公共菜场投标书	《工部局董事会会议录译文（1877—1882）》第792页
1882年	福州路和汉口路之间T.R.惠洛克第1306号册地或第1327号册地		2 300	白银两	修建新的公共菜场投标书	《工部局董事会会议录译文（1877—1882）》第792页
1882年	宁波路和天津路之间第1263号册地	2.838	8 809	白银两	修建新的公共菜场投标书	《工部局董事会会议录译文（1877—1882）》第792页
1883年	公平路安布罗斯地产	1.155	700	白银两	延伸公平路至熙华德路	《工部局董事会会议录译文（1883—1886）》第494页
1883年	广东路徐雨之地产		8 000	白银两	拓宽广东路	《工部局董事会会议录译文（1883—1886）》第526页
1883年	通过竹镇的新马路上汉伯里地产		3 500	白银两	通过竹镇的新马路，使武昌路经竹镇延长到乍浦路	《工部局董事会会议录译文（1883—1886）》第529页
1883年	熙华德路和百老汇路的交叉点通到吴淞路之间的地皮	0.904	5 000	白银两	熙华德路和百老汇路的交叉点通到吴淞路的一条新马路	《工部局董事会会议录译文（1883—1886）》第534页
1883年	北京路A.索恩1229号册地	0.147	2 517	白银两	拓宽北京路	《工部局董事会会议录译文（1883—1886）》第548页

续表

时间	地 址	土地面积单位(亩)	单价	单位	土地用途	备 注
1883年	老沙逊地产第34号册地		9 000	白银两	加宽从四川路到江西路之间的南京路	《工部局董事会会议录译文(1883—1886)》第515页
1883年	汉伯里地产第235号册地	0.756	6 500	白银两	在第235号册地拓宽南京路	《工部局董事会会议录译文(1883—1886)》第516页
1883年	D. M. 亨德森地产	1.843	500	白银两	延长熙华德路	《工部局董事会会议录译文(1883—1886)》第528页
1883年	莱斯特地产1436号册地	0.341	5 865	白银两	拓宽旧会审公堂附近的一段南京路	《工部局董事会会议录译文(1883—1886)》第533页
1883年	G. B. 希尔地产	0.137	3 285	白银两	拓宽北京路	《工部局董事会会议录译文(1883—1886)》第534页
1883年	M. W. 博伊德地产	0.027	2 037	白银两	拓宽北京路	《工部局董事会会议录译文(1883—1886)》第534页
1883年	雷氏德地产第1436号册地	0.2	7 500	白银两	拓宽老会审公堂处的一段南京路	《工部局董事会会议录译文(1883—1886)》第542页
1884年	坟山路拉尔卡卡地产第286号册地	5	1 800	白银两	屠宰场的场地	《工部局董事会会议录译文(1883—1886)》第573页
1884年	坟山路拉尔卡卡地产		1 500	白银两	屠宰场的场地	《工部局董事会会议录译文(1883—1886)》第573页
1884年	北京路怡和洋行地产第3号地契中第1号册地	380英尺×7英尺	13 647	白银两	拓宽北京路	《工部局董事会会议录译文(1883—1886)》第584、586页 按1亩＝7 260平方英尺计算
1884年	苏州河以北礼查饭店所在地方的地产		8 000	白银两	修建工部局大楼	《工部局董事会会议录译文(1883—1886)》第554页
1885年	日本人领事馆地产	133英尺×11.6英尺	900	白银两	拓宽黄浦路	《工部局董事会会议录译文(1883—1886)》第639页

续表

时间	地址	土地面积单位(亩)	单价	单位	土地用途	备注
1886年	卡德路地产	约2亩	2 250	白银两	备注：时价	《工部局董事会会议录译文（1883—1886）》第671页
1886年	天潼路威尔斯地产	0.671	4 471	白银两	拓宽天潼路熙华德路	《工部局董事会会议录译文（1883—1886）》第685页
1886年	天潼路地产		3 000—3 500	白银两	拓宽天潼路	《工部局董事会会议录译文（1883—1886）》第677页
1886年	百老汇路北侧第491号册地		3 000	白银两	备注：时价（拟延伸太平路）	《工部局董事会会议录译文（1883—1886）》第707页
1887年	伊伏生地产第1117号册地，地契1110号	1.121平方英尺	6 000	白银两	南京路、江西路拓宽	《工部局董事会会议录译文（1883—1886）》第565页
1887年	R.塞尔地产第74号册地，地契第105号	0.358	6 600	白银两	南京路、四川路拓宽 备注：估价	《工部局董事会会议录译文（1883—1886）》第565页
1887年	玛礼孙洋行地产	2.44	500	白银两	虹口拟建新马路，从熙华德路往北延伸到华记路稍东一点的新纪浜	《工部局董事会会议录译文（1887—1889）》第572页
1887年	玛礼孙洋行地产	3.2	1 750	白银两	延伸北河南路西面的北苏州路到北山西路	《工部局董事会会议录译文（1887—1889）》第576页
1887年	北山西路土地	4	800	白银两	延伸北山西路	《工部局董事会会议录译文（1887—1889）》第576页
1887年	E.E.沙逊地产福州路第967号册地	0.186	2 151	白银两	拓宽福州路	《工部局董事会会议录译文（1887—1889）》第581页
1887年	抛球场后面土地	7.212	1 750	白银两	抛球场委员会向工部局出让	《工部局董事会会议录译文（1887—1889）》第582、590页
1887年	静安寺路第1699号册地	0.167	599	元		
1887年	九江路	0.1	3 500	白银两	拓宽福建路至湖北路之间的一段九江路	《工部局董事会会议录译文（1887—1889）》第617页

续表

时间	地址	土地面积 单位(亩)	单价	单位	土地用途	备注
1887年	太平路华人地产		3 500	白银两	修建从百老汇通向熙华德路的太平路	《工部局董事会会议录译文(1887—1889)》第560页
1887年	武昌路徐雨之地产		500	白银两	将武昌路延伸到乍浦路西侧315英尺处,连接玛礼孙洋行的路线	《工部局董事会会议录译文(1887—1889)》第560页
1887年	抛球场东面的土地	0.848	2 500	白银两	抛球场委员会向工部局出让	《工部局董事会会议录译文(1887—1889)》第582页
1887年	福建路、浙江路之间陈森记第478号册地	4.274	3 276	白银两	捕房地基出让土地之一	《工部局董事会会议录译文(1887—1889)》第584页
1887年	东至云南路,西至泥城浜,北至九江路E.G.罗1041号册地	6.78	2 212	白银两	捕房地基出让土地之一	《工部局董事会会议录译文(1887—1889)》第584页
1887年	金斯米尔第875号册地	3.545	3 865	白银两	捕房地基出让土地之一	《工部局董事会会议录译文(1887—1889)》第584页
1887年	山西路北京路口的西南角雷氏德第800号、975号册地	2.5	3 750	白银两	捕房地基出让土地之一	《工部局董事会会议录译文(1887—1889)》第587页
1887年	库珀第1313号册地		1 750	白银两	捕房地基备选土地之一	《工部局董事会会议录译文(1887—1889)》第589页
1887年	格劳特第1033号册地	2.3	7 391	白银两	捕房地基备选土地之一	《工部局董事会会议录译文(1887—1889)》第589页
1887年	元芳路徐雨之地产	5.191	1 500	白银两	修建百老汇与熙华德路之间的元芳路	《工部局董事会会议录译文(1887—1889)》第595、605页
1887年	抛球场地产	7.706	6 600	白银两	捕房地基备选土地之一	《工部局董事会会议录译文(1887—1889)》第596页

续表

时间	地址	土地面积单位(亩)	单价	单位	土地用途	备注
1887年	苏州河堤岸贮木场旁边华人册地		1 100	白银两	苏州河堤岸的筑造	《工部局董事会会议录译文(1887—1889)》第602页
1888年	怡和洋行地产	1.045	2 750	白银两	广西路延伸	《工部局董事会会议录译文(1887—1889)》第630页
1888年	老沙逊地产买自些厘洋行	0.325 5	8 000	白银两	南京路与四川路拓宽	《工部局董事会会议录译文(1887—1889)》第637页
1888年	老沙逊地产购自W.R.塞尔	0.325 16	8 000	白银两	南京路与四川路拓宽	《工部局董事会会议录译文(1887—1889)》第642页
1888年	新沙逊洋行地产第735号册地	0.155	4 815	白银两	山西路拓宽	《工部局董事会会议录译文(1887—1889)》第650页
1888年	老沙逊洋行地产第34号册地	0.065 5	6 000	白银两	四川路拓宽	《工部局董事会会议录译文(1887—1889)》第658页
1888年	长利洋行地产第962号、963号册地	106英尺×18英尺	2 250	白银两	通往性病医院的马路	《工部局董事会会议录译文(1887—1889)》第659页
1888年	亨德森医生地产	1.375	600	白银两	熙华德路延伸	《工部局董事会会议录译文(1887—1889)》第659页
1888年	D.M.亨德森地产	0.3	500	白银两	熙华德路延伸	《工部局董事会会议录译文(1887—1889)》第659页
1888年	华记路上转角地产	0.36	1 111	白银两	熙华德路延伸	《工部局董事会会议录译文(1887—1889)》第677页
1888年	老沙逊洋行地产第26号册地	0.048 746	12 000	白银两	福州路拓宽	《工部局董事会会议录译文(1887—1889)》第694页
1888年	极司非而地段附近一块用来堆放筑路材料的土地		100	白银两	中国官府出租给工部局	《工部局董事会会议录译文(1887—1889)》第637页
1888年	北苏州路第944号、1376号册地		1 750	白银两	北苏州路延伸	《工部局董事会会议录译文(1887—1889)》第637页

续表

时间	地　址	土地面积单位(亩)	单价	单位	土地用途	备　注
1888年	苏州河滩地	4.648	450	香港纹银两	上海道台批给沙逊土地	《工部局董事会会议录译文(1887－1889)》第661页
1888年	元芳路至虹口浜之间的华人地产	2.209	1 500	白银两	完成元芳路到虹口浜的整条马路修建	《工部局董事会会议录译文(1887－1889)》第671页
1888年	九江路湖北路口东北角上汉璧礼册地		3 500	白银两	九江路拓宽	《工部局董事会会议录译文(1887－1889)》第680页
1888年	九江路洪基福册地	0.203	4 000	白银两	九江路拓宽	《工部局董事会会议录译文(1887－1889)》第688页
1888年	九江路洪基福册地	0.09	2 000	白银两	九江路拓宽	《工部局董事会会议录译文(1887－1889)》第688页
1889年	埃文斯地产第922号册地	584平方英尺	3 000	白银两	兆丰路拓宽	《工部局董事会会议录译文(1887－1889)》第701页
1889年	菲利普地产	276平方英尺	2 630	白银两	拉直静安寺路人行道	《工部局董事会会议录译文(1887－1889)》第715、716页 按1亩＝7 260平方英尺计算
1889年	苏国俊地产	0.236 33	7 616	白银两	为新捕房新增加一通道	《工部局董事会会议录译文(1887－1889)》第723、724页
1889年	广肇公所地产第39号册地	0.081 5	5 500	白银两	拓宽北京路	《工部局董事会会议录译文(1887－1889)》第726页
1889年	杨树浦第973号册地	3	733	白银两	杨树浦捕房	《工部局董事会会议录译文(1887－1889)》第739页
1889年	杨树浦路	2.5	250	白银两	拓宽杨树浦路	《工部局董事会会议录译文(1887－1889)》第746页
1889年	武昌路沙逊第530号册地		1 500	白银两	武昌路延伸	《工部局董事会会议录译文(1887－1889)》第649页

续表

时间	地址	土地面积单位(亩)	单价	单位	土地用途	备注
1889年	北京路江西路转角附近第226号册地	0.245	4 500	白银两	江西路拓宽	《工部局董事会会议录译文(1887—1889)》第699页
1889年	汉璧礼路老顺记与高坤盛地产		1 000	白银两	汉璧礼路延伸	《工部局董事会会议录译文(1887—1889)》第702页
1889年	乍浦路业广公司地产	23.76	1 200	白银两	将乍浦路从昆山路往前一直延伸到靶子场	《工部局董事会会议录译文(1887—1889)》第721页
1889年	宁波路和五福路上华人地产	0.334	6 200	白银两	拓宽宁波路和五福路	《工部局董事会会议录译文(1887—1889)》第724页
1889年	杨树浦路坎普旅馆附近地产	22	350	白银两	杨树浦路区巡捕房地点	《工部局董事会会议录译文(1887—1889)》第729页
1889年	杨树浦路和周家嘴之间村民地皮		130	白银两	拓宽杨树浦路	《工部局董事会会议录译文(1887—1889)》第735页
1889年	杨树浦路和周家嘴之间徐雨之及韩丁地皮		200	白银两	拓宽杨树浦路	《工部局董事会会议录译文(1887—1889)》第735页
1890年	美查有限公司地产工部局大院拐角处	0.442	118 483	白银两	备注:向工部局要价	《工部局董事会会议录译文(1887—1889)》第653页
1890年	河南路	0.35	85 714	白银两	备注:向工部局要价	《工部局董事会会议录译文(1887—1889)》第653页
1890年	斐礼思地产天潼路	74英尺×4英尺	13 490	白银两	拓宽天潼路	《工部局董事会会议录译文(1890—1892)》第657、658页
1890年	工部局出让土地	0.03	1 375	白银两	兆丰路卡普托购买	《工部局董事会会议录译文(1890—1892)》第697页
1890年	南京路地产	0.2	10 000	白银两	南京路筑人行道。备注:市价	《工部局董事会会议录译文(1890—1892)》第699页

续表

时间	地址	土地面积单位(亩)	单价	单位	土地用途	备注
1890年	J.麦克弗森地产虹口浜第560、564册地	6.5	1 200	白银两	供市政建设用	《工部局董事会会议录译文(1890—1892)》第702页 每亩约合7 260平方英尺
1890年	租界西界从苏州河到靶子场	36.3	250	白银两	虹口划界拟建道路的估计费用	《工部局董事会会议录译文(1890—1892)》第703页 华界土地
1890年	租界北界从靶子场到杨树浦港	131.4	250	白银两	虹口划界拟建道路的估计费用	《工部局董事会会议录译文(1890—1892)》第703页 华界土地
1890年	租界东界至杨树浦路	45	200	白银两	虹口划界拟建道路的估计费用	《工部局董事会会议录译文(1890—1892)》第704页 华界土地
1890年	汉壁礼地产第1530号册地	0.278	1 392	白银两	延伸密勒路	《工部局董事会会议录译文(1890—1892)》第707页
1890年	汉壁礼地产九江路	0.95	9 474	白银两	拓宽九江路	《工部局董事会会议录译文(1890—1892)》第709、731页
1890年	苏州河滩地业广公司外白渡桥边地产	0.683	3 660	白银两	沿外白渡桥原先通往医院的矮堤路线建一条从该桥到医院的高河堤	《工部局董事会会议录译文(1890—1892)》第665页
1890年	天潼路公平公司第1000号册地	30英尺×11英尺	22 000	白银两	拓宽天潼路	《工部局董事会会议录译文(1890—1892)》第666页 按1亩=7 260平方英尺计算
1890年	北苏州路和天潼路之间吴淞路段业广公司地产	0.668	6 000	白银两	拓宽吴淞路。业广公司要价	《工部局董事会会议录译文(1890—1892)》第669页

续表

时间	地　址	土地面积单位(亩)	单价	单位	土地用途	备　注
1890年	老沙逊洋行南京路音乐厅进口处的小块土地	0.012	8 000	白银两	拓宽南京路。老沙逊洋行要价	《工部局董事会会议录译文(1890－1892)》第670页
1890年	老沙逊洋行武昌路地产	140平方英尺	25 928	白银两	拓宽武昌路。老沙逊洋行要价	《工部局董事会会议录译文(1890－1892)》第672页 按1亩＝7 260平方英尺计算
1890年	五福弄第1021号册地	106英尺×3英寸	45 660	白银两	拓宽五福弄	《工部局董事会会议录译文(1890－1892)》第711页 按1亩＝7 260平方英尺计算
1891年	朱有济地产第58号册地	0.114 75	8 000	白银两	拓宽河南路	《工部局董事会会议录译文(1890－1892)》第741、742页
1891年	虹口菜场汉壁礼地产	6	2 000	白银两	建虹口菜场	《工部局董事会会议录译文(1890－1892)》第780页
1891年	新沙逊洋行北苏州路第945号册地		3 000	白银两	新沙逊洋行拟建新马路。从北州路(在北河南路和北山西路之间)通过第945号册地向北延长	《工部局董事会会议录译文(1890－1892)》第732页
1891年	杨树浦路工部局购自哈维地产	1.344	372	白银两	开挖"奥尔德伍德"背后的一条新浜	《工部局董事会会议录译文(1890－1892)》第739页
1891年	靶子场两旁第589号册地与590号册地	0.117	345	白银两	建设靶子场。业主要价	《工部局董事会会议录译文(1890－1892)》第743页
1891年	百老汇路A.M.A伊文斯第288、296、861和第915号册地		1 500－2 000	白银两	拓宽百老汇路	《工部局董事会会议录译文(1890－1892)》第749页

续表

时间	地 址	土地面积单位（亩）	单价	单位	土地用途	备 注
1891年	斐伦路帕特森第1015号册地和1534号册地	0.9	1 250	白银两	延伸斐伦路。业主要价	《工部局董事会会议录译文（1890－1892）》第758页
1891年	新记浜路玛礼逊洋行第502册地	1.932 5	103	白银两	修建新记浜路	《工部局董事会会议录译文（1890－1892）》第762页
1891年	天潼路第1 845号册地	0.024 25	8 642	白银两	拓宽天潼路	《工部局董事会会议录译文（1890－1892）》第765页
1891年	汉璧礼路和新记浜路地产	2.222	444	白银两	延伸汉璧礼路和新记浜路	《工部局董事会会议录译文（1890－1892）》第768页
1891年	斐伦路和密勒路玛礼孙洋行第1015号、1534号册地		1 000	白银两	延伸斐伦路和密勒路	《工部局董事会会议录译文（1890－1892）》第771页
1892年	金斯尔地产第597号册地	4	1 500	白银两	有恒路与斐伦路拓宽	《工部局董事会会议录译文（1890－1892）》第780、787页
1892年	丁·安布罗斯地产北海路与福建路东北拐角处547号册地	65英尺×3英尺	7 446	白银两	拓宽北海路	《工部局董事会会议录译文（1890－1892）》第818页 按1亩＝7 260平方英尺计算
1892年	邓脱路第1192号册地	0.293	800	白银两	邓脱路延伸	《工部局董事会会议录译文（1890－1892）》第824页
1892年	四川路第36a号册地	0.067	6 000	白银两	拓宽四川路	《工部局董事会会议录译文（1890－1892）》第841页
1892年	广东路第275号、279号地产		7 000	白银两	拓宽广东路	《工部局董事会会议录译文（1890－1892）》第846页
1892年	丽如银行地产地籍第36号册地	5.292	8 000	白银两		《工部局董事会会议录译文（1890－1892）》第840页
1892年	丽如银行地产地籍第35号册地	0.45	8 000	白银两		《工部局董事会会议录译文（1890－1892）》第840页

续表

时间	地址	土地面积单位(亩)	单价	单位	土地用途	备注
1892年	山东路地产	0.082	10 000	白银两	山东路拓宽	《工部局董事会会议录译文(1890—1892)》第835页
1892年	有恒路密勒路至虹口浜一段金斯米尔地产		1 500	白银两	将有恒路密勒路至虹口浜一段拓宽	《工部局董事会会议录译文(1890—1892)》第787页
1892年	杨树浦路威尔第530号、608号册地		1 200	白银两	杨树浦路业主要价	《工部局董事会会议录译文(1890—1892)》第787页
1892年	河南路F.G.怀特第285号册地		8 000	白银两	拓宽河南路	《工部局董事会会议录译文(1890—1892)》第802页
1892年	毛礼逊选择的靶场地址	50	500	白银两	修建靶场	《工部局董事会会议录译文(1890—1892)》第806页
1892年	杨树浦路梅恩地产	0.945	400	白银两	杨树浦路拓宽	《工部局董事会会议录译文(1890—1892)》第808页
1892年	熙华德路弯曲处土地	85	200	白银两	拟建新靶场出让土地之一	《工部局董事会会议录译文(1890—1892)》第816页
1892年	玛礼逊路佩雷拉地产	0.75	1 200	白银两	拓宽玛礼逊路。佩雷拉要价	《工部局董事会会议录译文(1890—1892)》第816页
1892年	广东路金斯米尔第275号、279号册地	0.083 14	7 000	白银两	拓宽广东路	《工部局董事会会议录译文(1890—1892)》第846页
1893年	弗朗西斯地产第77号册地	0.06	8 333	白银两	四川路拓宽	《工部局董事会会议录译文(1893—1894)》第522页
1893年	呵加剌银行地产第1548号册地	0.067	6 000	白银两	四川路拓宽	《工部局董事会会议录译文(1893—1894)》第524页
1893年	毗邻屠宰场的地	3.6	1 805	白银两	搭建屠宰场牛棚	《工部局董事会会议录译文(1893—1894)》第543页
1893年	江西路第77号册地	0.224	26 786	白银两	拓宽江西路	《工部局董事会会议录译文(1893—1894)》第544、562页

续表

时间	地址	土地面积单位(亩)	单价	单位	土地用途	备注
1893年	北山西路土地	1 230平方英尺	2 361	白银两	拓宽北山西路	按1亩＝7 260平方英尺计算
1893年	虹口的道路土地	89	239.53	白银两	拟建之虹口西部边界线道路	《工部局董事会会议录译文(1893－1894)》第551页
1893年	乍浦路第1863号册地	0.561	2 674	白银两	厕所地基	《工部局董事会会议录译文(1893－1894)》第559页
1893年	百官地土地		3 000	白银两	百官街厕所	《工部局董事会会议录译文(1893－1894)》第569页
1893年	屠宰场北面虹口港第669号册地	9	700	白银两	修建吴淞路至屠宰场的路	《工部局董事会会议录译文(1893－1894)》第570页
1893年	斐伦路汉壁礼地产第1528号册地	90英尺×26.5英尺	2 283	白银两	扩展斐伦路	《工部局董事会会议录译文(1893－1894)》第570页 按1亩＝7 260平方英尺计算
1893年	玛礼路佩雷拉地产	0.753	1 000	白银两	玛礼逊路	《工部局董事会会议录译文(1893－1894)》第591页
1893年	屠宰场稍北面虹口港的669号册地	9	700	白银两	屠宰场建牲口棚	《工部局董事会会议录译文(1893－1894)》第846页
1893年	碎石场地皮杰翁美册第112号册地的碎石场连同与其一起的滩地	8	4 375	白银两	杰翁出售要价	《工部局董事会会议录译文(1893－1894)》第570页
1893年	四川路至靶场之间的地产		1 200	白银两	北四川路延伸至靶场,市场价格	《工部局董事会会议录译文(1893－1894)》第584页
1894年	闵行路汉壁礼地产	327英尺×8英尺	2 000	白银两	拓宽闵行路	《工部局董事会会议录译文(1893－1894)》第605页 按1亩＝7 260平方英尺计算

续表

时间	地　址	土地面积单位(亩)	单价	单位	土地用途	备　注
1894年	兆丰路马斯塔德地产第1011号册地	0.712 78	1 000	白银两	延长兆丰路	《工部局董事会会议录译文(1893—1894)》第614页
1894年	福州路平和洋行地产第103号册地	0.301 22	9 959	白银两	拓宽福州路和四川路	《工部局董事会会议录译文(1893—1894)》第619页
1894年	武昌路公平洋行地产第615号册地产	0.014 86	134 590	白银两	武昌路拓宽	《工部局董事会会议录译文(1893—1894)》第626页
1894年	广东路希尔地产第434号册地	0.993 3	30 200	白银两	希尔要价	《工部局董事会会议录译文(1893—1894)》第665页
1894年	百老汇和熙华德路之间地产	0.2	3 000	白银两	修建厕所	《工部局董事会会议录译文(1893—1894)》第668页
1894年	河南路公立学堂以西	0.193 75	6 000	白银两	拓宽北京路到苏州路一段的河南路	《工部局董事会会议录译文(1893—1894)》第667、668页
1894年	兆丰路马斯塔德地产	0.712 8	1 000	白银两	延伸兆丰路	《工部局董事会会议录译文(1893—1894)》第620页
1894年	斐伦路雷伊第644号册地	0.657	761	白银两	将玛礼路和斐伦路延伸到虹口浜	《工部局董事会会议录译文(1893—1894)》第651页
1895年	汉璧礼路桥拐角处地产	0.163	2 147.2	白银两	狄思威路由桥延至缲线厂	《工部局董事会会议录译文(1895—1896)》第464页
1895年	高易律师事务所地产第525号册地	0.037 14	6 000	白银两	汉口路拓宽	《工部局董事会会议录译文(1895—1896)》第469页
1895年	玛礼孙土木工程建筑公司地产租界外吴淞路靶子场以北	230英尺×20英尺	1 578	白银两	玛礼孙土木工程建筑公司要价	《工部局董事会会议录译文(1895—1896)》第475页 按1亩=7 260平方英尺计算
1895年	靶子场至旧铁路之间的一块三角地	1.7	1 500	白银两	靶垛	《工部局董事会会议录译文(1895—1896)》第477页

续表

时间	地　址	土地面积单位(亩)	单价	单位	土地用途	备　注
1895年	玛礼孙土木工程建筑公司地产租界外吴淞路靶子场以北英租界第1885号册地，美租界第375号册地和第383号册地	11.378	1 615	白银两	碎石场地的地皮	《工部局董事会会议录译文(1895－1896)》第478页
1895年	福蒂地产卡德路巡捕房地皮	1.603	4 991	白银两	巡捕房地皮	《工部局董事会会议录译文(1895－1896)》第492页
1895年	虹口第655号册地	0.973	1 500	白银两	修筑一条由吴淞路到斐伦路的新路	《工部局董事会会议录译文(1895－1896)》第495页
1895年	卡德路地产	2	1 000	白银两	初拟巡捕房地点,未买	《工部局董事会会议录译文(1895－1896)》第496页
1895年	河南路第188号册地	0.263	8 000	白银两		《工部局董事会会议录译文(1895－1896)》第499页
1895年	戈蒂耶地产	3.5	3 429	白银两	要价	《工部局董事会会议录译文(1895－1896)》第505页
1895年	静安寺邻近地区公墓后面土地		1 000	白银两	拟建新公墓	《工部局董事会会议录译文(1895－1896)》第505页
1895年	怡和洋行棉纺有限公司地产道斯码头的第1506号册地	1.16	875	白银两	杨树浦路拓宽	《工部局董事会会议录译文(1895－1896)》第511页
1895年	拟建的靶子场地皮	52	130	白银两	拟建新靶子场	《工部局董事会会议录译文(1895－1896)》第480页
1895年	天津路第225号册地	0.068 9	5 750	白银两	天津路的建房线	《工部局董事会会议录译文(1895－1896)》第532页
1896年	新靶子场土地	51.033	500	白银两	新建靶子场	《工部局董事会会议录译文(1895－1896)》第524、528页

续表

时间	地 址	土地面积单位(亩)	单价	单位	土地用途	备 注
1896年	虹口池塘地皮	3.272	2 000	白银两	虹口公园	《工部局董事会会议录译文(1895—1896)》第525页
1896年	静安寺路徐雨之地产	15	500	白银两	静安寺路公墓	《工部局董事会会议录译文(1895—1896)》第532页
1896年	静安寺路徐雨之地产	30	450	白银两	静安寺路公墓	《工部局董事会会议录译文(1895—1896)》第532页
1896年	工部局靶子场第279号册地	0.042	500	白银两	格兰特先生购买	《工部局董事会会议录译文(1895—1896)》第532页
1896年	熙华德路和百老汇路口卡德尔贝克地产第2114号册地、第1586号册地	1.109	7 214	白银两	卡德尔贝克要价	《工部局董事会会议录译文(1895—1896)》第537页
1896年	熙华德路和百老汇路口亨德森地产第1334号册地	1.205	2 490	白银两	建巡捕房	《工部局董事会会议录译文(1895—1896)》第537页
1896年	福州路平和洋行地产第102号册地	0.049 17	14 236	白银两	拓宽福州路	《工部局董事会会议录译文(1895—1896)》第537、539页
1896年	新靶子场地皮	265	113	白银两	新建靶子场	《工部局董事会会议录译文(1895—1896)》第550页
1896年	外滩滩地		7 000	白银两		《工部局董事会会议录译文(1895—1896)》第552页
1896年	兆丰路马斯塔德地产第1011号册地	0.712	2 809	白银两	兆丰路的扩展	《工部局董事会会议录译文(1895—1896)》第562页
1896年	汇司地区地皮	2	2 000	白银两	科佩地产要价。建议巡捕房地点	《工部局董事会会议录译文(1895—1896)》第566页
1896年	靶子场至旧铁路之间第2104号册地	0.17	3 250	白银两	靶垛	《工部局董事会会议录译文(1895—1896)》第567页

续表

时间	地　址	土地面积 单位(亩)	单价	单位	土地用途	备　注
1896 年	虹口浜靠近牛棚的地皮	17.011	2 945	白银两	隔离医院地点	《工部局董事会会议录译文(1895－1896)》第 574 页
1896 年	工部局新靶子场以东地皮	35－36	240	白银两	工部局出卖	《工部局董事会会议录译文(1895－1896)》第 573 页
1896 年	北福建路终端科佩地产	3	2 200	白银两	区巡捕房所在地	《工部局董事会会议录译文(1895－1896)》第 576 页
1896 年	四川路和九江路业广公司地产第 86 号册地	1 450 平方英尺	11 000	白银两	拓宽四川路和九江路	《工部局董事会会议录译文(1895－1896)》第 578 页
1897 年	平桥采石场山脚下的一些场地	60	30	元	运输石块去河边	《工部局董事会会议录译文(1897－1898)》第 492 页
1897 年	北京路业广公司地产		17 500	白银两	拓宽北京路	《工部局董事会会议录译文(1897－1898)》第 504 页
1898 年	壳件洋行新靶场土地	60	400	白银两	万国商团操练场地点	《工部局董事会会议录译文(1897－1898)》第 579 页
1898 年	毗邻靶子场的地产	5.8	2 600	白银两	疗养院地点	《工部局董事会会议录译文(1897－1898)》第 580 页
1898 年	静安寺公墓地产		500	白银两	工部局出价	《工部局董事会会议录译文(1897－1898)》第 603 页
1898 年	玛礼孙土木工程建筑公司	23	2 100	白银两	玛礼孙土木工程建筑公司要价	《工部局董事会会议录译文(1897－1898)》第 609 页
1899 年	北浙江路玛礼孙洋行地产英租界第 2554 号册地	0.603 3	829	白银两	北浙江路的延长筑路	《工部局董事会会议录译文(1899－1901)》第 471 页
1899 年	玛礼孙路的厕所地皮		3 000	白银两	帕克上尉	《工部局董事会会议录译文(1899－1901)》第 513 页

续表

时间	地址	土地面积单位(亩)	单价	单位	土地用途	备注
1900年	J.安布罗斯地产第567号册地		6 800	白银两	苏州路延伸	《工部局董事会会议录译文(1899—1901)》第539页
1900年	古墓占地	3.444	1 000	白银两	法公董局购买	《工部局董事会会议录译文(1899—1901)》第568页
1900年	英租界西区张叔和花园		700	白银两	估价	《工部局董事会会议录译文(1899—1901)》第571页
1901年	苏州路安布罗斯地产第567号册地		6 800	白银两	工部局开价用于苏州路延伸	《工部局董事会会议录译文(1899—1901)》第585页
1901年	江西路第78号册地		12 500	白银两	江西路拓宽	《工部局董事会会议录译文(1899—1901)》第586页
1901年	高易律师事务所地产第571号册地		7 500	元	苏州路延伸	《工部局董事会会议录译文(1899—1901)》第589页
1901年	施高塔路租界边界线与第1140、1142号册地之间的地产	3	3 000	白银两	施高塔路地基的扩展	《工部局董事会会议录译文(1899—1901)》第603页
1901年	施高塔路地产第1140、1142号册地		4 000	白银两	玛礼孙土木工程建筑公司要价	《工部局董事会会议录译文(1899—1901)》第600页
1901年	新体育场	200	450	白银两	新体育场购地	《工部局董事会会议录译文(1899—1901)》第601页
1901年	毗邻体育场场址的地产	20	750	白银两	毗邻新体育场场址	《工部局董事会会议录译文(1899—1901)》第603页
1901年	南京路地产		30 000	白银两	拓宽南京路四川路	《工部局董事会会议录译文(1899—1901)》第602页
1901年	百老汇路业广公司地产第1016号册地		8 000	白银两	百老汇路拓宽	《工部局董事会会议录译文(1899—1901)》第604页
1901年	百老汇路业广公司地产第1016号册地		24 000	白银两	市价	《工部局董事会会议录译文(1899—1901)》第604页

续表

时间	地址	土地面积单位(亩)	单价	单位	土地用途	备注
1901年	山西路 E.F.霍格地产第249号、385号册地		20 000	白银两	山西路拓宽	《工部局董事会会议录译文(1899－1901)》第608页
1901年	四川路地产		25 000	白银两	拓宽南京路四川路	《工部局董事会会议录译文(1899－1901)》第602页
1902年	马霍路莫里斯地产第39号册地	17.5	1 500	白银两	西区道路延伸	《工部局董事会会议录译文(1902－1904)》第541页
1902年	爱文义路泰俊杰地产	2.208	2 087	白银两	爱文义路延长	《工部局董事会会议录译文(1902－1904)》第547页
1902年	河南路科尔特·施密斯地产第284号册地		100 000	白银两	业主要价	《工部局董事会会议录译文(1902－1904)》第553页
1902年	爱而近路延伸路段附近	7.8	3 000	白银两	菜场用地	《工部局董事会会议录译文(1902－1904)》第558页
1902年	工部局地产南面地产英册地第59号	9	16 667	白银两	工部局出价	《工部局董事会会议录译文(1902－1904)》第558页
1902年	福州路和四川路三井物产株式会社地产		45 000	白银两	三井物产株式会社要价	《工部局董事会会议录译文(1902－1904)》第561页
1902年	辅元堂公墓		2 000	白银两	工部局董事会议决定辅元堂另觅地址不得超过的地价	《工部局董事会会议录译文(1902－1904)》第562页
1903年	乍浦路地产		8 000	白银两	工部局估价	《工部局董事会会议录译文(1902－1904)》第600页
1904年	美查有限公司地产工部局大院拐角处	1.3	65 385	白银两	美查公司要价	《工部局董事会会议录译文(1902－1904)》第654页
1904年	南京路第32号、33号册地地产	0.1	11	白银两	拓宽南京路	《工部局董事会会议录译文(1902－1904)》第671页

续表

时间	地　址	土地面积单位(亩)	单价	单位	土地用途	备　注
1904 年	工部局地产靶场册地		7 000	白银两	工部局卖出	《工部局董事会会议录译文(1902—1904)》第 689 页
1905 年	博物院路兰心大戏院前面第 17 号、18 号册地	0.739	33 829	白银两	业主要价	《工部局董事会会议录译文(1905—1907)》第 583 页
1905 年	顺泰码头的土地	7	4 000	白银两	工部局估价	《工部局董事会会议录译文(1905—1907)》第 586 页
1905 年	爱尔德洋行地产第 982 号册地		5 000	白银两	业主要价	《工部局董事会会议录译文(1905—1907)》第 586 页
1905 年	小沙渡路	8.3	663	白银两	小沙渡路延伸	《工部局董事会会议录译文(1905—1907)》第 610 页
1906 年	美查有限公司册地	1.3	63 077	白银两	业主要价	《工部局董事会会议录译文(1905—1907)》第 617 页
1906 年	虹口体育场西边地产	2	3 500	白银两	作为将来可出售的有价值的屋前空地	《工部局董事会会议录译文(1905—1907)》第 644 页
1906 年	东区印捕营地基		1 800	白银两	修建东区印捕营	《工部局董事会会议录译文(1905—1907)》第 663 页
1906 年	D. 梅恩地产第 1965 号册地		3 500	白银两	监狱—地基扩展	《工部局董事会会议录译文(1905—1907)》第 665 页
1906 年	J. H. 蒂斯代尔地产英册第 3285 号册地		600	白银两	宜昌路和西苏州路延伸	《工部局董事会会议录译文(1905—1907)》第 665 页
1906 年	美查有限公司地产第 168 号册地	1.3	53 846	白银两	祥茂洋行出售，工部局购买价	《工部局董事会会议录译文(1905—1907)》第 621 页
1906 年	张家口路与东区 31 号延伸路段交叉路口西北角	20	1 500	白银两	修建东区印捕营	《工部局董事会会议录译文(1905—1907)》第 663 页

续表

时间	地址	土地面积单位(亩)	单价	单位	土地用途	备注
1906年	欧亚公墓		500	白银两	修建欧亚公墓	《工部局董事会会议录译文(1905—1907)》第655页
1907年	虹口体育场南边的边界线同北四川路的延长部分靶子场辛迪加产业	10.235	3 000	白银两	靶子场辛迪加产业要价	《工部局董事会会议录译文(1905—1907)》第710页
1907年	虹口体育场南边的边界线同北四川路的延长部分之间宝山第201号册地		3 000	白银两	工部局财产	《工部局董事会会议录译文(1905—1907)》第710页
1907年	第31号册地		100 000	白银两	工部局估价	《工部局董事会会议录译文(1905—1907)》第711页
1907年	第26号、43号册地		110 000	白银两	工部局估价	《工部局董事会会议录译文(1905—1907)》第711页
1907年	第29号册地		90 000	白银两	工部局估价	《工部局董事会会议录译文(1905—1907)》第711页
1907年	第32号册地		110 000	白银两	工部局估价	《工部局董事会会议录译文(1905—1907)》第711页
1907年	第986号册地	2.756	6 000	白银两	维多利亚疗养院地基	《工部局董事会会议录译文(1905—1907)》第712页
1907年	第1318号册地及其以西未注册的地产	18.66	2 000	白银两	东区的教练所地基	《工部局董事会会议录译文(1905—1907)》第713页
1907年	拉尔卡第988号册地		7 000	白银两	维多利亚疗养院院址	《工部局董事会会议录译文(1905—1907)》第721页
1907年	汇丰银行地产第1018号册地		250 000	白银两	拓宽熙华德路和百老汇路	《工部局董事会会议录译文(1905—1907)》第726页
1908年	汇山路延伸路段第2239/2240号册地	12	1 800	白银两	东区堆栈用地	《工部局董事会会议录译文(1908—1910)》第541页

续表

时间	地址	土地面积单位(亩)	单价	单位	土地用途	备注
1908年	谭华地产第6054册地		2 000	白银两	业主报价	《工部局董事会会议录译文(1908—1910)》第541、566页
1908年	3895号册地	1.01	4 000		西区捕房教练所	《工部局董事会会议录译文(1908—1910)》第561页
1908年	大连路美领馆第1312号册地	8.838	10 000	白银两	修建大连路	《工部局董事会会议录译文(1908—1910)》第577页
1909年	苏州路与虹桥路之间的地产	8.5	100	白银两	西区新马路	《工部局董事会会议录译文(1908—1910)》第587页
1909年	界外的狄思威路		2 120	白银两	工部局报价	《工部局董事会会议录译文(1908—1910)》第596页
1909年	北京路河南路转角处高易律师事务所第147号册地	0.28	33 000	白银两	高易律师事务所补偿要求	《工部局董事会会议录译文(1908—1910)》第612页
1909年	马霍路马霍公寓地产第1420号册地	12	6 375	白银两	万国商团司令部	《工部局董事会会议录译文(1908—1910)》第617页
1909年	靶子场后面土地	9	1 500	白银两	靶子场扩大	《工部局董事会会议录译文(1908—1910)》第619页
1909年	靶子场后面土地	7.5	1 100	白银两	靶子场扩大	《工部局董事会会议录译文(1908—1910)》第619页
1909年	杨树浦谭华地产第2758号册地	0.833	4 000	白银两	杨树浦菜场	《工部局董事会会议录译文(1908—1910)》第640页
1910年	宝山377册地	2	2 500	白银两	靶场拆建	《工部局董事会会议录译文(1908—1910)》第644页
1910年	圆明园路地产	0.721	60 000	白银两	大英工部总署要价(市价)	《工部局董事会会议录译文(1908—1910)》第647页
1910年	靶子场扩建	10.06	1 500	白银两	靶子场扩建	《工部局董事会会议录译文(1908—1910)》第684页

续表

时间	地　　址	土地面积单位(亩)	单价	单位	土地用途	备　注
1910年	靶子场扩建	5.4	2 200	白银两	靶子场扩建	《工部局董事会会议录译文（1908－1910）》第684页
1910年	靶子场扩建	5.619	2 200	白银两	靶子场扩建	《工部局董事会会议录译文（1908－1910）》第684页
1910年	册地4432—4433号		2 500	白银两	修建生活垃圾场	《工部局董事会会议录译文（1908－1910）》第655页
1911年	东有恒路英领第7301号册地	0.406	250	白银两	东有恒路延伸	《工部局董事会会议录译文（1911－1913）》第537页
1911年	白克路与山海关路之间路段上余留的、未经注册的土地	2.593	300	白银两	大通路的延伸与拓宽	《工部局董事会会议录译文（1911－1913）》第545页
1911年	虹口体育场册地第203号、第302号、第324号、第350号	10	2 500	白银两	市价	《工部局董事会会议录译文（1911－1913）》第564页
1911年	生活垃圾场土地第4420号册地		2 500	白银两	市价	《工部局董事会会议录译文（1911－1913）》第572页
1912年	西苏州路土地第4715号册地		1 500	白银两	工部局出价	《工部局董事会会议录译文（1911－1913）》第604页
1912年	虹口体育场英领第716号册地	0.531	2 000	白银两	业主售价	《工部局董事会会议录译文（1911－1913）》第607页
1912年	保定路第2285号册地		250	白银两	公告价格	《工部局董事会会议录译文（1911－1913）》第637页
1913年	电气处石桥路分电站地皮	0.256	10 547	白银两	电气处石桥路分电站站址	《工部局董事会会议录译文（1911－1913）》第657页
1913年	平桥路曹仲甫地产	1.888	10 180	白银两	业主要价	《工部局董事会会议录译文（1911－1913）》第658页

续表

时间	地址	土地面积单位(亩)	单价	单位	土地用途	备注
1914年	宝山英领册地第201保	2.5	2 500	白银两	市价	《工部局董事会会议录译文(1914—1916)》第550页
1915年	汇中花园	33	678	白银两	业主报价	《工部局董事会会议录译文(1914—1916)》第595页
1915年	租界东区地产最高价		6 000	白银两	市价	《工部局董事会会议录译文(1914—1916)》第596页
1915年	铁路边第177号册地和第201号册地（保）		2 000	白银两	铁路边道路	《工部局董事会会议录译文(1914—1916)》第620页
1915年	业广公司兆丰公园地产	106	867	白银两		《工部局董事会会议录译文(1914—1916)》第626页
1915年	北四川路第39号册地和第726号册地	7.304	4 662	白银两	改善北四川路—西童书院	《工部局董事会会议录译文(1914—1916)》第629页
1917年	虹口体育场铁路和江湾路之间的地产	35	1 600	白银两	业主要价	《工部局董事会会议录译文(1917—1919)》第608页
1917年	地丰路对面地产		2 500	白银两	西区建学校	《工部局董事会会议录译文(1917—1919)》第625页
1917年	租界中区哈同地产第83号册地		87 029	白银两	工部局估价	《工部局董事会会议录译文(1917—1919)》第625页
1917年	西摩路拐角处地产		5 000—6 000	白银两	市价	《工部局董事会会议录译文(1917—1919)》第630页
1917年	兆丰公园	25	1 668	白银两	扩展兆丰公园	《工部局董事会会议录译文(1917—1919)》第631页
1917年	南京路地产		50 000	白银两	业主要价	《工部局董事会会议录译文(1917—1919)》第637页

续表

时间	地址	土地面积单位(亩)	单价	单位	土地用途	备注
1917年	基督复临安息日会地产北区第1039号册地、第1040号册地		90 000	白银两	工部局估价	《工部局董事会会议录译文（1917－1919）》第637页
1917年	杨树浦发电厂西边和北边界的地产第6046号、6050号、6052号册地	52	2 600	白银两	杨树浦发电厂地基扩展	《工部局董事会会议录译文（1917－1919）》第646页
1917年	福建路和九江路上第391号册地	0.278	33 000	白银两	业主报价	《工部局董事会会议录译文（1917－1919）》第655页
1917年	江西路和四川路之间北京路上第77B号册地	2.564	45 000	白银两	变电所和办公路基地	《工部局董事会会议录译文（1917－1919）》第656页
1918年	虹中体育场东北角琼记洋行地产	25.559	3 000	白银两	业主要价	《工部局董事会会议录译文（1917－1919）》第669页
1918年	马霍路菜场南边相邻地产	1.257	6 000	白银两	马霍路菜场地基扩展	《工部局董事会会议录译文（1917－1919）》第688页
1918年	德和建筑事务所地产爱多亚路和马霍路交叉口的一块空地	0.881	11 351	白银两	业主要价	《工部局董事会会议录译文（1917－1919）》第695页
1918年	杨树浦义品放款银行地产与火政处相邻第5028号册地		2 867	白银两	业主要价	《工部局董事会会议录译文（1917－1919）》第706页
1918年	北四川路西童书院对面地产		6 500	白银两	业主要价	《工部局董事会会议录译文（1917－1919）》第706页
1919年	公墓土地	100－200	250	白银两	工部局估价	《工部局董事会会议录译文（1917－1919）》第732页

续表

时间	地址	土地面积单位(亩)	单价	单位	土地用途	备 注
1920年	戈登·莫里斯静安寺路、戈登路与爱文义路的麦边地产	60	5 000	白银两	业主要价	《工部局董事会会议录译文（1920－1921）》第595页
1920年	新闸路与赫德路转角处坎贝尔地产	69	3 406	白银两	业主要价	《工部局董事会会议录译文（1920－1921）》第595页
1921年	皮克牌俱乐部附近的土地		1 500－2 000	白银两	业主要价	《工部局董事会会议录译文（1920－1921）》第669页
1921年	法华寺附近地产	50	700	白银两	业主要价	《工部局董事会会议录译文（1920－1921）》第669页
1921年	兆丰公园		2 500		兆丰公园	《工部局董事会会议录译文（1920－1921）》第669页
1921年	铁路附近地产	70	2 800	白银两	维多利亚疗养院地址	《工部局董事会会议录译文（1920－1921）》第682页
1921年	兰路杨树浦浜转弯处、汇山路旁的地产		1 500	白银两	工部局工务处提议价	《工部局董事会会议录译文（1920－1921）》第683页
1921年	周家嘴公园靠近租界的地产		1 850	白银两	华界土地工部局估价	《工部局董事会会议录译文（1920－1921）》第702页
1921年	周家嘴第6067号册地	3.949	4 000	白银两		《工部局董事会会议录译文（1920－1921）》第702页
1921年	西区女童公学毗邻土地		4 500	白银两	业主要价	《工部局董事会会议录译文（1920－1921）》第706页
1921年	愚园路地产		3 500	白银两	市价	《工部局董事会会议录译文（1920－1921）》第707页
1921年	开纳路和忆盘路附近地产		3 000	白银两	市价	《工部局董事会会议录译文（1920－1921）》第707页
1921年	西摩路地产	2	8 000	白银两	市价	《工部局董事会会议录译文（1920－1921）》第707页

续表

时间	地　址	土地面积单位(亩)	单价	单位	土地用途	备　注
1921年	白利南路地产		3 000	白银两	市价	《工部局董事会会议录译文(1920－1921)》第717页
1921年	麦边地产		5 000－6 000	白银两	市价	《工部局董事会会议录译文(1920－1921)》第717、718页
1921年	大西路地产	45	3 000	白银两	市价	《工部局董事会会议录译文(1920－1921)》第718页
1921年	南阳路第2803号册地		5 000	白银两	修建儿童游乐场	《工部局董事会会议录译文(1920－1921)》第721页
1921年	大西路地产		3 300	白银两	修建医院地点	《工部局董事会会议录译文(1920－1921)》第726页
1923年	英国监狱	23.5	304 774	白银两	市价(包括地上建筑物)	《工部局董事会会议录译文(1922－1924)》第636页
1924年	西区西侧	60	1 000－2 000	白银两	估价	《工部局董事会会议录译文(1922－1924)》第679页
1924年	虹桥路公墓		2 000	白银两		《工部局董事会会议录译文(1922－1924)》第707页
1925年	九江路—第89乙号册地	0.134	211 313	白银两	江西路与外滩之间的新建道路	《工部局董事会会议录译文(1925－1927)》第596页
1926年	杨树浦发电厂毗邻地产	90	11 111	白银两	杨树浦发电厂拟建方案	《工部局董事会会议录译文(1925－1927)》第626页
1926年	霍必兰路左侧娱乐场的门朝林肯路	108	700	白银两	新娱乐场地	《工部局董事会会议录译文(1925－1927)》第653页
1926年	兆丰公园	1.06	6 500	白银两	兆丰公园用地	《工部局董事会会议录译文(1925－1927)》第635页
1928年	静安寺路和海格路交叉处的菜场		25 000	白银两	市价	《工部局董事会会议录译文(1928－1930)》第514页

续表

时间	地 址	土地面积单位(亩)	单价	单位	土地用途	备 注
1928年	福州路、浙江路拐角处第538号册地	4.314	75 336	白银两	新的中央区菜场	《工部局董事会会议录译文(1928—1930)》第526页
1928年	静安寺路与麦特赫斯脱路口西北角地产	21.234	30 000	白银两	业主要价	《工部局董事会会议录译文(1928—1930)》第529页
1929年	大西路宏恩医院正对面地产	17.06	14 000	白银两	护士宿舍	《工部局董事会会议录译文(1928—1930)》第560页
1929年	大西路宏恩医院对面地产	8.377	16 000	白银两	沪西菜市场	《工部局董事会会议录译文(1928—1930)》第560页
1930年	宏恩医院相连地产	2.5	29 000	白银两	业主要价	《工部局董事会会议录译文(1928—1930)》第603页
1931年	胶州路地产		18 000	白银两	业主要价	《工部局董事会会议录译文(1931—1932)》第473页
1931年	汇山路上多余的土地—第3575号册地		18 000	白银两	市价	《工部局董事会会议录译文(1931—1932)》第479—480页
1932年	册地第174号		206 500	白银两	英商恒业地产公司购买	《工部局董事会会议录译文(1931—1932)》第573页
1933年	西区第3386号册地	6.325	37 000	白银两	华人女子中学西区新址	《工部局董事会会议录译文(1933—1935)》第376页
1933年	西区第5960号、5954号册地		22 000	白银两	工部局报价	《工部局董事会会议录译文(1933—1935)》第377页
1934年	胶州路花园附近地产	25	24 000	白银两	西区热病医院院址,业主要价	《工部局董事会会议录译文(1933—1935)》第434页
1940年	地丰路和大西路交通岛地基		36 000	元	工部局卖价	《工部局董事会会议录译文(1940—1943)》第536页
1940年	工务处出售地产		50 000	白银两	工部局开价	《工部局董事会会议录译文(1940—1943)》第537页

2. 表 5.2　1934—1936 年上海内地地产股份有限公司地价表①

序号	年份	基地尺寸（亩）	价额	单位	基地坐落地及编号	四　址	地上附着建构筑物	买受人
1	1934		35 100	国币	（甲）陆家浜路江苏省立上海中学高中部全部旧校舍（乙）尚文路江苏省立上海中学初中部之全部旧校舍凡该两处全部旧屋木料砖瓦五金物料及上至天空下至地壳关于房屋上之一切附属物品併卖买在内			上海内地地产股份有限公司
2	1934	0.292	15 000	国币	上海沪南区即尚文路二图洪字圩二十一号十九丘内划分之第五十二号基地			汪平远
3	1934	0.442	12 000	国币	上海沪南区即尚文路二图洪字圩二十一号十九丘内划分之第五十一号基地			沈寿山
4	1934	0.457	11 425	国币	上海沪南区即尚文路二图洪字圩二十一号十九丘内划分之第四号基地			钱越毅
5	1934	0.568	14 200	国币	上海沪南区即尚文路二图洪字圩二十一号十九丘内划分之第五号基地			王之兰
6	1935		7 980	国币	上海沪南区即尚文路二图洪字圩二十一号十九丘内划分之第十五号基地	东至十六号地南至公衖西至十四号地北至公衖		李鉴仲
7	1935	0.197	3 940	国币	上海沪南区即尚文路二图洪字圩二十一号十九丘内划分之第乙十二号基地半块	东至甲十二号地南至公衖西至十一号地北至公衖		孙菊生
8	1935	0.197	3 940	国币	上海沪南区即尚文路二图洪字圩二十一号十九丘内划分之第甲十二号基地半块	东至十三号地南至公衖西至十二号地北至公衖		汪国璔
9	1935	0.266	5 320	国币	上海沪南区即尚文路二图洪字圩二十一号十九丘内划分之第二十二号基地三分之二	东至二十二号地三分之一南至公衖西至二十一号北至公衖		唐焕如
10	1935	0.335	6 700	国币	上海沪南区即尚文路二图洪字圩二十一号十九丘内划分之第十四号基地靠西三分之二	东至十四号三分之一地南至公衖西至公衖北至公衖		蒋延德堂
11	1935	0.338	6 760	国币	上海沪南区即尚文路二图洪字圩二十一号十九丘内划分之第五十号基地	东至十八号南至公衖西至四十九号地北至公衖		钱秀美

---

① 上海档案馆档案，Q403-1-836,《上海内地地产股份有限公司房屋买卖合同》。

续表

序号	年份	基地尺寸（亩）	价额	单位	基地坐落地及编号	四址	地上附着建构筑物	买受人
12	1935	0.363	7 260	国币	上海沪南区即尚文路二图洪字圩二十一号十九丘内划分之第七号基地	东至八号地南至公衖西至六号北至先棉祠街		黄宇民
13	1935	0.364	7 290	国币	上海沪南区即尚文路二图洪字圩二十一号十九丘内划分之第四十号基地	东至四十一号地南至二三丘地西至应公祠路北至公衖		毛勤德堂
14	1935	0.367	7 340	国币	上海沪南区即尚文路二图洪字圩二十一号十九丘内划分之第八号基地	东至吾园街南至公衖西至七号地北至先棉祠街		盛永锡堂代表盛逸少
15	1935	0.394	7 880	国币	上海沪南区即尚文路二图洪字圩二十一号十九丘内划分之第十九号基地	东至二十号地南至公衖西至十八号地北至公衖		曹守廉
16	1935	0.394	7 880	国币	上海沪南区即尚文路二图洪字圩二十一号十九丘内划分之第十一号基地	东至十二号地南至公衖西至十号地北至公衖		沈仁远
17	1935	0.430	17 000	国币	上海沪南区即尚文路二图洪字圩二十一号十九丘内划分之第三十九号基地	东至十一、二丘南至公衖西至三十八号地北至公衖		陆辅仁
18	1935	0.457	9 140	国币	上海沪南区即尚文路二图洪字圩二十一号十九丘内划分之第十三号基地	东至公衖南至公衖西至十三号地北至公衖		汪闻连
19	1935	0.460	9 150	国币	上海沪南区即尚文路二图洪字圩二十一号十九丘内划分之第六号基地	东至七号地南至公衖西至公衖北至先棉祠街		顾清洲
20	1935	0.507	10 140	国币	上海沪南区即尚文路二图洪字圩二十一号十九丘内划分之第十七号基地	东至十八号地南至公衖西至应公祠路北至公衖		陈一龙
21	1935	0.525	10 500	国币	上海沪南区即尚文路二图洪字圩二十一号十九丘内划分之第二十五基地靠东三分之一、二十六号基地	东至二十七号地南至公衖西至二十五号三分之二地北至公衖		王洪棣、王洪宝
22	1935	0.532	10 640	国币	上海沪南区即尚文路二图洪字圩二十一号十九丘内划分之第二十二号基地靠东三分之一、二十三号基地	东至五园街南至公衖西至二十二号三分之二地北至公衖		徐佑之、徐剑城
23	1935	0.535	10 700	国币	上海沪南区即尚文路二图洪字圩二十一号十九丘内划分之第三十五、三十六号基地靠西三分之一	东至三十六号三分之二地至公衖西至三十四号地北至公衖		谭静渊、谭颂贤
24	1935	0.631	15 000	国币	上海沪南区即尚文路二图洪字圩二十一号十九丘内划分之第九、十号基地	东至十一号地南至公衖西至应公祠路北至公衖		袁济安

续表

序号	年份	基地尺寸（亩）	价额	单位	基地坐落地及编号	四　址	地上附着建构筑物	买受人
25	1936	0.1265	2 530	国	上海沪南区即尚文路二图洪字圩二十一号十九丘内划分之第二十五号基地三分之一	东至二十五号三分之一南至公衖西至二十五号三分之一北至公衖		闵欧阳
26	1936	0.1265	2 530	国币	落上海沪南区即尚文路二图洪字圩二十一号十九丘内划分之第二十五号基地三分之一	东至二十五号三分之一南至公衖西至二十四号地北至公衖		蔡善卿
27	1936	0.332	6 640	国币	上海沪南区即尚文路二图洪字圩二十一号十九丘内划分之第四十七号基地	东至十八丘南至公衖西至四十六号地北至公衖		桂九思
28	1936	0.343	6 450	国币	上海沪南区即尚文路二图洪字圩二十一号十九丘内划分之第二十四号基地	东至二十五号地南至公衖西至应公祠路北至公衖		袁景安
29	1936	0.374	16 000	国币	上海沪南区即尚文路二图洪字圩二十一号十九丘内划分之第四十三号基地	东至四十四号地南至公衖西至四十二号地北至公衖		汪励吾
30	1936	0.377	16 000	国币	上海沪南区即尚文路二图洪字圩二十一号十九丘内划分之第四十四号基地	东至十三丘地南至公衖西至四十三号地北至公衖		乔永明龙记
31	1936	0.394	7 880	国币	上海沪南区即尚文路二图洪字圩二十一号十九丘内划分之第十八号基地	东至十九号地南至公衖西至十七号地北至公衖		黄道民
32	1936	0.399	7 980	国币	上海沪南区即尚文路二图洪字圩二十一号十九丘内划分之第二十九号基地	东至三十号地南至公衖西至二十九号地北至公衖		余慕韩
33	1936	0.399	7 980	国币	上海沪南区即尚文路二图洪字圩二十一号十九丘内划分之第十六号基地	东至吾园街南至公衖西至十五号地北至公衖		姚锦侪
34	1936	0.400	8 000	国币	上海沪南区即尚文路二图洪字圩二十一号十九丘内划分之第四十九号基地	东至五十号地南至公衖西至公衖北至公衖		王仁裔
35	1936	0.405	9 100	国币	上海沪南区即尚文路二图洪字圩二十一号十九丘内划分之第四十六号基地	东至四十七号地南至公衖西至公衖北至公衖		王怡和
36	1936	0.408	17 000	国币	上海沪南区即尚文路二图洪字圩二十一号十九丘内划分之第三十八号基地	东至三十九号地南至公衖西至三十七号地北至公衖		过守一
37	1936	0.457	9 140	国币	上海沪南区即尚文路二图洪字圩二十一号十九丘内划分之第二十号基地	东至公衖南至公衖西至十九号地北至公衖		陈祝霖

续表

序号	年份	基地尺寸（亩）	价额	单位	基地坐落地及编号	四　址	地上附着建构筑物	买受人
38	1936	0.460	16 500	国币	上海沪南区即尚文路二图洪字圩二十一号十九丘内划分之第四十二号基地	东至四十三号地南至公衖西至公衖北至公衖	地上三间两厢楼房一所	瞿颂嘉
39	1936	0.474	9 480	国币	落上海沪南区即尚文路二图洪字圩二十一号十九丘内划分之第二十八号基地	东至二十九号南至公衖西至公衖北至公衖		莫制蕴萱
40	1936	0.496	9 920	国币	上海沪南区即尚文路二图洪字圩二十一号十九丘内划分之第二十一号基地	东至二十二号地南至公衖西至公衖北至公衖		朱松源
41	1936	0.547	9 140	国币	上海沪南区即尚文路二图洪字圩二十一号十九丘内划分之第二十七号基地	东至公衖南至公衖西至二十六号地北至公衖		蒋翼青
42	1936	0.790	15 800	国币	上海沪南区即尚文路二图洪字圩二十一号十九丘内划分之第四十五、四十八号基地	东至公衖南至二十丘西至二十三丘地北至公衖		荣浩泰
43	1936	0.880	21 000	国币	上海沪南区即尚文路二图洪字圩二十一号十九丘内划分之第三十一、三十二号基地	东至二丘地南至十一丘西至三十号地北至公路		仁裕记

3. 表5.3　1904—1906年兆丰洋商地产交易表（一）[①]

年份	卖地人名称	亩数（亩）	价格（银洋元）	地　址
1904	姚金金、姚柱香	7.099	2 219.1（英洋）	二十八保八九图堂字圩472
1904	姚驾山	2.536	3 000	二十八保十二图禍字圩1901、1902
1904	侯张氏	2.441	3 173.3	二十八保八九图堂字圩380
1904	徐朗生、徐根生	1.717	2 886.5（两）	二十八保四图传字圩84
1904	苏梅生	0.9	810	二十八保八九图堂字圩355
1904	苏梅生	0.9	880	二十八保八九图堂字圩395
1905	陈胜茄	1.878	1 878	二十八保八九图堂字圩371
1905	顾云亭、顾雪亭	1.79	1 611	二十八保八九图堂字圩395号
1905	陈梅岐	0.5	575	二十八保北十二图禍字圩字圩1184号
1905	陈树林	0.865	692	二十八保八九图堂字圩451
1905	苏琴洲、苏仲洲	1.1605	1 392.6（两）	二十八保堂字圩366、367号
1905	苏兰生、苏芝岩	1.8	2 070（两）	二十八保八九图堂字圩395号
1905	陈兰岐	1.144	1 315.6	二十八保八九禍字圩字圩1184号

---

① 上海档案馆档案，U38-4-154,《法公董局档案》。

续表

年份	卖地人名称	亩数（亩）	价格（银洋元）	地址
1905	王秀堂	1.317	1 317	二十八保八九图堂字圩 369、370 号
1905	王秀堂	0.56	560	二十八保八九图堂字圩 328 号
1905	徐华文	1.384	1 730	二十保八九图堂字圩 366 号
1905	苏翰林	2.482	2 860(两)	二十八保八九图堂字圩 372、373 号
1905	苏芝卿	0.805	885.5(两)	二十八保八九图堂字圩 406 号
1905	陈王氏	0.4	480	二十八保北拾贰图祸字圩字圩 1179 号
1905	谈鹤甫	0.956	1 147.2	二十八保八九图堂字圩 355 号
1906	徐华文、徐焕文	4.2	8.885	二十八保八九图堂字圩 323 号
1906	陈兴隆	1.585	1 822.75(两)	二十八保堂字圩 1182、1183 号
合计		38.419 5		

4. 表 5.4　1904—1906 年英商兆丰洋商地产交易价格表(二)[①]

年份	卖地人名称	亩数（亩）	价格（白银两）	单价（白银两/亩）	地址
1904	姚金金、姚柱香	7.099	1 598	225.102 1	二十八保八九图堂字圩 472 号
1904	姚驾山	2.536	2 160	851.735	二十八保十二图祸字圩 1901、1902 号
1904	侯张氏	2.441	1 645	673.904 1	二十八保八九图堂字圩 380 号
1904	徐朗生、徐根生	1.717	2 886.5	1 681.13	二十八保四图传字圩 84 号
1904	苏梅生	0.9	583.2	648	二十八保八九图堂字圩 355 号
1904	苏梅生	0.9	633.6	704	二十八保八九图堂字圩 395 号
1905	陈胜茄	1.878	1 352.2	720.021 3	二十八保八九图堂字圩 371 号
1905	顾云亭、顾雪亭	1.79	1160	648.044 7	二十八保八九图堂字圩 395 号
1905	陈梅岐	0.5	414	828	二十八保北十二图祸字圩 1184 号
1905	陈树林	0.865	498.2	575.953 8	二十八保八九图堂字圩 451 号
1905	苏琴洲、苏仲洲 苏仲洲	1.160 5	1 392.6	1 200	二十八保堂字圩 366、367 号
1905	苏蕳生、苏芝岩	1.8	2 070	1 150	二十八保八九图堂字圩 395 号
1905	陈兰岐	1.144	947.2	827.972	二十八保八九祸字圩 1184 号
1905	王秀堂	1.317	948.2	719.969 6	二十八保八九图堂字圩 369、370 号
1905	王秀堂	0.56	403.2	720	二十八保八九图堂字圩 328 号
1905	徐华文	1.384	1 245.6	900	二十保八九图堂字圩 366 号

---

① 上海档案馆档案，U38-4-154,《法公董局档案》。

续表

年份	卖地人名称	亩数（亩）	价格（白银两）	单价（白银两/亩）	地　址
1905	苏翰林	2.482	2 860	1 152.297	二十八保八九图堂字圩 372、373 号
1905	苏芝卿	0.805	885.5	1 100	二十八保八九图堂字圩 406 号
1905	陈王氏	0.4	345.6	864	二十八保北拾贰图禑字圩 1179 号
1905	谈鹤甫	0.956	826	864.016 7	二十八保八九图堂字圩 355 号
1906	徐华文、徐焕文	4.2	6 397.2	1 523.143	二十八保八九图堂字圩 323 号
1906	陈兴隆	1.585	1 822.75	1 150	二十八保堂字圩 1182、1183 号
	合　计	38.419 5			

5. 表 5.5　1904—1932 年《上海市地价》地产交易表①

年代	地　址	土地面积（亩）	市场售价（两）	市场单价（两/亩）
1931	广东路转角②	8.25	1 500 000	181 818
1931	广西路云南路转角	6		152 000
1931	宁波路河南路与天津路转角	5		250 000
1932	九江路角新康大厦	2.571	1 500 000	583 431
1932	九江路角新康大厦	1.5	250 000	166 667
1932	福州路与江西路转角	1.799		200 500
1932	外滩(旧大英银行)	2.5	756 000	302 400
1932	天津路	1.6	163 000	101 875
1931	东临北四川路西临北江西路南临天潼路北临崇明路③	30	2 400 000	80 000
1931	崑山路转角	6	150 000	25 000
1931	老靶子路与北江西路	9.5		60 000
1931	西华德路与天潼路	3	420 000	140 000
1931	面临汇山路华德路与舟山路④	13	320 000	24 615.4
1931	东有恒路	6	90 000	15 000
1931	湄州路河间路	24		7 800
1931	唐山路	15		10 000
1931	东有恒路与爱而老路	6		10 000
1931	唐山路	14.75		12 000
1931	辽阳路	4		16 500

---

①　张辉:《上海市地价研究》,正中书局 1935 年版,第 11—16、27—29、74—75 页。
②　张辉:《上海市地价研究》,正中书局 1935 年版,第 11 页。
③　张辉:《上海市地价研究》,正中书局 1935 年版,第 12 页。
④　张辉:《上海市地价研究》,正中书局 1935 年版,第 12 页。

续表

年代	地　址	土地面积（亩）	市场售价（两）	市场单价（两/亩）
1931	宁国路与荆州路	6.5		9 000
1931	齐齐哈尔路	1.4		11 000
1931	河间路①	4		8 500
1931	丹阳路	12		12 000
1931	西华德路与兆丰路转角	13		43 000
1931	嚴州路	2.5		10 000
1931	黑龙路	15		10 000
1931	宁武路	5		10 000
1931	华德路与兰路	17	300 000	17 647
1931	宁武路	5.25	50 000	9 524
1931	河间路	4.5		10 000
1931	黑龙江路	15		12 000
1931	黑龙江路	7		11 300
1931	周家嘴路	2.6		17 500
1931	河间路	1		11 000
1931	鄱阳路	11		10 500
1931	平凉路	3		10 000
1931	临清路	7		10 000
1931	朝阳路	4		9 500
1931	河间路	0.5		10 500
1931	河间路	4.5		10 500
1931	河间路	1		10 500
1931	临清路	8.75		11 500
1931	榆林路	1.3		14 000
1931	临清路	7		11 800
1931	朝阳路	2.5		10 000
1932	榆林路近胜路东	1.3	27 500	21 154
1932	渭南路东平凉路②	4		12 500
1932	海州路	2.5		10 000
1932	河间路	1.5		9 500
1931	海格路	22	350 000	15 909.1
1931	静安寺路与梅白格路转角	21	2 200 000	104 761.9
1931	同孚路与福煦路间	5		66 000

① 张辉：《上海市地价研究》，正中书局 1935 年版，第 13 页。
② 张辉：《上海市地价研究》，正中书局 1935 年版，第 14 页。

续表

年代	地　址	土地面积（亩）	市场售价（两）	市场单价（两/亩）
1931	静安寺路	20		75 000
1931	海军联欢社旧址	4		155 000
1931	白克路	8		90 000
1931	爱文义路与西摩路转角	3		45 000
1931	胶州路	7.25		15 000
1931	大西路①	7		10 000
1931	威海卫路	4	450 000	112 500
1931	胶州路	45		18 000
1931	愚园路与白利南路	3		15 000
1931	康脑脱路	3.75		13 000
1931	大西路	6.000		10 000
1931	麦特赫斯脱路康与苏州河之间	17		35 000
1931	赫德路与罗别生格	40		15 000
1931	静安寺路与麦特赫斯脱路	2		150 000
1931	落马背路	4		145 000
1931	小沙渡路与海防路	20		19 000
1931	靠近赫德路毗连静安寺路	2.25		62 000
1931	哈同路	2.5		41 000
1931	静安寺路	10.25	1 250 000	121 951.2
1931	福煦路	0.8	62 000	77 500
1931	愚园路	1.2		15 000
1931	西苏州路	40		20 000
1931	静安寺路靠近斜桥总会	10		52 000
1931	戈登路槟榔路北	6		18 000
1931	虹桥路高尔夫球会	20		2 200
1931	虹桥路高尔夫球会	4		2 600
1931	康脑脱路北##州路	52		26 000
1931	静安寺路卡德路与白克路转角	1		150 000
1931	惇信路②	7		9 000
1931	安和寺路	3.75		11 000
1931	忆定盘路大西路	2		16 500
1931	近西摩路面临福煦路	9.5		400 000
1931	西摩路靠近武定路	6.5		30 000

---

① 张辉:《上海市地价研究》,正中书局1935年版,第15页。
② 张辉:《上海市地价研究》,正中书局1935年版,第16页。

续表

年代	地　址	土地面积（亩）	市场售价（两）	市场单价（两/亩）
1931	华安大楼隔壁①	5		195 000
1931	宁兴街与郑家木桥转角	0.8	80 000	100 000
1931	公馆马路与典当路	3.5	640 000	182 857.1
1931	爱多亚路香港路香港饭店	3.9	650 000	166 666.7
1931	霞飞路与保罗路	15	525 000	35 000
1931	贝当路角	20		17 000 21 500
1931	华勋路	4.333		23 000
1931	巨泼来斯路	3.5		15 000
1931	福履理路与拉都路转角	1.5		19 000
1931	霞飞路爱尔部路劳尔东路角	32		48 000
1931	爱尔部路	2		28 000
1931	杜美路与古技路转角	31.5		23 000
1932	霞飞路②	40		35 000
1932	霞飞路与白赛仲路	9		33 000
1932	贝当路	6.5		25 000
1932	贝当路	11		21 000
1932	贝当路	7		20 000
1932	台拉脱斯路	1.25		20 500
1932	祁齐路	11		18 000
1932	马拉斯加路	2		20 000
1932	福开森路	2.7		21 000
1932	霞飞路善钟路转角	12		52 000
1932	亚尔培路霞飞路转角	12	1 150 000	95 833.3
1932	潘兴路与麦尼尼路	6.5		22 500
1932	亚尔培路	1		25 000
1932	爱当路	1		17 000
1932	霞飞路靠近巨福路	20		29 000
1932	霞飞路与居尔典路转角	20		33 000
1932	迈尔西爱路	0.75		34 000
1932	徐家汇路	1.5		16 500
1932	靠近霞飞路	2.75	50 000	18 181.8
1932	祁齐路	4	76 000	19 000

① 张辉：《上海市地价研究》，正中书局1935年版，第27页。
② 张辉：《上海市地价研究》，正中书局1935年版，第28页。

续表

年代	地　址	土地面积（亩）	市场售价（两）	市场单价（两/亩）
1932	贝当路	7		20 000
1932	霞飞路杜美路偏西	6.5		40 000
1932	环龙路近亚齐尔培路	1.25	48 000	38 400
1932	新西区	15	300 000	20 000
1932	美国学堂西贝当路转角①	5.5		22 500
1932	高福曼路	3.5		18 000
1932	徐家汇路	1.5		18 000
1932	祁齐路附近	1.5		18 000
1932	西爱咸斯路南巨福路	1.33	30 000	22 556.4
1932	台拉脱斯路靠近徐家汇路	4.3		18 000
1932	台拉脱斯路靠近徐家汇路	2		156 000
1904	北四川路近东洋学堂②			300
1907	兰路近华德路			700
1907	华德路近兰路			500
1909	杨树浦路近沪江大学			100
1909	杨树浦路近兰路			500
1909	福煦路近海格路			800
1909	祁齐路近辣斐德路			900
1910	马斯南路近辣斐德路			500
1910	霞飞路近福开森路			9 000
1910	环龙路七十五号			700
1910	西藏路南京路			20 000
1912	静安寺路近马霍路			10 000
1912	北河南路近商务印书馆			1 500
1915	辣斐德路近祁齐路角③			900
1915	海格路近巨泼来斯路			900
1915	静安寺路近赫德路			3 000
1915	愚园路近憶定盘路			900
1915	苏州河近曹家渡			200
1915	南京路四川路角			30 000
1916	霞飞路阿尔盘路角			2 000
1929	北四川路近东洋学堂④			16 000

① 张辉:《上海市地价研究》,正中书局1935年版,第29页。
② 张辉:《上海市地价研究》,正中书局1935年版,第74页。
③ 张辉:《上海市地价研究》,正中书局1935年版,第75页。
④ 张辉:《上海市地价研究》,正中书局1935年版,第74页。

续表

年代	地　址	土地面积（亩）	市场售价（两）	市场单价（两/亩）
1929	兰路近华德路			6 000
1929	华德路近兰路			6 000
1929	杨树浦路近沪江大学			1 500
1929	杨树浦路近兰路			12 000
1929	福煦路近海格路			14 000
1929	祁齐路近辣斐德路			10 000
1929	马斯南路近辣斐德路			12 000
1929	霞飞路近福开森路			9 000
1929	环龙路七十五号			12 000
1929	西藏路南京路			200 000
1929	静安寺路近马霍路			90 000
1929	北河南路近商务印书馆			10 000
1929	辣斐德路近祁齐路角①			12 000
1929	海格路近巨泼来斯路			8 000
1929	静安寺路近赫德路			25 000
1929	愚园路近忆定盘路			9 000
1929	苏州河近曹家渡			7 000
1929	南京路四川路角			350 000
1929	霞飞路阿尔盘路角			20 000

6. 表5.6　工部局地产交易平均值

年代	单价（白银两/亩）	年代	单价（白银两/亩）	年代	单价（白银两/亩）
1854	594	1885	900	1908	4 450
1862	800	1886	3 243	1909	6 885
1863	1 650	1887	2 933	1910	11 817
1864	2 000	1888	3 680	1911	1 388
1865	1 750	1889	2 486	1912	1 250
1866	1 500	1890	20 769	1913	10 364
1867	70	1891	2 446	1914	2 500
1868	100	1892	4 297	1915	2 841
1869	1 416	1893	4 390	1917	31 890
1870	2 771	1894	20 946	1918	5 944
1871	324	1895	2 823	1919	250

---

① 张辉:《上海市地价研究》,正中书局1935年版,第75页。

续表

年代	单价 （白银两/亩）	年代	单价 （白银两/亩）	年代	单价 （白银两/亩）
1872	1 450	1896	3 497	1920	4 203
1873	2 400	1897	8 765	1921	3 369
1874	2 977	1898	1 400	1923	304 774
1875	6 396	1899	1 915	1924	1 875
1876	2 467	1900	2 833	1925	211 313
1877	1 631	1901	11 833	1926	6 104
1878	8 130	1902	20 876	1928	43 445
1879	5 500	1903	8 000	1929	15 000
1881	2 053	1904	24 132	1930	29 000
1882	4 357	1905	10 873	1931	18 000
1883	4 534	1906	16 040	1932	206 500
1884	6 237	1907	68 100	1933	29 500
				1934	24 000

7. 表 5.7 上海内地地产股份有限公司地价平均值表

年代	单价 （白银两/亩）	年代	单价 （白银两/亩）	年代	单价 （白银两/亩）
1934	23 133	1935	15 329	1936	17 606

8. 表 5.8 兆丰洋商买地地价平均值

年代	单价 （白银两/亩）	年代	单价 （白银两/亩）	年代	单价 （白银两/亩）
1904	797.31	1905	876.45	1906	1 336.57

9. 表 5.9 《上海市地价》地产交易平均值

年代	单价 （白银两/亩）	年代	单价 （白银两/亩）	年代	单价 （白银两/亩）
1904	300	1912	5 750	1931	44 213
1907	600	1915	5 983	1932	63 560
1909	575	1916	2 000		
1910	7 550	1929	41 475		

10. 表 5.10　市中心区域内地亩估价表①(1929 年)

区	图	圩	地亩等别	每亩估价(元)
江湾	殷十一	光	沿淞沪路均为上等	600
引翔二十三	九	退	沿淞沪路及翔殷路上等	800
引翔二十三	九	退	宅基坟地为中等	500
引翔二十三	九	退	普通田地为下等	300
引翔二十三	六	羌	沿翔殷路为上等	700
引翔二十三	六	羌	宅基坟地为中等	450
引翔二十三	六	羌	普通田地为下等	300
殷行	衣五	下	沿淞沪路及闸殷路为上等	550
殷行	衣五	下	宅基坟地为中等	350
殷行	衣五	下	普通田地为下等	250
殷行	衣二	一二三四天	宅基坟地为上等	300
殷行	衣二	一二三四天	普通田地为中等	200
殷行	周三	天	宅基坟地为上等	300
殷行	周三	天	普通田地为中等	200
殷行	衣五	中	沿闸殷路为上等	450
殷行	衣五	中	宅基坟地为中等	300
殷行	衣五	中	普通田地为下等	200
殷行	衣四	天	沿闸殷路为上等	450
殷行	衣四	天	宅基坟地为中等	300
殷行	衣四	天	普通田地为下等	200
殷行	周南十	东天西天	沿闸殷路为上等	450
殷行	周南十	东天西天	宅基坟地为中等	300
殷行	周南十	东天西天	普通田地为下等	200
殷行	衣五	上	宅基坟地为上等	300
殷行	衣五	上	普通田地为中等	200

11. 表 5.11　1931 年市中心区域征收民地案业户领款表②

月　份	业户数	面积(亩)	领款数(元)	业户累计	面积累计(亩)	领款累计(元)
一月	2	2.456	492	2	2.456	492
二月	0	0	0	2	2.456	492
三月	4	19.884	3 977	6	22.34	4 469
四月	24	64.745	13 259	30	87.83	17 728

---

① 上海档案馆档案,蒋 1-0-1,《上海市政府公报》第三十九期,第 46—47 页。
② 上海档案馆档案,蒋 1-0-(2),《上海市政府公报》第八十四期,第 30 页。

续表

月 份	业户数	面积(亩)	领款数(元)	业户累计	面积累计(亩)	领款累计(元)
五月	34	92.12	18.904	64	179.205	36.632
六月	72	187.163	40.685	136	366.368	77 317
七月	75	167.55	40 072	211	533.918	27 389
八月至十月	18	38.6	11 795	229	573.518	129 184
十一月至十二月	58	106.717	26 249	287	679.235	155 433

12. 表5.12 华界十七区地价表[①](1932年)

区别名称	每亩平均价(元)	区别名称	每亩平均价(元)
沪南	8 262	真如	605
闸北	6 058	塘桥	572
法华	4 289	浦淞	466
洋泾	2 738	漕泾	414
吴淞	1 571	陆行	412
引翔	1 171	高行	345
江湾	914	杨思	336
彭浦	784	高桥	304
殷行	646	共 计	1 428

13. 表5.13 1934年龙华飞机场扩充部分地亩估价表[②]

地 区	价格(元/亩)
东沿黄浦江	700
黄浦江西及沿龙华路	550
大操场西首	500
大操场北及龙华路西一部分	400
龙华路北首	380
龙华路南首	350
沿浦滩地(有粮部照)	280

---

① 王慰祖:《上海市房租之研究》//萧铮:《民国二十年代中国大陆土地问题资料》,成文出版社有限公司(美国)中文资料中心印行1977年第1版,第50196页。

② 上海档案馆档案,蒋1-0-(6),《上海市政府公报》第一百五十期,第221页。

14. 表 5.14　1911—1936 年上海平均地价与美查地价变化对比表①

年代	平均地价 （两/亩）	美查地价 （两/亩）	年代	平均地价 （两/亩）	美查地价 （两/亩）
1911	1 388	691	1924	1 750	1 045
1912	3 500	787	1925	211 313	1 094
1913	10 364	776	1926	6 104	989
1914	3 059	712	1928	43 445	1 166
1915	4 657	659	1929	28 238	1 080
1916	2 000	840	1930	29 000	776
1917	31 890	1 095	1931	31 107	574
1918	5 944	1 340	1932	135 030	574
1919	250	1 478	1933	27 667	968
1920	5 000	1 318	1934	23 133	1 251
1921	3 369	886	1935	15 329	1 346
1923	304 774	933	1936	17 606	1 194

15. 表 5.15　上海档案馆档案中的地价资料表（一）

年代	坐落地址	面积 （亩）	单价 （白银两/亩， 1937 年是 法币元/亩）	备　注
1932	海防路小沙渡路口空地	29	20 333.12	上海档案馆档案，Q268-1-536-3，《浙江兴业银行房地产信托部为售出地产三处事致总行函(1931 年 12 月)》
1932	善钟路巨赖达路口道契地附带建筑物	37	28 918.92	上海档案馆档案，Q268-1-536-3，《浙江兴业银行房地产信托部为售出地产三处事致总行函(1931 年 12 月)》
1932	霞飞路善钟路转角道契地	9	54 299.56	上海档案馆档案，Q268-1-536-3，《浙江兴业银行房地产信托部为售出地产三处事致总行函(1931 年 12 月)》
1931	沙发花园旧址地	40	35 000.00	上海档案馆档案，Q268-1-536-3，《浙江兴业银行房地产信托部为售出地产三处事致总行函(1931 年 12 月)》
1931	辣斐德路菜市路口英册第 12612 号道契地	8.752	27 500.00	上海档案馆档案，Q268-1-535，《浙江兴业银行房地产信托部为购进地产一方事致总行函(1931 年 2 月)》

---

① 上海档案馆档案，Q38-4-16，《英商美查公司上海江苏药水厂历年年度结算(卷一)(1908—1950 年)》。上海档案馆档案，Q38-4-17，《英商美查公司上海江苏药水厂历年年度结算(卷二)(1908—1950 年)》。

续表

年代	坐落地址	面积（亩）	单价（白银两/亩，1937年是法币元/亩）	备注
1933	上海县第一区长寿乡即前十六保三十二图往字圩390号地	8.469	108.82	上海档案馆档案,S418-1-8
1935	寒号拾图生圩	1	21.60	上海档案馆档案,Q199-14-3,《圆圆染织厂买卖田地契》,第1—2、3、5页
1918	瞿家衕口	0.03	240.00	上海档案馆档案,Q199-14-3,《圆圆染织厂买卖田地契》,第1—2、3、5页
1923	二十九图雨圩	4	9.00	上海档案馆档案,Q199-14-3,《圆圆染织厂买卖田地契》,第1—2、3、5页
1929	上邑二十九保六图有字地	5.572	86.40	上海档案馆档案,Q371-1-221,《建安实业公司房地产地契照片一包》,第43—45、46、90—92页
1931	漕泾区十四图丝字圩第392号	1.185	121.52	上海档案馆档案,S107-1-17,《上海市纸盒工业同业公会购地契约及原主(修拼)的执业田单(1855—1931)》
1903	上邑二十六保十四图丝字圩第392号	1.185	18.23	上海档案馆档案,S107-1-17,《上海市纸盒工业同业公会购地契约及原主(修拼)的执业田单(1855—1931)》
1925	上邑一区十八保十五图金字圩第38号	3.599	44.01	上海档案馆档案,Q89-1-8,《生生牧场地契及地契合同》
1919	上邑二区二十六保十三图墨字圩第356号	3.748	19.21	上海档案馆档案,Q89-1-8,《生生牧场地契及地契合同》
1931	上海县第三区十五图金字圩第38号、第39号	5.515	108.36	上海档案馆档案,Q89-1-8,《生生牧场地契及地契合同》
1935	法华区4图盈字圩20号14丘	0.86	644.65	上海档案馆档案,Q89-1-8,《生生牧场地契及地契合同》
1934	法华区4图盈字圩20号14丘	0.86	644.65	上海档案馆档案,Q89-1-8,《生生牧场地契及地契合同》
1933	法华区4图盈字圩20号14丘	0.86	644.65	上海档案馆档案,Q89-1-8,《生生牧场地契及地契合同》
1937	法华区4图盈字圩20号14丘	0.86	644.65	上海档案馆档案,Q89-1-8,《生生牧场地契及地契合同》
1921	上邑二十七保一区♯图♯圩第263号	0.984	4 097.56	上海档案馆档案,S322-1-15,《上海市花树商业同业公会花神公所地契影印件等文书》
1919	上邑一区二十五保拾图谈字圩第115号	0.262	11 816.79	上海档案馆档案,S428-1-13-5,《上海市瓷商业同业公会房屋及基地契约及草契各一份》

续表

年代	坐落地址	面积（亩）	单价（白银两/亩，1937年是法币元/亩）	备　注
1930	英册1473号,上海县二十五保三图包家宅,江西路基地	3.779	163 471.82	上海档案馆档案,Q268-1-71-32,《四合公司承购浙江兴业银行房地产与浙江兴业银行所订合同书(1930年4月)》
1931	上邑二十三保一区一图壹字圩第765号	1.082	4 691.31	上海档案馆档案,Q199-39-3,《上海五和织造厂土地契约证书》,第6－7、46、52、75－88页
1917	上邑二十三保十一图壹字圩第678号	1.027	297.96	上海档案馆档案,Q199-39-3,《上海五和织造厂土地契约证书》,第6－7、46、52、75－88页
1928	上海县二十三保二区八图通字圩第47号	0.71	1 876.06	上海档案馆档案,Q199-39-3,《上海五和织造厂土地契约证书》,第6－7、46、52、75－88页
1928	上海县二十三保十图通字圩第57号	1.425	2 520.00	上海档案馆档案,Q199-39-3,《上海五和织造厂土地契约证书》,第6－7、46、52、75－88页
1928	上海县二十三保十图通字圩第57号	1.747	2 926.16	上海档案馆档案,Q199-39-3,《上海五和织造厂土地契约证书》,第6－7、46、52、75－88页
1928	上海县二十三保十图通字圩第57号	0.467	4 471.09	上海档案馆档案,Q199-39-3,《上海五和织造厂土地契约证书》,第6－7、46、52、75－88页
1930	上邑二十三保二区十一图壹字圩第679号	1.359	2 160.00	上海档案馆档案,Q199-39-3,《上海五和织造厂土地契约证书》,第6－7、46、52、75－88页
1930	上邑二十三保二区十一图壹字圩第679号	1.431	2 213.84	上海档案馆档案,Q199-39-3,《上海五和织造厂土地契约证书》,第6－7、46、52、75－88页
1930	上邑二十三保二区十一图壹字圩第678号	1.027	2 874.39	上海档案馆档案,Q199-39-3,《上海五和织造厂土地契约证书》,第6－7、46、52、75－88页
1930	上邑二十三保二区十一图壹字圩第678号	1.027	2 160.00	上海档案馆档案,Q199-39-3,《上海五和织造厂土地契约证书》,第6－7、46、52、75－88页
1930	上邑二十三保二区十一图壹字圩第678号	0.513	2 456.14	上海档案馆档案,Q199-39-3,《上海五和织造厂土地契约证书》,第6－7、46、52、75－88页

续表

年代	坐落地址	面积（亩）	单价（白银两/亩，1937年是法币元/亩）	备 注
1930	上邑二十三保二区十一图壹字圩第 678 号	0.513	1 333.33	上海档案馆档案，Q199-39-3,《上海五和织造厂土地契约证书》,第 6—7、46、52、75—88 页

16. 表 5.16 上海档案馆档案中的地价资料表（二）

年代	坐落地址	面积（亩）	单价（白银两/亩，1937年是法币元/亩）	备 注
1922	上海陆家渡二〇七号	51.605	41.16	上海档案馆档案，Q38-1-5,《天利淡气制品厂股份有限公司选择建厂地区，及购地的有关事项,地产共有合同》
1931	舟山路洋行街道契法册 53	3.150 5	139 348.20	上海档案馆档案，Q53-1-141,《中央银行上海分行房地产道契及土地执业证一览表 1931 年 3 月 4 日》
1931	宁波路河南路道契英册 13685	2.011	172 486.33	上海档案馆档案，Q53-1-141,《中央银行上海分行房地产道契及土地执业证一览表 1931 年 3 月 4 日》
1931	外滩十五号行屋基地没房产道契英册 3143	3.423	1 156 926.92	上海档案馆档案，Q53-1-141,《中央银行上海分行房地产道契及土地执业证一览表 1931 年 3 月 4 日》
1931	外滩十五号花园道契日册 598	1.95	815 850.82	上海档案馆档案，Q53-1-141,《中央银行上海分行房地产道契及土地执业证一览表 1931 年 3 月 4 日》
1931	外滩六号道契英册 8233	2.52	639 138.72	上海档案馆档案，Q53-1-141,《中央银行上海分行房地产道契及土地执业证一览表 1931 年 3 月 4 日》
1931	汉口路一二六号道契英册 1634	1.424	441 443.38	上海档案馆档案，Q53-1-141,《中央银行上海分行房地产道契及土地执业证一览表 1931 年 3 月 4 日》
1931	土地证特字 1905	21.692	63 000.00	上海档案馆档案，Q53-1-141,《中央银行上海分行房地产道契及土地执业证一览表 1931 年 3 月 4 日》
1931	土地证特字 1906	23 510	9.80	上海档案馆档案，Q53-1-141,《中央银行上海分行房地产道契及土地执业证一览表 1931 年 3 月 4 日》

续表

年代	坐落地址	面积（亩）	单价（白银两/亩，1937年是法币元/亩）	备 注
1931	土地证特字1907	4.174	98 000.00	上海档案馆档案，Q53-1-141，《中央银行上海分行房地产道契及土地执业证一览表1931年3月4日》
1931	土地证津字2138	19.143	12 000.00	上海档案馆档案，Q53-1-141，《中央银行上海分行房地产道契及土地执业证一览表1931年3月4日》
1931	土地证行字61	19.489	1 200.00	上海档案馆档案，Q53-1-141，《中央银行上海分行房地产道契及土地执业证一览表1931年3月4日》
1934	舟山路洋行街FC53	3.150 5	95 760.00	上海档案馆档案，Q53-1-141，《抵押放款项下押品房地产匡计表》（中央、中国、交通三行共有）民国三十一年一月二十七日 中央银行上海分行抄
1937	中行别业法华区一图地字坊12号四丘法华区一图地字坊12号四丘	8.22	23 500	上海档案馆档案，Q54-3-453，《中国银行上海分行财产表》
1937	中行别业法华区一图地字坊12号廿五丘法华区一图地字坊12号四丘	0.213	23 500	上海档案馆档案，Q54-3-453，《中国银行上海分行财产表》
1937	中行别业法华区一图地字坊12号一丘法华区一图地字坊12号四丘	0.333	23 500	上海档案馆档案，Q54-3-453，《中国银行上海分行财产表》
1937	中行别业法华区一图地字坊12号二丘法华区一图地字坊12号四丘	2.23	23 500	上海档案馆档案，Q54-3-453，《中国银行上海分行财产表》
1937	中行别业法华区一图地字坊12号三丘法华区一图地字坊12号四丘	6.232	23 500	上海档案馆档案，Q54-3-453，《中国银行上海分行财产表》
1937	中行别业法华区一图地字坊12号廿一丘法华区一图地字坊12号四丘	15.105	50 000	上海档案馆档案，Q54-3-453，《中国银行上海分行财产表》
1937	中行别业法华区一图地字坊12号廿三丘法华区一图地字坊12号四丘	2.077	50 000	上海档案馆档案，Q54-3-453，《中国银行上海分行财产表》
1937	中行别业法华区一图地字坊12号廿六丘法华区一图地字坊12号四丘	13.476	50 000	上海档案馆档案，Q54-3-453，《中国银行上海分行财产表》

续表

年代	坐落地址	面积（亩）	单价（白银两/亩，1937年是法币元/亩）	备注
1937	龙门路126♯－146♯黄浦区十一图云字圩2号一丙丘	0.741	84 000	上海档案馆档案，Q54-3-453，《中国银行上海分行财产表》
1937	金神父路77♯黄浦区十二图雨字圩5♯廿丘	1.41	80 000	上海档案馆档案，Q54-3-453，《中国银行上海分行财产表》
1937	西康路1♯黄浦区十图律字圩3号十一癸丘	0.319	68 300	上海档案馆档案，Q54-3-453，《中国银行上海分行财产表》
1937	西康路2♯黄浦区十图律字圩3号十一癸丘	0.143	68 300	上海档案馆档案，Q54-3-453，《中国银行上海分行财产表》
1937	西康路3♯黄浦区十图律字圩3号十一壬丘	0.143	68 300	上海档案馆档案，Q54-3-453，《中国银行上海分行财产表》
1937	民国路1♯－3♯沪南区一图天字圩4号八丘	0.418	126 000	上海档案馆档案，Q54-3-453，《中国银行上海分行财产表》
1937	四川北路89♯－93♯黄浦区六图列字圩18号廿七丘	1.583	68 300	上海档案馆档案，Q54-3-453，《中国银行上海分行财产表》
1937	北西藏路仓库后面黄浦区六图巷字圩26号二丘	1.189	43 400	上海档案馆档案，Q54-3-453，《中国银行上海分行财产表》
1937	江西中路135弄4♯黄浦区七图署字圩15号八丘	1.005	187 000	上海档案馆档案，Q54-3-453，《中国银行上海分行财产表》
1937	董市街沪南区三图日字圩11号六丘	0.369	27 000	上海档案馆档案，Q54-3-453，《中国银行上海分行财产表》
1937	上海市土地证沪字♯23120坐落沪南区三图月字圩一号六丘	1.28	50 000	上海档案馆法公董局档案，Q53-1-002，《上海市银行资产表》
1937	上海市土地证沪字♯23121坐落沪南区三图月字圩一号一丘	1.477	50 000	上海档案馆法公董局档案，Q53-1-002，《上海市银行资产表》
1937	南市码头上海市土地证沪字♯23122坐落沪南区三图月字圩一号二丘	4.202	50 000	上海档案馆法公董局档案，Q53-1-002，《上海市银行资产表》
1937	南市码头上海市土地证沪字♯23123坐落沪南区三图月字圩一号三丘	4.409	50 000	上海档案馆法公董局档案，Q53-1-002，《上海市银行资产表》
1937	南市码头上海市土地证沪字♯23124坐落沪南区三图月字圩一号二丘	2.809	65 000	上海档案馆法公董局档案，Q53-1-002，《上海市银行资产表》
1937	南市码头上海市土地证沪字♯23125坐落沪南区三图月字圩一号三丘	1.537	65 000	上海档案馆法公董局档案，Q53-1-002，《上海市银行资产表》

续表

年代	坐落地址	面积（亩）	单价（白银两/亩，1937年是法币元/亩）	备 注
1937	南市上海市土地证沪字＃19324 坐落沪南区一图地字圩三十号一丘	1.093	20 000	上海档案馆法公董局档案,Q53-1-002,《上海市银行资产表》
1937	大西路上海市土地证特字＃1121 ＃1165 坐落法华区廿八保七图傅字圩戊丘五四九号	12.839	5 000	上海档案馆法公董局档案,Q53-1-002,《上海市银行资产表》
1937	善钟路上海市土地证特字＃4565 坐落特别区十五图生字圩一号廿四丘	1.075	11 200	上海档案馆法公董局档案,Q53-1-002,《上海市银行资产表》
1937	善钟路上海市土地证特字＃4566 坐落特别区十五图生字圩一号廿四甲丘	0.93	11 200	上海档案馆法公董局档案,Q53-1-002,《上海市银行资产表》
1937	善钟路上海市土地证特字＃4567 坐落特别区十五图生字圩一号廿四乙丘	0.982	11 200	上海档案馆法公董局档案,Q53-1-002,《上海市银行资产表》
1937	塘山路上海市土地证特字＃766 坐落特别区五图是字圩十八号三丘	0.578	21 000	上海档案馆法公董局档案,Q53-1-002,《上海市银行资产表》
1937	塘山路上海市土地证特字＃767 坐落特别区五图是字圩十八号三丘	0.578	21 000	上海档案馆法公董局档案 Q53-1-002,《上海市银行资产表》
1937	塘山路上海市土地证特字＃768 坐落特别区五图是字圩十八号三丘	0.578	21 000	上海档案馆法公董局档案,Q53-1-002,《上海市银行资产表》
1937	塘山路上海市土地证特字＃769 坐落特别区五图是字圩十八号三丘	0.578	21 000	上海档案馆法公董局档案,Q53-1-002,《上海市银行资产表》
1937	塘山路上海市土地证特字＃770 坐落特别区五图是字圩十八号三丘	0.124	21 000	上海档案馆法公董局档案,Q53-1-002,《上海市银行资产表》
1937	塘山路上海市土地证特字＃771 坐落特别区五图是字圩十八号三丘	0.973	21 000	上海档案馆法公董局档案,Q53-1-002,《上海市银行资产表》
1937	塘山路上海市土地证特字＃772 坐落特别区五图是字圩十八号三丘	0.245	21 000	上海档案馆法公董局档案,Q53-1-002,《上海市银行资产表》

续表

年代	坐落地址	面积（亩）	单价（白银两/亩，1937年是法币元/亩）	备注
1937	塘山路上海市土地证特字♯773坐落特别区五图是字圩十八号三丘	0.098	21 000	上海档案馆法公董局档案，Q53-1-002，《上海市银行资产表》
1937	海格路英册道契8122♯坐落特别区五图是字圩十八号三丘	1.755	15 400	上海档案馆法公董局档案，Q53-1-002，《上海市银行资产表》
1937	辣斐德路英册道契9331♯坐落特别区五图是字圩十八号三丘有建筑物	1.43	12 200	上海档案馆法公董局档案，Q53-1-002，《上海市银行资产表》
1937	上海市土地证真字2914♯坐落真如区十四图冬字圩九号六乙丘	0.349	1 000	上海档案馆法公董局档案，Q53-1-002，《上海市银行资产表》
1937	上海市土地证真字2915♯坐落真如区十四图冬字圩九号六丙丘	48.186	1 000	上海档案馆法公董局档案，Q53-1-002，《上海市银行资产表》
1937	上海市土地证真字2916♯坐落真如区十四图冬字圩九号六丁丘	2.674	1 000	上海档案馆法公董局档案，Q53-1-002，《上海市银行资产表》
1933	上海北京路	2.123	344 557.20	上海档案馆档案，Q55-2-216,《上海交通银行房地产投资表》
1933	北苏州路	3.059	149 862.41	上海档案馆档案，Q55-2-216,《上海交通银行房地产投资表》
1933	海格路	2.758	18 767.02	上海档案馆档案，Q55-2-216,《上海交通银行房地产投资表》
1933	河南路鹏程里	2.188	28 659.73	上海档案馆档案，Q55-2-216,《上海交通银行房地产投资表》
1933	河南路周南里	9.08	27 681.88	上海档案馆档案，Q55-2-216,《上海交通银行房地产投资表》
1933	威妥玛路	2.612	8 055.94	上海档案馆档案，Q55-2-216,《上海交通银行房地产投资表》
1933	迈尔西爱路	1.463	23 160.84	上海档案馆档案，Q55-2-216,《上海交通银行房地产投资表》
1933	姚主教路	6.681	12 279.26	上海档案馆档案，Q55-2-216,《上海交通银行房地产投资表》
1933	大通路	4.855	39 750.44	上海档案馆档案，Q55-2-216,《上海交通银行房地产投资表》
1933	白克路	1.695	106 127.83	上海档案馆档案，Q55-2-216,《上海交通银行房地产投资表》

续表

年代	坐落地址	面积（亩）	单价（白银两/亩，1937年是法币元/亩）	备 注
1933	白尔路	5.441	22 153.85	上海档案馆档案,Q55-2-216,《上海交通银行房地产投资表》
1933	北山西路	7.804	3 203.63	上海档案馆档案,Q55-2-216,《上海交通银行房地产投资表》
1933	环龙路	1.479	28 795.38	上海档案馆档案,Q55-2-216,《上海交通银行房地产投资表》
1933	威海街路	1.766	45 646.95	上海档案馆档案,Q55-2-216,《上海交通银行房地产投资表》
1933	平望街	2.217	74 317.68	上海档案馆档案,Q55-2-216,《上海交通银行房地产投资表》
1933	愚园路	10.278	58 742.00	上海档案馆档案,Q55-2-216,《上海交通银行房地产投资表》
1933	引翔街	5.292	1 078.14	上海档案馆档案,Q55-2-216,《上海交通银行房地产投资表》
1933	新闸路	2.52	40 030.79	上海档案馆档案,Q55-2-216,《上海交通银行房地产投资表》
1933	扬州路	1.025	7 531.92	上海档案馆档案,Q55-2-216,《上海交通银行房地产投资表》
1933	汇山路	1.3	7 531.93	上海档案馆档案,Q55-2-216,《上海交通银行房地产投资表》
1933	大华里	0.083	20 307.47	上海档案馆档案,Q55-2-216,《上海交通银行房地产投资表》
1924	英册道契(?)号,法册道契霞飞路大安里、仁和里对面	3.971	25 182.57	上海档案馆档案,Q-267-1-12-155,《中国银行上海分行》
1924	英册第(?)号道契,阿拉卜司脱路、源昌丝厂,	3.408	25 000	上海档案馆档案,Q-267-1-12-155,《中国银行上海分行》
1924	英册第(?)号道契一纸,浦东烂泥渡、怡和里	5.032	20 000	上海档案馆档案,Q-267-1-12-155,《中国银行上海分行》
1924	英册道契第(?)现改荷册廿一号道契,浦东陆家渡	5.581	22 000	上海档案馆档案,Q-267-1-12-155,《中国银行上海分行》

第六章

1. 表 6.1 清代上海房地契价格表[①]

卖主名称	年代	间数	卖契（白银两）	加契（白银两）	绝契（白银两）	叹契（白银两）	卖装修据	兴高起造据	合计（白银两）	平均价（白银两/间）
凌义	1778	11	84	70	42				196	17.8
伍德兴	1810—1811	21	294		176				470.4	22.4
孙玉书	1811	10	160	80	120				360	36.0
张史氏	1821	6	120	70	80	20	30		320	53.3
孙尚修	1823	4	60	50	40	38	44		232	58.0
朱黄氏	1825	10	160		200				360	36.0
赵斐文	1826	6	50		25				75	12.5
陈良玉	1839—1840	10	180	120	90	50	60		500	50.0
李见心	1844	21	245	98	98	49	196	98	784	37.3
郑贻茂	1849—1852	10	49	167	34.3	29.4	49		328.3	32.8
黄世昌	1851	10	50	39.2	29.4	19.6	24.5		162.7	16.3
姚广仁	1852	46	294	245					539	11.7
顾炳来	1855	17	400	300	300	100		400	1 500	88.2
顾华氏	1855	10	120		180	80			380	38.0
姚谷香	1857	6	200	50	350	100		100	800	133.3
曹俞氏	1857	2	16	10	10	4			40	20.0
陈陈氏	1859	18	200	300	200	70	130		900	50.0
康王氏	1860	3	55	35	40	30			160	53.3
余文彬	1860	9	100	70	90	50			310	34.4
朱荣魁	1862	28	688	491	786	295	196		2 456	87.7
张周氏	1863	8	196	147	98	68.6		29.4	539	67.4
蒋笃坡	1864	7	196	176	98	78.4		39.2	588	84.0
李存本堂	1864	21	392	392	196	245	245	490	1 960	93.3
王炳荣	1865	3	68.6	98	58.8	29.4		39.2	294	98.0
蒋士珍	1865	3	120	100	70	30		19.6	339.6	113.2
张炳铨	1868	14			440				440	31.4
陆秀甫	1868	19	344		246				589.44	31.0
高少卿	1871	4	49		39.2				88.2	22.1
顾沈氏	1873	5	70	70	60	30			230	46.0
杨顺德堂	1877	28	490	245	392	245	294		1 666	59.5

---

① 上海档案馆：《清代上海房地契档案汇编》，上海古籍出版社 1999 年第 1 版。

续表

卖主名称	年代	间数	卖契（白银两）	加契（白银两）	绝契（白银两）	叹契（白银两）	卖装修据	兴高起造据	合计（白银两）	平均价（白银两/间）
蔡子春	1877	8	98	78.4	68.6	39.2			284.2	35.5
行素堂	1878	11	353	353	343				1 048.6	95.3
金希堂	1880	3	24.5	17	15	10		10	76.5	25.5
阮蒋氏	1880	8	39.2	42.1	39.2	40		28.4	188.96	23.6
金希堂	1883	7	68.6	39.2	68.6	39.2		39.2	254.8	36.4
罗进达	1883	10	85	125	85	95		80	470	47.0
高莲生	1883—1884	6	60		50				110	18.3
张胡氏	1885	9	140	120	100	40			400	44.4
张驾六	1885	32	1 200	800	700	400	809		3 909	122.2
张驾六	1887	4	100	70	75	35	70		350	87.5
高纯叚	1888	31	600	350	600	350	400		2 300	74.2
朱陈氏	1888	9	80	50	70	60	50		310	34.4
程洛儒	1895	26	350	300	300	350	300		1 600	61.5
陆静涛	1897	6	196	98	98		49	49	490	81.7
朱思沛堂	1897	7	157	196	137	98		98	686	98.0
江庆生	1898	28	1 014	120	150	180			1 464	52.3
金沛孙	1898	2	144						144	72.0
黄吴氏	1898	5	100	50	100	49			299	59.8
邢幼能	1904	9		190	260	190			640	71.1
陈觯氏	1905	4			3 300				3 300	825.0
王福全	1907	24			950				950	39.6
杨泾浮	1907	9			1 800				1 800	200.0
袁秋塘	1908	38	400	400	400	300	500		2 000	52.6

2. 表 6.2 1911—1937 年美查公司江苏药水厂房产总价表①

年代	折旧后房产总价金额（美元）	年代	折旧后房产总价金额（美元）	年代	折旧后房产总价金额（美元）
1911	112 201.83	1920	81 833.90	1929	83 886.74
1912	110 077.81	1921	81 833.90	1930	83 886.74
1913	107 787.98	1922	82 320.89	1931	83 886.74

① 上海档案馆档案，Q38-4-16，《英商美查公司上海江苏药水厂历年年度结算（卷一）(1908-1950)》。上海档案馆档案，Q38-4-17，《英商美查公司上海江苏药水厂历年年度结算（卷二）(1908—1950)》。

续表

年代	折旧后房产总价金额（美元）	年代	折旧后房产总价金额（美元）	年代	折旧后房产总价金额（美元）
1914	79 787.98	1923	82 320.89	1932	50 000.00
1915	80 177.01	1924	82 320.89	1933	69 930.07
1916	80 548.22	1925	83 368.36	1934	50 000.00
1917	81 495.62	1926	83 886.74	1935	45 000.00
1918	81 495.62	1927	83 886.74	1936	40 000.00
1919	81 833.90	1928	83 886.74	1937	35 000.00

3. 表 6.3 1935—1937 年法租界私人建筑物估价表[①]

登记号	地册号	估价日期	建筑物估价（US $）	登记号	地册号	估价日期	建筑物估价（US $）
2951	3521/1A	1935	8 000	3180	10515/6	1936	
2952	12619	1935	2 000	3181	8501G	1936	1 500
2953	12530	1935	6 000	3182	2116	1936	4 000
2954	410	1935	5 000	3183	8529	1936	17 000
2955	7196	1935	60 000	3184	5670B	1936	2 500
2956	9388B	1935	4 000	3185	13691/C	1936	500
2957	6032	1935	40 000	3186	19217A	1936	2 100
2958	9822A 10210 10217	1935	51 200	3187	5171A	1936	5 000
2959	13796A	1935	21 000	3188	9310A	1936	10 000
2960	1693/6	1935	5 600	3189	44	1936	140 000
2961	13509C	1935	5 000	3190	1368/80	1936	30 000
2962	44	1935	350 000	3191	2686	1936	8 500
2963	13324/29 13331ā37 13343/3/3A 13334A/B	1935	6 000	3192	13604/5	1936	
2964	1048a	1935	1 000	3193	9763	1936	21 000
2965	2657	1935	3 000	3194	609	1936	150
2966	14237A	1935	20 000	3195	13898/97	1936	10 400
2967	3521/1A	1935	1 400	3196	13216	1936	1 650
2968	185	1935	40 000	3197	5098	1936	1 900
2969	761B	1935	25 000	3198	2668	1936	20 000
2970	9566	1935	1 000	3199	520	1936	100

① 上海档案馆档案，U38-4-154，《法公董局档案——私人建筑物估价》。

续表

登记号	地册号	估价日期	建筑物估价（US $）	登记号	地册号	估价日期	建筑物估价（US $）
2971	14057	1935	18 000	3200	1095	1936	
2972	2583B	1935	4 000	3201	2084	1936	125 000
2973	342	1935	250 000	3202	13359	1936	1 600
2974	9108C 9112B	1935	25 000	3203	403	1936	70 000
2975	12517，12776	1935	10 000	3204	13685	1936	500
2976	13248B	1935	2 000	3205	13854	1936	18 000
2977	6621	1935	19 560	3206	8193A	1936	400
2978	13324/9/31ā37/33a/4a/B 1334 2ā 13345	1935		3207	5165	1936	15 200
2979	13039	1935	3 600	3208	8608D	1936	11 500
2980	9459	1935	1 000	3209	12523/24	1936	50 000
2981	13001—13002	1935		3210	2073 1059	1936	120 000
2982	51	1935	20 000	3211	4118	1936	4 000
2983	9863	1935		3212	8600	1936	10 000
2984	9902	1935	6 000	3213	6019	1936	700
2985	9250A	1935	3 300	3214	5541	1936	1 500
2986	13336	1935		3215	14085	1936	15 000
2987	5067F	1935	3 000	3216	4005//6	1936	18 000
2988	1383A	1935	500	3217	5671	1936	800
2989	7618	1935	2 500	3218	6005	1936	
2990	14067	1935	1 000	3219	2628B	1936	650
2991	13020C	1935		3220	2628B	1936	28 000
2992	5072A	1935		3221	11047	1936	9 000
2993	11104	1935	4 000	3222	12018E	1937	5 000
2994	6057A	1935	10 000	3223	11112A	1936	380
2995	14109A	1935	10 000	3224	5171H	1937	8 500
2996	9969	1935	3 000	3225	12817	1936	75 000
2997	13796A	1935	60 000	3226	13882—13883	1936	10 000
2998	12761	1935	9 000	3227	39	1936	7 000
2999	13243B	1935	10 000	3228	521	1937	8 000
3000	9028	1935	9 000	3229	9807	1936	4 000
3001	5505	1935	8 000	3330	14057	1936	3 000
3002	9789	1935	26 000	3331	8090	1936	1 000
3003	5169	1935	1 600	3332	17	1936	1 250
3004	2708B	1935	10 000	3333	7110	1936	23 000

续表

登记号	地册号	估价日期	建筑物估价（US $）	登记号	地册号	估价日期	建筑物估价（US $）
3005	13908B	1935	5 000	3334	1101	1936	60
3006	11014	1935	1 500	3335	9060	1936	200
3007	5654C	1935	2 100	3336	3017B/3017A	1936	5 500
3008	6671	1935		3337	9741B	1936	1 000
3009	5085	1935	500	3338	11080B	1936	14 000
3010	181	1935	1 000	3339	93494	1936	40 000
3011	8183A	1935	1 000	3340	3624A	1936	50
3012	10035C	1935	2 000	3341	2544	1936	6 000
3013	12665B	1935	15 000	3342	698	1936	100
3014	10249	1935	8 000	3343	9154	1936	10 000
3015	69	1935	25 000	3344	14060	1936	300
3016	1514	1935	3 000	3345	13857	1936	40 000
3017	12716 12722	1935	15 000	3346	3029B	1936	3 550
3018	13879	1935		3347	13954—13963	1936	2 500
3019	13019A	1935	500	3348	3524	1936	500
3020	9031B	1935	1 000	3349	4165	1936	200
3021	12767	1935		3350	1107	1936	1 000
3022	12784	1935	1 200	3251	13892	1936	1 500
3023	3028C	1935		3252	2098	1936	210
3024	209	1935	60 000	3253	5671	1936	1 400
3025	13359	1935	1 000	3254	10577	1936	400
3026	13248B	1935	2 000	3255	11047	1936	9 000
3027	135	1935	40 000	3256	5619A	1936	2 500
3028	9388B	1935	3 500	3257	140A	1936	400
3029	14021	1935	1 600	3258	13043A	1936	3 000
3030	9690B	1935		3259	2068	1936	30
3031	3125	1935	8 000	3260	13606	1936	1 000
3032	4516	1935	200 000	3261	5619A	1936	500
3033	6621	1935	22 000	3262	13604	1936	500
3034	8539	1935	1 800	3263	13898	1936	14 000
3035	4521	1935	4 500	3264	9003	1936	400
3036	5650B	1935	500	3265	9763	1936	500
3037	1693—1695	1935	300	3266	13336	1936	1 100
3038	8501A	1935	4 000	3267	9017C 9020D	1936	5 000
3039	8163B	1935		3268	44	1936	

续表

登记号	地册号	估价日期	建筑物估价（US $）	登记号	地册号	估价日期	建筑物估价（US $）
3040	6521	1935	12 000	3269	3086B	1936	3 000
3041	4574	1935	5 500	3270	14071B	1936	600
3042	13416	1935	1 900	3271	13604	1936	10 000
3043	12667	1935	45 000	3272	13025	1937	300
3044	5016	1935	300	3273	54	1937	400
3045	7090	1935	300	3274	12028	1937	1 000
3046	9325A	1935	4 000	3275	5595	1937	700
3047	5595	1935	4 000	3276	1112 2	1937	
3048	13111	1935	12 000	3277	442	1937	5 000
3049	13261B	1935	7 450	3278	51	1937	80 000
3050	6503	1935	1 700	3279	2574A	1937	1 200
3051	4524	1935	2 000	3280	6006	1937	1 500
3052	9690a	1935	3 500	3281	9737	1937	500
3053	8500	1935	12 000	3282	8552	1937	15 000
3054	468	1935	1 000	3283	426	1937	18 000
3055	8581	1935	10 000	3284	6527	1937	400
3056	2583A	1935	400	3285	13259	1937	150
3057	702	1935	15 000	3286	15523/4	1937	700
3058	5671	1935		3287	7524B	1937	5 600
3059	468	1935	1 000	3288	44	1937	
3060	6946D	1935	10 000	3289	14085	1937	
3061	13243B	1935		3290	69A	1937	30 000
3062	11021a	1935	100	3291	13588	1937	850
3063	9010	1935	1 000	3292	3608D	1937	180
3064	1525—1530	1935	10 000	3293	4165	1937	90
3065	1685	1935	2 400	3294	13043B	1937	5 000
3066	11021A-B	1935	8 000	3295	6509	1937	
3067	11071B	1935	1 000	3296	156	1937	3 000
3068	11110	1935	2 500	3297	3142A	1937	60
3069	8500	1935		3298	13228B	1937	200 000
3070	4521	1935	4 800	3299	5670A—B—D	1937	200
3071	13064 13066A	1935	6 000	3300	9223—24—28—29—30	1937	
3072	7085/6A	1935	14 000	3301	9051D	1937	35 000
3073	3103/A	1935	15 000	3302	12020—12025	1937	70 000
3074	12572A	1935		3303	682—682A	1937	151 000

续表

登记号	地册号	估价日期	建筑物估价(US $)	登记号	地册号	估价日期	建筑物估价(US $)
3075	5505	1935	3 100	3304	4064	1937	3 000
3076	3034, 3038BCD 3088 3089 3090	1935	110 000	3305	59	1937	4 000
3077	13153	1935	1 000	3306	14029A	1937	7 000
3078	5656C	1935	400	3307	64	1937	20 000
3079	4521	1935	3 000	3308	6005	1937	5 000
3080	9964	1935		3309	2668	1937	
3081	4165	1935	3 500	3310		1937	
3082	13027B	1935	3 900	3311	3105A 3125	1937	38 000
3083	9010	1935		3312	7100	1937	750
3084	11070	1935	200 000	3313	9114	1937	800
3085	11796A	1935	3 000	3314	12769A	1937	
3086	9383	1935	20 000	3315	13604—13605	1937	2 000
3087	5526	1935	4 800	3316	9051C	1937	50 000
3088	7091D	1935	1 800	3317	9877	1937	5 000
3089	12655 12856	1935	15 000	3318	11111B	1937	20 000
3090	13069	1935		3319	9888	1937	5 000
3091	218 219 220	1935	265 000	3320	4062	1937	12 000
3092	14071B	1935	3 000	3321	10	1937	68 600
3093	13344/5	1935	3 105	3322	9872	1937	20 000
3094	9703B	1935	3 500	3323	7589	1937	3 000
3095	5505	1935	1 000	3324	14279A	1937	3 000
3096	13020C	1935		3325	51	1937	90 000
3097	9051	1935		3326	4090A	1937	6 000
3098	3640	1935	6 700	3327	14208	1937	1 500
3099	13615B	1935		3328	13899	1937	17 500
3100	13153	1935	18 000	3329	495	1937	3 500
3101	14174	1935	10 000	3330	2024	1937	120 000
3102	9000/C	1935	1 000	3331	14085	1936	
3103	1303C	1935	5 000	3332	9474	1937	20 000
3104	12817	1935	1 500	3333	5592	1937	500
3105	12772/3	1935	108 000	3334	10574	1937	7 500
3106	993C	1935	8 000	3335	1103	1937	800

续表

登记号	地册号	估价日期	建筑物估价（US $）	登记号	地册号	估价日期	建筑物估价（US $）
3107	9904	1935	18 000	3336	11019	1937	1 000
3108	14071B	1935	300	3337	7091C		1 500
3109	7112	1935	20 000	3338	9904	1937	1 200
3110	8501	1935	9 000	3339	9543	1937	35 000
3111	13681/C	1935	2 000	3340	13733	1937	1 500
3112	520	1935	10 000	3341	10504 10505 10508	1937	2 700
3113	13114B	1935	1 500	3342	2523 2524	1937	400
3114	218/19/20/21	1935	4 000	3343	3635	1937	1 500
3115	12527/1	1935	60 000	3344	7091C	1937	
3116	6546D	1935	1 000	3345	13857	1937	1 500
3117	13620/25	1935	145 000	3346	10504 10505 10506 10506A 10508	1937	450 000
3118	13159	1935	2 600	3347	3102	1937	12 000
3119	2150	1935	6 000	3348	3085	1937	150
3120	12665.6	1935	1 500	3349	14071C	1937	4 000
3121	9805C	1935	11 000	3350	6032	1937	6 000
3122	8581	1935	300	3351	6587	1937	3 000
3123	9010	1935	1 000	3352	8193		
3124	10508	1935	500	3353	3617H-F 3618B	1937	200 000
3125	8054	1935	8 000	3354	9282 9282A 9286A 9287— 9289		40 000
3126	55547	1935	5 400	3355	6571	1937	500
3127	13346/3	1936		3356	495	1937	3 500
3128	2587	1936	7 000	3357	14218C	1937	950
3129	13159	1936	2 000	3358	9703A	1937	10 000
3130	520	1936	9 600	3359		1937	2 000
3131	8193A	1936		3360	9052		2 000
3132	6057	1936	1 000	3361	493A	1937	19 000
3133	2153	1936	2 500	3362	8169—8170		80 000
3134	122	1936	800	3363	4014	1937	8 000
3135	9383	1936	14 000	3364	222		1 000
3136	8180	1936	600	3365	9051C	1937	1 000

续表

登记号	地册号	估价日期	建筑物估价（US $）	登记号	地册号	估价日期	建筑物估价（US $）
3137	520	1936		3366	5597		
3138	4057	1936	700	3367	495	1937	3 000
3139	3138	1936	110	3368	3617H-F 3618B 3618A 3618	1937	11 000
3140	85	1936	500	3369		1937	1 000
3141	11 035A	1936	400	3370	9052		3 000
3142	3 634	1936	180 000	3371	9042A	1937	15 000
3143	13001/4	1936	12 300	3372		1937	500 000
3144	8531A-B	1936	20 000	3373		1937	20 000
3145	4524	1936	16 000	3374	2653	1937	8 000
3146	13691	1936	1 000	3375	5536	1937	24 000
3147	12895	1936	600	3376	13035A	1937	3 000
3148	69	1936	10 000	3377	3617H-F 3618B	1937	7 000
3149	3501A-B	1936	6 000	3378	13001—13004	1937	150 000
3150	11110	1936	1 000	3379	6625	1937	8 000
3151	16	1936		3380	8063	1937	
3152	3004A	1936	38 000	3381		1937	6 000
3153	13881/96/7/8/9	1936	10 450	3382		1937	
3154	2140	1936	875	3383	6005	1937	4 000
3155	13606	1936	15 000	3384	3618B	1937	200
3156	6032	1936	2 000	3385	3892	1937	80 000
3157	5616	1936	14 000	3386	3144D	1937	2 000
3158	12001/4	1936	4 500	3387	1018	1937	2 000
3159	13681/2	1936	300	3388	2692	1937	
3160	2666	1936	300	3389	3617H-F 3618B	1937	200 000
3161	12623/4	1936	60 000	3390	166—167	1937	6 000
3162	4143	1936	500	3391	9542A 9543		300
3163	13604	1936	25 000	3392	4014		105
3164	13001/4	1936	9 000	3393	6005		4 500
3165	3673	1936	5 000	3394	10529A	1937	6 000
3166	4144—5—8	1936	14 000	3395	3038B C D 3088 3089 3090 3034	1938	7 000

续表

登记号	地册号	估价日期	建筑物估价（US $）	登记号	地册号	估价日期	建筑物估价（US $）
3167	6C	1936	3 000	3396	14071C	1937	300
3168	11110	1936	600	3397	12018C D E	1937	300
3169	9119	1936	7 500	3398	7136C	1937	1 500
3170	9308B	1936	4 500	3399	7589	1937	
3171	13520/5	1936	165 000	3400	69	1937	25 000
3172	1068	1936	1 000	3401	69		
3173	11111B	1936	20 000	3402	4124C	1937	600
3174	23	1936	1 500	3403	10508	1937	1 400
3175	10503	1936		3404	6006	1937	
3176	4524	1936	19 500	3405	9901A	1937	3 000
3177	9845D	1936		3406	13857/1380A/3901	1937	
3178	12106a	1936	4 000	3407	13147B	1937	10 000
3179	1095	1936	1 500				

4. 表 6.4 1937 年新华信托储备银行房租表[①]

Tenants	Location	Area in sq. ft.	Basiorent in Aug. 1937 U.S $
A. R. Hager	shops No. 263	1 110	315
勤业	shops No. 263A	450	150
A. Suchochleb	shops No. 269	444	150
Anderson Bros.	shops No. 271	1 110	315
福申	267 Kiangse Rd. Rooms101	484	50
Chellarem	Rooms 102/3	1 016	150
勤业	Rooms 104/5	874	120
华安行	Rooms 106/7	585	72
大明	Rooms 201	577	80
中国企业	Rooms 202	535	77
大明	Rooms 203	439	66
Y. Y. Sheng（即盛毓邮）	Rooms 204—6	1 612	232
濂昌	259 Kiangse Rd. Rooms 115	280	25
Norh British	Rooms 212—4	3 036	500
C. Madar	Rooms 215/6	373	90

---

① 上海档案馆档案，Q269-1-359,《1937 年新华信托储备银行房租表》。

附录 Ⅱ　各章附录

5. 表 6.5　1937 年新华信托储备银行房租表①

.	租户	月份	租金(US $)	合计(US $)
Kiangse Road 261	Fagan &Co.	Aug.	136.00	136
Gdn. 4	LeaderMetalCo.	Aug.	16.00	16
Gdn. 5	A. R. Hager		36.00	72
			36.00	
Gdn. 7	Midoh&Co.	Aug.	15.00	15
Gdn. 4fl.	H. E. Harris	July	105.00	210
		Aug.	105.00	
263	A. R. Hager	Aug.	175.00	175
267/101	A. N. Kiehn	Aug.	24.00	24
106—7	E. &D. Tceg	Aug.	30.00	30
261/201&3	GrandMatch Co.	Aug.	27.00	27
204—5	Y. Y. Sheng	July	81.00	162
		Aug.	81.00	
112	Jewish Communal Association	July	25.00	50
		Aug.	25.00	
113—4	D. H. Benjamin & ScnsStorage	July	124.00	248
		Aug.	124.00	
215—6	C. Madar&Co.	July	19.00	38
		Aug.	19.00	
190 Kiukiang Road	Frost Blank &Co	July	47.00	94
121		Aug.	47.00	
	总计		1 297.00	1 297

6. 表 6.6　1937 年 Q269-1-359 新华信托储备银行房租表②

房间号	租户	1937 年 7 月 租金	RPESENT DAY PROPER RENTALS
Whole 3rd floor	Chiu An Industrial Co.，Ltd.		$ 23 620.00(same as total rentals of whole 2nd floor)

---

① 上海档案馆档案，Q269-1-359,《1937 年新华信托储备银行房租表》。
② 上海档案馆档案，Q269-1-359,《1937 年新华信托储备银行房租表》。

续表

房间号	租户	1937 年 7 月 租金	RPESENT DAY PROPER RENTALS
223	SincereTrading Co.	$140.00	8 400
224	Jas. I. Miller	$93.63	5 620
	Tobacco Co., Ltd		
225 & 226	Yuen Cheng Hong	$90.00	5 400
221 & 222	Anglo-Chinese Indenting	$70.00	4 200

7. 表 6.7 天津路 1312 弄四、六号门牌房租表①

时 间	租金额
1932 年 11 月份	40 050（国币元）
1934 年 5 月份	40 050（国币元）
1934 年 7 月份	18 000（国币元）
1934 年 8 月份	18 000（国币元）
1934 年 10 月份	12 000（法币元）
1934 年 12 月份	32 000（法币元）
1935 年 3 月份	32 000（法币元）
1935 年 5 月份	110 000（法币元）
1935 年 6 月份	110 000（法币元）
1935 年 7 月份	110 000（法币元）
1935 年 11 月份	220 000（法币元）
1935 年 12 月份	220 000（法币元）
1936 年 1 月份	440 000（法币元）
1936 年 6 月份	880 000（法币元）

8. 表 6.8 1911—1937 年美查公司房价与地价变化对比表②

年代	房价（两/平方米）	地价（两/亩）	年代	房价（两/平方米）	地价（两/亩）
1911	39.74	1 652.01	1925	22.85	1 565.28
1912	34.24	1 451.09	1926	25.41	1 730.05
1913	33.99	1 470.97	1927	27.99	1 905.56
1914	27.41	1 602.70	1928	27.20	2 335.57

---

① 上海档案馆档案，Q76-30-135，《庆大庄房租收据》。

② 上海档案馆档案，Q38-4-16，《英商美查公司上海江苏药水厂历年年度结算产（卷一）(1908—1950)》。上海档案馆档案，Q38-4-17，《英商美查公司上海江苏药水厂历年年度结算产（卷二）(1908—1950)》。

续表

年代	房价 （两/平方米）	地价 （两/亩）	年代	房价 （两/平方米）	地价 （两/亩）
1915	29.77	1 731.95	1929	30.17	2 663.67
1916	23.47	1 359.25	1930	41.98	3 705.98
1917	18.21	1 042.53	1931	56.79	5 013.97
1918	14.89	852.23	1932	33.85	5 013.97
1919	13.55	772.52	1933	28.07	4 157.93
1920	15.19	865.97	1934	15.53	3 216.51
1921	24.79	1 549.72	1935	18.17	4 182.92
1922	22.83	1 419.02	1936	20.02	5 697.51
1923	23.69	1 472.23	1937	27.49	8 942.75
1924	23.39	1 608.31			

注：沪平银每两约合 7 先令[1]，沪平银 114.40 两 = 关平银 100 两。[2]

9. 表 6.9 1911—1937 年平均地价与美查房价变化对比表[3]

年代	房价 （两/平方米）	地价 （两/亩）	年代	房价 （两/平方米）	地价 （两/亩）
1911	39.74	1 388	1924	23.39	15 947
1912	34.24	3 050	1925	22.85	105 679
1913	33.99	10 364	1926	25.41	6 104
1914	27.41	2 500	1928	27.20	20 304
1915	29.77	4 555	1929	30.17	37 373
1916	23.47	2 000	1930	41.98	25 709
1917	18.21	29 018	1931	56.79	74 500
1918	14.89	4 993	1932	33.85	65 028
1919	13.55	4 029	1933	28.07	45 120
1920	15.19	4 203	1934	15.53	30 420
1921	24.79	3 412	1935	18.17	13 829
1922	22.83	12 012	1936	20.02	17 606
1923	23.69	152 392	1937	27.49	38 975

---

[1] 《上海对外经济贸易志》编纂委员会：《上海对外经济贸易志》，上海社会科学院出版社 2001 年 12 月第一版，第 18—19 页。

[2] 《上海对外经济贸易志》编纂委员会：《上海对外经济贸易志》，上海社会科学院出版社 2001 年 12 月第一版，第 18—19 页。

[3] 上海档案馆档案，Q38-4-16，《英商美查公司上海江苏药水厂历年年度结算产（卷一）(1908—1950)》。上海档案馆档案，Q38-4-17，《英商美查公司上海江苏药水厂历年年度结算产（卷二）(1908—1950)》。

10. 表 6.10　1926—1932 年上海房租指数与美查地价变化对比表①

年代	房租指数	美查地价②（两/亩）	年代	房租指数	美查地价（两/亩）
1926	100	1 730.05	1930	104.4	3 705.98
1927	100.8	1 905.56	1931	106	5 013.97
1928	101.1	2 335.57	1932	107.8	5 013.97
1929	102.1	2 663.67			

11. 表 6.11　1926—1932 年上海房租指数与美查房价变化对比表

年代	房租指数	美查房价③（两/平方米）	年代	房租指数	美查房价（两/平方米）
1926	100	25.41	1930	104.4	41.98
1927	100.8	27.99	1931	106	56.79
1928	101.1	27.20	1932	107.8	33.85
1929	102.1	30.17			

第七章

1. 表 7.1　1912—1936 年上海物价指数④与平均地价变化对比表

年代	物价指数	平均地价（白银两/亩）	年代	物价指数	平均地价（白银两/亩）
1912	75.1	3 050	1925	99.3	105 679
1913	79.6	10 364	1926	100	6 104
1914	85.3	2 500	1928	101.7	20 304
1915	77.8	4 555	1929	104.5	37 373
1916	83.8	2 000	1930	114.8	25 709
1917	79.2	29 018	1931	126.7	74 500
1918	87.3	4 993	1932	112.1	65 028
1919	87.2	4 029	1933	103.8	45 120
1920	94.8	4 203	1934	97.1	30 420

---

①《统计月报》,民国二十一年十一月,第 11 页。
② 上海档案馆档案,Q38-4-16,《英商美查公司上海江苏药水厂历年年度结算产（卷一）(1908—1950)》。上海档案馆档案,Q38-4-17,《英商美查公司上海江苏药水厂历年年度结算产（卷二）(1908—1950)》。
③ 上海档案馆档案,Q38-4-16,《英商美查公司上海江苏药水厂历年年度结算产（卷一）(1908—1950)》。上海档案馆档案,Q38-4-17,《英商美查公司上海江苏药水厂历年年度结算产（卷二）(1908—1950)》。
④ 朱斯煌:《民国经济史》//沈云龙:《近代中国史料丛刊三编》第四十七辑,文海出版社 1947 年印行,第 408—409 页。

续表

年代	物价指数	平均地价（白银两/亩）	年代	物价指数	平均地价（白银两/亩）
1921	104.6	3 412	1935	96.4	13 829
1922	98.6	12 012	1936	108.5	17 606
1923	102	152 392	1937	129.1	38 975
1924	97	15 947			

2. 表 7.2 1912—1937 年上海中等粳米价格与美查地价变化对比表[1]

年份	中等粳米价（国币元/市石）	美查地价（两/亩）	年份	中等粳米价（国币元/市石）	美查地价（两/亩）
1912	8.16	1 451.09	1925	10.95	1 565.28
1913	7.20	1 470.97	1926	15.76	1 730.05
1914	6.42	1 602.70	1927	14.76	1 905.56
1915	7.40	1 731.95	1928	11.08	2 335.57
1916	7.12	1 359.25	1929	13.53	2 663.67
1917	6.52	1 042.53	1930	17.05	3 705.98
1918	6.78	852.23	1931	12.29	5 013.97
1919	6.93	772.52	1932	11.35	5 013.97
1920	9.61	865.97	1933	8.08	4 157.93
1921	9.77	1 549.72	1934	10.27	3 216.51
1922	11.26	1 419.02	1935	12.31	4 182.92
1923	11.20	1 472.23	1936	10.48	5 697.51
1924	10.24	1 608.31	1937	12.59	8 942.75

3. 表 7.3 1912—1937 年上海中等粳米价格与美查房价变化对比表[2]

年份	中等粳米价（国币元/市石）	美查地价（两/平方米）	年份	中等粳米价（国币元/市石）	美查地价（两/平方米）
1912	8.16	34.24	1925	10.95	22.85
1913	7.20	33.99	1926	15.76	25.41
1914	6.42	27.41	1927	14.76	27.99
1915	7.40	29.77	1928	11.08	27.20
1916	7.12	23.47	1929	13.53	30.17
1917	6.52	18.21	1930	17.05	41.98

---

[1] 朱斯煌：《民国经济史》//沈云龙：《近代中国史料丛刊三编》第四十七辑，文海出版社 1947 年印行，第 543 页。

[2] 朱斯煌：《民国经济史》//沈云龙：《近代中国史料丛刊三编》第四十七辑，文海出版社 1947 年印行，第 543 页。

年份	中等粳米价（国币元/市石）	美查地价（两/平方米）	年份	中等粳米价（国币元/市石）	美查地价（两/平方米）
1918	6.78	14.89	1931	12.29	56.79
1919	6.93	13.55	1932	11.35	33.85
1920	9.61	15.19	1933	8.08	28.07
1921	9.77	24.79	1934	10.27	15.53
1922	11.26	22.83	1935	12.31	18.17
1923	11.20	23.69	1936	10.48	20.02
1924	10.24	23.39	1937	12.59	27.49

4. 表7.4　1921—1932年建材指数与美查房价变化对比表[1]

年份	建材指数	美查房价（两/平方米）	年份	建材指数	美查房价（两/平方米）
1921	125.5	24.79	1927	105.4	27.99
1922	117.1	22.83	1928	103	27.20
1923	115.5	23.69	1929	108.1	30.17
1924	102.7	23.39	1930	118.2	41.98
1925	96.4	22.85	1931	135.4	56.79
1926	100	25.41	1932	124.2	33.85

5. 表7.5　1921—1932年建材指数与平均地价变化对比表[2]

年份	建材指数	平均地价（两/亩）	年份	建材指数	平均地价（两/亩）
1921	125.5	3 412	1928	103	20 304
1923	115.5	152 392	1929	108.1	37 373
1924	102.7	15 947	1930	118.2	25 709
1925	96.4	105 679	1931	135.4	74 500
1926	100	6 104	1932	124.2	65 028

6. 表7.6　1923—1932年建材指数[3]与美查地价变化对比表

年份	建材指数	美查地价（两/亩）	年份	建材指数	美查地价（两/亩）
1923	115.5	1 472.23	1929	108.1	2 663.67
1924	102.7	1 608.31	1930	118.2	3 705.98

[1]《统计月报》，民国二十一年十二月，第10页。
[2]《统计月报》，民国二十一年十二月，第10页。
[3]《统计月报》，民国二十一年十二月，第10页。

续表

年份	建材指数	美查地价（两/亩）	年份	建材指数	美查地价（两/亩）
1925	96.4	1 565.28	1931	135.4	5 013.97
1926	100	1 730.05	1932	124.2	5 013.97
1928	103	2 335.57			

7. 表7.7　1914—1937年上海人口[1]与美查房价变化对比表

年份	总人口（万人）	美查房价（两/平方米）	年份	总人口（万人）	美查房价（两/平方米）
1914	1 173 653	28.0	1931	3 317 432	45.1
1915	787 920	19.7	1932	3 133 782	27.0
1925	1 137 298	18.1	1933	3 404 435	44.0
1927	1 503 922	20.3	1934	3 572 792	24.4
1928	1 874 543	21.6	1935	3 203 789	20.4
1929	1 620 187	23.8	1936	3 814 315	22.1
1930	3 144 805	33.3	1937	1 218 630	19.7

8. 表7.8　1778—1937年上海人口[2]与平均房价变化对比表

年份	总人口（万人）	房价（两/间）	年份	总人口（万人）	房价（两/间）	年份	总人口（万人）	房价（两/间）
1778	—	17.8	1866	54	—	1904	—	71.1
1810	—	22.4	1868	—	31.2	1905	56	825
1811	—	36	1870	8	—	1907	—	119.8
1821	—	53.3	1871	—	22.1	1908	—	52.6
1823	—	58	1873	—	46	1909	67	—
1825	—	36	1876	10	—	1910	62	—
1826	—	12.5	1877	—	47.5	1914	117	—
1839	—	50	1878	—	95.3	1915	79	—
1844	—	37.3	1879	3	—	1920	95	—
1849	—	32.8	1880	11	24.6	1925	114	—
1851	—	16.3	1883	—	41.7	1927	150	—
1852	54	11.7	1884	—	18.3	1928	187	—
1855	2	63.1	1885	13	83.3	1929	162	—

---

[1] 《上海通志》编纂委员会:《上海通志》第1册,上海人民出版社、上海社会科学院出版社2005年第一版,第664—665页。

[2] 《上海通志》编纂委员会:《上海通志》第1册,上海人民出版社、上海社会科学院出版社2005年第一版,第664—665页。

续表

年份	总人口（万人）	房价（两/间）	年份	总人口（万人）	房价（两/间）	年份	总人口（万人）	房价（两/间）
1857	—	76.7	1887	—	87.5	1930	314	—
1859	—	50	1888	—	54.3	1931	332	—
1860	—	43.9	1890	21	—	1932	313	—
1862	—	87.7	1895	30	61.5	1933	340	—
1863	—	67.4	1897	—	89.8	1934	357	—
1864	—	88.7	1898	—	61.4	1935	320	—
1865	15	105.6	1900	44	—	1936	381	—

9. 表7.9　1914—1937年上海人口[①]与美查地价变化对比表

年份	总人口（万人）	美查地价（两/亩）	年份	总人口（万人）	美查地价（两/亩）
1914	1 173 653	1 602.70	1931	3 317 432	5 013.97
1915	787 920	1 731.95	1932	3 133 782	5 013.97
1925	1 137 298	1 565.28	1933	3 404 435	4 157.93
1927	1 503 922	1 905.56	1934	3 572 792	3 216.51
1928	1 874 543	2 335.57	1935	3 203 789	4 182.92
1929	1 620 187	2 663.67	1936	3 814 315	5 697.51
1930	3 144 805	3 705.98	1937	1 218 630	8 942.75

10. 表7.10　1865—1937年上海人口[②]与平均地价变化对比表

年份	总人口	平均地价（两/亩）	年份	总人口	平均地价（两/亩）
1865	148 809	1 750	1915	787 920	4 555
1866	543 110	1 500	1920	953 375	4 203
1870	76 713	2 771	1925	1 137 298	105 679
1876	97 335	2 467	1928	1 874 543	20 304
1879	33 660	5 500	1929	1 620 187	37 373
1885	129 338	900	1930	3 144 805	25 709
1890	213 116	20 769	1931	3 317 432	74 500
1895	297 867	2 823	1932	3 133 782	65 028
1900	444 318	2 833	1933	3 404 435	45 120

---

① 《上海通志》编纂委员会：《上海通志》第1册，上海人民出版社、上海社会科学院出版社2005年第一版，第664—665页。

② 《上海通志》编纂委员会：《上海通志》第1册，上海人民出版社、上海社会科学院出版社2005年第一版，第664—665页。

续表

年份	总人口	平均地价（两/亩）	年份	总人口	平均地价（两/亩）
1905	561 176	3 098	1934	3 572 792	30 420
1909	671 886	4 590	1935	3 203 789	13 829
1910	617 487	10 110	1936	3 814 315	17 606
1914	1 173 653	2 500	1937	1 218 630	38 975

11. 表7.11　1911—1937年上海进出口净值[①]与美查房价变化对比表

年份	进出口净值（万库平银两）	美查房价（两/平方米）	年份	进出口净值（万库平银两）	美查房价（两/平方米）	年份	进出口净值（万库平银两）	美查房价（两/平方米）
1911	37 559.37	39.74	1920	56 807.53	15.19	1929	98 880.35	30.17
1912	37 262.75	34.24	1921	62 849.85	24.79	1930	98 904.76	41.98
1913	41 414.91	33.99	1922	63 166.68	22.83	1931	111 283.59	56.79
1914	38 114.95	27.41	1923	69 135.51	23.69	1932	66 610.37	33.85
1915	38 899.48	29.77	1924	75 466.27	23.39	1933	105 424.25	28.07
1916	41 629.13	23.47	1925	73 617.40	22.85	1934	87 705.70	15.53
1917	39 834.14	18.21	1926	95 440.42	25.41	1935	80 184.40	18.17
1918	40 773.94	14.89	1927	78 096.34	27.99	1936	92 362.77	20.02
1919	51 522.78	13.55	1928	91 108.67	27.20	1937	91 323.95	27.49

12. 表7.12　1862—1908年上海进出口净值[②]与平均房价变化对比表

年份	进出口净值（万库平银两）	平均房价（两/间）	年份	进出口净值（万库平银两）	平均房价（两/间）
1862	9 772.54	87.7	1884	6 620.94	18.3
1863	11 653.47	67.4	1885	7 596.49	83.3
1864	5 380.08	88.7	1887	8 301.65	87.5
1865	5 719.63	105.6	1888	9 096.72	54.3
1868	7 728.99	31.2	1895	16 453.70	61.5
1871	8 404.16	22.1	1897	20 754.66	89.8
1873	8 010.02	46	1898	19 265.46	61.4
1877	6 864.79	47.5	1904	31 923.85	71.1
1878	6 642.68	95.3	1905	35 970.03	825

① 《上海对外经济贸易志》编纂委员会：《上海对外经济贸易志》，上海社会科学院出版社2001年12月第一版，第18—19页。

② 《上海对外经济贸易志》编纂委员会：《上海对外经济贸易志》，上海社会科学院出版社2001年12月第一版，第18—19页。

续表

年份	进出口净值（万库平银两）	平均房价（两/间）	年份	进出口净值（万库平银两）	平均房价（两/间）
1880	7 950.49	24.6	1907	31 755.43	119.8
1883	6 694.20	41.7	1908	29 477.01	52.6

13. 表 7.13　1862—1937 年上海进出口净值[①]与平均地价变化对比表

年份	进出口净值（万库平银两）	平均地价（两/亩）	年份	进出口净值（万库平银两）	平均地价（两/亩）
1862	9 772.54	800	1900	19 920.41	2 833
1863	11 653.47	1 650	1901	23 755.49	11 658
1864	5 380.08	2 000	1902	28 732.52	24 322
1865	5 719.63	1 750	1903	28 244.42	4 009
1866	6 188.21	1 500	1904	31 923.85	7 748
1867	6 494.21	70	1905	35 970.03	3 098
1868	7 728.99	100	1906	33 397.66	13 100
1869	7 774.11	1 064	1907	31 755.43	56 850
1870	7 515.16	2 771	1908	29 477.01	4 450
1871	8 404.16	324	1909	34 155.61	4 590
1872	8 687.19	1 450	1910	36 910.69	10 110
1873	8 010.02	2 400	1911	37 559.37	1 388
1874	7 351.44	2 977	1912	37 262.75	3 050
1875	6 585.60	6 396	1913	41 414.91	10 364
1876	7 597.79	2 467	1914	38 114.95	2 500
1877	6 864.79	1 625	1915	38 899.48	4 555
1878	6 642.68	8 130	1916	41 629.13	2 000
1879	7 829.08	5 500	1917	39 834.14	29 018
1881	8 739.32	2 053	1918	40 773.94	4 993
1882	7 243.52	4 357	1919	51 522.78	4 029
1883	6 694.20	4 534	1920	56 807.53	4 203
1884	6 620.94	6 237	1921	62 849.85	3 412
1885	7 596.49	900	1922	63 166.68	12 012
1886	7 895.49	3 243	1923	69 135.51	152 392
1887	8 301.65	2 925	1924	75 466.27	15 947
1888	9 096.72	3 490	1925	73 617.40	105 679
1889	8 700.31	2 486	1926	95 440.42	6 104
1890	8 604.20	20 769	1928	91 108.67	20 304

① 《上海对外经济贸易志》编纂委员会：《上海对外经济贸易志》，上海社会科学院出版社 2001 年 12 月第一版，第 18—19 页。

附录Ⅱ 各章附录 861

续表

年份	进出口净值 （万库平银两）	平均地价 （两/亩）	年份	进出口净值 （万库平银两）	平均地价 （两/亩）
1891	10 179.58	2 446	1929	98 880.35	37 373
1892	10 566.55	4 297	1930	98 904.76	25 709
1893	11 644.40	4 390	1931	111 283.59	74 500
1894	13 390.96	20 946	1932	66 610.37	65 028
1895	16 453.70	2 823	1933	105 424.25	45 120
1896	18 286.17	3 497	1934	87 705.70	30 420
1897	20 754.66	8 761	1935	80 184.40	13 829
1898	19 265.46	1 400	1936	92 362.77	17 606
1899	24 233.83	1 915	1937	91 323.95	38 975

14. 表7.14　1911—1937年上海进出口净值①与美查地价变化对比表

年份	进出口净值 （万库 平银两）	美查地价 （两/亩）	年份	进出口净值 （万库 平银两）	美查地价 （两/亩）	年份	进出口净值 （万库 平银两）	美查地价 （两/亩）
1911	37 559.37	1 652.01	1920	56 807.53	865.97	1929	98 880.35	2 663.67
1912	37 262.75	1 451.09	1921	62 849.85	1 549.72	1930	98 904.76	3 705.98
1913	41 414.91	1 470.97	1922	63 166.68	1 419.02	1931	111 283.59	5 013.97
1914	38 114.95	1 602.70	1923	69 135.51	1 472.23	1932	66 610.37	5 013.97
1915	38 899.48	1 731.95	1924	75 466.27	1 608.31	1933	105 424.25	4 157.93
1916	41 629.13	1 359.25	1925	73 617.40	1 565.28	1934	87 705.70	3 216.51
1917	39 834.14	1 042.53	1926	95 440.42	1 730.05	1935	80 184.40	4 182.92
1918	40 773.94	852.23	1927	78 096.34	1 905.56	1936	92 362.77	5 697.51
1919	51 522.78	772.52	1928	91 108.67	2 335.57	1937	91 323.95	8 942.75

15. 表7.15　1921—1937年全国放款②与上海平均地价变化对比表

年份	全国放款 （国币千元）	上海平均地价 （两/亩）	年份	全国放款 （国币千元）	上海平均地价 （两/亩）
1921	515 318	3 412	1930	1 420 541	25 709
1922	548 203	12 012	1931	1 603 905	74 500
1923	373 528	152 392	1932	1 857 406	65 028
1924	636 163	15 947	1933	2 3270 87	45 120

---

① 《上海对外经济贸易志》编纂委员会：《上海对外经济贸易志》，上海社会科学院出版社2001年12月第一版，第18—19页。
② 朱斯煌：《民国经济史》//沈云龙：《近代中国史料丛刊三编》第四十七辑，文海出版社1947年印行，第510页。

续表

年份	全国放款(国币千元)	上海平均地价(两/亩)	年份	全国放款(国币千元)	上海平均地价(两/亩)
1925	763 738	105 679	1934	2 623 932	30 420
1926	887 344	6 104	1935	3 195 599	13 829
1928	1 056 358	20 304	1936	3 466 120	17 606
1929	1 221 940	37 373	1937	2 594 556	38 975

16. 表 7.16　1872—1937 年上海银钱业日拆行市情况表[①]　　　　　　　　　单位：两

年份	利率(两)	年份	利率(两)	年份	利率(两)
1872	0.29	1894	0.09	1916	0.13
1873	0.34	1895	0.06	1917	0.14
1874	0.14	1896	0.22	1918	0.19
1875	0.2	1897	0.24	1919	0.26
1876	0.3	1898	0.21	1920	0.24
1877	0.16	1899	0.16	1921	0.2
1878	0.17	1900	0.17	1922	0.18
1879	0.25	1901	0.08	1923	0.24
1880	0.19	1902	0.18	1924	0.19
1881	0.16	1903	0.29	1925	0.08
1882	0.31	1904	0.2	1926	0.17
1883	0.22	1905	0.23	1927	0.08
1884	0.04	1906	0.13	1928	0.14
1885	0.03	1907	0.21	1929	0.15
1886	0.15	1908	0.19	1930	0.08
1887	0.15	1909	0.17	1931	0.14
1888	0.17	1910	0.21	1932	0.1
1889	0.17	1911	0.12	1933	0.05
1890	0.19	1912	0.04	1934	0.09
1891	0.13	1913	0.05	1935	0.14
1892	0.13	1914	0.07	1936	0.08
1893	0.19	1915	0.04	1937	0.12

[①] 《上海通志》编纂委员会：《上海通志》第 5 册，上海人民出版社、上海社会科学院出版社 2005 年第一版，第 3427 页。

17. 表 7.17　1890－1937 年纽约市场每盎司纯银价格和中国汇率情况表[①]

年份	汇率	年份	汇率	年份	汇率	年份	汇率
1890	1.27	1902	0.63	1914	0.67	1926	0.76
1891	1.2	1903	0.64	1915	0.62	1927	0.69
1892	1.07	1904	0.66	1916	0.79	1928	0.71
1893	0.96	1905	0.73	1917	1.03	1929	0.64
1894	0.77	1906	0.8	1918	1.26	1930	0.46
1895	0.8	1907	0.79	1919	1.39	1931	0.34
1896	0.81	1908	0.65	1920	1.24	1932	0.34
1897	0.72	1909	0.63	1921	0.76	1933	0.41
1898	0.7	1910	0.66	1922	0.83	1934	0.53
1899	0.73	1911	0.65	1923	0.8	1935	0.57
1900	0.75	1912	0.74	1924	0.81	1936	0.46
1901	0.72	1913	0.73	1925	0.84		

18. 表 7.18　1890－1937 年上海银价[②]与平均地价变化对比表

年份	银价	上海平均地价（两/亩）	年份	银价	上海平均地价（两/亩）
1890	1.27	20 769	1914	0.67	2 500
1891	1.2	2 446	1915	0.62	4 555
1892	1.07	4 297	1916	0.79	2 000
1893	0.96	4 390	1917	1.03	29 018
1894	0.77	20 946	1918	1.26	4 993
1895	0.8	2 823	1919	1.39	4 029
1896	0.81	3 497	1920	1.24	4 203
1897	0.72	8 761	1921	0.76	3 412
1898	0.7	1 400	1922	0.83	12 012
1899	0.73	1 915	1923	0.8	152 392
1900	0.75	2 833	1924	0.81	15 947
1901	0.72	11 658	1925	0.84	105 679
1902	0.63	24 322	1926	0.76	6 104
1903	0.64	4 009	1928	0.71	20 304
1904	0.66	7 748	1929	0.64	37 373
1905	0.73	3 098	1930	0.46	25 709

[①]《上海通志》编纂委员会：《上海通志》第 5 册，上海人民出版社、上海社会科学院出版社 2005 年第一版，第 3442－3443 页。

[②]《上海通志》编纂委员会：《上海通志》第 5 册，上海人民出版社、上海社会科学院出版社 2005 年第一版，第 3442－3443 页。

续表

年份	银价	上海平均地价（两/亩）	年份	银价	上海平均地价（两/亩）
1906	0.8	13 100	1931	0.34	74 500
1907	0.79	56 850	1932	0.34	65 028
1908	0.65	4 450	1933	0.41	45 120
1909	0.63	4 590	1934	0.53	30 420
1910	0.66	10 110	1935	0.57	13 829
1911	0.65	1 388	1936	0.46	17 606
1912	0.74	3 050	1937	0.29	38 975
1913	0.73	10 364			

19.《上海特别市政府指令第 2531 号》第十五期，第 49 页[①]

呈为计划分区绘呈草图仰祈

……为适应目前需要起见爰将本市市面比较繁盛之处即江湾以南北新泾以东直达浦滨之地域先行规划分区如次

（一）工业区 查吴淞江两岸除入浦附近已形成商业区外其自北江江路及派克路以西至梵王渡一带中贯河流北运铁道按公共租界工部局所拟计划亦当以此为工业区域，又高昌庙附近浦江以北铁道以南之情形亦复相同似於原料货物之运输均极便利划为工业区实最适宜此外杨树浦方面自汇山码头以东目前工厂林立地临黄浦交通称便拟仍保留为工业区。

（二）商业区 查本市商业中心就现状而言实在公共租界之中部法租界之东部与城厢附近一带拟均划分商业区以仍其旧将来陆家浜路整理完竣必成沪南交通斡道附近商业当有相当之发展，拟将该路以南日晖路以东沪杭路以北之地域亦划为商业区以资扩充。

（三）居住区 工业区煤烟污秽商业区喧嚣杂还皆不宜於居住查租界之西部及昆连之地暨新西区一带地旷人稀，去市廛较远空气新鲜拟开为居住区专供建筑行政机关学校别墅及高等住宅之用又各区毗连之处拟均以园林树木间隔之庶界限显明於市民卫生亦有俾益。按上项分区计划大半根据现有事实并参酌近代市政学理逐渐推行则他日本市建筑凌乱之弊可免西市容之整齐划一，可期是否有当理会绘具草图备文呈送仰祈

钧坐核示遵行实为公便谨呈

市长张

计附呈分区图一纸

工务局局长沈怡

中华民国十七年九月六日

[①] 上海档案馆档案，蒋 1-0-1,《上海特别市政府指令第 2531 号》,《上海市政府公报》第十五期，第 49 页。

20.修正上海市管理工厂设厂地址暂行通则[①]

一　本通则为便於监督本市工厂及保护市民安宁而设

二　凡在本市设任何工厂及工场除另有规定外须一律遵照本通则向市社会局呈准设立

本条所称工厂批用物理或化学方法变原料为货品之场所

三　凡工厂适合左列各款情事之一者其设立以工厂区域为限

(一)发动机马力总数在二十四以上者

(二)平时雇用工人在五十名以上者

(三)制造品及其原料有危险性者

(四)制造所发生或泄出之气体或液体危害公共卫生者

(五)制造品制造所发生之声？足以扰乱公众安宁者

四　下列四区内得设立工厂

(一)蕴藻浜以北五百公尽之内东至淞沪铁路西至沪太路及蕴藻浜以南三百公尺之内东至中山北路西至沪太路

(二)甲　东至浦西路

南至吴淞江及租界线

西至沪太路中山路林家港小浜

北至海安路沈家桥小浜唐家浜马桥小浜赵家宅长浜沿租界线以北二百五十公尺之内至沙虹路四达路施高塔路北四川路严家阁路横浜路柳营路沪太长途汽车路

乙　租界线以西新嘉坡路秀水路以北华阳路以东吴淞江以南

丙　沪杭铁路向西吴淞江两岸各五百公尺之内

(三)肇嘉浜打浦路斜土路沪闵南柘路国货路以南蒲东路漕溪路以东桃泾港以北黄浦江以西

(四)杨思港以北上南汽车路浦东大道以西黄浦江以东界浜以南

五　下列三区内不得设立工厂

(一)市中心区

甲　东至军工路

南至政康路国康路政通路

西至体育会路政同路国权路民权路

北至市溪路(西北)(至民主路向北)市达路(以北)上达路(以北)各一百公尺之内

乙　东至国康路

---

① 上海档案馆档案,蒋 1-0-(8),《上海市政府公报》第一百七十期,第118页。

南至翔殷路(以南)西体育会路(以东)各二百公尺之内

西至淞沪铁路

北至水电路(以北)翔殷路(以北)各二百公尺之内

(二)旧城厢区

(三)沪西区 海格路以西凯旋路以东愚园路以南虹桥路以北

六　工厂设立之声请应备声请书两份填载左列事项其声请书由社会局制给

(一)声请人之姓名住址(限於经理或厂长之签名盖章)

(二)工厂所在地

(三)工厂平面图

(四)资本额及组织

(五)工人人数及发动机马力数

(六)原料及制造种类

(七)制造程序

(八)开工年月

(九)其他各项

七　市社会局接受工厂设立声请书后应酌量情形通知工务局或其他有关系局会间查勘核定之其新设工厂之自建厂房者市工务局在该厂领取建筑执照时除随时饬令向市社会局声请外并即通知市社会局勘核定之

八　本通则公布前已经设立之工厂应自本通则公布日起十个月内向社会局补行声请其设立在非工厂区域者准予暂维现状

九　工厂不为开业之申请者除依照行政执行法处罚外仍勒令补行申请并依照本通则之规定办理之

十　本通则如有未尽事宜得随时修正之

十一　本通则自市政府公布之日施行

附图一份(略)

一　本通则为便於监督本市工厂及保护市民安宁而设

二　凡在本市设任何工厂及工场除另有规定外须一律遵照本通则向市社会局呈准设立

本条所称工厂批用物理或化学方法变原料为货品之场所

三　凡工厂适合左列各款情事之一者其设立以工厂区域为限

(一)发动机马力总数在二十四以上者

(二)平时雇用工人在五十名以上者

(三)制造品及其原料有危险性者

(四)制造所发生或泄出之气体或液体危害公共卫生者

(五)制造品制造所发生之声足以扰乱公众安宁者

四　下列四区内得设立工厂

(一)蕴藻浜以北五百公尽之内东至淞沪铁路西至沪太路及蕴藻浜以南三百公尺之内东至中山北路西至沪太路

(二)甲　东至浦西路

南至吴淞江及租界线

西至沪太路中山路林家港小浜

北至海安路沈家桥小浜唐家浜马桥小浜赵家宅长浜沿租界线以北二百五十公尺之内至沙虹路四达路施高塔路北四川路严家阁路横浜路柳营路沪太长途汽车路

乙　租界线以西新嘉坡路秀水路以北华阳路以东吴淞江以南

丙　沪杭铁路向西吴淞江两岸各五百公尺之内

(三)肇嘉浜打浦路斜土路沪闵南柘路国货路以南蒲东路漕溪路以东桃泾港以北黄浦江以西

(四)杨思港以北上南汽车路浦东大道以西黄浦江以东界浜以南

五　下列三区内不得设立工厂

(一)市中心区

甲　东至军工路

南至政康路国康路政通路

西至体育会路政同路国权路民权路

北至市溪路(西北)(至民主路向北)市达路(以北)上达路(以北)各一百公尺之内

乙　东至国康路

南至翔殷路(以南)西体育会路(以东)各二百公尺之内

西至淞沪铁路

北至水电路(以北)翔殷路(以北)各二百公尺之内

(二)旧城厢区

(三)沪西区　海格路以西凯旋路以东愚园路以南虹桥路以北

六　工厂设立之声请应备声请书两份填载左列事项其声请书由社会局制给

(一)声请人之姓名住址(限於经理或厂长之签名盖章)

(二)工厂所在地

(三)工厂平面图

(四)资本额及组织

(五)工人人数及发动机马力数

(六)原料及制造种类

(七)制造程序

(八)开工年月

(九)其他各项

七　市社会局接受工厂设立申请书后应酌量情形通知工务局或其他有关系局会间查勘核定之其新设工厂之自建厂房者市工务局在该厂领取建筑执照时除随时饬令向市社会局申请外并即通知市社会局勘核之

八　本通则公布前已经设立之工厂应自本通则公布日起十个月内向社会局补行声请其设立在非工厂区域者准予暂维现状

九　工厂不为开业之声请者除依照行政执行法处罚外仍勒令补行声请并依照本通则之规定办理之

十　本通则如有未尽事宜得随时修正之

十一　本通则自市政府公布之日施行

附图一份(略)

21.沪海道尹兼外交部特派江苏交涉员　杨①

沪海道尹兼外交部特派江苏交涉员 杨

为出示布告事案照上海法租界外毗连大路华法警察权限不清不免困难本道尹兼特派交涉员与驻沪法总领事甘各奉:

中华民国外交部、法国驻京便臣训令:

议订为中法两国敦辑睦谊起见拟将上海法租界以西之地址北自长浜路西自英之徐家汇路南自斜桥徐家汇路沿河至徐家汇桥东自麋鹿路肇周路各半起至斜桥为止经两面磋商议归入法国警察之内盖上文所指地址内外国居民甚多所有马路悉为法国公董局购地开筑并时行修其作为公董局产业其安设路灯创立巡捕房分派巡捕设立电轨自来水煤气电灯等各种经费至今全归该公董局一体担任职是之故决定将上文所指定界内地段以后专归法公董局管辖兹拟条款十一条如左

一　麋鹿路及肇周路以一半归法国公董局管理以一半仍归民国管理其巡查事务悉遵民国路现已通行之章程中法巡警两相和衷办理各有梭巡之权

二　中国前筑肇周路自麋鹿路起所有用去之经费由法公董局赔偿一半并将西门外自方家浜桥迤南至斜桥所有前经法国铺修之马路交还中国不必贴费惟须将该路随时修理。俾电车通行无阻

三　法国通徐家汇马路及法租界各路中国军队中国婚丧仪仗等尽可通行出入,惟须

---

①　上海档案馆档案,U38-4-154,法公董局档案全宗。

先行通知知法巡捕房以便无碍交通。

四 上海交涉员或观察使同法国总领事议定选出中国绅董两员专与法公董局会办华人住居法界及外马路各事

五 住居法租界及外马路之中外人等所有应纳中国政府地税悉归法公董局主任代收缴纳若以后中国他处华人田赋有增加问题法租界及外马路华人田赋亦一律增加

六 法租界及外马路华人耕种之田地住居之房屋及平等人家之各产法公董局永不抽房捐地税及他种类似之捐以及人头税

七 中国业主房主在以上指明界内欲用自来水水煤气电气等者始有完纳地税房捐於法公董局之责其执有道契之地不得视为华人产业

八 华人所有法租界及外马路坟墓无业主本家允准万无迁移之责各家仍可听其自由祭扫然为卫生起见此约批准以后所有华人棺柩不准在租界内掩埋浮厝如有特别情形暂为殡寄者应得公董局之批准

九 法租界及外马路与英界交界事宜,由法公董局与英工部局直接商办

十 中国政府所委上海法租界会审公堂之中国审判员有权审问在外马路区域内华人之民事刑事诉讼是以在此区域内特立一应所为该员执行审判事项之用

十一 以上条款经中华民国外交部会同法国驻京使臣於批准三个月后始生效力等因并附地图会同签字盖印分别存案兹经奉外交部电饬以本月十四日为发表之期除按图会勘勒令以资遵守外合行通不周知为此示仰法租界暨外马路各该处中外居户人等一体知悉特示

中华民国叁年柒月拾肆日

22.摘录法国驻沪总领事署一九一三年十月一日公布①

摘录法国驻沪总领事署一九一三年十月一日公布

一九一三年九月二十二号上海法租界公董局议会订定保护房屋防御火灾章程如左

一 戤壁火烛 火斗下须用砖石类料砌底 楼板櫊栅近火斗前须要间断用一枕料镶之大宕背须砌砖墙至少厚十寸

二 烟囟管 烟囟管四面除内外粉料不计外至少厚五寸,倘以熟坯或烧料管子作为烟囟管者,其管子必须得公董局之许可若该项管子系置在墙之外面者其外再须粉面至少厚一寸

三 风火墙 风火墙除粉料不计外至少厚十寸砌砖可用水门汀或石灰砂惟须实砌到顶透出层面至少十寸

四 木大料 无论何种木料(大料櫊栅衍条等)不得穿过风火墙而接至他处 近烟囟处

---

① 上海档案馆档案,U38-4-154,法公董局档案。

各项木料须支离开烟囱管里宕至少十寸

　　五 屋顶内及其他照顾不及之处不得用金属类之烟囱管

　　六 风火墙之地位 下列各处必须位置风火墙一垛(甲)多数相联之洋房每宅必须用风火墙头分隔(乙)半西式之房屋可以两宅用风火墙一垛惟风火墙二垛之距离不得逾二十八英尺

　　(丙)中国房屋每三间必须一风火墙,其风火墙之距离不得逾三十六英尺

　　七 烟囱管每年出通一次

第八章

1. 江庆生卖房地契

江庆生卖房地契①(光绪二十三年十二月至二十四年六月)

(1)成议据(光绪二十三年十二月)

　　立成议据凝晖阁靴业,凭中议得绝卖江庆生处自己所置坐落在城二十五保十图二十铺金家旗杆坐北朝南房屋壹所,计四进,共平房念陆间,备弄壹条,天井拾方,井两口,坑壹支,随屋基地并第叁进内东首金希堂平房两大间,前后天井随屋基地。今因正用,情愿一并央中绝卖与吾业将来改建公所之址。今凭中议得时值绝价洋壹千贰百元。今先交付定洋叁百元,当日交付,另不立收票。当收执二十五保十图谈字圩四十壹号金务本户四分九厘壹毫新方单壹纸,俟明年叁月间立契,交契价找足。尚有方单契据、上首契据、粮串等纸,立契日一并检交,不留片纸壹字。此系两相允洽,各无反悔异言。欲后有凭,立此成议买房屋据存证。

　　光绪二十三年拾贰月 日立成议据

凝晖阁靴鞋业(押)

　　原中　顾雨三(押) 沈松云(押) 王国堂(押) 张瑞卿(押)

　　见付司年　　张同泰(押) 刘泰和(押)

　　见付各司月　老瑞生公同签字 包平和(押) 陆翔熊(押) 顾荣源(押) 沈松筠(押)

　　　　　　　同顺泰(押)

　　代笔　祝又??(押)

　　再:以明年三月立契,如至期失主托故不立,须今付之定洋,从今年始起息。此注

　　如立契,应立五纸

　　如立契日,将此据缴还。又注。

---

① 上海档案馆:《清代上海房地契档案汇编》,上海古籍出版社1999年9月第1版,第40—41页。

(2)卖契(光绪二十四年一月)

立卖房屋文契江庆生,为因正用,今将自己在城二十五保十图二十铺金家旗杆坐北面南房屋壹所,计四进,共平房念陆间,备弄壹条,天井拾方,井两口,坑壹只,随屋基地,并第三进内东首金希堂平房两大间,前后天井,随屋基地共丈见基地一亩一分,央中卖与靴鞋业处为业,改造公所。三面议得时值库平银壹百五拾两正。当日立契,其银一并收足,不另立收票。其房自卖之后,任从管业出召取租,拆卸改造,收科入册,过户承粮,并无门房上下亲族言租,亦非债利准折等情。此系两相允洽,各无异言。恐后无凭,立此卖房文契存照。

计开:附交白契八套,代单二张,二十五保十图谈字圩四十一号金务本户四分九厘一毫朱鹤庆户七厘保单一张,装修单一张。又照。又批:二十四年江申记上忙粮串一纸,实额则田五分二厘二毫。金虞宾粮串一纸,实额一分四厘一毫。金务本粮串一纸,实额四分九厘一毫。共基地一亩一分五厘四毫。

四址:东至曹屋,西至李屋,南至大街,北至金屋

光绪念四年正月　日立卖房屋文契　江庆生(押)

原中　顾雨三(押)沈松云(押)王国堂(押)张瑞卿(押)

散中　刘泰和(押)包平和(押)张同泰(押)同生泰(押)

　　　老瑞生(押)永森昌(押)施悦来　　福昌盛

　　　顾泰源　　鸿泰源　　陆翔熊(押)同顺泰(押)

图　张莲生(印)

甲　陈长春(印)

代笔　姜桂孙(押)

实收契内银两俱足。

(3)加契(光绪二十四年二月)

立加添房屋文契江庆生,为因正用,前将自己在城二十五保十图二十铺金家旗杆坐北面南房屋壹所,计四进,共平房念陆间,备弄壹条,天井拾方,井两口,坑壹只,随屋基地,并第三进内东首希堂平房两大间,随屋基地共丈见基地一亩一分,前已得过卖价银两。今因前价不敷,复央原中加到靴鞋业处,议得加添房价库平银壹百念两正。当日立契,一并收足,不另立收票。其房自加之后,任从管业,出召取租,拆卸改造,并无门房上下言阻,亦无债利准折等情。此系两相允洽,各无异言。欲后有凭,立此加添房屋文契存照。

计开:四址悉载原契

光绪念四年二月　日立加添房价文契 江庆生(押)

原中　顾雨三(押)沈松云(押)王国堂(押)张瑞卿(押)

散中　刘泰和(押)同顺泰(押)张同泰(押)同生泰(押)

　　　　老瑞生(押)永森昌(押)施悦来(押)福昌盛

　　　　顾泰源　　　鸿泰源　　　陆翔熊(押)包平和(押)

图　张莲生(印)

甲　陈长春(印)

代笔　姜桂孙(押)

实收契内银两俱足。

(4)绝契(光绪二十四年三月)

立杜绝房屋文契江庆生,为因正用,曾将自己在城二十五保十图二十铺金家旗杆坐北面南房屋壹所,计四进,共平房念陆间,备弄壹条,天井拾方,井两口,坑壹只,随屋基地,共丈见基地一亩一分,前已得过卖、加银两。今复央原中杜绝到靴鞋业处永为世业,三面议得时值价库平银壹百五拾两正。当日立契其银一并收足,不另立收票。其房自绝之后,任从拆卸升高改造,永为靴鞋业中世业,决不启齿枝节等情。如有别姓生言,失主自行理直,与得业不涉。所有在房装修及沿石、旧瓦砖等,以及无论街石、滴水、片板寸砖一应在内。此系两愿成交,各无悔言。欲后有凭,立此杜绝房屋文契存照。

计开:四址,悉载原契

光绪念四年三月　日立杜绝房屋文契　江庆生(押)

原中　顾雨生(押)沈松云(押)王国堂(押)张瑞卿(押)

　　　刘泰和(押)张同泰(押)同生泰(押)永森昌(押)

散中　老瑞生(押)福昌盛　施悦来(押)鸿泰源 顾泰源 陆翔熊(押)包平和(押)同顺泰(押)

图　张莲生(印)

甲　陈长春(印)

代笔　姜桂孙(押)

(5)叹契(光绪二十四年闰三月)

立门房上下叹契江庆生,为因正用,前将自己在城二十五保十图二十铺金家旗杆坐北面南房屋壹所,计四进,共平房念陆间,备弄壹条,天井拾方,井两口,坑壹只,随屋基地,并第三进东首金希堂平房两大间,前后天井,随屋基地,共丈见基地一亩一分,前已得过卖、加、绝各契银两,本无他说,今循俗规,央同原中叹到靴鞋业处。三面议得叹价库平银壹百两正。当日立契,其银收足,不立收票。自叹之后,决无再生枝节。恐口无凭,立此叹契存照。

计开:四址,悉载原契

光绪念四年闰三月　立门房上下叹契　江庆生(押)

原中　顾雨三(押)沈松云(押)王国堂(押)张瑞卿(押)
　　　刘泰和(押)包平和(押)
散中　张同泰(押)同顺泰(押)老瑞生(押)同生泰(押)施悦来(押)
　　　永森昌(押)顾泰源(押)福昌成(押)鸿泰源(押)陆翔熊(押)
图　张莲生(印)
甲　陈长春(印)
代笔　姜桂孙(押)
实收契内银两俱足。

(6)拔根叹契(光绪二十四年四月)

立拔根割藤叹契江庆生,为因正用,前将自己房屋壹所,计四进,共平房念陆间,备弄壹条,天井拾方,井两口,坑壹只,并第三进东首金希堂平房两大间,前后天井,随屋基地共丈见一亩一分,前已得过卖、加、绝、叹各契银两。今复央原中拔根割藤,叹到靴鞋业处永为世业。三面议得库平银捌拾两正,其银当日立契,一并收足,不另立收票。自叹之后,决无再生枝节等情。并无亲族门房上下言阻,如有别姓生言,自有失主理直。欲后有凭,立此拔根割藤叹契永远存照。

计开:四址,悉载原契

光绪念四年四月　日立拔根割藤叹契　江庆生(押)

原中　顾雨三(押)沈松云(押)王国堂(押)张瑞卿(押)
　　　刘泰和(押)陆翔熊(押)鸿泰源
散中　张同泰(押)包平和(押)老瑞生(押)同顺泰(押)施悦来(押)
　　　同生泰(押)顾泰源　　永森昌(押)福昌成
图　张莲生(印)
甲　陈长春(印)
代笔　姜桂孙(押)
实收契内银两俱足。

(7)留存据(光绪二十四年六月)

立出房找价据靴鞋公所,今购得在城二十五保十图二十铺金家旗杆旧屋一所,计讲明时值价得乙千贰百元。当日收契,付过洋九百五拾元。因房客沿未出屋,凭中议定留存洋贰百五拾元。三面议定,准于本年七月底一律出清,不得延误。出清之后,再找付洋贰百五拾元。立此留存据存照。

光绪二十四年六月十六日　靴鞋公所具

中　王国堂(押)沈松云(押)顾雨三(押)张瑞卿(押)

2.孙玉书卖房地契

孙玉书卖房地契①（嘉庆十五年三月至十六年四月）

(1)卖契（嘉庆十五年三月）

立卖房文契孙玉书,为因正用,今将祖遗念五保十六图长字圩九十四号坝基南首河沿平屋壹所,共计拾间,前后天井三方,坑井俱全,并随屋基地央中卖到陈处为业。三面议得房价银通足钱壹百陆拾千文正。当立契日一并收足。其房自卖之后,任从居住收科,入册过户,完粮输税。并无准折及族分不清情事,亦无门房上下主阻。如有原银,不时回赎。此系两相允洽,各无异言。恐后无凭,立此卖房文契存照。

计开:其房坐落念五保十六图长字圩九十四号坝基南首坐东面西房屋壹所。面西墙门间壹间,面东厢房壹间,坐北面南客堂壹间,西次间壹间,坐西面东厢房两间,后客堂壹间,次间叁间,共计拾间。并随屋基地。其孙运祥户名田单壹纸,因年远遗失,倘日后检出,自应交还陈姓。如遗落他姓,亦原主理直交还。并照。在房装折另立交单。并照。

四址:东至张地,南至孙地,西至街,北至孙地。

立契日其价一并收足,不另立收票

嘉庆拾五年叁月　　　日立卖房文契 孙玉书(押)叔 孙应兰(押)弟 孙德修(押)

见中 李国相(押)孙咸宁(押)傅耀祖 唐澄远(押)张廷表 姚煌照(押)杨宁坤

石振林(押)唐德文(押)

图 张裕隆(押)张秀元(押)唐馨发(押)陆茂荆(押)

甲 裘起凤(押)孙兰谷 王丹廷(押)孙文澜(押)丁振扬(押)孙铭坤

代笔 孙渭阳(押)

信实收契内银俱足,日后回赎加一平一色。并照

(2)加契（嘉庆十六年正月）

立加价文契孙玉书,于上年曾将祖遗廿五保十六图长字圩九十四号坝基南首河沿平房壹所,共计拾间,前后天井三方,坑井俱全,并随屋基地卖与陈处为业。因思前价不敷,复央原中加到陈处,又得加价银通足钱捌拾千文正。自加定之后,其房仍听居住、召租,决不再发生枝节。以五年为期,听赎不加。恐后无凭,立此加价契为照。

计开:其房坐落、四址,悉照原契。此照

嘉庆拾陆年正月　　　日立加价文契 孙玉书(押)叔 孙应兰(押)弟 孙德修(押)

见中李国相(押)孙咸宁(押)傅耀祖 唐澄远(押)张廷表 姚煌照(押)杨宁坤

石振林(押)唐德文(押)张秀元(押)陆茂荆(押)孙兰谷 孙文澜(押)孙铭坤

图 张裕隆(押)唐馨发(押)

甲 裘起凤(押)王丹廷(押)丁振扬(押)

---

① 上海档案馆:《清代上海房地契档案汇编》,上海古籍出版社1999年9月第1版,第7－9页。

代笔 孙渭阳(押)

实收加价银两俱足。

(3)绝契(嘉庆十六年四月)

立卖杜绝房文契孙玉书,曾将祖遗念五保十六图长字圩九十四号平屋壹所,共计拾间,并随屋基地天井三方,坑井俱全,卖与陈处为业。已得过卖价加价银两。今因急用,再央原中情愿杜绝与陈处为世业。三面议得绝价银通足钱壹百贰拾千文正,当立契日,其钱一并收足。自绝之后,其房任从拆卸改造、开池掘井,永斩割藤,永为陈姓世业,与孙姓不涉。倘有他姓声言,原主自应理直。并无门房上下言阻,亦无族分不清情事。此系两相允洽,各无异言。恐后无凭,立此杜绝价房文契为照。

计开:四址、圩号,并坐落,悉照原契、加契。并照

嘉庆拾陆年四月　　日立卖杜绝房文契 孙玉书(押)叔 孙应兰(押)弟 孙德修(押)

见中李国相(押)孙咸宁(押)傅耀祖 唐澄远(押)张廷表 姚煌照(押)杨宁坤 石振林(押)唐德文(押)张秀元(押)陆茂荆(押)孙兰谷 孙文澜(押)孙铭坤

图　张裕隆(押)唐馨发(押)

甲　裘起凤(押)王丹廷(押)丁振扬(押)

代笔 孙渭阳(押)

实收杜绝契价银两俱足。

3.陈良玉等卖房地契

陈良玉等卖房地契①(道光十九年十月到二十年十月)

(1)卖契(道光十九年十月)

立卖房文契陈良玉,为因正用,今将自己契卖二十五保十六图十六铺外城河门面坐东面西、正屋坐北面南平房两进,共计拾间,天井三方,坑井俱全,并随屋基地央中卖到郑处为业。三面议定时值房价通足制钱壹佰捌拾千文正。当立契日一并收足,另立收票。自卖之后,任从管业居住,出召收租,收科入册,过户,完粮输税,如有原根,不时回赎。并无门房上下言阻,亦非债利准折等情。并无重相交易,亦无族分不清情事。倘有别姓声言,卖主自应理直,与得业不涉。此系两相允愿,各无异言。恐后无凭,立此卖房文契为照。

计开:其房坐落二十五保十六图十六铺大东门外城河平房拾间,天井三方,坑井俱全,在长字圩九十四号随屋基地。

四址:东至周屋,南至潘屋,西至街道,北至单屋

道光拾玖年十月　　日立卖房文契,陈良玉(押)

---

① 上海档案馆:《清代上海房地契档案汇编》,上海古籍出版社1999年9月第1版,第7—9页。

经中 杨听涛(押) 杨朗峰(押)

吴伦培(押)王泳祥 王心园 唐庆芳　张廷裕　张耀宗(押)郁德华(押)郑文铖

郑诒湛　郑诒茂

图 方燮成(印)甲 张客[容]廷(押)

代笔 杨少白(押)

卖房文契是实。银两俱足

(2)加契(道光二十年三月)

立加添房价文契陈良玉，为因上年间曾将房屋壹所央中卖与郑处为业，得过卖价银两俱足。因思前价不敷，复央原中加添到郑处，加添价银通足制钱壹百贰拾千文正，当立契日一并收足。其房自加之后，仍照管业居住出如收租。言定听赎不加。并无门房上下言阻，亦非债利准折等情。此系两相允洽，各无异言。恐后无凭，立此加添文契为照。

四址、圩号，悉照原契。并照

道光贰拾年三月　　日立加添文契 陈良玉(押)

　　　　　　　　同甥 经中 孙玉坡

经中 杨听涛(押) 杨朗峰(押)吴伦培(押)郁德华(押)张耀宗(押)郑文铖

图 方燮成(印)

甲 张容廷(押)

代笔 杨少白(押)

加添契是实，银两俱足

(3)绝契(道光二十年十月)

立杜绝房文契陈良玉，为因上年间曾将自己平房壹所，央中卖与郑处永为世业。三面议定时值杜绝价银通足制钱玖拾千文正。当立契日量并收足，另立收票。其房自绝之后，任从拆卸改造升高，永为　姓世业，与陈姓毫无干涉，永斩割藤。倘有上首、族分、他姓声言，卖主自应理直，与得业不涉。并无门房上下言阻，亦非债利准折等情。此系两相自愿，各无异言反悔。恐后无凭，立此杜绝房文契为照。

计开：其房坐落二十五保十六图十六铺大东门外城河，门面坐东面西，正屋坐北面南，共计拾间。天井三方，坑井俱全。在长字圩九十四号并随屋基地。附交上首印契叁纸，税尾壹纸。

四址:悉照原契。

道光贰拾年十月　　日立杜绝房文契　陈良玉(押)

　　　　　　　　同甥 经中 孙玉坡

经中 杨听涛(押) 杨朗峰(押)吴伦培(押)王泳祥 王心园 唐庆芳　张廷裕　张耀宗(押)郁德华(押)郑文铖 郑诒湛　郑诒茂

图 方燮成（印）

甲 张容廷（押）

代笔 杨少白（押）

杜绝文契是实。银两俱足

(4)装修据（道光二十年十月）

立卖在房装修据陈良玉，今将自己在房装修一切，央中卖与郑处。三面言定时值装修一切等项，计通足钱陆拾千文正。自卖之后，得业主张搬改调用。其钱当日收足，另立收票。恐后无凭，立此卖装修据为照。

计开：墙门间外墙门四扇，槛枕四壁全家堂壹座。次间窗贰扇，小门壹扇。前客堂长窗六扇，前后小蓝[栏]杆四扇，长窗明瓦全，方砖全堂。客堂次间对堂门贰扇，腰壁壹堂，小门壹扇，壁风炉壹座。灶间灶头壹付，和合扇四扇，明瓦全，下半壁全，小门壹扇。后门间坑厕壹座，小门壹扇，后门壹扇，腰门壹扇，腰壁槛枕全。后客堂长窗贰扇，短窗六扇，蓝[栏]杆下板明瓦全，屏门门八扇，坐槛和合窗六扇，明瓦全。前对堂四扇，后对堂贰扇，方砖槛枕全。西次间短窗四扇，明瓦全，上阁半间，地阁全堂。东次间后窗贰扇，明瓦全，对堂门贰扇，天满地阁全。东客堂长窗六扇，明瓦全，坐槛和合窗十二扇，长窗镶板贰块，明瓦下半壁全，方砖全堂。天井三方，砖街沿石全。井壹口，石圈壹块。

道光贰拾年十月　日立卖装修据 陈良玉（押）

同甥 经中 孙玉坡

经中 杨听涛（押）杨朗峰（押）吴伦培（押）郁德华（押）张耀宗（押）郑文铖

图 方燮成（印）

甲 张容廷（押）

代笔 杨少白（押）

卖在房装修据是实。银两俱足

(5)叹契（道光二十年十二月）

立收门房叹契据陈良玉，为因于拾玖年间曾将自己契买孙玉书房屋壹所，坐落大东门外城河二十五保十六图十六铺内平房共计拾间，天井三方，坑井俱全，并随屋基地，在长字圩九十四号，得过前价绝买与郑处永为世业。契载永斩割藤，删根杜绝，日后改造升高，陈姓本无可生言。适因迫于失业废时，际此岁暮，告贷无门，是以再四恳央原中相劝，收到郑处俗例门房叹契通足制钱伍拾千文正。当立契日一并收足，另立收票。自收之后，永远删根，陈姓再勿生言，永无别生枝节。恐后无凭，立此收门房叹契存照。

道光贰拾年十二月　日立收门房叹契据　陈良玉（押）

同甥 经中 孙玉坡

经中 杨听涛（押）杨朗峰（押）吴伦培（押）张耀宗（押）郁德华（押）郑文铖

图 方燮成(印)

甲 张容廷(押)

代笔 杨少白(押)

收门房叹气契据是实

4. 郑贻茂等卖房地契

郑贻茂等卖房地契①(道光二十九年十二月至咸丰二年二月)

(1)卖契(道光二十九年十二月)

立卖房文契郑贻茂,为因正用,今将昔年用价经中绝买得二十五保十六图十六铺内坝基南首平房壹所,共计拾间,前后天井、坑井,并随屋基地,央中卖到朱处为业。三面议得时值房价银豆规银伍拾两正。当立契日,其银壹并收足,不另立收票。其房自卖之后,任从管业居住,出召收租,收科入册,过户承粮。如有原银,不时回赎。并无门房上下言阻,并债利准折等情,亦无重相交易,族分不清等事。倘有别姓声言,卖主自应理直,与得主不涉。此系两相允洽,各无异言。恐后无凭,立此卖房文契为照。

计开:其房坐落大东门外二十五保十六图十六铺坝基南首,坐东面西,墙内坐北面南平房壹所,共计拾间,并随屋基地,在长字圩九十四号孙运祥户名田单壹纸,于前嘉庆十五年间孙玉书卖绝与陈良玉时田单遗失无附,注明原契,有陈良玉过户承粮四分之粮串为照。并附交陈良玉卖绝各契五纸,粮白串五纸。再上首孙玉书卖绝与陈姓印契三纸,税尾一纸。在房坑井、门窗、隔扇槛次、墙壁、沿石俱全。并照。陈良玉契载另立收票,其时并未另立,如有在外,郑姓自行理直,与现业无相干涉。又照。

四址:东至　　南至　　西至　　北至

道光二十九年十二月　日立卖房文契 郑贻茂(押)

郑经谋(押)

郑靖山

中 蔡理堂(押)王子亭 王楷堂 周月樵 张蕙亭 钱铭斋　刘显章　张锦林 吴守岩 王敦甫

族 郑学山(押) 郑学来(押)

图 奚寿康

甲 朱荣奎(印)

现年保正 姚万青(押)

代笔 蔡莹汀(押)

实收契价银两俱足

---

① 上海档案馆:《清代上海房地契档案汇编》,上海古籍出版社1999年9月第1版,第7—9页。

(2)加契(道光三十年八月)

立加添房价文契郑贻茂,为因上年曾将自置房屋壹所,央中卖与朱处为业,得过卖价银俱足。因思前价不敷,复央原中加添到朱处加价银豆规银贰拾两正,当立契日壹并收足,不另立收票。自加之后,仍照管业居住、出召收租,并无门房上下言阻,亦非债利准折等情。此系两相允洽,各无异言。恐后无凭,立此加添价文契为照。

计开:其房坐落大东门外二十五保十六图十六铺坝基南首,坐东面西,墙内坐北面南平房壹所,共计拾间,并随屋基地,在长字圩九十四号孙运祥户名田单壹纸,于前嘉庆十五年间孙玉书卖绝与陈良玉时田单遗失无附,注明原契,有陈良玉过户承粮四分之粮串为照。并附交陈良玉卖绝各契五纸,粮白串五纸。再上首孙玉书卖绝与陈姓印契三纸,税尾一纸。在房坑井、门窗、隔扇槛次、墙壁、沿石俱全。并照。陈良玉契载另立收票,其时并未另立,如有在外,郑姓自行理直,与现业无相干涉。又照。

四址:悉照原契。并照

道光三十年八月　日立加添房价文契　郑贻茂(押)

　　　　　　　　　　　郑经谋(押)

　　　　　　　　　　　郑靖山

中　蔡理堂(押)王子亭　王楷堂　周月樵　张蕙亭　钱铭斋　　刘显章　张锦林　吴守岩　王敦甫

族　郑学山(押)郑学来(押)

图　奚寿康

甲　朱荣奎(印)

现年保正　姚万青(押)

代笔　蔡莹汀(押)

加添契是实,银两俱足

(3)再加契(咸丰元年五月)

立再加添房价文契郑贻茂,于上年将自置平房壹所,央中卖与朱处为业,得过卖加银两。因思未敷,复央原中再加添到朱处,添加价银豆规银壹佰伍拾两正。当立契日其银壹并收足,不另立收票。其房自加添之后,言定听赎不加。仍旧管业居住、出召收租、收科入册、过户承粮,并无门房上下言阻,亦非债利准折等情。此系两相允洽,各无异言。恐后无凭,立此再加添文契为照。

计开:其房坐落大东门外二十五保十六图十六铺坝基南首,坐东面西,墙内坐北面南平房壹所,共计拾间,并随屋基地,在长字圩九十四号孙运祥户名田单壹纸,于前嘉庆十五年间孙玉书卖绝与陈良玉时田单遗失无附,注明原契,有陈良玉过户承粮四分之粮串为照。并附交陈良玉卖绝各契五纸,粮白串五纸。再上首孙玉书卖绝与陈姓印契三纸,税尾一纸。在房坑井、门窗、隔扇槛次、墙壁、沿石俱全。并照。陈良玉契载另立收票,其时并未另立,如有在外,郑姓自行理直,与现业无相干涉。又照。

  咸丰元年五月　日立再加添房价文契　郑贻茂(押)

             郑经谋(押)

             郑靖山

  中　蔡理堂(押)王子亭　王楷堂　周月樵　张蕙亭　钱铭斋　刘显章　张锦林　吴守岩　王敦甫

  族　郑学山(押)郑学来(押)

  图　奚寿康

  甲　朱荣奎(印)

  现年保正　姚万青(押)

  代笔　蔡莹汀(押)

  再加添契是实,银两俱足

  (4)绝契(咸丰元年十二月)

  立杜绝文契郑贻茂,为因上年间将自己绝买得大东门外二十五保十六图十六铺内坝基南首平房壹所,共计拾间,并随屋基地央中卖与朱姓为业,得过契价银两俱足。今因急用,复央原中自愿杜绝到朱处永为世业。三面议定,时值杜绝价银豆规银叁拾伍两正。当日立契,其银一并收足,不另立收票。其房自绝之后,任从拆卸改造升高,收科入册、过户承粮,永为朱姓世业,与郑姓毫干涉,永斩割藤。倘有上首、族分、他姓声言,卖主自应理直,与得业不涉。并无门房上下言阻,亦非债利准折等情。此系两相允愿,各无反悔异言。恐后无凭,立此杜绝卖房文契为照。

  计开:其房坐落大东门外二十五保十六图十六铺坝基南首,坐东面西,墙内坐北面南平房壹所,共计拾间,并随屋基地,在长字圩九十四号孙运祥户名田单壹纸,于前嘉庆十五年间孙玉书卖绝与陈良玉时田单遗失无附,注明原契,有陈良玉过户承粮四分之粮串为照。并附交陈良玉卖绝各契五纸,粮白串五纸。再上首孙玉书卖绝与陈姓印契三纸,税尾一纸。在房坑井、门窗、隔扇、槛次、墙壁、沿石俱全。并照。陈良玉契载另立收票,其时并未另立,如有在外,郑姓自行理直,与现业无相干涉。又照。

  四址:悉照原契。并照

  咸丰元年十二月　日立杜绝房文契　郑贻茂(押)

             郑经谋(押)

             郑靖山

  中　蔡理堂(押)王子亭　王楷堂　周月樵　张蕙亭　钱铭斋　刘显章　张锦林　吴守岩　王敦甫

族 郑学山(押) 郑学来(押)

图 奚寿康

甲 朱荣奎(印)

现年保正 姚万青

代笔 蔡莹汀(押)

杜绝文契是实,银两俱足

(5)装修据(咸丰元年十二月)

立卖在房装修据郑贻茂,前将十六铺内坝基南首平房壹所,卖绝与朱处为世业。所有在房壹切装修,央同原中卖到朱处。三面言定,装修一切等项时值价银豆规银伍拾两正。自卖之后,得业主张搬改调用。其银当即收足,不另立收票。恐后无凭,立此卖装修据为照。

咸丰元年十二月 日立卖装修据 郑贻茂(押)

郑靖山

郑经谋(押)

中 蔡理堂(押)王子亭 王楷堂 周月樵 张蕙亭 钱铭斋 刘显章 张锦林 吴守岩 王敦甫

族 郑学山(押) 郑学来(押)

图 奚寿康

甲 朱荣奎(印)

现年保正 姚万青

代笔 蔡莹汀(押)

卖在房装修据是实,银两俱足

(6)叹契(咸丰二年二月)

立收门房上下叹契据郑贻茂。因于 年间将自己契买二十五保十六图十六铺内平房壹所,共计拾间,并随屋基地,得过卖加绝价,杜绝于朱处永为世业。任凭升高改造,并无他说。契载永斩割藤,本无可生言。今循俗例,是以恳央原中相劝收到朱处门房叹契银豆规银叁拾两正,当立契日壹并收足。自叹之后,永远删根,决不再有枝节。恐后无凭,立此门房上下叹契为照。

计开:其房坐落大东门外二十五保十六图十六铺坝基南首,坐东面西,墙内坐北面南平房壹所,共计拾间,并随屋基地,在长字圩九十四号孙运祥户名田单壹纸,于前嘉庆十五年间孙玉书卖绝与陈良玉时田单遗失无附,注明原契,有陈良玉过户承粮四分之粮串为照。并附交陈良玉卖绝各契五纸,粮白串五纸。再上首孙玉书卖绝与陈姓印契三纸,税尾一纸。在房门窗、隔扇、槛次、墙壁、沿石、坑井俱全。并照。陈良玉契载另立收票,其时并未另立,如有在外,郑姓自行理直,与现业无相干涉。又照。

四址:悉照原契。并照

咸丰贰年二月　日立收门房叹气据 郑贻茂(押)

郑经谋(押)

郑靖山

族 郑学山(押)郑学来(押)

中 蔡理堂(押)王子亭 王楷堂 周月樵 张蕙亭 钱铭斋　刘显章　张锦林 吴守岩 王敦甫

图 奚寿康

甲 朱荣奎(印)

现年保正 姚万青(押)

代笔 蔡莹汀(押)

收门房叹契据是实

5. 朱子田卖地契

朱子田卖地契①

(1)卖契(同治七年一月)

立卖基地文契朱子田,为因正用,今将自己坐落上邑贰拾伍保拾陆图拾陆铺大东门外坝基南城河东岸基地壹块,计叁分叁厘捌毫,央中卖到协和局为业。凭中三面议得时值卖价银豆规银壹佰两正,其银当立契日一并收足,不另立收票。其基地自卖之后,任从管业,起造房屋,居住,出召取租,并无门房上下言阻,亦非债利准折等情,倘有别姓生言,原主自行理直,与得主不涉。此系两相允洽,各无异言,欲后有凭,立此卖基地文契存照。

计开:附交上首郑贻茂卖绝与朱姓印契叁纸,契尾壹纸,原契叁纸。又上上首孙玉书卖绝与陈姓印契叁纸,契尾壹纸。又附上首贰拾伍保拾陆图长字圩肆拾捌号朱德泪户名则田叁分参厘捌毫新田单壹纸,粮串壹纸。并照。

四址:东至协和局,西至路,南至周墙,北至陶墙

同治柒年正月　日立卖基地文契　　朱子田(押)

中 潘叶笙(押)王耐斋 王绂园 宋吟台　张琴斋(押)张厚卿(押)张蕙孙(押)

朱勤斋(押)钱莘农(押)朱小川(押)

图 朱盈川(印)

甲 裘宝森(印)

---

① 上海档案馆:《清代上海房地契档案汇编》,上海古籍出版社 1999 年 9 月第 1 版,第 142—145 页。

代笔（潘振声）（押）

实收契内银两俱足

(2)加契（同治七年三月）

　　立加基地文契朱子田，为因正用，前将自己坐落上邑贰拾伍保拾陆图拾陆铺大东门外坝基南城河东岸基地壹块，计叁分叁厘捌毫，曾经卖与 姓为业，得过前契价银。今因思前价不敷，复央原中加到协和局处业上，凭中三面议得时值加价银豆规银捌拾两正。其银当立契日一并收足，不另立收票。其基地自加之后，仍旧管业收租，并地门房上下言[阻]，亦非债利准折等情。倘有别姓生言，原主自行理直，与得主不涉。此系两相允洽，各无异言，欲后有凭，立此加基地文契存照。

　　计开：附交四址注明卖契。并照

　　同治柒年叁月 　日立加基地文契　　朱子田（押）

　　中　潘叶笙（押）王耐斋 王绂园 宋吟台　　张琴斋（押）张厚卿（押）张蕙孙（押）

　　朱勤斋（押）钱莘农（押）朱小竹（押）

　　图　朱盈川（印）

　　甲　裘宝森（印）

　　代笔（潘振声）（押）

　　实收契内银两俱足

(3)绝契（同治七年六月）

　　立杜绝基地文契朱子田，为因正用，前将自己坐落上邑贰拾伍保拾陆图拾陆铺大东门外坝基南城河东岸基地壹块，计叁分叁厘捌毫，曾经卖与 姓为业，得过前契价银。今因急需正用，复央原中情愿杜绝与协和局处永为世业。凭中三面议得时值杜绝价豆规银陆拾两正，其银当立契日一并收足，不另立收票。其基地自杜绝之后，任从永远管业，随时起造房屋，居住，出召取租，收科入册，过户完粮，并无门房上下言阻，亦非债利准折等情。倘有别姓与族分生言，原主自行理直，与得主不涉。此系两愿，各无反悔，欲后有凭，立此杜绝基地文契永远存照。

　　计开：附交四址注明卖契。并照

　　同治柒年陆月　 日立杜绝基地文契　　朱子田（押）

　　中　潘叶笙（押）王耐斋 王绂园 宋吟台　　张琴斋（押）张厚卿（押）张蕙孙（押）

　　朱勤斋（押）钱莘农（押）朱小竹（押）

　　图　朱盈川（印）

　　甲　裘宝森（印）

　　代笔（潘振声）（押）

　　实收契内银两俱足

(4)叹契(同治七年九月)

立收门房上下起造叹契朱子田,为因急需正用,前将自己坐落上邑贰拾伍保拾陆图拾陆铺大东门外坝基南城河东岸基地壹块,计叁分叁厘捌毫,曾杜绝与 姓永为世业,得足契价银两,本无生言。因循俗例,有门房上下起造一项,今复央原中相劝到协和局处业上,凭中三面议得门房起造叹契银豆规银捌拾两正,其银当立契日一并收足,不另立收票。其基地自得受门房上下起造银两之后,任从得主随时择吉兴工起造房屋,排坑偏井,决无枝节言阻,与原主不涉。此系两相允洽,各无异言,欲后有凭,立此收门房上下起造叹契,永远存照。

同治柒年玖月 日立收门房上下起造叹契 朱子田

中 潘叶笙(押)王耐斋 王绂园 宋吟台 张琴斋(押)张厚卿(押)张蕙孙(押)

朱勤斋(押)钱莘农(押)朱小竹(押)

图 朱盈川(印)

甲 裘宝森(印)

代笔（潘振声)(押)

实收契内银两俱足

6.徐华文、徐焕文卖地契约

徐华文、徐焕文卖地契约(1916 年)①

立卖杜绝拔根叹田文契徐华文、徐焕文今将自己坐落上邑二十八保八九图堂字圩第叁百贰拾叁号业户徐万方、徐裕方则田贰亩伍分贰厘、壹亩六分八厘正丈?宝田四亩六分八厘五毫今自愿央中绝卖与兆丰洋商处永为世业,三面言明,凭中议定,时值价银规元伍仟玖佰另叁两壹钱,正当立契日,其价一并收清,不另立收据,其地自杜绝拔根叹之后,悉从得主管业耕种,入册过户,承粮取租起造华洋房屋开沟筑路概由得主之便,与失主永不干涉,此系两相允洽,各无异言,恐后无凭,立此杜绝拔根叹卖田文契为照。

计开四址 东界苏地 西界得主 南界秦地小路 北界得主

中华民国五年 七月 日立卖杜绝拔根叹田文契徐华文、徐焕文

中 唐信岐、陈少斋、陈永佳、戴鹤堂、盧孝生、胡玉琏

图 陈显堂

(印二十八保八九图地保陈显堂民国五年五月一号)

代笔 杨晋蕃

7.同治四年一月至五月王炳荣等卖房地契

---

① 上海档案馆档案,U38-4-154,法公董局档案。

同治四年一月至五月王炳荣等卖房地契[①]

(1)卖契(同治四年一月)[②]

立卖平房文契王炳荣同弟廷三,为因正用,今将祖遗坐落二十五保十六图十九铺竹素堂对门坐东面西平房叁间,后有天井壹方,并随屋基地壹分六厘正,央中卖到王处为业。三面言定,时值价豆规银柒拾两正。其银立契日一并收足,不另立收票。其房自卖之后,凭从收科入册,过户完粮,出如取租,管业居住。并无族分纠葛,决无重叠交易,以及门房上下言阻,亦非债利准执(折)等情。此系两相允洽,各无异言。欲后有凭,立此卖房文契为照。

计开:其房坐落二十五保十六图十九铺竹素堂对门坐东面西平房叁间,后有天井壹方,并随屋基地壹分六厘。

附交:壹佰六号长字圩赵三观方单壹纸,计地壹分六厘正。为因年久,并无上首契券,日后检出以作废纸。

四趾[址]:东至墙,西至街,南至蔡,北至。

同治四年正月　　日立卖房契文　　王炳荣(押)

　　　　　　　　　　　同弟　王廷三(押)

中 蒋佳亭(押) 蒋子彝(印) 朱三洲(印) 沙成金(押)

图 朱盈川(印) 甲孙耀堂(印)

代笔 邵苕棠(押)

(2)加契(同治四年二月)[③]

立加添平房文契王炳荣同弟廷三,为因前将自己祖遗坐落二十五保十六图十九铺竹素堂对门坐东面西平房叁间,后有天井壹方,并随屋基地壹分六厘正,得过卖价银两,卖与王处为业。今思原价不敷,央中加添到　处,三面议得加添豆规银壹百两正。其银立契日一并收足,不另立收票。其房自加之后,凭从仍旧管业居住,并无门房上下主阻,亦非债利准执(折)等情。此系两相允洽,各无异言。恐后无凭,立此加添契为照。

计开:四趾[址]悉载原契

同治四年二月　　日立加添文契　　　王炳荣(押)

　　　　　　　　　　同弟　　王廷三(押)

中 蒋佳亭(押) 蒋子彝(印) 朱三洲(印) 沙成金(押)

图 朱盈川(印) 甲孙耀堂(印)

---

① 上海档案馆:《清代上海房地契档案汇编》,上海古籍出版社1999年9月第1版,第131—133页。

② 上海档案馆:《清代上海房地契档案汇编》,上海古籍出版社1999年9月第1版,第131页。

③ 上海档案馆:《清代上海房地契档案汇编》,上海古籍出版社1999年9月第1版,第132页。

代笔 邵苇棠(押)

(3)绝契(同治四年三月)①

立杜绝平方文契王炳荣同弟廷三,为因正用,前将自己祖遗坐落二十五保十六图十九铺族素堂对门坐东面西平房叁间,后有天井壹方,并随屋基地壹分六厘正,卖与王姓为业。今缘急迫正用,自愿央中杜绝到王处永为世业。三面言定时值杜绝价豆规银陆拾两正。其银当立契日一并收足,不另立收票。其房自绝之后,凭从纳税承粮,管业居住,竖石立界,穿杨构井,筑芭砌墙,拆卸起造,更旧重新,与失主毫无干涉。并无族分纠辖,以及门房上下言阻。倘有别姓声言,是有原主理直,与得业不涉。此系两相允洽,各无异言。恐后无凭,立此杜绝文契为照。

计开:四趾[址]悉载原契

同治四年三月　日立杜绝文契　　　　王炳荣(押)

　　　　　　　同弟　　　王廷三(押)

中 蒋佳亭(押) 蒋子彝(印) 朱三洲(印) 沙成金(押)

图 朱盈川(印) 甲孙耀堂(印)

代笔 邵苇棠(押)

(4)叹契(同治四年四月)②

立叹契笔据王炳荣同弟廷三,为因正用,前将自己祖遗坐落二十五保十六图十九铺竹素堂对门坐东面西平房叁间,后有天井壹方,并随屋基地壹分六厘,得过卖、加、绝契银两,本无枝节。今因急迫不堪正用,恳央原中叹到王处叹契豆规银叁拾两正。其银立契日一并收足,不另立收票。其房自叹之后,与姓永远割藤,毫无枝节。恐后无凭,立此叹契笔据存照。

计开:四趾[址]悉载原契

同治四年四月　日立叹契笔据　　　王炳荣(押)

　　　　　　　同弟　　　王廷三(押)

中 蒋佳亭(押) 蒋子彝(印) 朱三洲(印) 沙成金(押)

图 朱盈川(印) 甲孙耀堂(印)

代笔 邵苇棠(押)

(5)升高起造契(同治四年五月)③

立卖装修并预支升高起造文契王炳荣同弟廷三,为因正用,曾将自己祖遗坐落二十

---

① 上海档案馆:《清代上海房地契档案汇编》,上海古籍出版社 1999 年 9 月第 1 版,第 132—133 页。

② 上海档案馆:《清代上海房地契档案汇编》,上海古籍出版社,1999 年 9 月第 1 版,第 133 页。

③ 上海档案馆:《清代上海房地契档案汇编》,上海古籍出版社 1999 年 9 月第 1 版,第 157 页。

五保十六图十九铺竹素堂对门坐东面西平房叁间,后有天井一方,并随屋基地壹分六厘,绝卖与王姓永为世业。得过卖、加、绝、叹契银两,本无枝节。今因急迫不堪正用,思有在房一切门窗、沿石等件,复央原中卖到王处,凭中三面言明,卖装修及预支升高起造豆规银肆拾两正。其银立契日一并收足,不另立收票。自绝卖装修之后,永远割藤,再无枝节。恐后无凭,立此绝卖装修并预支升高起造文契为照。

计开:四趾[址]悉载原契

同治四年五月　　日立绝卖装修预支升高起造文契　　王炳荣(押)

　　　　　　　　　　　　　　　同弟　　　　王廷三(押)

中 蒋佳亭(押) 蒋子彝(印) 朱三洲(印) 沙成金(押)

图 朱盈川(印)

甲孙耀堂(印)

代笔 邵苗棠(押)

8.凌义奉命卖房地契(乾隆四十三年一月至四十四年四月)①(1779年1月—1780年4月)

凌义奉命卖房地契(乾隆四十三年一月至四十四年四月)②(1779年1月—1780年4月)

(1)卖契(乾隆四十三年一月)

立卖房文契知数人凌义,今奉主命,交廿五保六图三铺内坐北面南厅房壹所,央中卖到顾处为业。三面议定,得受价银通足钱捌拾肆千文整。当日立契,一并收足。其房自卖之后,任从管业居住。并无门房上下言阻,亦非债利准折等情。如有原银,不时回赎。恐后无凭,产此卖房文契为炤。

计开:其房坐落六图能字圩贰佰柒拾玫号。随屋基地壹亩,厅堂共计拾壹间。一应装修,另立交单。

四址:东至凌地,西至潘弄,南弄出至街,北至潘地、凌地。

乾隆肆拾叁年正月　日立卖房文契知数人凌义(押)

中 计成章(押) 陆渭三(押) 杨管文(押) 杨元章(押)

　　任元宰(押) 徐履中(押) 陈景元(押) 蒋炎备(押)

　　范龙山(押) 徐廷焕(押) 吴廷士(押) 唐天培(押)

　　黄象山(押) 吴肇隆(押) 姚汉英(押) 戎士成(押)

　　潘秦照(押) 李耀廷(押) 陈万芝(押) 董成林(押)

---

① 上海档案馆:《清代上海房地契档案汇编》,上海古籍出版社1999年9月第1版,第1—4页。
② 上海档案馆:《清代上海房地契档案汇编》,上海古籍出版社1999年9月第1版,第1—4页。

　　　　盛西坤(押)　严旭彩(押)　赵坤如(押)　黄锡中(押)

　　　　俞世祥(押)　金适亭(押)　张悦三(押)　姚协中(押)

　　　　邵洪如(押)　张汉初(押)

　　代笔　西益张二爷(押)

　　实收契内银俱足。钱柒折足底

　　(2)加契(乾隆四十三年十二月)

　　立加叹契知数人凌义,今奉主命,为因上年曾将廿十五保六图三铺内坐北面南厅房壹所,央中卖到顾处为业。除得过原价外,今思原价不敷,复央中加到顾处。三面议定,加银通足钱柒拾千文整。当日一并收足。其房仍旧管业居住。恐后无凭,立此加契为炤。

　　计开:其房坐落,悉照原契。

　　乾隆肆拾叁年拾贰月　　日立加契知数人凌义(押)

　　中　计成章(押)　徐履中(押)　陈景元(押)　蒋炎备(押)

　　　　范隆山(押)　徐廷焕(押)　杨管文(押)　陆渭三(押)

　　　　吴廷士(押)　唐天培(押)　黄象山(押)　吴肇隆(押)

　　　　戎士成(押)　姚汉英(押)　姚汉英(押)　戎士成(押)

　　　　黄象山(押)　吴肇隆(押)　戎士成(押)　姚汉英(押)

　　　　潘秦照(押)　李耀廷(押)　董成林(押)　盛西坤(押)

　　　　严旭彩(押)　赵坤如(押)　黄锡中(押)　金适亭(押)

　　　　俞世祥(押)　张悦三(押)　姚协中(押)　邵洪如(押)

　　　　张汉初(押)

　　代笔　西益张二爷(押)

　　实收契内银俱足。钱柒折足底串。

　　(3)绝契(乾隆四十四年四月)

　　立绝卖房文契知数人凌义,今奉主命,为因上年曾将廿五保六图叁铺内坐北面南厅房壹所,央中卖与顾处为业,除得过原价、加价外,今思原价不敷,情愿央中绝卖到顾处。三面议定,得受绝价银通足钱肆拾贰千文整。当日一并收足。其房自绝之后,任从收科入册,拆卸改造,永远管业,与　主不涉。并无门房上下主阻。恐后无凭,立此绝卖文契为炤。

　　计开:其房坐落,悉照原契。

　　乾隆肆拾肆年肆月　　日立绝卖房契知数人凌义(押)

　　中　计成章(押)　徐履中(押)　陈景元(押)　蒋炎备(押)

　　　　范隆山(押)　徐廷焕(押)　杨管文(押)　杨元章(押)

　　　　任元宰(押)　陆渭三(押)　吴廷士(押)　唐天培(押)

　　　　黄象山(押)　吴肇隆(押)　戎士成(押)　姚汉英(押)

　　　　潘秦照(押)　李耀廷(押)　董成林(押)　盛西坤(押)

　　　　严旭彩(押)　赵坤如(押)　黄锡中(押)　金适亭(押)

　　　　俞世祥(押)　张悦三(押)　姚协中(押)　邵洪如(押)

　　代笔　西益张二爷(押)

　　实收契内银俱足。钱柒折足底串。

　　9. 张炳铨卖房料契①(同治七年)

　　张炳铨卖房料契②(同治七年)

　　立卖绝楼房料文契张炳铨,为因正用,今将从前赁租拾陆铺大东门外坝基南城河东岸朱姓空地壹块张姓自己买料起造楼房两进,共计上下拾肆间、肆坡,其房屋水木工料以及在房一切装修扶梯沿石等物,言明满期拆卸,或归并偿价,现因朱姓将地绝售与协和布局,今已透期,情愿归并与地主。今特央中卖绝与协和布局处永为世业。凭中三面议得房料等物时值估定卖绝价银通足制钱肆佰肆拾千文正。其钱当立契日一并收足,不另立收票。其房屋水木等料,以及在房一切装修、扶梯、沿石等物,自今卖绝之后,任从得主永远管业居住,出召取租,随时择吉开工拆卸,升高改造,决无枝节言阻。在房寸木片瓦砖块沿石等与卖主张姓丝毫不涉。此系两允洽,各无反悔。欲后有凭,立此卖绝楼房料文契永远存照。

　　计开:在房装修,门窗挞、四壁,扶梯,沿石等,一应在内。并照。

　　同治柒年　月　日立卖绝楼房料文契　　张炳铨(押)

　　　　　　　　　　　　　　　　　男　　张潮生(押)

　　中　潘叶笙(押)　许文生(押)

　　知见　张关寿(押)张月溪(押)金醉竹(押)徐耀增(押)郑伴云(押)

　　甲　裘宝森(印)

　　代笔　潘振声(押)

　　实收契内制钱通足

　　10. 咸丰五年田单样式③

　　"江苏松江府上海县为给发田单收粮执业事照得,民间田额久未清釐,现经善後案内详奉,惠行均归的户承办遵照,按图查丈所有该户执业细号田亩,除注册外合给此单,收

---

①　上海档案馆:《清代上海房地契档案汇编》,上海古籍出版社1999年9月第1版,第146页。
②　上海档案馆:《清代上海房地契档案汇编》,上海古籍出版社1999年9月第1版,第146页。
③　上海档案馆档案,B119-1-203,《上海市政府档案全宗》,第17页。

执办粮须至单者。

计开二十柒保壹区柒图维字圩四百拾捌号

业户陆廷庆则田肆分叁厘正

陆崖松应收壹分肆厘叁毫正注消，

咸丰五年　　月日　给

县　　同治九年　批主应收"

11. 代单样式:附代单笔据①

附代单笔据②

立代单笔据朱砚孙、朱仲甫,前因匪扰迁乡,遗失田单壹纸,系二十五保八图忘字圩第五拾七号朱贻？户名则田壹分肆厘正。其地坐落头铺曲尺湾内。今为正用,央中将此屋基地壹方,卖与顾处为业。缘其单实系遗失无踪,并非抵借等情。倘有落于他人之手日后持出者,朱姓自当即向理取,送附不延。欲后有凭,立此代单据附交粮串为凭。

同治拾壹年拾贰月　日立代单笔据　朱砚孙(押)

朱仲甫(押)

中 金东岩(押) 朱兰汀(押)朱熙堂(押) 方晴初(押)

朱闻衣(押) 吴丽生(押)费紫垣　　张韵甫(押)

龚幼村(押)顾吟台(押)顾绩卿(押)

代笔 金燮斋(押)

图　　唐九华(印)

甲　　荣锦庭(印)

实凭

12. 印谕的样式

附二:上海县谕(光绪三年八月一日)③

上海县正堂莫,为给谕执业事。案据职员杨錩禀称:咸丰元年用价自置住房一所,计楼平房四十六间,基地一亩八分,坐落二十五保八图大东门内曲尺湾地方,向由杨顺德堂立户承粮。今将靠东二十八间,随房基地一亩一分,价售与高纯嘏堂为业。其靠西十八间基地七分,归杨顺德户名自产。因前执业田单遗失,检呈粮串并推据一纸,乞请分给谕单执业承粮,等情。据此,业经饬据该图册书查明,户则田亩相符,禀复前来。除饬册书注册外,合行给谕。为此,谕仰该业户遵照:所有杨顺德堂售剩则田柒分,即以此谕代单

---

① 上海档案馆:《清代上海房地契档案汇编》,上海古籍出版社1999年9月第1版,第158页。
② 上海档案馆:《清代上海房地契档案汇编》,上海古籍出版社1999年9月第1版,第158页。
③ 上海档案馆:《清代上海房地契档案汇编》,上海古籍出版社1999年9月第1版,第174页。

执守管业承粮。毋违。此谕。

右谕业户杨顺德堂收执

上海县（印）谕

光绪三年八月初八日

第九章

1. 苏梅生卖地契（1914）①

立卖杜绝拔根叹田文契蘇梅生今将自己上邑二十八保八九图堂字圩第叁百九拾五号业户李华荣则田玖分正，今自愿央中绝卖到兆丰洋商处永为世业，三面言明，凭中议定，时值价银计洋捌百拾元，正当立契日，其价一并收清，不另立收据，其地自杜绝拔根叹之后，恁从得主管业耕种，入册过户，承粮取租，起造华洋房屋开沟筑路概由得主之便，与失主永不干涉，门房上下并无言阻，如有重交叠卖，来历不清以及别项觺轕等情，失主自愿理直，此系两相允洽，各无异言，恐后无凭，立此卖杜绝拔根叹田文契为照。

　　　　计开四址　东界得主　西界官路　南界蘇地　北界谈地

附交方单一角

中华民国三年十一月　日立卖杜绝拔根叹田文契蘇梅生

契内银两宝收俱呈

　　　　中　徐巨斋、戴鹤堂、唐侯岐、胡玉琏、杨康祥

　　　　图　高振发

（印二十八保八图高振发民国三年四月）

　　　　代笔　杨晋蕃

2. 陈树木卖地契约（1915）②

立卖杜绝拔根叹田文契陈树林今将自己坐落上邑二十八保八九图堂字圩第肆百五拾壹号业户陈桂如则田捌分陆厘五毫正今自愿央中杜绝到兆丰洋商处永为世业，三面言明，凭中议定，时值价银洋陆佰九拾贰元正，正当立契日，其价一并收清，不另立收据，其地自杜绝拔根叹田之后，恁从得主管业耕种，入册过户，承粮取租，起造华洋房屋开沟筑路概由得主之便，与失主永不干涉，门房上下并无言阻，如有重交叠卖，来历不清以及别项觺轕等情，失主自愿理直，此系两相允洽，各无异言，恐后无凭，立此卖杜绝拔根叹田文契为照

　　　　计开四址　东界官路　西界出浜　南界盧地　北界水沟

---

①　上海档案馆档案，U38-4-154，法公董局档案。
②　上海档案馆档案，U38-4-154，法公董局档案。

中华民国 四年正月 日立卖杜绝拔根叹田文契陈树木

契内银两宝收俱呈

中　<u>卢孝生</u>、<u>戴鹤堂</u>、<u>陈蘭堂</u>、<u>卢福林</u>、<u>胡玉珽</u>、<u>杨康祥</u>图 <u>盛鑑美</u>

图 <u>高振发</u>

（印<u>二十八保八图高振发民国三年四月</u>）

代笔 杨晋蕃

3. 陈兴隆卖地契约(1916)①

<u>立卖杜绝拔根叹田文契</u> <u>陈兴隆</u>今将自己坐落<u>上邑二十八保北十二图祸字圩第壹千壹百八拾贰、叁号业户王瑞新</u>则田陆分九厘肆毫、捌分九厘壹毫

正今自愿央中杜绝拔根叹到兆丰洋商处永为世业，三面言明，凭中议定，时值价银洋<u>壹千八百廿贰元七角五分</u>，正当立契日，其价一并收清，不另立收据，其地自杜绝拔根叹之后，恁从得主管业耕种，入册过户，承粮取租，起造华洋房屋开沟筑路概由得主之便，与失主永不干涉，门房上下并无言阻，如有重交叠卖，来历不清以及别项轇轕等情，失主自愿理直，此系两相允洽，各无异言，恐后无凭，立此卖杜绝拔根叹田文契为照。

计开四址 东界<u>路</u> 西界<u>陈地</u> 南界<u>姚地</u> 北界<u>得主</u>

中华民国 五年五月 日立卖杜绝拔根叹田文契<u>陈兴隆</u>

契内银两宝收俱呈

中　<u>卢晓生</u>、<u>颜蘭卿</u>、<u>杨协卿</u>、<u>严春堂</u>、<u>戴鹤堂</u>、<u>胡玉珽</u>、<u>杨康祥</u>

图 <u>盛良毂</u>(印)

代笔 杨晋蕃

4. 宗书记永远出租地契之一②(1903年)

<u>立</u>永远出租基地文契宗书记今将自置坐落<u>上邑二十八保西七图声字圩第 其地细号列后共拾叁亩正</u>，情愿央中<u>永远出租</u>到洋商处为业三面言明凭中议定时值<u>出租</u>价银计英洋<u>贰百陆拾圆</u>，正当立契日，其价一并收清，另立收据为凭，其地自出租之后任从得主管业耕种，收册过户，承粮取租，起造华洋房屋，开沟筑路，概由得主之便与失主永不干涉，门房上下并无言阻，如有重交叠卖，来历不清以及别项轇轕，失主自愿理直，承租人年租每年每亩制钱壹千五百文，须预付以供粮赋，此系两相允洽，各无异言，恐后无凭，立此永远出租基地文契为照。

计开四址 南至<u>马路</u>、北至<u>出入路</u>、东至<u>半浜</u>、西至<u>二图界</u>

光绪贰拾九年三月 日立永远出租基地文契　　<u>宗书记</u>

---

① 上海档案馆档案，U38-4-154，法公董局档案。
② 上海档案馆档案，U38-4-154，法公董局档案。

中 那运甫、韩根生

图 宗书堂

代笔 宗霖汝

附交田单拾壹纸

五百七十九号　潘甸邦贰亩三厘五毫

五百八十四号　宗正修玖分九厘三毫

五百八十八号　宗正修伍分七厘一毫

五百八十九号　宗正修壹分正

五百九十二号　宗？先贰亩四分六厘七毫

六百拾壹号　沈国？贰亩一分六厘七毫

六百拾二号　沈成天壹亩九分正

　　　　　　张星曜 捌分三厘一毫

　　　　　　朱成玉 伍分三厘五毫

　　　　　　宗？先 伍分三厘五毫

六百拾五号　宗？先 捌分五毫

5. 宗书记永远出租地契之二①

立永远出租基地文契宗书记今将自置坐落上邑二十八保西七图声字圩第 其地细号列后共拾贰亩伍分正，情愿央中永远出租到洋商处为业，三面言明凭中议定时值出租价银计英洋贰百伍拾圆，正当立契日，其价一并收清，另立收据为凭，其地自出租之后任从得主管业耕种，收册过户，承粮取租，起造华洋房屋，开沟筑路，概由得主之便与，失主永不干涉，门房上下并无言阻，如有重交叠卖，来历不清以及别项轇轕，失主自愿理直，承租人年租每年每亩制钱壹千五百文，须预付以供粮赋，此系两相允洽，各无异言，恐后无凭，立此永远出租基地文契为照。

计开四址 南至马路、北至浜路、东至小路、西至二图界

光绪贰拾九年三月

　日立永远出租基地文契　　宗书记

　中 那运甫、韩根生

　图 宗书堂

　代笔 宗霖汝

　附交田单拾壹纸

　五百七十八号　俞春杨 壹亩九厘一毫

---

① 上海档案馆档案，U38-4-154，法公董局档案。

五百七十九号　蒋隆顺 壹亩一厘七毫
五百八十号　　宗？先 壹亩七厘九毫
　　　　　　　宗御天 壹亩七厘九毫
五百八十七号　宗鲁瞻 贰亩五分正
五百八十八号　陆位南 伍分七厘正
五百八十九号　潘凤祥 壹分正
五百九十二号　潘学十 壹亩二分三厘三毫
五百九十三号　吴庆余 壹亩二分三厘五毫
五百四十二号　陆位南 壹亩五分正
六百四十二号　谈止明 捌分正

宗书记

中　那运甫　韩根生

图　宗书堂

代笔　宗霖汝

6. 瞿大全等出租地地租收据之一①

立收银处瞿大全、瞿大春、瞿如山

今收到名下银壹千肆百捌拾肆两正其地在宝邑结字号玖壹图荒字圩内计地肆分贰厘肆毫另立官契出租契为凭,此系两愿,恐无凭立此收银据为照

光绪三十二年 闰四月 日立收银据瞿大春、瞿如山、瞿二宝

　　　　中　严少卿、王树卿、瞿子雲、瞿子堂、张子良

　　　　图　张少全

代书　钱志清

7. 瞿大全等租户出租地四址②

宝呈结号九一图荒字圩出租户名张贵荣、张子卿粮地计壹亩柒分玖厘壹毫正,出租户名瞿大全、瞿大春瞿如山粮地计四分贰厘四毫正

四址 东、南皆工部局地,即宝呈英册第五十六八号　西华人地 北工部局地即宝邑英册第五十八号

附呈

出租契 贰张　户名一应照前

税官契 贰张

---

①　上海档案馆档案,U38-4-154,法公董局档案。
②　上海档案馆档案,U38-4-154,法公董局档案。

粮串 叁张

图样 壹张

8. ［蒲淞市印］江苏财政廳印发卖契官纸工字第九千壹百四十号

［蒲淞市印］江苏财政廳印发卖契官纸工字第九千壹百四十号①

号银一百九十八元

　　立绝卖田契人姜云山、陈经侯、祥卿、金仲兔等为因正用今将自业坐落上邑二区二十八保十併十一图習字圩细号列浚廿一田叁拾叁亩五分七毫自己央中说合情愿绝卖与吴处名下永远管业,当日凭中照时估价得受契价银洋叁千叁百元正,如数收足,不另立收票,自交割之浚,听凭现业过户承粮,自种或出召取租,均与业主毫无干涉,永断葛藤,不准找赎,产系自业,与远房近族毫不相干,如有重复典卖以及他人出头争论,惟现出笔人一力承当,此系三面议明,两相允洽,各无反悔,恐后无凭,立此绝卖田文契永远存照。

　　计开四址:东至南段高地金姓　西至南段高地　南至吴淞江　北至东边出浜水沟

　　　　　北段赵姓　姜姓边路　又出路　西边高岸

大小卅号龚萬达田一亩正,又杨景荣田八分三厘,又姜恒石田二分五厘,

　又　　田二分五厘,又姜鳳江田五分正,小小二号姜恒石田　五厘

　小小二号　田五分　又姜鳳江田一分正　七百九十五号姜恒石田一亩五分五厘六

七百九十七号金仁贵田八分四厘贰毫　又金茂堂田八分四厘贰毫

又陈正业田贰亩九分七厘　又陈星海田贰亩一分三毫,

又陈丰昌田一亩二分六厘贰　八百　三号　赵同举田贰亩五分四厘叁毫　八百　四号　宋雲六田　贰亩九分

又赵?　锡田四分八厘

又宋雲六田五分　八厘八毫,又赵百仁　田贰亩　四厘六毫　八百十一号陈乡山田一亩二分二厘　八百十一号

　宋焕廷　　田贰亩四分三厘七

　又陈锦成田　一亩二分一厘八毫

　中华民国八年八月　日立绝卖田契人姜琴周　　诸见楼

　　　　　　　　　　　　　　　姜雲山　　诸仲楼

　　　　　　　　　　　　　　　陈经侯　　陈子田

　　　　　　　　　　　　　　　陈祥卿　　姜仲周

　　　　　　　　　　　　　　　金仲兔　　姜京周

---

　　① 上海档案馆档案,Q38-1-5,《天利淡气制品厂股份有限公司选择建厂地区及购地的有关事项》。

　　　　　　　陈九峰　　龚吉生
　　　　　　　杨翰香　　杨友堂
　　中人 陈善章 朱穿建 秦阿弟 陈中田
　　地保 张砚卿
　　官中
总共计四十五亩六分二厘七
官纸每张附绝卖草纸一张载明一式
［蒲淞市印］①
立绝卖田契人陈经侯今将坐落上邑二区二十八保十併十一图習字圩第八百 四、（八、四）号内则田五（叁）亩（六、一）分四（九）厘（五）毫（下同）
　　计开四址
　　此业八百 四（八、四）号，户名张云周、单 无
　　　　　　　　张云周　　有
　　　　　　　　赵同举　　无
　　东至陈姓　　西至路　　南至岸脚　　北至浜
　　　　路　　　　赵姓　　　　岸脚　　　　浜
此业共约八亩八分叁厘五毫，内划出水沟五分正
中华民国八年九月　日立绝卖田契人陈经侯
　　中人　陈子田 秦阿弟
　　地保　张彦卿
　又
［蒲淞市印］②
立绝卖田契人赵陈氏仝男等今将祖产坐落上邑二区廿十八保十一併十一图習字圩第八百 四号内田一亩六厘五毫自？（下同）
　　计开 附交赵多仁户名田单一纸
　　四址 东、西至得主　南、北至高岸、水沟
　中华民国九年一月　日立绝卖田契人 赵陈氏 仝男金祥、荣祥、振祥
　　中人 秦阿弟 杨友荣 赵晋臣 陈悦庭
　　地保 张砚卿

---

　　① 上海档案馆档案，Q38-1-5，《天利淡气制品厂股份有限公司选择建厂地区及购地的有关事项》。
　　② 上海档案馆档案，Q38-1-5，《天利淡气制品厂股份有限公司选择建厂地区及购地的有关事项》。

9. ［蒲淞市印］江蘇財政廳印廢賣契官紙工字九千貳百廿八号①

税银拾叁元叁角

立绝卖田契人赵竹山为因正用今将祖业坐落上邑二十八保十併十一图習字圩第八百 三、四号内则田貳亩（一）、分九（三）厘自己央中说合,情愿绝卖与吴处名下永远管业,当日凭中照时估价得契价洋（馀下同）

计开四址

东至自田　西至自田　南至自田　北至沟

业主 赵多仕　附交田单、单据各一纸

中华民国八年十月　日立绝卖田契人赵竹山

中人 朱宰建　瞿瑞台 金琴莹

地保 张砚卿

又　工字九千一百八十号

号银五十元 四

10. 1936年上海内地地产股份有限公司房屋买卖合同

立卖买基地合同买受人瞿颂嘉出卖人上海内地地产股份有限公司董事长（以下简称买受出卖人均各包括其本身及继承人及法定代理人而言）出卖人于前年一月间曾出资购买坐落上海沪南区二图洪字圩二十一号十九丘即尚文路江苏省立上海中学初中部旧址上海市土地执业证沪字一五七二三号原户名为江苏省立上海中学现在过立出卖人户名计原额基地二十三亩一分四厘九毫立约买受该约第七条并载明自买受后即取行完全所有权不论何时立可自由处分使用或收益今出卖人根据上述权原已将该地划分五十三块编列号数绘就圆样分别出售各自改建整理市容兹买受人邀请中证协议妥洽情愿出资购买上开基地内划分之第四十二号基地一块议定价额业已商得出卖人之同意将双方议定妥洽之条件订立卖买基地合同互相遵守其条款如下

第一条　卖买之标物为基地坐落上海沪南区即尚文路二图洪字圩二十一号十九丘内划分之第四十二号基地一块计东西阔〇即英尺四十三尺南北深〇即英尺五十二尺连同公衖半衖计基地〇亩四分六厘〇毫其四址东至四十三号地南至公衖西至公衖北至公衖绘有地图一纸附入合同以资凭证但将来呈请上海市土地局分割按户土地证时其确定亩额多少以土地局发给之土地执业证为准价额多少亦按证计处届时双方均不得发生异议

第二条　卖买基地之价额为国币壹万陆千伍佰元正自本合同成立之日如数付足由

---

① 上海档案馆档案,Q38-1-5,《天利淡气制品厂股份有限公司选择建厂地区及购地的有关事项》。

出卖人掣给收条

第三条　买卖之基地出卖人将土地交付时买受人即可着手丈绘动工建筑该地即由买受人取得完全而又合法之所有权一俟出卖人将全部基地处分终了后即将上开全部基地之土地执业证呈送上海市土地局按户划分给土地执业证一面即由出卖人定期通告各买受人携带基地地价收条向出卖人调换各该业户之土地执业证过户管业其应缴财政局之地价税等亦于出卖人交地之日起归买受人负担

第四条　买卖基地之费用除正式地价按照前条办理外凡关于转移税印花税及其他一切手续等费亦应由买受人负担但依买受人与出卖人协议之结果按每亩事交合作费银八百元在出卖人交地时如数收足并由卖人掣给收据此项费银按照后开种类分别支出用将来全部合作工事完成后公开报告如有余即摊还买受人不足并向买受人补收其合作种类约定如下

甲　总衖阴沟支衖阴沟天窗百脚沟及接沟等费

乙　全部总衖总水管支衖分水管太平龙头及接水等费

丙　沿马路水泥人行道侧石及修马路费

丁　无过街楼之各衖口墩子铁门

第五条　卖买之基地全部由出卖人通盘筹划规定总衖宽阔四公尺八八（即十六英尺）支衖为三公尺六六（即十二英尺）各以半衖为界如对面为非出卖人之基地时则以全衖为界此项规定之总衖支衖永远作为公衖买受人建筑或日后翻造除法令另有规定为永远不能收狭在公衖内并不能堆积任何物料及搭盖任何房舍并不得随意堵塞防碍能行如遇支衖前后全数基地归一姓购买而欲变更支衖者苟不违反法令无关公众通行而又得出卖人之同意者不在此限但非呈请上海市土地工务两局核准备案出卖人不负何等责任

第六条　卖买之基地如关于公衖口左右两块基地为一姓购买而得市工务局核准可以建造过街楼者其衖口之铁门即归上开一姓之买受人负担如为两姓买受人双方同意建造过街楼者仍得市工务局这核准亦可同时建筑但此项衖口之铁门即归承建过街楼之两姓买受人分担其式样须由出卖人指定

第七条　卖买之基地自出卖人收清地价交付买受人接收之日起在一年之内必须动工建屋倘逾期而延不动工出卖人经买受人之同意将所收地价返还买受人九成收回基地并将扣留一成地价及利息作为还约金拨充善举一面取消合同即将上开基地另行召卖而买受人自愿切实声明决不发生任何异议

第八条　卖买之基地由出卖人向江苏省立上海上学新校舍改建委员会出资购买且经呈由国民政府行政院令行江苏省政府核准订约合法取得该基地之所有

权故出卖人有权担保地上地下一切权利无稍欠缺并无第三人出面主张及防碍买受人行使一切权利如有上述行为发生因此损碍买受人权利时出卖人应负排除侵害之责但违背上海市工务局建筑章程及其他法令者不在此例

第九条　本合同及附图特约均一式三份买受人与出卖人及证明律师各执一份

中华民国二十五年九月十日

立卖买基地合同（连同地上三间两厢楼房一所并一在内此批）

买受人瞿颂嘉

出卖人上海内地地产股份有限公司董事长姚慕莲

中证人

证明律师

粘附特约

兹买受人与出卖人有同意之附带声明者此项卖买之全部基地待各业主之建筑一律完成后全部业主立即组织一治安委员会关于全衖之公共安宁如请愿警之雇用扫街夫之招募各路灯之电费水泥路之修理总支沟之疏浚等等此皆于全衖住户之安宁均有密切关系如不妥筹善后确立预算恐不能维持永久今由双方协定关于上开之各项常年经费应由全部业主共同按亩分担又经郑重议定此项费用分担之会议必须以少数服从多数一经多数议定少数业主无论何人均不得再持异议具特约粘附合同尚冀同衖业户各以善邻互助为怀赐以鉴原是为至幸

中华民国二十五年九月十日

买受人瞿颂嘉

出卖人上海内地地产股份有限公司董事长姚慕莲

中证人

证明律师

11. 1932年内地自来水公司租地合同

1932年内地自来水公司租地合同[①]

租户　内地自来水公司

中华民国廿壹年拾月壹日　　业主　包巧福

立租约房合同据业主上海内地自来水公司、租户椿森木行，以下简称业主、租户包括其本身及继承人而言，今因业主在中华路有自己所有之全部房屋及基地出召取租后凭保证三面说妥由租户情愿出资向业主租借后开全部房屋及余地使用业主亦允将后开全部

---

① 上海档案馆档案，Q403-1-319。

房屋及余地租借与租户使用双方同意订立合同在合同有效期间内互相遵守之条款订立於后。计开

第一条　租借之房屋及余地坐落中华路安澜路转角正楼房拾叁幢厢楼房四幢披楼房五幢后进洋房四幢侧屋三幢后披一间连同前后天井空地一并在内门牌为第一二八二号及第一三〇二号另附地盘图一纸。

第二条　租借期限订定以十五年为期自民国贰拾壹年十月一日起扣至民国叁拾陆年玖月叁拾日为止。

第三条　租金言明每月上海通用银元伍百五拾元正先付保证金两个月计银元壹千壹百元正不另立收据保证金不能抵租按月凭票收租在租借期内其租金两适均不得增减。

第四条　此项房屋自租借后听凭租户自用或分租但房屋上装修门窗玻璃等应有附属物件一律完全此后租户拆动房屋改换装修及租借期内全部房屋大小修理等费均归租户完全负责概与业主无涉租期期满应将全部房屋及房屋上附属物件一并交还业主收回不得拆除房屋上任何物件更不得要求业主偿还改装房屋及逐年修理费用惟前进电灯浴缸马桶面盆等不在此限。

第五条　此项房屋虽经业主保有火险倘中途租户遇有不慎而将房屋焚毁一部如果在业主领到之保险赔款於可能范围之内得以修复则本合同双方仍当继续有效若不测而全部焚毁不能修复旧式时租户得请求业主将所领保险赔款如数移作重建全部新屋之费倘再不敷租户能担任补足者本合同之年期及租金仍当照约维持如租借期内官厅强制辟路须将碍路房屋拆除其余两旁势必重建业主若将所领地价如数移作重造全部房屋之费如再不敷租户能承认担负者亦得维持本合同之年期及租金否则只能解约惟双方均不得要求赔偿作保费用。

第六条　此项房屋自租借后关於房屋上附属费用除租户食用自来水一项归业主供给外如电灯房捐及其他杂捐等，完全归租户负责缴付概与业主无涉。

第七条　本合同所载之租借期间既订明十五年期满后租户如愿继续租借应於陆个月前先行知照如业主同意续租亦於六个月前知照惟关于续租之租金及年限等应於续租之日另议但同样租金旧租户应有优先之权。

第八条　按月应付之租金租户情愿遵照合同每月三十日照付决不拖欠如拖欠至三个月以上时业主得即时解除契约并得邀同保租将租户所有之生财器具自由处分或代为存储其所得之款抵偿租金欠项及利息并其他一切损害赔偿之费用如有余则返还租户不足则仍向租户及保租索补并得向租户及保租追偿租借期内全部租金租户均不得声明异议一面业主即将房屋另行出租

从此本合（同）即失其效力其中途解约者亦同。

第九条　本合同之保租如租户有违背契约及其他欠租等事发生时业主得直接向保租要求赔偿损失。

第十条　本合同一式两纸业主租户各执壹纸。

中华民国二十一年十月一日

立租房合同据

上海内地自来水公司代表姚慕莲
椿森木行代表陈春阳

保租黄长顺印

12. 瑞记经租账房租赁合同

瑞记经租账房租赁合同[①]

立租赁合同房据出租人瑞记经租账房、承租人祥生汽车股份有限公司

今因承租人挽中保租到北京路瑞康里口新建店面市房陆间二三两层各柒间工部局门牌第八一八、八二二、八二六号言定每月租洋捌佰伍后元正，租期订定拾年兹将双方订明条件如左俾资遵守。

按月全部租金国币捌佰伍拾元正每月十五日照付即期票洋凭房票收取。

（一）订定租期拾年自民国二十三年六月十六日起至民国三十四年五月十五日止期内租金不得增减承租人不得中途退租，出租人亦不得另招租户如期满后承租人有优先继续租赁权利倘如期满照市面酌量情形增减租金。

（二）房屋改建等费概由出租人负担。

（三）扫街及看门巡捕等费每月由承租人缴付拾元。

（四）租界巡捕捐由承租人负担。

（五）地税及自来水等费由出租人负担惟水费倘超过定额须由承租人负担。

（六）此项租赁合同一式两纸出租人承租人各执一纸存证俟经双方签字盖章即生效力。

立租赁房屋合同 出租人瑞记经租账房（印）

承租人祥生汽车股份有限公司（印）

保证人 杨余丰号 杨余丰（印）

地址东百老汇路一○○一号杨文寿
中人 陈月山（印）

出租人代表胡兰楣

---

① 上海档案馆档案，Q407-1-73。

承租人代表周祥生

中华民国二十二年十二月二十五日

再批倘满期后不继续租赁者须将一二层钢条水泥楼板洞补好交还房主。(印)

再批原有房屋装修

双扇自开门伍堂

厕所门六堂

塞板洋门贰堂

塞板上下贰堂

电梯间铁扯门叁堂

电梯间铁管子栏杆贰堂

车间大铁扯门壹堂

后门铁扯门肆堂

以上装修退租时原物归还(印)

13. 租据(倪国葆金隆街住宅承业里44号)

租据(倪国葆金隆街住宅承业里44号)①

立租据祥生汽车股份有限公司(后称房客)挽保周三元(后称担保者)向房产经租部(后称房东)名下租到上海法租界福煦路里第七七二至九七二号三幢二层市房改作汽车间,按月计租金壹百零伍元(民国二九年三月份起改为壹百念六元),另加扫街费贰元($128.00)。照房东所定后列条约履行。

房租照国历计算每月凭房票先付后住不得拖欠须担保人负完全赔偿责任。

屋内原设门窗壁络房客不能擅自拆砌万一如须更动当先用书面征得房东同意方可改换但迁出时仍须照原样装还不得稍异,惟不准在屋内加搭搁楼晒台上加盖屋面。

(三)本里房屋专租住户商店他如字号医院学校机器厂俱乐部及公会等一概不租。

(四)房客不准私藏违禁物品及窝居绑匪设有违背此约以及损害房东名誉等举动房东无须检查证据有立即令其迁出之权,并可向担保者追偿因此所受之损失。

(五)房客如将余屋分租与人应须自行慎择正当者,倘有违背所列条约仍归签名于本据之房客及担保者完全负责。

(六)房客所租之房屋不得自己不住而转租他人,如房客本人他迁时有人欲向转租此屋者亦须亦须得房东同意另订租据,不准私相顶授。

(七)房客不得向房东作份外之要求。

(八)房客不得妨害隣舍安宁并须遵守警章。

---

① 上海档案馆档案,Q407-1-65。

（九）屋内房客物件火险归房客自保倘遇不测房东不负赔偿之责其房租当算至出屋日为止。

（十）遇有房屋渗漏倒塌经房客用书面报告房东后由房东雇匠修理房客方面衣服家具等如有因此损坏者房东不负责任房客不得籍此有偿还损失及核减房租之要求。

（十一）总弄支弄系本里通行之处，应须清洁不准随处便溺致碍卫生并不得悬挂招牌与其他招贴更不得将桌凳便桶乾脚桶及一切杂物任意摊放有阻出入并禁儿童踢球跳高等玩耍致碍行人。

（十二）房客如欲退租应在一个月（以三十天为率）前先用书面报告账房销号否则仍须续租一月至房东欲收回房屋请房客迁移当于三个月前用书面关照惟房客不得籍故推托并要求任何损失贴费其房租应付至迁出时为止过期一天作一个月房租计算。

（十三）房客迁移时如有不将房租付清或损坏屋内一切物件未经修理配齐者房东对于房客之家具等有留置权并可将其拍卖备抵倘有不足仍可向房客或担保者追偿。

以上所订条约经房客与担保者自行认可愿意盖章倘有房客违背本条约者概由担保者负完全理偿之责，决不主张先诉检索及其他抗辩恐后无凭立此租据存照。

中华民国二十九年三月一日立租据祥生汽车股份有限公司

担保者　周祥生

担保者

通讯处　北京路八百号

14.《上海交通银行租屋契约》

《上海交通银行租屋契约》①

租屋契约

立租屋契约（下称承租人）今凭保证人向

上海交通银行信托部（下称出租人）承租　　路　　第　　号房屋约定条款如左

一、房屋租金每月法币　　按??计算先付后住不得拖欠或延宕收租以出租人正式签印之房租收据为凭。

二、承租人於签订租屋契约时应缴付出租人押租法币　　俟租赁期满交还房屋无误后由承租人缴销押租收据时无息还承租人不得以以押租抵充每月应付之租金。

三、租期以　　为限即自民国　　年　　月　　日起至民国　　年　　月　　日止期承租人不得退租但承租人愿担任出租人之损失者不在此限。

四、租期内除地租或地税由出租人担承外所有各项捐税暨水电煤气扫除烟囱等费用概归承租人认付。

---

① 上海档案馆档案，Q55-2-216,《上海交通银行》。

五、房屋一切装修设备物件暨油漆粉刷等承租人接收房屋时应检点清楚租期内由承租人负责保护不得擅自更动如有损废遗失应由承租人修复原状,其因使用之结果自然发生应减毁损者归出租人修理之。

六、承租人对于房屋一切装修设备物件等均认为满意租期内不得向出租人要求增加或更改。

七、本契约终止时承租人须将房屋内外原有装修设备及附属物件一一点交清楚其於房屋内外添加装修设备或附属物件者并须回复房屋之原状经出租人认可后方得迁出。

八、屋顶漏水墙笺坍圯水管及屋内大料损废有修缮之必要时承租人应即通知出租人其怠於为此项通知致出租人不能及时救济者应赔偿出租人因此所发生之。

九、承租人承认租房为本人之用,未经出租人许可不得转租分租或移作别用。

十、承租人须随时扫除烟囱小心火烛以免危险。

十一、承租人不得容留匪储藏违禁物及为一切非法行为。

十二、承租人不得收藏危险易燃及过重之物件,如因此而损坏建筑或致保险失效时应由承租人负赔偿责任。

十三、承租人不得扰乱邻居之安宁及妨碍公共之卫生。

十四、公共走道天井花园等处须保持清洁,不得堆置物件或借作别用如房屋由多数承租人合住者应由各该承租人分任扫除清洁等事宜。

十五、承租人非得出租人之许可不得在房屋外部或公用地点装置招牌及其他广告。

十六、因漏水走电洩漏煤气或其他意外事故致承租人蒙受损失时,出租人概不负责。

十七、出租人得随时派员随带正式通知书检查房屋内外承租人不得拒绝。

十八、出租人认为必要时得将公用路灯暂时熄灭。

十九、房屋如遇水火灾害及其他不可抗力事故致本契约必须终止时承租人得将租金付至事故发生时为止但出租人不负损害赔偿责任。

二十、出租人拟将房屋翻造拆毁或出售时,应於三个月前通知承租人定期迁让,承租人在居住期内仍须照付租金。

二一、租期内因承租人之过失致房屋全部或一部毁废时承租人除须负修复原状责任外并应赔偿出租人因此所受之损害。

二二、承租人如欲於本契约期限届满后续租者,应於一个月前经出租人之同意另订新约,其不愿续租者,亦须於一个月前通知出租人。

二三、出租人於接到承租人前条退租通知或拟出售房屋时,得於屋外任何处所贴纸招租或悬牌招买如出租人或其代理人领人进屋察看时,承租人不得拒绝。

二四、承租人违背本租屋契约之规定时,出租人得?许终止契约收回房屋并得请求损害赔偿。

二五、租期届满承租人不依限迁出房屋时,承租人视为同意於本契约之更新,保证人就更新之契约视为默认继续负担保责任。

二六、保证人於承租人不履行本契约规定之义务时,应与承租人负连带责任,出租人并得迳向保证人请求尽先赔偿。

二七、保证人声请退保或因故不能继续担保时,承租人应即觅出具出租人同意之保证人在新保证人觅妥以前原保证人仍应负担保责任。

二八、承租人及保证人同意以江苏上海第二特区地方法院为管事法院。

加批:房屋因使用之结果发生自燃毁损时,应由承租人负责修理之,其因他原因致有修缮之必要时,承租人得修理之,但出租人亦不负担其费用。租期内租金杂费出租人得依市况随时调整之。

中华民国　　　　年　　　月　　　日

印花　　　　对保证明无误

承租人　　　籍贯　　　职业　　　服务处

保证人　　　职业　　　住址

15. 庆大庄租户单及庆大庄租户收据

庆大钱庄租户单[①]

地　址	号　数	时　间	租户名称	每月租金
延庆里	三十四号	卅一年九月份	陆道生	二十四元
		十五年十月份		二十四元
		十六年十一月份		二十四元
		十六年十二月份		二十四元
延庆里	三十六号		浦文包	念四元(卅一年十月份起改卅四元)
		廿年八月份		廿四元
		卅年九月份		廿四元
		六年十月份		廿四元
		卅一年十一月份		廿四元
		卅一年十二月份		廿四元
		二十六年一月份		廿四元
延庆里	三十八号		陈和甫	廿四元
		五年十月份		廿四元
		十年十一月份		廿四元

[①] 上海档案馆档案,Q76-30-119,《庆大钱庄租户单》。

续表

地　址	号　数	时　间	租户名称	每月租金
延庆里	四十号	卅一年十一月份		廿四元
			徐红章	陆拾元
		卅十年九月份		六十元（卅一年十月份起改八十四元）
		六年十月份		六十元
		卅一年十一月份		六十元
		二十六年十二月份		四十贰元
沿爱多亚路三上三下一宅	一千四百五十号			壹百伍拾元
		廿四年十一		
		廿九年十二月份		壹百伍拾元
		廿四年一月份		壹百伍拾元

庆大庄租户单收据①

中文款式

今收到

里工部局　　　字第　　　号门牌　　　年　月份房租　　　规银　　　两　　　钱　　　分　　　英洋　　　元　　　角　　　分

一、付房租须房票为凭。

二、倘有先付若干当面批明房票仍行带回。

三、巡捕垃圾捐及自来水等费概归房客自理。

四、房客退租定租须向本账房交接不得私自顶替设欲退租须一月前咨照过期不搬仍收一月房租。

五、房客不得改换装修倘须改动先向本账房商明待迁移时仍如前式装还。

六、房金花哑等洋概不收用小洋照市贴水银洋钞票无论中外均须房客签字或盖印方可收用否则退还换现。

七、遇闰不减小租按月三厘於收房租时仝收。

八、房客迁移所有自置装修炉灶等项即行拆卸如过期不卸概归本账房管理不复交还房客不得争论。

九、如遇增租由本账房定夺一月之前知照或不合意将房租付清任凭迁移。

十、倘管门人有赊欠借贷等项与本账房无涉。

---

① 上海档案馆档案，Q76-30-135，《庆大钱庄租户单》。

公司经租账房白

16. 中国银行上海分行的财产情况

中国银行上海分行[①]

第四章 财产情况

查中行之财产有房地产、外汇资产、生产事业投资及证券投资等项,其中以房地产卷为主要,价值连城,无法迁移逃避,其他外汇资产虽有约值美金七千余万除移存央行半数外其余半数可能逃避至国外英美香港等地,难以接收,散全国各地约值战前国币六千万元惟在沪不多,证券多为政府公债及英美债券除大半不值分文外,值钱者可能已于徐蚌会战后偷运华南及国外,兹将各种财产情况分述如下:

第一节 房地产——为该行主要财产,除一部分供作营业用行屋及职员宿舍由沪行自行管理外,其余均由上海地产公司管理,该公司为该行于十二·八前所组织挂美商招牌,当时系应付日人之抢(?)夺,实质该公司是该行信托部附属机构设广仁记路大厦五楼经理为美人 Patter 兼信托部之副理,兹将各种房地产分述如下:

A. 沪行直接管理者共有十处均值三千七百余金条计(见附表一)

①中行别业宿舍—占地五十余亩供职员三四百家居住。

②南京西路 526♯—即成都路新建单身宿舍。

③龙门路行屋—八仙桥办事处行屋及市房。

④金神父路 77♯—董事会长公馆。

⑤西康路 1♯—3♯—西康路办事处行屋。

⑥民国路 1♯—3♯—南京办事处行屋。

⑦四川路 894♯至 934♯—虹口办事处行屋及市房写字间。

⑧北西藏路仓库国地面—为西藏路仓库内地皮一块由沪行购进。

⑨江西中路 135 弄 4♯—系承受押质品项下没收而来。

⑩菜(?)市街—系承受押质品项下没收而来。

B. 沪行委托上海地产公司管理者计有

①仁记路大厦—战前建筑为沪上著名巨厦占地七亩,余有十数层楼营业所富丽堂皇地库大而坚固战前化费六百余万元时值约五百万美金。

②汉口路行屋—占地约四五亩四层砖木建筑已相当陈旧。

③西藏路仓库—占地数十亩共有新旧八个仓库,旧库有二、三、四层者,新仓为十层建筑库在底层其上为西藏路办事处行屋及宿舍。

④冠华里—在旧法租界西门路辣斐德路附近为老式弄堂房子约有数十个门牌号委

---

① 上海档案馆档案,Q54-3-453,《中国银行上海分行》,第 110 页。

员为供职员住宿。

⑤同孚路大厦——约十层建筑,其下供南京西路办事处行屋,有保管库其上出租为办事处。

⑥香粉弄。

⑦(?)青里。

⑧新世界。

⑨马斯南路——系花园洋房。

⑩成都路——在静安寺转角,敌伪时供为行屋,现为行员宿舍,占地约六、七亩原建筑考究。

C. 其他行部委托上海地产公司管理者计有

①林肯路——在沪西铁路线外占地十余亩内有花园洋房十数幢,战前供高级职员住宿,设备甚考究,现供职员宿舍。

②武康路 378。

③大桥大厦——在北四川路桥下系卅六年以美金五十万元购进,现供职员宿舍。

④宝安路——

⑤德义大楼——在静安寺路卡德路口为十层钢骨水泥建筑为储部抵押品没收而来,除一部出租为市房及写字间外其余为行中高级职员住宅。

⑥卡德路宿舍——占地约二三十亩,在德义大楼后面有旧式洋房数十幢,内有约十幢房屋供行员住宿。

⑦福煦路——在哈同路口占地约数十亩有花园洋房多幢,供行内高级职员居住,为储部产业。

⑧巨籁达(?)路——系空地数亩,日下供行员球场。

⑨市中心——系托部产业。

⑩修德新邨——在成都路后面为新式弄堂房子约有数幢供行员宿舍(恐系出租性质)为储部产业。

⑪欧阳路——在北四川路为信托部新购之房产,供职员宿舍。

⑫金城别墅——在静安寺路(赫)德路口,为公寓式建筑为储部产业。

D. 沪行保管股卅七年底保管之房地产契约

计市执业证	美册道契	土地所有权	合计
本行下	一亩三九四	一亩五八三	二亩九七七
联行下		五八亩四四六	五八亩四四六
押品下一亩二六		二亩〇八〇	三亩一九六
合计一亩二六	一亩三九四	六二亩一〇九	六四亩六一九

附沪行自行管理下房地产向地政局估价数额表：

沪行自行管理下房地产向地政局估价数额表

地址	地籍	亩	单价	地价总值	名称	种类	层数	房总值
中行别业	法华区一图地字坊12号四丘	8.220	23.500	193.170	♯105－147日式住宅	钢骨水泥梁柱砖木栏栅	三	641 779.02
中行别业	……12号廿五丘	0.213	……	5 005.50	101－104		四	969 383.22
中行别业	……一丘	0.333	……	7 825.50	148－158公寓	钢骨混凝土		
中行别业	……二丘	2.230	……	52 405.0				
中行别业	……三丘	6.232	……	146 452.0				
中行别业	……廿一丘	15.105	50.000	755 250.0	1♯学校，2－55♯广式住宅（老房子）	钢骨水泥梁柱砖木栏栅，砖木结构	四，假三	187 667.68 307 843.17
中行别业	……廿三丘	2.077	……	103 850.0	1♯－9♯西式住宅	砖木结构	三	239 010.27
中行别业	……廿六丘	13.476	……	673 800.0	71－80♯新公寓	钢骨混凝土	五	1 593 295.03
南京西路♯526					新建单身宿舍	砖木结构	三	78 319.59
龙门路126♯－146♯	黄浦区十一图雲字圩2号一丙丘	0.741	84.000	63 000.0	市房	……	……	32 670.76
金神父路77♯	黄浦区十二图雨字圩5♯廿丘	1.410	80.000	112 800.0	西式住宅（董事处住宅）	……	……	102 791.74
西康路1♯	黄浦区十图律字圩3号十一号丘	0.319	68.300	21 787.70	里卫房屋	……		17 413.4
西康路2♯	黄浦区十图律字圩3号十一葵丘	0.143	……	9 766.90	里卫房屋	……		7 043.65
西康路3♯	黄浦区十图律字圩3号十一壬丘	0.143	……	……	里卫房屋			7 043.65
民国路1♯－3♯	沪南区一图天字圩4号八丘	0.418	126.000	52 668.0	市房	……	四	43 611.27
四川北路89♯－93♯	黄浦区六图列字圩18号廿七丘	1.583	……	199 458.0	办公大楼	钢骨混凝土	七	512 288.26

续表

地址	地籍	亩	单价	地价总值	名称	种类	层数	房总值
北西藏路仓库后面	黄浦区六图巷字圩26号二丘	1.189	43.400	51 602.60				
江西中路135弄4#	黄浦区七图暑字圩15号八丘	1.005	187.000	189 945.0	堆栈	砖木结构	三	32 499.23
董市街	沪南区三图日字圩11号六丘	0.369	27.000	9.963				
合　计				2 658 516.1				4 772 660.20

17. 湖南旅沪同乡会契据①

第一号?

湖南敦义堂于前清光绪十二年七月购置蔡裕堂朱永良基地计则田四亩一分七厘

位置二十五保十三图靡字圩二九五号

绝卖契一纸　又江苏省民国三年新契一纸

第二号?

湖南敦义堂于前清光绪十二年七月购置朱金桂、朱明氏田地计则田三亩三分四厘七毫

位置二十五保十三图靡字圩二九五号

绝卖契一纸　又江苏省民国三年新契一纸

第三号?

湖南敦义堂于前清光绪十二年七月购置康九如田地计则田六分五毫

位置二十五保十三图靡字圩二六一、二六二号

绝卖契一纸　又江苏省民国三年新契一纸

第四号?

湖南敦义堂于前清光绪十三年三月购置陈慎思、堂让予田地计则田三分

位置二十五保十三图靡字圩二六一号

绝卖契一纸　又江苏省民国三年新契一纸

第五号?

湖南敦义堂于前清光绪二十八年十二月购置王朗和堂田地计则田四分七厘五毫

位置二十五保十四图恃字圩一八五号

---

① 上海档案馆档案,Q117-25-28,《湖南旅沪同乡会契据》。

绝卖契一纸 又江苏省 民国三年新契一纸

第六号？

湖南敦义堂于前清光绪十六年三月购置黄凤翔田地计则田四亩二分八厘三毫

位置二十五保十四图恃字圩一八四号

绝卖契一纸 又江苏省民国三年新契一纸

第七号？

湖南敦义堂于前清光绪二十七年十二月购置杨鹤山田地计则田七亩一分二厘七毫

位置二十五保十五图巳字圩二二一、二二三号

绝卖契一纸 又江苏省民国三年新契一纸

第八号？

湖南敦义堂于前清光绪二十七年十二月购置顾有根田地计则田一亩零三厘一毫（民国三年十二月二十六日巡捕总局为？浦路划用七分二厘四毫）

位置二十五保十五图巳字圩二二一号

绝卖契一纸 又江苏省民国三年新契一纸

第九号？（瞿庙之件）

湖南瞿真人庙、旅沪公孝于民国八年十月购置麦庚贵田地计则田一亩一分八厘七毫

位置二十五图巳字圩九十号

绝卖契两纸 又江苏省 民国三年新契一纸

第十号？

湖南旅沪公孝于民国二年一月归并瞿真人庙前清光绪二十九年八月购置陈长林海林田地计则田六分一毫

位置二十五保十五图巳字圩九十号

白契一纸

又归并庙方所购蔡福珍田地计则田六分一厘

白契一纸　　归并字一纸　　又江苏省民国三年新契一纸

本会与卫生局所订合同照片一帧

以上契据？一十宗又照片一帧收到

一九五三年四月十四日

18. 1934年爱尔德公司给天利淡气制品厂的信函①

谨启者尊产英册10545号道契地应缴本年年费、年租洋？？，地捐、地价税洋？？ 共计

---

① 上海档案馆档案，Q38-1-5，《天利淡气制品厂股份有限公司选择建厂地区及购地的有关事项》。

洋300??，便请交下即领收取单为荷此请

  天利淡气制品宝号、先生敬台照并请台安

  英商爱尔德公司启

  香港路六十号

  廿三年五月

通知①

迳启者兹经上海地产挂号主人开会制定自一九四一年十月十五日起应征各费变更如下

  一、挂号费每年每号计法币贰百元

  二、挂号主人之册簿内小过户每册号计法币叁百元包括出给新权柄单在内

  三、如欲挂号主人向领事署册内退户其费用(即大过户费)每册号计法币伍百元

  四、如欲在领事署册内过挂号主人之名义者每册号应付该挂号主人法币叁百元此费概括发给新权柄单在内。

此致 吴蕴初
一九四一年九月卅日

19. 张致果经租处代理经租之业主姓名住址一览表②

业主姓名	住址
华国章	北苏州路六六六号
华锡章	北苏州路六〇四号
和记公司	愚园路一一一二弄三一号
丁仲舒	外滩沙逊大厦爱而德洋行丁季超转
吴锦贵	四川北路六四号
管总甫	爱多亚路三四号德威洋行
薛钱贵	四川路中国营业公司
可成公司	圆明园路一三三号
丁季超	外滩沙逊大厦爱而德洋行
严洪	霞飞路沙发花园一七号
新记公司	澳门路福新烟公司
王蓉卿	东方汇理银行

---

  ① 上海档案馆档案，Q38-1-5,《天利淡气制品厂股份有限公司选择建厂地区及购地的有关事项》。

  ② 上海档案馆档案，Q188-1-17,《张致果经租处代理经租之业主姓名住址一览表》。

20. 中国银行上海市房地产①

(1)林肯路 (2)武康路378 (3)大桥 (4)中行别业 (5)宝安路

(6)金神父路(7)西康路(8)成都路(9)苏州路(10)南市(11)虹口

(12)仁记路(13)三马路(14)遵义大楼(15)卡德路(16)冠华里(17)福煦路

(18)巨籁达路(19)同孚路(20)马斯南路(21)市中心(信)

(22)修德新坊

21. 茂丰钱庄、祥裕钱庄、润余钱庄、益丰钱庄抵押借款据

茂丰钱庄、祥裕钱庄、润余钱庄、益丰钱庄抵押借款据②

立抵押借款据茂丰钱庄(下称四庄)情因市面紧迫承中南银行(下称行会)急于

　　　　祥裕钱庄　　　　　　　　金城银行

　　　　润余钱庄　　　　　　　　四行储蓄会

　　　　益丰钱庄

拨款援助兹四庄事已大定,爰商将行会援借巨款补具手续,改为抵押借款双方订定条款如左

一、借款额。规元柒拾万两正。

二、利息。按每千两每日以三钱三分三厘三(即月息一分)计算。

三、偿还期。本借款为行会对於四庄愿自本押据签字之日起算,是七天为限,本息照付,如到期不能偿还,须商转期时,以行会意思为准。四庄决不勉强接转其已到所有转押款额及利息期限四庄均承认之。

四、处分。四庄对於本借款到期不能偿还行会不愿转期或押品价值低落不敷抵当本借款及对於行库往来欠户之欠款数目时,四庄准许行会随自由处分上项抵押品,以偿还本借款本息,暨四庄对於行库往来户之欠款,如有不足,仍由四庄立时清偿。

五、保险。上项抵押品应由四行以行会拾珍自保是兵火两险,以万两为限,该保险单应送行会存执,如有意外危险,行会不负责任,所有押款本息及往来欠本息仍由四庄负责清偿,不得延误。

六、栈费。上项抵押品中之小麦应存储行会指定之货栈,其责任仍由四庄负担至栈租及因过户转栈种种费用均归四庄担负,随时清付。

七、责任。本借款及对於行库往来欠之偿还责任,该应由四庄共同负担外,四庄经理对於本押据所载之一切责任,只应同样负担。

　　　　　　　　　　　　　　　　立抵押借款据祥裕钱庄

---

① 上海档案馆档案,Q54-3-453,《中国银行上海分行》。
② 上海档案馆档案,Q-267-1-12-155,《中国银行上海分行》。

经理

润余钱庄

经理

茂丰钱庄

经理

益丰钱庄

经理

中华民国十三年阳历九月十一日

英册道契二十二号壹纸附权柄单地图各一纸 派克路卡尔登记影纸图

计地陆分四厘四毫

洋房壹宅六开间门牌十八号丰

保险单一纸计保银

地屋共价银叁万八千两 陈国安自住无经租

英册道契(?)号附权柄单、地图各壹纸,计地贰亩八分六厘九毫,法册道契转附权柄单、地图各壹纸,霞飞路大安里、仁和里对面计地壹亩壹分零贰毫

大安里计共十五号廿五间

月收租金洋七百十一元、元壹百廿一两。

陈国安自己经租

地皮估价每亩(?)计元拾万两

房屋估元四万两

益兴保险单壹万四千两

英册(?)道契权柄单各壹纸,无地图、保险,周敬之、有恒路吴淞路角,计地壹亩壹分三厘六毫〇九二。

洋房四间除自住外计收租金元(?)

地皮房屋共值银七万两

英册(?)道契权柄单地图各壹纸陈斡庭、周敬之、郑汉芝七浦路、永庆里计地皮八亩六分二厘二毫。

门面房石库门共(?)间 未保险

月收租金贰千元,经租账房园明园路十七号,马海洋行,地皮房屋出价贰拾四万两未卖。

英册(?)道契权柄单地图各壹纸,福煦路卅五号宏昌当,宏昌里陈汉杰,计地皮六分九厘六毫,石库门四宅月收租金(?)元。

地皮房屋前购价元壹万两

法册第(?)道契一纸计地贰分六厘一毫 法界霞飞路

附在地四开间房屋一宅

附权柄单地图各一纸

附丰盛保险单计保银六千两

地价每亩、房屋造价宝银壹万两

英册第(?)号道契一纸计地叁亩四分〇八毫,阿拉卜司脱路、源昌丝厂,附在地楼房四拾幢

附权柄单地图各一纸

附杨子保险单计保六万两

地价每亩贰万五千两 计实价银八万五千两

楼房造价每幢四百两,计实价银叁万六千两

附注租户竞丰丝厂吴义生 每月租金七百七十二两八丝,租户九丰丝厂孙涵如 经租人丁柏卿无租票

英册第(?)号道契一纸,计地五亩〇叁厘二毫浦东烂泥渡、怡和里

附在地楼房及平房九十九间

附权柄单地图各一纸

附太古保险单计保五万两

地价每亩四千两计卖价银贰万两

楼平房造价每间四百两 计实价银四万两

租金每月原租洋(?)保收洋五百元

经租人丁柏卿莫显臣

英册道契第(?)现改荷册廿一号道契一纸计地五亩五分八厘一毫,浦东陆家渡,附洋栈一座,占地一亩八分

附权柄单地图各一纸

附隆培保险单计保壹万五千两

地价每亩四千两计实价银二万二千两

洋栈造价银壹万五千两 租金每月三百两

经租人 仁记公司

无锡协成栈单六纸计蘭子壹千〇〇七包

附公平保险单六纸计保银拾万零八千两

实价拾万两折价银七万两

信记栈单二纸计蘭子四百包

附华嘉保太保险单贰纸计保银叁万两

估价(?)折实银壹万六千两

洋货栈单念纸计四拾箱附列细账一纸

估价(?)折实银壹万六千两

柳江公司股票壹百五拾叁张计票面洋八万元

折实银贰万两

洋麦五万包 每包??? 价？

新栈

洋麦壹万包　老栈元卅四万两

中国麦壹万包　老栈

粉贰万包(???)元叁万柒千两

总折银壹百贰拾五万两

22.《上海合益房地产公司档案》①

迳启者案查前上海银行公会房地产部份事宜经持有房地产公债各银行议决另组上海合益房地产股份有限公司继续经营业於本月十六日召集创立会通过章程并票选徐新大胡孟嘉叶霄陈蔗青孙衡甫五君为董事孙景西吴蕴斋两君为监察人，即日召集第一次董事会互选胡孟嘉为董事长并延聘林康侯君为主任除依照公司法组织筹备进行外相应录案函达至希。

查照为荷此致致
新华银行
上海合益房地产公司启
廿一年四月廿五日

迳启者今奉敝总处以贵行借款押品项下所有沪地房产应办登记事宜即嘱敝处巡与贵行接洽办妥具报等因查押品沪地房产有道契土地登记及方单叁种契据应办登记手续均须分别洽办即希贵行派员来行面洽妥办为盼此致新华银行

上海中国银行
中华民国廿年五月十七日

---

① 上海档案馆档案，Q269-1-10,《上海合益房地产公司档案》。

23. 1935年上海市土地局土地执业证书

上海市土地执业证

上海市土地局为发给土地执业证事

查业主福源钱庄现有土地七亩八分一厘五毫

坐落闸北区二图洪字八号一甲坵业

经呈验证据核明登记合行给证以凭执业此证

右给业主福源钱庄收执

中华民国二十四年四月二十六日给

局长

第四七三六号

24. 中华民国外交部特派江苏交涉员总办会丈局道契留底①

道契留底②

中华民国外交部特派江苏交涉员总办会丈局许、为

  江苏沪海道道尹兼會办会丈局王、

  给 益

  大英总领事馆法照会内开今据本国商人爱尔德公司禀清在上海通商口岸永租赁业户陈推等地一段计五拾壹亩陆分 厘五毫,地区高岸及张姓浜南至南至吴淞江沿路兼姜推地？至金陈推地并路西至姜推地

  给价共二千七百（又二百）五拾元正,每亩计价 正,英年租每亩一千五百文 每年预付银号等因前？本交涉员、道尹已饬业户陈经候、姜云山将该地租给

            祥卿、周燮甫

            殿成、金仲兔

  该商收用倘该商及征代管业之人将来以其地转租不禀明本国总领事馆移交涉员、道尹登籍及每年不将年租一千五百文预付银号违犯斯章并经严饬仍抗不遵则此契伦为废纸地即归官须至契者。

  中华民国十年六月六日给地契第壹万五百四拾五号

  此地坐落二十八保十併十一图習字圩土名周太僕庙西该地？北段东首中间原有之路现调于东首留出四尺洞出入虽归入契内永远不能阻塞。此批

      民国十一年九月九日印给

25. 英商爱尔德公司给天利淡气制品厂收取权柄单挂号费用的信函

谨启者③

  尊产英册 10545 号道契地应缴本年年费、年租洋??,地捐、地价税洋?? 共计洋300??,便请交下即领收取单为荷此请

  天利淡气制品宝号、先生敬台照并请台安

  英商爱尔德公司启

  香港路六十号

  廿三年五月

26. 爱尔德公司给天利淡气制品厂股份有限公司董事长吴蕴初的通知

---

  ① 上海档案馆档案,Q38-1-5,《天利淡气制品厂股份有限公司选择建厂地区及购地的有关事项》。

  ② 上海档案馆档案,Q38-1-5,《天利淡气制品厂股份有限公司选择建厂地区及购地的有关事项》。

  ③ 上海档案馆档案,Q38-1-5,《天利淡气制品厂股份有限公司选择建厂地区及购地的有关事项》。

通知①

迳启者

兹经上海地产挂号主人开会制定自一九四一年十月十五日起应征各费变更如下

挂号费每年每号计法币贰百元

挂号主人之册簿内小过户每册号计法币叁百元包括出给新权柄单在内

如欲挂号主人向领事署册内退户其费用（即大过户费）每册号计法币伍百元

如欲在领事署册内过挂号主人之名义者每册号应付该挂号主人法币叁百元此费概括发给新权柄单在内。

此致 吴蕴初

一九四一年九月卅日

27. 天利淡气制品厂股份有限公司选择建厂地区，及购地的有关事项—地产共有合同②

天利淡气制品厂股份有限公司选择建厂地区，及购地的有关事项—地产共有合同③

据天利、天原（以下简称甲、乙方）今因甲方在上海陆家渡地方置有基地五十一亩陆分零伍毫，兹以双方工作上的之连锁关系，将上述地亩之半让售与乙方，特订立合同条款于后，以资遵守。

本合同所述之地亩坐落上海陆家渡二〇七号计五十一亩六分另五毫英册永租契一〇五四五号权柄单三二〇〇号

此项产价经双方对半付清各自业账，惟永租契一纸、权柄单一纸由甲方常务董事吴蕴初、张祖康君出名向爱尔德挂号，现在暂交甲方董事会保管。

此英地亩之所有权双方各占二分之一，暂不分割，将来必要时除必须公用部份外按各方之需要情形将面积平均分割为两部，各占其一。

关于此项地亩之权得双方各半享受，其义务亦各半负担。

任何一方欲将此项地亩出卖抵押或其他类似之处，必须先经对方之书面同意。

本合同计同式两纸，双方各执一纸。

　　　　　　　　立合同人：天利＿＿＿＿＿＿＿＿＿＿董事会，吴蕴初、张祖康

　　　　　　　　　　　　　天原＿＿＿＿＿＿＿＿＿＿董事会，朱子谦、郑赞臣

---

① 上海档案馆档案，Q38-1-5，《天利淡气制品厂股份有限公司选择建厂地区及购地的有关事项》。

② 上海档案馆档案，Q38-1-5，《天利淡气制品厂股份有限公司选择建厂地区及购地的有关事项》。

③ 上海档案馆档案，Q38-1-5，《天利淡气制品厂股份有限公司选择建厂地区及购地的有关事项》。

28.《上海合益房地产股份有限公司章程》

上海合益房地产股份有限公司章程[①]

第一条　本公司系承受前上海银行公会房地产保管委员会所移交之全部房地产继续经营管理改为股份有限公司,定名曰上海合益房地产股份有限公司呈请实业部登记备案。

第二条　本公司资本总额定为国币伍拾元万元分为伍千股,每股国币壹百圆。

前项股本由原持有前上海银行公会房产债票之各银行按旧债票规银伍拾两得购换新股票一股(即国币壹百圆)之比例将股本一次缴足同时将旧债票注销。

第三条　本公司办事处设在上海。

第四条　本公司股份卖买转让及抵押应尽本公司股东承受理。(有特殊情形须股东名下裁决时不在此限。)

第五条　本公司股票用记名式盖以本公司图记并由董事五人签名盖章。

第六条　本公司填发股票时股东应将其图章及代表人之签字盖章式样交存本公司以凭支取股利或过户。

第七条　股票如有遗失毁灭向本公司请补给新股票时应缮具声请书并邀具其他股东二人证明由该股东出具收据方可补给。

第八条　本公司公告方法除通函外以本公司办事处所在地之新闻纸通告之。

第九条　本公司股东会分常会及临时会。各种常会应于每年三月由董事会召集之,临时会由董事会或监察人认有特别重要事项或有股份总数十分之二以上股东之声请均得由董事会召集之。

第十条　股东会应有本公司股份总额三分之二以上之股权到会始得议决。

第十一条　左列事项应有本公司股权总数四分之三以上到会并到会股权五分之四以上之同意始得议决。

甲、变更章程　乙、增减股份

第十二条　股东会之表决及选举每一股一权(??????)

第十三条　股东会主席由董事长任之,如董事长缺席特由到会股东就董事中临时推定。

第十四条　股东得委托其他股东代理到会行使权利。

第十五条　股东会议录应登载所议事项,由主席暨董事一人签章保存。

第十六条　本公司设董事五人监察二人股东会就以上之股东选任之均以得票多数者为当选董事任期三年监察人任期一年。

---

① 上海档案馆档案,Q269-1-10,《上海合益房地产股份有限公司章程》。

第十七条　当选董事应组织董事会并应选一人为董事长管理左列一切事宜。

一、本公司财产保管事宜。

二、签阅各项函件并签核经租合同房票等事宜（得董事长或其他董事一人之签字为有效）。

编核预算决算管理租金收支并签盖支票等事宜（宜得董事长或其他董事一人之签字为有效）。

三、编核预算决算管理租金收支并签盖支票等事宜（得董事长及其他董事一人之会签为有效）。

四、本公司与租户间接洽或争议事项以及各项修理事宜。

五、本公司股票发息及过户等事宜。

第十八条　本公司设事务主任一人秉承董事会办理本公司事务并得酌雇办事员其任免及薪给由董事会定之。

第十九条　本公司账目每届年终决算一次，造具财产目录贷借对照表营业报告书损益计算书及盈余分配案由董事会通过送交监察人复核后提请股东会承认。

第二十条　本公司营业纯益应先提十分之一为公积金，其余按成分派，成为房屋折旧，成为股利其余成为全体董事监察人及事务员之酬金其分配酬金方法由董事会拟定之提经股东会议决。

廿一年四月廿五日

29. 中国银行沪行放款

中国银行沪行放款①

(1)放款

贴现　汉镇跃济水电公司

进押　申新五二厂各户，达成面粉公司

出押　宝元通　兴记贸易公司，国货联营公司各户，运（?）湘，永来，鼎昌，大昌裕，大业各盐号，永业，永济，惠美，五福，通济，怡生，大成，各盐号，中国盐业公司，上海区食盐贷款银团十五户

打包　四川畜产公司，报社企业公司，怡和洋行，南洋企业公司，鼎法（?）华、新华、丁钧泰各茶行，华年企业公司，台糖户，国货联营公司各户，华义贸易公司各户，沈元来公司，中国植物油料厂，杨子公司。

活放　国际电台

活押　上海区食盐贷款银团各户

---

①　上海档案馆档案，Q54-3-453，《中国银行上海分行》。

活透　四联、钱库、两广水灾账会

定放　农林部汽车业银团

定押　台湾肥料公司,中国石油公司,丹汤纳厂,浦东电气公司,阜新面粉公司,申纺机器公司各盐号,四川畜产公司,中植油厂,华义贸易公司,上海区食盐贷款银团

(2) 活押

上海丝织品输出协导会,资委会各本据厂,煤业总局,中国石油公司,中国油轮公司,浦东电气公司,交部材料储运总处,台湾银业公司,民生实业公司,益中实业公司,中?,中国油脂公司,台湾造船公司,台糖公司

证券　卅一年同盟胜利美金公债

暂停　衡中纺厂(垫付该厂机器在港菲各款)

存款(甲活)统益纱厂,中保公司,K00CCinKee＋　SOUS,淮两矿路公司,大中华,中国汽车制造公司,大生一厂,张家泰,A.L.S,荣昌花纱号,Amony,业务收益户,黄浦港兴业公司,证交,中纺,China National, Aviation Cory,台糖,公路总局,邮局,善款,财部,中盐公司,上海市社会福利事业会,中航,中石油 Texsco,台纸,浙赣资委会,花纱布 Shallco,孔庸之,华中矿务,交部材料储运。

……

(3) 信托部

活押　上海地产公司,生产事业投资,丹阳纱厂,华新水泥,雍兴,益中实业公司,黄浦港兴业公司,甘肃水利林牧公司

有价证券　卅七年短期库券工户,美金股票

特活　资委会材料供应科,钢管会中航,辽宁造纸公司,B.W.T.工户,古大启,AAG.沈阳机车厂,P.e.IR.D,中纺第一制麻厂,中纺第六厂三厂二户,中纺第一纱带厂,中纺十二、十七厂工户,十五、十六厂工户

证交　中纺第一毛纺厂,中纺十一、十四厂工户,中纺十九厂,京沪路,南洋烟公司,中纺第三机器厂,政院处理美资委会,资委会华北水泥,资委会海南铁矿,辽宁水泥,中纺,民调会各户,中纺惠工印刷所,中保

(4) 总处

证券　美金库,债

根据 Q54-3-453 中国银行上海分行档案中国银行投资数额概况表(民国1948年六月底)中的1948年账面金额折合战前币值数,折算出中国银行上海分行房地产投资的战前币值数为:1 元(战前)＝(1948年)

第十章

1.《上海特别市土地局取缔割单代单买卖办法》市长 张群

《上海特别市土地局取缔割单代单买卖办法》 市长 张群①

第一条 自布告之日起人民买卖土地须将该土地之整张田单及完纳该田单之粮串经契纸分发行所验明无误后方准立契买卖。

第二条 人民如於整张田单内卖去其一部分之土地者须先行请求丈量划分清楚换取土地执业证后方准立契买卖。

第三条 人民购买土地后至本局授税时须呈验整张田单原先线验田单之粮串。

第四条 人民执有割裂田单代单等者如欲出卖其土地时应先具呈来局请丈换给土地证后始准立契如未经此项手续者一律不准立契买卖。

第五条 如有以割单代单据擅立白契私自买卖者一经查明照应匿契税处罚。

第六条 人民买卖土地违背上项办法者其实际行为无效。

第七条 本办法自特别市政府核准后之日施行。

上海特别市政府令第一三二号

2.《监督江南海关兼管铜务分巡苏松太兵備道加五级纪录八次麟》

《监督江南海关兼管铜务分巡苏松太兵備道加五级纪录八次麟》②

为晓谕事照得上海与大法国通商昨准大法国领事府敏 以道光二十四年九月经 钦差大臣两广总督部堂者等会同 钦差全权大臣喇议定,大清国会同 大法国永远友睦通商奏奉两大国

上谕允准平和约内载:凡法蘭西人按照第二十二款至五口地方居住,无论人数多寡,听其租赁房屋及行栈贮货,或租地自行建屋建行,法蘭西人亦一体可以建造礼拜堂医人院周急院学房坟地各项,地方官会同领事官酌议定法蘭西人宜居宜建造之地,凡地租房租多寡之处彼此在事人务须按照地方价值定议,中国官阻止内地民人高抬租值,法蘭西领事官亦谨防本国人强压迫受租值,在五口地方凡法蘭西人房屋间数地段宽广不必议立限制,俾法蘭西人相宜获益,倘有中国人将法蘭西礼拜堂坟地触犯毁坏,地方官照例严拘重惩等语。久经各国遵行在案今,大法国人尚无租住之地,应即会勘等因随经本道会同大法国领事府敏,勘定上海北门外南至城河浜,北至洋泾,西至关帝庙褚家桥,东至广东潮州会馆沿河至洋泾浜东角,注明界址,倘若地方不毂,日后再议别地,随至随议,其所议界内地凭领事府随时按照民价议租,谨防本国人强压迫受租值,如若内地民人违约昂价不照中国时价,凭领事府向地方官饬令该民人等遵行平和约前录之条款,至各国人如原

---

① 上海档案馆档案,《上海市政府公报》第四十五期,第48页。
② 上海档案馆档案,U38-4-154,法公董局档案。

向界内租地者应向该国领事府商明办理，毋违特示。

道光二十九年三月十四日示

3.《为出示晓谕事案奉》(咸丰十一年九月二十五日)

为出示晓谕事案奉①

钦差大臣薛　　札准

总理各国事务衙门咨本衙门据

大法国钦差布　照会内称本国欲在上海租地一块盖造房屋，请饬令上海地方官指明一块沿河之地，至多酌约三十余亩，其租值由上海道会同领事官商议公平酌中定价，并出示晓谕百姓，俾本地民人均得知悉等因本衙门查条约第十款内开大法国人至通商各口岸租赁房屋，或租地自行建屋建行，中国官阻止内地人高抬租值，大法国领事官亦谨防本国人强压迫受租值等语，今大法国欲租上海县城小东门隔壁直通黄浦之小河沿地三十余亩，如果於地方无碍即饬秉公办理，抄录原照会移咨查照酌办等因，准此札道查明详办等因并准，法领事伊照会请将该处基地如何议租之处备复，并祈出示晓谕该处地主一体让租，以便竖立界石，众商议租等因前来除经节次札饬上海县查勘地势情形示谕地甲会同各业主秉公议定价值分别出租毋任抗延外合行示谕为此示，仰各地甲业主人等知悉现在法商租用该处基地系奉钦宪札饬办理，各该业主应即赶紧会同地甲秉公议定价值，立据出租，毋得高抬藉延，至法商亦毋稍抑勒，以昭公允其各凛遵，毋违特示。

咸丰十一年九月二十五日示

4.［钦命二品顶戴监督江南海关分巡苏松太道兵备道兼管铜务加十级纪录十次余为］

［钦命二品顶戴监督江南海关分巡苏松太道兵备道兼管铜务加十级纪录十次余为］②

出示晓讼事照得：上海洋泾浜南首租界自道光二十九年三月十四日(西历一千八百四十九年四月六日)，前兵备道议　会议定章后通商惠工，地方日臻富庶，至咸丰十一年九月二十五日、西历一千八百六十一年六月二十九日经前兵备道吴，会同总驻沪法总领事伊，将租界推广至小东门外直河为止，嗣於光绪二十四年二月十二日前兵备道蔡任内准，

驻沪法总领事白照请推广会议未定，兹本道？并奉南洋大臣两江督部堂刘，檄委随办洋务福随员余，来沪随办，当查上海商务日盛，租界地段不敷，应由道督委商明妥议推广，即经督同福余两员会商驻沪法总领事白，议定界址均有四至可稽，惟前立租界历经会

---

① 上海档案馆档案，U38-4-154，法公董局档案。
② 上海档案馆档案，U38-4-154，法公董局档案。

定章程,并有推广虹口租界续定新章,凡华民房产业田填墓河道各等利权均在章内,应得保护,此章早经刊行且悬挂大众共见之处,家喻户晓,一律遵行现在拓界,情事相同,除照案札饬上海县会同福余两员暨法工部局办理工务总司,查照议定推广租界四址,绘图立石,并照会驻沪法总领事白查照外,合？出示晓谕为此示,仰商民人等一体知悉,自示之后,凡在新拓租界内除敕建庙宇及中国国家公用之地并原有之各国公共坟堃连同坟堃??均不归法工部局管理外,其余一切事宜概照定章办理,毋得违误,切切特示。

计开推广法租界四至

一 东至城河滨止

一 西至顾家宅及关帝庙滨止

一 南至丁公桥晏公庙滨打铁滨止

一 北至北长滨即公共租界止

光绪二十五年十二月二十七日示

5.《中法交界订明路权案》

中法交界订明路权案①

法华马路联合办法七条并附件说明第五条办法

上海南市市政厅为公众卫生交通便利起见将城河填平并筑马路自小东门迤西至西门外一号界牌止一段地方因与法公董局马路毗连所有现在及将来一切联合办法应行商定者开列如下

一、上海南市市政厅所筑之新马路约宽四丈下面用砖砌成高大阴沟并代法公董局将原有之大小阴沟接通其费全归市政厅担任无须法董局贴还

二、法公董局沿城河浜原有之马路与南市市政厅新筑之路为彼此便利起见合成一路务使平坦宽大以便两界居民往来毫无阻碍

三、南市市政厅新筑之路与法公董局原有之路分界处以旧时界线为准於地下埋界石上面以铁板盖之以备随时查考另附地图为凭

四、在此公共路线内无论地面地下一切工程建筑之事如设灯通水等法公董局与市政厅各就界限办理不相侵越

五、在此公共路线内华法两界巡警各守界限办公如遇追捕匪类不及知照时得彼此协拿不以越界论惟拿到匪类须交各该界内警局备文移提

六、在此公共路线内凡？有法公董局捐照之车辆得经由华界？有南市市政厅捐照之车辆亦得经由法租界

七、此公共马路筑成后常年零星修理各就本界自行办理,如全路大修时得因便利起

---

① 上海档案馆档案,U38-4-154,法公董局档案。

见彼此协商合办之法

　　上海县民政长吴

　　上海法总领事喇

　　中华民国元年十一月十八日

　　西历一千九百十二年十一月十八日

　　6.《附件说明第五条办法》

　　附件说明第五条办法①

　　法界巡捕祇能在公路法界一面即由麋鹿路起至小东门止梭巡凡有匪类、（如抢物窃贼强盗血案）犯事逃入华界准由法界巡捕追拿拘送华界，如有别种案情禀明警务长核夺，如有华界巡警追拿匪类逃入法界该管捕房如无别种案情法捕房即将该犯交今华界巡警带回并派捕送出法界如有别种案情禀明总巡核夺。

　　凡华界巡警如有排解及拘拿事件遇有危急之时，一时不及吹号求助者准由法界巡捕前来扶助如法界巡捕遇有危急之时亦由华界巡警前赴法界扶助，总之巡警事宜华警局法捕房各就本界办理遇有如后三种特别事故者两面巡警方准越界办事

　　一　为追拿匪类事

　　一　为彼此巡警遇有危急事故前往扶助事

　　一　为彼此巡警遇有血案抢案此处如无巡警在场即当前往拿捕事

　　上海县民政长吴

　　上海法总领事喇

　　中华民国元年十一月十八日

　　西历一千九百十二年十一月十八日

　　7.《续订附件》

　　续订附件②

　　一、华界与法租界合成一路即民国路计共宽二十一迈当内法租界九迈富华界十二迈当於分界处地下分段埋设界石悉照联合办法第三条办理

　　二、民国路上如设电车法租界与华界两电车公司各设单轨应如何彼此交通便利之法将来由两公司另行商订由法公董局南市市政厅转呈上官核准办理

　　三、南市市政厅为顾全公益敦崇睦谊起见允准法电车公司埋设电轨时得与华电车公司均匀铺设於民国路之中将来两电车公司应担任修路之费亦由两公司分任。

　　四、法公董局为顾全公益敦崇睦谊起见允将徐家汇路之一段即自法租界之麋鹿路起

---

① 上海档案馆档案，U38-4-154，法公董局档案。
② 上海档案馆档案，U38-4-154，法公董局档案。

见至斜桥华界肇周路止马路工程之权让与南市市政厅办理以作酬报,其原有之电车轨及电桿仍照旧通过,如南市市政厅修理此一段路工时,必须无碍电车行驶及车马往来等事最关紧要。

上海县知事　　　　　吴
上海法总领事甘

中华民国二年六月 日

西历一千九百十三年六月 日

8.《摘录法国驻沪总领事署一九一三年十月一日公布》

摘录法国驻沪总领事署一九一三年十月一日公布[①]

一九一三年九月二十二号上海法租界公董局议会订定保护房屋防御火灾章程如左

一 戤壁火烛 火斗下须用砖石类料砌底 楼板欄栅近火斗前须要间断用一枕料镶之大宕背须砌砖墙至少厚十寸

二 烟囱管　烟囱管四面除内外粉料不计外至少厚五寸,倘以熟坭或烧料管子作为烟囱管者,其管子必须得公董局之许可若该项管子系置在墙之外面者其外再须粉面至少厚一寸

三 风火墙 风火墙除粉料不计外至少厚十寸砌砖可用水门汀或石灰砂惟须实砌到顶透出层面至少十寸

四 木大料 无论何种木料(大料欄栅衍条等)不得穿过风火墙而接至他处 近烟囱处各项木料须支离开烟囱管里宕至少十寸

五 屋顶内及其他照顾不及之处不得用金属类之烟囱管

六 风火墙之地位 下列各处必须位置风火墙一垛(甲)多数相联之洋房每宅必须用风火墙头分隔(乙)半西式之房屋可以两宅用风火墙一垛惟风火墙二垛之距离不得逾二十八英尺

(丙)中国房屋每三间必须一风火墙,其风火墙之距离不得逾三十六英尺

七 烟囱管每年出通一次

9.《沪海道尹兼外交部特派江苏交涉员布告》

沪海道尹兼外交部特派江苏交涉员 杨[②]

为出示布告事案照上海法租界外毗连大路华法警察权限不清不免困难本道尹兼特派交涉员与驻沪法总领事甘各奉:

中华民国外交部、法国驻京便臣训令:

---

① 上海档案馆档案,U38-4-154,法公董局档案。
② 上海档案馆档案,U38-4-154,法公董局档案。

议订为中法两国敦辑睦谊起见拟将上海法租界以西之地址北自长浜路西自英之徐家汇路南自斜桥徐家汇路沿河至徐家汇桥东自麋鹿路肇周路各半起至斜桥为止经两面磋商议归入法国警察之内盖上文所指地址内外国居民甚多所有马路悉为法国公董局购地开筑并时行修其作为公董局产业其安设路灯创立巡捕房分派巡捕设立电轨自来水煤气电灯等各种经费至今全归该公董局一体担任职是之故决定将上文所指定界内地段以后专归法公董局管辖兹拟条款十一条如左

一　麋鹿路及肇周路以一半归法国公董局管理以一半仍归民国管理其巡查事务悉遵民国路现已通行之章程中法巡警两相和衷办理各有梭巡之权

二　中国前筑肇周路自麋鹿路起所有用去之经费由法公董局赔偿一半并将西门外自方家浜桥迤南至斜桥所有前经法国铺修之马路交还中国不必贴费惟须将该路随时修理。俾电车通行无阻

三　法国通徐家汇马路及法租界各路中国军队中国婚丧仪仗等尽可通行出入，惟须先行通知知法巡捕房以便无碍交通。

四　上海交涉员或观察使同法国总领事议定选出中国绅董两员专与法公董局会办华人住居法界及外马路各事

五　住居法租界及外马路之中外人等所有应纳中国政府地税悉归法公董局主任代收缴纳若以后中国他处华人田赋有增加问题法租界及外马路华人田赋亦一律增加

六　法租界及外马路华人耕种之田地住居之房屋及平等人家之各产法公董局永不抽房捐地税及他种类似之捐以及人头税。

七　中国业主房主在以上指明界内欲用自来水水煤气电气等者始有完纳地税房捐於法公董局之责其执有道契之地不得视为华人产业

八　华人所有法租界及外马路坟墓无业主本家允准万无迁移之责各家仍可听其自由祭扫然为卫生起见此约批准以后所有华人棺柩不准在租界内掩埋浮厝如有特别情形暂为殡寄者应得公董局之批准

九　法租界及外马路与英界交界事宜，由法公董局与英工部局直接商办

十　中国政府所委上海法租界会审公堂之中国审判员有权审问在外马路区域内华人之民事刑事诉讼是以在此区域内特立一应所为该员执行审判事项之用

十一　以上条款经中华民国外交部会同法国驻京使臣於批准三个月后始生效力等因并附地图会同签字盖印分别存案兹经奉外交部电饬以本月十四日为发表之期除按图会勘勒令以资遵守外合行通不周知为此示仰法租界暨外马路各该处中外居户人等一体知悉特示

中华民国叁年柒月拾肆日

第十一章

1.《上海特别市政府布告第 61 号》

上海特别市政府布告第 61 号①

为布告事宜本市总捐向系按屋估租核征捐款,考其性质即属房捐,惟仅征之於现住之户业主绝不稍????失捐税平均原则,亟应另订捐率以?负担,现经市政会议议决将总捐改称房捐,向主客各半征收,住宅原征百分之六现增为百分之十,商店原征百分之十现增为百分之十四,捐率虽属稍增,现住之户负担较前反为减少,而屋主认缴半数赋税亦已平均,除将征收房捐规则定公布暨令行财政局遵照办理外,合行布告全市人民一体遇知此布。

中华民国十七年十二月十二日

市长张定璠

2.《上海特别市征收房捐规则》

上海特别市征收房捐规则②

第一条 凡在本市区内房屋从前征收总捐由房客缴纳者现为平均负担起见由主客各半缴纳改名房捐。

第二条 凡在本市区内房屋除政府机关及经特别市政府核准免捐者外一律悉照本规则缴纳房捐

第三条 凡自置房屋自行居住者其房屋捐应由房主全部缴纳

第四条 房主负担之半数房捐俟土地税实行时得酌量情形变更之

第五条 凡特准免捐之房屋其自行建筑者得免征房捐之全部如系由於租赁者其房主应纳之捐款仍征收之

第六条 前条免捐之房屋如以余屋附居眷属或出赁作住宅商店者其附居或出赁部分仍照本规则各条纳捐

第七条 房捐捐率按照房租数目以百分之几为比例规定於左:

  住宅 按租额征收百分之十

  商店 按租额征收百分之十四

第八条 租值之确定以最近两个月之房票或租摺为凭其自置房屋自行居住者由财政局派员估定之估定租值如有争执时,由房产估价委员会评定之

第九条 凡堆栈花园及其他含有营业性质之基地均应估计租值征收房捐

---

① 上海档案馆档案,蒋 1-0-1,《上海市政府公报》第十八期,第 125 页。
② 上海档案馆档案,蒋 1-0-1,《上海特别市政府指令第 2531 号》,《上海市政府公报》第十八期,第 71—72 页。

第十条 房屋系店面式而非营业者照住宅征捐非店面式而营业者照商店征捐

第十一条 此项房捐由财政局分期派员向房客征收随时填给房捐票，其房主应纳之半数由房客代为垫缴在应付之房捐内照数扣抵

第十二条 房捐票按照门牌每号填给一张，如一号门牌内有住户数家者合并填给一张。

前项房捐票计分五联：一联为通告，一联给房客，一联给房主，一联缴验，一联存财政局，每联骑缝均填所征捐数

第十三条 征收房捐时如有逾限不缴之户，即停止其水电供给，如再延抗即由该管警区传案追缴，前项停止水电供给所有拆卸及恢复之工料费概由住户担任

第十四条 征收员如有浮收或额外需索情事得由被害人向财政局呈诉依法究办

第十五条 本规则如有示尽带宜得临时修正之

第十六条 本规则施行后从前公布之总捐规则即废止之

第十七条 本规则由特别市政府公布日施行

市长 张定璠

3.《上海特别市政府令第 142 号》

上海特别市政府令第 142 号[①]

兹修正上海特别市征收房捐规则第十条公布之此令

修正上海特别市征收房捐规则

第 2 条 租值之确定以最近两个月之房票或租摺为凭如有房屋与租价过相悬殊者应另为估定租价征收房捐其自置房屋自行居住者由财政局派员估定之。估定租值如有争执时由房产估价委员会评定之

中华民国十九年三月六日

4. 1934 年《修正上海市征收房捐规则》

修正上海市征收房捐规则[②]

第一条 凡在本市区内房屋从前征收总捐由房客缴纳者现为平均负担起见由主客各半缴纳改名房捐

第二条 凡在本市区内房屋除政府机关及经市政府核准免捐者外一律遵照本规则缴纳房捐

第三条 凡自房屋自行居住者其房捐应由房主全部缴纳

第四条 房主担负之半数房捐俟土地税实行时酌量情形变更之

---

① 上海档案馆档案，蒋 1-0-1,《上海市政府公报》第四十八期，第 55 页。
② 上海档案馆档案，蒋 1-0-(6),《上海市政府公报》第一百四十九期，第 192 页。

第五条 慈善机构及其他法定团体如尚未报经中央部院会或本市主管各局注册立案者应纳全捐但准予注册后酌核减免

第六条 凡市立学校及已经立案之私立学校得免该校本身应纳房捐之全部未经立案之私立学校减半征收

第七条 凡特准免捐之房屋除自行建筑者得免征房捐之全部，外如系由於租赁者其业主应纳之房捐仍征收之

第八条 凡免捐之房屋如以余屋附居眷属或出赁作住宅商店者其附居或出赁部分仍照本规则各条纳捐

第九条 房捐捐率按照房租数目以百分之几为比例规定於左

  住宅 按租额征收百分之十二

  商店 按租赁征收百分之十四

第十条 租值之确定以最近两个月之房票或租摺为凭如有房屋与租价过相悬殊者应另为估定租价征收房捐其自置房屋自行居住者由财政局派员估定之估定租值如有争执时由房产估价委员会评定之

第十一条 凡堆栈花圆及其他含有营业性质之场所均应估计租值征收房捐

第十二条 房屋系店面式而非营业者照住宅征捐非店面式而营业者照商店征捐

第十三条 此项房捐由财政局分期派员向房客征收随时填给房捐票其房主应纳之半数由房客代为垫缴在应付之房租内照数扣低，倘房客延不迁缴时应责成房主缴纳其代付房客部分之捐款准在房租项下带收归垫。凡在一季内住户进屋已有半季者应纳全捐未及半季者减半征收不满十五日免征。凡月租不满三元季捐不满九角者除商店外一律免征房客部分之房捐

第十四条 房捐要按照门牌每号填给一张如一号门号内有住数家者合并填给一张，前项房捐票计分五联，一联为通告，一联给房客，一联给房主，一联缴验，一联存财政局，每联骑缝均填所征捐率

第十五条 业产属於官有而出赁者免征房主部分捐款至地方公产除所收利益系完全充作教育慈善或其他公益之用者得免房主捐款外余仍按五成征捐

第十六条 征收房捐时如有逾期不缴之户即停止其水电之供给如再延抗即由该管警区传案追缴，前项停止水电供给所有拆卸及恢复之工料旨概由住房担任

第十七条 征收员如有浮收或额外需索情事得由被害人向财政局呈诉依未予究办

第十八条 本规则如有未尽事宜得随时修正之

第十九条 本规则自市政府公布之日施行

中华民国二十三年十一月二十日，公布上海市政府公布令第 191 号

5. 1935 年《修正上海市房捐规则》

《修正上海市房捐规则》①

第十三条 此项房捐每季捐额满十元以上者经财政局所属稽征处书面通知后限于十五日内由房客携同通知书迳行投处缴纳或用即期抬头支票写明财政局收连通知书函寄财政局所属该管稽征处缴纳稽征处於支票收妥后即将房捐票填寄或派人送达至迟不得逾三日每季捐额不满十元者由稽征处发出通知后於十五日内派员前往征收其有自行投处缴纳者听之一律填给房捐票为凭至房主应纳之半数均由房客代为垫缴在应付之房租内照数扣抵

第十四条 凡有一季内住户进屋已有半季日期者应缴全捐未及半季者减半征收不满十五日免征

第十五条 凡月租不满三元季捐不满九角六分者除商店外一律免征房客部分房捐

第十六条 凡捐额满十元以上之户，如逾第十三条规定期限后十日以上尚未投处缴纳者由稽征处派员前往征收并按其应纳捐额加收百分之二之罚金倘再违延而有抗捐之情节者得会同公安局该管局所传案追缴至必要时停止其水电供给，凡捐额不满十元之户一经派员征收应即照付捐款如违延而有抗捐之情节者得会同公安局该管局所传案追缴至必要时停止其水电之供给前项停止水电供给所有拆卸及恢复之工料概由住户担任

6.《上海特别市征收不动产转移税暂行规则》

上海特别市征收不动产转移税暂行规则②

第一条 凡人民典买本特别市内不动产者应自立契之日起于三个月内携带契纸及所典买之田单或土地证暨原业户粮串并过户证到土地局缴纳不动产转移税

第二条 本特别市不动产转移税典契照契偿每百元征收四元卖契照契价每百元征收八元

第三条 人民到土地局缴纳转移税后给予财政土地两局会印之收据一星期后凭收据领回契纸

第四条 凡逾限缴纳不动产转移税未满三个月者卖契照原定税额每百元加征四元在三个月以上未满六个月者每百元加征八元，在六个月以上未满九个月者，每百元加征十二元，典买契均减半加征，自立契之日起扣足一年仍未缴纳者由土地局函知公安局派警会同地保传业主到局勒令缴纳

第五条 人民典买不动产如短写契价希图减税，一经查实其短写数额照原定税率加倍征收，如逾限缴纳仍照第四条加征

第六条 人民典买不动产缴纳转移税后由土地局在不动产契纸上注明税额盖印后发

---

① 上海档案馆档案，蒋 1-0-(8),《上海市政府公报》第一百六十八期,第 108 页。
② 上海档案馆档案，蒋 1-0-(2),《上海市政府公报》第五十六期,第 5 页。

还业主并凭过户证注册过户

第七条 本规则由上海特别市政府咨请财政部备案施行

7.《上海市征收不动产转移税变通办法》

上海市征收不动产转移税变通办法①

二十一年六月二十三日核准

一、本市闸北等区在战事期间交通阻断致各业主缴纳转移税发生逾限加征情事兹为体恤市民起见订定变通办法呈奉市政府办理

二、凡各业主所执之典卖各契到局投税其期限扣足至一月二十八日为止已逾九个月以上者依照本市征收不动产转移税规则第四条之规定加征不予减免

三、凡在二十一年一月二十八日前后所立之典卖各契得将一月二十九日起至五月五日停战??签字之日起止之战争时期分别扣除免予加征转移税款（凡一月二十九日至五月五日所立之契一律以五月六日起算如立契在战事之前现在到局投税得以战事时期除去计算）

四、凡各业主所执二十一年五月六日起书立之典卖各契到局投税如有逾限情事依照本市征收不动产转移税暂行规则第四条办理

五、闸北江湾吴淞殷行彭浦真如引翔七区土地各业主所执之典卖各契税完纳转移税时其期限依照上开各条办理其他各区土地因转移而完纳转移税时其期限仍照本市征收不动产转移税第四条暂行规则办理

8.《上海市征收暂行地价税章程》

上海市征收暂行地价税章程②

第一条 凡属本市市廛区域内之土地施行法未公布以前均依照本章程征收地价税其市廛区域之范围另行划定公布之

第二条 左列土地得免征暂行地价税

第三条 暂行地价税由土地所有权人缴纳之如属永租契地由永租权人缴纳之但有典质抵押或定期租用关系者於必要时得责令典质抵押或定期租用权人代缴之

第四条 暂行地价税税率按照估定地价每年暂征千分之六

第五条 暂行地价税每年分二期征收第一期自一月一日至二月底止第二期自七月一日至八月底止由财政局征收之

第六条 估计地价应先由土地局察核地形及其时价并参酌业主报到地价划分地价区送经暂行地价税土地估价委员会复核后由财政土地两局会衔公布之业主对於公布之地

---

① 上海档案馆档案,蒋1-0-(3),《上海市政府公报》第一百二十二期,第166页。
② 上海档案馆档案,蒋1-0-(5),《上海市政府公报》第一百三十五期,第124-125页。

价如有异议得声叙相当理由於规定期限内向土地局申请提交公断员公断之。上项估价委员会章程另定之

第七条 暂行地价税之征收不因申请公断地价而停止但其地价经地价公断员决定后应依其决定

第八条 暂行地价税逾期不缴纳者视为欠税,得传案追缴并就其所欠数额自征收期限届满之次日起,按照年息百分之五加征之,如积欠三年仍不缴纳者,得由征收机关呈经市政府核准,将欠税土地及其定着物拍卖,以所得价额抵偿欠税余额交还原欠税人

第九条 凡已征收暂行地价税之土地其原有田赋正附税废止之

第十条 征收暂行地价税区域内之土地无论已否清丈一律同时征收地价税但未经清丈换证者暂行田赋制给版串俟清丈换证后补缴税款业主得将该项版串申请土地局查明后扣抵

第十一条 凡已征收暂行地价税之土地证地买卖时仍转土地执业证者共应纳之转移税按时价征收百分之二但将来办理关于土地转移时应征之土地增值税及遗产税共征收办法依照划分图地收入标准另案分别规定之

第十二条 凡征收暂行地价税区域内之其他捐税有应於土地税实行时变更其税率或办法者应俟土地法奉令实施后执行之

第十三条 凡征收暂行地价税所估定之土地价值每三年修正一次

第十四条 征收暂行地价税之区域认为有变更之必要时由市政府重行划定公布之

第十五条 暂行地价税税率认为有增减之必要时由市政府修正呈请行政院核准公布之

第十六条 征收暂行地价税章程施行细则另订之

第十七条 本章程由市政府呈奉 行政院核准后公布施行

9. 1937年《修正上海市征收暂行地价税章程第四条》

修正上海市征收暂行地价税章程第四条①

第四条 暂行地价税税率按照估定地价每年暂征千分之七

10.《上海市政府筹募十九年关税短期库券借征房租章程》

上海市政府筹募十九年关税短期库券借征房租章程②

第一条 本市奉令派募十九年关税短期库券一百万元按照筹募十九年关税库券委员会议决案借征房租换给库券

第二条 凡在本市区以内房屋除政府机关及有本章程第五条所列之情形者外悉应按

---

① 上海档案馆档案,蒋 1-0-(8),《上海市政府公报》第一百七十七期,第 111 页。
② 上海档案馆档案,蒋 1-0-(2),《上海市政府公报》第五十六期,第 39 页。

照本章程之规定借征房捐两个月

　　第三条　借征日期自十九年九月卅日起於二个月内分两期收款

　　第四条　凡每月房租在三元以下者免借

　　第五条　空屋慈善机构法定团体及学校核与本市征收房捐规则第五六两条之规定相符已准免征房捐有案者得免借

　　第六条　此项房租由市财政局东南西北四稽征处派员征收并临时发给证章以资识别

　　第七条　各户应借之房租应以最近房捐票上所列之租金数目为准

　　第八条　此项预借房租一律向房客征收给予收款凭证交房主全数抵给租金房主不得拒收

　　第九条　收款凭证按照门牌每户填给一张如一户门牌有住户数家合并填给一张

　　第十条　前项收款凭证俟正式库券颁到后由市财政局通告向指定银行换领十九年关税短期库券

　　第十一条　征收员如有浮收或额外需索情事得由被害人向主管机关告发，依法严办，其有意图灭绝行使贿赂者一经查出授受同科

　　第十二条　本章程自市政府公布之日施行

11.《上海市财政局筹募十九年关税短期库券借征房租细则》

上海市财政局筹募十九年关税短期库券借征房租细则十九年九月十八日核准①

　　第一条　本市筹募库券借征房租一切事务除遵照筹集十九年关税短期库券借征房租章程之规定外，悉依照本细则之规定办理之

　　第二条　借征房租由本局东南西北稽征处派员分段按户征收之

　　第三条　各稽征处应编制征收总册一份内分路名里名户名月租及备注各栏依据房租底册分别核填以凭稽考

　　第四条　借征房租一联收款凭证由本局编印号数加盖局印分发各稽征处依照总册所列各项分填收款凭证缴验存查并应详细核对以免错误

　　第五条　各征收员借征房租时应佩带临时证章以资识别

　　第六条　各征收员收到房租时应即制给收款凭证交房客收执

　　第七条　各征收员每日所收款项应於当日下午四时前连同收款凭证之缴验一联缴由各稽征处核收以便结算解库

　　第八条　各稽征处核收各征收员缴款时应将缴验与征收总册按户核对於备注栏内由核收入员盖戳查并将缴验一联具呈本局审核

　　第九条　各稽征处每日将所收款项结总后应即送交指定之银行专款存储并将总数呈

---

① 上海档案馆档案，蒋 1-0-(2)，《上海市政府公报》第六十八期，第 22 页。

报本局备核

第十条 各征收员借征房租时过住户有所疑问时应即详细解释,不得操切从事

第十一条 各征收员借征房租时得由公安局各区所派警协助遇有疲玩刁顽之户得随时请就近各警区所酌核处理

第十二条 各稽征处应随时加派稽查严密抽查考察如征收员有不规则情事应即送局从严从处

第十三条 各稽征处征收员办理得力有特殊成绩者得呈请核奖以资鼓励

12.《上海市土地局土地证转移注册办法》

上海市土地局土地证转移注册办法①

二十年九月四日核准

一、凡本市内不动产其产权凭证已经调换土地证者遇有转移时均照本办法办理

二、土地证之转移须由得失主会同到局填具转移声请书由双方签字存局备查

三、声请书中填明转移地亩之坐落亩分及总价值如填价太低本局得照估价册及参考邻近业主之自报地价纠正之

四、声请转移时失主须呈验报粮串或缴纳证图费之收据以及其他可以证明所有权之文件如发生疑义时须取具殷实铺保后方准转移

五、土地证转移时须由得主遵照本市征收不动产转移税规则当场缴纳转移税

六、本局收受转移声请书及土地证经查核相符后即行注册并征收转移税於土地证上批明此证转移於某某人注第几册第几页某年某月某日批字样将土地证摺叠就原册骑缝加盖局长官章发交得主收执

七、土地证经屡次转移无加批之地位时即将旧证收回当场填给领证凭单交给得主满一个月后由得主持同领证凭单到局调换土地证

八、土地证如转移其一部分土地时须於划分后声请办理

九、本办法如有未尽事宜得随时修正之

十、本办法呈奉市长核准后施行

13.《上海市土地局不动产抵押注册规则》

上海市土地局不动产抵押注册规则②

二十年三月二十八日核准

第一条 凡本市内不动产其产权凭证经调换土地证者於受抵后须向本局声请注册

第二条 不动产抵押注册须由受抵人持同土地证亲自到局填具注册声请书由双方签

---

① 上海档案馆档案,蒋1-0-(3),《上海市政府公报》第一百零二期,第69页。
② 上海档案馆档案,蒋1-0-(2),《上海市政府公报》第八十六期,第59-60页。

字存局备查

第三条　本局收受注册声请书后即於土地证上批明此证抵押与某某人注第几册第几页某年某月某日批字样加盖局长官章发交受抵人收执

第四条　不动产抵押注册照抵押价征收注册费千分之一，但其数不及一角者亦征收一角归受抵人缴纳

第五条　抵押期限由受抵人及出抵人自行约定注册后过期不赎得由受抵人声请过户给受抵人户名之土地证出抵证出抵人之产权即为消灭

第六条　受抵人对於到期不赎之土地证请求过户换给土地证时应照本局估价缴纳市政经费转移证图费

第七条　抵押后如有展期须由受抵人及出抵人持同土地证到局重填注册声请书由本局在土地证上加批发还并照本规则第四条之规定同受抵人缴纳注册费

第八条　受抵之不动产若转抵与人其抵押日期不能超过原抵押之数目及期限注册手续悉照本规则规定各条办理

第九条　出抵人於出抵之土地证回赎后须持同回赎之土地证到局取销其注册之一部或全部注册部分完全取销由原业主缴纳证费将土地证缴销由本局填给领证凭单调换新证受抵人之抵押权即为消灭

第十条　本规则如有未尽事宜得随时修正之

第十一条　本规则呈奉市政府核准后公布施行

14.《修正上海市土地局取缔未经公布发证图分割单买卖办法（1930年）》

修正上海市土地局取缔未经公布发证图分割单买卖办法[①]（1930年）

第一条　自布告之日起人民买卖土地须将该土地之整张田单及完纳该田单之粮串经契纸分发行所验明无误后方准立契买卖

第二条　人民如於整张田单内卖去其一部分之土地者须先行请求丈量划分清楚换给土地执业证后，准立契买卖

第三条　人民购买土地后至本局投税时须呈验整张田单及完纳该田单之粮串

第四条　人民执有割裂田单者如欲出卖其地时应先具呈来局请丈换给土地之后始准立契买卖

第五条　失单代单买卖依照停止失单请丈补证办法乙项办理

第六条　如有以割单擅立白契私自买卖者一经查明照隐匿契税例处罚

第七条　人民买卖土地违背上项办法者非补证手续不予核准

第八条　本办法自市政府核准后之日施行

[①]　上海档案馆档案，蒋1-0-(8)，《上海市政府公报》第一百五十八期，第108页。

15.《财政局处理劈卖劈典及分析不动产请领图照办法》(1932 年)

《财政局处理劈卖劈典及分析不动产请领图照办法》[①](1932 年)

第一条 凡劈卖劈典或分析不动产请领图照除法令另有规定外悉依本办法办理之。

第二条 凡劈卖劈典或分析不动产者应检同执业证向财政局填递声请书请领图照,不得分裂契约以杜流弊。

第三条 财政局受理劈卖不动产案后,应按照该产劈卖面积分别测制审字及管字勘图连同劈卖执照给领管业。如系劈典不动产则分别测制审字及典字勘图,连同劈典执照给领管业。

第四条 财政局受理分析共有不动产案件应照各人应得部分分别测制管字勘图连同分析执照分给管业。

第五条 各业户领取图照时应照章缴纳执照勘丈等费。

第六条 既经劈卖劈典或分析之原契应由本局注明卖与分析之情况并加盖核准图记如系分析者原契应存案备查。

第七条 本办法自呈奉 市政府核准备案之日施行。(二十一年七月六日核准)

16.《停止失单请丈补证办法》

停止失单请丈补证办法[②]

甲 停止未发证图份失单请丈补证在本办法核准施行以前呈请失单补证者限期办结在实行本办法后即不予办理

乙 在本办法实行后准许失单买卖来局立契但在契内注明失单代单如有瑕疵由出卖人负完全责任,在本局所立之契仅供证明有转移行为并不能藉此证明物权未有瑕疵

丙 在发证图份之失单换证须填具声请书盖有本人印鑑及登报公告保结等手续并须证明管有实地其证明办法按照粮册脱落或单粮不符采集证据办法办理至声请书格式由本局另定之

17.《上海市土地局发给土地执业证规则第四条修正条文》

上海市土地局发给土地执业证规则第四条修正条文[③]

第四条 在发证图份田单或其他重要产权凭证如有遗失者,应先於民报新闻报刊登广告声明遗失取回该项报章,觅具殷实保结及该地粮串契纸一并送局审核,由局查验相符发给收据,并将遗失声明抄送市政府公报公告三个月期满无疑议发生及对保后方准照章领取图证

---

① 上海档案馆档案:Q270-1-127,《财政局处理劈卖劈典及分析不动产请领图照办法》。
② 上海档案馆档案,蒋 1-0-(8),《上海市政府公报》第一百六十八期,第 109 页。
③ 上海档案馆档案,蒋 1-0-(8),《上海市政府公报》第一百六十八期,第 109 页。

前项单串之缴验倘有查册不符者援照粮册脱落或单粮不符采集证据办法办理

18.《上海市政府指令第938号为今据续报办理永租契一案情形由》

上海市政府指令第938号为今据续报办理永租契一案情形由①

今土地局为续报办理永租契情形仰祈鉴核由

呈暨附件均悉查核该局所拟改革永租契各办法具见精思仰即遵照积极进行用俾要政是所厚望此令

附件存
中华民国二十年三月九日

除原呈

呈为续报办理永租契情形仰祈

应察事查职局自接收前上宝丈局后地于洋商租地事项即积极改良从事整理所有拟行改革之办法,业於去年三月二十二日呈报在案,现在各项办法大致均已商定分别实行,爰将前后办理情形列陈如左:

（一）规定洋商租地发给永租草契手续。查洋商租地转契手续向极简单,出租人既不向主管官署请出租契,租主又不纳税核与方单及土地执业证过户办法不符殊失其平,职局自接收后即规定洋商租地发给永租草契手续於十九年一月一日饬署遵办在案（附呈洋商租地发给永租草契手续一纸）。

（二）改定核发永租契办法。职局前经拟定改良核发道契办法规定永租契式样及核发永租契手续於去年二月二十二日函送驻沪美总领事转各国总领事查照嗣於三月二十八日准驻沪美总领事来函对于（一）核发道契之官员（二）洋商租地坐落地区之名称（三）转租后核发新地契（四）地租（五）缴费（六）出租契各点分别谘询经逐项解答於四月二十三函复该总领事并於七月十八日将来往公函抄呈。

钧府秘书处转呈在案,嗣於七月二日将印就之空白永租契分别函送各国总领事加印译文,至十月九日又准上海比总领事兼代领袖领事来函商榷关於修正新道契内容及式样,请为函复行商。上经郑重考虑当以各国总领事对于职局拟定之新办法既大体承认所有商请,将同一国籍之外侨转租手续改由新租主将契送由领署移局加批注册,不再另换新契,及永租契内大小字式样之排列二事,於改良永租契原则上尚无妨碍,随即於十月二十日函复该兼代领袖领事,准予通融办理,以期早达改革之目的。嗣经定於二十年一月一日起实行,乃复准英、美、法、日四国总领事派员来局商请,将以前印就之空白永租契再加修改,遂又议定格式将小字提高与大字平排,及契内［准上海某国总领事］字样改为［某国驻上海总领事］业经重行印就（附呈样张四套）。本年二月二十三日又准瑞典国总领事

---

① 上海档案馆档案,蒋1-0-(2),《上海市政府公报》第八十四期,第49—52页。

来函请就原定格式将[上海某国总领事]亦改为[瑞典国驻上海总领事]，亦经付印至其他各国或已照原定格式将空白永租契加印译文送还备用，如德和葡萄牙挪威等国或尚无所表示，如义比丹麦瑞士日斯巴尼亚等国惟事实当已无问题，所有先后规定办法现已实行（一）永租契及附图一律由职局加编总号填制印发（二）凡以旧出租契请求给领永租契者除有特别情形者外不予办理（三）对於同一国籍外侨永租权之转移暂行注册加批。

（三）规定发给永租契应收各费。发给永租契应收各费，前经参照前上宝丈局之旧规酌量增减，分别决定名称数额印就清单分送各国总领事查照，嗣於去年十一月十五日准英美法日等国领事来局商洽，将应缴各费名称略予修改，原称丈费者改称注册费，及丈费方单转立永租契之转契费及永租契转立新契之转契费均改称契纸费，於去年十一月十八日重印清单分别函送各国领事查照在案（附呈新旧清单各一纸），查方单转立永租契之转契费前经呈奉十九年十月二十三日第七六四号指令，准作为津贴被汰管册书记之费有案，兹应改称为契纸费。

（四）清理积案。前上宝会丈局移交未结案件约八百余件，嗣后陆续送来者约一千余件，职局为郑重起见，经规定程序依次办理，遇有产权不明或未经纳税者咸将单契退还领署，不予办理，即业经会丈者亦饬令出租人补呈证据，明白声复再予核办。十九年份印发新契及转契各件计共七百七十五件，退销者一百四十四件，未办结者尚存九百余件，该项统计系合新旧各案而言（附呈清理十八年以前出租契程序一纸十九年办结案件数目表一纸）。

（五）办理永租契项下职局，自十九年一月十二日接收前上宝会丈局起至十九年十二月三十一日止，所有办理永租契项下收入共计银十七万五千九百九十五元零二分，业经按期解送财政局在案（附呈清单）。

（六）取缔华人冒领永租契。永租契原为洋商租置地产而设，华人为贪图私利计往往委托洋商代领永租契，此种习惯有损主权，职局自接收后即登报布告禁止本国人民冒领永租契（原稿抄呈）并随时严格取缔，凡於请给永租契时经查悉为本国所有者，即予驳斥将原单契退回领署，其已执有永租契而向职局有所请求者，概不受理，凡在租界区域外之地亩均先函准各该管总领事，切实证明确为洋商自己租用者，始予核办。至依照新章将方单地请求给发永租契者，亦经训令各区契纸分发行所管理员先行查明是否确为洋商自己租用，呈侯核定始得发给永典契凭契，遵章纳税，调换永租草契。近来业主向领署注销永租契，请职局换给土地执业证者，机关方面有造币厂江海关等，人民方面有王振民周佐鸿等。

所有事后办理永租契情形理合备文详细呈报伏乞

鉴察谨呈

市长张

附呈洋商租地发给永租草契手续一纸永租契样张四套,转立永租契应缴各费新旧清单各一纸清理十八年以前出租契程序一纸,十九年办结案件数目表一纸,抄呈布告禁止本国人民冒领永租契一纸,永租契项下收入清单一纸。

土地局局长 朱炎
中华民国二十年二月二十七日

19.《上海市土地局布告第 119 号为布告禁止本国人民冒领永租契事》

上海市土地局布告第 119 号为布告禁止本国人民冒领永租契事[①]

为布告事查洋商租契俗名道契原为外国侨民在上海租置地产而设,藉资管业以示区别,至本国人民买卖土地则须照章立契纳税过户承粮管业方为适法。乃人民有因道契明确便利假外人名义将自置地产向洋商挂号请领道契者,殊不知此种行为损及国土主权玷辱国民体面,凡属国人均具爱国之忱,绝不当图一己之私利而托庇外人贻自侮之羞。在昔日我国土地行政未臻完善,人民昧於公义顾全一己之利冒领道契情犹可原,现在上海土地行政统归本局办理,一切事宜均已规划周密,对於人民土地产权制有土地执业证绘明准确地形图给执管业施行以来效用甚著,一般人民自无再托洋商代领道契之必要,惟查近来仍有少数人民不明事理向洋商挂号请领道契者殊属非是,为此?切布告,凡属国人购置地产务须恪遵法令请领土地执业证以免贻笑外人,其已经托洋商挂号而未领得道契者可速向洋商取回单据,另请土地执业证以资管业。嗣后本局对於给发永租契除经查明该地确属洋商自用者仍予从速办理外,若查系本国人民托领者一律停给并予以相当之处分,至事后发觉冒领者概不予以保护,以资警戒而重国权,仰各凛遵切切此布。

中华民国十九年八月一日

20.《上海市政府指令第 7563 号为所呈请修正取缔代单割单买卖办法确难置议令仰遵照由》

上海市政府指令第 7563 号为所呈请修正取缔代单割单买卖办法确难置议令仰遵照由[②]

今漕泾区市政委员

呈为土地局取缔代单割单买卖办法窒碍殊多请令行修正由

呈悉查田单为产权重要证据,其式样规定关系至重,本市因积习相沿,对于田单多不注意,以至代单割单之纷歧杂出官厅既整理无方,人民亦办证不易,流弊滋长纠纷业生,本府前为正本清源澈底革除起见,今准土地局订行取缔代单割单买卖办法七条,凡买卖地产者,必须先请丈明地亩将代单割单换给土地执业证后始为有效,原为清除此项积弊,

---

① 上海档案馆档案,蒋 1-0-(2),《上海市政府公报》第五十六期,第 63 页。
② 上海档案馆档案,蒋 1-0-(2),《上海市政府公报》第七十期,第 22 页。

谋人民之福利,虽初创之始手续不无稍繁,但庶政创行每有此种感觉,斯在施政者之启遵有方,奉行者之力弗替,则任何困难皆可迎刃而解,况此项取缔办法本无困难之可言耶,至於请丈手续虽较繁重但为确定业主之产权计亦一劳永逸事所必需,且买卖手续亦非片刻即能了楚,则请丈给证尽有充裕时间,苟在买卖发动之始先为了此一笔手续则时间必更充裕,尚何有妨害之理,其检查粮串原契必须寻源溯流亦正为慎重人民之产权,如因数户合串或年久遗失,一时无从检出者自不妨以其他方法为确切之证明,在官厅只须证实人民所有权之不误自不妨稍予变通,据陈各点。虽不无见地但於本府今准颁行此项取缔办法之旨均未顾到疑难置议,该员等皆地方一时之选乡望所孚务期广为劝导,俾人民悉体本府施政之旨,地方有清明之望,实厚望焉,余经土地局?切批仰即妥为办理除行知土地局外合行,今仰遵照并转知知照此今抄件存

中华民国十九年十月十五日

21.《上海市房屋租赁规则》

上海市房屋租赁规则①

第一条 凡属本市区以内所有房屋租赁事项除法律另有规定外均适用本规则之规定

第二条 房主於房客赁屋时除订立租约外应将房客之姓名籍贯职业人口租期租金保证人等项於十五日内报由本市公安局该管警区发给制定之房租簿,本条所称保证人之责任仅为保证租金房客如有欠付租金情事应由保证人负责代付但以两个月租金为限

第三条 凡以所赁余屋分租与他房客者在本规则称为分租人凡向分租人赁屋者在本规称为转赁人,分租人於转赁人赁屋时应将转赁人之姓名职业籍贯人口租期租金等项於十五日内报由本市公安局该管警区发给制定之分租簿

第四条 房客无法觅取保证人者除预缴第一个月租金外并须再缴等於一个月租金之保证金如欠付租金三个月除照第十三条规定办理并将保证金扣低外不敷之数仍得追缴

第五条 第二第四各条所规定之保证人或保证金房主自愿免除者听之

第六条 在本规则施行前已将房屋租出之房主或分租人应一律於施行之日起两个月内依照第二条第三条之规定向本市公安局该管警区补行报告领用房租簿或分租簿

第七条 所有小租挖费等一律禁止

第八条 房主与房客或分租人与转赁人如有变更租金数额时应即报告本市公安局该管警区更正租簿内租金数目

第九条 房客或转赁人如欲出屋退租除双方另有约定外房客应先一个月通知房主转赁人应於十日前通知分租人

第十条 房主如因拆造房屋产应呈请工务局核准先期三个月通知房客迁让并应免除

---

① 上海档案馆档案,蒋 1-0-(5),《上海市政府公报》第一百三十二期,第 139—140 页。

最后二个月租金但有特约长於本条所定者不在此限

　　第十一条　分租人得到房主依照第十条规定之通知应立即通知转赁人并应依照第十条免除租金

　　第十二条　除第十条规定外房主或分租人不得藉端强令照付租金之房客或转赁人迁让出屋如因房主收回自用或变更产权而令房客出屋者应由房主退还三个月租金但房客或转赁人若有不规则行为如妨害公安卫生等项经房主或分租人察觉时虽照付租金亦得报告本市公安局转饬该管警区查明分别取缔或动迁

　　第十三条　房客或转赁人如欠付租金逾三个月不论有无特约期限房主或分租人得声明解约并携同房租簿或分租簿报告该管警区依据本规则办理

　　第十四条　凡遇发生房租纠纷事项请求本市主管机关核办时房主或分租人须提出房租簿或分租簿连同房捐收据及房租收据呈验房客与转赁人须提出房租收据或其他证据呈验否则不予受理

　　第十五条　房主或分租人违反规则第二第三第六各条规定者处以二元至二十元之罚金,房主或分租人及其经租人违反本规则第七条规定者处以二十元至一百元之罚金

　　第十六条　本规则如有未尽事宜得随时呈请修正之

　　第十七条　本规则自呈准公布之日施行

22.《上海特别市政府布告第162号》

上海特别市政府布告第162号①

　　为布告事照得居住问题为民生四大要素之一而即市政之盛衰所系,本市华洋杂处居户日益繁庶因而引起租房之纠纷者遂亦接踵而至,本府为维护民生消弭争端起见,爰经邀集党部法院以及各机关团体代表会议拟订上海特别市审议租房纠纷委员会章程呈经行政院转奉。

　　国民政府核准转饬知照在案,除将章程公布施行并分别函令有关系各机关团体派定代表以便依法组织成立召集开会外合行出示布告并附录章程於后俾众周知此布。

　　附上海特别市审议租房纠纷委员会章程(原条文见前法规栏兹从略)

中华民国十九年五月二十八日
上海特别市政府印

23.《上海市政府指令第7295号为租房纠纷案件准归审议租房纠纷委员会处理由》

上海市政府指令第7295号为租房纠纷案件准归审议租房纠纷委员会处理由②

　　批准将房租纠纷案件划归审议租房纠纷委员会处理。(中华民国十九年九月二十五

---

① 上海档案馆档案,蒋1-0-(2),《上海市政府公报》第五十六期,第52页。
② 上海档案馆档案,蒋1-0-(2),《上海市政府公报》第六十七期,第40页。

日）

24.《上海市政府批第 1504 号》

上海市政府批第 1504 号[①]

为据呈永乐坊房客有房客自治会之组织实系房客联合会之变相,已饬属随时加以取缔,由具呈人永安公司监督郭乐呈一件:为永乐坊房客有房客自治会之组织,实系变相之房客联合会,应否加以取缔请裁夺由。

呈悉查该房客自治会系房客联合会之变相,实为非法团体,业经饬属随时加以取缔,矣仰即知照此批

中华民国二十年十月十六日

25.《上海市房地产业业规》

上海市房地产业业规[②]

本会为谋发扬商业道德维护同业风纪起见对於同业会员之经营业务特参照现行法令固有习惯制此业规共资遵守。

一、忠实之操守:本会会员对於会员或非会员间委托买卖房地产应具忠实之操守,不得有虚伪诈欺情事。

二、权源之审核:会员受房地产出卖人或买受人委托,居间出卖或买受房地产时,对於出卖人之权源、出卖土地之面积又土地一部分或全部是否已有政府征用情事,以及不动产证明文件之真伪全缺,应先为详细审核。

三、受托买卖:会员受出卖人委托,得不取具委托书,开具出卖账单分送会员或他人,或登报为出卖之启事,此项出卖之账单或启事得不说明出卖人之姓名,但其他记载务须详实,会员受买受人委托,得不取具委托书,为征求房地产之表示,此项征求之表示并无要约之性质。

四、允许要条:会员受出卖人或买受人委托,非取有委托书不得签具要条或允条(要条有要约之性质,允条有承诺之性质),该项委托书须定明时效。

前项要条或允条得不说明出卖人或买受人之姓名但签具该项要条或允条之会员应直接向对方负责任。

五、卖买契约:房地产成交时应以书面订立卖买契约(本公会已刊印发售),双方自行签名盖章,会员受买卖之一方委托代为签立卖买契约时,应另备委托书正本一份交对方收执。受委托之会员亦应於该项委托书内一并签押。

六、预约及交割:卖买契约签立时除银契两讫交割清楚者外,将先订立卖买预约(本

---

① 上海档案馆档案,蒋 1-0-(3),《上海市政府公报》第一百零六期,第 39 页。
② 上海档案馆档案,Q269-1-356。

公会已刊印发售）由买方给付卖方定金若干,付定人得抛弃定金以解除契约受定人亦得加倍偿还定金以解除契约,但双方另有约定者应从其约定。

七、佣金:房地产卖买之居间人佣金得依契约订定。其未定明者由买受人负担,照全部产价千分之卅五给付之。

居间人有数人时对于佣金支付除另有约定外,应平均分配之,非本会会员代表而为居间人者倘有纠纷本会不予受理。

八、过户及证明费:房地产买卖之转移过户费用除另约定外,由买受人会员或他人或登报为出卖之启事此项出卖之账单或启事得不说明。

九、对于本业规如有疑问时交由本会法规研究委员会解释之。

十、本规则自呈奉社会局核准后施行变更时亦同。

26.《四明银行信托部经租管理房地产规则》

四明银行信托部经租管理房地产规则①

委托性质　第一条　凡以房地产委托本部经租管理者依照本规则办理。

委托手续　第二条　委托人应填具房地产经租管理申请书载明房地产坐落地点房屋种类幢数租价出租情形其他特约事项连同房地产简明图样送经本部同意后另订契约办理。

对外名义　第三条　凡委托房地产之经租管理上一切对外事宜概以本部名义代管托人处理。

经租职务　第四条　委托房地产之租金押租及其他经常或临时收益概由本部出具收据代为收取其押租由本部代为保管、委托房地产之出租条件由本部全权商订之。如承租人有欠租或损害委托房地产情事本部概不负责,但委托人得委托本部代理诉讼其因此发生之一切费用,概归委托人负担。

本部对於委托房地产租金之收取方法以按期派员亲收为限,如委托人自定催收方法,其费用概归委托人负担。

管理职务　第五条　本部有代理委托人修理委托房地产之权但委托人得规定修理费之限额。

委托房地产得由本部代为投保火险。

委托房地产管理上所需之警卫及司役人员由本部派用指挥但委托人得规定人数及工资。

费用负担　第六条　委托房地产之经租管理上所需之一切费用及应缴付之各种捐税水电等费概归委托人负担,由本部代付在收益内扣除,如有不是由委托人偿还。

手续费　第七条　房地产经租管理手续费由本部视经租管理手续之繁简按收入总额核

---

① 上海档案馆档案,Q279-1-117,《四明银行信托部代理买卖经营房地产规则》。

收百分之三至五,於每期结算时,在收益内扣除之,如有不是,向委托人征收。

结算报告 第八条 本部於约定期限,将委托房地产之经租管理收支状况逐次结算缮制详细报告。送交委托人查核,并按约定之办法,处理收支款项。

解除委托 第九条 委托人欲更改或解除委托应于一个月前以书面通知本部,但委托房地产之所有权发生纠葛时,本部将立即终止契约,对於委托房地产即以当时状况,返还委托人。

适用通则 第十条 本规则未尽事宜,依照本部业务部通则办理。

修改规则 第十一条 本规则本部将不经通知随时修改。

27.《四明银行信托部代理买卖经营房地产规则》

四明银行信托部代理买卖经营房地产规则[①]

委托性质 第一条 凡以房地产之买卖登记过户设计建筑等事宜委托本部者,均依本规则办理。

委托购买 第二条 委托本部购买房地产,应由委托人填具委托书载明拟购房地产之区域面积,房屋种类价格限度及委托有效期等交存本部,一俟本部觅得适宜售主,即通知委托人,如委托人认为满意,应即以购价十分之一之证据金交存本部由本部收据,约期交割,委托人如中途违约,本部得将其交存之证据金。按违约金处分之。

委托出售 第三条 委托本部出售房地产。应由委托人填具委托书,载明拟售房地产之坐落面积房屋种类。出租状况,价格限度连同地面及建筑图样交存本部。一俟本部觅得适宜购主,通知委托人,将房地契约,房地捐收据等送交本部。由本部出给收据,代理交割,收取价金,委托人如中途违约应缴纳售价十分之一之违约金,否则本部仍将代理交割收取价金。

登记过户 第四条 委托本部代办房地产登记过户手续。应由委托人填具委托书,连同房地产契据及应缴登记过户费一并送交本部由本部出给收据。一俟办竣即通知委托人领取原件。

设计建筑 第五条 委托本部代理房地产设计建筑,应由委托人将土地面积、房屋种类造价限度等填具申请书,送交本部,俟本部拟就计划,缮成图样送经委托人审定后再由委托人交存建筑基金商订契约办理。

手续费 第七条 本部代理房产买卖登记过户及设计建筑之手续费,均随时与委托人给定之。

适用通则 第八条 本规则未尽事宜,依照本部业务通则办理。

修改规则 第九条 本规则本部将不经通知随时修改。

---

① 上海档案馆档案,Q279-1-117,《四明银行信托部代理买卖经营房地产规则》。

28.《联华房地产股份有限公司委托保管房地产基地契据章程》

联华房地产股份有限公司委托保管房地产基地契据章程[①]

第一条 委托保管房地产基地契据人愿将自己所有或共有之房地产基地全部或分割一部委托保管者均可以书面委托本公司办理,上项委托书约另订之。

第二条 委托保管人将所有各项土地执业凭证委托本公司保管者,由本公司制给基地契据保管凭证为凭。

第三条 委托保管人取得基地契据保管凭证时,持证人每张给付本公司手续费通用货币三百元,移转过户分割者亦同。

第四条 委托保管人凭保管凭证移转过户时,应填具移转声请书交本公司办理,移转过户手续完成时原保管凭证应即缴销。

第五条 委托保管人委托本公司划分分块基地契据者,所有勘丈绘图等项费用由本公司代垫,统归委托人负担。

第六条 委托保管人将房地产基地委托保管后,凡应向地政管理机关或挂号行家声请换取或分割土地契据及过户注册等一切手续,均由本公司代办,其一切费用统归委托保管人(即持证人)负担。

第七条 委托保管人划分基地由本公司制给基地保管凭证者,关於整块基地之一切地税地捐挂号行家费用及其他开支等项,统由本公司垫付再向各委托人(即持证人)收取之本公司并得酌收手续费用。

第八条 委托保管人如遇保管凭证灭失时,应向本公司声明灭失事由登报三日并取妥实铺保照章缴费补制新证。得将保管凭证向本公司商洽抵押。

第九条 本章程如有未尽事宜随时修改之。

29.《上海特别市寄宿舍营业取缔规则》

上海特别市寄宿舍营业取缔规则[②]

凡在本市区内以公私房屋供人寄宿者定名为寄宿舍应一律遵守本规则

寄宿舍应先按照左列各项报由特别市政府公安局核准发给许可证主得供人住宿

(一)主管人或经理人姓名年岁籍贯住址及以前职业

(二)房屋坐落地点门牌号数(如系会馆或公有建筑并并应附加说明)

(三)房屋构造大概及略图

(四)房间数目设备状况

(五)房屋是否收取租金如系收租应载明租金标准

---

① 上海档案馆档案,Q266-1-547,《联华房地产股份有限公司委托保管房地产基地契据章程》。
② 上海档案馆档案,蒋1-0-1,《上海市政府公报》第十八期,第72页。

(六)房屋是否自产如系租赁应载明产主姓名住址职业

第三条 寄宿舍名称上应冠以某某字样以资分别

第四条 寄宿舍主管人或经理人应备登记簿二本载明寄宿人姓名年籍职业来往日期事由按日呈送该管区以备查考

寄宿舍不论时间须受该管区所之查察盘诘

凡在寄宿舍住宿人不得有左列行为

(一)行为不正妨害公安

(二)吸食鸦片

(三)召娼聚赌

(四)深夜高声喧闹

(五)不守通常卫生原则

第七条 寄宿舍主管人或经理人不准容许寄宿人在舍内有违犯法纪之结社集会行为

第八条 寄宿舍发觉寄宿人不正当之行动时应立时报明该管区所

第九条 寄宿舍对於寄宿人不准有不正当之待遇或欺侮

第十条 寄宿人在寄宿舍如有？患病症者倘查知该寄宿人有亲友在沪者须立即代为通知，如无亲友者则主管人或经理人须负责为之照料

第十一条 寄宿舍须备寄宿人行李物或寄存物品之登记簿

第十二条 前项登记簿於登记完毕时应由该寄宿人於交付或取回时分别在本人名下盖章签押

第十三条 呈请给发寄宿舍营业许可证时应附缴证费银十元印花照章揭贴

第十四条 违反第一四五各条之规定者处五元以上十五元以下之罚金或五日以上十五日以下之拘留

第十五条 违反第六条之规定者处一元以上五元以下之罚金或一日以上五日以下之拘留

第十六条 违反第七八九十各条之规定者处五元以上十五元以下之罚金或五日以上十五日以下之拘留

第十七条 本规则如有未尽事宜得临时修正之

第十八条 本规则自特别市政府公布之日施行

30.《上海市取缔小旅馆建筑及设备暂行办法二十年五月二日核准》

上海市取缔小旅馆建筑及设备暂行办法二十年五月二日核准[①]

第一条 本办法祗适用於以普通房屋改造之旧有小旅馆其新设者应遵照本市暂行建

---

① 上海档案馆档案，蒋 1-0-(3)，《上海市政府公报》第九十期，第 44 页。

筑规则办理

第二条 凡房屋建筑年久材料简陋工务局认为无法改善者不准用作旅馆

第三条 旅馆建筑如属楼房至少须有扶梯两乘及后门一个但铺位人数在十五人以下者准设一乘

第四条 每幢楼房内除客堂间外至多设房间三个有亭子间者得多设一个

第五条 楼下不得架设阁楼楼上旧有阁楼祇准储藏物件绝对不准设铺如有损坏即全部拆除，不得修理或重新装设

第六条 每室至少须有一窗可直接通光透气

第七条 每室铺位面积不得超过全室面积百分之六十五

第八条 各室内至少须装电灯一盏不准燃点油灯或洋烛

第九条 每室须置痰盂一个每日至少消毒一次

第十条 每室内不得烧煮食物

31.《闸北区灾民借款建屋报告名册》

闸北区灾民借款建屋报告名册[①]

第十条 共有172户灾民共领借款洋9254元，分甲种乙种两类灾民，甲种每户领洋一百元，乙种每户领洋五十元。

32.《上海市地政局批(37)沪地七发字第33571号》

上海市地政局批(37)沪地七发字第33571号[②]

原具呈人福源钱庄经理徐文卿

呈乙件与申请估定执业地价额须给证明文件由

兰志 查黄浦区七图来字圩十四号八丘每亩地价经估定为三万元，该地面积六亩六分五厘，地价为十九万九千五百元，其地上建筑物价格经估定为十八万四千一百二十三元六角八分。又闸北区二图洪字圩八号一甲丘每亩地价经估定为四万五千元，该地面积七亩九分零七毫，地价为三五万五千八百十五元，其地上建筑物价格经估完为三万三千三百二元五角一分，该丘房地屋总值六十九万九千零一百三十九元伍角一分。据称该房係福康钱庄共有，该庄所有部分其价格应为三　万九千五百六十九元七角六分，该庄所有房地产总值七十三万三千一百九十三元四角四分应缴定费五百四十五元二角五分，併持同本批本缴纳为要。

此批：

中华民国三十七年十月十日

---

① 上海档案馆档案，蒋1-0-(5)，《上海市政府公报》第一百四十期，第119页。
② 上海档案馆档案，Q76-2-37，《福源钱庄房地产评估报告》。

局长:祝平

33.《福源钱庄 银行钱庄信托公司房地产增值表》

福源钱庄　　　　银行钱庄信托公司房地产增值表①
年　月　日

房产或地产　　　　　房产	购置或建筑年月日　　民国十八年造
地址　闸北区二图洪字二圩一甲丘光复路113、127号　　钱庄联合仓库(即国庆路里)	面积及房屋屋数间数 三层楼钢骨水泥栈房二座二层楼砖木材料双开间石库门住房六幢单开间一幢
西至界　东至一丘南至光复路西至二丘北至国庆路	
前业主姓名及住址	
购置或建筑价	时值	增值
其他说明事项		

董事长　　　　　监察人　　　　　经理

房地产公会估价证明签章		审核意见 年　月　日

---

① 上海档案馆档案,Q76-2-37。

福源钱庄　　　银行钱庄信托公司房地产增值表[①]

年　月　日

房产或地产　　　房产	购置或建筑年月日　　民国二十年造
地址　黄浦区七图来字圩十四号八丘 即宁波路七十号	面积及房屋屋数间数 四层钢骨水泥大厦　　一座
西至界　东至四丘、五丘南至宁波路西至九丘北至七丘	
前业主姓名及住址	

购置或建筑价	时值	增值

其他说明事项

董事长　　　　　监察人　　　　　　经理

房地产公会估价证明签章		审核意见	
			年　月　日

---

① 上海档案馆档案，Q76-2-37。

34.《上海银行业同业公会联合准备委员会房地产评价报告》

上海银行业同业公会联合准备委员会①
房地产评价报告

民国三十二年七月十六日　　　　　　　　　　　第 S-1091 号

房地产	地点：Nos. 501—507, Hankow Road 　　　Nos. 211—227, Lane 195, Lane 215, Fokien Road 地契：G. L. G. 1800 地册： 面积：Mow: 2.9.9.9.		
评价简略说明	地产	评价每亩计　　CRB $ 1300000.— 照上开面积共计　CRB $ 3898700.—	
^^	建筑物	5—2 story shops @ $ 25000.— — — — CRB $ 125000.— 3—2 story & attic shops @ $ 35000 CRB $ 105000.— 4—2 story shops @ $ 15000.— — — — CRB $ 60000.— 3—2 story triple house @ $ 50000.— CRB $ 150000.— 2—2 story double houses @ $ 35000.— CRB $ 70000.— 1—2 story quadruple house — — — CRB $ 50000.— 2—gatehouses @ $ 2500.— — — — — CRB $ 5000.— 　　　　　　　　　　　　　　　　CRB $ 580000.—	
上列房地产兹经本会评价委员会房地产股委员评定价值计			
评价总值	地　产　CRB $ 3898700.00 建筑物　CRB $ 580000.00 合　计　CRB $ 4478700.00		

此致

　　钱业准备库　台照

上海银行业同业公会联合准备委员会
经理

---

① 上海档案馆档案，Q76-2-37,《上海银行业同业公会联合准备委员会房地产评价报告》。

上海银行业同业公会联合准备委员会[①]
房地产评价报告

民国三十二年七月十六日　　　　　　　　　第 S-1093 号

房地产	地点：Nos. 70, Ningpo Road 地契：B. C. Lot 13832 地册：No. 144－B 面积：Mow：0.6.6.9.	
评价简略说明	地产	评价每亩计　　CRB＄1800000.－ 照上开面积共计　CRB＄1204200.－
	建筑物	1－5 story bank building－250.000 cu. ft. 　　　　　　　　　@＄1920 per cu. ft. 　　　　　　　　Less 15％ depreciation 　　　　　　　　＝CRB＄16.30 per cu. ft. 　　　　　　　　＝CRB＄4075000.－

上列房地产兹经本会评价委员会房地产股委员评定价值计

评价总值	地　产　CRB＄1204200.00 建筑物　CRB＄4075000.00 合　计　CRB＄5279200.00

此致

　钱业准备库　台照

　　　　　　　　　上海银行业同业公会联合准备委员会
　　　　　　　　　　经理

---

① 上海档案馆档案，Q76-2-37。

35.《上海地产评价申请书》

上海地产评价申请书[①]

地产说明	地址	汉口路四九九至五零七号福建路一九五并二号及六号 福建路一九七至二二五号福建路二四五并四、五、八号		编号	此格勿填
	地契号数	日本领事馆注册第　　　号	行家挂号		
		即旧　　　册号	前工部局地册第五二六四五二七 ABDFG 号 前法公董局地册第　　　号		
		土地执业证特字　第一三六六至一三七零号	方单或其他凭证六纸		
	面积	方单　　二亩九分九厘九毫 土地证　零亩二分二厘三毫	共计　三亩二分二厘二毫		
建筑物说明	注意右列各点	房屋何种式样　楼房共有几层　全体共计几宅　卫生设备有否　栈房厂屋　须填面积　特殊建筑　另行说明			
	建造年月		造价	保证金额	1024000 元
产权	业主	户名	福源钱庄	电话	11753
		住址	宁波路七十号		
	押款或自置	自置			
	押款数或购置金额				
本会评价	地　产 $			上海银行业同业公会准备委员会 签字盖章 年　月　日	上列房地产一宗已逐项详细填明申请贵会评定价格至请查照办理掷下报告单为荷　此致
	建筑物 $				
	合　计 $				
备考					

重行评价请示本会编号：贵会评价编号

[①] 上海档案馆档案，Q76-2-37。

36.《上海银行业同业公会联合准备委员会房地产评价报告》

上海银行业同业公会联合准备委员会房地产评价报告①

民国三十五年六月十二日　　　本会编号：第 S-1093-B 号

房地产	地点：Nos. 70, Ningpo Road 地契：B. C. Lot 13832 地册：No. 144－B 面积：Mow:0.6.6.9.	
评价简略说明	地产	评价每亩计　　CRB＄140000000.— 照上开面积共计　CRB＄93660000.—
	建筑物	1　five story bank building, 250000 cu. ft. 　　　　Value:CNC＄250000000.—
上列房地产兹经本会评价委员会房地产股委员评定价值计		
评价总值	地　产　CRB＄93660000.00 建筑物　CRB＄250000000.00 合　计　CRB＄343660000.00	
此致 　福源钱庄　台照 　　　　　　　　上海银行业同业公会联合准备委员会 　　　　　　　　　　　经理		

---

① 上海档案馆档案，Q76-2-37。

附录 Ⅲ

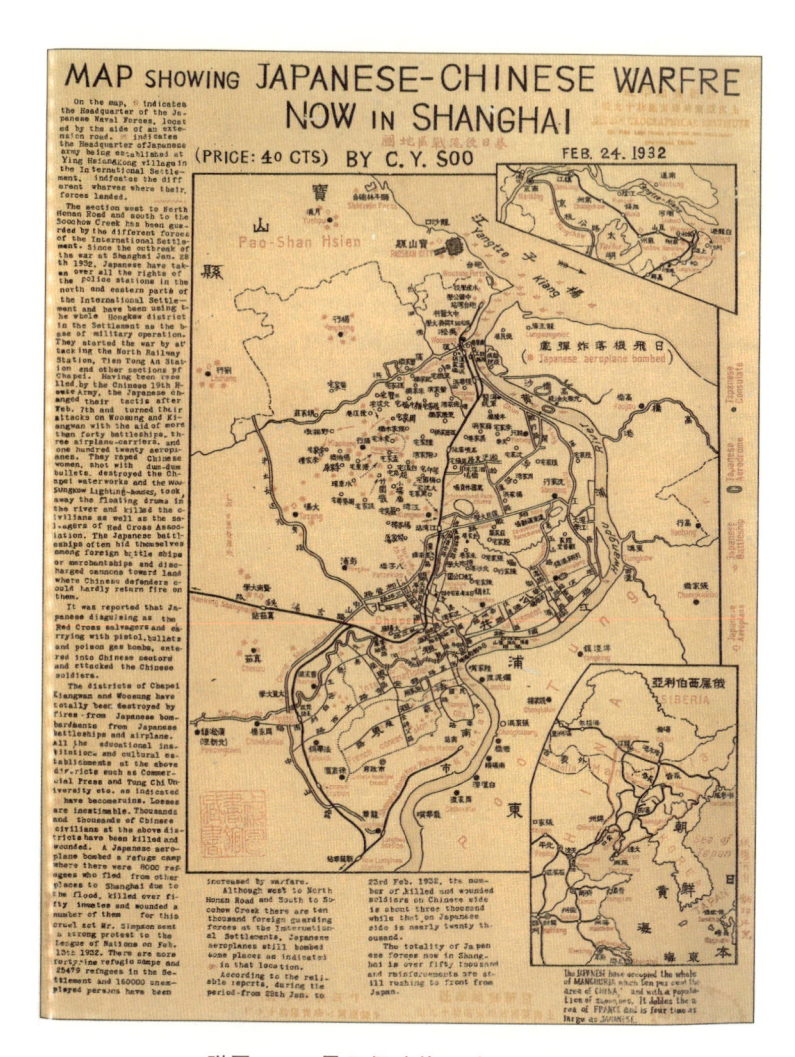

附图 1.1　暴日侵沪战区地图(全图)

附录 Ⅲ

暴日侵沪战区地图(1932.2.24) 未注比例 28×21cm 苏甲荣编制，上海日新舆地学社印行。
Map of Japanese invasion in Shanghai
Published in 1932.by Shanghai Geographical and Topographic Society.

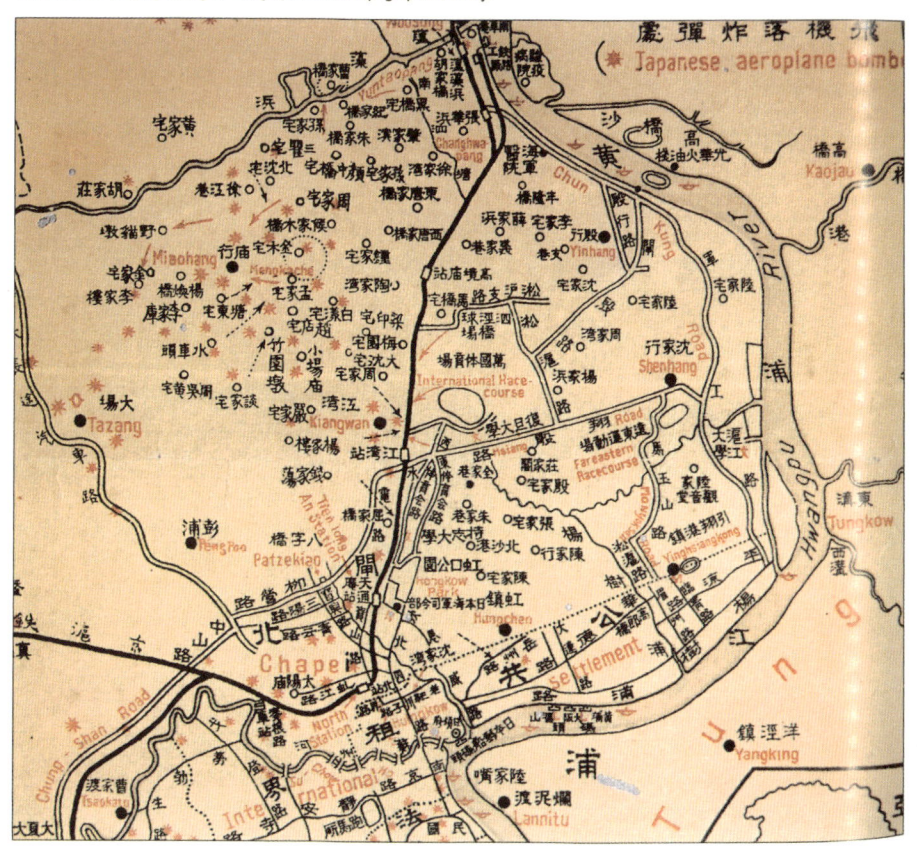

附图 1.2 暴日侵沪战区地图(局部图)

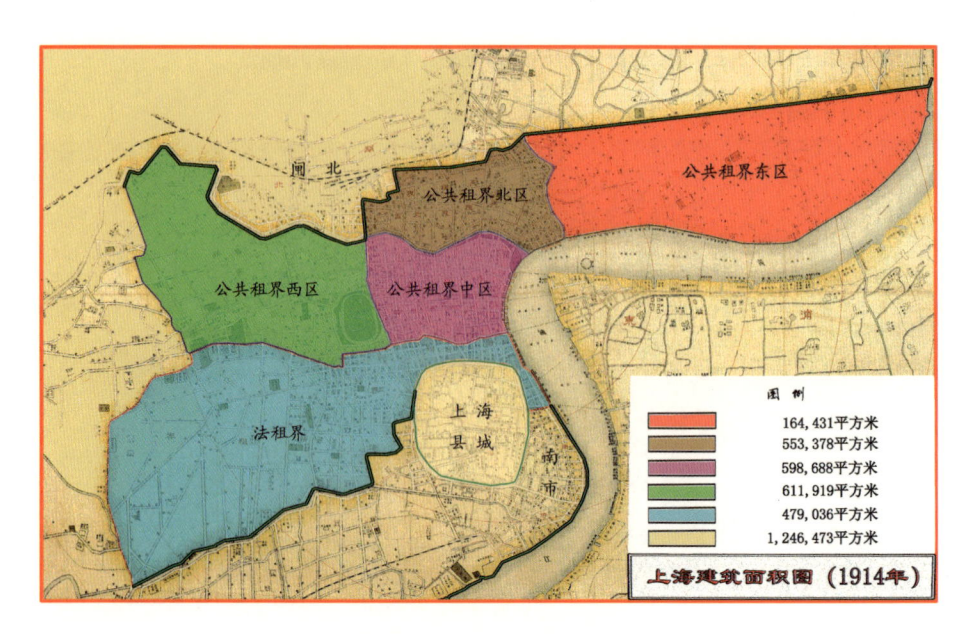

数据来源：附录Ⅱ第一章附录表36。

附图1.3　1914年上海房地产业分布图

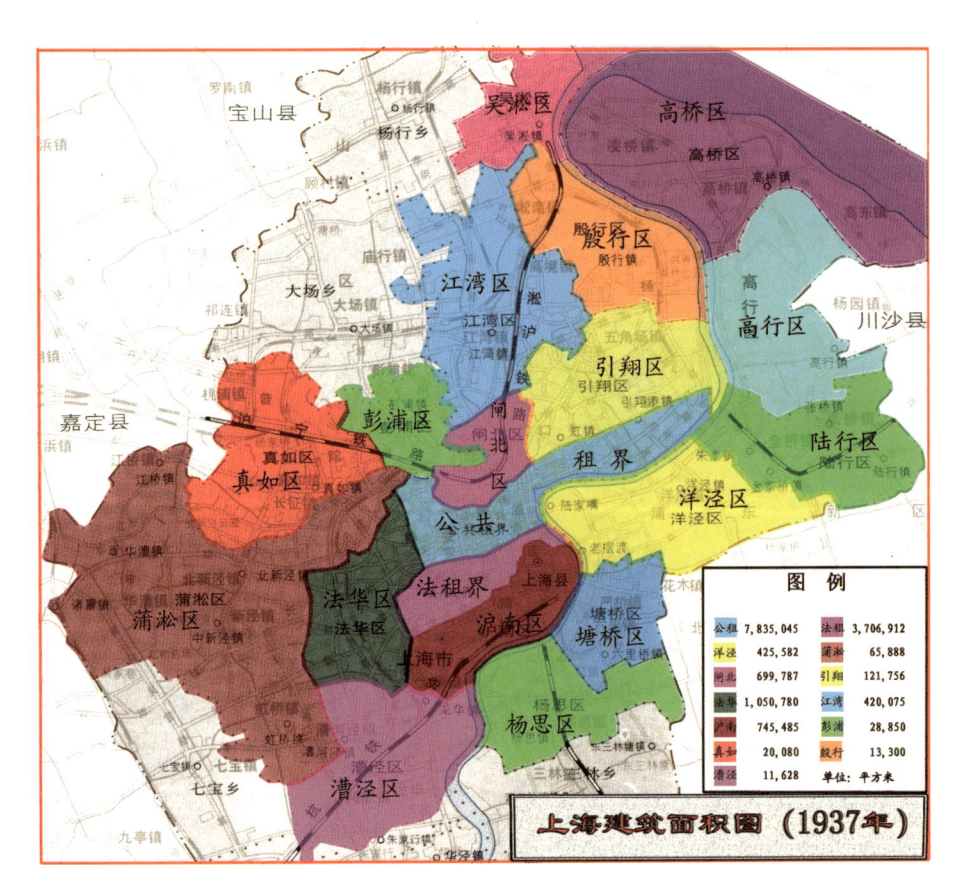

附录Ⅲ

数据来源:附录Ⅱ第一章附录表35。

附图1.4　1937年上海房地产业分布图

附图 3.1　公共租界北区和东区①

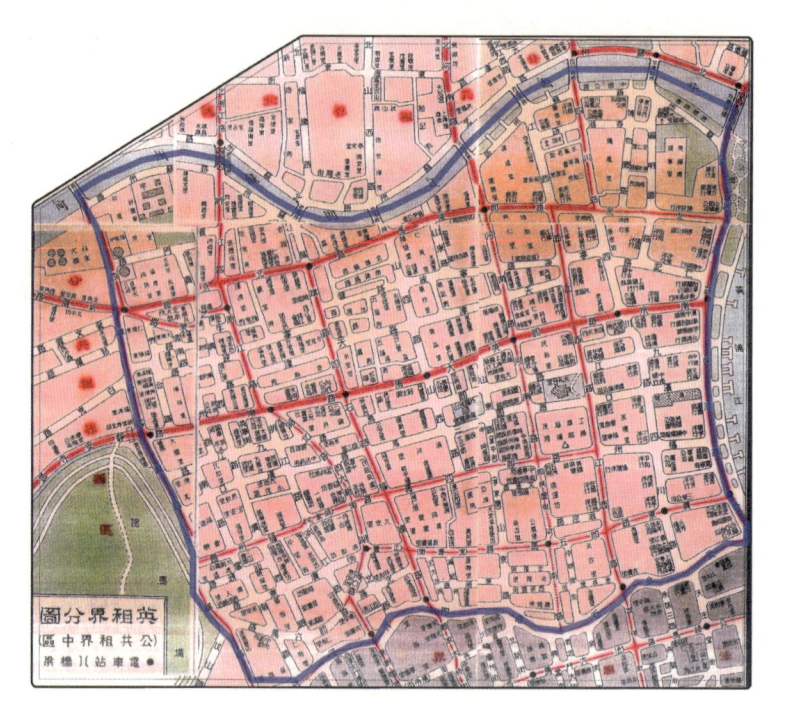

附图 3.2　公共租界中区②

---

① 徐柯:《上海商业名录》,商务印书馆民国十一年(1922年)十一月第 3 版。
② 葛绥成:《袖珍最新上海地图》,上海中华书局民国十八年十一月(1929 年 11 月)版。

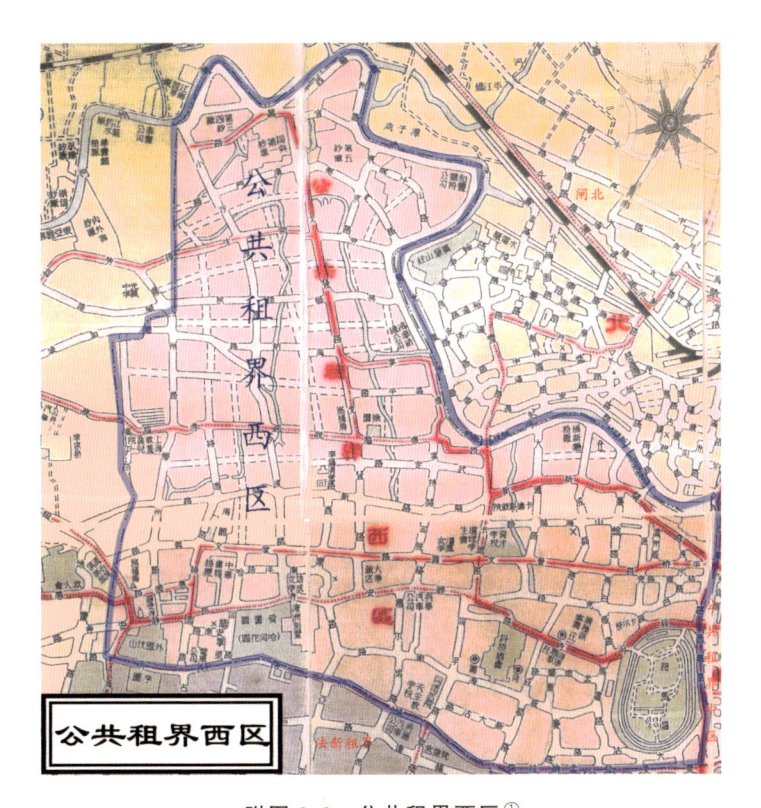

附录 Ⅲ

附图 3.3　公共租界西区[1]

附图 3.4　法旧租界[2]

---

[1] 葛绥成:《袖珍最新上海地图》,上海中华书局民国十八年十一月(1929年11月)版。
[2] 葛绥成:《袖珍最新上海地图》,上海中华书局民国十八年十一月(1929年11月)版。

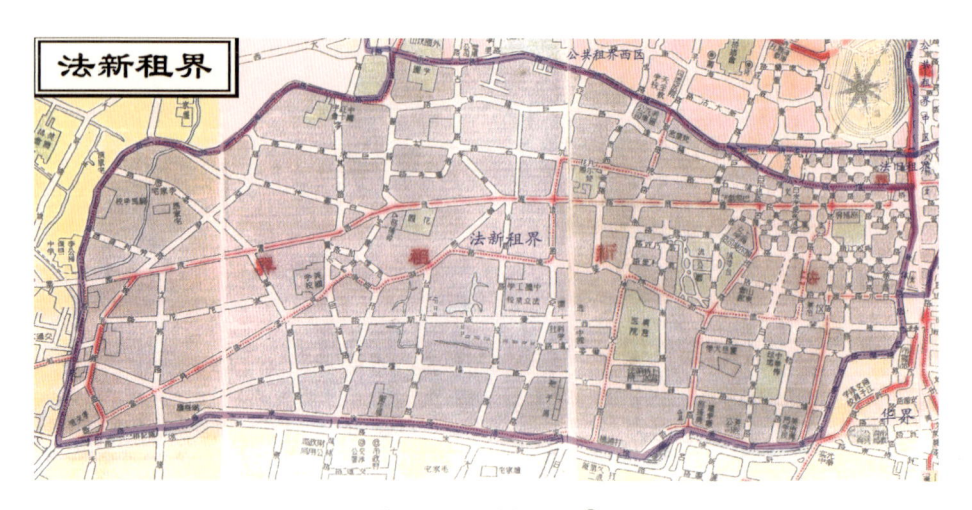

附图 3.5　法新租界[1]

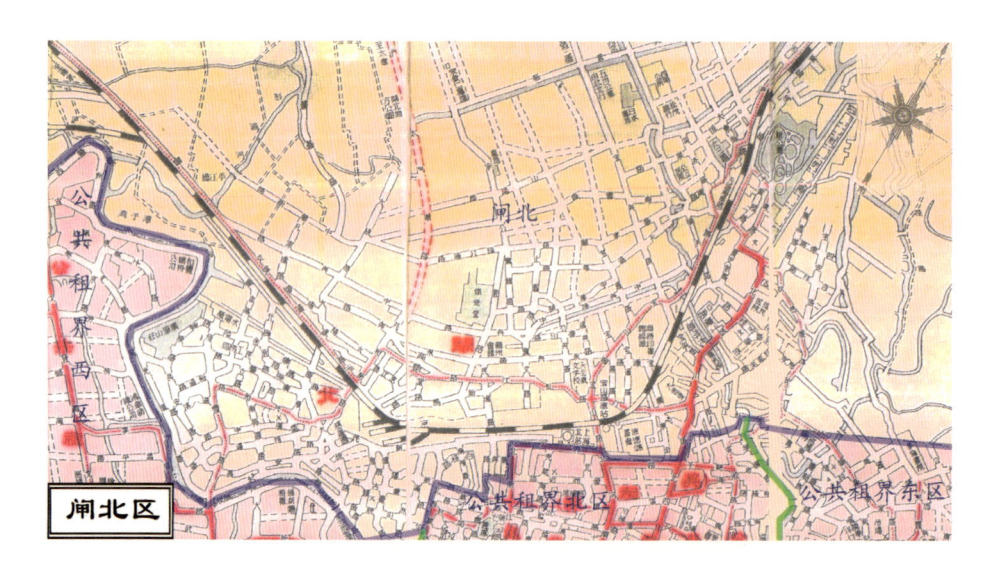

附图 3.6　闸北区[2]

---

① 葛绥成:《袖珍最新上海地图》,上海中华书局民国十八年十一月(1929 年 11 月)版。
② 葛绥成:《袖珍最新上海地图》,上海中华书局民国十八年十一月(1929 年 11 月)版。

附图 3.7 华界[1]

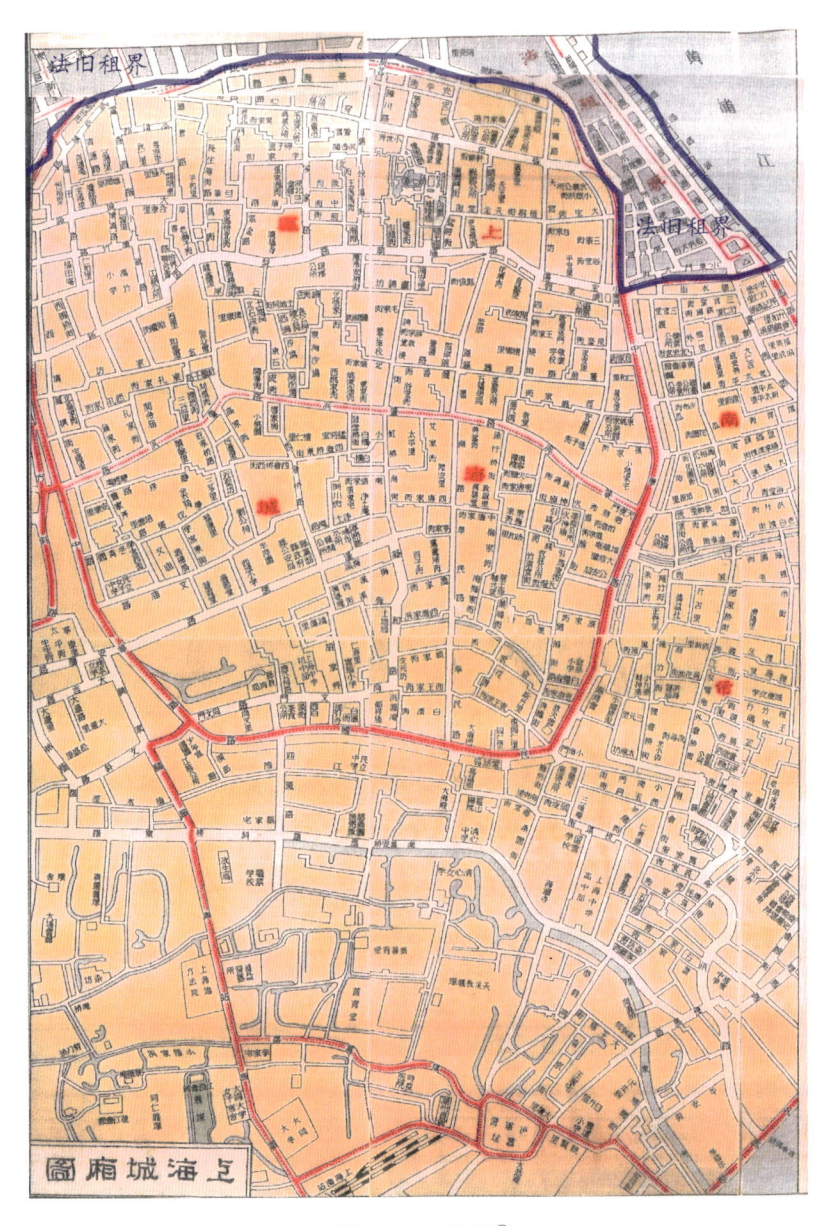

---

[1] 徐珂:《上海商业名录》,商务印书馆民国十一年(1922年)十一月第3版。

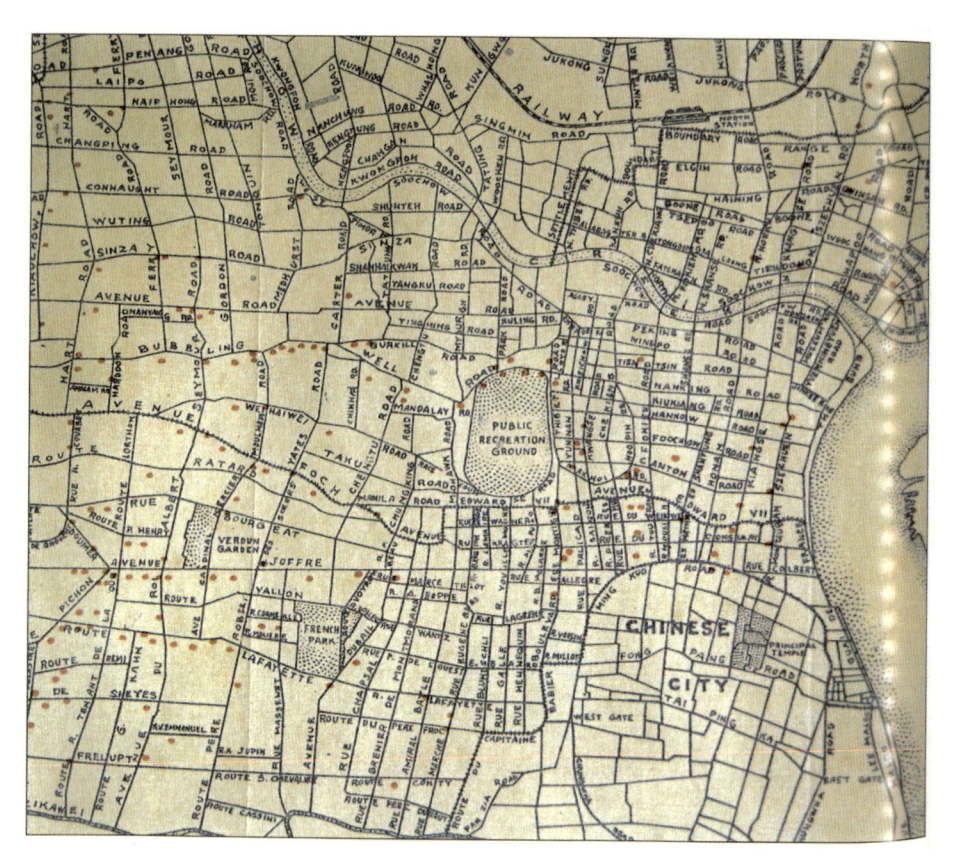

注：上海全国(1932.4.1)1:34200　24×69cm　普益地产公司编制，英商广益地产公司印赠。图中每一红点表示一宗在1932年发生的房地产交易。

Map of Shanghai Published in 1932 by Asla Realty Company Federal Inc. U. S. A. Shanghai. Each red dot on the map represented a real estate business transaclion in 1932.

附图 3.8　1932 年上海地产交易全图（局部）[1]

---

[1]　张伟等:《老上海地图》，上海画报出版社 2001 年版，第 102 页。

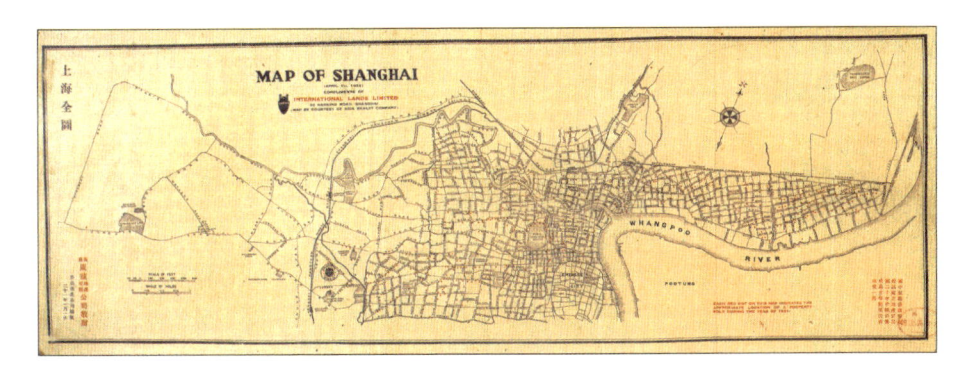

附录Ⅲ

附图 3.9　1932 年上海地产交易全图(全图)①

---

① 张伟等:《老上海地图》,上海画报出版社 2001 年版,第 103 页。

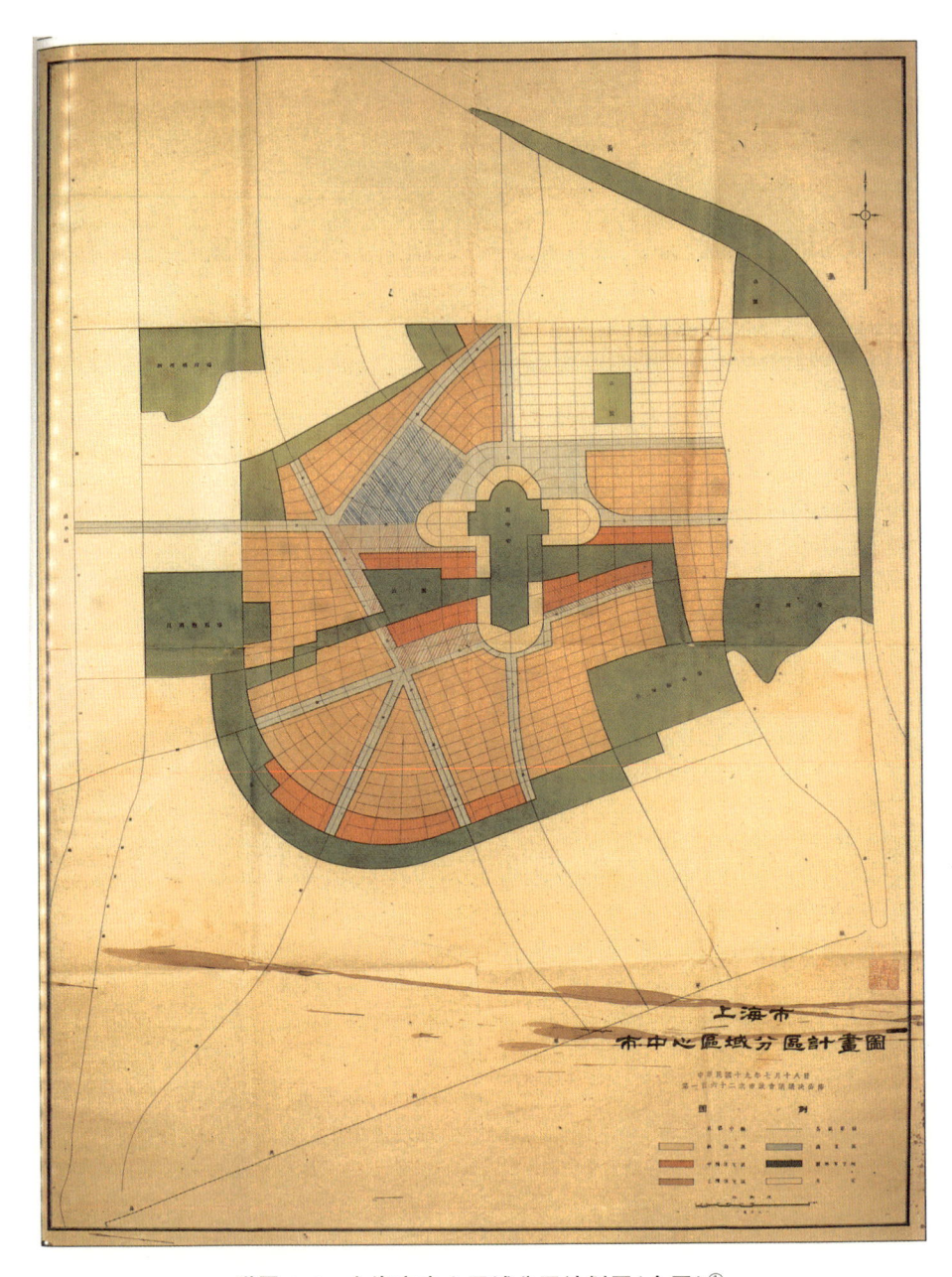

附图 4.1　上海市中心区域分区计划图(全图)①

---

① 张伟等:《老上海地图》,上海画报出版社 2001 年版,第 87 页。

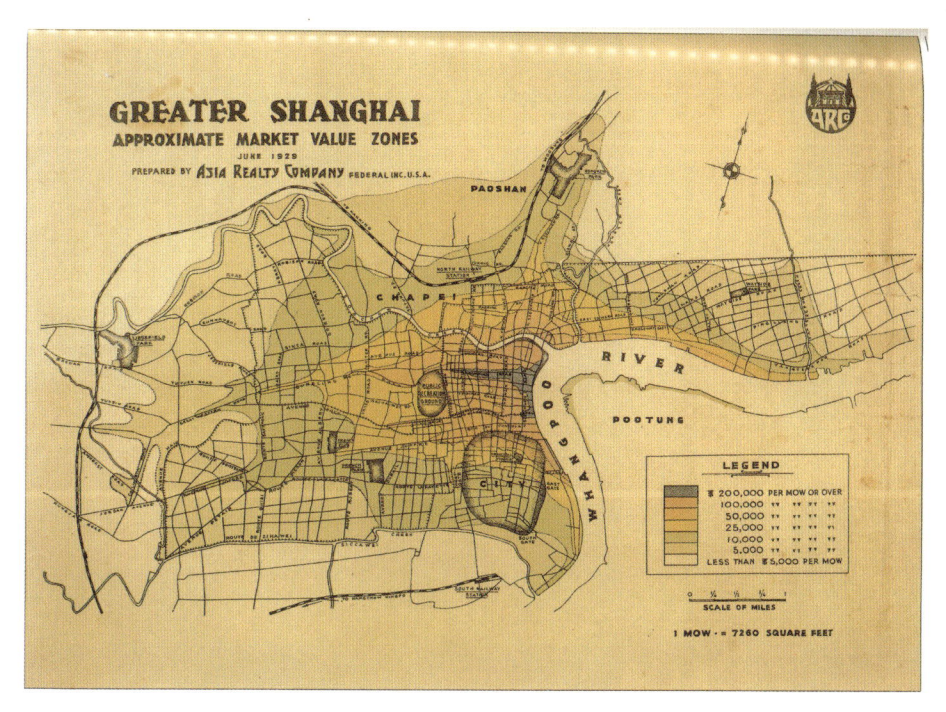

附录Ⅲ

附图 6.1 大上海地价图(1929 年)[①]

① 张伟等:《老上海地图》,上海画报出版社 2001 年版,第 99 页。